JUS PUBLICUM

Beiträge zum Öffentlichen Recht

Band 158

Ekkehard Hofmann

# Abwägung im Recht

## Chancen und Grenzen numerischer Verfahren im Öffentlichen Recht

Mohr Siebeck

*Ekkehard Hofmann,* geboren 1966; Studium der Rechtswissenschaften in Hamburg; 1997 Promotion; 2002–3 Visiting Scholar an der New York University School of Law; 2006 Habilitation; Privatdozent an der Universität Hamburg; derzeit stellv. Leiter des Departments Umwelt- und Planungsrecht am Helmholtz-Zentrum für Umweltforschung – UFZ, Leipzig.

ISBN 978-3-16-149238-9
ISBN 0941-0503 (Jus Publicum)

Die Deutsche Nationalbibliothek verzeichnet diese Publikation in der Deutschen Nationalbibliographie; detaillierte bibliographische Daten sind im Internet über *http://dnb.d-nb.de* abrufbar.



Das Buch wurde von Martin Fischer in Tübingen aus der Stempel Garamond gesetzt, von Gulde-Druck in Tübingen auf alterungsbeständiges Werkdruckpapier gedruckt und von der Buchbinderei Spinner in Ottersweier gebunden.

# Vorwort

Die vorliegende Untersuchung ist die überarbeitete Version meiner im Sommersemester 2006 von der Fakultät für Rechtswissenschaft der Universität Hamburg angenommenen Habilitationsschrift. Die Studie entstand im Wesentlichen während meiner dortigen Assistenzzeit. Für seine langjährige Förderung, kritische Begleitung und beharrliche Unterstützung danke ich Prof. Dr. Hans-Joachim Koch. Seine Aufgeschlossenheit gegenüber einem interdisziplinären Herangehen bei der Suche nach dogmatisch überzeugenden wie praxistauglichen Lösungen haben mein wissenschaftliches Arbeiten und besonders diese Schrift nachhaltig beeinflusst. Für die zügige Anfertigung des Zweitgutachtens danke ich Prof. Dr. Hans-Bernd Schäfer.

Ohne die Diskussionen mit meinem Freund und Kollegen Prof. Dr. Georg von Wangenheim hätte sich mir die ökonomische Literatur nicht in dem für diese Arbeit erforderlichen Maß erschlossen. Außerordentlich wertvolle Anregungen habe ich des weiteren von Prof. Joseph H. H. Weiler, New York University School of Law, bekommen. Danken möchte ich schließlich meinen ehemaligen Kolleginnen und Kollegen an der Fakultät für Rechtswissenschaft der Universität Hamburg für ihre stetige Diskussionsfreude und Hilfsbereitschaft.

Leipzig/Hamburg, im Dezember 2006 — Ekkehard Hofmann

# Inhaltsübersicht

# Inhaltsverzeichnis

# Tabellenverzeichnis

# A. Einleitung

## *I. Gegenstand der Untersuchung*

Das Abwägen widerstreitender Interessen ist im Recht ein ubiquitärer Vorgang. Der bloße Vollzug einer eindeutigen gesetzlichen Regelung bildet in der Verwaltungspraxis nicht die Regel, sondern die Ausnahme.[1] Das liegt schon daran, dass Ermessensermächtigungen in nahezu allen Gebieten des Verwaltungsrechts zu finden sind. Es kommt hinzu, dass das Recht gelegentlich zu schweigen scheint. Spielräume entstehen ferner dann, wenn zwar einschlägige Rechtsnormen aufgefunden werden können, diese aber wegen ihrer semantischen oder normstrukturell bedingten Unbestimmtheit nicht eindeutig determinieren, welche Entscheidung zu treffen ist. Dazu rechnen die Fälle, in denen sich die Zwecke des Gesetzgebers nicht zweifelsfrei ermitteln lassen, eine Regelung konfligierenden Zwecken zu dienen bestimmt ist oder es an dem erforderlichen realwissenschaftlichen Wissen für die Durchführung der Verhältnismäßigkeitsprüfung fehlt.[2] Kombinationen aus solchen Ursachen sind möglich und können die Problematik verschärfen.

Blickt man auf die Rechtsetzung, so steht der Gesetzgeber vor der so gut wie immer politisch wie rechtlich anspruchsvollen Aufgabe, innerhalb des weiten Rahmens des verfassungsrechtlich Zulässigen einen schonenden Ausgleich gegenläufiger Belange herbeizuführen. Hier verbleiben dem Gesetzgeber trotz der Bindung an die verfassungsmäßige Ordnung (Art. 20 Abs. 3 GG) aus verschiedenen Gründen erhebliche Spielräume. Der verwaltungsrechtlichen Problematik recht ähnlich ist, dass die Zwecke der Verfassungsgeber gerade in bezug das Maß, in dem sie verwirklicht werden sollen, häufig unbestimmt sind. Spielräume werden außerdem durch die Optimierungsaufgaben verursacht, die durch Grundrechtskollisionen gestellt sind. Wie im Verwaltungsrecht gilt schließlich auch für den Gesetzgeber, dass die Beurteilung von Erforderlichkeit und Proportionalität in

---

[1] So für Viele *T. Groß*, Das Kollegialprinzip in der Verwaltungsorganisation, 1999, S. 183 m.w.N.

[2] Vgl. die umfängliche Auflistung möglicher Ursachen von Spielräumen im Verfassungs- und Verwaltungsrecht bei *H.-J. Koch*, EuGRZ 1986, S. 345 (359f.).

bezug auf Grundrechtseingriffe Wertentscheidungen verlangt, aus denen Einschätzungsspielräume resultieren können.

Rechtsanwendung und Rechtsetzung erscheinen zusammengenommen nur dann als Entscheidungsvorgänge von geringem Schwierigkeitsgrad, wenn sich eine Handlungsalternative bestimmen lässt, die rechtlich voll determiniert ist oder die ausschließlich positive Auswirkungen nach sich zu ziehen verspricht. Um solche einfachen Fälle soll es nachfolgend nicht gehen, auch wenn in der Praxis zum Glück nicht nur schwierige und methodisch anspruchsvolle Entscheidungen getroffen werden müssen.

Im Zentrum der vorliegenden Untersuchung stehen vielmehr hoheitliche Entscheidungen, die relevante Beeinträchtigungen erwarten lassen und dabei in ihrem Tenor eben nicht eindeutig und zwingend aus gesetzlichen Bestimmungen abgeleitet werden können. Das besondere Interesse wird dabei solchen Fällen gelten, in denen sich nicht nur zwei Belange gegenüberstehen, sondern drei und mehr. Das ist vielfach im Umwelt- und Planungsrecht der Fall, welches schon wegen des dort erreichten Diskussionsstandes als Referenzgebiet herangezogen werden muss.

Es ist auch nicht verwunderlich, dass gerade dem Planungsrecht die zur Bewältigung komplexer Entscheidungen entwickelte ausdifferenzierte Dogmatik des Abwägungsgebotes entstammt, nach welcher bekanntlich eine sachgerechte Abwägung zu erfolgen hat, in der alle betroffenen Belange sorgfältig zu ermitteln und in die Abwägung einzustellen sind. Die abwägungsrelevanten Belange sind anschließend zutreffend zu gewichten, wodurch ein vertretbarer Ausgleich der berührten Belange hergestellt werden muss.[3]

Diese Struktur ist in Rechtsprechung und Rechtswissenschaft im Grundsatz anerkannt. Verständlicherweise befindet sich allerdings die Kontrollperspektive („*ex post*" – Betrachtung) im Vordergrund des juristischen Interesses. Dagegen besteht vor allem in bezug auf die Entscheidungsherstellung („*ex ante*") noch beachtlicher Klärungsbedarf. So dürfte zwar unstreitig sein, dass Planungsentscheidungen die voraussichtlichen Auswirkungen des ins Auge gefassten Projekts in Rechnung stellen müssen. Worauf sich aber die hierfür erforderlichen Prognosen dem Wesen und dem Umfang nach beziehen müssen, was unter Wahrscheinlichkeit im Zusammenhang mit hoheitlichen Entscheidungen zu verstehen ist, welche Rolle Prog-

---

[3] So die plausible Umdeutung des ursprünglich als Kontrollmaßstab entwickelten Gebots gerechter Abwägung von *H.-J. Koch/R. Hendler*, Baurecht, Raumordnungs- und Landesplanungsrecht[4], 2004, S. 235; *H.-J. Koch et al.*, Allgemeines Verwaltungsrecht[3], 2003, S. 225; ähnlich *W. Hoppe*, in: Hoppe/Bönker/Grotefels, Öffentliches Baurecht, 2002, § 7 Rz. 36ff.; *W. Hoppe*, NVwZ 2004, S. 903 (905f.); *U. Battis*, Allgemeines Verwaltungsrecht[3], 2002, S. 265; *J. Ziekow*, in: Ziekow (Hrsg.), Praxis des Fachplanungsrechts, 2004, Rz. 649.

noseurteile für die Entscheidungsherstellung spielen und in welcher Form solche Überlegungen operationalisiert werden sollten – all dies findet in der juristischen Diskussion, obwohl von allgemeiner Bedeutung, nur am Rande Aufmerksamkeit.[4]

Noch drängendere Fragen stellen sich hinsichtlich der für eine abschließende Entscheidung notwendigen Gewichtungen. Bereits ihre begriffliche Natur ist nicht wirklich geklärt. Umstritten sind auch die mit ihnen teilweise verbundenen kompetenziellen Zuordnungen. Nicht minder problemträchtig ist die aber mit viel weniger Aufmerksamkeit betrachtete Frage nach der für ihre Artikulation angemessenen Methode. In materieller Hinsicht vertreten Abwägungsskeptiker die Auffassung, dass die Abwägung als innerer Vorgang der theoretischen Durchdringung und nachvollziehbaren Darstellung im Kern nicht zugänglich sei.[5] Die abwägungsbezogene Rechtsprechung von Bundesverwaltungsgericht und Bundesverfassungsgericht seien Bauten aus Worthülsen.[6] Wer Abwägung sogar im Sinne der *Optimierung* gegenläufiger Interessen verstehe, überschätze die menschliche Fähigkeit, die optimale als einzig richtige Entscheidung zu erkennen; das Optimierungsmodell biete damit letztlich nur Scheinrationalität.[7] In eine ähnliche Richtung zielte bereits die Abwägungsskepsis *Bernhard Schlink*s, der auf das Fehlen einer objektiven rangmäßigen Gewichtung von Werten und Gütern hinwies.[8]

Aus solchen und anderen unbewältigten Problemen der Abwägungsdogmatik werden in der Literatur unterschiedliche Konsequenzen abgeleitet. Während *Schlink* aus der fehlenden objektiven Gewichtung von Werten folgerte, die Abwägung im Sinne eines interindividuellen Nutzenvergleichs müsse Aufgabe des politischen Systems sein und dürfe nicht durch ein Gericht, auch nicht durch das Bundesverfassungsgericht vorgenommen werden,[9] bevorzugen andere Autoren gewissermaßen indirekte Lösungen. So gilt manchen der Verhältnismäßigkeitsgrundsatz auch in Gestalt des Abwägungsgebots als *„lex situationis"*, dessen Ergebnisoffenheit kom-

---

4 S. dazu im einzelnen Abschnitt C.III.5.

5 Aus der staatsrechtlichen Literatur s. nur *O. Koch*, Der Grundsatz der Verhältnismäßigkeit in der Rechtsprechung des Gerichtshofs der Europäischen Gemeinschaften, 2003, S. 268–271; *L. Hirschberg*, Der Grundsatz der Verhältnismäßigkeit, 1981, S. 79; *K. Stern*, Das Staatsrecht der Bundesrepublik Deutschland, Bd. III/2: Allgemeine Lehren der Grundrechte, 1994, S. 819; *B. Schlink*, Abwägung im Verfassungsrecht, 1976, S. 151; *R. Dechsling*, Das Verhältnismäßigkeitsgebot: eine Bestandsaufnahme der Literatur zur Verhältnismäßigkeit staatlichen Handelns, 1989, S. 17.

6 *W. Leisner*, NJW 1997, S. 636 (638).

7 *T. Würtenberger*, VVDStRL 58 (1999), S. 139 (158).

8 *B. Schlink*, Abwägung im Verfassungsrecht, 1976, insb. S. 151 ff.

9 *B. Schlink* (S. 3, Fn. 8), S. 151 ff., 190.

petenzielle Fragen in den Vordergrund rücken ließe.[10] Ferner wird nach formellen, verfahrensmäßigen Antworten zur Erzielung größerer Legitimität staatlicher Abwägungsentscheidungen gesucht.[11]

Schließlich sind aber auch Stimmen vernehmbar geworden, die die zentrale Sachfrage nach der Möglichkeit einer handhabbaren und berechenbaren Bewältigung von konfliktgeprägten Entscheidungssituationen als unausweichlich ansehen und deshalb trotz aller Schwierigkeiten an der Suche nach Optionen festhalten, staatliche Abwägungsentscheidungen nachvollziehbar zu machen. Zu nennen ist hier der ambitionierte, auf *Robert Alexy* zurückgehende Ansatz, Abwägungsvorgänge als die Bildung bedingter Vorrangrelationen zu rekonstruieren.[12] Dabei findet eine Notation Verwendung, die der Aussagenlogik entlehnt ist und deren Leistungsfähigkeit noch im einzelnen zu untersuchen sein wird.[13]

Auch diese Schrift geht davon aus, dass hoheitliche Entscheidungen unabdingbar mit dem wertenden Vergleich der Auswirkungen der verschiedenen Handlungsoptionen verknüpft sind. In methodischer Hinsicht verfolgt die Abhandlung im Unterschied zu *Alexy* den Versuch, Erkenntnisse der wirtschaftswissenschaftlich geprägten normativen Entscheidungstheorie in die Rechtswissenschaft einzubringen.[14] Ohne substantielle Widersprüche zur verwaltungsrechtlichen Dogmatik gliedert die Entscheidungstheorie den Vorgang der Entscheidungsherstellung in einen Vierschritt

---

[10] *F. Ossenbühl*, DVBl. 1995, S. 904 (908 r. Sp.); *R. Uerpmann*, Das öffentliche Interesse: seine Bedeutung als Tatbestandsmerkmal und als dogmatischer Begriff, 1999, S. 274: „Hinter der Frage nach der Zulässigkeit von Güterabwägungen im Verfassungsrecht erscheint vielmehr die Kompetenzfrage danach, wer diese Abwägungen vornimmt."

[11] Anschaulich ist insoweit die Diskussion um den verfassungsrechtlichen Begriff des Allgemeinwohls, der manchen Beobachtern als Resultante des politischen Willensbildungsprozesses gilt, *D. Grimm*, Gemeinwohl in der Rechtsprechung des Bundesverfassungsgerichts, in: Münkler/Fischer (Hrsg.), Gemeinwohl und Gemeinsinn im Recht. Konkretisierung und Realisierung öffentlicher Interessen, Bd. III, 2002, S. 125 (127); *E. Fraenkel*, in: Fraenkel, Historische Vorbelastungen des deutschen Parlamentarismus, 1991, S. 23 (64).

[12] *R. Alexy*, Rechtstheorie, Beiheft 1, 1979, S. 59 (64 f., 79 ff.); *R. Alexy*, Rechtssystem und praktische Vernunft, in: Alexy (Hrsg.), Recht, Vernunft, Diskurs: Studien zur Rechtsphilosophie, 1995, S. 213 (216); zuletzt *R. Alexy*, Die Gewichtsformel, in: Jickeli (Hrsg.), Gedächtnisschrift für Jürgen Sonnenschein, 2003, S. 771 ff.; aufbauend auf *Alexys* Ansatz *N. Jansen*, Die Struktur der Gerechtigkeit, 1998, insb. S. 59 ff; *N. Jansen*, Der Staat 1997, S. 27 ff.; *J.-R. Sieckmann*, Regelmodelle und Prinzipienmodelle des Rechtssystems, 1990, S. 52 ff., 141 ff.; *H. Stück*, ARSP 84 (1998), S. 404 (409 ff.); *M. Borowski*, Grundrechte als Prinzipien, 1998.

[13] S. u. vor allem Abschnitt C.V.5.b).

[14] Die Entscheidungstheorie umfasst zu viele Autoren, als dass auch nur ein annähernd vollständiger Nachweis gelingen könnte. Herausragende Bedeutung kommt sicher *K.J. Arrow*, Social Choice and individual values, 1951, *A. Sen*, 85 American Economic Review 1995, S. 1 ff., und *D. Kahneman*, 93 Amer. Econ. Review 2003, S. 1449 ff. zu; instruktiv *S. French*, Decision Theory, 1986; einführend *P. Dörsam*, Grundlagen der Entscheidungstheorie anschaulich dargestellt³, 2001.

aus Problemidentifikation, Zusammenstellung der Handlungsalternativen, Bestandserhebung und Prognosen über deren Auswirkungen auf die als relevant erkannten Belange sowie der für eine abschließende Entscheidung notwendigen Gewichtung.[15]

Die größten Differenzen zwischen beiden Disziplinen zeigen sich bei der eingesetzten Methodik. Während in der normativen Entscheidungstheorie für die Artikulation von Prognosen und Bewertungen formal-numerische Methoden eingesetzt werden, herrscht in Rechtswissenschaft und Rechtspraxis auch für diese Zwecke ein natürlich-sprachliches Vorgehen vor. Allerdings lassen sich auch einige bemerkenswerte Ausnahmen beobachten, deren systematische Aufarbeitung in rechtlicher Hinsicht noch aussteht. So wird der Bundesverkehrswegeplan mit Hilfe einer Kosten-Nutzen-Analyse erstellt, die Gewichtungen von Eignungs- und Zuschlagskriterien bei der öffentlichen Auftragsvergabe anhand von Bewertungsmatrizen und Prozentangaben verdeutlicht, verwenden Behörden Punktesysteme zur Operationalisierung der naturschutzrechtlichen Eingriffsregelung (§ 19 BNatSchG) oder setzen zur Bildung von Gesamtnoten numerische Verfahren für die Bewertung von Prüfungsleistungen ein.[16]

Die in der Rechtspraxis dagegen im allgemeinen gebrauchte verbale Notation von Prognosen und Gewichtungen unterliegt, wie im einzelnen zu zeigen sein wird, erheblichen Beschränkungen in bezug auf ihre kalkulatorische Belastbarkeit und die Nachvollziehbarkeit der entsprechenden Abwägungsvorgänge, womit sie der vollen Erfüllung rechtlicher Ansprüche an die Richtigkeitsgewähr der staatlichen Entscheidungsherstellung, ihrer Nachvollziehbarkeit und letztlich der Effektivität des Rechtsschutzes empfindliche Grenzen setzt. Das ist nicht der vereinzelt unzureichenden Anwendung eines an sich voll tauglichen Instrumentariums geschuldet. Vielmehr lassen sich entscheidende Schwächen einer rein natürlich-sprachlichen Entscheidungsherstellung auf prinzipielle Eigenschaften der natürlichen Sprache als Ausdrucksmittel zurückführen.[17]

---

[15] Besonders klar *O. G. Brim, Jr.*, Personality and decision processes; studies in the social psychology of thinking, 1962, S. 9; im Zusammenhang mit der Gesetzesfolgenabschätzung *E. Altmann*, Grundvorstellungen zur Entscheidungsplanung, in: Rödig/Altmann (Hrsg.), Studien zur Theorie der Gesetzgebung, 1976, S. 454 (457): Ziel und Ressourcenanalyse möglicher Handlungsweisen und deren Auswahlentscheidung auf Grundlage einer Bewertung; in Form von Nutzen-Kosten-Untersuchungen zum Zweck der Evaluation von Vorhaben der Bundesministerien in den 70er Jahren s. *Bundesminister der Finanzen*, Erläuterungen zur Durchführung von Nutzen-Kosten-Untersuchungen, 1973, S. 294 (295 ff.).

[16] Zu diesen Beispielen s. u. Abschnitt B.I.

[17] S. insbesondere die Abschnitte C.IV.3 (in bezug auf Prognosen) und C.V (in bezug auf Gewichtungen).

Aufbauend auf der im folgenden zu erbringenden Analyse der Anforderungen an staatliche Entscheidungen im Verwaltungs-[18], Verfassungs-[19] und Gemeinschaftsrecht[20] soll daher jeweils eine *Ergänzung* der natürlich-sprachlichen Herangehensweise um eine formal-numerische Artikulation von Prognosen und Bewertungen zur Entscheidungsherstellung und ihre Verwendung zur Verdeutlichung von Entscheidungsgründen diskutiert werden. Der größeren Klarheit halber sei schon an dieser Stelle gesagt, dass nachstehend die Unterschiede zwischen natürlich-sprachlichem und numerischem Herangehen im Vordergrund stehen, nicht die Gemeinsamkeiten. Fundamentale Grenzen der Rationalität, wie sie etwa im Zuge der Diskussion um das Unmöglichkeitstheorem von *Kenneth J. Arrow* herausgearbeitet worden sind,[21] werden als gegeben akzeptiert und scheiden damit für den Vergleich verbaler Ansätze mit numerischen Verfahren aus. Schließlich sei darauf hingewiesen, dass die im folgenden an verschiedenen Stellen betrachtete Kosten-Nutzen-Analyse als Instrument zur Herstellung staatlicher Entscheidungen und ihrer Darstellung mit Hilfe von Entscheidungsgründen nichts mit der Unterwerfung unter irgendein Wohlfahrtskriterium zu tun hat oder gar die Annahme eines bestimmten Effizienzkriteriums, etwa das der Reichtumsmaximierung, meint. Die Kosten-Nutzen-Analyse in dem hier erwogenen Sinn ist ein rein formales Instrument zur rationalen Bewältigung komplexer Entscheidungssituationen und als solches gerechtigkeitsindifferent.[22]

## *II. Gang der Darstellung*

Die Abhandlung beginnt mit der Sichtung von Anwendungsfällen numerischer Verfahren zur Unterstützung hoheitlicher Entscheidungen (B). Die Klärung des Begriffs der Abwägung (C.I) analysiert die Ursachen von Entscheidungsspielräumen und die verschiedenen Ansätze zur Strukturierung ihrer rechtsstaatlich befriedigenden Nutzung. Es wird sich zeigen, dass sich aus den gängigen Kontrollmaßstäben für die Ermessensausübung, allen voran aus dem Verhältnismäßigkeitsgrundsatz, wesentliche Elemente einer juristischen Anleitung für die staatliche Entscheidungsherstellung gewinnen lassen. Ergänzt man sie um Konzepte der wirtschaftswissenschaftlichen

[18] S. u. C und D.

[19] S. u. E und F.

[20] S. u. G und H.

[21] *K. J. Arrow*, Social Choice and individual values, 1951, S. 22 ff.; vgl. *A. Sen*, Choice, welfare and measurement, 1982, S. 10 ff., 135 ff., 158 ff., 203 ff.

[22] Zur Unterscheidung der verschiedenen Bereiche der normativen Ökonomik *A. van Aaken*, „Rational Choice" in der Rechtswissenschaft. Zum Stellenwert der ökonomischen Theorie im Recht, 2003, S. 183.

Entscheidungstheorie, so ergibt sich daraus die Abfolge von Präzisierung der Zielsetzungen (Problemidentifikation, C.II), die sorgfältige Zusammenstellung der möglichen und nicht von vornherein rechtlich unzulässigen Handlungsalternativen (Zusammenstellung der Handlungsmöglichkeiten, C.III), die Analyse des Ist-Zustands und die darauf bezogene Ermittlung der projektinduzierten Effekte (Bestandserhebung und voraussichtliche Auswirkungen des Vorhabens, C.IV) und die abschließende Gewichtung der prognostizierten Auswirkungen (Gewichtung der Belange, C.V). Im Rahmen des Abschnitts C.V werden die herkömmlichen, natürlich-sprachlichen Methoden der Artikulation von Bewertungen numerisch-formalen Ansätzen vergleichend gegenübergestellt.

Anschließend ist zu untersuchen, nach welchen Maßstäben Verwaltungsentscheidungen gerichtlich kontrolliert werden (D). Im Zentrum der Betrachtung steht das planungsrechtliche Gebot gerechter Abwägung. Dabei wird insbesondere zu klären sein, ob die vom Bundesverwaltungsgericht entwickelten Anforderungen auch methodische Implikationen haben. Diese Frage stellt sich mit besonderer Schärfe, soweit eine Prüfung der gegebenen Begründung im Unterschied zu einer (bloßen) Begründbarkeits- oder Ergebnisprüfung angezeigt ist.

Auch die Setzung von untergesetzlichem wie formellgesetzlichem Recht verlangt Abwägungsentscheidungen, die dem Verhältnismäßigkeitsgrundsatz unterliegen (E). Hinsichtlich der dabei zu durchlaufenden grundlegenden Schritte unterscheidet sich die Entscheidungsherstellung im Bereich der Rechtsetzung nicht von dem der Rechtsanwendung. Der Gesetz-, Satzungs- oder Verordnungsgeber ist im Vergleich mit der Rechtsanwendung aber freier in der Wahl seiner Ziele. Gerade deswegen kann die Gesetzesfolgenabschätzung unter bestimmten Voraussetzungen wertvolle Beiträge zu einer vernünftigen und transparenten Rechtsetzung leisten (E.II). Ein beachtlicher Unterschied der Rechtsetzung gegenüber dem Vollzug des einfachen Rechts durch Einzelfallentscheidungen liegt in dem regelmäßigen Fehlen einer Begründungspflicht für Rechtsnormen (E.IV). Eine bemerkenswerte Ausnahme in der deutschen Rechtsordnung enthält § 9 Abs. 8 BauGB, nach dem die in aller Regel als Satzungen ergehenden Bebauungspläne zu begründen sind. In den vielen Fällen, in denen dagegen keine Begründung vorliegt, verfolgen Verfassungs- und Verwaltungsgerichte bei der Kontrolle von Rechtsetzungsakten zumeist den Ansatz einer den Vorgaben des Verhältnismäßigkeitsgrundsatzes entsprechenden Begründbarkeitsprüfung (F).

Das in den Abschnitten G und H zu untersuchende Europäische Gemeinschaftsrecht verfügt über ein ausdifferenziertes Zielsystem, das den Gemeinschaftsorganen als Orientierung bei der Durchführung der Gemeinschaftspolitiken dienen soll (G.I). Von großer Bedeutung sind auch die Begründungsanforderungen des Art. 253 EG, die für Einzelfallentscheidungen und Rechtsetzungsakte gleichermaßen gelten (G.II). Was die Methodik der Entscheidungsherstellung anbelangt, so werden nunmehr alle wichtigen Initiativen der Kommission vor ihrer verbindlichen Verabschiedung als Richtlinie oder Verordnung durch eine Folgenabschätzung evaluiert (B.III und G.IV). Abschließend ist die gemeinschaftsrechtliche Kontrolle von Abwägungsentscheidungen zu erörtern, wobei nach einer näheren Funktionsbestimmung der Gerichte der Europäischen Gemeinschaft (H.I) eine Analyse des Verhältnismäßigkeitsgrundsatzes in der Rechtsprechung des Europäischen Gerichtshofs erfolgt (H.II).

# B. Numerische Methoden in Verwaltungspraxis und Rechtsetzung

## *I. Exekutivische Einzelfallentscheidungen*

### 1. Verbal-argumentatives Vorgehen

Die Praxis der staatlichen Organe in Deutschland ist weithin durch ein verbal-argumentatives Vorgehen gekennzeichnet, obwohl das Haushaltsrecht für Bund und Länder die Durchführung angemessener Wirtschaftlichkeitsuntersuchungen für alle finanzwirksamen Maßnahmen vorschreibt.[1] Insbesondere wird die Festlegung der Gewichtigkeiten ganz überwiegend mit den Mitteln der natürlichen Sprache vorgenommen. Hierfür werden, wie bereits erwähnt, in Entscheidungen der Verwaltung, des Gesetzgebers und der Gerichte relationsbezogene Begriffe zur Beschreibung von Vorzügen oder Beeinträchtigungen wie etwa „gering", „mittel", „hoch" oder „überragend" verwendet.[2] Eine präzisierende Explikation des Gehaltes derartiger Attribute findet in aller Regel nicht statt. Es bleibt daher verborgen, in welchem Verhältnis die so ausgedrückten Belastungen oder Vorteile zueinander genau stehen. Die darin liegende Vagheit wird je nach Betrachtungsweise entweder als erhebliches Defizit bei der Entscheidungsherstellung und -darstellung oder als sachgerechte Lösung eines erkenntnistheoretischen wie rechtspolitischen Problems beurteilt.[3]

Ferner ist in der Praxis der Verwaltung zu beobachten, dass auf Grundlage der Kategorisierung der Belange die Vorteile des Projektes in ihrer Gesamtheit mit dem jeweiligen einzelnen Nachteil verglichen werden,

---

[1] § 7 Abs. 2 BHO, § 6 Abs. 2 Haushaltsgrundsätzegesetz; zu beiden Ansatzpunkten *A. von Bogdandy*, Gubernative Rechtsetzung, 2000, S. 373 f. m. w. N.

[2] Siehe nur *Freie und Hansestadt Hamburg*, Planfeststellungsbeschluss DA-Erweiterung vom 8. Mai 2000, 2000: „Außerordentliche Bedeutung" (S. 75), „sehr gewichtige Gründe" für das Vorhaben (S. 67), sehr hohe, hohe, mittlere, geringe Beeinträchtigung (S. 67 ff.); das Bundesverwaltungsgericht hatte in seiner Entscheidung vom 14.11.2002 über einen Planfeststellungsbeschluss zu befinden, der bestimmte Auswirkungen als „außerordentlich stark" bezeichnete – BVerwG v. 14.11.2002, E 117, S. 149 (161); *Bundesministerium für Verkehr, Bau- und Wohnungswesen* (Hrsg.), Bundesverkehrswegeplan 2003. Grundzüge der gesamtwirtschaftlichen Bewertungsmethodik, 2000, S. 66.

[3] Näheres unter C.V.4.

ohne dass eine nachvollziehbare Gesamtabwägung durchgeführt würde („segmentierte Abwägung").[4] Zur Verdeutlichung beider Mängel sei der Planfeststellungsbeschluss über die Erweiterung des Airbus-Werks in Hamburg-Finkenwerder vom 8. Mai 2000 herangezogen, der hinsichtlich seiner Argumentationstechnik der gängigen Praxis voll entspricht.[5] Zunächst teilt die Planfeststellungsbehörde die durch das Vorhaben herbeigeführten Beeinträchtigungen in Klassen ein (sehr hoch, hoch, mittel und gering).[6] So gilt die Teilverfüllung eines Süßwasserwatts als „sehr hohe" Beeinträchtigung.[7] Der zu erwartende Fluglärm wird als „hohe" Beeinträchtigung klassifiziert.[8] Ebenfalls eine „hohe" Beeinträchtigung erfährt nach Ansicht der Planfeststellungsbehörde zum Teil der Tier- und Pflanzenschutz, da der für die Flughafenerweiterung benötigte und infolgedessen zuzuschüttende Teil der Elbe einer der letzten Standorte vom Aussterben bedrohter Arten sei.[9] „Mittlere" Auswirkungen beträfen unter anderem die Berufsfischer und die Erholungsfunktion eines Parks.[10]

Sodann heißt es unter „2.3.3 Abwägung aller Belange":

„Unter Abwägung aller betroffenen Belange wird der Plan für das Vorhaben festgestellt. Mit der getroffenen Entscheidung für das Vorhaben stehen die Belange der vom Flug- und Baulärm betroffenen Anwohner und des Umweltschutzes zurück.

Bei einer Entscheidung gegen das Vorhaben (und damit für die Belange des Lärm- und Umweltschutzes) würden die positiven Effekte für den Arbeitsmarkt und regionalwirtschaftliche Effekte für die Metropolregion Hamburg ersatzlos entfallen. Diese sind für die Metropolregion Hamburg jedoch von außerordentlich großer Bedeutung...

---

[4] Vgl. *E. Hofmann/G. von Wangenheim*, 22 International Review of Law and Economics 2003, S. 511 (515); ähnlich *Regierungspräsidium Stuttgart*, Planfeststellungsbeschluss Landesmesse vom 12. März 2003, 2003, S. 118–171.

[5] *Freie und Hansestadt Hamburg*, Planfeststellungsbeschluss DA-Erweiterung vom 8. Mai 2000, 2000; ähnlich *Regierungspräsidium Stuttgart*, Planfeststellungsbeschluß Landesmesse vom 12. März 2003, 2003: die Realisierung der Messe werde von „gewichtigen überörtlichen Interessen getragen" (S. 122); *Ministerium für Stadtentwicklung, Wohnen und Verkehr des Landes Brandenburg*, Planfeststellungsbeschluss Ausbau Verkehrsflughafen Berlin-Schönefeld vom 13. August 2004, 2004: bei Gesamtbetrachtung der Darlegung in den einzelnen Kapiteln komme den mit dem Ausbauvorhaben verfolgten Zielen gegenüber den entgegenstehenden übrigen öffentlichen und privaten Belangen das größere Gewicht zu (S. 1163); die Planfeststellungsbehörde verkenne jedoch nicht, dass mit dem Ausbau des Verkehrsflughafens auch negative Auswirkungen auf private und öffentliche Interessen verbunden seien. Durch Schutzauflagen werde aber sichergestellt, dass keine öffentlichen oder privaten Interessen in unzumutbarer oder unzulässiger Weise hinter die für das Ausbauvorhaben sprechenden Belange zurückgestellt würden (S. 1164) – im einzelnen s. u. C.V.1.

[6] *Freie und Hansestadt Hamburg* (S. 10, Fn. 5), S. 67ff.

[7] *Freie und Hansestadt Hamburg* (S. 10, Fn. 5), S. 67.

[8] *Freie und Hansestadt Hamburg* (S. 10, Fn. 5), S. 69.

[9] *Freie und Hansestadt Hamburg* (S. 10, Fn. 5), S. 68f.

[10] *Freie und Hansestadt Hamburg* (S. 10, Fn. 5), S. 71.

Mit dieser Entscheidung entstehen Beeinträchtigungen für die vom Flug- und Baulärm betroffenen Anwohner, die jedoch hinsichtlich des Baulärms nur vorübergehend sind. Gleichwohl bewertet die Planfeststellungsbehörde die einmalige Chance, zukunftsfähige Industrie in Hamburg zu sichern, als so gewichtig, dass sie auch die beachtlichen Gründe gegen das Vorhaben zurückstellt."[11]

Betrachtet man den materiellen Kern der Ausführungen, so stellt die Planfeststellungsbehörde in ihrer Gesamtabwägung wirtschaftliche Effekte von „außerordentlich großer" Bedeutung gegen die „beachtlichen" und in verschiedene Klassen eingeteilten Beeinträchtigungen. Dass die Argumentation auf die Berücksichtigung von Wahrscheinlichkeiten verzichtet, soll zunächst unbeachtet bleiben.[12] Die zitierte Passage bezieht sich allein auf Gewichtungen. Zur Begründung führt die Behörde im einzelnen aus, die projektinduzierten Gewässerbelastungen seien mit dem wasserwirtschaftlichen Allgemeinwohl zu vereinbaren, da das Allgemeinwohl erst dann beeinträchtigt sei, wenn die konkreten Folgen der Ausbaumaßnahme so schwerwiegend seien, dass sie schlechterdings nicht mehr hingenommen werden könnten.[13] Die unterhalb dieser Schwelle verbleibenden nachteiligen Auswirkungen seien Gegenstand der Abwägung.[14] Dabei wird auf den Abschnitt des Planfeststellungsbeschlusses verwiesen, der die verschiedenen Beeinträchtigungen in „sehr hohe Beeinträchtigungen", „hohe", mittlere" und „geringe" Beeinträchtigungen einteilt.[15]

Bei den übrigen Beeinträchtigungen wird ähnlich argumentiert. Die Veränderung des Landschaftsbildes sei nicht abschließend zu beurteilen, weil die Höhe der Gebäude durch den Planfeststellungsbeschluss nicht endgültig festgelegt werde.[16] Dennoch gehe auch die Antragstellerseite davon aus, dass mit der Umsetzung der Planung erhebliche Nachteile für das Landschaftsbild verbunden seien.[17] Damit könne auch eine Verringerung der Erholungsfunktion einhergehen. Sämtliche nachteiligen Auswirkungen des Vorhabens auf das Landschaftsbild seien Gegenstand der Abwägung.[18]

Die zu erwartende projektbedingte Zusatzbelastung durch Verkehrslärm sei nur dann ein Problem, wenn sie eine Konfliktplanung schaffe, die nicht bewältigt werden könne.[19] Das könnte und müsste aber trotz bereits bestehender starker Verkehrsbelastung letztlich bauplanungsrechtlich ge-

---

[11] *Freie und Hansestadt Hamburg* (S. 10, Fn. 5), S. 75.
[12] Dazu im einzelnen unter C.IV.1.b)bb)(1).
[13] *Freie und Hansestadt Hamburg* (S. 10, Fn. 5), S. 157.
[14] *Freie und Hansestadt Hamburg* (S. 10, Fn. 5), S. 157.
[15] *Freie und Hansestadt Hamburg* (S. 10, Fn. 5), S. 67ff.
[16] *Freie und Hansestadt Hamburg* (S. 10, Fn. 5), S. 449.
[17] *Freie und Hansestadt Hamburg* (S. 10, Fn. 5), S. 434.
[18] *Freie und Hansestadt Hamburg* (S. 10, Fn. 5), S. 435.
[19] *Freie und Hansestadt Hamburg* (S. 10, Fn. 5), S. 201.

schehen.[20] Die Zunahme des Fluglärms sei trotz erheblicher Steigerungen angemessen berücksichtigt.[21] Grundlegende Veränderungen der Wertsituation betroffener Grundstücke seien nicht zu erwarten. Die dennoch tatsächlich auftretenden Betroffenheiten seien Gegenstand der Abwägung.[22]

Der üblichen Vorgehensweise entsprechend geht der Planfeststellungsbeschluss auf die erheblichen Mittel, die der Fiskus zur Unterstützung des Vorhabens aufgewendet hatte – insgesamt wurde ein Betrag von rund 1,5 Milliarden Euro benötigt –,[23] nicht ein. Das ist jedenfalls dann ein Defizit, wenn man mit dem Bundesverwaltungsgericht Belastungen der öffentlichen Hand als abwägungsrelevante Belange prinzipiell anerkennt[24] und deren hinreichend vollständige Ermittlung und angemessene Gewichtung verlangt. Die Argumentationsweise der Behörde verdient aber vor allem aus einem anderen Grund vertiefte Aufmerksamkeit. Seiner Struktur nach enthält der als „Begründung" bezeichnete Teil des Planfeststellungsbeschlusses zunächst die detaillierte Untersuchung, ob das Vorhaben an strikten Planungsleitsätzen scheitert. Das sei im Ergebnis hinsichtlich keiner Sachfrage der Fall. Die verbleibenden nachteiligen Wirkungen seien, so wird wiederholt gesagt, Gegenstand der Abwägung. Über diese Behauptung hinaus wird aber nicht dargelegt, wieso die Vorteile nach Ansicht der Planfeststellungsbehörde *insgesamt* größer sind als die Nachteile in ihrer Gesamtheit.

Ein solches Vorgehen begegnet hinsichtlich seiner Überzeugungskraft gravierenden Bedenken, da es Bürgern und Gerichten zumutet, die Behauptung einer vernünftigen Aggregation der einzelnen Segmente („gerechte Abwägung") zu akzeptieren, ohne dass dies die Behörde durch eine angemessene Darstellung in der Begründung des Planfeststellungsbeschlusses nachgewiesen hätte.[25] Verallgemeinert man insoweit den Ansatz der Behörde als Methode der Entscheidungsherstellung, so kann man daran sehen, welchen Limitierungen dies unterworfen wäre – was ergäbe etwa die Gesamtabwägung der Folgen einer bestimmten Handlungsalternative, die einerseits einen „außerordentlichen" Vorteil brächte, andererseits aber drei,

---

[20] *Freie und Hansestadt Hamburg* (S. 10, Fn. 5), S. 201, 358.

[21] *Freie und Hansestadt Hamburg* (S. 10, Fn. 5), S. 252.

[22] *Freie und Hansestadt Hamburg* (S. 10, Fn. 5), S. 358.

[23] *E. Hofmann/G. von Wangenheim*, 22 International Review of Law and Economics 2003, S. 511 (515).

[24] BVerwG v. 30.9.1998, 4 VR 9.98 – Buchholz 407.4 § 17 FStrG Nr. 142 S. 291 m. w. N.; v. 27.1.2000, E 110, S. 302 (311); v. 31.1.2001, 11 A 6.00, NVwZ-RR 2001, S. 653 (654); v. 31.1.2002, DVBl 2002, 990 (992 f.); VGH München v. 8.3.2004, 22 A 03.40058, UA S. 13. Mehrkosten können nach Art. 3 Abs. 1 BayEG (sogar) geeignet sein, einen Eingriff in privates Eigentum zu rechtfertigen; für Ausnahmefälle sieht *Büchs* sogar die alleinige Heranziehung des Kostenarguments als zulässig an (*H. Büchs*, Handbuch des Eigentums- und Entschädigungsrechts³, 1996, Rz. 1166).

[25] Ausführlich *E. Hofmann/G. von Wangenheim*, 22 International Review of Law and Economics 2003, S. 511–519.

sechs oder elf zu erwartende „mittlere" Beeinträchtigungen? Es liegt auf der Hand, dass sich nur mit Schwierigkeiten eine nachvollziehbare Antwort geben ließe.

Dennoch wird ein numerischer Ausdruck der Gewichtigkeiten in Rechtswissenschaft und Rechtspraxis ganz überwiegend abgelehnt, ohne dass die Gründe hierfür immer klar zu erkennen wären.[26] Die planungsrechtliche Literatur hält eine verbal-argumentative Abwägung durchweg für sachgerecht.[27] Selbst dort, wo eine Gesamtschau der Belange ausdrücklich gesetzlich gefordert ist – wie etwa bei dem Konzept des integrierten, medienübergreifenden Umweltschutzes nach der IVU-Richtlinie[28] und des entsprechend geänderten Bundes-Immissionsschutzgesetzes –, erscheint manchem Autor eine numerische Methodik als aufwendiger und komplizierter Formalismus, der triviale Ergebnisse produziere, zu denen der gesunde Menschenverstand einfacher und schneller gelangen könne.[29] Demgegenüber sehen lediglich einzelne methodisch orientierte Beiträge formale Darstellungsweisen jedenfalls in analytischer Hinsicht als hilfreich an.[30] Noch kleiner ist der Kreis der Autoren in der juristischen Literatur, der die Verwendung numerischer Instrumente zum Umgang mit Bewertungen ausdrücklich befürwortet.[31]

Bei näherem Hinsehen steht die deutsche Verwaltungspraxis formalen Instrumenten allerdings nicht ganz so abweisend gegenüber, wie es zunächst

---

[26] Ausdrücklich skeptisch *K. Larenz*, Methodische Aspekte der Güterabwägung, in: Hauss (Hrsg.), Festschrift für Ernst Klingmüller, 1974, S. 235 (248).

[27] S. nur für Viele: *W. Hoppe*, in: Hoppe/Bönker/Grotefels, Öffentliches Baurecht, 2002, S. 262 ff.; *T. Würtenberger*, VVDStRL 58 (1999), S. 139 (154 ff.); *R. Steinberg et al.*, Fachplanung, 2000, S. 202 ff.; *J. Kühling/N. Herrmann*, Fachplanungsrecht, 2000, S. 102 ff.

[28] Richtlinie 96/61/EG des Rates vom 24.9.1996 über die integrierte Vermeidung und Verminderung der Umweltverschmutzung, ABl. EG Nr. L 257 v. 10.10.1996, S. 26.

[29] Pointiert *P. Davids*, Immissionsschutz 1999, S. 134 (136); zustimmend *K. Hansmann*, ZUR 2002, S. 18 (22 l. Sp.).

[30] *H.-J. Koch*, Unbestimmte Rechtsbegriffe, 1979, S. 36 ff.; *R. Rubel*, Planungsermessen, 1982, S. 30 ff.; *R. Alexy*, Theorie der Grundrechte[1], 1986, S. 143 ff.; *R. Dechsling*, Das Verhältnismäßigkeitsgebot: eine Bestandsaufnahme der Literatur zur Verhältnismäßigkeit staatlichen Handelns, 1989, insb. S. 51 ff.; *B. Schlink*, Abwägung im Verfassungsrecht, 1976, S. 181 ff.; *N. Jansen*, Die Struktur der Gerechtigkeit, 1998, insb. S. 59 ff.

[31] *H. Hubmann*, Wertung und Abwägung im Recht, 1977, insb. S. 166 f.; *E. L. Nell*, Wahrscheinlichkeitsurteile in juristischen Entscheidungen, 1983, S. 153 ff.; *T. W. Wälde*, Juristische Folgenorientierung: „policy analysis" und Sozialkybernetik; methodische und organisatorische Überlegungen zur Bewältigung der Folgenorientierung im Rechtssystem, 1979, S. 72 ff.; zur Automation bei der Rechtsanwendung im Einkommensteuerrecht und im Sozialrecht (Rentenberechnung) unter Heranziehung des vom Bundesministerium der Finanzen für die maschinelle Berechnung der Lohnsteuer erarbeiteten Programmablaufplans (Bundessteuerblatt 1980, Teil 1, S. 627 ff.) *U. Klug*, Juristische Logik[4], 1982, S. 181 ff.; als Abwägungsoptimist kann wohl auch *Häberle* gelten, s. *P. Häberle*, Die Wesensgehaltsgarantie des Art. 19 Abs. 2 GG[1], 1962, S. 32 ff.

den Anschein haben mag. Die folgenden Beispiele zeigen jedenfalls, dass Verwaltungsaufgaben in bestimmten Bereichen auch in Deutschland durchaus mit Hilfe numerischer Methoden angegangen werden.

## 2. Bewertung von Prüfungsleistungen

Ein erster Anwendungsfall für den Einsatz von numerischen Instrumenten liegt in der Benotung von Prüfungsleistungen. Schulnoten kommen in Deutschland mit der verbal oder zahlenmäßig ausgedrückten Stufung in sechs Noten aus (sehr gut, gut, befriedigend ausreichend, mangelhaft, ungenügend),[32] die allerdings für die Bewertung von Einzelleistungen noch mit einem „+“ oder einem „-“ auf- bzw. abgewertet werden können.[33] Das erweist sich als hinreichend praktikabel, weil es abgesehen von der transparenten Artikulation der Bewertung nur um Versetzungszeugnisse geht, die von der Erfüllung bzw. Nichterfüllung von für die Versetzung notwendigen Bedingungen abhängen. Hierfür kommt es nur auf die Noten in den einzelnen Fächern an, nicht hingegen auf die Summe der erreichten Noten oder einen bestimmten Notendurchschnitt.

Eine solche Gesamtnote wird aber seit langem im Rahmen der Sekundarstufe II und der sie abschließenden Abiturprüfung gebildet.[34] Zu diesem Zweck werden die sechs Schulnoten in ein von 0 bis 15 reichendes Punktesystem überführt (13–15 Punkte entsprechen „sehr gut“, 10–12 Punkte „gut“ usw.). Die „Übersetzung“ der sechsstufigen Schulnoten in Punkte hat den Vorzug, die Verrechnung zu unterstützen. Hat beispielsweise ein Schüler drei Kurse absolviert, die mit einem knappen sehr gut „(1-)“, einem guten „befriedigend“ (3+) und einem glatten ausreichend (4) benotet wurden, so gelingt die Bildung eines arithmetischen Mittels dieser Noten viel leichter, wenn man sie in ein Dezimalsystem überträgt.

Ganz ähnlich wird auch bei den juristischen Staatsprüfungen verfahren, um die Noten klar, eindeutig und genau auszudrücken und die Bildung von Gesamtbeurteilungen zu erleichtern.[35] Wie bei den Schulnoten in der Sekundarstufe II werden durch die Notenverordnung verbal bezeichneten Noten zahlenmäßige Äquivalente im Sinne eines Dezimalsystems zu-

[32] Einen Überblick über verschiedene Schulnotensysteme bietet http://de.wikipedia.org/wiki/Schulnote (letzter Zugriff 1.11.2006).

[33] In der Schweiz ist 6 die beste Note, 1 die schlechteste; in den USA gibt es durch Buchstaben ausgedrückte Noten von A bis F, wobei keine Note „E“ vergeben wird.

[34] S. etwa § 16 der nordrhein-westfälischen Verordnung über den Bildungsgang und die Abiturprüfung in der gymnasialen Oberstufe vom 5. Oktober 1998, zuletzt geändert durch Verordnung vom 11. Dezember 2004 (SGV. NRW 2004, S. 223).

[35] Vgl. etwa § 35 Hamburgisches Juristenausbildungsgesetz (JAG v. 11. Juni 2003, Hmb. GVBl. 2003, S. 156).

geordnet (0 Punkte = ungenügend, 1–3 Punkte = mangelhaft, 4–6 Punkte = ausreichend, 7–9 Punkte = befriedigend, 10–12 Punkte = vollbefriedigend, 13–15 Punkte = gut, 16–18 Punkte = sehr gut).[36] Die Zeugnisse für die Staatsprüfungen weisen die Gesamtpunktzahl und die ihr entsprechende Gesamtnote aus,[37] wobei einzelne Noten aufgrund eines durch die Prüfungsordnungen festgelegten Rechenvorgangs zu einer Gesamtnote zusammengefasst werden.[38]

An der Überführung von Schulnoten in ein Dezimalsystem wie in der Sekundarstufe II kann man sehen, dass die Wahl des Bewertungssystems maßgeblichen Einfluss auf die Praktikabilität und die Transparenz des gewählten Verfahrens haben kann, ohne etwas an den Bewertungen im Sinne der Ergebnisse der Beurteilungsvorgänge selbst zu ändern. Dabei hängt die Bedeutung einer Bezeichnung von dem Konzept ab, dem sie entstammt. Die Aussage „sehr gut" wäre etwa eine andere, wenn sie nicht wie im deutschen Schulnotensystem für die beste Leistung stünde, sondern für eine zweitbeste, wenn es darüber noch „exzellente" Leistungen gäbe. Darüber hinaus berührt die Heranziehung eines Punktesystems nicht die Frage, ob überhaupt Noten vergeben werden sollten. Für Grundschulen gelten zum Teil andere Bewertungsverfahren.[39]

Schließlich betrifft die Verwendung eines numerischen Bewertungssystems nicht den Maßstab, der den Noten und ihrem Aggregationsmodus zugrundeliegt. Verbale und zahlenmäßige Systeme können gleichermaßen für ganz unterschiedliche Bewertungsansätze stehen. So kann man der besten erbrachten Leistung die beste mögliche Note geben und die übrigen Leistungen relativ zu ihr bewerten, oder man kann sich eines „objektiven" Maßstabs bedienen, bei der auch die beste der zu bewertenden Leistungen an normativ gesetzten Anforderungen gemessen wird. Für letzteres sind die deutschen Schulnoten und die Noten für die juristischen Prüfungen Beispiele. Die „durchschnittlichen Anforderungen", auf die die juristische Notenverordnung abhebt,[40] werden unabhängig von dem Leistungsniveau des jeweiligen Jahrgangs definiert.

---

[36] Verordnung über eine Noten- und Punkteskala für die erste und zweite juristische Prüfung v. 3.12.1981, BGBl. I S.1243 (Notenverordnung).

[37] Die numerisch ausgedrückte Gesamtnote wird nach § 2 Abs. 2 der Notenverordnung in eine verbale Bezeichnung umgesetzt, die von der Benotung von Einzelleistungen geringfügig abweicht.

[38] § 35 Hamburgisches Juristenausbildungsgesetz (S. 14, Fn. 35).

[39] In Nordrhein-Westfalen gibt es in der Grundschule zwar auch Zeugnisse, diese werden aber erst in der vierten Klasse mit Noten versehen. In den ersten drei Klassen erfolgt die Bewertung anhand eines Berichts, s. §§ 9ff. der Verordnung über den Bildungsgang in der Grundschule (Ausbildungsordnung gemäß § 26 b SchVG – AO-GS) in der Fassung der Bekanntmachung vom 14. November 1996, zuletzt geändert durch Gesetz vom 8. Juli 2003, SGV. NRW, S. 223.

[40] § 1 der Notenverordnung (S. 15, Fn. 36).

## 3. Vergaberechtliche Auswahlkriterien

Von den Eigenschaften numerischer Bewertungssysteme, Gesamtbetrachtungen zu gestatten und eine besonders hohe Transparenz von Gewichtungen zu gewährleisten, wird auch im Vergaberecht Gebrauch gemacht. Es ist anerkannt, dass der staatliche Bedarf an den zur Erfüllung öffentlicher Aufgaben nötigen Personal- und Sachmitteln nicht nur durch eigene Ressourcen befriedigt werden kann. Daneben verfügt der Staat noch über die Möglichkeit der hoheitlich-imperativen Güterbeschaffung wie im Falle der Enteignung oder, wie im Bereich des Vergabewesens, durch den Abschluss privater Verträge mit der Wirtschaft.[41] Das Beschaffungswesen ist für zwischen 8 und 15 % des Bruttosozialprodukts verantwortlich.[42] In den Mitgliedstaaten der Europäischen Union bewegt sich die volkswirtschaftliche Bedeutung der öffentlichen Aufträge überwiegend am oberen Rand der genannten Marge.[43]

Die rechtlichen Maßgaben für das Beschaffungswesen stehen im Spannungsfeld zwischen dem Effizienzgebot haushaltsschonender und qualitativ hinreichender Leistungserbringung einerseits und den Interessen der Bieter an einem fairen und transparenten Vergabeverfahren andererseits. Das drückt sich in einer relativ komplexen Rechtslage aus, die zudem aus drei Schichten besteht, dem nationalen, dem europäischen und dem völkerrechtlichen Vergaberecht. Letzteres trägt für die Heranziehung numerischer Verfahren nichts aus und wird daher im folgenden nicht weiter berücksichtigt.[44]

### *a) Rechtsgrundlagen*

Bis 1989 war das Beschaffungswesen nahezu ausschließlich innerstaatlich geprägt.[45] In Deutschland galten neben dem Gleichbehandlungsgebot aus

[41] Im Schrifttum wird auch der Begriff „Submissionswesen" gebraucht (*C. Riese/A. Theurer*, Vergaberecht: Grundlagen – Verfahren – Rechtsschutz, 1998, S. 2).

[42] *N. Meyer*, Die Einbeziehung politischer Zielsetzungen bei der öffentlichen Beschaffung: zur Zulässigkeit der Verwendung sogenannter „beschaffungsfremder Kriterien" unter besonderer Berücksichtigung der Tariftreueerklärungen, 2002, S. 46.

[43] *H.-J. Prieß*, Handbuch des europäischen Vergaberechts: Gesamtdarstellung der EU/EWR-Vergaberegeln mit Textausgabe², 2001, S. 1.

[44] Gegenwärtig gilt das am 1.1.1996 in Kraft getretene Übereinkommen über das Beschaffungswesen von 1994 („Government Procurement Agreement, GPA"), das von 39 WTO-Mitgliedern, darunter die EG und ihre Mitgliedstaaten, ratifiziert worden ist, für die EG umgesetzt durch ABl. EG 1994 Nr. L 336, 273; s. hierzu *K. Odendahl*, EuZW 2004, S. 647 ff.; umfassender Überblick bei *S. L. Arrowsmith*, Government procurement in the WTO, 2003; lesenswert auch *H. Büsing*, Das WTO-Übereinkommen über das öffentliche Beschaffungswesen, 2002.

[45] Zur Geschichte des Vergaberechts in Deutschland instruktiv *E. Pache*, Tatbestandliche Abwägung und Beurteilungsspielraum, 2001, S. 353 ff.

Art. 3 Abs. 1 GG verschiedene haushaltsrechtliche Bestimmungen.[46] Zu dieser Zeit wurde nur ein kleiner Teil der Aufträge an Unternehmen vergeben, die aus einem anderen Land stammten.[47] Das nunmehr stark europarechtlich geprägte Vergaberecht geht auf Anstrengungen der Kommission zurück, die hierfür einen Grund in der europaweit zersplitterten Rechtslage erkannte und sich spätestens seit 1989 bemühte, die entsprechenden Wettbewerbshindernisse zu verringern.[48] Zunächst bemühte sich die Bundesrepublik Deutschland, mit einer Änderung des Haushaltsrechts im Jahre 1993 die gemeinschaftsrechtlichen Vorgaben umzusetzen.[49] Die verspätete Umsetzung in Form der Einfügung von §§ 57a bis 57c in das Haushaltsgrundsätzegesetz war jedoch vielfach als unzureichend abgelehnt worden.[50] Mit dem daraufhin erlassenen Vergaberechtsänderungsgesetz aus dem Jahre 1998 wurde die Problematik zutreffend in das Wettbewerbsrecht verschoben.[51] Seitdem finden sich wesentliche Bestimmungen in den §§ 97 ff. GWB, die von den Verdingungsordnungen ergänzten werden.[52]

Nunmehr hat sich ein zweigeteiltes Vergaberecht entwickelt.[53] Das gemeinschaftsrechtliche Vergaberecht und die darauf bezogenen mitgliedstaatlichen Umsetzungsakte sind für alle Ausschreibungen heranzuziehen, die Aufträge betreffen, deren Wert bestimmte Schwellen überschreitet.[54] Unterhalb der Schwellenwerte gelten primäres Gemeinschaftsrecht und die generellen Vorgaben des nationalen Rechts, also Diskriminierungsverbote, Grundfreiheiten bzw. Grundrechte und der Verhältnismäßigkeitsgrund-

46 § 30 HGrG sowie § 55 der BHO und der LHO.

47 *K. Odendahl*, EuZW 2004, S. 647 (647) – nur rund 2 % aller öffentlichen Aufträge.

48 Richtlinie 89/665/EWG des Rates vom 21.12.1989 zur Koordinierung der Rechts- und Verwaltungsvorschriften für die Anwendung der Nachprüfungsverfahren im Rahmen der Vergabe öffentlicher Liefer- und Bauaufträge, ABl. EG 1989 Nr. L 395, S. 33, geänd. ABl. EG 1992 L 209, S. 1.

49 Zweites Gesetz zur Änderung des Haushaltsgrundsätzegesetzes v. 26.11.1993, BGBl. 1993 I, S. 1928.

50 *G. Nicolaysen*, Ein Binnenmarkt für öffentliche Aufträge, in: Baur u. a. (Hrsg.), Europarecht, Energierecht, Wirtschaftsrecht: Festschrift für Bodo Börner zum 70. Geburtstag, 1992, S. 345 (356); *J. Pietzcker*, Änderungen des Rechtsschutzes bei der Auftragsvergabe, in: Bender u. a. (Hrsg.), Rechtsstaat zwischen Sozialgestaltung und Rechtsschutz: Festschrift für Konrad Redeker zum 70. Geburtstag, 1993, S. 501 (504); *M. Dreher*, NVwZ 1996, S. 345 ff.; a. A. *K. Hailbronner*, RIW 1992, S. 553 (561).

51 Gesetz zur Änderung der Rechtsgrundlagen für die Vergabe öffentlicher Aufträge (Vergaberechtsänderungsgesetz) v. 26.8.1998, BGBl. 1998 I, S. 2512 ff.

52 Verdingungsordnung für Leistungen, Teil A (VOL/A) v. 17.9.2002, BAnz. v. 20.11.202, Nr. 216a; Verdingungsordnung für Bauleistungen, Teil B (VOB/B), BAnz. v. 29.19.2002, Nr. 202a.

53 Vgl. die detaillierte Übersicht von *C. Koenig/J. Kühling*, NZBau 2003, S. 126 (127).

54 Die Schwellenwerte sind in Art. 16 der Richtlinie 2004/17/EG und Art. 7, 8 und 9 der Richtlinie 2004/18/EG festgelegt.

satz.[55] Oberhalb der Schwellenwerte findet das gemeinschaftsrechtliche spezielle Vergaberecht Anwendung, dem bis zum 31. Dezember 2005 insbesondere folgende vier Richtlinien zugrundeliegen:[56]

– die Richtlinie 92/50/EWG des Rates vom 18.6.1992 über die Koordinierung der Verfahren zur Vergabe öffentlicher Aufträge,[57]

– die Richtlinie 93/36/EWG des Rates vom 14.6.1993 über die Koordinierung zur Vergabe öffentlicher Lieferaufträge,[58]

– die Richtlinie 93/37/EWG des Rates vom 14.6.1993 zur Koordinierung der Verfahren öffentlicher Bauaufträge[59] sowie

– die Richtlinie 93/38/EWG des Rates vom 14.6.1993 zur Koordinierung der Auftragsvergabe im Bereich Wasser-, Energie- und Verkehrsversorgung sowie im Telekommunikationssektor.[60]

Diese vier materiell-rechtlichen Richtlinien wurden noch ergänzt durch zwei Rechtsmittelrichtlinien.[61] Das aufgeführte Regelwerk ist in Deutschland durch das Vergaberechtsänderungsgesetz[62] und die Vergabeverordnung (VgV)[63] umgesetzt. Besondere Bedeutung kommt insoweit § 97 Abs. 6 GWB, § 127 GWB und § 4 Abs. 1 VgV zu. Ausweislich der Bestimmung des § 100 Abs. 1 GWB finden die §§ 97ff. GWB nur auf Ausschreibungen Anwendung, die die in der Vergabeverordnung festgelegten Schwellenwerte überschreiten. Ab dem 1. Januar 2006 gibt es nur noch zwei materielle Richtlinien,[64]

---

[55] Einen guten Überblick über die Verfahrensarten und die mit ihnen verbundenen Anforderungen bieten *C. Koenig/A. Haratsch*, NJW 2003, S. 2637 (2640).

[56] Für öffentliche Stellen wie Bieter hilfreich ist insbesondere die von der EG eingerichtete Internetseite http://simap.eu.int/ (letzter Zugriff 30.10.2006).

[57] ABl. EG 1992 Nr. L 209 S. 1, zuletzt geändert ABl. EG 2001 Nr. L 285 S. 1, berichtigt ABl. EG 2002 Nr. L 214 S. 1.

[58] ABl. EG 1993 Nr. L 199 S. 1, zuletzt geändert ABl. EG 2001 Nr. L 285 S. 1, berichtigt ABl. EG 2002 Nr. L 214 S. 1.

[59] ABl. EG 1993 Nr. L 199 S. 54, zuletzt geändert ABl. EG 2001 Nr. L 285 S. 1, berichtigt ABl. EG 2002 Nr. L 214 S. 1.

[60] ABl. EG 1993 Nr. L 199 S. 84, zuletzt geändert ABl. EG 2001 Nr. L 285 S. 1, berichtigt ABl. EG 2002 Nr. L 214 S. 1.

[61] Richtlinie 89/665/EWG des Rates vom 21. Dezember 1989 zur Koordinierung der Rechts- und Verwaltungsvorschriften für die Anwendung der Nachprüfungsverfahren im Rahmen der Vergabe öffentlicher Liefer- und Bauaufträge, ABl. EG 1989 Nr. L 395 S. 33, geändert ABl. EG 1992 Nr. L 209 S. 1; Richtlinie 92/13/EWG des Rates vom 25. Februar 1992 zur Koordinierung der Rechts- und Verwaltungsvorschriften für die Anwendung der Gemeinschaftsvorschriften über die Auftragsvergabe durch Auftraggeber im Bereich der Wasser-, Energie- und Verkehrsversorgung sowie im Telekommunikationssektor, ABl. EG 1992 Nr. L 395 S. 33, geändert durch ABl. EG 1992 Nr. L 209 S. 1.

[62] G zur Änderung der Rechtsgrundlage für die Vergabe öffentlicher Aufträge v. 26.8.1998, BGBl. I 1998 S. 2512.

[63] Verordnung über die Vergabe öffentlicher Aufträge in der Bekanntmachung v. 11.2.2003, BGBl. I 2003 S. 169.

[64] Einen guten Überblick über die Neuregelungen bietet *M. Knauff*, EuZW 2004, S. 141ff.

– die Richtlinie 2004/17/EG des Europäischen Parlaments und des Rates vom 31. März 2004 zur Koordinierung der Zuschlagserteilung durch Auftraggeber im Bereich der Wasser-, Energie und Verkehrsversorgung sowie der Postdienste,[65] und die

– Richtlinie 2004/18/EG des Europäischen Parlaments und des Rates vom 31. März 2004 über die Koordinierung der Verfahren zur Vergabe öffentlicher Bauaufträge, Lieferaufträge und Dienstleistungsaufträge.[66]

Ob sich die Verringerung der Anzahl der Richtlinien angesichts des Umfangs des neuen Sekundärrechts als Vereinfachung darstellt, ist bezweifelt worden.[67] An den Grundstrukturen der bisherigen Rechtslage ändert sich ohnehin nichts. Nach wie vor sind offene Verfahren von nichtoffenen und von Verhandlungsverfahren zu unterscheiden.[68] Neu geschaffen sind die Verfahren des wettbewerblichen Dialogs[69] und die elektronische Auktion.[70] Da an die Verhandlungsverfahren besondere Anforderungen gestellt werden,[71] lässt sich sagen, dass die offenen und nichtoffenen Verfahren grundsätzlich vorrangig sind, auch wenn die öffentlichen Stellen im übrigen frei sind, zwischen offenen und nichtoffenen Verfahren zu wählen.[72]

In offenen Verfahren können alle interessierten Bieter ein Angebot abgeben, in nichtoffenen Verfahren können sich alle Wirtschaftsteilnehmer um die Teilnahme bewerben, aber nur die vom öffentlichen Auftraggeber aufgeforderten Wirtschaftsteilnehmer dürfen ein Angebot abgeben. In Verhandlungsverfahren wendet sich der öffentliche Auftraggeber an Wirtschaftsteilnehmer seiner Wahl und verhandelt mit einem oder mehreren von ihnen über die Auftragsbedingungen. Voraussetzung für das Funktionieren offener wie nichtoffener Verfahren ist eine Bekanntmachung über die Ausschreibung, die den Bietern hinreichende Informationen über die gesuchte Leistung und die Zuschlagskriterien gibt. Dementsprechend ausführlich werden die Inhalte der Bekanntmachungen in den neuen Richtlinien geregelt.[73]

---

[65] Richtlinie 2004/17/EG des Europäischen Parlaments und des Rates vom 31.3.2004 zur Koordinierung der Zuschlagserteilung durch Auftraggeber im Bereich der Wasser-, Energie- und Verkehrsversorgung sowie der Postdienste, ABl. EG Nr. L 134 S. 1.

[66] Richtlinie 2004/18/EG des Europäischen Parlaments und des Rates vom 31.3.2004 über die Koordinierung der Verfahren zur Vergabe öffentlicher Bauaufträge, Lieferaufträge und Dienstleistungsaufträge, ABl. EG Nr. L 134 S. 114. Beide Richtlinien werden durch die Rechtsmittelrichtlinie 89/665/EWG (S. 18, Fn. 61) ergänzt.

[67] *M. Knauff*, EuZW 2004, S. 141 (141).

[68] Art. 1 Abs. 9 der Richtlinie 2004/17/EG; Art. 1 Abs. 11 der Richtlinie 2004/18/EG.

[69] Art. 29, 40 der Richtlinie 2004/18/EG.

[70] Art. 54 der Richtlinie 2004/18/EG; s. *M. Knauff*, EuZW 2004, S. 141 (142f.).

[71] Art. 30, 31 der Richtlinie 2004/18/EG; Art. 40 Abs. 3 der Richtlinie 2004/17/EG.

[72] *C. Koenig/A. Haratsch*, NJW 2003, S. 2637 (260); a.A. *H.-J. Prieß*, Handbuch des europäischen Vergaberechts: Gesamtdarstellung der EU/EWR-Vergaberegeln mit Textausgabe², 2001, S. 114.

[73] Anhang XIII der Richtlinie 2004/17/EG; Anhang VII Teil A der Richtlinie 2004/18/EG.

### b) Vergabefremde Zwecke und ihre Gewichtung

Wesentliche Aufgabe eines Vergabeverfahrens ist es, fachlich geeignete, leistungsfähige und zuverlässige Bieter zu finden,[74] die dem Staat die erforderlichen Sach- und Personalmittel zu den günstigsten Konditionen verschaffen. Für deren Auswahl kann im wesentlichen darauf abgestellt werden, ob sie entsprechende Befähigungen nachweisen können und sich bislang als gesetzestreue Gewerbetreibende erwiesen haben. Darüber hinaus kommt es im Grunde nur auf den von ihnen angebotenen Preis an. Eine besondere Problematik liegt aber darin, dass staatliche Stellen schon immer bestrebt waren, mit Hilfe von öffentlichen Aufträgen auch andere Ziele als die unmittelbaren Beschaffungszwecke zu verfolgen, etwa im Bereich des Umweltschutzes, der Gleichberechtigung der Geschlechter oder der Bekämpfung illegalen Verhaltens.[75] Im deutschen Recht erlaubt § 97 Abs. 4 GWB die Heranziehung „anderer oder weitergehender" Anforderungen. Die Verfolgung von vergabefremden Zwecken schafft die Gefahr einer indirekt diskriminierenden Auswahl unter den Bietern und führt dadurch gegebenenfalls zu Effizienzeinbußen.[76] Daher ist man bestrebt, den Missbrauchsgefahren durch einschränkende materielle Vorgaben und ein transparentes Vergabeverfahren Einhalt zu gebieten.

Vor allem bei den Entscheidungen *Concordia*[77] und *Wienstrom*[78] hatte sich der EuGH in neuerer Zeit mit den Grenzen der Zulässigkeit von Sekundärzwecken zu befassen. Das Gericht befand in den genannten Judikaten die ausschlaggebende Einbeziehung von Umweltgesichtspunkten für gemeinschaftsrechtskonform, obwohl dies in den entsprechenden Richtlinien nicht ausdrücklich vorgesehen war. Nach dem für das *Concordia*-Urteil maßgeblichen Art. 36 Abs. 1 lit. a der Richtlinie 92/50/EG[79] waren zwar vergabefremde Zwecke grundsätzlich zulässig, sie mussten jedoch auf den jeweiligen Auftrag bezogen sein, „z.B. durch Qualität, technischer Wert,

---

[74] Vgl. § 97 Abs. 3 GWB.

[75] Einen guten Überblick bietet *N. Meyer*, Die Einbeziehung politischer Zielsetzungen bei der öffentlichen Beschaffung: zur Zulässigkeit der Verwendung sogenannter „beschaffungsfremder Kriterien" unter besonderer Berücksichtigung der Tariftreueerklärungen, 2002, S. 82ff.; s.a. *W. Krohn*, Öffentliche Auftragsvergabe und Umweltschutz, 2003, S. 7ff.; *C. Benedict*, Sekundärzwecke im Vergabeverfahren: öffentliches Auftragswesen, seine teilweise Harmonisierung im EG/EU-Binnenmarkt und die Instrumentalisierung von Vergaberecht durch vergabefremde Aspekte, 2000, S. 17ff.

[76] Kritisch daher zur Verfolgung vergabefremder Zwecke – allerdings bezogen auf die frühere Rechtslage – *F. Rittner*, EuZW 1999, S. 677 (678ff.).

[77] EuGH, Rs. C-513/99 (*Concordia Bus Finland*), Slg. 2002, S. I-7213.

[78] EuGH, Rs. C-448/01 (*Wienstrom*), ABl. EG Nr. C 21 v. 24.1.2004, S. 5 = EuZW 2004, S. 81.

[79] Richtlinie 92/50/EWG des Rates vom 18. Juni 1992 über die Koordinierung der Verfahren zur Vergabe öffentlicher Dienstleistungsaufträge, ABl. EG Nr. L 209, S. 1.

Ästhetik, Zweckmäßigkeit der Leistung, Kundendienst und technische Hilfe, Lieferzeitpunkt, Ausführungszeitraum oder -frist".

Bei der *Wienstrom*-Entscheidung ging es um die Frage, ob eine Festlegung auf Strom aus erneuerbaren Energien mit dem Gemeinschaftsrecht – insbesondere mit Art. 26 Abs. 1 lit. b der Richtlinie 93/39/EWG – zu vereinbaren ist.[80] *Concordia* betraf die Ausschreibung eines Bussystems in Helsinki, bei dem ein Bieter den Zuschlag bekam, der als einziger unter den Wettbewerbern in der Lage war, ein Angebot unter Verwendung von erdgasbetriebenen Bussen zu machen. Auf die Einzelheiten der Ausschreibung wird sogleich noch näher eingegangen.[81] Einer der unterlegenen Busunternehmer hatte gegen die behördliche Entscheidung geklagt und war auch vor dem EuGH unterlegen. Die Rechtsprechung des EuGH ließ zusammengefasst gesagt vergabefremde Zwecke zu,[82]

– wenn sie mit dem Gegenstand des Auftrags zusammenhingen,
– dem Auftraggeber keine unbeschränkte Entscheidungsfreiheit einräumten,
– ausdrücklich veröffentlicht wurden und
– alle wesentlichen Grundsätze des Gemeinschaftsrechts beachteten.[83]

Mit den neuen Richtlinien wird diese Rechtsprechung aufgegriffen und fortgeführt.[84] Nunmehr können vergabefremde Zwecke bei den Eignungs[85]- und bei den Zuschlagskriterien[86] sowie bei den Vertragsmodalitäten[87] berücksichtigt werden. Ausdrückliche Erwähnung finden neben dem an etlichen Stellen hervorgehobenen Umweltschutz[88] soziale Bedürfnisse der Allgemeinheit wie geschützte Werkstätten und Beschäftigungsprogramme,[89] Bekämpfung der Arbeitslosigkeit, Ausbildungsförderung und

---

80 Richtlinie 93/36/EWG des Rates vom 14. Juni 1993 über die Koordinierung der Verfahren zur Vergabe öffentlicher Lieferaufträge, ABl. EG Nr. L 199, S. 1. S. die Urteilsanmerkungen von *P. Steinberg*, EuZW 2004, S. 76ff.; *W. Krohn*, NZBau 2004, S. 92ff.; *P. F. Bultmann*, ZfBR 2004, S. 134ff.

81 S. u. B.I.3.b)aa).

82 EuGH, Rs. C-513/99 (*Concordia Bus Finland*), Slg. 2002, S. I-7213, LS 1, Rz. 63f.

83 EuGH, Rs. C-513/99 (*Concordia Bus Finland*), Slg. 2002, S. I-7213, Rz. 59–64.

84 *M. Knauff*, EuZW 2004, S. 141 (141).

85 Art. 34 Abs. 3 der Richtlinie 2004/17/EG, Art. 23 Abs. 3, Art. 48 Abs. 2 lit. f, Art. 50 der Richtlinie 2004/18/EG.

86 Art. 55 Abs. 1 lit. a der Richtlinie 2004/17/EG, Art. 26, 27 der Richtlinie 2004/18/EG.

87 Art. 38, 39 der Richtlinie 2004/17/EG, Art. 26, 27 der Richtlinie 2004/18/EG.

88 Art. 34 III lit. b, Art. 38, Art. 55 I lit. a der Richtlinie 2004/17/EG; Art. 23 III lit. b, VI, Art. 48 II lit. f, Art. 50, Art. 53 I lit. a der Richtlinie 2004/18/EG); s. a. die Erwägungsgründe Nrn. 1, 12, 42, 44, 54, 55 der Richtlinie 2004/17/EG; Erwägungsgründe Nrn. 1, 5, 29, 33, 44, 46 der Richtlinie 2004/18/EG.

89 Erwägungsgrund Nr. 39 der Richtlinie 2004/17/EG; Erwägungsgrund Nr. 28 der Richtlinie 2004/18/EG.

die Einstellung Behinderter[90] sowie die Beachtung steuer-, umwelt- und arbeitsrechtlicher Normen am Auftragsort.[91]

Was nun die Heranziehung von mathematischen Bewertungssystemen angeht, so werden bereits bei der Eignungsprüfung nach § 7a Nr. 3 VOL/A Abschnitt 2, § 8a Nr. 2 VOB/A numerische Verfahren in Gestalt von Bewertungsmatrizen zum Einsatz gebracht.[92] Besondere Bedeutung kommt insoweit aber den Zuschlagskriterien zu. Nach den neuen Vergaberichtlinien haben die ausschreibenden Stellen zwei Möglichkeiten, die Zuschlagskriterien zu definieren, entweder nur nach dem niedrigsten Preis[93] oder aber nach dem wirtschaftlich günstigsten Angebot.[94] In fast allen Fällen wird, wenn die bisherige Praxis fortgesetzt wird, von der zweiten Möglichkeit Gebrauch gemacht werden. Dann muss der öffentliche Auftraggeber in der Bekanntmachung oder den Verdingungsunterlagen in der Beschreibung angeben, wie er die einzelnen Kriterien gewichtet, um das wirtschaftlich günstigste Angebot zu ermitteln.[95] Nach Art. 53 Abs. 2 UA 2 der Richtlinie 2004/18/EG kann diese Gewichtung mittels einer Marge angegeben werden, deren größte Bandbreite angemessen sein muss. Kann nach Ansicht des öffentlichen Auftraggebers die Gewichtung aus nachvollziehbaren Gründen nicht angegeben werden, so gibt er in der Bekanntmachung oder in den Verdingungsunterlagen in der Beschreibung die Kriterien in der absteigenden Reihenfolge ihrer Bedeutung an.[96]

Vielfach werden diese Anforderungen, die eine Fortentwicklung der früheren Rechtslage und der einschlägigen Rechtsprechung des EuGH darstellen, mit Hilfe von numerischen Verfahren umzusetzen sein, da nach dem neuen Vergaberecht die Gewichtungen der Zuschlagskriterien vorrangig mittels zahlenmäßig ausgedrückter Margen angegeben werden müssen.[97] Derartige Gewichtungen, die über eine bloße Rangfolge von Kriterien hinausgehen, können mittels der natürlichen Sprache nur schwer in nachvollziehbarer Weise ausgedrückt werden, was nun anhand zweier Beispiele verdeutlicht werden soll.

---

[90] Erwägungsgrund Nr. 44 der Richtlinie 2004/17/EG; Erwägungsgrund Nr. 33 der Richtlinie 2004/18/EG.

[91] Erwägungsgrund Nr. 45, Art. 39 der Richtlinie 2004/17/EG; Erwägungsgrund Nr. 34, Art. 27 der Richtlinie 2004/18/EG.

[92] S. etwa die Entscheidung des Bundeskartellamtes, 3. Vergabekammer, v. 28.1.2005, Az. VK 3 221/04.

[93] Art. 53 Abs. 1 lit b) der Richtlinie 2004/18/EG; Art. 55 Abs. 1 lit b) der Richtlinie 2004/17/EG.

[94] Art. 53 Abs. 1 lit a) der Richtlinie 2004/18/EG; Art. 55 Abs. 1 lit a) der Richtlinie 2004/17/EG.

[95] Art. 53 Abs. 2 UA 1 der Richtlinie 2004/18/EG.

[96] Art. 53 Abs. 2 UA 3 der Richtlinie 2004/18/EG.

[97] So bereits die Kommission ihrem Richtlinienvorschlag, KOM (2000) 276 endg./2, 2000, S. 38, Nr. 54.2.

### *aa) Das Concordia-Urteil des EuGH*

Das Beschaffungsamt der Stadt Helsinki hatte im August 1997 durch öffentliche Bekanntmachung zur Abgabe von Geboten für die Durchführung des innerstädtischen Busverkehrs aufgefordert.[98] Dabei wurde auf das gesamtwirtschaftlich günstigste Angebot abgehoben, das unter Berücksichtigung von drei Kriterien ermittelt werden sollte. Neben dem Preis sollte die Qualität des Fuhrparks und das Qualitäts- und Umweltkonzept des Verkehrsunternehmers entscheidend sein. Dabei wurde folgendermaßen vorgegangen. Dem Angebot mit dem günstigsten Preis wurden 86 Punkte zugeordnet. Die preisbezogene Punktzahl der übrigen Anbieter wurde dann als Betrag der jährlichen Vergütung für den Linienbetrieb gemäß dem günstigsten Angebot errechnet, geteilt durch den Preis des betreffenden Angebots, multipliziert mit 86. Zu den Punkten für den Preis konnten die Bieter dann noch maximal 10 weitere Punkte für die übrigen Kriterien bekommen. Der Einsatz von Bussen, die typbedingte Stickoxidemissionen von 4 g/kWh oder weniger aufwiesen, wurde mit 2,5 Punkten/Bus belohnt, ein Lärmpegel von unter 77 dB (A) mit einem Punkt.

Das Busunternehmen Concordia Bus Finland hatte das preisgünstigste Angebot gemacht, aber dennoch nicht den Zuschlag bekommen, weil ein Mitbewerber durch Zusatzpunkte für einen umweltschonenden Fuhrpark und Qualitäts- und Umweltzertifikate in der Summe besser beurteilt worden war. Dagegen machte Concordia in ihrer Klage vor einem finnischen Gericht geltend, die Vergabe von Zusatzpunkten für Fahrzeuge, die gewisse Stickoxidemissionen und gewisse Lärmpegel unterschritten, sei unangemessen und diskriminierend.[99] Es gebe nur einen einzigen Bieter, der diese Anforderungen erfüllen könne, und der habe den Zuschlag bekommen, obwohl nach Auffassung der Klägerin Umweltkriterien im Rahmen der Gesamtbewertung nicht berücksichtigungsfähig waren. Auf diesen Punkt bezog sich auch die von dem finnischen Gericht, das das Verfahren ausgesetzt hatte, dem EuGH vorgelegte Frage, ob die bereits erwähnte Bestimmung des Art. 36 Abs. 1 der Richtlinie 92/50/EWG, nach dem auch bestimmte vergabefremde Kriterien herangezogen werden können, sofern sie auf den jeweiligen Auftrag bezogen sind, die Einbeziehung des Umweltschutzes gestatte.

Die Stadt Helsinki hatte zur Rechtfertigung ihrer Ausschreibungskriterien angeführt, dass die umweltbezogenen Maßgaben der Ausschreibung direkte wirtschaftliche Auswirkungen hätten. Es ergäben sich aus dem Betrieb umweltschonender Busse unmittelbare Spareffekte insbesondere im

---

98 EuGH, Rs. C-513/99 (*Concordia Bus Finland*), Slg. 2002, S. I-7213, Rz. 20ff.
99 EuGH, Rs. C-513/99 (*Concordia Bus Finland*), Slg. 2002, S. I-7213, Rz. 27.

medizinisch-sozialen Bereich.[100] Auch der EuGH sah es als mit dem Gemeinschaftsrecht vereinbar an, Aufträge für Bussysteme unter Verwendung von Umweltschutzkriterien zu vergeben. Das gelte selbst dann, wenn die Möglichkeiten zur Erfüllung bestimmter Kriterien sehr begrenzt seien. So sei es mit dem Diskriminierungsverbot vereinbar, selbst dann einer Firma den Zuschlag für das Bussystem zu erteilen, die mit erdgasbetriebenen Bussen fahre, wenn es in ganz Finnland nur eine einzige Tankanlage für Erdgas gebe.[101] Voraussetzung für die Verwendung derartiger Sekundärzwecke sei allerdings, wie bereits erwähnt, dass „die Kriterien mit dem Gegenstand des Auftrags zusammenhängen, dem Auftraggeber keine unbeschränkte Entscheidungsfreiheit einräumen, ausdrücklich im Leistungsverzeichnis oder in der Bekanntmachung des Auftrags genannt sind und bei ihnen alle wesentlichen Grundsätze des Gemeinschaftsrechts, insbesondere das Diskriminierungsverbot, beachtet werden".[102]

### *bb) Gebäudereinigungsrichtlinie Hamburg*

Als weiteres Beispiel für ein Punktesystem im Beschaffungswesen können die Hamburger „Auswahlkriterien für die Vergabe von Reinigungsdienstleistungen" dienen.[103] Die Auswahlkriterien setzen bei dem vierstufigen Wertungsverfahren des § 25 VOL/A an, wonach zunächst eine formale Angebotswertung vorgenommen wird. Auf dieser ersten Stufe führt das Fehlen formeller Erfordernisse wie etwa Preisangaben oder der rechtsverbindlichen Unterschrift zum Ausscheiden von Angeboten. Die anschließende Eignungsprüfung richtet sich auf die Fachkunde, die Leistungsfähigkeit und die Zuverlässigkeit der Bieter. Nach der dritten Wertungsstufe, auf der Angebote mit ungewöhnlich niedrigen Stundenverrechnungssätzen ausgesondert werden, kommt es auf der vierten und letzten Wertungsstufe zur Anwendung eines Punktesystems, nach dem das wirtschaftlichste unter den verbleibenden Angeboten bestimmt wird.[104] Hierzu wird als erstes der Mittelwert des täglichen kalkulatorischen Mindeststundeneinsatzes ermittelt. Bieter, die diesen Wert um mehr als 5 % unterschreiten, werden im weiteren nicht berücksichtigt. Hierzu hinterlegt die „Leitstelle Gebäudereinigung" der Finanzbehörde Hamburg bis zum Einreichungstermin in einem verschlossenen Umschlag ihre mit dem Bedarfsträger abgestimmte Vorkalkulation über die aus ihrer Sicht für eine fachgerechte Reinigung

---

[100] EuGH, Rs. C-513/99 (*Concordia Bus Finland*), Slg. 2002, S. I-7213, Rz. 46.

[101] EuGH, Rs. C-513/99 (*Concordia Bus Finland*), Slg. 2002, S. I-7213, Rz. 71.

[102] EuGH, Rs. C-513/99 (*Concordia Bus Finland*), Slg. 2002, S. I-7213, LS 1, Rz. 63f.

[103] *Freie und Hansestadt Hamburg*, Auswahlkriterien für die Vergabe von Reinigungsdienstleistungen, 2004.

[104] *Freie und Hansestadt Hamburg* (S. 24, Fn. 103), S. 3f.

notwendigen täglichen kalkulatorischen Reinigungsstunden. Mit Blick auf die gebotene Transparenz des Vergabeverfahrens kann dies nicht befriedigen, da die Bieter in bezug auf die verlangten, in einem verschlossenen Umschlag enthaltenen und ihnen damit nicht zugänglichen Anforderungen im Unklaren gelassen werden. Auch für die öffentlichen Auftraggeber ist ein solches Vorgehen problematisch, da es den Bietern nicht ermöglicht, in Kenntnis der Zuschlagskriterien Angebote zu unterbreiten, die den gesuchten Anforderungen gerecht werden. Die eingehenden Angebote entsprechen insoweit nur zufällig der gewünschten Leistung.

Die verbliebenen Wettbewerber werden dann nach dem Preis ihres Angebots sortiert. Der preisgünstigste Bieter erhält hierfür 10 Punkte, die übrigen Angebote werden anhand ihres Abstands zum niedrigsten Angebot bepunktet. Liegt etwa das zweitgünstigste Angebot 10% über dem günstigsten, bekommt es 9 Punkte, da 10% von 10 Punkten 1 Punkt ergibt. Die Punktzahl für den Preis wird in der abschließenden Gesamtwertung zu 80% gewertet. Die übrigen 20% werden durch die Güte des Reinigungs- und Qualitätssicherungskonzeptes bestimmt. Auch dort kann ein Bieter maximal 10 Punkte erhalten, und zwar

– „2 Punkte für Minimalangaben,

– 4 Punkte für fachtechnische Angaben ohne objektspezifische Angaben,

– 8 Punkte für ein objekt- und qualitätssicherungsspezifisches Gesamtkonzept, und schließlich noch

– 2 Zusatzpunkte für innovative Reinigungsverfahren und/oder Qualitätssicherungskonzepte, die z.B. eine dauerhaft erhöhte Reinigungsqualität und Substanzerhaltung erwarten lassen.“[105]

Das Bewertungssystem gilt, wenn Unterhaltungsreinigung und Glasreinigung zusammen ausgeschrieben werden, nur für die Unterhaltungsreinigung. Die Glasreinigung wird auf der vierten Wertungsstufe nur anhand des Preises bewertet.[106] Da die preislichen Unterschiede in der Spitzengruppe der Anbieter vielfach nur gering sind, geben die nur mit 20% gewichteten Zusatzpunkte nicht selten den Ausschlag.[107]

Das Punktesystem wirft verschiedene Fragen auf. Zunächst ist nicht erklärlich, wieso nicht auch 0 Punkte vergeben werden können. Des weiteren weist das Konzept einen methodischen Bruch auf zwischen der Bewertung des Preises einerseits, bei dem der beste Bieter 10 Punkte bekommt, und alle weiteren relativ zu ihm bewertet werden, und der Bewertung der qualitätsbezogenen Zusatzkriterien, die ohne die Bildung einer solchen Relation

---

[105] *Freie und Hansestadt Hamburg* (S. 24, Fn. 103), S. 3f.

[106] *Freie und Hansestadt Hamburg* (S. 24, Fn. 103), S. 5.

[107] Auskunft der Finanzbehörde der Freien und Hansestadt Hamburg, Herr Oetzmann.

erfolgt. Ferner ist die Stufung in 2, 4, 6, 8, und 10 Punkte starr und kann daher kleinere Unterschiede nicht angemessen wiedergeben. Im Grunde läuft das auf den Verzicht hinaus, Informationen, die der öffentliche Auftraggeber im Rahmen einer ordentlichen Sachverhaltsfeststellung ohnehin hat ermitteln müssen, in die Bewertung einfließen zu lassen. Mit einem Ansatz, wie ihn die Freie und Hansestadt Hamburg bei der Bewertung des Preises von Gebäudereinigungsdienstleistungen verfolgt, wäre das zwanglos zu bewerkstelligen. Hierzu müsste man lediglich die Bieter nach ihrer Qualität in einer Rangfolge ordnen und den jeweiligen Abstand anhand der Unterschiede zum besten Angebot bestimmen.

Überdies ist den „Auswahlkriterien" nicht zu entnehmen, welche Anforderungen mit den jeweiligen Stufen genau verbunden sind. Aber selbst wenn für die Fachleute in den Behörden und dem Reinigungsgewerbe eindeutig erkennbar sein sollte, was „Minimalangaben" oder ein gutes objekt- und qualitätssicherungsspezifisches Gesamtkonzept auszeichnet, wäre es unzulässig, in einer Bekanntmachung eines öffentlichen Auftrags auf Kriterien wie die dauerhaft erhöhte Reinigungsqualität abzustellen, deren Gewichtung nicht offengelegt wird und die nur „z. B." – also nicht zwingend – herangezogen werden. Schließlich fällt ins Auge, dass bereits gemachte Erfahrungen mit den Bietern, seien es positive oder negative, in dem fraglichen System überhaupt nicht berücksichtigungsfähig sind.

Bei der Würdigung der „Auswahlkriterien für die Vergabe von Reinigungsdienstleistungen" darf aber nicht übersehen werden, dass sie nur einen Rahmen für Ausschreibungen bieten sollen, nicht jedoch selbst Bekanntmachungen darstellen. So kann einiges, was die „Auswahlkriterien" offen oder vage lassen, im Zuge einer Ausschreibung konkretisiert werden. Bemerkenswert ist an den Richtlinien zur Gebäudereinigung aber vor allem das erkennbare das Bestreben der Finanzbehörde Hamburg, öffentliche Aufträge nach einem Kriterienkatalog zu vergeben, der in seiner Gewichtung durchsichtig ist.

### c) *Zwischenergebnis*

Die Rolle von numerischen Verfahren im Vergaberecht kann folgendermaßen bilanziert werden. War es nach der früheren Rechtslage noch fraglich, ob im Beschaffungswesen überhaupt Umweltschutzkriterien Verwendung finden dürfen, so ist dies nach den neuen Vergaberichtlinien zweifellos zu bejahen. Ob es sinnvoller wäre, das Vergabewesen auf die Verfolgung rein wirtschaftlicher Ziele zu beschränken, ist auf der gemeinschaftsrechtlichen Ebene wie im GWB im Sinne der Möglichkeit zur Heranziehung weiterer Kriterien entschieden und kann für die hiesige Untersuchung numerischer

Methoden im Kontext hoheitlicher Entscheidungen dahinstehen. Insoweit interessiert allein, ob die Verdeutlichung der Gewichtungen unterschiedlicher Ziele mit Hilfe mathematischer Ansätze den angestrebten Zielen der höheren Transparenz der Ausschreibungen wirklich dient.

Dafür könnte sprechen, dass die für die Vergabeentscheidung erforderliche Gesamtbewertung mit Hilfe der Punktesysteme zwanglos zu gelingen scheint. Hierfür wären natürlich-sprachliche Bezeichnungen wohl nicht praktikabel, wie offenbar auch die Kommission annimmt, da sie in ihrem Richtlinienvorschlag die Heranziehung zahlenmäßiger Angaben empfiehlt.[108] Der leitende Gesichtspunkt für die Verwendung eines numerischen Systems dürfte aber im Zusammenhang mit dem Vergaberecht nicht in der kalkulatorischen Belastbarkeit eines derartigen Vorgehens liegen, sondern in seiner erhöhten Transparenz. Dem Transparenzprinzip kommt hier wegen der Bedeutung eines durchsichtigen Verfahrens für den Wettbewerb unter den Bietern neben dem Effizienzgebot nach Ansicht des EuGH eine maßgebliche Rolle zu.[109] Gesetzlichen Ausdruck hat das Transparenzprinzip unter anderem in Art. 10 der Richtlinie 2004/17/EG und Art. 2 der Richtlinie 2004/18/EG sowie in § 97 Abs. 1 GWB gefunden. Durch die genannten Vorschriften werden die öffentlichen Auftraggeber auf ein transparentes Verfahren verpflichtet. Nimmt man das Transparenzgebot mit der Maßgabe zusammen, die Gewichtungen der Zuschlagskriterien und die Art und Weise ihrer Gesamtbewertung für die Bieter in nachvollziehbarer Weise zu artikulieren, so wird es regelmäßig erforderlich sein, mathematische Verfahren zu verwenden.[110]

Die präzise, aber eben auch tendentiell etwas starre numerische Formulierung der für Eignung und Zuschlag maßgeblichen Gesichtspunkte und ihres Wertungsverhältnisses kann allerdings Probleme nach sich ziehen, wenn der öffentliche Auftraggeber durch die auf die Ausschreibung hin eingegangenen Angebote neue Erkenntnisse gewinnt, die das Festhalten an der ursprünglichen Gewichtung der Kriterien als unangemessen erscheinen

[108] *Europäische Kommission*, Vorschlag für eine Richtlinie des Europäischen Parlaments und des Rates über die Koordinierung der Verfahren zur Vergabe öffentlicher Lieferaufträge, Dienstleistungsaufträge und Bauaufträge, KOM (2000) 275 endgültig vom 30. August 2000, S. 28 und Art. 53 Abs. 2.

[109] EuGH, Rs. C-275/98 (Unitron Scandinavia und 3-S), Slg. 1999, I-8291, Rz. 31; Rs. C-324/98 (*Telaustria*), Slg. 2000, I-10745, Rz. 61; Rs. C-92/00 (*Hospital Ingenieure*), Slg. 2002, I-5553, Rz. 45; zustimmend *C. Koenig/A. Haratsch*, NJW 2003, S. 2637 (2638); *R. Leinemann*, Die Vergabe öffentlicher Aufträge$^2$, 2001, Rz. 6; *K. Hailbronner*, in: Byok/Jäger, Kommentar zum Vergaberecht, 2005, § 97 GWB Rz. 135.

[110] In diesem Sinne auch die Gesetzgebungsmaterialien, *Europäische Kommission*, Vorschlag für eine Richtlinie des Europäischen Parlaments und des Rates über die Koordinierung der Verfahren zur Vergabe öffentlicher Lieferaufträge, Dienstleistungsaufträge und Bauaufträge, KOM (2000) 275 endgültig vom 30. August 2000, S. 28 und Art. 53 Abs. 2.

ließen. Wegen der gebotenen Gleichbehandlung der Bieter durch ein faires Verfahren können jedoch nicht einfach neue Gewichtungen zugrundegelegt werden. Für ungewöhnlich niedrige Angebote sehen die neuen Vergaberichtlinien zunächst einen Aufklärungsversuch durch den öffentlichen Auftraggeber vor.[111] In allen anderen derartigen Fällen muss hingegen bei wesentlichen Abweichungen eine Neuausschreibung erwogen werden.

Das förmliche vergaberechtliche Verfahren ist jedoch nicht für alle Ausschreibungen anwendbar. Unterhalb der Schwellenwerte sind die öffentlichen Auftraggeber nicht dazu verpflichtet, die Zuschlagskriterien in numerischer Form zu präsentieren. Selbst dort können numerische Verfahren zur Transparenz des Vergabeverfahrens beitragen, wenn nicht nur nach dem niedrigsten Preis entschieden werden soll und daher eine Mehrzahl an Kriterien für den Zuschlag erheblich ist. Allerdings sollte bei der Formulierung von Anleitungsvorschriften wie den erwähnten Hamburger Auswahlkriterien stets bedacht werden, dass ihre schematische Handhabung eine gewisse Gefahr in sich birgt, an den Gegebenheiten des Einzelfalles vorbeizugehen. Mit Hilfe von Aufsichts- und Schulungsmaßnahmen sollte angestrebt werden, diese nachteiligen Effekte in Grenzen zu halten.

### 4. Naturschutzrechtliche Eingriffsregelung (§§ 18–21 BNatSchG)

Quantitativ-numerische Verfahren finden auch zur Operationalisierung der sogenannten naturschutzrechtlichen Eingriffsregelung (§§ 18–21 BNatSchG) Verwendung. Ein Eingriff nach § 18 Abs. 1 BNatSchG ist, etwas gerafft gesagt, jede erhebliche Beeinträchtigung der Leistungs- und Funktionsfähigkeit des Naturhaushalts oder des Landschaftsbildes infolge von Bodennutzungen. Land-, forst- und fischereiwirtschaftliche Bodennutzungen sind allerdings unter verschiedenen Voraussetzungen ausgenommen (§ 18 Abs. 2 BNatSchG). Vermeidbare Eingriffe sind zu unterlassen (§ 19 Abs. 1 BNatSchG). Verbleibende unvermeidbare Beeinträchtigungen sind nur zulässig, wenn sie durch Maßnahmen des Natur- und Landschaftsschutzes ausgeglichen oder in sonstiger Weise kompensiert werden. Die Kompensation entspricht dann den Anforderungen des § 19 Abs. 2 S. 1 BNatSchG, wenn und sobald die beeinträchtigenden Funktionen des Naturhaushalts in gleichwertiger Weise ersetzt sind (§ 19 Abs. 2 S. 3 BNatSchG). Als Ausgleichsflächen sind nur Flächen in Betracht zu ziehen, die in einen Zustand versetzt werden können, der sich im Vergleich mit dem früheren als ökologisch höherwertig einstufen lässt.[112] Es kommt mithin auf einen

---

[111] Art. 55 der Richtlinie 2004/18/EG; Art. 57 der Richtlinie 2004/17/EG.

[112] BVerwG v. 10.9.1998, NuR 1999, S. 103 (104).

bilanzierenden Wertvergleich zwischen dem Eingriffsgrundstück und dem Kompensationsgrundstück an.[113]

Die Hauptschwierigkeit liegt nun angesichts der Vielfältigkeit natürlicher Gebiete hinsichtlich ihrer jeweiligen Ausstattung mit Tieren, Pflanzen und sonstigen Eigenschaften darin, solche Flächen zu ermitteln, die der gesetzlichen Anforderung der Gleichwertigkeit genügen, ohne dabei den anzulegenden Maßstab an die Übereinstimmung der beiden Flächen zu überspannen.[114] Im allgemeinen dürften pauschale Konzepte wie etwa der Ausgleich der überplanten Fläche im Verhältnis 1:1 ausscheiden. Will man erreichen, dass die daher erforderliche detaillierte Diskussion über Ausgleichsflächen und -maßnahmen weniger durch die Machtverhältnisse, das Verhandlungsgeschick und das Durchhaltevermögen der Verfahrensbeteiligten entschieden wird, sondern einer sachlich überzeugenden Lösung zugeführt werden kann, so muss nach einem Verfahren Ausschau gehalten werden, das sich gleichzeitig als flexibel und belastbar darstellen muss.[115]

Zu diesem Zweck haben verschiedene Bundesländer Punktesysteme eingeführt,[116] die anhand der alten Fassung der Eingriffsregelung erarbeitet wurden, aber nach wie vor angewendet werden, da sich durch die Neufassung nichts an der Kompensationsproblematik geändert hat.[117] So sieht die Hamburger „Handreichung aus dem Staatsräte-Arbeitskreis am 28. Mai 1991“ (sogenanntes „Staatsrätemodell“) zu diesem Zweck vor, verschiedene Biotopklassen nach dem Grad ihrer Schutzwürdigkeit mit einer bestimmten Punktzahl je Quadratmeter zu versehen.[118] Je höher die Schutzwürdigkeit einer Biotopklasse, desto höher ist die zugeordnete Punktzahl.

Das System erlaubt damit die Verrechnung verschiedener Qualitäten unter Einbeziehung der jeweils betroffenen Quantitäten. Es stellt ein hand-

---

[113] *E. Gassner*, in: Bundes-Naturschutzgesetz, 2003, § 19 Rz. 23.

[114] Zur Bilanzierung im Rahmen von sogenannten Biotopwertverfahren *W. Haber et al.*, Entwicklung von Methoden zur Beurteilung von Eingriffen nach § 8 BNatSchG. Bericht über das Forschungsvorhaben 101 09026 „Entwicklung von Methoden zur Beurteilung von Eingriffen nach § 8 BNatSchG“ im Auftrag des Bundesministers für Umwelt, Naturschutz und Reaktorsicherheit, 1993, S. 179ff. sowie *J. Köppel et al.*, Praxis der Eingriffsregelung. Schadenersatz an Natur und Landschaft, 1998, S. 202ff.; instruktiv zum Entstehungsprozess der Regelungen *R. Wolf*, NuR 2004, S. 6 (7).

[115] *W. Peters*, Die Anwendung standardisierter Bewertungsverfahren im Rahmen der Eingriffsregelung, in: Deutsches Institut für Urbanistik (Hrsg.), Die naturschutzrechtliche Eingriffsregelung; Länderregelungen, Bewertung, Literaturauswahl, 1993, S. 84 (84).

[116] S. die instruktive Zusammenstellung der entsprechenden Rechtsquellen in Hamburg, Schleswig-Holstein, Nordrhein-Westfalen und Hessen von *W. Peters*, Die Anwendung standardisierter Bewertungsverfahren im Rahmen der Eingriffsregelung, in: Deutsches Institut für Urbanistik (Hrsg.), Die naturschutzrechtliche Eingriffsregelung; Länderregelungen, Bewertung, Literaturauswahl, 1993, S. 84 (86f.).

[117] § 8 BNatSchG a.F.

[118] S. etwa *Freie und Hansestadt Hamburg*, Ergebnis des Staatsräte-Arbeitskreises am 28. Mai 1991 („Staatsrätemodell“), 1991.

habbares Verfahren zur Ermittlung „gleichwertiger" Flächen zur Verfügung, das den gesetzlichen Zielvorstellungen Rechnung trägt und gleichzeitig durch die Konkretisierung des „Gleichwertigen" die Suche nach geeigneten Ausgleichsflächen erleichtert. Die Behörden können aufgrund der durch die dienstliche Handreichung vorgenommenen „Bepreisung" verschiedener Biotopklassen mit bestimmten Punkten bei der Entscheidung von Einzelfällen auf ein durchdachtes Bewertungssystem zurückzugreifen, das den Anforderungen des Gleichbehandlungsgebots nach Art. 3 Abs. 1 GG nicht nur genügt, sondern sie in besonderer Weise unterstützt. Dadurch entsprechen numerische Verfahren wie das „Staatsrätemodell" einem dringenden praktischen Bedürfnis bei der Bewältigung einer gesetzlich gestellten Verwaltungsaufgabe, was auch das Bundesverwaltungsgericht anerkennt, wenn es ein ausreichendes Maß an Quantifizierung sowohl der Eingriffswirkungen als auch der Kompensationsmaßnahmen als notwendige Voraussetzung einer nachvollziehbaren Umsetzung der naturschutzrechtlichen Eingriffsregelung begreift.[119]

In sachlichem Zusammenhang mit der Eingriffsregelung stehend sieht auch die Hessische Ausgleichsabgabenverordnung vom 9. Februar 1995 (AAV)[120] die Bestimmung der Abgabenhöhe der Ausgleichsabgabe gemäß § 6b Abs. 1 S. 1 des Hessischen Naturschutzgesetzes anhand eines numerischen Systems vor (§ 1 Abs. 1 AAV). Die Verordnung bestimmt in ihren Anhängen, wieviel Wertpunkte pro Quadratmeter unterschiedliche Biotoparten wert sind – von der Streuobstwiese (32 Punkte) über den naturnahen Eichenwald (56 Punkte) bis hin zum Hochmoor (80 Wertpunkte). Die Aufwendungen für Ersatzmaßnahmen sind gemäß § 1 Abs. 2 AAV mit 0,62 DM (entspricht 0,32 EUR) je Wertpunkt festgesetzt. Das ist die Grundlage für die Berechnung der Ausgleichsabgabe nach Nr. 3 des Anhangs 1 der AAV, was nach Ansicht des VGH Kassel ein sachgerechtes, aus naturschutzrechtlicher Sicht plausibles, weitgehend aus rechtlichen Wertungen abgeleitetes und zudem vergleichsweise einfach zu handhabendes Verfahren für die Eingriffs- und Ausgleichsberechnung darstellt.[121]

Wie im Zusammenhang mit den quantitativen vergaberechtlichen Systemen wird zum Teil vor einer mechanischen Anwendung der Biotopwertverfahren gewarnt. Gefordert sei stets die überwachte und reflektierte Anwendung derartiger Instrumente.[122] In der Tat ist nicht von der Hand zu weisen, dass ein standardisiertes Verfahren dazu beitragen kann, die konkreten Gegebenheiten eines Sachverhaltes nur insoweit zu würdigen,

[119] BVerwG v. 9.6.2004, E 121, S. 72 (83).

[120] Hessisches GVBl. I S. 120.

[121] VGH Kassel v. 25.2.2004, 9 N 3123/01, LS. 2, UA S. 22.

[122] *Landesanstalt für Umweltschutz Baden-Württemberg*, Die naturschutzrechtliche Eingriffsregelung in der Bauleitplanung, 2000, S. 76.

wie sie in dem System dargestellt werden können. Dem müsste durch eine hinreichend flexible und dem Einzelfall Rechnung tragende Anwendung der formalen Bewertungsverfahren Rechung getragen werden.

Teilweise begegnen formale Verfahren aber auch fundamentaler Ablehnung. Sie stellten sich als pseudomathematisch dar und vermittelten das trügerische Gefühl einer hinreichenden Aussageschärfe und Vollständigkeit.[123] Daher müsse die Auswertung der Grundlagendaten verbal-argumentativ erfolgen.[124] Auf solche Bedenken wird noch ausführlich einzugehen sein.[125] Daneben richtet sich die Kritik an den Verfahren darauf, dass es keinen fachlichen Konsens hinsichtlich der Validität der Bewertungskriterien und Aggregationsverfahren gebe und sich daher je nach angewandtem Modell ein ganz unterschiedlicher Bedarf an Kompensationsflächen ergeben könne.[126] Darin liegt eine Ungleichbehandlung der Projektträger, die allerdings dadurch sachlich gerechtfertigt sein kann, dass die bewerteten Biotope in einem Land tatsächlich seltener vorkommen als in einem anderen oder wegen unterschiedlicher landschaftsplanerischer Zielsetzungen ein anderes Gewicht zugewiesen bekommen haben.[127] Dann aber sind divergierende Verfahrensergebnisse die Folge von unterschiedlichen Gewichtungen der betroffenen Belange, nicht von methodischen Differenzen, um die es der vorliegenden Untersuchung geht.[128]

## 5. Bundesverkehrswegeplanung

### *a) Anlass, Zielsetzungen und Methodik*

Auch wenn die Bundesverkehrswegeplanung der Vorbereitung von Gesetzen in Form der Verkehrsinfrastrukturausbaugesetze dient und sie von daher auch in den Zusammenhang der Gesetzesfolgenabschätzung gestellt werden könnten, so enthalten die Ausbaugesetze mit der Festlegung des Bedarfs an Verkehrswegemaßnahmen eine Sammlung von räumlich und sachlich näher bestimmten Einzelfallprojekten, was es sinnvoll erscheinen

---

[123] *F. Küster*, Straße + Autobahn 1993, S. 423 (425); ähnlich kritisch *K. Dierßen/ H. Reck*, Naturschutz und Landschaftsplanung 1998, S. 341 ff.

[124] *U. Rammert*, Abgrenzung des Untersuchungsrahmens und Scoping – Weichenstellung für die Effizienz der UVP, in: Kleinschmidt (Hrsg.), UVP-Leitfaden, 1993, S. 119 (127).

[125] S. u. C.V.5.c)cc).

[126] *Institut für Landschaftspflege und Naturschutz der Universität Hannover*, Methodik der Eingriffsregelung, 1996, S. 49.

[127] *Institut für Landschaftspflege und Naturschutz der Universität Hannover* (S. 31, Fn. 126), S. 49.

[128] *Institut für Landschaftspflege und Naturschutz der Universität Hannover* (S. 31, Fn. 126), S. 49.

lässt, die Aufstellung des ihnen vorausgehenden Bundesverkehrswegeplans bereits an dieser Stelle zu erläutern.

Der Bundesverkehrswegeplan ist ein exekutivischer Investitionsrahmenplan, mit dem der mittel- bis langfristige Bedarf an Neu- und Ausbauvorhaben der Verkehrswegeinfrastruktur unter Berücksichtigung von Netzverknüpfung, Ausbautyp und Investitionskosten festgestellt und nach Dringlichkeitsstufen gewichtet wird.[129] Die Verkehrswegeausbaugesetze legen darauf aufbauend fest, welche Projekte dem „vordringlichen" oder nur dem „weiteren" Bedarf an Verkehrswegen zuzurechnen sind.[130] Die Planungsebene des Bundesverkehrswegeplans und der Ausbaugesetze betrifft mithin nur das „Ob" der Verkehrsprojekte, nicht hingegen das weiteren Planungsschritten vorbehaltene „Wie". Doch bereits die Planung ist als finanzwirksame Maßnahme des Bundes im Sinne von § 7 Abs. 2 BHO mit Hilfe einer Wirtschaftlichkeitsuntersuchung zu evaluieren, weshalb eine nachfolgend darzustellende aufwendige Methodik zum Einsatz kommt.[131]

Der erste gesamtdeutsche Bundesverkehrswegeplan 1992/1993 war bereits seit einigen Jahren als veraltet betrachtet worden und wurde in der jüngsten Vergangenheit überarbeitet. Mit dem nunmehr geltenden Bundesverkehrswegeplan 2003 verfolgt die Bundesregierung ausweislich der Materialien des Bundesministeriums für Verkehr, Bau- und Wohnungswesen (BMVBW) ein ganzes Bündel an zum Teil konfligierenden Zielen:[132]

- Gewährleistung dauerhaft umweltverträglicher Mobilität,
- Stärkung des Wirtschaftsstandortes Deutschland zur Schaffung bzw. Sicherung von Arbeitsplätzen,
- Förderung nachhaltiger Raum- und Siedlungsstrukturen,
- Schaffung fairer und vergleichbare Wettbewerbsbedingungen für alle Verkehrsträger,
- Verbesserung der Verkehrssicherheit für Verkehrsteilnehmer und Allgemeinheit,
- Verringerung der Inanspruchnahme von Natur, Landschaft und nicht erneuerbaren Ressourcen,

---

[129] Bundesfernstraßenausbaugesetz in der Fassung vom 15.11.1993 (BGBl. I S. 1877), Schienenwegeausbaugesetz v. 15. November 1993 (BGBl I S. 1874).

[130] Die Rechtsprechung anerkennt dieses Verfahren, s. nur BVerwG v. 5.11.1997, 11 A 54/96, UPR 1998, S. 149f.; v. 18.6.1997, 4 C 3/95, NVwZ-RR 1998, S. 292–298. Zum Begriff des „Wohls der Allgemeinheit" im Sinne von Art. 14 Abs. 3 GG und Kosten-Nutzen-Erwägungen s. BVerwG v. 12.7.1985, E 72, S. 15–28.

[131] Aus Sicht der Wirtschaftlichkeit der Tätigkeit des Bundes bei Schienenwegebau *Bundesrechnungshof*, Bemerkungen 2002 zur Haushalts- und Wirtschaftsführung des Bundes, 2002, Tz. 34.0ff.

[132] *Bundesministerium für Verkehr, Bau- und Wohnungswesen* (Hrsg.), Bundesverkehrswegeplan 2003. Grundzüge der gesamtwirtschaftlichen Bewertungsmethodik, 2000, S. 23.

– Reduktion der Emissionen von Lärm, Schadstoffen und Klimagasen,
– Förderung der europäischen Integration.

Vor dem Hintergrund der genannten Metaziele wurden sodann sogenannte Szenarien in bezug auf die Gesamtverkehrsprognose gebildet. Darunter versteht das BMVBW Entwicklungspfade, die durch bestimmte politische Schwerpunktsetzungen etwa ordnungspolitischer oder preispolitischer Natur gekennzeichnet sind. Basis des Bundesverkehrswegeplans ist ein als „Integrationszenario" bezeichnetes Annahmenbündel, mit dem die „nicht immer widerspruchsfreien ökonomischen, ökologischen und sozialen Anforderungen an die Verkehrspolitik soweit wie möglich in Übereinstimmung" gebracht werden sollen.[133] Insbesondere werden der Prognose alle Verkehrsprojekte zugrundegelegt, von deren Verwirklichung die Bundesregierung für den Zeitraum bis zum Jahr 2015 ausgeht. Dies umfasst:[134]

– alle bereits im Bau befindlichen Maßnahmen
– die Maßnahmen, die im Investitionsprogramm 1999 bis 2002 enthalten sind,
– die Maßnahmen des Anti-Stau-Programms 2003 bis 2007,
– die Maßnahmen des Zukunftsinvestitionsprogramms 2001 bis 2003,
– alle bis zum 31. Dezember 1999 planfestgestellte Vorhaben,
– weitere wichtige Lückenschlüsse des Autobahnnetzes, und schließlich
– entsprechend abgesicherte Maßnahmen im Ausland sowie solche im nachgeordneten Straßennetz.

Schließlich erfolgt die Bewertung der konkreten Verkehrsprojekte für den Bundesverkehrswegeplan 2003 unter maßgeblicher Heranziehung einer Nutzen-Kosten-Analyse (NKA), die die folgenden Bewertungskriterien berücksichtigt:[135]

– Senkung der Beförderungskosten,
– Erhaltung der Verkehrswege,
– Erhöhung der Verkehrssicherheit,
– Verbesserung der Erreichbarkeit,
– Positive räumliche Wirkungen,
– Entlastung der Umwelt,
– Berücksichtigung des induzierten Verkehrs,
– Verbesserung der Anbindung von See- und Flughäfen und die
– Investitionskosten.

---

[133] *Bundesministerium für Verkehr, Bau- und Wohnungswesen* (Hrsg.), Bundesverkehrswegeplan 2003, 2003, S. 11.

[134] *Bundesministerium für Verkehr, Bau- und Wohnungswesen* (Hrsg.), Bundesverkehrswegeplan 2003. Grundzüge der gesamtwirtschaftlichen Bewertungsmethodik, 2000, S. 23.

[135] *Bundesministerium für Verkehr, Bau- und Wohnungswesen* (Hrsg.) (S. 33, Fn. 134), S. 13.

Die Nutzen-Kosten-Analyse artikulierte die Vor- und Nachteile der Verkehrsvorhaben in Preisen von 1998,[136] wobei Reisezeiteinsparungen mit 5,47 Euro pro Person und Stunde veranschlagt wurden.[137] Von der Prüfung ausgenommen waren alle Projekte des am 3. November 1999 beschlossenen Investitionsprogramms für den Ausbau der Bundesschienenwege, der Bundesfernstraßen und Bundeswasserstraßen in den Jahren 1999 bis 2001", des Zukunftsinvestitionsprogramms 2001 bis 2003 sowie weitere von der Bundesregierung definierte Projekte im Gesamtvolumen von rund 26 Mrd. Euro.[138] Zur Begründung einer derartigen, noch weitergehenden Beschränkung des Prüfumfangs aus dem Jahre 1998 war angeführt worden, eine umfassende Prüfung berge das „Risiko mangelnder Bedarfsbegründung".[139]

Nicht in Geldwerten ausgedrückt wurden die zusätzlich durchgeführte Raumwirksamkeitsanalyse (RWA), die Umweltrisikoeinschätzung (URE) und die Fauna-Flora-Habitat (FFH)–Verträglichkeitseinschätzung.[140] In der Raumwirksamkeitsanalyse und der Umweltrisikoeinschätzung wird ein Punktesystem mit einer Skala von 1 bis 5 Punkten eingesetzt, das bei der Raumwirksamkeitsanalyse den verbalen Bezeichnungen „geringe Bedeutung", „mittlere Bedeutung", „hohe Bedeutung", „sehr hohe Bedeutung" und „herausragende Bedeutung" entspricht.[141] Die Umweltrisikoeinschätzung klassifiziert die Vorhaben in fünf Stufen (sehr gering, gering, mittel, hoch, sehr hoch).[142] Die Beurteilung der FFH-Verträglichkeit verlangt die Angabe der Zahl der betroffenen FFH-Gebiete und die Einschätzung, ob eine erhebliche Beeinträchtigung unvermeidbar, nicht ausgeschlossen oder ausgeschlossen sei.[143] Darüber hinaus muss unter anderem angegeben werden, ob der Raumwiderstand im Sinne einer Barrierewirkung hoch sei, ob eine großräumige Wirkung zu erwarten sei wegen großflächiger Schutzgebiete, ob ein konfliktarmer Korridor vorhanden sei und ob diese

---

[136] *Bundesministerium für Verkehr, Bau- und Wohnungswesen* (Hrsg.) (S. 33, Fn. 134), S. 19.

[137] *Bundesministerium für Verkehr, Bau- und Wohnungswesen* (Hrsg.) (S. 33, Fn. 134), S. 34.

[138] *Bundesrechnungshof*, Bemerkungen 2002 zur Haushalts- und Wirtschaftsführung des Bundes, 2002, Tz. 34.1.

[139] So berichtet der *Bundesrechnungshof*, Bemerkungen 2002 zur Haushalts- und Wirtschaftsführung des Bundes, 2002, Tz. 34.1.

[140] *Bundesministerium für Verkehr, Bau- und Wohnungswesen* (Hrsg.), Bundesverkehrswegeplan 2003, 2003, S. 12.

[141] *Bundesministerium für Verkehr, Bau- und Wohnungswesen* (Hrsg.), Bundesverkehrswegeplan 2003. Grundzüge der gesamtwirtschaftlichen Bewertungsmethodik, 2000, S. 69.

[142] *Bundesministerium für Verkehr, Bau- und Wohnungswesen* (Hrsg.) (S. 34, Fn. 141).

[143] *Bundesministerium für Verkehr, Bau- und Wohnungswesen* (Hrsg.) (S. 34, Fn. 141), S. 66.

Sachverhalte zur Herabstufung oder Heraufstufung des Umweltrisikos herangezogen worden seien.[144]

Um die jeweiligen Ergebnisse aus Nutzen-Kosten-Analyse, Raumwirksamkeitsanalyse und Umweltrisikoeinschätzung für die abschließende Projektbewertung zusammenzuführen, werden sie auf eine einheitliche Skala gebracht und addiert.[145] Zu diesem Zweck werden die ermittelten Nutzen-Kosten-Verhältnisse mit 10 multipliziert und die erzielten Raumwirksamkeitspunkte vor der Addition mit dem Nutzen-Kosten-Verhältnis gewichtet. Wie die Bundesregierung an einem ausdrücklich willkürlich gewählten Beispiel verdeutlicht, kann dies dadurch geschehen, dass eine „1" (geringe raumordnerische Bedeutung) als Ergebnis der Raumwirksamkeitsanalyse auch als 1 in die Kalkulation eingeht, eine „2" als 3, eine „3" als eine „5", eine „4" als „10" und schließlich eine „5" (herausragende raumordnerische Bedeutung) als „15".[146] Ist also danach für ein bestimmtes Vorhaben ein Nutzen-Kosten-Verhältnis von 4 ermittelt worden – der Nutzen des Vorhabens ist viermal größer als seine Kosten, so wird durch Multiplikation mit 10 daraus 40. Wenn das Projekt hinsichtlich seiner raumwirksamkeitsbezogenen Auswirkungen mit „2" bewertet wurde, so wird das Vorhaben mit einer Bewertungsziffer von 43 in den Vergleich aller Infrastrukturmaßnahmen eingestellt.

Ein entsprechendes Verfahren soll für die Einbeziehung der Umweltrisikoeinschätzung in Anschlag gebracht worden sein, was aber nicht näher erläutert wird.[147] Welche Rolle die Ergebnisse von Umweltrisikoeinschätzung und FFH-Verträglichkeitseinschätzung auf die Beurteilung der Gesamtbetrachtung von NKA und RWA spielen, wird ebenfalls nicht dargestellt und konnte auch nicht aus den früher im Internet publizierten Informationen über die einzelnen Projekte geschlossen werden.[148] Im übrigen gilt die Randbedingung, dass nur solche Vorhaben aufgrund der Raumwirksamkeitsanalyse ihren Rangplatz verbessern können, die ein Nutzen-Kosten-Verhältnis aufweisen, das größer als 1 ist.[149]

---

144 *Bundesministerium für Verkehr, Bau- und Wohnungswesen* (Hrsg.) (S. 34, Fn. 141), S. 66.

145 *Bundesministerium für Verkehr, Bau- und Wohnungswesen* (Hrsg.) (S. 34, Fn. 141), S. 9, 59.

146 *Bundesministerium für Verkehr, Bau- und Wohnungswesen* (Hrsg.) (S. 34, Fn. 141), S. 59.

147 *Bundesministerium für Verkehr, Bau- und Wohnungswesen* (Hrsg.) (S. 34, Fn. 141), S. 59f.

148 Vgl. etwa die Bewertung für die Erweiterung der A6 zwischen Kupferzell und Feuchtwangen von vier auf sechs Fahrstreifen, Projektnummer BW5012, die als „weiterer Bedarf" eingestuft wurde, http://www.bmvbw.de/static/Bundesverkehrswegeplan_2003/prins.html, letzter Zugriff 18.7.2005; die Website existierte zur Zeit der Drucklegung nicht, es wurde aber eine Neuauflage für Mitte 2007 angekündigt.

149 *Bundesministerium für Verkehr, Bau- und Wohnungswesen* (Hrsg.), Bundesver-

### *b) Würdigung*

Entgegen der Beteuerung der Bundesregierung, die Transparenz des Verfahrens solle im Vordergrund stehen,[150] ist festzustellen, dass den Veröffentlichungen des BMVBW die konkreten Projektbewertungen nur im Ergebnis – welche Bauvorhaben werden in welcher Dringlichkeitsstufe in den Bundesverkehrswegeplan aufgenommen –, nicht aber bezüglich des Gangs der Überlegungen zu entnehmen sind.[151]

Bereits die Gewichtungen der Bewertungskriterien, die der Ermittlung des Nutzen-Kosten-Verhältnis zugrundeliegen, werden nicht offengelegt. Ähnliches muss über die Darstellung der den Projektbewertungen zugrundeliegenden Szenarien gesagt werden. Was zu der Annahme des erwähnten „Integrationsszenarios" geführt hat, welche einzelnen Maßnahmen es enthält und welche Wirkung ihnen jeweils zugeschrieben wird, ist nur den nicht veröffentlichten und zum Teil der Öffentlichkeit nicht zugänglichen Gutachten externer Forschungsinstitute zu entnehmen.[152]

Des weiteren ist für die Bildung der Rangfolgen unter den evaluierten Vorhaben neben dem Nutzen-Kosten-Verhältnis maßgeblich, wie die Ergebnisse von Raumwirksamkeitsanalyse und Umweltrisikoeinschätzung in die Bewertung einfließen. Diesbezüglich zeigt der Bundesverkehrswegeplan 2003 jedoch lediglich, dass neben dem Nutzen-Kosten-Verhältnis auch die umwelt- und naturschutzfachliche Beurteilung sowie die Raumwirksamkeitsanalyse für die Projekteinstufung von Bedeutung gewesen waren.[153] Genaue Angaben macht der Bundesverkehrswegeplan insoweit allein in bezug auf die Investitionskosten der einzelnen Projekte.[154] So bleibt unklar, in welchem Verhältnis die verschiedenen Segmente in der Gesamtbetrachtung zueinander stehen. Die von der Bundesregierung zur Erläuterung ihres Vorgehens in dem Methodenband zur Bundeskehrswegeplanung gewählten

---

kehrswegeplan 2003. Grundzüge der gesamtwirtschaftlichen Bewertungsmethodik, 2000, S. 59.

[150] *Bundesministerium für Verkehr, Bau- und Wohnungswesen* (Hrsg.), Bundesverkehrswegeplan 2003, 2003, Vorwort des Bundesministers Kurt Bodewig, ferner S. 9, 10, 58, 59, 60.

[151] Kritisch zur Transparenz des Verfahrens ebenfalls *Rat von Sachverständigen für Umweltfragen*, Sondergutachten Umwelt und Straßenverkehr, 2005, Tz. 401 ff.

[152] So etwa die Untersuchung von Intraplan München, BVU Freiburg, Planco Essen und ifo München, Verkehrsprognose 2015 für die Bundesverkehrswegeplanung, Projekt-Nr. 96.578/1999 im Auftrag des BMVBW, 2001, und die Studie der Prognos AG, Erarbeitung von Entwürfen alternativer verkehrspolitischer Szenarien zur Verkehrsprognose 2015, Projekt Nr. 96.579/1999, im Auftrag des BMVBW, 2001.

[153] *Bundesministerium für Verkehr, Bau- und Wohnungswesen* (Hrsg.), Bundesverkehrswegeplan 2003, 2003, S. 13–22.

[154] *Bundesministerium für Verkehr, Bau- und Wohnungswesen* (Hrsg.) (S. 36, Fn. 153), S. 76 ff.

Gewichtungen bei der Zusammenführung von Raumwirksamkeitsanalyse und Nutzen-Kosten-Analyse führen hier nicht weiter, da es sich bei den dort gewählten Werten um ein Beispiel handelt, das *expressis verbis* nicht die Grundlage der tatsächlichen Bewertungen wiedergeben sollte.[155]

Was die Einbeziehung von Umweltrisikoeinschätzung und FFH-Verträglichkeitsprüfung in die Gesamtbetrachtung angeht, so ist weder den methodischen Erläuterungen noch den einzelnen Projektbewertungen zu entnehmen, welche Bedeutung diesen Ansätzen zugekommen sein soll. Man erfährt lediglich, welche segmentierte Einstufung die Projekte in diesen Gesichtspunkte erfahren haben. Aus der Angabe, ein bestimmtes Vorhaben habe ein „geringes" Umweltrisiko, lässt sich aber im Zusammenspiel mit seiner Einordnung in das Ranking aller Vorhaben nicht rückschließen, welche Gewichtung die URE für die Gesamtbeurteilung hatte. Das ist nur dann akzeptabel, wenn die Rangfolge der Projekte ohnehin im wesentlichen nach dem Nutzen-Kosten-Verhältnis festgelegt wurde und die Ergänzung durch die URE lediglich informierenden, keinen regelmäßig entscheidungserheblichen Charakter hatte. Das würde allerdings die Fragen aufwerfen, warum dieses Vorgehen nicht offengelegt wird und ob der mit der URE verbundene Aufwand angesichts des marginalen Einflusses auf die Projektbewertungen gerechtfertigt ist.

Darüber hinaus hat der *Sachverständigenrat für Umweltfragen* auf verschiedene methodische Defizite der Erstellung des BVWP 2003 hingewiesen.[156] Der Bundesverkehrswegeplan 2003 betrachte die verschiedenen Verkehrsträger zu segmentiert, indem er den Luftverkehr völlig ausklammere und verkehrsträgerübergreifende Schnittstellen wie Transportketten vernachlässige.[157] Die Prognosen des Integrationszenarios würden zu Zielen umgedeutet, was Gestaltungsspielräume negiere. Das Verfahren der Bedarfserhebung für Straßenbauprojekte weise eine strukurelle Tendenz zur Verzerrung der Straßenbaunachfrage auf, da die Länder zwar Vorschläge für Ergänzungen des Straßennetzes unterbreiten würden, aber kaum an der Finanzierung von Bundesfernstraßen beteiligt seien, auch wenn die betreffenden Straßenabschnitte regionalen Verkehrsfunktionen dienten.[158] Es bestehe daher ein erheblicher Anreiz, über den Bedarf hinaus Projekte anzumelden.[159] Im übrigen komme es immer wieder zu Doppelzählungen von Nutzenkomponenten und damit ebenfalls zu einer Überschätzung der

---

155 *Bundesministerium für Verkehr, Bau- und Wohnungswesen* (Hrsg.) (S. 36, Fn. 153), S. 59.

156 *Rat von Sachverständigen für Umweltfragen*, Sondergutachten Umwelt und Straßenverkehr, 2005.

157 *Rat von Sachverständigen für Umweltfragen* (S. 37, Fn. 156), Tz. 397.

158 *Rat von Sachverständigen für Umweltfragen* (S. 37, Fn. 156), Tz. 399.

159 *Rat von Sachverständigen für Umweltfragen* (S. 37, Fn. 156), Tz. 399.

Verkehrsnachfrage, was bereits 1994 moniert worden sei.[160] Beispielsweise würde das Bonusverfahren für Verkehrswege zur „Förderung internationaler Beziehungen" die Verkehrsanbindung von See- und Flughäfen je nach dem Anteil des grenzüberschreitenden Verkehrs mit einem Bonus versehen. Diese Effekte seien aber bereits Teil der Abschätzungen des Nutzens aus der Senkung der Betriebsführungskosten und der Zeitersparnis gewerblicher wie nichtgewerblicher Fahrten.[161] Eine ähnlich problematische Überschneidung gebe es zwischen Nutzen-Kosten-Analyse und Raumwirksamkeitsanalyse.[162]

Wie die Analyse des *Sachverständigenrates* verdeutlicht, kann die Methodik der Bundesverkehrswegeplanung noch erheblich verbessert werden. Im Ansatz verdient die Bundesregierung aber insoweit völlige Zustimmung, als sie mit der Verkehrswegeplanung eine Problematik, bei der regelmäßig mehrere hochrangige Ziele konfligieren,[163] weitreichende Entscheidungen über die Verwendung von Haushaltsmitteln getroffen werden und dabei sehr langfristige gesellschaftliche Entwicklungen zu berücksichtigen sind, mit einem angemessenen mathematisch-formalen Instrumentarium zu bewältigen sucht. Die dem Bundesverkehrswegeplan zugrundegelegte Szenarientechnik zur Modellierung des langfristigen Verkehrsgeschehens hat sich im Grundsatz bewährt und kann mittlerweile als ausgereift gelten.[164] Der Verzicht auf eine formale Modellierung der Prognosen käme angesichts der Vielzahl der Parameter und den zu betrachtenden langen Zeiträumen einer willkürlichen Schätzung mit entsprechender Fehleranfälligkeit gleich. Auch die nunmehr durchgeführte Einbeziehung von Raumwirksamkeitsaspekten und der Umweltrisikoeinschätzung in die Projektbewertung stellt gegenüber der Methodik des Bundesverkehrswegeplans 1992/1993 einen klaren Fortschritt in Richtung auf eine umfassende Abwägung dar.

Die Nachvollziehbarkeit der angestellten Erwägungen wäre allerdings noch größer, würden die in den Szenarien enthaltenen Annahmen, die Gewichtung der Kriterien sowohl innerhalb der Nutzen-Kosten-Untersuchung als auch im Verhältnis zu den nicht monetär evaluierten Gesichtspunkten grundsätzlich und in bezug auf die einzelnen Projekte dargestellt. Das erhebliche Potential der gewählten formalen Methodik hinsichtlich der Transparenz der Darstellung wird so nicht ausgeschöpft.

---

160 *Rat von Sachverständigen für Umweltfragen* (S. 37, Fn. 156), Tz. 407; *Rat von Sachverständigen für Umweltfragen*, Umweltgutachten 1994. Für eine dauerhaft umweltgerechte Entwicklung, 1994, Tz. 794.

161 *Rat von Sachverständigen für Umweltfragen* (S. 37, Fn. 156), Tz. 407.

162 *Rat von Sachverständigen für Umweltfragen* (S. 37, Fn. 156), Tz. 413.

163 *Bundesministerium für Verkehr, Bau- und Wohnungswesen* (Hrsg.), Bundesverkehrswegeplan 2003, 2003, S. 22.

164 Zu weiteren Beispielen der szenariengestützten Verkehrsplanung s. *E. Hofmann*, Der Schutz vor Immissionen des Verkehrs, 1997, S. 65 ff.

Abgesehen von solchen Einwänden ist aber festzuhalten, dass sich die Bundesregierung im Falle der Bundesverkehrswegeplanung bemüht, eine komplexe hoheitliche Aufgabe wie die der mittel- und langfristigen Investitionsrahmenplanung für Verkehrsinfrastrukturvorhaben mit Hilfe von belastbaren mathematischen Evaluationsmethoden zu bewältigen.

## *II. Gesetzesfolgenabschätzung in Deutschland*

Wie vorstehend dargelegt, werden bei der Rechtsanwendung von der Verwaltung im Kontrast zu der üblichen natürlich-sprachlichen Methodik in einigen Fällen numerische Verfahren eingesetzt, um die Berechenbarkeit und Transparenz der Verwaltungsentscheidungen zu erhöhen, wobei die eingesetzten Verfahren so unterschiedlich sind wie die der Verwaltung gestellten Aufgaben. Nun ist zu klären, welche Rolle formale Analysen im Zusammenhang mit der Rechtsetzung spielen, was vielfach als Gesetzesfolgenabschätzung (GFA) bezeichnet wird. Mit dem Begriff können jedoch recht verschiedene Dinge gemeint sein.[165] Daher ist zunächst ein kurzer Blick auf die unterschiedlichen Konzepte angezeigt.

### 1. Die vielfältigen Ansätze

Der Begriff der Gesetzesfolgenabschätzung bezieht sich zum Teil allein auf die redaktionelle Verbesserung von Gesetzestexten. Der sprachlich klaren und formell konsistenten Abfassung von Gesetzen ist etwa das vom Bundesministerium der Justiz im Jahre 1991 herausgegebene „Handbuch der Rechtsförmlichkeit" gewidmet, mit dem das Ministerium Empfehlungen zur einheitlichen Gestaltung von Gesetzen und Rechtsverordnungen gibt.[166] Ebenfalls erwähnenswert sind die Bemühungen der Europäischen Kommission um die redaktionelle Qualität gemeinschaftsrechtlicher Vor-

---

[165] Ebenso *G. Kretschmer*, Zum Stand der Gesetzesfolgenabschätzung im Deutschen Bundestag, in: Karpen/Hof (Hrsg.), Wirkungsforschung zum Recht IV. Möglichkeiten einer Institutionalisierung der Wirkungskontrolle von Gesetzen, 2003, S. 15 (17), und die zum Teil kontroverse Aussprache unter den Teilnehmern einer Tagung zur Gesetzesfolgenabschätzung, *U. Karpen/H. Hof*, Wirkungsforschung zum Recht IV. Möglichkeiten einer Institutionalisierung der Wirkungskontrolle von Gesetzen, 2003, S. 43–50.

[166] *Bundesministerium der Justiz* (Hrsg.), Handbuch der Rechtsförmlichkeit: Empfehlungen des Bundesministeriums der Justiz zur einheitlichen rechtsförmlichen Gestaltung von Gesetzen und Rechtsverordnungen nach § 38 Abs. 3 GGO II, 1991. Vgl. § 38 Abs. 3 der GGO II.

schriften.[167] Für die vorliegende Fragestellung trägt das aber wenig aus und wird daher im folgenden nicht vertieft.

Bereits seit mehr als 30 Jahren wird der Begriff der Gesetzesfolgenabschätzung jedoch auch mit inhaltlichen Vorstellungen über die Evaluierung von Gesetzen verbunden.[168] Ein recht frühes Praxisbeispiel hierfür liegt in der Verwendung der sogenannten „Blauen Prüffragen", wie sie in verschiedenen Bundesländern als Gesetzgebungsrichtlinien nach dem Vorbild eines Beschlusses der Bundesregierung vom 11. Dezember 1984 eingesetzt wurden.[169] Die „Blauen Prüffragen" bezogen sich auf die Notwendigkeit, die Wirksamkeit und Verständlichkeit von Rechtsetzungsvorhaben des Bundes und fragten unter anderem nach dem Bestehen von Regelungsalternativen, nach der Praktikabilität des Vorschlags und der Kosten-Nutzen-Relation.

Hinzuweisen ist in diesem Zusammenhang auch auf das im Jahre 1992 vom Bundesministerium des Innern herausgegebene „Handbuch zur Vorbereitung von Rechts- und Verwaltungsvorschriften", das neben den „Blauen Prüffragen" insbesondere die von der Bundesregierung beschlossenen „Maßnahmen zur Verbesserung der Rechtsetzung und von Verwaltungsvorschriften" enthält.[170] § 22a der im Jahre 1996 novellierten GGO II nahm ebenfalls Bezug auf die „Blauen Prüffragen".[171]

---

[167] Vgl. Gemeinsame Leitlinien für die redaktionelle Qualität der gemeinschaftlichen Rechtsvorschriften vom 22.12.1998 (ABl. C 73/1 v. 17.3.1999). Instruktive Übersicht über weitere diesbezügliche Dokumente der Kommission s. *R. Wägenbaur*, Zum Stand der Gesetzesfolgenabschätzung in der EU, in: Karpen/Hof (Hrsg.), Wirkungsforschung zum Recht IV. Möglichkeiten einer Institutionalisierung der Wirkungskontrolle von Gesetzen, 2003, S. 167 (169–171).

[168] *P. Noll*, Gesetzgebungslehre, 1973; J. Rödig/E. Altmann (Hrsg.), Studien zu einer Theorie der Gesetzgebung, 1976; *R. Bender*, Zur Notwendigkeit einer Gesetzgebungslehre: dargestellt an aktuellen Problemen der Justizreform, 1974; *P. Fricke/W. Hugger*, Voraussetzungen einer testorientierten Rechtssetzungsmethodik, 1979. In den 80er Jahren riß die Diskussion nicht ab, vgl. *D. Strempel*, Recht und Politik 1981, S. 180ff.; *P. Fricke/W. Hugger*, Experimentelle Methoden zur Unterstützung der Rechtsetzungspraxis, 1986; C. Böhret (Hrsg.), Gesetzgebungspraxis und Gesetzgebungslehre. Ein Erfahrungsaustausch über die Verbesserung von Rechtsnormen, 1980; *K. König*, Zur Überprüfung von Rechtsetzungsvorhaben des Bundes, 1986; *ders.*, Zur Überprüfung von Rechtsetzungsvorhaben des Bundes, in: Grimm/Maihofer (Hrsg.), Gesetzgebungstheorie und Rechtspolitik, 1988, S. 171ff.

[169] Dokumentiert in: *Bundesministerium des Innern* (Hrsg.), Unabhängige Kommission zur Rechts- und Verwaltungsvereinfachung des Bundes 1983–1987. Eine Zwischenbilanz, 1987, S. 100. Die „Maßnahmen zur Verbesserung der Rechtsetzung und von Verwaltungsvorschriften" sind im GMBl. 1990, S. 38 (42f.), veröffentlicht. Den „Blauen Prüffragen" war wiederum *H. Kindermann*, Ministerielle Richtlinien der Gesetzestechnik: vergleichende Untersuchungen der Regelungen in der Bundesrepublik Deutschland, in Österreich und der Schweiz, 1979, S. 9f., vorausgegangen.

[170] *Bundesministerium des Innern* (Hrsg.), Handbuch zur Vorbereitung von Rechts- und Verwaltungsvorschriften, 1992.

[171] GGO II in der Fassung vom 19.3.1996, GMBl. 1996, S. 449. Instruktiver Überblick bei *U. Karpen*, Gesetzesfolgenabschätzung in der Europäischen Union, in: Karpen/Hof

In der jüngeren und jüngsten Vergangenheit fand dann die GFA unter dem Schlagwort des „schlanken Staates" verstärkt Beachtung, weil in der formalen Evaluation von regulativen Maßnahmen auch Chancen gesehen wurden, als unangemessen empfundenen Aufwand auf Seiten des Staates und der Wirtschaft etwa bezüglich der Zulassung genehmigungsbedürftiger Vorhaben („Überregulierung") abzubauen und Gesetze einem strengen Erforderlichkeitstest („qualifizierte Bedürfnisprüfung")[172] mit der Folge zu unterziehen, dass als entbehrlich angesehene Bestimmungen nicht Eingang in die Gesetzgebung finden oder, soweit sie bereits geltendes Recht sind, aufgehoben werden („Eindämmung der Normenflut").

Der Ansatz zielte insbesondere auf die Rückführung des Staates auf seine als originär betrachteten Aufgabenbereiche und war daher mit einer Aufgabenkritik verbunden.[173] Vor allem aber sollte die Gesetzesfolgenabschätzung in diesem Rahmen helfen, mit Blick auf die angestrengte Haushaltslage öffentlicher Kassen Einsparpotentiale zu aktivieren. Im Vordergrund standen mithin der Abbau von Investitionshemmnissen, die Reduzierung der Staatsaufgaben auf Kernbereiche und die Effektivierung des Staatshandelns. Dass dem Kostenaspekt eine besonders wichtige Rolle zukommt, ist auch an der Ausrichtung der verschiedenen Richtlinien zu sehen, die sich etliche Bundesländer gegeben haben, um das Verwaltungshandeln und Gesetzgebungsvorschläge anzuleiten.[174]

Um einige dieser Regelungen herauszugreifen, Bayerns „Richtlinien für die Wahrnehmung und Organisation öffentlicher Aufgaben im Freistaat Bayern" vom 26. Juni 1986 zielen wie der bayerische Gesetzentwurf eines 2. Gesetzes zur Vereinfachung und Beschleunigung baurechtlicher Verfahren[175] ersichtlich auf Kostenauswirkungen staatlichen Handelns für Behörden, Wirtschaft und einzelne Bürger. Ähnliches gilt für die Schleswig-Holsteinischen „Richtlinien über Gesetz- und Verordnungsentwürfe der Landesregierung" vom 8. März 1996 und § 10a der Geschäftsordnung der Landesregierung in der Fassung vom 14. Januar 1998.[176] Vergleichbar sind auch die Ansätze in Nordrhein-Westfalen. Der Landtag von Nordrhein-Westfalen verlangt seit dem Jahre 1995, dass Nutzen und Kosten von Gesetzentwürfen nicht nur verbal, sondern grundsätzlich auch quantitativ dargestellt werden müssen.[177]

---

(Hrsg.), Wirkungsforschung zum Recht IV. Möglichkeiten einer Institutionalisierung der Wirkungskontrolle von Gesetzen, 2003, S. 148 (155 f.).

172 *Sachverständigenrat „Schlanker Staat"/Bundesministerium des Innern* (Hrsg.), Abschlußbericht², 1998, S. 15 ff.

173 *H. Hofmann*, ZG 1999, S. 44 (52).

174 Übersichtlich zusammengestellt von *U. Karpen*, AöR 124 (1999), S. 400 (408–412).

175 LTDrs. 13/7008 v. 22.1.1997.

176 GVBl. 1998, S. 34.

177 LTDrs. 12/8637 vom 22. März 1995.

## 2. Die GGO in der Fassung vom 26. Juli 2000

Mit der Neufassung der GGO im Jahre 2000[178] wurden die mehrfach erwähnten „Blauen Prüffragen" durch eine Reihe neuer Bestimmungen abgelöst. Trotz ihrer Anschaulichkeit und Griffigkeit waren die „Blauen Prüffragen" vor allem wegen eines mit dem Geschäftsordnungsrecht nicht harmonisierten Kostenbegriffes[179] und wegen zu geringer praktischer Wirksamkeit[180] kritisiert worden.

§ 44 in Verbindung mit § 43 Abs. 1 Nr. 5 GGO schreibt nunmehr eine Gesetzesfolgenabschätzung im Sinne einer Ex-ante-Evaluierung für Gesetzesvorlagen der Bundesregierung vor. Gesetzesfolgen im Sinne der GGO sind nach der Legaldefinition des § 44 Abs. 1 S. 1 GGO die wesentlichen Auswirkungen eines Gesetzes, was beabsichtigte wie unbeabsichtigte Folgen umfasst (§ 44 Abs. 1 S. 2 GGO).

Die Begründung der Gesetzesvorlage muss neben der Gesetzesfolgenabschätzung Zielsetzung und Notwendigkeit des Regelungsentwurfs darlegen (§ 43 Abs. 1 S. 1 GGO) sowie Angaben darüber enthalten, ob andere Lösungsmöglichkeiten bestehen und ob etwa eine Erledigung durch Private möglich ist (§ 43 Abs. 1 Nr. 3 GGO). Vervollständigt werden die Vorschriften über die Gesetzesfolgenabschätzung durch die nachsorgende Überprüfung, ob die beabsichtigten Wirkungen erreicht worden sind, ob die entstandenen Kosten in einem angemessenen Verhältnis zu den Ergebnissen standen und welche Nebenwirkungen eingetreten sind (§ 44 Abs. 6 GGO).

Trotz des an sich umfassenden Ansatzes – wie erwähnt, versteht die GGO unter „Gesetzesfolgen" alle hypothetischen Auswirkungen der zu prüfenden Gesetzentwürfe – ist die hervorgehobene Berücksichtigung der finanziellen Auswirkungen der ins Auge gefaßten Gesetze unverkennbar.

Wie § 43 Abs. 1 Nr. 5 GGO in Verbindung mit § 44 Abs. 2 GGO bestimmt, sind in der Gesetzesbegründung die Auswirkungen einer Maßnahme auf die Einnahmen und Ausgaben der öffentlichen Haushalte einschließlich der voraussichtlichen vollzugsbedingten Auswirkungen darzustellen. Die Gesetzesfolgenabschätzung nach der GGO zielt damit in erster Linie auf die Ermittlung haushaltsrelevanter *Ausgaben*, nicht auf die Identifizierung aller volkswirtschaftlichen Kosten im weiteren Sinne.[181] Allerdings müssen

---

[178] Gemeinsame Geschäftsordnung der Bundesministerien v. 26.7.2000, GMBl. 2000, S. 526 ff.

[179] In diesem Sinne kritisch zu den „Blauen Prüffragen" der Bundesrechnungshof aus dem Jahre 1998, BT-Drs.14/29, Nr. 11, S. 71 f.

[180] *Sachverständigenrat „Schlanker Staat"/Bundesministerium des Innern* (Hrsg.), Abschlußbericht², 1998, S. 18.

[181] Darauf weist *Kirstein* in seinem Redebeitrag zu Recht hin (*R. Kirstein*, Diskussionsbeitrag, in: Karpen/Hof (Hrsg.), Wirkungsforschung zum Recht IV. Möglichkeiten einer Institutionalisierung der Wirkungskontrolle von Gesetzen, 2003, S. 29).

die Kosten für die Wirtschaft und für die Verbraucherinnen und Verbraucher nach § 44 Abs. 4 GGO gesondert aufgeführt werden. Weitere Auswirkungen sind darzustellen, soweit ein am Gesetzgebungsverfahren beteiligtes Ressort oder ein in der GGO aufgeführter Beauftragter der Bundesregierung betroffen ist und diese Darstellung wünscht.[182] Von ihrer generellen Ausrichtung her steht auch die neue GGO in der Tradition der vorstehend beschriebenen Kostensenkungsinstrumente.

Eine Spezifizierung der Methodik, mit der die Gesetzesfolgenabschätzung durchgeführt werden sollte, enthält die GGO nicht. Insbesondere schreibt sie den Bundesministerien nicht ausdrücklich vor, Gesetzesvorlagen in formal-mathematischer Art und Weise zu evaluieren und etwa den erwarteten Nutzen zu quantifizieren oder gar zu monetarisieren. Die GGO schließt das aber auch nicht aus. Dem Ansatz der GGO vergleichbar verlangt § 7 Abs. 2 der Bundeshaushaltsordnung eine „Wirtschaftlichkeitsuntersuchung" für finanzwirksame Maßnahmen des Bundes, für welche die vorstehend beschriebene Bundesverkehrswegeplanung ein Beispiel darstellt.[183] Entsprechendes schreibt § 6 Abs. 2 Haushaltsgrundsätzegesetz für die Bundesländer vor.

### 3. Das Projekt der Bundesregierung zur Gesetzesfolgenabschätzung im Rahmen des Vorhabens „Moderner Staat – Moderne Verwaltung"

Die verwaltungswissenschaftliche Diskussion scheint gegenüber den bisherigen, vor allem auf Deregulierung und Kostensenkung abzielenden Anstrengungen seit einiger Zeit in eine etwas andere Richtung zu weisen.[184] Mittlerweile wird nach einer Methodik der formalen Evaluation von Ge-

---

[182] §§ 44 Abs. 5, 45 Abs. 1 und 2 in Verbindung mit den Anlagen 3 und 8 GGO.

[183] S. o. B.I.5.

[184] S. aus der reichhaltigen Literatur etwa *C. Böhret*, Gesetzesfolgenabschätzung (GFA): Modisch oder hilfreich? in: Schreckenberger/Merten (Hrsg.), Grundfragen der Gesetzgebungslehre: aktualisierte Vorträge eines Seminars zur Gesetzgebungslehre (1996) an der Deutschen Hochschule für Verwaltungswissenschaften Speyer, 2000, S. 131 ff.; *W. Bussmann*, Gesetzgebung heute (LeGes) 1997, S. 109 ff.; *C. Grimm/L. Brocker*, ZfG 1999, S. 58 ff.; *G. Konzendorf*, Universitas – Zeitschrift für interdisziplinäre Wissenschaft 54 (1999), S. 952 ff.; *K. Neuser*, NdsVBl. 1998, S. 249 ff.; *H. Hof*, ZfRSoz 1997, S. 247 ff.; *B.-O. Bryde*, Die Effektivität von Recht als Rechtsproblem: Vortrag gehalten vor der Juristischen Gesellschaft zu Berlin am 17. März 1993, 1993; *D. Grimm* (Hrsg.), Wachsende Staatsaufgaben – sinkende Steuerungsfähigkeit des Rechts, 1990; *H. Treiber*, Zur Umsetzung von Rechtsnormen: begrenztes Steuerungspotential von Gesetzen und Verordnungen, 1996; sowie die Beiträge in den Sammelbänden *H. Hill/H. Hof* (Hrsg.), Wirkungsforschung zum Recht II. Verwaltung als Adressat und Akteur, 2000; *H. Hof/G. Lübbe-Wolff* (Hrsg.), Wirkungsforschung zum Recht I: Wirkungen und Erfolgsbedingungen von Gesetzen, 1999 sowie *U. Karpen/H. Hof* (Hrsg.), Wirkungsforschung zum Recht IV. Möglichkeiten einer Institutionalisierung der Wirkungskontrolle von Gesetzen, 2003.

setzgebungsvorschlägen gesucht, die für jede Regelungsmaterie und ohne Einengung auf die Aufgabenkritik – sozusagen universell – einsetzbar ist.

Zur Illustration kann das zwischen 1999 und 2002 durchgeführte aufwendige Forschungsvorhaben der Bundesregierung zur Gesetzesfolgenabschätzung dienen.[185] Das Projekt reichte über die Diskussion bezüglich des „Schlanken Staates" klar hinaus, obgleich es Deregulierung und Kosteneinsparung als Bewertungskriterien nicht entgegensteht. Die vorgeschlagene Methodik ist jedoch keinesfalls auf eine solche Fokussierung angelegt, wie nun im einzelnen dargelegt werden soll.

### *a) Konzeption und Durchführung*

Zunächst wurden unter wissenschaftlicher Begleitung ein Leitfaden[186] und ein Handbuch[187] zur Gesetzesfolgenabschätzung (GFA) erarbeitet, deren Tauglichkeit zur praktischen Umsetzung dann in Praxistests zu erweisen war. Das jeweilige Stadium der der Evaluation unterworfenen Vorhaben betreffend unterschied das Projekt die *prospektive*, die *begleitende* und die *retrospektive* GFA.[188] Die prospektive GFA dient der Erarbeitung von Gesetzgebungsvorschlägen anhand einer vergleichenden Folgenbeurteilung. Die begleitende GFA richtet sich auf die Überprüfung von bereits rechtsförmigen Entwürfen vor allem in bezug auf die Vollzugspraktikabilität, das Kosten-Nutzen-Verhältnis, die Verständlichkeit und die Akzeptierbarkeit. Die retrospektive GFA (*monitoring*) ist schließlich auf eine Bewährungsprüfung geltender Rechtsvorschriften gerichtet.

Der federführende Staatssekretärausschuss „Moderner Staat – Moderne Verwaltung" wählte sodann Pilotprojekte in Abstimmung mit den Ressorts für jeden dieser Anwendungsbereiche aus, um den in Handbuch und Leitfaden verfolgten Ansatz auf seine Praxistauglichkeit hin zu untersuchen. Einer prospektiven GFA wurde eine Reform des Altenhilfestrukturgesetzes

---

[185] *Bundesministerium des Innern* (Hrsg.), Moderner Staat – Moderne Verwaltung, Praxistest zur Gesetzesfolgenabschätzung, Abschlußbericht über den Praxistest zur Erprobung des Handbuchs und des Leitfadens zur Gesetzesfolgenabschätzung an ausgewählten Vorhaben der Ressorts, 2002. Zur Ausgangslage und der Entwicklung bis zum Jahre 2000 s. *B. Zypries/C. Peters*, ZG 2000, S. 316 (316–327).

[186] *C. Böhret/G. Konzendorf*, Moderner Staat – moderne Verwaltung: Leitfaden zur Gesetzesfolgenabschätzung, 2000.

[187] *C. Böhret et al.*, Handbuch Gesetzesfolgenabschätzung (GFA): Gesetze, Verordnungen, Verwaltungsvorschriften, 2001.

[188] Zu der Unterscheidung der verschiedenen Formen der GFA s. *Bundesministerium des Innern* (Hrsg.), Moderner Staat – Moderne Verwaltung, Praxistest zur Gesetzesfolgenabschätzung, Abschlußbericht über den Praxistest zur Erprobung des Handbuchs und des Leitfadens zur Gesetzesfolgenabschätzung an ausgewählten Vorhaben der Ressorts, 2002, S. 9–12.

und das Gesetz zur Weiterentwicklung der Unternehmensbesteuerung unterzogen,[189] das Wahlstatistikgesetz und die Orthopädieverordnung einer begleitenden GFA[190] und schließlich der Täter-Opfer-Ausgleich sowie das Zeugenschutzgesetz einer retrospektiven GFA.[191]

Als besonders anschauliches Beispiel für die prospektive GFA sei die Untersuchung von möglichen Maßnahmen zur Schaffung eines Altenhilfestrukturgesetzes herausgegriffen. Das Vorgehen in den anderen Pilotprojekten erfolgte analog. Das Bundesfamilienministerium strebte die Erarbeitung eines Eckpunktepapiers an, mit dem die Defizite in der Altenhilfe analysiert und mögliche Wege zu deren Behebung aufgezeigt werden sollten. Die in Erwägung gezogenen Maßnahmen bezogen sich ausweislich des Abschlussberichts insbesondere auf die

– „Förderung der Entwicklung von Strukturen, Planung und Koordinierung mit dem Ziel der Vernetzung und Kooperation in der Altenhilfe,
– Erprobung von Möglichkeiten, die Rehabilitation in die Arbeit der ambulanten und stationären Altenhilfe einzubinden,
– Förderung von lebensweltorientierten Netzwerken (informelle Netze, z. B. Familie, Freunde, Nachbarn),
– Entwicklung besonderer Hilfen für Demenzerkrankte".[192]

Zunächst wurde eine Problemanalyse durchgeführt, die die Basis für die anschließende Entwicklung von Regelungsalternativen darstellte.[193] Abschließend wurden die unterschiedlichen Regelungsalternativen vergleichend beurteilt.

Die Problemanalyse erfolgte unter Zuhilfenahme eines sogenannten Zielbaums, der die übergeordneten Ziele der Reform – Erhöhung von Selbstbestimmung und Selbständigkeit älterer Menschen unter Beachtung des Gender-Mainstream-Ansatzes – durch Teil- und Unterziele konkretisierte.[194] Als Unterziele wurden insbesondere die Optimierung der Infrastruktur der Altenhilfe, die Verbesserung der Interessenwahrnehmung der Nutzer von ambulanten Diensten und Heimen und die Verbesserung der Partizipationsmöglichkeiten von Älteren festgelegt. Das erfolgte anhand von Kriterien wie etwa der Festlegung von Kennzahlen über die Zahl der stationären, teilstationären und ambulanten Pflegeplätze. Darauf aufbauend wurden anschließend drei Regelungsalternativen beschrieben.[195] Die erste Alternative bildet die bloße Fortschreibung erwarteter Entwicklungen ohne politisches Eingreifen

[189] *Bundesministerium des Innern* (Hrsg.) (S. 44, Fn. 188), S. 13–40.
[190] *Bundesministerium des Innern* (Hrsg.) (S. 44, Fn. 188), S. 41–68.
[191] *Bundesministerium des Innern* (Hrsg.) (S. 44, Fn. 188), S. 69–95.
[192] *Bundesministerium des Innern* (Hrsg.) (S. 44, Fn. 188), S. 13 f.
[193] *Bundesministerium des Innern* (Hrsg.) (S. 44, Fn. 188), S. 14.
[194] *Bundesministerium des Innern* (Hrsg.) (S. 44, Fn. 188), S. 16.
[195] *Bundesministerium des Innern* (Hrsg.) (S. 44, Fn. 188), S. 17–21.

ab („Beibehaltung des *status quo*"). Mit der Regelungsalternative 2 wurde ein strikt ordnungspolitischer Ansatz modelliert und mit Alternative 3 eine als moderat-anreizorientierte bezeichnete Herangehensweise.

Da die drei Handlungsoptionen in ihren Wirkungen stark von langfristigen gesellschaftlichen Entwicklungen abhängen, wurden sie mit Blick auf zunächst vier unterschiedliche Szenarien beurteilt, von denen eines rasch als unrealistisch aus der weiteren Betrachtung ausgeschieden wurde, da es Pflegearrangements ohne Berücksichtigung von Veränderungen des Pflegepotentials betraf.[196] Das erste der drei verbleibenden Szenarien bezüglich der Entwicklung bis ins Jahr 2040 ging davon aus, dass die demographische Entwicklung auch das informelle Pflegepotential beeinflusst und die Frauenerwerbsquote in etwa gleich bleibt. Das zweite Szenario galt als das wahrscheinlichere Szenario und nahm bestimmte Veränderungen der Frauenerwerbsquote an. In dem dritten untersuchten Szenario wurden insbesondere eine bessere Vereinbarkeit von Berufstätigkeit und Pflege sowie die Ausweitung der ambulanten Pflegeeinrichtungen und informeller Hilfen angenommen.[197]

Zur Bewertung der Regelungsalternativen wurde neben anderen Verfahren eine Nutzwertmatrize entwickelt, mit der die einzelnen Auswirkungen der Maßnahmen in den drei Szenarien anhand eines Satzes von Kriterien evaluiert wurden, wobei aus zeitlichen Gründen eine Beschränkung auf Maßnahmen zur individuellen Hilfeplanung vorgenommen wurde.[198] Der Kriteriensatz verfeinerte zum Teil die vorstehend genannten Unterziele und versah sie mit Gewichtungen, die mit Hilfe von Prozentzahlen ausgedrückt wurden.[199] So wurden etwa die Kriterien „Situation des Hilfsbedürftigen verbessern" und „Partizipation des Betroffenen optimieren" jeweils eine Gewichtung von 35 % und den übrigen drei Kriterien („Infrastruktur verbessern", „Koordinierung optimieren" und „Unterstützung der Angehörigen und sonstiger Freiwilliger") von je 10 % gegeben. Aus der Multiplikation dieser Gewichtungen mit den jeweiligen in Punkten ausgedrückten, positiven oder negativen Zielbeiträgen ergab sich schließlich, welche der drei Regelungsalternativen sich in welchem Szenario als überlegen darstellte.[200] Diese Zusammenhänge stellt Tabelle 1 im Überblick

---

[196] *Bundesministerium des Innern* (Hrsg.) (S. 44, Fn. 188), S. 21.

[197] Nach dem Handbuch soll die Entwicklung von Szenarien bei der prospektiven GFA den Regelfall darstellen (*C. Böhret et al.*, Handbuch Gesetzesfolgenabschätzung (GFA): Gesetze, Verordnungen, Verwaltungsvorschriften, 2001, S. 15ff., 59f., 81).

[198] *Bundesministerium des Innern* (Hrsg.), Moderner Staat – Moderne Verwaltung, Praxistest zur Gesetzesfolgenabschätzung, Abschlussbericht über den Praxistest zur Erprobung des Handbuchs und des Leitfadens zur Gesetzesfolgenabschätzung an ausgewählten Vorhaben der Ressorts, 2002, S. 27–28.

[199] *Bundesministerium des Innern* (Hrsg.) (S. 46, Fn. 198), S. 25 und 28.

[200] *Bundesministerium des Innern* (Hrsg.) (S. 46, Fn. 198), S. 25 und 28.

dar. Es fällt auf, dass das Maßnahmenbündel R3 in jeder hier abgebildeten Eigenschaft besser ist als R1, und R2 wiederum bei jedem Kriterium besser bewertet wurde als R3. Zur weiteren Diskussion der so erzielten Ergebnisse wurde ein Workshop durchgeführt.[201]

*Tabelle 1:* Exemplarische Nutzwertanalyse

| *Zielsystem* | | *Szenario 3* | | | | | |
|---|---|---|---|---|---|---|---|
| | | R1 | | R2 | | R3 | |
| Teilziele | Zielgewichtung | Zielbeitrag | Teilnutzen | Zielbeitrag | Teilnutzen | Zielbeitrag | Teilnutzen |
| Situation des Hilfsbedürftigen verbessern | 35 | -5 | -175 | +6 | 210 | +3 | 105 |
| Partizipation des Betroffenen optimieren (handelndes Subjekt) | 35 | -3 | -105 | +5 | 175 | +2 | 70 |
| Infrastruktur verbessern | 10 | 0 | 0 | +3 | 30 | +1 | 10 |
| Koordinierung optimieren | 10 | -1 | -10 | +8 | 80 | +1 | 10 |
| Unterstützung der Angehörigen und sonstiger Freiwilliger | 10 | -1 | -10 | +5 | 50 | +1 | 10 |
| Nutzwerte | | | -300 | | 545 | | 205 |
| *Rang* | | | *3* | | *1* | | *2* |

Quelle: *Bundesministerium des Innern* (Hrsg.), Moderner Staat – Moderne Verwaltung, Praxistest zur Gesetzesfolgenabschätzung, Abschlussbericht über den Praxistest zur Erprobung des Handbuchs und des Leitfadens zur Gesetzesfolgenabschätzung an ausgewählten Vorhaben der Ressorts, Berlin 2002, S. 28.

Die Bundesregierung kommt in dem Abschlussbericht nach Auswertung der Praxistests zu dem Schluss,

– die „im Leitfaden vorgesehene Vorgehensweise (sei) zweckmäßig und flexibel anwendbar",

[201] *Bundesministerium des Innern* (Hrsg.) (S. 46, Fn. 198), S. 26–29.

– dass „eine allmähliche und fallsensible Verbreitung der GFA empfohlen werden“ (dürfe), und

– „eine Institutionalisierung erstrebenswert (sei).“[202]

Leitfaden und Handbuch hätten ihren ersten Praxistest bestanden. Sie böten auch das Rüstzeug, methodisch gestützte vollumfängliche GFAen durchzuführen, auch wenn einzuräumen sei, dass der politische Prozess an anderen Kriterien ausgerichtet sei und Restriktionen unterliege, die sich von der Vorgehensweise bei der GFA grundlegend unterschieden.[203]

### *b) Vorläufige Würdigung*

Die von der Bundesregierung durchgeführte Studie kann hinsichtlich ihres Ansatzes, ihrer Durchführung und ihrer Aufbereitung als problemorientiert, zeitgemäß und fundiert angesehen werden. Ihre Ergebnisse dürften ohne weiteres eine tragfähige Grundlage für die weitere Diskussion um formale Evaluationstechniken zur Entwicklung durchdachter Gesetzesvorhaben bilden. Allerdings ist die Anleitung für die prospektive Gesetzesfolgenabschätzung zu spezifisch auf das Projekt eines Altenhilfestrukturgesetzes bezogen und darum nur bedingt auf andere Anwendungsfelder übertragbar, um in der Praxis verbreitete Verwendung finden zu können. Daher hat die Bundesregierung beschlossen, eine Arbeitshilfe zu erstellen, die ein Verfahren zur Ermittlung der optimalen Regelungsalternative durch Prüfung der Folgewirkungen beschreiben soll.[204]

Jedenfalls hat das Vorhaben der Bundesregierung mit den durchgeführten Pilotprojekten im Grundsatz belegen können, dass eine formale Methodik nicht nur theoretisch attraktiv erscheint, sondern bei entsprechender Sensibilität für das jeweilige Problemumfeld auch in der Gesetzgebungspraxis

[202] *Bundesministerium des Innern* (Hrsg.) (S. 46, Fn. 198), S. 25; vgl. hierzu verschiedene Beiträge in dem Sammelband *U. Karpen/H. Hof*, Wirkungsforschung zum Recht IV. Möglichkeiten einer Institutionalisierung der Wirkungskontrolle von Gesetzen, 2003, etwa *A. Dittmann*, Notwendigkeit und Möglichkeiten der Wahrung der Unabhängigkeit von Beratungsinstitutionen bei der Gesetzesfolgenabschätzung, in: Karpen/Hof (Hrsg.), Wirkungsforschung zum Recht IV. Möglichkeiten einer Institutionalisierung der Wirkungskontrolle von Gesetzen, 2003, S. 203 ff.; *A. Bora*, Kontrolle oder Gestaltung? Institutionelle Voraussetzungen von Netzwerkbildung, Partizipation und Professionalisierung im Bereich der Gesetzesfolgenabschätzung, in: Karpen/Hof (Hrsg.), Wirkungsforschung zum Recht IV. Möglichkeiten einer Institutionalisierung der Wirkungskontrolle von Gesetzen, 2003, S. 244 ff.

[203] *Bundesministerium des Innern* (Hrsg.) (S. 46, Fn. 198), S. 25 und 11.

[204] *Bundesministerium des Innern* (Hrsg.), Fortschrittsbericht 2005 des Regierungsprogramms „Moderner Staat – Moderne Verwaltung“ im Bereich Modernes Verwaltungsmanagement, 2005, S. 43.

umsetzbar ist. Mit Blick auf die große Zahl der gegen formale Evaluationsmethoden vorgebrachten Argumente, die zum Teil fundamentaler Natur sind, ist bemerkenswert,[205] dass die Bundesregierung in der numerischen Artikulation von Werturteilen kein unüberwindliches Hindernis – etwa wegen epistemischer oder ontologischer Probleme – zu sehen scheint. Eine nähere Diskussion des dargestellten Herangehens wird unter E.VI.3.b) erfolgen.

### 4. Gesetzesfolgenabschätzung durch den Deutschen Bundestag

Auch wenn die Bundesregierung mit dem beschriebenen Vorhaben klar erkennbare Schritte in Richtung auf eine formale Evaluation von Gesetzentwürfen und sonstigen staatlichen Maßnahmen geht, so ist die Praxis der Gesetzgebung in Deutschland keinesfalls durch eine systematische oder gar weitreichende *numerische* Analyse von Hoheitsakten gekennzeichnet. Es sind aber durchaus einige Instrumente zu erkennen, mit denen der Deutsche Bundestag Gesetzentwürfe vor ihrer Verabschiedung überprüft.[206]

Zunächst einmal werden die haushaltsmäßigen Auswirkungen von Gesetzen durch den Haushaltsausschuss kontrolliert.[207] Im übrigen sind die jeweils zuständigen Ausschüsse mit der Überprüfung der Vereinbarkeit der Vorlagen mit verfassungs- wie gemeinschaftsrechtlichen Vorgaben betraut.[208] Im Bereich des Technikrechts hat das seit 1990 bestehende und beim Ausschuss für Bildung, Forschung und Technikfolgenabschätzung angesiedelte Büro für Technikfolgenabschätzung eine besondere Evaluationsaufgabe (§ 56a GO-BT). Allgemeine Beratungsleistungen erbringen die Wissenschaftlichen Dienste, wie sie von vielen Parlamenten einschließlich des Deutschen Bundestages eingesetzt werden. Schließlich gehören in diesen Zusammenhang auch die parlamentarischen Fragerechte, die Einschaltung externen Sachverstands und der Einsatz von Planspielen.[209]

---

205 S. u. C.V.5.c)cc).

206 Zusammenfassend *G. Kretschmer*, Zum Stand der Gesetzesfolgenabschätzung im Deutschen Bundestag, in: Karpen/Hof (Hrsg.), Wirkungsforschung zum Recht IV. Möglichkeiten einer Institutionalisierung der Wirkungskontrolle von Gesetzen, 2003, S. 15 f.

207 Vgl. §§ 95, 96 GO-BT.

208 Einzelheiten bei *G. Kretschmer*, Zum Stand der Gesetzesfolgenabschätzung im Deutschen Bundestag, in: Karpen/Hof (Hrsg.), Wirkungsforschung zum Recht IV. Möglichkeiten einer Institutionalisierung der Wirkungskontrolle von Gesetzen, 2003, S. 15 (18).

209 *G. Kretschmer* (S. 49, Fn. 208), S. 15 (19–21); anschaulich ist das Planspiel, das zur Evaluierung der Novellierung des Baugesetzbuchs im Jahre 2004 durchgeführt worden ist, s. *Deutsches Institut für Urbanistik*, Planspiel BauGB-Novelle 2004. Bericht über die Stellungnahmen der Planspielstädte und Planspiellandkreise, 2004; darauf wird unter E.IV.3.a) zurückzukommen sein.

### 5. Zwischenergebnis

Der Begriff der Gesetzesfolgenabschätzung bündelt eine Vielzahl von Verfahren, mit denen Gesetzgebungsvorhaben evaluiert werden können. Die Grundidee ist durch die Wissenschaft gut untersucht. Die Praxis der Bundesregierung macht von dem Instrument mit einer gewissen Schwerpunktsetzung im Kostenbereich Gebrauch, bleibt aber hinter den methodischen Vorarbeiten insbesondere in Gestalt des Handbuchs für Folgenabschätzung weit zurück. Jedenfalls kann das Potential der Gesetzesfolgenabschätzung für die Erhöhung der Kosteneffektivität, der Transparenz und der Rechtssicherheit bei entsprechend sorgfältiger Durchführung als belegt angesehen werden.[210]

## *III. Formale Analysen in der Europäischen Union*

Eine ganz andere Bedeutung haben formale Analysen in der Europäischen Union. Die Folgenabschätzung von Gesetzgebungsvorhaben ist ein fester Bestandteil der Praxis der Europäischen Kommission. Bereits 1991 war bereits eine Check-Liste in Kraft gesetzt worden, mit deren Hilfe Rechtsakte vor Inkrafttreten überprüft wurden.[211] Seit dem Jahre 2003 führt die Kommission auf Grundlage ihrer Mitteilung über Folgenabschätzung vom 5. Juni 2002 sektorenübergreifende Analysen aller wichtigen Initiativen ihres Arbeitsprogramms durch, was auf der Grundlage eines elaborierten methodischen Konzepts geschieht (1.). Derartige Abschätzungen werden vorgenommen, um die Auswirkungen von Regulierungsvorhaben insbesondere auf die Wirtschaft,[212] die Gesundheit[213] oder auch die Gleichberechtigung der Geschlechter[214] abzuschätzen. Zur Verdeutlichung des Vorgehens der Kommission seien anschließend drei Fallbeispiele erläutert (2.).

---

[210] Ebenso *U. Karpen*, AöR 124 (1999), S. 400 (422).

[211] Règles de Technique Législative, 1991. Zu den verschiedenen Instrumenten zur Wahrung der Normqualität der Gemeinschaftsinstitutionen und ihrer Geschichte s. *C. W. A. Timmermanns*, Probleme der EG-Rechtssetzung, in: Schäffer (Hrsg.), Europäische Integration und Gesetzgebung, Bd. 2, 1992, S. 21 (26 ff.), sowie *U. Karpen*, AöR 124 (1999), S. 400 (420 f.).

[212] *Europäische Kommission*, Communication from the Commission on interoperability of digital interactive television services, SEC (2004) 1028, 2004.

[213] *Europäische Kommission*, Proposal for a Regulation of the European parliament and of the Council on medicinal products for paediatric use. Extended Impact Assessment, SEC (2004) 1144, 2004.

[214] *Europäische Kommission*, Proposal for a Directive on the implementation of the principle of equal opportunities and equal treatment of men and women in matters of employment and occupation. Extended Impact Assessment, SEC (2004) 482, 2004.

## 1. Europäische Folgenabschätzung

Auch wenn Folgenabschätzungen auf europäischer Ebene bereits eine lange Tradition haben, handelte es sich vielfach nur um ad-hoc als erforderlich erachtete und auf den jeweiligen Sachbereich der federführenden Generaldirektion beschränkte Analysen. Mit der erwähnten Mitteilung der Kommission über Folgenabschätzung sollte der bislang allerdings eher erratische und sektorale Charakter der formalen Evaluationen beseitigt werden.[215] Die Mitteilung ist ein Element der Bemühungen der Kommission zur Umsetzung des Subsidiaritätsprinzips (Art. 5 Abs. 2 EG) im Bereich von *Governance and Better Lawmaking*[216] und bietet den methodischen Rahmen für die Durchführung von Gesetzesfolgenabschätzungen.[217] Die Kommission hatte beschlossen, anhand einer *vorläufigen* Folgenabschätzung für ihr jährliches Arbeitsprogramm zu entscheiden, welche Initiativen einer *ausführlichen* Folgenabschätzung unterzogen werden sollen.[218] Der jährliche Bericht über die Ergebnisse der vorläufigen Folgenabschätzung enthielt dementsprechend eine vollständige Übersicht der Projekte eines jeden Kalenderjahres, die mit Hilfe einer ausführlichen Folgenabschätzung evaluiert werden.[219] Seit dem Jahr 2005 wird jedoch nicht mehr nach „vorläufigen“ und „ausführlichen“ Folgenabschätzungen differenziert.[220] Im Jahre 2004 wurde nach Angaben der Kommission für 29 Projekte eine Folgenabschätzung durchgeführt, im Jahre 2005 waren es 77 Projekte.[221]

---

[215] *Europäische Kommission*, Mitteilung der Kommission über Folgenabschätzung, KOM (2002) 276 endg., 2002.

[216] Die wichtigsten Dokumente zum Thema Governance in der Europäischen Union sind zusammengestellt auf http://ec.europa.eu/governance/index_en.htm (letzter Zugriff 15.10.2006). Von besonderer Bedeutung sind der Aktionsplan der Kommission aus dem Jahre 2002 (*Europäische Kommission*, Action plan „Simplifying and improving the regulatory environment“, COM (2002) 278 final, 2002) und die seit 1993 jährlich erscheinenden Berichte über „Bessere Rechtsetzung“, so zuletzt der Bericht der Kommission „Bessere Rechtsetzung 2005“, KOM (2006) 289 endg., 2006.

[217] Die deutsche Bundesregierung unterstützt die Kommission durch die Übertragung ihres Ansatzes auf deutsche Verhältnisse, s. *Bundesministerium des Innern* (Hrsg.), Leitfaden Folgenabschätzung in der Europäischen Union, 2006.

[218] *Europäische Kommission*, Communication from the Commission. The Commission's Legislative and Work Programme for 2003, COM (2002) 590 final, 2002; *Europäische Kommission*, Prelimininary Impact Assessments. European Commission Legislative and Work Programme 2004, 2004; *Europäische Kommission*, Roadmaps. Commission Work Programme 2005, 2004.

[219] So etwa in bezug auf das Arbeitsprogramm des Jahres 2004 *Europäische Kommission*, Prelimininary Impact Assessments. European Commission Legislative and Work Programme 2004, 2004.

[220] S. etwa die Übersicht der über die durchgeführten Folgenabschätzungen unter http://ec.europa.eu/governance/impact/practice_en.htm (letzter Zugriff 23.10.2006).

[221] *Europäische Kommission*, Bericht der Kommission „Bessere Rechtsetzung 2005“, KOM (2006) 289 endg., 2006, dortige Fn. 13.

Einer Folgenabschätzung unterworfen sind Entwürfe für Legislativakte wie Richtlinien und Verordnungen, aber auch Weißbücher, ausgabenwirksame Programme und Verhandlungsrichtlinien für internationale Vereinbarungen mit wirtschaftlichen, sozialen oder umweltbezogenen Auswirkungen.[222] Grundsätzlich ausgenommen von der Folgenabschätzung sind hingegen insbesondere Maßnahmen der Kommission, die sich aus ihrer Befugnis zur Kontrolle der korrekten Umsetzung des Gemeinschaftsrechts ergeben. Auch Grünbücher, bei denen die Politikformulierung noch nicht abgeschlossen ist, regelmäßige Beschlüsse und Berichte der Kommission, Vorschläge gemäß internationalen Verpflichtungen sowie bestimmte sonstige Beschlüsse, zum Beispiel Durchführungsbeschlüsse, statutarische Beschlüsse und fachliche Aktualisierungen, einschließlich von Anpassungen an den technischen Fortschritt sollen nur von Fall zu Fall einer Folgenabschätzung unterzogen werden.

Nach Anhang 2 der Mitteilung der Kommission über Folgenabschätzung sind bei der Durchführung einer ausführlichen Folgenabschätzung folgende Schritte zu durchlaufen:[223]

– Welches Problem soll mit der Maßnahme/dem Vorschlag angegangen werden – welcher zusätzliche Nutzen für die Gemeinschaft würde sich ergeben?

– Welches Hauptziel soll mit der Maßnahme/dem Vorschlag erreicht werden?

– Welche Optionen stehen in erster Linie zur Wahl?

– Welche positiven und negativen Auswirkungen sind bei den verschiedenen ermittelten Optionen zu erwarten?

– Wie können die Ergebnisse und Auswirkungen der Maßnahme/des Vorschlags verfolgt und evaluiert werden?

### a) *Die verschiedenen Ansätze zur Evaluierung von Politiken*

Hinsichtlich der anzuwendenden Verfahren zur Beantwortung dieser Fragen legt sich die Kommission nicht auf eine bestimmte Art der Analyse fest. Allerdings zielt sie mit ihrer Mitteilung ausdrücklich auf eine *integrierende,*

---

[222] *Europäische Kommission*, Mitteilung der Kommission über Folgenabschätzung, KOM (2002) 276 endg., 2002, S. 6. Den wohl besten Überblick über die im Rahmen dieses Verfahrens untersuchten Vorhaben bietet die Kommission auf http://ec.europa.eu/governance/impact/practice.htm bzw. http://ec.europa.eu/governance/impact/practice_en.htm (letzter Zugriff 23.10.2006).

[223] *Europäische Kommission* (S. 52, Fn. 222), Anhang 2: Wichtigste Bestandteile einer ausführlichen Folgenabschätzung, S. 14; vgl. auch die Deutung des Ansatzes durch *Bundesministerium des Innern* (Hrsg.), Leitfaden Folgenabschätzung in der Europäischen Union, 2006, S. 12.

sektorenübergreifende Abschätzung der Auswirkungen von geplanten Maßnahmen,[224] so dass eine bloß sektorale Betrachtung aus den in Betracht zu ziehenden methodischen Ansätzen von vornherein ausscheiden musste.

Die konkrete Art der Folgenabschätzung soll von dem jeweiligen Sachbereich abhängen und müsse regelmäßig die Berücksichtigung finanzieller Auswirkungen der Initiativen einschließen.[225] Die Kommission nennt als in Betracht zu ziehende Verfahren:[226]

- die Kosten-Nutzen-Analyse,
- die Kosten-Wirksamkeitsanalyse,
- die Mehrkriterien-Analyse sowie
- die Risikoanalyse.

Einzelheiten über diese Ansätze enthält das von der Kommission erstellte umfängliche Handbuch für Folgenabschätzung samt technischen Anhängen,[227] welche in methodischer Hinsicht besonders weiterführend sind, da sie nicht nur Auskunft darüber geben, dass und wie nicht am Markt gehandelte Güter bewertet werden sollen,[228] sondern auch anhand von Beispielsberechnungen das Verfahren der Diskontierung[229] und Möglichkeiten des Umgangs mit Risiken, etwa das so genannte *risk assessment* und Sensitivitätsanalysen erläutern.[230]

### *aa) Kosten-Nutzen-Analyse*

Zur Kosten-Nutzen-Analyse (KNA) bemerkt die Kommission, die KNA stelle ein aufwendiges Verfahren dar, das die Identifizierung und Bewertung der voraussichtlichen wirtschaftlichen, umweltbezogenen und sozialen Kosten und Nutzen der vorgeschlagenen Initiative erfordere.[231] Eine Maßnahme werde nach dem Ansatz der KNA als gerechtfertigt betrachtet, wenn ein positiver Nettonutzen der Intervention zu erwarten sei. Die Vorteile dieses Verfahrens lägen darin, dass es alle negativen wie positiven Auswirkungen der Politiken auch unter Berücksichtigung ihrer zeitlichen Verteilung darstellen und Alternativen in eine Rangfolge bringen würde.

---

[224] *Europäische Kommission* (S. 52, Fn. 222), S. 3.

[225] *Europäische Kommission* (S. 52, Fn. 222), S. 14, 16. Vgl. ebenfalls *EU-Kommission*, Ex ante evaluation. A practical guide for preparing proposals for expenditure programmes, 10.12.2001.

[226] *Europäische Kommission* (S. 52, Fn. 222), S. 17.

[227] *Europäische Kommission*, Impact Assessment Guidelines, SEC (2005) 791, 2005; *dies.*, Annexes to Impact Assessment Guidelines, SEC (2005) 791, 2005.

[228] *Europäische Kommission*, Annexes to Impact Assessment Guidelines, SEC (2005) 791, 2005, S. 37f.

[229] *Europäische Kommission* (S. 53, Fn. 228), S. 39ff.

[230] *Europäische Kommission* (S. 53, Fn. 228), S. 44; auf Sensitivitätsanalysen wird später noch ausführlich eingegangen, s. u. C.IV.3.a)aa).

[231] *Europäische Kommission* (S. 53, Fn. 228), S. 42.

Allerdings könne die KNA keine Auswirkungen erfassen, für die keine quantitativen oder monetären Daten vorlägen.

### *(1) Monetäre Bewertung von nicht am Markt gehandelten Gütern*

Wie aber das Handbuch über Folgenabschätzung erläutert, ist dies nicht schon dann zwingend Fall, wenn das jeweilige Gut nicht am Markt gehandelt wird. Die Kommission verweist in Anhang 7 des Handbuchs auf die Verfahren, die mit Hilfe von Zahlungsbereitschaftsbefragungen („*stated preferences*“, „*contingent valuation*“) oder über indirekte Methoden („*revealed preferences*“, „*hedonic pricing*“) Aussagen über die monetäre Bewertung solcher Güter zulassen. Das Handbuch enthält jedoch keine näheren Ausführungen zu der Funktionsweise der verschiedenen Ansätze, so dass zur Erläuterung folgendes hinzugefügt werden soll.

Gegen Umweltbelastungen ergriffene Ausweichreaktionen und Minderungsmaßnahmen können sich in Kosten niederschlagen, anhand derer man den monetären Wert von Umweltverbesserungen in etwa beurteilen kann (Vermeidungskostenansatz), auch wenn man berücksichtigen muss, dass bestimmte Belastungen auch nach Durchführung der Maßnahme verbleiben können und die finanzielle Ausstattung der betroffenen Haushalte eine Rolle spielen dürfte.[232] Ein Beispiel für die Möglichkeit, den Vermeidungskostenansatz zu verwenden, wäre der Einbau von Lärmschutzfenstern in Häusern, die in der Einflugschneise von Flughäfen liegen.

Mit der von der Kommission erwähnten „Methode der hedonischen Preise“, die ebenfalls zu den indirekten Verfahren zur Ermittlung des Wertes nicht am Markt gehandelter Güter rechnet, werden Marktpreisdivergenzen zur Abschätzung der betroffenen Güter herangezogen.[233] So kann man etwa den Wert ruhigen Wohnens ungefähr daran ablesen, welche Grundstückspreise in ruhigen Wohngegenden im Vergleich mit stärker lärmbelasteten, aber ansonsten ähnlichen Vierteln verlangt werden.[234] Solche Effekte können auch beobachtet werden, wenn und soweit sich das Niveau der Immobilienpreise einer bestimmten Gegend ändert, nachdem dort Lärmbelastungen in beachtlichem Maße etwa infolge des Baus einer Umgehungsstraße zugenommen oder sich verringert haben. An Lohndifferenzen lässt sich des weiteren erkennen, wie hoch der Preis für risikobehaftete Tätigkeiten im Verhältnis zu sicheren Arbeitsplätzen ist. Schließlich hängen manche Produktionsfunktionen von Umweltbedingungen ab, was einen

---

[232] *Rat von Sachverständigen für Umweltfragen*, Umweltgutachten 1974, 1974, Tz. 605.

[233] *M. I. Freeman*, Hedonic Pricing Methods, in: Bromley (Hrsg.), Handbook of environmental economics, 1995, S. 672 ff.; *N. D. Hanley/C. L. Spash*, Cost-benefit analysis and the environment, 1993, S. 74 ff.

[234] *W. W. Pommerehne*, Präferenzen für öffentliche Güter, 1987, S. 45 ff.

Rückschluss auf deren monetären Wert zulässt. So kann sich sauberes Wasser beim Fischfang in größeren Fangmengen und damit in niedrigeren Produktionskosten niederschlagen.[235]

Allerdings können Unsicherheiten über die Zuschreibung der beobachteten Preisdifferenzen zu den vermuteten Ursachen die Präzision der Ergebnisse beeinträchtigen. Des weiteren führt die Methode der hedonischen Preise wie auch der Vermeidungskostenansatz zur systematischen Unterschätzung der Umweltschäden, da beide Verfahren zwar die Produzentenrente richtig wiedergeben, hingegen die Konsumentenrente, also die Differenz zwischen maximaler Zahlungsbereitschaft der Konsumenten und den tatsächlich aufgewandten Kosten, nicht erfassen.[236]

Mit den geschilderten indirekten Ansätzen werden reale Märkte untersucht. Man kann aber auch mit Hilfe von direkten Methoden versuchen, die Zahlungsbereitschaft durch Befragung unmittelbar, aber hypothetisch, festzustellen. Dazu bedient man sich einer Umfrage unter den Mitgliedern eines als repräsentativ ausgewählten Personenkreises, welchen Preis sie für eine bestimmte Verbesserung der Umweltqualität oder die Vergrößerung persönlicher Freiheiten zu zahlen bereit wären (*willingness to pay*) oder welche Belastungen oder Einschränkungen sie hinnehmen würden, wenn man ihnen einen bestimmten Betrag zahlen würde (*willingness to accept*).[237] So einleuchtend das Prinzip der Zahlungsbereitschaftsbefragung ist, so hängt die Plausibilität der Ergebnisse solcher Befragungen doch stark vom Befragungsdesign ab. Strategisches Verhalten kann daher je nach simuliertem Einkommenszuwachs (*willingness to accept*) oder Einkommensverlust (*willingness to pay*) die Resultate beeinflussen. Trifft man geeignete Gegenmaßnahmen – wie etwa die Kombination beider Befragungsansätze und den Vergleich der jeweiligen Ergebnisse –, lassen sich aber grobe Verzerrungen ausschließen.[238]

Alle Verfahren zur Ermittlung von Zahlungsbereitschaften haben jedoch eine Schwäche, die man bei der Beurteilung ihrer Ergebnisse in Rechnung stellen muss. Der Wert von nicht oder nur schwer abzählbaren Gütern wie der Artenvielfalt ergibt sich vielfach nicht nur aus ihrem gegenwärtigen Nutzen im Sinne ihres Gebrauchswertes, sondern vielfach auch aus ihrem Options- und Vermächtniswert. Der Optionswert besteht in den

---

[235] *A. Endres et al.*, Der Nutzen des Umweltschutzes, 1991, S. 32.

[236] *A. Endres et al.* (S. 55, Fn. 235), S. 32 ff.

[237] *A. E. Boardman et al.*, Cost-benefit analysis: concepts and practice$^2$, 2001, S. 59 ff.; vgl. bereits *R. C. Mitchell/R. T. Carson*, Using surveys to value public goods: the contingent valuation method, 1989, S. 30 ff.; zu einem Beispiel anhand eines Tankerunfalls *R. T. Carson*, 25 Environmental & resource economics 2003, S. 257 ff.; ausführliche Darstellung des auch als *contingent valuation* bezeichneten Ansatzes *N. D. Hanley/C. L. Spash*, Cost-benefit analysis and the environment, 1993, S. 53 ff.

[238] *W. Schulz*, Der monetäre Wert besserer Luft, 1985, S. 205.

zukünftigen Nutzungsmöglichkeiten, die im Augenblick der Bewertung noch nicht absehbar sind. Der Vermächtniswert bezieht sich auf die Nutzungsmöglichkeiten künftiger Generationen. Beide sind nur bedingt mit dem Zahlungsbereitschaftsansatz zu erfassen, da die Zahlungsbereitschaft gegenwärtig lebender Menschen ermittelt wird, deren Wertzuweisungen von Options- oder Vermächtniserwägungen beeinflusst sein können, aber keineswegs auch müssen.

#### *(2) Benefit-Cost-Transfer*

Die genannten Verfahren sind, werden sie zum ersten Mal auf eine bestimmte Fragestellung oder unter neuen Umständen auf ein nicht am Markt gehandeltes Gut angewandt, regelmäßig mit beachtlichem Aufwand verbunden. Um Kosten zu sparen, kann man aber unter bestimmten Voraussetzungen auch Werte, die in einer früheren Studie gewonnen worden sind, auf neue Zusammenhänge übertragen („*benefit-cost-transfer*"). Die Kommission weist in diesem Zusammenhang auf Datenbänke mit Nachweisen über entsprechende Untersuchungen hin.[239] Die GD Umwelt habe an anderer Stelle gezeigt, wie die Heranziehung solcher Datenbänke, die zum Teil aus außereuropäischen Ländern wie etwa Kanada stammten, in der EU aussehen könne.[240] Die GD für Forschung, Entwicklung und technische Innovation hat darüber hinaus eine umfängliche Datenbank über Externalitäten aufgebaut, die als RED bezeichnet wird („*Review of Externalities Data*").[241] Sie enthält Nachweise für eine Vielzahl von Untersuchungen, in denen der Versuch unternommen wurde, Umweltbelastungen quantitativ zu erfassen und monetär zu bewerten.

#### *(3) Die Festlegung des Diskontsatzes*

Im Handbuch über Folgenabschätzung bemerkt die Kommission zur KNA weiter, es könne schwierig sein, die gesellschaftliche Diskontrate festzulegen.[242] Der Diskontsatz dient im Rahmen einer Kosten-Nutzen-Analyse oder ähnlicher Verfahren dazu, einen Abschlag an den nicht sofort eintretenden Nutzen und Kosten auszudrücken. Ein derartiger Abschlag

---

[239] *Europäische Kommission*, Annexes to Impact Assessment Guidelines, SEC (2005) 791, 2005, S. 37.

[240] *Environmental Consultants AS*, Assesment of Environmental Valuation Reference Inventory (EVRI) and the Expansion of its Coverage to the EU, 2000, http://ec.europa.eu/environment/enveco/others/evripart1.pdf (letzter Zugriff 14.10.2006).

[241] Näheres unter http://ec.europa.eu/research/environment/newsanddoc/article_1444_en.htm#2 (letzter Zugriff 12.10.2006). Die Datenbank selbst befindet sich unter http://www.red-externalities.net/index.asp (letzter Zugriff 12.10.2006).

[242] *Europäische Kommission*, Annexes to Impact Assessment Guidelines, SEC (2005) 791, 2005, S. 39.

bringt zum Ausdruck, dass Inflation und Verzinsung den Wert zukünftig eintretender Wirkungen verringern, aber auch, dass Menschen in der Regel das, was heute ist, gegenüber dem, was zukünftig einmal sein wird, bevorzugen. Mit Hilfe des Diskontsatzes wird der heutige Wert zukünftig eintretender Effekte berechnet (es wird „abdiskontiert"). Diese Wirkungen haben besonders bei langfristigen Vorhaben wie etwa Klimaschutzprogrammen maßgeblichen Einfluss auf das Kosten-Nutzen-Verhältnis. Die Kommission führt hierzu folgendes aus.[243]

Es sei angenommen, ein Projekt verursache Kosten von 1.000.000 Euro in diesem Jahr und erbringe in jedem der nächsten 6 Jahre Nutzen in Höhe von bereits inflationsbereinigten 200.000 Euro. Würde man auf dieses Projekt den von der Kommission für die Durchführung von Kosten-Nutzen-Analysen vorgeschlagenen Standard-Diskontsatz von 4 % anwenden,[244] so würde der Nettogegenwartswert

$$\frac{200{,}000\,€}{1.04} + \frac{200{,}000\,€}{1.04^2} + \frac{200{,}000\,€}{1.04^3} + \frac{200{,}000\,€}{1.04^4} + \frac{200{,}000\,€}{1.04^5} + \frac{200{,}000\,€}{1.04^6} - 1{,}000{,}000\,€,$$

betragen,[245] was gleich 1.048.427 Euro - 1.000.000 Euro sei, so dass sich der Nettogegenwartswert auf 48.427 Euro belaufen würde. Der Nettogegenwartswert (*net present value, NPV*) werde, allgemein formuliert, nach folgender Formel berechnet:

(Diskontierter Wert des Nutzens) – (Diskontierter Wert der Kosten).

Noch genauer und mit den Mitteln der Algebra ausgedrückt lasse sich sagen: Wenn $B_i$ den Nutzen und $C_i$ die Kosten eines Projektes in einem Jahr $i$ repräsentieren, das Projekt eine Lebensdauer von n+1 Jahren hat und $r$ der dezimal notierte Diskontsatz ist, dann sei der Nettogegenwartswert des Vorhabens gleich

$$\sum_{i=0}^{i=n} \frac{B_i}{(1+r)^i} - \sum_{i=0}^{i=n} \frac{C_i}{(1+r)^i}.$$ [246]

Die Ausführungen der Kommission zur KNA und der in ihrem Rahmen durchgeführten Diskontierung zukünftiger Kosten und Nutzen lassen erkennen, dass die Wahl eines Diskontsatzes abhängig von der Lebensdauer

---

243 *Europäische Kommission* (S. 56, Fn. 242), S. 39 ff.

244 *Europäische Kommission*, Recommended Interim Values for the Value of Preventing a Fatality in DG Environment Cost Benefit Analysis, o. J., S. 2. Bei besonders langfristigen Projekten wie Klimaschutzpolitiken empfiehlt die Kommission eines niedrigeren Diskontsatzes, *Europäische Kommission* (S. 56, Fn. 242), S. 39.

245 Die hochgestellten Ziffern in der Gleichung bezeichnen die in Bezug genommenen Jahre.

246 *Europäische Kommission*, Annexes to Impact Assessment Guidelines, SEC (2005) 791, 2005, S. 40.

eines Projektes enorme Bedeutung für das Ergebnis einer KNA haben kann. Als Methode der vollständigen numerischen Bewertung der Auswirkungen der Handlungsoptionen ist die KNA in der Tat ein tendentiell aufwendiges Verfahren, weshalb auch weniger anspruchsvolle Ansätze in Betracht gezogen werden müssen, zu welchen auch die Kosten-Wirksamkeits-Analyse (KWA) zählt.[247]

#### *bb) Kosten-Wirksamkeits-Analyse*

Die KWA besteht in einem Vergleich der mit unterschiedlichen Kosten verbundenen Alternativen zur Erreichung eines gesetzten Ziels.[248] Im Rahmen einer KWA können daher diejenigen Belange, auf die sich alle Handlungsoptionen mehr oder weniger gleich auswirken, unbeachtet und damit auch unbewertet bleiben, was ein schlankeres Vorgehen ermöglicht.[249] Sie gestatte, wie die Kommission erläutert, die Bildung einer Rangfolge der zur Verfügung stehenden Optionen anhand ihrer Effektivität, was sich empfehlen könne, wenn die für die KNA erforderliche Monetarisierung der Nutzen Schwierigkeiten bereite. Die KWA komme auch dann besonders in Betracht, wenn verschiedene Handlungsmöglichkeiten mehr oder weniger dasselbe Ziel erreichen würden und es daher in erster Linie auf die Ermittlung des günstigsten Wegs zu seiner Erzielung gehe. Allerdings löse die KWA nicht das Problem der Wahl des optimalen Nutzenniveaus und konzentriere sich auf eine bestimmte Art von Nutzen, nämlich die erstrebten Auswirkungen, und vernachlässige positive Nebeneffekte. Schließlich mache sie keine Aussagen darüber, ob ein bestimmtes Vorhaben insgesamt gesellschaftlich vorteilhaft sei.

#### *cc) Mehrkriterienanalyse*

Das gelte auch für die Mehrkriterienanalyse oder *Multi-Criteria-Analysis* (MKA bzw. MCA).[250] Der Begriff erfasse eine heterogene Vielzahl im

---

[247] *Europäische Kommission* (S. 57, Fn. 246), S. 27ff.

[248] Einen ausführlichen Überblick über den Ansatz bieten *M.R. Gold et al.*, Cost-effectiveness in health and medicine, 1996.

[249] Die KNA im strengen Sinne fordert dagegen die monetäre Bewertung aller Auswirkungen, da es nicht nur um die Bildung einer Rangfolge unter den Alternativen geht, sondern um die Feststellung eines (größten) positiven Nettonutzens. Der zusätzliche Aufwand einer KNA ist dann notwendig, wenn bei gesetztem Ziel die positiven Auswirkungen aller Alternativen nicht identisch sind.

[250] *Europäische Kommission*, Annexes to Impact Assessment Guidelines, SEC (2005) 791, 2005, S. 43. Die grundlegende Arbeit zur Mehrkriterienanalyse stellt *R.L. Keeney/ H. Raiffa*, Decisions with multiple objectives: preferences and value tradeoffs, 1976, dar, wobei *Keeney* und *Raiffa* auf *J. von Neumann/O. Morgenstern*, Theory of Games and

Detail unterschiedlicher Ansätze zur Bildung von Rangfolgen unter den verfügbaren Optionen, deren gemeinsames Merkmal es aber sei, im Ergebnis jedenfalls keine direkte Antwort auf die Frage zu geben, ob eine bestimmte Maßnahme der gesellschaftlichen Wohlfahrt mehr hinzufüge als ihr wegnehme. Die Rangfolgenbildung kann zum Beispiel über die Zuweisung von durch Punkte ausgedrückten Präferenzen erfolgen. Wie man einer Veröffentlichung der britischen Regierung zur MKA entnehmen kann, erfordert ihre Durchführung regelmäßig die Bearbeitung folgender acht Stufen:[251]

1. Establish the decision context. What are the aims of the MCA, and who are the decision makers and other key players?
2. Identify the options.
3. Identify the objectives and criteria that reflect the value associated with the consequences of each option.
4. Describe the expected performance of each option against the criteria. (If the analysis is to include steps 5 and 6, also ‚score' the options, i. e. assess the value associated with the consequences of each option.)
5. ‚Weighting'. Assign weights for each of the criteria to reflect their relative importance to the decision.
6. Combine the weights and scores for each of the options to derive and overall value.
7. Examine the results.
8. Conduct a sensitivity analysis of the results to changes in scores or weights.

Die in Schritt 1 beschriebene Aufgabe, die Entscheidungsträger zu bestimmen, erfordert nur dann eine nähere Betrachtung, wenn die MCA nicht von dem mit der Entscheidung betrauten Hoheitsträger zur Unterstützung der eigenen Entscheidung durchgeführt wird, sondern von externen Beratungsorganisationen, was sogleich mit einem Beispiel aus dem Atomrecht verdeutlicht werden soll.

Nach Auffassung der Kommission liegt der Vorteil der Mehrkriterienanalyse gegenüber einem informalen Vorgehen darin, dass die herangezogenen Kriterien offen benannt und Verteilungseffekte klarer beschrieben würden. Im Gegensatz zur KNA trage die MKA der Multidimensionalität der Wirklichkeit Rechnung. Allerdings sei es schwierig, im Rahmen einer Mehrkriterienanalyse den Umstand zu berücksichtigen, dass Präferenzen auch von der zeitlichen Verteilung des Eintretens der erhofften oder befürchteten Effekte abhängen können.[252]

---

Economic Behaviour$^2$, 1947, und *L.J. Savage*, The Foundations of Statistics, 1954, zurückgreifen konnten.

[251] *Department for Communities and Local Government*, Multi-criteria analysis manual, 2000, http://www.communities.gov.uk/index.asp?id=1142251 (letzter Zugriff 1.11.2006).

[252] *Europäische Kommission*, Annexes to Impact Assessment Guidelines, SEC (2005) 791, 2005, S. 43.

Zur Erläuterung der Funktionsweise einer bestimmten Art der Mehrkriterienanalyse, der *Multi Criteria Decision Analysis* (*MCDA*), kann eine Studie herangezogen werden, die die Identifizierung eines geeigneten Standortes für ein atomares Endlager durch die britische Regierung betrifft.[253] Zunächst waren im Jahre 1988 aus 500 potentiellen Lagerstätten 12 Standorte ausgewählt worden. Aber auch das erschien der zum Zweck der Errichtung und des Betriebs eines atomaren Endlagers gegründeten Organisation *Nirex* für eine intensive, insbesondere kostspielige geologische Untersuchungen einschließende Analyse noch zuviel. Um eine Liste von weniger als fünf Standorten zu erhalten, führte ein *facilitator* genannter Mittler folgendes Verfahren durch. Nachdem die Akteure der Analyse bestimmt worden waren, die verschiedene Blickwinkel, etwa die wirtschaftliche oder die rein lokale Perspektive repräsentieren sollten, wurde gemeinsam ein Zielkatalog aufgestellt, für den dann Kriterien gebildet wurden (s. Abbildung 1). Das Zielbündel umfasste die finanziellen Aufwendung (*costs*) und die sonstigen Auswirkungen (*impacts*). Die sonstigen Auswirkungen wurden noch untergliedert in Belastbarkeit (*robustness*), Sicherheit (*safety*) und den Umweltschutz (*environment*). Unter Belastbarkeit wurde die Erwartung verstanden, dass sich die erwarteten Eigenschaften eines Standortes bei näherer Überprüfung bestätigen würden. Das bezog sich auf den Umstand, dass einige Standorte in ihrer Geeignetheit als Endlager besser prognostizierbar waren als andere.

Den Kriterien wurden sodann Gewichte zugeordnet, die in natürlichen Zahlen ausgedrückt wurden. Um die Gewichtungen zu vergleichen, wurden zum Beispiel die Betriebskosten über 50 Jahre von 1.650 Mio. £ gleich 100 gesetzt. Das für die Transportkosten erforderliche Kapital betrug 650 Mio. £, also ca. 40 % der Betriebskosten, weshalb dieser Faktor eine Gewichtung von 40 erhielt. Die Gesamtbilanz über alle Kriterien erfolgte dann anhand der Zuweisung von Bewertungen, was im Überblick in Tabelle 2 dargestellt ist. Wie Tabelle 2 zeigt, wurden in diesem Stadium nur noch neun verschiedene Standorte untersucht, von denen sich bei gegebener Gewichtung Sellafield B als vorzugswürdig darstellte. „Wt“ steht für die Gewichtung (*Weight*), „CumWt“ für die kumulierte Gewichtung.

Legte man hingegen andere Bewertungen zugrunde, wie sie durch die verschiedenen an dem Verfahren beteiligten Akteure repräsentiert wurden, so stellten sich andere Standortalternativen als besser dar. Eine hauptsächlich am Umweltschutz orientierte Betrachtungsweise wurde dadurch definiert, dass man den finanziellen Aufwendungen gar keine Beachtung schenkte (Gewichtung von 0), hingegen die Sicherheit, die Robustheit und den Um-

[253] *Department for Communities and Local Government*, Multi-criteria analysis manual, 2000, http://www.communities.gov.uk/index.asp?id=1142251 (letzter Zugriff 1.11.2006).

*Abbildung 1:* Hierarchical representation of objectives, sub-objectives and criteria for the Nirex site selection case study

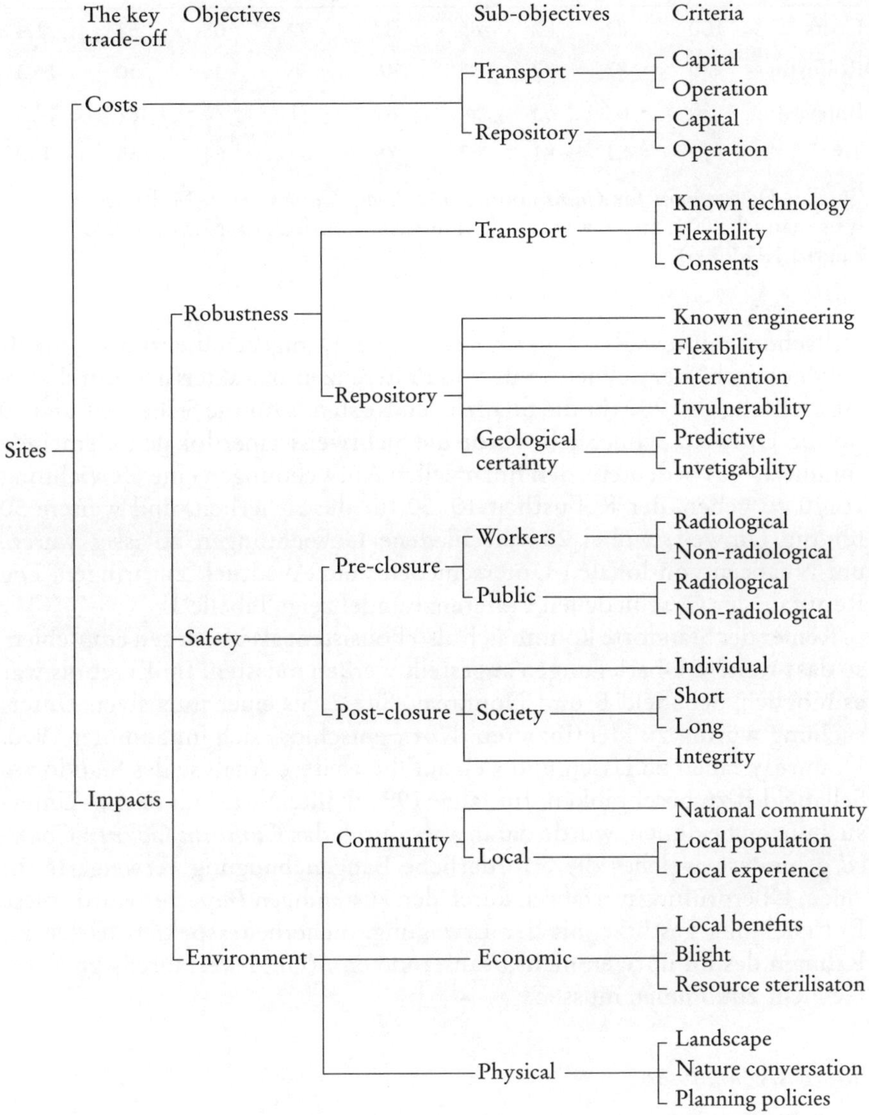


Quelle: *Department for Communities and Local Government*, Multi-criteria analysis manual, 2000, http://www.communities.gov.uk/index.asp?id=1142251 (letzter Zugriff 1.11.2006)

Tabelle 2: Overall results for the Nirex site evaluation project

| *Branch* | *Wt* | *Dounreay* | *Site 2* | *Site 3* | *Site 10* | *Sellafield B* | *Off W Shal* | *Off W Deep* | *CumWt* |
|---|---|---|---|---|---|---|---|---|---|
| Costs | 100 | 82 | 82 | 85 | 87 | 92 | 68 | 53 | 71,4 |
| Robustness | 20 | 87 | 92 | 96 | 46 | 75 | 34 | 30 | 14,3 |
| Impacts | 20 | 67 | 65 | 54 | 69 | 71 | 70 | 87 | 14,3 |
| Total | 140 | 81 | 81 | 82 | 79 | 87 | 64 | 55 | 100 |

Quelle: *Department for Communities and Local Government*, Multi-criteria analysis manual, 2000, http://www.communities.gov.uk/index.asp?id=1142251 (letzter Zugriff 1.11.2006)

weltschutz mit jeweils 20 gleich gewichtete. Demgegenüber wurde ein als „ökonomisch" bezeichneter Satz von Präferenzen charakterisiert durch eine Gewichtung von 200 für die finanziellen Kosten, 0 für die Sicherheit und 10 für die Umwelt. Schließlich wurde die Sichtweise einer lokalen Gemeinde simuliert, was bedeutete, den finanziellen Aufwendungen eine Gewichtung von 0 zu geben, der Robustheit 10, 50 für die Sicherheit, und weitere 50 für die Umwelt, wobei 23 verschiedene Gewichtungen zulässig waren, um Nuancen von lokalen Unterschieden zum Ausdruck zu bringen. Die Resultate der verschiedenen Präferenzbündel zeigt Tabelle 3.

Keiner der Standorte konnte sich also konsistent als überlegen empfehlen, so dass weitere Überlegungen angestellt werden mussten. Im Ergebnis war es möglich, Sellafield B und Dounreay, Site 2, als einer intensiven Untersuchung würdig zu identifizieren. *Nirex* entschloss sich im Sommer 1990, Dounreay fallen zu lassen und sich auf die weitere Analyse des Standortes Sellafield B zu beschränken. Im Jahre 1994 wollte *Nirex* mit *in situ*-Untersuchungen beginnen, wurde daran aber durch das *Cumbria County Council* gehindert, welches die erforderliche Baugenehmigung verweigerte. In einem Überprüfungsverfahren durch den zuständigen *Inspector* wurde diese Entscheidung gestützt mit der Erwägung, Sicherheitsaspekten hätten im Rahmen des im übrigen nicht beanstandeten *MCDA*-Verfahrens größeres Gewicht zukommen müssen.

### *dd) Risikoanalysen*

Schließlich sind nach Ansicht der Kommission für die Untersuchung bestimmter Fragestellungen Risikoanalysen in Betracht zu ziehen.[254] Mit

[254] *Europäische Kommission*, Annexes to Impact Assessment Guidelines, SEC (2005) 791, 2005, S. 43 f.

*Tabelle 3:* Results of sensitivity analyses on weights, simulating different perspectives

| *Weights for the different perspectives:* | *Base* | *Equal* | *Local* | *National Environl* | *Economic* |
|---|---|---|---|---|---|
| Costs | 100 | 100 | 0 | 0 | 200 |
| Robustness | 20 | 100 | 10 | 20 | 40 |
| Safety | 10 | 100 | 50 | 20 | 0 |
| Environment | 10 | 100 | 50 & 23 others | 20 | 10 |

| *Overall results:* | *Base case* | *Equal weights* | *Local view* | *National Environl* | *Economic view* |
|---|---|---|---|---|---|
| Dounreay | 81 | 76 | 60 | *74* | 82 |
| Site 2 | 81 | 76 | 56 | *74* | 83 |
| Site 3 | 82 | 72 | 57 | 68 | 85 |
| Site 6 | 85 | *80* | 68 | *77* | 86 |
| Site 7 | 85 | 77 | 66 | 73 | 86 |
| Sellafield B | *87* | 77 | 71 | 72 | *88* |
| Offshore West Shallow | 64 | 60 | 75 | 58 | 63 |
| Offshore West Deep | 55 | 64 | *83* | 68 | 50 |
| Offshore East | 16 | 29 | 58 | 36 | 15 |

Quelle: *Department for Communities and Local Government*, Multi-criteria analysis manual, 2000, http://www.communities.gov.uk/index.asp?id=1142251 (letzter Zugriff 1.11.2006).[255]

Risikoanalysen würden Risiken für Individuen wie für die Gesellschaft abgeschätzt, die mit dem Eintreten eines unerwünschten Ereignisses verbunden seien. Hierfür müssten zunächst die Risiken ermittelt, dann ihre Eintrittswahrscheinlichkeit bestimmt und abschließend der potentielle Einfluss eines Schadenseintritts auf das Projekt abgeschätzt werden. Das Verfahren solle dazu dienen, die zur Reduzierung oder Beseitigung der Risiken

[255] Was hier als „sensitivity analysis" bezeichnet wird, ist nicht ganz deckungsgleich mit der Sensitivitätsanalyse, wie sie unter C.IV.3.a)aa) erläutert wird. Die Sensitivitätsanalyse im Fall der Suche nach einem geeigneten Standort für ein atomares Endlager betrifft die Frage, wie sich unterschiedliche Sichtweisen, also Bewertungen, auf die Entscheidung auswirken würden, wohingegen Sensitivitätsanalysen regelmäßig in der Untersuchung bestehen, welche Folgen das Eintreten bestimmter, unsicherer Umstände auf die Effekte der Maßnahme hätten.

und ihrer Konsequenzen verfügbaren Optionen zu ermitteln. Als Nachteile einer Risikoanalyse stellt die Kommission fest, dass Risiken von verschiedener Natur sein können, was ihre Verrechnung erschwert. Darüber hinaus blendeten Risikoanalysen durch ihre Fokussierung auf Gefahren die sonstigen Kosten und Nutzen der vorhandenen Optionen aus. Daher sollten Risikoanalysen nicht zur alleinigen Grundlage der Entscheidung über das Ob einer Maßnahme und der zu wählenden Variante gemacht werden.

### b) Der Abschätzungsbericht als Gesetzesbegründung?

In welcher methodischen Form auch immer die Europäische Folgenabschätzung im konkreten Fall durchgeführt wird, sie wird mit einem Abschätzungsbericht abgeschlossen, der, wie es in der deutschen Version heißt, eine Begründung für die Wahl der Strategieoption gibt.[256] Fassungen in anderen Sprachen deuten daraufhin, dass dies im Sinne einer *Rechtfertigung* der Maßnahme gemeint ist.[257] Auch die internen Richtlinien der Kommission über die Folgenabschätzung verwenden den Begriff der Rechtfertigung des Gesetzgebungsvorschlags („*rationale*"), die dem Parlament, dem Rat und der Öffentlichkeit mitzuteilen sei.[258] In der Praxis sind die Berichte der Öffentlichkeit in aller Regel über das Internet zugänglich.

Damit stellen die Abschätzungsberichte in funktioneller Hinsicht eine Gesetzesbegründung im Sinne von Art. 253 EG dar, die die Begründungen ergänzen, die den Richtlinien- und Verordnungsvorschlägen in vielen Fällen vorangestellt sind.[259] Ob und inwieweit die Abschätzungsberichte den Maßgaben des Gemeinschaftsrechts hinsichtlich von Begründungen für Rechtsakte entsprechen, wird noch zu untersuchen sein.[260]

---

[256] *Europäische Kommission*, Mitteilung der Kommission über Folgenabschätzung, KOM (2002) 276 endg., 2002, S. 11.

[257] *Europäische Kommission* (S. 64, Fn. 256), S. 10. Englisch: „justifies"; Spanisch: „justificara", Französisch: „justifiera"; Italienisch: „giustificherà". Die Folgenabschätzung ist Teil eines Rahmenkonzeptes zu verschiedenen Regulierungsfragen, die die Kommission unter dem Stichwort „governance" zusammenfaßt (vgl. http://ec.europa.eu/governance/docs/index_en.htm, letzter Zugriff 10.10.2006).

[258] *Europäische Kommission*, Impact Assessment in the Commission. Internal Guidelines on the new impact assessment procedure developed for the Commission Services, o. J., S. 7.

[259] So etwa *Europäische Kommission*, Vorschlag für eine Verordnung zur Registrierung, Bewertung, Zulassung und Beschränkung chemischer Stoffe (REACH), KOM (2003) 644 endg., 2003, S. 5 ff.

[260] S. u. C.II.

## 2. Ökonomische Evaluation in einzelnen Politikbereichen

Hat die Kommission also die Folgenabschätzung als Instrument der Entscheidungsherstellung und -darstellung durch ihre Mitteilung vom 5. Juni 2002 auf eine neue Grundlage gestellt, die die systematische Durchführung formaler Analysen für die wesentlichen politischen Initiativen verlangt, so konnte sie sich hierbei auf die Erfahrungen stützen, die ihre Generaldirektionen seit langem mit derartigen Untersuchungen gemacht haben. Das gilt besonders für den Bereich der Umweltschutzpolitik. Zwei Beispiele sollen veranschaulichen, wie die Kommission dabei vorgeht (a)). Anschließend soll die ausführliche Folgenabschätzung der umstrittenen Dienstleistungsrichtlinie erläutert werden (b)).

### *a) Umweltschutzpolitik*

Auf dem Gebiet der Umweltpolitik werden formale Analysen eingesetzt, die die Kommission zumeist als ökonomische Evaluation (*economic evaluation*) oder als Kostenwirksamkeitsstudie (*cost effectiveness study*) bezeichnet.[261] Die Einsatzgebiete der von der Kommission selbst oder von Forschungsinstituten durchgeführten Studien schließen nahezu jedes umweltbezogene Politikfeld ein. Die Analysen behandeln unter anderem Maßnahmen auf dem Gebiet des Klimawandels,[262] Politiken zur Gewährleistung der Umweltverträglichkeit des Straßenverkehrs (Auto-Oil),[263] die Luftreinhaltung,[264] das

[261] Einen Überblick über die hauptsächlich in englischer Sprache erschienenen Studien gibt die Europäische Kommission unter http://ec.europa.eu/environment/pubs/studies.htm (letzter Zugriff 29.10.2006). Die deutsche Version der Internetseiten der Kommission führen dort unter dem wenig aussagekräftigen Stichwort „Tätigkeitsbereiche – Umweltwirtschaft" dorthin (http://ec.europa.eu/environment/index_de.htm). Beispiele: Forschungsvorhaben wurden zur Vorbereitung strategischer Entscheidungen unter Einsatz formaler Evaluationsmethoden durchgeführt, *Europäische Kommission*, Economic Evaluation of Air Quality Targets for Tropospheric Ozone. Part C: Economic Benefit Assessment, 1998; zu troposphärischem Ozon http://ec.europa.eu/environment/enveco/air/tropozone-a.pdf (letzter Zugriff 7.10.2006). Vgl. *R. Wägenbaur*, Zum Stand der Gesetzesfolgenabschätzung in der EU, in: Karpen/Hof (Hrsg.), Wirkungsforschung zum Recht IV. Möglichkeiten einer Institutionalisierung der Wirkungskontrolle von Gesetzen, 2003, S. 167 (167–176).

[262] *Institute of Communication and Computer Systems of National Technical University of Athens*, The Economic Effect of EU-Wide Industry-Leve Emission Trading to Reduce Greenhouse Gases, 2000, verfügbar unter http://ec.europa.eu/environment/enveco/climate_change/primes.pdf, letzter Zugriff 29.10.2006.

[263] *Europäische Kommission*, Auto-Oil II Cost-effectiveness Study, Draft Final report, August 1999, verfügbar unter http://ec.europa.eu/environment/enveco/auto-oil/aopces_part1.pdf (letzter Zugriff 7.10.2006).

[264] S. etwa die Studie zu troposphärischem Ozon *Europäische Kommission*, Economic Evaluation of Air Quality Targets for Tropospheric Ozone. Part C: Economic Benefit

Abfallrecht[265] und die strategische Umweltprüfung.[266] Zur Verdeutlichung der Verfahren seien zwei Gesetzgebungsvorhaben herangezogen, in denen quantitative Methoden eine prominente Rolle gespielt haben, nämlich die Novellierung des Chemikalienrechts sowie die Luftreinhaltepolitik (aa) bzw. bb)).

### *aa) Novellierung des Chemikalienrechts*

Die Chemikalienpolitik steht im Spannungsfeld zwischen der überaus hohen Abhängigkeit der Industrienationen von chemischen Produkten insbesondere zur Herstellung von Lebensmitteln, Arzneimitteln, Textilien und Kraftfahrzeugen einerseits und der wachsenden Besorgnis über durch Chemikalien verursachte Gesundheits- und Umweltschäden andererseits. Die erhebliche gesellschaftliche Rolle von Chemikalien drückt sich auch in der wirtschaftlichen Bedeutung der chemischen Industrie aus, die weltweit einer der größten Wirtschaftszweige darstellt. Der Wert der weltweiten Chemieproduktion wurde im Jahre 1998 auf 1244 Mrd. Euro geschätzt.[267] Auf die europäische Chemieindustrie entfällt daran ein Anteil von 31 %, die damit sogar die USA mit einem Anteil von 28 % auf dem zweiten Platz verweist. Die chemische Industrie ist mit 1,7 Mio. Beschäftigten der drittgrößte verarbeitende Industriezweig in Europa.[268]

Zur Regulierung des Umgangs mit industriell hergestellten und gehandelten chemischen Substanzen bestehen zur Zeit im wesentlichen vier gemeinschaftsrechtliche Rechtsvorschriften, nach denen zwischen Stoffen, die nach September 1981 auf den Markt gebracht worden sind, und solchen, die bereits zu jener Zeit in Verkehr gebracht waren, unterschieden wird (Altstoffe).[269] Insgesamt geht es um rund 30.000 verschiedene Substanzen,

---

Assessment, 1998, verfügbar unter http://ec.europa.eu/environment/enveco/air/tropozone-c.pdf (letzter Zugriff 25.10.2006).

265 *Europäische Kommission*, A Study on the Economic Valuation of Environmental Externalities from Landfill Disposal and Incineration of Waste. Final Main Report, 2000.

266 *Imperial College Consultants Ltd.*, SEA and Integration of the Environment into Strategic Decision-Making, 2001, verfügbar unter http://ec.europa.eu/environment/eia/sea-studies-and-reports/sea_integration_main.pdf, letzter Zugriff 29.10.2006.

267 *Europäische Kommission*, Strategie für eine zukünftige Chemikalienpolitik (Weissbuch), 2001, S. 4.

268 *Europäische Kommission* (S. 66, Fn. 267), S. 4.

269 Das System besteht aus folgenden Rechtsvorschriften: Richtlinie 67/548/EWG des Rates über die Einstufung, Verpackung und Kennzeichnung gefährlicher Stoffe in der geänderten Fassung, ABl. EG Nr. L 196, S. 1; Richtlinie 88/379/EG des Rates vom 7. Juli 1988 zur Angleichung der Rechts- und Verwaltungsvorschriften der Mitgliedstaaten für die Einstufung, Verpackung und Kennzeichnung gefährlicher Zubereitungen, ABl. EG Nr. L 187, S. 14; Verordnung (EWG) Nr. 793/93 des Rates zur Bewertung und Kontrolle der Umweltrisiken chemischer Altstoffe, ABl. EG Nr. L 84, S. 1; Richtlinie 76/769/EWG

von denen 10.000 in Mengen über 10 t vertrieben werden und weitere 20.000 in Mengen zwischen einer und 10 Tonnen.

Die Altstoffe machen mehr als 99 % der Gesamtmenge sämtlicher auf dem Markt befindlichen Substanzen aus,[270] unterliegen aber bislang nicht wie die 2700 neuen Stoffe einem europäisch regulierten Zulassungsverfahren, in dessen Rahmen ihre Gefährlichkeit für die menschliche Gesundheit und die Umwelt geprüft wird, wenn sie in Mengen über 10 kg in Verkehr gebracht werden.[271] In ihrem Weissbuch zur Chemikalienpolitik aus dem Jahre 2001 stellte die Kommission dies genauso als unbefriedigend fest wie den Umstand, dass das geltende Chemikalienrecht nur die Hersteller und Importeure zur Vorlegung von Informationen verpflichtete, nicht aber die Anwender, also die industriellen Benutzer und Verarbeiter.[272] Informationen über den Einsatz und die Verwendung der Chemikalien sind infolgedessen nur beschränkt vorhanden, was das ohnehin bestehende Informationsdefizit über die möglichen Auswirkungen der chemischen Stoffe und Zubereitungen verschärft.[273]

Das geplante, mit dem Akronym *REACH* bezeichnete System zur Erfassung (*registration*), Bewertung (*evaluation*) und Zulassung (*authorisation*) von chemischen Stoffen[274] soll beide Schwächen überwinden, indem nunmehr alle Stoffe unabhängig von dem Datum ihres Inverkehrbringens den Behörden gemeldet werden müssen, wenn sie in einer Menge von mehr als 1 t hergestellt werden.[275] Die Meldung ist nach Artikel 13 des Verordnungsentwurfs für bestimmte Stoffe mit einem Stoffsicherheitsbericht (*Chemical Safety Report, CSR*) zu versehen, der eine Stoffsicherheitsbeurteilung (*Chemical Safety Assessment, CSA*) enthält. Werden mehr als 100 t eines Stoffes hergestellt oder besteht erhöhter Anlass zur Besorgnis, so werden nach

des Rates vom 27.7.1976 zur Angleichung der Rechts- und Verwaltungsvorschriften der Mitgliedstaaten für Beschränkungen des Inverkehrsbringens und der Verwendung gewisser gefährlicher Stoffe und Zubereitungen, ABl. EG Nr. L 262, S. 201.

270 Nach Angaben der Kommission waren im Jahre 1981 rund 100.000 Stoffe gemeldet, von denen sich im Jahre 2001 noch etwa 30.000 in Mengen von mehr als einer Tonne auf dem Markt befinden, *Europäische Kommission*, Strategie für eine zukünftige Chemikalienpolitik (Weissbuch), 2001, S. 6.

271 Richtlinie 67/548/EWG des Rates über die Einstufung, Verpackung und Kennzeichnung gefährlicher Stoffe in der geänderten Fassung, ABl. EG Nr. L 196, S. 1.

272 *Europäische Kommission*, Strategie für eine zukünftige Chemikalienpolitik (Weissbuch), 2001, S. 6.

273 *Europäische Kommission* (S. 67, Fn. 272), S. 6.

274 *Europäische Kommission*, Vorschlag für eine Verordnung zur Registrierung, Bewertung, Zulassung und Beschränkung chemischer Stoffe (REACH), KOM (2003) 644 endg., 2003; zur Zeit der Drucklegung gab es bereits einen Gemeinsamen Standpunkt (Interinstitutional Document Nr. 2003/0256 (COD) v. 12.6.2006); ausführliche Dokumentation des Vorgangs unter http://ec.europa.eu/enterprise/reach/index_en.htm (letzter Zugriff 19.10.2006).

275 Vgl. die instruktive Darstellung von *C. Callies/M. Lais*, NuR 2005, S. 290 (294 ff.).

Art. 11 des Verordnungsentwurfs die erfassten Informationen bewertet und daraufhin überprüft, ob ein Zulassungsverfahren erforderlich ist.[276]

Ein derartiges Vorhaben wie *REACH* verursacht der chemischen Industrie und den Behörden alleine schon wegen der umfänglichen Registrierung der Altstoffe beachtliche Kosten. Die Kommission geht in ihrem Weissbuch davon aus, das alleine eine Prüfung im Rahmen einer Basisbeschreibung ungefähr 85.000 Euro je Stoff kosten dürfte, aufwendigere Prüfungen im Rahmen einer *CSA* wurden auf bis zu 325.000 Euro geschätzt.[277] Besonders für kleinere und mittlere Unternehmen bedeutet dies eine erhebliche finanzielle Belastung.[278] In bezug auf die Vermarktung neuer Produkte kann das neue Registrierungsverfahren Verzögerungen mit sich bringen, was ebenfalls zu Kosten für die Unternehmen führt.

Der Entwicklung des *REACH*-Vorschlags waren daher umfangreiche Konsultationen mit der chemischen Industrie wie auch den Umweltverbänden vorausgegangen.[279] Unter der niederländischen Präsidentschaft wurden im Jahre 2004 alleine 36 Studien gezählt und zusammengefasst, mit denen die verschiedensten Institute und Organisationen das geplante System analysiert haben.[280] Für die Entwicklung des Kommissionsvorschlags griff die Kommission allerdings auf eine eigene ausführliche Folgenabschätzung zurück.[281] Die Untersuchung der Kommission schätzt die wirtschaftlichen Kosten (*net present value costs*) des Vorschlags auf insgesamt zwischen 2,8 Mrd. und 5,2 Mrd. Euro.[282] Bei der Beschreibung der Auswirkungen von REACH auf Forschung und Entwicklung bedient sich die Kommission der Verwendung der Zeichen ++ (hoher positiver Effekt), + (positiver Effekt), -- (stark negativer Effekt), - (negativer Effekt), +- (unklarer Effekt).[283] So sei eine Ausnahme vom REACH-Verfahren für Forschungs- und Entwicklungszwecke in bezug auf die Anreize zur Innovation als ausgesprochen

---

276 *Europäische Kommission*, Vorschlag für eine Verordnung zur Registrierung, Bewertung, Zulassung und Beschränkung chemischer Stoffe (REACH), KOM (2003) 644 endg., 2003, S. 23.

277 *Europäische Kommission*, Strategie für eine zukünftige Chemikalienpolitik (Weissbuch), 2001, S. 16.

278 An den von der chemischen Industrie angeführten Studien bezüglich der zu erwartenden Belastungen äußert der *Rat von Sachverständigen für Umweltfragen*, Zur Wirtschaftsverträglichkeit der Reform der Europäischen Chemikalienpolitik, 2003, S. 9ff., eingehende Kritik.

279 Die Ergebnisse der Konsultationen sind in sieben Bänden mit insgesamt 1152 Seiten im Internet dokumentiert, http://ec.europa.eu/environment/eia/sea-studies-and-reports/sea_integration_main.pdf, letzter Zugriff am 29.10.2006.

280 *Ecorys/OpdenKamp Advies Group*, The Impact of Reach. Overview of 36 studies on the impact of the new EU chemicals policy (REACH) on society and business, 2004.

281 *Europäische Kommission*, Impact Assessment on Thematic Strategy on Air Pollution, SEC (2005) 1133, 2005.

282 *Europäische Kommission* (S. 68, Fn. 281), S. 19.

283 *Europäische Kommission* (S. 68, Fn. 281), S. 21f.

positiv („++") zu bewerten, weshalb eine Verlängerung der Ausnahmevorschriften auf bis zu 10 Jahre erwogen werden sollte.[284]

Die gesundheitlichen Auswirkungen von Chemikalien könnten wegen der großen Ungenauigkeiten der vorliegenden Abschätzungen nicht beziffert werden. Dennoch zieht die Kommission eine Studie der Weltbank heran, in der die Ansicht vertreten wird, die chemikalienbedingten Schäden hätten einen Anteil an allen Krankheiten in Höhe von mindestens 0,6 und höchstens 2,5 %.[285] Aus einer anderen Untersuchung könne dagegen die begründete Vermutung gewonnen werden, die Weltbank habe möglicherweise die krankheitsbedingten Schäden um 150 % unterschätzt.[286]

Die Abschätzungen dürften auch deshalb so ungenau sein, weil Chemikalien nicht einem belastbaren Monitoring-System unterworfen sind, worauf auch die Kommission hinweist.[287] Die möglichen Nutzen des REACH-Verfahrens sieht die Kommission vor allem in langfristigen Verbesserungen der Gesundheit, die in der von der Weltbank verwendeten Maßeinheit DALY (*disability adjusted life years*) ausgedrückt werden können.[288] Danach ist ein DALY ein statistisch berechneter Indikator für die Zeit, die ein Mensch krank war und die er durch einen überfrühten Tod verliert.[289] Die Kommission geht von einem Anteil von 1 % der chemikalienbedingten Krankheiten an allen Krankheiten und damit von einem Wert aus, der zwischen den von der Weltbank als möglich erachteten Extremen liegt.[290]

Die Kommission nimmt weiter an, dass REACH nur 10 % aller chemikalienbedingten Krankheiten betrifft, da die weitaus meisten von ihnen auf historisch gewachsene Belastungen zurückgehen oder aus anderen Gründen von REACH nicht verringert werden können.[291] Auf der Grundlage dieser Überlegungen kommt die Kommission zu dem Schluss, die Implementation von REACH würde zu einer Verringerung der Belastungen um 45.000 DALYs pro Jahr führen. Übersetzte man dies in Sterblichkeiten unter der vergröbernden Annahme, dass 10 DALYs einem Todesfall weniger entsprechen, so ließe sich sagen, dass REACH zu einer Verringerung der

---

[284] *Europäische Kommission* (S. 68, Fn. 281), S. 22.

[285] Die Kommission verweist auf *K. Lvovsky*, Health and Environment, 2001, S. 38.

[286] *K. R. Smith et al.*, 10 Epidemiology 1999, S. 573 ff.

[287] *Europäische Kommission*, SEC (2003) 1171/3, 2003, S. 26.

[288] Ein etwas einfacherer Ansatz ist der des QALY (*quality adjusted life year*), bei dem es anders als bei DALY nicht berücksichtigt wird, wie alt die Betroffenen sind, s. etwa *United States Office of Management and Budget*, Regulatory Analysis – Circular A 4, 2003, S. 12 ff.

[289] *N. Homedes*, The Disability-Adjusted Life Year (DALY) Definition, Measurement and Potential Use, 1995, http://www.worldbank.org/html/extdr/hnp/hddflash/workp/wp_00068.html (letzter Zugriff 3.10.2006).

[290] *Europäische Kommission*, Extended Impact Assessment regarding REACH, SEC (2003) 1171/3, 2003, S. 30.

[291] *Europäische Kommission* (S. 69, Fn. 290), S. 30.

Mortalität von 4500 Menschen pro Jahr führen würde.[292] Auch wenn die Kommission betont, es handele sich nicht um eine Abschätzung der Nutzen von REACH, so weist sie doch darauf hin, dass man zu einer monetären Bewertung der durch REACH erzielten Verbesserungen der menschlichen Gesundheit in Höhe von 50 Mrd. Euro im Verlauf von 30 Jahren gelangt, wenn man eine Reduktion der krankheitsbedingten Schäden in Höhe von 0,1 % unterstellt und den Wert eines statistischen Lebens mit 1 Mio. Euro veranschlagt.[293] Die ausführliche Folgenabschätzung gelangt daher zu dem Schluss, der REACH-Vorschlag repräsentiere einen ausgewogenen Ansatz zur Verbesserung des Gesundheitsschutzes und der Umwelt, er erhöhe die Arbeitssicherheit und erleichtere Innovationen.[294] Die gewählte Rechtsform der Verordnung sichere die europaweite Einheitlichkeit der Wettbewerbsbedingungen.[295]

### *bb) Luftreinhaltepolitik*

Auch in der schon seit langem europarechtlich geprägten Luftreinhaltepolitik geht es vorrangig um den Schutz vor Gesundheitsgefahren. Mit der Luftqualitätsrahmenrichtlinie aus dem Jahre 1996[296] und ihren Tochterrichtlinien[297] gilt in der Europäischen Union ein flächendeckendes System von Luftqualitätsstandards und ihrer Durchsetzung für die Leitschadstoffe Schwefeldioxid, Stickstoffdioxid, Feinpartikel wie Ruß (einschließlich PM 10, also Partikeln, deren Durchmesser kleiner als 10 µm ist), Schwebstaub, Blei, Ozon, Benzol, Kohlenmonoxid, Polyzyklische aromatische Kohlenwasserstoffe, Kadmium, Arsen, Nickel sowie Quecksilber. Die im Herbst 2005 durch die „Thematische Strategie zur Luftreinhaltung" fortgeschriebene Konzeption der Richtlinien[298] setzt Grenzwerte, Alarmschwellen und Zielwerte für die Schadstoffe unter Bestimmung der jeweiligen Mess-

[292] *Europäische Kommission* (S. 69, Fn. 290), S. 30.

[293] *Europäische Kommission* (S. 69, Fn. 290), S. 30.

[294] *Europäische Kommission* (S. 69, Fn. 290), S. 32.

[295] *Europäische Kommission* (S. 69, Fn. 290), S. 33.

[296] Richtlinie 96/62/EG des Rates vom 27. September 1996 über die Beurteilung und die Kontrolle der Luftqualität, ABl. EG 1996 Nr. L 296, S. 55.

[297] Anhang III Abschnitt I der Richtlinie 1999/30/EG des Rates vom 22. April 1999 über Grenzwerte für Schwefeldioxid, Stickstoffdioxid und Stickstoffoxide, Partikel und Blei in der Luft, ABl. EG 1999 Nr. L 163, S. 43; Richtlinie 2000/69/EG des Europäischen Parlaments und des Rates vom 16. November 2000 über Grenzwerte für Benzol und Kohlenmonoxid in der Luft, ABl. EG 2000 Nr. L 313, S. 12; Richtlinie 2002/3/EG des Europäischen Parlaments und des Rates vom 12. Februar 2002 über den Ozongehalt der Luft, ABl. EG 2002 Nr. L 67, S. 14.

[298] *Europäische Kommission*, Thematische Strategie zur Luftreinhaltung, KOM (2005) 446 endg., 2005; sie wurde ebenfalls einer Folgenabschätzung unterworfen, *Europäische Kommission*, Impact Assessment on Thematic Strategy on Air Pollution, SEC (2005) 1133, 2005.

verfahren fest, die nach dem Ablauf der jeweiligen Umsetzungsfristen in den Mitgliedstaaten verbindlich umgesetzt sein müssen. Vor besondere Schwierigkeiten stellt deutsche Gemeinden die Einhaltung der in der ersten Tochterrichtlinie enthaltenen Grenzwerte für die hauptsächlich auf Verkehrsabgase zurückgehenden Feinpartikelemissionen.[299] Der in Deutschland durch die 22. BImSchV umgesetzte Grenzwert von 50 µg/m$^3$ ist seit dem 1. Januar 2005 samt des dazugehörigen Messverfahrens verbindlich.

Bereits im Frühjahr 2005 kam es insbesondere in München und in Stuttgart zu einer Überschreitung des Grenzwertes an erheblich mehr als den 35 Tagen, die die Richtlinie noch duldet.[300] Die Verwaltungsgerichte verneinen zum Teil einen einklagbaren Anspruch auf Sicherstellung einer richtlinienkonformen Luftbelastung, insbesondere weil die entsprechenden Vorschriften des Immissionsschutzrechts im Allgemeininteresse bestünden und keine subjektiven Rechte begründeten,[301] zum Teil sprechen sie den Klägern Ansprüche auf den Erlass entsprechender Aktionspläne mit der Erwägung zu, der Schutz der menschlichen Gesundheit im Allgemeinen ohne effektiven, einklagbaren Schutz der Gesundheit Einzelner im Besonderen wäre ein Widerspruch in sich.[302] Es steht zu erwarten, dass eine höchstrichterliche Klärung erforderlich sein wird, um den Streit zu beenden.

Die Frage der aus den Richtlinien folgenden Rechtsansprüche mag aber für den vorliegenden Zusammenhang, in dem die Methodik der europäischen Gesetzesfolgenabschätzung im Vordergrund steht, auf sich beruhen. Wichtig ist insoweit, dass der den Luftreinhalterichtlinien vorausgegangene Gesetzgebungsprozess durch eine intensive und durch wissenschaftliche Studien informierte Diskussion gekennzeichnet war.[303] So wurde festgestellt, dass die Luftbelastung in europäischen Ballungsräumen recht unterschiedlich ist mit der Folge, dass die Kosten einer (weiteren) Senkung der Schadstoffbelastung ebenfalls unterschiedlich ausfallen würden.[304] Außerdem war es nicht möglich, die Grenzwerte für Feinstäube über die Heranziehung eines *no-effect-levels* zu bestimmen, da es sich hierbei teilweise um kanzerogene Schadstoffe handelt und Krebserkrankungen schon durch einen einzigen

[299] Anhang III Abschnitt I der Richtlinie 1999/30/EG des Rates vom 22. April 1999 über Grenzwerte für Schwefeldioxid, Stickstoffdioxid und Stickstoffoxide, Partikel und Blei in der Luft, ABl. EG 1999 Nr. L 163, S. 43.

[300] Richtlinie 96/62/EG (S. 70, Fn. 296), Anhang III.

[301] VG München v. 27.4.2005, DWW 2005, S. 251.

[302] VG Stuttgart v. 31.5.2005, VBlBW 2006, S. 117.

[303] Vgl. die ausführliche Dokumentation der Kommission auf http://ec.europa.eu/environment/air/ambient.htm, letzter Zugriff 3.10.2006.

[304] *Europäische Kommission*, Economic Evaluation for Air Quality Targets for CO and Benzene, 2000.

Partikel ausgelöst werden können.[305] Zur Beurteilung der Gesundheitsrisiken konnte zum Teil auf bereits vorliegende Studien zurückgegriffen werden. Unter anderem bezog sich die Kommission auf Veröffentlichungen der Weltgesundheitsorganisation (*WHO*).[306]

Auch die Folgenabschätzung der „Thematischen Strategie zur Luftreinhaltung" ist das Resultat eines aufwendigen Konsultationsprozesses.[307] Der Abschätzungsbericht der „Thematischen Strategie" führt zunächst aus, dass die Strategie darauf gerichtet sei, langfristig ein Luftqualitätsniveau zu erreichen, das keine erheblichen negativen Effekte auf die menschliche Gesundheit und die Umwelt habe.[308] Zu diesem Zweck wurden neben einem *Baseline*-Szenario und einem technisch-maximalen Maßnahmebündel („Maximum Technically Feasible Reduction", MTFR) drei Politik-Szenarios (A, B und C) gebildet, denen jeweils ein unterschiedlich anspruchsvolles Luftreinhaltekonzept zugrundelag.

Die „Thematische Strategie" (in Tabelle 4 als „Strategy" bezeichnet) befindet sich ausweislich der Angaben in der Tabelle von den erwarteten Umweltauswirkungen her zwischen den Szenarios A und B, was nach Ansicht der Kommission einen optimalen Ausgleich von wirtschaftlichen und ökologischen Zielen repräsentiert.[309] Das ist insofern nachvollziehbar, als sich aus der Tabelle sich ersehen lässt, dass nach Ansicht der Kommission alle untersuchten Maßnahmebündel einen positiven gesellschaftlichen Nettonutzen bezüglich des Vergleichs von Reduktionskosten und dem monetarisierten Gesundheitsnutzen aufweisen.

Die Gewichtung der Auswirkungen auf die natürliche Umwelt bleibt allerdings genauso unklar wie die Wahrscheinlichkeitsverteilung in bezug auf die Spannbreite der erwarteten Werte. Mit Blick auf die Bewertung der Umweltauswirkungen wird nicht erläutert, aus welchen Gründen nicht MTFR gewählt wurde, obwohl MTFR bezüglich der Umwelt deutlich günstiger ist als die anderen Optionen. Die Wahl der zwischen Szenario A und B liegenden „Strategie" auf der Basis eines Nettonutzens als Summe von Kosten der Reduktion der Luftverschmutzung auf der einen Seite und Einsparungen (Nutzen) im Gesundheitssektor auf der anderen Seite wäre nur dann einsichtig, wenn sie in jeder Hinsicht besser wäre als die übrigen Alternativen. Das ist jedoch wegen ihrer Unterlegenheit im Umweltbereich nicht der Fall. Der darauf bezogene Hinweis der Kommission, der Über-

---

[305] *Europäische Kommission*, Ambient Air Pollution by Particulate Matter Position Paper, 1997, S. 2.

[306] *World Health Organization*, Update and Revision of the Air Quality Guidelines for Europe, 1994.

[307] *Europäische Kommission*, Impact Assessment on Thematic Strategy on Air Pollution, SEC (2005) 1133, 2005, S. 7f.

[308] *Europäische Kommission* (S. 72, Fn. 307), S. 11.

[309] *Europäische Kommission* (S. 72, Fn. 307), S. 11.

*Tabelle 4:* Social Costs and Effects of Motorcycle Measures – Average Costs (2010)

| | *Human health* | | | | *Natural environment* | | | | |
|---|---|---|---|---|---|---|---|---|---|
| Ambition level | Cost of reduction (€bn) | Life Years Lost due to $PM_{2.5}$ (million) | Premature deaths due to $PM_{2.5}$ and ozone (thousands) | Range in monetised healch benefits[10] | Exosystem area exceeded acidification (000 km²) | | | Ecosystem area exceeded eutrophication (000 km²) | Forest area exceeded ozone (000 km²) |
| | | | | | Forests | Seminatural | Freshwater | | |
| 2000 | | 3.62 | 370 | – | 243 | 24 | 31 | 733 | 827 |
| Baseline 2020 | | 2.47 | 293 | – | 119 | 8 | 22 | 590 | 764 |
| Scenario A | 5.9 | 1.97 | 237 | 37–120 | 67 | 4 | 19 | 426 | 699 |
| Scenario B | 10.7 | 1.87 | 225 | 45–146 | 59 | 3 | 18 | 375 | 671 |
| Scenario C | 14.9 | 1.81 | 219 | 49–160 | 55 | 3 | 17 | 347 | 652 |
| MTFR | 39.7 | 1.72 | 208 | 56–181 | 36 | 1 | 11 | 193 | 381 |
| *Strategy* | *7.1* | *1.91* | *230* | *42–135* | *63* | *3* | *19* | *416* | *699* |

Quelle: *Europäische Kommission*, Thematische Strategie Luftreinhaltepolitik, Impact Assessment, SEC (2005) 1133, S. 16.

gang zu einem noch anspruchsvolleren Konzept brächte „relativ geringen" Nutzen im Verhältnis zu den dadurch verursachten Kosten,[310] erscheint nachvollziehbar, bleibt aber etwas vage. Was die Spannbreite des Gesundheitsnutzens angeht, so hat sich die Kommission offenbar eher an den „worst-case"-Werten orientiert, denn im besten Falle wären die Szenarios B, C und MTFR hinsichtlich des Nettonutzens zum Teil deutlich besser als die gewählte Strategie. Auch das wäre zu explizieren gewesen.

Im übrigen sind die sich hinter den untersuchten Szenarios verbergenden Maßnahmen weder in der Thematischen Strategie noch in ihrer Folgenabschätzung im einzelnen veröffentlicht. Man erfährt lediglich, dass die Strategie der Kommission die wirksame Anwendung der geltenden Rechtsvorschriften voraussetzt und darüber hinaus insbesondere

– die Modernisierung von Überwachung und Berichterstattung sowie
– die Vereinfachung der Luftqualitätsrichtlinien angestrebt wird und
– eine Änderung der Richtlinie über nationale Emissionshöchstmengen vorgeschlagen werden soll.[311]

Die an anderer Stelle im Internet publizierte Kosten-Nutzen-Analyse der „Thematischen Strategie" bringt insoweit auch keine weitere Aufklärung.[312] Das hätte transparenter gestaltet werden können. Insgesamt stellt die Folgenabschätzung aber zusammen mit der Kosten-Nutzen-Analyse einen ambitionierten Versuch der Rechtfertigung einer gewählten Strategie unter prominenter Heranziehung quantitativer Verfahren dar.

### *b) Entwurf einer Dienstleistungsrichtlinie*

Die Luftreinhaltestrategie kann jedoch in methodischer Hinsicht keineswegs als repräsentativ für das Vorgehen der Kommission gelten, wie unter anderem an dem Entwurf der Kommission für eine Dienstleistungsrahmenrichtlinie[313] gesehen werden kann, der ebenfalls nach umfänglichen Konsultationen einer ausführlichen Folgenabschätzung unterzogen worden war.[314]

---

310 *Europäische Kommission* (S. 72, Fn. 307), S. 129.

311 *Europäische Kommission*, Thematische Strategie zur Luftreinhaltung, KOM (2005) 446 endg., 2005, S. 7ff.

312 *AEA Technology Environment*, Cost-Benefit Analysis of the Thematic Strategy on Air Pollution, 2005, im Internet unter www.cafe-cba.org (letzter Zugriff 19.10.2006).

313 *Europäische Kommission*, Vorschlag für eine Richtlinie des Europäischen Parlaments und des Rates über Dienstleistungen im Binnenmarkt, KOM (2004) 2 endgültig/2, 2004.

314 *Europäische Kommission*, Extended Impact Assessment of Proposal for a Directive on Services in the Internal Market, SEC (2004) 21, 2004. Zur Zeit der Drucklegung gab es bereits einen Gemeinsamen Standpunkt, Interinstitutional Document Nr. 2004/0001 (COD) v. 17.7.2006.

*aa) Der Vorschlag der Kommission*

Mit der Dienstleistungsrichtlinie will die Kommission den sogenannten Lissabon-Prozess unterstützen, der auf die Verbesserung der Wettbewerbsfähigkeit der Europäischen Union gerichtet ist. Nach Angaben der Kommission zeichnen Dienstleistungen für 53,6 % des europäischen Bruttosozialproduktes und für 68,1 % der Arbeitsplätze verantwortlich.[315] Der Schaffung weiterer Arbeitsplätze insbesondere im Bereich grenzüberschreitender Dienstleistungen stünden aber erhebliche Hemmnisse entgegen. Dazu zählt die Kommission Zulassungsbeschränkungen etwa in Form von Quoten oder Genehmigungsverfahren, die für ausländische Unternehmen besonders schwierig zu durchschauen seien.[316] Auch fehle es wegen der Aufteilung von Kompetenzen auf verschiedene Gebietskörperschaften zum Teil an zentralen Ansprechpartnern, so dass die erforderlichen Informationen schwierig zu beschaffen seien, was zu zeitlichen Verzögerungen führen oder sogar die Verwirklichung eines Vorhabens ganz verhindern könne. Bereits das Wissen darum, welche Rechtsvorschriften auf das betreffende Unternehmen Anwendung finden, sei für ausländische Dienstleister wesentlich schwieriger zu erhalten als für inländische. Auch entstünden den grenzüberschreitenden Dienstleistungen Kosten wegen der Anpassung ihres Angebots an das ausländische Umfeld einschließlich des dort geltenden Rechts.

Der Richtlinienvorschlag sieht dementsprechend eine Verpflichtung der Mitgliedstaaten vor, einheitliche Ansprechpartner für ausländische Dienstleister zu schaffen, die bestimmte Formalitäten elektronisch abzuwickeln ermöglichen müssen (Art. 6 bis 13 des Entwurfs), besonders restriktive rechtliche Anforderungen abzuschaffen (Art. 14, 21 und 29 des Entwurfs) und anhand des Verhältnismäßigkeitsgrundsatzes zu prüfen, ob ungerechtfertigte Wettbewerbshindernisse bestehen (Art. 9, 15 und 30 des Entwurfs). Das in Art. 16 des Entwurfs festgelegte Herkunftslandsprinzip besagt des weiteren, dass Dienstleistungserbringer im Grundsatz lediglich den Bestimmungen ihres Herkunftslandes mit der Konsequenz unterfallen, dass auch die Kontrolle der Einhaltung der Rechtsvorschriften den Herkunftsländern unterliegt (Art. 16 Ziff. 2 des Entwurfs). Einige Dienstleistungen wie etwa Postdienste, die Gas- und Elektrizitätsversorgung oder Notarleistungen sind gemäß Art. 17 des Entwurfs vom Herkunftslandsprinzip ausgenommen. Ganz von der Dienstleistungsrichtlinie ausgenommen sollen Finanzdienstleistungen wie Banken, Versicherungen und die Altersvorsorge sein (Art. 2 Ziff. 2 lit. a) des Entwurfs).

---

[315] *Europäische Kommission* (S. 74, Fn. 314), S. 6.
[316] *Europäische Kommission* (S. 74, Fn. 314), S. 18.

### *bb) Die Folgenabschätzung*

Der Kommissionsvorschlag beruht auf Überlegungen, die die Kommission in Form der ausführlichen Folgenabschätzung vom 13. Januar 2004 veröffentlicht hat. Die Folgenabschätzung sollte insbesondere untersuchen, ob es sich empfehlen würde, die auf dem Sektor bestehenden Handelshemmnisse auf einen Schlag zu beseitigen („*single-stage directive*"), oder ob es nicht vielleicht besser wäre, in abgeschichteten Phasen vorzugehen und die Wettbewerbsbeschränkungen erst nach und nach abzuschaffen.[317]

Im Ergebnis hält die Kommission ein einphasiges Vorgehen mit Blick auf die Realisierungschancen des Projektes für zu ehrgeizig und bevorzugt dagegen die Variante einer Abstufung in eine zunächst zu erlassende Rahmenrichtlinie, zu deren Konkretisierung später weitere Rechtsakte ergehen sollen.[318] Die Kommission führt zur Begründung ihres Vorschlags aus, die Beseitigung von Wettbewerbshindernissen würde einen erheblichen Nutzen („*major benefits*") für die EU erwarten lassen, hauptsächlich in Form von wirtschaftlichem Wachstum und der Schaffung von Arbeitsplätzen.[319] In erster Linie würden die grenzüberschreitenden Dienstleistungsanbieter gefördert.[320] Für kleinere und mittlere Unternehmen würden positive Auswirkungen erwartet, die als potentiell signifikant („*potentially significant*)" erscheinen, da für diese Unternehmen die Informationsbeschaffungs- und Verfahrenskosten gegenwärtig besonders hoch seien.[321] Zudem komme die Wettbewerbserhöhung den Innovationen und der Produktivität zugute, was wiederum den Verbrauchern diene.[322]

Unter anderem beruht diese Würdigung auf der Einschätzung, die Maßnahmen hätten beachtliche positive Auswirkungen („*significant positive impact*") auf die allokative Effizienz von europäischen Unternehmen,[323] die Auswirkungen auf die Umwelt seien hingegen vernachlässigenswert gering („*negligible*").[324] Die Verwaltungsvereinfachung unterstütze die Bekämpfung der Schwarzarbeit.[325] Die Größe der direkten positiven Auswirkungen auf die Dienstleister hinge davon ab, welche der beiden Optionen verwirklicht würde.[326]

---

317 *Europäische Kommission* (S. 74, Fn. 314), S. 28.

318 *Europäische Kommission* (S. 74, Fn. 314), S. 46.

319 *Europäische Kommission* (S. 74, Fn. 314), S. 40; http://ec.europa.eu/internal_market/services/services-dir/index_de.htm, letzter Zugriff 20.10.2006.

320 *Europäische Kommission* (S. 74, Fn. 314), S. 33.

321 *Europäische Kommission* (S. 74, Fn. 314), S. 34.

322 Europäische Kommission (S. 74, Fn. 314), S. 35 (positive impact on consumer choice).

323 *Europäische Kommission* (S. 74, Fn. 314), S. 33.

324 *Europäische Kommission* (S. 74, Fn. 314), S. 37.

325 *Europäische Kommission* (S. 74, Fn. 314), S. 35.

326 *Europäische Kommission* (S. 74, Fn. 314), S. 33.

Dagegen würden auch bestimmte („*some*") Kosten für sie im Zusammenhang mit der Information der Kunden entstehen. Allerdings könnten angesichts des Fehlens eines belastbaren makroökonomischen Modells und der dafür erforderlichen Zahlen weder die positiven noch die negativen Auswirkungen beziffert werden.[327]

### *cc) Die Diskussion um den Kommissionsvorschlag*

Der Vorschlag der Kommission ist aus verschiedenen Gründen in heftige Kritik geraten und wird voraussichtlich nicht in seiner ursprünglichen Form in Kraft treten.[328] Von Gewerkschaftsseite wird befürchtet, das Herkunftslandprinzip, mit dem größere Rechtssicherheit für die Dienstleistungsanbieter erreicht werden soll, führe zu einem Wettlauf um möglichst niedrige Löhne und soziale Standards („Sozialdumping").[329] Die EU-Entsenderichtlinie, wonach entsendete ausländische Arbeitnehmer nach ortsüblichen Löhnen und Arbeitsbedingungen beschäftigt werden müssen,[330] werde trotz der durch Art. 24 des Entwurfs vorgesehene Ausnahmen wegen der zu erwartenden Schwierigkeiten, die Einhaltung der Vorschriften des Herkunftslandes im Ausland zu kontrollieren, konterkariert.[331]

Zudem sei das Herkunftslandprinzip in deliktsrechtlicher Hinsicht problematisch, da das internationale Deliktsrecht zumeist auf den Schadenseintrittsort abstelle.[332] Des weiteren wird der föderale Staatsaufbau mancher Mitgliedstaaten vor große Schwierigkeiten gestellt, wenn nicht gar unterlaufen,[333] indem Art. 10 Abs. 4 der Richtlinienentwurfs vorsieht, dass nur

327 *Europäische Kommission* (S. 74, Fn. 314), S. 17.

328 *J. M. Schlichting/W. Spelten*, EuZW 2005, S. 238 (240).

329 So etwa die Argumentation der Vereinten Dienstleistungsgewerkschaft Ver.Di, http://international.verdi.de/europapolitik/dienstleistungen_im_binnenmarkt/stellungnahme_zum_vorschlag_fuer_eine_eu-richtlinie_ueber_dienstleistungen_im_binnenmarkt, letzter Zugriff 12.10.2006; ebenfalls kritisch zum Herkunftslandprinzip *Bundesrat*, Beschluss v. 2.4.2004, BR-Drs. 128/04, S. 1; *Bundesrat*, Empfehlungen der Ausschüsse v. 28.6.2004, BR-Drs. 128/03/04, S. 8; *S. Skarpelis-Sperk/K. Bodewig*, EU-Dienstleistungsrichtlinie. Vorschlag der Kommission für eine Richtlinie über Dienstleistungen im Binnenmarkt. Informationsbrief, 2005, S. 8f.

330 Richtlinie 96/71/EG des Europäischen Parlaments und des Rates vom 16. Dezember 1996 über die Entsendung von Arbeitnehmern im Rahmen der Erbringung von Dienstleistungen, ABl. EG 1996 Nr. L 18, S. 1.

331 *Vereinte Dienstleistungsgewerkschaft*, Stellungnahme zur Dienstleistungsrichtlinie, http://international.verdi.de/europapolitik/dienstleistungen_im_binnenmarkt/stellungnahme_zum_vorschlag_fuer_eine_eu-richtlinie_ueber_dienstleistungen_im_binnenmarkt, letzter Zugriff 12.10.2006.

332 *J. Basedow*, EuZW 2004, S. 423 (424).

333 Zu den Problemen, die „einheitlichen Ansprechpartner" in das Verwaltungsgefüge Deutschlands einzuordnen, s. *Forschungsinstitut für öffentliche Verwaltung*, Dienstleistungsrichtlinien-Gutachten, 2005, S. 15.

noch eine einheitliche Genehmigung für den gesamten Mitgliedstaat für die der Richtlinie unterfallende Dienstleistungen erforderlich sein soll.[334] Zusammengenommen dürften diese Bedenken eine durchgreifende Überarbeitung des Kommissionsvorschlags erforderlich machen.

Eine von der Kommission in Auftrag gegebene Studie eines Kopenhagener Wirtschaftsforschungsinstituts vom Januar 2005 widerlegt auch die Ansicht der Kommission, eine Bezifferung der erhofften Auswirkungen sei ausgeschlossen. Das Institut kommt zu dem Schluss, die Maßnahme, so sie die vollständige Beseitigung von Handelshemmnissen im Dienstleistungssektor bewirke, lasse die Schaffung von 600.000 Arbeitsplätzen netto und eine zusätzliche Wertschöpfung in Höhe von rund 33 Mrd. Euro erwarten.[335] Das entspricht nach Berechnungen der Vereinten Dienstleistungsgewerkschaft Ver.Di etwa 0,33 Prozent des Bruttoinlandsproduktes der alten EU-Länder (EU-15), was die Gewerkschaft angesichts der von dem Vorhaben ausgehenden Bedrohungen für den deutschen Arbeitsmarkt und das hiesige System sozialer Sicherung als zu geringen Vorteil ansieht.[336]

### 3. Zwischenergebnis

Zusammenfassend lässt sich folgendes festhalten. Bereits seit Jahrzehnten evaluiert die Kommission ihre Gesetzgebungsvorhaben mit Hilfe formaler Analysen. Mit ihrer Mitteilung vom Juni 2002 hat die Kommission diese Praxis auf eine neue Grundlage gestellt. Die dabei ursprünglich vorgesehene und zunächst auch durchgeführte zweiphasige Folgenabschätzung – erst eine vorläufige Folgenabschätzung zur Bestimmung der Vorhaben, die als einer intensiven Untersuchung bedürftig empfunden wurden, anschließend eine ausführliche Folgenabschätzung – wurde abgeschafft.[337] Nunmehr werden alle geplanten Maßnahmen, die ins Arbeitsprogramm aufgenommen werden, auch einer Folgenabschätzung unterzogen.[338] Die maßgebliche

---

[334] Dies kritisiert auch *T. Fritz*, Stellungnahme von Attac Deutschland zur EU-Richtlinie Dienstleistungen im Binnenmarkt bei einer Anhörung des Bundestags am 30. Mai 2005, 2005, S. 2.

[335] *Copenhagen Economics*, Economic Assessment of the Barriers to the Internal Market for Services. Final Report, 2005, S. 8.

[336] *Vereinte Dienstleistungsgewerkschaft*, Stellungnahme zur Dienstleistungsrichtlinie, http://international.verdi.de/europapolitik/dienstleistungen_im_binnenmarkt/stellungnahme_zum_vorschlag_fuer_eine_eu-richtlinie_ueber_dienstleistungen_im_binnenmarkt, letzter Zugriff 12.10.2006.

[337] *Europäische Kommission*, Impact Assessment Guidelines, SEC (2005) 791, S. 6; s. auch die Übersicht der über die durchgeführten Folgenabschätzungen unter http://ec.europa.eu/governance/impact/practice_en.htm (letzter Zugriff 23.10.2006).

[338] Eine instruktive Gegenüberstellung der beiden Verfahren findet sich bei *European Environment and Sustainable Development Advisory Councils*, Impact Assessment of

Weichenstellung für den Anwendungsbereich des Folgenabschätzungskonzeptes erfolgt damit anhand der Entscheidung, welche Vorhaben ins Arbeitsprogramm aufgenommen werden. Im Jahre 2004 wurden nach Angaben der Kommission 29 Projekte mit Hilfe einer Folgenabschätzung untersucht, im Jahre 2005 waren es 77 Projekte.[339] Die Anwendungsbereiche der Folgenabschätzung reichen von Umweltschutzprojekten über wirtschaftspolitische Interventionen bis zu Fragen der Frauenförderung.[340]

Vom methodischen Ansatz her ist die Kommission der Auffassung, es kämen verschiedene Verfahren in Betracht, die je nach der zu bewältigenden Problemstellung ausgewählt werden müssten. In den Grundsätzen zur Durchführung der Folgenabschätzung, wie sie in der Folgenabschätzungsmitteilung und dem entsprechenden Handbuch niedergelegt sind, empfiehlt die Kommission die Heranziehung formaler Ansätze zur Evaluation von politischen Initiativen wie etwa der Kosten-Nutzen-Analyse oder bestimmter Arten der Mehrkriterienanalyse. Sind komplexe Zusammenhänge auszuwerten, so halten insbesondere die technischen Anhänge zum Handbuch über Folgenabschätzung eine Vielzahl von erprobten Möglichkeiten bereit, die Vorhersage unsicherer Ereignisse mit Hilfe von Sensitivitätsanalysen auf ihre Zuverlässigkeit hin zu überprüfen, langfristige Effekte unter Einbeziehung der Diskontierungsproblematik abzuschätzen und Auswirkungen etwa auf den Gesundheitsschutz zu monetarisieren.

Von den von der Kommission offerierten methodischen Instrumenten machen die Generaldirektionen, die mit der Durchführung von ausführlichen Folgenabschätzungen ihrer Projekte betraut sind, unterschiedlichen und nicht immer durchgreifenden Gebrauch, was mit den vorstehend erläuterten Beispielen veranschaulicht werden sollte.

Im Zusammenhang mit der Folgenabschätzung der Novellierung des Chemikalienrechts beziffert die Kommission die wirtschaftlichen Kosten des Projektes auf einen Betrag zwischen 2,8 Mrd. und 5,2 Mrd. Euro,[341] denen wahrscheinlich eine Verringerung der Mortalität von 4500 Menschen pro Jahr in der EU gegenüber stünde.[342] Wie die Kommission näher erläutert, entspricht dies unter bestimmten Annahmen einem monetär aus-

---

European Commission Policies, 2006, Anhang A (zu finden unter http://www.eeac-net.org/, letzter Zugriff 16.10.2006).

339 *Europäische Kommission*, Bericht der Kommission „Bessere Rechtsetzung 2005", KOM (2006) 289 endg., 2006, dortige Fn. 13. Den wohl besten Überblick über die im Rahmen dieses Verfahrens untersuchten Vorhaben bietet die Kommission auf http://ec.europa.eu/governance/impact/practice.htm bzw. http://ec.europa.eu/governance/impact/practice_en.htm (letzter Zugriff 23.10.2006).

340 S. die Nachweise auf S. 50, Fn. 212, 213, 214.

341 *Europäische Kommission*, Extended Impact Assessment regarding REACH, SEC (2003) 1171/3, 2003, S. 19.

342 *Europäische Kommission* (S. 79, Fn. 341), S. 30.

gedrückten Nutzen von 50 Mrd. Euro, der sich auf 30 Jahre verteilt, wobei die Kommission aber betont, es handele sich dabei *nicht* (Hervorhebung im Original) um eine Abschätzung des Nutzens von REACH, sondern lediglich um die Illustration seiner potentiellen Größenordnung.[343] Soweit sich das *caveat* der Kommission nicht auf die mögliche Unvollständigkeit der Quantifizierung des Nutzens bezieht, gibt die Folgenabschätzung mit den genannten Zahlen ungeachtet der vorsichtigen Ausdrucksweise die von der Mitteilung über Folgenabschätzung geforderte Rechtfertigung für das Konzept der Kommission zur Novellierung des Chemikalienrechts.

Im Rahmen der Untersuchung der Optionen der Luftreinhaltepolitik werden zwar die erhofften gesundheitlichen Auswirkungen einer monetären Bewertung genauso wie die Kosten verschiedener Maßnahmen zur Verbesserung der typbedingten Fahrzeugemissionen zugeführt, wohingegen die Umweltschäden nicht in Euro angegeben werden.[344] So beliefen sich die Kosten verschiedener Strategien auf zwischen 5,9 und 39,7 Milliarden Euro.[345] Der erwartete Nettonutzen, betrachtet man nur den Gesundheitssektor, beläuft sich auf 31,1 bis 141,3 Milliarden Euro. Die Kommission hat sich für ein Konzept entschieden, das im günstigsten Fall einen gesundheitsbezogenen Nettonutzen von 127,9 Milliarden Euro, im ungünstigsten Fall von 34,9 Milliarden Euro erbringen wird. Die Begründung, wieso sie sich nicht für das Konzept mit dem größten Nettonutzen im günstigsten Fall entschieden hat, scheint in der Risikoaversion der Kommission zu liegen, die sich offenbar an den Werten orientiert hat, die im ungünstigsten Fall eintreten. Aber selbst dann wäre noch nicht erklärt, wieso dies schon genügt hat, sich für die Maßnahmen der „Strategie Luftreinhaltung" zu entscheiden, die hinsichtlich des Umweltschutzes weit hinter dem technisch Möglichen zurückbleibt. Die Wahl der „Strategie" wäre nur dann auf Grundlage der in Tabelle 4 angegebenen Daten schlüssig gewesen, wenn die „Strategie" in allen übrigen Belangen besser wäre als die anderen Handlungskonzepte.

Des weiteren ist der Richtlinienvorschlag für eine Dienstleistungsrichtlinie einer ausführlichen Folgenabschätzung unterzogen worden. Die Untersuchung der Kommission verzichtet auf eine Quantifizierung sowohl der Kosten als auch der Vorteile, die sie von der Beseitigung der Wettbewerbshindernisse erwartet. Zur Begründung ihres hauptsächlich verbalen

---

[343] *Europäische Kommission* (S. 79, Fn. 341), S. 30.

[344] Die Kosten-Nutzen-Analyse der „Thematischen Strategie Luftreinhaltung" enthält jedoch einige monetarisierte Angaben zu den Auswirkungen der Politikoptionen auf die Landwirtschaft und die natürliche Umwelt, *AEA Technology Environment*, Cost-Benefit Analysis of the Thematic Strategy on Air Pollution, 2005, S. 10, die die Kommission zum Teil rezipiert, *Europäische Kommission*, Impact Assessment on Thematic Strategy on Air Pollution, SEC (2005) 1133, 2005, S. 42.

[345] *Europäische Kommission* (S. 80, Fn. 344), S. 16.

Vorgehens verweist sie darauf, dass es an den für ein belastbares makroökonomisches Modell erforderlichen Zahlen fehlen würde.

Damit reicht das Vorgehen der Kommission von der Kosten-Nutzen-Analyse, die sowohl Nutzen als auch Kosten monetär bewertet, über die Beschränkung auf die monetäre Artikulation der Kosten bis zum völligen Verzicht auf eine quantitativ-monetäre Darstellung. Da die Kommission zudem die Mehrkriterien-Analyse für prinzipiell geeignet hält und dieses Verfahren, wie das erläuterte NIREX-Beispiel zeigen sollte, ohne eine Monetarisierung der Bewertungen auskommt, ist durch die Bandbreite der angewandten Methoden die Frage aufgeworfen, welche Funktionen numerische Verfahren im Kontext hoheitlicher Entscheidungen erfüllen. Die Kommission sieht in den Folgenabschätzungen Hilfen für die Entscheidungsfindung, das auch als wirksames und wertvolles Kommunikationsinstrument dienen soll.[346] Ob die Praxis der Folgenabschätzung aber tatsächlich diesen Ansprüchen und den entsprechenden rechtlichen Anforderungen, insbesondere Art. 253 EG, genügt, ist noch eingehender zu untersuchen. Es wird unter anderem zu klären sein, welchen Zwecken die Folgenabschätzung dienen soll und welche Form numerischer Analysen unter Beachtung der gemeinschaftsrechtlichen Vorgaben hierfür am besten geeignet ist.[347]

## *IV. Kosten-Nutzen-Analyse in den USA nach den methodischen Richtlinien des Office of Management and Budget (OMB)*

Weitere Verbreitung als in Europa haben formale Evaluationsmethoden in den USA. Staatliche Vorhaben, seien es Gesetze oder Einzelfallentscheidungen, werden regelmäßig unter Verwendung numerischer Instrumente danach beurteilt, ob sie größere gesellschaftliche Vorteile (Nutzen) als Nachteile (Kosten) mit sich bringen, wobei vielfach Geldeinheiten zur Artikulation der Wertaussagen Verwendung finden. Hierfür sind verschiedene Methoden entwickelt worden, von denen sich insbesondere die bereits erwähnte Kosten-Nutzen-Analyse (KNA) in der US-amerikanischen Praxis bewähren konnte,[348] auch wenn die KNA immer wieder auf Kritik stößt, da sie vielfach auf Zahlungsbereitschaftsanalysen zurückgreift und damit die Monetarisierung aller betroffenen Güter voraussetzt. Das ist nach Ansicht einiger Beobachter hinsichtlich der monetären Bewertung

---

[346] *Europäische Kommission*, Mitteilung der Kommission über Folgenabschätzung, KOM (2002) 276 endg., 2002, S. 3.

[347] S. u. G.IV.

[348] S. etwa den Bericht der U.S. Environmental Protection Agency, *U.S. Environmental Protection Agency*, EP's Use of Benefit-Cost Analysis: 1981–1986, 1987, S. 1 ff.

des menschlichen Lebens oder rechtlich verbürgten Ansprüchen schwierig oder gar unmöglich.[349] Zudem könne die KNA bestimmte systematische Verzerrungen mit sich bringen, etwa eine Überbewertung der Präferenzen einkommensstarker Bürger.[350]

### 1. Die Aufgaben des *Office of Management and Budget*

Trotz derartiger Bedenken, denen noch im einzelnen nachgegangen wird,[351] wurden bereits in den 30er Jahren des vergangenen Jahrhunderts in den USA große Infrastrukturprojekte – zunächst insbesondere im Bereich des Hochwasserschutzes – erst nach Durchführung einer KNA genehmigt.[352] Das Instrument hat sich mittlerweile in den verschiedensten Gebieten etablieren können. Maßnahmen aufgrund des *Safe Drinking Water Act* unterliegen ebenso einer Pflicht zur Risikoabwägung anhand einer Kosten-Nutzen-Analyse[353] wie Regulierungen auf dem Gebiet der Landwirtschaftspolitik[354] und der Luftreinhaltung.[355] Gleiches gilt für Maßnahmen zur Bekämpfung von Flughafenlärm[356] und Entscheidungen des Präsidenten über die Genehmigung von Rohöltransportsystemen.[357]

Besondere Bedeutung hat die KNA bezüglich von exekutivischen Rechtsetzungsvorhaben auf Bundesebene entfaltet, nachdem die von Präsident Clinton im Jahre 1993 erlassene *Executive Order* (*E. O.*) 12.866 von den amerikanischen Bundesministerien und -behörden verlangt, ihre bedeutsamen Regulierungsvorhaben („*significant regulatory action*") der hierfür zuständigen Abteilung des *OMB*, dem *Office of Information and Regulatory Affairs* (*OIRA*),[358] jeweils bis zum 1. Juni jedes Jahres zum Zweck der Überprüfung vorzulegen.[359]

---

[349] Zu den Voraussetzungen einer konsequentialistischen Ethik im Zusammenhang mit der Kosten-Nutzen-Analyse *R. H. Frank*, 29 Journal of Legal Studies 2000, S. 13 (915ff.); eine bilanzierende Erörterung des Zahlungsbereitschaftsansatzes bieten *R. T. Carson et al.*, 19 Environmental & resource economics 2001, S. 173ff.

[350] Das kann allerdings durch entsprechende Korrekturen beseitigt werden, s. etwa *A. E. Boardman et al.*, Cost-benefit analysis: concepts and practice², 2001, S. 67ff.

[351] S. u. C.V.5.c)cc).

[352] Zur Geschichte der KNA in den USA zwischen 1920 und 1960 s. *T. M. Porter*, Trust in numbers: the pursuit of objectivity in science and public life, 1995, S. 148ff.; unter Einbeziehung der Diskussion in der jüngeren Vergangenheit *M. D. Adler/E. A. Posner*, 109 Yale Law Journal 1999, S. 165 (167f.) m. w. N.

[353] Safe Drinking Water Act, section 1412 (b)(3)(C), 42 U.S.C. § 300g–1).

[354] 7 U.S.C. 2204e (b).

[355] 42 U.S.C. 7612 (a).

[356] 49 U.S.C. 47524 (b) (1)

[357] 43 U.S.C. 2007 (b) (1) (G).

[358] http://www.whitehouse.gov/omb/, letzter Zugriff 12.11.2006.

[359] Executive Order No. 12.866 v. 30. September 1993, 58 Fed. Reg. 51735 (October

Ziel des von *E. O.* 12.866 geschaffenen Verfahrens ist ausweislich ihres Abschnittes 2 (b), zu gewährleisten, dass die exekutivische Rechtsetzung mit dem geltenden Recht, den Prioritäten des Präsidenten und den in der *E. O.* 12.866 verankerten Prinzipien in Einklang stehen. Dazu zählt insbesondere die Maßgabe, nur solche Rechtsetzungsakte zu erlassen, die entweder zur Umsetzung von Gesetzesrecht oder seiner Auslegung erforderlich sind oder an denen ein zwingendes öffentliches Interesse besteht.[360]

Strengen Anforderungen unterliegen Vorhaben, die wirtschaftliche Auswirkungen von jährlich mehr als 100 Mio. Dollar erwarten lassen oder erhebliche negative Auswirkungen auf die Wirtschaft, einen Sektor der Wirtschaft, die Produktivität, den Wettbewerb, die Umwelt, die öffentliche Gesundheit oder Sicherheit, die Bundesstaaten, die Gemeinden oder die indianischen Stämme haben.[361] In bezug auf derartige Initiativen ist von der Verwaltung verlangt, dem *OIRA* eine Folgenabschätzung einschließlich der ihr zugrundeliegenden Analyse zu unterbreiten, welcher Nutzen und welche Kosten von der geplanten Regulierung erwartet werden.[362] Diese Abschätzung solle sich insbesondere richten auf das effiziente Funktionieren der Wirtschaft und der privaten Märkte einschließlich der Produktivität, der Beschäftigung und der Wettbewerbsfähigkeit, die Verbesserung oder Beeinträchtigung der Gesundheit, der Sicherheit und der natürlichen Umwelt. Beizufügen ist dem Abschätzungsbericht, soweit möglich, eine Quantifizierung der Kosten und Nutzen. Die Abschätzung muss sich auf die von der Behörde oder der Öffentlichkeit identifizierten vernünftigen Alternativen einschließlich der Option, von einer Regulierung abzusehen oder die bestehenden Bestimmungen zu verbessern, beziehen, und darlegen, wieso die gewählte Alternative den anderen vorgezogen wurde.

Das *OIRA* überprüft anhand der vorgelegten Materialien, ob die Folgenabschätzung den durch die *E. O.* 12.866 aufgestellten Maßgaben genügt. Ist das nicht der Fall, teilt das *OIRA* der Behörde zunächst in Form eines sogenannten *return letter* mit, welche Gesichtspunkte noch näher untersucht werden sollten. Beispielsweise wies das *OIRA* einen Regulierungsvorschlag

4, 1993), 3 C.F.R. 638 (1994), auch abgedruckt in 5 U.S.C. s 601 (1994), section 3 f). Generell gilt für den Erlass von Normen das Erfordernis einer KNA ab einer aggregierten Auswirkung von mehr als $ 100.000.000 im Zusammenhang mit bundesstaatlichen Fragen (2 U.S.C. 1532 (a)). Eine vergleichbare Anforderung wird durch den Safe Drinking Water Act aufgestellt (section 1412 (b)(3)(C), 42 U.S.C. § 300g–1); das „Office of Risk Assessment and Cost-Benefit Analysis“ muss jede landwirtschaftliche Norm einer KNA unterziehen (7 U.S.C. 2204e (b)); bei der gesetzlichen Regulierung der Luftreinhaltung 42 U.S.C. 7612 (a); Maßnahmen zur Bekämpfung von Flughafenlärm 49 U.S.C. 47524 (b) (1); Entscheidungen des Präsidenten über die Genehmigung von Rohöltransportsystemen 43 U.S.C. 2007 (b) (1) (G).

360 Executive Order 12.866, section 1 (a).

361 Executive Order 12.866, section 3 (f) (1).

362 Executive Order 12.866, section 6 (a)(3)(C).

der *Environmental Protection Agency* über die Anforderungen an die Genehmigung von Pestiziden mit der Erwägung zurück, die Begründung habe sich nicht hinreichend mit neuesten Entwicklungen auf dem Gebiet der Beurteilung chemischer Stoffe auseinandergesetzt, die unter anderem weniger Tierversuche erfordern würden.[363]

Erklärt sich das *OIRA* mit einem Vorschlag schließlich einverstanden, können die Rechtsvorschriften in Kraft treten.[364] Nach erfolgter Veröffentlichung der Rechtsvorschriften sind die Behörden verpflichtet, die erwähnten Abschätzungen der Öffentlichkeit zugänglich zu machen, wobei in „vollständiger, klarer und einfacher" Form auf Veränderungen des ursprünglichen Entwurfs und die in diesem Zusammenhang gemachten Vorschläge des *OIRA* hingewiesen werden muss. Das *OIRA* verfügt darüber hinaus über die Kompetenz, die Behörden aufzufordern, sich einer Angelegenheit anzunehmen und einen Regulierungsvorschlag zu unterbreiten (*„prompt letter"*).

Zu den Aufgaben des *OIRA* zählt schließlich auch die Unterstützung der Verwaltung hinsichtlich der Erfüllung der genannten inhaltlichen wie formalen Anforderungen. Das im folgenden näher zu betrachtende Rundschreiben (*circular*) A-4 aus dem Jahre 2003 stellt dar, wie hierbei verfahren werden sollte.[365]

### 2. Der methodische Ansatz

Das Rundschreiben gilt für alle Folgenabschätzungen über Regelungsentwürfe, die dem *Office of Information and Regulatory Affairs* als Teil des *OMB* nach dem 1. Januar 2005 vorgelegt werden.[366] Ziel einer Folgenabschätzung sei es, zu zeigen, dass die gewählte Maßnahme der Gesellschaft mehr Nutzen stiftet als Schaden verursacht.[367] Wesentliche Stufen der Analyse beträfen:[368]

– die Feststellung des Bedarfs,
– eine Untersuchung der Alternativen sowie
– die Bewertung der Nutzen und Kosten – quantitativer wie qualitativer Art – der vorgeschlagenen Handlung und der wichtigsten Alternativen.

363 *United States Office of Management and Budget*, Letter to Susan B. Hazen, Office of Prevention, Pesticides, and Toxic Substances, U.S. Environmental Protection Agency, 4.5.2005.

364 Arg. Executive Order 12.866, sec. 2 (b).

365 *United States Office of Management and Budget*, Regulatory Analysis – Circular A 4, 2003.

366 *United States Office of Management and Budget* (S. 84, Fn. 365), S. 48.

367 *United States Office of Management and Budget* (S. 84, Fn. 365), S. 4 – *more good than harm*.

368 *United States Office of Management and Budget* (S. 84, Fn. 365), S. 2.

Als fundamental bezeichnet das *OMB* dabei zum einen die quantitative Beschreibung der Wahrscheinlichkeiten in bezug auf die möglichen Auswirkungen der Alternativen und zum anderen die Zuschreibung der Gewichtungen zu den prognostizierten Entwicklungen.[369] Beide Elemente müssten konzeptionell konsistent sein. Insbesondere sei es erforderlich, die quantitative Analyse in einer Art und Weise durchzuführen, die es gestatte, sie in den Rahmen eines allgemeineren analytischen Ansatzes wie etwa den der Kosten-Nutzen-Analyse zu stellen.

Da das Rundschreiben A-4 die Evaluierung von Initiativen des Bundes betreffe, müsse nicht nur dargetan werden, wieso eine staatliche Intervention überhaupt nötig sei, sondern auch, weshalb gerade eine Regelung auf Bundesebene getroffen werden müsse. Ein staatliches Eingreifen könne insbesondere zur Korrektur von Phänomenen gerechtfertigt sein, die als Marktversagen angesehen werden. Dazu zählten insbesondere das Auftreten von Externalitäten, die Gefahr der Unterversorgung mit öffentlichen Gütern, die zu Wohlfahrtseinbußen führende Ausübung von Marktmacht und Fehlsteuerungen infolge von Informationsasymmetrien. Mit besonderer Vorsicht sollten unter anderem folgende Maßnahmen behandelt werden:

- Preisbeschränkungen in kompetitiven Märkten,
- Produktions- und Handelsquoten
- zwingende Bestimmungen über die einheitliche Beschaffenheit von Gütern sowie
- Marktzutrittsbarrieren hinsichtlich der Aufnahme von Beschäftigung und Produktion.

Erscheine ein staatliches Eingreifen auf der Ebene des Bundes erforderlich, so seien die verschiedenen Alternativen zur Lösung der gestellten Aufgabe zu prüfen. Bestimmte Varianten könnten regelmäßig bereits durch eine vorläufige Überprüfung ausgeschieden werden. Die verbleibenden Alternativen könnten sich unterscheiden hinsichtlich der jeweiligen Umsetzungsmethoden, der Zeitplanung, der Größe der betroffenen Unternehmen, der regionalen und geographischen Differenzen und dem Grad der angestrebten Schärfe der Regelung.

### a) *Kosten-Nutzen-Analyse und Kosten-Wirksamkeits-Analyse*

In methodischer Hinsicht offeriert das *OMB* sowohl die Kosten-Nutzen-Analyse als auch die Kosten-Wirksamkeits-Analyse. Die Kosten-Nutzen-Analyse als Verfahren der monetären Darstellung von Kosten wie von Nutzen beruhe auf dem in der Wirtschaftswissenschaft anerkannten Kon-

---

[369] *United States Office of Management and Budget* (S. 84, Fn. 365), S. 40.

zept der Opportunitätskosten[370] und versuche, die Zahlungsbereitschaft für die betroffenen Güter abzuschätzen.[371] Soweit nicht am Markt gehandelte Güter betroffen seien, könne ihre Abschätzung in monetarisierter Form mit Hilfe der verschiedenen Ansätze erfolgen, die bereits im Rahmen der von der *Europäischen Kommission* empfohlenen Vorgehensweise erläutert worden sind.[372]

#### b) Benefit-Cost-Transfer

Ebenfalls wird auf die Möglichkeit der Verwendung der Benefit-Transfer-Methode hingewiesen, mit der durch Übertragung bereits vorliegender Abschätzungen über die Höhe von Nutzen oder Kosten bestimmter Effekte Aufwand eingespart werden könne.[373] Das Rundschreiben A-4 führt hinsichtlich der Vergleichbarkeit der in den Studien untersuchten Situationen mit dem zu entscheidenden Fall aus, dass sich die Analysen zunächst hinsichtlich der demographischen Eigenschaften der betroffenen Bevölkerung nicht grundlegend unterscheiden sollten. Ähnlichkeiten sollten auch bestehen mit Blick auf die betroffenen Güter, bezüglich der Reversibilität der untersuchten Schäden und in bezug auf die Verteilung der Eigentumsrechte.

Ein *Benefit-Cost-Transfer* sollte nicht erwogen werden, wenn es um die Bewertung einzigartiger natürlicher Ressourcen wie etwa dem Yellowstone-Nationalpark gehe.[374] Der Übertragbarkeit könne auch entgegenstehen, wenn die bereits vorliegenden Studie Veränderungen eines Gutes in geringem Umfang beträfen, die zu evaluierende Intervention jedoch große Veränderungen erwarten lasse.

#### c) Die Behandlung nicht quantifizierbarer oder nicht monetarisierbarer Effekte

Das *OMB* schließt des weiteren nicht grundsätzlich aus, dass sich die von einer Regelung betroffenen Güter nicht quantifizieren oder nicht mone-

---

[370] Mit dem Begriff der Opportunitätskosten wird der Nutzenentgang bezeichnet, der bei zwei Alternativen durch die Entscheidung für die eine und gegen die andere Möglichkeit entsteht.

[371] *United States Office of Management and Budget*, Regulatory Analysis – Circular A 4, 2003, S. 18.

[372] *United States Office of Management and Budget* (S. 86, Fn. 371), S. 20ff.; s.o. B.III.1.a)aa)(1).

[373] *United States Office of Management and Budget* (S. 86, Fn. 371), S. 24ff. Die Methode findet auch bei der Europäischen Kommission Beachtung, s.o. B.III.1.a)aa)(2).

[374] *United States Office of Management and Budget* (S. 86, Fn. 371), S. 25f.

tarisieren lassen. Dazu werden allerdings nicht die Auswirkungen auf die Mortalität gezählt. Vielmehr nimmt die Praxis der amerikanischen Folgenabschätzung in der Regel den Wert von 5 Mio. Dollar für ein statistisches Leben an.[375] Im übrigen empfiehlt das *OMB* folgendes Vorgehen.[376]

Quantitative Abschätzungen seien soweit wie möglich zu monetarisieren. Sei zwar eine Quantifizierung durchführbar, nicht aber eine Monetarisierung trotz der für diesen Zweck entwickelten Methoden, so müsse man erläutern, wieso das der Fall sei, und alle vorliegenden quantitativen Daten präsentieren. Sei es beispielsweise unmöglich, die Auswirkungen einer wasserrechtlichen Regulierung auf die Wasserqualität und die Fischbestände zu monetarisieren, könnte der Nutzen in quantitativer Form dadurch beschrieben werden, dass man die Anzahl der Flusskilometer benennt, in denen Verbesserungen der Wasserqualität und damit etwa für Angler eintreten würden. Man könne und solle in einem solchen Fall auch erläutern, wann und mit welcher Wahrscheinlichkeit die erwarteten Effekte eintreten, wobei Doppelzählungen zwischen monetarisierten und nicht-monetarisierten Auswirkungen stets zu vermeiden seien.

Sei es sogar unmöglich, die erwarteten Vor- und Nachteile zu quantifizieren, etwa hinsichtlich bestimmter ökologischer Vorteile, Erhöhungen der Lebensqualität oder ästhetischer Belange, so sollte man alle vorliegenden quantitativen Daten zusammen mit den unquantifizierten Auswirkungen präsentieren.[377] Erwiesen sich die unquantifizierten Daten als entscheidungserheblich, so solle die Rechtfertigung der gewählten Option klar dargestellt werden. In der Begründung sollten in einem solchen Fall das Wesen, die zeitliche und räumliche Verteilung sowie die Wahrscheinlichkeit der nicht quantifizierten Nutzen und Kosten näher erläutert werden. Dazu sollte eine Tabelle mit den unquantifizierten Effekten angefertigt werden, die darstellt, welche Auswirkungen nach Ansicht der mit der Folgenabschätzung befassten Behörde am wichtigsten seien.

### d) *Diskontsatz*

Da Nutzen und Kosten nicht immer gleichzeitig und in derselben Periode aufträten, sei es nicht statthaft, lediglich alle erwarteten Nutzen und Kosten aufzuaddieren, ohne in Rechnung zu stellen, wann sie tatsächlich ein-

[375] *Office of Management and Budget*, Progress in Regulatory Reform. 2004 Report to Congress on the Costs and Benefits of Federal Regulations and Unfunded Mandates on State, Local, and Tribal Entities, 2004, S. 139.

[376] *United States Office of Management and Budget*, Regulatory Analysis – Circular A 4, 2003, S. 26f.

[377] *United States Office of Management and Budget* (S. 87, Fn. 376), S. 27.

treten.[378] Deshalb sei es erforderlich, die zeitliche Verteilung von Nutzen und Kosten darzustellen, wobei die Inflationsrate beachtet werden müsse, um irreführende Ergebnisse zu vermeiden. Wenn dies geschehen sei, müsse des weiteren eingerechnet werden, dass die Verschiebung positiver Effekte in die Zukunft als solches kostenträchtig sei, da im allgemeinen der gegenwärtige Konsum dem zukünftigen vorgezogen werde. Da Investitionen in vielen Fällen einen positiven Nettonutzen erzielen, sei der gegenwärtige Konsum teurer als der zukünftige, weil die Aufwendungen für den heutigen Konsum einen Verzicht auf die aus einer Investition zu erwartenden Nutzen bedeuten würden.

Um diese Zusammenhänge in eine KNA einfließen zu lassen, müsse ein Diskontsatz herangezogen werden, der zwischen 3 und 7 % liegen sollte. Das einschlägige Rundschreiben A-94 empfiehlt die grundsätzliche Verwendung einer Diskontrate von 7 %, was der durchschnittlichen Verzinsung privaten Kapitals vor Steuern in den USA entspreche.[379] Der Diskontsatz von 3 % solle hingegen die „gesellschaftliche Rate der zeitlichen Präferenzen" ausdrücken, für die man geeignete Anhaltspunkte etwa in Form der Verzinsung langfristiger Regierungskredite gewinnen könne. Diese hätten in den letzten dreißig Jahren bei rund 3 % gelegen.

Die Folgenabschätzungen sollten mit beiden Werten arbeiten, um im Sinne einer Sensitivitätsanalyse zu ermitteln, ob es auf die zeitliche Verteilung der Nutzen und Kosten maßgeblich ankommt. Die zeitliche Verteilung sei nicht nur ein Problem der intragenerationellen Gerechtigkeit, sondern auch der intergenerationellen, weshalb zum Teil gefordert würde, staatliches Handeln müsse alle Generationen gleich behandeln. Aber selbst dann sei es richtig, zukünftige Nutzen und Kosten abzudiskontieren, da die Erwartung gerechtfertigt sei, dass zukünftige Generationen wohlhabender seien als die gegenwärtige, weshalb für erstere eine zusätzliche Geldeinheit weniger wert sei als für die heutige.[380]

### *e) Die Bewältigung von Unsicherheit („uncertainty")*

Da es nicht immer möglich sei, die Auswirkungen der zur Verfügung stehenden Alternativen mit Sicherheit vorherzusagen, sei es erforderlich, die Wahrscheinlichkeiten ihres Eintretens zu analysieren. Das beziehe sich sowohl auf die statistische Variabilität von möglichen Entwicklungen als

---

[378] *United States Office of Management and Budget* (S. 87, Fn. 376), S. 31 ff.

[379] *United States Office of Management and Budget*, Guidelines and discount rates for benefit-cost analysis of federal programs – Circular A-94, 2002, S. 8.

[380] *United States Office of Management and Budget*, Regulatory Analysis – Circular A-4, 2003, S. 36.

auch auf die Konsequenzen unvollständigen Wissens. Als Beispiel für die statistische Variabilität von Vorhersagen führt das *OMB* die erwarteten Veränderungen bei der Verteilung von Kraftfahrzeugunfällen infolge einer Maßnahme zur Erhöhung der Sicherheitsanforderungen an. Unvollständiges Wissen liege hingegen etwa bei der Prognose der Auswirkungen bestimmter wirtschaftlicher Aktivitäten auf den Klimawandel vor. In extremen Fällen könnten die Unsicherheiten so groß sein – etwa wenn nur wenige Studien vorlägen und diese auch noch widersprechende Ergebnisse geliefert hätten –, dass es sich bei der Folgenabschätzung empfehlen würde, die Konsequenzen unterschiedlicher Szenarios zusammen mit den Informationen darzustellen, mit deren Hilfe qualitativ bestimmt werden könne, was die wahrscheinlichste Entwicklung sei. Erscheine es allerdings möglich, die Unsicherheiten durch Wissenszuwachs zu verringern, könne eine Vertagung der Entscheidung erwogen werden. Jedoch erfordere dies eine Abwägung zwischen dem Nutzen, der aus den erhofften zusätzlichen Erkenntnissen resultiere, und den auf die Verschiebung zurückgehenden Kosten in Form des Verzichts auf den Nutzen, der aus einer schon getroffenen und umgesetzten Entscheidung folgen könne.

Da die Abschätzungen nie genauer sein könnten als ihre unsicherste Komponente, sollte die Folgenabschätzung Unsicherheiten transparent darstellen. Der falsche Eindruck von Genauigkeit sei zu vermeiden. Wahrscheinlichkeitsverteilungen sollten jedenfalls zum Einsatz kommen, wenn es sich um ein Vorhaben handele, für das eine formale Kosten-Nutzen-Analyse durchzuführen sei, weil es wirtschaftliche Auswirkungen von jährlich mehr als 1 Mrd. $ erwarten ließe.[381] Abhängig von der Komplexität der Problemstellung könne folgendermaßen vorgegangen werden:

– Sei eine formale Analyse nicht zwingend geboten, so seien die Unsicherheiten zumindest qualitativ in bezug auf die Berechnung der Nutzen und Kosten darzustellen.

– Oberhalb der Schwelle von 1 Mrd. Dollar müsse hingegen eine formale Methodik herangezogen werden, was zum Beispiel in Form einer Sensitivitätsanalyse erfolgen könne.[382]

– Schließlich könnten auch Expertenbefragungen verwendet werden, um Wahrscheinlichkeitsangaben zu gewinnen.

---

[381] Ausführlich zum Konzept der Wahrscheinlichkeitsverteilung *M. G. Morgan et al.*, Uncertainty: a guide to dealing with uncertainty in quantitative risk and policy analysis, 1990, S. 73 ff.

[382] Näheres zu Sensitivitätsanalysen unter C.IV.3.a)aa).

### *f) Darstellung der Ergebnisse der Folgenabschätzung*

Schließlich unterliege die Folgenabschätzung in vielen Fällen besonderen gesetzlichen Anforderungen in bezug auf die zu beachtenden Belange und die Darstellungspflichten.[383] Der *„Regulatory Flexibility Act"* fordere die Durchführung einer *„Regulatory Flexibility Analysis"*, wenn die ins Auge gefasste Initiative beachtliche Auswirkungen auf kleine und mittlere Unternehmen haben könne. Das *OMB* empfiehlt die Veröffentlichung der *„Regulatory Flexibility Analysis"* im Internet. Sei die Folgenabschätzung zugleich ein Umweltverträglichkeitsbericht (*„Environmental Impact Statement"*), so sei die Folgenabschätzung nach den Vorschriften des *National Environment Protection Act* zu dokumentieren. Darüber hinaus verlange der *Unfunded Mandates Act* (2 U.S.C. 1532) die Veröffentlichung einer schriftlichen Begründung für Maßnahmen, die Auswirkungen von mehr als 100 Mio. Dollar in irgendeinem Jahr erwarten ließen. Eine tabellarische Übersicht über die Kosten und Nutzen eines Projektes sollte in jedem Falle beigefügt werden, für welche Tabelle 5 ein Muster wiedergibt.

## 3. Die Praxis der Folgenabschätzung

### *a) Das Berichtswesen des OMB*

Das *OMB* legt dem Kongress jährlich einen ausführlichen Bericht über die im vergangenen Jahr durchgeführten Folgenabschätzungen vor, der einen Überblick über die Tätigkeit des *OIRA* und der mit Regulierungsaufgaben betrauten amerikanischen Bundesbehörden gibt. Nach den Angaben der Berichte aus den Jahre 2003 und 2004 waren zwischen 1992 und 2003 insgesamt 113 exekutivische Rechtsvorschriften (*„regulations"*) einer Folgenabschätzung unterworfen worden, wobei der jährliche Nutzen der Initiativen auf 63 bis 169 Mrd. $ geschätzt wird, denen Kosten zwischen 35 und 40 Mrd. US-Dollar gegenüberstehen.[384] Ein beachtlicher Teil des Nutzens geht, wie man den Zahlen in Tabelle 6 entnehmen kann, auf Aktivitäten der *Environmental Protection Agency* zurück. Dahinter verbergen sich verschiedene Luftreinhaltenormen zur Umsetzung der Änderungen des Clean

[383] *United States Office of Management and Budget*, Regulatory Analysis – Circular A 4, 2003, S. 42ff.

[384] *Office of Management and Budget*, Informing Regulatory Decisions. 2003 Report to Congress on the Costs and Benefits of Federal Regulations and Unfunded Mandates on State, Local, and Tribal Entities, 2003, S. 3; *Office of Management and Budget*, Progress in Regulatory Reform. 2004 Report to Congress on the Costs and Benefits of Federal Regulations and Unfunded Mandates on State, Local, and Tribal Entities, 2004, S. 3.

*Tabelle 5:* Muster für die tabellarische Zusammenfassung einer *Regulatory Analysis*

| | | | | |
|---|---|---|---|---|
| OMB #: | Agency/Program Office: | | | |
| Rule Title: | | | | |
| RIN # | Date | | | |
| *Category* | *primary Extimate* | *Minimum Estimate* | *Maximum Estimate* | *Source Citaton (RIA, preamble, etc.)* |
| *Benefits* | | | | |
| monetized benefits | | | | |
| Annulized quantified, but unmonetized, benefits | | | | |
| (unquantified) benefits | | | | |
| *Costs* | | | | |
| Annualized monentized costs | | | | |
| Annualized quantified, but unmonetized, costs | | | | |
| Qualitative (unquantified) costs | | | | |
| *Transfers* | | | | |
| Annualized monetized transfers: „on budget" | | | | |
| from whom to whom | | | | |
| *Category* | *Effects* | | | *Source Citaton (RIA, preamble, etc.)* |
| Effects on Sate, local, and/or tribal governments | | | | |
| Effects on small businesses | | | | |
| Effects on wages | | | | |
| Effect on growth | | | | |

Quelle: *United States Office of Management and Budget*, Regulatory Analysis – Circular A 4, Washington, D.C. 2003, S. 47.

Air Act aus dem Jahre 1990. Ein Nutzen von weiteren 80 Mrd. $ käme zu den hier tabellarisch dargestellten hinzu, wenn man sie um das nicht von dem Berichtszeitraum erfasste Jahr 1992 erweitern würde, in welchem eine Rechtsnorm erlassen wurde, mit der der Saure Regen durch Begrenzung von Schwefeldioxid-Emissionen bekämpft werden sollte.[385]

*Tabelle 6:* Estimates of the Total Annual Benefits and Costs of Major Federal Rules, October 1, 1993 to September 30, 2003 (millions of 2001 dollars)

| *Agency* | *Benefits* | *Costs* |
|---|---|---|
| Agriculture | 2,933–6,123 | 1,634–1,656 |
| Education | 655–813 | 361–610 |
| Energy | 5,224–5,292 | 2,968 |
| Health & Human Services | 8,742–12,138 | 3,025–3,121 |
| Dept. of Homeland Security* | 62 | 899 |
| Housing & Urban Development | 190 | 150 |
| Labor | 1,264–3,645 | 806 |
| Transportation | 6,608–9,386 | 3,815–5,855 |
| Environmental Protection Agency | 37,652–131,698 | 21,654–24,050 |
| *Total* | *63,330–169,347* | *35,312–40,115* |

* The Homeland Security column includes only Coast Guard rules, formerly part of Transportation

Quelle: *Office of Management and Budget*, Progress in Regulatory Reform. 2004 Report to Congress on the Costs and Benefits of Federal Regulations and Unfunded Mandates on State, Local, and Tribal Entities, Washington, D.C. 2004, S. 8.

In einer großen Zahl der Folgenabschätzungen wurden sowohl Nutzen als auch Kosten der Rechtsvorschriften quantifiziert und monetarisiert. So wurden etwa die Kosten für die Verpflichtung von Lebensmittelherstellern, bestimmte ungesättigte Fettsäuren auf den Verpackungen auszuweisen, die zur koronaren Herzkrankheit beitragen, mit 139 Mio. bis 279 Mio. Dollar beziffert, die durch die Prävention von Krankheitskosten in Höhe von 234 bis 2884 Mio. Dollar gerechtfertigt seien.[386] Ein anderes Beispiel für das Vorgehen eines Ministeriums bei der quantifizierenden und monetarisierenden Folgenabschätzung einer Regel zur Verbesserung der Verkehrssicherheit soll zur Illustrierung sogleich näher erläutert werden (b)).

[385] *Office of Management and Budget* 2004 (S. 90, Fn. 384), S. 3.
[386] *Office of Management and Budget* 2004 (S. 90, Fn. 384), S. 8

Im Bereich der Umweltpolitik schlägt das *OMB* vor, bei der Bewertung von Maßnahmen zur Luftreinhaltung folgende Werte zugrunde zu legen:[387]

– Reduzierung von Kohlenwasserstoffen zwischen 600 und 2700 Dollar pro Tonne,
– Schwefeldioxid 7800 Dollar pro Tonne,
– Stickoxid (stationär) zwischen 550 und 2800 Dollar pro Tonne und
– Stickoxid (mobile Quellen) zwischen 1100 und 5500 Dollar pro Tonne.

Üblich ist es des weiteren, bei der Bewertung von Todesfällen einen Wert von 5 Mio. Dollar pro Todesfall und für aus Krankheitsgründen verlorene Arbeitstage einen Wert von 50.000 Dollar pro Arbeitstag anzusetzen.[388]

Es gibt aber auch etliche Regulierungsvorhaben, in denen auf eine Quantifizierung oder eine Monetarisierung zum Teil oder sogar ganz verzichtet worden ist. So wurde zwar die Zahlungsbereitschaft für eine Lockerung der Schonzeiten bei der Jagd als Nutzen einer entsprechenden Regelung mit 50 bis 192 Mio. Dollar beziffert, die Kosten hingegen nicht.[389] Maßnahmen zur Verbesserung der nationalen Sicherheit, von denen nach den Anschlägen auf das World-Trade-Center im Jahre 2001 zahlreiche erlassen wurden, seien generell nur schwierig in ihrem Nutzen zu quantifizieren.[390] Im Falle einer Verordnung, die die Befugnisse der Küstenwache zum Zweck des besseren Grenzschutzes erweiterte, wurde der Nutzen allerdings in „*risk points reduced*“ ausgedrückt, wobei sich die Kosten des Vorhabens auf 469 Dollar pro *risk point* beliefen.

### *b) Die Folgenabschätzung im Falle der Festlegung der Lenk- und Ruhezeiten im gewerblichen Güterkraftverkehr*

Am Beispiel der Regulierung der Lenk- und Ruhezeiten im gewerblichen Güterkraftverkehr kann man sehen, wie das *Department of Transportation* (*DOT*) bei Folgenabschätzungen vorgeht. Der 1995 in Kraft getretene *ICC Termination Act*[391] enthielt die Ermächtigung und Verpflichtung der damaligen *Federal Highway Administration*, übermüdungsbedingte Unfallschäden im Straßenverkehr zu bekämpfen. Nach einer organisatorischen Änderung war hierfür die *Federal Motor Safety Carrier Administration* (*FMSCA*) zuständig, eine Abteilung des *DOT*, deren gesetzlich festgelegte

[387] *Office of Management and Budget* 2004 (S. 90, Fn. 384), S. 134.
[388] *Office of Management and Budget* 2004 (S. 90, Fn. 384), S. 139.
[389] *Office of Management and Budget* 2004 (S. 90, Fn. 384), S. 13.
[390] Näheres zu dieser Problematik führt das *OMB* in Kapitel 4 von *Office of Management and Budget* (S. 90, Fn. 384), aus.
[391] Pub. L. 104–88, December 1995, 109 Stat. 803, 958.

höchste Priorität die Verkehrssicherheit ist.[392] Es war geschätzt worden, dass die Zahl der Verkehrstoten, die auf die Übermüdung der Fahrer zurückzuführen war, jährlich zwischen 196 und 585 lag. Zur Reduzierung dieser Zahlen wurden von der *FMSCA* vier Alternativen untersucht.

Zunächst wurde erwogen, das festgestellte Vollzugsdefizit bei der Umsetzung des geltenden Rechts zu beseitigen, ohne etwas an der Rechtslage zu ändern. Die zweite Alternative ging auf Vorschläge einer Organisation mit dem Namen *Parents against Tired Truckers* (*PATT*) zurück. Der dritte Regulierungsvorschlag war von der *American Trucking Association* (*ATA*) unterbreitet worden. Schließlich wurde der behördliche Vorschlag der *Federal Motor Carrier Safety Administration* (*FMCSA*) in die Folgenabschätzung eingestellt und als überlegene Lösung bewertet, von der sich das *DOT* eine Verringerung der übermüdungsbedingten Verkehrstoten um 24 bis 75 pro Jahr erhoffte. Im einzelnen ging es um folgende Regelungen:

### *aa) Die Regelungsalternativen*

Das vor der Änderung geltende Recht sah vor, dass die Fahrer

– das Fahrzeug nicht länger als 10 Stunden nach 8 zusammenhängenden Ruhestunden lenken dürfen,

– das Fahrzeug nicht lenken dürfen, wenn sie bereits 15 Stunden gearbeitet haben,

– das Fahrzeug nicht lenken dürfen, wenn sie bereits 60 Stunden innerhalb von 7 aufeinanderfolgenden Tagen gearbeitet haben, sofern das ihn beschäftigende Unternehmen nicht an jedem Tag der Woche Kraftfahrzeuge einsetzt,

– das Fahrzeug nicht lenken dürfen, wenn sie bereits 70 Stunden innerhalb von 8 aufeinanderfolgenden Tagen gearbeitet haben, sofern das sie beschäftigende Unternehmen an jedem Tag der Woche Kraftfahrzeuge einsetzt.[393]

Diese Bestimmungen lassen Arbeits/Ruhe-Zyklen von nur 18 Stunden zu, die zu einem Wechsel von Tag- und Nachtfahrten führen können, was

---

[392] 49 U.S.C. 113(b).

[393] Vgl. die Regelung der EG-Verordnung 3820/85 des Rates vom 20. Dezember 1985 über die Harmonisierung bestimmter Sozialvorschriften im Straßenverkehr, ABl. EG Nr. L 370, S. 1, deren Art. 8 lautet: (1) Der Fahrer legt innerhalb jedes Zeitraums von 24 Stunden eine tägliche Ruhezeit von mindestens 11 zusammenhängenden Stunden ein, die höchstens dreimal pro Woche auf nicht weniger als 9 zusammenhängende Stunden verkürzt werden darf, sofern bis zum Ende der folgenden Woche eine entsprechende Ruhezeit zum Ausgleich gewährt wird. (2) Die Ruhezeit kann an den Tagen, an denen sie nicht nach Unterabsatz 1 verkürzt wird, innerhalb von 24 Stunden in zwei oder drei Zeitabschnitten genommen werden, von denen einer mindestens 8 zusammenhängende Stunden betragen muss. In diesem Falle erhöht sich die Mindestruhezeit auf 12 Stunden

wiederum dem Erholungsschlaf abträglich ist und damit das Unfallrisiko erhöht.

Die *PATT*-Alternative orientierte sich an einer möglichst hohen Verkehrssicherheit und verfolgte den Ansatz, die Lenk- und Ruhezeiten durch eine Aufteilung von 12 Stunden Arbeit und 12 Stunden Ruhe in den menschlichen 24-Stunden-Rhythmus einzupassen.

Danach wäre es unzulässig,

– mehr als 10 Stunden nach einer Ruheperiode von 12 zusammenhängenden Stunden zu fahren, und

– überhaupt zu fahren, wenn bereits 12 Arbeitsstunden nach einer Ruheperiode von ebenfalls 12 Stunden geleistet worden waren.

Außerdem sah der Vorschlag von *PATT* vor,

– dass kein Fahrer mehr als 50 Stunden Lenkzeit innerhalb der vergangenen sechs 24-Stunden-Perioden plus der laufenden 24-Stunden-Periode haben darf, und

– kein Fahrer nach einer Arbeitszeit von 60 Stunden innerhalb der letzten sechs 24-Stunden-Perioden plus der laufenden 24-Stunden-Periode lenken darf.

Für eine solche Regelung war anzuführen, dass verschiedene Studien belegt hatten, dass die Unfallhäufigkeit nach der zehnten Stunde dramatisch ansteigt. Die Umsetzung der *PATT*-Lösung wäre aber auch kostspielig, da die Schichtpläne für die Fahrer erheblich hätten geändert werden müssen. Den dagegen mit Blick auf die Kosten günstigsten Vorschlag hatte die *ATA* gemacht, nach dem

– kein Fahrer mehr als 14 kumulative Stunden arbeiten darf, wobei in einer 7-Tage-Periode auch zweimal bis zu 16 Stunden gearbeitet werden darf,

– kein Fahrer mehr als 70 Stunden in den vergangenen sieben 24-Stunden-Perioden arbeiten darf.

Außerdem sah das *ATA*-Konzept vor, dass kein Fahrer mehr als 140 Stunden innerhalb der vergangenen vierzehn 24-Stunden-Perioden arbeiten darf, und soviel auch nur, wenn nicht mehr als 84 Stunden in einer der sieben 24-Stunden-Perioden gearbeitet wird, die von einer 34-stündige Ruhezeit gefolgt wird und sich die Arbeitszeit auf nicht mehr als 56 Stunden in den verbleibenden sieben 24-Stunden-Perioden beläuft.

Mit diesem Vorschlag wären Arbeits/Ruhe-Zyklen von mindestens 24 Stunden möglich. Nach Ansicht des *DOT* sprach aber gegen das Konzept der *ATA*, dass es Lenkzeiten von 14 aufeinanderfolgenden Stunden nicht ausschließt. Das *DOT* versprach sich von der *ATA*-Alternative daher nur geringe Verbesserungen in bezug auf die Unfallwahrscheinlichkeiten und erarbeitete einen eigenen Vorschlag, der schließlich verabschiedet wurde. Danach ist das Lenken eines Fahrzeugs unzulässig,

– wenn die Lenkzeiten über 11 Stunden, denen 10 zusammenhängende Stunden Ruhezeit vorausgegangen waren, überschreiten,

– wenn bereits vor 14 Stunden mit der Arbeit begonnen wurde, denen 10 zusammenhängende Stunden Ruhezeit vorausgegangen waren,

– aber einmal darüber hinausgehend in einer 7- oder 8-Tage-Periode, wenn bereits vor 16 Stunden mit der Arbeit begonnen wurde, denen 10 zusammenhängende Stunden Ruhezeit vorausgegangen waren, vorausgesetzt, der Fahrer kehrt dabei zu seinem Heimatort zurück und wird von Arbeit freigestellt.

Der *FMSCA*-Vorschlag schloss des weiteren die bereits geltende Regelung ein, nach welcher die Fahrer kommerzieller Nutzfahrzeuge

– das Fahrzeug nicht lenken dürfen, wenn sie bereits 60 Stunden innerhalb von 7 aufeinanderfolgenden Tagen gearbeitet haben, sofern das ihn beschäftigende Unternehmen nicht an jedem Tag der Woche Kraftfahrzeuge einsetzt,

– das Fahrzeug nicht lenken dürfen, wenn sie bereits 70 Stunden innerhalb von 8 aufeinanderfolgenden Tagen gearbeitet haben, sofern das sie beschäftigende Unternehmen an jedem Tag der Woche Kraftfahrzeuge einsetzt.

*bb) Die Bewertung der Auswirkungen der Alternativen*

Die Alternativen unterscheiden sich von den zu ändernden Bestimmungen vor allem darin, dass sie den bisherigen 18-Stunden-Rhythmus zugunsten eines 24-Stunden-Rhythmus aufgeben. Das macht unter anderem gegenüber dem *status quo* Änderungen der Schichtpläne und die Einstellung neuer Fahrer erforderlich, was sich in den in Tabelle 7 dargestellten Kosten ausdrückt, die nach Fernverkehr (*long haul*) und Kurzstreckenverkehr (*short haul*) unterscheidet. Die Tabelle weist auch in der vierten Spalte von rechts aus, welche Kosten die hundertprozentige Umsetzung des geltenden Rechts mit sich brächte.

Danach wäre die Umsetzung des *PATT*-Vorschlags am kostspieligsten, gefolgt von der vollständigen Beseitigung des Vollzugsdefizits ohne Änderung der Rechtslage, welche wiederum erheblich teurer wäre als die Verwirklichung des *FMCSA*-Entwurfs. Am günstigsten käme die von der *ATA* entwickelte Alternative. Die Optionen wären aber auch von ungleicher Wirksamkeit in bezug auf die erstrebte Verbesserung der Verkehrssicherheit, da sie in unterschiedlichem Maß Lenkzeiten über 10 Stunden zulassen, die sich als besonders gefährlich erwiesen hatten. Die entsprechenden Auswirkungen stellt Tabelle 8 dar.

Sowohl die *PATT*-Alternative als auch der Vorschlag der *FMCSA* ließ nach den Angaben der Folgenabschätzung eine Reduzierung der übermü-

*Tabelle 7:* Direct Cost Changes Relative to Status Quo [Millions of Dollars]

| *Cost Category* | | *Current/100 %* | *PATT* | *ATA* | *FMCSA* |
|---|---|---|---|---|---|
| Long-haul | | | | | |
| | Driver Labor Cost | 1185 | 1472 | 393 | 550 |
| | Other Costs | 769 | 1247 | 206 | 332 |
| | Total Costs | 1954 | 2719 | 599 | 882 |
| Short-haul | | | | | |
| | Driver Labor Cost | 143 | 1700 | 105 | 233 |
| | Other Costs | 90 | 1128 | 41 | 168 |
| | Total Costs | 232 | 2827 | 146 | 400 |
| *Total Costs, Long-haul and Short-haul* | | *2187* | *5546* | *744* | *1282* |

Quelle: *Department of Transportation,* Hours of Service of Drivers; Driver Rest and Sleep for Safe Operations; Final Rule, 68 FR 22456 (April 28, 2003), S. 22499.

*Tabelle 8:* Annual Fatigue-Related Fatalities by Alternative

| | *Current/100 %* | *PATT* | *ATA* | *FMCSA* |
|---|---|---|---|---|
| Long-haul: | | | | |
| Fatalities in Crashes Attributable to Fatigue | 240 | 176 | 287 | 201 |
| Differences by Alternative to Current/100 % | NA | (64) | 47 | (39) |
| Short-haul: | | | | |
| Fatalities in Crashes Attributable to Fatigue | 77 | 71 | 78 | 75 |
| Differences by Alternative to Current/100 % | NA | (5) | 1 | (2) |
| Total: | | | | |
| Fatalities in Crashes Attributable to Fatigue | 317 | 247 | 365 | 276 |
| Differences by Alternative to Current/100 % | NA | (70) | 48 | (41) |

Quelle: *Department of Transportation*, Hours of Service of Drivers; Driver Rest and Sleep for Safe Operations; Final Rule, 68 FR 22456 (April 28, 2003), S. 22493 f.[394]

[394] NA bedeutet „not available"(nicht verfügbar).

*Tabelle 9:* Value of Crashes Avoided Due to Operational Changes Relative to Status Quo [Millions of Dollars per Year]

| | *Current/100 %* | *PATT* | *ATA* | *FMCSA* |
|---|---|---|---|---|
| Benefits of Avoided Long-haul Crashes | 429 | 794 | 162 | 653 |
| Benefits of Avoided Short-haul Crashes | 22 | 58 | 14 | 32 |
| Total Benefits of Operational Changes | 451 | 852 | 14 | 32 |

Quelle: *Department of Transportation*, Hours of Service of Drivers; Driver Rest and Sleep for Safe Operations; Final Rule, 68 FR 22456 (April 28, 2003), S. 22499.

*Tabelle 10:* Adjustments to Benefits Due to Secondary Effects of Options Relative to the Status Quo [(Millions of dollars per year) (Values in parentheses are negative)]

| | *Current/100 %* | *PATT* | *ATA* | *FMCSA* |
|---|---|---|---|---|
| Change in Benefits due to New Long-haul Drivers | (103) | (154) | (36) | (54) |
| Change in Benefits due to New Short-haul Drivers | (7) | (77) | (3) | (13) |
| Change in Benefits due to New Long-haul and Short-haul Drivers | (110) | (230) | (38) | (67) |
| Change in Benefits due to Change in Long-haul VMT | 101 | 162 | 32 | 54 |
| Net Damages (i. e., Reduction in Benefits due to Secondary Effects) | (9) | (68) | (6) | (14) |
| Total Unadjusted Benefits | 452 | 851 | 176 | 685 |
| Total Adjusted Benefits | 443 | 783 | 170 | 671 |

Quelle: *Department of Transportation*, Hours of Service of Drivers; Driver Rest and Sleep for Safe Operations; Final Rule, 68 FR 22456 (April 28, 2003), S. 22500. *VMT* steht für die Fahrleistung (*Vehicle Miles Traveled*).

dungsbedingten Verkehrsunfälle mit tödlichem Ausgang gegenüber der vollständigen Umsetzung des damals geltenden Rechts erwarten (um 70 bzw. 41 Verkehrstote). Dagegen errechnete die *FMCSA* für den *ATA*-Vorschlag um 48 Todesfälle höhere Verkehrstotenzahlen im Vergleich mit der Beseitigung des Vollzugsdefizits.

Das entsprach einem monetär bezifferten Nutzen der vermiedenen Verkehrsunfälle gegenüber dem *status quo*, der von 176 Mio. Dollar pro Jahr infolge des *ATA*-Vorschlags bis 852 Mio. Dollar pro Jahr bei Umsetzung der *PATT*-Alternative reichte (Tabelle 9). Eine ins einzelne gehende monetäre

Bewertung von Todesfällen, Unfällen mit Verletzten und reinen Sachschäden erfolgt nicht.[395]

Diese Werte mussten wegen sekundärer Effekte – wie etwa der zu erwartenden Erhöhung der Kilometerleistung der Fahrzeuge vor ihrem Austausch gegen neue mit der Folge höherer Reparaturkosten – noch geringfügig nach unten korrigiert werden, so dass sich die in Tabelle 10 aufgeführten Werte ergaben.

Es wurden auch Umweltverträglichkeitsprüfungen einschließlich der Untersuchung unternommen, ob sich aus den Vorschlägen irgendwelche Auswirkungen auf den Energieverbrauch ergeben würden. Die erwarteten umweltbezogenen Effekte waren aber bei allen Alternativen verschwindend gering, so dass sie letztlich nicht in die Kosten-Nutzen-Analyse einbezogen wurden. Tabelle 11 stellt die Ergebnisse der Umweltverträglichkeitsprüfung im Überblick dar.

*Tabelle 11:* Comparison of Alternatives

| | *No action* | *Full Compliance* | *PATT* | *ATA* | *FMCSA* |
|---|---|---|---|---|---|
| Air Pollutant Emissions from Affected CMVs | No Change | Minor Benefit (0.5 percent decrease) | Moderate Impact (2 percent increase) | Minor Benefit (1 percent decrease) | Minor Impact (0.6 percent increase) |
| Air Pollutant Emissions from Transportation | No Change | Minor Benefit (0.02 percent decrease) | Moderate Impact (0.01 percent decrease) | Minor Benefit (0.01 percent decrease) | Minor Impact (0.03 percent increase) |
| Land Use | No Change | Minor Induced Impact (2.350 acres) | Minor Induced Impact (2.350 acres) | No impact | No impact |
| Sensitive Resources | | Minor Potential Impact | Minor Potential Impact | No impact | No impact |
| Noise | No Change | No Change | Minor Potential Impact | Minor Benefit (unquantifiable) | Minor Impact (unquantifiable) |

395 Entsprechende Zahlen werden aber unter *U. S. Department of Transportation*, Supplemental Proposal, Regulatory Evaluation, Regulatory Flexibility Analysis, Unfunded Mandates Reform Act Analysis, 2004, S. 7, genannt.

| | *No action* | *Full Compliance* | *PATT* | *ATA* | *FMCSA* |
|---|---|---|---|---|---|
| Safety | No Change | Major Benefit ($443 million per year) | Major Benefit ($783 million per year) | Major Benefit ($170 million per year) | Major Benefit ($671 million per year) |
| Socioeconomic Effects | No Change | Minor Impact (unquantifiable) | Minor Impact (unquantifiable) | Minor Impact (unquantifiable) | Minor Impact (unquantifiable) |
| Transportation Energy Consumption | No Change | Minor Benefit (less than 0.1 percent decrease) | Minor Impact (0.1 percent increase) | Minor Benefit (less than 0.1 percent decrease) | Minor Impact (0.1 percent increase) |
| Environmental Justice | No Change | No impact | No impact | No impact | No impact |

Quelle: *Department of Transportation*, Hours of Service of Drivers; Driver Rest and Sleep for Safe Operations; Final Rule, 68 FR 22456 (April 28, 2003), S. 22512.

Gleiches galt für die ebenfalls untersuchten Auswirkungen auf kleine und mittlere Unternehmen.[396] Zieht man nun die Kosten (Tabelle 7) von den erwarteten Nutzen (Tabelle 10) ab, so ergeben sich die in Tabelle 12 präsentierten Nettonutzen im Vergleich mit dem *status quo*, wobei beachtet werden muss, dass der *status quo* im Sinne einer Fortschreibung der gegenwärtigen Unfallzahlen nicht ausgewiesen wird. Tabelle 12 bezieht sich auf die Zahl der eingangs erwähnten, auf Übermüdung zurückgehenden

*Tabelle 12:* Net Benefits Relative to Status Quo [(Millions of dollars per year) (Values in parentheses are negative)]

| | *Current/100 %* | *PATT* | *ATA* | *FMCSA* |
|---|---|---|---|---|
| Total Benefits | 443 | 783 | 170 | 671 |
| Total Costs | 2187 | 5546 | 744 | 1282 |
| Net Benefits | (1744) | (4763) | (574) | (611) |

Quelle: Quelle: *Department of Transportation*, Hours of Service of Drivers; Driver Rest and Sleep for Safe Operations; Final Rule, 68 FR 22456 (April 28, 2003), S. 22500.

---

[396] *Department of Transportation*, Hours of Service of Drivers; Driver Rest and Sleep for Safe Operations; Final Rule, 68 FR 22456 (April 28, 2003), 2003, S. 22505.

Verkehrstoten, die vor Verabschiedung der Verordnung zwischen 196 und 585 lag. Nur in der Gegenüberstellung mit diesen Zahlen ergibt sich ein positiver Nettonutzen der betrachteten Handlungsmöglichkeiten. Insgesamt stellte sich die *ATA*-Alternative als die Option mit dem besten Kosten-Nutzen-Verhältnis dar.

Da es aber die gesetzlich bestimmte Hauptaufgabe der *FMSCA* sei, die Verkehrssicherheit zu gewährleisten, habe sich das *DOT* für den eigenen, hinsichtlich des Nettonutzens nur zweitplazierten, aber zur Verringerung der Verkehrsunfälle wirksameren Vorschlag entschieden.[397]

## *V. Zwischenergebnis*

### 1. Die vielfältigen numerischen Verfahren

Als Ergebnis der Durchsicht numerischer Verfahren in der Praxis von Rechtsanwendung und Rechtsetzung lässt sich folgendes festhalten. Es dominiert weithin natürlich-sprachliches Vorgehen. Die betrachteten Anwendungsfälle formaler Verfahren stellen Ausnahmen dar, an denen man jedoch sehen kann, wie vielfältig die Erscheinungsformen mathematischer Ansätze im Zusammenhang mit der Begründung juristischer Entscheidungen sind. Sie reichen von eher einfachen Systemen zur Bewertung von Prüfungsleistungen anhand von Noten, die mit Zahlen ausgedrückt werden, über die Bildung eines Punktesystems zur Bewertung der Gleichwertigkeit potentieller Ausgleichsflächen im Sinne des Bundes-Naturschutzgesetzes bis zur aufwendigen Kosten-Nutzen-Analyse, mit der die Bewältigung von Wahrscheinlichkeiten und komplexen Bewertungsvorgängen wie etwa bei der Abdiskontierung langfristiger Effekte möglich ist. Mit der Kosten-Wirksamkeits-Analyse und der Mehrkriterien-Analyse liegen noch weitere Unterarten formaler Verfahren vor, die in ihrem Komplexitätsgrad zwischen den genannten Punktesystemen und einer umfänglichen Kosten-Nutzen-Analyse stehen.

So unterschiedlich die Konzepte sind, es lassen sich auch Gemeinsamkeiten erkennen. Zum ersten fällt auf, dass die Praxis die herangezogenen Verfahren den jeweiligen Aufgaben anpasst und nicht etwa Entscheidungselemente einer formalen Notation zuführt, die für die spezifische Problematik nicht formalisiert werden müssen. So wird etwa darauf verzichtet, bei der Bewertung von Prüfungsleistungen oder bei der Ausschreibung öffentlicher Leistungen Wahrscheinlichkeitsquotienten anzugeben, weil es insoweit maß-

[397] *Department of Transportation* (S. 100, Fn. 396), S. 22511. Die verabschiedete Verordnung ist auch in 49 CFR 395.1 veröffentlicht.

geblich um die Bewältigung einer Bewertungsproblematik, nicht um Wahrscheinlichkeitsaussagen geht. Um Aufwand zu sparen, werden im Rahmen von Kosten-Nutzen-Analysen und Kosten-Wirksamkeits-Analysen zum Teil diejenigen Güter aus der Untersuchung ausgeschlossen, auf die sich die zur Verfügung stehenden Alternativen mehr oder weniger gleich oder nur so gering auswirken, dass die Entscheidung davon nicht beeinflusst wurde. Ein Beispiel hierfür ist die nicht durchgeführte Monetarisierung der Umwelteffekte bei der Analyse der Novellierungsvorschläge in bezug auf die Lenk- und Ruhezeiten im gewerblichen Güterkraftverkehr.[398]

Zweitens gibt der Vergleich der vielfältigen Ansätze Hinweise auf die spezifischen Vorzüge mathematischer Methoden im Kontext hoheitlicher Entscheidungen. Formale Darstellungsweisen scheinen insbesondere dann, wenn Gesamtbetrachtungen anzustellen sind, von Vorteil zu sein, was unter anderem bei der Bildung von Gesamtnoten anhand eines Systems zur Aggregation von Teilleistungen, bei der Ermittlung gleichwertiger Ausgleichsflächen nach der naturschutzrechtlichen Eingriffsregelung durch die Bewertung einzelner Biotopflächen, der vergaberechtlichen Entscheidung über das insgesamt beste Angebot und der Kosten-Nutzen-Analyse in bezug auf die Gewichtung der Auswirkungen eines Vorhabens auf eine Vielzahl von Belangen erforderlich ist.

Ein weiterer Vorzug formaler Verfahren liegt offenbar in ihrer potentiell hohen Transparenz, was man unter anderem im Vergaberecht sehen kann, wo quantifizierte Ausschreibungskriterien zum Einsatz kommen, um die gesuchte Leistung präzise zu beschreiben. Das erhöht zum einen die Chancen, dass der Besteller auch tatsächlich als Leistung erhält, wonach er auf dem Markt sucht. Zum anderen wissen die Anbieter auf diese Weise genauer, worauf es dem Besteller ankommt, wodurch ein faires, berechenbares und reibungsloses Verfahren gefördert wird.

Ebenfalls dem Transparenzgedanken verbunden ist der Abschätzungsbericht, mit dem die unter Berücksichtigung formaler Methoden durchzuführende Europäische Folgenabschätzung abgeschlossen wird. Ausdrücklich soll der Bericht der Information der Öffentlichkeit über die Rechtfertigung der getroffenen Entscheidung dienen.

Trotz der möglichen Unterstützung von Gesamtbetrachtungen und der prinzipiell hohen Transparenz formaler Methoden sind sie verbalen Ansätzen nicht voraussetzungslos überlegen. Am Beispiel der Bundesverkehrswegeplanung ließ sich erkennen, dass das Handeln von Hoheitsträgern nicht bereits durch die bloße Verwendung formaler Verfahren wie der Kosten-Nutzen-Analyse, der Raumwirksamkeitsanalyse oder der Umweltrisikoeinschätzung nachvollziehbar wird. Die entsprechenden Über-

[398] S. o. B.IV.3.b).

legungen müssen auch der Öffentlichkeit zugänglich gemacht werden, was beim Bundesverkehrswegeplan in maßgeblicher Hinsicht nicht geschehen ist. Der Zugang zu den Dokumenten alleine genügt jedoch nicht, um Transparenz zu gewährleisten. Es ist darüber hinaus auch bei Verwendung numerischer Verfahren erforderlich, sie in nachvollziehbarer Art und Weise einzusetzen.

### 2. Gesetzesfolgenabschätzung in Deutschland, Europäische Folgenabschätzung und die Kosten-Nutzen-Analyse in den USA

Die Gesetzesfolgenabschätzung kann in Deutschland auf die Methoden zurückgreifen, die die Bundesregierung im Rahmen des Modellvorhabens „Moderner Staat/Moderne Verwaltung" hat entwickeln und erproben lassen. Die Gemeinsame Geschäftsordnung der Bundesministerien in der Fassung vom 26. Juli 2000 spiegelt diese Bemühungen wider, wenn sie eine Gesetzesfolgenabschätzung für Gesetzesentwürfe verlangt. Von den in dem Handbuch für Folgenabschätzung offerierten Punktesystemen macht die Bundesregierung hingegen, soweit ersichtlich, allenfalls zögernd und *ad hoc* Gebrauch.[399]

Ganz anders stellt sich der Ansatz der Europäischen Kommission dar, die seit dem Jahr 2003 für jedes jährliche Arbeitsprogramm anhand einer vorläufigen Folgenabschätzung beschließt, welche Initiativen einer ausführlichen Folgenabschätzung unterworfen werden sollen. Die Mitteilung über Folgenabschätzung und die darauf bezogenen Anleitungspapiere sind methodisch hoch anspruchsvoll, was sich allerdings nur bedingt in der Praxis der Folgenabschätzung für die einzelnen Projekte niederschlägt. Es war festzustellen, dass die Kommission die in der Entscheidungstheorie entwickelten Verfahren für die Evaluierung politischer Projekte in großer Bandbreite fruchtbar machen möchte und nicht nur Kosten-Nutzen-Analysen, sondern auch Kosten-Wirksamkeits-Analysen und Mehrkriterien-Analysen für prinzipiell geeignete Instrumente hält. Kosten-Nutzen-Analysen im strengen Sinne einer vollständigen monetären Bewertung aller Vor- und Nachteile eines Vorhabens sind allerdings in der Praxis der Europäischen Kommission kaum zu beobachten. Selbst die referierte Folgenabschätzung der Novellierung des Chemikalienrechts will die Schätzung positiver Effekte des Vorhabens in Höhe von 50 Mrd. Euro nur als Aussage über die Größenordnung des Nutzens verstanden wissen. Dagegen kann man Kosten-Wirksamkeits-Analysen und verbale Folgenabschätzungen wie im Falle der Dienstleistungsrichtlinie des öfteren antreffen.

399 Fernmündlich erteilte Einschätzung des *BMI*, Herr Böllhoff.

In den USA kommen formale Methoden zur prospektiven Evaluierung von bedeutenden Einzelfallentscheidungen und vor allem von Rechtsetzungsvorhaben in vielen Fällen zum Einsatz. Teilweise verlangen gesetzliche Vorschriften explizit nach der Durchführung von Kosten-Nutzen-Analysen zur Unterstützung von Verwaltungsentscheidungen. Aufgrund der *E. O.* 12.866 werden seit dem Jahre 1993 Rechtsakte der Exekutive systematisch daraufhin untersucht, ob sie bedeutsam genug sind, den Aufwand einer intensiven formalen Evaluierung zu rechtfertigen. Darin liegt eine gewisse Ähnlichkeit mit dem ebenfalls zweistufigen Vorgehen der Europäischen Kommission, die aufgrund der vorläufigen Folgenabschätzung der Initiativen ihres Arbeitsprogrammes entscheidet, welche Projekte einer ausführlichen Folgenabschätzung unterzogen werden sollen.

Ausweislich des Tätigkeitsberichts 2004 des *OIRA* sind zwischen dem Jahr 1993 und dem Jahr 2003 113 Vorhaben einer formalen Evaluierung unterworfen worden, so dass mit den entsprechenden Veröffentlichungen des *OIRA* ein reichhaltiger Erfahrungsschatz gegeben ist. Mit dem Rundschreiben A-4 hat das *OIRA* seine Vorstellungen über die bei der Analyse zu verwendende Methodik dokumentiert, um den Behörden eine gewisse Orientierung über die Anforderungen des *OIRA* zu geben und bei ihrer Erfüllung Hilfestellung zu leisten. Es darf festgehalten werden, dass die US-Regierung generell ein formal-mathematisches Vorgehen zur Quantifizierung und Monetarisierung der zu beurteilenden Effekte bevorzugt, wenn sie zur Durchführung von Kosten-Nutzen-Analysen und Kosten-Wirksamkeits-Analysen rät. Nach einem formalen Vorgehen verlangen auch die im Rundschreiben A-4 beschriebene Festlegung eines Diskontsatzes bei der Bewertung langfristiger Initiativen und die Durchführung von Sensitivitätsanalysen zur Abschätzung von Ungewissheit.

Ihre Sympathie für formale Verfahren führt die US-Bundesregierung allerdings zu der Frage, ob und inwieweit die erwarteten Effekte quantifiziert und monetarisiert werden können. Das *OIRA* empfiehlt diesbezüglich bestimmte monetäre Bewertungen eines statistischen Lebens, eines verlorenen Arbeitstages und für die Reduzierung verschiedener Luftschadstoffe. Mit Hilfe der Benefit-Cost-Transfer-Methode könne die Bestimmung der Bewertungen dadurch kostengünstiger durchgeführt werden, indem man bereits vorliegende Abschätzungen mit einer gewissen Vorsicht auf den zu entscheidenden Fall überträgt.

Manche Auswirkungen könnten jedoch nur mit Schwierigkeiten einer formal-numerischen Betrachtung unterzogen werden, und in der Tat verzichten manche US-Behörden selbst bei der besonders strengen Anforderungen unterliegenden Analyse von bedeutenden politischen Initiativen zum Teil auf die Quantifizierung und Monetarisierung der Auswirkungen der untersuchten Alternativen. Das *OIRA* differenziert in solchen Fällen,

Wenn nur die Monetarisierung nicht gelinge, so sei zunächst zu erklären, woran das gelegen habe. Die quantitativen Daten, soweit diese ermittelt werden könnten, seien zusammen mit qualitativen Beschreibungen zu präsentieren. Soweit sich nicht quantitativ zu erfassende Umstände im Einzelfall als entscheidungserheblich erwiesen hätten, sollten diese tabellarisch dargestellt und ihre Wichtigkeit erläutert werden.

### 3. Aufgeworfene Fragen

Die dargestellten numerischen Verfahren führen wegen des Ausnahmecharakters, den sie zumindest in Deutschland haben, zunächst zu der Frage, ob nur ganz bestimmte Aufgaben in Rechtsanwendung und Rechtsetzung für ihre Heranziehung geeignet sind. Wenn formale Verfahren tatsächlich zur Bewältigung von Gesamtbetrachtungen besonders hilfreich sein sollten, dann wäre zu klären, inwieweit ihre Verwendung nicht auch in anderen als den bislang zu beobachtenden Zusammenhängen erwogen werden sollte, da die Aggregation von Teilaspekten auch im Recht nicht selten gefordert sein dürfte. Man denke nur an das Abwägungsgebot, das sich regelmäßig auf den Ausgleich unter einer Vielzahl von betroffenen Belangen bezieht. Derartige Entscheidungen sind stets mit einer gewissen Wahlfreiheit für die Entscheidungsträger verknüpft, so dass im nachstehenden Abschnitt C.I zunächst für den Bereich des Verwaltungsrechts im einzelnen zu untersuchen sein wird, unter welchen Voraussetzungen das Recht Spielräume eröffnet und wie dann zu verfahren sein soll. Die gleichen Fragen sind auch an die Rechtsetzung auf nationaler wie europäischer Ebene zu stellen.

Ein wichtiges Element der rechtsstaatlich befriedigenden Ausübung von Wahlfreiheiten besteht weiter darin, seitens des hoheitlichen Entscheidungsträgers zu erläutern, aus welchen Gründen die Entscheidung getroffen wurde. Wo numerische Verfahren eingesetzt werden, sollen sie auch der Erhöhung der Transparenz dienen, so dass auch zu prüfen sein wird, welche Leistungen Begründungen im Sinne von § 39 VwVfG oder Art. 253 EG erbringen sollen, und ob ihre Aufgaben tatsächlich mit Hilfe von formalen Verfahren besser erfüllt werden könnten. So wurde verschiedentlich bemerkt, dass die Folgenabschätzungen eine Rechtfertigung für die getroffene Entscheidung enthalten sollen. Den möglicherweise dahinter verborgenen rechtlichen Anforderungen ist nachzugehen und die Praxis der Begründungen, sei es im Verwaltungsrecht oder im Rahmen der Folgenabschätzung von Rechtsetzungsakten, auf dieser Grundlage kritisch zu hinterfragen.

Insbesondere wird mit Blick auf die Rechtsetzung, die in Deutschland nur selten von mathematischen Verfahren unterstützt wird, zu untersuchen sein, ob nicht von formalen Analysen bei der Vorbereitung exekutivischer wie parlamentarischer Legislativakte stärkerer Gebrauch gemacht werden sollte. Im Verfassungsrecht ist dafür die umstrittene Frage zu betrachten, ob eine Begründungspflicht des Gesetzgebers besteht, und weiter, welche Rolle numerische Verfahren in diesem Rahmen spielen könnten.

# C. Abwägungsentscheidungen im Verwaltungsrecht

Als staatliche Abwägungsentscheidungen sollen im folgenden Entscheidungen aufgefasst werden, die die rechtsgeprägte Bewältigung konfligierender Interessen durch Organe des Staates verlangen, ohne dabei hinsichtlich ihrer Abwägungsergebnisse rechtlich voll determiniert zu sein. Dieser Abschnitt (C.) befasst sich mit exekutivischen Einzelfallentscheidungen, wobei die nachstehend zu leistende methodische Analyse der rechtsanwendungsbezogenen Entscheidungsspielräume zunächst nach einer konzeptionellen Bestandsaufnahme verlangt (I.). Die Abschnitte II. bis V. folgen in ihrem Ablauf der unter I. zu entwickelnden Grundstruktur planender Entscheidungen. Die der Gliederung in
– Problemidentifikation,
– Zusammenstellung der Handlungsalternativen,
– Bestandserhebung einschließlich der Prognosen über die Auswirkungen der verschiedenen Optionen sowie
– abschließender Bewertung
zugrundeliegende Logik entfaltet ihre besondere Bedeutung in Fällen, in denen die zu treffenden Entscheidungen im Ergebnis nicht einfach auf der Hand liegen, sondern durch komplexe gedankliche Operationen erst entwickelt werden müssen.

## *I. Der Begriff der Abwägung und die Darstellung von Abwägungsvorgängen*

Daher ist nach einer im wesentlichen terminologischen Vorbemerkung zu den Stationen, die Verwaltungsentscheidungen in zeitlicher Hinsicht durchlaufen (1.), zunächst in bezug auf den Anwendungsbereich der nachfolgenden Überlegungen zu untersuchen, wo die Rechtsanwendung durch Gestaltungsfreiheiten geprägt ist und wie die entsprechenden Spielräume nach Ansicht von Rechtsprechung und Literatur genutzt werden sollen (2.). Daraus ergibt sich die im weiteren Verlauf der Schrift herangezogene Gliederung von Abwägungsvorgängen, die von den herkömmlicherweise gebrauchten Formeln etwas abweicht (3.). In bezug auf die Darstellung von

Entscheidungsgründen stellen sich bei Abwägungsentscheidungen weitere Herausforderungen, die in diesem Teil I. abschließend zu betrachten sind (4.).[1]

## 1. Die Stationen einer Verwaltungsentscheidung

Der Schwerpunkt der rechtswissenschaftlichen Diskussion über das Verwaltungshandeln liegt traditionell auf den Grenzen, die die Gerichte der Verwaltung ziehen. So wichtig die gerichtliche Kontrolle des Verwaltungshandelns zur Sicherung des effektiven Rechtsschutzes von Individualrechten und der Rechtsstaatlichkeit ohne Zweifel ist, sie stellt nur einen Ausschnitt aus dem „Lebenszyklus" einer Verwaltungsentscheidung dar. Auch den der Kontrolle vorausgehenden Stationen kommt zum Teil erhebliche rechtliche Bedeutung zu. So lassen sich insgesamt die Phasen

- der Entscheidungsfindung,
- der Entscheidungsherstellung,
- der Darstellung der Entscheidungsgründe und
- der gerichtlichen und demokratischen Kontrolle

unterscheiden.[2] Zwei der vier Elemente, die Herstellung und die Darstellung einer Entscheidung, waren von *Luhmann* im Rahmen einer soziologisch-funktionalen Analyse eingeführt[3] und bereits von *Hassemer* in einen rechtlichen Kontext übertragen worden.[4] Die Unterscheidung ist aber in ihren Wurzeln viel älter. Sie greift die in der allgemeinen Wissenschaftstheorie gängige Trennung von Entstehungszusammenhang (*context of discovery*) und Rechtfertigungszusammenhang (*context of justification*) auf, welche namentlich auf *Hans Reichenbach* und *Karl Popper* zurückgeht und sich auf die Separierung des Faktischen (Entstehungs- oder Ent-

---

[1] Vorab sei noch darauf hingewiesen, dass mit dem Begriff des Ermessens auch und gerade im Verhältnis zu den unbestimmten Rechtsbegriffen kompetenzielle Zuordnungen verbunden sind, die für die hiesige, auf die Struktur von Abwägungsvorgängen bezogene Fragestellung nicht weiter problematisiert werden müssen. Auch die durch das deutsche und das europäische Recht verwirklichte Kompetenzordnung wird, wie bereits erwähnt, nachfolgend als gegeben betrachtet.

[2] Ähnlich bereits *H.-J. Koch*, EuGRZ 1986, S. 345 (354 f.); neuerdings auch *W. Hoffmann-Riem*, Methoden einer anwendungsorientierten Verwaltungsrechtswissenschaft, in: Hoffmann-Riem/Schmidt-Aßmann (Hrsg.), Methoden der Verwaltungsrechtswissenschaft, 2004, S. 9 (20 ff.).

[3] *N. Luhmann*, Recht und Automation in der öffentlichen Verwaltung: eine verwaltungswissenschaftliche Untersuchung, 1966, S. 51 ff.

[4] *W. Hassemer*, Einführung in die Grundlagen des Strafrechts, 1981, S. 107 ff.; zur Kritik der Unterscheidung unter Hervorhebung rechtlicher Aspekte *H.-H. Trute*, Methodik der Herstellung und Darstellung verwaltungsrechtlicher Entscheidungen, in: Schmidt-Aßmann/Hoffmann-Riem (Hrsg.), Methoden der Verwaltungsrechtswissenschaft, 2004, S. 293 (299 ff.).

deckungszusammenhang) – vom Normativen (Rechtfertigungszusammenhang) bezieht.[5]

Ein einheitlicher oder zumindest belastbar gefestigter Sprachgebrauch der erwähnten Begriffe ist weder in der Wissenschaftstheorie noch in der Soziologie noch in der Rechtswissenschaft festzustellen. Eine Klarstellung ihrer hiesigen Verwendung ist daher angezeigt. Im folgenden wird unter Entscheidungs*findung* der Entstehungszusammenhang im Sinne des einer Entscheidung tatsächlich zugrundeliegenden Motivbündels verstanden.[6] Das wäre, um ein Beispiel aus der Bauleitplanung zu nehmen, die von einem Gemeinderat gehegte Erwartung, durch die Ausweisung eines Industriegebietes die Ansiedlung gewerblicher Unternehmen zu fördern. Die Hoffnung auf Steigerung der wirtschaftlichen Attraktivität ist als solche Teil der Entscheidungsfindung, die nachfolgend weitgehend außer Betracht bleibt, da ihr keine unmittelbare rechtliche Relevanz zukommt.[7] Gleichwohl klingt dies manchmal an, wenn nach den „wahren Gründen" einer Verwaltungsentscheidung gefragt[8] oder der Sinn einer Begründung mit der „Darstellung von Entscheidungsmotiven" angegeben wird.[9]

Dem könnte nicht gefolgt werden. Im öffentlichen Recht ist nach der Rechtfertigung hoheitlicher Maßnahmen und ihrer Kontrolle zu fragen. Für die Rechtfertigung von staatlich verursachten Belastungen spielt es aber keine maßgebliche Rolle, welche Motive der Entscheidungsträger hatte. Ist eine Maßnahme sachlich und rechtlich gerechtfertigt, so entwerten schlechte Motive sie nicht. Ist sie hingegen nicht gerechtfertigt, so kann sie durch gute Beweggründe nicht gerettet werden.[10] Das bedeutet nicht, dass

[5] *K. R. Popper*, Logik der Forschung[5], 1973, S. 6f. (1. Aufl. 1934); *H. Reichenbach*, Experience and prediction: an analysis of the foundations and the structure of knowledge, 1938, Abschnitt 1; *I. Scheffler*, Science and subjectivity[5], 1967, S. 69–73; vgl. im übrigen den instruktiven und einführenden Überblick auch über die Geschichte dieser Dichotomie von *P. Hoyningen-Huene*, 18 Stud. Hist. Phil. Sci. 1987, S. 501 (502ff.).

[6] Anders *H.-H. Trute*, Methodik der Herstellung und Darstellung verwaltungsrechtlicher Entscheidungen, in: Schmidt-Aßmann/Hoffmann-Riem (Hrsg.), Methoden der Verwaltungsrechtswissenschaft, 2004, S. 293 (299), für den der Begriff der Entscheidungs*herstellung* mit der faktischen Entscheidungstätigkeit gleichbedeutend ist.

[7] Wie hier in bezug auf die Vertretbarkeit richterlicher Entscheidungen *D. Buchwald*, Der Begriff der rationalen juristischen Begründung: zur Theorie der juridischen Vernunft, 1990, S. 31; ebenso *H.-J. Koch*, EuGRZ 1986, S. 345 (355 l. Sp.); die Diskussion um die Unterscheidung von Motiven und Rechtfertigungen ist besonders klar im sogenannten Emotivismus geführt worden, s. etwa *C. L. Stevenson*, Ethics and language, 1944; hierzu vertiefend *R. Alexy*, Theorie der juristischen Argumentation: die Theorie des rationalen Diskurses als Theorie der juristischen Begründung[1], 1978, S. 60ff.

[8] *S. Liebetanz*, in: Obermayer/Fritz, VwVfG, 1999, § 39 Rz. 21; *H.-G. Henneke*, in: Knack, VwVfG, 2004, § 39 Rz. 4.

[9] *N. Luhmann*, Recht und Automation in der öffentlichen Verwaltung: eine verwaltungswissenschaftliche Untersuchung, 1966, S. 56, Fn. 13.

[10] Ebenso *H.-J. Koch/H. Rüßmann*, Juristische Begründungslehre, 1982, S. 116; im

es für die Rechtfertigung nur auf die Abwägungsergebnisse ankäme (wie im Rahmen einer sogenannten „Begründbarkeitsprüfung").[11] Vielmehr kann eine Rechtfertigung auch an rechtserheblichen Fehlern der Entscheidungsherstellung scheitern („Begründungsprüfung").[12]

Bezieht man diese Überlegung auf das herangezogene baurechtliche Beispiel, so käme es für die rechtliche Bewertung des Bebauungsplans nicht darauf an, ob neben der Erhöhung der wirtschaftlichen Attraktivität der Gemeinde auch andere Ursachen, wie etwa der maßgebliche Einfluss einer in der Gemeinde ansässigen Baufirma, die sich von der Ausweisung des Industriegebietes Straßenbauaufträge verspricht, zum Erlass der entsprechenden Satzung geführt haben oder gar allein ausschlaggebend gewesen waren. Auf der anderen Seite würde es an der rechtlichen Fehlerhaftigkeit nichts ändern können, wenn die Gemeinde ein Baugebiet zwar in guter Absicht auswiese, dies aber auf Irrtümern etwa in bezug auf den zugrundezulegenden Sachverhalt oder die aus ihm gezogenen Schlüsse beruhen würde.

Die Überlegungen der vorliegenden Schrift konzentrieren sich daher auf die Entscheidungsherstellung, die Darstellung der Entscheidungsgründe und die Kontrolle. Aufgabe der Entscheidungs*herstellung* ist es, durch bestimmte gedankliche Operationen die beste Handlungsalternative zu identifizieren. Dieser materielle Auswahlvorgang kann durch methodische Anleitungen für die Durchführung des Entscheidungsprozesses erheblich unterstützt werden. Das gilt auch und gerade für die Rechtsanwendung. Sie lässt sich verstehen als die normdirigierte Auswahl einer problemlösungsgeeigneten Alternative zur Lösung eines sozialen Problems[13] und verlangt regelmäßig eine Abwägung konfligierender Zielsetzungen. Die Gemeinde müsste sich in dem obigen Beispiel fragen, ob und in welcher Form die Ausweisung eines Industriegebietes der Erhöhung ihrer wirtschaftlichen Attraktivität wirklich dienen würde, welche begleitenden Maßnahmen erforderlich wären und wie die zur Verfügung stehenden Haushaltsmittel am besten eingesetzt würden. Dazu können auch Alternativen zur geplanten Ausweisung eines Industriegebietes und ihre jeweiligen zu erwartenden Auswirkungen zu betrachten sein.

Soweit das anzuwendende Recht, wie für das Planungsrecht charakteristisch, nicht auf eine einzige Rechtsfolge verengt ist, bilden rechtliche Vorgaben für den genannten Auswahlvorgang einen ausfüllungsbedürftigen

---

Zusammenhang mit den Anforderungen an eine Begründung im Sinne von § 39 VwVfG s. u. C.I.4.b).

[11] Näheres unter D.I.2.b)aa).

[12] S. u. D.I.2.b)bb).

[13] *W. Hoffmann-Riem*, Methoden einer anwendungsorientierten Verwaltungsrechtswissenschaft, in: Hoffmann-Riem/Schmidt-Aßmann (Hrsg.), Methoden der Verwaltungsrechtswissenschaft, 2004, S. 9 (39).

Rahmen, zu dem auch Verfahrensfragen im Sinne der verschiedenen Verfahrensordnungen zählen. Ihre Bedeutung für die Erzielung befriedigender Abwägungsergebnisse bei der Rechtsanwendung und -kontrolle darf keineswegs unterschätzt werden. Sie liegen dennoch ebenso wie die verfassungsmäßige und gemeinschaftsrechtliche Kompetenzordnung einschließlich der damit verbundenen organisatorischen Aspekte außerhalb des gesteckten Untersuchungsrahmens, mit dem im wesentlichen die materielle Seite der Entscheidungsherstellung und -kontrolle erfasst werden soll.

Für die Entscheidungsherstellung im materiellen Sinne ist im Kontext hoheitlicher Maßnahmen maßgeblich, dass die getroffene Entscheidung angesichts der aus ihr resultierenden Belastungen gerechtfertigt werden muss. Insofern ließe sich in gewissem Sinne von einem *Rechtfertigungszusammenhang* sprechen, auch wenn dieser Begriff keinesfalls mit dem Konzept des *context of justification* in der Wissenschaftstheorie gleichgesetzt werden darf.[14] Ob die Rechtfertigung gelungen ist, lässt sich gegebenenfalls anhand einer nachvollziehbaren *Darstellung* der Entscheidungsgründe ermitteln. Eine Darstellung in diesem Sinne verlangt mehr als die bloße Präsentation der Arbeitsergebnisse.[15] Sie bezieht sich vor allem auf die Dokumentation der gedanklichen Operationen, die zu der getroffenen Entscheidung geführt haben. Die Darstellung ist als Repräsentation der Herstellung das „Fenster", durch das Außenstehende in den Herstellungsprozess Einsicht nehmen können.[16]

Es sei schon an dieser Stelle darauf hingewiesen, dass die verwaltungsrechtlichen Begründungspflichten lediglich auf Wahrhaftigkeit – also die Übereinstimmung der tatsächlich angestellten, die Entscheidung tragenden Überlegungen mit den dokumentierten –, nicht dagegen auf materielle Richtigkeit der angeführten Gründe zielen.[17] Die Gemeinde hätte in dem vorstehenden Beispiel gegebenenfalls darzutun, welche Alternativen sie betrachtet hat, welche Vor- und Nachteile diese im Vergleich mit der Ausweisung eines Industriegebietes gehabt hätten und worauf sich die Hoffnung stützt, die wirtschaftliche Attraktivität der Gemeinde zu fördern.

---

[14] Der „Rechtfertigungszusammenhang" ist als Rechtsbegriff auf die Übereinstimmung einer Entscheidung oder einer Norm mit rechtlichen Anforderungen bezogen, während der *context of justification* keine solche Beschränkung kennt; vgl. *P. Hoyningen-Huene*, 18 Stud. Hist. Phil. Sci. 1987, S. 501 (503 ff.), m. w. N.

[15] So aber *H.-H. Trute*, Methodik der Herstellung und Darstellung verwaltungsrechtlicher Entscheidungen, in: Schmidt-Aßmann/Hoffmann-Riem (Hrsg.), Methoden der Verwaltungsrechtswissenschaft, 2004, S. 293 (299); an anderer Stelle bezieht *Trute* die Darstellung auf eine „Rechtfertigung nach Standards der wissenschaftlichen Methodik" – *H.-H. Trute*, Methodik der Herstellung und Darstellung verwaltungsrechtlicher Entscheidungen, in: Schmidt-Aßmann/Hoffmann-Riem (Hrsg.), Methoden der Verwaltungsrechtswissenschaft, 2004, S. 293 (296).

[16] Im einzelnen s. C.I.4.

[17] S. u. C.I.4.

Diese Erwägungen sind analytisch zu trennen von den Beweggründen im psychologischen Sinn, was nicht heißt, dass Motive nicht auch in entscheidungstragende Gründe umschlagen können. Soweit sie das tun, sind sie Teil der Entscheidungsherstellung und in dieser Eigenschaft zum Zwecke der gerichtlichen wie politischen Kontrolle des Erstentscheiders nachvollziehbar zu dokumentieren.

Die *Kontrolle* schließlich besteht in der Überprüfung, ob die ausgewählte Handlungsalternative den jeweils anzuwendenden Kontrollmaßstäben hinsichtlich des Entscheidungsvorgangs oder des Ergebnisses genügt.[18] Im weiteren Sinne gehört die demokratische Bindung an den Willen des Souveräns durch Wahlen auch zur Kontrolle. Im Rahmen dieser Schrift wird dagegen nur die gerichtliche Kontrolle von hoheitlichen Handlungen betrachtet.

## 2. Abwägung bei der Rechtsanwendung

Zunächst ist die Entscheidungsherstellung in den Blick zu nehmen, da es ohne ein genaues Verständnis der gedanklichen Operationen, die zu einer Entscheidung führen, nicht möglich sein wird, die rechtlichen Anforderungen an staatliche Abwägungsentscheidungen angesichts deren vielfältigen Erscheinungsformen hinreichend präzise herauszuarbeiten; weil und soweit sich die gerichtliche Kontrolle von Exekutivakten auch auf den Abwägungsvorgang bezieht, dient ein exaktes Bild von der Entscheidungsherstellung außerdem der unter D. präsentierten Analyse der Maßstäbe, die die Gerichte an Verwaltungsentscheidungen anlegen.

Besondere Bedeutung kommt dem Vorgang der Entscheidungsherstellung dann zu, wenn er nicht bloß im einfachen und unproblematischen Nachvollziehen eines gesetzlichen Befehls besteht, sondern – wie im Planungsrecht regelmäßig der Fall – in der Aufgabe, verfahrensmäßig und materiellrechtlich einwandfreien Gebrauch von einer bestehenden Gestaltungsfreiheit zu machen. Dies hat mit Blick auf das Postulat der Bindung der Verwaltung an Gesetz und Recht nach Art. 20 Abs. 3 GG auch eine verfassungsrechtliche Dimension, auf die vorab hinzuweisen ist.

### *a) Das Gesetzesbindungspostulat und die Spielräume der Rechtsanwender (Art. 20 Abs. 3 GG)*

Entscheidungsspielräume der Rechtsanwender in Verwaltung und Rechtsprechung verlangen nach Ergänzungen eines unklar oder unvollständig

---

[18] Die nähere Untersuchung der gerichtlichen Kontrolle von Abwägungsentscheidungen erfolgt unter D.

erklärten Willen des Gesetzgebers. Auch wenn man mit dem Bundesverfassungsgericht unter Berufung auf die Formulierung „Gesetz *und Recht*" (Hervorhebung E. H.) einen engen Gesetzespositivismus ablehnt,[19] steht die Rechtsanwendung, wenn und soweit sie über einen „mechanischen" Vollzug der Gesetze hinausgeht, in einer partiellen Spannung zu Art. 20 Abs. 3 GG.[20] Die Grundlinien des Konflikts werden deutlich, wenn man näher auf die seit jeher anerkannten Bezugspunkte der Gesetzesbindung blickt, nämlich den Buchstaben des Gesetzes einerseits und seinen Sinn und Zweck andererseits.[21] Im folgenden werden Wortlaut und Gesetzeszweck auch kurz als das Gesagte beziehungsweise das Gewollte bezeichnet.[22]

Unproblematisch hinsichtlich der Gesetzesbindung sind (lediglich) die Fälle, in denen das Gesagte eindeutig ist und das Gesagte dem Gewollten entspricht. Handelt es sich überdies um gebundenes Verwaltungshandeln, so ist bei tatsächlichem Vorliegen der gesetzlichen Voraussetzungen die einzige rechtmäßige Handlung der Verwaltung durch das Gesetzesrecht bestimmt. Ob dies nur theoretisch denkbare, im Grunde fiktive Fälle sind, soll hier nicht weiter interessieren. Jedenfalls erscheint die Rechtsanwendung dann als bloße Identifikation und Vollzug eines klaren gesetzgeberischen Willens, der in Gestalt des gesetzlichen Tatbestands die Lösung des Rechtsstreits quasi bereits enthält, welche vom Rechtsanwender nur noch aufgefunden werden muss. *Trute* spricht anschaulich vom „Entpacken" der Lösung, die im Normprogramm bereits enthalten sei.[23] Mit anderen Worten ist die Anwendung des geltenden Rechts in den entsprechenden Sachverhalten durch den Gesetzgeber voll determiniert.

Ist dagegen die Beantwortung einer relevanten Rechtsfrage nicht so klar, eindeutig und zwingend durch das Gesetz vorgegeben, fußt die Entscheidung nicht allein auf dem durch den Normtext artikulierten Willen des Souveräns, sondern eben auch auf zusätzlichen Erwägungen des Rechtsanwenders. Zum Teil wird die Ergänzungsbedürftigkeit vom Normgeber als Element der Rechtsanwendung bewusst eingesetzt – so etwa im Bereich des Verwaltungsermessens –, zum Teil resultieren Gestaltungsfreiheiten aus nicht oder nur schwer überwindbaren Eigenschaften der natürlichen Spra-

---

[19] BVerfG v. 14.2.1973, E 34, S. 269 (287).

[20] Da in diesem Abschnitt die Entscheidungsherstellung, nicht die Kontrolle von Entscheidungen untersucht wird, sollen die Parallelen zu der Problematik, die sich im Rahmen von Art. 97 Abs. 1 GG stellt, nicht vertieft werden

[21] BVerfG v. 30.3.1993, E 88, 145 (166 f.); v. 15.10.1996, E 95, S. 64 (93) – Wortlaut und Gesetzeszweck; zuletzt v. 29.7.2004, NJW 2004, S. 2662 (2662).

[22] So die treffende Formulierung von *H.-J. Koch/H. Rüßmann*, Juristische Begründungslehre, 1982, S. 169, 247 f.

[23] *H.-H. Trute*, Methodik der Herstellung und Darstellung verwaltungsrechtlicher Entscheidungen, in: Schmidt-Aßmann/Hoffmann-Riem (Hrsg.), Methoden der Verwaltungsrechtswissenschaft, 2004, S. 293 (303).

che unabhängig von etwaigen gesetzgeberischen Intentionen, Spielräume zu schaffen.[24] Zusammengenommen stellt sich die Rechtsanwendung in den meisten Fällen als ein anspruchsvoller Vorgang dar, der auch gewisse Ergänzungen der Rechtsanwender erfordert, was wertende Elemente einschließt.

*aa) Bindung an den Normtext oder an den Inhalt des Gesetzes?*

Vielfältigkeit und Unausweichlichkeit der Gestaltungsfreiräume haben zum Teil sogar Anlass gegeben, eine Bindung an den Inhalt des Gesetzes für illusorisch zu halten.[25] Der Inhalt des Gesetzes, seine Bedeutung, werde entgegen der herrschenden, auch vom Bundesverfassungsgericht geteilten Ansicht erst durch den Normanwender *hergestellt*. Eine auf den Inhalt des Gesetzes bezogene Wortlautgrenze sei weder in semantischer noch in methodologischer Hinsicht auszumachen.[26] Der Verweis der modernen Semantik auf die empirische Feststellung eines relevanten Sprachgebrauchs lasse sich nicht hinreichend genau einlösen.[27] Gerade dann, wenn man auf die Methodenlehre zur Präzisierung des Gesetzestexts angewiesen sei, versage die Semantik.[28] Die juristische Methodik resultiere – in Gestalt des Auslegungsmodells – in einer diskursiven Endlosschleife,[29] scheitere in Form des Decodierungsmodells an der Komplexität sprachlicher Ordnung[30] oder führe, folge man dem Ansatz des Konkretisierungsmodells, in Wirklichkeit über die Rechtsanwendungslehre hinaus.[31]

Vielmehr könne sich die Gesetzesbindung bei angemessener Inrechnungstellung linguistischer Erkenntnisse nur auf den Normtext als Zeichenfolge beziehen, der ein Eingangsdatum der Auslegung neben anderen sei.[32] Bedeu-

[24] Es greift deshalb zu kurz, wenn die Literatur zu Art. 20 Abs. 3 GG lediglich Ermessens-, Beurteilungs- und Prognoseermächtigungen als spielraumbezogene Problembereiche des Gesetzesbindungspostulats thematisiert, s. etwa *M. Sachs*, in: Sachs, GG, 2003, Art. 20 Rz. 115; *H. Schulze-Fielitz*, in: Dreier/Bauer (Hrsg.), GG, Bd. 2 (Art. 20–82), 1998, Art. 20 Rz. 121 ff.

[25] *R. Hegenbarth*, Juristische Hermeneutik und linguistische Pragmatik: dargestellt am Beispiel der Lehre vom Wortlaut als Grenze der Auslegung, 1982, S. 51; *P. Schiffauer*, Wortbedeutung und Rechtserkenntnis, 1979, S. 102–104; *R. Christensen*, Was heißt Gesetzesbindung? 1989, S. 77 ff.; *F. Müller/R. Christensen*, Juristische Methodik. Grundlagen Öffentliches Recht[8], Bd. I, 2002, Rz. 275 ff.

[26] *R. Christensen*, Was heißt Gesetzesbindung? 1989, S. 68 ff. bzw. 86 ff.

[27] *R. Christensen* (S. 114, Fn. 26), S. 77 ff.

[28] So der des öfteren erhobene Vorwurf, s. etwa *P. Schiffauer*, Wortbedeutung und Rechtserkenntnis, 1979, S. 102 f.

[29] *R. Christensen*, Was heißt Gesetzesbindung? 1989, S. 88 ff.

[30] *R. Christensen* (S. 114, Fn. 29), S. 108 ff.

[31] *R. Christensen* (S. 114, Fn. 29), S. 127 ff.

[32] *F. Müller/R. Christensen*, Juristische Methodik. Grundlagen Öffentliches Recht[8], Bd. I, 2002, Rz. 275 ff.

tung und Wert der gebrauchten Zeichen würden in den realen sprachlichen Handlungen nicht nur nicht herausgefunden oder modifiziert, sondern überhaupt erst geschaffen.[33] Dabei ist für *Müller/Christensen* ein „Normbereich“ genannter Ausschnitt aus der sozialen Wirklichkeit Bestandteil der Rechtsnorm.[34] Der Normtext wird von den genannten Autoren als Wortlautgrenze ausdrücklich anerkannt,[35] wobei sich die Grenzfunktion eben nicht aus semantischen Eigenschaften sprachlicher Zeichen, sondern aus den normativ geforderten Wirkungen für Rechtssicherheit, Normklarheit, Publizität und Unverbrüchlichkeit der Verfassungsordnung ergebe.[36] Die juristische Methodik führe kaum jemals zur einzig richtigen Entscheidung, sondern zu mehr als nur einer vertretbaren. Vertretbarkeit setze die Einbeziehung aller notwendigen Sprachdaten und Realdaten, deren methodisch genaue und nachvollziehbare Verarbeitung und die Folgerichtigkeit von Ergebnissen und Gründen voraus.[37]

Diesem als „strukturierende Rechtslehre“ oder „Strukturtheorie“ bezeichneten Ansatz ist zuzugeben, dass tatsächlich nur wenige Fälle so einfach liegen dürften, dass die Ermittlung oder Erzeugung des Norminhalts durch den Rechtsanwender keine besondere Aufmerksamkeit erfordert. Das führt zur Frage, was mit „Bedeutung sprachlicher Ausdrücke“ gemeint ist und wie sie sich gegebenenfalls ermitteln lässt. Dem ist im Rahmen der Erörterung der Gesetzesauslegung noch im einzelnen nachzugehen.[38]

Der strukturierenden Rechtslehre kann aber bereits ohne eine Vertiefung des Bedeutungsbegriffs entgegengehalten werden, dass sie die Unterschiede zwischen den verschiedenen Ursachen von Unbestimmtheit vernachlässigt, auf die es bei der Suche nach ihrer adäquaten dogmatischen Behandlung ankommt.[39] Semantisch bedingte Ambiguitäten können ganz unterschiedlicher Natur sein.[40] Mehrdeutigkeit, Vagheit und Prognosebegriffe weisen Gemeinsamkeiten, jedoch auch erhebliche Unterschiede auf.[41] Als Gruppe

---

[33] *F. Müller*, Strukturierende Rechtslehre², 1994, S. 377f.; ebenfalls *R. Ogorek*, Der Wortlaut des Gesetzes. Auslegungsgrenze oder Freibrief, in: Forstmoser (Hrsg.), Rechtsanwendung in Theorie und Praxis. Symposium zum 70. Geburtstag von Arthur Meier-Hayoz, 1993, S. 21 (33) – Wortlautgrenze als reines Verbalbekenntnis; dezidiert anderer Ansicht *M. Klatt*, Theorie der Wortlautgrenze: semantische Normativität in der juristischen Argumentation, 2004, S. 103ff.

[34] *F. Müller/R. Christensen*, Juristische Methodik. Grundlagen Öffentliches Recht⁸, Bd. I, 2002, Rz. 482.

[35] *F. Müller/R. Christensen* (S. 115, Fn. 34), Rz. 310f.

[36] *F. Müller/R. Christensen* (S. 115, Fn. 34), Rz. 310f.

[37] *F. Müller/R. Christensen* (S. 115, Fn. 34), S. 7.

[38] S.u. C.I.2.b)aa)(3).

[39] S.u. C.I.2.b), C.I.2.c) und C.I.2.d).

[40] Kritisch zu *Müllers* Ansatz *H.-J. Koch*, EuGRZ 1986, S. 345 (352 l. Sp.) m.w.N.

[41] S.u. C.I.2.b)bb).

sind sie wiederum zu trennen von normstrukturellen Gestaltungsfreiheiten, etwa den Prinzipien im Sinne *Alexy*s oder Ermessensbegriffen.[42]

Um solche Differenzierungen geht es der strukturierenden Rechtslehre nicht.[43] Ihr Hauptanliegen besteht darin, die Fragwürdigkeit eines naiven Rechtspositivismus nachzuweisen[44] und die Herstellung der anzuwendenden Norm als einen komplexen Vorgang zu beschreiben,[45] für den der Normtext ein wichtiges, aber keinesfalls stets ausschlaggebendes Datum ist. Damit kommt der Strukturtheorie mit Blick auf die Bindung an das Gesagte im Sinne von Art. 20 Abs. 3 GG keine präzisierende Aussagekraft zu. Sie ist insoweit nicht zielführend und braucht nicht weiter vertieft zu werden. Der in der Strukturtheorie verkörperte Bedeutungsskeptizismus dient jedoch als Bezugspunkt der nachstehenden Diskussion der Gesetzesauslegung.

### *bb) „Open texture" oder „one right answer"?*

Die an sich zutreffende Ausgangsannahme der Strukturtheorie, Rechtsanwendung sei in den allermeisten Fällen mehr als ein bloß mechanisches Nachvollziehen eines klar erkennbaren gesetzgeberischen Willens, ist zudem noch in einer anderen Hinsicht von Bedeutung. Sie deckt sich mit der deskriptiv gemeinten Feststellung *H. L. A. Hart*s, das Recht sei von einer grundsätzlich offenen Beschaffenheit (*„open texture"*).[46] Es sei ein geradezu universales Kennzeichen des Rechts, unvollständig und unbestimmt zu sein.[47] Dabei ließen sich zwei unterschiedliche Instrumente ausmachen, Normen zu kommunizieren: Rechtsetzung und Rechtsprechung (*„legislation"* bzw. *„precedent"*).[48] Während das Gesetzesrecht zur Artikulation des Gemeinten vielfach auf unbestimmte Rechtsbegriffe (*„general classifying words"*) zurückgreife, gäben die Entscheidungen der Rechtsprechung Beispiele für die Anwendung einer gesetzlichen Norm, die den Vergleich mit weiteren Fällen gestatteten und damit nach und nach zu einer Präzisierung unbestimmter Regeln beitrügen.[49]

---

[42] Zu semantischen und normstrukturellen Ergänzungsbedürftigkeit s. u. C.I.2.b)bb).

[43] *Müller* und *Christensen* widmen dem Phänomen der sprachlichen Unbestimmtheit und dem des Ermessens jeweils einzige Randziffer, *F. Müller/R. Christensen*, Juristische Methodik. Grundlagen Öffentliches Recht[8], Bd. I, 2002, Rz. 166 bzw. 397.

[44] So deutlich *F. Müller/R. Christensen* (S. 116, Fn. 43), Rz. 535.

[45] Zur Prozesshaftigkeit des *Müller*schen Ansatzes auch *D. Busse*, Juristische Semantik: Grundfragen der juristischen Interpretationstheorie in sprachwissenschaftlicher Sicht, 1993, S. 237.

[46] *H. L. A. Hart*, The concept of law, 1961, S. 124 ff.; zu den sprachphilosophischen Wurzeln dieser Beobachtung zählt vor allem *F. Waismann*, Verifiability, in: Flew (Hrsg.), Logic and language. Essays, 1951, S. 17 ff.

[47] *H. L. A. Hart* (S. 116, Fn. 46), S. 124 ff.

[48] *H. L. A. Hart* (S. 116, Fn. 46), S. 124.

[49] *H. L. A. Hart* (S. 116, Fn. 46), S. 124 f.

Für *Hart* ist die Offenheit des Rechts wegen der Verwendung natürlicher Sprachen unausweichlich. Das sei aber keineswegs nur negativ zu bewerten, da eine gewisse Unvollständigkeit des Rechts eine notwendige Funktion von Rechtsnormen erfülle. Eine volldeterminierte, mechanische Rechtsanwendung könne es nur in einer idealen Welt geben. In der wirklichen Welt seien Menschen zwei wesentlichen Beschränkungen unterworfen, der partiellen Unkenntnis von Tatsachen und der relativen Unbestimmtheit der Zielsetzungen.[50] Es sei Menschen und damit auch dem Gesetzgeber unmöglich, alle zukünftigen Entwicklungen vorherzusehen und durch Rechtsnormen normativ zu antizipieren.[51]

Demgegenüber enthält für *Dworkin* zwar nicht notwendigerweise das einfache Gesetz, doch das Recht als Ganzes stets eine richtige Lösung („*one right answer*"), die vom Rechtsanwender aufgefunden und ermittelt werden könne und müsse. In seiner Sichtweise kann es keine Gestaltungsfreiheiten der Rechtsanwender geben. Rechtsanwendung hat in *Dworkins* Augen nichts mit Rechtserzeugung oder -herstellung zu tun. Jede tatsächlich bestehende Unsicherheit darüber, welche die richtige Lösung ist, ist nach *Dworkin* ein rein kognitives, durch die Grenzen menschlicher Erkenntnismöglichkeiten verursachtes Problem.

Zur Begründung seiner Auffassung verweist *Dworkin* auf die Spruchpraxis der Gerichte, die sehr bedacht seien, auch in schwierigen und neuartigen Fällen ihre Tätigkeit als Rechtserkenntnis, nicht als Rechtsetzung zu beschreiben.[52] Der rituelle und auch im deutschen Recht zu beobachtende Sprachgebrauch der Gerichte[53] darf aber nicht einer realistischen Analyse der richterlichen Tätigkeit entgegenstehen.[54] Will man beschreiben, was Gerichte und andere Rechtsanwender in materiell-rechtlicher Hinsicht tun, so kann man nicht umhin festzustellen, dass die Rechtsanwender Unvollständigkeiten des Gesetzes durch Ergänzungen beseitigen, wenn sie die Entscheidung nicht verweigern oder an den Gesetzgeber verweisen wollen. Das lässt sich mit Fug und Recht als begrenzte Rechtsetzung bezeichnen.

*Dworkins* Beharren auf der Identifikation von Rechtsanwendung und Rechtserkenntnis ist aber ersichtlich nicht in einem funktional-deskriptiven Sinne gemeint. Die Hauptstoßrichtung der Argumentation *Dworkins* hat normativ-kompetentiellen Charakter und kann auf ein bestimmtes, weit

---

50 *H. L. A. Hart* (S. 116, Fn. 46), S. 128.

51 *H. L. A. Hart* (S. 116, Fn. 46), S. 128.

52 *R. Dworkin*, Taking Rights Seriously, 1977, S. 81; *R. Dworkin*, Law's empire, 1986, S. 37ff.

53 Bereits die üblichen, nicht zwingend gesetzlich vorgeschriebenen Urteilsformeln legen davon Zeugnis ab („für Recht erkannt"; vgl. § 117 VwGO), worauf auch *U. Klug*, Juristische Logik[4], 1982, S. 204, hinweist.

54 So auch *Hart* in seinem Nachwort zur zweiten Auflage von „The Concept of Law", *H. L. A. Hart*, The Concept of Law[2], 1994, S. 273f.

verbreitetes Verständnis von Gewaltenteilung zurückgeführt werden. Für seine Betrachtung steht die Rechtsanwendung durch Gerichte eindeutig im Vordergrund. Rechtsanwendung durch Richter müsse aber wegen des Grundsatzes der Gewaltenteilung auf die Ermittlung des gesetzgeberischen Willens beschränkt bleiben.[55] Jede darüber hinausgehende Auslegung sei Rechtsetzung, die aber im demokratischen Rechtsstaat dem Gesetzgeber vorbehalten sei, weshalb Gerichte bei der Lösung neuartiger und entscheidungsoffener Fälle sich von Rechtsprinzipien, nicht von politischen Erwägungen leiten lassen sollten.[56]

Dem wird man als Appell grundsätzlich sicher zustimmen können. Die von *Dworkin* so nachdrücklich in den Vordergrund gerückte Forderung, Rechtsanwendung dürfe nur Rechtserkenntnis sein, nicht Rechtsetzung, verstellt aber durch ihre Ausdrucksweise wie erwähnt etwas den Blick auf die funktionale Seite der Angelegenheit. Aber auch in bezug auf die Kompetenz der Rechtsanwender in Verwaltung und Rechtsprechung zur begrenzten Rechtsetzung ist mit *Hart* entgegen *Dworkin* daran zu erinnern, dass ein Recht, das eine richtige Lösung für alle möglichen Fälle bereits enthält, noch nicht einmal als Ideal für die Rechtsetzung taugen dürfte.[57]

Diese Einschätzung *Harts* wird von den Einsichten gestützt, die in der Diskussion gewonnen wurden, welche in der ökonomischen Theorie des Rechts unter dem Stichwort *„rules vs. standards"* geführt wird.[58] Danach kann ein gewisses Maß an Unbestimmtheit und Unvollständigkeit auch im Ergebnis wünschenswert sein. So dürften sich präzise, detaillierte Bestimmungen (*„rules"*) dann als vorzugswürdig darstellen, wenn die zu regulierenden Aktivitäten häufig vorkommen, während sich offene Generalklauseln (*„standards"*) empfehlen können, wenn das zu regulierende Verhalten so stark variiert, dass die jeweilige einzelne Handlung verhältnismäßig selten vorkommt[59] oder besonders hohe Anreize zur außergerichtlichen Einigung gesetzt werden sollen.[60]

---

[55] *R. Dworkin*, Taking Rights Seriously, 1977, S. 84f.

[56] *R. Dworkin* (S. 118, Fn. 55), S. 84; zur Rechtsprechungspraxis in Deutschland und deren Legitimationszwängen bei Auslegung und Rechtsfortbildung knapp *D. Busse*, Juristische Semantik: Grundfragen der juristischen Interpretationstheorie in sprachwissenschaftlicher Sicht, 1993, S. 37.

[57] *H. L. A. Hart*, The Concept of Law², 1994, S. 128.

[58] *R. A. Posner/I. Ehrlich*, 3 Journal of Legal Studies 1975, S. 257ff.; *C. S. Diver*, 93 Yale Law Journal 1983, S. 65ff.; *L. Kaplow*, 11 Journal of Law, Economics & Organization 1995, S. 150ff.; *T. Ulen*, Präzise und unpräzise Verhaltensnormen im Lichte begrenzter Rationalität, in: Ott/Schäfer (Hrsg.), Die Präventivwirkung zivil- und strafrechtlicher Sanktionen: Beiträge zum VI. Travemünder Symposium zur ökonomischen Analyse des Rechts vom 25.–28. März 1998, 1999, S. 346ff.

[59] *L. Kaplow*, General Characteristics of Rules, in: Bouckaert/De Geest (Hrsg.), Encyclopedia of Law and Economics, Bd. IX, 2000, S. 502 (510) m. w. N.

[60] *L. Kaplow* (S. 118, Fn. 59), S. 502 (504)

Die Grundüberlegung ist folgende.[61] Die Formulierung exakter Regeln erfordert zunächst mehr Aufwand als die generell gefaßter Leitlinien. Generalklauseln können dem Gesetzgeber also Kosten ersparen. Wollte man etwa die Luftverschmutzung durch bestimmte Stoffe bekämpfen, so könnte man es bei einem Genehmigungserfordernis für Errichtung und Betrieb bestimmter Anlagen belassen, das an die Nichtherbeiführung schädlicher Umwelteinwirkungen geknüpft wäre.[62] Offene Normen dieser Art können zudem zur Reduzierung der Komplexität des einfachen Gesetzesrechts beitragen. Je detaillierter eine Regelung ist, desto mehr Differenzierungen enthält sie, was die Überschaubarkeit der entsprechenden Regelungen beeinträchtigen kann. Generalklauseln tragen dagegen mit ihrer Pauschalität zur Übersichtlichkeit des Gesetzesrechts bei und sind gleichzeitig in der Lage, Einzelfallgerechtigkeit herzustellen.

Den genannten potentiellen Vorzügen vollzugsoffener Normen stehen jedoch im Vergleich mit präzisen Bestimmungen auch erhebliche Nachteile gegenüber. Die Offenheit einer Norm erschwert graduell die Rechtsfindung durch die Normadressaten, die Verwaltung und die Gerichte, da die tatsächlich geltende Norm nicht am Normtext intuitiv abzulesen ist, sondern eine aufwendige Analyse des Textes und seiner bisherigen Interpretation durch die Rechtsprechung voraussetzen kann. Was etwa eine „schädliche Umwelteinwirkung“ im Sinne eines Gesetzes genau ist, ob also ein bestimmtes Verhalten genehmigungsbedürftig und -fähig erscheint, ist nicht ohne weiteres zu erkennen und kann daher umstritten sein.[63] Daran lässt sich sehen, dass detaillierte Regelungen den Vorzug besitzen, die Kosten des Vollzugs einer Norm durch erhöhte Rechtsklarheit und Rechtssicherheit senken zu können. Bereits im Vorfeld eines Projekts kann es in bezug auf die Umsetzung einer gesetzlichen Regelung eine Rolle spielen, wie hoch die Kosten für die Rechtsunterworfenen sind, sich über das geltende Recht zu informieren. Je schwieriger es ist, die geltende Rechtslage zu ermitteln, desto geringere Chancen bestehen in Abhängigkeit von etwaigen Sanktionen, dass das anzuwendende Recht tatsächlich zur Geltung kommt.

Aus diesen Grundzügen der Debatte um *„rules vs. standards“* sollte ersichtlich geworden sein, dass die Frage nach dem angemessenen Grad an Detailtiefe von gesetzlichen Regelungen ein Optimierungsproblem darstellt. Obwohl seine Lösung stets von den Gegebenheiten des Einzelfalles

---

61 Knappe Darstellungen bieten *L. Kaplow* (S. 118, Fn. 59), S. 502 (503f.), und *H.-B. Schäfer*, 67 Rabels Zeitschrift für ausländisches und internationales Privatrecht 2003, S. 550 (555ff.).

62 Vgl. §§ 1, 3, 6 BImSchG.

63 Daher unterscheidet das deutsche Immissionsschutzrecht nach verschiedenen Schadstoffen, definiert Grenzwerte und die dazugehörigen Messverfahren; vgl. etwa die Technische Anleitung Luft.

abhängen wird, kann generell festgehalten werden, dass sich die Erarbeitung detaillierter Bestimmungen angesichts der damit verbundenen Kosten vor allem dann lohnt, wenn die zu regulierenden Tätigkeiten dem Gesetzgeber klar erkennbar sind und voraussichtlich häufig auftreten. Während die Kosten der Herstellung einer trennscharfen Norm einmal anfallen, entsteht der Nutzen ihres leichteren Vollzugs auf Seiten der Rechtsanwender und Rechtsunterworfenen in jedem einzelnen Fall. Die transparente und präzise Definition etwa der Luftschadstoffkonzentrationen, die beim Betrieb von Kohlekraftwerken anfallen, ist daher nicht nur ein Gebot der Bestimmtheit und Rechtssicherheit, sondern auch eines der rechtspolitischen Vernunft.

Stellt sich damit die genaue Festsetzung eines Konzentrationswertes für Schwefeldioxid, eines Leitschadstoffes zur Bewertung von Abgasen der Kohleverbrennung, also eines weit verbreiteten Vorgangs, als begrüßenswert dar,[64] so kann es sich hingegen empfehlen, auf die ausdrückliche Begrenzung der Abgase eines nur sehr selten eingesetzten Verfahrens auf der Ebene der exekutivischen oder parlamentarischen Normsetzung zu verzichten und die Präzisierung der Rechtsanwendung zu überlassen. Regelmäßig dürften die Kosten weiterer Ermittlungen im Rahmen der Vorbereitung einer Rechtsnorm mit dem angestrebten Grad an Detailliertheit steigen, so dass Generalklauseln zur Adressierung seltener Fälle gute Dienste leisten können. Schließlich sind auch Fälle vorstellbar, in denen die Anwendbarkeit einer Norm auf bestimmte Verhaltensweisen im Zeitpunkt der Normsetzung gar nicht vorhersehbar war, die aber nach dem Konzept der Normgeber dennoch in den Anwendungsbereich der Vorschriften fallen sollen.

Die von *Hart* beschriebene *„open texture"* des Rechts ist im Anschluss an die dargestellten Überlegungen nicht nur als deskriptiver Befund zu würdigen, sondern auch als hilfreiches und legitimes Instrument der Aufgabenteilung zwischen parlamentarischer wie exekutivischer Rechtsetzung und Rechtsanwendung. Art. 20 Abs. 3 GG erweist sich in einem solchen Verständnis als Gebot, die bestehenden Entscheidungsspielräume in Bindung an gesetzgeberische Vorgaben zu nutzen. Der Rechtsanwendung kommt daher eine begrenzte Kompetenz zur ergänzenden Rechtsetzung zu, was einerseits eine gewisse Gestaltungsfreiheit der Rechtsanwender impliziert, andererseits noch näher zu bestimmende, durch Wortlaut und Sinn der gesetzlichen Vorschriften gesetzte Grenzen postuliert. Das entspricht im Ergebnis auch der Rechtsprechung des Bundesverfassungsgerichts, das keinen starren Rechtspositivismus vertritt, sondern der Rechtsanwendung die Aufgabe überträgt, Ambiguitäten des Gesetzesrechts durch Auslegung und Rechtsfortbildung dazu zu nutzen, das geltende Recht an den Wandel

---

[64] S. die TA Luft und die 22. BImSchV.

der Verhältnisse und der Anschauungen anzupassen.[65] Entsprechende Leistungen sind von den Rechtsanwendern bei der Gesetzesauslegung, der Rechtsfortbildung und der Betätigung des Ermessens gefordert.

### *cc) Gesetzesauslegung, Rechtsfortbildung und Ermessen im Lichte des Gesetzesbindungspostulats*

Was die sogleich unter (b) zu betrachtende Gesetzesauslegung anbelangt, so ist es nicht nur ein Gebot praktischer Vernunft, zunächst nach einer vom Gesetzgeber eindeutig präferierten Konfliktlösung Ausschau zu halten. Ein solches Vorgehen folgt auch aus dem Gesetzesbindungspostulat. Existiert nämlich eine derartige Lösung, gebührt ihr vorbehaltlich ihrer Verfassungswidrigkeit der Vorrang vor allen anderen Erwägungen. Die Suche nach einer derartigen Auslegungsoption kann aber bekanntlich scheitern, und dies auch aus prinzipiellen Gründen, weshalb Leistungsfähigkeit und Grenzen der Bindung an Wortsinn wie gesetzgeberische Regelungsabsichten besondere Relevanz zukommt. Dabei wird zunächst zu klären sein, worauf genau sich das Wortsinnermittlungsgebot bezieht (s. u. b)aa)). Zu den daran anschließend zu untersuchenden Phänomenen, die einer eindeutigen Feststellung des Wortsinnes entgegenstehen können, zählen insbesondere Mehrdeutigkeit, Vagheit und begriffsbedingte Prognosen (nachstehend b)bb)).

Auf die Unterscheidung zwischen der *Feststellung* des semantischen Gehalts gesetzlicher Ausdrücke unter Beachtung subjektiv-teleologischer Anhaltspunkte (Wortsinnauslegung im engeren Sinn) und der Konkretisierung und Präzisierung uneindeutiger Rechtsvorschriften durch ergänzende Erwägungen des Rechtsanwenders sei bereits an dieser Stelle hingewiesen. Sie ist eng mit den zwei Leitfragen der nachfolgenden Betrachtung der Gesetzesauslegung verbunden. Die erste bezieht sich auf die erwähnte, ausgesprochen bedeutungsskeptizistische Haltung, wie sie insbesondere die strukturierende Rechtslehre vorträgt. Träfe sie zu, so ließe sich die Gesetzesauslegung in keinem ernstzunehmenden Sinne als objektiver Ermittlungsvorgang verstehen, sondern wäre in vollem Umfang Rechtserzeugung. Dass dies zu weitgehend ist, wird zu zeigen sein.

Die zweite Leitfrage bezieht sich auf den Grenzverlauf zwischen Ermittlung des semantischen Gehalts gesetzlicher Bestimmungen einerseits und seiner Festsetzung durch den Rechtsanwender andererseits. Im Mittelpunkt der vorliegenden Untersuchung stehen Abwägungsvorgänge, wie sie für die Rechtserzeugung typisch sind. Wo aber hört die bloße Ermittlung des vom Gesetzgeber Festgelegten auf, so schwierig sie auch im Einzelfall sein mag, und wo fängt die Rechtserzeugung, also die gestalterisch-ergänzende

[65] BVerfG v. 14.2.1973, E 34, S. 269 (288f.).

Tätigkeit der Rechtsanwender an? Es stellt sich nicht nur als Gebot der Methodenehrlichkeit dar, die Separierung der berührten drei Bereiche – Ermittlung des semantischen Gehalts gesetzlicher Bestimmungen, darüber hinausgehende ergänzende Tätigkeit der Rechtsanwender durch Festsetzung des semantischen Gehalts und die Überschreitung der Wortlautgrenze durch Rechtsfortbildung – möglichst klar vorzunehmen. Eine solche Aufteilung erscheint auch mit Blick auf das strafrechtliche Analogieverbot des Art. 103 Abs. 2 GG als dogmatisch notwendig, und schließlich sollte nicht übersehen werden, dass sie mit der Inanspruchnahme unterschiedlich großer Spielräume durch die Rechtsanwender verbunden sind und ihr deshalb hinsichtlich der Gesetzesbindung und der Gewaltenteilung auch eine Warnfunktion zukommt. Je größer die Gestaltungsfreiheiten sind, von denen Verwaltung und Gerichte Gebrauch machen, desto größer dürfte der bei der Rechtsanwendung angebrachte Grad an Sorgfalt und Vorsicht sein, wobei die Spielräume im allgemeinen in einer Stufung von semantischer Gesetzesinterpretation, ergänzender („objektiv-teleologischer") Auslegung und schließlich der Rechtsfortbildung zunehmen.

Letztgenannte ist eine grundsätzlich zulässige Fortführung unvollständig gebliebener oder ungenauer Rechtsnormen und kann als die begrenzte Geltendmachung des Gewollten unter Umständen sogar gegen das Gesagte aufgefasst werden (c). Damit sind Gestaltungsspielräume der Rechtsanwender verbunden, die näher zu betrachten sein werden. Dass der Rechtsfortbildung aber auch Grenzen zu setzen sind, steht als solches außer Frage, was unter anderem ebenfalls eine unmittelbare Konsequenz des Gesetzesbindungspostulats ist. Würde die Berufung auf das Gewollte zum Überspielen des Gesagten ohne jede Rückbindung an den Wortlaut der Bestimmungen ermächtigen, wäre Beliebigkeit die Konsequenz, die sowohl die Bindung an Gesetz und Recht als auch letztlich den Gewaltenteilungsgrundsatz leerlaufen ließe. Soweit es, wie häufig der Fall, bei der Rechtsfortbildung um die Ergänzung und Weiterentwicklung bereits bestehender Regelungen geht, so liegt die wesentliche, wenngleich freilich präzisierungsbedürftige Maßgabe für die Nutzung der in Anspruch genommenen Gestaltungsfreiheit im verfassungsrechtlichen Gleichbehandlungsgebot (Art. 3 Abs. 1 GG).

Schließlich sind die ermessensbezogenen Gestaltungsfreiheiten zu betrachten. Bezüglich der Anweisungen, wie mit dem Phänomen der Spielräume zu verfahren ist, erscheinen die dogmatischen Anforderungen an die Betätigung des Verwaltungsermessens als am weitesten ausdifferenziert. Ermessensermächtigungen stellen sich mit Blick auf Art. 20 Abs. 3 GG als bewusste Lockerungen der Gesetzesbindung zur Erzielung adäquater Einzelfallergebnisse dar, wobei das Verwaltungshandeln an das Gesagte in Gestalt des gesetzlichen Tatbestands und an das Gewollte in Gestalt der Ermächtigungszwecke gebunden bleibt (im Einzelnen s. u. d)).

### *b) Gesetzesauslegung*

Zunächst aber soll es um die Gesetzesauslegung gehen. Ihre bereits angesprochenen Elemente – Wortsinn, subjektiv-teleologische und objektiv-teleologische Auslegung – sind Bestandteile der heute herrschenden Auslegungslehre, die auf dem Kanon von Methoden beruht, den *Friedrich Carl von Savigny* entwickelt hatte. Nach *von Savignys* Überlegungen sind die grammatikalische, die historische, die systematische und die logische Auslegung zu unterscheiden.[66] Die darauf fußende „Alte Hermeneutik" hat sich das Bundesverfassungsgericht in bezug auf die Auslegung unterverfassungsrechtlichen Rechts wie später auch hinsichtlich der Verfassung selbst bereits in den Fünfziger Jahren des letzten Jahrhunderts zu eigen gemacht.[67] Im Schrifttum sind einflussreiche Autoren wie *Ernst Forsthoff*,[68] *Karl Larenz*[69] und *Karl Engisch*[70] dem Gericht gefolgt.[71] In moderner Fassung der Auslegungsmethoden ist danach unter Absehung von kleineren Unterschieden zwischen den verschiedenen Autoren

- der Wortsinn der gesetzlichen Ausdrücke festzustellen (Wortsinnauslegung),
- wobei der gesetzliche Rahmen im Sinne des Kontextes beachtet werden muss (systematische Auslegung),
- die Regelungsabsicht des Gesetzgebers heranzuziehen (subjektiv-teleologische Auslegung) und
- der Zweck des Gesetzes unabhängig von den Absichten des historischen Gesetzgebers zu berücksichtigen (objektiv-teleologische Auslegung).

Obwohl es unter Heranziehung der genannten Auslegungsmethoden im Einzelfall möglich ist, eine vom Gesetzgeber eindeutig angeordnete Lösung zu ermitteln, so ist keine noch so ausgefeilte Auslegungslehre in der Lage, wohl auch nur in der überwiegenden Zahl der Fälle eine volle Determinierung des (gebundenen) Verwaltungshandelns zu erreichen.[72] Das

[66] *F. C. von Savigny*, System des heutigen Römischen Rechts, 1840, Bd. I, S. 213; Bd. III, S. 244.

[67] BVerfG v. 17.5.1960, E 11, S. 126 (130f.); v. 3.4.1979, E 51, S. 97 (108ff.) (st. Rspr.).

[68] *E. Forsthoff*, Die Umbildung des Verfassungsgesetzes, in: Barion/Forsthoff (Hrsg.), Festschrift für Carl Schmitt zum 70. Geburtstag: dargebracht von Freunden und Schülern, 1959, S. 35ff.

[69] *K. Larenz*, Methodenlehre der Rechtswissenschaft$^6$, 1991, S. 204ff.; auch die Fortführung des Werkes durch *Canaris* folgt dem, s. *K. Larenz/C.-W. Canaris*, Methodenlehre der Rechtswissenschaft$^3$, 1995, S. 25ff.

[70] *K. Engisch*, Einführung in das juristische Denken$^8$, 1983.

[71] Vgl. den Überblick bei *S.A. Meyer*, Sichere Kenntnis von Recht und Tatsachen. Juristische Methode und Erkenntnistheorie, 1996, S. 78ff.

[72] Nach *K. Larenz/C.-W. Canaris*, Methodenlehre der Rechtswissenschaft$^3$, 1995, S. 166, ist die Auslegung kein Rechenexempel, sondern eine schöpferische Geistestätigkeit, von der man nicht letzte Genauigkeit erwarten darf (in bezug auf die Rangfolge

liegt unter anderem an den Grenzen, die der Präzision der Gesetzesbindung hinsichtlich des Wortsinns gezogen sind (aa) und bb)).

### *aa) Die verschiedenen Ansätze in bezug auf die Wortsinnauslegung*

#### *(1) Hermeneutik*

Das an erster Stelle zu erörternde Wortsinnermittlungsgebot erscheint vielleicht zunächst unproblematisch, ist aber bei näherer Betrachtung alles andere als eindeutig. Die Ermittlung des sprachlichen Gehalts von Rechtsnormen ist nach Ansicht verschiedener Anhänger der hermeneutischen Ansätze jedenfalls kein gänzlich beschreibbarer Vorgang. Die Auslegung beruhe auf einem Hin- und Herwandern des Blicks zwischen Sachverhalt und Norm[73] und werde vom rechtlichen Vorverständnis sowie von einer als „Rechtsgefühl" apostrophierten Intuition bestimmt.[74] Die literaturwissenschaftlichen Wurzeln dieser Aussagen treten deutlich hervor, wenn man sie mit *Bettis* Erklärung vergleicht, das Erkenntnisziel der Hermeneutik sei der subjektive Geist, das Seelenleben des Autors.[75] Das Einzelne sei aus dem Ganzen und das Ganze aus dem Einzelnen zu verstehen.[76]

Dieser vielfach als „hermeneutischer Zirkel" bezeichnete Gedanke[77] findet sich auch in der im wesentlichen auf die Schriften *Gadamers* zurückgehenden Universalen („Neuen") Hermeneutik, die sich jedoch ursprünglich, also vor ihrer Übertragung auf juristische Auslegungsprobleme, nicht

von objektiv-teleologischer und historischer Auslegung); *R. Christensen*, Was heißt Gesetzesbindung? 1989, S. 305, räumt ein, die strukturierende Rechtslehre garantiere keine vollständige Determinierung der konkreten Entscheidung.

[73] *K. Larenz*, Forsthoff/Weber/Huber, FS für Huber, in: Forsthoff/Weber (Hrsg.), Festschrift für Ernst Rudolf Huber zum 70. Geburtstag am 8. Juni 1973, 1973, S. 291 (297: „die hin- und herlaufende Bewegung des Denkens").

[74] *H. Henkel*, Einfuehrung in die Rechtsphilosophie², 1977, S. 534 ff.; *M. Bihler*, Rechtsgefühl, System und Wertung: ein Beitrag zur Psychologie der Rechtsgewinnung, 1979, S. 68 f.; *H. Isay*, Rechtsnorm und Entscheidung, 1929, S. 335 ff.; *W. E. Joachim*, 93 ZvglRWiss 1994, S. 343 (343 ff.); zur Geschichte der juristischen Hermeneutik und ihrem Verhältnis zur allgemeinen Hermeneutik s. *O. R. Scholz*, Ius, Hermeneutica iuris und Hermeneutica generalis – Verbindungen zwischen allgemeiner Hermeneutik und Methodenlehre des Rechts im 17. und 18. Jhdt., in: Schröder (Hrsg.), Entwicklung der Methodenlehre in Rechtswissenschaft und Philosophie vom 16. bis zum 18. Jahrhundert: Beiträge zu einem interdisziplinären Symposion in Tübingen, 18.–20. April 1996, 1998, S. 85 ff.

[75] *E. Betti*, Allgemeine Auslegungslehre als Methodik der Geisteswissenschaften, 1967, S. 243 (italienisches Original Teoria generale della Interpretazione, 1955).

[76] *E. Betti* (S. 124, Fn. 75), S. 222.

[77] *M. Heidegger*, Sein und Zeit¹⁵, 1984, § 32; *H.-G. Gadamer*, Wahrheit und Methode: Grundzüge einer philosophischen Hermeneutik², 1965, S. 270 ff.; *E. Betti* (S. 124, Fn. 75), S. 219 ff., 613 ff.

als „Lehre des richtigen Verstehens von Texten" verstand.[78] Im Zentrum der Bemühungen *Gadamers* stand ausdrücklich nicht die Erarbeitung eines „Systems von Kunstregeln", die das methodische Verfahren der Geisteswissenschaften zu beschreiben oder gar zu leiten versuche.[79] Prägnant schreibt er: „Mein eigentlicher Anspruch aber war und ist ein philosophischer: Nicht, was wir tun, nicht, was wir tun sollten, sondern was über unser Wollen und Tun hinaus mit uns geschieht, steht in Frage".[80] Für *Gadamer* ist Verstehen zentral mit einem Einrücken des Erkenntnisobjektes in ein Überlieferungsgeschehen verknüpft.[81] Allerdings greift die juristische Neue Hermeneutik das Offenheitspostulat *Gadamers* zutreffend auf, wenn sie fordert, der Jurist solle vollständig reflektieren, seine Vorverständnisse nicht leugnen und unterdrücken, sondern offenlegen, und die Gerechtigkeitserwartungen Aller zur Grundlage und Richtschnur seiner Tätigkeit machen.[82]

### *(2) Topik*

Hält man die hermeneutischen Verweise auf das Hin- und Herwandern des Blicks zwischen Sachverhalt und Norm, das die Auslegung prägende Vorverständnis oder die hohe Bedeutung des Überlieferungsgeschehens in bezug auf die spezifischen Anforderungen an die Gesetzesauslegung für unbefriedigend, so könnte man erwägen, alternative Ansätze heranzuziehen. Nach der in neuerer Zeit vor allem von *Viehweg* entwickelten[83] und für die Verfassungsinterpretation von *Ehmke* aktivierten Topik sind Rechtsfälle „unter Abwägung aller für den konkreten Fall relevanten Gesichtspunkte" zu lösen.[84] Eine „Verabsolutierung" partieller Auslegungsmethoden, wie sie zum Teil im Rahmen des herkömmlichen Auslegungskanons zu beobachten sei, müsse vermieden werden.[85]

Als juristischer Auslegungslehre wurde der Topik der Vorwurf gemacht, sie räume der einzelfallbezogenen Problemorientierung gegenüber der Bin-

---

[78] Zu den Vertretern der juristischen „Neuen Hermeneutik" dürften zählen: *W. Hassemer*, Tatbestand und Typus: Untersuchungen zur strafrechtlichen Hermeneutik, 1968; *J. Esser*, Vorverständnis und Methodenwahl in der Rechtsfindung: Rationalitätsgrundlagen richterlicher Entscheidungspraxis, 1975; *K. Hesse*, Grundzüge des Verfassungsrechts der Bundesrepublik Deutschland$^{20}$, 1995, S. 24 ff.; *K. Larenz/C.-W. Canaris*, Methodenlehre der Rechtswissenschaft$^{3}$, 1995, S. 27–33.

[79] *H.-G. Gadamer*, Wahrheit und Methode: Grundzüge einer philosophischen Hermeneutik$^{2}$, 1965, S. XV.

[80] *H.-G. Gadamer* (S. 125, Fn. 79), S. XV.

[81] *H.-G. Gadamer* (S. 125, Fn. 79), S. 274 f.

[82] *W. Hassemer*, Einführung in die Grundlagen des Strafrechts, 1981, S. 80.

[83] *T. Viehweg*, Topik und Jurisprudenz$^{5}$, 1974 (1. A. 1953); die klassischen Wurzeln der Topik reichen in die Antike zurück, s. *Aristoteles*, Philosophische Schriften, Bd. II: Topik, 1995, S. 1 ff.; *Cicero*, Topica, 1993.

[84] *H. Ehmke*, VVDStRL 20 (1963), S. 53 (55).

[85] *H. Ehmke* (S. 125, Fn. 84), S. 53 (60).

dung des Staates an Gesetz und Verfassung Vorrang ein.[86] In der Tat ist für die Topik die Bindung an den Normtext und seine Bedeutung „nur ein Topos unter anderen".[87] Zu den Fragen nach den Ursachen von Entscheidungsspielräumen oder den Voraussetzungen ihrer rechtsstaatlichen Nutzung trägt die Topik über eine gewisse Rechtsgewinnungsskepsis hinaus nicht viel bei. Sie wird daher im folgenden nicht weiter untersucht.

### *(3) Semantik und Pragmatik*

Wie bereits im Rahmen der Erörterung des Gegenstands der Gesetzesbindung erwähnt, erscheint einigen Stimmen im Schrifttum der Inhalt von gesetzlichen Bestimmungen im Sinne ihrer semantischen Bedeutung als so flüchtig, dass nicht ernstlich von einer Bindung an einen vorgegebenen – etwa empirisch oder auf andere nachprüfbare Weise zu ermittelnden – Gehalt ausgegangen werden könne.[88] Fest erkennbare Grenzen der Sprachverwendung seien nicht auszumachen.[89] Mithin könne die Bedeutung einer Norm die Rechtsanwendung nicht im Sinne eines Maßstabs begrenzen.[90] Auch innerhalb der Sprachphilosophie sind skeptische Stimmen zu vernehmen. Zugespitzt formulieren *Baker/Hacker* nach einer Durchsicht der orthodoxen Bedeutungsschulen, es gebe keine Theorie der Bedeutung.[91] *Schiffer* bescheinigt den positiven Theorien der Sprachphilosophie falsche Ausgangsvoraussetzungen.[92]

Ganz so depriminierend dürfte die Lage in Wirklichkeit nicht sein. Zwar ist nicht zu bestreiten, dass sprachliche Ausdrücke vielfach mehr als eine Lesart gestatten, was auch dann gilt, wenn sie in Gesetzen Verwendung gefunden haben. Es erscheint aber bei näherer Betrachtung des sprachwissenschaftlichen Bedeutungsbegriffs zweifelhaft, ob die eben skizzierte,

---

[86] *H.-J. Koch*, EuGRZ 1986, S. 345 (348 r. Sp.). Auch *Schwöbbermeyer*, der die Topik für ein hilfreiches Konzept hält, verweist insoweit nur auf die Existenz von Entscheidungsspielräumen (*F.-W. Schwöbbermeyer*, Rechtsgewinnung im gesetzlich ungeregelten Raum, 2003, S. 28, 80–91).

[87] Kritisch daher *F. Müller/R. Christensen*, Juristische Methodik. Grundlagen Öffentliches Recht[8], Bd. I, 2002, Rz. 114ff.

[88] *R. Hegenbarth*, Juristische Hermeneutik und linguistische Pragmatik: dargestellt am Beispiel der Lehre vom Wortlaut als Grenze der Auslegung, 1982, S. 51; *P. Schiffauer*, Wortbedeutung und Rechtserkenntnis, 1979, S. 102–104; *F. Müller/R. Christensen* (S. 126, Fn. 87), Rz. 533–535.

[89] *M. Herbert*, Rechtstheorie als Sprachkritik: zum Einfluß Wittgensteins auf die Rechtstheorie, 1995, S. 239f.

[90] *F. Müller/R. Christensen*, Juristische Methodik. Grundlagen Öffentliches Recht[8], Bd. I, 2002, Rz. 533–535.

[91] *G. P. Baker/P. M. S. Hacker*, Language, sense and nonsense: a critical investigation into modern theories of language, 1984, S. 327.

[92] *S. R. Schiffer*, Remnants of meaning, 1987, S. 270.

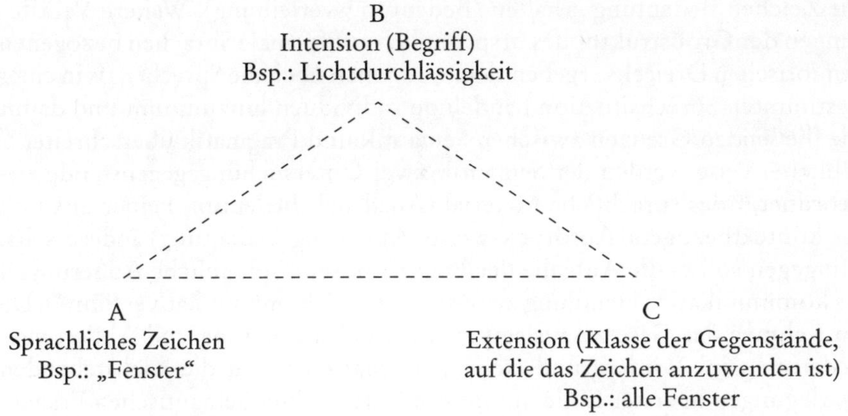


*Abbildung 2:* Quelle: *Ogden, Charles Kay/Richards, Ivor Armstrong*, Die Bedeutung der Bedeutung; eine Untersuchung über den Einfluss der Sprache auf das Denken und über die Wissenschaft des Symbolismus, Frankfurt am Main 1974 (englisches Original 1923), S. 18.

überaus weitgehende Absage an die Möglichkeit der bedeutungsbezogenen Gesetzesbindung zutrifft.[93]

Die Vielfalt an semantischen Theorien[94] lässt sich zunächst anhand des so genannten semiotischen Dreiecks ordnen.[95] In der Abbildung 2 ist „A“ ein sprachlicher Ausdruck, ein Zeichen, das zum einen mit einer Idee, einem Gedanken oder Begriff verbunden ist („B“), zum anderen mit dem, was durch A bezeichnet wird, seinem Referenten „C“. Für die vielfältige Klasse der so genannten Referenztheorien hat „C“ bezüglich der Bedeutung von „A“ eine prominente Stellung inne, während die auch als Vorstellungstheorien bezeichneten Ideationstheorien „B“ als Bedeutung von „A“ ansehen. Gebräuchlich sind seit *Carnap* auch die Bezeichnungen „Intension“ für „B“ und „Extension“ für den Bezug, also die Klasse der Gegenstände, auf die der Ausdruck qua seiner Intension Anwendung findet (in der Abbildung 2 „C“).[96] Neben den verschiedenen Antworten auf die Frage, was Bedeutung ist, können sich die Theorien auch danach unterscheiden, auf welchem Wege

[93] Zur Geschichte der Semantik knapp *J. Lyons*, Bedeutungstheorien, in: Stechow/Wunderlich (Hrsg.), Semantik: ein internationales Handbuch der zeitgenössischen Forschung, Bd. 6, 1991, S. 1 f.

[94] Einen guten Überblick in Form eines Lehrbuchs in deutscher Sprache bietet *S. Löbner*, Semantik: eine Einführung, 2003.

[95] *C.K. Ogden/I.A. Richards*, The meaning of meaning: a study of the influence of language upon thought and the science of symbolism, 1923; bei *S. Ullmann*, The principles of semantics², 1957 findet sich dafür der Ausdruck „Basisdreieck“.

[96] *R. Carnap*, Meaning and necessity. A study in semantics and modal logic, 1947.

die Zeichen Bedeutung erhalten (Bedeutungsverleihung). Weitere Verästelungen der Grobstruktur des ursprünglich auf formale Sprachen bezogenen semiotischen Dreiecks ergeben sich, wenn man noch die Sprecher als in einer bestimmten Sprechsituation handelnde Individuen hinzunimmt und damit die fließenden Grenzen zwischen Semantik und Pragmatik überschreitet.[97] Üblicherweise werden der Semantik zwei Untersuchungsgegenstände zugeordnet,[98] das sprachliche Material (Ausdrucksbedeutung) einerseits und die kontextbezogene Ausdrucksweise (Äußerungsbedeutung) andererseits. Hingegen soll es die Aufgabe der Pragmatik sein, sprachliche Äußerungen als kommunikative Handlung zu untersuchen („kommunikativer Sinn"). Da im Rahmen der Gesetzesauslegung Ausdrucksbedeutung und Äußerungsbedeutung im Vordergrund stehen, beschäftigen sich die nachstehenden Darlegungen in erster Linie mit im skizzierten Sinne semantischen Fragen.

### *(a) Ideationstheorien (Vorstellungstheorien)*

Nach keiner der heute vertretenen Bedeutungstheorien gibt es einen natürlichen Zusammenhang zwischen einem Zeichen und seiner Bedeutung, wie ihn noch der auf Platon zurückgehende Naturalismus annahm.[99] Die dann bis ins 19. Jhdt. vorherrschenden Vorstellungstheorien haben ebenfalls klassische Wurzeln.[100] Danach haben Ausdrücke dieselbe Bedeutung, wenn sie für dieselbe Idee stehen. Ob sich allerdings ein Begriff der Idee entwickeln ließe, der klar und kohärent ist, muss mittlerweile bezweifelt werden.[101] Kritiker des Ansatzes verweisen unter anderem darauf, dass die Vorstellungstheorien nicht befriedigend erklären könnten, was mit der Vorstellung von Wörtern wie „Freund" oder „Bruttosozialprodukt" genau gemeint sein sollte.[102] Man mag ein geistiges Bild von „Pferd" oder „Katze" haben, was aber wäre die Idee von „Bruttosozialprodukt"? Eine mentale

---

[97] Vgl. etwa die zusammenfassenden Darstellungen von *J. Lyons*, Bedeutungstheorien, in: Stechow/Wunderlich (Hrsg.), Semantik: ein internationales Handbuch der zeitgenössischen Forschung, Bd. 6, 1991, S. 11 ff., und *O. R. Scholz*, Verstehen und Rationalität², 2001, S. 258 ff.

[98] S. *S. Löbner*, Semantik: eine Einführung, 2003, S. 1 ff.

[99] Näheres s. *F. von Kutschera*, Sprachphilosophie², 1975, S. 34 f.; *W. K. Essler*, Analytische Philosophie 1, 1972, S. 107 ff.; zur Abgrenzung vom Naturalismus s. a. *H.-J. Koch/ H. Rüßmann*, Juristische Begründungslehre, 1982, S. 159.

[100] Zu nennen sind der Beginn von *Aristoteles*, Peri hermeneias², (2002) sowie *J. Locke*, An essay concerning human understanding, (1690) 1997.

[101] Vgl. die zusammenfassende Darstellung von *J. Lyons*, Bedeutungstheorien, in: Stechow/Wunderlich (Hrsg.), Semantik: ein internationales Handbuch der zeitgenössischen Forschung, Bd. 6, 1991, S. 11 ff. m. w. N.

[102] S. nur die Überlegungen von *F. L. G. Frege*, Kleine Schriften, 1967, S. 145 ff.; *F. L. G. Frege*, Nachgelassene Schriften, 1969, S. 151 f.; *N. Goodman*, Analysis 10 (1949), S. 1 (1); *W. P. Alston*, Philosophy of language, 1949, S. 22–25; *M. Black*, The labyrinth of language, 1968, S. 155 f.

Visualisierung dürfte jedenfalls ausscheiden. Vollends schwierig wird es, Partikel wie „wenn“ oder „oder“ mit Vorstellungen zu verknüpfen. Im übrigen wurde darauf hingewiesen, dass Vorstellungen auch mit sinnlosen Lautfolgen verbunden werden könnten.

*(b) Behaviorismus*

Im Laufe des 19. Jahrhunderts setzte sich dann die Überzeugung durch, der Sinn eines Satzes könne nicht etwas Subjektives und Privates sein. Man hielt daher nach objektiven oder zumindest intersubjektiven Bedeutungskonzepten Ausschau. Unter anderem wurde von den Anhängern des Behaviorismus vorgeschlagen, auf das öffentlich beobachtbare Verhalten der Zeichenbenutzer abzustellen. Für die behavioristische Bedeutungstheorie hat eine Äußerung in einer bestimmten Situation eine Bedeutung, wenn sie als Reaktion auf bestimmte Reize erfolgt oder auf sie Reaktionen erfolgen.[103] Wer etwa „Hallo“ ruft, um auf sich aufmerksam zu machen, will erreichen, dass andere sich ihm zuwenden. In der Möglichkeit solcher Reaktionen sieht der Behaviorist dispositionelle Eigenschaften von Äußerungen, die als deren Bedeutung verstanden werden. Dagegen ist der Einwand erhoben worden, dass dem behavioristischen Konzept in Wahrheit ein intentionaler, also auf die Absicht des Sprechers abhebender Bedeutungsbegriff zugrunde liege.[104] Das Hauptproblem des behavioristischen Bedeutungsbegriffes ist aber, dass er dem sprachphilosophischen und wissenschaftstheoretischen Bedürfnis nach Beurteilung sprachlicher Äußerungen als korrekt oder inkorrekt nicht gerecht zu werden vermag. Inwieweit dies möglich und zulässig ist, wird unter dem Stichwort der Normativität heftig diskutiert, worauf zurückzukommen sein wird.[105] Als rein deskriptiver Ansatz vermag der semantische Behaviorismus hierfür von vornherein keine Maßstäbe zu liefern.[106] Wohl besonders wegen dieses Grundes hat er sich nicht durchsetzen können.

*(c) (Reine) Referenztheorien*

Gegenwärtig dominieren die referentiellen Theorien der Bedeutung. Das verbindende Kennzeichen dieser großen Gruppe von Ansätzen ist die Überzeugung, dass sprachliche Zeichen außersprachliche Entitäten repräsentie-

---

[103] Grundlegend *J. B. Watson*, Behavior: an introduction to comparative psychology, 1914, S. 321–334; *C. K. Ogden/I. A. Richards*, The meaning of meaning: a study of the influence of language upon thought and the science of symbolism, 1923, S. 53; *B. F. Skinner*, Verbal behavior, 1957, S. 7 ff.; vgl. den Überblick von *A. Marras*, Behavioristic Approaches, in: Dascal u. a. (Hrsg.), Sprachphilosophie, Bd. 7, 1996, S. 705 ff.

[104] Zusammenfassend *O. R. Scholz*, Verstehen und Rationalität$^2$, 2001, S. 263, m. w. N.

[105] S. insbesondere nachfolgend unter C.I.2.b)aa)(4).

[106] *E. von Savigny*, Zeichen, in: Krings u. a. (Hrsg.), Handbuch philosophischer Grundbegriffe, 1974, S. 1787 (1792).

ren. Die rein referentiellen Theorien setzen die Bedeutung eines Zeichens mit seinem Bezug gleich,[107] während gemäßigte Referenztheorien einen schwächeren und damit komplizierteren Zusammenhang annehmen (s. etwa unten (d)). Gegen die rein referentiellen Theorien spricht, dass sie nur kleine Ausschnitte sprachlichen, mit Bedeutung verbundenen Handelns zu erklären vermögen, etwa den Gebrauch von Eigennamen und singulären Termini.[108] Schon letztere können an die Grenzen der Erklärungskraft rein referentieller Theorien führen, wenn man sich Begriffe wie „Pegasus" oder „Einhorn" vor Augen hält, die keinen Bezugsgegenstand in der wirklichen Welt haben. Wer sich daran nicht stört und auch fiktionale Bezugswelten als zulässig erachtet, müsste aber ferner erklären, wie es sich auf Basis des referentiellen Denkansatzes mit Ausdrücken verhalten soll, die zwar denselben Bezugsgegenstand haben, keineswegs aber dasselbe meinen müssen; man denke „Abendstern" und „Morgenstern", „neun" und „die Anzahl der Planeten in unserem Sonnensystem", oder „der Sieger von Jena" und „der Verlierer von Waterloo".[109] Diese Überlegung lässt sich noch durch Umkehrung verschärfen: obwohl jeder Sprecher einer natürlichen Sprache, der das Personalpronomen für die erste Person Singular benutzt, sich auf eine andere Person bezieht, so wechselt damit nicht die Bedeutung des Pronomens.[110]

Auch wenn rein referentielle Theorien also erheblichen Bedenken begegnen, weist gerade die hier im Vordergrund stehende Verwendung sprachlicher Ausdrücke in Gesetzen darauf hin, dass Bedeutungstheorien in der Tat eine Antwort auf die Frage geben sollten, wie außersprachliche Dinge (etwa Extensionen) mit sprachlichen Ausdrücken verknüpft sind.

### *(d) Wahrheitsbedingungen-Theorie und Verifikationstheorie*

Das leisten auch andere Ansätze. Zu ihnen zählt zunächst die Wahrheitsbedingungen-Semantik, die auf wissenschaftstheoretische Überlegungen von *Frege* und *Wittgenstein* zurückgeht, nach denen die Bedeutung eines Satzes mit seinen Wahrheitsbedingungen zu identifizieren ist.[111] Unter

---

[107] So etwa die sogenannte „Namenstheorie" des frühen Wittgenstein (*L. Wittgenstein*, Tractatus logico-philosophicus, 1922, Nr. 3.203: „Der Name bedeutet den Gegenstand. Der Gegenstand ist seine Bedeutung."); ähnlich die Position von *B. Russell*, Logical Atomism, in: Russell (Hrsg.), Logic and knowledge: essays 1901–1950, 1956, S. 177 (244).

[108] Kritisch daher *J. Lyons*, Bedeutungstheorien, in: Stechow/Wunderlich (Hrsg.), Semantik: ein internationales Handbuch der zeitgenössischen Forschung, Bd. 6, 1991, S. 1 (9–11).

[109] *W. V. O. Quine*, Two dogmas of empiricism, in: Quine (Hrsg.), From a logical point of view: 9 logico-philosophical essays, 1953, S. 20 (21).

[110] *O. R. Scholz*, Verstehen und Rationalität$^{2}$, 2001, S. 259.

[111] *F. L. G. Frege*, Grundgesetze der Arithmetik: begriffsschriftlich abgeleitet, 1893, Bd. I § 32; „Einen Satz verstehen, heißt, wissen was der Fall ist, wenn er wahr ist" – *L. Wittgenstein*, Tractatus logico philosophicus, 1922, Nr. 4.024.

Wahrheitsbedingungen sind die Bedingungen zu verstehen, die die Welt erfüllen muss, damit ein Satz als wahre Darstellung des Sachverhaltes zählt, welchen er abzubilden oder zu beschreiben versucht.[112] Im Mittelpunkt der Wahrheitsbedingungen-Theorie steht mithin nicht die Bedeutung von Wörtern, sondern die ganzer Sätze, weshalb im Rahmen der Wahrheitsbedingungen-Theorie ein Begriff etwa wie „rot" für sich genommen keine Bedeutung hat, sondern nur eine Aussage wie „*a* ist rot".[113] Hinsichtlich ihres Anwendungsbereichs ist sie ferner prinzipiell auf Sätze beschränkt, die den Anspruch erheben, wahr zu sein. Das ist für Äußerungen in behauptender Rede sicher häufig der Fall, was die Herkunft des Ansatzes aus der Wissenschaftstheorie erklärt, dürfte aber als allgemeine Theorie der Bedeutung zu eng sein.[114] Sprachliche Äußerungen können nicht nur für propositional-indikativische Zwecke eingesetzt werden, sondern für eine äußerst große Vielfalt von Aufgaben, man denke nur an Fragen, Aufforderungen, Wünsche oder die Formulierung von Hypothesen.[115]

Anhänger der Wahrheitsbedingungen-Theorie bestreiten allerdings die Beschränktheit ihres Ansatzes auf deskriptive Aussagen.[116] Einer der Vorschläge zur Verteidigung der Wahrheitsbedingungen-Theorie geht dahin, die Bedeutung von Sätzen in zwei Elemente aufzuspalten. Im Anschluss an die Terminologie von *Austin* und *Searle* soll zu trennen sein zwischen einem lokutionären und einem illokutionären Element sprachlicher Ausdrücke.[117] In dem von *Lewis* gebrauchten Beispiel, in dem drei verschiedene Äußerungen verglichen werden, nämlich

(1) You are late.
(2) Be late!
(3) Are you late?,

soll die lokutionäre Komponente in dem deskriptiven Gehalt der Sätze bestehen (etwa: Dein Zuspätsein), während der illokutionäre Teil in dem

---

[112] *R. Montague*, English as a formal Language, in: Visentini (Hrsg.), Linguaggi nella società e nella tecnica, 1970, S. 189ff.

[113] Eine aktuelle Darstellung der Problematik findet sich in *G. Chierchia/S. McConnell-Ginet*, Meaning and grammar: an introduction to semantics², 2000, S. 69ff., 431ff.

[114] Kritisch daher *J. Lyons*, Bedeutungstheorien, in: Stechow/Wunderlich (Hrsg.), Semantik: ein internationales Handbuch der zeitgenössischen Forschung, Bd. 6, 1991, S. 1 (22).

[115] *L. Wittgenstein*, Philosophische Untersuchungen, 1953, Ziff. 23 („bitten, danken, fluchen, grüßen, beten").

[116] *R. M. Kempson*, Semantic theory, 1977, S. 41f., 63ff.; *M. J. Cresswell*, Die Sprachen der Logik und die Logik der Sprache, 1979 (englisches Original 1972), S. 370ff.; *D. Lewis*, General Semantics, in: Davidson/Harman (Hrsg.), Semantics of natural language², 1972, S. 169 (205).

[117] *J. L. Austin*, Zur Theorie der Sprechakte (= How to do things with words), 1962/1972, S. 110ff.; *J. R. Searle*, Sprechakte: ein sprachphilosophischer Essay, 1969/1973, S. 38ff.

unterschiedlichen Gebrauch der Ausdrücke (Feststellung, Befehl, Frage) liege. Die Wahrheitsbedingungen bezögen sich nur auf den lokutionären Teil, während die illokutionäre Bedeutung eine Frage der Pragmatik sei. Es mag dahinstehen, ob eine solche Grenzziehung zwischen Semantik und Pragmatik tragfähig ist. Aber selbst wenn man annimmt, dass die Gleichsetzung von semantischer Bedeutung und den Wahrheitsbedingungen eines Satzes nur für ihren lokutionären, deskriptiven Teil gelten soll, so bleibt die Wahrheitsbedingungen-Theorie eine überzeugende Antwort auf die Frage schuldig, was eigentlich mit semantischer Bedeutung konzeptionell gemeint ist.

*Koch/Rüßmann* merken daher kritisch an, dass der Zusammenhang von Wahrheit und Bedeutung eines Satzes nicht zutreffend erfasst werde.[118] Zwar impliziere die Bedeutungskenntnis die Kenntnis der Wahrheitsbedingungen – wenn man die Bedeutung einer sprachlichen Äußerung kenne, dann wisse man in der Tat, bei Vorliegen welcher Umstände die Behauptung wahr sei. Wir wissen, ob der Satz „Venus ist rot" wahr ist, wenn wir ihn verstehen und darum die Bedingungen kennen, unter denen er gilt. Die Wahrheitsbedingungen-Semantik kehre dies aber fälschlicherweise um, indem sie annehme, dass die Kenntnis der Wahrheitsbedingungen eines Satzes auch die Kenntnis seiner Bedeutung impliziere. Ein erstes Problem der Implikation besteht darin, dass Eigennamen (im Beispiel: „Venus") keine Bedingungen haben, unter denen sie wahr sind.[119] Es wird sich aber schwerlich sagen lassen, Eigennamen hätten keine Bedeutung.

Vor allem kann der Verweis auf Wahrheitsbedingungen in semantischer Hinsicht aus einem anderen Grund nicht befriedigen. Wahrheitsbedingungen bestehen nicht nur aus logischen Verknüpfungen (Junktoren), mit denen komplexe Sätze gebildet werden können, sondern auch aus Prädikaten (im Beispiel: „rot") und atomaren (nicht zerlegbaren) Sätzen. Es führt daher für eine semantische Theorie kein Weg daran vorbei, auch für diese sprachlichen Elemente anzugeben, worin ihre Bedeutung besteht.[120] Bezüglich der Junktoren dürfte die Bedeutung der logischen Zeichen in ihrer jeweiligen definierten Funktion liegen. Darüber hinaus hat die Wahrheitsbedingungen-Theorie hinsichtlich des Bedeutungsbegriffs keine Erklärungskraft. Die Bedeutung etwa von „ist rot" kann man nur dann in Wahrheitsbedingungen übersetzen, wenn man bereits verstanden hat, was die Aussage bedeutet.

---

[118] *H.-J. Koch/H. Rüßmann*, Juristische Begründungslehre, 1982, S. 143 f.

[119] *S. G. Williams*, Meaning and truth, in: Craig (Hrsg.), Routledge Encyclopedia of Philosophy, 1998, m. w. N.

[120] *H.-J. Koch/H. Rüßmann*, Juristische Begründungslehre, 1982, S. 144.

In ähnliche Schwierigkeiten gerät leider auch die Verifikationstheorie, nach der ein Satz als bedeutungsvoll gilt, wenn er verifizierbar ist.[121] Anders als bei der Wahrheitsbedingungen-Semantik, die auf einen realistisch aufgefassten Wahrheitsbegriff abstellt, steht bei der Verifikationstheorie die epistemische Methodik im Vordergrund. In einer moderneren Variante der Verifikationstheorie kommt es auf „Behauptbarkeitsbedingungen" („*assertability-conditions*") an, worunter die Bedingungen zu verstehen sein sollen, unter die Behauptung eines Sprechers durch ausreichende Gründe gerechtfertigt ist.[122] Der Vollständigkeit des Überblicks halber sei noch auf die Kausaltheorie hingewiesen, nach der ein kausaler Zusammenhang zwischen dem Gebrauch eines Ausdrucks und dem Referenten besteht.[123]

Die Einzelheiten der verschiedenen Positionen mögen auf sich beruhen, da sie für den weiteren Gedankengang nicht erforderlich sind. Wie deutlich geworden sein sollte, stellen sich verschiedene Theorien dem im Zusammenhang mit der Gesetzesauslegung typischen Problem, die Kluft zwischen sprachlichem Ausdruck (Norm) und Wirklichkeit (Sachverhalt) überbrücken zu müssen, wobei ein Begriff der semantischen Bedeutung vorausgesetzt wird, dieser aber nicht immer hinreichend expliziert vorliegt. Was leisten etwa sprachliche Ausdrücke etwa bei der Überprüfung, ob ein Satz wahr oder behauptbar ist? Näherer Betrachtung wert ist in diesem Zusammenhang die Position *Carnaps*, nach der, wie eingangs erwähnt, die Intension eines Prädikats die als Extension bezeichnete Klasse der Gegenstände bestimmt, auf die es anzuwenden ist.[124] Mit einer Vielzahl von Bedeutungstheorien kompatibel ist es, dass es nach *Carnap* hinsichtlich der Intensionen wesentlich auf die Eigenschaften ankommt, durch die die Extension eines Begriffs begrenzt wird.[125] Eigenschaften sind in *Carnaps* Verständnis alle Charakteristika oder Qualitäten, die Menschen oder Gegenstände haben können.[126]

Das war von *Carnap*, der sich mit der Wissenschaftstheorie der Naturwissenschaften beschäftigte, in erster Linie auf physikalische Eigenschaften gemünzt. Eigenschaften stehen danach für „etwas Objektives, das in der

---

121 *L. Wittgenstein*, Tractatus logico-philosophicus, 1922, Nr. 4.022, 4.024, 4.061, 4.2; *A.J. Ayer*, Language, truth and logic, 1936; *R. Carnap*, Der logische Aufbau der Welt, 1998, Rz. 161, 179.

122 *M. Dummett*, Truth and other enigmas, 1978.

123 *S.A. Kripke*, Naming and necessity, 1980; *H. Putnam*, Mind, language and reality, Bd. 2, 1975.

124 *R. Carnap*, Meaning and necessity. A study in semantics and modal logic, 1947, S. 19ff.

125 *R. Carnap* (S. 133, Fn. 124), S. 19.

126 *R. Carnap* (S. 133, Fn. 124), S. 19ff.

Natur exemplifiziert sein kann oder nicht",[127] und insoweit lässt sich seine Konzeption unmittelbar auf juristische Auslegungsfragen übertragen. Wenn etwa der BGH in seiner Entscheidung vom 13. Juli 1960 untersucht,[128] ob Öffnungen in Häuserwänden, in denen Glasbausteine eingesetzt sind, als Fenster angesehen werden müssen, dann lassen sich die vom Gericht erwogenen Begriffsmerkmale – sind die Öffnungen lichtdurchlässig, zum Lüften geeignet etc. – als intensionale Eigenschaften verstehen, die Gegenstände in der Welt haben können oder auch nicht.[129]

Eigenschaften können sich aber ohne weiteres auch auf andere als nur physikalische Charakteristika beziehen, und das macht *Carnaps* klare Konzeption der semantischen Bedeutung für die Gesetzesauslegung in besonderem Maße interessant. Wenn etwa das Bundes-Immissionsschutzgesetz die Erteilung nachträglicher Anordnungen aus Gründen des Umweltschutzes unter den Vorbehalt stellt, der mit der Erfüllung der Anordnung verbundene Aufwand dürfe nicht außer Verhältnis zu dem mit der Maßnahme angestrebten Erfolg stehen (§ 17 Abs. 2 S. 1 BImSchG), so können hierunter die Effekte auf die Gesamtkapitalrentabilität des betroffenen Betriebes zu verstehen sein.[130] Wirtschaftliche Auswirkungen wie die durch § 17 Abs. 2 BImSchG zur tatbestandlichen Voraussetzung erhobenen lassen sich, auch wenn sie nichts mit Eigenschaften physikalischer Gegenstände zu tun haben, ohne jede Überdehnung der Konzeption *Carnaps* als Eigenschaften, also als Charakteristika der Wirklichkeit, auffassen.[131] Damit legen die in der Bedeutung im intensionalen Sinn gebündelten Eigenschaften fest, auf welche Gegenstände ein Prädikat anzuwenden ist. Dass das nicht immer eindeutig und zweifelsfrei gelingt, führt zu Auslegungsproblemen, die noch zu erörtern sein werden.[132]

Akzeptiert man einen solchen Bedeutungsbegriff als hinreichend aussagekräftig, so dürfte man damit den Grundstein zu einer plausiblen semantischen Theorie gelegt haben. Allerdings ist damit noch nicht gleichzeitig geklärt, auf welchem Wege Wörter als Zeichenfolge ihren Sinn bekommen. Zu dieser Frage nach der Bedeutungsverleihung werden im wesentlichen zwei Ansätze vertreten: Intentionalismus und Konventionalismus.

---

[127] *R. Carnap* (S. 133, Fn. 124), S. 27 (Übersetzung aus der deutschen Ausgabe des Werkes mit dem Titel „Bedeutung und Notwendigkeit" aus dem Jahre 1972).

[128] BGH v. 13.7.1960, JZ 1961, S. 494.

[129] Ausführlich zu dem obigen Beispiel *H.-J. Koch/H. Rüßmann*, Juristische Begründungslehre, 1982, S. 128 ff.

[130] Vgl. die Betrachtung zu der früheren Regelung, die an die „wirtschaftliche Vertretbarkeit" der Anordnung anknüpfte, *H.-J. Koch/H. Rüßmann* (S. 134, Fn. 129), insbesondere S. 85 ff.

[131] Zum Verhältnis der *Carnap*schen Semantik zum sogenannten Universalienstreit s. *H.-J. Koch/H. Rüßmann* (S. 134, Fn. 129), S. 133 ff.

[132] S. u. C.I.2.b)bb).

### (e) Intentionalismus

Für die intentionalistische Semantik kommt es maßgeblich auf die Absichten des Sprechers an. Nach *Grice* hat ein Zeichen genau dann eine Bedeutung, wenn ein Sprecher S damit etwas meint, was wiederum der Fall sei, wenn es einen Adressaten (Hörer H) derart gebe, „dass S mit seiner Äußerung beabsichtige, bei H eine Wirkung (Reaktion) *r* vermittels Hs Erkenntnis dieser Absicht herbeizuführen".[133] Auch wenn sich *Grice* und seine Anhänger nicht eindeutig zur Frage äußern, ob damit eine semantische Theorie im engeren Sinn begründet werden soll, scheint sie des öfteren als solche empfunden zu werden.[134] Es spricht aber einiges dafür, die eben angerissene Position nicht als Explikation eines schlüssigen Bedeutungskonzeptes zu verstehen, sondern als Theorie der Bedeutungsverleihung.

Ein erster Anhaltspunkt für eine solche Deutung des *Grice*schen Intentionalismus bezieht sich auf den Umstand, dass wir sprachliche Äußerungen in vielen Fällen auch verstehen, wenn wir uns keine Gedanken über die Absichten des Sprechers machen.[135] Des weiteren erscheint nicht wirklich ausgearbeitet und klar, worin die Reaktion *r* seitens des Hörers bestehen soll. Auf die Aufgabe der Gesetzesauslegung bezogen, welche Reaktion der Rechtsanwender wäre vom Gesetzgeber beabsichtigt?[136] In *Grice*' Werk finden sich bezüglich der Einzelheiten der intendierten Reaktionen Präzisierungen, die aber an der Frage vorbeiführen, was Bedeutungen sind. In bezug auf Beschreibungen sieht *Grice* etwa die intendierte Reaktion *r* darin, „dass der Hörer glaubt, dass der Sprecher etwas glaubt".[137] Insoweit geht also um schlichte Wissensübermittlung. Auch hier stellt sich die Frage, welche Rolle einzelne Prädikate für die Wissensübermittlung spielen, mit anderen Worten: was deren Bedeutung ist.[138] *Grice'* Ausführungen hierzu dürften den Schluss zulassen, dass es seiner Auffassung nach zur Reaktion *r* gehören kann, dass der Hörer um eine spezifische Relevanz bestimmter Ei-

---

133 *H. P. Grice*, Intendieren, Meinen, Bedeuten, in: Meggle (Hrsg.), Handlung, Kommunikation, Bedeutung, 1979, S. 2 (9); *H. P. Grice*, Sprecher-Bedeutung, Satz-Bedeutung und Wort-Bedeutung, in: Meggle (Hrsg.), Handlung, Kommunikation, Bedeutung, 1979, S. 85 (92).

134 Vgl. die Behandlung des Intentionalismus unter der Überschrift „Bedeutungstheorien" ohne eine solche Differenzierung nach Begriff der Bedeutung der Bedeutungsverleihung etwa bei *J. Lyons*, Bedeutungstheorien, in: Stechow/Wunderlich (Hrsg.), Semantik: ein internationales Handbuch der zeitgenössischen Forschung, Bd. 6, 1991, S. 1 (20); *O. R. Scholz*, Verstehen und Rationalität², 2001, S. 265 f.

135 *H.-J. Koch/H. Rüßmann*, Juristische Begründungslehre, 1982, S. 139.

136 *H.-J. Koch/H. Rüßmann* (S. 135, Fn. 135), S. 140.

137 *H. P. Grice*, Sprecher-Bedeutung, Satz-Bedeutung und Wort-Bedeutung, in: Meggle (Hrsg.), Handlung, Kommunikation, Bedeutung, 1979, S. 85 (92).

138 *H.-J. Koch/H. Rüßmann*, Juristische Begründungslehre, 1982, S. 140.

genschaften der außersprachlichen Wirklichkeit weiß.[139] *Bennett* nimmt in einer interessanten Fortführung des *Grice*schen Ansatzes an, die Bedeutung von Prädikaten könne nicht nur in Eigenschaften bestehen, sondern auch in Relationen, Zuständen oder Entwicklungen.[140]

Zusammengenommen erscheint die intentionalistische Semantik weniger als Theorie des Gegenstands von Bedeutungen, also als Antwort auf die Frage, was Bedeutungen vom Begriff her sind, sondern als Theorie der Bedeutungsverleihung.[141] Es überrascht auf der Grundlage dieser Einschätzung nicht, dass das Hauptinteresse des Intentionalismus nach *Grice* der Unterscheidung von expliziter und impliziter Bedeutung gilt, also der Trennung einer sprachlichen Äußerung (Proposition) von dem, was in einer bestimmten Situation mit ihr gemeint wird. Hinsichtlich des letztgenannten kommt es nach *Grice* maßgeblich auf die Anwendung sogenannter Gesprächsmaximen („*maxims of conversation*") an.[142] Hier trifft sich der Intentionalismus im übrigen mit der konkurrierenden Sprechakttheorie von *Austin* und *Searle*, die trotz aller Unterschiede zu *Grice* ebenfalls die vielfältige situative Eingebundenheit sprachlicher Äußerungen in den Mittelpunkt gerückt hat.[143]

### *(f) Konventionalismus (Bedeutung als Gebrauch)*

Der Intentionalismus weist zutreffend darauf hin, dass Bedeutungen sprachlicher Zeichen nicht naturgegeben und daher nicht bereits ohne menschliches Zutun vorhanden sind. Ob sich Sprecher und Hörer verstehen, hängt sicher in besonderer Weise vom situativen Kontext und den erkennbaren Absichten ab, die mit den Äußerungen verfolgt werden. Wie kommt es aber zur Herausbildung der hierfür regelmäßig verwendeten Verknüpfung von Zeichen und ihrem Sinn? Die insoweit eher individualistische Betrachtungsweise des Intentionalismus führt hier nicht weiter, da es für das Verständnis des Gesagten seitens des Hörers regelmäßig nicht ausreichen dürfte, dass der Sprecher mit seiner Äußerung etwas beabsichtigt. Der Hörer muss auch über bestimmte, den Intentionen des Sprechers in wesentlichen Aspekten entsprechende Fähigkeiten und Kenntnisse verfügen, um die Äußerung verstehen zu können. Tragfähig erscheint daher die Annahme, Intensionen

---

[139] *H. P. Grice*, Sprecher-Bedeutung, Satz-Bedeutung und Wort-Bedeutung, in: Meggle (Hrsg.), Handlung, Kommunikation, Bedeutung, 1979, S. 85 (101 ff.); vgl. den Deutungsversuch von *H.-J. Koch/H. Rüßmann* (S. 135, Fn. 138), S. 140.

[140] *J. Bennett*, Linguistic behaviour, 1979, S. 219.

[141] *H.-J. Koch/H. Rüßmann*, Juristische Begründungslehre, 1982, S. 141.

[142] *H. P. Grice*, Logic and conversation, in: Cole/Morgan (Hrsg.), Syntax and Semantics 3: Speech Acts, 1975, S. 41 ff.; instruktive Erläuterung m. w. N. s. *R. Carston*, Thoughts and utterances: the pragmatics of explicit communication, 2002, S. 105 ff.

[143] *J. L. Austin*, How to do things with words, 1962; *J. R. Searle*, Sprechakte: ein sprachphilosophischer Essay, 1969/1973.

seien das wandelbare Produkt einer kulturellen Entwicklung einer Sprachgemeinschaft, mit der Eigenschaften festgelegt werden (Begriffsmerkmale), die Gegenstände haben können oder müssen, wenn sie unter einen bestimmten Begriff fallen sollen. Als ein essentielles Element einer solchen Entwicklung kommt ein durch Konventionen etablierter Sprachgebrauch in Betracht.[144]

Umstritten ist unter den Konventionalisten, welche genaue Rolle den Konventionen zukommen soll.[145] Während für *Lewis* Sprache wohldefinierte abstrakte – also unabhängig von den konkreten Sprechern existierende – Objekte sind, die aus paarweisen Verbindungen zwischen den Ausdrücken und ihrer Bedeutung bestehen,[146] kommt es für *Schiffer* maßgeblich auf die Intentionen der einzelnen Sprecher an, die nur insoweit eine Konvention begründen, als es tatsächlich zu einer Übereinstimmung kommt.[147] Eine Mischform vertritt *Dummett*, für den der *individuelle* Sprachgebrauch in quasi parasitärer Weise an die etablierte Praxis einer Sprachgemeinschaft geknüpft ist.[148]

*Chomsky* bezweifelt allerdings, dass das Vorliegen einer Konvention tatsächlich eine Voraussetzung dafür ist, dass ein Sprecher einen anderen versteht. Entscheidend sei vielmehr folgendes.[149] Sprache sei bestimmt durch die kognitiven psychologischen Umstände, die der individuellen Sprachfähigkeit zugrunde liegen. Grammatik und Wortschatz der Individuen (die sogenannte Idiolekte) unterschieden sich so immens, dass es für die Erzielung von Verständnis nicht darauf ankommen könne, welche Konventionen in der Sprachgemeinschaft herrschen, sondern auf das Vorliegen einer universellen, alle Sprachen übergreifenden Grammatik. Diese sei genetischen Ursprungs und könne daher nicht als Konvention begriffen werden.

Der Nachweis einer vorsprachlichen Unterscheidungs- und Verständnisfähigkeit, wie ihn *Chomsky* zu erbringen versucht, würde aber selbst für den Fall seines Erfolgs nicht gegen die herausragende Rolle sprechen, die Konventionen bei der Herausbildung von Intensionen vermutlich spielen.

---

[144] Am klarsten wohl *L. Wittgenstein*, Philosophische Untersuchungen, 1953, Ziff. 43: „Die Bedeutung eines Wortes ist sein Gebrauch in der Sprache"; vgl. im übrigen die im Detail abweichenden Positionen von *F. von Kutschera*, Sprachphilosophie², 1975, S. 132 ff.

[145] Einen guten Überblick bietet *B. C. Smith*, Language, conventionality of, in: Craig (Hrsg.), Routledge Encyclopedia of Philosophy, 1998, m. w. N.

[146] *D. K. Lewis*, Convention: a philosophical study, 1969; *D. K. Lewis*, Languages and Language, in: Martinich (Hrsg.), The Philosophy of Language², 2001/1975, S. 562 (562).

[147] *S. R. Schiffer*, Meaning, 1972, § 1.

[148] *M. A. E. Dummett*, The logical basis of metaphysics, 1991, insbesondere Kapitel 4.

[149] *N. Chomsky*, Knowledge of language: Its nature, origin, and use, 1986, Kapitel 1 und 2.

*Chomskys* Projekt zielt auf die Ermittlung anthropologischer Grundvoraussetzungen sprachlicher Kommunikation und erstreckt sich in seiner Aussagekraft nur insoweit auf Konventionen, als ihnen eine solche überschießende anthropologische Funktion zugewiesen wird. Tut man das nicht, ist gegen Vereinbarungen als Methode der Bedeutungsverleihung auch aus *Chomskys* Sicht nichts zu erinnern.

Ähnliches gilt für die Einschätzung *Davidsons*, Konventionen seien keine notwendigen Bedingungen gelingender Kommunikation.[150] Dabei bestreitet *Davidson* weder die Existenz von Konventionen noch den Umstand, dass von ihnen in der Kommunikation Gebrauch gemacht wird. Wie der Fall von Verwechslungen ähnlicher Wörter zeige, sei es nicht einmal unbedingt notwendig, dass Sprecher und Rezipient dieselbe Bedeutung eines Wortes teilen, um sich verstehen zu können. Es sei mithin auch möglich, von Konventionen abzuweichen und trotzdem verstanden zu werden.[151] Wie weit wir abweichen dürften, bis das Verständnis nicht mehr erzielt wird, könne nicht von vornherein durch Konventionen verabredet werden, weshalb Vereinbarungen kein essentieller Baustein einer Theorie linguistischen Verstehens sein könnten.

#### *(4) Insbesondere: Bedeutungsskeptizistische Positionen: Quine und Kripke*

Der vorstehende Überblick über die Bedeutungstheorien sollte die wesentlichen Grundzüge der Semantik wiedergeben, deren Verständnis erforderlich ist für die Würdigung der in bezug auf die Frage nach der Existenz einer Wortlautgrenze und der Objektivität sprachlicher Bedeutung besonders interessanten Positionen, die durch einen ausgesprochenen Bedeutungsskeptizismus gekennzeichnet sind. Ihnen ist nunmehr nachzugehen.

##### *(a) Quine*

Für *Willard van Orman Quine*, in dessen Sprachphilosophie die Theorie der Bedeutung (*„theory of meaning*) von der Theorie des Bezugs (*„theory of reference*“) strikt getrennt wird,[152] ist eine Fokussierung auf einzelne Sätze oder gar Satzbestandteile zu eng.[153] Seiner Auffassung nach dürfen Aussagen über die externe Welt nicht einzeln betrachtet werden, sondern müssen als ganzes vor dem Tribunal sensorischer Erfahrung bestehen (Ho-

---

[150] *D. Davidson*, A Nice Derangement of Epitaphs, in: LePore (Hrsg.), Truth and Interpretation, 1986, S. 433 (440).

[151] *D. Davidson* (S. 138, Fn. 150), S. 433 (440).

[152] *W. V. O. Quine*, Two dogmas of empiricism, in: Quine (Hrsg.), From a logical point of view: 9 logico-philosophical essays, 1953, S. 20 (22).

[153] S. nur den guten Überblick von *A. Orenstein*, Quine, Willard Van Orman (1908–), in: Craig (Hrsg.), Routledge Encyclopedia of Philosophy, 1998, m. w. N.

lismus).[154] Dabei sei der Zusammenhang zwischen Erfahrung und Satz nie so eng, dass irgendeine Erfahrung die Zuschreibung eines Wahrheitswertes zu einem Satz zwingend determinieren könne. Diese Auffassung beruht auf einer Vielzahl von Überlegungen, die nicht im einzelnen nachgezeichnet zu werden brauchen, da auch *Quine*s Theorie im Ergebnis nicht ganz beliebige Zuschreibungen von Wahrheitswerten erlaubt.[155] Zur Erläuterung sei einer der wesentlichen Grundgedanken seiner bedeutungsskeptizistischen Haltung dargestellt, der sich auf ein als „radikale Übersetzung" bezeichnetes Gedankenspiel bezieht.[156]

Man stelle sich vor, ein Linguist versuche, eine ihm völlig fremde, exotische Sprache zu erforschen. Dabei beobachtet er, wie ein Muttersprachler der radikal fremden Sprache das Wort „gavagai" äußert, wenn Kaninchen präsent sind. Die Übersetzungshypothese des Linguisten geht dahin, darin eine Kurzform für „Hier ist ein Kaninchen" zu sehen. Vorausgesetzt, Zustimmung und Verneinung sind für den Linguisten als solche festzustellen, kann die Hypothese nun weiter überprüft werden, indem der Linguist in der Gegenwart von Kaninchen „gavagai?" fragt und die Reaktion des Muttersprachlers beobachtet. Sicherheit bezüglich der Übersetzung sei aber auf diesem Weg nicht zu erzielen. Zwar könnten bestimmte weitere Erkenntnisse gewonnen werden, wenn bei der ersten Äußerung von „gavagai" ein Kaninchen auf einer grünen Wiese präsent war, und beim nächsten Mal der Muttersprachler „gavagai?" gefragt wird, wenn sich zwar ein Kaninchen, nicht aber eine grüne Wiese im Wahrnehmungsfeld des Muttersprachlers befindet.[157]

Besondere Schwierigkeiten bereiteten aber die sogenannten Konkomitanten, also Eigenschaften, die immer zusammen auftreten. Mit Hilfe der Ermittlung des Sprachgebrauchs nach der gezeigten Art und Weise sei zum Beispiel nicht auszuschließen, dass „gavagai" auch „Kaninchenteil", „temporales Kaninchenstadium", „Fusion aus Kaninchenteilen" oder „Kaninchenheit" zu übersetzen sei.[158] Um herauszubekommen, was „gavagai" genau bedeute, müsse der Linguist komplexe Fragen stellen, die wiederum eine Vielfalt von analytischen Hypothesen unter anderem über Funktion und Übersetzung von Artikeln und Pronomen voraussetzen würden.[159]

---

[154] *W. V. O. Quine*, Two dogmas of empiricism, in: Quine (Hrsg.), From a logical point of view: 9 logico-philosophical essays, 1953, S. 20 (41).

[155] Ausführlich *M. Klatt*, Theorie der Wortlautgrenze: semantische Normativität in der juristischen Argumentation, 2004, S. 170ff.

[156] *W. V. O. Quine*, Wort und Gegenstand, 1987 (englisches Original 1960), S. 63ff. *Quine* setzt sich damit von *Carnap* ab, der die Übersetzung zwischen verwandten Sprachen (etwa Friesisch/Englisch) betrachtet hatte.

[157] So die Weiterführung des Beispiels von Quine durch *F. von Kutschera*, Sprachphilosophie$^2$, 1975, S. 122f.

[158] *W. V. O. Quine*, Wort und Gegenstand, 1987 (englisches Original 1960), S. 105.

[159] *W. V. O. Quine* (S. 139, Fn. 158), S. 103f.

Es mag dahinstehen, ob *Quine*s Behandlung der Konkomitanten bereits ein schlagender Beweis für die These der Indeterminiertheit von Übersetzungen ist.[160] Entscheidend ist für seine Argumentation, dass es regelmäßig mehrere analytische Hypothesen gibt, die mit dem beobachteten Sprachgebrauch vereinbar sind. Das ist schon deshalb plausibel, weil die Menge der Wahrnehmungsfelder, die dem Linguisten zur Beurteilung des Sprachgebrauchs des Muttersprachlers zur Verfügung steht, endlich ist, aber unendlich viele mögliche Hypothesen zur Überprüfung stehen.[161] Die nach Ausschaltung im Wege der Induktion nicht mit dem Sprachgebrauch in Einklang zu bringenden, in diesem Sinne falschen Hypothesen verbleibenden Alternativen sind alle gleich wahrscheinlich – oder besser: gleich unwahrscheinlich.[162]

Das bedeutet aber für die Frage nach der Möglichkeit einer Wortlautgrenze nicht, dass jede beliebige Übersetzungshypothese zulässig wäre. Immerhin ließe sich im obigen Konkomitanten-Beispiel ausschließen, dass es um ganz andere Dinge geht, etwa um Schlangen oder Äpfel. Des weiteren ist bezweifelt worden, ob die von *Quine* idealisierte und in ihrer Abstraktion unrealistische Situation der „radical translation" tatsächlich eine durchgreifende Ablehnung propositionaler Bedeutung trägt.[163] Dass es Fälle gibt, in denen sprachliches Verständnis scheitert, bedeutet mit anderen Worten nicht, dass wir uns nie oder auch nur in der Regel nicht verstehen.[164] Viele Übersetzungshypothesen können mit an Sicherheit grenzender Wahrscheinlichkeit ausgeschlossen werden. Darüber hinaus erscheint die behavioristische Basis von *Quine*s Position in ihrer Ausschließlichkeit fragwürdig. Es dürfte neben Stimulusbedeutungen noch andere tragfähige Bedeutungskonzepte selbst naturalistischer Art geben.[165]

### *(b) Kripke*

Ähnlich wie *Quine* lehnt auch *Kripke* die Ansicht ab, es gebe eine objektiv feststellbare Bedeutung sprachlicher Ausdrücke. Zugespitzt formuliert er, *„There can be no such thing as meaning anything by any word."*[166] Im

---

160 Kritisch *L. BonJour*, In defense of pure reason: a rationalist account of a priori justification, 1998, S. 77ff.

161 *F. von Kutschera*, Sprachphilosophie², 1975, S. 125.

162 *F. von Kutschera* (S. 140, Fn. 161), S. 125.

163 *E. Fricker*, Analyticity, linguistical practice and philosophical method, in: Puhl (Hrsg.), Meaning scepticism, 1991, S. 218 (222).

164 *F. von Kutschera*, Sprachphilosophie², 1975, S. 126f.

165 Kritisch zu der Selbstbeschränkung *Quine*s daher *R.F. Gibson*, The philosophy of W.V. Quine: An expository essay, 1982, S. XX; eine respektable naturalistische Vorgehensweise hat *Chomsky* entwickelt, s. etwa *N. Chomsky*, Knowledge of language: Its nature, origin, and use, 1986.

166 *S.A. Kripke*, Wittgenstein on rules and private language, 1982, S. 55.

Rahmen der Begründung seiner Position, die er in Auseinandersetzung mit *Wittgenstein* entwickelt und als dessen Neuinterpretation vorstellt, verwendet er ein Beispiel aus der Mathematik.[167] In *Kripke*s Gedankenspiel äußert ein Sprecher, er habe mit „plus“ oder „+“ in der Vergangenheit stets den Vorgang der Addition als Rechenregel gemeint. Dieser Sprecher wird nun vor eine Additionsaufgabe gestellt, die er noch nie zuvor gelöst hat; *Kripke* wählt hierfür die Aufgabe „68+57=?“. Der Sprecher wird mit „125“ antworten und dies für eine korrekte Anwendung der Additionsregel halten. *Kripke*s bizarrer Skeptiker behauptet dagegen, das Ergebnis sei falsch, richtig sei vielmehr „5“, der Sprecher habe bislang nicht die Addition angewendet, sondern stets die Quaddition, die *Kripke* mit „⊕“ symbolisiert. Danach gelte:

$$x \oplus y = x + y, \text{ wenn } x,y < 57$$
$$x \oplus y = 5, \text{ wenn } x,y \geq 57.$$

Jede Bedeutungstheorie, die davon ausgeht, es gebe eine richtige Lösung der Aufgabe „68+57=?“, muss nun den Skeptiker in seiner Ansicht widerlegen, der Sprecher sei in Wirklichkeit der Quaddition gefolgt. Dazu müsste eine Tatsache angeführt werden können, aus der sich die Bedeutung von „plus“ eindeutig ergebe, wobei *Kripke* als solche Tatsachen platonistische Abbildtheorien, innere Zustände der Sprecher und Verhaltenswahrscheinlichkeiten prüft und schließlich verwirft. Daher müsse ein anderes Konzept semantischer Bedeutung an die Stelle semantischer Fakten treten. Die Frage, ob ein sprachlicher Ausdruck richtig oder falsch gebraucht werde, ist nach *Kripke*s Ansicht mit Hilfe eines Standards der jeweiligen Sprechergemeinschaft zu entscheiden, der durch Beschreibung der Gebrauchspraxis von Bedeutungszuschreibungen zu gewinnen sei.[168] Die Berechtigung, eine Behauptung darüber aufzustellen, dass jemand etwas meint, sei schon dann gegeben, wenn die Umstände, unter denen sie legitim oder gerechtfertigt sei, ungefähr angegeben werden könnten, und dieses Spiel ihrer Behauptung unter diesen Umständen eine Rolle in unserem Leben spiele.[169] Private Sprachen seien unmöglich. Damit tritt der soziale Charakter sprachlicher Kommunikation in den Vordergrund.

*Kripke* ist zuzugeben, dass aus einem Verhalten in der Vergangenheit nicht die eine bestimmte Regel über die Verwendung sprachlicher Zeichen zu schließen ist, da so gut wie immer die Möglichkeit besteht, die tatsächliche Verwendung eines Zeichens unter eine Vielzahl von Regeln zu subsumieren.[170]

---

[167] *S. A. Kripke* (S. 140, Fn. 166), S. 7–11.

[168] *S. A. Kripke* (S. 140, Fn. 166), S. 68f.

[169] *S. A. Kripke* (S. 140, Fn. 166), S. 78f.

[170] So auch *R. B. Brandom*, Making it explicit: reasoning, representing, and discursive commitment[1], 1994, S. 28.

Aber auch er geht nicht soweit, die Möglichkeit objektiver Bedeutung soweit zu bestreiten, dass wir gar nichts (objektiv Überprüfbares) meinen, wenn wir etwas sagen. Für ihn kommt es maßgeblich darauf an, dass sich die Frage der Normativität, also des korrekten oder inkorrekten Gebrauchs der Sprache nicht bei einer Beschränkung auf individualistische Konzepte entscheiden lässt. Auf die Problematik der Auslegung von Rechtstexten übertragen, weist die Überlegung *Kripkes* nachdrücklich darauf hin, dass die Interpretation des vom Gesetzgeber Gesagten maßgeblich von dem zur Zeit der Gesetzgebung üblichen Sprachgebrauch abhängt. Das ist aber in der juristischen Methodenlehre seit langem anerkannt; insofern bestätigen die Erwägungen *Kripke*s die Möglichkeit einer Wortlautgrenze.

*(5) Zwischenergebnis*

Mit dem vorstehenden kursorischen Überblick lässt sich festhalten, dass die Semantik als Wissenschaft von der Bedeutung sprachlicher Zeichen zunächst einen belastbaren Bedeutungsbegriff entwickeln musste. Er kann möglicherweise in dem für viele Ansätze brauchbaren Vorschlag *Carnaps* gesehen werden, Bedeutungen als Intensionen zu verstehen, mit denen Eigenschaften von Menschen oder Gegenständen in der Wirklichkeit bestimmt sind. Ein solcher Bedeutungsbegriff dürfte allenfalls mit radikal antirealistischen Philosophien nicht in Einklang zu bringen sein, nach denen es keine Wirklichkeit gibt oder sie zumindest nur sprachlich vermittelt vorliegt. Mit anderen Bedeutungstheorien dürfte *Carnap*s Konzeption harmonieren. Die sprachlich ausgedrückten Charakteristika ließen sich je nach der zugrundegelegten Bedeutungstheorie als Abbilder von Ideen begreifen, als Reaktionen auf Reize darstellen oder müssten sich als wahr oder behauptbar erweisen.

Diese Unterschiede sind für die Frage der Gesetzesbindung nicht entscheidend. Es kommt insoweit zunächst nur darauf an, ob sprachlichen Zeichen beliebige Bedeutungen zugewiesen werden können, oder ob es semantische Grenzen gibt, die als Wortlautgrenze in Frage kommen. Wie die vorstehende Durchsicht der semantischen Theorien des weiteren ergeben hat, ist letzteres für jede ernstlich zu erwägende Position der Fall.[171] Ein extremer Bedeutungsnihilismus ist zwar vorstellbar, findet jedoch in der Semantik der Gegenwart keine Anhänger und wäre auch in höchstem Maße kontraintuitiv. Schon die Beobachtung, dass von sprachlichen Äußerungen verbreiteter kommunikativer Gebrauch gemacht wird, spricht für die Annahme, dass es nicht nur in Ausnahmefällen möglich sein muss, Zeichen mit einem für das Gegenüber fassbaren Sinn zu versehen.

[171] Ebenso *M. Klatt*, Theorie der Wortlautgrenze: semantische Normativität in der juristischen Argumentation, 2004, S. 120.

Auf welchem Wege das vonstatten geht und wie belastbar die hierdurch zu erzielenden Ergebnisse sind, wird von den einzelnen Bedeutungstheorien allerdings unterschiedlich beurteilt. In der Betrachtungsweise der Vorstellungstheorien ziehen die Ideen den Begriffen Grenzen, in den Augen der Referenztheorien ist es die Beschaffenheit der Welt. Versteht man den Intentionalismus ebenfalls als semantische Theorie im engeren Sinn, so wäre danach die Bedeutung eines sprachlichen Ausdrucks durch die Absichten bestimmt, die der Sprecher mit ihm verfolgt. Entsprechendes gälte für den Konventionalismus, für den es in bezug auf den Sinn einer Äußerung maßgeblich auf den in einer Sprachgemeinschaft etablierten Gebrauch ankommt; auch dieser lässt nicht alle denkbaren Verwendungen zu.

Selbst ausdrücklich bedeutungsskeptizistische Auffassungen wie die Ansätze von *Quine* und *Kripke* laufen nicht auf eine beliebige, willkürliche Verwendung sprachlicher Zeichen hinaus. Die von *Quine* anhand der Suche nach Synonymen im Falle der Übersetzung einer radikal fremden Sprache illustrierte Indeterminismusthese besagt mit Blick auf die Unbestimmtheit sprachlicher Ausdrücke lediglich, dass es Fälle gibt, in denen keine linguistisch begründete Entscheidung zwischen konkurrierenden analytischen Hypothesen getroffen werden kann. Das ist auch bei der Gesetzesauslegung eine alltägliche Erfahrung, heißt aber nicht, dass für *Quine*s Sprachphilosophie alle Lesarten eines Ausdrucks gleichermaßen zulässig wären.

Schließlich verwirft *Kripke*s Bedeutungsskeptizismus die Existenz von Bedeutungstatsachen, also von Fakten, die ohne Berücksichtigung der kommunikativen Situation ermittelt werden können. Auch diese Position wäre nicht verträglich mit der Annahme, sprachliche Ausdrücke könnten Beliebiges meinen. Gerade die Auseinandersetzung *Kripke*s mit *Wittgenstein*, in welcher die Praxis einer Sprechergemeinschaft eine herausragende semantische Rolle einnimmt, weist darauf hin, dass das Verständnis von Texten regelmäßig nicht von der Berücksichtigung der Gebrauchspraxis absehen kann.

Mit diesen Erwägungen ist die These von der Nichtexistenz einer Wortlautgrenze zurückzuweisen, auch wenn die Grenze zwischen dem auf die semantische Interpretation des Gesetzes bezogenen Ermittlungsvorgang einerseits und der ergänzend-gestalterischen Tätigkeit der Rechtsanwender andererseits abhängig davon, welche semantische Theorie zugrundelegt wird, unterschiedlich verläuft. Es ist dem Bedeutungsskeptizismus gegenüber zudem einzuräumen, dass keine Bedeutungstheorie es ermöglichen dürfte, den Grenzverlauf im Einzelfall immer klar auszumachen. Insgesamt erscheint eine moderate Indeterminismusthese angemessen, die aus zwei Elementen besteht. Danach haben Auslegungsvorgänge – erstens – durchaus objektive Elemente. Was die vom Sprecher gebrauchten sprachlichen Ausdrücke besagen, kann anhand des Sprachgebrauchs und der mit der

Äußerung verbundenen Intentionen in gewissen Grenzen in nachprüfbarer und verbindlicher Weise analysiert werden.

Zweitens gelingt die Entdeckung eines eindeutigen semantischen Gehalts nicht immer, was ebenfalls je nach zugrundegelegter Betrachtungsweise auf unterschiedliche Ursachen zurückzuführen ist. Das für die Vorstellungstheorien maßgebliche Konzept der Idee dürfte schon wegen des wenig trennscharfen Ideenbegriffs vielfach nur eine ungenaue Anwendung sprachlicher Ausdrücke auf die Wirklichkeit zulassen. Die Bestimmung der relevanten Wahrheitsbedingungen ist gleichfalls mit Erkenntnisschwierigkeiten behaftet – auf welche Wahrheitsbedingungen kommt es bei der Interpretation des deskriptiven Teils einer Norm an? Das lässt sich selbst dann häufig nicht mit Sicherheit sagen, wenn bereits entschieden ist, ob dabei auf die Absichten des Gesetzgebers (Sprechers) oder auf den konventionellen Sprachgebrauch einer Sprechergemeinschaft oder auf beides abzustellen sein soll.

### *bb) Semantische und normstrukturelle Ergänzungsbedürftigkeit von Rechtsnormen*

#### *(1) Semantische Unbestimmheit*

Mit den vorstehenden Ausführungen sollte insbesondere gezeigt werden, dass der Grenzverlauf zwischen der Auslegung im Sinne eines Ermittlungsvorgangs und den über die semantische Analyse hinausgehenden Entscheidungen der Rechtsanwender von der Wahl der bewusst oder unbewusst zugrundegelegten semantischen Theorie abhängt. Darüber hinaus lohnt ein Blick auf die Einsichten der Semantik insofern, als Linguisten einige Phänomene natürlicher Sprachen präzise beschrieben haben, die im Recht häufig anzutreffen sind und der Identifizierung einer eindeutigen Lösung im Wege stehen können.

#### *(a) Mehrdeutigkeit und Inkonsistenz*

Zu ihnen zählen zunächst Mehrdeutigkeit und Inkonsistenz. Mehrdeutigkeiten, also die Verwendung desselben Wortes mit verschiedenen Bedeutungen (Intensionen),[172] können allerdings nicht selten mit Hilfe der Beachtung des Regelungskontextes ausgeräumt werden. Das ist als Element der systematischen Auslegung in der juristischen Methodenlehre anerkannt. Mehrdeutigkeiten kommen auch in der Umgangssprache vor, man denke nur an die Begriffe „Schloss", „Verkehr", „Geschoss", „einsilbig".[173] Ein

[172] *F. von Kutschera*, Sprachphilosophie², 1975, S. 110ff.

[173] *H.-J. Koch/H. Rüßmann*, Juristische Begründungslehre, 1982, S. 192.

fachsprachliches juristisches Beispiel bildet die Entscheidung des Bundesverfassungsgerichts zu der Frage, ob „Gesetz" in Art. 100 GG nur formelle Gesetze oder auch materielle Gesetze (also einschließlich von Rechtsverordnungen) meint.[174] Selbst der Ausdruck „Auslegung" bedarf wegen seiner Mehrdeutigkeit der – wenn auch eher unproblematischen – Auslegung.

Inkonsistent ist ein Sprachgebrauch, mit dem dasselbe Wort in unterschiedlicher Weise gebraucht wird.[175] Im Zusammenhang mit der Gesetzesauslegung kann es beispielsweise zwischen juristischer Fachsprache und Umgangssprache divergierende Sprachgebräuche geben. Inkonsistenzen dürften regelmäßig schwieriger als Mehrdeutigkeiten zu klären sein, da hierfür nicht auf die Betrachtung des Regelungskontextes zurückgegriffen werden kann, wenn die Inkonsistenz innerhalb desselben Kontexts auftritt. Allerdings stehen Inkonsistenzen der Bestimmung des einen verbindlichen Wortsinnes im Ergebnis nur dann entgegen, wenn die Unterschiede zwischen den verschiedenen Deutungen so groß sind, dass sie nicht einmal einen Kern übereinstimmenden Sprachgebrauchs erkennen lassen.[176]

#### *(b) Vagheit*

Abgesehen von solchen Ausnahmefällen können Mehrdeutigkeit und Inkonsistenz jedenfalls im Prinzip durch Beachtung von Regelungskontext und, soweit im Einzelfall erkennbar, den Regelungsabsichten des Gesetzgebers beseitigt werden. Vor größere Probleme stellt die Rechtsanwender das in der Rechtsprechung und im juristischen Schrifttum unter der Bezeichnung „unbestimmter Rechtsbegriff" betrachtete Phänomen der Vagheit. Vage Begriffe sind nach einer in der Sprachphilosophie üblichen Ausdrucksweise Begriffe, für die gilt: (1) Es gibt Gegenstände, die unzweifelhaft unter den Begriff fallen (positive Kandidaten); (2) es gibt Gegenstände, die unzweifelhaft nicht unter den Begriff fallen (negative Kandidaten); (3) es gibt schließlich Gegenstände, hinsichtlich derer nicht ohne weiteres entschieden werden kann, ob sie unter den Begriff fallen oder nicht („neutrale" Kandidaten).[177] Je weiter der Bereich der neutralen Kandidaten ist, desto größer ist die Unbestimmtheit des Begriffs. In der Rechtswissenschaft steht vermutlich Jellineks Auffassung dem erläuterten sprachanalytischen Ansatz am nächsten.[178] Ähnlich, aber letztlich unbe-

---

[174] BVerfG v. 20.3.1952, E 1, S. 184 (191 ff.).

[175] *H.-J. Koch/H. Rüßmann*, Juristische Begründungslehre, 1982, S. 193.

[176] *H.-J. Koch/H. Rüßmann* (S. 145, Fn. 175), S. 193.

[177] *S. Körner*, Erfahrung und Theorie. Ein wissenschaftstheoretischer Versuch, 1970, S. 44, 49 (engl. Original 1966: Experience and theory; an essay in the philosophy of science).

[178] *W. Jellinek*, Gesetz, Gesetzesanwendung und Zweckmäßigkeitserwägung, 1913, S. 37 f.

friedigend ist *Jeschs* Vorschlag, zwischen Begriffshof und Begriffskern zu differenzieren.[179]

Eine echte Teilmenge der in diesem Sinne vagen Begriffe wird in der juristischen Literatur als „unbestimmte Rechtsbegriffe" bezeichnet, nicht jeder vage Begriff gilt Rechtsprechung und juristischer Literatur als „unbestimmter Rechtsbegriff".[180] Eine inhaltliche Begründung für diese Selektion aus der Menge der vagen Begriffe wird, soweit ersichtlich, jedenfalls nicht systematisch gegeben. Im Vordergrund der juristischen Aufmerksamkeit steht auch nicht die konzeptionelle Ausarbeitung eines Konzepts von Vagheit, sondern die an die Klassifizierung eines Begriffs als „unbestimmt" anschließende Frage, wem das Letztentscheidungsrecht bezüglich seines semantischen Gehalts zustehen soll, der Verwaltung oder den Gerichten. Sie kann für die hier verfolgte inhaltliche Untersuchung der Nutzung der entsprechenden Spielräume auf sich beruhen. Was die Maßgaben in bezug auf diese Gestaltungsfreiheiten angeht, so finden sich dazu in der rechtswissenschaftlichen Literatur zwei auf den ersten Blick disparate Ansätze.

Einerseits wird bemerkt, dass die Auslegung unbestimmter Rechtsbegriffe regelmäßig die Bewältigung von Zielkonflikten in Form einer Abwägung erfordert.[181] Dem folgt das Bundesverwaltungsgericht, wenn es in seiner Entscheidung zu § 15 Abs. 1 Nr. 3 Buchst. b PflSchG (1986) darauf hinweist, es komme bei der Auslegung unbestimmter Rechtsbegriffe – die Richter erwähnen ausdrücklich die Begriffe der Gefahr und der Wahrscheinlichkeit – häufig zu einer Abwägung unter mehreren Wertungsgesichtspunkten.[182]

Für die Ansicht, es sei zumindest in einigen Bereichen notwendig, Abwägungsentscheidungen bereits bei der Auslegung von unbestimmten Rechtsbegriffen und damit auf der Ebene der Gesetzesauslegung zu treffen, lassen sich in der Tat Belege anführen. Zumindest die Bewältigung von Bewertungsaufgaben und damit eine Abwägung in einem weiteren Sinne ist notwendig, wenn etwa das Gesetz auf die Gleichwertigkeit einer Ausgleichsmaßnahme abzielt (§§ 18, 19 BNatSchG)[183] oder Prüfungsleistungen wertend zu beurteilen sind.[184] Um Abwägung im engeren Sinn, also um den

179 *D. Jesch*, AöR 82 (1957), S. 163 (171).

180 *H.-J. Koch*, Unbestimmte Rechtsbegriffe, 1979, S. 39.

181 *C. D. Classen*, Die Europäisierung der Verwaltungsgerichtsbarkeit. Eine vergleichende Untersuchung zum deutschen, französischen und europäischen Verwaltungsprozessrecht, 1996, S. 135; *E. L. Nell*, Wahrscheinlichkeitsurteile in juristischen Entscheidungen, 1983, S. 140; vgl. a. *H.-J. Koch*, Die normtheoretische Basis der Abwägung, in: Erbguth u. a. (Hrsg.), Abwägung im Recht. Symposium und Verabschiedung von Werner Hoppe am 30. Juni 1995 in Münster aus Anlass seiner Emeritierung, 1996, S. 9 (13 f.).

182 BVerwG v. 10.11.1988, E 81, S. 12 (17).

183 Dazu bereits ausführlicher unter B.I.4.

184 S. o. B.I.2.

Ausgleich zwischen gegenläufigen Belangen, geht es, wenn eine staatliche Zulassungsentscheidung unter die Voraussetzung gestellt ist, dass „überwiegende öffentliche Interessen" ihr nicht entgegenstehen dürften (§ 7 Abs. 2 Nr. 6 AtG). Damit ist der Verwaltung die Aufgabe zugewiesen, zu beurteilen, ob die gegebenenfalls gegen das Vorhaben sprechenden Gesichtspunkte in Abwägung mit dem Interesse an der Verwirklichung des Projekts schwerer wiegen.

Auch der Begriff des Allgemeinwohls verlangt, soweit er nicht nur deskriptive oder rhetorische Funktion hat,[185] sondern als Ermächtigungs- oder Anspruchsgrundlage fungiert, die Bewältigung gegenläufiger Belange, die einer Gesamtabwägung unterzogen werden müssen. Man denke nur an Art. 14 Abs. 3 GG in Verbindung mit den entsprechenden Enteignungsgesetzen, an städtebauliche Entwicklungsmaßnahmen gemäß § 165 Abs. 3 S. 1 Nr. 3 i.V.m. § 165 Abs. 3 S. 2 BauGB, oder an Befreiungen nach § 31 Abs. 2 Nr. 1 BauGB.[186] Das Bauplanungsrecht enthält noch weitere tatbestandliche Abwägungsaufträge. So steht und fällt die Zulässigkeit eines baulichen Vorhabens im unbeplanten Innenbereich mit der durch § 34 BauGB aufgegebenen Frage, ob es sich in die nähere Umgebung „einfügt". Regelmäßig weisen solche Vorhaben Merkmale auf, hinsichtlich derer sie der bereits vorhandenen Bebauung gleichen, und gleichzeitig solche, mit denen sie sich von ihr unterscheiden. Das Interesse des Bauherrn und gegebenenfalls auch der Gemeinde an der Verwirklichung des Projektes kann daher mit vorfindlichen Nutzungen des Gebietes konfligieren. Die Präzisierung des Einfügens läuft somit im Kern auf eine Abwägung der berührten Interessen hinaus.

Die Beispiele machen die Abwägungshypothese plausibel. Andererseits wird die Ansicht vertreten, die Auslegung vager Begriffe sei ein Vorgang, mit dem Gegenstände, die sich zunächst als neutrale Kandidaten darstellen, unter bestimmten Bedingungen als positiv oder negativ zu klassifizieren seien.[187] Nach und nach führe die Auslegung durch die entsprechenden Ergänzungen um hinreichende disjunktive Bedingungen zu einer Präzisierung des semantischen Gehalts der vagen Ausdrücke. Darin dürfte eine tragfähige Analyse der Auslegung vager Begriffe zu sehen sein, die überdies klar aufzeigt, wie ähnlich die Auslegung vager Begriffe und die Ausübung des Ermessens in funktionaler Hinsicht sind. Dass eine Behörde unter Vorliegen bestimmter Voraussetzungen etwas tun darf, kann oder soll, heißt ja nichts

---

[185] Zum unterschiedlichen Gebrauch des Gemeinwohlbegriffs *E. Hofmann*, Das Wohl der Allgemeinheit, in: Bungenberg u.a. (Hrsg.), Recht und Ökonomik. 44. Tagung der Wissenschaftlichen Mitarbeiterinnen und Mitarbeiter der Fachrichtung Öffentliches Recht, Jena 2004, 2004, S. 162 (163 f.).

[186] *A. Gern*, DÖV 1986, S. 462 (463).

[187] *H.-J. Koch*, Unbestimmte Rechtsbegriffe, 1979, S. 136 ff.

anderes, als dass neben die vom Gesetzgeber formulierten notwendigen Bedingungen noch weitere Voraussetzungen hinzutreten können, bevor die Behörde die Rechtsfolge anordnet. Sowohl bei der Gesetzesauslegung als auch hinsichtlich der Ermessensbetätigung ist also typischerweise eine Ergänzung um weitere Bedingungen notwendig.[188]

Auch wenn sie zunächst als rivalisierende Deutungsmodelle erscheinen mögen, stehen die skizzierten Betrachtungsweisen – Abwägung auf der einen Seite, Ergänzungen um hinreichende Bedingungen auf der anderen – nicht im Widerspruch zueinander. Vielmehr erweisen sie sich bei näherer Betrachtung als komplementär. Während die Interpretation der Auslegung vager Begriffe als Abwägung konfligierender Interessen mit Recht darauf aufmerksam macht, dass die Ausräumung gesetzlicher Unbestimmtheiten im Rahmen der Rechtsanwendung vielfach nach einem derartigen Ausgleich verlangt, erklärt sie nicht, worin die präzisierende Wirkung der Entscheidung von Einzelfällen durch Verwaltung und Rechtsprechung liegt. Nimmt man beide Ansätze zusammen, so stellt sich die Auslegung vager sprachlicher Ausdrücke bei der Gesetzesauslegung als ein Vorgang dar, der durch die Ergänzung um disjunktive Bedingungen in Form der Bestimmung positiver wie negativer Kandidaten nach und nach die Menge der neutralen Kandidaten eines Begriffes verkleinert. Die Herausarbeitung der entsprechenden Bedingungen erfordert wiederum regelmäßig den für Abwägungsvorgänge typischen Ausgleich unter konfligierenden Belangen.

### *(c) Prognosebegriffe*

Besondere Schwierigkeiten bereiten des weiteren solche Begriffe, bei denen die Durchführung einer Prognose von hervorgehobener Bedeutung ist. Dazu zählt etwa der Gefahrbegriff im allgemeinen Polizeirecht, die Unzuverlässigkeit nach § 35 Abs. 1 GewO oder die „Eignung zur sittlichen Jugendgefährdung" nach dem Gesetz über jugendgefährdende Schriften. An einem umweltrechtlichen Beispiel sei die Struktur solcher Begriffe erläutert. Nach § 5 Abs. 1 BImSchG hängt die Zulassung genehmigungsbedürftiger Anlagen – etwas verkürzt gesagt – davon ab, dass die Anlage keine „schädlichen Umwelteinwirkungen" im Sinne von § 3 Abs. 1 BImSchG hervorruft. „Schädliche Umwelteinwirkungen" sind nach der Legaldefinition des § 3 Abs. 1 BImSchG Immissionen, die geeignet sind, Gefahren für die Allgemeinheit oder die Nachbarschaft herbeizuführen. Der Rechtsanwender muss bei der Auslegung des Gefahrenbegriffs ein Wahrscheinlichkeitsurteil bezüglich der möglichen Schäden treffen. Damit ist aber die Aufgabe

---

[188] Bei den Ergänzungen, die im Bereich des Verwaltungsermessens vorgenommen werden, handelt es sich im Unterschied zu der Auslegung vager Ausdrücke nach *H.-J. Koch* (S. 147, Fn. 187), S. 136ff., um konjunktive Verknüpfungen.

nicht vollständig beschrieben, die sich etwa bei der Prüfung stellt, ob eine bestimmte Luftschadstoffkonzentration den Gefahrenbegriff erfüllt. Bei näherer Betrachtung sind vier Fragen zu unterscheiden:[189]

(1) Welche Art möglicher Schäden sind Voraussetzungen des Vorliegens einer „Gefahr"?

(2) Bei welcher Wahrscheinlichkeit des Schadenseintritts ist von „Gefahr" zu sprechen?

(3) Welche Schäden kann die in Rede stehende Luftschadstoffkonzentration herbeiführen?

(4) Mit welcher Wahrscheinlichkeit werden diese Schäden eintreten?

Was die spezifische Problematik des Gefahrenbegriffs hinsichtlich der erforderlichen Prognose angeht, so betrifft sie nur (3) und (4), nicht hingegen (1) und (2). Der Begriff der Gefahr ist in bezug auf (1) und (2) allerdings vage in dem vorstehend beschriebenen Sinne, was für sich genommen bereits Spielräume eröffnet, die im übrigen nur wenig durch die recht globalen Zielsetzungen des Gesetzgebers eingeschränkt sein dürften. Die auf die Vagheit zurückgehenden Spielräume müssen aber klar unterschieden werden von der durch (3) und (4) gestellten Aufgabe, einen Wahrscheinlichkeitsquotienten festzusetzen.[190]

Die Prognoseaufgabe unterscheidet sich in struktureller Hinsicht kaum von der in anderen rechtlichen Zusammenhängen zu bewältigenden Aufgabe der Sachverhaltsermittlung in Form der Retrodiktion. Während eine Prognose von Beobachtungen der Vergangenheit auf die Zukunft schließt, so bezieht sich die Retrodiktion auf die Erschließung vergangener Ereignisse aus Indizien.[191] Begriffliche wie methodische Einzelheiten der Prognoseerstellung sind nachstehend noch im einzelnen zu erörtern, da Prognosen im Planungsrecht eine zentrale Bedeutung zukommt.[192] An dieser Stelle sei aber bereits darauf hingewiesen, dass komplexe Prognoseaufgaben in bezug auf die zu wählenden Wahrscheinlichkeitsquotienten und deren Notation rechtlich nicht völlig determiniert sind, was die Gerichte zum Teil dazu veranlasst hat, der Verwaltung diesbezüglich Letztentscheidungskompetenzen einzuräumen. Im Ergebnis findet daher vielfach nur eine materiell beschränkte Kontrolle von Prognosen statt (§ 114 S. 1 VwGO).

### *(d) Wertbegriffe*

Ferner wird verschiedentlich vertreten, dass es noch eine weitere Klasse von Begriffen gäbe, die hinsichtlich des Gesetzesbindungspostulats besonders

---

[189] *H.-J. Koch* (S. 147, Fn. 187), S. 207.
[190] *H.-J. Koch* (S. 147, Fn. 187),S. 208.
[191] *H.-J. Koch* (S. 147, Fn. 187), S. 208.
[192] S. u. C.IV.2.

problematisch sei. Sie werden als normative oder „wertausfüllungsbedürftige" Begriffe bezeichnet.[193] Ihre Anwendung verlangt nach Ansicht einiger Autoren wertende Akte des Verwenders oder sie enthalten weltanschauliche Elemente.[194]

Den meisten unter diesem Gesichtspunkt untersuchten Ausdrücken (unter anderem „fremd" in § 242 StGB, „fahrlässig", „Wohl des Kindes", „billiges Ermessen", „Treu und Glauben") dürfte gemein sein, dass sie sich als vage in dem oben näher beschriebenen Sinne darstellen. Viele der als Wertbegriffe apostrophierten Begriffe weisen also neutrale Kandidaten auf, die im Zusammenhang mit einer Entscheidung entweder den positiven oder den negativen Kandidaten zugewiesen werden müssen, was nach zutreffender Ansicht eine Bewertung verlangt.[195]

Eine darüber hinausgehende Hürde für die Rechtsanwendung ergibt sich daraus allerdings nicht. Wie eine intensive sprachanalytische Diskussion ergeben hat, muss man bei Wertbegriffen den deskriptiven Bedeutungsteil vom normativen unterscheiden.[196] Der normative Teil bringt eine negative (ablehnende) oder positive (befürwortende) Stellungnahme des Verwenders zum Ausdruck, während die deskriptive Komponente Eigenschaften ausdrückt, die Gegenstände in der Wirklichkeit haben können oder auch nicht.[197] Die Bedeutung der normativen Komponente kann sich insbesondere bei Analogieschlüssen aktualisieren. Es ist überdies leicht zu sehen, dass Vagheit keine notwendige Bedingung für das Vorliegen eines Wertbegriffes ist – Wertbegriffe können ohne weiteres einen präzisen deskriptiven Gehalt haben.[198]

Entscheidend ist nun für die Rechtsanwendung, dass der normative (wertende) Teil zu keiner eigenständigen, zusätzlichen Problematik für die Gesetzesauslegung führt. Auch bei Wertbegriffen muss der Rechtsanwender anhand der deskriptiven Bedeutungskomponente ermitteln, auf welche Eigenschaften es rechtlich ankommt.[199] Dies kann durch

---

[193] *B. Rüthers*, Rechtstheorie, 1999, S. 108f. („normative Begriffe"); *K. Larenz/C.-W. Canaris*, Methodenlehre der Rechtswissenschaft³, 1995, S. 109 („ausfüllungsbedürftige Maßstäbe"); früh bereits *K. Engisch*, Die normativen Tabestandsmerkmale im Strafrecht, in: Engisch/Maurach (Hrsg.), Festschrift für Edmund Mezger zum 70. Geburtstag: 15.10.1953, 1954, S. 127 (140ff.).

[194] *B. Rüthers* (S. 150, Fn. 193), S. 109; *K. Larenz/C.-W. Canaris*, Methodenlehre der Rechtswissenschaft³, 1995, S. 110.

[195] *H.-J. Koch/H. Rüßmann*, Juristische Begründungslehre, 1982, S. 202.

[196] Meilensteine der Debatte dürften unter anderem sein *L. Wittgenstein*, Philosophische Untersuchungen, 1953; die Sprechakttheorie nach *J. L. Austin*, How to do things with words, 1962, sowie *R. M. Hare*, Die Sprache der Moral, 1972, S. 109–161 (engl. Original 1952: The Language of Morals).

[197] *H.-J. Koch/H. Rüßmann*, Juristische Begründungslehre, 1982, S. 203.

[198] *H.-J. Koch/H. Rüßmann* (S. 150, Fn. 197), S. 203.

[199] *H.-J. Koch/H. Rüßmann* (S. 150, Fn. 197), S. 204.

semantische Probleme wie Mehrdeutigkeit, Inkonsistenz oder Vagheit erschwert werden. Eine darüber hinausgehende durch die normative Komponente bedingte Problematik für die Gesetzesbindung ist nicht ersichtlich.[200] *Alexys* Gegenargument, gesetzliche evaluative Begriffe würden vom Rechtsanwender verlangen, die jeweilige deskriptive Komponente *festzusetzen*,[201] dürfte den Erkenntnissen über die Methoden zur Ermittlung des semantischen Gehalts einer Regelung und der verfassungsrechtlich geforderten Beachtung der gesetzgeberischen Zielsetzungen nicht ausreichend Rechnung tragen. Erst dann und nur dann, wenn sich anhand der Wortsinnermittlung und der teleologischen Auslegung kein eindeutiger Regelungsgehalt ergibt, sind Behörden und Gerichte dazu berufen, eigene Bewertungen vorzunehmen.[202]

### *(2) Normstrukturelle Entscheidungsspielräume: Prinzipien*

Neben den semantisch bedingten Unbestimmtheiten der Gesetzessprache gibt es jedoch auch normstrukturell bedingte Ursachen von Entscheidungsspielräumen bei der Rechtsanwendung, was hinsichtlich der Ermessensermächtigungen noch vertieft werden muss.[203] Darüber hinaus trifft dies auf eine bestimmte Art von Normen zu, die *Alexy* als Prinzipien bezeichnet.[204] *Alexy* unterscheidet unter Heranziehung rechtsphilosophischer Ansätze – insbesondere der Schriften *Ronald Dworkins*[205] – Regeln von Prinzipien. Es gebe einerseits Normen, die etwas geböten, was entweder (ganz) erfüllt werden könne oder nicht, und andererseits Normen, die etwas geböten, was mehr oder minder stark erfüllt werden könne.[206] Die ersteren Normen werden als Regeln, die letzteren als Prinzipien oder Optimierungsgebote

---

200 *H.-J. Koch/H. Rüßmann* (S. 150, Fn. 197), S. 204.

201 *R. Alexy*, Argumentation und Recht, in: Hassemer (Hrsg.), Argumentation und Recht: Vorträge auf der Tagung der Deutschen Sektion der Internationalen Vereinigung für Rechts- und Sozialphilosophie (IVR) in der Bundesrepublik Deutschland, München, 3. bis 6. September 1978, 1980, S. 181 (191 Fn. 42).

202 *H.-J. Koch/H. Rüßmann*, Juristische Begründungslehre, 1982, S. 205. Der Klarstellung halber sei hinzugefügt, dass die behördlichen oder gerichtlichen Bewertungen unter der Geltung des Verhältnismäßigkeitsgrundsatzes angemessen zu sein haben.

203 S. u. C.I.2.d).

204 Eine ausführliche Darstellung der verschiedenen Prinzipienbegriffe enthält *U. Penski*, JZ 1989, S. 105 ff.; ferner sei hingewiesen auf *J. Esser*, Grundsatz und Norm in der richterlichen Fortbildung des Privatrechts: rechtsvergleichende Beiträge zur Rechtsquellen- und Interpretationslehre[4], 1990; *K. Larenz*, Richtiges Recht: Grundzüge einer Rechtsethik, 1979; *F. Bydlinski*, Fundamentale Rechtsgrundsätze: zur rechtsethischen Verfassung der Sozietät, 1988.

205 *R. Dworkin*, Taking Rights Seriously, 1977, S. 14 ff., 22 ff. (24); 81 ff. (deutsche Ausgabe: Bürgerrechte ernstgenommen, 1984).

206 *R. Alexy*, Rechtstheorie, Beiheft 1, 1979, S. 59 (64 f., 79 ff.); *R. Alexy*, Rechtssystem und praktische Vernunft, in: Alexy (Hrsg.), Recht, Vernunft, Diskurs: Studien zur Rechtsphilosophie, 1995, S. 213 (216); zuletzt *R. Alexy*, Die Gewichtsformel, in: Jickeli (Hrsg.),

bezeichnet. Dem folgend haben *Koch/Rüßmann* Prinzipien dahingehend definiert, dass eine Vorschrift genau dann ein Prinzip sei, wenn sie einen optimierbaren Zustand ausdrückt, durch mindestens eine Vorschrift mit der gleichen Eigenschaft eingeschränkt werden kann und keiner der Vorschriften ein absoluter Vorrang zukommt.[207] Das ist für Grundrechte charakteristisch,[208] kommt aber auch im Verwaltungsrecht etwa in Gestalt der abwägungsrelevanten Belange[209] oder in Form von sogenannten Optimierungsgeboten vor.

Es kommt hier nicht darauf an, ob sich die von *Alexy* vorgeschlagene (strenge) Trennung von Regeln und Prinzipien wirklich durchhalten lässt[210] oder ob damit vielleicht eine Dichotomie behauptet wird, wo in Wirklichkeit eher fließende Übergänge zu beobachten sind.[211] Maßgeblich für die Frage nach der Existenz von Entscheidungsspielräumen ist an Optimierungsgeboten im Sinne *Alexys* die offerierte Lösung für Prinzipienkollisionen. Sie soll in der fallgruppenspezifischen Festsetzung bedingter Vorrangrelationen liegen.[212] Darunter ist die Bestimmung von Bedingungen zu verstehen, unter denen abhängig von den Umständen mal das eine, mal das andere Prinzip Vorrang erhalten kann. Ziel der Operation ist, den kollidierenden Prinzipien soweit wie möglich Rechnung zu tragen.[213] Da das Maß der Verwirklichung der gegenläufigen Prinzipien kaum jemals gesetzlich oder verfassungsrechtlich determiniert sein dürfte, ist – in *Alexys* Worten – die Abwägung die für Prinzipien kennzeichnende Form der Rechtsanwendung.[214] Damit ist die Anwendung von Prinzipien im Sinne *Alexys* unausweichlich mit normstrukturell bedingten Entscheidungsspielräumen verbunden.

---

Gedächtnisschrift für Jürgen Sonnenschein, 2003, S. 771 (771); kritisch zur graduellen Erfüllbarkeit von Prinzipien *W. Enderlein*, Abwägung in Recht und Moral, 1992, S. 88f.

[207] *H.-J. Koch/H. Rüßmann*, Juristische Begründungslehre, 1982, S. 99.

[208] *R. Alexy*, Theorie der Grundrechte[1], 1986, S. 75.

[209] Geradezu paradigmatisch dürfte insoweit § 9 Abs. 1 in Verbindung mit § 1 Abs. 7 BauGB n. F. sein.

[210] *R. Alexy*, Rechtstheorie, Beiheft 1, 1979, S. 59 (64f.); beipflichtend *W. Hoppe*, „Ziele" und „Grundsätze" der Raumordnung und Landesplanung in normtheoretischer Sicht, in: Küper/Dencker (Hrsg.), Beiträge zur Rechtswissenschaft: Festschrift für Walter Stree und Johannes Wessels zum 70. Geburtstag, 1993, S. 1153 (1163).

[211] *H.-J. Koch*, Die normtheoretische Basis der Abwägung, in: Erbguth u.a. (Hrsg.), Abwägung im Recht. Symposium und Verabschiedung von Werner Hoppe am 30. Juni 1995 in Münster aus Anlass seiner Emeritierung, 1996, S. 9 (18).

[212] *R. Alexy*, Theorie der Grundrechte[1], 1986, S. 143.

[213] *R. Alexy* (S. 152, Fn. 212), S. 100ff.; *H.-J. Koch/H. Rüßmann*, Juristische Begründungslehre, 1982, S. 97ff.

[214] *R. Alexy*, Rechtssystem und praktische Vernunft, in: Alexy (Hrsg.), Recht, Vernunft, Diskurs: Studien zur Rechtsphilosophie, 1995, S. 213 (216).

### cc) Zwischenergebnis

Bilanziert man die vorstehenden Überlegungen zur Gesetzesauslegung und der mit ihr einhergehenden Gestaltungsfreiheiten der Rechtsanwender, so finden sich einige beachtliche Übereinstimmungen zwischen dem anerkannten Kanon juristischer Auslegungsmethoden und der modernen Semantik, wobei nun folgende Präzisierungen vorgenommen werden können.

Die Wortsinnauslegung unterfällt in einen objektiven Teil, der Ermittlung genannt werden kann, und einen begrenzt rechtserzeugenden. Die Grenze zwischen beiden Elementen wird im Recht üblicherweise als Wortlautgrenze bezeichnet.[215] Wie deutlich geworden sein sollte, bietet die moderne Semantik trotz einiger Einschränkungen eine Reihe leistungsfähiger Ansätze zur Ermittlung des Wortsinns. Dabei wäre es verfehlt, die verschiedenen Bedeutungstheorien nur als konkurrierende Schulen mit jeweiligem Alleinvertretungsanspruch wahrzunehmen. Vielmehr dürften sie sich in maßgeblicher Hinsicht als komplementär erweisen, eine Sichtweise, die sich auch in der Semantik selbst durchzusetzen beginnt.[216]

Das Wortsinnermittlungsgebot zielt zunächst auf die Ermittlung des Sprachgebrauchs, auf den der Gesetzgeber Bezug genommen hat und der im Wege der Selbstbefragung, der Heranziehung von Wörterbüchern oder durch empirische Untersuchungen festgestellt werden kann. Vielfach wird das aber nicht zu eindeutigen und damit verbindlichen Ergebnissen führen. Besondere Schwierigkeiten bereiten die vorstehend erläuterten semantischen und normstrukturellen Unbestimmtheiten.

Die systematische Auslegung, also die Beachtung des Regelungskontextes, enthält vor dem Hintergrund der dargestellten Grenzen und Möglichkeiten der semantischen Interpretation von Rechtsnormen zwei verschiedene Gebote, von denen nur einem eine eigenständige Bedeutung zukommt.[217] Soweit sich die systematische Auslegung auf die Beseitigung von semantischen Unbestimmtheiten, etwa von Mehrdeutigkeit oder Vagheit, bezieht, ist sie ein Teil der Wortsinnauslegung. Eigenständige Bedeutung hat die systematische Auslegung hingegen insoweit, als sie vom Rechtsanwender fordert, den semantischen Gehalt der auszulegenden Norm so festzusetzen,

---

[215] Kritisch zur Terminologie *M. Klatt*, Theorie der Wortlautgrenze: semantische Normativität in der juristischen Argumentation, 2004, S. 36ff.

[216] *J. Lyons*, Bedeutungstheorien, in: Stechow/Wunderlich (Hrsg.), Semantik: ein internationales Handbuch der zeitgenössischen Forschung, Bd. 6, 1991, S. 1 (23), Komplementarität der Bedeutungstheorien; *O. R. Scholz*, Verstehen und Rationalität[2], 2001, S. 268ff.; *M. Klatt* (S. 153, Fn. 215), S. 121ff., „Eine integrative Theorie der Bedeutung". In der juristischen Methodenlehre dürfte es hingegen seit jeher anerkannt sein, dass eine Kumulation von Auslegungsgesichtspunkten zielführend sein kann, s. etwa BVerfG v. 17.5.1960, E 11, S. 126 (130).

[217] Ebenso *H.-J. Koch*/*H. Rüßmann*, Juristische Begründungslehre, 1982, S. 167.

dass keine Widersprüche zu solchen Normen entstehen, die in einem sachlichen Zusammenhang mit der auszulegenden Bestimmung stehen.[218] Das ist aber keine Ermittlung des semantischen Gehalts gesetzlicher Ausdrücke mehr, sondern seine Festsetzung im Sinne der Auswahl einer semantisch möglichen Auslegungsoption und damit ein Akt begrenzt-schöpferischer Gestaltung. Solche Festsetzungen erfolgen im Rahmen der objektiv-teleologischen „Auslegung".

Soweit sie sich ermitteln lassen, sind auch die Regelungsabsichten des Gesetzgebers geeignet, eine weitere Auswahl unter den eröffneten Auslegungsoptionen zu treffen, was in der juristischen Auslegungslehre als Orientierung am Gesetzeszweck anerkannt sein dürfte. Zwar könnte die historische oder auch subjektiv-teleologische Auslegung zunächst als Gebot aufgefasst werden, den entstehungszeitlichen Sprachgebrauch zu ermitteln. Dann wäre sie mit dem oben Ausgeführten deckungsgleich mit der Wortsinnermittlungsregel. Bei kritischer Würdigung etwa der Rechtsprechung des BGH wird hingegen erkennbar,[219] dass die historische Auslegung auch als Aufforderung verstanden werden kann, den semantischen Gehalt einer Norm so festzusetzen, dass die vom Gesetzgeber mit dem Erlass der Bestimmung erstrebten Ziele erreicht werden.[220]

Gesetzgeberische Zwecksetzungen lassen sich jedoch vielfach nicht oder nicht genau ermitteln; besonders der angestrebte Grad der Zielverwirklichung dürfte so gut wie nie eindeutig fixiert sein.[221] Eine weitere Komplikation bei der Entscheidung von Einzelfällen kann darin liegen, dass mit einem Gesetz gegenläufige Zielsetzungen verfolgt werden. Ferner stellen die Gesetzgebungsmaterialien typischerweise die Erwägungen der Entwurfsverfasser, so etwa im Falle von Bundesgesetzen die der Bundesregierung dar, was im Falle parlamentarischer Gesetze zu der gleichfalls regelmäßig mit Unsicherheiten behafteten Frage führt, inwieweit sich das Parlament die Überlegungen der Bundesregierung zu eigen gemacht hat. Schließlich können unterschiedliche Auffassungen der Abgeordneten über die mit dem Gesetz zu erreichenden Ziele es erschweren, die Zielsetzungen „des Gesetzgebers" zu identifizieren.

Um trotz gegebenenfalls nicht auszuräumender Unsicherheiten zu einer Entscheidung gelangen zu können, sind in der juristischen Methodenlehre noch zusätzliche Gesichtspunkte anerkannt, mit denen jedenfalls verbleibende unzulässige Auslegungsoptionen eliminiert werden können, zu denen die Berücksichtigung der Zwecke des Gesetzes unabhängig von

---

[218] *H.-J. Koch/H. Rüßmann* (S. 153, Fn. 217), S. 167.

[219] BGH v. 30.6.1966, NJW 1967, S. 343 (348).

[220] *H.-J. Koch/H. Rüßmann*, Juristische Begründungslehre, 1982, S. 168.

[221] Das wirkt sich auch bei der Ermessensbetätigung aus, s. etwa *H.-J. Koch et al.*, Allgemeines Verwaltungsrecht[3], 2003, S. 219.

etwaigen offenbarten Regelungsabsichten des Gesetzgebers im Rahmen der objektiv-teleologischen Auslegung, die verfassungsrechts- und die gemeinschaftsrechtskonforme Auslegung zählen. Mit der verfassungskonformen Auslegung soll der Vorrang der Verfassung bei der Auslegung des einfachen Rechts sichergestellt werden.[222] Nach ständiger Rechtsprechung des Bundesverfassungsgerichts müssen diejenigen unter den vorhandenen Auslegungsmöglichkeiten ausscheiden, die nicht mit dem Grundgesetz in Einklang stehen.[223] Die Grenze der verfassungskonformen Auslegung ist durch den Wortlaut der Bestimmungen und den Gesetzeszweck gezogen.[224] Das setzt aber eine entsprechende Auslegung der einschlägigen Bestimmungen des Grundgesetzes voraus. Methodisch stellen sich insoweit die gleichen Fragen wie die bei der Auslegung des einfachen Rechts.

Nimmt man die verschiedenen Auslegungsgesichtspunkte zusammen, so erscheint folgende Abfolge von Präzisierungsschritten möglich, die sich unter verfassungsrechtlichen Gesichtspunkten auch als Rangordnung empfehlen könnte.[225] Lässt der semantische Gehalt eines gesetzlichen Ausdrucks mehrere Deutungen zu, so beginnt ein Prozess der Engführung, der durch die Regelungsabsichten des historischen Gesetzgebers zur Ermittlung des vom Gesetzgeber Gewollten führen kann, aber angesichts der Schwierigkeiten, die Zwecke des Gesetzgebers unzweifelhaft festzustellen, nicht notwendigerweise auch muss. Erscheinen nach der Anwendung dieser Auslegungsmethoden noch zwei oder mehr Deutungsoptionen als zulässig, so kann eine darüber hinausgehende Präzisierung mit Hilfe der objektiv-teleologischen Auslegung erforderlich sein, womit allerdings der Bereich der *Ermittlung* von Wortsinn und Gesetzeszweck verlassen wird.

---

[222] S. den exzellenten Überblick von *A. Voßkuhle*, AöR 125 (2000), S. 177 ff.

[223] BVerfG v. 3.8.1972, E 32, S. 373 (383 f.); v. 10.6.1975, E 40, S. 88 (94); v. 9.8.1978, E 49, S. 148 (157); v. 24.4.1985, E 69, S. 1 (55); 9.1.1991, E 83, 201 (214 f.); v. 30.3.1993, E 88, S. 145 (166); v. 15.10.1996, E 95, S. 64 (93).

[224] BVerfG v. 15.10.1996, E 95, S. 64 (93); v. 14.12.1999, E 101, S. 312 (329), st. Rspr.

[225] So ebenfalls *H.-J. Koch/H. Rüßmann*, Juristische Begründungslehre, 1982, S. 176 ff. (insb. 182); zum Streit um eine Rangfolge s. im übrigen für Viele *H.-M. Pawlowski*, Methodenlehre für Juristen: Theorie der Norm und des Gesetzes[3], 1999, § 14 Rz. 7; *K. Larenz/C.-W. Canaris*, Methodenlehre der Rechtswissenschaft[3], 1995, S. 163 ff.; *R. Zippelius*, Juristische Methodenlehre[8], 2003, S. 62 f.; *K. Engisch/T. Würtenberger*, Einführung in das juristische Denken[9], 1997, S. 104; *F. Bydlinski*, Juristische Methodenlehre und Rechtsbegriff[2], 1991, S. 553 ff.. Der Rechtsprechung des BVerfG lässt sich keine klare Haltung zur Rangfolgenfrage entnehmen, auch wenn das Gericht dem Wortlaut bei der Bestimmung des objektivierten Willen des Gesetzgebers eine maßgebliche Wirkung zuspricht, vgl. BVerfG v. 21.5.1952, E 1, S. 200 (312); v. 12.11.1958, E 8, S. 274 (307); v. 17.5.1960, E 11, S. 126 (130); v. 9.5.1978, E 48, S. 246 (256).

Damit lässt sich festhalten, dass bereits bei der Gesetzesauslegung, nicht erst bei der Ermessensbetätigung, trotz aller Bemühungen aus folgenden Gründen den Rechtsanwendern Spielräume verbleiben können.[226] Zum ersten bestehen Schwierigkeiten, den in Bezug genommenen Sprachgebrauch eindeutig zu ermitteln, so etwa

– wegen semantischer Unbestimmtheit (Vagheit, Mehrdeutigkeit, Prognosebegriffe) und
– normstruktureller Ergänzungsbedürftigkeit des anzuwendenden Rechts (Prinzipien).

Zum zweiten können Schwierigkeiten auftreten, die Regelungsabsichten des Gesetzgebers genau festzustellen, was insbesondere durch die

– inhaltliche wie autorenbezogene Nichtidentität von Gesetzesbegründung und verabschiedetem Gesetz,
– Pluralität und Gegenläufigkeit der Zielsetzungen,
– Unbestimmtheit des vom Gesetzgeber angestrebten Grades der Zielverwirklichung oder
– die Uneinigkeit über die Zwecke innerhalb der Mehrheit des Parlaments (Fiktion eines einheitlichen „Gesetzgebers")

verursacht werden kann. Die genannten Gründe können auch kombiniert auftreten, was dann regelmäßig die Gesetzesauslegung zusätzlich erschweren dürfte. So stellen Koppelungsvorschriften besondere Anforderungen an die Rechtsanwendung, weil sie tatbestandliche Vagheit und Ermessensermächtigung verbinden. Im Wirtschaftsverwaltungsrecht nicht selten verwendete Schlüsselbegriffe wie der der Unzuverlässigkeit sind semantisch unbestimmt und erfordern gleichzeitig eine Prognose.[227]

Mit Blick auf die Nutzung der entsprechenden Spielräume im Sinne der Entscheidungsherstellung ist abschließend zu bemerken, dass sie häufig den Umgang mit Bewertungen erfordern, vielfach sogar die Bewältigung von Prognosen und den Ausgleich unter konfligierenden Belangen. Insoweit stellen sie Abwägungsvorgänge dar.[228] Die soeben erläuterten, durch den Gesetzeswortlaut begrenzten Gestaltungsfreiheiten markieren jedoch nicht die äußerste Grenze zulässiger Rechtsanwendung. Sie werden erst durch die Maßgaben für die Rechtsfortbildung (c)) und die Ermessensgrenzen (d)) gezogen.

---

226 Vgl. den Katalog möglicher Entscheidungsspielräume bei *H.-J. Koch*, EuGRZ 1986, S. 345 (359 f.).

227 Auf die notwendige Trennung der beiden Begründungsstränge weisen zu Recht *H.-J. Koch et al.*, Allgemeines Verwaltungsrecht³, 2003, S. 228, hin.

228 *E. Pache*, Tatbestandliche Abwägung und Beurteilungsspielraum, 2001, S. 486 ff.

### *c) Rechtsfortbildung*

#### *aa) Begriff*

Unter Rechtsfortbildung wird vielfach die Schließung einer planwidrigen Regelungslücke verstanden,[229] ein Vorgang, dessen Zulässigkeit als *richterliche* Rechtsfortbildung im Grundsatz allgemein anerkannt ist. So bejaht das Bundesverfassungsgericht die Aufgabe und Befugnis der Gerichte zu „schöpferischer Rechtsfindung".[230] Dazu kann es sich auch auf Art. 103 Abs. 2 GG beziehen, der durch das Verbot der Rechtsfortbildung auf dem Gebiet des Strafrechts zuungunsten des Betroffenen die grundsätzliche verfassungsrechtliche Zulässigkeit des Instituts erkennen lässt. Differenzen bestehen vor allem hinsichtlich des Lückenbegriffs und in bezug auf Einzelheiten des Kanons an Schlussformen, der zur Lückenschließung herangezogen werden darf. Für den vorliegenden Zusammenhang ist zu beachten, dass die richterliche Rechtsfortbildung ein *ex ante*-Entscheidungsherstellungsvorgang ist und als solcher strukturidentisch mit dem, was eine Behörde tun muss, will sie die durch Wortsinn, Zwecke des Gesetzgebers und gefestigter Rechtsprechung gesetzten Grenzen des bisherigen Rechts überschreiten. Eine Präzisierung der damit einhergehenden Anforderungen erfordert einen Blick auf die zur Rechtsfortbildung vertretenen Ansätze.

*Canaris* unterscheidet unter Fortentwicklung des Ansatzes von *Larenz* zwischen gesetzes*immanenter* und gesetzes*überschreitender* Rechtsfortbildung, womit keine trennscharfen Kategorien, sondern Pole bezeichnet werden sollen, zwischen denen fließende Übergänge zu beobachten seien.[231] Eine gesetzesimmanente Rechtsfortbildung ist nach *Canaris* eine Auslegung, die die Grenze des Wortsinnes verlasse, aber noch im Rahmen des ursprünglichen Plans liege; die gesetzesüberschreitende Auslegung sei dadurch gekennzeichnet, dass sie diese Grenze überschreite, sich aber noch innerhalb des Rahmens und der leitenden Prinzipien der Gesamt-

---

[229] *H. Elze*, Lücken im Gesetz: Begriff und Ausfüllung. Ein Beitrag zur Methodologie des Rechts, 1916, S. 3ff.; *K. Engisch/T. Würtenberger*, Einführung in das juristische Denken[9], 1997, S. 121; *F. Bydlinski*, Juristische Methodenlehre und Rechtsbegriff[2], 1991, S. 473; *C.-W. Canaris*, Die Feststellung von Lücken im Gesetz: eine methodologische Studie über Voraussetzungen und Grenzen der richterlichen Rechtsfortbildung praeter legem[2], 1983, S. 31ff. *Rüthers* weist zu Recht darauf hin, dass sich die Aufgabe der Rechtsfortbildung durchaus auch dort stellen kann, wo eine Regelungslücke *absichtlich* vom Gesetzgeber geschaffen wurde (*B. Rüthers*, Rechtstheorie, 1999, S. 463–467).

[230] St. Rspr., so etwa BVerfG v. 14.2.1973, E 34, S. 269 (286ff.); v. 11.10.1978, E 49, S. 304 (318); v. 19.10.1983, E 65, S. 182 (190); v. 12.3.1985, E 69, S. 188 (203); v. 8.4.1987, E 75, S. 223 (243f.).

[231] *K. Larenz/C.-W. Canaris*, Methodenlehre der Rechtswissenschaft[3], 1995, S. 187. Kritisch hierzu *B. Rüthers*, Rechtstheorie, 1999, S. 461f.

rechtsordnung befinde (*extra legem, sed intra ius*).[232] Des weiteren könne man „offene“ Lücken von „verdeckten“ Lücken unterscheiden. Von einer „offenen“ Lücke spricht *Canaris*, wenn ein Gesetz „für eine bestimmte Fallgruppe keine Regel enthält, die auf sie anwendbar wäre, obgleich es nach seiner eigenen Teleologie eine solche Regel enthalten sollte“.[233] „Verdeckte“ Lücken seien dadurch definiert, dass „das Gesetz zwar eine auch auf Fälle solcher Art anwendbare Regel enthält, diese aber ihrem Sinn und Zweck nach hier nicht passt, weil sie die für die Wertung gerade dieser Fälle relevante Besonderheit derselben außer acht lässt“.[234]

Andere Autoren bezeichnen die Rechtsfortbildung, die Lücken trotz des Fehlens von Anhaltspunkten im positiven Recht schließt, als Rechtsneubildung[235] oder Rechtsfortbildung *praeter legem*.[236] Als besonders problematisch gilt vielen mit gutem Grund die richterliche „Gehorsamsverweigerung“ gegenüber dem Gesetz, wenn also die Richter gesetzliche Wertungen durch ihre eigenen Wertungen ersetzten (Rechtsfortbildung *contra legem*).[237] Zur weiteren Systematisierung verschiedener Lückentypen wird eine Vielzahl unterschiedlichster Unterteilungen vorgeschlagen. *Rüthers* etwa kennt vier verschiedene Lückenarten, die Normlücke (bezogen auf eine Einzelnorm), die Gesetzeslücke (in einem Gesetz fehlt eine Regelung), die Kollisionslücke (Widerspruch von zwei Regelungen innerhalb eines Gesetzes) sowie die Rechts- oder Gebietslücke (es fehlt eine Regelung für ein ganzes Lebensgebiet).[238]

Die vorstehend referierten Bemühungen, die vielfältigen Lücken zu beschreiben, dürften jedoch in erster Linie von klassifikatorischem Nutzen sein. Demgegenüber verstehen *Koch/Rüßmann* unter Rechtsfortbildung schlicht jede Entscheidung, die nicht vom Gesagten geboten ist, sondern entweder freigestellt oder verboten.[239] Die in der Rechtsfortbildung liegende Freiheit bezieht sich in dieser Betrachtungsweise also entweder darauf, dass das Gesagte keine bestimmte Entscheidung vorgibt oder aber der Rechtsanwender sich die Freiheit nimmt, sich über das Gesagte hinwegzusetzen. Das ist insofern ein recht weites Verständnis von Rechts-

---

232 *K. Larenz/C.-W. Canaris* (S. 157, Fn. 231), S. 187.

233 *K. Larenz/C.-W. Canaris* (S. 157, Fn. 231), S. 198.

234 *K. Larenz/C.-W. Canaris* (S. 157, Fn. 231), S. 198.

235 *E. Schneider*, Logik für Juristen: die Grundlagen der Denklehre und der Rechtsanwendung², 1972, S. 335ff.; 339ff. – in späteren Auflagen ist von „lückenschließender Rechtsfindung“ die Rede, *E. Schneider*, Logik für Juristen⁴, 1995, S. 51.

236 *K. Larenz*, Methodenlehre der Rechtswissenschaft⁴, 1979, S. 350ff.; *K. Larenz/C.-W. Canaris*, Methodenlehre der Rechtswissenschaft³, 1995, S. 189ff., 252ff.; *B. Rüthers*, Rechtstheorie, 1999, S. 460.

237 *B. Rüthers*, Rechtstheorie, 1999, S. 460.

238 *B. Rüthers* (S. 158, Fn. 237), S. 468.

239 *H.-J. Koch/H. Rüßmann*, Juristische Begründungslehre, 1982, S. 247–249.

fortbildung, als damit auch die Wahlfreiheit unter semantisch möglichen Auslegungsalternativen als Rechtsfortbildung bezeichnet wird, was die Frage aufwirft, ob in solchen Fällen das Recht wirklich „fortgebildet" wird. Die Einbeziehung solcher Auslegungsvorgänge in den Begriff der Rechtsfortbildung hat allerdings den Vorzug, auf den dann seitens des Rechtsanwenders erforderlichen Akt der Auswahl und der damit verbundenen begrenzten Freiheit hinzuweisen.

Was die Grenzen der Rechtsfortbildung angeht, so sind auch *Koch/Rüßmann* der Ansicht, dass *contra-legem*-Entscheidungen schon wegen der Regelungsprärogative des Gesetzgebers (Art. 20 Abs. 2 GG) unzulässig seien.[240] Ferner ließen sich das Analogieverbot und der vom Bundesverfassungsgericht entwickelte Parlamentsvorbehalt als solche Rechtmäßigkeitsvoraussetzungen verstehen.[241] Überhaupt hänge die grundsätzliche Zulässigkeit der Rechtsfortbildung von verfassungsrechtlichen Erwägungen über die Gewaltenteilung ab, für die die Frage einer Lücke allenfalls eine Zwischenstation darstelle.[242]

Dieser Linie scheint im Grunde auch das Bundesverfassungsgericht zu folgen, das die Befugnis der Fachgerichte zu schöpferischer Rechtsfindung nie in Frage gezogen hat. Die Richter setzen der Rechtsfortbildungskompetenz aber mit Rücksicht auf den „aus Gründen der Rechtsstaatlichkeit unverzichtbaren Grundsatz der Gesetzesbindung" Grenzen.[243] Diese ließen sich nicht in einer Formel erfassen, „die für alle Rechtsgebiete und für alle von ihnen geschaffenen oder beherrschten Rechtsverhältnisse gleichermaßen" gälte.[244] Die Erweiterung staatlicher Eingriffsbefugnisse im Wege der Rechtsfortbildung lässt das Bundesverfassungsgericht nur unter besonderen Voraussetzungen zu.[245] Haushaltswirksame Rechtsfortbildungen, mit denen Leistungsansprüche gewährt werden, kommen allenfalls bei einer evidenten Verletzung verfassungsrechtlicher Schutzpflichten in Betracht.[246] In jüngeren Judikaten stellt das Gericht darauf ab, ob die Fachgerichte die gesetzgeberische Grundentscheidung respektiert haben und den anerkannten Auslegungsmethoden gefolgt sind.[247] Auf keinen Fall dürfe sich ein Gericht dem Sinn und Zweck des Gesetzes entziehen.[248]

---

240 *H.-J. Koch/H. Rüßmann* (S. 158, Fn. 239), S. 255.

241 *H.-J. Koch/H. Rüßmann* (S. 158, Fn. 239), S. 254 ff.

242 *H.-J. Koch/H. Rüßmann* (S. 158, Fn. 239), S. 254 f.

243 BVerfG v. 14.2.1973, E 34, S. 269 (288).

244 BVerfG v. 14.2.1973, E 34, S. 269 (288); v. 14.1.1987, E 74, S. 129 (152).

245 BVerfG v. 14.2.1973, E 34, S. 269 (287); v. 14.2.1973, E 34, S. 293 (301 f.) – Ausschluss von der Verteidigung in Strafverfahren.

246 BVerfG v. 18.7.1972, E 33, S. 303 (333).

247 BVerfG v. 12.11.1997, E 96, S. 375 (395); v. 24.5.2001, NJW 2001, S. 3180 (3180).

248 BVerfG v. 12.11.1997, E 96, S. 375 (395).

Den Auslegungsmethoden kommt daher auch im Rahmen der Rechtsfortbildung eine maßgebliche Rolle zu. Sie dienen der Schließung der Lücken beziehungsweise der Entscheidung ohne entsprechendes Gebot durch das Gesagte, wobei in der Literatur eine Reihe von verschiedenen Schlussformen für zulässig erachtet wird. Sie reicht von der Analogie[249] über das *argumentum a fortiori* (erst-recht-Schluss)[250] bis zum *argumentum e contrario.*[251] Umstritten ist hingegen die Berufung auf die Natur der Sache.[252] *Larenz/Canaris* sehen schließlich in der Berücksichtigung von Präjudizien eine besondere Form der Rechtsfortbildung, die Gewohnheitsrecht entstehen lassen könne.[253]

### *bb) Würdigung*

Die Einzelheiten der Ansätze, mit denen die Rechtsfortbildung dogmatisch erfasst werden soll, können für die Suche nach den Ursachen von rechtsanwendungsbezogenen Spielräumen und für die Frage, welche Anforderungen an ihren vernünftigen Gebrauch gestellt werden müssen, auf sich beruhen. Diesbezüglich kommt es vielmehr darauf an, dass die Rechtsfortbildung der Rechtsetzung hinsichtlich der Inanspruchnahme von Gestaltungsfreiheiten in funktionaler Hinsicht vergleichbar ist. Wenn man den weiten Begriff der Rechtsfortbildung zugrundelegt, den *Koch/Rüßmann* vertreten, dann bestehen derartige Spielräume zunächst, wenn das durch die Rechtsnormen Gesagte mehrere Entscheidungen freistellt. Auch und gerade dann, wenn nicht klar erkennbar ist, welche semantischen Interpretationen der gesetzlichen Ausdrücke zulässig sind, kann sich die weitere Frage stellen, ob die Anwendung eines gesetzlichen Grundgedankens auf den zu entscheidenden Fall mit Blick auf den Gleichbehandlungsgrundsatz (Art. 3 Abs. 1 GG) möglich oder gar geboten erscheint.

In den genannten Fällen steht die Rechtsanwendung vor der Aufgabe, eine begründete Entscheidung über die zu wählende Handlungsoption zu treffen. Die rechtswissenschaftliche Diskussion liefert hierfür nur begrenzte Hilfestellung, indem sie zwar verschiedene Bedingungen nennt, unter denen bestimmte Alternativen als rechtlich nicht zulässig ausscheiden, aber keine unmittelbaren Aussagen hinsichtlich der Identifizierung der besten Ent-

---

249 *B. Rüthers*, Rechtstheorie, 1999, S. 489–493; *H.-J. Koch/H. Rüßmann*, Juristische Begründungslehre, 1982, S. 259f.

250 Instruktive Darstellung bei *H.-J. Koch/H. Rüßmann* (S. 160, Fn. 249), S. 259f.; *B. Rüthers* (S. 160, Fn. 249), S. 493f.

251 *B. Rüthers* (S. 160, Fn. 249), S. 494f.; *H.-J. Koch/H. Rüßmann*, Juristische Begründungslehre, 1982, S. 260f.

252 Kritische Würdigung bei *K. Larenz/C.-W. Canaris*, Methodenlehre der Rechtswissenschaft[3], 1995, S. 236–240.

253 *K. Larenz/C.-W. Canaris* (S. 160, Fn. 252), S. 258.

scheidung unter den gegebenenfalls noch verbleibenden Optionen macht. Dass es unter bestimmten Bedingungen zulässig ist, etwa eine Analogie oder einen Umkehrschluss zu ziehen, heißt eben nicht, dass bei der Lösung eines konkreten Falles diese Operationen durchgeführt werden *müssten*. Für die Rechtsfortbildung ist mit anderen Worten eine gewisse Ergebnisoffenheit geradezu charakteristisch, was in besonderem Maße gilt, wenn man es im Rahmen der Rechtsfortbildung als grundsätzlich zulässig erachtet, sich über das Gesagte – etwa unter Berufung auf das Gewollte – sogar hinwegzusetzen.

Das bedeutet aber keinesfalls Beliebigkeit. Wie vorstehend ausgeführt, setzen insbesondere das Rechtsstaatsprinzip in Form des Gesetzesbindungspostulats und die Maßgaben des Gleichheitssatzes der Rechtsfortbildung Grenzen, auch wenn eingeräumt werden muss, dass diese nicht immer leicht zu bestimmen sind. Innerhalb dieses Rahmens können komplexe Probleme zu lösen sein, die den Umgang mit Prognosen und Bewertungen sowie die Suche nach einem Ausgleich unter konfligierenden Belangen erforderlich machen. Insoweit stellen sich Abwägungsaufgaben auch im Zusammenhang mit der Rechtsfortbildung.

### *d) Ermessen zwischen Gesetzesbindung und Gestaltungsfreiheit*

Ermessen liegt nach einer weit verbreiteten Definition vor, wenn der Behörde eine Wahlfreiheit zwischen verschiedenen Verhaltensweisen *auf der Rechtsfolgenseite* gegeben ist.[254] *Koch* hält dagegen die im Rahmen der Anwendung von Ermessensnormen erforderliche Bildung oder Ergänzung *des gesetzlichen Tatbestandes* für den funktionalen Kern des Ermessens.[255] Einigkeit herrscht jedenfalls darüber, dass Ermessen gesetzestechnisch da-

[254] *H. Maurer*, Allgemeines Verwaltungsrecht[15], 2004, § 7 Rz. 26; *U. Battis*, Allgemeines Verwaltungsrecht[3], 2002, S. 138; *O. Bachof et al.*, Verwaltungsrecht: ein Studienbuch[11], Bd. 1, 1999, S. 455; *E. Giemulla et al.*, Verwaltungsrecht: ein Basisbuch[7], 2004, S. 38; a. A. *H.-J. Koch et al.*, Allgemeines Verwaltungsrecht[3], 2003, § 5 Rz. 88 ff.; kritisch auch *H. P. Bull*, Allgemeines Verwaltungsrecht[6], 2000, Rz. 403. Im amerikanischen Recht sind folgende Ermessensbegriffe („Discretion") gebräuchlich: (1) Ermessen als „the power to choose between two or more courses of action, each of which is thought of as permissible" (*J. Henry M. Hart/A. M. Sacks*, The Legal Process: Basic Problems in the Making and Application of Law, 1994, S. 144, und (2) *Dworkins* dreigeteiltes Konzept, wonach schwache Formen des Ermessens (jemand muss eine Bewertung treffen, um eine Entscheidung fällen zu können, oder jemand hat die Letztentscheidungskompetenz in einer Angelegenheit), von einem stärkeren Ermessensbegriff getrennt werden (der Handelnde ist schlicht nicht an die von der einschlägigen Autorität gesetzten Regeln gebunden); *R. Dworkin*, Taking Rights Seriously, 1977, S. 31.

[255] Nach *Koch* handelt es sich im Falle von unbestimmten Rechtsbegriffen um eine disjunktive, im Falle von Ermessensvorschriften um eine konjunktive Ergänzung des gesetzlichen Tatbestandes; *H.-J. Koch*, Unbestimmte Rechtsbegriffe, 1979, S. 126 ff.

durch eingeräumt wird, dass die Erfüllung eines bestimmten Tatbestandes nicht zwingend eine bestimmte Rechtsfolge nach sich zieht.[256] Das ist bei der Verwendung von „kann"-, „darf"- oder „soll"-Vorschriften offensichtlich, kann aber auch versteckter ausgedrückt sein, wenn etwa eine Tätigkeit unter den Vorbehalt einer behördlichen Erlaubnis gestellt ist, das Gesetz aber keinen Anspruch auf Erteilung der Erlaubnis einräumt.

Obgleich es also konkurrierende Deutungen des Ermessens gibt, ist der Begriff des Ermessens nach einhelliger Ansicht untrennbar mit der Gewährung von Entscheidungsspielräumen („Wahlfreiheit") verknüpft.[257] Unumstritten ist ferner, dass die Behörde bei der Betätigung des Ermessens – also je nach vertretener Auffassung hinsichtlich der Wahl der Rechtsfolge oder der Erweiterung des gesetzlichen Tatbestands um weitere Voraussetzungen – nicht völlig frei ist, sondern rechtlichen Bindungen unterliegt. Von zentraler Bedeutung ist insoweit die durch § 40 VwVfG und § 114 S. 1 VwGO gesetzlich statuierte Bindung an den Gesetzeszweck. Diese Spannungslage zwischen Gestaltungsfreiheit auf der einen und Gesetzesbindung auf der anderen Seite hat zur Ausbildung verschiedener Kontrollmaßstäbe geführt, die von der Ermessensfehlerlehre über den Verhältnismäßigkeitsgrundsatz zum Gebot gerechter Abwägung reichen. Aus ihnen lassen sich auch Erkenntnisse bezüglich der Strukturierung der Entscheidungsherstellung ziehen, worauf sogleich zurückzukommen sein wird.[258]

Der Konflikt von Gestaltungsfreiheit und Gesetzesbindung ist in vielen Fällen dadurch geprägt, dass in gewissem Kontrast zu der in § 40 Abs. 1 VwVfG gewählten Formulierung Ermessensvorschriften darauf angelegt sind, nicht nur „dem" einen Gesetzeszweck zu dienen. Typisch ist für Ermessensnormen die durch sie aufgegebene Bewältigung gegenläufiger Ziele. Das lässt sich am Beispiel der wegerechtlichen Sondernutzung verdeutlichen.[259] Sondernutzungen stellen sich als eine Einschränkung des Gemeingebrauchs dar, welcher die gesetzlich und grundrechtlich geschützten Nutzungsansprüche der Allgemeinheit zusammenfasst. Sondernutzungsansprüche einzelner sind aber auch nicht schutzlos gestellt, sondern kommen häufig sogar in den Genuss grundrechtlichen Schutzes, weil sie sich als berufliche Betätigung (Art. 12 Abs. 1 GG), als politische Versammlungen (Art. 8 GG) oder als durch die Meinungsfreiheit geschützte Handlungen (Art. 5 Abs. 1 S. 1 GG) darstellen. Sportveranstaltungen im

---

[256] *H.-J. Koch et al.*, Allgemeines Verwaltungsrecht[3], 2003, S. 215.

[257] Besonders klar in diesem Sinne *G. Püttner*, Allgemeines Verwaltungsrecht: ein Studienbuch[7], 1995, S. 49 – Ermessen als Entscheidung nach eigener Wertung; *U. Battis*, Allgemeines Verwaltungsrecht[3], 2002, S. 137 – Ermessen als Entscheidungsspielraum.

[258] S. u. cc).

[259] *H.-J. Koch*, Die normtheoretische Basis der Abwägung, in: Erbguth et al. (Hrsg.), Abwägung im Recht. Symposium und Verabschiedung von Werner Hoppe am 30. Juni 1995 in Münster aus Anlass seiner Emeritierung, 1996, S. 9 (12).

öffentlichen Straßenraum sind zumindest über Art. 2 Abs. 1 GG geschützt. Die Rechtsprechung musste sich darüber hinaus mit dem Konflikt zwischen Kunstfreiheit und Gemeingebrauch beschäftigen.[260] Schließlich können auch Anwohner die Beachtung ihrer schutzwürdigen Interessen verlangen. Von Bedeutung sind häufig Eigentumsrechte (Art. 14 Abs. 1 GG) und das Recht auf körperliche Unversehrtheit (Art. 2 Abs. 2 GG), wenn etwa durch Sondernutzungen Lärm verursacht wird.

Solche Nutzungskonflikte sind ubiquitär, weshalb Ermessensvorschriften regelmäßig auf den Ausgleich widerstreitender rechtlich geschützter Interessen oder Belange zielen.[261] Infolgedessen ist die Anwendung von Ermessensnormen in vielen Fällen mit der Bewältigung von Abwägungsaufgaben verbunden. Die Implikationen dieses Befundes für die Entscheidungsherstellung werden sogleich zu vertiefen sein.

#### *aa) Verwaltungsermessen und Planungsermessen*

Die Suche nach einem Ausgleich konfligierender Interessen im Rahmen des Ermessens kennzeichnet auch und gerade das Planungsrecht, wo das Abwägungsgebot die Abwägung gegenläufiger Belange untereinander und gegeneinander häufig sogar ausdrücklich verlangt.[262] Trotz der augenscheinlichen Parallelität der Aufgabenstellung werden planungsrechtliche Vorschriften jedoch von vielen in einer anderen Terminologie analysiert als „normale" Ermessensnormen.[263] Während im Planungsrecht das Gebot gerechter Abwägung als Handlungsanweisung und als Kontrollmaßstab in Anschlag zu bringen ist, gilt für die rechtliche Strukturierung von sonstigen Ermessensermächtigungen neben dem Verhältnismäßigkeitsgrundsatz eine detaillierte Fehlerlehre.

Die Differenzierung wird mit behaupteten normstrukturellen Unterschieden zwischen dem gesetzesakzessorischen Ermessen (auch als Verwaltungs-, Rechtsfolge- oder Handlungsermessen bezeichnet) und dem planerischen Ermessen begründet. Während das „normale" Verwaltungsermessen die Ermittlung des Sachverhalts, die Auslegung und Subsumtion

---

260 BVerwG v. 9.11.1989, E 84, S. 71 (76).

261 Ebenso *H.-J. Koch*, Die normtheoretische Basis der Abwägung, in: Erbguth et al. (Hrsg.), Abwägung im Recht. Symposium und Verabschiedung von Werner Hoppe am 30. Juni 1995 in Münster aus Anlass seiner Emeritierung, 1996, S. 9 (13).

262 § 1 Abs. 7 BauGB; § 17 Abs. 1 S. 2 FStrG; § 18 Abs. 1 S. 2 AEG; § 14 Abs. 1 S. 2 WaStrG; § 31 Abs. 2 WHG; § 8 Abs. 1 LuftVG; § 31 Abs. 2 Krw-/AbfG.

263 Verschiedene Lehrbücher des Verwaltungsrechts, in denen das Ermessen ausführlich behandelt wird, führen den Begriff der Abwägung nicht einmal im Sachwortverzeichnis, s. etwa *F.-J. Peine*, Allgemeines Verwaltungsrecht$^{6}$, 2002, *E. Giemulla et al.*, Verwaltungsrecht: ein Basisbuch$^{7}$, 2004, und *W. Wolff*, Allgemeines Verwaltungsrecht$^{3}$, 1999.

der Norm und abschließend die Bestimmung der Rechtsfolge verlange,[264] finde bei Planungsnormen ein umfassender Abwägungsprozess statt, der nicht so sehr im Nachvollziehen des Gesetzes als vielmehr in der planenden Gestaltung liege.[265] Es handele sich ihrer Struktur nach bei den entsprechenden Normen nicht um Zweck-, sondern um Finalprogramme. Damit wird eine von *Luhmann* im deskriptiven Sinne gebrauchte Differenzierung aufgegriffen.[266] Anders als bei den auf einer Abfolge nach dem Muster „Wenn-dann" beruhenden Normen des Verwaltungsermessens seien Planungsnormen auf einem Zweck-Mittel-Schema aufgebaut.[267] Die daraus folgende größere Wahlfreiheit der Verwaltung müsse auch zu eigenen, durch eine geringere gerichtliche Kontrolldichte gekennzeichneten Kontrollkategorien führen.[268]

Wie jedoch bereits erwähnt, zielen auch „normale" Ermessensnormen schon wegen der Vorgaben aus § 40 Abs. 1 VwVfG und § 114 S. 1 VwGO auf die Verwirklichung näher zu bestimmender Gesetzeszwecke. Eine auf normstrukturelle Unterschiede bezogene Differenzierung überzeugt daher nicht und kann im übrigen auch nicht auf *Luhmann* gestützt werden.[269] *Luhmann* beschreibt Rechtsnormen zutreffend als nicht ohne weiteres fertige Konditionalprogramme.[270] Vielmehr liege die Aufgabe von Juristen darin, Unbestimmtheit und Mehrdeutigkeit der Rechtsnormen zu reduzieren, wobei Juristen über eine „mehr rhetorische Argumentationskunst eigener Art" verfügten, „sodass man jede Entscheidung begründen kann".[271] Ob es wirklich so schlecht um die Möglichkeit der Gesetzesbindung steht, dürfte mit den vorstehenden Ausführungen zu bezweifeln sein. Dennoch ist *Luhmann* beizupflichten, wenn er darauf hinweist, dass sogar vermeintlich zwingende, einen Tatbestand zwingend mit einer Rechtsfolge verknüpfende Vorschriften nicht zur völligen Determinierung des Verwaltungshandelns

---

264 *H. Maurer*, Allgemeines Verwaltungsrecht[15], 2004, § 7 Rz. 3.

265 *F. Ossenbühl*, Gutachten für den 50. DJT 1974, B 184ff.

266 *N. Luhmann*, Recht und Automation in der öffentlichen Verwaltung: eine verwaltungswissenschaftliche Untersuchung, 1966, S. 39f.

267 *W. Hoppe*, DVBl. 1974, 641 (643f.).

268 *P. Badura*, Feschrift Bayerischer Verfassungsgerichtshof, in: Bayerischer Verfassungsgerichtshof (Hrsg.), Verfassung und Verfassungsrechtsprechung: Festschrift zum 25-jährigen Bestehen des Bayerischen Verfassungsgerichtshofs, 1972, S. 157ff.; *F. Ossenbühl*, Gutachten für den 50. DJT 1974, B 184 (188ff.); *W. Hoppe*, DVBl. 1974, 641 (643f.).

269 Grundlegend *R. Rubel*, Planungsermessen, 1982, S. 30ff.; kritisch ebenfalls *H.-J. Koch/R. Hendler*, Baurecht, Raumordnungs- und Landesplanungsrecht[4], 2004, S. 232; *H.-J. Koch*, Die normtheoretische Basis der Abwägung, in: Erbguth et al. (Hrsg.), Abwägung im Recht. Symposium und Verabschiedung von Werner Hoppe am 30. Juni 1995 in Münster aus Anlass seiner Emeritierung, 1996, S. 9ff.

270 *N. Luhmann*, Recht und Automation in der öffentlichen Verwaltung: eine verwaltungswissenschaftliche Untersuchung, 1966, S. 52ff.

271 *N. Luhmann* (S. 164, Fn. 270), S. 52, 54f.

führen müssen.[272] Gemeinsam ist Ermessensvorschriften und zwingenden Rechtsnormen die Bindung an die Gesetzeszwecke, wodurch dem Handeln der Verwaltung angesichts der Existenz von Entscheidungsspielräumen rechtliche Grenzen gezogen werden.

### *bb) Handlungsspielräume und Ermessen*

Entscheidungsspielräume können sich im Bereich des Ermessens insbesondere ergeben,

– wenn die Zwecke des Handelns im Gesetz nicht genannt sind,

– wenn nicht gesetzlich bestimmt ist, in welchem Maße ein Zweck zu verwirklichen ist,

– wenn kollidierende Zwecke verfolgt werden sollen, ohne dass gesetzlich eine Rangfolge festgelegt ist.[273]

Wenn die mit den Ermessensermächtigungen verfolgten Normzwecke nicht ausdrücklich angegeben werden, sind sie mit dem anerkannten Kanon an Auslegungsmethoden aus ihrer Entstehungsgeschichte, dem Wortsinn der Regelungen und ihrem Regelungskontext zu erschließen. Oftmals wird dies, wie dargelegt, unter anderem aus semantischen Gründen nicht in zweifelsfreier Weise gelingen.[274]

Demgegenüber geben moderne Wirtschaftsverwaltungsgesetze vielfach die Zwecke der jeweiligen Normierung explizit an. Man denke nur an § 1 BImSchG (Schutz von Menschen, Tieren und Pflanzen vor schädlichen Umwelteinwirkungen und entsprechende Vorbeugung), § 1 Abs. 1 BauGB (Bauleitplanung als Vorbereitung und Leitung der baulichen und sonstigen Nutzung von Grundstücken in der Gemeinde) oder § 1 Krw-/AbfG (Förderung der Kreislaufwirtschaft zur Schonung der natürlichen Ressourcen). Das die Rechtsanwendung unterstützende Bemühen des Gesetzgebers, auf diese Weise die verfolgten Gesetzeszwecke zu verdeutlichen, führt aber schon wegen des abstrakten, bereichsbezogenen Charakters der Zweckbestimmungen keinesfalls zur vollkommenen Determinierung der zu erreichenden Ziele, von dem angestrebten Maß ihrer Verwirklichung ganz abgesehen.

Selbst wenn beispielsweise in einer bestimmten Hinsicht, etwa in bezug auf den Schutz der Gewässer, absolut genau bestimmt wäre, was unter der

---

[272] Vage tatbestandlichen Formulierungen führen ebenfalls zu Entscheidungsspielräumen, die nur unter Berücksichtigung der Gesetzeszwecke ausgefüllt werden können; zum Beispiel des § 35 BauGB, der verlangt, dass einem Vorhaben „öffentliche Belange nicht entgegenstehen dürfen", *H.-J. Koch/R. Hendler*, Baurecht, Raumordnungs- und Landesplanungsrecht[4], 2004, S. 232; im übrigen die Darstellung unter C.I.2.b).

[273] Vgl. die Aufstellungen von *H.-J. Koch*, EuGRZ 1986, S. 345 (359f.); *H.-J. Koch/R. Hendler* (S. 165, Fn. 272), 2004, S. 233.

[274] S. dazu den vorstehenden Abschnitt C.I.2.b)bb).

Schonung der natürlichen Ressourcen im Sinne von § 1 Krw-/AbfG zu verstehen ist, wäre damit noch nicht entschieden, in welchem Verhältnis eine Verbesserung des Gewässerschutzes zu einer mit derselben Maßnahme einhergehenden Verschlechterung der Luftqualität stünde, beispielsweise die Konsequenzen der Wahl einer bestimmten Entsorgungstechnik, etwa Verbrennung oder Deponierung. Hätte man auch derartige Fragen eindeutig beantwortet, so läge damit dennoch keine eindeutige Determinierung des Verwaltungshandelns vor. Die gesetzliche Zielbestimmung müsste dazu ferner festlegen, inwieweit der zur Umsetzung der zur Verfügung stehenden Alternativen jeweils nötige Aufwand berücksichtigt werden muss. Der hierfür als Leitlinie zu beachtende Verhältnismäßigkeitsgrundsatz bedarf bei der Rechtsanwendung der sachgerechten Konkretisierung, womit bekanntlich auch Spielräume einhergehen.

Wegen der Funktion der Ermessensermächtigungen, angesichts der Vielgestaltigkeit der zu regelnden Fallkonstellationen Einzelfallgerechtigkeit herzustellen, kann das im Ergebnis auch nicht anders sein. Normstrukturell handelt es sich bei den Zweckbestimmungen um Prinzipien im Sinne *Alexys*, also um Gebote, bestimmte Zustände in Abwägung mit gegenläufigen Zielen möglichst weitgehend zu verwirklichen.[275] Die Formulierung der Prinzipien erfolgt dabei vielfach unter Verwendung vager Begriffe, was zusätzliche Auslegungsspielräume mit sich bringt.

Zwar können zur Ermittlung des vom Gesetzgeber angestrebten Maßes der Verwirklichung der Gesetzeszwecke die Einzelheiten der jeweiligen gesetzlichen Bestimmungen, der Regelungskontext, herangezogen werden, da die Zwecksetzungsnormen nicht alleine stehen. Dennoch werden in vielen Fällen Zweifel über das Maß der Schutzverwirklichung bleiben. Das ist bereits im Bereich des gebundenen Verwaltungshandelns zu beobachten. Beispielsweise gilt hinsichtlich der von § 3 Abs. 5 BImSchG betroffenen genehmigungsbedürftigen Anlagen, dass sich die Genehmigungserfordernisse nicht eindeutig aus den gesetzlichen Bestimmungen ergeben, obwohl die Genehmigungserteilung an die zwingenden Voraussetzungen des § 6 Abs. 1 BImSchG gebunden ist. Danach ist die Genehmigung zu erteilen, wenn unter anderem die sich aus § 5 BImSchG ergebenden Pflichten erfüllt werden. § 5 BImSchG wiederum verlangt insbesondere, dass die zur Genehmigung stehende Anlage so zu errichten und zu betreiben ist, dass schädliche Umwelteinwirkungen und sonstige Gefahren, erhebliche Nachteile und erheblichen Belästigungen für die Nachbarschaft und die Allgemeinheit nicht hervorgerufen werden. Die präzise und für den Verwaltungsvollzug operable Auslegung des unbestimmten Begriffs der schädlichen Umwelteinwirkungen erfolgt erst durch die Bestimmungen der Technischen Anleitung

275 S. o. C.I.2.b)bb)(2).

Luft und anderer detaillierter Rechtsvorschriften wie der 22. BImSchV. Sie legt die zur Deutung der unbestimmten Rechtsbegriffe numerisch festgelegte Grenzwerte und die zur Ermittlung der voraussichtlichen Immissionen heranzuziehenden Rechenverfahren fest.

Die Kombination von semantischer Vagheit und normstruktureller Offenheit kann den Grad an Unbestimmtheit noch erheblich vergrößern. Besondere Aufmerksamkeit haben die sogenannten „Koppelungsvorschriften" gefunden, die als Ermessensnormen ausgestaltet sind, aber bereits in ihrem gesetzlichen Tatbestand unbestimmte Rechtsbegriffe verwenden, die Auslegungsprobleme mit sich bringen können. So ist etwa die Herstellung, Beseitigung oder wesentliche Umgestaltung eines Gewässers oder seiner Ufer nach § 31 Abs. 2 WHG planfeststellungsbedürftig, was eine gerechte Abwägung der betroffenen Belange verlangt.[276] Als Auslegungshilfen für den Begriff des Gewässers dient insoweit die erfreulich klare Legaldefinition des § 1 Abs. 1 WHG. Gleichzeitig aber unterliegen Gewässerausbaumaßnahmen dem Bewirtschaftungsvorbehalt des § 1a Abs. 1 WHG, nach welchem die Gewässer so zu bewirtschaften sind, dass sie dem Wohl der Allgemeinheit dienen. Auslegungsfragen in bezug auf das Wohl der Allgemeinheit verbinden sich hier mit der Unbestimmtheit der Ermessensermächtigung.

Eine ähnliche Koppelung findet sich auch im Atomrecht. Der für Zwischenlager für radioaktive Abfälle nach § 9 b Abs. 4 S. 1 Nr. 1 AtG erforderliche Planfeststellungsbeschluss ist zu versagen, wenn von der Errichtung oder dem Betrieb der geplanten Anlage Beeinträchtigungen des Wohls der Allgemeinheit zu erwarten sind, die durch inhaltliche Beschränkungen und Auflagen nicht verhindert werden können. Damit verknüpft diese Vorschrift ebenfalls eine Ermessensermächtigung mit vagen gesetzlichen Voraussetzungen.

#### *cc) Die Ansätze im Recht zur Strukturierung der Entscheidungsherstellung*

Die vorstehenden Ausführungen sollten die vielfältigen Ursachen der mit dem Verwaltungsermessen konzeptionell untrennbar verbundenen Gestaltungsfreiheit erläutern. Das Phänomen ist als solches in vielen Gebieten des Verwaltungsrechts präsent und hat unter dem Gesichtspunkt der gerichtlichen Kontrolle von Verwaltungsentscheidungen umfassende Behandlung in Literatur und Rechtsprechung gefunden. Was aber genau zu tun ist, um in rechtsstaatlich einwandfreier Weise die dadurch gestellte Aufgabe

---

[276] Allgemeine Ansicht, s. nur BVerwG v. 10.2.1978, E 55, S. 220 (5. LS); *H. Zeitler*, in: Sieder/Zeitler/Dahme, WHG, 1994, § 31 Rz. 225 ff.; *M. Czychowski*, in: Czychowski/Reinhardt, WHG, 2003, § 31 Rz. 93; *R. Breuer*, Öffentliches und privates Wasserrecht[3], 2004, Rz. 996 ff.

der normdirigierten Entscheidungsherstellung angesichts bestehender Ermessensspielräume zu bewältigen, bedarf der weiteren Untersuchung.

Im folgenden soll zu diesem Zweck erörtert werden, ob sich nicht aus den von Rechtsprechung und Literatur entwickelten Kontrollmaßstäben ein Schema für eine geordnete Entscheidungsherstellung gewinnen lässt. Dazu ist zunächst auf die Ermessensfehlerlehre einzugehen (1). An zweiter Stelle wird zu klären sein, welche Erkenntnisse aus dem Verhältnismäßigkeitsgrundsatz für eine normdirigierte Problemlösung gezogen werden können (2). Das übliche Verständnis der Rechtsanwendung als viergliedriger Vorgang (Sachverhaltsermittlung, Auslegung, Subsumtion, Bestimmung der Rechtsfolge) liefert möglicherweise weitere Elemente der Entscheidungsherstellung (3). Schließlich ist vorgeschlagen worden, den Verhältnismäßigkeitsgrundsatz in seiner Gestalt als planungsrechtliches Gebot gerechter Abwägung zu einer Handlungsanleitung umzudeuten (4).

### *(1) Ermessensfehlerlehre*

Die Ermessensfehlerlehre unterscheidet Ermessensnichtgebrauch (Ermessensunterschreitung), die Ermessensüberschreitung und den Ermessensfehlgebrauch (oder auch Ermessensmissbrauch). Der Ermessensnichtgebrauch lässt sich als das handlungsbezogene Gebot verstehen, in Ermessensfällen tatsächlich das Ermessen zu betätigen. Insoweit deckt sich die Ermessensfehlerlehre vollkommen mit der ersten Stufe des Abwägungsgebots, dem Abwägungsausfall.

Eine Ermessensüberschreitung liegt nach *Maurer* vor, wenn die Behörde eine nicht mehr im Rahmen der Ermessensvorschrift liegende Rechtsfolge annimmt.[277] Daraus lässt sich durch Umkehrung das Gebot entwickeln, nur solche Rechtsfolgen auszusprechen, die mit der Ermächtigungsgrundlage in Einklang stehen. Über solche Selbstverständlichkeiten hinaus verlangt der Gesichtspunkt des Ermessensmissbrauchs nach gängiger Auffassung die hinreichende Beachtung der übrigen für die Ermessensausübung maßgeblichen Gesichtspunkte, wobei sachfremde Erwägungen – etwa parteipolitische oder persönliche Rücksichtnahmen – durch dieses Element der Ermessensfehlerlehre aus einer fehlerfreien Begründung ausgeschlossen werden.[278]

Der Ermessensfehlerlehre ist damit zu bescheinigen, wesentliche Fehlerquellen bei der Herstellung staatlicher Entscheidungen zu erfassen. Dagegen würde sie, zur Handlungsanweisung umgedeutet, nur bedingt eine schlüssige Abfolge verschiedener Stufen zur Herstellung einer Entscheidung bereitstellen. Das liegt zunächst daran, dass sie als Kontrollmaßstab bereits

---

[277] *H. Maurer*, Allgemeines Verwaltungsrecht[15], 2004, § 7 Rz. 20.
[278] *H. Maurer* (S. 168, Fn. 277), § 7 Rz. 22

den Abschluss eines Entscheidungsherstellungsvorgangs voraussetzt und darum keine Aussagen bezüglich des Einstiegs in eine Problemlösung trifft. Insoweit bedürfte sie der Ergänzung.

Schwerer wiegt allerdings, dass sie sich auch in anderer Hinsicht als defizitär erwiese. Die Ermessensfehlerlehre enthält für sich genommen keine Aussagen über die Anforderungen an die Ermittlung des der Entscheidung zugrundezulegenden Sachverhaltes und blendet damit die Basis der Entscheidungsherstellung aus.[279] Letztlich würde eine zur Handlungsanleitung umfunktionierte Ermessensfehlerlehre aber als Methode der Entscheidungsherstellung versagen, weil sie keine Kriterien oder Verfahren bereitstellt, mit deren Hilfe die Wahl unter den nach den Kriterien der Fehlerlehre zulässigen Alternativen vorgenommen werden könnte. Die Verengung auf eine einzige Rechtsfolge bei der Heranziehung der Ermessensfehlerlehre als Handlungsanleitung ist zwar nicht ausgeschlossen (Ermessensreduzierung auf Null), dürfte jedoch klar die Ausnahme sein. In den übrigen Fällen kann die Ermessensfehlerlehre die Ansprüche nicht befriedigen, die an eine Methodik der Entscheidungsherstellung zu stellen sind.

#### *(2) Verhältnismäßigkeitsgrundsatz*

Aus einem sehr ähnlichen, sogleich näher zu erläuternden Grund würde auch ein zur Handlungsanweisung umgedeuteter Verhältnismäßigkeitsgrundsatz die Entscheidungsherstellung allenfalls bedingt anleiten können. Vorgreiflich sei gesagt, dass es vor allem an einem hinreichend präzisen Maßstab zur Auswahl der besten Handlungsalternative unter mehreren geeigneten, erforderlichen und nicht unzumutbaren Optionen fehlt.[280] Allerdings lässt sich aus dem Verhältnismäßigkeitsgrundsatz als Kontrollnorm auf maßgebliche Elemente einer vernünftigen Abfolge der im Rahmen einer Entscheidungsherstellung erforderlichen gedanklichen Schritte schließen, was verschiedentlich auch in der mittlerweile unübersehbaren Literatur[281]

[279] Das ist freilich nicht unentdeckt geblieben, weshalb etwa *H. Maurer* (S. 168, Fn. 277), § 7 Rz. 3, die sorgfältige Ermittlung des Sachverhaltes in sein Schema der Rechtsanwendung integriert.

[280] *L. Hirschberg*, Der Grundsatz der Verhältnismäßigkeit, 1981, S. 77, erscheint der Verhältnismäßigkeitsgrundsatz daher als formales Prinzip.

[281] Zu den geschichtlichen Wurzeln des Verhältnismäßigkeitsprinzips knapp, aber instruktiv *R. Dechsling*, Das Verhältnismäßigkeitsgebot, 1989, S. 5f., m. w. N.; vgl. auch *M. d'Avoine*, Die Entwicklung des Grundsatzes der Verhältnismäßigkeit insbesondere gegen Ende des 18. Jahrhunderts, 1994; zu den wesentlichen Beiträgen zum Verhältnismäßigkeitsprinzip im deutschen öffentlichen Recht rechnen neben der eben genannten Monographie *Dechslings*, ohne einen Anspruch auf Vollständigkeit erheben zu können, folgende Werke: *B. Schlink*, Abwägung im Verfassungsrecht, 1976; *L. Hirschberg* (S. 169, Fn. 280); *M. C. Jakobs*, Der Grundsatz der Verhältnismäßigkeit, 1985; *S. Huster*, Rechte und Ziele, 1993; Nachweise zum europarechtlichen Verhältnismäßigkeitsgrundsatz nachstehend in Abschnitt G.II.1.

zum Grundsatz der Verhältnismäßigkeit angeklungen ist.[282] Das Hauptaugenmerk der Diskussion lag jedoch bislang eindeutig auf der Funktion des Verhältnismäßigkeitsprinzips als Kontrollmaßstab, weshalb ihr zumindest *unmittelbar* nur Weniges hinsichtlich der Bildung einer für komplexe Fälle tragfähigen Handlungsanweisung entnommen werden kann. Auf Einzelheiten wird sogleich eingegangen.

Der im Ansatz sehr überlegenswerte Versuch, die Vorwirkungen des Verhältnismäßigkeitsgrundsatzes auf die Entscheidungsherstellung im Sinne einer Handlungsnorm zu bestimmen, muss von dem in Literatur und Rechtsprechung unbestrittenen Ausgangspunkt ausgehen, dass sich das Verhältnismäßigkeitsprinzip in ausführlicher Fassung aus vier Stufen zusammensetzt, nämlich

- der Ermittlung eines legitimen Ziels der Maßnahme,
- der Geeignetheit der Maßnahme zur Erreichung des Ziels,
- ihrer Erforderlichkeit
- und schließlich ihrer Proportionalität.

Mit dem Gebot, an erster Stelle ein legitimes Ziel der Maßnahme zu ermitteln, weist der Verhältnismäßigkeitsgrundsatz in überzeugender Weise auf den Beginn von Entscheidungsherstellungsvorgängen hin, der in der Bestimmung der mit der Maßnahme zu erreichenden Ziele liegen muss. Hierbei ist das zunächst diffuse soziale, politische oder wirtschaftliche Problem zu identifizieren, wobei der rechtliche Möglichkeitsraum den Akteuren bereits von Anfang an bewusst sein kann, in vielen Fällen aber erst später in den Blick kommt.[283] Die Problemdefinition hat im Verwaltungsrecht in Bindung an die gesetzgeberischen Zielvorstellungen zu erfolgen, was in vielen Fällen nach Präzisierung und Konkretisierung der gesetzlichen Bestimmungen verlangt.[284]

Bei näherer Betrachtung kann das allerdings komplizierter sein, als es die Dogmatik des Verhältnismäßigkeitsgrundsatzes suggeriert, soweit von der Ermittlung *des* legitimen Ziels einer Maßnahme gesprochen wird. Häufig soll nicht nur *ein* bestimmter Zweck verfolgt, sondern ein ganzes Zielbündel erreicht werden. Darin liegt oftmals gerade das Problem, also die Konflikt-

---

[282] *L. Hirschberg* (S. 169, Fn. 280), S. 92 ff. („Gebot der Verhältnismäßigkeit" versus „Verbot der Unverhältnismäßigkeit"); *M. C. Jakobs*, Der Grundsatz der Verhältnismäßigkeit, 1985, S. 132 ff.; deutliche Unterscheidung von Entscheidungsherstellung und -kontrolle auch bei *R. Dechsling*, Das Verhältnismäßigkeitsgebot, 1989, insbesondere S. 54 ff.

[283] *W. Hoffmann-Riem*, Methoden einer anwendungsorientierten Verwaltungsrechtswissenschaft, in: Hoffmann-Riem/Schmidt-Aßmann (Hrsg.), Methoden der Verwaltungsrechtswissenschaft, 2004, S. 9 (32).

[284] Dabei können unter anderem Phänomene wie die semantische Vagheit die genaue Ermittlung des vom Gesetzgeber Gewollten erschweren, s. o. C.I.2.b)bb)(1).

lage, die einer rechtsgeprägten Lösung zugeführt werden soll,[285] weshalb das noch näher zu prüfende Gebot gerechter Abwägung insofern deutlich sachgerechter erscheint, als es die Zusammenstellung aller betroffenen Belange verlangt.

Enthält das zu erreichende Zielbündel gegenläufige Belange, so wäre einem zur Handlungsanleitung umgedeuteten und um Sorgfaltsanforderungen erweiterten Verhältnismäßigkeitsgrundsatz das Gebot zu entnehmen, die vielfältigen Zwecke sorgfältig und umfassend zu ermitteln. Die Verhältnismäßigkeit der Maßnahme muss sich also regelmäßig nicht an ihrer Geeignetheit, Erforderlichkeit und Verhältnismäßigkeit zur Erreichung *des einen* Gesetzeszwecks erweisen, sondern in der adäquaten Lösung eines Zielkonflikts. Dass hierfür in der *ex-ante*-Perspektive die verschiedenen zur Verfügung stehenden Handlungsoptionen und deren jeweilige Auswirkungen zu untersuchen sind, ergäbe sich auch erst bei einer entsprechenden Ergänzung des konventionell formulierten Verhältnismäßigkeitsgrundsatzes, der zwar mit dem Teilgrundsatz der Geeignetheit in der Lage ist, zur Erreichung des Ermächtigungszwecks untaugliche Mittel aus der weiteren Betrachtung auszuscheiden. Dagegen wird nicht klar zum Ausdruck gebracht, dass Vorhersagen über die möglichen Effekte gemacht werden müssen. Wohl auch deswegen werden die spezifischen mit Prognosen verbundenen methodischen Probleme nur von wenigen Beobachtern wahrgenommen.[286]

Ebenfalls nicht *expressis verbis* in die Dogmatik des Verhältnismäßigkeitsgrundsatzes aufgenommen ist der Umstand, dass eine ordentliche Entscheidungsherstellung in der Regel nach einer sorgfältigen Sachverhaltsermittlung verlangt. Teilaspekte dieses Gesichtspunktes werden allerdings durch die Prüfstationen der Geeignetheit und der Erforderlichkeit in indirekter Weise abgedeckt. War die Bestandserhebung im konkreten Fall unzureichend, so läuft die Behörde Gefahr, dass sich gelegentlich der Überprüfung ihrer Entscheidung durch ein Gericht herausstellt, dass die ergriffene Maßnahme ihrem Zweck nicht hinreichend förderlich ist oder eine mildere, gleich wirksame Alternative entdeckt wird. Insofern enthält der Verhältnismäßigkeitsgrundsatz immerhin mittelbar ein – wenn auch notwendigerweise wenig detailliertes – Gebot, die zur Verfügung stehenden Handlungsmöglichkeiten und ihre jeweiligen zu erwartenden Zielbeiträge gründlich zu ermitteln.

---

[285] *W. Hoffmann-Riem*, Methoden einer anwendungsorientierten Verwaltungsrechtswissenschaft, in: Hoffmann-Riem/Schmidt-Aßmann (Hrsg.), Methoden der Verwaltungsrechtswissenschaft, 2004, S. 9 (32).

[286] Ausführlich *H.-J. Koch/H. Rüßmann*, Juristische Begründungslehre, 1982, S. 287 ff.; in bezug auf verwaltungsrechtliche Probleme *H.-J. Koch et al.*, Allgemeines Verwaltungsrecht³, 2003, S. 226 ff.; s. im einzelnen u. C.III.5.

Akzeptiert man die vorstehend skizzierten Umdeutungen des Verhältnismäßigkeitsgrundsatzes, nach denen an erster Stelle das zu verfolgende Ziel oder Zielbündel anhand der konkreten Problemlage zu identifizieren ist, an zweiter Stelle die bestehenden Alternativen sorgfältig zusammengestellt werden müssen und dies drittens eine Bestandserhebung sowie Prognosen über die Auswirkungen der in Betracht gezogenen Handlungsoptionen impliziert, so stellt sich die weitere Frage nach der Bestimmung der besten Handlungsmöglichkeit und damit der Kriterien, anhand derer sie identifiziert werden soll. Erweisen sich mehrere Alternativen als erforderlich und jedenfalls nicht unzumutbar im Sinne des Proportionalitätsgebots, so dürfte die durchaus einleuchtende Zielrichtung des Verhältnismäßigkeitsgrundsatzes, eine *angemessene* Enscheidung zu treffen,[287] den Entscheidungsträgern wegen ihrer Unbestimmtheit kaum wirkliche Orientierung bieten.[288] Darin letztlich liegt der entscheidende Grund für die Schwierigkeiten, den Verhältnismäßigkeitsgrundsatz in eine schlüssige Handlungsanleitung umzudeuten, auch wenn verschiedentlich der Versuch unternommen wurde, dies im Sinne einer Optimierung[289] oder als Überwiegen des Nutzens des Eingriffs gegenüber seinen Nachteilen[290] oder als Gebot zur Herstellung praktischer Konkordanz zu konkretisieren.[291]

Bislang ist jedenfalls, soweit ersichtlich, noch keine überzeugende Operationalisierung derartig anspruchsvoller Konzepte gelungen. Das gilt im Ergebnis auch hinsichtlich des interessanten Vorschlag *Koch*s für eine Entscheidungsregel nach den Grundsätzen der Verhältnismäßigkeit: Unter mehreren Maßnahmen solle sich die effektivste durchsetzen, unter gleichermaßen effektiven die mildeste.[292] Erweise sich das effektivste Verfahren als unangemessen im Sinne des Verhältnismäßigkeitsgrundsatzes, so sei von der Verwaltung das nächst effektivere zu erwägen. Diese Sichtweise scheint als *ex-ante*-Maßstab im Verwaltungsrecht auf den ersten Blick viel für sich zu

---

[287] So etwa das ausdrückliche Gebot in § 9 Abs. 2 VwVG.

[288] *L. Hirschberg*, Der Grundsatz der Verhältnismäßigkeit, 1981, S. 77, spricht daher mit Recht von dem „formalen" Charakter des Verhältnismäßigkeitsgrundsatzes.

[289] *R. Zippelius*, Allgemeine Staatslehre[14], 2003, S. 312; ähnlich auch *H.-J. Koch et al.*, Allgemeines Verwaltungsrecht[3], 2003, S. 233 f.

[290] *R. Zippelius* (S. 172, Fn. 289), S. 312.

[291] Der Begriff der praktischen Konkordanz ist vor allem im Zusammenhang mit der Lösung von Grundrechtskollisionen entfaltet worden, s. *K. Hesse*, Grundzüge des Verfassungsrechts der Bundesrepublik Deutschland[18], 1991, Rz. 72 und 317 ff.; *ders.*, Grundzüge des Verfassungsrechts der Bundesrepublik Deutschland[20], 1995, S. 27; *K. Stern*, Das Staatsrecht der Bundesrepublik Deutschland, Bd. I: Grundbegriffe und Grundlagen des Staatsrechts, Strukturprinzipien der Verfassung, 1984, S. 133; in der Rechtsprechung des Bundesverfassungsgerichts kam der Gedanke beispielsweise bei der Kruzifix-Entscheidung zum Tragen, BVerfG v. 16.5.1995, E 93, S. 1 ff. (weitere Nachweise im Abschnitt E.III.2.d)aa)(1)).

[292] *H.-J. Koch et al.*, Allgemeines Verwaltungsrecht[3], 2003, S. 233 f.

haben, hat jedoch in Literatur und Rechtsprechung keine durchgreifende Resonanz gefunden. Das Problem des geschilderten Vorgehens läge darin, dass sich die effektivste Maßnahme, also die Maßnahme mit dem höchsten Bruttonutzen, auch dann durchsetzt, wenn sie im Saldo des Vergleichs von Vor- und Nachteilen (Nettonutzen) weniger positiv erscheint als eine weniger effektive. Hinsichtlich der Förderung der gesellschaftlichen Wohlfahrt, dem Gemeinwohl, dürfte jedoch die Maßnahme zu wählen sein, die unter der zusätzlichen Voraussetzung der Beachtung von grundrechtlichen Grenzen – wie insbesondere der Wesensgehaltgarantie und des Verbots zu intensiver und darum unzumutbarer Eingriffe – den Nettonutzen maximiert.

Gemessen daran führt auch *Zippelius'* Anregung nicht weiter, unter mehreren zur Wahl stehenden Eingriffen, die durch ein angemessenes Verhältnis zu dem erstrebten Nutzen ausgezeichnet seien, denjenigen auszuwählen, der die entgegenstehenden Freiheiten und Interessen am wenigsten beeinträchtige.[293] Das „angemessene" Verhältnis kann aber bei verschiedenen Maßnahmen mit ganz unterschiedlich hohem Bruttonutzen verbunden sein. Allein genommen besagt der Bruttonutzen jedoch nichts über den für das Gemeinwohl maßgeblichen Nettonutzen und dessen Nebenbedingungen.

Wer im übrigen die Heranziehung des Nettonutzens als Entscheidungskriterium vermeiden möchte,[294] etwa weil dies die Bildung einer Verrechnungseinheit erfordert,[295] handelt sich darüber hinaus eine weitere Auffälligkeit ein: Das *Ranking* der Alternativen kann dann davon abhängen, ob man zuerst die Effektivität einer Maßnahme im Sinne eines Bruttonutzens betrachtet und danach die mit ihnen jeweils verbundenen Kosten (wie *Koch*) oder zuerst die Kosten und dann den Bruttonutzen. Die Entscheidung über die Reihenfolge der Betrachtung erscheint selbst jedoch nicht rational begründbar.

Damit kann insgesamt festgehalten werden, dass der konventionell formulierte Grundsatz der Verhältnismäßigkeit wesentliche Schritte der Entscheidungsherstellung nicht hinreichend klar expliziert. Zunächst macht der Grundsatz jedenfalls dann nicht auf die in dem Ausgleich konfligierender Interessen liegende Problematik aufmerksam, wenn und soweit auf den singulär formulierten Maßstab des einen (!) Gesetzeszwecks abgehoben wird. Des weiteren wird erst bei näherer Analyse der Anforderungen aus

---

[293] *R. Zippelius*, Allgemeine Staatslehre[14], 2003, S. 312.

[294] So darf man vermutlich *Koch* verstehen, dessen zweiter Schritt auf derartige verfassungsrechtliche Nebenbedingungen zielen dürfte, nicht auf die Ermittlung eines Nettonutzens. Andernfalls müsste nicht erst eine Effektivitätsprüfung durchgeführt werden, die durch eine anschließende Verhältnismäßigkeitsuntersuchung ergänzt wird, sondern es könnte gleich auf die Verhältnismäßigkeit im Sinne eines Nettonutzens abgehoben werden.

[295] Dazu ausführlich s.u. C.V.5.c)cc)(1)(b).

dem Verhältnismäßigkeitsgrundsatz deutlich, dass es bei der Herstellung von Entscheidungen zentral um die Auswahl unter sorgfältig zusammengestellten Handlungsalternativen geht. Darüber hinaus erscheint es als Schwäche der üblichen Form des Grundsatzes, nicht klar zur Verortung und der Rolle von Prognosen in Entscheidungsvorgängen Stellung zu nehmen, und schließlich bleibt die Zielrichtung des Verhältnismäßigkeitsgebots als Handlungsanweisung selbst dann unbefriedigend und wenig praxistauglich, wenn man sie im Sinne einer nicht näher durch entsprechende Kriterien ausgestalteten Optimierung interpretiert. Erst eine Ergänzung um die aussichtsreich erscheinende Konzeption eines möglichst großen gesellschaftlichen positiven Nettonutzens würde hier Abhilfe schaffen können. Dieser äußerst anspruchsvolle und nachstehend noch zu vertiefende Ansatz hat jedoch in der Literatur bisher keine weite Verbreitung gefunden und bedarf noch erheblicher Ausarbeitung.[296]

Allerdings lassen sich aus dem Grundsatz der Verhältnismäßigkeit zumindest zwei Erkenntnisse über die normdirigierte Entscheidungsherstellung gewinnen, die über den oben unternommenen Versuch hinausweisen, die Ermessensfehlerlehre zu einer Handlungsnorm umzuformen. Zum einen muss die Entscheidungsherstellung mit der Identifikation, Präzisierung und Konkretisierung der gesetzlichen Ermächtigungszwecke angesichts der realen Problemlage, also des zu lösenden Zielkonflikts, beginnen. Zum anderen hebt der Grundsatz der Verhältnismäßigkeit mit dem Gesichtspunkt der Proportionalität die prominente Rolle von Bewertungen als Element von komplexen Entscheidungsherstellungsvorgängen hervor. Sie drückt sich besonders in der Bedeutung aus, die ihnen als Teil des planungsrechtlichen Abwägungsgebots zukommt, auf welches unter (4) eingegangen wird.[297]

### *(3) Rechtsanwendung nach Maurer*

Doch zuvor soll die von *Maurer* vorgeschlagene Strukturierung der ermessensbezogenen Rechtsanwendung betrachtet werden, die sich im Unterschied zu der vorstehend betrachteten Umdeutung von Kontrollmaßstäben direkt auf eine Anleitung der behördlichen Entscheidungsherstellung richtet: Erstens sei der Sachverhalt zu ermitteln, worunter die Antwort(en) auf die Frage zu verstehen sei(en), was tatsächlich geschehen sei, beziehungsweise was tatsächlich vorliege. Zweitens sei der Gehalt der Vorschrift durch Auslegung festzustellen, drittens der Sachverhalt unter die Tatbestandsmerkmale zu subsumieren, und schließlich, viertens, die Rechtsfolge zu bestimmen.[298]

---

[296] S. insbesondere u. D. I.

[297] S. u. (4).

[298] *H. Maurer*, Allgemeines Verwaltungsrecht[15], 2004, § 7 Rz. 3.

Trotz einer gewissen Plausibilität der Gliederung muss eine Reihe von Einwänden gegen sie erhoben werden. Keinen Bedenken begegnet noch die Anweisung, zunächst den Sachverhalt zu ermitteln. Sie richtet sich auf eine Bestandserhebung, die zweifelsohne zu den essentiellen Bestandteilen einer sorgfältigen Entscheidungsherstellung rechnet, da die Analyse des Ist-Zustandes Voraussetzung für den Vergleich der verschiedenen denkbaren Lösungen ist. Das Gebot, den Sachverhalt zu ermitteln, kann jedoch erst dann sinnvoll befolgt werden, wenn ihr Ausgangspunkt in Gestalt eines lösungsbedürftigen Problems näher definiert worden ist, wie die vorstehende Erörterung des Grundsatzes der Verhältnismäßigkeit gezeigt hat. Insofern bedürfte *Maurers* Vorschlag jedenfalls einer entsprechenden Ergänzung.

Eine solche Verknüpfung der Problemidentifizierung mit *Maurer*s Schema dürfte ohne weiteres möglich sein. Bereits *Maurer*s zweiter Schritt, die Auslegung des Gesetzes, kann insoweit zur Klärung der nach der Konzeption des Gesetzes zu verfolgenden Zwecke, ihrer Tatbestandsvoraussetzungen und der von der Norm zur Verfügung gestellten Rechtsfolgen beitragen. Dagegen verstellt die Gliederung *Maurer*s den Blick darauf, dass Rechtsanwendung als ein Akt sozialer Gestaltung auf den wertenden Vergleich der zur Verfügung stehenden Lösungsmöglichkeiten (Optionen) abzielen muss.[299] Dieser Vergleich erfordert die Prognostizierung der Auswirkungen der verschiedenen Handlungsmöglichkeiten, ohne dass dies in *Maurer*s Vorschlag angemessen zum Ausdruck käme. Dessen entscheidendes Manko liegt jedoch darin, dass er wie auch die Ermessensfehlerlehre und der Verhältnismäßigkeitsgrundsatz keine Verfahren oder Kriterien für die Auswahl der zu wählenden Rechtsfolge zur Verfügung stellt. Das Verfahrensmuster *Maurer*s bedürfte insoweit des Rückgriffs auf andere dogmatische Ansätze.

### *(4) Das Abwägungsgebot als Handlungsanleitung*

Für diese Aufgabe der Identifizierung der besten Option kommt vor allen Dingen das planungsrechtliche Gebot gerechter Abwägung in Betracht. Das Abwägungsgebot war ursprünglich als Kontrollmaßstab im Bauplanungsrecht entwickelt worden und gilt kraft fachgesetzlicher Anordnung – um nur die wichtigsten Gebiete zu nennen –, in der Fernstraßenplanung,[300] im Eisenbahnbau,[301] im Recht der Wasserstraßenplanung[302] und der Gewässer-

[299] Vgl. *W. Hoffmann-Riem*, Methoden einer anwendungsorientierten Verwaltungsrechtswissenschaft, in: Hoffmann-Riem/Schmidt-Aßmann (Hrsg.), Methoden der Verwaltungsrechtswissenschaft, 2004, S. 9 (32).

[300] § 17 Abs. 1 S. 2 FStrG.

[301] § 18 Abs. 1 S. 2 AEG.

[302] § 14 Abs. 1 S. 2 WaStrG.

nutzung,[303] im Luftverkehrsrecht,[304] im Kreislaufwirtschafts- und Abfallrecht (Bau von Deponien für Siedlungsabfall[305] und Kläranlagen[306]), bei der Lagerung radioaktiver Abfälle[307] sowie für bestimmte Bergbauvorhaben.[308] Durch die genannten Gesetze ist es *expressis verbis* geboten, öffentliche und private Belange gegeneinander und untereinander abzuwägen. Darüber hinaus kommt dem Abwägungsgebot nach der überzeugenden Rechtsprechung des Bundesverwaltungsgerichts unabhängig von seiner fachgesetzlichen Anordnung allgemeine Geltung für staatliche Planungsentscheidungen zu.[309] Auch das Bundesverfassungsgericht geht von der übergreifenden Bedeutung des Abwägungsgebots aus.[310] Damit gilt das Abwägungsgebot auch im Landesrecht und selbst dann, wenn es nicht ausdrücklich normiert ist.[311]

Als Maßstab der gerichtlichen Kontrolle ist das Abwägungsgebot verletzt,

> „wenn eine sachgerechte Abwägung überhaupt nicht stattgefunden hat..., wenn in der Abwägung an Belangen nicht eingestellt wurde, was nach Lage der Dinge in sie eingestellt werden muss, ... wenn die Bedeutung der betroffenen privaten Belange verkannt oder wenn der Ausgleich zwischen den von der Planung berührten öffentlichen Belangen in einer Weise vorgenommen wird, der zur objektiven Gewichtigkeit einzelner Belange außer Verhältnis steht."[312]

Daraus lässt sich folgendes Aufbauschema für die Entscheidungsherstellung entwickeln:[313]

– Es muss überhaupt eine (sachgerechte) Abwägung stattfinden.
– Alle nach Lage der Dinge erheblichen Belange müssen sorgfältig ermittelt und in die Abwägung umfassend eingestellt werden.
– Die abwägungsrelevanten einzelnen Belange müssen im Verhältnis zu ihrem objektiven Gewicht gewichtet werden.
– Zwischen den widerstreitenden Belangen muss ein vertretbarer Ausgleich hergestellt werden.

---

303 § 31 Abs. 2 WHG.

304 § 8 Abs. 1 LuftVG.

305 § 31 Abs. 2 Krw-/AbfG.

306 Nach den Wassergesetzen verschiedener Bundesländer, vgl. *P. Nisipeanu*, NuR 1996, S. 17 (18ff.) m. w. N.

307 § 9b AtG.

308 § 48 Abs. 2 BBergG.

309 BVerwG v. 14.2.1975, E 48, S. 56 (63); v. 23.1.1981, E 61, S. 295 (301); v. 11.12.1981, E 64, S. 270 (272f.); zuletzt v. 28.6.2000, E 111, S. 276 (280).

310 BVerfG v. 30.11.1988, E 79, S. 174 (198f.); v. 6.6.1989, E 80, S. 137 (162f.).

311 BVerwG v. 11.12.1981, E 64, S. 270 (272f.). Zustimmend m. w. N. *A. D. Tsevas*, Die verwaltungsgerichtliche Kontrollintensität bei der materiell-rechtlichen Nachprüfung des Planfeststellungsbeschlusses für raumbeanspruchende Großprojekte, 1992, S. 124ff.; *R. Steinberg et al.*, Fachplanung, 2000, S. 203.

312 BVerwG v. 12.12.1969, E 34, S. 301 (309).

313 S. die Nachweise auf S. 2, Fn. 3.

Entsprechend kann man die Phasen der Ermittlung, der Einstellung der Belange, der Gewichtung und der abschließenden Planungsentscheidung unterscheiden.[314] Damit sind wesentliche Elemente der Entscheidungsherstellung benannt. Zustimmung verdient insbesondere die Hervorhebung der sorgfältigen Sachverhaltsermittlung und die Notwendigkeit einer vertretbaren Gewichtung der einzelnen Belange. Unter der Voraussetzung, dass es nur ein objektives (richtiges) Gewicht der betroffenen Belange gibt, stellt das Abwägungsgebot theoretisch sogar ein Verfahren bereit, mit dem der in der Entscheidungsherstellung liegende Selektionsprozess auf eine einzige Lösung verengt werden kann. Ob die Annahme eines objektiv richtigen Gewichts wirklich überzeugt, wird noch im einzelnen zu untersuchen sein, weil sie im Rahmen der Beurteilung der Abwägungsmethodik eine große Rolle spielt.[315] Davon abgesehen muss das Abwägungsgebot, will man es zur Anleitung einer normdirigierten Entscheidungsherstellung umdeuten, konkretisiert und um einige Gesichtspunkte erweitert werden.

Zunächst muss die Entscheidungsherstellung, wie bereits erwähnt, mit einer Problemidentifikation beginnen, die im Wege der Ermittlung und gegebenenfalls Präzisierung der gesetzlichen Ermächtigungszwecke erfolgt. Ohne eine solche Rückbindung an die Gesetzeszwecke würde das Abwägungsgebot in einen quasi rechtsfreien Raum führen. Da das vom Abwägungsgebot sicher nicht gemeint ist, bedarf seine vorstehende Umdeutung als Handlungsanleitung einer entsprechenden Ergänzung.

Des weiteren wird in ihr nicht klar artikuliert, welche Rolle die Betrachtung unterschiedlicher Handlungsoptionen (Alternativen) in der Entscheidungsherstellung spielt. Darin liegt eine erhebliche Schwäche des nach dem vorstehenden Muster gegliederten Abwägungsgebots, geht es doch bei der Entscheidungsherstellung ganz zentral um den normdirigierten, wertenden Vergleich verschiedener Optionen mit dem Ziel der Bestimmung einer überlegenen Lösung.[316] Diese Sichtweise dürfte mit der Rechtsprechung des Bundesverwaltungsgerichts zur Alternativenprüfung in Einklang stehen, auch wenn das Gericht die Nichtberücksichtigung einer Alternative erst dann als ermessensfehlerhaft wertet, wenn sich ihre Betrachtung dem Entscheidungsträger hätte aufdrängen müssen.[317] Die Richter haben damit einen Kontrollmaßstab in bezug auf die Alternativenprüfung formuliert, aus dem für die Entscheidungsherstellung die Erkenntnis gezogen werden

---

314 *W. Hoppe*, in: Hoppe/Bönker/Grotefels, Öffentliches Baurecht, 2002, § 7 Rz. 36ff.

315 S.u. insbesondere C.V.4.

316 Besonders deutlich in diesem Sinne *H.A. Simon*, Administrative behavior: a study of decision-making processes in administrative organizations⁴, 1997, S. 72.

317 BVerwG v. 26.6.1992, NVwZ 1993, S. 572 (575); v. 10.10.1995, NVwZ-RR 1997, S. 336; v. 14.5.1996, E 101, S. 166; v. 12.12.1996, E 102, S. 331; v. 24.9.1997, NVwZ-RR 1998, S. 297; v. 26.3.1998, UPR 1998, S. 382; BVerwG v. 8.7.1998, E 107, S. 142 (149f.)

kann, dass es auch nach Ansicht des Bundesverwaltungsgerichts auf die vergleichende Betrachtung von Handlungsoptionen ankommt.[318]

Schließlich ist nicht wirklich klar, was mit der geforderten „Ermittlung der Belange“ gemeint ist. *Hoppes* auf die Abwägung nach dem BauGB bezogene Erläuterung geht dahin,[319] dass die erste Phase der Ermittlung in der auf Grund einer Grobselektion generell abwägungsbeachtlich erkennbaren, mehr als geringwertigen und schutzwürdigen, d.h. abwägungsrelevanten gegenwärtigen und zukünftigen Belange mit bodenrechtlichem Bezug bestehe. Die zweite Phase der Einstellung der Belange beruhe auf einer Feinselektion der konkret abwägungsbeachtlichen Belange. Dass ein komplexer Planungsprozess verschiedene Stufen der Konkretisierung durchläuft, leuchtet ein und kann zu Rationalitätsgewinnen führen.[320] Nicht transparent wird jedoch, woraus sich die abstrakte wie die konkrete Abwägungsbeachtlichkeit der Belange ergeben soll. Welche Rolle spielen dabei die Ermächtigungszwecke des angewendeten Gesetzes, welche Freiheiten genießen die Entscheider, woran sind sie gebunden? Ist die geforderte „Ermittlung und Einstellung der Belange“ etwas anderes als die ordentliche, in Stufen ablaufende Ermittlung des Sachverhalts, wie sie sich im Grundsatz bereits aus *Maurer*s Gliederung der Rechtsanwendung ergibt?

Abgesehen von solchen Einzelheiten ist die übliche, vorstehend wiedergegebene Fassung des Abwägungsgebots als Handlungsnorm insofern verkürzt, als sie nicht klar unterscheidet zwischen der möglichst zuverlässigen Darstellung des Ist-Zustandes, der Bestandserhebung, und dem Vergleich der zu erwartenden Auswirkungen der verschiedenen Handlungsmöglichkeiten, in dessen Rahmen die Durchführung von Prognosen erforderlich ist. Man muss *Hoppe* allerdings zugute halten, diesen Gesichtspunkt anzudeuten, wenn er von der Einbeziehung der *zukünftigen* Belange spricht.[321] Zum Teil wird die Prognoseproblematik klar erkannt, jedoch nicht in das Abwägungsschema integriert.[322]

*Winter* schlägt demgegenüber vor, Abwägungsentscheidungen nach folgendem Muster zu treffen:[323]

(1) Alle betroffenen Belange identifizieren und ihre Betroffenheit prognostizieren.

(2) Die Belange und ihre Betroffenheit überhaupt abwägen.

---

[318] Einzelheiten u. C.III.

[319] *W. Hoppe*, NVwZ 2004, S. 903 (907).

[320] *G. Winter*, Alternativen in der administrativen Entscheidungsbildung: zugleich ein Beitrag zu einer Grundpflicht ökologischer Verhältnismäßigkeit, 1997, S. 15.

[321] *W. Hoppe*, NVwZ 2004, S. 903 (907).

[322] *H.-J. Koch et al.*, Allgemeines Verwaltungsrecht$^3$, 2003, S. 225ff.

[323] *G. Winter*, Alternativen in der administrativen Entscheidungsbildung: zugleich ein Beitrag zu einer Grundpflicht ökologischer Verhältnismäßigkeit, 1997, S. 122.

(3) Dabei das Verhältnis der Belange und ihrer Betroffenheit richtig gewichten.

Die in Frage kommenden Alternativen seien zu vergleichen, indem die drei genannten Schritte getrennt durchzuführen und am Ende in einer Gesamtbewertung zusammenzufassen seien. Obwohl also nach *Winters* Vorstellungen den Alternativen zu Recht eine hervorgehobene Stellung zukommt, findet das in seiner Gliederung keinen unmittelbaren Ausdruck. Noch unbefriedigender ist allerdings, dass das Gebot (2) wohl überflüssig zu sein scheint – ist nicht die von (3) geforderte Gewichtung nur durchzuführen, wenn „überhaupt" gewichtet wird? Schließlich fehlt auch bei *Winter* die Einbeziehung der gesetzlichen Ziele in den Ablauf einer Entscheidungsherstellung.

Damit hinterlässt auch das Abwägungsgebot einen zwiespältigen Eindruck. Einerseits zielt es anders als die übrigen dogmatischen Ansätze ohne weiteres auf die Anleitung einer Auswahlentscheidung unter Heranziehung recht spezifischer Vorgaben, die sogar eine eindeutige Lösung ermöglicht, wenn man die Konzeption des objektiven Gewichts von Belangen akzeptiert und darunter ein bestimmtes, richtiges Gewicht versteht. Andererseits fehlt es dem konventionell formulierten Abwägungsgebot selbst in den erläuterten Versuchen seiner Umdeutung nicht nur an einer nachvollziehbaren Einordnung der gesetzlichen Ziele, sondern auch an einer angemessenen Einbeziehung der zu überprüfenden Alternativen und der Prognosen über ihre Auswirkungen.

### 3. Entscheidungstheorie und rechtliche Anforderungen an die Entscheidungsherstellung

Die betrachteten dogmatischen Ansätze bedürfen daher einer Zusammenführung und Ergänzung unter Wahrung der in ihnen enthaltenen wertvollen Einzelaspekte. Insgesamt ergibt sich daraus das folgende Muster der normdirigierten Entscheidungsherstellung in komplexen Fällen:

(1) Problemidentifikation anhand der gesetzlichen Ziele,

(2) Zusammenstellung der Handlungsalternativen,

(3) Durchführung einer Bestandserhebung und Ermittlung der voraussichtlichen Auswirkungen des Projekts sowie

(4) Gewichtung/Bewertung und abschließende Entscheidung.[324]

---

[324] Vgl. *Bundesministerium des Innern* (Hrsg.), Leitfaden Folgenabschätzung in der Europäischen Union, 2006, S. 12: „1. Identifikation des zu lösenden Problems; 2. Benennung der Ziele des Regelungsvorhabens; 3. Entwicklung alternativer Optionen; 4. Ermittlung der voraussichtlichen wirtschaftlichen, sozialen und ökologischen Auswirkungen; 5. Vergleich und Gegenüberstellung der Regelungsoptionen, a) Bewertung der einzelnen

Diese Gliederung lässt sich nahezu vollständig aus den dargestellten einschlägigen rechtlichen Maßgaben entwickeln, wie sie der Ermessensfehlerlehre, der Rechtsanwendungskonzeption nach *Maurer*, dem Verhältnismäßigkeitsgrundsatz und dem Abwägungsgebot zu entnehmen waren.

Die Notwendigkeit, zu Beginn eines Entscheidungsvorgangs die gesetzlichen Ziele zu identifizieren, wird besonders durch die erste Stufe des Verhältnismäßigkeitsgrundsatzes zum Ausdruck gebracht. Da die Erforderlichkeitsprüfung eine Betrachtung von Handlungsalternativen impliziert, steckt im Verhältnismäßigkeitsgrundsatz genauso wie in der Dogmatik des Abwägungsgebots die Aufforderung zur Zusammenstellung der verfügbaren Optionen, auch wenn die klassische Formulierung des Abwägungsgebots insoweit einer gewissen Anpassung bedurfte (in obiger Gliederung „(2) Zusammenstellung der Handlungsalternativen"). Weiter hat der Verhältnismäßigkeitsgrundsatz durch die Maßgaben der Geeignetheit und der Erforderlichkeit Vorwirkungen auf die Sachverhaltsermittlung (Bestandserhebung, oben (3)), obwohl dies von der üblichen Darstellung des Verhältnismäßigkeitsprinzips nicht ausdrücklich aufgenommen wird. Eine entsprechende Ergänzung kann durch Heranziehung des vorstehend erläuterten Modells von *Maurer* erfolgen. Dass über die Auswirkungen des Projekts – genauer gesagt, über die vermutlichen Effekte der zur Verfügung stehenden Handlungsalternativen einschließlich der Nullalternative – Prognosen angestellt werden müssen, wird in den dargestellten rechtlichen Ansätzen nicht klar zum Ausdruck gebracht, wohl aber ebenfalls vorausgesetzt, wie auch an der noch im einzelnen darzulegenden Rechtsprechung zu den entsprechenden Anforderungen an Planungsentscheidungen gesehen werden kann.[325]

Was schließlich das Ziel des Suchverfahrens angeht, so beruht die Wahl der besten Handlungsalternative im Falle konfligierender Interessen auf einer Abwägung der widerstreitenden Effekte und damit auf einem komplexen Bewertungsvorgang, wie besonders durch das Abwägungsgebot klar zum Ausdruck gebracht wird. An dieser Stelle soll die bezüglich des Verhältnismäßigkeitsgrundsatzes bemängelte Präzision des Kriteriums zur Bestimmung der sich empfehlenden Handlungsmöglichkeit noch nicht behoben werden. Allerdings sei vorgreiflich gesagt, dass der Verhältnismäßigkeitsgrundsatz in Gestalt des Abwägungsgebots das Problem der Explikation eines maßgeblichen Auswahlkriteriums zwar auf den ersten Blick umgeht, indem es von der Nennung eines Entscheidungskriteriums absieht und dafür ein Verfahren zur Ermittlung der besten Alternative bereitstellt. Die einschlägigen Maßgaben des Bundesverwaltungsgerichts, die einzelnen

---

Optionen, b) Darstellung der optimalen Politik- oder Regelungsoption; 6. Monitoring und Evaluation nach Inkrafttreten der Regelung".

[325] S. u. C.IV.2.a).

von der Entscheidung betroffenen Belange angemessen zu gewichten und durch eine Abwägung in bilanzierender Betrachtungsweise zusammenzuführen,[326] können aber als Aufgabe der Gemeinwohlförderung im Sinne eines Gebots der Maximierung des gesellschaftlichen Nettonutzens unter bestimmten zusätzlichen Nebenbedingungen verstanden werden. Diese insbesondere auf verfassungsrechtlichen Gründen beruhende Hypothese wird der nachfolgenden Darstellung zugrundegelegt.[327]

Anknüpfungspunkte für eine Strukturierung komplexer Abwägungsvorgänge nach dem eingangs genannten Muster lassen sich auch in der Entscheidungstheorie finden, wie an den verschiedenen Ansätzen gesehen werden konnte, die im Zusammenhang mit den numerischen Verfahren in Abschnitt B bereits behandelt worden sind.[328] Paradigmatisch erscheint insoweit die Kosten-Nutzen-Analyse, deren Ziel es ausdrücklich ist, den Nettonutzen der betrachteten Alternativen zu bestimmen.[329] Die Entscheidungstheorie ist allerdings keine geschlossene und klar umrissene Wissenschaft, die zu einer Verständigung auf ein einheitliches Schema der Entscheidungsherstellung geführt hätte. Vielmehr werden unter anderem in der Sozialpsychologie, den Wirtschaftswissenschaften und der Gesetzgebungslehre entsprechende Ansätze verfolgt, in denen jeweils bereichsspezifische Verfahrensmuster erarbeitet wurden.[330] Auch die Praxis hat

326 Früh schon BVerwG v. 5.12.1986, E 75, S. 214 (254); v. 10.4.1997, E 104, S. 236 (251); aus jüngster Zeit BVerwG v. 27.1.2000, E 110, S. 302 (317 – bilanzierende Gesamtbetrachtung); v. 27.10.2000, E 112, S. 140 (164); v. 16.2.2001, NVwZ 2001, 1050 (2. LS. – zum Begriff des Wohls der Allgemeinheit nach § 165 Abs. 3 Satz 1 Nr. 2 BauGB; v. 20.2.2002, 4 B 12/02 (zum Begriff des Gemeinwohls in § 20c Abs. 2 S. 1 BNatSchG). Ob die damit einhergehende die Bestimmung eines objektiv richtigen Gewichts der betroffenen Belange als Leitvorstellung zielführend erscheint, kann jedoch aus den unten dargestellten Gründen bezweifelt werden, C.V.5.c)cc)(1)(b).

327 S. u. D.I.1.

328 Insbesondere B.I.5, B.III.1.a)aa), B.IV.2.a).

329 Zur Verwendung der Kosten-Nutzen-Analyse durch die Europäische Kommission s. o. B.III.1.a)aa).

330 S. nur *O. G. Brim, Jr.*, Personality and decision processes; studies in the social psychology of thinking, 1962, S. 9: obtaining necessary information; production function, evaluation; sehr ähnlich *H. Gravelle/R. Rees*, Microeconomics[3], 2005, S. 6: Alternativenbestimmung, Folgenvorhersage, Folgenbewertung, Auswahl der besten Alternative; s. a. *E. Altmann*, Grundvorstellungen zur Entscheidungsplanung, in: Rödig/Altmann (Hrsg.), Studien zur Theorie der Gesetzgebung, 1976, S. 454 (457): Ziel und Ressourcenanalyse möglicher Handlungsweisen und deren Auswahlentscheidung auf Grundlage einer Bewertung; in Form von Nutzen-Kosten-Untersuchungen zum Zweck der Evaluation von Vorhaben der Bundesministerien in den 70er Jahren s. *Bundesminister der Finanzen*, Erläuterungen zur Durchführung von Nutzen-Kosten-Untersuchungen, 1973, S. 294 (295 ff.); *A. E. Boardman et al.*, Cost-benefit analysis: concepts and practice[2], 2001, S. 6: 1. Specify the set of alternative projects, 2. Decide whose benefits and costs count (standing), 3. Catalogue the impacts and select measurement indicators (units), 4. Predict the impacts qunatitatively over the life of the project, 5. Monetize (attach dollar values to) all impacts, 6. Discount benefits and costs to obtain present values, 7. Compute the

unterschiedliche Modelle aufgegriffen und fortentwickelt. Die von der Europäischen Kommission verfolgte Abschichtung von Fragen im Rahmen einer Folgenabschätzung,[331] die von der britischen Regierung vorgeschlagene Gliederung einer Mehrkriterienanalyse[332] und die von amerikanischen *Office of Management and Budget* präferierte Vorgehensweise[333] sind bereits erläutert worden. Das ebenfalls vorstehend dargelegte Modellvorhaben der Bundesregierung, aus dem ein Handbuch für Folgenabschätzung entstanden ist, folgt einem ganz ähnlichen Schema, wenn es im Prozess einer Entscheidungsherstellung zunächst eine Problemanalyse durchführt, auf der dadurch geschaffenen Grundlage Regelungsalternativen entwickelt und diese in einem letzten Schritt vergleichend bewertet.[334] Die Einzelheiten der zum Teil elaborierten Schemata können auf sich beruhen, da es im Kern stets um die eben vorgeschlagene Abfolge von Schritten geht, deren Stufen noch im einzelnen zu erörtern sein werden.[335]

Sie kann immer dann Geltung beanspruchen, wenn die Rechtsanwendung durch die Aufgabe der Bewältigung von Spielräumen besonders geprägt ist. Wie bereits erläutert, ist dies nicht nur im Planungsrecht und allgemein bei der Betätigung des Verwaltungsermessens der Fall, sondern vielfach schon dann, wenn der gesetzliche Tatbestand wegen semantischer oder normstrukturell bedingter Unbestimmtheiten der Ergänzung bedarf. Die verschiedenen Ursachen können auch kombiniert auftreten – etwa bei den sogenannten Koppelungsvorschriften –, was den dann tatsächlich wirksamen Spielraum tendentiell vergrößert.

Der Klarstellung halber sei abschließend zum einen darauf hingewiesen, dass das Schema normativen Charakter hat. Es will nicht beschreiben, wie Verwaltungsentscheidungen tatsächlich gefällt werden, sondern wesentliche Gesichtspunkte, die bei dem Prozess der Identifizierung der besten Handlungsalternative durchlaufen werden müssen, in eine schlüssige Reihenfolge bringen. Zum anderen ist die Gliederung analytisch gemeint, nicht chronologisch. Ihre Stufen sind nicht trennscharf in dem Sinne, dass man erst im Rahmen der Problemidentifikation die Ziele vollständig und abschließend beschrieben haben müsste, bevor über mögliche Optionen zu ihrer Lösung nachgedacht werden darf. Beides wird in der Praxis vielfach Hand in Hand gehen, wogegen auch nichts einzuwenden ist, da es sich hier

net present value (NPV) of each alternative, 8. Perform sensitivity analysis, 9. Make a recommendation based on the NPV and sensitivity analysis; *H. A. Simon*, Administrative behavior: a study of decision-making processes in administrative organizations[4], 1997, S. 72 („*selection of one alternative among several*“).

331 S. o. B.III.1.

332 S. o. B.III.1.a)cc).

333 S. o. B.IV.

334 S. o. B.II.3.

335 S. u. die jeweiligen Abschnitte C.II, C.III, C.IV und C.V.

um ein iteratives Suchverfahren handelt, bei dem vorläufiges Wissen um die Aufgabenstellung und die Handlungsalternativen in wiederkehrenden Schleifen nach und nach präzisiert wird.[336] So kann die Bestandserhebung, die sich in der Gliederung erst an dritter Stelle befindet, zu Änderungen der Problemwahrnehmung und damit der Aufgabenstellung führen. Die Bestimmung der zur Verfügung stehenden Handlungsalternativen und ihres zu prognostizierenden Potentials zur Lösung der Probleme kann wiederum Rückwirkungen auf die Bewertung der unterschiedlichen Auswirkungen haben.

Wie auch immer die Entscheidungsherstellung im Rahmen eines Verwaltungsverfahrens verläuft, sie endet regelmäßig mit einer rechtlich gefassten Entscheidung, etwa einem Verwaltungsakt. An die Erläuterung der Entscheidungsgründe gegenüber der Öffentlichkeit und den Gerichten sind weitere Anforderungen zu stellen, auf die nun einzugehen ist.

### 4. Die Darstellung von Abwägungsentscheidungen in einer Begründung

Von der internen Struktur der Rechtsfindung *ex ante* zu unterscheiden ist die Kommunikation der Rechtfertigung nach außen, die Begründung im Sinne einer Dokumentation der Entscheidungsherstellung. Je komplexer die zu entscheidenden Probleme sind, desto größere Bedeutung kommt einer solchen Erläuterung zu. Entsprechende Anforderungen an die Transparenz der Darstellung ergeben sich aus unterschiedlichen Rechtsquellen.[337] Im deutschen Recht finden sich einschlägige Maßgaben vor allem im Verwaltungsverfahrensgesetz, auf das sogleich näher einzugehen ist. Im UIG, in der Århus-Konvention und anderen Bestimmungen, die der Transparenz im weiteren Sinne dienen sollen, beziehen sich die entscheidenden Vorgaben auf die Verfügbarkeit von Dokumenten.[338] Regelmäßig dürfte im öffentlichen Zugang zu behördlichen Informationen eine notwendige Voraussetzung für transparentes Verwaltungshandeln liegen. Da es im vorliegenden Zusammenhang aber vor allem um die rechtlichen Maßgaben bezüglich der Darlegung von Rechtsfindungsvorgängen und damit um eine weitergehende substantielle Anforderung an die Darstellung des Verwaltungshandelns

---

[336] Von dem wiederkehrenden Durchlaufen der Stationen einer Entscheidungsherstellung spricht auch *H. Frohn*, Gesetzesbegriff und Gewaltenteilung, 1981, S. 48 (allerdings hinsichtlich von Gesetzgebungsvorgängen).

[337] Umfassende Darstellung nunmehr bei *J. Bröhmer*, Transparenz als Verfassungsprinzip: Grundgesetz und Europäische Union, 2004, S. 2ff.

[338] Instruktiv insoweit *D. Kugelmann*, Die informatorische Rechtsstellung des Bürgers: Grundlagen und verwaltungsrechtliche Grundstrukturen individueller Rechte auf Zugang zu Informationen der Verwaltung, 2001, S. 89ff., 109ff.

geht, bleiben die Bestimmungen über den Zugriff auf die behördlichen Akten nachfolgend außer Betracht.

Deutlich weiter als die erwähnten reinen Verfügbarkeits- oder Zugänglichkeitsbestimmungen geht das deutsche Verwaltungsverfahrensrecht, das durch verschiedene Bestimmungen die Begründung hoheitlicher Entscheidungen verlangt.[339] Sie gehen in ihrem jeweiligen Anwendungsbereich der allgemeinen Regelung des § 39 Abs. 1 VwVfG und den in § 39 Abs. 2 VwVfG vorgesehenen Ausnahmen vor.[340] Die nachstehende Betrachtung der Funktion und Reichweite der Begründungspflicht kann sich aber auf § 39 VwVfG beschränken. Nach § 39 Abs. 1 S. 2 VwVfG hat die Behörde bei schriftlichen oder schriftlich bestätigten Verwaltungsakten die wesentlichen tatsächlichen und rechtlichen Gründe ihrer Entscheidung in einer Begründung mitzuteilen. Bei Ermessensentscheidungen soll sie auch die Gesichtspunkte erkennen lassen, von denen sie bei der Ausübung ihres Ermessens ausgegangen ist (§ 39 Abs. 1 S. 3 VwVfG).[341] Insoweit gilt die Begründungspflicht nur für den Regelfall („soll").[342] Ausgenommen von der Begründungspflicht sind damit mündliche Verwaltungsakte.[343] Für Verwaltungsakte im Massenverfahren (§ 39 Abs. 2 Nr. 3 VwVfG) und das Prüfungswesen (§ 2 Abs. 3 Nr. 2 VwVfG) sind weitere Ausnahmen gestattet.[344]

Was als wesentlich im Sinne von § 39 Abs. 1 S. 2 VwVfG anzusehen ist, soll von den Umständen des Einzelfalls abhängen und nur bedingt in einer abstrakten Art und Weise zu bestimmen sein.[345] In dem Begründungszwang liegt nach ganz herrschender Auffassung ein formelles Erfordernis, das die sachliche Richtigkeit der Begründung nicht erfasst.[346] Eine Darlegung der

---

[339] Widerspruchsbescheid nach § 73 Abs. 3 VwGO; immissionsschutzrechtliche Genehmigung nach § 10 Abs. 7 BImSchG; Entscheidung über Asylanträge nach § 31 Abs. 1 AsylVfG; sozialverwaltungsrechtliche Verwaltungsakte, § 35 SGB X; steuerrechtliche Verwaltungsakte, § 121 AO.

[340] *U. Ramsauer*, in: Kopp/Ramsauer, VwVfG, 2005, § 39 Rz. 11a.

[341] § 39 Abs. 1 S. 2 und 3 VwVfG findet auch bei Verwaltungsakten Anwendung, die im förmlichen Verwaltungsverfahren ergehen (§ 69 Abs. 2 S. 1 VwVfG) und gilt auch für Planfeststellungsbeschlüsse (§ 74 Abs. 1 S. 2 i. V. m. § 69 Abs. 2 S. 1 VwVfG).

[342] Kritisch *U. Kischel*, Die Begründung, 2002, S. 226f.

[343] Vgl. *U. Kischel* (S. 184, Fn. 342), S. 237ff.

[344] *U. Kischel* (S. 184, Fn. 342), S. 243f., hält dies für eine missglückte Regelung.

[345] BVerwG v. 14.10.1965, E 22, S. 215 (217); v. 15.6.1971, E 38, S. 191 (194); v. 15.5.1986, E 74, S. 196 (205); v. 20.2.1990, E 84, S. 375 (388); *P. Stelkens/U. Stelkens*, in: Stelkens/Bonk/Sachs, VwVfG, 2001, § 39 Rz. 19; *S. Liebetanz*, in: Obermayer/Fritz, VwVfG, 1999, § 39 Rz. 19; *D.-J. von Walcke-Wulffen*, Begründungszwang bei Verwaltungsakten, 1974, S. 103, *H.-H. Scheffler*, DÖV 1977, S. 767 (770); *M. Ehrlein*, Die Begründungspflicht für erstinstanzliche zivilprozessuale Beschlüsse im Erkenntnisverfahren, 1988, S. 362.

[346] *H.-G. Henneke*, in: Knack, VwVfG, 2004, § 39 Rz. 26; *U. Ramsauer*, in: Kopp/Ramsauer, VwVfG, 2005, § 39 Rz. 2; *P. Stelkens/U. Stelkens* (S. 184, Fn. 345), § 39 Rz. 9; *S. Liebetanz* (S. 184, Fn. 345), § 39 Rz. 2.

Erwägungen der Behörde, die den Anforderungen des § 39 Abs. 1 VwVfG entspricht, ist danach schon dann gegeben, wenn die von der Behörde gegebene Begründung mit ihren tatsächlichen Gründen übereinstimmt.[347] Hat die Behörde keine oder nicht sorgfältige Überlegungen angestellt, so verpflichtet sie danach § 39 VwVfG lediglich dazu, dies zu dokumentieren.[348] Stets müßten jedoch der zugrundelegte Sachverhalt und die angewandten Rechtsvorschriften dargelegt werden.[349]

Zu beachten ist allerdings, dass die Wirksamkeit des durch § 39 VwVfG statuierten Begründungszwangs begrenzt ist. Schon vor der Beschleunigungsgesetzgebung, aber besonders nach den Änderungen des VwVfG im Jahre 1996[350] spielen Verstöße gegen die Maßgaben des § 39 Abs. 1 VwVfG in der gerichtlichen Überprüfung von Verwaltungsakten so gut wie keine Rolle mehr. Das ist im wesentlichen auf die Änderungen der Bestimmungen der §§ 45 und 46 VwVfG zurückzuführen, nach denen fehlende Begründungen nachgeholt werden können (§ 45 VwVfG) oder Begründungsmängel in der gerichtlichen Kontrolle weitgehend folgenlos bleiben (§ 46 VwVfG). Infolgedessen wurden die Anreize für die Behörden, bezüglich der Begründung sorgfältig vorzugehen, deutlich abgeschwächt. Damit hat sich der formelle Begründungszwang jedoch nicht aus der Rechtsordnung verabschiedet. Die Geltung einer Rechtsnorm hängt nicht davon ab, ob ihre Verletzung im Zusammenhang mit ihrer gerichtlichen Überprüfung sanktionsbewehrt ist,[351] mag auch ihre praktische Durchsetzung durch Sanktionen zu fördern sein. Daher markiert § 39 Abs. 1 VwVfG nach wie vor die zentrale Anforderung in formeller Hinsicht an die Darstellung der behördlichen Erwägungen.

### *a) Die Funktionen der Begründungspflicht*

Wird eine Begründung gegeben, so dient sie nach weit verbreiteter Ansicht vor allem drei weiterführenden Zwecken, nämlich der behördlichen Selbst-

[347] *U. Ramsauer* (S. 184, Fn. 346) § 39 Rz. 2.

[348] Zur Ausnahme der mündlichen Verwaltungsakte s. *U. Kischel*, Die Begründung, 2002, S. 237ff.

[349] *S. Liebetanz*, in: Obermayer/Fritz, VwVfG, 1999, § 39 Rz. 19, 26f.; *H.-G. Henneke*, in: Knack, VwVfG, 2004, § 39 Rz. 28, 29.

[350] Gesetz zur Änderung verfahrensrechtlicher Vorschriften vom 2. Mai 1996 (§§ 48 und 49 VwVfG) und das Genehmigungsverfahrensbeschleunigungsgesetz (§§ 45, 46, 71aff., 73ff. VwVfG).

[351] Knapp zu den sogenannten *leges imperfectae K.F. Röhl*, Allgemeine Rechtslehre², 2001, S. 191; ausführlich zur Geltung von Rechtsnormen, allerdings in erster Linie hinsichtlich ihres Außerkrafttretens *D. Heckmann*, Geltungskraft und Geltungsverlust von Rechtsnormen. Elemente einer Theorie der autoritativen Normgeltungsbeendigung, 1997, insbesondere S. 30–43.

kontrolle (aa)), der Akzeptanzerhöhung (bb)) und der Effektivierung der Fremdkontrolle (cc)).[352]

### *aa) Selbstkontrolle und Erhöhung der materiellen Richtigkeit*

Die Begründungspflicht solle die Behörden zunächst zu sorgfältigen Ermittlungen und zur Auseinandersetzung mit dem Vorbringen der Beteiligten zwingen.[353] Insofern bemerken *Koch/Rüßmann* zu Recht, dass Darstellungspflichten mehr als jedem moralischen Appell eine disziplinierende Wirkung zukommt.[354] Die Begründungspflicht zielt mithin insoweit auf eine Erhöhung der Ergebnisqualität, der materiellen Richtigkeit staatlicher Entscheidungen. Auch zu hoheitlichen Entscheidung befugte Menschen können Fehler machen und unter Zeitdruck geneigt sein, ihrem Rechtsgefühl ohne eine nähere Überprüfung zu folgen. Dem kann die Pflicht zur Angabe von Gründen entgegenwirken, da der schlichte Verweis auf das Rechtsgefühl des Entscheidungsträgers im Rechtsstaat kein zulässiger Entscheidungsgrund ist.[355]

### *bb) Akzeptanzerhöhung durch Begründung*

Eine Begründung eröffne des weiteren die Chance, die Betroffenen von der Richtigkeit der Entscheidung zu überzeugen (Befriedungs- oder Akzeptanzerhöhungsfunktion).[356] So einsichtig dies im Ansatz sicher ist, Einhelligkeit im Verständnis der gesellschaftlichen Bedeutung der Akzeptanz von Verwaltungsentscheidungen kann nicht konstatiert werden. Einigermaßen unumstrittener Ausgangspunkt dürfte aber sein, dass in der freiheitlichen Demokratie die Bürger keine Objekte, sondern Akteure staatlicher Gewalt sind, von denen die Ausübung von Macht durch Hoheitsträger nicht ohne weiteres und kritiklos hingenommen werden soll. Dieses auf die Aufklärung zurückgehende Menschenbild des mündigen Bürgers verlangt geradezu nach Partizipation an und kritischer Begleitung von staatlichen

---

[352] Ausführlich zur Begründungspflicht *U. Kischel*, Die Begründung, 2002, S. 39–62.

[353] BSG v. 29.5.1962, E 17, S. 79 (83); *F. Becker*, Das allgemeine Verwaltungsverfahren in Theorie und Gesetzgebung. Eine rechtsvergleichende Untersuchung, 1963, S. 55f.; *D. Lorenz*, Der Rechtsschutz des Bürgers und die Rechtsweggarantie, 1973, S. 275; *U. Ramsauer*, in: Kopp/Ramsauer, VwVfG, 2005, § 39 Rz. 2a m. w. N.

[354] *H.-J. Koch/H. Rüßmann*, Juristische Begründungslehre, 1982, S. 372; ebenso *U. Kischel*, Die Begründung, 2002, S. 13.

[355] Der Klarstellung halber sei hinzugefügt, dass ein solcher Verweis durchaus den – eben nur formellen – Ansprüchen des § 39 VwVfG an eine Begründung genügen würde.

[356] *H.-G. Henneke*, in: Knack, VwVfG, 2004, § 39 Rz. 5. Weiterführend zu dieser individuellen Funktion der Begründung belastender Entscheidungen *C. Engel*, Rechtstheorie 32 (2001), S. 23 (36–40).

Handlungen. In der herrschenden Anschauungsweise erscheint somit eher begründungsloses staatliches Entscheiden rechtfertigungsbedürftig denn eine Begründungspflicht.

Betrachtet man die funktionale Ebene unterhalb derart abstrakter Überlegungen, so kommt der Akzeptanz der Angabe von Gründen neben dem individuellen Aspekt auch eine kollektive Komponente zu.[357] Die Nennung nachvollziehbarer Gründe erleichtert die gesellschaftliche Koordination, wie die Spieltheorie zeigen konnte.[358] Etwas vereinfachend gesagt, wird die Berechenbarkeit staatlichen Verhaltens größer und damit die Rechtssicherheit. Auch für die Steuerungsfunktion des Rechts sind Begründungen wichtig. Die Normbefolgung tritt mit größerer Wahrscheinlichkeit ein, der Steuerungserfolg ist stabiler, wenn den Adressaten eine Begründung gegeben wird.[359] Je überzeugender die Begründung ist, desto größer sind die genannten Akzeptanzeffekte. Das gilt insbesondere hinsichtlich der Erwartungen an die Erfüllung des Gleichbehandlungsgebots, weil nur eine Begründung den Betroffenen erkennen lässt, ob die Maßstäbe, die der ihn belastenden Entscheidung zugrundegelegt wurden, zu vorausgegangenen Entscheidungen in konsistentem Verhältnis stehen.[360]

### *cc) Fremdkontrolle durch Gerichte und Wahlen*

Drittens erlaubt den Betroffenen erst eine nähere Begründung, wirksamen Rechtsschutz im Sinne von Art. 19 Abs. 4 GG zu erlangen (Rechtsschutzfunktion).[361] Für Gerichte und andere Kontrollinstanzen stellt eine Begründung ebenfalls eine Erleichterung ihrer Tätigkeit dar (Kontrollfunktion); insofern kommt der Begründung auch eine Klarstellungs- und Beweisaufgabe zu.[362] Am Ende eines Verwaltungsverfahrens stehend, erweist sich die Begründung insofern als Bindeglied zwischen Entscheidungsherstellung und der Kontrolle der Maßnahme. Auf die Rechtsschutzfunktion von Begründungen ist daher im Abschnitt zur gerichtlichen Kontrolle von Verwaltungshandlungen noch detailliert einzugehen.[363]

---

[357] *C. Engel* (S. 186, Fn. 356), S. 23 (37f.).

[358] *F. W. Scharpf*, Games real actors play: actor-centered institutionalism in policy research, 1997, S. 64; s. a. *D. G. Baird/R. H. Gertner*, Game theory and the law, 1994, S. 79–158.

[359] *C. Engel*, Rechtstheorie 32 (2001), S. 23 (36–39).

[360] *H.-J. Koch/H. Rüßmann*, Juristische Begründungslehre, 1982, S. 113.

[361] BVerwG v. 28.11.1980, E 61, S. 200 (210); v. 5.12.1986, 75, S. 214 (239); v. 24.11.1987, E 83, S. 345 (356f.); v. 15.2.1990, E 84, S. 361 (388); v. 9.12.1992, E 91, S. 262 (264f.); *U. Ramsauer*, in: Kopp/Ramsauer, VwVfG, 2005, § 39 Rz. 4; *H.-G. Henneke*, in: Knack, VwVfG, 2004, § 39 Rz. 5; *S. Liebetanz*, in: Obermayer/Fritz, VwVfG, 1999, § 39 Rz. 4.

[362] *S. Liebetanz* (S. 187, Fn. 361), § 39 Rz. 9.

[363] S. insbesondere D.I.2.b)bb).

### *b) Gegenstand und Methodik der Begründung*

Was der vorstehend referierten Betrachtung der verschiedenen Aufgaben von Begründungen entgeht, ist die Frage, was eigentlich die Begründung enthalten muss, um die ihr zugewiesenen Funktionen erfüllen zu können. Zum Teil scheint die Ansicht durch, die Begründung müsse die „wahren" Gründe des Hoheitsträgers offenlegen, vorgeschobene Begründungen seien für § 39 Abs. 1 VwVfG nicht ausreichend.[364] Vielmehr würden teilweise Scheinargumente präsentiert, die die tatsächlichen Gründe verdeckten. Der Streit verweist auf ein Missverständnis juristischer Begründungen, das kurz beleuchtet sei. Versteht man unter den „wahren Gründen" für eine Entscheidung bestimmte Ursachen der Entscheidung, dann ist dies für die Frage der Qualität einer Begründung ohne Belang.[365] Es kommt vor dem Hintergrund der Debatte um „Genesis und Geltung" für die Qualität einer Begründung allein darauf an, ob die gegebene (!) Rechtfertigung spezifizierten Rationalitätskriterien genügt.[366] Gute Motive retten eine schlechte Begründung nicht, genausowenig wie eine gute Begründung durch schlechte Motive entwertet wird.[367] Entgegen der Auffassung *Luhmanns*, der zwischen Herstellung und Darstellung von Entscheidungen unterscheidet, ist es daher für juristische Begründungen irrelevant, ob sie als „Darstellung von Entscheidungsmotiven" überzeugen.[368]

Bislang kaum diskutiert wird die Frage, in welcher Form die Begründung erfolgen muss, um dieses Anforderungsprofil erfüllen zu können. Allerdings werden Klarheit und Verständlichkeit als notwendige Voraussetzungen einer rechtsstaatlich befriedigenden Begründung angemahnt, wobei Rechtsprechung und Literatur ohne weiteres von einer natürlich-sprachlichen Methodik ausgehen, wenn etwa formuliert wird, die Begründung solle Rationalität *sprachlich* (Hervorhebung E. H.) vermitteln.[369]

---

[364] *S. Liebetanz*, in: Obermayer/Fritz, VwVfG, 1999, § 39 Rz. 21; *H.-G. Henneke*, in: Knack, VwVfG, 2004, § 39 Rz. 4.

[365] *H.-J. Koch/H. Rüßmann*, Juristische Begründungslehre, 1982, S. 116.

[366] Vgl. *R. A. Wasserstrom*, The Judicial decision: toward a theory of legal jusification, 1961, S. 25 ff.; *J. Wróblewsky*, Rechtstheorie 5 (1974), S. 33 (35 ff.); allgemein zur Diskussion um „Genesis und Geltung" s. *K. R. Popper*, Logik der Forschung[5], 1973, S. 6 f.; in bezug auf die Anforderungen der empirischen Sozialforschung *J. Friedrichs*, Methoden empirischer Sozialforschung[14], 1990, S. 50 ff.

[367] *H.-J. Koch/H. Rüßmann*, Juristische Begründungslehre, 1982, S. 116.

[368] *N. Luhmann*, Recht und Automation in der öffentlichen Verwaltung: eine verwaltungswissenschaftliche Untersuchung, 1966, S. 56, Fn. 13.

[369] *P. Kirchhof*, Deutsche Sprache (§ 18), in: Isensee/Kirchhof (Hrsg.), Handbuch des Staatsrechts der Bundesrepublik Deutschland[2], Bd. I: Grundlagen von Staat und Verfassung, 1995, § 18 Rz. 23. Ähnlich das Bundesverfassungsgericht (Beschluss v. 14.2.1973, E 34, S. 269 (287) – die Entscheidung des Richters müsse auf rationaler Argumentation beruhen; v. 5.6.1998, NJW 1998, S. 3290 (3290) – eine Begründung dürfe nicht unverständlich und verworren sein).

Darin wird zu Recht eine anspruchsvolle Aufgabe gesehen, die sich nach verbreiteter Ansicht auch auf die erkennbare und nachvollziehbare Darstellung von Prognosen erstreckt.[370] Mehrdeutige, verworrene, widersprüchliche oder sonstwie unverständliche Begründungen ließen Entscheidungen willkürlich erscheinen,[371] was im Zusammenhang mit der Begründung von Gerichtsentscheidungen bei Verletzung eines Mindestmaßes an Nachvollziehbarkeit sogar einen absoluten Revisionsgrund nach § 138 Nr. 6 VwGO darstellen kann.[372] Maßgeblich sei hierfür generell nicht, ob die Begründung von jedem einzelnen Betroffenen verstanden wird, sondern lediglich, ob sie abhängig vom jeweiligen Empfängerhorizont verstanden werden *könne*.[373] Daher könnten für Laien unverständliche Darlegungen für die Adressaten hinsichtlich ihrer Klarheit durchaus angemessen sein, wenn die Empfänger im wesentlichen Fachleute sind.[374] Das gelte nicht nur für die Verwendung naturwissenschaftlicher oder technischer Begriffe, sondern auch für die juristische Fachsprache.[375]

Die Verwendung formaler Sprachen im Recht ist dagegen bislang lediglich am Rande diskutiert worden und wurde, soweit ersichtlich, nicht für den Kontext der Begründung von Verwaltungsentscheidungen erwogen. *Koch/Rüßmann* schlagen zwar eine deduktive, formal-logische Strukturierung von hoheitlichen Begründungen vor, die jedoch jedenfalls bezüglich der Abfassung von Urteilen nicht mit einer formalen Notation in die Praxis umgesetzt werden sollte.[376] Auch gab es Anfang der 80er Jahre eine Auseinandersetzung mit der Formulierung von Gesetzen mit Hilfe der symbolischen Logik.[377] Die bei der „Übersetzung" von Gesetzestexten in die Sprache der symbolischen Logik zu überwindenden Schwierigkeiten wurden allerdings als so gravierend empfunden, dass der Ansatz rasch wieder aufgegeben wurde.[378]

---

370 *M. Nierhaus*, DVBl. 1977, S. 19 (24); *P.J. Tettinger*, DVBl. 1982, S. 421 ff.; *R. Steinberg et al.*, Fachplanung, 2000, S. 235.

371 *U. Kischel*, Die Begründung, 2002, S. 338.

372 BVerwG v. 5.6.1998, NJW 1998, S. 3290 (3290); BGH v. 25.1.1960, Z 32, S. 17 (24); v. 21.12.1962, Z 39, S. 333 (337); *W.-R. Schenke*, in: Kopp/Schenke, VwGO, 2003, § 138 Rz. 27; *H.-J. Musielak*, in: Musielak, ZPO-Kommentar, 2000, § 313 Rz. 15.

373 Vertiefend *U. Kischel*, Die Begründung, 2002, S. 338–354.

374 So wohl *S. Schwab*, Die Begründungspflicht nach § 39 VwVfG, 1991, S. 106; *U. Kischel* (S. 189, Fn. 373), S. 351.

375 *U. Kischel* (S. 189, Fn. 373), S. 350 f.

376 *H.-J. Koch/H. Rüßmann*, Juristische Begründungslehre, 1982, S. 118.

377 *J. Rödig*, Axiomatisierbarkeit juristischer Systeme, in: Rödig (Hrsg.), Schriften zur juristischen Logik, 1980, S. 65 (79 ff.); *H. Kindermann*, Orientierungssicherheit durch einen Allgemeinen Teil des Rechts? in: Schäfer/Triffterer (Hrsg.), Rationalisierung der Gesetzgebung, 1984, S. 71 (76). Ablehnend für den Bereich des Verfassungsrechts (verfassungsrechtliche Logik sei nicht als formale Logik begreifbar) *F. Müller/R. Christensen*, Juristische Methodik. Grundlagen Öffentliches Recht[8], Bd. I, 2002, S. 296.

378 Zusammenfassend *U. Kischel*, Die Begründung, 2002, S. 342 f. Kritisch zur Möglich-

Gerade mit Blick auf die vorstehend referierten Funktionen von Begründungen ist der Frage nachzugehen, ob nicht bei Ergänzung des natürlichsprachlichen Instrumentariums durch formal-mathematische Methoden wesentliche Fortschritte in bezug auf die Klarheit von Begründungen, auf die logische Ordnung der eingesetzten Argumente und infolgedessen auch auf ihre Akzeptanz sowie die Förderung des Rechtsschutzes gemacht werden könnten.[379]

## 5. Zwischenergebnis

Insgesamt geht es nicht nur im Planungsrecht und bei der Ermessensbetätigung im technischen Sinn, sondern vielfach auch bei der Auslegung unbestimmter Rechtsbegriffe um bedeutende und vielfach komplexe Entscheidungen, denen bereits individuell einschneidende Wirkungen zukommen können. Auch und besonders als ganzes betrachtet spielen sie eine bedeutende Rolle in der Rechtspraxis. Sie sollten keineswegs mit geringerer dogmatischer Aufmerksamkeit bedacht werden als „kann"- und „soll"-Bestimmungen. In beiden Bereichen bestehen Spielräume, zu deren Ausfüllung die Bewältigung konfligierender Interessen und damit eine Abwägung erforderlich ist.

Verwaltungsrechtliche Begründungsanforderungen verpflichten die Behörden regelmäßig, die ihrer Entscheidung zugrundeliegenden Erwägungen den Betroffenen zugänglich zu machen. Die Begründungspflicht dient zunächst der Disziplinierung der Entscheidungsträger. Die Betroffenen sollen weiter nachvollziehen können, aus welchen Gründen ihnen Belastungen zugemutet werden. Insoweit kommt der Begründung eine wichtige Rolle hinsichtlich des Rechtsschutzes zu. Nicht zuletzt erleichtern klare Begründungen die gesellschaftliche Koordination durch die ihnen innewohnende Signalfunktion (Senkung von Transaktionskosten). Schließlich wird die Berechenbarkeit staatlichen Handeln gefördert (Rechtssicherheit). Welche Methodik zur Darstellung der angestellten Überlegungen zu wählen ist, wird von Rechtsprechung und Literatur weitgehend offen gelassen.

---

keit, juristische Aussagen formal zu fassen *B. Rüthers*, Rechtstheorie, 1999, S. 110–113. *Röhl* weist daraufhin, dass die besondere Leistungsfähigkeit der formalen Logik in der besseren Bewältigung aufwendiger Schlussketten liege. Dies sei nur selten in der Praxis erforderlich (*K.F. Röhl*, Allgemeine Rechtslehre², 2001, S. 113). Für die vorliegend vorrangig untersuchten komplexen hoheitlichen Entscheidungen ergibt sich ein anderes Bild, da die erforderlichen Schlussketten durchaus die Verwendung einer aufwendigen Methodik rechtfertigen können.

[379] S. die nachstehenden Abschnitte C.IV.1.b)bb)(1) und C.V.

## *II. Problemidentifikation: Die Ziele der Entscheidungsträger*

Mit den vorstehenden Überlegungen zum Begriff der Abwägung wurden die Ursachen für Entscheidungsspielräume bestimmt, rechtliche Anforderungen an ihre Bewältigung im Grundsatz dargelegt sowie Funktion, Gegenstand und Methodik von Begründungen betrachtet. Nunmehr ist beginnend mit der Problemidentifikation im Einzelnen zu untersuchen, vor welchen Aufgaben die Behörden bei Abwägungsentscheidungen stehen.[380]

### 1. Abstrakte Zielsetzungen und ihre Konkretisierung in einem Entscheidungsprozess

Die Ziele, die ein Entscheidungsträger verfolgen möchte, hängen von dem jeweiligen Anlass der zu regelnden Angelegenheit ab. Entscheidungsanlässe können der Verwaltung und anderen Hoheitsträgern vorgegeben sein oder durch sie selbst gesetzt werden. Durch Anträge von Projektträgern eingeleitete Genehmigungsverfahren stellen den typischsten Fall für ersteres dar, während etwa die Aufstellung eines Bebauungsplans auf die Eigeninitiative einer Gemeinde zurückgehen kann. Stets muss zunächst eine Vorklärung der zu bewältigenden Aufgabe erfolgen, die das Sammeln und Gruppieren von Zielen einschließt. Im Falle einer Stadtplanung kann es dabei um so vielfältige Ziele gehen wie:[381]

- Verbesserung der Wohnverhältnisse,
- Förderung der Industrieansiedlung,
- Förderung der Verkehrsverhältnisse,
- Ausbau von Erholungsgebieten,
- Förderung von kulturellen Einrichtungen,
- Erhaltung des historischen Stadtbildes usw.

Abstrakte Leitvorstellungen wie die genannten müssen für die weitere Entscheidungsherstellung durch Teilziele konkretisiert werden. Beispielsweise könnte das Grobziel der Verbesserung der kommunalen Verkehrsverhältnisse unterteilt werden in die Gewährleistung eines reibungslosen, sicheren Verkehrsablaufs, die Verringerung der verkehrsbedingten Umweltbeeinträchtigungen oder die Verbesserung der Erreichbarkeit von Unternehmen. Da auch Teilziele als solche in der Regel noch nicht hand-

---

[380] Die übrigen Schritte der Entscheidungsherstellung wurden unter C.I.3 näher erläutert und liegen der Abfolge der nachstehenden Untersuchung zugrunde (s. für das Verwaltungsrecht C.III, C.IV und C.V).

[381] Das Beispiel ist *Bundesminister der Finanzen*, Erläuterungen zur Durchführung von Nutzen-Kosten-Untersuchungen, 1973, S. 295, entnommen.

habbar sind, ist es in vielen Fällen erforderlich, sie mit Hilfe von Kriterien zu operationalisieren, etwa in Form von Zeitersparnissen infolge eines Straßenbauprojektes[382] oder eines leistungsfähigeren öffentlichen Personennahverkehrs oder die anhand von Luftschadstoffkonzentrationswerten zu messende Verbesserung der Luftqualität.[383]

Um ein weiteres Beispiel für einen solchen Prozess der Konkretisierung abstrakter Zielsetzungen zu geben, sei an das bereits erläuterte Modellvorhaben der Bundesregierung zur Gesetzesfolgenabschätzung erinnert, bei dem es unter anderem um den Entwurf für ein Altenhilfestrukturgesetz ging.[384] Die übergeordneten Ziele der Reform wurden mit Erhöhung von Selbstbestimmung und Selbständigkeit älterer Menschen unter Beachtung des Gender-Mainstream-Ansatzes angegeben.[385] Als darauf bezogene Unterziele ließen sich dann den entsprechenden Verlautbarungen der Bundesministerien die Optimierung der Infrastruktur der Altenhilfe, die Verbesserung der Interessenwahrnehmung der Nutzer von ambulanten Diensten und Heimen und die Verbesserung der Partizipationsmöglichkeiten von Älteren entnehmen.[386] Hinsichtlich der notwendigen Kriterien konnte unter anderem auf die Zahl der stationären, teilstationären und ambulanten Pflegeplätze zurückgegriffen werden.

Auch bei den in diesem Abschnitt im Vordergrund stehenden Einzelfallmaßnahmen kann ein solcher Prozess der Konkretisierung von Zielsetzungen erforderlich sein. Eine Planfeststellung nach dem Wasserhaushaltsgesetz muss berücksichtigen, dass es Zweck des WHG ist, die Gewässer als Bestandteil des Naturhaushalts und als Lebensraum für Tiere und Pflanzen zu sichern, wobei die Bewirtschaftung dem Wohl der Allgemeinheit dienen muss (§ 1a Abs. 1 S. 1 und 2 WHG). Wird etwa ein Gewässer zum Zweck der Erweiterung einer Industriefläche teilweise verfüllt, so gilt es, die Auswirkungen des Projekts insbesondere hinsichtlich der Menge und der Beschaffenheit des Abwassers und bei fließenden Gewässern auch Veränderungen der Fließgeschwindigkeit in den Blick zu nehmen.[387] Wegen der

---

[382] Zur Methodik s. etwa in der Praxis über lange Jahre hin maßgebliche Veröffentlichung *Forschungsgesellschaft für Straßen- und Verkehrswesen*, RAS-W Kommentar, 1987, S. 32ff.

[383] Übersichtliche Darstellung der Wirkungen verschiedener Maßnahmepakete auf die Luftqualität bei *Freie und Hansestadt Hamburg*, Verkehrsentwicklungsplanung Hamburg, 1995, S. 89.

[384] S. o. B.II.3.

[385] *Bundesministerium des Innern* (Hrsg.), Moderner Staat – Moderne Verwaltung, Praxistest zur Gesetzesfolgenabschätzung, Abschlußbericht über den Praxistest zur Erprobung des Handbuchs und des Leitfadens zur Gesetzesfolgenabschätzung an ausgewählten Vorhaben der Ressorts, 2002, S. 16.

[386] *Bundesministerium des Innern* (Hrsg.) (S. 192, Fn. 385), S. 16.

[387] S. etwa *Freie und Hansestadt Hamburg*, Planfeststellungsbeschluss DA-Erweiterung vom 8. Mai 2000, 2000, S. 21ff.

im Fachplanungsrecht grundsätzlich gegebenen Konzentrationswirkung des Planfeststellungsverfahrens nach § 75 Abs. 1 VwVfG sind über die Zielsetzungen des angewendeten Fachplanungsgesetzes hinaus auch die Ermächtigungszwecke der im übrigen berührten Gesetze zu beachten. Planfeststellungsbedürftige Gewässerausbaumaßnahmen im Sinne des § 31 Abs. 2 WHG, also beispielsweise die Verfüllung eines Gewässers, sind daher regelmäßig auch im Hinblick auf ihre naturschutzrechtliche oder immissionsschutzrechtliche Zulässigkeit zu untersuchen.

Eine weitere Präzisierung des Zielsystems kann vielfach auch anhand der gesetzlich vorgesehenen Maßnahmen erreicht werden. Wird die Aufnahme eines bestimmten Ziels in den *Pool* der angestrebten Wirkungen einer Handlung erwogen, für dessen Verwirklichung das entsprechende Gesetz kein Instrument enthält, so dürfte das betrachtete Ziel in der Regel aus dem Kollektiv der zu verfolgenden Zwecke ausscheiden. So enthält der Katalog des § 9 Abs. 1 BauGB umfassende Festsetzungsmöglichkeiten für Bebauungspläne, die von der Art und dem Maß der baulichen Nutzung im allgemeinen (§ 9 Abs. 1 Nr. 1 BauGB) über die höchstzulässige Zahl der Wohnungen in Wohngebäuden (§ 9 Abs. 1 Nr. 6 BauGB) bis hin zu Flächen für Maßnahmen des Naturschutzes reichen (§ 9 Abs. 1 Nr. 20 BauGB). Sollte eine Gemeinde tatsächlich die Verfolgung eines bodennutzungsbezogenen Zieles erwägen, für das es keine Festsetzungsmöglichkeit gibt, so kann sie das betreffende Ziel jedenfalls nicht im Rahmen der Bebauungsplanung umsetzen.

## 2. Der Begriff des Ziels

Die maßgebliche Rolle der planerischen Zielsetzungen für den Entscheidungsherstellungsvorgang tritt deutlich hervor, wenn man sich klarmacht, dass sich Ziele als Absichten begreifen lassen, die auf die Mehrung bestimmter Güter gerichtet sind. Unter dem Begriff des Gutes wird in der wirtschaftswissenschaftlichen Literatur alles zusammengefasst, was menschliche Bedürfnisse befriedigt.[388] Alles, was ihnen schadet, bezeichnet man hingegen als Ungut. Deren Auswahl und Gewichtung beeinflusst die Entscheidungsherstellung in nachhaltigster Weise, wobei sich im Rahmen der Problemidentifizierung regelmäßig einige Ziele und damit die entsprechenden Güter als komplementär erweisen werden, etwa bei der Verkehrsplanung die Erhöhung der Standortgunst von zentralen Einrichtungen und die Leistungsfähigkeit des Straßennetzes. Oftmals wird sich jedoch eine Ziel-

[388] So bereits das grundlegende Werk von *C. Menger*, Grundsätze der Volkswirtschaftslehre, 1871, S. 1f.; im übrigen *M. Milgate*, in: The new Palgrave: a dictionary of economics, 1987, Goods and Commodities, S. 546ff. m. w. N.

konkurrenz und infolgedessen eine Abwägung nicht vermeiden lassen, zum Beispiel hinsichtlich der Industrieansiedlung einerseits und der Erhaltung des historischen Stadtbildes und des Umweltschutzes andererseits.

Im Zusammenhang mit staatlichen Vorhaben ist nun entscheidend, dass Handlungen des demokratischen Rechtsstaats darauf zu richten sind, größere (rechtlich relevante) Vorteile als (rechtlich relevante) Nachteile zu erzeugen.[389] Dabei geht es um den Vergleich von zwei gesellschaftlichen Zuständen, einerseits dem zukünftigen Zustand, der sich ohne die ins Auge gefaßte Maßnahme ergeben würde, und andererseits dem zukünftigen Zustand, der die Verwirklichung der erwogenen Maßnahme einschließt. Für die Beurteilung beider ist die gesellschaftliche Ausstattung mit Rechtsgütern und deren Verteilung maßgeblich. Dabei wird in dieser Schrift der Definition eines allgemeinen Lexikons gefolgt und unter Rechtsgütern solche Güter verstanden, in denen sich Lebensinteressen des einzelnen oder der Allgemeinheit verkörpern, und die deshalb von der Rechtsordnung des Staates geschützt werden.[390] Dagegen dürfte es wegen der fehlenden Einschränkung einer rechtlichen Anerkennung der in Bezug genommenen Güter zu weit gehen, mit Rechtsgütern „diejenigen Gegenstände, die der Mensch zu seiner freien Selbstverwirklichung braucht", zu bezeichnen.[391]

Einige Stimmen in der Literatur meinen, in bezug auf die gesetzliche Bestimmung der relevanten Rechtsgüter zwischen Zielen und Zwecken unterscheiden zu müssen: Ziele würden die angestrebten oder zu erreichenden Zustände benennen, Zwecke würden dagegen den Grund angeben, wozu etwas getan werden soll.[392] Vom Wortsinn her mag man so differenzieren. Funktionelle Unterschiede dürften damit aber für die Entscheidungsherstellung nicht verbunden sein. So oder so geht es auf dieser Stufe der Entscheidungsherstellung um die Zusammenstellung der entscheidungsrelevanten Rechtsgüter in Ansehung einer Problemlage. Ob diese als Zustände formuliert werden, die erreicht werden sollen (etwa: geringe Arbeitslosigkeit), oder als (Beweg-)Gründe (Absicht der Verringerung der Arbeitslosigkeit), macht sachlich keinen Unterschied.[393] Stets geht es um die Auswahl

[389] S. im einzelnen D.I.1.

[390] *Brockhaus in zwanzig Bänden*, Eintrag „Rechtsgüter" 17. A., 1972.

[391] *M. Marx*, Zur Definition des Begriffs „Rechtsgut", 1972, S. 62.

[392] *P. Berendt*, Die Bedeutung von Zweck- und Zielbestimmungen für die Verwaltung, 2001, S. 37; *W. Schmitt Glaeser*, Die Verwaltung 14 (1981), S. 277 (292, dortige Fn. 81); *W. Vitzthum/T. Geddert-Steinacher*, Der Zweck im Gentechnikrecht: zur Schutz- u. Förderfunktion von Umwelt- u. Technikgesetzen, 1990, S. 14; a.A. *B. Weber-Dürler*, Die Rechtsgleichheit in ihrer Bedeutung für die Rechtsetzung. Eine Untersuchung der bundesgerichtlichen Rechtsprechung, 1973, S. 78f.

[393] Soweit es um die Frage besonders hervorgehobener Ziele geht, ist das Zuweisen des relativen Werts und dessen Artikulation berührt. Beides ist Gegenstand der Ausführungen unter „Gewichtungen" bzw. „Abwägungsfehlgewichtungen" und damit nicht dieses Abschnitts.

der Güter, deren Vermehrung durch eine bestimmte Handlung erreicht werden soll, was für den weiteren Entscheidungvorgang in zweifacher Hinsicht von weichenstellender Wirkung ist und darum trotz der teilweise beachtlichen Gestaltungsfreiheiten nicht im Belieben der hoheitlichen Entscheidungsträger stehen kann.

### 3. Rechtliche Schranken bei der Wahl möglicher Ziele

Zum einen fehlt im weiteren Verlauf der Entscheidungsherstellung, was auf der Stufe der Problemidentifizierung ausgeblendet wird. Das Übersehen eines relevanten Ziels verstößt daher gegen ein in Parallelität zur ordentlichen Ermittlung des Sachverhalts heranzuziehendes Gebot der Vollständigkeit.[394] Zum anderen stehen nicht beliebige Zwecke zur Auswahl. Erstens ist die Verwaltung an die Ermächtigungszwecke des anzuwendenden Gesetzes gemäß § 40 Abs. 1 VwVfG und § 114 S. 1 VwGO gebunden, wobei sich die verfolgten Ziele generell wegen des verfassungsrechtlichen Verhältnismäßigkeitsgrundsatzes als legitim darstellen müssen. Moderne Wirtschaftsverwaltungsgesetze enthalten zur Erleichterung des Vollzugs verschiedentlich ausdrückliche Zielvorgaben und -kataloge.[395] Das BauGB bestimmt etwa, dass Bauleitpläne eine nachhaltige städtebauliche Entwicklung, die die sozialen, wirtschaftlichen und umweltschützenden Anforderungen auch in Verantwortung gegenüber künftigen Generationen in Einklang bringt, und eine dem Wohl der Allgemeinheit entsprechende sozialgerechte Bodennutzung gewährleisten sollen.[396] Trotz der Vagheit und der normstrukturell bedingten Offenheit vieler solcher Bestimmungen erscheinen sie nach der vorstehenden semantischen Untersuchung nicht als gehaltlos, sondern entfalten hinsichtlich der Problemidentifizierung eine gewisse Steuerungswirkung, die, wie eben schon erwähnt, durch das Zusammenspiel mit den gesetzlich festgelegten Maßnahmen noch verstärkt werden kann.

Zweitens kann die Bindung an vorangegangene Entscheidungen den rechtlichen Möglichkeitsraum einengen. Das betrifft zunächst die eigenen Maßnahmen des jeweiligen Entscheidungsträgers, beispielsweise bei einer abschnittsweisen Planfeststellung.[397] Es können sich aber auch Bindungen

[394] Zu den sachverhaltsbezogenen Ermittlungspflichten im Verwaltungsverfahren s. *U. Ramsauer*, in: Kopp/Ramsauer, VwVfG, 2005, § 24 Rz. 11, 18; *H. Engelhardt*, in: Obermayer/Fritz, VwVfG, 1999, § 24 Rz. 33; *W. Clausen*, in: Knack, VwVfG, 2004, § 24 Rz. 3.1.

[395] S. insbesondere § 1 Abs. 1 BImSchG, § 1 Krw-/AbfG, § 1 GenTG, § 1 Abs. 1, 5 und 6 BauGB.

[396] § 1 Abs. 5 BauGB.

[397] S. etwa § 31 Abs. 4 WHG.

aus Entscheidungen anderer Stellen ergeben. Insbesondere höherrangige Planungsentscheidungen wie etwa Ziele der Raumordnung im Sinne von § 3 Abs. 2 ROG setzen der Wahl möglicher Ziele Grenzen.[398]

Schließlich – drittens – können die Zielsetzungen des Projektträgers, wie sie im Antrag zum Ausdruck kommen, den Zwecken der Verwaltung Grenzen setzen. Das gilt insbesondere dann, wenn die Planfeststellungsbehörden eine gebundene Entscheidung ohne eigenständige Planungsbefugnis zu treffen hat, wie es für die bergrechtliche Planfeststellung nach § 48 Abs. 2 BBergG und die atomrechtliche Planfeststellung für ein atomares Endlager behauptet wird.[399] Soweit das zutrifft, reduziert sich die Funktion der Behörde darauf, die Rechtmäßigkeit des vom Vorhabenträger vorgelegten Plans zu bewerten. Darin liegt im wesentlichen ein Kontrollakt, nicht eine eigenständige Abwägungsentscheidung.

## *III. Zusammenstellung der Handlungsmöglichkeiten*

Auf der Basis einer zumindest vorläufigen Beschreibung der Aufgabenstellung ist dann zu überlegen, welche Handlungsmöglichkeiten zur Lösung des Problems bestehen. Da die Entscheidungsherstellung auf die Bestimmung der besten unter den zur Verfügung stehenden Optionen zielt, kommt diesem in der juristischen Diskussion häufig unterschätzten Schritt außerordentliche Bedeutung zu.

### 1. Die Pflicht zur Alternativenprüfung

Der Eindruck, der Zusammenstellung der Handlungsmöglichkeiten als Teil der Entscheidungsherstellung werde in der juristischen Diskussion, die sich auf die im Rahmen der gerichtlichen Kontrolle durchgeführte Rückschau konzentriert, nur geringe Aufmerksamkeit zuteil, ist allerdings zu relativieren, wenn man sich vor Augen hält, dass bereits der Verhältnismäßigkeitsgrundsatz durch die Erforderlichkeitsprüfung den Vergleich von verschiedenen Alternativen fordert.[400]

---

398 Zum Charakter der raumplanerischen Ziele als Letztentscheidungen s. *R. Hendler*, UPR 2003, S. 256ff.

399 § 9b Abs. 1 AtG; *G. Gaentzsch*, Die Planfeststellung als Anlagenzulasung und Entscheidung über die Zulässigkeit der Enteignung, in: Berkemann (Hrsg.), Planung und Plankontrolle. Entwicklungen im Bau- und Fachplanungsrecht. Otto Schlichter zum 65. Geburtstag, 1995, S. 517 (520f.).

400 Darauf ist bereits unter C.I.2.d)cc)(2) eingegangen worden.

Hervorgehobene Bedeutung hat die Alternativenbetrachtung im Umwelt- und Planungsrecht entfaltet.[401] So wird im Zusammenhang mit Bauleitplänen die Anfertigung eines Umweltberichts verlangt, der die in Betracht kommenden anderweitigen Planungsmöglichkeiten darstellt.[402] Allgemein wird üblicherweise zwischen

- Konzeptalternativen,
- Standortalternativen und
- technischen Verfahrensalternativen

unterschieden. Konzeptalternativen beziehen sich auf ganz unterschiedliche Lösungswege wie etwa den Bau eines Kraftwerks zur Stromerzeugung im Vergleich mit Energiesparmaßnahmen. Derartige Überlegungen unterliegen nur eingeschränkter rechtlicher Anleitung und Kontrolle, da sie sich in einem politischen, vor-rechtlichen Bereich bewegen und regelmäßig nicht in rechtsförmlichen Entscheidungen münden. Der Kern der rechtlichen Auseinandersetzung um Alternativlösungen betrifft die Standortfrage, weil die Entscheidung für einen bestimmten Standort oder Trassenverlauf zum einen insbesondere in Gestalt von Planfeststellungsbeschlüssen in einer rechtlich überprüfbaren Form vorliegt und zum anderen die Entscheidung für einen anderen Standort die gegebenenfalls beanstandeten Wirkungen für die Kläger völlig beseitigen würde. Diese Fragen sind noch unter dem Gesichtspunkt zu vertiefen, ob sich entsprechende Alternativen aufdrängen (s. u. 3.). Insbesondere um die Reichweite von Schutzanordnungen geht es bei den technischen Verfahrensalternativen, mit denen weder das Konzept noch der Standort eines Projekts in Frage gezogen werden, wohl aber seine Ausgestaltung.

Die Pflicht zur Betrachtung von Alternativlösungen kann sich aus dem einfachen Recht auch dann ergeben, wenn dies nicht ausdrücklich gesagt wird. Durch Verordnungen nach § 17 Abs. 1 ChemG können auch Verbote und Beschränkungen unter Berücksichtigung der Entwicklung von Stoffen, Zubereitungen, Erzeugnissen oder Verfahren, deren Herstellung, Verwendung, Entsorgung oder Anwendung mit einem geringeren Risiko für Mensch oder Umwelt verbunden ist, festgesetzt werden. Dadurch ist die Verwaltung zur Ermittlung und Prüfung von weniger risikobehafteten Alternativen aufgefordert.

Die naturschutzrechtliche Eingriffsregelung lässt nur „unvermeidbare Beeinträchtigungen" zu und verlangt damit zumindest indirekt, nach weniger belastenden Alternativen Ausschau zu halten.[403] Im Rahmen der auf die

---

[401] S. den Überblick von *L. Friedrichsen*, Umweltbelastende Vorhaben und Alternativen in der Planfeststellung, 2005, S. 21 ff.

[402] Anlage zu § 2 Abs. 4 BauGB, Nr. 1 lit d).

[403] *G. Winter*, Alternativen in der administrativen Entscheidungsbildung: zugleich ein Beitrag zu einer Grundpflicht ökologischer Verhältnismäßigkeit, 1997, S. 6.

gemeinschaftsrechtliche UVP-Richtlinie[404] zurückgehenden Umweltverträglichkeitsprüfung ist eine Übersicht über die wichtigsten, vom Träger des Vorhabens geprüften anderweitigen Lösungsmöglichkeiten und Angabe der wesentlichen Auswahlgründe im Hinblick auf die Umweltauswirkungen des Vorhabens anzufertigen (§ 6 Abs. 3 Nr. 5 UVPG). Auch an anderer Stelle enthält das gemeinschaftsrechtliche Umweltrecht entsprechende Gebote. So ist es für die Zulässigkeit eines Eingriffs in ein FFH-Gebiet nach Art. 6 Abs. 4 FFH-Richtlinie erforderlich, dass eine Alternativlösung nicht vorhanden ist.[405] Diese Pflicht zur Alternativenprüfung wurde durch § 34 Abs. 3 Nr. 2 BNatSchG umgesetzt.[406]

Schließlich ist bei der Bauleitplanung die Öffentlichkeit möglichst frühzeitig über sich wesentlich unterscheidende Lösungen zu unterrichten (§ 3 Abs. 1 BauGB). Diesem Gebot wird nur bei vorausgegangener Ermittlung der Alternativen zu genügen sein. § 3 Abs. 1 BauGB ist zur Umsetzung der Richtlinie über die strategische Umweltprüfung („SUP-Richtlinie") ergangen, nach deren Art. 5 Abs. 1 in einem Umweltbericht auch vernünftige Alternativen darzustellen sind, die die Ziele und den geographischen Anwendungsbereich des Plans oder Programms berücksichtigen.[407]

## 2. Die Funktionen der Alternativenprüfung

Die zum Teil durch den Verhältnismäßigkeitsgrundsatz geforderte, zum Teil durch ausdrückliche gesetzliche Anordnung veranlasste Ermittlung der zur Verfügung stehenden Handlungsmöglichkeiten dient im wesentlichen zwei sich ergänzenden Zwecken.

Einerseits hat die Stufe der Zusammenstellung der Optionen eine der Aufwandsminimierung dienende Filterfunktion, wenn und soweit sich prinzipiell vorstellbare Maßnahmen als offensichtlich mit dem auf der ersten Stufe erarbeiteten Zielsystem wegen ihrer Ungeeignetheit oder Dysfunktionalität unverträglich erweisen.[408] Derartige Handlungsvarianten müssen nicht weiter untersucht werden. Insbesondere können aufwendige Prognosen und Bewertungen entfallen. Eine solche stufenförmige Negativ-

[404] Richtlinie des Rates v. 27.6.1985, ABl. EG Nr. L 175, S. 40, zuletzt geändert durch Richtlinie des Rates v. 3.3.1997, ABl. EG Nr. L 73, S. 5.

[405] 92/43/EWG des Rates vom 21. Mai 1992, ABl. Nr. L 206 vom 22.7.1992, S. 7.

[406] Vgl. *R. Sparwasser et al.*, Umweltrecht: Grundzüge des öffentlichen Umweltschutzrechts[5], 2003, § 4 Rz. 198.

[407] Richtlinie 2001/42/EG des Rates vom 27.6.2001 über die Prüfung der Umweltauswirkungen bestimmter Pläne und Programme (Strategische Umweltprüfung, SUP), ABl. EG Nr. L 197, S. 30; ebenso Anhang I der SUP-RL, Buchstabe h).

[408] Vgl. *Bundesminister der Finanzen*, Erläuterungen zur Durchführung von Nutzen-Kosten-Untersuchungen, 1973, S. 297f.

auswahl wird auch vom Bundesverwaltungsgericht als sachgerecht anerkannt.[409] Wie schon bei der Beschränkung der möglichen Ziele können sich Verengungen durch vorangegangene eigene Entscheidungen oder die anderer Hoheitsträger ergeben. Beispielsweise legt der Bedarfsplan für Bundesfernstraßen für die Planfeststellungsbehörden bindend fest, *ob* eine bestimmte Verbindung durch eine Straße geschaffen werden soll.[410] Im Planfeststellungsverfahren darf dieser Punkt, der eine Konzeptalternative im beschriebenen Sinne betrifft, dann nicht mehr in Frage gezogen werden. Dort ist der parzellenscharfe Trassenverlauf festzulegen und die übrigen erforderlichen Konkretisierungen vorzunehmen, wohingegen eine Schienenverbindung in einem Planfeststellungsverfahren nach § 17 FStrG keine mehr zu betrachtende Variante ist.

Wird andererseits eine relevante Alternative vernachlässigt oder gar übersehen, kann sie bei dem abschließenden wertenden Vergleich aller Optionen nicht oder nicht ausreichend berücksichtigt werden. Die Rechtsprechung des Bundesverwaltungsgerichts verlangt daher von den Behörden zu Recht, alle ernsthaft in Betracht zu ziehenden Alternativen im Rahmen einer vergleichenden Prüfung zu untersuchen.[411] Dazu zählt grundsätzlich auch die „Null-Variante", also der Verzicht auf das Projekt.[412] Die Beachtung der Nullalternative fordert die SUP-Richtlinie ausdrücklich, wenn sie die Darstellung der voraussichtlichen Entwicklung des Umweltzustandes *bei Nichtdurchführung des Projekts* (Hervorhebung E. H.) verlangt.[413]

### 3. Die Auswahl der relevanten Alternativen

Die nicht von vornherein als nicht zielführend erkennbaren Handlungsalternativen sind jedoch nach der Rechtsprechung des Bundesverwaltungsgerichts nur dann einer weiteren Prüfung zuzuführen, wenn und soweit sie sich „aufdrängen" oder „anbieten".[414] Zum einen hat die Rechtsprechung

---

[409] BVerwG v. 26.6.1992, NVwZ 1993, S. 572; v. 10.10.1995, NVwZ-RR 1997, S. 336; v. 14.5.1996, E 101, 166; v. 8.7.1998, E 107, S. 142 (149 f.); zustimmend *J. Kühling/N. Herrmann*, Fachplanungsrecht, 2000, S. 75.

[410] Fernstraßenausbaugesetz vom 20. Januar 2005 (BGBl. I S. 201); für Eisenbahnverbindungen gilt das entsprechende Schienenwegeausbaugesetz v. 15. November 1993 (BGBl I S. 1874), zuletzt geändert durch Art 309 der Verordnung vom 31. Oktober 2006 (BGBl. I S. 2407).

[411] St. Rspr., s. zuletzt BVerwG v. 7.3.1997, E 104, S. 144 (149).

[412] BVerwG v. 19.5.1998, UPR 1998, S. 388; v. 10.4.1997, E 104, 236 (245); v. 15.5.1996, NVwZ-RR 1996, S. 557; v. 25.1.1996, E 100, S. 238.

[413] Anhang I, Buchstabe b) SUP-Richtlinie (S. 198, Fn. 407); die Bestimmung ist umgesetzt worden durch die Anlage zu § 2 Abs. 4 BauGB, Nr. 1 lit. a) und b).

[414] Grundlegend waren die Entscheidungen des Bundesverwaltungsgerichts v. 22.3.1974, DVBl. 1974, S. 562 (566); v. 11.12.1978, Buchholz 442 40 § 6 LuftVG Nr. 8 (10 f.).

versucht, den Grundgedanken des Sich-Aufdrängens durch positive Bestimmungen zu konkretisieren.[415] So dränge sich eine andere Lösung insbesondere auf,

– wenn durch eine Alternativlösung die mit der Planung angestrebten Ziel unter geringeren Opfern an entgegenstehenden öffentliche oder privaten Belangen verwirklicht werden können,[416]

– anstelle privater Flächen öffentliche Flächen in Anspruch genommen werden können[417] oder

– wenn sie überhaupt sachgerecht ist und bei Beachtung aller relevanten Belange als eindeutig besser ins Auge springt.[418]

Zum anderen wird der Ansatz verfolgt, Ausschlusskriterien für sich nicht anbietende Lösungen zu entwickeln. Danach drängt sich eine Alternative unter anderem nicht auf,

– wenn sie sich nicht als zwingend darstellt,[419]

– wenn sie dem Planungsziel des Planungsträgers offensichtlich zuwiderläuft,[420]

– wenn die Planung bei einer anderen Variante auf erhebliche Schwierigkeiten stoßen würde und daher schon die Grobanalyse wesentliche Nachteile ergibt,[421] und

– wenn eine andere Lösung auf die besondere Belastung eines anderen Ortes hinauslaufen würde.[422]

Ob sich diese Kriterien im Sinne einer dogmatisch überzeugenden Systematisierung rekonstruieren ließen, ist mit beachtlichen Gründen bezweifelt worden.[423] Besondere Bedeutung haben zwei Gesichtspunkte gewonnen, an denen sich die in der Kasuistik niederschlagende Problematik verdeutlichen lässt, erstens die Frage des Ausschlusses bestimmter Alternativen wegen zu hoher Kosten und zweitens die Begrenzung des Untersuchungsrahmens auf den räumlichen Zuständigkeitsbereichs des Planungsträgers oder des jeweiligen Mitgliedstaates.

In seiner ersten A-20-Entscheidung befand das Bundesverwaltungsgericht, auch deutlich höhere Kosten würden einer Projektvariante nicht den

---

[415] S. den Überblick von *L. Friedrichsen*, Umweltbelastende Vorhaben und Alternativen in der Planfeststellung, 2005, S. 54 f. m. w. N.

[416] BVerwG v. 22.3.1985, E 71, S. 166 (171 f.).

[417] BVerwG v. 20.8.1992, NVwZ-RR 1983, S. 296 (297).

[418] VGH Mannheim v. 21.10.1988, NVwZ-RR 1993, S. 7 (LS 2).

[419] BVerwG v. 30.5.1984, E 69, S. 256 (273).

[420] BVerwG v. 27.7.1990, NuR 1991, S. 120 (122).

[421] BVerwG v. 28.2.1996, NVwZ 1996, S. 1011 (1015).

[422] BVerwG v. 30.5.1984, E 69, S. 256 (273 f.).

[423] *L. Friedrichsen*, Umweltbelastende Vorhaben und Alternativen in der Planfeststellung, 2005, S. 55, scheint diese Rechtsprechung „schillernd".

Alternativenstatus nehmen können.[424] Die in Rede stehenden Alternativen betrafen die Schonung der Wakenitz-Niederung, einem Gebiet, das als FFH-Gebiet in Betracht zu ziehen, aber nicht als solches vom Land Schleswig-Holstein ausgewiesen worden war („potentielles FFH-Gebiet"). Als technische Alternativen standen sich eine Untertunnelung in gebohrter Bauweise mit voraussichtlichen Kosten von rund 350 Millionen DM, ein Tunnel in offener Bauweise, der mit 151 Millionen DM veranschlagt wurde, und eine Talraumbrücke mit geschätzten Kosten von 36 Millionen DM gegenüber.[425] Die Entscheidung des Landes für die Talraumbrücke, die mit den erheblichen Mehrkosten der Tunnelvarianten ohne entsprechende ökologische Vorteile begründet worden war, wurde vom Bundesverwaltungsgericht in seiner Entscheidung vom 31. Januar 2001 akzeptiert.[426] Daraus lässt sich der generalisierungsfähige Schluss ziehen, dass nach Ansicht des Gerichts alternative Gestaltungen des Trassenverlaufs auch dann berücksichtigt werden müssen, wenn sie weitaus teurer wären als andere Lösungen. Dass die Kosten wegen ihres Gewichts in der Abwägung den Ausschlag zugunsten preisgünstigerer Alternativen geben können, betrifft nicht die Zusammenstellung der zu prüfenden Lösungsmöglichkeiten, sondern ihre Bewertung.

Hingegen sollen prinzipiell vorstellbare Alternativen bereits auf dieser Ebene ausscheiden, die nicht in die Zuständigkeit des Planungsträgers fallen.[427] Dafür spricht zum ersten folgende kompetenzrechtliche Überlegung. Fiele die Wahl auf eine Lösung, zu deren Umsetzung oder Gestattung der jeweilige Hoheitsträger nicht befugt ist, wäre dies als rechtswidriger Übergriff in die Befugnisse anderer Organe zu werten. Zum zweiten wäre eine Pflicht zur Berücksichtigung auch solcher Alternativen, die irgendwo außerhalb des eigenen räumlichen Zuständigkeitsbereichs durchgeführt würden, eine Überforderung der Leistungsfähigkeit der Planungsträger.[428] Zum dritten kann die Bindung der Planfeststellungsbehörde an die Zielsetzungen des Antragstellers eine räumliche Begrenzung der zu berücksichtigenden Alternativen bewirken.

Dem ist in jüngster Zeit Friedrichsen mit Blick auf die Maßgaben der FFH-Richtlinie entgegengetreten.[429] In deren Anwendungsbereich komme es hinsichtlich der zu betrachtenden Alternativen schon ausweislich des

---

[424] BVerwG v. 19.5.1998, E 107, S. 1ff.; vorausgegangen war die Eilentscheidung des Gerichts v. 21.1.1998, NVwZ 1998, S. 616ff.

[425] *L. Friedrichsen*, Umweltbelastende Vorhaben und Alternativen in der Planfeststellung, 2005, S. 214.

[426] BVerwG v. 21.1.2001, NordÖR 2002, S. 148.

[427] *B. Erbguth*, DVBl. 1999, S. 588 (592f.); *W. Schrödter*, Nds.VBl. 1999, S. 173 (181).

[428] *B. Erbguth* (S. 201, Fn. 427), S. 588 (590, 594) – Nordseegemeinde müsste ein Gewerbegebiet in Griechenland erwägen.

[429] *L. Friedrichsen*, Umweltbelastende Vorhaben und Alternativen in der Planfeststellung, 2005, S. 227.

Wortlauts von Artikel 6 Abs. 4 der Richtlinie, nach dem eine Alternativlösung nicht vorhanden sein darf, nicht auf den räumlichen Zuständigkeitsbereich des Planungsträgers an. Auch die Umsetzungsvorschrift des § 34 Abs. 3 Nr. 2 BNatSchG, nach der zumutbare Alternativen, den mit dem Projekt verfolgten Zweck an anderer Stelle ohne oder mit geringeren Beeinträchtigungen zu erreichen, zu prüfen sind, enthalte keine derartige Beschränkung. Das sei auch systematisch überzeugend. Wer die Alternativenprüfung anhand der Grenzen von Gebietskörperschaften beschränke, nehme eine strukturelle und nicht zu rechtfertigende Bevorzugung kleinerer Verwaltungseinheiten wie etwa der Stadtstaaten und der föderalen Staatsorganisation in Kauf, während zentralistisch gegliederte Staaten größeren Aufwand zu betreiben hätten.[430]

Angesichts der Zielsetzung der FFH-Richtlinie, ein zusammenhängendes Netz schützenswerter Biotope in Europa zu schaffen („Natura 2000"), wäre es in der Tat nicht wirklich befriedigend, den Untersuchungsrahmen für Alternativen etwa von Zufälligkeiten des kommunalen Grenzverlaufs abhängig zu machen. Die Wahrung des Gemeinschaftsrechts darf nicht am inneren Aufbau der Mitgliedstaaten scheitern.[431] Auch die Grenzen der Mitgliedstaaten können aus dieser Perspektive nicht als ausnahmslose Abwägungsverbote betrachtet werden.[432] Das gibt allerdings noch keine Antwort auf die kompetenzrechtliche Problematik, die zur grundsätzlichen Beschränkung auf Alternativen führen muss, deren Prüfung und Umsetzung die Möglichkeiten des jeweiligen Planungsträgers respektieren.

Es ist hingegen nicht ausgeschlossen, bereits durchgeführte oder auch nur mögliche Maßnahmen anderer Akteure im Rahmen der Entscheidungsherstellung zu berücksichtigen. Denkt man an das vorstehend erwähnte Beispiel einer Stadtplanung, so wird es vielfach gar nicht möglich sein, die kommunalen Ziele und Handlungsmöglichkeiten unabhängig von Maßnahmen benachbarter Gemeinden, des Landes, des Bundes oder gar der Europäischen Gemeinschaft angemessen zu beurteilen. Beabsichtigt eine Gemeinde beispielsweise, die verkehrsbezogenen Abgasbelastungen auf ihrem Gemeindegebiet zu verringern, so dürfte es für sie geboten sein, bereits ergriffene wie auch angekündigte Normen des Europäischen Gemeinschaftsrechts zur Regulierung der typbedingten Kraftfahrzeugemissionen bei der Planung ihrer eigenen Maßnahmen zu berücksichtigen.[433]

---

[430] *L. Friedrichsen* (S. 201, Fn. 429), S. 227.

[431] *G. Halama*, NVwZ 2001, S. 506 (511).

[432] *L. Friedrichsen*, Umweltbelastende Vorhaben und Alternativen in der Planfeststellung, 2005, S. 229f.

[433] Vgl. die in Szenarien zusammengefassten Maßnahmebündel in *Freie und Hansestadt Hamburg*, Verkehrsentwicklungsplanung Hamburg, 1995, S. 78ff.; es muss kritisch angemerkt werden, dass der Hamburger Entwurf für eine Verkehrsentwicklungsplanung keine Stellung zur Frage bezieht, welche Maßnahmen die Freie und Hansestadt Hamburg

## 4. Ermittlungstiefe und Stoppregeln

Das führt zu dem generellen Problem der Bestimmung des richtigen Maßes an Sachverhaltsaufklärung. Nach § 24 Abs. 1 VwVfG ermittelt die Behörde den Sachverhalt von Amts wegen. Es herrscht Einigkeit darüber, dass dies dahingehend zu verstehen ist, dass die Behörden den maßgeblichen Sachverhalt grundsätzlich vollständig aufzuklären haben.[434] Das Bundesverwaltungsgericht ist der Ansicht, die Frage nach der angemessenen Ermittlungstiefe lasse sich „naturgemäß nicht generell, sondern nur für die jeweilige Planung im Hinblick auf das von ihr konkret verfolgte Planungsziel sowie auf die ihr insoweit vorgegebene Situation beantworten."[435] Allerdings müsse die Ermittlung seiner Vor- und Nachteile desto gründlicher sein, je größer die Bedeutung des Projekts sei.[436] Dies gelte auch für die Anforderungen an die Ermittlungstiefe in bezug auf Alternativen.[437]

Der Ansatz des Bundesverwaltungsgerichts überzeugt in der Sache, kann aber durch den Rückgriff auf Erkenntnisse der Wirtschaftswissenschaften begrifflich präzisiert werden. Die Funktionsweise von Suchfunktionen und der Abbruch von Suchvorgängen sind schon seit Jahrzehnten Gegenstand entsprechender Bemühungen, auch wenn beim Abbruch von Suchvorgängen (*„stopping rules"*) nicht optimiert werden kann und sich diese Frage daher nicht im Zentrum des ökonomischen Forschungsinteresses befindet. Allerdings hat die neuerdings lebhafte Diskussion um die begrenzte Rationalität (*„bounded rationality"*) auch der Beschäftigung mit Suchfunktionen gewissen Auftrieb gegeben.[438]

Die wohl bekannteste *„stopping rule"* geht auf *Stigler* zurück, wonach die Suche dann abgebrochen werden sollte, wenn die Kosten der weiteren Suche ihren erwarteten Nutzen übersteigen.[439] Allerdings muss es überhaupt möglich sein, einen Nutzen durch Informationsbeschaffung zu erzielen, und das

ergreifen wollte, um Akteure auf der Ebene des Bundes und Europäischen Gemeinschaft zur Verwirklichung der für das eigene Konzept erforderlichen Schritte zu veranlassen, s. *E. Hofmann*, Der Schutz vor Immissionen des Verkehrs, 1997, S. 81 ff.

434 S. die Nachweise in vorstehender Fn. 394, auf S. 195.

435 BVerwG v. 15.4.1977, E 52, S. 237 (245)). Ähnlich BVerwG v. 22.6.1979, E 58, S. 154 (156).

436 *W. Clausen*, in: Knack, VwVfG, 2004, § 24 Rz. 7; *U. Storost*, NVwZ 2004, S. 257 (260 r. Sp.).

437 BVerwG v. 14.11.2002, E 117, S. 149 (160); *H. Engelhardt*, in: Obermayer/Fritz, VwVfG, 1999, § 24 Rz. 92.

438 Übersichtlich *G. Gigerenzer*, The Adaptive Toolbox, in: Gigerenzer/Selten (Hrsg.), Bounded Rationality: the Adaptive Toolbox, 2001, S. 37 ff. m. w. N.

439 *G. J. Stigler*, 69 J. Polit. Econ. 1961, S. 213 ff. Kritisch zu dessen Ansatz insbesondere *S. G. Winter*, Optimiziation and Evolution in the Theory of the Firm, in: Day/Groves (Hrsg.), Adaptive economic models: proceedings of a symposium conducted by the Mathematics Research Center, the University of Wisconsin, Madison, October 21–23, 1974, 1975, und *N. J. Vriend*, 29 J. Econ. Behav. Org. 1996, S. 263 ff.

ist nur bei sogenannten Suchgütern der Fall.[440] Davon können die so genannten Erfahrungsgüter und die Glaubensgüter unterschieden werden. Bei den Erfahrungsgütern erschließt sich die Qualität erst nach der Kauf- (oder Planungs-)entscheidung, was von den Anbietern ausgenützt werden kann, wenn die Gefahr der Abwanderung unzufriedener Kunden gering ist, wie etwa bei den Imbissständen an einer Pilgerstätte, die von den meisten ihrer Kunden nur einmal im Leben aufgesucht wird.[441] Bei Glaubensgütern als dritter Kategorie kann gar keine Überprüfung der Qualität stattfinden, man denke im Extremen an Heilsversprechungen, die erst nach dem Tode eintreten sollen. In der Nähe eines nicht überprüfbaren Glaubensgutes befände sich etwa die Behauptung, durch die getroffene Maßnahme würde die Reputation des Wirtschaftsstandortes gefördert.

Überträgt man diese Differenzierungen auf hoheitliche Planungsentscheidungen, sind Handlungsmöglichkeiten als Suchgüter zu betrachten, da die Erkenntnis einer zusätzlichen Alternative als Mittel, mit denen die Ziele des Projekts (besser) erreicht werden kann, bereits als solche von Nutzen ist. Im Prinzip ist es daher lohnenswert, die zur Verfügung stehenden Alternativen vollständig zu ermitteln. Was das dabei anzulegende Sorgfaltsniveau angeht, so ist der Ansatz *Stigler*s in der Theorie sehr plausibel. Ein Suchabbruch sollte dann erfolgen, wenn eine weitere Vertiefung der Ermittlungen weniger Nutzen stiften als Kosten verursachen würde. In der Praxis dürfte dieser Punkt nicht immer leicht zu bestimmen sein, wobei allerdings die Daumenregel des Bundesverwaltungsgerichts, nach der die Bedeutung des Projektes für die Bestimmung des richtigen Maßes an Sachverhaltsaufklärung maßgeblich ist, durchaus eine gewisse Orientierung bietet, auch wenn es nicht auf die Projektbedeutung als solche ankommt, sondern nur auf den Einfluss von Wichtigkeit und Größe des Projektes auf die Nützlichkeit der Durchführung einer noch gründlicheren Sachverhaltsermittlung. Die so verstandene Maßgabe des Gerichts lässt sich durch die theoretische Überlegung stützen, nach der der angemessene Grad der Ermittlungstiefe abhängig ist von dem Nutzen, den sich der Entscheidungsträger von einer weiteren Suchaktion in Abhängigkeit von der Wahrscheinlichkeit verspricht, nützliche Informationen zu gewinnen.[442]

Die Leitlinien des Bundesverwaltungsgerichts dürften allerdings insoweit einseitig sein, als sie nur auf einen Maßstab für ein *Unterschreiten* der erforderlichen Ermittlungspflicht zielen. Das ist auf die prozessuale Einbindung der entsprechenden Judikate zurückzuführen. Im Verwaltungsgerichtsverfahren kann der Kläger mit Blick auf die Vollständigkeit der Sach-

---

440 Instruktive Darstellung bei *H.-B. Schäfer/C. Ott*, Lehrbuch der ökonomischen Analyse des Zivilrechts$^3$, 2000, S. 465f.

441 *G. A. Akerlof*, Quarterly Journal of Economics 89 (1970), S. 488ff.

442 Zu Prognosen noch im einzelnen Abschnitt C.IV.2.

verhaltsermittlung nur rügen, die Behörde habe einen relevanten Belang oder eine relevante Alternative sorgfaltswidrig außer Acht gelassen oder zu oberflächlich betrachtet. Die Problematik des angemessenen Sorgfaltsniveaus schließt aber auch die Möglichkeit der zu detaillierten Ermittlung ein. Darauf macht die erläuterte Stoppregel aufmerksam.

### 5. Die Bündelung von Maßnahmen (Szenarios)

Handlungsmöglichkeiten können als isolierte Instrumente in Erscheinung treten (etwa: Zebrastreifen oder Lichtzeichenanlage). In komplexeren Fällen kann sich dagegen die Bündelung von Einzelmaßnahmen in Pakete empfehlen, die zum Teil als Szenarios bezeichnet werden.[443] So betrachtete der Entwurf für eine Verkehrsentwicklungsplanung Hamburg neben einer Nullvariante („Trend-Szenario") zunächst zwei Szenarios, die im Spannungsfeld zwischen wirtschaftlichen Belangen auf der einen Seite und nachhaltiger Entwicklung auf der anderen bewusst unterschiedliche Schwerpunkte setzten.[444] „Szenario A" enthielt alle Maßnahmen, die zum Schutz der Umwelt und der Wohnquartiere wünschenswert erschienen, wobei keine nennenswerte Rücksicht auf mögliche negative wirtschaftliche Effekte genommen wurde. Hingegen legten die in „Szenario B" zusammengefassten Maßnahmen den Schwerpunkt auf die Verringerung der Reisezeiten und die Verbesserung der Erreichbarkeiten. Der Vergleich der Auswirkungen der beiden Maßnahmebündel erlaubte dann die Erarbeitung eines Kompromisses („Szenario C"). Ein ähnliches Verfahren kennzeichnet die Prognosen bezüglich der gesamtgesellschaftlichen Entwicklung im allgemeinen und der Verkehrsentwicklung im besonderen, die der Erarbeitung des Bundesverkehrswegeplans 2003 zugrundelegt wurden.[445]

Ein anderes Beispiel für die Maßnahmebündelung bildet das erwähnte Modellvorhaben der Bundesregierung zur Gesetzesfolgenabschätzung.[446]

---

[443] Der Begriff des Szenarios wird manchmal auch im Sinne der von komplexen Annahmen abhängigen Prognosen über die mittel- bis langfristige Entwicklung ohne Einbeziehung spezifischer Maßnahmepakete gebraucht, s. etwa *Bundesministerium des Innern* (Hrsg.), Moderner Staat – Moderne Verwaltung, Praxistest zur Gesetzesfolgenabschätzung, Abschlußbericht über den Praxistest zur Erprobung des Handbuchs und des Leitfadens zur Gesetzesfolgenabschätzung an ausgewählten Vorhaben der Ressorts, 2002, S. 21 ff.

[444] *Freie und Hansestadt Hamburg*, Verkehrsentwicklungsplanung Hamburg, 1995, S. 78 ff.

[445] *Bundesministerium für Verkehr, Bau- und Wohnungswesen* (Hrsg.), Bundesverkehrswegeplan 2003. Grundzüge der gesamtwirtschaftlichen Bewertungsmethodik, 2000, S. 14 f.; s. o. B.I.5.

[446] *Bundesministerium des Innern* (Hrsg.), Moderner Staat – Moderne Verwaltung, Praxistest zur Gesetzesfolgenabschätzung, Abschlußbericht über den Praxistest zur Er-

Dort wurde unter anderem untersucht, welche Variante eines Altenhilfestrukturgesetzes sich als vorzugswürdig darstellen würde. Die betrachteten Regelungsalternativen fassten jeweils eine Vielzahl von Maßnahmen zusammen, die von der Aufklärung über Risikofaktoren über den Aufbau einer präventiven Infrastruktur bis zur Verankerung eines Rechtsanspruchs auf Information und Beratung reichten.[447] Um die unterschiedlichen Regelungsalternativen beurteilen zu können, wurden sie, wie bei methodisch aufwendigen Planungen dieser Art üblich, mit den zu erwartenden Auswirkungen einer Nullvariante verglichen, die gleichfalls ein Bündel aus verschiedenen Annahmen über die weitere Entwicklung insbesondere in demographischer Hinsicht umfasst.[448]

## *IV. Bestandserhebung und Prognostizierung der Auswirkungen des Projekts*

Vor dem Hintergrund der rechtlich wie tatsächlich zur Verfügung stehenden möglichen Einzelmaßnahmen oder Maßnahmebündel zur Bewältigung der gestellten Aufgabe muss weiter gefragt werden, welche Handlungsoption sich als die beste darstellt. Da es um die zu erwartenden Auswirkungen der betrachteten Varianten auf die Wirklichkeit geht, muss der erste Schritt in einer Bestandsaufnahme liegen (Ermittlung des Sachverhalts, 1.). Sie besteht in der Analyse des *status quo* der von der Entscheidung möglicherweise betroffenen Belange. In einem zweiten Schritt sind dann die voraussichtlichen Auswirkungen des Projekts auf die als relevant erachteten Belange zu prognostizieren (2.).[449]

### 1. Ermittlung des Sachverhalts

#### *a) Die Ermittlung der berührten Belange*

Die Sachverhaltsermittlung im Rahmen eines Verwaltungsverfahrens verlangt die Feststellung der Belange, die der Lage der Dinge nach in die Abwägung einzustellen sind. Das wirft zunächst die Frage auf, was Belange sind (aa) und in welchem Umfang und Detaillierungsgrad sie ermittelt werden müssen (bb).

---

probung des Handbuchs und des Leitfadens zur Gesetzesfolgenabschätzung an ausgewählten Vorhaben der Ressorts, 2002, S. 21 ff.

[447] *Bundesministerium des Innern* (Hrsg.) (S. 205, Fn. 446), S. 17 f.

[448] *Bundesministerium des Innern* (Hrsg.) (S. 205, Fn. 446), S. 17 f.

[449] Vgl. § 3 Abs. 1 BauGB

### *aa) Belange als Gegenstand der Sachverhaltsfeststellung*

Obwohl der Begriff des Belangs im Planungsrecht auch wegen seiner Verankerung in zentralen Vorschriften[450] weit verbreitet ist, existiert weder eine Legaldefinition noch eine ausdrückliche Deutung durch die Rechtsprechung. Es lässt sich allerdings beobachten, dass der Begriff des Belangs im Verwaltungsrecht überwiegend mit dem des Interesses gleichgesetzt wird.[451] Im allgemeinen verstehen Rechtsprechung und Literatur unter Belangen „alle nach vernünftiger Erwägung durch die Sachlage gerechtfertigte, nach den immanenten Wertungen der Rechtsordnung schutzwürdige Interessen rechtlicher (auch privatrechtlicher), wirtschaftlicher oder ideeller Natur".[452] Gesetzlich aufgeführte Belange sind im Prinzip stets zu berücksichtigen.[453] Obwohl sicherlich in der Praxis als Orientierung hilfreich, dient aber selbst ein so ausführlicher Katalog wie der des § 1 Abs. 6 BauGB lediglich als grobe Vorgabe.

Im Laufe der Zeit haben Verwaltung und Rechtsprechung eine unüberschaubare Vielfalt von Interessen identifiziert, die abwägungsbeachtlich sind, im Gesetzestext jedoch nicht ausdrücklich erwähnt wurden. Was die privaten Interessen anbelangt, so gehört nach Auffassung des Bundesverwaltungsgerichts dazu insbesondere das Interesse des Grundeigentümers, von den nachteiligen Wirkungen des geplanten Vorhabens verschont zu bleiben.[454] Ebenfalls rechnet dazu auch das Interesse von Mietern hinsichtlich negativer Auswirkungen auf die Wohnung,[455] des Ehegatten oder naher Verwandter des Eigentümers eines betroffenen Grundstücks.[456] Potentielle Mieteinbußen, soweit es nur um den Verkehrswert der betroffenen Grund-

---

[450] § 1 Abs. 7 BauGB n. F., § 17 Abs. 1 S. 2 FStrG, § 18 Abs. 1 S. 2 AEG, § 14 Abs. 1 S. 2 WaStrG, § 8 Abs. 1 LuftVG.

[451] Aus der bauplanungsrechtlichen Literatur: *M. Krautzberger*, in: Battis/Krautzberger/Löhr, BauGB-Kommentar, 2002, § 1 Rz. 101; *W. Hoppe*, in: Hoppe/Bönker/Grotefels, Öffentliches Baurecht, 2002, § 7 Rz. 2; *W. Schrödter*, in: Schrödter/Breuer, BauGB-Kommentar, 1998, § 1 Rz. 162; *W. Söfker*, in: Ernst/Zinkahn/Bielenberg, BauGB, 2002, § 1 Rz. 195. Ähnlich die verwaltungsverfahrens- und planungsrechtliche Literatur: *U. Ramsauer*, in: Kopp/Ramsauer, VwVfG, 2005, § 73 Rz. 55; *H. Dürr*, in: Knack, VwVfG, 2004, § 73 Rz. 55; *H.J. Bonk/W. Neumann*, in: Stelkens/Bonk/Sachs, VwVfG, 2001, § 73 Rz. 67; *R. Steinberg et al.*, Fachplanung, 2000, Rz. 84.

[452] *U. Ramsauer* (S. 207, Fn. 451), § 73 Rz. 55; *H. Dürr* (S. 207, Fn. 451) § 73 Rz. 55; *H.-J. Papier*, NJW 1980, S. 313 (315): drohender Nachteil in tatsächlicher Hinsicht. *Papiers* Definition ist wegen der fehlenden Voraussetzung der rechtlichen Anerkennung einerseits weiter als die überwiegend vertretene Formulierung, andererseits enger, weil sie nur Nachteile und nicht auch Vorteile als Belang betrachtet.

[453] Etwa die Katalogbelange des § 1 Abs. 5 BauGB oder der Straßengesetze der Länder (§ 9 Abs. 2 NWStrG; Art. 9 Abs. 1 BayStrWG; § 32 HessStrG).

[454] BVerwG v. 29.1.1991, E 87, S. 332 (391); v. 27.3.1992, E 90, S. 96 (100).

[455] BVerwG v. 24.10.1967, E 28, S. 131 (138); v. 26.7.1990, NVwZ 1991, S. 566; OVG Münster v. 12.4.1972, DVBl. 1972, S. 687.

[456] BVerwG v. 26.7.1990, NVwZ 1991, S. 566 (566f.).

stücke geht, sollen dagegen – anders als die faktischen Auswirkungen des Vorhabens – nicht zum Abwägungsmaterial gehören.[457] Mittlerweile erkennt das Bundesverwaltungsgericht auch die indirekt betroffenen Erwerbsmöglichkeiten von Unternehmen als Belang an.[458] Finanzielle Interessen des Staates sind nach verbreiteter Ansicht ebenfalls abwägungsbeachtlich.[459]

Eine wichtige Funktion der oben referierten Definition von „Belangen" liegt darin, *Belange* und *Interessen* gegenüber (subjektiven) *Rechten* insbesondere mit Blick auf die Klagebefugnis (§ 42 Abs. 2 VwGO) und die „eigenen Rechte" im Sinne von § 113 Abs. 1 S. 1 VwGO abzugrenzen. Klar dürfte sein, dass „Belange" und „Interessen" als Gegenstände der Abwägung subjektive Rechte zwar einschließen, diese aber nur eine Teilmenge der abwägungsrelevanten Belange darstellen. Ausdrücklich stellt das Bundesverwaltungsgericht in seiner Entscheidung vom 24. September 1998 klar, dass es für die Abwägungsbeachtlichkeit von privaten Belangen für das bau- und fachplanungsrechtliche Abwägungsgebot nicht darauf ankommt, ob der Belang als subjektives Recht geschützt ist.[460] Der Kreis der abstrakt abwägungsrelevanten Belange wird von der Rechtsprechung somit denkbar weit gezogen.[461]

Obwohl das Gebot der umfassenden Sachverhaltsermittlung in bezug auf die in die Abwägung einzustellenden Belange in begrifflicher Hinsicht keine größeren Schwierigkeiten bereiten dürfte, so stellt doch die Gleichsetzung von „Belangen" mit „Interessen" keine befriedigende Begriffsexplikation dar.[462] Nimmt man die zitierte Definition von Belangen, den Sprachgebrauch in der Rechtsprechung und das hier vertretene Verständnis des Begriffs des Rechtsgutes zusammen, so lassen sich unter Belangen oder Interessen als Gegenstand von Abwägungsentscheidungen all diejenigen Güter auffassen, die den Schutz der Rechtsordnung für sich in Anspruch

---

[457] BVerwG v. 9.2.1995, Buchholz 310 § 47 VwGO Nr. 102 S. 34 m.w.N.; zuletzt v. 9.2.2005, 9 A 80.03, UA S. 10.

[458] BVerwG v. 26.7.1989, E 82, S. 246 (251); v. 24.5.1996, UPR 1996, S. 388 (389).

[459] S. die Nachweise auf S. 12, Fn. 24.

[460] BVerwG v. 24.9.1998, E 107, S. 215 (220f.); für das nicht einfachgesetzlich angeordnete, „rechtsstaatliche" Abwägungsgebot positiv in Bezug genommen, aber letztlich offengelassen durch BVerwG v. 28.6.2000, E 111, S. 276 (281f.).

[461] So ausdrücklich auch das BVerwG in seiner Entscheidung v. 15.4.1977, E 52, S. 237 (245). Ähnlich BVerwG v. 22.6.1979, E 58, S. 154 (156).

[462] Hierfür tragen auch die vereinzelten Ansätze in der Literatur, zwischen Belangen (im Sinne von (subjektiven) Rechten) und (rechtlich geschützten, aber nicht zu (subjektiven) Rechten verdichteten) Interessen zu differenzieren, nichts aus (s. *R. Uerpmann*, Das öffentliche Interesse: seine Bedeutung als Tatbestandsmerkmal und als dogmatischer Begriff, 1999, S. 25, unter Verweis auf die Rechtsprechung des Bundesverfassungsgerichts ablehnend zu dem Vorschlag *Bauers*, unter subjektiv-öffentlichen Rechten rechtlich geschützte Interessen im Gegensatz zu rechtlich geschützten Belangen zu verstehen (*H. Bauer*, Geschichtliche Grundlagen der Lehre vom subjektiven öffentlichen Recht, 1986, S. 139, sowie Fn. 72 auf S. 140)).

nehmen können, ohne dass dies notwendigerweise schon mit einer darüber hinausgehenden rechtlichen Qualifikation – etwa als subjektives Recht – verbunden sein müßte.

### *bb) Umfang und Detaillierungsgrad der Ermittlung der Belange*

Wie bereits im Rahmen der Ermittlung der zu berücksichtigen Alternativen erwähnt, gilt ein in § 24 Abs. 1 VwVfG verankerter Grundsatz der vollständigen Ermittlung des Sachverhaltes, der sich auf Belange und Handlungsmöglichkeiten gleichermaßen erstreckt.[463] Das Bundesverwaltungsgericht fordert bekanntlich insoweit in ständiger Rechtsprechung, dass alle Belange in die Abwägung einzustellen seien, die „nach Lage der Dinge" berücksichtigt werden müßten.[464] Darin liegt insbesondere die Forderung nach einem sachlichen Zusammenhang von betrachteten Belangen und dem zu lösenden Problem. Dementsprechend sieht § 2 Abs. 3 BauGB neuerdings vor, dass (nur) die Belange, die für die Bauleitplanung von Bedeutung sind, ermittelt werden müssen.[465] Teilweise wird formuliert, dass alle relevanten Gesichtspunkte (Tatsachen, Belange, Einwendungen) in die Abwägung einzubeziehen seien.[466] Der Sachverhalt sei beispielsweise unvollständig ermittelt, wenn und soweit finanzielle Belastungen im Abwägungsvorgang keine Berücksichtigung finden.[467] Nur dann, wenn ein Belang entweder objektiv geringwertig oder aber – sei es überhaupt, sei es im gegebenen Zusammenhang – nicht schutzwürdig sei, dürfe er von vornherein außer Acht gelassen werden.[468]

Weiter handelt die Behörde im Einklang mit § 24 Abs. 1 VwVfG, wenn sie eine weitere Aufklärung wegen finanziellen Aufwands, wegen Zeitverlusts

---

[463] St. Rspr., s. nur BVerwG v. 20.12.1988, E 81, S. 128 (136f.); v. 26.3.1998, UPR 1998, S. 382 (383); v. 26.2.1999, NVwZ 2000, S. 560 (560 r. Sp.); v. 31.1.2002, DVBl. 2002, 990 (992f.); v. 14.11.2002, E 117, S. 149 (160); *U. Ramsauer*, in: Kopp/Ramsauer, VwVfG, 2005, § 24 Rz. 11, 18; *H. Engelhardt*, in: Obermayer/Fritz, VwVfG, 1999, § 24 Rz. 33; *W. Clausen*, in: Knack, VwVfG, 2004, § 24 Rz. 3.1.

[464] BVerwG v. 12.12.1969, E 34, S. 301 (309); v. 5.7.1974, E 45, S. 309 (314); v. 25.2.1988, DVBl. 1988, S. 844; v. 5.10.1990, NVwZ-RR 1991, S. 118; v. 17.1.1992, NuR 1992, S. 377; v. 25.1.1996, E 100, S. 238 (251); v. 15.5.1996, DVBl. 1996, S. 925 (927); v. 9.11.1979, E 59, S. 87 (103); v. 20.12.1988, E 81, S. 128 (138); v. 27.4.1992, E 90, S. 96 (101).

[465] Gesetz zur Anpassung des Baugesetzbuches an EU-Richtlinien (Europarechtsanpassungsgesetz Bau – EAG Bau), BGBl. I 2004, S. 1359.

[466] BVerwG v. 15.4.1977, E 52, S. 237 (244); v. 22.6.1979, NJW 1980, S. 1063 (1064); v. 24.9.1998, DVBl. 1999, S. 100 (101); vgl. *W. Clausen*, in: Knack, VwVfG, 2004, § 24 Rz. 7 (die für die Entscheidung maßgeblichen Tatsachen).

[467] *A. von Bogdandy*, Gubernative Rechtsetzung, 2000, S. 375.

[468] BVerwG v. 9.11.1979, E 59, S. 87 (102); v. 27.1.1988, NVwZ 1988, S. 534f.; v. 27.4.1992, E 90, S. 96 (101); Zustimmung in der Literatur etwa bei *H.J. Bonk/W. Neumann*, in: Stelkens/Bonk/Sachs, VwVfG, 2001, § 73 Rz. 67; *R. Sparwasser et al.*, Umweltrecht: Grundzüge des öffentlichen Umweltschutzrechts$^{5}$, 2003, § 4 Rz. 190.

oder anderer Gründe unterlässt, soweit sich dies als unverhältnismäßig darstellt.[469] Ferner können gesetzliche Mitwirkungspflichten der Betroffenen[470] im Falle ihrer Missachtung die Reichweite der erforderlichen Sachverhaltsaufklärung durch die Behörde beschränken.[471] Auch die gesetzliche Konzeption der zu treffenden Entscheidung kann aus systematischen Gründen eine Einschränkung der in Betracht zu ziehenden Belange nach sich ziehen. So darf etwa die genaue Höhe von Enteignungsentschädigungen bei der Entscheidung über den Plan unbewältigt bleiben, da sie nicht Gegenstand des Planfeststellungsverfahrens ist.[472]

Abzulehnen ist hingegen die Auffassung, Belange, deren Regelung nicht in der Zuständigkeit der abwägenden Behörde läge, könnten oder müßten gar schon aus der Entscheidungsherstellung ausgeklammert werden. So wird der Begriff des Wohls der Allgemeinheit nach § 1a WHG verschiedentlich dahingehend einschränkend verstanden, dass nur wasserwirtschaftliche Belange darunter fielen.[473] Das WHG sei keine „Allzweckwaffe zur Durchsetzung anderer, seinem Regelungszweck fernliegender öffentlicher Interessen".[474] Ersichtlich stellt dies einen Vorschlag für die Lösung eines kompetenziellen Problems über die Auslegung materiellen Rechts dar. Dabei geht es um die Befugnis der Wasserbehörden, angesichts der fehlenden Konzentrationswirkung der wasserbehördlichen Entscheidungauch über die übrigen Sachbereiche zu befinden. Für die Schlussfolgerung, die Wasserbehörde dürfe daher die sonstigen Belange nicht einmal in ihrer Abwägungsentscheidung berücksichtigen, gibt das kompetenzrechtliche Argument allerdings nichts her. Im Grundsatz muss vielmehr eine umfassende Prüfkompetenz Platz greifen, die von einer eingeschränkten Regelungskompetenz ergänzt wird.[475]

Es lässt sich damit hinsichtlich des Umfangs der abwägungsrelevanten Belange festhalten, dass all diejenigen rechtlich anzuerkennenden Interessen, auf die die möglichen Entscheidungen Auswirkungen haben könnten, im

---

[469] *U. Ramsauer*, in: Kopp/Ramsauer, VwVfG, 2005, § 24 Rz. 18; *H. Engelhardt*, in: Obermayer/Fritz, VwVfG, 1999, § 24 Rz. 116.

[470] Etwa § 70 AuslG.

[471] *U. Ramsauer*, in: Kopp/Ramsauer, VwVfG, 2005, § 40 Rz. 53.

[472] BVerwG v. 5.11.1997, UPR 1998, S. 159.

[473] So BVerfG v. 15.7.1981, E 58, S. 300 (348); BVerwG v. 10.2.1978, E 55, S. 220 (229, 331); *F. Keppeler*, NVwZ 1992, S. 137ff.; a. A. VGH Mannheim v. 7.5.1993, NuR 1994, S. 139 (140); VGH München v. 23.3.1993, BayVBl. 563 (564); *G.-M. Knopp*, in: Sieder/Zeitler/Dahme, WHG, 1999, § 6 Rz. 7ff.; ähnlich auch *M. Czychowski*, in: Czychowski/Reinhardt, WHG, 2003, § 6 Rz. 29.

[474] *M. Kotulla*, Wasserhaushaltsgesetz: Kommentar, 2003, § 1a Rz. 12.

[475] *U. Ramsauer*, in: Kopp/Ramsauer, VwVfG, 2005, § 74 Rz. 58, fordert auch die Berücksichtigung der Belange außerhalb des Zuständigkeitsbereichs der planfeststellenden Behörde; *R. Breuer*, Öffentliches und privates Wasserrecht$^3$, 2004, Rz. 386, scheint die Grenze beim Formenmissbrauch ziehen zu wollen.

konkreten Entscheidungszusammenhang zu beachten sind.[476] Nicht überzeugen konnte dagegen die Auffassung, Belange, zu deren Verwirklichung die Behörde nicht befugt sei, dürften nicht in die Abwägung einfließen.

In bezug auf den angemessenen Detaillierungsgrad kann auf die vorstehenden Überlegungen hinsichtlich der Zusammenstellung der Handlungsalternativen verwiesen werden.[477] Danach kann es sowohl eine Überschreitung der gebotenen Ermittlungstiefe als auch ihre Unterschreitung geben. Das angemessene Maß der Intensität der Ermittlung hängt nach der von *Stigler* entwickelten Stoppregel von dem erwarteten Nutzen weiterer Ermittlungen ab.[478] Ist er kleiner als der mit weiteren Ermittlungsmaßnahmen verbundene Aufwand, sollte die Suche abgebrochen werden. Dieser Punkt ist regelmäßig schwierig zu bestimmen, da man definitionsgemäß nicht sicher weiß, sondern nur abschätzen kann, welche zusätzlichen Erkenntnisse die weitere Suche erbringen wird.

### *b) Tatsachenfeststellung*

Die Ermittlung des *status quo* der berührten Belange bezieht sich in erster Linie auf die Feststellung von Tatsachen. Der einfachste Zugriff auf Tatsachen erfolgt durch Eigenwahrnehmung des Entscheidungsträgers. Soweit es um Sätze über Eigenschaften der Wirklichkeit (Behauptungen) geht, ist auch für ihre Verwendung in behördlichen Begründungen zu präzisieren, was mit einer bestimmten Behauptung ausgedrückt sein soll. Die in Verwaltungsverfahren tätigen Akteure – im wesentlichen also Behörden, Gerichte und betroffene Private – haben hiermit dann keine großen Schwierigkeiten, wenn es ihnen gelingt, ein Vokabular unter Verwendung hinweisender Beispiele zu erarbeiten, mit denen der Sinn der Behauptungen gegenüber den anderen Akteuren hinreichend präzise kommuniziert werden kann.[479] Hierfür bietet die eben referierte Kasuistik in bezug auf den Begriff der Belange ein Beispiel.

Geht es jedoch um die Feststellung der Tatsachen, auf die die entscheidungsrelevanten Belange verweisen, unterliegt dieses Verfahren jedoch bereits im Falle der Eigenwahrnehmung bestimmten Beschränkungen. Schon bei der sprachlich einfachsten Form einer Behauptung, die Zuschreibung

---

[476] In diesem Sinne auch klar *H. Engelhardt*, in: Obermayer/Fritz, VwVfG, 1999, § 24 Rz. 56.

[477] S. o. C.III.4.

[478] S. die Nachweise auf S. 203, Fn. 439.

[479] Zur wissenschaftstheoretischen Einordnung eines solchen Vorgehens s. *F. von Kutschera*, Sprachphilosophie², 1975, S. 152 f.; *W. Stegmüller*, Zeitschrift für philosophische Forschung 10 (1956), S. 509 (511 ff.).

einer Eigenschaft zu einem Gegenstand (Relation), kann es vorkommen, dass in dem Augenblick, in dem die Wahrheit einer solchen Behauptung überprüft werden soll, entweder der Gegenstand oder die fragliche Eigenschaft nicht mehr existiert.[480] Eine Reihe rechtlich relevanter Eigenschaften ist darüber hinaus nicht direkt oder gar nicht beobachtbar, sei es im Falle von Dispositionen (etwa: Zerbrechlichkeit)[481] oder bei den praktisch überaus bedeutsamen Kausalbeziehungen zwischen zwei Ereignissen.[482] Auf prinzipielle wie individuelle Beschränkungen des menschlichen Wahrnehmungsapparats sei ebenfalls hingewiesen.[483]

Soweit die Behauptung beobachtbarer Vorgänge in Rede steht, kann die Eigenwahrnehmung des Entscheidungsträgers durch Fremdwahrnehmung – etabliert ist insoweit die Vernehmung von Zeugen durch Gerichte – sinnvoll ergänzt werden. Dies ist auch für das Verwaltungsverfahren ohne weiteres zulässig.[484] In aller Regel müssen jedoch die entscheidungsrelevanten Gesichtspunkte *erschlossen* werden, entweder weil keine Beobachtung über den fraglichen Umstand gemacht worden ist oder weil keine gemacht werden konnte. Der Vorgang des Erschließens wird Retrodiktion genannt, wenn er in die Vergangenheit zielt. Zukünftige Ereignisse können nicht beobachtet werden, weshalb sie nur durch Prognosen genannte Operationen erschlossen werden können. Die Aufgabe des Erschließens stellt sich bei Retrodiktionen und Prognosen im Grundsatz in gleicher Weise.[485]

Betrifft die Behauptung den Fall eines singulären, raum-zeitlich begrenzten Ereignisses, so bedarf die Schlussfolgerung auf das Vorliegen des Ereignisses der Prämissen in Form von *Indizien* und *Erfahrungssätzen.*[486] Indizien sind singuläre Ereignisse, die Behauptungen stützen sollen und die man wegen eigener oder fremder Beobachtung oder wegen Offenkundigkeit als wahr annimmt.[487] Erfahrungssätze sind Sätze über generelle Zusammenhänge von Merkmalen.[488] Hinsichtlich der Verwendungsregeln von Erfahrungssätzen ist die Unterscheidung zwischen deterministischen (ausnahmslosen) und statistischen Zusammenhängen von fundamentaler Bedeutung. Während im deterministischen Bereich deduktive logische Schlüsse ohne weiteres

---

[480] *H. Rüßmann*, in: AK-ZPO, 1987, § 286 Rz. 2.

[481] *H. Rüßmann* (S. 212, Fn. 480), § 286 Rz. 2

[482] *W. Stegmüller*, Probleme und Resultate der Wissenschaftstheorie und analytischen Philosophie², Bd. I. Erklärung, Begründung, Kausalität, 1983, S. 583 ff.

[483] Anschaulich zu Fehlermöglichkeiten bei einer Augenscheinsnahme *E. Döhring*, Die Erforschung des Sachverhalts im Prozess: Beweiserhebung und Beweiswürdigung. Ein Lehrbuch, 1964, S. 315 ff.

[484] S. § 26 Abs. 1 Nr. 2 VwVfG.

[485] So auch *H.-J. Koch/H. Rüßmann*, Juristische Begründungslehre, 1982, S. 284.

[486] Näheres zum insoweit einschlägigen sogenannten Hempel-Oppenheim-Schema s. *H.-J. Koch/H. Rüßmann* (S. 212, Fn. 485), S. 283 f.

[487] *H. Rüßmann*, in: AK-ZPO, 1987, § 286 Rz. 4.

[488] *H. Rüßmann* (S. 212, Fn. 487), § 286 Rz. 1.

Anwendung finden können, so sind im statistischen Bereich – nach dem jeweils verfolgten Ansatz – entweder die Besonderheiten des statistischen Syllogismus' oder die der Anforderungen an Likelihood-Erwägungen zu beachten.

### *aa) Deterministisches Schließen*

Zunächst sei das deterministische Vorgehen ganz knapp skizziert. Die Grundverknüpfungen der deduktiven Logik sind Wenn-Dann-Sätze. Ist das Vorliegen eines Indizes (I) sowohl notwendige als auch hinreichende Bedingung für das Vorliegen eines Sachverhaltsmerkmals (G), so ist der Schluss „wenn I, dann G" umkehrbar, ist er es nicht, so liegt entweder lediglich eine hinreichende Bedingung in Gestalt von I vor („wenn I, dann G") oder aber lediglich eine notwendige („wenn G, dann I"). Im Falle hinreichender Bedingungen ist der Schluss von I auf G zulässig (modus ponens), bei notwendigen Bedingungen hingegen nur der Schluss von Nicht-I auf Nicht-G (modus tollens). Beide Schlussmöglichkeiten sind erlaubt, wenn wir es mit einer sowohl notwendigen als auch hinreichenden Bedingung zu tun haben. Kettenschlüsse und Mehrfachschlüsse sind unter Beachtung der Regeln der deduktiven Logik ebenfalls gestattet.[489]

Deterministische Schlüsse sind aber nur zulässig, wenn ein Indiz I in ausnahmslos allen Fällen seines Vorliegens notwendige oder hinreichende Bedingung eines bestimmten Sachverhaltsmerkmales G ist. Das ist jedoch nur in wenigen und einfachen Zusammenhängen der Fall, so etwa wenn daraus, dass ein Thermometer eine Lufttemperatur von -10° C anzeigt, der Schluss gezogen wird, ein in der Nähe liegender, aber nicht direkt beobachtbarer See müsse zugefroren sein.[490] Solche deterministischen Schlussfolgerungen hängen aber oft von weiteren Voraussetzungen ab, die ihre Aussagekraft einengen können. Das Thermometer darf beispielsweise nicht defekt sein oder nur deshalb -10° C anzeigen, weil es gerade aus einer Tiefkühltruhe entnommen worden ist. Auch der bei Ermittlungen des Todeszeitpunktes bedeutsame deterministische Erfahrungssatz, nach dem ein toter Mensch, bei dem eine Körpertemperatur zwischen 22 und 24° C gemessen wird, seit einer Stunde tot ist, gilt nur unter der Randbedingung, dass der Tote nicht erhebliches Fieber gehabt hat.[491]

---

489 *H. Rüßmann* (S. 212, Fn. 487), § 286 Rz. 6.
490 *H.-J. Koch/H. Rüßmann*, Juristische Begründungslehre, 1982, S. 284.
491 *R. Bender/A. Nack*, Tatsachenfeststellung vor Gericht, 1981, Rz. 396.

#### *bb) Statistisches Schließen*

Häufiger und daher praktisch relevanter als deterministische Schlüsse sind statistische Zusammenhänge, für die ein ebenso einfach zu handhabendes Instrumentarium nicht zur Verfügung steht. Das kann darauf zurückgeführt werden, dass I im statistischen Bereich nicht als hinreichende oder notwendige Bedingung für G betrachtet werden kann, sondern nur als ein mehr oder weniger überzeugender Anhaltspunkt für das Vorliegen von G. Solche Zusammenhänge kommen in zwei Versionen vor. Zum einen können statistische Wenn-dann-Verknüpfungen „wenn I, dann G mit der Wahrscheinlichkeit r" lauten, zum anderen „wenn G, dann I mit der Wahrscheinlichkeit r". Es ist deshalb sogleich zu erläutern, was unter „Wahrscheinlichkeit" verstanden werden kann (s. u. (1)).

Die Auseinandersetzung mit dem Phänomen der Wahrscheinlichkeit hat im Recht eine lange Tradition, auch wenn das nicht gleich ins Auge fällt, weil nicht immer ausdrücklich auf den Begriff der Wahrscheinlichkeit Bezug genommen wird. Wenn etwa die Schadensersatzpflicht nach § 823 Abs. 1 BGB nur dann eintritt, wenn die in Rede stehende Handlung für den Schadenserfolg adäquat kausal war, so schränkt dies die Haftung für derartige Schäden dahingehend ein, dass der Schaden eine nach der gewöhnlichen Lebenserfahrung wahrscheinliche Folge der Handlung gewesen sein muss.[492] Dagegen genügt nach der Rechtsprechung des BGH für den Anscheinsbeweis nach § 286 ZPO explizit eine „hohe Wahrscheinlichkeit" eines bestimmten Geschehens.[493]

Um Wahrscheinlichkeiten geht es auch, wenn an einen Verdacht angeknüpft wird, wie es etliche strafprozessuale Ermächtigungsgrundlagen tun. Soll etwa eine Untersuchungshaft nach § 112 StPO angeordnet werden, so ist hierfür die begründete Vermutung erforderlich, dass der Verdächtige die ihm zur Last gelegte Tat tatsächlich begangen hat.[494] Damit setzt § 112 StPO eine bestimmte Wahrscheinlichkeit des zu beurteilenden Sachverhalts voraus. Einige Straftatbestände verlangen ebenfalls zu ihrer Bejahung Wahrscheinlichkeitsurteile, wenn sie die Schaffung einer abstrakten[495] Gefahrenlage unter Strafe stellen oder eine konkrete Gefahr[496] voraussetzen.

Immer dann, wenn auf die Geeignetheit einer Handlung abgestellt wird, einen bestimmten Erfolg zu bewirken, geht es ebenfalls um Wahrscheinlichkeiten. So ist nach ständiger Rechtsprechung des BGH jeder Gegenstand

---

[492] *E. L. Nell*, Wahrscheinlichkeitsurteile in juristischen Entscheidungen, 1983, S. 68 ff.; *H.-J. Koch et al.*, Allgemeines Verwaltungsrecht³, 2003, S. 229.

[493] BGH v. 17.5.1951, Z 2, S. 1; v. 23.5.1952, Z 6, S. 169; 25.9.1952, Z 7, S. 198; v. 18.12.1952, Z 8, S. 239.

[494] *H.-J. Koch et al.*, Allgemeines Verwaltungsrecht³, 2003, S. 229.

[495] Vgl. § 29 Abs. 1 BtMG.

[496] Beispielsweise § 315 Abs. 1 S. 1 StGB.

ein gefährliches Werkzeug im Sinne des § 224 Abs. 1 Nr. 2 StGB, der nach seiner objektiven Beschaffenheit und nach der Art seiner Benutzung im Einzelfall geeignet ist, erhebliche Körperverletzungen herbeizuführen.[497] Die Frage der Gefährlichkeit der Werkzeuge kann nur sinnvoll als Beurteilung der Wahrscheinlichkeit aufgefasst werden, mit denen die Verwendung der Gegenstände unter den konkreten Umständen zu erheblichen Körperverletzungen führt.

Ganz ähnliche statistische Schlüsse auf Geschehnisse in der Vergangenheit können auch im verwaltungsgerichtlichen Verfahren[498] und bei der behördlichen Sachverhaltsermittlung erforderlich sein. Der unter dem Gesichtspunkt eines Prognosebegriffs bereits erörterte Begriff der Gefahr bettet nämlich nicht nur ein prognostisches Wahrscheinlichkeitsurteil ein, sondern auch ein auf die Vergangenheit bezogenes diagnostisches.[499] Werden etwa auf einem gewerblich genutzten Grundstück alte Fässer entdeckt, von denen die Behörden vermuten, sie könnten toxische Substanzen enthalten, so kann das unter Umständen eine Gefahr im polizeirechtlichen Sinne in bezug auf das Grundwasser darstellen und dadurch gegebenenfalls zu weiteren Maßnahmen ermächtigen. Zu ermitteln wäre beispielsweise, welche chemischen Eigenschaften die Flüssigkeit hat, welcher Art die Schäden sind, die eine Kontamination des Grundwassers durch sie befürchten ließen und mit welcher Wahrscheinlichkeit sie bereits eingetreten sind (diagnostische Perspektive) oder eintreten würden (prognostische Perspektive), wenn man eine bestimmte Konzentration des Stoffes im Wasser annimmt. Diagnostisch wäre zu prüfen, für wie wahrscheinlich es zu halten ist, dass die Chemikalien toxisch sind und mit welcher Wahrscheinlichkeit ihnen Mobilität in dem Sinne zugesprochen werden kann, als sie wegen einer wasserdurchlässigen Bodenbeschaffenheit ins Grundwasser gelangen können.

Derartige Fragen sind vielfach bei der Sanierung von Altlasten zu prüfen. Besonders in den Nachkriegsjahrzehnten war auf sogenannten „wilden Deponien" Abfall aus Haushalten und der Industrie abgelagert worden, ohne dass vorher die Eignung des Untergrundes für die Lagerung bedenklicher Abfälle überprüft oder die Gefährlichkeit der angelieferten Stoffe untersucht worden wäre. Im Ergebnis wussten die Behörden vielfach weder, welche Stoffe an welcher Stelle der Deponie abgelagert worden waren, noch war im einzelnen bekannt, welche geologischen Eigenschaften den Unter-

---

[497] St. Rspr., s. nur BGH v. 23.6.1999, NStZ 1999, S. 616 (Turnschuh als gefährliches Werkzeug); v. 27.9.2001, NStZ 2002, S. 86; v. 15.5.2002, NStZ 2002, S. 504.

[498] Zur richterlichen Überzeugung nach § 108 VwGO in Prognosefällen ausführlich bereits *W. Berg*, Die verwaltungsrechtliche Entscheidung bei ungewissem Sachverhalt, 1980, S. 70ff.

[499] Zur Terminologie s. *E.L. Nell*, Wahrscheinlichkeitsurteile in juristischen Entscheidungen, 1983, S. 79ff.

grund auszeichneten. Die Wahrscheinlichkeit eines Grundwasserschadens ergibt sich in solchen Fällen aus der Multiplikation der Wahrscheinlichkeit des Vorliegens bestimmter Stoffe und Stoffkombinationen mit der Wahrscheinlichkeit, dass die Stoffe das Grundwasser erreichen können (Mobilität).[500]

### *(1) Der Begriff der Wahrscheinlichkeit in der Wissenschaftstheorie*

Obwohl die angemessene Bearbeitung solcher Sachverhalte jedenfalls in komplexeren Fällen ein belastbares Konzept von Wahrscheinlichkeit voraussetzt, ist eine eigenständige juristische Explikation für diesen Begriff bislang nicht entwickelt worden. Das ist auch solange nicht erforderlich, wie in der Rechtswissenschaft auf die allgemeine wissenschaftstheoretische Diskussion über den Begriff der Wahrscheinlichkeit zurückgegriffen werden kann.[501] Vielfach wird aber selbst in der sicherheitsrechtlichen Literatur der Wahrscheinlichkeitsbegriff nicht als klärungsbedürftig wahrgenommen.[502]

Da die auf den Wahrscheinlichkeitsbegriff bezogenen Entwicklungslinien in der überwiegend naturwissenschaftlich orientierten Wissenschaftstheorie und ihre Ergebnisse – im Vordergrund standen und stehen insoweit statistische Probleme in der Physik – jedoch für die Klärung der in Rede stehenden normativen Fragen von erheblicher Bedeutung ist, sollen sie im folgenden knapp nachgezeichnet werden.

Die bereits angesprochene Strukturidentität statistischer Schlüsse auf vergangene wie zukünftige Ereignisse erlaubt, diagnostische und prognostische Gesichtspunkte gemeinsam zu behandeln, zumal sich manche Probleme leichter im Zusammenhang mit Retrodiktionen verstehen lassen, während andere ihre besondere Bedeutung in bezug auf Prognosen entfalten. Es ist unter anderem zu erläutern, warum es manchen Wahrscheinlichkeitstheoretikern als bedenklich erscheint, Einzelereignissen überhaupt Wahrscheinlichkeiten zuzuweisen und inwiefern der Streit um objektive oder subjektive

---

500 *H.-J. Koch/N. Herrmann*, Bodensanierung nach dem Verursacherprinzip, 1985, S. 39; einen aktuellen Überblick über die Altlastenproblematik kann man sich anhand von *Rat von Sachverständigen für Umweltfragen*, Umweltgutachten 2004, 2004, Tz. 797ff., verschaffen.

501 *E. L. Nell*, Wahrscheinlichkeitsurteile in juristischen Entscheidungen, 1983, S. 19ff.; *H.-J. Koch/H. Rüßmann*, Juristische Begründungslehre, 1982, S. 287ff.; *H. Rüßmann*, in: AK-ZPO, 1987, § 286 Rz. 7ff.; *T. Darnstaedt*, Gefahrenabwehr und Gefahrenvorsorge: eine Untersuchung über Struktur und Bedeutung der Prognose-Tatbestände im Recht der öffentlichen Sicherheit und Ordnung, 1983, S. 35ff.; 43ff.; *E. Mathiak*, Die Bedeutung der Wahrscheinlichkeitsrechnung für die Gefahrenbeurteilung im technischen Sicherheitsrecht, 1984, S. 14ff.

502 S. etwa *A. Leisner*, DÖV 2002, S. 326 (327); *F.-L. Knemeyer*, Polizei- und Ordnungsrecht: Lehr- und Arbeitsbuch mit Anleitungen für die Klausur[9], 2002 Rz. 87 ff; *U. Di Fabio*, Risikoentscheidungen im Rechtsstaat: zum Wandel der Dogmatik im öffentlichen Recht, insbesondere am Beispiel der Arzneimittelüberwachung, 1994, S. 32f.; 52ff.

Konzeptionen der Wahrscheinlichkeit etwas für die Frage austrägt, welche Darstellungsart angemessen ist und welchen mathematischen Regeln Wahrscheinlichkeiten unterliegen. Die Darstellung muss sich auf die Grundzüge der wesentlichen Ansätze beschränken.[503] Nicht weiter eingegangen wird auf *Poppers* „propensity"-Theorie,[504] auf *Dawids* „prequential"-Theorie[505] und die Bemühungen verschiedener Autoren,[506] Wahrscheinlichkeit als „*chance*" zu deuten.[507]

### *(a) Laplace*

Auch wenn die Anfänge der formalen Wahrscheinlichkeitstheorie bereits auf den Anfang des 17. Jahrhunderts zurückreichen,[508] darf ein erster großer Meilenstein in der Definition des Wahrscheinlichkeitsbegriffes durch *Pierre Laplace* Anfang des 19. Jahrhunderts gesehen werden.[509] Das Konzept wurde zunächst für die Vorhersage des Ausgangs von Glücksspielen entwickelt. Laplace nahm an, dass es möglich sei, die Zukunft in n Partitionen genau gleicher Wahrscheinlichkeit aufzuteilen, etwa bei einem Spielwürfel die sechs Zahlen. Die Anzahl der „günstigen" Ereignisse $r$ ist anschließend nur noch zu n ins Verhältnis zu setzen, wobei die Teilwahrscheinlichkeiten aller Ereignisse zusammengenommen ein sicheres (Gesamt-)Ereignis ergeben, das mit 1 bezeichnet wird. Die Wahrscheinlichkeit P der Menge aller günstigen Ereignisse (A) lässt sich dann schreiben als

[503] Grundlegend zu den damit verbundenen Problemen der „measurement theory" *R. D. Luce et al.*, Foundations of measurement. Bd. 2: Geometrical, Threshold, and Probabilistic Representations, 1990, und *R. D. Luce et al.*, Foundations of measurement. Bd. 3: Representation, Axiomatization, and Invariance, 1990.

[504] *K. R. Popper*, 10 British Journal for the Philosophy of Science 1959, S. 25 ff.; ausführlich zur Erläuterung und Kritik des Ansatzes *D. Gillies*, Philosophical theories of probability, 2000, S. 113 ff.

[505] *A. P. Dawid*, 147 Journal of the Royal Statistical Society, A 1984, S. 278 ff.

[506] *H. D. Mellor*, The Matter of Chance, 1971; *D. Lewis*, A Subjectivist's Guide to Objective Chance, in: Jeffrey (Hrsg.), Studies in Inductive Logic and Probability, Bd. 2, 1980, S. 263–293; *B. Skyrms*, Pragmatics and Empiricism, 1984.

[507] Zu allen drei genannten Ansätzen *C. Howson*, 46 The British Journal for the Philosophy of Science 1995, S. 1 (19–27); die philosophischen Grundlagen der Wahrscheinlichkeitsrechnung behandeln des weiteren *L. J. Cohen*, An introduction to the philosophy of induction and probability, 1989; *S. McCall*, Model of the universe: space-time, probability, and decision, 1996, insb. S. 140–162, und *D. Gillies*, Philosophical theories of probability, 2000, S. 14 ff. (klassischer Wahrscheinlichkeitsbegriff), 25 ff. (logischer Wahrscheinlichkeitsbegriff), 50 ff. (subjektive Ansätze); 88 ff. (Häufigkeitstheorie); 113 ff. („propensity"-Ansatz).

[508] Erste Schritte einer formalen Wahrscheinlichkeitskonzeption sind bereits bei *J. Arbuthnott*, 27 Phil. Trans. 1710, S. 186 ff., erkennbar. Die Geschichte des statistischen Schließens legt *A. W. F. Edwards*, Statistical Inference, in: Gabbay/Smets (Hrsg.), Handbook of Defeasible Reasoning and Uncertainty Management Systems, Bd. 1: Quantified Representation of Uncertainty and Imprecision, 1998, S. 357 ff., anschaulich dar.

[509] *P. S. d. Laplace*, Essai philosophique sur les probabilités[5], 1825.

$$0 \leq P(A) = \frac{r}{n} \leq 1.$$

0 steht für ein unmögliches Ereignis, 1 für ein sicher vorliegendes bzw. eintretendes. Obwohl sich auf der Grundlage dieses intuitiv einleuchtenden Zugriffs bereits die wesentlichen wahrscheinlichkeitsmathematischen Operationen durchführen lassen,[510] unterliegt die klassische Definition von Wahrscheinlichkeit in ihrer Grundform dem Verdacht der Zirkularität. Die Schwäche des Ansatzes im Hinblick auf die Anforderungen einer Entscheidungstheorie lässt sich mit folgender Überlegung zeigen: Um die Wahrscheinlichkeit eines Ereignisses auf Grundlage des Konzeptes von Laplace vorhersagen zu können, ist es erforderlich, die Gleichverteilung der Wahrscheinlichkeit der übrigen möglichen Ereignisse zu erkennen. Für einen fairen Würfel, von dem man auf andere Weise als durch Würfeln – Abmessen und Wiegen – in Erfahrung gebracht hat, dass er fair ist, mag dies noch eine taugliche Modellierung darstellen.

Für die meisten Anwendungsfälle staatlicher Abwägungsvorgänge dürfte ein solches Konzept hingegen nicht geeignet sein, da regelmäßig weder die Gesamtheit der möglichen Ereignisse bekannt ist noch unter ihnen eine Gleichverteilung der Wahrscheinlichkeiten angenommen werden darf. Unabhängig davon läge in der Postulierung einer Gleichverteilung der Wahrscheinlichkeiten nur dann kein gravierendes Defizit des klassischen Ansatzes, wenn es möglich wäre, die Gleichverteilung (von Wahrscheinlichkeiten) ohne ein bereits vorauszusetzendes Konzept von Wahrscheinlichkeit zu definieren.[511]

Eine Möglichkeit bestünde trotz der Abwegigkeit der Idee jedenfalls prinzipiell darin, ein Menschen angeborenes Wahrnehmungsorgan für solche Wahrscheinlichkeitsverteilungen zu postulieren. Wer dies für keine gangbare Lösung hält, kann einen Ausweg darin suchen, eine Gleichverteilung von Ereignissen dadurch zu definieren, dass wir keinen Grund haben, a priori (also etwa vor dem Wurf eines Würfels) von einer anderen als einer gleichmäßigen Verteilung auszugehen. Diesen Weg beschritt Laplace mit seinem berühmten „Prinzip des unzureichenden Grundes" (Indifferenzprinzip), das in moderner Fassung folgendermaßen lautet:

„Wenn es keinen bekannten Grund, keine relevante Asymmetrie für die Vorhersage eines bestimmten Ereignisses gegenüber einem anderen Ereignis

---

[510] Näheres s. *S. French*, Decision Theory, 1986, S. 217f.; *I. Hacking*, An introduction to probability and inductive logic, 2001, S. 23–78; *M. D. Resnik*, Choices: an introduction to decision theory[6], 2002, S. 45–80; *H.-J. Koch/H. Rüßmann*, Juristische Begründungslehre, 1982, S. 294–300.

[511] Zweifelnd daher *H.-J. Koch/H. Rüßmann* (S. 218, Fn. 510), S. 290; zum Konzept der Wahrscheinlichkeitsverteilung instruktiv *M. G. Morgan et al.*, Uncertainty: a guide to dealing with uncertainty in quantitative risk and policy analysis, 1990, S. 73ff. m.w.N.

gibt, dann sind abhängig von diesem Wissen die Ereignisse gleich wahrscheinlich."[512]

Wenn man also keinen Grund zur Annahme hat, es mit einem gefälschten Würfel zu tun zu haben, so beträgt die Wahrscheinlichkeit für jede der sechs Zahlen 1/6. Auch wenn mit dem genannten Indifferenzprinzip die Zirkularität vermieden wird, unterliegt der klassische Ansatz erheblichen Einwänden mit Blick auf seine Verwendung in der Entscheidungstheorie.[513] Erstens ist insoweit, wie bereits angedeutet, der Anwendungsbereich einer solchermaßen definierten Wahrscheinlichkeitskonzeption sehr klein.[514] Es existieren nur wenige Entscheidungssituationen, in denen sich auch bei Berücksichtigung des Prinzips des unzureichenden Grundes die möglichen Ereignisse in Partitionen gleicher Wahrscheinlichkeit aufteilen lassen. Darüber hinaus – zweitens – erfordert das Indifferenzprinzip, dass man erkennen kann, wann zwischen verschiedenen möglichen Ereignissen eine relevante Asymmetrie vorliegt. Das ist in vielen Fällen mit nicht trivialen Schwierigkeiten behaftet.[515] Darüber hinaus wurde an dem Indifferenzprinzip kritisiert, dass es die Angabe von Wahrscheinlichkeiten von subjektiven Zuständen – dem Wissen desjenigen, der die Wahrscheinlichkeitsaussage trifft –, abhängig macht, was als wissenschaftstheoretisches Manko empfunden wurde.[516]

*(b) Frequentismus (Häufigkeitstheorie)*

Vor allem aus der Suche nach einem objektiven Wahrscheinlichkeitsbegriff dürfte sich denn auch die starke Verbreitung der frequentistischen Wahrscheinlichkeitskonzeption speisen, die eine Weiterentwicklung des klassischen Ansatzes darstellt. Danach ist die Wahrscheinlichkeit der Grenzwert des Verhältnisses von günstigen Ereignissen zu einer großen Zahl von Wiederholungen.[517]

---

512 Vgl. *S. French*, Decision Theory, 1986 S. 218; zur Kritik des so genannten Indifferenzprinzips *W. Stegmüller*, Probleme und Resultate der Wissenschaftstheorie und analytischen Philosophie, Bd. IV. Personelle und statistische Wahrscheinlichkeit (1. Halbband), 1973, S. 412ff.

513 Allgemein zur Geschichte der Kritik am Prinzip des unzureichenden Grundes *D. Howie*, Interpreting probability: controversies and developments in the early twentieth century, 2002, S. 148ff. m.w.N.

514 *S. French*, Decision Theory, 1986, S. 219.

515 Einzelheiten bei *S. French* (S. 219, Fn. 514), S. 219.

516 *W. Stegmüller*, Probleme und Resultate der Wissenschaftstheorie und analytischen Philosophie, Bd. IV. Personelle und statistische Wahrscheinlichkeit (1. Halbband), 1973, S. 412ff.; zur Geschichte des Niedergangs des *Laplace*schen Wahrscheinlichkeitsbegriffs allgemein *D. Howie*, Interpreting probability: controversies and developments in the early twentieth century, 2002, S. 28ff.

517 *R. von Mises*, Wahrscheinlichkeit, Statistik und Wahrheit[4], 1972, S. 12 (1. Auflage 1928).

Der Frequentismus kommt in einer ganzen Anzahl von Varianten vor, die sich in Einzelheiten unterscheiden. Ihnen allen ist aber gemein, dass sie zur Definition von Wahrscheinlichkeit nicht wie der klassische Ansatz auf die gleiche Wahrscheinlichkeitsverteilung aller möglichen Ereignisse rekurriert, sondern auf identische und voneinander unabhängige Wiederholungen eines Vorgangs, zu denen die Zahl der günstigen Ereignisse ins Verhältnis gesetzt wird. Wenn etwa $m_A$ die Anzahl der Vorgänge ist, in denen das Ereignis A eintritt, und $m$ die Gesamtzahl der Wiederholungen des Vorganges, dann lautet die frequentistische Definition der Wahrscheinlichkeit $P$ von $A$ in formaler Schreibweise

$$P(A) = \lim_{m \to \infty} \left( \frac{m_A}{m} \right),$$

wobei lim für den mathematischen Grenzwert steht.[518] Der frequentistische Ansatz hat gegenüber der klassischen Konzeption die großen Vorzüge, nicht zirkulär zu sein und ohne die Prämisse der Gleichverteilung der Wahrscheinlichkeiten auszukommen. Darüber hinaus kann er ohne weiteres den Anspruch erheben, intersubjektive (objektive) Wahrscheinlichkeitsaussagen zu erlauben. Das hat zu seiner breiten Anwendung und Fortentwicklung insbesondere in den Naturwissenschaften geführt. Unter anderem gibt es jüngere Ansätze in der Physik, unter Wahrscheinlichkeit das Verhältnis von Vorkommen eines astronomischen Ereignisses wie etwa das Auftreten einer Supernova innerhalb eines bestimmten Zeitraums („*sojourn*") zu verstehen.[519]

Bei näherer Betrachtung ist der frequentistische Ansatz allerdings auch grundsätzlichen Bedenken ausgesetzt. So hebt er auf die Wiederholung identischer und voneinander unabhängiger Vorgänge ab. Da es bei Wiederholungen eines Vorgangs zumindest um Nicht-Identität der Ereignisse auf der Zeitschiene geht, stellt sich schnell die Frage, ob das Konzept durch die Einschränkung auf „in den relevanten Eigenschaften identische" Vorgänge präzisiert werden müßte. Da eine derartige Beschränkung aber bereits eine Konzeption von Wahrscheinlichkeit voraussetzt, um die Klasse der in relevanter Hinsicht identischen Eigenschaften bestimmen zu können, wäre ein solcher frequentistischer Ansatz doch ganz ähnlichen Bedenken ausgesetzt wie die klassische Definition, die zur Vermeidung der Zirkularität auf das erwähnte Indifferenzprinzip angewiesen ist.[520]

Schaut man nun auf die Brauchbarkeit des frequentistischen Konzeptes für die Entscheidungstheorie, so ist zunächst zu bemerken, dass es für die

---

[518] Vgl. *S. French*, Decision Theory, 1986, S. 220.

[519] Näheres (auch zu einer kritischen Diskussion dieses Ansatzes) bei *J. Van Lith*, 32 Studies in History and Philosophy of Modern Physics 2001, S. 581 (586 f.).

[520] *S. French*, Decision Theory, 1986, S. 234.

Aufgabe, eine Entscheidung begründet zu fällen, nicht um die Beobachtung der unendlichen Wiederholung identischer und voneinander unabhängiger Ereignisse oder die Vorhersage solch langer Beobachtungsreihen geht, sondern um die Vorhersage der Wahrscheinlichkeit des nächsten singulären Ereignisses. Im Zusammenhang mit Planungsentscheidungen kann man sich das folgendermaßen vorstellen. Es ist zwar möglich, für die Zwecke verkehrsplanerischer Maßnahmen Verkehrszählungen vorzunehmen und auf diese Weise festzustellen, wie viele Fahrzeuge sich auf welcher Straße zu welcher Zeit befinden. Werden Verkehrszählungen wiederholt durchgeführt, lässt sich daraus auch ein tageszeitliches oder saisonales arithmetisches Mittel der Verkehrsbelastungen errechnen. Interessant sind aber für die Planung die aus den Zählungen zu erschließenden Entwicklungstendenzen, also die Frage, mit welchem Fahrzeugaufkommen im nächsten Jahr oder gar in den nächsten Jahren zu rechnen ist. Eine solche Aussage ist jedoch auf Grundlage eines strikten Frequentismus nicht möglich. Einer der Begründer der Häufigkeitstheorie, *von Mises*, bezeichnet Wahrscheinlichkeitsurteile über Einzelfälle dementsprechend als sinnlos.[521]

Ein solch strenges Verständnis des Frequentismus ist allerdings nicht zwingend. Vor allem aber würde es den Blick auf die Leistungsfähigkeit der Häufigkeitstheorie verstellen, die durchaus für die Begründung von diagnostischen oder prognostischen Wahrscheinlichkeitsurteilen hinsichtlich von einzelnen Ereignissen geeignet ist. Voraussetzung hierfür ist lediglich, dass Daten über eine große Anzahl von Wiederholungen zumindest *ähnlicher* – in relevanten Eigenschaften identischer – Vorgänge ermittelt werden können. Soweit dies der Fall ist, kann dies die Grundlage einer Retrodiktion oder einer Prognose über die Wahrscheinlichkeit eines ebenfalls *vergleichbaren* singulären Ereignisses abgeben.

### *(c) Normativ-subjektivistischer Ansatz*

Die geschilderten Lockerungen bezüglich des frequentistischen Wahrscheinlichkeitsbegriffs sind jedenfalls dann kein durchgreifendes Manko, wenn es auf die Objektivität der verwendeten Wahrscheinlichkeitsaussagen nicht entscheidend ankommt. Die normative Entscheidungstheorie stellt einen solchen Bereich dar. Für sie spielen die Überzeugungen der Entscheider über die Wahrscheinlichkeit bestimmter Ereignisse eine maßgebliche Rolle, was zur Entwicklung eines subjektivistischen Wahrscheinlichkeitsbegriffs geführt hat. Entsprechende Ansätze gehen auf *Thomas Bayes* zu-

---

[521] *R. von Mises*, Wahrscheinlichkeit, Statistik und Wahrheit[4], 1972, S. 20 (1. Auflage 1928).

rück.[522] Die Wahrscheinlichkeit für ein bestimmtes Ereignis (oder einer Hypothese) gibt danach den Grad an, in dem der Entscheidungsträger an das Vorliegen oder das Eintreten des Ereignisses (beziehungsweise an die Wahrheit der Hypothese) glaubt.[523] Der subjektivistische Wahrscheinlichkeitsbegriff hat in den verschiedensten Bereichen Anwendung gefunden, in denen statistische Methoden von Bedeutung sind. Für die Entscheidungstheorie kann insoweit das Werk von *Savage* als maßgeblich gelten,[524] dessen Überlegungen auf den Schriften von *Ramsey*[525] und *de Finetti*[526] aufbauen. Nicht weiter diskutiert werden soll der Subjektivismus, nach dem der Grad der Überzeugung einer – wie auch immer ermittelten – „objektiven" Wahrscheinlichkeit *entspricht*. Im Rahmen der Häufigkeitstheorie wäre etwa die subjektive Wahrscheinlichkeit die vom Beobachter wahrgenommene Häufigkeit.[527] Der gegen sie zu richtende Einwand, keine Aussagen über die Wahrscheinlichkeit des nächsten Ereignisses zu gestatten, träfe auch die subjektivierte Version, weshalb sich diese in bezug auf die Unterstützung von Entscheidungsvorgängen als nicht zielführend erweisen würde.

*(aa) Die Optionen zur Quantifizierung subjektiver Wahrscheinlichkeitsurteile im Zusammenhang mit der Herstellung von Entscheidungen.* Zunächst mag man sich fragen, wie denn subjektive Wahrscheinlichkeitsurteile, also erst einmal rein psychologische Zustände oder Vorgänge, für die Zwecke des statistischen Schließens in eine mathematische Form gebracht und damit handhabbar gemacht werden könnten. Hierfür kann man sich im Prinzip der Hilfe von direkten wie indirekten Methoden bedienen.[528] In einfachen Fällen dürfte eine direkte, auf eine formale Artikulation der entsprechenden Wahrscheinlichkeitsaussagen gerichtete Befragung des Entscheidungsträgers durch andere oder ihn selbst genügen. Reicht der Grad der so erzielbaren Differenzierungen nicht, kann auf hypothetische Wetten

---

522 *Thomas Bayes*, An Essay Towards Solving a Problem in the Doctrine of Chances, S. 53, Nachdruck in 45 Biometrika 293, S. 370 (1763). Zu seinen Vorläufern muss *Daniel Bernoulli* gerechnet werden (*D. Bernoulli*, 22 Econometrica 1783, S. 23 ff.).

523 Exzellenter Überblick bei *H. Laux*, Entscheidungstheorie[5], 2003, S. 313 ff.; *S. French*, Decision Theory, 1986, S. 210 ff., *C. Howson*, 46 The British Journal for the Philosophy of Science 1995, S. 1 ff.); *D. A. Schum*, The Evidential Foundations of Probabilistic Reasoning, 2001, S. 34–41; *L. J. Cohen*, An introduction to the philosophy of induction and probability, 1989, S. 58–70.

524 *L. J. Savage*, The Foundations of Statistics, 1954.

525 *F. P. Ramsey*, The Theory of Probability, 1926 (1990).

526 *B. de Finetti*, Foresight, Its Logical Laws, Its Subjective Sources, in: Kyburg/Smokler (Hrsg.), Studies in Subjective Probability, 1937, S. 93 ff.

527 *G. Gäfgen*, Theorie der wirtschaftlichen Entscheidung: Untersuchungen zur Logik und Bedeutung des rationalen Handelns[3], 1974, S. 332. Auch die anderen objektivistischen Ansätze lassen sich „subjektivieren" (Näheres bei *E. L. Nell*, Wahrscheinlichkeitsurteile in juristischen Entscheidungen, 1983, S. 34 f.).

528 Ausführlich *H. Laux*, Entscheidungstheorie[5], 2003, S. 313 ff.

zurückgegriffen werden. Dabei befragt sich ein Entscheider oder er wird gefragt, ob er bereit wäre, eine bestimmte Summe Geld auf den Eintritt eines bestimmten Ereignisses zu setzen. Man kann sich etwa eine Wette über den Eintritt eines Ereignisses E vorstellen, dessen Wahrscheinlichkeit der Entscheidungsträger mit 0,8 angibt. Lehnt er eine Wette ab, 35 Euro auf den tatsächlichen Eintritt von E zu setzen, obwohl er 50 Euro im Erfolgsfall gewinnen würde, so stellt dies einen Hinweis auf Risikoaversion dar[529] oder sollte bei feststehender Risikoneutralität Anlass sein, das Wahrscheinlichkeitsurteil zu überdenken.[530]

Dennoch können Wetten auch im Rahmen von indirekten Methoden zum Einsatz kommen, deren Umsetzbarkeit in der Praxis sich wohl noch zu erweisen hat. Ihre Leistungsfähigkeit im Rahmen von hoheitlichen Abwägungsvorgängen soll daher dahingestellt bleiben. Jedenfalls eröffnen die indirekten Methoden theoretisch eine weitere Möglichkeit zur Quantifizierung von subjektiven Wahrscheinlichkeiten.[531] Zu ihnen zählt insbesondere die so genannte „äquivalente Urne".[532] Dabei werden einem Entscheider zwei Alternativen angeboten:[533]

Alternative 1: Der Entscheider erhält 1000 Euro, sofern der Zustand S eintritt. Wenn ein anderer Zustand eintritt, erhält er nichts.

Alternative 2: Er erhält die 1000 Euro dann, wenn er aus einer Urne mit 100 gut gemischten und im übrigen nicht unterscheidbaren Kugeln, die entweder blau oder rot sind, mit geschlossenen Augen eine rote Kugel entnimmt. Die Zahl X ($0 \leq X \leq 100$) der roten Kugeln wird dem Entscheider bekanntgegeben.

Nun wird der Entscheider gefragt, ob er Alternative 1 oder 2 vorzieht. Damit kann auf indirekte Art und Weise eine Annäherung an den Wert der subjektiven Wahrscheinlichkeit erreicht werden. Allerdings gilt das nur, wenn der Nutzen des Gewinns von 1000 Euro in seiner Höhe unabhängig davon ist, ob der Zustand S eintritt. Das ist aber in der sozialen Wirklichkeit keineswegs immer der Fall, so dass weitere Verfeinerungen zur Bewältigung zustandsabhängiger Nutzenfunktionen erforderlich sein können.[534]

*(bb) Einwände gegen einen strikten Subjektivismus.* Wie vorstehend erläutert, existieren verschiedene Verfahren, die es im Prinzip gestatten, subjektive Wahrscheinlichkeitsurteile in formale Notationen zu übersetzen.

---

529 *H. Laux* (S. 222, Fn. 528), S. 317.

530 Zu einem ähnlichen Beispiel *H. Laux* (S. 222, Fn. 528), S. 316.

531 Zu den weiteren indirekten Methoden des Kuchendiagramms (*Pie Diagram Device*) und der Lotterie bzw. Wahl zwischen Wetten (*Lottery or Choice among Bets*) s. *P. G. Moore/H. Thomas*, The anatomy of Decisions, 1976, S. 144 ff.

532 *H. Laux*, Entscheidungstheorie[5], 2003, S. 318 ff.

533 Das Beispiel ist *H. Laux* (S. 223, Fn. 532), S. 318, entnommen.

534 S. *H. Laux* (S. 223, Fn. 532), S. 322 ff.

Ob und inwieweit man von ihnen Gebrauch machen sollte, hängt aber von der Überzeugungskraft des subjektivistischen Wahrscheinlichkeitsbegriffs ab, nach dem Wahrscheinlichkeit als eine Größe aufgefasst wird, die ausschließlich als subjektive existiert. Dagegen könnte folgendes Bedenken geltend gemacht werden. Wer einem derartigen strengen Subjektivismus folgt, entscheidet sich zumindest dem ersten Anschein nach für ein Weltbild, nach dem alle Geschehnisse in der Welt einschließlich physikalischer Vorgänge streng determiniert sind. Da subjektive Wahrscheinlichkeiten dem Betrachter *per definitionem* bekannt sind, schließen sich strenger Subjektivismus und die Existenz unbekannter Wahrscheinlichkeiten konzeptionell gegenseitig aus.[535]

Für die klassische Physik mag die Annahme ausschließlich bekannter Wahrscheinlichkeiten noch vertretbar sein, für die Quantenphysik hingegen ergeben sich große Zweifel an einem deterministischen Weltbild.[536] Die Quantenphysik setzt sich mit Vorgängen auseinander, die vermutlich nur mit Hilfe von Wahrscheinlichkeitsaussagen sachgerecht beschrieben werden können.[537] Ganz knapp und vereinfachend gesagt, entspricht nach einer verbreiteten Auffassung die Wahrscheinlichkeit eines Quantenereignisses dem Verhältnis der Anzahl von Möglichkeitszweigen („*branches*"), auf denen es auftritt.[538] Will man auch für derartige Bereiche am Subjektivismus festhalten, so darf man streng genommen nicht mehr über Atome und subatomare Entitäten sprechen, sondern kann nur noch Aussagen über wettende Physiker treffen.[539] Allerdings konnten sich subjektivistische Ansätze mittlerweile sogar in der Astrophysik als zielführend erweisen.[540]

#### *(2) Universeller, einheitlicher Wahrscheinlichkeitsbegriff oder Komplementarität der Ansätze?*

Für den Objektbereich der normativen Strukturierung von Entscheidungsvorgängen, um den es vorliegend geht, trägt die skizzierte Problematik jedoch dann nicht viel aus, wenn man nicht annimmt, nur ein universeller, für alle Anwendungsfelder identischer Wahrscheinlichkeitsbegriff könne den gestellten Anforderungen entsprechen. Die Verwendung verschiedener

---

[535] So auch *H.-J. Koch/H. Rüßmann*, Juristische Begründungslehre, 1982, S. 291.

[536] *W. Stegmüller*, Probleme und Resultate der Wissenschaftstheorie und analytischen Philosophie, Bd. IV. Personelle und statistische Wahrscheinlichkeit (1. Halbband), 1973, S. 66 ff.

[537] Instruktive Darstellung bei *S. McCall*, Model of the universe: space-time, probability, and decision, 1996, S. 86 ff.

[538] *S. McCall* (S. 224, Fn. 537), S. 88.

[539] So zugespitzt *H.-J. Koch/H. Rüßmann*, Juristische Begründungslehre, 1982, S. 291.

[540] *T. J. Loredo*, From Laplace to Supernova Sn 1987a: Bayesian Inference in Astrophysics, in: Fougère (Hrsg.), Maximum Entropy and Bayesian Methods, 1990, S. 81 ff.

Wahrscheinlichkeitsbegriffe nebeneinander mag die theoretische Eleganz der Ansätze und das Gebot der Einfachheit beeinträchtigen, dürfte aber nach dem gegenwärtigen Stand der Wissenschaftstheorie einen gangbaren Weg darstellen. Ohnehin sind lediglich ein physikalistischer und ein streng subjektivistischer Begriff der Wahrscheinlichkeit schwer miteinander zu versöhnen. Die übrigen Konzeptionen vermögen sich hingegen gut zu ergänzen.[541]

Geht es um die Wahrscheinlichkeit als das Verhältnis von günstigen Ereignissen zur Gesamtheit der möglichen Ereignisse, so genügt der klassische Begriff von Wahrscheinlichkeit, wie er bereits von *Laplace* angewendet wurde. Will man die Häufigkeit artikulieren, mit der ein bestimmtes Ereignis in einem bestimmten Zeitraum vorkommt oder im Falle der unendlichen Wiederholung eines Vorgangs eintreten würde, so bietet die Häufigkeitstheorie dafür einen angemessenen Rahmen. Will man aber eine Retrodiktion oder eine Prognose im Zusammenhang mit einem Entscheidungsvorgang ausdrücken, so geht es um die Überzeugung des Entscheidungsträgers von der Wahrscheinlichkeit, mit der ein bestimmtes singuläres Ereignis eingetreten ist beziehungsweise noch eintreten wird. Für eine derartige im Zusammenhang mit Verwaltungsentscheidungen typische Funktion von Wahrscheinlichkeitsaussagen[542] empfiehlt sich die Verwendung eines subjektivistischen Wahrscheinlichkeitsbegriffs. Selbstverständlich dürfen für die Gewinnung solcher Überzeugungen Beobachtungen über in der Vergangenheit liegende Ereignisse und Zusammenhänge – auch im Sinne des Frequentismus – herangezogen werden.

### *(3) Die Geltung von Erfahrungssätzen*

Muss also eine Behördenentscheidung auf eine Tatsache gestützt werden, die man nicht beobachten kann, so ist der Umstand, um den es geht, zu erschließen. Soweit kein deterministischer Zusammenhang den Schluss auf die fragliche Annahme zulässt, ist hierzu die Heranziehung von Erfahrungssätzen erforderlich, mithin von generellen Zusammenhängen oder Gesetzmäßigkeiten. Eine entsprechende Begründung einer Handlung trägt die Entscheidung aber nur dann, wenn und soweit der jeweilige Erfahrungssatz und der auf ihn gestützte Schluss gültig sind.

Die Gültigkeit von Erfahrungssätzen, soweit ihr Geltungsanspruch über die Beschreibung bereits gemachter Erfahrungen hinausgeht, kann

---

[541] *Y. M. Guttmann*, The concept of probability in statistical physics, 1999, S. 224 ff.; ebenfalls zur Verträglichkeit beider Ansätze *G. Gigerenzer*, Why the Distinction between Single-event Probabilities and Frequencies is Important for Psychology (and Vice Versa), in: Wright/Ayton (Hrsg.), Subjective probability, 1994, S. 129 ff.

[542] S. u. C.IV.1.b)bb)(4) sowie C.IV.2.

aber nicht bewiesen werden.[543] Erfahrungssätzen kommt – anders als analytischen und deterministischen Schlüssen – keine sichere, sondern nur hypothetische Geltung zu. Sie können mithin durch neue Erfahrungen überholt werden.[544] Für die Entscheidungstheorie ist daher der Vorgang der Revision hypothetischen Wissens selbstverständlich.[545]

Es stellt sich deshalb weiter die Frage, welche Anforderungen an sie in rechtlicher Hinsicht zu stellen sind. Hält man es für keinen gangbaren Ausweg, auf das Erschließen von Sachverhaltsannahmen zu verzichten, so dürfte es sich empfehlen, den Schlüssen möglichst nur solche Erfahrungssätze zugrunde zu legen, die einer kritischen Überprüfung standgehalten haben.[546] Für ein solches Herangehen spricht erstens, dass der Verzicht auf die statistische Erschließung von Sachverhaltsannahmen rechtsstaatlich höchst unbefriedigend wäre, da er auf eine weitestgehende Beschränkung der Amtswalter und Richter auf eigene und fremde Beobachtungen hinausliefe.[547] Es wäre zweitens auch keine überzeugende Lösung, Sachverhaltsannahmen zwar zu erschließen, aber die verwendeten Verknüpfungen von Anforderungen in bezug auf ihre Gültigkeit zu entbinden. Das würde zwar vor logisch inkorrekten Argumentationen schützen, nicht aber vor Erfahrungsirrtümern hinsichtlich der angenommenen Gesetzmäßigkeiten.[548] Verlangt man daher die Bewährung hypothetischer Erfahrungssätze, so bedeutet das einerseits nicht, dass jede behördliche oder gerichtliche Entscheidung sämtliche Erfahrungssätze einer kritischen Überprüfung unterziehen müsste. Die alleinige Heranziehung der eigenen Lebenserfahrung dürfte andererseits auch nicht stets genügen. Jedenfalls in komplexeren Fallgestaltungen kann die Beachtung der in den Fachwissenschaften entwickelten Hypothesen geboten sein.[549]

### *(4) Statistische Schlüsse zur Sachverhaltsfeststellung*

Vor dem Hintergrund der Erläuterungen zum Wahrscheinlichkeitsbegriff und der Funktion von Erfahrungssätzen ist nunmehr zu klären, mit Hilfe welcher Schlüsse Sachverhaltsmerkmale erschlossen werden können.

---

543 *H. Rüßmann*, in: AK-ZPO, 1987, vor § 402, Rz. 13 m. w. N.

544 Ausführlich *K. R. Popper*, Logik der Forschung[5], 1973, S. 3 ff.; zu den Konsequenzen für die juristische Sachverhaltsarbeit *H.-W. Schünemann*, JuS 1976, S. 560 ff.

545 S. nur *S. French*, Decision Theory, 1986, S. 244 ff.

546 Dafür plädieren auch *H.-J. Koch/H. Rüßmann*, Juristische Begründungslehre, 1982, S. 328.

547 *H.-J. Koch/H. Rüßmann* (S. 226, Fn. 546), S. 328.

548 *H.-J. Koch/H. Rüßmann* (S. 226, Fn. 546), S. 328.

549 So auch in bezug auf Gerichtsentscheidungen *H.-J. Koch/H. Rüßmann* (S. 226, Fn. 546), S. 329.

*(a) Die Additionsregel*

Die erste der anerkannten Regeln ist das allgemeine Additionsprinzip, nach dem Einzelwahrscheinlichkeiten unter bestimmten Voraussetzungen zu einer Gesamtwahrscheinlichkeit addiert werden können. Will man etwa wissen, wie wahrscheinlich es ist, mit einem Würfel gleichzeitig keine 1 ($\neg E_1$) und keine 6 ($\neg E_6$) zu würfeln, dann lassen sich die Wahrscheinlichkeiten der beiden Einzelereignisse, Gleichwahrscheinlichkeit der 6 möglichen Zahlen vorausgesetzt, folgendermaßen berechnen. Zunächst beträgt die Einzelwahrscheinlichkeit jeweils $\frac{5}{6}$, da die Wahrscheinlichkeit, keine 1 zu würfeln, dadurch bestimmt ist, dass dies in fünf von sechs möglichen Fällen eintritt, was für das Ereignis, keine 6 zu würfeln, ebenfalls gilt. Würde man nun die beiden Einzelwahrscheinlichkeiten einfach addieren, so ergäbe sich eine Gesamtwahrscheinlichkeit von $\frac{10}{6}$, was einen Verstoß gegen die mathematische Definition von Wahrscheinlichkeit darstellt, nach der Wahrscheinlichkeitsmaße nur innerhalb des Intervalls zwischen 0 (= unmögliches Ereignis) und 1 (=sicheres Ereignis) angegeben werden können.[550] Dass eine solche Addition nicht richtig sein kann, sieht man daran, dass dabei die Fälle doppelt gezählt werden, in denen sowohl $\neg E_1$ als auch $\neg E_6$ erfüllt sind. Es ist deshalb erforderlich, eine Korrektur vorzunehmen, die dahin geht, die Wahrscheinlichkeit der doppelt gezählten Verwirklichungen wieder abzuziehen. Wenn man Wahrscheinlichkeit mit p notiert, dann lässt sich das allgemeine Additionsprinzip formal folgendermaßen schreiben:

$$p(E_i \cup E_j) = p(E_i) + p(E_j) - p(E_i \cap E_j).$$

Das Additionsprinzip hat beispielsweise bei der Bestimmung des Anwendungsbereichs der am 16. Dezember 2003 verabschiedeten Seveso-III-Richtlinie eine praktische Anwendung gefunden.[551] Die Richtlinie war nach Chemie-Unfällen in Bhopal, Mexiko City und im italienischen Seveso zunächst als Seveso-I-Richtlinie im Jahre 1982 erlassen[552] und durch die Seveso-II-Richtlinie im Jahre 1996 geändert worden.[553] Sie bezweckt die Verhütung von schweren Unfällen mit gefährlichen Stoffen.[554] In Seveso war unter anderem das hochtoxische und kanzerogene Dioxin freigesetzt

---

550 Eine instruktive Erläuterung der so gennanten *Kolmogoroff*-Axiome findet man insbesondere bei *H.-J. Koch/H. Rüßmann* (S. 226, Fn. 546), S. 296f.

551 Richtlinie 2003/105/EG des Europäischen Parlamentes und des Rates vom 16.12.2003 zur Änderung der Richtlinie 96/82/EG des Rates zur Beherrschung der Gefahren bei schweren Unfällen mit gefährlichen Stoffen, ABl. EG Nr. L 345, S. 97.

552 Richtlinie 82/501/EWG des Rates vom 24. Juni 1982 über die Gefahren schwerer Unfälle bei bestimmten Industrietätigkeiten („Seveso-I-Richtlinie“), ABl. EG Nr. L 230, S. 1; die Richtlinie ist gemäß Art. 23 und 24 der Seveso-II-Richtlinie außer Kraft.

553 Richtlinie 96/82/EG des Rates vom 9.12.1996, ABl. EG Nr. L 10 vom 14.1.1997, S.13 (Seveso II-Richtlinie).

554 Art. 1 der Seveso-III-Richtlinie (S. 227, Fn. 551).

worden. Aber selbst Unfälle in Düngemittelfabriken (Toulouse) oder Lagerstätten für Feuerwerkskörper (Enschede) können gravierende Folgen nach sich ziehen. Die Richtlinie verpflichtet die Mitgliedstaaten, dafür zu sorgen, dass die Betreiber von Anlagen der chemischen Industrie alle notwendigen Maßnahmen zur Unfallvorsorge und -begrenzung treffen. Dazu rechnen insbesondere die Aufstellung von Notfallplänen (Art. 11), die Information von potentiell Betroffenen (Art. 13 Abs. 1) und die Duldung von regelmäßigen Inspektionen (Art. 18 Abs. 2). Die Seveso-II-Richtlinie war in Deutschland etwa ein Jahr nach Ablauf der von Art. 24 Abs. 1 der Richtlinie gesetzten Frist durch die Verordnung zur Umsetzung EG-rechtlicher Vorschriften betreffend die Beherrschung der Gefahren bei schweren Unfällen mit gefährlichen Stoffen vom 26. April 2000 umgesetzt worden.[555]

Die Richtlinie findet nur Anwendung auf Betriebe, in denen bestimmte Stoffe einer bestimmten Menge vorhanden sind. Gemische und Zubereitungen werden in der gleichen Weise behandelt wie reine Stoffe (Verdünnungsregel).[556] Nach der sogenannten Mengenregel von Teil 1 des Anhangs I der Richtlinie genügt es für die Anwendbarkeit der Richtlinie, wenn dort festgelegte Mindestmengen der namentlich aufgeführten Stoffe und Zubereitungen überschritten werden, während Teil 2 des Anhangs I unter Heranziehung verschiedener EG-Richtlinien auf Stoffkategorien abstellt. So genügen bereits 5 Tonnen eines als „sehr giftig" klassifizierten Stoffes, um Mitteilungs- und Konzeptaufstellungspflichten nach Art. 6 und 7 der Richtlinie auszulösen, wohingegen es bei als „umweltgefährlich" eingestuften Stoffen selbst dann 500 Tonnen sein müssen, wenn die spezifische Unterart der umweltgefährlichen Stoffe langfristige Gewässerschäden verursachen kann.

Die ebenfalls in Anhang I, Teil 2 Anmerkung Nr. 4 formulierte Additionsregel stellt anders als die Mengenregel auf die Gesamtgefahr durch das Zusammentreffen verschiedener Stoffe ab. Sie lautet:

„Bei einem Betrieb, in dem kein Einzelstoff oder keine Einzelzubereitung in einer Menge vorhanden ist, die der jeweiligen Mengenschwelle entspricht oder größer ist, wird zur Feststellung, ob der Betrieb unter die einschlägigen Vorschriften der Richtlinie fällt, folgende Additionsregel angewendet. Diese Richtlinie ist anzuwenden, wenn die Summe

$$q_1/Q_{U1} + q_2/Q_{U2} + q_3/Q_{U3} + q_4/Q_{U4} + q_5/Q_{U5} + \ldots$$

größer oder gleich 1 ist, dabei ist qx die Menge des gefährlichen Stoffes x (oder gefährlicher Stoffe ein und derselben Kategorie), der (die) unter Teil 1 oder 2 dieses Anhangs fällt (fallen), und QUx die in Teil 1 oder Teil 2 Spalte 3 angegebene relevante Mengenschwelle für den Stoff oder die Kategorie x.

[555] BGBl. 2000 Teil I Nr.19, S. 603 ff.
[556] Nr. 2 der Einleitung des Anhangs I der Seveso-III-Richtlinie.

Diese Richtlinie ist – mit Ausnahme der Artikel 9, 11 und 13 – anzuwenden, wenn die Summe

$$q_1/Q_{L1} + q_2/Q_{L2} + q_3/Q_{L3} + q_4/Q_{L4} + q_5/Q_{L5} + \ldots$$

größer oder gleich 1 ist, dabei ist qx die Menge des gefährlichen Stoffes x (oder gefährlicher Stoffe ein und derselben Kategorie), der (die) unter Teil 1 oder 2 dieses Anhangs fällt (fallen), und QLx die in Teil 1 oder Teil 2 Spalte 2 angegebene relevante Mengenschwelle für den Stoff oder die Kategorie x.

Diese Regel wird zur Einschätzung der mit der Giftigkeit, Entzündlichkeit und Umweltgiftigkeit verbundenen Gesamtgefahr angewandt. Sie ist daher dreimal anzuwenden:

a) für das Addieren von Stoffen und Zubereitungen, die in Teil 1 aufgeführt und als giftig oder sehr giftig eingestuft sind, zu den Stoffen und Zubereitungen, die in die Kategorie 1 oder 2 fallen;

b) für das Addieren von Stoffen und Zubereitungen, die in Teil 1 aufgeführt und als oxydierend, explosionsgefährlich, entzündlich, leicht entzündlich oder hochentzündlich eingestuft sind, zu den Stoffen und Zubereitungen, die in die Kategorie 3, 4, 5, 6, 7a, 7b oder 8 fallen;

c) für das Addieren von Stoffen und Zubereitungen, die in Teil 1 aufgeführt und als umweltgefährlich (R 50 (einschließlich R 50/53) oder R 51/53) eingestuft sind, zu den Stoffen und Zubereitungen, die in die Kategorie 9 Ziffer i) oder 9 Ziffer ii) fallen.

Die einschlägigen Bestimmungen dieser Richtlinie sind anzuwenden, wenn eine der bei Buchstaben a), b) oder c) erhaltenen Summen größer oder gleich 1 ist."

Die Gesamtgefährlichkeit der in einem Betrieb vorhandenen Stoffe wird also mit der in der Richtlinie festgelegten Additionsregel von der Summe der Schadenspotentiale abhängig gemacht, die den namentlich genannten oder einer Stoffkategorie zuzuordnenden Stoffen zugeschrieben werden. Damit wendet die Seveso-III-Richtlinie das wahrscheinlichkeitsmathematische Additionsprinzip mit der Konsequenz an, dass schon geringe Mengen an besonders gefährlichen, etwa krebserregenden Stoffen durch die Summenbetrachtung zur Auslösung der Betreiberpflichten führen können. Problematisch erscheint die erwähnte Verdünnungsregel, nach der schon die einmalige Herstellung von 1 Liter einer Lösung mit einer maximalen 0,1 %-Verdünnung eines krebserzeugenden Stoffes die Anwendbarkeit der Richtlinie grundsätzlich begründet wird. Damit waren nach der Seveso-II-Richtlinie auch viele Kliniken und fast alle chemischen-physikalischen-biologischen-medizinischen Forschungseinrichtungen von der Richtlinie betroffen, was den eigentlichen Sinn der Richtlinie verfehlte.[557] Mit den

[557] *T. Bruha*, Spielräume bei der Umsetzung von EG-Richtlinien, 2003, S. 22.

Änderungen durch die Seveso-III-Richtlinie, durch die die Schwellenwerte deutlich angehoben wurden, ist dieses Problem entschärft worden.[558] Unklar dürfte im übrigen sein, ob die Anwendung von Mengen- und Additionsregel als Ermessensvorschriften umgesetzt werden dürfen oder ob nicht vielmehr nur eine Umsetzung im Sinne eines gebundenen Verwaltungshandelns angemessen wäre.[559]

Wichtig ist für die Frage nach dem Umgang mit Wahrscheinlichkeiten demgegenüber allein, dass die Seveso-III-Richtlinie mit ihrer spezifischen Additionsregel von dem wahrscheinlichkeitsmathematischen Additionsprinzip Gebrauch macht und dies im Ansatz auch überzeugt. Die Gefährlichkeit chemischer Anlagen hängt von der Menge und der Art der vorhandenen Stoffe ab, und es leuchtet ein, dass es auch Stoffkombinationen sein können, die die Auslösung der Betreiberpflichten als gerechtfertigt erscheinen lassen. Dem wird durch die Additionsregel der Richtlinie in sachgerechter und in einer für die Behörden wie die betroffenen Betriebe nachvollziehbarer Weise entsprochen.

*(b) Die Multiplikationsregel*

Die Multiplikations- oder Produktregel betrifft eine andere Art der Verknüpfung verschiedener Indizien. Im Beweisrecht ist vielfach zu klären, wie mehrere Anhaltspunkte auf die Wahrscheinlichkeit einer bestimmten Tatsache zusammenwirken. Die allgemeine Produktregel besagt, dass die Wahrscheinlichkeit für das gemeinsame Auftreten zweier Ereignisse gleich dem Produkt ist, das man erhält, wenn man die Wahrscheinlichkeit des einen Ereignisses multipliziert mit der durch dieses Ereignis bedingten Wahrscheinlichkeit des anderen Ereignisses.[560] Sind die Ereignisse in dem Sinne unabhängig, dass das Auftreten des einen Ereignisses die Wahrscheinlichkeit des Auftretens des anderen Ereignisses nicht beeinflusst, so gilt die spezielle Produktregel, nach der die Wahrscheinlichkeit für das gemeinsame Auftreten von Ereignissen gleich dem Produkt der Einzelwahrscheinlichkeiten ist.[561] *Bender/Röder/Nack* erläutern das an folgendem Beispiel.[562] Die Polizei ermittelt in einem Erpressungsfall und findet im Keller eines Hauses eine Schreibmaschine, mit der der Erpresserbrief geschrieben worden sein könnte. Ein Sachverständiger gibt dem sogar eine Wahrscheinlichkeit von 90 %. Da aber in dem Haus zwei tatverdächtige Personen, A und B, wohnen und Zugang zu der Schreibmaschine haben, ist die Wahrscheinlichkeit, den

---

558 Vgl. die Änderungen im Anhang der Seveso-III-Richtlinie (S. 227, Fn. 551).

559 *T. Bruha*, Spielräume bei der Umsetzung von EG-Richtlinien, 2003, S. 23 ff.

560 *H.-J. Koch/H. Rüßmann*, Juristische Begründungslehre, 1982, S. 300.

561 *H.-J. Koch/H. Rüßmann* (S. 230, Fn. 560), S. 300.

562 *R. Bender et al.*, Tatsachenfeststellung vor Gericht, Bd. 1: Glaubwürdigkeits- und Beweislehre², 1995, Rz. 432.

Brief getippt zu haben, für beide jeweils 50 %. Einigermaßen sicher, aber nicht völlig gewiss sei schließlich, dass derjenige, der den Erpresserbrief geschrieben hat, auch der Erpresser ist (90 % Wahrscheinlichkeit).

Wie hoch ist nun die Wahrscheinlichkeit aufgrund der geschilderten Indizien, dass A der Täter ist? Die Antwort liegt in einer Beweiskette, also einer Verknüpfung verschiedener Einzelumstände mit Hilfe der Produktregel. Sie erlaubt folgende Operation:

$$90\,\% \cdot 50\,\% \cdot 90\,\% = 40{,}5\,\%.$$

Die Gesamtwahrscheinlichkeit verringert sich also. In einer Beweiskette bildet das schwächste Glied eine Kappungsgrenze.[563]

Auf ein öffentlich-rechtlich relevantes Beispiel für die Anwendung der Multiplikationsregel war eingangs bereits hingewiesen worden.[564] Bei ihrer Heranziehung darf man aber nicht den Fehler machen, voneinander abhängige Indizien als unabhängig zu behandeln, wie es in einer kalifornischen Entscheidung aus dem Jahre 1968 zu beobachten war.[565] Eine ältere, an einem Stock gehende Frau befand sich auf dem Weg nach Hause, nachdem sie eingekauft hatte. Ihre Besorgungen befanden sich in einem Rollwagen, auf dem auch ihr Geldbeutel lag. Plötzlich spürt sie einen Schlag, von dem sie umfällt, und sieht anschließend eine Frau wegrennen, von der die Überfallene nachher sagt, die Angreiferin sei ungefähr 145 Pfund schwer gewesen, mit „irgendetwas Schwarzem“ bekleidet und habe ihre blonden Haare zu einer Pferdeschwanzfrisur zusammengebunden gehabt. Nach dem Vorfall fehlte die Geldbörse mit einem Betrag zwischen 35 und 40 Dollar. Ein Zeuge des Vorfalls bekundete, er habe eine junge Frau vom Tatort weglaufen sehen, die eine blonde Pferdeschwanzfrisur gehabt habe und die zu einem männlichen Farbigen mit Schnurrbart in ein gelbes Auto gestiegen sei.

Ein paar Tage nach dem Überfall gelang es der Polizei tatsächlich, ein Paar zu verhaften, auf das diese Beschreibung zutraf. Weder das Opfer noch der Zeuge vermochten aber die Verdächtigen zu identifizieren, so dass die Staatsanwaltschaft einen Mathematiklehrer in den Zeugenstand bat, der zunächst die Multiplikationsregel erläutern sollte und anschließend um eine Schätzung der relativen Häufigkeiten gebeten wurde, mit denen verschiedene Merkmale in ihrer jeweiligen Bezugsklasse vorkommen. Der Sachverständige schätzte dann ohne nähere Überprüfung: gelbes Auto: 10 %, Mann mit Schnurrbart: 25 %, junge Frau mit Pferdeschwanz 10 %, weiße Frau mit blonden Haaren: 33 1/3 %, Farbiger mit Bart 10 %, gemischtrassiges Paar

---

563 *R. Bender et al.* (S. 230, Fn. 562), Rz. 433.

564 S. o. C.IV.1.b)bb) – Mobilität und Toxizität der in wilden Deponien abgelagerten Substanzen.

565 *People vs. Collins,* 68 Cal. 2d 319, 438 P.2d 33 (1968); instruktive Erörterung des Falles bei *H.-J. Koch/H. Rüßmann*, Juristische Begründungslehre, 1982, S. 317 f.

in einem Auto 0,001 %. Unter Heranziehung des Multiplikationssatzes errechnete er nun, dass eine derartige Kombination von Merkmalen eine Wahrscheinlichkeit von 1 zu 12 Millionen habe. Das überzeugte die Jury der ersten Instanz, die die Angeklagten daraufhin für schuldig befand.

Der Fehler dieses Vorgehens liegt darin, fälschlicherweise die Unabhängigkeit der zugrundegelegten Indizien anzunehmen, selbst ihre Richtigkeit als solche unterstellt.[566] Möglicherweise fahren gerade Farbige gerne gelbe Autos, tragen blonde Frauen häufiger Pferdeschwänze oder Männer mit Kinnbärten haben des öfteren auch Schnurrbärte. Die ermittelte Wahrscheinlichkeit von 1 zu 12 Millionen würde nur die Chancen einer Zufallsauswahl wiedergeben, wenn man für alle möglichen Paare je einen Nummernzettel in eine Lostrommel legen und dann einen Zettel ziehen würde. Ein solches Verfahren sagt aber nichts darüber aus, wie wahrscheinlich es ist, dass ein bestimmtes Paar die Tat begangen hat. Zur Ehrenrettung der amerikanischen Justiz ist hinzuzufügen, dass das Obergericht das erstinstanzliche Urteil auch deswegen aufhob.[567]

### *(c) Das Bayes-Theorem (Likelihood-Betrachtung)*

Noch größere Bedeutung als die beiden bereits genannten Schlussregeln hat das nach *Thomas Bayes* benannte Bayes-Theorem, das es ermöglicht, die Neubestimmung der Wahrscheinlichkeit eines Umstands in Abhängigkeit von Informationen über einen anderen formal darzustellen.[568] Das lässt sich an folgendem Beispiel erläutern.[569] Nach § 25 Abs. 2 Nr. 5 AMG ist die Zulassung eines Medikaments zu versagen, wenn bei dem Arzneimittel der begründete Verdacht besteht, dass es bei bestimmungsgemäßem Gebrauch schädliche Wirkungen hat, die über ein nach den Erkenntnissen der medizinischen Wissenschaft vertretbares Maß hinausgehen. Vielfach ergibt sich ein solcher Verdacht daraus, dass der in einem Arzneimittel eingesetzte Wirkstoff im Tierversuch unerwünschte Effekte, etwa die Zunahme von Krebserkrankungen, zeigt. Die Berechnung, wie groß die Wahrscheinlichkeit von Krebserkrankungen als Nebenwirkung des Wirkstoffes in Ansehung der Ergebnisse von Tierversuchen ist, kann mit Hilfe des Bayes-Theorems vorgenommen werden, bei dem die Wahrscheinlichkeit einer zweistelligen Hypothese H und non-H (z. B. Krebserkrankung oder nicht) in Abhängigkeit von einem Datum D (positiver oder negativer Test) ermittelt wird. Das Bayes-Theorem lautet in formaler Schreibweise

---

566 *H.-J. Koch/H. Rüßmann* (S. 231, Fn. 565), S. 318.

567 *People vs. Collins,* 68 Cal. 2d 319, 438 P.2d 33, 66 Cal. Rptr. 497 (1968).

568 S. die Nachweise auf S. 222, Fn. 522.

569 *E. L. Nell*, Wahrscheinlichkeitsurteile in juristischen Entscheidungen, 1983, S. 52 f.

$$p(\mathrm{H}|\mathrm{D}) = \frac{p(\mathrm{H})\; p(\mathrm{D}|\mathrm{H})}{p(\mathrm{H})\; p(\mathrm{D}|\mathrm{H}) + p(\text{non - H})\; p(\mathrm{D}|\text{non - H})},$$

wobei $p$(H|D) die als „*likelihood*" bezeichnete Endwahrscheinlichkeit ist, also die Wahrscheinlichkeit von H unter der Bedingung, dass D gegeben ist, $p$(H) die Ursprungswahrscheinlichkeit, also die unbedingte Wahrscheinlichkeit von H, $p$(D|H) die Wahrscheinlichkeit von D unter der Bedingung, dass H gegeben ist, und $p$(D|non-H) ist die Wahrscheinlichkeit von D unter der Bedingung, dass H nicht gegeben ist.

Auf das vorstehende arzneimittelrechtliche Beispiel bezogen ist $p$(H|D) die Wahrscheinlichkeit, dass eine im Tierversuch beobachtete Nebenwirkung auch bei Menschen auftritt, $p$(H) die ursprünglich angenommene Wahrscheinlichkeit, dass das Medikament für Menschen schädlich ist, $p$(D|H) bezeichnet die Wahrscheinlichkeit des Eintritts von Nebenwirkungen, wenn das Medikament für Menschen schädlich ist, $p$(D|non-H) die Wahrscheinlichkeit, solche Effekte im Tierversuch zu beobachten, obwohl das Medikament bei Menschen zu keinen schädlichen Nebenwirkungen führt.

Es sei beispielsweise angenommen, dass die Ursprungswahrscheinlichkeit, also die vor Durchführung des Tierversuchs vorgenommene Beurteilung, wie wahrscheinlich es ist, dass der Wirkstoff Krebserkrankungen auslöst, 1 % beträgt. Eine Krebserkrankung im Tierversuch lasse ferner in 80 % der Fälle auf schädliche Nebenwirkungen beim Menschen schließen. Gleichzeitig gebe es eine zehnprozentige Wahrscheinlichkeit, bei Tieren eine Krebserkrankung festzustellen, obwohl der Wirkstoff für Menschen unschädlich ist. Setzt man diese Werte in das Bayes-Theorem ein, so ergibt sich:

$$p(\mathrm{H}|\mathrm{D}) = \frac{0{,}01 \times 0{,}80}{0{,}01 \times 0{,}8 + 0{,}99 \times 0{,}10},$$

also ungefähr 7,5 %. Ob dies für die Arzneimittelzulassung noch annehmbar wäre, ist unter Berücksichtigung der Gefährdung zu beurteilen, die von der Behörde in Anbetracht des Heilungspotentials als zumutbar angesehen wird. Die Unbedenklichkeit eines Medikaments hängt mithin von einer Risiko/Nutzenabwägung ab, bei der Häufigkeit und Schwere der Nebenwirkungen mit dem therapeutischen Zweck und dem Wert des Arzneimittels abgewogen werden müssen.[570]

---

[570] *W. A. Rehmann*, in: Rehmann, AMG-Kommentar, 2003, § 5 Rz. 2; *E. Deutsch/ A. Spickhoff*, Medizinrecht[5], 2003, Rz. 725; *A. Kloesel*, in: Kloesel/Cyran, Arzneimittelrecht, 1973, § 5 Rz. 1.

Von der Setzung der Ursprungswahrscheinlichkeit hängt viel für das Ergebnis der Berechnung ab. Das kann problematisch sein, wenn man zu ihrer Schätzung nicht auf bereits vorliegende verlässliche Daten zurückgreifen kann. Das trifft auf die früher übliche Vaterschaftsfeststellung unter Verwendung von Blutgruppenzugehörigkeiten zu, von der deutsche Gerichte regelmäßig Gebrauch machten,[571] weil es auf diesem Wege möglich war, zu einer recht hohen Ausschlusswahrscheinlichkeit für Nicht-Väter von 0,98 bis 0,99 zu gelangen.[572] Dabei wurde zum Teil eine Ursprungswahrscheinlichkeit für die Vaterschaft des Putativvaters von 50 % gesetzt, was im Zivilprozess noch angehen mag, im Strafprozess wegen der Unschuldsvermutung hingegen als Ansatz ausscheiden müßte.[573]

#### *(5) Zwischenergebnis*

Es lässt sich damit festhalten, dass im Rahmen der Sachverhaltsfeststellung in vielen Fällen auch Tatsachen ermittelt werden müssen, die nicht direkt beobachtbar sind, sondern aus Indizien und Erfahrungssätzen erschlossen werden müssen. Soweit solche Schlüsse deterministischen Charakter haben, also ausnahmslos gelten, ist die Anwendung logisch-zwingender Schlussformen wie etwa des *modus ponens* ohne weiteres zulässig. Sobald die Erfahrungssätze aber nur gewisse Anhaltspunkte für das Vorliegen eines Merkmals liefern, geht es um Wahrscheinlichkeiten, für die zunächst ein belastbares Konzept zu entwickeln war. In den Naturwissenschaften scheint der frequentistische Wahrscheinlichkeitsbegriff, der auf den Grenzwert einer unendlichen Zahl von Wiederholungen identischer Vorgänge abstellt, immer noch zu dominieren. Der Frequentismus hat den Vorzug, wahrscheinlichkeitsbezogene Aussagen zu gestatten, denen Gültigkeit unabhängig von den Individuen zukommt, die die Wahrscheinlichkeitsurteile fällen. Diese Art der Objektivität erklärt die Attraktivität des Frequentismus für (natur-)wissenschaftliche Zwecke.

Statistische Schlüsse auf singuläre Ereignisse sind jedoch mit dem frequentistischen Wahrscheinlichkeitsbegriff nur unter größten Schwierigkeiten in Einklang zu bringen. Derartige Retrodiktionen und Prognosen sind bei der Begründung von Verwaltungshandlungen erforderlich und gelingen hingegen auf der Grundlage subjektivistischer Ansätze zwanglos, weshalb sich ihre Heranziehung für den Anwendungsbereich der normativen Entscheidungstheorie gleich welcher Provenienz – wirtschaftswissenschaftlicher, politologischer oder juristischer – empfiehlt.

---

[571] *H. Rüßmann*, in: AK-ZPO, 1987, § 286 Rz. 10 m. w. N.; vgl. § 372a ZPO.
[572] *K. Hummel*, NJW 1981, S. 605 ff.; *M. Maurer*, Rechtstheorie 9 (1978), S. 348 ff.
[573] *H.-J. Koch/H. Rüßmann*, Juristische Begründungslehre, 1982, S. 321 f.

Die mathematischen Operationen, mit denen Wahrscheinlichkeiten berechnet werden können, hängen allerdings nur in geringem Maße von dem gewählten Wahrscheinlichkeitsbegriff ab, da sich mathematische Wahrscheinlichkeiten nach *Laplace* genauso wie frequentistische oder subjektivistische Wahrscheinlichkeiten in Prozenten oder als Zahl zwischen 0 und 1 notieren lassen.[574] Zu den wichtigsten unter den anerkannten mathematischen Verfahren zählen die Additionsregel, das Multiplikationsprinzip und das Bayes-Theorem, wobei letzterem ein subjektivistischer Wahrscheinlichkeitsbegriff zugrunde liegt, gleichwohl damit aber auch Daten verarbeitet werden können, die nach frequentistischem Muster erzeugt worden sind. Welche Rückschlüsse etwa eine in Tierversuchen beobachtete arzneimittelbedingte Krebserkrankung auf bei Menschen eintretende schädliche Nebenwirkungen zulässt, kann mit Studien untersucht werden, die eine große Zahl vergleichbarer Fällen betrachten. Auch die Schätzung der Ursprungswahrscheinlichkeit kann durch Informationen über bereits vorliegende Erfahrungen mit bestimmten Medikamenten oder Wirkstoffgruppen abgesichert sein, ohne dass dadurch die Anwendung des Bayes-Theorems beeinträchtigt würde.

## 2. Prognosen im Rahmen komplexer Abwägungsvorgänge

Retrodiktionen und Prognosen sind also nicht nur durch den Begriff der Wahrscheinlichkeit verbunden, sondern unterliegen auch denselben Verfahren zur Durchführung statistischer Schlüsse. Beides ist bei der Begründung von Verwaltungsentscheidung erforderlich. Den Prognosen kommt dabei eine essentielle Rolle zu: Da es Ziel eines Abwägungsvorgangs ist, die beste unter den zur Verfügung stehenden Handlungsmöglichkeiten zu identifizieren, muss man herausfinden, wie sich die verschiedenen Handlungsoptionen auswirken würden. Das Recht verlangt solche Operationen auf unterschiedliche Art und Weise (a)). Die juristische Problemwahrnehmung erscheint aber etwas auf die Prognose negativer, schädlicher Ereignisse verengt, weil sie hauptsächlich im Zusammenhang mit dem Gefahrenbegriff erfolgt ist (b)). In dieser Hinsicht neutraler ist die normative Entscheidungstheorie (c)).

---

[574] *W. Stegmüller*, Probleme und Resultate der Wissenschaftstheorie und analytischen Philosophie, Bd. IV. Personelle und statistische Wahrscheinlichkeit (2. Halbband), 1973, *passim*; *H. Rüßmann*, in: AK-ZPO, 1987, § 286 Rz. 7; *M.D. Adler*, 87 Minnesota Law Review 2003, S. 1293 (1312).

### a) Rechtliche Prognoseanforderungen

Bereits wegen der allgemeinen Geltung des Verhältnismäßigkeitsgrundsatzes sind von der Verwaltung Prognosen gefordert. Versteht man unter „Geeignetheit" die Förderung der Zweckerreichung, wie es das Bundesverfassungsgericht tut,[575] so ist damit verlangt, dass das eingesetzte Mittel mit einer gewissen, nicht zu geringen Wahrscheinlichkeit zur Zielverwirklichung beiträgt. Die Forderungen nach Erforderlichkeit und Proportionalität der Maßnahmen können des weiteren ebenfalls nur eingelöst werden, wenn man entsprechende Prognosen zugrundelegt.[576]

Einen besonders engen Bezug zur Durchführung von Prognosen haben naturgemäß die bereits erwähnten Prognosebegriffe.[577] Hingewiesen sei auf den polizeirechtlichen Begriff der Gefahr, den Begriff der schädlichen Umwelteinwirkung in § 5 BImSchG und der Begriff der für das Betreiben einer Gaststätte erforderlichen Zuverlässigkeit in § 4 GastG.[578] Darüber hinaus ist eine Prognose gefordert, wenn formuliert wird, der Eintritt eines bestimmten Ereignisses dürfe nicht zu besorgen[579] oder zu befürchten sein.[580] Das BauGB verlangt seit der Änderung durch das Europarechtsanpassungsgesetz Bau die Anfertigung eines Umweltberichts bei der Aufstellung von Bauleitplänen, der Prognosen über die Entwicklung des Umweltzustands bei Durchführung der Planung und bei Nichtdurchführung der Planung enthält.[581] Das Bundesverwaltungsgericht geht davon aus, dass Wettbewerbsbeschränkungen im Taxengewerbe durch dessen Bedrohung und Beeinträchtigung der öffentlichen Verkehrsinteressen durch Neuzulassung von Taxen gerechtfertigt sein können.[582] Auch das verlangt Prognosen.

### b) Gefahr, Risiko, Restrisiko – Wahrscheinlichkeit als Rechtsbegriff

Wie man an den Beispielen sehen konnte, kommen Prognosen im Recht vielfach als die Mittel ins Blickfeld, mit denen das Eintreten negativer Effekte abgeschätzt werden sollen. Eine bedeutsame Ausnahme bildet freilich der Verhältnismäßigkeitsgrundsatz, nach dem der Grad der Zielerreichung und damit etwas Erwünschtes zu prognostizieren ist. Aber selbst

---

[575] St. Rspr., s. nur BVerfG v. 16.3.1971, E 30, S. 292 (316); v. 14.10.1975, E 40, S. 196 (222); v. 27.1.1983, E 63, S. 88 (115); v. 10.4.1997, E 96, S. 10 (23).
[576] *H.-J. Koch et al.*, Allgemeines Verwaltungsrecht³, 2003, S. 231 f.
[577] S. o. C.I.2.b)bb)(1)(c).
[578] *R. Pöltl*, in: Hoffmann/Seitter/Pöltl, GastG-Kommentar, 2003, § 4 Rz. 16 ff.
[579] § 34 Abs. 2 S. 1 WHG (Verunreinigung des Gewässers).
[580] § 35 Abs. 3 Nr. 7 BauGB (Splittersiedlung).
[581] Anlage zu § 2 Abs. 4 BauGB, Nr. 1 lit. b).
[582] BVerwG v. 19.12.1985, E 72, S. 300 (316 f.); v. 19.1.1989, E 81, S. 185 (190 ff.)

das kann sich auf die Abwehr von Gefahren beziehen. Eingebürgert hat sich insoweit die Dreiteilung Gefahr, Risiko und Restrisiko, wobei freilich eine gewisse Uneinheitlichkeit des Sprachgebrauchs zu beobachten ist.[583] Nach hergebrachter Definition liegt eine Gefahr vor, wenn bei ungehindertem Geschehensablauf ein Zustand oder ein Verhalten mit hinreichender Wahrscheinlichkeit zu einem Schaden an einem polizeilich geschützten Rechtsgut führen wird.[584] Dabei kommt es nach herrschender und zutreffender Ansicht auf die sorgfältig zu gewinnende, aber subjektive Sicht des Amtswalters an.[585] Das ist schon deshalb überzeugend, weil es in sich widersprüchlich wäre, die Rechtmäßigkeit einer Prognose anhand von *ex post* gewonnenen Kenntnissen zu messen,[586] und dadurch die von den entsprechenden Anforderungen erhofften Steuerungs- und Anreizwirkungen für das Handeln der Behörden in Mitleidenschaft gezogen würde. Darüber hinaus würde die Wirksamkeit von Gefahrenabwehrmaßnahmen erheblich eingeschränkt, würde man das tatsächliche Drohen eines Schadenseintritts, beurteilt anhand des Kenntnisstandes zum Zeitpunkt einer Gerichtsentscheidung *ex post*, zur Voraussetzung des Einschreitens machen.[587]

In jüngerer Zeit sind allerdings Bemühungen festzustellen, die Dogmatik des Gefahrenbegriffs – insbesondere die Voraussetzungen und Rechtsfolgen von Gefahrenverdacht und Anscheinsgefahr – im Sinne seiner Objektivierung zu entfalten.[588] Als objektiv bezeichnen *Pieroth/Schlink/Kniesel* ein Wahrscheinlichkeitsurteil, das nicht auf den konkret vorliegenden Kenntnissen einer bestimmten Person oder Gruppe oder eines Typs von Per-

---

583 *F. Ossenbühl*, Die Not des Gesetzgebers im naturwissenschaftlich-technischen Zeitalter, 2000, S. 27, konzediert insbesondere die Divergenzen innerhalb des juristischen Diskurses, dem naturwissenschaftlichen und dem soziologischen Risikobegriff; *M. Böhm*, NVwZ 2005, S. 609 (612), erkennt „erhebliche Abgrenzungsprobleme" zwischen Gefahrenabwehr und Vorsorge.

584 Knappe, aber instruktive Darstellung der Rechtsprechung des Preußischen OVG bei *U. Di Fabio*, Risikoentscheidungen im Rechtsstaat: zum Wandel der Dogmatik im öffentlichen Recht, insbesondere am Beispiel der Arzneimittelüberwachung, 1994, S. 32f. Vgl. im übrigen PrOVG v. 20.4.1922, E 77, S. 333 (338); v. 12.6.1922, E 77, S. 341 (345); v. 27.9.1923, E 78, S. 272 (278); v. 15.5.1930, E 87, S. 301 (310); BVerwG (st. Rspr., s. nur die Entscheidungen) v. 13.12.1967, E 62 S. 36 (38f.); v. 26.2.1974, E 45, S. 51 (57); v. 17.3.1981, E 62, S. 36 (38f.); *V. Götz*, Allgemeines Polizei- und Ordnungsrecht[13], 2001, S. 66; *K. Vogel/W. Martens*, Gefahrenabwehr: allgemeines Polizeirecht (Ordnungsrecht) des Bundes und der Länder[9], 1986, S. 220.

585 *E. Denninger*, Gefahrenabwehr, in: Denninger/Lisken (Hrsg.), Handbuch des Polizeirechts, 2001, E.I Rz. 29ff.; *W.-R. Schenke*, Polizei- und Ordnungsrecht[3], 2004, Rz. 80ff.; äußerst instruktiv bereits *O. Schneider*, DVBl. 1980, S. 406ff.

586 *W.-R. Schenke*, Polizei- und Ordnungsrecht[3], 2004, Rz. 80.

587 *W.-R. Schenke* (S. 237, Fn. 586), Rz. 80.

588 *B. Schlink*, Jura 1999, S. 169ff.; *R. Poscher*, Gefahrenabwehr. Eine dogmatische Rekonstruktion, 1999; *ders.*, NVwZ 2001, S. 141ff.; *B. Pieroth et al.*, Polizei- und Ordnungsrecht[2], 2004, Rz. 39ff.; kritisch *A. Gromitsaris*, DVBl. 2005, S. 535ff.

sonen aufbaut, sondern auf dem gesamten verfügbaren Wissensstand.[589] Zur Begründung ihres Konzepts weisen *Pieroth/Schlink/Kniesel* darauf hin, dass ein objektiver Gefahrenbegriff der üblichen Beurteilung von Rechtmäßigkeit und Rechtswidrigkeit staatlichen Handelns entspreche.[590] Es dürfe hierfür nicht darauf ankommen, ob den Beamten ihr Irrtum gegebenenfalls vorgeworfen werden könne. Eine ganz andere Frage sei, welche disziplinarrechtlichen[591] oder prozessualen Konsequenzen[592] falsche Wahrscheinlichkeitseinschätzungen nach sich ziehen müssten.

Dem skizzierten „objektiven" Wahrscheinlichkeitskonzept ist mit Recht entgegengehalten worden, dass der Maßstab aller zum Zeitpunkt der Beurteilung vorhandenen Umstände einschließlich menschlicher Kenntnisse weder sinnvoll noch erfüllbar erscheint.[593] Es kommt einerseits nicht auf alle Umstände an – was hätte etwa die Wassertemperatur in der Nordsee mit der Frage zu tun, ob jemand, der eine Glatze trägt und einen Baseballschläger mit sich führt, sich an Ausschreitungen gegen Ausländer zu beteiligen droht? –, noch wäre es möglich, tatsächlich eine vollständige Liste aller Tatsachen und Kenntnisse anzufertigen. Ein realistischer Gefahrenbegriff muss demgegenüber auf die maßgeblichen, nicht offenbar irrelevanten Umstände abstellen, die dem gewissenhaften Rechtsanwender auch bekannt waren.[594]

Für die Abgrenzung von Gefahren und anderen Risikolagen gilt weiterhin grundsätzlich, dass Gefahren von der Rechtsordnung nicht hingenommen werden. Dagegen spricht man im Recht von Risiko, wenn ein unerwünschtes Ereignis möglich oder nicht auszuschließen ist.[595] Das schließt Gefahren begrifflich zwar ein, bezieht sich aber in der rechtswissenschaftlichen Literatur erstens insbesondere auf Fälle, in denen die Eintrittswahrscheinlichkeit oder der zu erwartende Schaden gering ist.

---

[589] *B. Pieroth et al.* (S. 237, Fn. 588), § 4 Rz. 40; mit dem oben ausgeführten Streit um den wissenschaftstheoretischen Charakter von Wahrscheinlichkeitsaussagen hat das wenig zu tun, s. o. C.IV.1.b)bb)(1). Die Überlegung von *Pieroth et al.* betrifft in erster Linie die Prognosebasis, also die Wenn-Komponente statistischer Schlüsse, nicht das epistemische Wesen ihrer Voraussetzungen oder ihrer Resultate.

[590] *B. Pieroth et al.* (S. 237, Fn. 588), § 4 Rz. 40; zuvor schon *B. Schlink*, Jura 1999, S. 169 (170 f.).

[591] Ausführlich *R. Poscher*, Gefahrenabwehr, 1999, S. 147 ff.

[592] *R. Poscher*, NVwZ 2001, S. 141 (144 ff.).

[593] *H.-J. Koch et al.*, Allgemeines Verwaltungsrecht³, 2003, S. 243, Rz. 175.

[594] *W.-R. Schenke*, Polizei- und Ordnungsrecht³, 2004, Rz. 80; *H.-J. Koch et al.* (S. 238, Fn. 593), S. 243, Rz. 175; ähnlich auch *C. Gusy*, Polizeirecht⁵, 2003, Rz. 114.

[595] *I. Appel*, NuR 1996, S. 227 (228 ff.); *R. Steinberg*, Staatliches Risikomanagement im europäischen Anlagenrecht, in: Riedel u. a. (Hrsg.), Risikomanagement im öffentlichen Recht: Landesberichte und Generalbericht der Tagung für Rechtsvergleichung 1996 in Jena, 1997, S. 17 ff.; *R. Breuer*, NVwZ 1990, S. 211, 213 f.; ausführlich *U. Di Fabio*, Risikoentscheidungen im Rechtsstaat: zum Wandel der Dogmatik im öffentlichen Recht, insbesondere am Beispiel der Arzneimittelüberwachung, 1994, S. 7 ff.

Zweitens werden mit dem Risikobegriff Situationen bezeichnet, die durch Ungewissheit im Sinne subjektiver Nichtkenntnis einzelner Faktoren oder Wirkungszusammenhänge gekennzeichnet sind. Rechtlich sind dann Vorsorgemaßnahmen angezeigt, mit denen die Risiken reduziert werden sollen. Das Maß der erforderlichen Vorsorgemaßnahmen wird durch das technisch Mögliche und das Verhältnis von Aufwand und Nutzen begrenzt.[596]

Schließlich wird mit der dritten Kategorie, dem Restrisiko, das von der Rechtsordnung gebilligte und gesellschaftlich hinzunehmende Risiko beschrieben. Nach der Rechtsprechung des Bundesverfassungsgerichts ist das Restrisiko dadurch gekennzeichnet, dass die Möglichkeit eines künftigen Schadensereignisses zwar praktisch, aber nicht mit letzter Sicherheit ausgeschlossen werden kann.[597] Es finden sich wiederum zwei Varianten des Restrisikos.[598] Dem Bundesverfassungsgericht standen Fälle vor Augen, in denen zwar Eintrittswahrscheinlichkeit und Schadensmöglichkeiten bekannt sind, aber eine extrem geringe Eintrittswahrscheinlichkeit vorliegt und das verbleibende Risiko als Restrisiko der Gesellschaft zumutbar erschien. Demgegenüber wird von Restrisiko auch dann gesprochen, wenn Schadenspotential oder die Verwirklichungswahrscheinlichkeit unbekannt sind.[599]

### *c) Risiko, Unsicherheit, Ungewissheit – Wahrscheinlichkeit als Begriff der normativen Entscheidungstheorie*

Die skizzierte Diskussion um prognostische Schlüsse im Recht interessiert sich vor allem für die Frage, wo die Grenze zur (rechtlich) missbilligten Gefahr liegt und welche Konsequenzen darüber hinaus die verschiedenen anderen Risikostufen auslösen sollen. Man könnte daher den Eindruck gewinnen, rechtlich stehe die Prognose ungünstiger Ereignisse im Vordergrund, während der Vorhersage der erwünschten Wirkungen einer Handlung eine geringere rechtliche Bedeutung zukomme. Das wäre aber ein Trugschluss. Gesetzliche Ziele können negativ oder positiv ausgedrückt

---

596 *R. Breuer*, NVwZ 1990, S. 211 (213).

597 BVerfG v. 8.8.1978, E 49, S. 89 (143).

598 *H. Hofmann*, Rechtsfragen der atomaren Entsorgung, 1981, insb. S. 350; *H. Albers*, Gerichtsentscheidungen zu Kernkraftwerken, 1980, S. 97; *M. Stötzel*, Kerntechnische Schutzkonzepte und atomrechtliche Anlagengenehmigung, 1998, S. 97; *F. Ossenbühl*, Bestandsschutz und Nachrüstung von Kernkraftwerken, 1994, S. 90; *R. Breuer*, DVBl. 1978, S. 829 (835); *R. Steinberg/G. Roller*, Atomrechtliche Schadensvorsorge und „Restrisiko“, in: Steinberg/Schneider (Hrsg.), Schadensvorsorge im Atomrecht zwischen Genehmigung, Bestandsschutz und staatlicher Aufsicht, 1991, S. 9 (84 ff.).

599 *R. Wahl*, Prävention und Vorsorge. Von der Staatsaufgabe zu den verwaltungsrechtlichen Instrumenten, 1995, S. 90.

sein, man denke an die Gewährleistung einer nachhaltigen städtebaulichen Entwicklung (§ 1 Abs. 5 BauGB) einerseits und die Verhinderung von Gefahren für die Umwelt durch schädliche Umwelteinwirkungen (§ 1 Abs. 1 BImSchG) andererseits. Für die Bindung an die Ermächtigungszwecke, ihre Verfolgung durch die Umsetzung gesetzlicher Bestimmungen und den darauf bezogenen Verhältnismäßigkeitsgrundsatz macht es aber keinen Unterschied, ob sich die damit einhergehenden Prognosen auf die Förderung eines erwünschten Effektes oder die Abwehr einer nachteiligen Wirkung beziehen. Abwägungsentscheidungen erfordern mithin regelmäßig die Prognose der negativen Effekte einer Maßnahme genauso wie die ihrer positiven.

In der wirtschaftswissenschaftlichen normativen Entscheidungstheorie ist eine solche gewissermaßen neutrale Haltung anerkannt. Ihr Hauptaugenmerk richtet sich auf die Untersuchung, welche Entscheidungsregeln jeweils befolgt werden sollten, ausgehend und abhängig von Differenzierungen nach Grad, Umfang und Entstehung des Nicht-Wissens. Sieht man von Einzelheiten ab, ist in der Ökonomik die Unterscheidung von Risikoentscheidungen, Entscheidungen unter Unsicherheit und Entscheidungen unter Ungewissheit gängig.[600] „Risiko" bezeichnet demnach Situationen, in denen die Eintrittswahrscheinlichkeit aller möglichen Ergebniszustände bekannt sind.[601] Anders als im Recht, wo mit „Risiko" üblicherweise mögliche negative Konsequenzen einer Handlung beschrieben werden, ist der Begriff in der Entscheidungstheorie wertungsmäßig neutral.[602] Solche Fälle sind einfach formal darzustellen – man denke an den Würfel nach *Laplace* –, treten aber selten auf.[603] Die größte Aufmerksamkeit in der Entscheidungstheorie gilt daher den Entscheidungen unter Unsicherheit, wenn also der Entscheidungsträger zwar die möglichen Ergebniszustände kennt, aber nicht deren jeweilige Eintrittswahrscheinlichkeit.[604] Schließlich bezeichnet

[600] Auch die Ökonomik ist bei der Abgrenzung der Bereiche durch gewisse begriffliche Verwerfungen gekennzeichnet, s. etwa *M. J. Machina*, Journal of Economic Perspectives 1 (1987), S. 121 ff.; jüngere umweltökonomische Arbeiten haben weitere Differenzierungen vorgeschlagen, vgl. *F. Wätzold*, Umweltökonomische Konzeptionen bei ökologischer Unsicherheit, 1998, S. 102 ff.; *E. Gawel*, Reguliertes Wissen um Unwissen, in: Hart (Hrsg.), Privatrecht im Risikostaat, 1997, S. 265, 268 ff.

[601] S. etwa *H. Laux*, Entscheidungstheorie[5], 2003, S. 23.

[602] Wie hier *I. Spiecker genannt Döhmann*, Staatliche Entscheidung unter Unsicherheit: Eine Analyse ökonomischer Entscheidungsmodule im öffentlichen Recht, in: Bungenberg (Hrsg.), Recht und Ökonomik. 44. Tagung der Wissenschaftlichen Mitarbeiterinnen und Mitarbeiter der Fachrichtung „Öffentliches Recht", Jena 2004, 2004, S. 61 (77).

[603] Das wird auch von der Ökonomik so gesehen, s. etwa *H.-W. Sinn*, Ökonomische Entscheidungen bei Ungewissheit, 1980, S. 1.

[604] *E. B. Rasmusen*, Games and information. An introduction to game theory, 2002, S. 45; *H.-W. Sinn* (S. 240, Fn. 603), S. 22; *H. Laux*, Entscheidungstheorie[5], 2003, S. 23, bezeichnet dies als Unsicherheit im engeren Sinn; im übrigen vgl. die instruktive Darstellung bei *I. Spiecker genannt Döhmann*, Staatliche Entscheidung unter Unsicherheit:

Ungewissheit das Fehlen solcher Kenntnisse auch bezüglich der möglichen Ergebniszustände. Sie sind schwieriger zu modellieren und finden kaum Aufmerksamkeit in der ökonomischen Literatur.

Ein überlieferter Vorschlag für die Lösung von Risikoentscheidungen geht für Ökonomen dahin, den Erwartungswert des Nutzens zu maximieren.[605] Gesucht wird danach die Alternative mit dem größten Produkt aus Wahrscheinlichkeit des Eintritts eines Ereignisses und seinem Nutzen.[606] Die Multiplikation von Wahrscheinlichkeitsgrad und erwartetem Nutzen setzt jedoch, soll sie eindeutige Ergebnisse erbringen, die sichere Kenntnis der entsprechenden Wahrscheinlichkeiten und des Nutzens der jeweiligen Ergebniszustände voraus (Risikoentscheidungen im engeren Sinn). Beides ist jedoch in der sozialen Wirklichkeit keineswegs regelmäßig gegeben, so dass insbesondere für die Entscheidungen unter Unsicherheit andere Entscheidungsverfahren diskutiert werden.

Das in der Entscheidungstheorie wohl gängigste Kriterium ist das so genannte *Maximin-Kriterium*.[607] Danach soll unter allen möglichen Alternativen diejenige gewählt werden, die den Entscheider in der Ergebnisvariante mit dem ungünstigsten Ergebnis noch am besten stellt. Mit anderen Worten soll der Entscheider vom ungünstigsten Ergebnis ausgehen und unter diesen Umständen die günstigste Alternative wählen.[608] Das Maximin-Kriterium wurde wegen seiner Fokussierung auf den Katastrophenfall als zu pessimistisch kritisiert.[609] Daher sind einige alternative Entscheidungsregeln entwickelt worden, zu denen das *Hurwicz-Kriterium* (*Pessimismus-Optimismus-Kriterium*) zählt.[610] Nach dem Hurwicz-Kriterium werden vor der

---

Eine Analyse ökonomischer Entscheidungsmodule im öffentlichen Recht, in: Bungenberg (Hrsg.), Recht und Ökonomik. 44. Tagung der Wissenschaftlichen Mitarbeiterinnenn und Mitarbeiter der Fachrichtung „Öffentliches Recht", Jena 2004, 2004, S. 61 (65ff.).

605 Aus jüngerer Zeit etwa *P. Slovic et al.*, Decision Processes, Rationality and Adjustment to Natural Hazards, in: Slovic (Hrsg.), The Perception of Risk, 2001, S. 1, 3f.

606 Grundlegend waren insoweit die Arbeiten von *Bernoulli* und von *von Neumann/Morgenstern* (*D. Bernoulli*, Specimen Theoriae Novae de Mensura Sortis, Commentarii Academica Scientiarum Imperialis Petropolitanae 5 (1738), S. 175 (engl. Übersetzung bei *L. Sommer*, Exposition of a New Theory on the Measurability of Wealth, 22 Econometrica (1954), S. 23ff.); *J. von Neumann/O. Morgenstern*, Theory of Games and Economic Behaviour², 1947.

607 Das Maximin-Kriterium geht zurück auf *A. Wald*, Statistical Decision Functions, 1950; ausführlich *H.-W. Sinn*, Ökonomische Entscheidungen bei Ungewissheit, 1980, S. 78ff.; aus umweltökonomischer Sicht ablehnend *F. Wätzold*, Umweltökonomische Konzeptionen bei ökologischer Unsicherheit, 1998, S. 93.

608 Ausführlich stellt z.B. *H.-W. Sinn*, Ökonomische Entscheidungen bei Ungewissheit, 1980, S. 78ff., das Maximin-Prinzip vor.

609 *W. Krelle*, Präferenz und Entscheidungstheorie, 1968, S. 185; ähnlich auch *H.H. Laux*, Entscheidungstheorie⁵, 2003, S. 107f. („extremer Pessimismus").

610 *L. Hurwicz*, Optimality Criteria for Decision Making under Ignorance. Cowles Commission Discussion Paper No. 370, 1951.

eigentlichen Entscheidung, die nach der Maximin-Regel getroffen wird, sowohl der günstigste als auch der ungünstigste Ergebniszustand mit einem Optimismus- beziehungsweise Pessimismus-Faktor gewichtet. Die übrigen Alternativen werden nicht berücksichtigt. Gerade das hat auch Einwände hervorgerufen.[611]

Nach der *Savage-Niehans-* oder auch *Minimal-Regret-Regel*, dem Prinzip des kleinsten Bedauerns, kommt es schließlich darauf an, bei welcher Alternative der Eintritt des ungünstigsten Ereignisses dem Entscheider am wenigsten ausmacht.[612] Technischer ausgedrückt soll die Alternative gewählt werden, bei der die Differenz zwischen dem möglichen Gewinn durch die Wahl einer Alternative und dem möglichen Verlust durch die Nicht-Realisierung anderer Alternativen den geringsten Verlust (eben das Bedauern) verspricht.[613] Berücksichtigt man von jeder Alternative nur den maximalen aller möglichen Bedauernswerte, impliziert dies eine extrem pessimistische Einstellung.[614] Die *Savage-Niehans-Regel* ist daher zum Teil als innovationsfeindlich kritisiert worden.[615]

Insgesamt darf man festhalten, dass die normative Entscheidungstheorie mit ihrer vielfach aufgegriffenen Unterscheidung von Risiko, Unsicherheit und Ungewissheit die Analyse von Entscheidungssituationen erleichtert. Darüber hinaus wird eine Reihe von respektablen Entscheidungsmodulen zur Lösung schwieriger Entscheidungsprobleme angeboten. Es kann aber wegen der unvermeidlich zugrundeliegenden Bewertungsfragen nicht überraschen, dass sich keiner der genannten Vorschläge als klar überlegen hat

---

611 Vgl. *F. Wätzold*, Umweltökonomische Konzeptionen bei ökologischer Unsicherheit, 1998, S. 96; zu weiteren Kritikpunkten s. *D. Becker-Soest*, Institutionelle Vielfalt zur Begrenzung von Unsicherheit: Ansatzpunkte zur Bewahrung von Biodiversität in einer liberalen Wettbewerbsgesellschaft, 1998, S. 149.

612 Auch Savage-Niehans-Regel genannt, die sie beide unabhängig voneinander entwickelt haben, *L. J. Savage*, Journal of the American Statistical Association 46 (1951), S. 55 ff., und *J. Niehans*, Schweizerische Zeitschrift für Volkswirtschaft und Statistik 84 (1948), S. 433 ff.

613 Kritisch *H. Laux*, Entscheidungstheorie$^5$, 2003, S. 113 f.; aus der juristischen Diskussion *I. Spiecker genannt Döhmann*, Wissen, Nicht-Wissen, Unsicheres Wissen – ein systematisierender Überblick über die Diskussionsbeiträge der Konferenz, in: Engel u. a. (Hrsg.), Wissen, Nichtwissen, unsicheres Wissen, 2002, S. 371, 401. In diese Richtung auch *K. Kastendieck*, Der Begriff der praktischen Vernunft in der juristischen Argumentation: zugleich ein Beitrag zur Rationalisierung und ethischen Legitimation von rechtlichen Entscheidungen unter Unsicherheitsbedingungen, 2000, S. 53; *F. Ossenbühl*, Maßhalten mit dem Übermaßverbot, in: Badura (Hrsg.), Wege und Verfahren des Verfassungslebens: Festschrift für Peter Lerche zum 65. Geburtstag, 1993, S. 151, 158.

614 *H. Laux* (S. 242, Fn. 613), S. 113.

615 *F. Wätzold*, Umweltökonomische Konzeptionen bei ökologischer Unsicherheit, 1998, S. 93 f.; *I. Spiecker genannt Döhmann*, Staatliche Entscheidung unter Unsicherheit: Eine Analyse ökonomischer Entscheidungsmodule im öffentlichen Recht, in: Bungenberg (Hrsg.), Recht und Ökonomik. 44. Tagung der Wissenschaftlichen Mitarbeiterinnenn und Mitarbeiter der Fachrichtung „Öffentliches Recht", Jena 2004, 2004, S. 61 (74 f.).

durchsetzen können.[616] Besonders misslich scheint aus rechtlicher Sicht, dass die in der Praxis hoheitlicher Entscheidungen nicht seltenen Ungewissheitsentscheidungen bislang keiner überzeugenden Lösung zugeführt werden konnten.

### 3. Natürlich-sprachliche oder numerisch-formale Methodik?

Gleichgültig, ob man nun in den juristischen Kategorien von Gefahr, Risiko und Restrisiko denkt, oder der in der Ökonomik üblichen Systematisierung folgt, Entscheidungen unter der Bedingung des Nicht-Wissens verlangen nach einem methodisch angemessenen Umgang mit Wahrscheinlichkeiten. Für subjektivistische wie für objektivistische Ansätze zum Begriff der Wahrscheinlichkeit stellt sich die Frage, wie denn die entsprechenden Wahrscheinlichkeitsaussagen mit Blick auf die Erzielung einwandfreier Ergebnisse und die transparente Artikulation der Erwägungen ausgedrückt werden können und sollten.

Diesbezüglich stehen sich im Grundsatz natürlich-sprachliche und numerische Methoden gegenüber, von denen erstere in der behördlichen Praxis dominieren, während letztere vor allem in den Naturwissenschaften und der Ökonomik eingesetzt werden. Auf der Basis des klassischen und des frequentistischen Wahrscheinlichkeitsbegriffs ergibt sich eine numerische Darstellung zwanglos und bedarf keiner weiteren Rechtfertigung.[617] Dagegen könnte die Forderung nach Bezifferung des Maßes, in dem an das Eintreten eines Ereignisses geglaubt wird (subjektivistischer Wahrscheinlichkeitsbegriff), obwohl sie mit Hilfe verschiedener Verfahren prinzipiell möglich ist,[618] Skepsis hervorrufen. Diese ließe sich insbesondere damit begründen, dass es um die Artikulation vager Intuitionen über das Eintreten zukünftiger Ereignisse gehe, und die Unschärfe verbaler Ausdrücke diesem Umstand angemessen Rechnung trage, während numerische Methoden eine Genauigkeit vorspiegelten, die in Wirklichkeit nicht gegeben sei. Soweit ersichtlich, wird dieses Argument im verwaltungsrechtlichen Kontext nicht ausdrücklich erhoben; unter Berücksichtigung der vergleichbaren Diskussion zu Werturteilen liegt seine Heranziehung jedoch nahe,[619]

---

[616] Zum Vergleich der juristischen Begrifflichkeit mit der entscheidungstheoretischen s. *I. Spiecker genannt Döhmann* (S. 242, Fn. 615), S. 61 (76ff.).

[617] Allerdings sei noch einmal darauf hingewiesen, dass die Stärken des frequentistischen Wahrscheinlichkeitsbegriffes in der Behandlung von vergangenen Ereignissen liegen. Demgegenüber ist die Vorhersage zukünftiger Geschehnisse auf seiner Grundlage allenfalls mit Einschränkungen statthaft.

[618] Erinnert sei an die bereits erläuterte Heranziehung von Wetten und des Verfahrens der „äquivalenten Urne", s.o. C.IV.1.a)aa)(1)(c)(aa).

[619] S.u. C.V.5.c)cc)(1)(a)).

wie auch die auf den Zivilprozess bezogene Bemerkung *Hubers* zeigt, nach dessen Einschätzung das „Bestreben, Wahrscheinlichkeiten und Gesamtwahrscheinlichkeiten stets und unter allen Umständen mit mathematischen Mitteln erfassen zu wollen", ganz erheblichen Bedenken begegnen soll. Die besondere Problematik mathematischer Methoden der Wahrscheinlichkeitsrechnung liege darin, dass die Genauigkeit der Ergebnisse besteche und gerade deshalb die Unsicherheiten der Grundannahmen, auf denen die Rechnung basiere, verdeckt würden.[620]

In der Tat stoßen staatliche Entscheidungen vielfach an die Grenzen menschlicher Erkenntnismöglichkeiten, sei es bei der Ermittlung vergangener Ereignisse, sei es im Zusammenhang mit Prognosen. Bislang ist kein Verfahren entwickelt worden, mit dem ausschließlich deterministische Aussagen über vom Entscheidungsträger nicht selbst beobachtete vergangene oder zukünftige Ereignisse getroffen werden könnten. Die zu beklagende Ungenauigkeit ist in dieser Hinsicht nicht der Wahl einer bestimmten Heuristik, sondern prinzipiellen Grenzen menschlicher Erkenntnisfähigkeit geschuldet. Angesichts dieser Sachlage stellt sich allein die Frage, mit welcher Methodik die dadurch unausweichlich gestellten Probleme am besten zu lösen sind. Bei ihrer Untersuchung dürften drei Teilaspekte zu unterscheiden sein. Erstens ist nach der analytischen Qualität der Heuristiken zu fragen, also danach, ob und inwieweit die *Operationalisierung* der Problemstellung gelingt (a). Zweitens ist zu klären, welche Heuristik am besten dazu geeignet ist, *intuitionsbedingte Fehler* zu vermeiden (b). Schließlich ist – drittens – im Kontext begründungspflichtiger staatlicher Entscheidungen die erzielbare *Transparenz* bei der Kommunikation der angestellten Überlegungen zu berücksichtigen (c).

### a) Operationalisierung und kalkulatorische Leistungsfähigkeit

Wie vorstehend erläutert, kann bereits die Sachverhaltsermittlung statistische Schlüsse erfordern. Besondere Schwierigkeiten bereitet die Abschätzung der Wahrscheinlichkeit von Ereignissen, die auf Grund mehrerer Indizien erschlossen werden sollen. Hierfür können wahrscheinlichkeitsmathematische Operationen wie die Additionsregel oder das Multiplikationsprinzip geeignete Verfahren bereitstellen. Darüber hinaus bietet das Bayes-Theorem den formalen Rahmen für die Neubeurteilung von Wahrscheinlichkeitsquotienten unter Einbeziehung zusätzlicher Informationen. Vielfach sind statistische Schlüsse im Recht auch hinsichtlich von Prognosen gefordert, so bei der Abschätzung der Geeignetheit und der Erforderlichkeit von

---

[620] *M. Huber*, Das Beweismaß im Zivilprozess, 1983, S. 114f.

Maßnahmen, bei der Anwendung des Gefahrenbegriffs oder anderer Prognosebegriffe. Ab einer gewissen Komplexität des Sachverhalts erleichtert eine formale, mathematische Notation die Durchführung solcher Überlegungen ganz erheblich. Die Lösung von wahrscheinlichkeitsbedingten Entscheidungsproblemen mit Hilfe von verbalen Bezeichnungen der Wahrscheinlichkeiten („sehr wahrscheinlich", „überwiegend wahrscheinlich", „unwahrscheinlich") und der erwarteten Schäden („hohe", „außerordentliche", „geringe") kann dagegen nicht ernsthaft in Betracht gezogen werden. Was ergäbe etwa die „überwiegende Wahrscheinlichkeit außerordentlich großer" Schäden im Vergleich mit einer „hohen" Kostenbelastung einer „fast sicher" eintretenden Alternative? Wie wäre eine Addition oder eine Multiplikation von Wahrscheinlichkeiten bei Verwendung einer rein natürlich-sprachlichen Methodik zu bewerkstelligen?[621]

*aa) Sensitivitätsanalysen*

Die formale Darstellung der erwarteten Entwicklung kann auch den Umgang mit unsicher eintretenden Ereignissen dadurch erleichtern, dass die für ein Projekt maßgeblichen Faktoren ermittelt und die Robustheit der Annahmen überprüft werden können. Hierfür stellen Sensitivitätsanalysen und die Ermittlung kritischer Werte hilfreiche Instrumente dar.[622] Sie erlauben die Untersuchung der Auswirkungen einzelner Extremwerte oder auch die schlechtest mögliche Entwicklung („*worst case*"), was die Beurteilung der verschiedenen Alternativen unterstützt und Hinweise auf die Notwendigkeit weiterer Sachverhaltsermittlung geben kann. Das sei an folgendem Beispiel erläutert.

Zu prüfen sei das Projekt der Erweiterung eines Krankenhauses im Tropischen Regenwald.[623] Das Hospital soll zukünftig auch über eine leistungsfähige chirurgische Abteilung und eine bestimmte Anzahl stationärer Betten verfügen. Die einmalig anfallenden Investitionskosten in Höhe von 25 Mill. Euro entstehen durch den Landerwerb und die Errichtung der Gebäude. Die jährlichen Betriebskosten belaufen sich auf 1 Mill. Euro. Neben diesen relativ sicher anzunehmenden Kosten soll es auch zwei schwerer abzuschätzende Faktoren geben. Zum einen wird für das Krankenhausprojekt Land benötigt, das zu einem benachbarten Dorf gehört. Hier sei nicht

[621] S. o. C.IV.1.b)bb)(4); im übrigen vgl. für eine anschauliche Darstellung des Multiplikationsgesetzes *H.-J. Koch/H. Rüßmann*, Juristische Begründungslehre, 1982, S. 299 f., 317 ff.

[622] *F. Eisenführ/M. Weber*, Rationales Entscheiden⁴, 2003, S. 137 f., 269 ff.; *D. Fuguitt/S. J. Wilcox*, Cost-benefit analysis for public sector decision makers, 1999, S. 142 ff.

[623] Die Darstellung erfolgt in enger Anlehnung an *D. Fuguitt/S. J. Wilcox* (S. 245, Fn. 622), S. 142 ff.

gewiss, für welche der unterschiedlich kostspieligen Alternativen sich der Hoheitsträger entscheiden wird. Würden die betroffenen Dorfbewohner in ein neu zu errichtendes, mit modernen sanitären Einrichtungen auszustattendes Dorf umgesiedelt, würden hierfür 8 Mio. Euro benötigt. Die Errichtung eines traditionellen Dorfes würde 1 Million Euro kosten, und schließlich wäre es auch möglich, die betroffenen Dorfbewohner in ein bestehendes Dorf umzusiedeln (0,1 Millionen Euro). Neben diesen Unsicherheiten sei es auch ungewiss, in welcher Höhe die erhofften medizinischen Nutzen der Einrichtung eintreten würden. Sie können beispielsweise anhand der Einsparungen abgeschätzt werden, die durch geringere Fehlzeiten von Arbeitskräften entstehen. Abhängig von der Wetterlage (beispielsweise Sturmhäufigkeit und -stärke) und den jeweiligen Arbeitsbedingungen sollen die medizinischen Nutzen mindestens 3,0 Millionen Euro pro Jahr erreichen.[624] Wahrscheinlich werden sie aber 6 Millionen Euro erbringen, vielleicht sogar 12 Millionen Euro.

*Tabelle 13:* Mögliche Werte für ausgewählte unsichere Variablen (Angaben in Euro)

| *Unsichere Variable* | *Untere Grenze p.a.* | *„Wahrscheinlicher" Wert p.a.* | *Obere Grenze p.a.* |
|---|---|---|---|
| Umsiedlungskosten | 0,1 | 1,0 | 8,0 |
| Medizinischer Nutzen | 3,0 | 6,0 | 12,0 |

Quelle: *Fuguitt, Diana/Wilcox, Shanton J.*, Cost-benefit analysis for public sector decision makers, 1999, S. 143.

Geht man den von als „wahrscheinlich" angenommen Entwicklungen, einer zehnjährigen Betriebsdauer und einem Diskontsatz von 8 % aus, so ergibt sich daraus ein positiver Nettonutzen von 6,99 Mio. Euro. Nun können aber die geschätzten Kosten und Nutzen auch andere Werte annehmen als die, die den genannten positiven Nettonutzen erwarten lassen. Um die Robustheit des gewonnenen Ergebnisses zu bestimmen, führt man die Berechnung des Nettonutzens für jeden der als unsicher bewerteten Faktoren noch zwei weitere Male durch, nämlich mit der Annahme der beiden Extremwerte, während alle anderen konstant auf dem Wert gehalten werden, der als der wahrscheinlichste angesehen wird (*ceteris paribus*-Betrachtung). Dann ergeben sich die in Tabelle 13 aufgeführten Werte.

---

[624] Jährliche Werte werden nachstehend jeweils als am Ende des Jahres anfallend gerechnet.

*Tabelle 14:* Selektive Sensitivitätsanalyse: Nettogegenwartswerte für unabhängige Veränderungen der unsicheren Variablen

| *Unsichere Variable* | *Extremwert* | *Wert am Ende des Jahres, in dem die Zahlung anfällt* | *Nettogegenwartswert (€)* |
|---|---|---|---|
| Umsiedlungskosten | Oberer | 8,0 Mio. € | 509.636,– |
| Umsiedlungskosten | Unterer | 0,1 Mio. € | 7.824.451,– |
| Medizinischer Nutzen | Oberer | 12,0 Mio. €/a | 44.269.348,– |
| Medizinischer Nutzen | Unterer | 3,0 Mio. €/a | -11.647.997,– |

Quelle: *Fuguitt, Diana/Wilcox, Shanton J.*, Cost-benefit analysis for public sector decision makers, S. 144.

Insgesamt müssen also im Falle von zwei als unsicher eingeschätzten Kriterien fünf Berechnungen durchgeführt werden: die Ermittlung des *„best estimate"* bei Annahme der als wahrscheinlich beurteilten Entwicklung und die Abschätzung des Nettogegenwartswerts bei Annahme der jeweiligen Extremwerte. Wie Tabelle 14 zeigt, können die unterschiedlichen Umsiedlungskosten zu einem Nettogegenwartswert führen, der nur bei rund 500.000 Euro liegt oder im Falle für das Projekt günstigerer Entwicklungen zu über 7,8 Mio. Euro führt. Für die Projektbewertung ist es wichtig zu sehen, dass selbst im Falle ungünstigster Entwicklungen im Bereich der Umsiedlungskosten der Nettonutzen positiv ist. Anders verhält es sich bei dem medizinischen Nutzen des Vorhabens. Treten ungünstige Umstände ein – etwa das erhebliche Auftreten von Krankheiten, die das Krankenhaus mit der geplanten Ausstattung nicht angemessen behandeln kann oder die Abwanderung der Bevölkerung, die von ihm versorgt werden sollte, in ein weit entferntes Gebiet –, kann der Nettonutzen sogar negativ werden (rund 11 Mio. Euro). Nach den Angaben in Tabelle 14 ist das aber der einzige Fall, in dem ein negativer Nettonutzen eintritt. Das kann ein Grund sein, die Umstände näher zu untersuchen, unter denen die medizinischen Nutzen so gering sein können. Da es für die gesellschaftliche Vorteilhaftigkeit des Projektes auf sie maßgeblich ankommt, kann es gerechtfertigt sein, die Beurteilung der Wahrscheinlichkeit an dieser Stelle durch die Heranziehung weiterer Daten abzusichern oder über Alternativen nachzudenken, die das Risiko eines negativen Nettonutzens nicht oder nicht so stark in sich tragen.

Wie wirkt es sich aber auf den Nettogegenwartswert aus, wenn sich mehrere Variable gleichzeitig ändern? Besonders wichtig kann es sein, die Wirkungen abzuschätzen, die im schlechtesten Falle eintreten würden (*worst-case*-Szenario). Um derartige Kombinationswirkungen zu ermitteln, können die miteinander zu verbindenden Variablen in Gruppen zusammengefasst werden. Wenn etwa die Umsiedlungskosten an ihrem unteren Rand eintreten (0,1 Mio. Euro), aber gleichzeitig der medizinische Nutzen mit seinem höchsten Wert (12,0 Mio. Euro), dann würde der Nettogegenwartswert auf den Maximalwert von 45,1 Mio. Euro ansteigen. Das andere Extrem, hohe Umsiedlungskosten kombiniert mit niedrigem medizinischen Nutzen, würde zu einem Nettogegenwartswert von rund -18 Mio. Euro führen.

*bb) Ermittlung kritischer Werte („switching values")*

Sensitivitätsanalysen können leicht aufwendigere Berechnungen erforderlich machen, da für jede unsichere Variable zwei Kontrollvorgänge nötig sind, die gegebenenfalls mit dem *„best estimate"* verglichen werden müssen. Die erläuterte Kombination oder Gruppierung von Effekten vermag den erforderlichen Rechenaufwand noch zu erhöhen. Daher unterstützt es die Entscheidungsherstellung, wenn man die sogenannten kritischen Werte identifiziert. Das sind die Werte, die im Falle ihrer Verwirklichung den Nettogegenwartswert auf Null setzen würden. In Tabelle 15 zeigt Spalte 2 den Gegenwartswert der unter der Annahme der wahrscheinlichen Entwicklung, so zum Beispiel einen Gegenwartswert der L, C and T Kosten von rund 23,15 Mio. Euro im ersten Jahr.

*Tabelle 15:* Kritische Werte unter der Annahme unabhängiger Veränderungen der einzelnen Variablen

| *(1) Variable* | *(2) Gegenwartswert (€)* | *(3) Kritischer Gegenwartswert (€)* | *(4) Veränderung des Gegenwartswerts (%)* |
|---|---|---|---|
| L, C and T Costs | 23.148.148,– | 30.139.266,– | 30,20 |
| Relocation Costs | 925.926,– | 7.917.044,– | 755,04 |
| Operating Costs | 6.213.038,– | 13.204.156,– | 112,52 |
| Total Costs | 30.287.112,– | 37.278.230,– | 23,08 |
| Medical Benefits | 37.278.230,– | 30.287.112,– | 18,75 |

Quelle: *Fuguitt, Diana/Wilcox, Shanton J.*, Cost-benefit analysis for public sector decision makers, Westport, Conn. 1999, S. 146.

Die kritischen Gegenwartswerte (KGW) befinden sich in Spalte 3. Sie errechnen sich bei den Kostenfaktoren durch die Addition der Kosten und dem Nettogegenwartswert, bei den Nutzenfaktoren durch Subtraktion vom Nettogegenwartswert. Spalte 4 enthält die in % angegebene angegebene relative Abweichung des kritischen Wertes vom wahrscheinlichsten Gegenwartswert. Sie erhält man durch die Berechnung

$$\frac{KGW - GW}{GW},$$

deren Ergebnis dann in Prozent ausgedrückt wird. Von besonderem Interesse sind die Werte, die bereits bei kleineren Veränderungen den Nettogegenwartswert auf Null setzen. Das sind in dem Beispiel die L, C and T Kosten sowie die medizinischen Nutzen. Sie bedürfen möglicherweise weiterer Untersuchung. Als robust stellen sich hingen die Umsiedlungskosten und die Betriebskosten dar. Das kann bedeuten, dass diese Variablen den Nettogegenwartswert wahrscheinlich nicht entscheidend beeinflussen werden. Allerdings ist ein *caveat* angezeigt. Es ist in jedem Falle zu überlegen, ob die errechneten Veränderungen die zugrundelegten Werte plausibel erscheinen lassen. So könnte es sein, dass trotz eines robust erscheinenden Wertes im Bereich der Umsiedlungskosten soziale oder politische Umstände dazu nötigen können, die aufwendigste Lösung, die Neuerrichtung eines modernen Dorfes, zu wählen, was zu einer substantiellen Verteuerung des Projektes führen würde.

#### *cc) Zwischenergebnis*

Die beiden genannten Methoden können den Umgang mit unsicheren Entwicklungen erheblich unterstützen, indem sie die wirklich problematischen Werte und deren möglichen Einfluss auf den Nettogegenwartswert identifizieren helfen. Die Ermittlung der kritischen Werte zielt auf die Abschätzung, wie sehr sich eine Variable verändern müsste, um auf den Nettogegenwartswert maßgebliche Auswirkungen zu haben, während man mit Hilfe der Sensitivitätsanalyse die Spannbreite des Nettogegenwartswerts in Abhängigkeit von den Extremwerten der jeweiligen Variablen bestimmt. Ihre Durchführung ist mit natürlich-sprachlichen Mitteln schwer vorstellbar. Wie wäre es beispielsweise abzuschätzen, wie sehr sich „wahrscheinliche" Veränderungen des medizinischen Nutzens auf die Rentabilität des Projektes auswirken würden? Es wäre ebenfalls schwierig, eine überzeugende und nachvollziehbare Antwort auf die Frage zu geben, ob bereits leichte Veränderungen der Investitionskosten den Nettogegenwartswert negativ werden ließen.

Nun ließe sich von einem gegenüber formalen Heuristiken skeptischen Standpunkt aus trotz der prinzipiell überlegenen Eignung numerischer Methoden zur Operationalisierung komplexer Probleme einwenden, dass sich die zu verwendenden Zahlen häufig nicht in wissenschaftlich eindeutiger Weise oder jedenfalls nicht genau genug ermitteln ließen und daher der Erklärungs- und Überzeugungswert der Darstellung auch nicht höher sei, als bei einer rein verbalen Vorgehensweise. Aus dieser Perspektive könnte man sagen, dass es sich an den entscheidenden Stellen doch nur um „gegriffene" Zahlen handeln würde.

Dem kann erstens entgegengehalten werden, dass es in vielen Fällen möglich ist, mit Zahlen zu operieren, die nicht bloß willkürlich gegriffen sind, sondern sich auf die prognostische Fortführung von Beobachtungen von vergangenen Ereignissen und Marktpreise (in bezug auf Schadenshöhen und Nutzeneffekte) stützen lassen. Das lässt sich an dem vorstehenden Beispiel verdeutlichen. Da die meteorologischen und klimatischen Bedingungen auf die Rentabilität eines Tropenkrankenhauses großen Einfluss haben können, sollten Wetterdaten, soweit sie vorliegen, für die Durchführung der Kosten-Nutzen-Analyse herangezogen werden. Das gilt auch für unsere Breitengrade, man denke nur an Überschwemmungen infolge von Flußhochwasser und die Wahrscheinlichkeit von Deichbrüchen und der damit verbundenen Schäden. Möglicherweise lassen sich Anhaltspunkte über die Kosten von Wasserverunreinigungen unter Berücksichtigung von Marktpreisen etwa für die Herstellung sauberen Wassers finden.

Wo dies nicht, auch nicht näherungsweise, möglich sein sollte, bleibt – zweitens – den Entscheidungsträgern nichts anderes übrig, als mit Schätzungen zu operieren.[625] Dies gilt völlig unabhängig davon, ob sie eine formale oder eine verbale Heuristik bevorzugen. Beim Umgang mit Schätzungen stellt sich dann wieder die Ausgangsfrage, wie die zu lösende Aufgabe am besten repräsentiert werden sollte. Ab einem bestimmten Grad an Komplexität ist die Durchführung von Operationen erforderlich, die eine mathematische Darstellung verlangen. Insofern darf auf vorstehende Ausführungen verwiesen werden.

### b) Fehleranfälligkeit intuitiven Herangehens

Eine verbale Methodik könnte noch mit einer etwas anderen Erwägung verteidigt werden. Wie gezeigt, beruhen Prognosen auch, vielleicht sogar im wesentlichen, auf durch Erfahrungssätze gestützte Intuitionen, und es ließe sich *prima facie* argumentieren, der zentralen Bedeutung von Intuitionen im Zusammenhang mit Entscheidungsherstellungsvorgängen sei nur eine intuitive Herangehensweise angemessen. Zur Erläuterung der

[625] Die Option, von einer Entscheidung abzusehen, ist selbst eine Entscheidung und stellt daher keine Möglichkeit dar, dem Problem wirklich auszuweichen.

so gefundenen vagen Ergebnisse genüge dann auch die Verwendung vager verbaler Bezeichnungen.

Das Argument hält jedoch einer näheren Überprüfung nicht stand. Bereits das Streben nach Präzision in der juristischen Dogmatik ist ein Hinweis darauf, wie bedeutsam die Wahl einer leistungsfähigen Methodik für die Gewinnung überzeugender Abwägungsergebnisse sein kann. Der Umgang mit Wahrscheinlichkeiten stellt die Entscheidungsträger jedoch vor noch darüber hinausgehende spezifische Schwierigkeiten. Wie die kognitive Psychologie nachweisen konnte, ist insoweit eine intuitive Herangehensweise in systematischer Weise mit einer Reihe von fundamentalen Fehlern behaftet, was selbst dann zu gelten scheint, wenn die Entscheidungsträger danach streben, akkurat, konsistent und vorurteilsfrei zu entscheiden.

#### *aa) Das Bayes-Theorem und die Darstellung von Wahrscheinlichkeiten in „natural frequencies"*

Zur Veranschaulichung sei eine gut erforschte Problemstellung referiert. 100 praktizierende Ärzte wurden in einem 1988 durchführten Test vor folgende Aufgabe gestellt, bei der Wahrscheinlichkeiten in Prozenten angegeben wurden:[626]

„Die Wahrscheinlichkeit, dass eine Frau im Alter von über 40 Jahren Brustkrebs hat, beträgt 1 %. Wenn die Patientin tatsächlich Brustkrebs hat, erkennt dies eine weit verbreitete Untersuchungsmethode, die Mammographie, in 79,2 % aller Fälle. Allerdings kommt es bei der Mammographie in 9,6 % der Fälle auch zu einem positiven Testergebnis bei Frauen ohne Brustkrebs (falsche Positive). Frage: Wie hoch ist die Wahrscheinlichkeit, dass eine Frau aus dieser Altersgruppe, bei der ein positives Testergebnis festgestellt worden ist, tatsächlich Brustkrebs hat?"

95 % der befragten Ärzte gaben die Antwort „ungefähr 75 %".[627] Diese Einschätzung ist grob falsch, die richtige Antwort lautet „ungefähr 7,5 %". Möglicherweise beruht die hohe Fehlerquote zum Teil auf einem Missverständnis der Aufgabenstellung, die sich nicht auf das Patientenkollektiv praktizierender Ärzte bezog, in welchem Krankheiten typischerweise häufiger auftreten als in der Gesamtbevölkerung, sondern auf die allgemeine Frage nach dem allein auf den genannten Test gestützten Wahrscheinlichkeitsurteil. Die Schwierigkeiten, die bei der Umsetzung des bereits erläuterten Bayes-Theorems zu bewältigen sind, dürften allerdings ebenfalls

[626] *D. M. Eddy*, Variations in physician practice: The role of uncertainty, in: Dowie/Elstein (Hrsg.), Professional Judgment: A Reader in Clinical Decision Making, 1988, S. 45–59.

[627] *D. M. Eddy* (S. 251, Fn. 626), S. 45–59.

maßgeblich zu der ärztlichen Fehleinschätzung beigetragen haben, was sich folgendermaßen erklären ließe.[628]

Auf das Beispiel bezogen ist *p*(H|D) die Wahrscheinlichkeit, dass bei positivem Testergebnis eine Krebserkrankung vorliegt, *p*(H) die Wahrscheinlichkeit, dass bei einer beliebig ausgewählten Frau Brustkrebs vorliegt, *p*(D|H) die Wahrscheinlichkeit eines positiven Tests, wenn tatsächlich eine Krebserkrankung vorliegt, und *p*(D|non-H) die Wahrscheinlichkeit eines positiven Tests, wenn tatsächlich keine Krebserkrankung vorliegt.[629] Das führt zu der auf der linken Seite von Abbildung 3 dargestellten Berechnung.

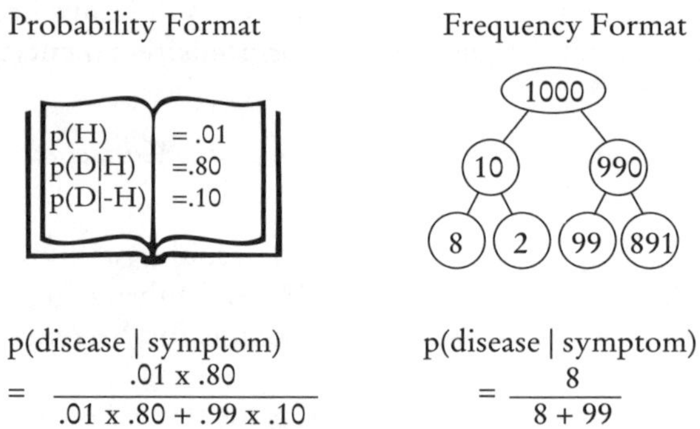


*Abbildung 3:* Quelle: *G. Gigerenzer*, The psychology of good judgment: frequency formats and simple algorithms, 16 Medical Decision Making 1996, S. 273 (274).

Lässt man hingegen die Aufgabe mit Hilfe der so genannten „natural frequencies" (natürlichen Häufigkeiten) lösen, so erhöht sich der Anteil der richtigen Antworten dramatisch.[630] Das Problem kann unter Verwendung natürlicher Häufigkeiten folgendermaßen formuliert werden. Zunächst stellt man sich dazu die Häufigkeit der Krankheit bezogen auf eine Gesamtanzahl von 1000 Patientinnen vor.[631] Vereinfacht man aus Gründen der Darstellung die Prozentzahlen etwas, so haben 10 Patientinnen der relevanten Altersgruppe Brustkrebs, von denen wiederum 8 durch die Durchführung einer Mammographie herausgefunden werden. Nun führt die Mammogra-

[628] C.IV.1.b)bb)(4)(c).

[629] *S. French*, Decision Theory, 1986, S. 214; *R. Hastie/R. M. Dawes*, Rational Choice in an Uncertain World. The Psychology of Judgment and Decision Making, 2001, S. 188 ff.

[630] *G. Gigerenzer*, Medical Decision Making 16 (1996), S. 273 (275 f.); vgl. zu dem Ansatz der „natural frequencies" des weiteren *G. Gigerenzer*, Calculated Risks. How to Know When Numbers Deceive You, 2002, S. 45–51; *G. Gigerenzer/U. Hoffrage*, 102 Psych. Review 1995, S. 684–704; *R. Hastie/R. M. Dawes*, Rational Choice in an Uncertain World. The Psychology of Judgment and Decision Making, 2001, S. 188 ff.

[631] Vgl. Abbildung 3.

phie aber auch fälschlicherweise zu positiven Resultaten, in dem genannten Beispiel in 99 Fällen (10 % der Gesamtheit von 990). Wie nun zu sehen ist, beträgt die Wahrscheinlichkeit, dass eine über 40jährige Frau, bei der die Mammographie zu einem positiven Testergebnis geführt hat, tatsächlich an Brustkrebs erkrankt ist, keineswegs 75 %, sondern 8/107, also rund 7,5 %.

Mit Hilfe von natürlichen Häufigkeiten lässt sich das Bayes-Theorem durch folgende Gleichung ausdrücken:

$$p(\mathrm{H} \mid \mathrm{D}) = \frac{a}{a+b},$$

wobei a die Anzahl der Fälle repräsentiert, in denen in dem Mammographie-Beispiel sowohl das Symptom als auch die Krankheit vorlagen (Schnittmenge von D und H), und b die Anzahl der Fälle, in denen (nur) das Symptom zu beobachten war (D und non-H).[632] Das führt zu der wesentlich einfacheren Kalkulation der Wahrscheinlichkeiten, wie sie auf der rechten Seite von Abbildung 3 dargestellt ist.

*bb) Die Erkenntnisse der kognitiven Psychologie hinsichtlich von Entscheidungsvorgängen*

Die referierte Studie macht zunächst einmal darauf aufmerksam, dass unterschiedliche Arten der Formalisierung existieren und die Wahl einer bestimmten Repräsentationsweise von großer Bedeutung für die Leichtigkeit und Richtigkeitsgewähr ist, mit der eine Lösung entwickelt werden kann. Man denke nur an die Schwierigkeiten, die mit der Addition oder gar Division unter Verwendung römischer Ziffern verbunden sind.[633] Auch das bereits herangezogene Beispiel der Schulnoten und ihrer Übersetzung in ein Dezimalsystem zur Bildung einer Gesamtnote belegte, wie stark die Leichtigkeit und Transparenz, mit der Lösungen entwickelt und dargestellt werden können, von der gewählten Methodik abhängen.[634] Darüber hinaus kann man an den Ergebnissen der eben referierten medizinischen Studie sehen, dass eine natürlich-sprachliche Herangehensweise zur Bewältigung auch nur einfacher Wahrscheinlichkeitsberechnungen kaum zu empfehlen sein dürfte.

Schwierigkeiten solcher Art sind nicht auf medizinisches Personal und die Art der Darstellung von klassischen Wahrscheinlichkeiten beschränkt. Vielmehr kann es als gesicherte Erkenntnis der kognitiven Psychologie

---

632 *G. Gigerenzer*, Calculated Risks. How to Know When Numbers Deceive You, 2002, S. 45.

633 Wie hier *G. Gigerenzer*, Medical Decision Making 16 (1996), S. 273 (274). Auf die sogenannte *Fuzzy Logic* ist gesondert einzugehen (s. S. 310 ff.).

634 S. o. B.I.2.

gelten, dass die zu beobachtenden Defizite essentielle Elemente der Entscheidungsherstellung unter Bedingungen von Unsicherheit und Komplexität berühren. Sie können hier nicht vollumfänglich behandelt werden. Der folgende Problemaufriss erscheint allerdings zur Orientierung angezeigt.[635]

Zu den häufig festzustellenden Defiziten beim Umgang mit Prognosen zählt zunächst die ungenügende Berücksichtigung von Wahrscheinlichkeitsdaten, was bis zum völligen Ausblenden relevanter Informationen reicht.[636] Besonders der Bereich niedriger Eintrittswahrscheinlichkeiten scheint insofern systematisch unterschätzt zu werden.[637] Ein weiteres für komplexe Verwaltungsentscheidungen wichtiges Fehlerfeld liegt in einer *Übergewichtung kurzfristiger Folgen* von Handlungsoptionen.[638] Ferner konnte beobachtet werden, dass Testpersonen ihrem eigenen intuitiv gefundenen Urteil zu stark vertrauen („*overconfidence*").[639] Daneben darf in der *Verzerrung der Wahrnehmung* ein systematischer Fehler menschlichen Urteilens gesehen werden. Es ließ sich experimentell feststellen, dass neueren Informationen mehr Beachtung geschenkt wird als älteren, spektakulären mehr als alltäglichen.[640] Noch allgemeiner gesagt, Emotionen – woher sie auch immer rühren mögen – haben große Auswirkungen auf die intuitive Entscheidungsfindung.[641] Es überrascht daher nicht, dass die Art der Beschreibung des zu beurteilenden Sachverhaltes ebenfalls von Einfluss auf die Beurteilung von Wahrscheinlichkeiten ist.[642] Verzerrungen unter dem Einfluss von Stress spielen ebenfalls eine Rolle; Stress scheint eine weitere Simplifizierung der verwendeten Heuristik zu bewirken.[643] Schließlich war

[635] S. die exzellenten zusammenfassenden Darstellungen bei *H. Kunreuther et al.*, 13 Marketing Letters 2002, S. 259 (261–263) und *E. Shafir/R. A. LeBoeuf*, 53 Annu. Rev. Psychol. 2002, S. 491 (493–500).

[636] *O. Huber et al.*, 95 Acta Psychologica 1997, S. 15–29.

[637] *G. H. McClelland et al.*, 7 Journal of Risk and Uncertainty 1993, S. 95–116.

[638] *R. J. Meyer/J. W. Hutchinson*, Bumbling Geniuses: The Power of Everyday Reasoning in Multi-stage Decision Making, in: Kunreuther u. a. (Hrsg.), Wharton on Making Decisions, 2001, S. 46 ff.; *H. Kunreuther et al.*, 16 Journal of Risk and Uncertainty 1998, S. 279–299; *J. Hausman*, 10 Bell Journal of Economics 1979, S. 33 ff.; *M. F. Luce/B. Kahn*, 26 Journal of Consumer Research 1999, S. 242 ff.

[639] *D. Kahneman/A. Tversky*, 185 Science 1974, S. 1124 (1126); anschaulich *J. Baron*, Judgment Misguided. Intuition and Error in Public Decision Making, 1998, S. 83–85.

[640] Einzelheiten bei *P. K. H. Schoemaker/J. E. Russo*, 33 Sloan Management Review 1992, S. 120 (120–124), sowie *T. E. Kruse/R. J. Ebert*, 63 Journal of Applied Psychology 1978, S. 110 (110–119).

[641] *C. R. Sunstein*, Risk and reason: safety, law, and the environment, 2002, S. 43–47 m. w. N.

[642] *L. A. Brenner/D. J. Koehler*, 38 Cogn. Psychol. 1999, S. 16 ff., *Y. Rottenstreich/A. Tversky*, 104 Psychological Review 1997, S. 406 ff.; *A. Tversky/D. J. Koehler*, 101 Psychol. Rev. 1994, S. 547 ff.

[643] *M. F. Luce et al.*, 23 Journal of Experimental Psychology: Learning, Memory, and Cognition 1997, S. 384 ff.

eine Tendenz zur Bewahrung des *status quo* im Sinne eines Absehens von einer Entscheidung zu erkennen, wenn die Auswahl unter konfligierenden Handlungsoptionen als schwierig empfunden wird.[644] Die Liste ließe sich noch fortsetzen.[645]

Für den Kontext der staatlichen Entscheidungen ist der geschilderte Befund zunächst insoweit von Bedeutung, als die geschilderten Fehler bei der Bewältigung von entscheidungsbezogenen Problemen unter besonderer Berücksichtigung von Prognoseaufgaben nicht etwa auf die interessengeleitete Fehlwahrnehmung der untersuchten Entscheidungsträger zurückgeführt werden können. Testpersonen wurden in verschiedenen Studien sogar ausdrücklich für die Wahl der richtigen Lösung belohnt, ohne dass sich dies in einer signifikant größeren Treffsicherheit der Probanden niederschlug.[646] Es ließ sich ferner nachweisen, dass selbst Testpersonen, die darüber informiert sind, dass sie auf die Konsistenz ihrer Entscheidungen untersucht werden, keineswegs durchweg konsistent entscheiden.[647]

Relevant sind die bedenklich stimmenden Erkenntnisse der kognitiven Psychologie für die vorliegende Untersuchung aber besonders deshalb, weil sie keineswegs auf die Entscheidungsherstellung von Laien beschränkt sind, die über geringe oder gar keine statistische Expertise verfügen. Vielmehr besteht die begründete Vermutung, dass die Resultate der kognitiv-psychologischen Untersuchungen prinzipiell auch für die Beschreibung des Entscheidungsverhaltens von Fachleuten Geltung beanspruchen können.[648] Es konnte beispielsweise experimentell festgestellt werden, dass selbst Experten zu einem überraschend hohen Maß sogar dann inkonsistent

---

[644] *L. Samuelson/R. Zeckhauser*, 1 J. Risk. Uncertain. 1988, S. 7ff.; *B. Schwartz et al.*, 83 Journal of Personality and Social Psychology 2002, S. 1178ff.

[645] *D. Kahneman/A. Tversky*, 185 Science 1974, S. 1124 (1125–1130); s. auch die Rede von *Kahneman* anlässlich seiner Nobelpreisverleihung am 8.12.2002, *D. Kahneman*, 93 Amer. Econ. Review 2003, S. 1449ff., zugleich unter http://nobelprize.org/nobel_prizes/economics/laureates/2002/kahnemann-lecture.pdf, letzter Zugriff 29.9.2006); ausführlich *H. Kunreuther et al.*, 13 Marketing Letters 2002, S. 259–268 m.w.N., und *E. Shafir/R.A. LeBoeuf*, 53 Annu. Rev. Psychol. 2002, S. 491 (494–500) ebenfalls m.w.N.

[646] *D. Kahneman/A. Tversky*, 3 Cognitive Psychology 1972, S. 430ff.; *D. Kahneman/A. Tversky*, 5 Cognitive Psychology 1973, S. 207ff.; umfassende Auswertung der entsprechenden Studien s. *C.F. Camerer/R. Hogarth*, 19 Journal of Risk and Uncertainty 1999, S. 7 (11ff.).

[647] *P.K.H. Schoemaker/J.E. Russo*, A Pyramid of Decision Approaches, in: Rios (Hrsg.), Decision Theory and Decision Analysis: Trends and Challenges, 1994, S. 53 (55), berichten von einem Viertel der Testpersonen, das inkonsistent entschied.

[648] Instruktive Zusammenfassung s. *E. Shafir/R.A. LeBoeuf*, 53 Annu. Rev. Psychol. 2002, S. 491 (502); s.a. *D. Kahneman/A. Tversky*, 185 Science 1974, S. 1124 (1130); *D. Kahneman/A. Tversky*, Psych. Review 80 (1973), S. 237ff.; *D. Kahneman/A. Tversky*, 76 Psychological Bulletin 1971, S. 105ff.; *H. Margolis*, Dealing with risk: why the public and the experts disagree on environmental issues, 1996, S. 102; *D.A. Redelmeier/E. Shafir*, 273 JAMA 1995, S. 302ff.; *D.A. Redelmeier et al.*, 21 Medical Decision Making 2001, S. 376ff.

urteilten, wenn es sich um die Lösung von Aufgaben handelte, die sich auf Kernfelder ihrer Fachkompetenz bezogen.[649] Auch eine die Anwendung statistischer Methoden einschließende Berufserfahrung scheint nur bedingt davor zu schützen, bei Verwendung einer intuitiven Methodik auch die entsprechenden intuitionsbedingten Fehler zu begehen.[650]

Statistisches Fachwissen führt also nicht automatisch zu besseren Intuitionen.[651] Was Experten von nicht statistisch versierten Entscheidungsträgern unterscheidet, ist Erfahrungswissen, das ihnen in bestimmten Fällen den Einsatz von Daumenregeln gestattet, vor allem aber ihre Beherrschung einer Heuristik, mit der die Quote intuitionsbedingter Fehlurteile im Vergleich mit einer intuitiv-verbalen Methodik signifikant gesenkt werden kann. Daher wird auch in der amerikanischen verwaltungswissenschaftlichen Literatur die Wahl einer intuitiv-informalen Methodik für die behördliche Entscheidungsherstellung unter Unsicherheit kritisch gesehen.[652]

Die Brisanz der beobachteten Fehleranfälligkeit des verbal-intuitiven Herangehens tritt noch klarer zu Tage, wenn man sich die hohe Komplexität vieler behördlicher Entscheidungen im Vergleich mit den hier geschilderten Untersuchungsanordnungen einerseits und der großen Zahl von Alltagsentscheidungen andererseits vor Augen hält; in der Praxis hoheitlicher Abwägungsentscheidungen handelt es sich vielfach um die Regelung von Angelegenheiten, die – anders als typischerweise im privaten Bereich – eine Vielzahl unterschiedlicher Belange betreffen, häufig ungewisse und besonders erst langfristig auftretende Auswirkungen haben. Die Ursache für die erhebliche Fehleranfälligkeit intuitiven Vorgehens wird denn auch im Fehlen einer angemessenen Heuristik vermutet, was wiederum auf evolutionsbedingte Lern- und Erfahrungsmuster zurückzuführen sein soll.[653] Alltägliche Erfahrungen würden nur in seltenen Fällen in einem statistischen Code verarbeitet, so dass auch lebenslanges Lernen nur bei wenigen Menschen zur Einsicht in grundlegende statistische Prinzipien – etwa die Bedeutung von Stichprobengrößen oder der Regression – führe.[654]

---

[649] *P.J. Hoffman et al.*, 69 Psychological Bulletin 1968, S. 338ff.

[650] *D. Kahneman/A. Tversky*, 185 Science 1974, S. 1124 (1130); *A. Tversky/I. Simonson*, 39 Manage. Sci. 1993, S. 1179ff.; *A. Bastardi/E. Shafir*, 75 J. Pers. Soc. Psychol. 1998, S. 19ff.; *U. Hoffrage/G. Gigerenzer*, Academic Medicine 73 (1998), S. 538ff.

[651] In diese Richtung deutet auch die Studie von *B.J. McNeil et al.*, 306 N. Engl. J. Med. 1982, S. 1259ff.

[652] *J. Baron*, Judgment Misguided. Intuition and Error in Public Decision Making, 1998, S. 2–20, 189–192; *C.R. Sunstein*, Risk and reason: safety, law, and the environment, 2002, S. 28ff., 43ff., 78ff.; *H. Margolis*, Dealing with risk: why the public and the experts disagree on environmental issues, 1996, S. 177–179.

[653] *D. Kahneman/A. Tversky*, 185 Science 1974, S. 1124 (1130).

[654] *D. Kahneman/A. Tversky* (S. 256, Fn. 653), S. 1124 (1130).

### *cc) Ökonomische Erklärungsansätze*

Obwohl also ein intuitives Herangehen zur Lösung statistischer Probleme vielfach versagt, dominiert auch in der Verwaltungspraxis ein verbal-argumentatives Herangehen, das auf die Verwendung mathematischer Methoden verzichtet. Die Wirtschaftswissenschaften haben unter Berücksichtigung der Erkenntnisse der kognitiven Psychologie nach Erklärungen für die Bevorzugung informaler Methoden gesucht. Eine verbreitete ökonomische Deutung sieht eine Ursache für den Verzicht auf die Heranziehung formaler Verfahren in den Kosten einer präzisen und konsistenten Informationsgewinnung und -verarbeitung, die bis zu Kapazitätsgrenzen des menschlichen Gehirns reichen können (*„bounded rationality“*).[655] Die in solchen Kosten möglicherweise liegende Erklärung für begrenzt rationales Verhalten hat jedoch zunächst nur einen deskriptiven Gehalt. Sie kann zum Teil erhellen, wieso sich Individuen und Gesellschaften nicht stets mit höchstem analytischen Aufwand auf die Suche nach Problemlösungen machen. Der Ansatz sagt als solcher nichts darüber aus, ob es richtig, rechtlich einwandfrei oder wohlfahrtssteigernd ist, so zu handeln. In normativer Hinsicht gilt folgendes: Es gibt in der Tat Belege für die Hypothese, dass simple Heuristiken („Daumenregeln“)[656] unter bestimmten Voraussetzungen zu einer Einsparung von Kosten der Informationsgewinnung und -verarbeitung führen können, ohne dass diese Vorteile durch eine gleichzeitige Verschlechterung der Ergebnisse überkompensiert werden müssten.[657]

So kann die Übertragung einer bereits vorhandenen, selbst oder von anderen gefundenen Lösung ohne detaillierte Analyse insbesondere dann genügen, wenn die gestellte Aufgabe früher gelösten Problemen in relevanten Eigenschaften ähnelt[658] oder die Anwesenheit anderer die Imitation von

---

[655] Recht aktueller Überblick über den Stand der Diskussion s. G. Gigerenzer/R. Selten (Hrsg.), Bounded rationality: the adaptive toolbox, 2001. Die Theorien der begrenzten Rationalität gehen zurück auf *H. A. Simon*, Theories of bounded rationality, in: McGuire/Radner (Hrsg.), Decision and organization: A volume in honor of Jacob Marschak, 1972, S. 161 ff.

[656] Imitation, Take the Best, Take the First, Equal Weighting, Recognition Heuristic (vgl. *D. G. Goldstein*, Group Report: Why and When Do Simple Heuristics Work? in: Gigerenzer/Selten (Hrsg.), Bounded Rationality. The Adaptive Toolbox, 2001, S. 173 (174–178). Do no harm, the status-quo-effect, naturalism (nature knows best) autonomy and individual rights (vgl. *J. Baron*, Judgment Misguided. Intuition and Error in Public Decision Making, 1998, S. 8).

[657] *D. G. Goldstein* (S. 257, Fn. 656), S. 173 (174–178).

[658] *K. H. Schlag*, 78 J. Econ. Theory 1998, S. 130 ff.

Verhaltensweisen erlaubt.[659] Auch die Bindung an soziale Normen als besondere Form der Imitation spielt vermutlich eine Rolle.[660] Die beobachtete Tauglichkeit simpler Operationalisierungen bezieht sich in erster Linie auf die Bewältigung einfacherer Aufgaben.[661] Für die Verwaltungspraxis dürfte das bedeuten, dass die wiederholte Bearbeitung gleich gelagerter Fälle durch den Rückgriff auf eine einmal sorgfältig erarbeitete und gegebenenfalls durch Rechtsvorschriften vorgegebene Lösung gelingen kann, ohne hierfür jedes Mal eine aufwendige Heuristik bemühen zu müssen. Je neuer, komplexer und konfliktträchtiger das Entscheidungsproblem ist, je weniger auf bereits vorliegende Lösungen zurückgegriffen werden kann, desto dringender empfiehlt sich aber eine Formalisierung der Problemstellung.

Somit vermögen allenfalls die mit einer Formalisierung verbundenen Kosten wirklich ein *caveat* gegenüber dem Plädoyer für den Einsatz einer numerischen Methodik zu konstituieren. Zu ihnen zählen die (direkten) Kosten der Modellbildung und -anwendung sowie möglicherweise weitere (indirekte) Kosten etwa in Form der Veröffentlichung von Betriebsgeheimnissen.[662] Auch die Ausräumung von durch die gewählte Art der Darstellung der Entscheidungsbegründung erzeugten Missverständnissen mag im Prinzip einen solchen Kostenpunkt ausmachen, zu denen jedenfalls *prima facie* der bei den Adressaten der Begründung – Gerichten und der Öffentlichkeit – erzeugte Irrtum gehören würde, die Verwendung von Zahlen impliziere eine Genauigkeit und Objektivität der Prognosen, die gar nicht vorhanden sei.

Nicht die Verwendung formaler Methoden macht Prognosen ungenau, sondern im wesentlichen die menschliche Unfähigkeit, in die Zukunft zu sehen. Mathematische Darstellungsweisen stellen bei dieser epistemologischen Sachlage generell das am besten geeignete Instrument dar, mit den dadurch gestellten Problemen umzugehen und Fehler zu vermeiden. Die mögliche Erzeugung von Missverständnissen als Argument gegen eine mathematische Methodik kann im übrigen schon deshalb nicht durchschlagen, weil eine vage Methodik insoweit kaum weniger erklärungsbedürftig sein dürfte als eine in sich stimmige und nachvollziehbare mathematische.

---

[659] *K. H. Schlag* (S. 257, Fn. 658), S. 130 ff.; zusammenfassend *D. G. Goldstein*, Group Report: Why and When Do Simple Heuristics Work? in: Gigerenzer/Selten (Hrsg.), Bounded Rationality. The Adaptive Toolbox, 2001, S. 173 (174 f.) m. w. N.

[660] *R. Boyd/P. J. Richerson*, Norms and Bounded Rationality, in: Gigerenzer/Selten (Hrsg.), Bounded Rationality. The Adaptive Toolbox, 2001, S. 281 ff. m. w. N.

[661] *D. G. Goldstein* (S. 258, Fn. 659), S. 173 (174–178).

[662] Zu solchen indirekten Kosten numerisch-formaler Begründungen s. u. C.V.5 c)cc) (3)(b).

### c) Transparente Darstellung der Prognosen

Schließlich ist die Wahl der angemessenen Methodik auch daran zu messen, inwieweit sie die transparente Darstellung der durchgeführten Erwägungen gestattet (§ 39 Abs. 1 S. 2 VwVfG). Literatur und Rechtsprechung sind sich einig darin, dass auch Prognosen nachvollziehbar dargelegt werden müssen.[663] Hier stehen sich ebenfalls verbale und numerische Repräsentationstechniken gegenüber. Aussagen wie „x tritt mit überwiegender Wahrscheinlichkeit ein" sind gegenüber numerischen Angaben prinzipiell wesentlich weniger informativ, da sich die Wahrscheinlichkeitsvorstellungen, die sich hinter solchen Äußerungen verbergen, von Person zu Person erheblich unterscheiden können.[664] Die Angabe, das Eintreten eines bestimmten Ereignisses sei „wahrscheinlich", wurde in einer Befragungsstudie auf einer Skala von 10 verschiedenen Ausdrücken von Rang 2 bis Rang 9 plaziert.[665] Hierin liegt ein struktureller Unterschied zwischen beiden Ansätzen, der unabhängig von der Entscheidung für eine bestimmte numerische Methodik besteht. Während es selbst bei einer komplizierten formalen Darstellungsweise jedenfalls prinzipiell – gegebenenfalls unter Heranziehung externen Sachverstands – möglich ist, den genauen Gehalt der getroffenen Aussagen zu ermitteln, ist die Ermittlung der präzisen Bedeutung natürlich-sprachlicher vager Ausdrücke nicht durch noch so große Anstrengungen zu bewerkstelligen.

Besondere Bedeutung hat die gewählte Methodik für die Transparenz der Entscheidungsbegründung dann, wenn der Entscheidung statistische Schlüsse zugrundegelegt werden. Dazu sei an das vorstehende arzneimittelrechtliche Beispiel erinnert, bei dem das Bayes-Theorem eingesetzt werden konnte.[666] Soll über die Bedenklichkeit eines Medikaments entschieden werden, so setzt dies bestimmte Annahmen über die Ursprungswahrscheinlichkeit und ihre Neubeurteilung im Lichte der Ergebnisse etwa von Tierversuchen voraus. Geht eine Behörde dementsprechend vor, so kann sie die der Entscheidung zugrundegelegten Erwägungen formelmäßig zwang-

---

[663] Nachvollziehbare Darlegung der Prognosen fordern: *W. Hoppe*, Gerichtliche Kontrolldichte bei komplexen Verwaltungsentscheidungen, in: Bachof (Hrsg.), Verwaltungsrecht zwischen Freiheit, Teilhabe und Bindung: Festgabe aus Anlass des 25jährigen Bestehens des Bundesverwaltungsgerichts, 1978, S. 195 (310f.); *P. J. Tettinger*, DVBl. 1982, S. 421 (421f., 427); *M. Nierhaus*, DVBl. 1977, S. 19 (24); *W. Kügel*, Der Planfeststellungsbeschluß und seine Anfechtbarkeit: zugleich ein Beitrag zur Auslegung der §§ 74, 75 VwVfG, 1985, S. 128f.; *J. Kühling*, Fachplanungsrecht, 1988, S. 200; ebenso *R. Steinberg et al.*, Fachplanung, 2000, S. 235.

[664] *P. G. Moore/H. Thomas*, The anatomy of Decisions, 1976, S. 132f.

[665] *P. G. Moore/H. Thomas* (S. 259, Fn. 664), S. 133. Die zur Wahl stehenden Wahrscheinlichkeitsgrade waren: quite certain, expected, likely, probable, not unreasonable that, possible, hoped, not certain, doubtful, unlikely.

[666] C.IV.1.b)bb)(4)(c).

los verdeutlichen, während eine natürlich-sprachliche Darstellung des Bayes-Theorems und seiner Anwendung allenfalls als Umweg erschiene. Die Durchsichtigkeit des Vorgehens kann im übrigen noch weiter erhöht werden, wenn hierfür „natürliche Häufigkeiten" verwendet werden.[667]

Wegen der gebotenen Transparenz der Begründung ist es schließlich auch nicht entscheidend, ob nur „gegriffene Zahlen", Intuitionen oder statistisch abgesicherte Daten und mathematisch anerkannte Schlussfolgerungen dargestellt werden sollen. Selbst im Falle von groben Abschätzungen sind die Wahrscheinlichkeitsquotienten und Schlüsse, die von der Verwaltung der Entscheidung zugrundelegt werden, mit Hilfe numerischer Verfahren deutlicher und genauer darzustellen als auf rein natürlich-sprachliche Weise.

### 4. Weitere rechtliche Anforderungen an Prognosen

Neben den vorstehend ausführlich erörterten methodischen Anforderungen sind im Zusammenhang mit hoheitlichen Entscheidungen noch weitere rechtliche Anforderungen zu beachten. Zunächst erstreckt sich der Ansatz der Rechtsprechung, nach dem stets eine konkrete, nicht nur schematische Einbeziehung der betroffenen Belange unter Berücksichtigung der örtlichen Verhältnisse geboten ist,[668] auch auf das erforderliche Maß an Sorgfalt bei der Erstellung von Prognosen. Demnach ist der entsprechende Aufwand in Abhängigkeit von der Bedeutung des Projekts zu bestimmen.[669]

Darüber hinaus muss prognostisch überprüft werden, ob dem Vorhaben unüberwindbare Hindernisse rechtlicher[670] oder tatsächlicher Art[671] entgegenstehen. Dabei muss es möglich sein, die Planung in einem überschaubaren Zeitrahmen zu verwirklichen.[672] Hierfür ist vor allem die Geltungsdauer von Planfeststellungsbeschlüssen – sie beträgt zum Beispiel nach § 75 Abs. 4 VwVfG 5 Jahre, nach § 20 Abs. 4 S. 1 AEG 10 Jahre – maßgeblich.

[667] S. o. C.IV.3.b)aa).

[668] BVerwG v. 18.5.1990, E 85, S. 155 (157); v. 7.7.1978, E 56, S. 110 (123); etwas anders BVerwG v. 30.5.1984, E 69, S. 256 (275). Der VGH München hält die Berücksichtigung der Umstände des Einzelfalls für geboten (v. 27.7.1990, DVBl. 1990, S. 115 (116).

[669] BVerwG v. 5.12.1986, E 75, S. 214 (234); v. 21.3.1996, NVwZ 1996, S. 1006 (zu verkehrsbedingten Lärmimmissionen); v. 8.7.1998, E 107, S. 142 (145 ff.); v. 26.2.1999, NVwZ 2000, S. 560 (563 f.) (zu verkehrsbedingten Luftschadstoffimmissionen); *J. Kühling/N. Herrmann*, Fachplanungsrecht, 2000, S. 120.

[670] *J. Kühling/N. Herrmann* (S. 260, Fn. 669), S. 95, unter Verweis auf BVerwG v. 18.5.1990, E 85, S. 155 (157), und v. 12.8.1993, NVwZ-RR 1994, S. 381.

[671] *R. Steinberg et al.*, Fachplanung, 2000, S. 198, unter Hinweis auf BVerwG v. 20.5.1999, UPR 1999, S. 355.

[672] BVerwG v. 24.11.1989, E 84, S. 123 (128); v. 8.7.1998, E 197, S. 142 (145 ff.); v. 20.5.1999, NVwZ 2000, S. 555.

Der Rechtsprechung ist insoweit in vollem Umfang zuzustimmen. Eine Planung, die sich nicht mittelfristig verwirklichen lässt, birgt die Gefahr, dass durch Veränderungen im Zeitablauf mit Beginn ihrer Realisierung ihre Maßgaben nicht mehr sachgemäß sind. Stellt sie sich als überholt heraus, ist ein weiteres Mal zu planen, was wiederum mit Kosten verbunden ist. Das lässt sich verstehen als Anforderung an den Wahrscheinlichkeitsgrad der Nutzen durch das Projekt: Wenn seine Realisierung nicht innerhalb von 10 Jahren rechtlich und tatsächlich möglich ist, dann ist entweder das entsprechende Wahrscheinlichkeitsurteil nicht haltbar oder aber der Nettonutzen des Projekts zu gering – es stehen dann sichere Planungskosten gegen den unsicheren Nutzen des Projekts.

### 5. Zwischenergebnis

Die vorstehende Untersuchung von Prognosen im Rahmen von Abwägungsvorgängen hat folgendes ergeben.

Rechtsprechung und juristische Literatur verlangen zu Recht die Verwendung einer einwandfreien adäquaten Methodik bei der Bewältigung von Prognoseaufgaben, präzisieren jedoch nicht Gegenstand und Kriterien der angemahnten Angemessenheit. Mit Blick auf den Gegenstand von Prognosen war herauszuarbeiten, dass es im Zusammenhang mit der Entscheidungsherstellung um Wahrscheinlichkeitsurteile über singuläre Ereignisse geht. Hierfür ist weder der „klassische" Ansatz von *Laplace* noch ein strenger Frequentismus geeignet. Frequentistisch begründete Wahrscheinlichkeitsurteile können jedoch ohne weiteres in die Überzeugungen einfließen, die ein Entscheidungsträger seiner Entscheidung zugrundelegt. Damit erscheint ein moderat subjektivistischer Wahrscheinlichkeitsbegriff für die Entscheidungsherstellung als sachgerecht.

Auf der Grundlage dieser begrifflichen Klärung wurde des weiteren dargelegt, welche Rolle Prognosen in Rechtswissenschaft und Entscheidungstheorie spielen. In der Rechtswissenschaft wird zwischen Gefahren, Risiko und Restrisiko unterschieden, womit im wesentlichen verschiedene Wahrscheinlichkeitsgrade ungünstiger Ereignisse bezeichnet werden. Die Entscheidungstheorie blickt dagegen eher neutral auf das Phänomen der Entscheidung unter Unsicherheit. Der entscheidungstheoretische Begriff des Risikos meint Situationen, in denen die Eintrittswahrscheinlichkeit aller möglichen, nicht sicher eintretender Ergebniszustände bekannt sind.

Kennt der Entscheidungsträger zwar alle Ergebniszustände, nicht aber die jeweiligen Eintrittswahrscheinlichkeiten, so wird in der Entscheidungstheoretie von Unsicherheit gesprochen. Für Entscheidungen unter Unsicherheit wurden verschiedene Kriterien entwickelt, von denen sich allerdings keines als klarer Sieger hat durchsetzen können (u.a. *Maximin-Regel, Hurwicz-Kriterium, Savage-Niehans-Regel*). Situationen, unter denen weder die Eintrittswahrscheinlichkeiten noch die möglichen Ergebniszustände bekannt sind, werden unter dem Begriff der Ungewissheit zusammengefasst. Sie sind schwierig zu modellieren und fanden daher in der normativen Entscheidungstheorie bislang wenig Aufmerksamkeit.

Für die Frage nach der angemessenen Methodik für Prognoseentscheidungen stand aber im Vordergrund, inwieweit sich eine formale Darstellungsweise im Kontext komplexer Abwägungsvorgänge empfiehlt. Bereits einfache Wahrscheinlichkeitsberechnungen sind mit der natürlichen Sprache kaum zu bewältigen, während sich eine mathematische Herangehensweise als leistungsfähiges Instrument erweist. Allerdings scheinen viele Entscheidungsträger mit der probabilistischen Schreibweise von Wahrscheinlichkeiten (zwischen 0 und 1) große Schwierigkeiten zu haben. Daher dürfte sich bereits aus Gründen der höheren Richtigkeitsgewähr eine Darstellung mit Hilfe der so genannten natürlichen Häufigkeiten vielfach empfehlen.

Auf den Unterschied zwischen probabilistischer Notation und der Verwendung natürlicher Häufigkeiten haben Untersuchungen der kognitiven Psychologie aufmerksam gemacht. Die Bemühungen der kognitiven Psychologie haben darüber hinaus eindeutig ergeben, dass ein intuitives Herangehen an Aufgaben, die die Beherrschung auch nur der Grundbegriffe des statistischen Schließens erfordern, stark fehlerbehaftet ist. Bedenklich ist dieser Befund für den vorliegenden Zusammenhang deshalb, weil keineswegs nur bei statistischen Laien Defizite festzustellen waren. Vielmehr bestehen deutliche Hinweise darauf, dass die Fehleranfälligkeit beim Umgang mit Prognosen eng mit der gewählten Methodik zusammenhängt. Darüber hinaus lassen sich Wahrscheinlichkeitsurteile auch mit Blick auf die Begründungsanforderungen des deutschen Verwaltungsrechts nachvollziehbarer ausdrücken als mit Hilfe von natürlich-sprachlichen Bezeichnungen.

Insgesamt erscheint eine formale Methodik für die Bewältigung von Abwägungsaufgaben ab einem bestimmten Komplexitätsniveau angezeigt, welches im Planungsrecht regelmäßig gegeben sein dürfte. Im übrigen kann einer Formalisierung nicht entscheidend entgegengehalten werden, es sei nicht hilfreich oder vielleicht sogar irreführend, Schätzungen der Wahrscheinlichkeiten formal zu notieren. Die formale Notation erlaubt die Verwendung einer leistungsfähigen mathematischen Methodik, hilft, intuitionsbedingten Fehlern vorzubeugen und entspricht darüber hinaus den Anforderungen an die Transparenz von Begründungen leichter als natürlich-sprachliche Herangehensweisen. Abschließend war noch auf weitere rechtliche Anforderungen einzugehen (Aufwand der Erstellung von Prognosen, Planungszeitraum).

## V. Die Gewichtung der Belange

Die rechtlichen Anforderungen an Abwägungsentscheidungen beziehen sich nach dem vorstehend Ausgeführten zunächst auf

– die den gesetzlichen und verfassungsrechtlichen Vorgaben entsprechende Problemidentifikation,
– die vollständige Zusammenstellung der Handlungsalternativen sowie
– die sorgfältige Sachverhaltsermittlung einschließlich vertretbarer Prognosen über die Auswirkungen der verschiedenen Handlungsoptionen.

### 1. Die Aufgabe der Bewertung

Der entscheidende, abschließende Schritt eines Abwägungsvorgangs besteht freilich darin, den Ausgleich zwischen den betroffenen privaten und öffentlichen Belangen in bilanzierender Art und Weise[673] so vorzunehmen, dass er zur objektiven Gewichtigkeit einzelner Belange nicht außer Verhältnis steht.[674] Wie das Bundesverwaltungsgericht weiter formuliert, hat die planerische Gestaltungsfreiheit da ihre Grenze, wo einer der beteiligten Belange in geradezu unvertretbarer Weise zu kurz kommt.[675] Die Verwaltung verletze da das Abwägungsgebot, wo sie die Bedeutung der negativ betroffenen Belange verkenne oder sie in einer Weise fehlgewichte, die zu ihrer objektiven Gewichtigkeit schlechthin außer Verhältnis stehe.[676] Nach der Entscheidung des Gerichts zum Münchner Flughafen aus dem Jahre 1986 dürfen auch „sachfremde Bewertungen" nicht in die Abwägung Eingang finden.[677] Maßgeblich sei nämlich nicht, wie die Behörde den Belang selbst bewertet habe, sondern welches Gewicht ihm objektiv zukomme.[678]

Die referierte Rechtsprechung bezieht sich auf das Abwägungsgebot als Kontrollmaßstab. An dieser Stelle geht es dagegen um die Entscheidungsherstellung, für die es auf die durch das Gericht für diesen Zweck gesetzten Grenzen der Unvertretbarkeit von Gewichtungen nur insofern ankommt, als sie sich auf die Frage beziehen, welche Bewertungen vom Gericht nicht mehr als legitimer Teil des Abwägungsvorgangs akzeptiert werden. Damit

---

[673] S. die Nachweise auf S. 181, Fn. 326.

[674] St. Rspr., beginnend mit BVerwG v. 12.12.1969, E 34, S. 301 (309) und v. 5.7.1974, E 45, S. 309 (314ff.); für das Fachplanungsrecht BVerwG v. 14.2.1975, E 48, S. 56 (64); v. 7.7.1978, E 56, S. 110 (123); v. 5.12.1986, E 75, S. 214 (253f.).

[675] BVerwG v. 5.7.1974, E 45, S. 309 (326).

[676] BVerwG v. 7.7.1978, E 56, S. 110 (122f.).

[677] BVerwG v. 5.12.1986, E 75, S. 214 (245).

[678] BVerwG v. 5.12.1986, E 75, S. 214 (254); aus jüngster Zeit BVerwG v. 9.7.2003, 9 VR 1/03 (in Juris veröffentlicht).

nimmt das Gericht eine negative Bestimmung vor, trifft aber keine positive Aussage darüber, welche Bewertung die Behörde treffen sollte.[679] Insoweit enthält die skizzierte Rechtsprechung lediglich, dies aber zweifelsfrei, die Maßgabe für den Entscheidungsträger, die Gewichtigkeit der einzelnen Belange unter Beachtung ihres jeweiligen objektiven Gewichts und in bilanzierender Art und Weise zu bestimmen. Das wirft zunächst die Frage auf, was mit Gewichtigkeit oder Gewichtung eigentlich gemeint ist.

### *a) Der Begriff der Gewichtung*

Hinsichtlich der Wertverhältnisse unter Gütern werden verschiedene Begrifflichkeiten verwendet, insbesondere Wert, Gewichtung, Bewertung, Gewicht und Gewichtigkeit. Alle fünf Begriffe haben etwas mit der Wertschätzung von Belangen oder Interessen zu tun und werden insoweit als Synonyme behandelt, bedürfen aber für den vorliegenden Zusammenhang der näheren Bestimmung. Bezüglich etwa einer Äußerung eines Individuums I, „x hat hohen Rang", kann in Anlehnung an *Alexy* dreierlei als Bewertung bezeichnet werden:[680] das, was der von I geäußerte Satz bedeutet, nämlich, dass x hohen Rang hat (semantischer Bewertungsbegriff); der Sprechakt, den I vornimmt, indem der angeführte Satz geäußert wird (pragmatischer Bewertungsbegriff); und schließlich der psychische Akt, der der Äußerung eines Werturteils vorhergeht oder sie begleitet und dessen Inhalt durch das Werturteil ausgedrückt wird (psychologischer Bewertungsbegriff). Im folgenden geht es um den semantischen Bewertungsbegriff.

Was ein Wert, eine Gewichtung oder eine Bewertung ist, wird in der deutschen juristischen Literatur nicht einheitlich beantwortet. Für *Hubmann* ist ein Wert die Auszeichnung eines Zustands, dass er für den Menschen wertvoll sei, weil er ihm Befriedigung und Erfüllung bringe.[681] Der Ausdruck „Gewicht" bezeichnet nach *Larenz* den jeweiligen Grad der Wertschätzung.[682] Ferner sei eine Bewertung zum einen eine innere (subjektive) Stellungnahme, dass etwas erstrebenswert oder missbilligenswert erscheine, zum anderen sei ein Werturteil im rechtlichen Kontext eine Aussage darüber, wie ein Sachverhalt nach der gewissenhaft gebildeten Überzeugung des Urteilers nach den Anforderungen und Wertmaßstäben der Rechtsordnung

[679] Näheres zu weiteren durch die Gerichte der Verwaltung gesetzten Grenzen einschließlich der Planrechtfertigung und zwingender Vorgaben s. Abschnitt D.

[680] *R. Alexy*, Theorie der Grundrechte[1], 1986, S. 128 (dortige Fn. 168).

[681] *H. Hubmann*, Wertung und Abwägung im Recht, 1977, S. 7.

[682] *K. Larenz*, Methodische Aspekte der Güterabwägung, in: Hauss (Hrsg.), Festschrift für Ernst Klingmüller, 1974, S. 235 (237).

zu beurteilen sei.[683] *Häberle* spricht mit Blick auf die Grundrechte von einer Wertrangordnung.[684] Vielfach wird die Formulierung verwendet, Gewichtungen seien Wert- oder Rangverhältnisse unter den Belangen.[685] Dass es um Wert*verhältnisse* geht, also in vorläufiger Ausdrucksweise um Relationen zwischen bestimmten Gütern, lässt sich auch daran sehen, dass sich die staatlichen Organe beim Umgang mit Bewertungen am Grundsatz der Verhältnismäßigkeit orientieren müssen, dessen Ausprägung für komplexe Verwaltungsentscheidungen das Abwägungsgebot darstellt. Darin ist sich die rechtswissenschaftliche Literatur im Ansatz einig.

Auch die Entscheidungstheorie bedient sich eines solchen Relationsbegriffs, wobei dort zumeist die Ausdrücke „Werturteile" oder „Präferenzen" gebraucht werden.[686] In der Entscheidungstheorie werden in bezug auf Gewichtungen komparative und metrische Werturteile unterschieden,[687] was der in der Ökonomik geläufigen Differenzierung von Ordinalskalen und Kardinalskalen ungefähr entspricht.[688] Mit komparativen Werturteilen wird nur ein Rangverhältnis unter Gütern bzw. Güterbündeln ohne Angabe der Intensität der Bevorzugung artikuliert. Metrische Werturteile geben hingegen auch das Maß der Bevorzugung an.

Bezieht man diese Begrifflichkeiten auf hoheitliche Abwägungsentscheidungen, so lässt sich sagen, dass die Verwaltung bei Abwägungsentscheidungen die Wertverhältnisse zwischen den Belangen bestimmen *muss*. Im Zusammenhang mit Entscheidungsvorgängen ist dies streng zu verstehen: Es gibt keine Entscheidung, die ohne Bewertungen auskommt. Mit anderen Worten steht es einem Entscheidungsträger nicht frei, ob er bewertet oder davon Abstand nimmt. Wurde eine Entscheidung – worin auch immer sie

---

683 *K. Larenz/C.-W. Canaris*, Methodenlehre der Rechtswissenschaft³, 1995, S. 112; a. A. *W. A. Scheuerle*, Rechtsanwendung, 1952, S. 111 f.; 162 – höchstpersönliche Wertung des Richters.

684 *P. Häberle*, Die Wesensgehaltgarantie des Artikel 19 Abs. 2 Grundgesetz: zugleich ein Beitrag zum institutionellen Verständnis der Grundrechte und zur Lehre vom Gesetzesvorbehalt³, 1983, S. 31.

685 *A. Podlech*, AöR 95 (1970), S. 185 (195) („Vorzugsregeln"); *A. Gern*, DÖV 1986, S. 462 (465) („Bewerten heißt Einordnung in eine Rangordnung"); der Sache nach ebenso *B. Schlink*, Abwägung im Verfassungsrecht, 1976, S. 189; *K. Larenz*, Methodische Aspekte der Güterabwägung, in: Hauss (Hrsg.), Festschrift für Ernst Klingmüller, 1974, S. 235 (237) („das eine Gut (wird) gerade im Verhältnis zu dem anderen einer Bewertung unterzogen"); *T. W. Wälde*, Juristische Folgenorientierung: „policy analysis" und Sozialkybernetik; methodische und organisatorische Überlegungen zur Bewältigung der Folgenorientierung im Rechtssystem, 1979, S. 71.

686 S. etwa *G. H. von Wright*, The logic of preference: an essay, 1963, S. 12.

687 Der Begriff der komparativen Werturteile geht zurück auf *R. C. Jeffrey*, The logic of decision, 1965, und auf *F. von Kutschera*, Einführung in die Logik der Normen, Werte und Entscheidungen, 1973, S. 93 ff.

688 Eingehend zur möglichen rechtlichen Relevanz der Unterscheidung *B. Schlink*, Abwägung im Verfassungsrecht, 1976, S. 158 ff.

bestehen mag – getroffen, so liegen ihr zumindest implizite Gewichtungen der berührten Belange zugrunde. Die hierfür zu treffenden Festlegungen werden nachfolgend als relative Werturteile im engeren Sinn bezeichnet, während solche Bewertungen einschließlich anderer Bewertungsfragen wie etwa die Auswahl der relevanten Belange Gewichtungen im weiteren Sinne genannt werden sollen.

War bislang etwas vereinfachend von der Gewichtung von Belangen die Rede, so ist der Gegenstand von Gewichtungen nunmehr genauer zu fassen. Was bewertet werden muss, sind die Auswirkungen der verschiedenen geprüften Handlungsalternativen auf die relevanten Belange, wobei mindestens zwei zukünftige Zustände miteinander verglichen werden müssen, der Zustand, der als Folge der erwogenen Maßnahme prognostiziert wird, und die zukünftige Welt ohne die Durchführung des Projekts („Nullvariante").[689] Da die zu erwartenden Auswirkungen regelmäßig eine Vielzahl von Belangen oder Gütern berühren, ist eine segmentierte Betrachtung einzelner Effekte nur ausnahmsweise möglich. Grundsätzlich geht es um die Veränderungen von Güterbündeln, deren Ursprungszustand zunächst im Rahmen der Sachverhaltsermittlung im Sinne eines *status quo* festgestellt werden muss. Des weiteren sind vielfach nicht die Auswirkungen von einzelnen Maßnahmen, sondern von Maßnahmepaketen zu prognostizieren.

Für den Begriff der Gewichtung entscheidend ist nun, dass die Beurteilung der erwarteten Effekte unter Verwendung von zusammenhängenden Sätzen von Prognosen und Bewertungen erfolgt. In bezug auf Bewertungen kann man sich diesen Sachverhalt anhand der Waagenmetapher klarmachen. Stellt man sich eine Abwägungsentscheidung als einen Vorgang vor, bei dem die gewichteten Belange je nach ihrer Beurteilung als vorteilhaft oder schädlich auf die beiden Schalen einer Balkenwaage verteilt werden, so repräsentieren die ihnen zugewiesenen Gewichte die Wertverhältnisse. Diese Verhältnisse sind untereinander strikt verbunden. Verändert man das Gewicht eines Belangs, so verändern sich relativ dazu auch alle anderen. Die Unterbewertung eines in die Abwägung eingestellten Gutes ist *notwendigerweise* die Überbewertung der anderen, und umgekehrt.[690] Gewichtungen sind also als stets voneinander abhängige Sätze aufzufassen, nicht als isolierte Erscheinungen.

Die Waagenmetapher verdeutlicht außerdem, dass sowohl die Richtung der Veränderung (auf welche Seite der Waage wird ein Belang gelegt?) als auch ihr Ausmaß (mit welchem Gewicht wird ein Belang versehen?) für die Entscheidung eine Rolle spielen kann. Ist letzteres der Fall, so müssen auch

---

689 Zu den zu beachtenden Belangen kann auch die Größe der Unsicherheit der Prognosen zählen, s. *M. D. Adler/E. A. Posner*, 109 Yale Law Journal 1999, S. 165 (177).

690 Dieser Umstand hat auch für die Kontrolle der einzelnen Gewichtungen Konsequenzen, wie unter D.III.2.d)bb)(2) näher ausgeführt wird.

diese Eigenschaften für Dritte verständlich ausgedrückt werden.[691] In der deutschen Verwaltungspraxis wird dies durch die Beschreibung von Beeinträchtigungen oder erwarteten Vorteilen einer Maßnahme mit Hilfe von relationsbezogenen Begriffen wie „gering“, „mittel“, „hoch“, „überragend“ oder ähnlichen angestrebt.[692] Auf alternative Vorgehensweisen neben der üblichen verbal-argumentativen Methodik wird noch ausführlich einzugehen sein, da die damit verbundenen Fragen bezüglich des epistemologischen und ontologischen Status' von Werturteilen sowie die Art und Weise, auf welche Art und Weise sie ausgedrückt werden können und im Rahmen der Begründung von staatlichen Entscheidungen artikuliert werden sollten, zum Teil fundamental umstritten sind (s. nachstehend 4. und 5.).

### *b) Optimieren und Bilanzieren*

Mit den vorstehenden Erläuterungen ist die Gewichtungsaufgabe noch nicht vollständig beschrieben. Im Planungsrecht muss bei der Festlegung der Wertverhältnisse vielfach dem Erfordernis Rechnung getragen werden, dass bestimmten Belangen durch das Gesetz ein besonders hohes Gewicht im Vergleich mit sogenannten „einfachen“ Belangen zugemessen wird. Im Naturschutzrecht kommt etwa der Land- und Forstwirtschaft „besondere Bedeutung“ zu (§ 2 Abs. 3 BNatSchG a. F.). Nach § 29 b Abs. 1 S. 2 LuftVG ist auf die Nachtruhe der Bevölkerung in „besonderem Maße“ Rücksicht zu nehmen.[693] In der Rechtsprechung des Bundesverwaltungsgerichts zählen zu diesen vielfach als *Optimierungsgebote* bezeichneten Belangen unter anderem der Schutz empfindlicher Nutzungen vor schädlichen Umwelteinwirkungen (§ 50 BImSchG)[694] und der Schutz von Natur und Landschaft vor Eingriffen (§ 8 BNatSchG a. F.).[695] In Vorbehaltsgebieten nach § 7 Abs. 4 Nr. 2 ROG wird bestimmten raumbedeutsamen Funktionen ein „besonderes Gewicht“ zugemessen.

Die Vorstellung, es gebe Belange von unterschiedlichem Gewicht, findet auch in der Rechtsprechung zu sogenannten Sperrgrundstücken Verwendung. Einer Einwendung, die allein aus dem Eigentum an einem Grundstück begründet wird, das nur zu diesem Zweck erworben wurde, kommt nach dem Bundesverwaltungsgericht regelmäßig geringeres (wirtschaftliches) Gewicht zu, wenn es nicht ohnehin als rechtsmissbräuchlich anzusehen

691 Zu den Begründungspflichten s. bereits C.I.4.
692 S. bereits die Nachweise auf S. 9, Fn. 2.
693 BVerwG v. 20.2.1998, NVwZ 1998, S. 850 (851).
694 BVerwG v. 22.3.1985, E 71, S. 163 (164 f.).
695 BVerwG v. 21.8.1990, NVwZ 1991, S. 69 (70 r. Sp.); v. 27.9.1990, E 85, S. 348 (362 f.).

ist.[696] Die Literatur anerkennt die Konzeption besonders hervorgehobener Belange, auch wenn im einzelnen unterschiedliche Auffassungen dazu vertreten werden.[697] *Koch* versteht die Wirkung dieser besonders geschützten Belange dahingehend, dass sie die Vermutung der Vorrangigkeit für sich hätten. Ihre Überwindung sei mit einer spezifischen Argumentationslast verbunden.[698] *Stüer* sieht hingegen keinerlei abstrakten Vorrang,[699] während *Hoppe* zwei Vorrangstufen unterscheiden möchte.[700]

Schließlich ist die Verwaltung dazu angehalten, gerecht abgewogene Lösungen unter Verwendung einer bilanzierenden Betrachtungsweise[701] zu finden. Zur Umsetzung der Anforderungen des Abwägungsgebots ist somit eine Methodik erforderlich, mit der die verschiedenen Belange in ihrer Gesamtheit erfasst („bilanziert")[702] werden können. Unabhängig vom allgemeinen Abwägungsgebot stellt sich die Saldierungsaufgabe in besonderer Dringlichkeit stets dann, wenn gesetzlich eine „zusammenfassende Bewertung"[703] oder die Orientierung auf den „Schutz der Umwelt *insgesamt*"[704] (Hervorhebung E. H.) gefordert ist. Die Forderung nach einer umfassenden und gerechten Abwägung lässt sich als Element des Rechtsstaatsprinzip verstehen: Belastungen dürfen nur dann zugemutet werden, wenn ihre Vorteile die Nachteile insgesamt überwiegen. Eine solche Gesamtbetrachtung ist nur dann nicht erforderlich, wenn nur höchstens zwei relevante Belange betroffen sind, eine Handlungsoption den verfolgten Zwecken dient, ohne

---

696 BVerwG v. 27.10.2000, E 112, S. 135 (135, 1. LS.); v. 26.3.2003, DÖV 2003, S. 860 (861); v. 27.7.1990, NVwZ 1991, S. 781 (784).

697 *H.-J. Koch*, Immissionsschutz durch Baurecht, 1991, S. 64; *B. Stüer*, Handbuch des Bau- und Fachplanungsrechts: Planung – Genehmigung – Rechtsschutz, 1998, Rz. 710; *R. Bartlsperger*, DVBl. 1996, S. 1 (10ff.); *W. Hoppe*, UPR 1995, S. 201 (203); *H. Sendler*, UPR 1995, S. 41 ff.

698 *H.-J. Koch* (S. 268, Fn. 697), S. 64.

699 *B. Stüer*, Handbuch des Bau- und Fachplanungsrechts: Planung – Genehmigung – Rechtsschutz, 1998, Rz. 710. In diesem Sinne das BVerwG v. 5.4.1993, E 92, S. 231 (232).

700 Optimierungsgebote mit prima-facie-Vorrang und sogenannte Maximierungsgebote (*W. Hoppe*, UPR 1995, S. 201 (203)). Ansätze zu einer solchen Differenzierung lassen sich in BVerwG v. 20.8.1992, E 90, S. 329 (332), erkennen. Kritisch dazu *H. Sendler*, UPR 1995, S. 41 ff.

701 BVerwG v. 5.12.1986, E 75, S. 214 (254); v. 10.4.1997, E 104, S. 236 (251); BVerwG v. 27.10.2000, E 112, S. 140 (164).

702 Der Begriff der Bilanzierung ist etwas unglücklich gewählt, da es jedenfalls beim technischen Begriff der Bilanz um eine vergangenheitsbezogene Bestandsaufnahme geht, beim Abwägungsgebot hingegen um eine Bewältigung der Zukunft, also um eine Vorausschau. Dennoch ist die Intuition des Bundesverwaltungsgerichts bei der Verwendung des Begriffs der „Bilanzierung" klar erkennbar und verdient sachlich einschränkungslose Zustimmung.

703 § 1a Abs. 1 WHG in der Fassung des Artikelgesetzes vom Gesetz vom 27. Juli 2001 zur Umsetzung der UVP-Änderungsrichtlinie, der IVU-Richtlinie und weiterer EG-Richtlinien zum Umweltschutz, BGBl. I S. 1950.

704 IVU-Richtlinie 96/61/EG des Rates vom 24.9.1996 (ABl. EG Nr. L 257 v. 10.10.1996, S. 26).

auch nur einen Nachteil mit sich zu bringen oder sich die betroffenen Belange lexikographisch reihen lassen.[705] In aller Regel muss „bilanziert" werden.

## 2. Verfassungsrechtliche Anforderungen

### *a) Verhältnismäßigkeitsgrundsatz und Abwägungsgebot*

Das Verwaltungshandeln unterliegt nicht nur den eben dargestellten einfachgesetzlichen Vorgaben, sondern auch dem Verfassungsrecht. Zu den insoweit maßgeblichen Bindungen zählt zunächst der Verhältnismäßigkeitsgrundsatz, der wie das Gebot gerechter Abwägung nicht nur ein Kontrollmaßstab ist, sondern sich auch als Handlungsanleitung darstellt.[706] Seine wesentliche individualrechtliche Funktion liegt in verfassungsrechtlicher Hinsicht in den Grenzen, die es Grundrechtseingriffen setzt. Nur Planungen, die von einer ausreichenden, dem Verhältnismäßigkeitsgrundsatz entsprechenden Rechtfertigung getragen werden, genügen rechtsstaatlichen Anforderungen, wobei dies zunächst einmal unabhängig von den Spielräumen gilt, die die Gerichte der Verwaltung einräumt.[707]

Für komplexe Verwaltungsentscheidungen im Planungsrecht hat der Verhältnismäßigkeitsgrundsatz mit dem Abwägungsgebot eine spezifische Form angenommen. Dem Abwägungsgebot, das auf eine gerechte Entscheidung zielt,[708] kommt als Teil des Rechtsstaatsprinzips ebenfalls Verfassungsrang zu.[709]

### *b) Gleichbehandlungsgebot (Art. 3 Abs. 1 GG)*

Eine weitere Anforderung an das Verwaltungshandeln ergibt sich aus dem allgemeinen Gleichheitssatz (Art. 3 Abs. 1 GG). Der Gleichheitssatz dient zwei unterschiedlichen Zwecken. Zum einen dient er der Einzelfallgerechtigkeit. Soweit ersichtlich, behandelt die juristische Diskussion in Deutschland wohl wegen des grundrechtlichen Charakters der Vorschrift vornehmlich diesen Aspekt. Insoweit ist als Ausgangspunkt eindeutig zu konstatieren, dass nicht nur der Gesetzgeber und die Rechtsprechung an das Gleichbe-

---

[705] S. unten C.V.5.a).
[706] S. o. C.I.2.d)cc)(2).
[707] Dazu unter D.I.1.
[708] S. o. C.I.2.d)cc)(4).
[709] BVerwG v. 23.1.1981, DVBl. 1981, S. 932 (933 l. Sp.) m. w. N.; v. 12.12.1981, E 64, S. 270 (LS. 1 und 273).

handlungsgebot gebunden sind, sondern auch die Verwaltung (Art. 1 Abs. 3 GG). Zum anderen macht die Gleichbehandlung gleich gelagerter Fälle Entscheidungen für andere Behörden und betroffene Dritte voraussehbarer und fördert dadurch die Rechts- und Planungssicherheit.

Art. 3 Abs. 1 GG gebietet in der insoweit unumstrittenen Deutung des Bundesverfassungsgerichts, wesentlich Gleiches gleich und wesentlich Ungleiches entsprechend der bestehenden Ungleichheit auch ungleich zu behandeln.[710] Schon seit Beginn der Fünfziger Jahre heißt es in den Judikaten weiter, der Gleichheitssatz sei dann verletzt, wenn sich ein vernünftiger, aus der Natur der Sache oder sonstwie sachlich einleuchtender Grund für die gesetzliche Differenzierung nicht finden lässt[711] und sie deshalb als willkürlich bezeichnet werden muss.[712] Da diese als Willkürformel bekannte Wendung auf eine bloße Evidenzkontrolle von Ungleichbehandlungen hinausläuft,[713] war in der Rechtsprechung des BVerfG auf ihrer Grundlage kaum jemals ein Gleichheitsverstoß festzustellen.[714] Vor diesem Hintergrund machte vor allem der 1. Senat des Gerichts zu Beginn der Achtziger Jahre einen dogmatischen Neuanfang. Nach der sogenannten „neuen Formel" des Gerichts ist eine Ungleichbehandlung nur zulässig, wenn „Unterschiede von solcher Art und solchem Gewicht bestehen, dass sie die ungleiche Behandlung rechtfertigen können."[715] Damit wird nach Ansicht der Richter und der ihnen ganz überwiegend beipflichtenden verfassungsrechtlichen Literatur letztlich der Grundsatz der Verhältnismäßigkeit in Art. 3 Abs. 1 GG implementiert,[716] obwohl dies mit dem althergebrachten Verständnis des verfassungsrechtlichen Verhältnismäßigkeitsgrundsatzes als Schranke von Eingriffen in Freiheitsgrundrechte und der Dogmatik von Art. 3 Abs. 1 GG auf den ersten Blick kaum vereinbar zu sein scheint.[717] Auf

---

[710] BVerfG v. 23.10.1951, E 1, S. 14 (52); v. 17.12.1953, E 3, S. 58 (135); v. 27.5.1964, E 18, S. 38 (46); v. 14.12.1966, E 21, S. 6 (9) – st. Rspr.

[711] BVerfG v. 23.10.1951, E 1, S. 14 (52).

[712] BVerfG v. 23.10.1951, E 1, S. 14 (52); v. 20.12.1966, E 21, S. 12 (26); v. 8.12.1970, E 29 S. 327 (335); v. 6.12.1983, E 65, S. 325 (354).

[713] *S. Huster*, JZ 1994, S. 541 (541 r. Sp.).

[714] *R. Zuck*, MDR 1986, S. 723 (724).

[715] BVerfG v. 7.10.1980, E 55, S. 72 (88 und 91); v. 18.11.1986, E 74, S. 9 (30); aus etwas jüngerer Zeit BVerfG v. 8.10.1991, E 84, S. 348 (359); v. 28.1.1992, E 85, S. 191 (210); v. 11.2.1992, E 85, S. 238 (244); v. 7.7.1992, E 87, S. 1 (36); v. 17. 11.1992, E 87, S. 234 (255); der BFH formuliert: Art und Ausmaß – BFH, BStBl. II 1972, S. 767 (769).

[716] BVerfG v. 18.11.1986, E 74, S. 9 (30) (*abweichende Meinung Katzenstein*); *H. D. Jarass*, in: Jarass/Pieroth, GG, 2004, Art. 3 Rz. 15; *M. Gubelt*, in: von Münch/Kunig, GG, Bd. I, 2000, Art. 3 Rz. 14; *K. Hesse*, Badura/Lerche (Hrsg.), FS für Lerche, in: Badura (Hrsg.), Wege und Verfahren des Verfassungslebens: Festschrift für Peter Lerche zum 65. Geburtstag, 1993, S. 121 (122 und passim); *G. Robbers*, DÖV 1988, S. 749 (751).

[717] Es überrascht daher nicht, dass in der Literatur versucht wird, die Berücksichtigung des Verhältnismäßigkeitsprinzips im Rahmen des Art. 3 Abs. 1 GG zu begrenzen. Den in dogmatischer Hinsicht überzeugendsten Ansatz hat bislang *Huster* gegeben, der danach

Einzelheiten dieser Diskussion braucht für den weiteren Gedankengang jedoch nicht weiter eingegangen zu werden. Maßgeblich ist insoweit allein, dass es der Verwaltung verfassungsrechtlich verwehrt ist, willkürliche oder unverhältnismäßige Ungleichbehandlungen vorzunehmen.

Besondere Bedeutung entfaltet der Gleichheitssatz dann, wenn ein Hoheitsträger rechtliche Spielräume genießt. Ist ihm, wie etwa im Falle gebundenen Verwaltungshandelns, seine Entscheidung rechtlich vorgegeben, so kommt Art. 3 Abs. 1 GG kaum eine spezifische Steuerungswirkung zu. Solche Spielräume existieren hingegen beim Erlass von Satzungen und Rechtsverordnungen,[718] aber auch bezüglich des Rechtsfolgeermessens in Einzelfallentscheidungen[719] und bei Beurteilungsermächtigungen auf der Tatbestandsseite.[720] Wird vom Verwaltungsgericht ein Verstoß gegen den Gleichheitssatz festgestellt, so führt dies regelmäßig wegen einer entsprechenden Ermessensreduzierung zu einem Anspruch auf das begehrte Verwaltungshandeln.[721] Die hervorgehobene Relevanz des Gleichheitssatzes für die Ausfüllung von rechtlich eingeräumten Spielräumen betrifft neben der Wahl der zugrundelegten Prognosemethoden insbesondere die vorliegend in Rede stehenden Gewichtungen unter den berührten Belangen.

Für das Behördenhandeln bedeutet das zunächst folgendes. Wird etwa in einem Fall ein Umstand als erheblich eingestuft, so darf derselbe Umstand in einem anderen Fall nicht ohne ausreichende – vernünftige (Willkürformel) oder verhältnismäßige (Verhältnismäßigkeitsgrundsatz) – Rechtfertigung als unerheblich betrachtet werden. Das Gleichbehandlungsgebot bezieht sich jedoch nicht nur auf die Frage der Auswahl der erheblichen Belange. Auch das Ausmaß der Gewichtigkeiten im Bereich zwischen Null und Unendlich wird wegen seiner Bedeutung für die Ergebnisse von Abwägungsentscheidungen davon erfasst. Auf die Schwierigkeiten, das Ausmaß

---

fragt, auf welchen Gründen die Ungleichbehandlung beruht (hierzu *S. Huster*, JZ 1994, S. 541, 543 r.Sp.): Geht es um den Ausgleich persönlicher Unterschiede zwischen den Betroffenen, ohne die die Regelung ungerecht wäre, sei eine Verhältnismäßigkeitsprüfung erforderlich; verfolge der Gesetzgeber „sonstige politische Ziele" (*W. Rüfner*, in: Dolzer, Bonner Kommentar, 2004, Art. 3 Abs. 1 Rz. 93ff., 95) oder soll die Differenzierung „externen, gesamtgesellschaftlichen Nutzen- oder Zweckmäßigkeitserwägungen" dienen, genüge eine Willkürkontrolle. Vgl. zu einem neuen dogmatischen Ansatz aber auch *P. Martini*, Art. 3 Abs. 1 GG als Prinzip absoluter Rechtsgleichheit, 1997.

[718] BVerfG v. 13.12.1961, E 13, S. 248 (253); v. 26.2.1985, E 69, S. 150 (159f.).

[719] BVerfG v. 16.2.1965, E 18, S. 353 (363f.); v. 26.2.1985, E 69, S. 161 (169); dem folgt das Bundesverwaltungsgericht (BVerwG v. 9.4.1987, E 77, S. 188 (192)).

[720] BVerfG v. 26.2.1985, E 69, S. 161 (169); BVerwG v. 9.4.1987, NVwZ 1987, S. 809 (810); *M. Gubelt*, in: von Münch/Kunig, GG, Bd. I, 2000, Art. 3 Rz. 37.

[721] Zu einem solchen Anspruch auf Gleichbehandlung BVerwG v. 11.10.1996, E 102, S. 113 (118f.). Dem zustimmend *B. Pieroth/B. Schlink*, Grundrechte[19], 2003, Rz. 493ff., und *W. Heun*, in: Dreier/Bauer (Hrsg.), GG, Bd. 1 (Art. 1–19), 2004, Art. 3 Rz. 55. Jedenfalls für die Fälle der Ausweitung einer Begünstigung *H. D. Jarass*, in: Jarass/Pieroth, GG, 2004, Art. 3 Rz. 43.

der Gewichtigkeiten in den Anwendungsbereich des Gleichbehandlungsgrundsatzes bei Verwendung der herkömmlichen Darstellungsweise von Gewichtungen zu integrieren, wird noch ausführlich zurückzukommen sein. Bereits an dieser Stelle ist allerdings darauf hinzuweisen, dass die gewählte Methodik schon mit Blick auf das Gleichbehandlungsgebot eine hinreichend präzise Artikulation dessen, was „erheblich" im konkreten Entscheidungszusammenhang meint, erlauben muss, wenn und soweit man entsprechende Ansprüche an die Begründung der Verwaltungsentscheidung stellt.[722] Ferner ist ebenso hinreichend genau darzutun, was den einen Fall von dem anderen unterscheidet und in welcher Weise sich die von der Verwaltung festgestellten Differenzen in einer unterschiedlichen Bewertung niedergeschlagen haben. Das führt zu der Frage, welche Anforderungen an die Darstellung von Gewichtungen im Verwaltungsrecht gelten. Auf sie ist nunmehr einzugehen.

### 3. Anforderungen an die Darstellung von Gewichtungen in der Begründung

Angesichts der Bedeutung von Gewichtungen für die Ergebnisse von Abwägungsentscheidungen wird einhellig davon ausgegangen, dass bei einer wertenden Entscheidung die Bewertung zur tragenden Begründung im Sinne von § 39 Abs. 1 VwVfG gehört.[723] Dazu zähle auch, welche Faktoren für die Bewertung maßgebend waren und welche Bedeutung den einzelnen Faktoren beigemessen worden sei.[724] Das gelte gerade auch für Abwägungsentscheidungen.[725] Dort müsse insbesondere verdeutlicht werden, welche Gewichtung die einzelnen Belange erfahren hätten.[726] Nähere Angaben dazu, mit welcher Methodik die Bewertungen zu artikulieren sind, um den Anforderungen des § 39 Abs. 1 VwVfG zu genügen, werden allerdings, soweit ersichtlich, weder in Judikaten noch in der Literatur gemacht.

Die Nachvollziehbarkeit muss sich auf alle wesentlichen Eigenschaften der Gewichtungen beziehen. Dazu rechnet zunächst die Bewertung eines Effekts als schädlich oder als wünschenswert. Im Zusammenhang mit Abwägungsentscheidungen geht es darüber hinaus, wie bereits ausgeführt, um die Festlegung von Wertverhältnissen unter den betroffenen, als relevant

---

[722] Das ist im Rahmen einer Begründungskontrolle der Fall, s. u. D.I.2.b)bb).

[723] *P. Stelkens/U. Stelkens*, in: Stelkens/Bonk/Sachs, VwVfG, 2001, § 39 Rz. 20.

[724] *P. Stelkens/U. Stelkens* (S. 272, Fn. 723), § 39 Rz. 20.

[725] BVerwG v. 21.3.1986, NJW 1986, S. 2449 (2451); *P. Stelkens/U. Stelkens* (S. 272, Fn. 723), § 39 Rz. 20.

[726] *P. Stelkens/U. Stelkens* (S. 272, Fn. 723), § 39 Rz. 20; *S. Liebetanz*, in: Obermayer/Fritz, VwVfG, 1999, § 39 Rz. 31; *C. Koenig*, AöR 117 (1992), S. 514 (531, 537 ff.).

ausgewählten Gütern. Auch dies muss in der Begründung für Dritte durchsichtig dokumentiert werden. Dabei kommt es regelmäßig auf das Maß der Bevorzugung eines Belangs gegenüber den anderen an, was schließlich ebenfalls nachvollziehbar dargestellt werden muss.

### 4. Verbal-argumentative Verfahren zur Einlösung der rechtsstaatlichen Ansprüche

In Rechtsprechung und Literatur besteht Einigkeit über das grundlegende rechtsstaatliche Erfordernis, die Gesamtheit aller Vor- und Nachteile eines Hoheitsaktes unter Einbeziehung ihrer jeweiligen Gewichtigkeit bei der Entscheidungsherstellung zu berücksichtigen. Diese Anforderung wird in der Praxis ganz vorwiegend mit den Mitteln einer verbal-argumentativen Methodik bewältigt. Das begegnet angesichts des dargelegten Anforderungsprofils erheblichen Bedenken.

Der Ansatz, die Wertverhältnisse unter den entscheidungsrelevanten Belangen bei der Entscheidungsherstellung verbal auszudrücken, ist hinsichtlich der als irrelevant erachteten Belange und der Planungsleitsätze allerdings noch ohne größere Schwierigkeiten durchführbar. Dass ein Belang keine Rolle spielt (irrelevanter Belang; Bewertung mit Null) oder aber im Gegenteil so entscheidend ist, dass er der Abwägung eine strikte Grenze zieht (Planungsleitsätze; Bewertung als unendlich), lässt sich mit Worten hinreichend klar ausdrücken. Für die Belange, deren Wert zwischen Null und Unendlich liegt, weist die Beschränkung auf eine verbal-argumentative Methodik dagegen erhebliche Schwächen auf, die nachfolgend näher erläutert werden sollen.

Der erste Nachteil eines rein sprachlichen Umgangs mit Bewertungen liegt in der geringen Präzision der verwendeten Begriffe, die eine nur geringe Erklärungskraft der gegebenen Rechtfertigung zur Folge hat. Ausdrücke wie „geringe Beeinträchtigung“ oder „Auswirkungen von außerordentlich großer Bedeutung“, wie sie in Planfeststellungsbeschlüssen verwendet werden,[727] sind ohne weitere Erläuterung der damit verbundenen Aussagen vage. Zur Illustrierung kann auf die vorstehend in Tabelle 11 wiedergegebene Präzisierung des Begriffes *„major benefit“* durch das U.S. Department of Transport im Zusammenhang mit der Folgenabschätzung für eine Reform der Lenk- und Ruhezeiten im gewerblichen Güterkraftverkehr verwiesen werden.[728] Der Ausdruck bezeichnete gleichzeitig einen erwarteten Nutzen pro Jahr von 170 Mio. Dollar wie auch einen in Höhe von 783 Mio.

[727] Vgl. *Freie und Hansestadt Hamburg*, Planfeststellungsbeschluss DA-Erweiterung vom 8. Mai 2000, 2000, S. 75.

[728] S.o. B.IV.3.b).

Dollar. Die Bandbreite des Gemeinten wäre ohne die monetäre Bezifferung für Außenstehende nicht zu erkennen gewesen.

Abgesehen von der Unbestimmtheit des Bezeichneten haben verbale Beschreibungen für Werturteile einen zweiten, „operativen" Nachteil. Um „bilanzieren" zu können, ob die einzelnen gewichteten Beeinträchtigungen zusammengenommen kleiner oder größer sind als die durch die Entscheidung bewirkten Vorteile, müsste zwischen den einzelnen Stufen ein klares Verhältnis gebildet werden. Beispielsweise müsste definiert sein, ob zweimal „gering" mit einmal „mittel" gleichzusetzen ist. Daran fehlt es in Verwaltungsentscheidungen in aller Regel. Wird jedoch versäumt, explizit anzugeben, in welchem Verhältnis etwa eine „geringe" Beeinträchtigung zu einem „mittleren" Vorteil steht, ist der sachliche Gehalt der so ausgedrückten Aussage extrem unbestimmt, was zur Folge hat, dass er kaum falsifiziert werden kann. Das bedeutet, dass es unter anderem für Dritte fast nicht möglich ist, Inkonsistenzen im Vergleich verschiedener Entscheidungen zu entdecken. Das interessiert wegen der verfassungsrechtlich gebotenen Gleichbehandlung durch Verwaltungsentscheidungen.[729] Ist etwa ein bestimmter Effekt in einem Verfahren als „geringe Beeinträchtigung" bezeichnet worden, so schließt das eine ganze Bandbreite an Bewertungen ein, wie man an dem eben herangezogenen amerikanischen Beispiel sehen konnte. Unter welchen Voraussetzungen aber nicht mehr von einer „geringen Beeinträchtigung" im Sinne des Entscheidungsträgers gesprochen werden dürfte, bleibt Außenstehenden regelmäßig verschlossen.

Damit ist die Nachvollziehbarkeit der Bewertungen bei Heranziehung einer verbalen Methodik zur Begründung von komplexen („multikriteriellen, polygonalen, vielpoligen[730]") Verwaltungsentscheidungen[731] nur eingeschränkt gegeben. Geht es hingegen nur um den seltenen Fall einer Abwägung von genau zwei Gütern („bikriterielle Abwägung"), so liefert der Tenor der Entscheidung zusammen mit der Angabe, um welche Güter es in welcher Quantität ging, alle für die Kontrolle notwendigen Informationen über das Wertverhältnis der abgewogenen Belange (die Bewertung), vorausgesetzt, die Behörde hat keine Rechenfehler gemacht.[732]

---

[729] S. o. C.V.2.b).

[730] Diesen Begriff verwendet *G. Gaentzsch*, Die Planfeststellung als Anlagenzulasung und Entscheidung über die Zulässigkeit der Enteignung, in: Berkemann (Hrsg.), Planung und Plankontrolle. Entwicklungen im Bau- und Fachplanungsrecht. Otto Schlichter zum 65. Geburtstag, 1995, S. 517 (535).

[731] Für *J. Dreier*, Die normative Steuerung der planerischen Abwägung. Strikte Normen, generelle Planungsleitbegriffe, Planungsleitlinien und Optimierungsgebote, 1995, S. 49ff., folgt aus der großen Komplexität solcher Entscheidungen die Einräumung von Freiräumen für die Verwaltung, die mit Hilfe der Abwägungsdogmatik rechtlich bewältigt werden müßten.

[732] Aus Tenor und Entscheidungsgründen in herkömmlicher Form lassen sich die von

### *a) Die Abwägung unter drei und mehr Gütern*

Ist also bei bikriteriellen Abwägungskonstellationen die Durchführung der Kontrollaufgabe noch möglich, wenn und soweit staatliche Handlungen in der herkömmlichen Weise begründet werden, so können die Erwägungen, die komplexen Verwaltungsentscheidungen bezüglich der relativen Werturteile zugrunde liegen, natürlich-sprachlich dagegen nicht mehr so dargestellt werden, dass es der Öffentlichkeit und den Gerichten möglich ist, die einzelnen Werturteile und das Verfahren ihrer Aggregation zu erkennen.

Die Ursache hierfür liegt darin, dass die Betroffenen und die Gerichte ab einer Zahl von mehr als zwei berührten Belangen aus dem Tenor zusammen mit der Angabe der Quantitäten und sonstiger bewertungsrelevanter Umstände auf die von der Behörde zugrundegelegten Bewertungen anders als im bikriteriellen Fall nicht rückschließen können. Denn es kann zum Beispiel sein, dass sich zwei rechtlich unzulässige Bewertungen gegenseitig kompensieren, eine unangemessene Überbewertung eines Belangs durch eine unangemessene Unterbewertung eines anderen Belangs sozusagen ausgeglichen wird. Wird etwa eine Umgehungsstraße geplant, deren Baukosten von 1 Mio. Euro im wesentlichen durch Entlastungen der bislang genutzten Straßen gerechtfertigt werden sollen, so kann es darauf ankommen, wie die Verringerung des Lärms und die Erhöhung der Verkehrssicherheit in der Gemeinde bewertet werden. Wird der Öffentlichkeit und den Gerichten im Kern nur mitgeteilt, dass sich zum einen die Lärmbelastung auf der entlasteten Gemeindestraße, an der 10.000 Menschen wohnen, um 2 dB (A) reduzieren würde, und dass zum anderen zu erwarten sei, dass mit einer bestimmten Wahrscheinlichkeit die Zahl der Verkehrsunfälle mit Verletzten und Todesfällen um 5 % zurückgehen wird, so ließe sich aus diesen Angaben oder ihrer Beschreibung als „erheblich“ oder „spürbar“ nicht folgern, wie diese Effekte bewertet wurden. Wurde die Reduzierung der Lärmbelastung mit beispielsweise insgesamt 10 Euro krass unterbewertet und gleichzeitig die Verbesserung der Verkehrssicherheit mit 1 Mio. Euro krass überbewertet, so läge eine Rechtfertigung für die Umgehungsstraße vor, die im Ergebnis vielleicht haltbar wäre, weil auch akzeptable Bewertungen zu einem Überwiegen der Vorteile gegenüber den Nachteilen führen würden. Von der Begründung her würde das aber nicht überzeugen, da Fehlbewertungen grundsätzlich nicht Bestandteil der Entscheidungsher-

---

der Behörde vorgenommenen Bewertungen nicht sicher schließen. Denn es kann sein, dass die Behörde von anderen als den dargelegten Bewertungen ausging, sich jedoch verrechnet hat und fälschlicherweise das Ergebnis im Sinne von Tenor und Entscheidungsgründen für das Resultat ihrer Überlegungen hält. Einem Gericht ist die Aufdeckung von solchen Rechenfehlern nicht möglich, wenn die Bewertungen nicht numerisch ausgedrückt werden.

stellung sein dürfen. Das kann aber bei Verzicht auf eine nachvollziehbare Artikulation der Bewertungen nicht entdeckt werden.

Diese Problematik verstärkt sich mit jedem zusätzlichen Belang. Je mehr Belange zu würdigen sind, desto weniger können Dritte von den Angaben im Tenor und den Angaben, welche Belange in welchen Quantitäten berührt sind, auf die Bewertungen zurückschließen. Das ist zumindest hinsichtlich von § 39 VwVfG problematisch, nach dem die tragenden Erwägungen, zu denen die Bewertungen eindeutig zählen dürften, in nachvollziehbarer Form mitzuteilen sind.

### *b) Die Gefahr irrationaler Begründungen durch die Bildung zu großer Intervalle*

Die Defizite einer natürlich-sprachlichen Artikulation der relativen Werturteile gehen noch darüber hinaus, da sie prinzipieller Natur sind. Selbst bei einer Explizierung der Verhältnisse unter den Belangen kann eine verbale Darstellung sogar zur logischen Inkonsistenz der gegebenen Begründungen führen. Das liegt daran, dass Begriffe wie „gering", „mittel" oder „hoch" in der behördlichen Begründungspraxis regelmäßig nicht eine punktgenaue Beurteilung eines Effekts bezeichnen und auch nicht bezeichnen können, sondern einen gewissen Bereich von Veränderungen der sozialen Wohlfahrt abbilden. Gerade in der damit verbundenen Reduzierung von Komplexität liegt möglicherweise ihr Sinn. Je geringer allerdings die Zahl der Abstufungen ist, desto größer sind die dabei in Bezug genommenen Intervalle. Bezeichnete man etwa Veränderungen zwischen 0 und 10 % als „gering", solche zwischen 10 und 20 % als „mittel", solche zwischen 20 und 30 % als „groß" sowie alles darüber als „überragend", so ließe sich die Frage, ob zwei „mittlere" Vorteile durch einen „großen" Nachteil aufgewogen würden, nicht eindeutig beantworten. Vielmehr kann es sein, dass sie schwerer wiegen als eine „große" Verschlechterung, es kann aber auch umgekehrt sein. Zwei „mittlere" Verbesserungen können sogar schwerer wiegen als eine „überragende" Verschlechterung, es kann aber ebenfalls umgekehrt sein. Mit dem 4-Stufen-System ist es also möglich, zwei sich widersprechende Ergebnisse zu begründen. Es wäre daher logisch inkonsistent und in diesem Sinne irrational.

Sprachlich ließen sich die Intervalle sicher noch enger fassen als in dem 4-Stufen-Modell. Eine erhebliche Vergrößerung der Anzahl der Stufen dürfte angesichts der Vielfältigkeit der berührten Belange und der Grade ihrer Betroffenheit regelmäßig sogar notwendig sein. Durch eine Verkleinerung der Intervalle würde das Irrationalitätsproblem kleiner. Gleichzeitig würde aber die Durchschaubarkeit und Praktikabilität leiden, wie zu sehen ist, wenn man sich klarmacht, dass dies mit weiteren begrifflichen Abstufungen verbunden wäre, wie etwa „verschwindend gering", „beachtlich", „fühlbar", „erheblich", „massiv" oder „überragend". Selbst wenn diese Stufen in ihrem Verhältnis zueinander genau definiert wären, wäre ein solches System zur Durchführung von Berechnungen zur Durchführung einer Gesamtabwägung wenig praktikabel, in bezug auf seine Transparenz im Vergleich mit numerischen Verfahren unterlegen und zudem mit der Gefahr der irrationalen Begründung behaftet. Verschwinden wird das Irrationalitätsproblem erst bei der Verwendung von infinitesimalen Intervallen, die natürlich-sprachlich nur schwer, wenn überhaupt, darstellbar sind.

Im übrigen kann die öfters in der Praxis zu beobachtende segmentierte Abwägung, also der Vergleich der Gesamtheit der Vorteile der Maßnahmen mit einem Ausschnitt aus den Nachteilen, vielfach nur einem einzigem, schon deshalb nicht überzeugen, da aus dem Vergleich der einzelnen Nachteile mit der Gesamtheit der Vorteile nicht sicher geschlossen werden kann, dass auch die Gesamtheit der Nachteile kleiner ist als die Gesamtheit der Vorteile.

#### c) *Zwischenergebnis*

Zusammengenommen weist die verbal-argumentative Methodik gravierende Defizite bei der Bewältigung des rechtlichen Anforderungsprofils auf. Bewertungen werden mit ihr in der bisherigen Praxis nicht gehaltvoll artikuliert. Das beeinträchtigt das Transparenzgebot, wie es sich aus Art. 19 Abs. 4 GG, dem Rechtsstaatsprinzip und dem Verwaltungsverfahrensgesetz ergibt.[733] Auf der Basis einer natürlich-sprachlichen Methodik ließe sich das wegen der mit ihr verbundenen Intervallbildung auch nicht wirklich ändern. Auch die Optimierungsgebote lassen sich nicht überzeugend mit Leben füllen, gleichgültig, welchem Ansatz man diesbezüglich folgt. Vor allem aber läuft die Forderung des Bundesverwaltungsgerichts nach einer Gesamtbetrachtung der Belange leer.

### 5. Die möglichen Lösungen

Nach dem vorstehend Dargelegten stellt sich die gerechte Abwägung als die Aufgabe der staatlichen Entscheidungsträger dar, in transparenter und logisch konsistenter Art die Vor- und Nachteile einer Entscheidung zu

---

[733] Näheres zur verfassungsrechtlichen Herleitung des Transparenzgebots *U. Kischel*, Die Begründung, 2002, S. 63 ff.

„bilanzieren". Sie ist, wie erläutert, mit der üblichen verbal-argumentativen Methodik ab einem bestimmten Komplexitätsgrad nicht mehr befriedigend zu bewältigen. Daher soll entgegen der eher resignativen, für den Bereich zivilgerichtlicher Entscheidungen getroffenen Feststellung *Essers*, über die Verbalisierung von Wertungen komme man offenbar nicht hinaus,[734] im folgenden untersucht werden, ob es nicht doch Instrumente gibt, mit denen komplexe hoheitliche Entscheidungsherstellungsvorgänge besser gehandhabt werden könnten.

Zunächst ist dabei auf die lexikographische Bildung von Rangverhältnissen einzugehen (a)). Mit ihrer Hilfe können multikriterielle Entscheidungen getroffen werden, ohne dabei aggregieren zu müssen. Da sie jedoch nur für wenige Entscheidungssituationen wirklich geeignet sein dürfte, wird anschließend der Ansatz *Alexys* erörtert, die konkreten Umstände der singulären Entscheidung durch die Bildung bedingter Vorrangrelationen zu erfassen (b)). Da aber auch damit den erläuterten Anforderungen an die Durchführung eines komplexen Entscheidungsherstellungsvorgangs nicht hinreichend Genüge getan werden kann, soll schließlich auf numerische Instrumente zur Artikulation von Werturteilen eingegangen werden (c)).

### *a) Lexikographische Reihung*

Lässt sich zwischen den Vor- und Nachteilen alleine durch die Bewertung der Qualität der berührten Belange ohne Berücksichtigung konkreter Umstände wie etwa der in Rede stehenden Quantitäten oder anderer Eigenschaften eine Entscheidung fällen, so kann von der Bildung einer sogenannten lexikographischen Ordnung gesprochen werden. Das Vorgehen lässt sich an dem Beispiel der Verkehrssicherheit veranschaulichen, die in der Verkehrsplanung, wie des öfteren gesagt wird, an erster Stelle stehe.

Der Einfachheit halber sei zunächst angenommen, dass eine bestimmte Maßnahme oder ein bestimmtes Vorhaben nur einen Vorteil (die Erhöhung der Verkehrssicherheit durch den Bau einer für Fußgänger nicht überwindbaren Trennwand in der Mitte einer vielbefahrenen Straße) und nur einen Nachteil (die Erhöhung von Trennwirkungen) hat („bikriterielle Entscheidung"). Die Grundinformation, dass als Folge des Projektes die Verkehrssicherheit positiv und die Mobilität von Fußgängern negativ beeinflusst wird, genügt nur dann für die Entscheidungsherstellung, wenn zwischen den Qualitäten „Verkehrssicherheit" und „Trennwirkungen" eine Rangordnung ohne Berücksichtigung der Quantität angenommen wird.

---

[734] *J. Esser*, VI Études logiques juridique 1976, S. 53 (61); ebenfalls kritisch zur Verbalisierung von Wertungen (nicht nachprüfbare formelhafte Verbalisierung) *N. Luhmann*, Das Recht der Gesellschaft, 1993, S. 398.

Lassen sich die betroffenen Güter so in ihrem Rangverhältnis ordnen, spielt es in einer extremen Variante des Verfahrens keine Rolle, um wieviele Verkehrsunfälle oder Fußgänger es geht, welcher Art das städtebauliche Umfeld ist oder welche Bedeutung die betroffene Straße für überregionale Verbindungen hat. Ein solches Vorgehen wird in der Entscheidungstheorie lexikographische Reihung genannt, da alle Alternativen nach der Rangfolge der verschiedenen Zielkriterien entsprechend der alphabetischen Ordnung in einem Lexikon angeordnet werden.[735] Führt dies im Falle einer komplexen Entscheidung durch Maximierung des ersten (wichtigsten) Zielkriteriums nicht zu einer eindeutigen Lösung, kann man in einem zweiten Schritt das zweite Zielkriterium unter der Nebenbedingung maximieren, dass die Zielgröße das im ersten Rechengang ermittelte Maximum nicht unterschreitet. Dieser Vorgang lässt sich fortsetzen, bis ein eindeutiges Ergebnis gefunden ist.

Übertragen auf die Entscheidungssituation etwa einer Behörde hieße das, alle durch die Entscheidung berührten Belange nach ihrer Wichtigkeit mit der Folge zu ordnen, dass der jeweils vorangehende Belang alle nachrangigen Belange ohne Berücksichtigung der in Rede stehenden Quantitäten „sticht". Das Verfahren der lexikographischen Ordnung impliziert also, dass auch ein nur geringer Vorteil bezüglich eines in der Ordnung vorgehenden Belangs nicht überkompensiert werden kann, gleichgültig, wie groß die Vorteile anderer Lösungen hinsichtlich nachrangiger Belange auch sein mögen.[736]

Wird die Rangordnung unter den Belangen auf hohem Abstraktionsniveau gebildet, so lässt sich von einer *abstrakten lexikographischen Ordnung* sprechen. Geht es, wie im eben erwähnten Beispiel, konkret um die Verhütung von Verkehrsunfällen und die Erreichbarkeit bestimmter Ziele für Fußgänger, so könnte man abstrakt von einem Konflikt zwischen Gesundheitsschutz und Bewegungsfreiheit sprechen. Im deutschen Verfassungsrecht wurde etwa diskutiert, ob nicht vielleicht den Grundrechten in bezug auf verfassungsrechtliche Abwägungsentscheidungen eine abstrakte Rangfolge innewohne.[737] Ausdrücklich bezeichnete *Coing* das Verhältnis

---

[735] *G. Bamberg/A. G. Coenenberg*, Betriebswirtschaftliche Entscheidungslehre[8], 1994, S. 51; *H. Laux*, Entscheidungstheorie[5], 2003, S. 96; *J. Griffin*, Well-being: its meaning, measurement, and moral importance, 1990, S. 83 m. w. N.

[736] *H. Laux* (S. 279, Fn. 735), S. 97.

[737] *H. Schneider*, Die Güterabwägung des Bundesverfassungsgerichts bei Grundrechtskonflikten – Empirische Studie zur Methode und Kritik eines Konfliktlösungsmodelles, 1979, S. 153 ff.; *G. Radbruch*, Vorschule der Rechtsphilosophie: Nachschrift einer Vorlesung, 1947, S. 32: „Gerechtigkeit geht vor Zweckmäßigkeit", „Rechtssicherheit geht von Zweckmäßigkeit"; *G. Radbruch*, Süddeutsche Juristenzeitschrift 1 (1946), S. 105 (105 f.); eine abstrakte Rangordnung ablehnend *H. Hubmann*, Wertung und Abwägung im Recht, 1977, S. 20 ff.; *U. Preis*, Prinzipien des Kündigungsrechts bei Arbeitsverhältnissen: eine Untersuchung zum Recht des materiellen Kündigungsschutzes, insbesondere zur Theorie

unter den Rechtsgütern Leben und Gesundheit, Ehre, Freiheit und Hausfrieden, Eigentum und Freiheit von Not als feste Rangordnung.[738] Die geistig sittlichen Güter gingen allen anderen vor, Leben und Gesundheit dem Eigentum.[739] Eine Variante dieses Ansatzes geht dahin, dass die in Konflikt stehenden Bewertungskriterien Gewichte erhalten könnten, die in den verschiedenen Konfliktlagen konstant seien; nur die Erfüllungsgrade der Kriterien variierten von Fall zu Fall.[740]

Vielfach wird jedoch das Bewertungsprinzip der abstrakten lexikographischen Ordnung als schon im Ansatz unangemessen empfunden,[741] da neben den abstrakt betroffenen Qualitäten häufig auch weitere Eigenschaften und Umstände für die Bewertung eine Rolle spielen. Zu grob scheint seine Konzeption zu sein, als dass sie der Vielgestaltigkeit der Wirklichkeit gerecht werden könnte. Auch das Bundesverfassungsgericht hat sich schon früh unter großer Zustimmung der Literatur gegen ein solches Konzept des abstrakten Vorrangs bestimmer Grundrechte gegenüber anderen ausgesprochen.[742] Das Bundesverwaltungsgericht geht ebenfalls von einer prinzipiellen Gleichrangigkeit der betroffenen Belange aus, wenn es die Prüfung fordert, ob sachgerechte, d. h. an den Planungsleitsätzen orientierte und hinreichend gewichtige Gründe es rechtfertigen, den einen Belang hinter den anderen zurücktreten zu lassen.[743] Der Ansatz der abstrakten lexikographischen Reihung wird daher nachstehend nicht weiter verfolgt.

Regelmäßig kommt es für die Bewertung nicht nur auf die Qualitäten, sondern auch auf die Quantitäten und andere konkrete Umstände an. Je mehr Belange betroffen sind, desto schwieriger wird es aber gerade unter Einbeziehung der konkreten Umstände, solche Gesichtspunkte zu finden, denen gegenüber allen anderen eine kategorisch durchschlagende Bedeutung zugewiesen werden kann. Im Hauptanwendungsfeld des Abwägungsgebots, der Bewältigung komplexer Entscheidungssituationen, können Entscheidungen daher nur selten auf diese Weise begründet werden.[744] Mithin

---

der Kündigungsgründe, 1987, S. 245; *A. Gern*, DÖV 1986, S. 462 (466 f.); *T. Lenckner/W. Perron*, in: Schönke/Schröder, StGB, 2001, § 34 Rz. 23, 25 ff.

[738] *H. Coing*, Die obersten Grundsätze des Rechts: ein Versuch zur Neugründung des Naturrechts, 1947, S. 70.

[739] *H. Coing* (S. 280, Fn. 738), S. 70.

[740] *T. W. Wälde*, Juristische Folgenorientierung: „policy analysis" und Sozialkybernetik; methodische und organisatorische Überlegungen zur Bewältigung der Folgenorientierung im Rechtssystem, 1979, S. 71 f.; *K. Haag*, Rationale Strafzumessung: ein entscheidungstheoretisches Modell der strafrichterlichen Entscheidung, 1970, S. 45 ff., 194 ff.

[741] *H. Laux*, Entscheidungstheorie[5], 2003, S. 96 f.

[742] BVerfG v. 5.6.1973, E 35, S. 202 (225).

[743] BVerwG v. 1.11.1974, E 47, S. 144 (148); v. 5.10.1990, NVwZ-RR 1991, S. 118 (122); eine grundsätzliche Gleichrangigkeit bejaht ebenfalls *R. Wahl*, NVwZ 1990, S. 426 (437).

[744] Vgl. *H. M. Moshkovich et al.*, 137 European Journal of Operational Research 2002, S. 625 (629).

scheiden auch ***konkrete lexikographische Ordnungen*** zur Entscheidungsherstellung in multikriteriellen Fällen in aller Regel aus.

### *b) Bedingte Vorrangrelationen*

Den typischerweise relativen Charakter von Werturteilen unterstreicht der Ansatz von *Robert Alexy.* Danach finden die konkreten Umstände eines Falles einschließlich der betroffenen Quantitäten als Ausmaß der Verwirklichung eines Prinzips Eingang in die Betrachtung. Wie bereits erläutert,[745] unterscheidet *Alexy* Regeln von Prinzipien. Es gebe einerseits Normen, die etwas geböten, was entweder (ganz) erfüllt werden könne oder nicht, und andererseits Normen, die etwas geböten, was mehr oder minder stark erfüllt werden könne.[746] Die ersteren Normen werden als Regeln, die letzteren als Prinzipien oder Optimierungsgebote bezeichnet.[747] Prinzipienkollisionen sollen nach *Alexy* durch die fallgruppenspezifische Festsetzung bedingter Vorrangrelationen gelöst werden.[748]

Zunächst ist dem Ansatz zuzugeben, dass die eben skizzierte Beschreibung zweifellos der Struktur von Werturteilen für viele Fälle besser Rechnung trägt als die im übrigen von *Alexy* für den Bereich des Verfassungsrechts ausdrücklich abgelehnte abstrakte lexikographische Reihung.[749] Er scheint auch eine *konkrete* lexikographische Reihung für nicht angemessen zu halten. Ganz eindeutig ist das zwar nicht zu ermitteln. Bei Würdigung des Gesamtansatzes darf man jedoch davon ausgehen, dass es ihm um relative Werturteile im engeren Sinne geht. Insofern verdient seine Analyse von Gewichtungen im Verfassungsrecht in strukturell-begrifflicher Hinsicht volle Zustimmung und kann ohne weiteres auf den verwaltungsrechtlichen Kontext übertragen werden.

Die zur Behandlung der Werturteile gebrauchte Methodik entspricht dagegen nicht allen vorstehend dargelegten Anforderungen an eine transparente Artikulation von Werturteilen, die überdies eine „bilanzierende“ Betrachtung der Belange ermöglichen muss. Neben der natürlich-sprachlichen Präsentation von Vorrangrelationen setzt *Alexy* vor allen Dingen eine formale Notation ein, die als Weiterführung der Aussagenlogik betrachtet

---

[745] S. oben C.I.2.b)bb)(2).

[746] *R. Alexy*, Rechtssystem und praktische Vernunft, in: Alexy (Hrsg.), Recht, Vernunft, Diskurs: Studien zur Rechtsphilosophie, 1995, S. 213 (216).

[747] *R. Alexy*, Rechtstheorie, Beiheft 1, 1979, S. 59 (64f., 79ff.); *H.-J. Koch/H. Rüßmann*, Juristische Begründungslehre, 1982, S. 99.

[748] *R. Alexy*, Theorie der Grundrechte[1], 1986, S. 143.

[749] *R. Alexy* (S. 281, Fn. 748), S. 80f.

werden kann.[750] Die Funktionsweise der Notation sei an dem von ihm untersuchten Lebach-Beschluss des Bundesverfassungsgerichts erläutert.[751]

Dort ging es um einen geplanten Fernsehbericht in Form eines Dokumentarspiels über einen Fall, bei dem vier Soldaten ermordet und Waffen aus dem von ihnen bewachten Lager in der Nähe der Ortschaft Lebach geraubt worden waren. Seit der Tat, über die im Fernsehen kurz nach ihrer Begehung bereits berichtet worden war, waren bis zur Entscheidung des Bundesverfassungsgerichts mehr als vier Jahre vergangen. Der Beschwerdeführer, der wegen Beihilfe zu dem Mord verurteilt worden war, war der Ansicht, die geplante Ausstrahlung der Sendung gefährde seine Resozialisierungschancen nach seiner bald bevorstehenden Entlassung aus dem Gefängnis, weil er namentlich genannt und auch bildlich gezeigt werden sollte. Nachdem sein Ansinnen, die Unterlassung der Ausstrahlung des Dokumentarspiels zu verlangen, von allen Instanzen abgelehnt worden war, gab ihm das Bundesverfassungsgericht Recht. *Alexy* rekonstruiert die Entscheidung folgendermaßen: $P_1$ (Prinzip 1) sei das Recht auf Schutz der Persönlichkeit, $P_2$ (Prinzip 2) die Freiheit der Berichterstattung des Rundfunks. Die Aussage, dass $P_1$ abstrakt – also ohne Berücksichtigung der konkreten Umstände – $P_2$ vorgehen soll, wird folgendermaßen geschrieben:

$$P_1 \mathbf{P} P_2. \tag{1}$$

Die Umstände, unter denen $P_1$ $P_2$ vorgeht, werden dann als $C$ notiert. Geht es um die konkreten Umstände $C_1$ und rechtfertigen sie die Bevorzugung von $P_1$, so schreibt *Alexy*[752]

$$(\mathrm{P}_1 \mathbf{P} \mathrm{P}_2)\, C_1 \tag{2}$$

Ausdruck (2) lässt sich beliebig um weitere Prinzipien $P_n$ ergänzen. Auch in $C_1$ verbirgt sich eine Mehrzahl von Gesichtspunkten. Damit könnte grundsätzlich die Möglichkeit eröffnet sein, nicht nur bikriterielle Abwägungen, sondern komplexere Entscheidungssituationen zu erfassen. Bei näherer Betrachtung ergeben sich allerdings einige Schwächen der beschriebenen Darstellungsweise für die Zwecke der behördlichen Entscheidungsherstellung. Zunächst ist jedoch darauf hinzuweisen, dass die Ausführungen *Alexys* bei wörtlicher Betrachtung der zu analysierenden Abwägungsaufgabe den Trugschluss fördern, es handele es sich um einen Vergleich von Gütern, nicht von Güterbündeln. Dann würde (2) die formale Notation einer konkreten lexikographischen Reihung darstellen. Wie jedoch der Explikation der konkreten Umstände $C_1$ und der Hervorhebung, dass es

---

[750] Zu Abbildung von Vorrangrelationen in formaler Notation bezieht sich *Alexy* auf *G.H. von Wright*, The logic of preference: an essay, 1963, S. 19.

[751] BVerfG v. 5.6.1973, E 35, S. 202ff.

[752] *R. Alexy*, Theorie der Grundrechte[1], 1986, insb. S. 81ff.

sich nicht um Fälle des Alles-oder-Nichts, sondern um ein Mehr-oder-Weniger handeln solle, zu entnehmen ist, geht es *Alexy* um die Behandlung einer intrikateren Bewertungsaufgabe. Was mit $C_1$ gemeint ist, veranschaulicht er am Beispiel des Lebach-Beschlusses folgendermaßen. Die vom Bundesverfassungsgericht benannten Voraussetzungen für die Zulässigkeit der Berichterstattung ließen sich als vier Bedingungen ($T_1$ bis $T_4$) rekonstruieren, denen eine Regel entnommen werden könnte. Danach ist eine wiederholte ($T_1$), nicht mehr durch das aktuelle Informationsinteresse gedeckte Fernsehberichterstattung ($T_2$) über eine schwere Straftat ($T_3$), die die Resozialisierung des Täters gefährdet ($T_4$), grundrechtlich verboten.[753] Formal lasse sich notieren:

$$T_1 \text{ und } T_2 \text{ und } T_3 \text{ und } T_4 \rightarrow R \qquad (3),$$

wobei $R$ für die Rechtsfolge (Verfassungswidrigkeit der Ausstrahlung des Dokumentarspiels) steht. Damit dürfte eine zutreffende Analyse des Urteils gegeben worden sein, deren Wert in einer präzisen Herausarbeitung der einzelnen Regelbestandteile liegt. Methodisch kommt das Vorgehen über die bereits dargelegten Beschränkungen der verbalen Aggregation von Belangen aber nicht hinaus. Das für die Bewertung wesentliche in (2) steckt in $C_1$. Die durch $T_1$ bis $T_4$ bezeichneten Argumente lassen sich in einer ersten Annäherung als Punkte auf der vom Gericht entwickelten Wohlfahrtsfunktion verstehen. Der Verlauf der Funktion wird jedoch nicht beschrieben, was die Übertragbarkeit der Entscheidung auf andere Fälle erschwert. Das ist freilich im Kontext einer verfassungsgerichtlichen Entscheidung jedenfalls dann hinnehmbar, wenn man eine Begründbarkeitsprüfung hinsichtlich der Werturteile im Verfassungsrecht für ausreichend hält. Allerdings wären für die Verwirklichung des Gleichbehandlungsgebots durch das Verwaltungshandeln die hier fehlenden Angaben zum Verlauf der Wohlfahrtsfunktion zielführend. Maßgeblich ist weiter, dass die Punkte nur vage bezeichnet werden mit der Folge, dass mit $T_1$ bis $T_4$ keine Punkte, sondern in Wirklichkeit Intervalle artikuliert werden, was *ex ante* zu dem im Abschnitt 4 gezeigten Inkonsistenzproblem führen kann. Darin liegen erhebliche Schwächen des Ansatzes von *Alexy* in bezug auf die kalkulatorische Leistungsfähigkeit der Modellierung und die durch ihn erzielbare Transparenz. Damit wird die Darstellungsweise *Alexys* der verwaltungsrechtlichen Anforderung, eine „bilanzierende" und transparente Betrachtung der betroffenen Belange zu gestatten, nicht wirklich gerecht.

Neuerdings hat *Alexy* seinen Vorschlag dahingehend präzisiert, Abwägungen seien durch ein als Gewichtsformel bezeichnetes Verhältnis von

[753] *R. Alexy* (S. 282, Fn. 752), S. 86.

Prinzipien zu rekonstruieren.[754] Danach sei bei einer Kollision von zwei Prinzipien das konkrete oder relative Gewicht des Prinzips $P_i$ durch eine Quotientformel definiert, die formal folgendermaßen dargestellt werden soll:[755]

$$G_{i,j} = \frac{I_i}{I_j} \quad ,$$

wobei mit $I_i$ und $I_j$ die Intensitäten des Eingriffs bezeichnet werden. Kollidieren mehr als zwei Prinzipien, will *Alexy* eine erweiterte Gewichtsformel in Anschlag bringen:[756]

$$G_{i,j-n} = \frac{I_i \cdot G_i \cdot S_i}{I_i \cdot G_i \cdot S_i + \ldots I_n \cdot G_n \cdot S_n} \quad ,$$

wobei $G_i$ bis $G_n$ im Zähler des Bruches das abstrakte Gewicht des jeweiligen Prinzips darstellen sollen, wohingegen $G_{i,j-n}$ für das konkrete Gewicht von $P_i$ unter den Umständen des zu entscheidenden Falles stehe. Die Ergänzung der einfacheren Version durch $S_i$ bringt den Grad an epistemischer Sicherheit zum Ausdruck, den der Entscheidungsträger den jeweiligen Eingriffen zumisst. Sie reichen nach *Alexy* in Anlehnung an das Mitbestimmungsurteil des Bundesverfassungsgerichts von „gewiss oder sicher“ über „vertretbar oder plausibel“ bis hin zu „nicht evident falsch“.[757] Bewertungen werden in dem Ansatz als „leicht“, „mittel“ oder „schwer“ klassifiziert.[758]

So richtig die Idee ist, dass Abwägungsvorgänge die Aggregation oder – um *Alexys* Begriff zu verwenden: Kumulation – verschiedener Güter und die Berücksichtigung von Prognosen verlangen, so wenig wird die von *Alexy* gewählte Notation den praktischen Bedürfnissen der Prognoseerstellung und der Bewertung gerecht. In welchem Format sollen $I_i$, $G_i$ und $S_i$ ausgedrückt werden, um die Berechnung tatsächlich durchführen zu können? Versteckt sich hinter $S_i$ eine probabilistische Aussage über das Eintreten bestimmter Ereignisse oder die Wahrheit bestimmter Hypothesen, wenn ja, in welchem Verhältnis steht $S_i$ zu überlieferten und bewährten Notationen der Wahrscheinlichkeitsrechnung?[759] Auch hinsichtlich der Gewichtungen lässt der Vorschlag die praktisch entscheidenden

[754] *R. Alexy*, Die Gewichtsformel, in: Jickeli (Hrsg.), Gedächtnisschrift für Jürgen Sonnenschein, 2003, S. 771 (785 ff.).
[755] *R. Alexy* (S. 284, Fn. 754), S. 771 (785).
[756] *R. Alexy* (S. 284, Fn. 754), S. 771 (791).
[757] *R. Alexy* (S. 284, Fn. 754), S. 771 (789).
[758] *Alexy* weist selbst daraufhin, dass sein Vorschlag auch dann Geltung beanspruchen kann, wenn die Anzahl der Stufen höher liegt, *R. Alexy* (S. 284, Fn. 754), S. 771 (777).
[759] Vgl. insbesondere oben Abschnitt C.IV.1.b)bb).

Fragen nach der Ermittlung und Artikulation der Bewertungen offen. Wie müssten etwa im *Lebach*-Fall die Bewertungen der Rundfunkfreiheit und das Rehabilitationsinteresse ausgedrückt werden, um sich nachvollziehbar in ein Verhältnis setzen zu lassen? Wie könnten die konkreten Umstände $C_1$ notiert werden, damit auch weniger große Belastungen der Betroffenen oder im Gegenteil größere in die Betrachtung eingehen können? Dafür gibt es in der Entscheidungstheorie verschiedene Ansätze, wie bereits im Zusammenhang mit der Darstellung der numerischen Verfahren in der Praxis umrissen wurde[760] und sogleich zu vertiefen sein wird.[761] Es ist *Alexys* Ausführungen nicht zu entnehmen, welche Vorzüge die von ihm gewählte Notation im Vergleich zu den bereits vorliegenden Konzepten bieten soll. Es ist allerdings auch nicht völlig ausgeschlossen, dass der Ansatz *Alexys* gar nicht eine Methodik zur Operationalisierung von Abwägungsvorgängen sein will, obwohl seine Darstellung dies nahelegt.[762] Möglicherweise geht es ihm um die Bestimmung der Reichweite von Abwägungsspielräumen des Gesetzgebers und damit um eine Kontrollfrage.[763]

### c) *Numerische Darstellungen*

Vorliegend wird jedoch zunächst ausschließlich die Herstellung von Abwägungsvorgängen *ex ante* betrachtetet.[764] In bezug auf die Gewichtungen existieren wie auch im Hinblick auf die Prognosen bewährte numerische Darstellungsweisen, mit denen sich die Begrenzungen der vorstehend erläuterten Ansätze überwinden lassen. Zunächst soll dargelegt werden, was genau unter einer numerischen Darstellungsweise zu verstehen ist (aa) und worin seine spezifischen Vorzüge im Rahmen von Verwaltungsentscheidungsen liegen (bb). Abschließend ist ein solches Vorgehen für den Kontext staatlicher Abwägungsentscheidungen zu würdigen (cc).

---

[760] So etwa Punktesysteme im Rahmen einer Nutzwertanalyse (B.II.3), die Kosten-Nutzen-Analyse (B.III.1.a)aa)), die Kosten-Wirksamkeits-Analyse (B.III.1.a)bb)) und die Mehrkriterienanalyse (B.III.1.a)cc)).

[761] S.u. C.V.5.c).

[762] So wohl auch der Eindruck von *C. Engel*, Freiheit und Autonomie, Preprints of the Max Planck Institute for Research on Collective Goods, Bonn 2003, S. 28, der meint, *Alexy* strebe nach der vollständigen Vorstrukturierung der verfassungsrechtlichen Abwägung des Gesetzgebers.

[763] Darauf deutet die Bemerkung *Alexys* hin, es gebe auch Fälle, in denen die Abwägung kein Ergebnis festlege, was in einem Abwägungsspielraum resultiere, der für die Abgrenzung der Kompetenzen des Verfassungsgerichts einerseits und des Gesetzgebers und der Fachgerichte andererseits von größter Bedeutung sei, *R. Alexy*, Die Gewichtsformel, in: Jickeli (Hrsg.), Gedächtnisschrift für Jürgen Sonnenschein, 2003, S. 771 (782 f.).

[764] Zu den entsprechenden Kontrollfragen s. Abschnitte D (Verwaltungsrecht), F (Verfassungsrecht) und H (Europäisches Gemeinschaftsrecht).

*aa) Die Bildung eines Numéraire*

Die Bezeichnung „Numerische Darstellungsweisen“ geht auf die mit ihnen wesentlich verbundene Bildung eines sogenannten Numéraires, einer Verrechnungseinheit, zurück. Was darunter zu verstehen ist, kann an der Bewertung der Güter anhand eines bikriteriellen Beispiels erläutert werden. Sie erfolgt nach dem Muster „Die Schaffung eines Arbeitsplatzes A rechtfertigt die Reduzierung der Anzahl der Exemplare einer bedrohten Tierart, beispielsweise der Löffelenten Lö, um mindestens x Exemplare“. Die beschriebene Aussage entspricht in formaler ökonomischer Schreibweise $1W_A \geq xW_{Lö}$, mit anderen Worten, der Wert eines Arbeitsplatzes beträgt, ausgedrückt in Löffelenten, $\geq x\left[\frac{Lö}{A}\right]$. Sie stellt eine Umrechnung von Arbeitsplätzen in Löffelenten dar, wobei die Dimension („Löffelenten pro Arbeitsplatz“) in eckigen Klammern steht. Dann wird also in der Währung „Löffelenten“ gerechnet. Das mag auf den ersten Blick grotesk erscheinen, entspricht aber in struktureller Hinsicht exakt dem Modell, in dem auch alltägliche Preise ausgedrückt werden (etwa „1 Euro pro Liter Milch“). Wer sich unter Löffelenten nichts so recht vorzustellen vermag, dagegen vom Wert eines Arbeitsplatzes eher ein Bild hat, kann ebensogut umgekehrt in Arbeitsplätzen rechnen. Die entsprechende Aussage lautet: Der Wert einer Löffelente beträgt, ausgedrückt in Arbeitsplätzen, $\leq \frac{1}{x}\left[\frac{A}{Lö}\right]$.

Die aufgezeigte Struktur der Bildung von Wertverhältnissen gilt genauso auch für komplexe Entscheidungssituationen, in denen dann für jeden Belang zu prüfen ist, welche Gewichtung er relativ zu den anderen entscheidungsrelevanten Interessen erhalten soll.

Da der Ausdruck von Werten in „Arbeitsplätze pro Löffelente“ oder „Löffelenten pro Arbeitsplatz“ aber ungewohnt ist, kann sich für komplexe Entscheidungssituationen die Verwendung eines gesellschaftlich vertrauteren Basisguts (Numéraires) – etwa einer Geldeinheit – empfehlen, um die Wertverhältnisse unter allen betroffenen Belangen zu artikulieren.[765] Hierfür spricht zudem, dass bestimmte Güter bereits in Geldeinheiten artikuliert vorliegen oder ohne weiteres so ausgedrückt werden können, etwa Baukosten oder erhoffte Steuereinnahmen. Schließlich bieten Geldeinheiten auch den Vorzug, anders als die sehr spezifische Einheit „Löffelenten“ generalisierbar und damit auf eine Vielzahl von Fällen übertragbar zu sein. Dadurch wird eine Vergleichbarkeit mit anderen Situationen hergestellt.

Entscheidend ist aber für die Operationalisierung eines komplexen Abwägungsvorgangs nicht, *welche* Verrechnungseinheit gewählt wird, seien es Geldeinheiten, Punkte oder ein sonstiges Basisgut. Selbst Muscheln oder

[765] Näheres zur Monetarisierung s. insbesondere die bereits dargelegten Ansätze der Europäischen Kommission, B.III.1.a)aa)(1).

Steine kommen prinzipiell in Betracht;[766] es kommt für die Entscheidungsherstellung nur darauf an, dass alle von der Entscheidung berührten Belange in der einmal gewählten Währung ausgedrückt werden. Dadurch wird der entscheidungsbezogene Vergleich unterschiedlicher Qualitäten in transparenter Weise ermöglicht.[767] Von diesen Vorzügen wird, wie dargelegt, bei der Rechtsanwendung[768] und der Rechtsetzung[769] in einigen Fällen bereits Gebrauch gemacht.

#### *bb) Die Vorzüge einer numerischen Vorgehensweise für die Entscheidungsherstellung und die Nachvollziehbarkeit von Abwägungsvorgängen*

Der beschriebene Vorgang des Inbeziehungsetzens der betroffenen Güter ist bei Abwägungsentscheidungen, also der Bewältigung konfligierender Interessen, als solcher unausweichlich. Während Rechtsprechung und Literatur hinsichtlich der für die Herstellung komplexer Verwaltungsentscheidungen erforderlichen Prognosen eine fachgerechte, angemessene Methodik verlangen, wird diese Forderung hinsichtlich der Gewichtungen zumindest nicht ausdrücklich erhoben. Die Leistungsfähigkeit der Methodik ist daher vorrangig am materiell-rechtlichen Anforderungsprofil zu messen (1).

Für Planfeststellungsbeschlüsse und ähnliche Dokumente stellt sich angesichts der Unumgänglichkeit von Bewertungen insoweit nur die Frage, ob es genügt, die Gewichtungen durch das Abwägungsergebnis und die Angaben, welche Konsequenzen das Projekt für welche Belange haben wird, zu implizieren, oder ob sie nicht mit Hilfe der Begründung expliziert werden sollten. Vor allem in der Ermöglichung einer transparenten Artikulation der einzelnen Gewichtungen und ihrer Aggregation liegt ein wesentlicher Vorzug der Verwendung numerischer Darstellungsweisen (2). Schließlich gestatten sie eine erhebliche Effektivierung des grundrechtlichen Anspruchs auf Gleichbehandlung (3).

#### *(1) Kalkulatorische Leistungsfähigkeit numerischer Instrumente*

Wie bezüglich von Prognosen bereits dargelegt, kommen natürlich-sprachliche Methoden selbst bei einfacheren wahrscheinlichkeitsmathematischen Berechnungen schnell an ihre Grenzen.[770] Ähnliches lässt sich für die Bewältigung von Gewichtungen sagen, legt man das von der Rechtsprechung des Bundesverwaltungsgerichts aufgestellte anspruchsvolle Anforderungsprofil

[766] *D. Fuguitt/S.J. Wilcox*, Cost-benefit analysis for public sector decision makers, 1999, S. 52.
[767] Zu möglichen Nachteilen der numerischen Darstellungsweise s. u. C.V.5.c)cc).
[768] S. o. B. I.
[769] S. o. B.II, B.III und B.III.2.
[770] Vgl. Abschnitt C.IV.3.

zugrunde. Danach sind die Belange nicht nur vollständig zu ermitteln und die Auswirkungen der in Erwägung gezogenen Handlungsoptionen in methodisch einwandfreier Weise zu prognostizieren. Der abschließende Schritt der Gewichtung verlangt ferner die Beachtung des objektiven Gewichts der einzelnen Belange, die Berücksichtigung der besonderen Bedeutung der so genannten Optimierungsgebote und schließlich eine Gesamtabwägung unter Verwendung einer bilanzierenden Betrachtungsweise.[771] Auf die Bilanzierung und die verfassungsrechtliche Rolle eines gerecht abgewogenen Abwägungsergebnisses wird noch ausführlich zurückzukommen sein.[772] An dieser Stelle genügt folgendes:

Während eine natürlich-sprachliche Vorgehensweise bei der verlangten Gesamtabwägung vielfach überfordert sein dürfte, würden derartige Betrachtungen mit Hilfe mathematischer Methoden zwanglos gelingen. Bei der Planung eines neuen Flugplatzes etwa, der im Falle seiner Realisierung einerseits Lärm- und Luftschadstoffimmissionen erwarten ließe, andererseits aber an seiner neuen Stelle die ihm zugedachten Verkehrsfunktionen besser erfüllen könnte, wäre natürlich-sprachlich vielleicht zwischen zwei „erheblichen" Beeinträchtigungen und einem „außerordentlich großen" Vorzug abzuwägen.[773] Die dadurch gestellte Frage, ob der Vorzug die Beeinträchtigungen überwiegt, wäre aber auf dieser Grundlage schwer zu beantworten.[774] Wie viele „erhebliche" Nachteile wiegen einen „außerordentlichen" Vorzug auf?

Manche Wirkungen treten nicht sicher ein, weshalb sich noch ein zusätzliches, mit den Bewertungen verknüpftes Prognoseproblem stellt. Wie sollte die Unsicherheit über bestimmte Effekte in die Entscheidungsherstellung einfließen? Wer hierfür allein die natürliche Sprache verwenden will, wird massiven Darstellungsschwierigkeiten begegnen. Kann es am Ergebnis etwas ändern, wenn zum Beispiel der „außerordentlich große" Vorzug nur „wahrscheinlich" eintritt, die „erheblichen" Nachteile hingegen „fast sicher"?

Mit Hilfe von Zahlen sind dagegen solche Überlegungen methodisch einwandfrei durchzuführen. Würde ein „erheblicher Nachteil" unter den konkreten Umständen mit 40 Mio. Euro veranschlagt, ein „außerordentlich großer Vorzug" mit 100 Mio. Euro, so wäre klar, dass zwei erhebliche Nachteile weniger sind als ein „außerordentlich großer" Vorzug,

---

[771] Vgl. Abschnitt C.V.1.

[772] Vgl. Abschnitt D.I.1.

[773] Bei der Verlegung des Münchener Flughafens nach Riem stellte sich insbesondere die Problematik des Vergleichs der Wirkungen des Projekts am alten Standort, der aufgegeben werden sollte, mit den vom neuen Standort erhofften Verbesserungen, s. BVerwG v. 29.1.1991, E 87, 332 (342, 361) – Flughafen München II.

[774] In diesem Sinne etwa *Freie und Hansestadt Hamburg*, Planfeststellungsbeschluss DA-Erweiterung vom 8. Mai 2000, 2000, S. 71.

drei Nachteile dieser Art ihn hingegen überwiegen würden. Übersetzt man „wahrscheinlich" mit einem probabilistischen Wahrscheinlichkeitsquotienten von 75 %, so könnte man einen Erwartungsnutzen von 75 Mio. Euro veranschlagen (100 Mio. Euro · 75 %). Führt man diese Überlegung hinsichtlich der „fast sicher" eintretenden „erheblichen" Nachteile fort und übersetzt „fast sicher" mit 99 %, so ergäbe sich ein negativer Nettonutzen des Projekts (39,6 Mio. Euro + 39,6 Mio. Euro > 75 Mio. Euro). Weitere Nachteile ließen sich genauso wie weitere Vorteile auf dieselbe Weise hinzufügen und berechnen.

Darüber hinaus erlauben Zahlen leicht die Abbildung kleinerer Unterschiede. So kommt es bei Lärmimmissionen häufig nicht nur auf Lautstärke und zeitliche Verteilung der Schallemissionen an, sondern auch darauf, wieviele Menschen von ihm betroffen sind. Zur Darstellung lärmbezogener Auswirkungen wird daher zum Teil die Dimension „Lärmeinwohnerpunkte (LEP)" verwendet, mit der die aggregierte Immissionsbelastung ausgedrückt wird.[775] Im obigen Beispiel könnten 100 LEP dem „erheblichen" Nachteil entsprechen, der mit 40 Mio. Euro beziffert wurde. Was aber wäre bei einer etwas geringeren oder einer etwas höheren Immissionsbelastung, die ja im Zusammenspiel mit anderen Faktoren durchaus maßgeblich sein kann? Eine um 10 % höhere Belastung – etwa wegen einer größeren Zahl von betroffenen Einwohnern oder wegen einer Zunahme des Verkehrs höheren Lärmbelastung in dB (A) – beliefe sich auf 110 LEP, die, einen linearen Zusammenhang unterstellt, mit 44 Mio. Euro zu veranschlagen wäre. Sprachlich wäre das nur umständlich zu bewerkstelligen, von den Schwierigkeiten einmal ganz abgesehen, mit Ausdrücken wie „etwas geringer als erheblich" Berechnungen durchzuführen.

Hinter dem geschilderten Problem steht die teilweise gegebene Notwendigkeit, bei der Ermittlung des Sachverhaltes und der Bewertung der projektbedingten Auswirkungen kleine und kleinste Intervalle darzustellen, wofür Zahlen, mit denen auch infinitesimale (unendlich kleine) Intervalle abgebildet werden können, eindeutig geeigneter sind als Worte.[776] Es sei an den vorstehenden Versuch erinnert, mit Hilfe von Worten ein überzeugendes Bewertungssystem aufzustellen.[777] Legt man Bewertungsstufen wie „gering", „mittel" und „hoch" fest, so kann dies dazu führen, dass mit ihnen eine bestimmte Lösung und gleichzeitig ihr Gegenteil begründet werden können.

Zahlen lassen sich auch im Unterschied zu Worten ohne weiteres arithmetisch einwandfrei verarbeiten. Unter anderem können sie Rangfolgen

---

775 *Freie und Hansestadt Hamburg*, Verkehrsentwicklungsplanung Hamburg, 1995, S. 89.

776 Vgl. Abschnitt C.V.4.b).

777 S. o. C.I.4.

eindeutig geordnet abbilden. Ist einmal bestimmt, welcher zahlenmäßig ausgedrückte Wert den jeweiligen Belangen zukommt, so stellt die Aggregation im Regelfall keine ernsthafte Herausforderung dar.[778] Allerdings kann der zeitliche Abstand, der zwischen der Entscheidung und dem Eintreten der von ihr erwarteten Wirkungen liegt, eine veränderte Beurteilung ihrer Nutzen wie ihrer Kosten angemessen erscheinen lassen. Dies wird in der wirtschaftswissenschaftlichen Entscheidungstheorie unter dem Stichwort der Diskontierung problematisiert und spielt bei der Abschätzung langfristiger Effekte wie etwa im Bereich des Klimawandels eine bedeutende Rolle.[779] Die graduelle Abwertung zukünftiger Effekte ist ebenfalls mathematisch leicht durchführbar, etwa mit Prozentzahlen, hingegen nur mit großen Schwierigkeiten bei Verwendung einer natürlich-sprachlichen Methodik.

*(2) Erhöhung der Transparenz der Rechtfertigung*

Des weiteren würde mit einer numerischen Darstellung der gesetzlichen Anforderung in § 39 Abs. 1 VwVfG, in der Begründung die wesentlichen Erwägungen der Behörde bei der Entscheidungsherstellung mitzuteilen, eindeutig gehaltvoller entsprochen werden können als mit einer rein natürlich-sprachlichen Präsentation. Die Bestimmung des § 39 ist ein formelles Erfordernis und verlangt mit Blick auf die Artikulation der Gewichtungen, dass diese für die Betroffenen und die Gerichte durchschaubar dargelegt werden. Im einzelnen ist folgendes zu beachten.

Es wurde vorstehend erläutert, dass bereits die Artikulation von Prognosen von der Heranziehung einer formalen Methodik hinsichtlich ihrer Nachvollziehbarkeit profitieren kann.[780] Begriffe wie „wahrscheinlich", „unwahrscheinlich" oder „es ist davon auszugehen" sind nicht nur in kalkulatorischer Hinsicht wenig leistungsfähig, ihnen fehlt es darüber hinaus an der Eindeutigkeit von Zahlen, werden sie nicht in ihrem Verhältnis zueinander definiert, wovon regelmäßig abgesehen wird. Die Problematik verschärft sich noch, nimmt man nun die Darstellung von Gewichtungen hinzu. Wie bereits dargelegt, können natürlich-sprachliche Bezeichnungen den rechtlichen Anforderungen an die Operationalisierung von Bewertungen nur in einfachen Fällen genügen.[781] Es sei daran erinnert, dass es nicht nur auf die nachvollziehbare Gewichtung der einzelnen Belange ankommt. Darüber hinaus ist für den Abwägungsvorgang die Methode wesentlich, die der anzufertigenden „Bilanz", der Gesamtabwägung, zugrundegelegt

[778] Zu den Einwänden gegen numerische Darstellungen sogleich unter C.V.5.c)cc).
[779] Zur formalen Modellierung von Diskontierungen *F. Eisenführ/M. Weber*, Rationales Entscheiden[4], 2003, S. 298 ff.; zur Diskontierung, wie sie bei der Europäischen Folgenabschätzung herangezogen wird, s. B.III.1.a)aa)(3).
[780] Vgl. Abschnitt C.IV.3.
[781] Vgl. Abschnitt C.V.4.b).

wurde. Auch dies gelingt mit Hilfe formaler Methoden in komplexen Fällen erheblich leichter. Um nur die einfachsten Verfahren zu nennen, Addition und Multiplikation von zahlenmäßig bestimmten Gewichtungen sind etablierte und nachvollziehbare Vorgehensweisen.

Der Überlegenheit mathematischer Methoden hinsichtlich der Durchschaubarkeit der Begründung könnte auch nicht entgegengehalten werden, dass dem formellen Verständnis des § 39 VwVfG entsprechend die gegebene Begründung nur mit den tatsächlichen Gründen übereinstimmen muss. Ein darauf aufbauendes Argument könnte dahin gehen, dass die Begründungspflicht aus § 39 Abs. 1 VwVfG lediglich darauf abziele, die Behörden zu einer Offenlegung ihrer Gründe zu zwingen, nicht hingegen von ihnen eine bessere Begründung als tatsächlich gegeben zu verlangen. Ist eine Behörde bei der Bewertung der Belange nicht sorgfältig gewesen und hat daher keine genauen Vorstellungen über die einzelnen Gewichtungen, so werde sie über die Begründungspflicht nur dazu angehalten, diesen Umstand klar darzulegen; eine numerische Explizierung hingegen laufe auf eine darüber hinausgehende inhaltliche Anforderung hinaus, die jedenfalls nicht in § 39 Abs. 1 VwVfG zu verankern sei.

Das Argument überzeugt nicht, weil auch verschwommene Vorstellungen über die einzelnen Bewertungen mit Hilfe einer numerischen Darstellung präziser artikuliert werden können als durch die Verwendung einer verbal-argumentativen Methodik. Sieht sich eine Behörde nur in der Lage, bezüglich der Gewichtungen große Intervalle anzugeben, so kann sie dies mit Hilfe von Zahlen weitaus durchschaubarer tun als mit Worten.[782] Haben die gegebenen Intervalle die Inkonsistenz der gegebenen Begründung zur Folge, so ist das ein Problem der materiellen Rechtfertigung des Verwaltungshandelns, nicht ein Begründungsproblem im Sinne von § 39 Abs. 1 VwVfG. Vielmehr spricht zusätzlich für die Verwendung von Zahlen, dass große Intervalle die geringe Präzision der behördlichen Gedankenführung erkennbar machen, während die Beschreibung der Gewichtungen mit Attributen wie „gering", „mittel, „erheblich", „beachtlich" oder „überragend" eher verbergen können, dass sich die Verwaltung ungenaue Vorstellungen über die Bewertungen gemacht hat.

Dass § 39 VwVfG wegen §§ 45 und 46 VwVfG in der gerichtlichen Kontrolle nur eine geringe Rolle spielt, tut im übrigen nicht viel zur Sache. Denn eine strukturell unbefriedigende, intransparente Begründung ist nur eingeschränkt in der Lage, die Akzeptanz der Entscheidung zu erhöhen und der Rechtsschutzfunktion zu dienen. Die Akzeptanz hängt auch von der Überzeugungskraft der gegebenen Rechtfertigung für die staatliche Maß-

[782] Darauf wird im Zusammenhang mit epistemologisch begründeten Einwänden gegen die Verwendung numerischer Methoden noch zurückzukommen sein, s. C.V.5.c)cc)(1)(b).

nahme ab. Zum einen dürfte eine numerische Angabe der Gewichtungen zur Erzielung einer zielgenauen gerichtlichen wie politischen Auseinandersetzung über die Bewertungen hilfreich sein. Vor allen Dingen aber hat im Kontext hoheitlicher Entscheidungen auch die Art der Darstellung, die Methodik der Begründung, zu überzeugen. Hier haben numerische Methoden ihre größten Vorzüge. Dies ist von einiger Bedeutung für die Akzeptanz hoheitlicher Entscheidungen. Wenn schon die Methodik nicht überzeugen kann, ist die Chance verspielt, Übereinstimmung hinsichtlich der inhaltlichen Vertretbarkeit zu erzeugen. Das wird bei natürlich-sprachlicher Darstellungsweise in vielen Fällen und insbesondere bei komplexen Verwaltungsentscheidungen wegen des dargestellten Irrationalitätsproblems nur in eingeschränktem Maß gewährleistet.

Der Klarstellung halber sei hinzugefügt, dass die numerische Explikation der Werturteile in vielen Fällen zwar eine notwendige Bedingung für die transparente Artikulation der Werturteile darstellt, darin jedoch keine hinreichende Bedingung für die Nachvollziehbarkeit der Begründung liegt. Es ist außerdem erforderlich, dass die Verwaltung die analytisch vorausgehenden Schritte der Entscheidungsherstellung dartut. Dies umfasst nach dem vorstehend ausgeführten zunächst die Bestimmung der entscheidungsrelevanten Belange und die nachvollziehbare Darlegung der durchgeführten Prognosen. Mit Blick auf die Bewertung gilt, dass die Umstände aufgeführt werden müssen, auf die sich die Bewertung stützt,[783] und schließlich das Ergebnis der Überlegung, die Werturteile an sich.

#### *(3) Gleichbehandlungsgebot (Art. 3 Abs. 1 GG) – Selbstbindung der Verwaltung*

Mit einer numerischen Darstellung gibt die behördliche Begründung nicht nur die ausgewählten Punkte der zugrundegelegten Wohlfahrtsfunktion, sondern ihren ungefähren Verlauf an. Die oben demonstrierte Bildung eines Numéraire lässt jedenfalls Ausschnitte aus einer von der Behörde angenommenen Funktion erkennen. Daraus lassen sich für die Beurteilung kommender Fälle übertragbare Bewertungen gewinnen.[784] Das fördert die wegen Art. 3 Abs. 1 GG gebotene Gleichbehandlung. Zwar stehen sich im nächsten Fall nicht dieselbe Anzahl an Arbeitsplätzen und Löffelenten

---

[783] *P. Stelkens/U. Stelkens*, in: Stelkens/Bonk/Sachs, VwVfG, 2001, § 39 Rz. 20.

[784] Entsprechende Bemühungen zur theoretischen Abklärung und praktischen Erprobung solcher Transfers von einem Fall auf weitere Fälle sind in den vergangenen Jahren in der Wirtschaftswissenschaft angestellt worden (s. insbesondere den Überblick bei *M. Ahlheim/U. Lehr*, Perspektiven der Wirtschaftspolitik 3 (2002), S. 85 (92 ff.) m. w. N.; *R. Brouwer*, 32 Ecological Economics 2000, S. 137–152; *W. H. Desvousges et al.*, 28 Water Resources Research 1992, S. 675–683).

gegenüber, möglicherweise sogar andere, in wesentlichen Eigenschaften aber vergleichbare Güter. Erfolgt eine numerische Bewertung im Sinne von x Nutzwertpunkten oder Euro, erlaubt das unter bestimmten Voraussetzungen den Vergleich der in beiden Fällen getroffenen Bewertungen.

So wäre etwa die Bewertung von Arbeitsplätzen mit 1000 Nutzwertpunkten pro Arbeitsplatz in dem einen Fall der Bewertung von Arbeitsplätzen mit 10.000 Nutzwertpunkten in einem anderen Fall gegenüberzustellen, was zu der in der Begründung des Verwaltungsaktes und gegebenenfalls in einem Gerichtsverfahren im Sinne einer Rechtfertigung zu beantwortenden Frage führen würde, auf welchen Eigenschaften der jeweiligen Problemlage (etwa: besonders hohe lokale oder regionale Arbeitslosigkeit) oder der in Rede stehenden Arbeitsplätze (etwa: hochqualifizierte Arbeit) die unterschiedliche Bewertung beruht.

Übertragbar können auch die Werte sein, die in bezug auf die Rettung oder Bedrohung von Menschenleben angenommen werden. Im Falle des in Abschnitt B.III dargelegten Vorhabens einer Novellierung des europäischen Chemikalienrechts wurde der Wert eines statistischen Menschenlebens mit 1 Mio. Euro veranschlagt.[785] Diese Bewertung lässt sich anderen – vorangegangenen und nachfolgenden – Fällen gegenüberstellen, in denen ebenfalls Menschenleben betroffen sind. Die präzise Diskussion und Nachprüfung der Gewichtungen auch im Vergleich verschiedener Entscheidungen ist dagegen bei verbaler Darstellung der Bewertung („wichtiges Gemeinschaftsgut", *„major benefit"*) nahezu ausgeschlossen. Im übrigen reicht die prinzipielle, aber nicht von Art. 3 Abs. 1 GG erfasste Vergleichbarkeit numerisch ausgedrückter Bewertungen sogar noch weiter, zieht man entsprechende Bewertungen anderer Institutionen oder Hoheitsträger heran.[786]

### cc) *Einwände gegen die Verwendung numerischer Methoden*

Trotz der gezeigten Vorzüge ist die Praxis der Rechtsanwendung und Rechtsetzung weit davon entfernt, von numerischen Instrumenten verbreiteten Gebrauch zu machen. Die ganz überwiegende Ansicht in der Rechtswissenschaft geht auch dahin, numerische Methoden könnten zum

---

785 *Europäische Kommission*, SEC (2003) 1171/3, 2003, S. 30; s. o. B.III.2.a)aa).

786 Art. 3 Abs. 1 GG bezieht sich auf die Gleich- oder Ungleichbehandlung durch denselben Hoheitsträger, s. etwa BVerfG v. 3.11.1992, E 87, S. 273 (278). Die US-Regierung rechnet, wie erwähnt, in der Regel mit dem Wert eines statistischen Lebens von 5 Mio. Dollar (*Office of Management and Budget*, Progress in Regulatory Reform. 2004 Report to Congress on the Costs and Benefits of Federal Regulations and Unfunded Mandates on State, Local, and Tribal Entities, 2004, S. 139); s. o. B.IV.3.a).

quantitativen Vergleich unterschiedlicher Qualitäten in rechtlichen Zusammenhängen nicht eingesetzt werden.[787] Mit dieser Auffassung scheiden numerische Methoden zur Bewältigung von staatlichen Abwägungsaufgaben generell aus.

Die Gründe, auf die die Ablehnung der Kosten-Nutzen-Analyse und vergleichbarer Instrumente gestützt werden, sind allerdings nicht immer klar auszumachen. Nur vereinzelt werden in der juristischen Literatur Sinn und Grenzen numerischer Methoden explizit thematisiert. Hierfür gibt die Aussage von *Larenz*, eine restlose Umsetzung von Wertunterschieden in quantitative Unterschiede, in bezifferbare Größen, widerstreite der Natur des Bewertungsvorgangs, eines der wenigen Beispiele.[788] Worauf *Larenz* mit der „Natur des Bewertungsvorgangs" abhebt, erläutert er nicht näher. Das gegen die Verwendung numerischer Instrumente zielende Argument bleibt daher letztlich unklar.

Die Diskussion um die Verwendung einer logischen Symbolsprache für die praktische Rechtsanwendung lässt jedoch teilweise erkennen, auf welchen Bedenken die Skepsis wohl beruht. Erstens träten bei Verwendung einer Symbolsprache Übersetzungsprobleme auf.[789] Übersetzungsvorgänge enthielten notwendigerweise Wertungen und andere Fehlerquellen,[790] die das mit der Formalisierung verfolgte Ziel einer größeren Denk- oder Ausdrucksgenauigkeit in Frage zögen.[791]

Des weiteren müßten juristische Begründungen für die Mehrheit der Rechtsgenossen durchschaubar und nachprüfbar sein. Dem entspreche die Verwendung der natürlichen Sprache. Logische Symbolsprachen seien dagegen undurchschaubar.[792] Vor allem aber komme es auf einen wesentlichen Vorzug formaler Sprachen im Recht nicht an. Während insbesondere die Naturwissenschaften und die Mathematik vielfach von der überlegenen Fähigkeit von Symbolsprachen profitieren würden, komplexe Verknüpfungen durchzuführen, könnten die einfachen Ableitungen, die Juristen benötigen würden, auch mit Hilfe der natürlichen Sprache durchgeführt werden.[793] Einzuräumen sei allerdings, dass die Logik zur Analyse von Rechtsnormen und der eingesetzten Schlussformen hilfreich sein könne.[794] Schließlich erschwere die Notwendigkeit von Bewertungen die Formalisierung. Eine

---

787 S. nur die Nachweise auf S. 3, Fn. 5.

788 *K. Larenz*, Methodische Aspekte der Güterabwägung, in: Hauss (Hrsg.), Festschrift für Ernst Klingmüller, 1974, S. 235 (248).

789 *B. Rüthers*, Rechtstheorie, 1999, S. 111.

790 *K. Adomeit*, NJW 1981, S. 213.

791 *B. Rüthers*, Rechtstheorie, 1999, S. 111.

792 *B. Rüthers* (S. 294, Fn. 791), S. 111.

793 *B. Rüthers* (S. 294, Fn. 791), S. 112.

794 *J. Rödig*, Die Denkform der Alternative in der Jurisprudenz, 1969, S. 142 ff.; *B. Rüthers* (S. 294, Fn. 791), S. 113.

mathematisch eindeutige Definition von Wertbegriffen sei wegen der funktionell bedingten Weite ihrer Anwendungsfelder nicht möglich.[795]

In eine ähnliche Richtung scheint auch die These *Alexys* zu gehen, das Konzept einer mit Kardinalskalen arbeitenden Wertrangordnung scheitere an den Problemen der Metrisierung der Gewichte und Verwirklichungsintensitäten der Werte oder Prinzipien.[796] Eine intersubjektiv zwingende Zuordnung der Zahlen für Verwirklichungsintensitäten sei nicht möglich.[797] Eine zahlenmäßige Darstellung sei daher allenfalls in der Lage, eine getroffene Entscheidung zu illustrieren.[798]

Nimmt man die umrissenen Gründe für die Ablehnung formaler Instrumente zusammen, so ist sie teilweise wohl auf bestimmte Grundüberzeugungen in bezug auf die Epistemologie von Werturteilen zurückzuführen (dazu unten (1)). Darauf deutet jedenfalls hin, dass *Alexy* aus dem Fehlen einer intersubjektiv zwingenden Wertzuordnung auf die Sinnlosigkeit der Verwendung numerisch-formaler Systeme zur Operationalisierung verfassungsrechtlicher Abwägungsvorgänge zu schließen scheint.

Zum Teil dürfte die Ablehnung formaler Verfahren aber auch nur auf der Einschätzung beruhen, an den Abwägungsergebnissen würde sich durch die Verwendung von Zahlen nichts ändern (2). Schließlich bringt die Heranziehung von formalen Instrumenten direkte Kosten für die Generierung des Modells als auch möglicherweise weitere indirekte Kosten mit sich, was insbesondere bei der Bestimmung der geeigneten Anwendungsfelder für die KNA zu beachten ist (3). Wären im Verwaltungsrecht tatsächlich nur einfache Ableitungen zu bewältigen, wie es *Rüthers* für die Rechtsanwendung generell behauptet, wäre insoweit die Heranziehung einer anspruchsvollen formalen Methodik in der Tat nicht gerechtfertigt.[799]

### *(1) Epistemologische Einwände*

Der folgende Abschnitt geht der Frage nach, ob und inwieweit epistemische Schwierigkeiten der formalen Artikulation von Werturteilen entgegenstehen. Zunächst ist zu klären, ob numerische Methoden auch dann zum Einsatz kommen können, wenn, wie nicht selten der Fall, Imponderabilien in die Abwägung eingestellt werden müssen (a). Im Zentrum der epistemologisch begründeten Bedenken steht jedoch, ob nicht dem Einsatz formaler Methoden unüberwindbare Schwierigkeiten in bezug auf die (fehlende) Erkennbarkeit der Werturteile entgegenstehen (b).

---

[795] *B. Rüthers*, (S. 294, Fn. 791), 1999, S. 113.
[796] *R. Alexy*, Theorie der Grundrechte[1], 1986, S. 142.
[797] *R. Alexy* (S. 295, Fn. 796), S. 141.
[798] *R. Alexy* (S. 295, Fn. 796), S. 142.
[799] *B. Rüthers,* Rechtstheorie, 1999, S. 113.

### *(a) Epistemische Nicht-Abzählbarkeit (Imponderabilien)*

Wie vorstehend erläutert, verlangt die Operationalisierung von relativen Werturteilen in numerischer Form vielfach die Bildung einer Verrechnungseinheit.[800] Das gelingt dann ohne weiteres, wenn die zu artikulierenden Wertverhältnisse mit abzählbaren Kriterien angegeben werden können. Vielfach ist das aber bei rechtlich relevanten Begriffen nicht so ohne weiteres der Fall, man denke nur an das Recht auf körperliche Unversehrtheit, die Meinungsfreiheit, die Artenvielfalt oder gar die Gerechtigkeit. Solche Begriffe haben keinen substantiellen Plural, was möglicherweise nicht nur ein grammatisches Problem bei der Übersetzung in numerische Ausdrucksweisen darstellt, sondern ein Hinweis auf eine schwerwiegende epistemische Hürde sein könnte. Jedenfalls gehen manche Beobachter von der Existenz nicht-symbolischen Wissens aus, das sich nicht – und damit schon gar nicht in numerischer Form – artikulieren ließe.[801]

Wie aber die Praxis der Kosten-Nutzen-Analyse belegt, scheitern numerische Methoden an solchen Problemen nicht zwangsläufig. Vielmehr können zur Einbeziehung nicht abzählbarer Güter in eine Kosten-Nutzen-Analyse quasi stellvertretend abzählbare Kriterien verwendet werden. So will das Bundesverkehrsministerium mit der Bundesverkehrswegeplanung unter anderem die europäische Integration fördern.[802] Für die dem Bundesverkehrswegeplan zugrundeliegende Kosten-Nutzen-Analyse war diese hoch abstrakte Zielsetzung in quantifizierbare Kriterium umzusetzen, etwa in Verbesserungen der Reisezeiten auf Verkehrsverbindungen von europäischer Bedeutung.

Ein weiteres Beispiel für ein derartiges Vorgehen liegt in der ebenfalls vorstehend beschriebenen Bildung von mit Punkten versehenen Biotopklassen, wie sie von einigen Bundesländern zum Vollzug der naturschutzrechtlichen Eingriffsregelung vorgenommen wurde.[803] Soweit es um die Ermittlung von Ausgleichsflächen unter Wahrung etwa der Artenvielfalt geht, stellen die gebildeten Biotopklassen den Versuch dar, einen an sich nicht abzählbaren Begriff wie den des Naturschutzes oder der Artenvielfalt für Verwaltungszwecke quantitativ erfassbar zu machen.

Dass sich die Praxis der Kosten-Nutzen-Analyse und des erwähnten naturschutzrechtlichen Klassifikationssystems nicht weiter an eventuell zu erhebenden epistemischen Einwänden zu stören scheint, bedeutet aber nicht

---

[800] S. C.V.5.c)aa).

[801] *W. Bechtel/A. Abrahamsen*, Connectionism and the mind: parallel processing, dynamics and evolution in networks², 2002; *G. H. Samuel*, Epistemology and method in law, 2003, S. 335.

[802] *Bundesministerium für Verkehr, Bau- und Wohnungswesen* (Hrsg.), Bundesverkehrswegeplan 2003, 2003, S. 9, 69.

[803] Supra B.I.2.

notwendigerweise, dass das beschriebene epistemische Problem nicht existiert oder nur in wenigen Fällen praktisch virulent würde. Das kann an einem Extremfall erläutert werden, dessen Schlüsselbegriffe nicht-abzählbar sind. Er ist einer amerikanischen Gerichtsentscheidung entlehnt,[804] was aber seiner Anwendung auf europäische Verhältnisse nicht entgegensteht. Das Gericht hatte über die Rechtmäßigkeit des Verbots einer Substanz zu entscheiden, die in Deutschland wegen ihrer gesundheitsbeeinträchtigenden Wirkungen unter das Betäubungsmittelgesetz fallen würde. Problematisch wurde der Fall dadurch, dass die in Rede stehende Substanz essentieller Bestandteil eines zentralen Rituals einer indianischen Glaubensgemeinschaft war.

In einem solchen Konflikt zwischen Gesundheitsschutz und Religionsfreiheit fällt es auf den ersten Blick schwer, den Sinn einer formalen Analyse zu sehen – was etwa wiegt die Vermeidung einer Herzerkrankung im Vergleich zur ungestörten Ausübung eines religiösen Rituals, ausgedrückt in einer numerischen Einheit? Das erschiene auf den ersten Blick absurd. Dennoch lässt sich bei näherem Hinsehen mit Recht fragen, wieviele Menschen das Verbot des Betäubungsmittels beträfe, wie wichtig der Religionsgemeinschaft das betreffende Ritual ist, oder wie wahrscheinlich die befürchteten negativen Gesundheitseffekte sind. Wenn man davon ausgeht, dass solche oder ähnliche Fragen für die staatlichen Entscheidungsträger in der Abwägung eine Rolle spielen sollen, dann ist ihnen damit die Aufgabe gestellt, die genannten Kriterien in einer Form auszudrücken, die eine konsistente und arithmetisch überzeugende Modellierung von Prognosen und Werturteilen erlaubt.

*(aa) Verfahren zur Ermittlung des Wertes nicht am Markt gehandelter Güter.* All dies spricht für eine numerische Operationalisierung, die auch nicht wegen theoretischer Schwierigkeiten hinsichtlich von Gütern scheitern muss, die nicht am Markt gehandelt werden.[805] Die hierzu in der Ökonomik entwickelten Verfahren richten sich vielfach auf die Ermittlung von Zahlungsbereitschaften und erstrecken sich zum Teil auch auf nichtabzählbare Güter. Es gibt sogar Versuche, den Grad der gesellschaftlichen Freiheit zum Zweck der Erhöhung der Vergleichbarkeit politischer Systeme in numerischer Form auszudrücken.[806] Wie bereits erläutert,[807] lassen sich

---

[804] Vgl. *U.S. v. Kuch,* U.S. District Court District of Columbia, 288 F. Supp. 439 (1968).

[805] So etwa „compensating variation", „equivalent variation"; vgl. *E. Hoffman/M. L. Spitzer*, 71 Wash. U. L. Q. 1993, S. 59ff.; *M. D. Adler/E. A. Posner*, 109 Yale Law Journal 1999, S. 165 (177–187).

[806] Education Freedom Index (http://www.manhattan-institute.org/html/cr_14.htm, letzter Zugriff 3.11.2006); bezüglich der Pressefreiheit Worldwide Press Freedom index (http://www.rsf.org/article.php3?id_article=4118, letzter Zugriff 7.11.2006).

[807] S. o. B.III.1.a)aa)(1).

direkte Methoden zur Ermittlung des monetären Werts nicht-marktgängiger Güter von indirekten unterscheiden. Die direkten Ansätze versuchen, mit Hilfe von Zahlungsbereitschaftsbefragungen unmittelbare Auskünfte über Präferenzen hinsichtlich von derartigen Gütern zu erzielen, bleiben aber insoweit hypothetischer Natur, während die indirekten Methoden durch die Analyse von Marktpreisdivergenzen Rückschlüsse auf die Bewertung etwa von Umweltgütern aus tatsächlichem Verhalten ziehen wollen.

Die kritische Durchsicht der vielfältigen Ansätze zur Monetarisierung von Umweltschäden hatte ergeben, dass es zwar keine Methode gibt, mit der der Wert der nicht am Markt gehandelten Güter in jedem Fall verlässlich und genau zu ermitteln wäre.[808] Dies dürfte aber auch nicht erforderlich sein, wie sogleich dargelegt werden soll, und selbst wenn es notwendig wäre, würde dies nicht entscheidend gegen die Verwendung formaler Verfahren zur Darstellung der Rechtfertigung von hoheitlichen Entscheidungen sprechen.[809] Eine gewisse Orientierung können solche Verfahren allerdings auch bei Imponderabilien leisten. So ist der Wert ruhigen Wohnens als solches nicht-abzählbar; es gibt keine Maßeinheit, mit der direkt ausgedrückt werden könnte, was Ruhe (oder ihre Abwesenheit) wert ist. Wenn man den Wert ruhigen Wohnens jedoch durch Messungen des Umgebungslärms quantitativ erfasst und mit Hilfe von Untersuchungen über die Kosten des Einbaus von Lärmschutzfenstern und Belüftungsanlagen in Geldeinheiten beziffert, so sind damit durchaus Anhaltspunkte für eine monetär darstellbare Größenordnung der Belastungen bzw. Entlastungen zu gewinnen.

*(bb) Die Zumutbarkeit numerischer Verfahren für die Betroffenen und die Quantifizierung der Gerechtigkeit.* Um die Gewichtung der betroffenen Güter – abzählbar oder nicht-abzählbar – lediglich in einer nachvollziehbaren Weise auszudrücken, ist es noch nicht einmal erforderlich, die vorstehend erläuterte Struktur einer numerischen Verrechnungseinheit in Gänze zu übernehmen. Es genügt, den in Rede stehenden Gütern eine in einer Werteinheit, einer Währung, ausgedrückte Gewichtung zuzuweisen. Damit würde die betreffende Bewertung mit den anderen Gütern leicht vergleichbar.

Dennoch mag es ungewöhnlich oder sogar als unzulässig erscheinen, etwa den Wert der Religionsfreiheit oder ähnlicher Güter durch eine Aussage wie „ein Verlust an Religionsfreiheit im Wert von 1000 Euro“ anzugeben. Einer der Gründe für ein Zögern könnte in dem offensiv-direkten, ja vielleicht sogar beleidigenden Charakter einer solchen Zuweisung liegen. Dann wird eher die Möglichkeit fehlerhafter Entscheidungen hingenommen, als dass

808 B.III.1.a)aa)(1).
809 S.u. C.V.5 c)cc)(1)(b).

man bereit wäre, Religionsgemeinschaften eine monetäre Gewichtung ihrer Freiheit zuzumuten. Anders ausgedrückt liegt das Problem nicht darin, dass man aus epistemischen Gründen nicht fähig wäre, eine Bewertung der Religionsfreiheit zu treffen und sie numerisch auszudrücken, sondern darin, dass es man nicht will. Die Abzählbarkeit an sich stellt damit in Wirklichkeit keine epistemische Hürde für numerische Entscheidungsherstellungsmethoden dar, da nicht alle Auswirkungen einer Entscheidung in ihrer Größe gemessen (bzw. abgezählt) werden müssen. Hinsichtlich der geforderten transparenten Begründung im Sinne einer Rechtfertigung haben wir lediglich einem ganz bestimmten Effekt eine Gewichtung zuzuweisen. Die Konsistenz über mehrere Entscheidungen hinweg, die dasselbe Gut beeinflussen, mag zu so etwas wie Abzählbarkeit im Sinne der Angabe eines Mehr-oder-weniger führen. Sie ist aber nicht von Anbeginn an erforderlich.

Für die Anhänger numerischer Methoden liegt schließlich im Gleichbehandlungsgebot und der (verteilenden wie austeilenden) Gerechtigkeit eine auf den ersten Blick schwierige Problematik. Die genannten Begriffe scheinen sich gegen eine Quantifizierung zu sperren.[810] Ein Hoheitsträger, der über Gerechtigkeits- und Gleichbehandlungsfragen zu entscheiden hat, dürfte regelmäßig große Schwierigkeiten haben, abzählbare Kriterien für diese Güter zu finden, die sie direkt repräsentieren könnten. Jedoch kann die Bedeutung der Gerechtigkeit für eine Entscheidung *indirekt* dadurch ausgedrückt werden, in welchem Maß sich die Bewertung der anderen Güter durch die Einbeziehung des Gerechtigkeits- oder Gleichbehandlungsgesichtspunktes geändert hat.

#### *(b) Die (fehlende) Erkennbarkeit der richtigen Werturteile*

Die formale Operationalisierung von Imponderabilien steht mit den vorstehenden Überlegungen im allgemeinen vor keinen unüberwindbaren Schwierigkeiten, auch wenn es sich aus Gründen der Akzeptanz der Entscheidungen in Sonderfällen empfehlen könnte, auf eine Quantifizierung zu verzichten.

Weitaus größere Probleme scheinen mit dem Bedenken verbunden zu sein, die Verwendung der Kosten-Nutzen-Analyse oder ähnlicher Methoden sei wegen nicht überwindbarer epistemologischer Hindernisse in bezug auf die Erkenntnis von Werturteilen scheinrational und irreführend.[811] Der

---

[810] Für eine Darstellung der Diskussion um den Begriff der „Fairness", s. *L. Kaplow/ S. Shavell*, 114 Harvard Law Review 2001, S. 961 (999–1010).

[811] *D. Murswiek*, Umweltrisiken im amerikanischen Recht: Höhere Rationalität der Standardsetzung durch Kosten-Nutzen-Analyse, in: Hendler u. a. (Hrsg.), Jahrbuch des Umwelt- und Technikrechts 2003 (UTR 71), 2003, S. 127 (181); eine Scheinrationalität von Zahlen im Recht wollen auch *B. Großfeld*, Zeichen und Zahlen im Recht, 1993, S. 76f.,

Einwand wird in der Literatur, soweit ersichtlich, zwar nicht mit ausdrücklichem Verweis auf epistemische Schwierigkeiten erhoben, dürfte aber hinter der in Rechtswissenschaft und Rechtspraxis weit verbreiteten ablehnenden Haltung gegenüber numerischen Entscheidungsherstellungsmethoden stehen. Das bedarf der näheren Erläuterung, die am Beispiel der Verwaltungsvorschrift zu § 12 UVPG gegeben werden soll.

Die Umweltverträglichkeitsprüfung umfasst nach § 2 Abs. 1 S. 2 UVPG die Ermittlung, Beschreibung und Bewertung der unmittelbaren und mittelbaren Auswirkungen eines Vorhabens auf

1. Menschen, Tiere und Pflanzen,
2. Boden, Wasser, Luft, Klima und Landschaft,
3. Kulturgüter und sonstige Sachgüter sowie
4. die Wechselwirkung zwischen den vorgenannten Schutzgütern.

§ 12 UVPG bestimmt weiter, dass die Umweltverträglichkeitsprüfung eines Vorhabens mit einer Bewertung aller Umweltauswirkungen abzuschließen ist. Das Konzept des UVPG zielt damit auf eine zwar sektorale, auf den Umweltschutz bezogene, aber in diesem Rahmen holistische Untersuchung der Auswirkungen eines Projekts, die auch Effekte einschließen muss, die der Summation von Umweltbelastungen oder der zeitlich oder räumlichen Kumulation von Vorhaben geschuldet sind.[812] Gefordert ist also eine medienübergreifende Bewertung der Umweltauswirkungen, die nach Nr. 0.6.2.1 der Verwaltungsvorschrift „mangels Verrechnungseinheiten auf qualitativen Gesichtspunkten" beruhen soll, „die zueinander in Beziehung zu setzen" sind.[813] Der darin liegende Handlungsauftrag dürfte nicht ernstlich zu erfüllen sein, da nicht erkennbar ist, wie qualitative Gesichtspunkte zueinander in gehaltvoller Weise in Beziehung gesetzt werden können, ohne eine Verrechnungseinheit zu verwenden. In der UVP-Praxis dominiert jedoch eine „verbal-argumentative" Vorgehensweise, was in der Literatur einhellige Unterstützung findet.[814] Vor allem führt aber die in der genannten Bestimmung durchscheinende Grundannahme, es müsse eine Verrechnungseinheit „geben", zweifach in die Irre.

($\alpha$) Zum einen sind Verrechnungseinheiten nicht Teil der (natürlichen) Wirklichkeit und können daher auch nicht im Zuge von Erkenntnisverfahren ermittelt werden. Verrechnungseinheiten sind vielmehr Dimensionen,

---

und *B. Stüer*, NVwZ 2005, S. 508 (512), bemerken; s. a. *P. Self*, „Hochtrabender Unsinn": Die Kosten-Nutzen-Analyse und die Roskill-Kommission, in: Naschold/Väth (Hrsg.), Politische Planungssysteme, 1973, S. 461 (464).

812 Näheres dazu *N. Herrmann/T. Wagner*, NuR 2005, S. 20 (22ff.).

813 Allgemeine Verwaltungsvorschrift zur Ausführung des Gesetzes über die Umweltverträglichkeitsprüfung vom 18.9.1995, GMBl. 1995, S. 671.

814 *F.-J. Feldmann*, UPR 1991, S. 127 (130); *W. Erbguth/A. Schink*, Gesetz über die Umweltverträglichkeitsprüfung. Kommentar², 1996, § 12 Rz. 11; *W. Hoppe/W. Appold*, DVBl. 1991, S. 1221 (1222); *E. Gassner*, UPR 1990, S. 361 (363).

die im übrigen auch in den Naturwissenschaften durch einen schöpferischen Akt gebildet werden müssen und ausschließlich an ihrer Praktikabilität, der Tauglichkeit zur Artikulation des jeweiligen Inhalts, zu messen sind.[815] Selbst so eine einfache Einheit wie das Längenmaß „Meter" ist nicht bereits in der Natur vorfindlich und muss daher nur noch erkannt werden. Nach heutiger Definition des *Système Internationale* (SI) ist ein Meter die Entfernung, die das Licht im Vakuum in 1 / 299.792.458 Sekunde zurücklegt. Ob man nun Zeit über Distanz definiert oder andersherum, ist gleichgültig. Auch die Definition der Sekunde über das 9.192.631.770-fache der Periodendauer der Strahlung, die dem Übergang zwischen den beiden Hyperfeinstrukturniveaus des Grundzustands von Atomen des Nuklids 133Cs entspricht, ändert daran nichts. Für die übrigen Maßeinheiten des SI ließe sich gleiches sagen. Der schöpferische Charakter der Dimensionsbildung ist in jedem Fall unausweichlich – es könnte etwa beim Meter prinzipiell genauso gut 1/4.000.000 Sekunde sein. Auch wenn es mithin keinen objektiven, also bereits in der Natur vorfindlichen Meter gibt, ist seine „Erfindung" trotzdem sehr nützlich; darüber hinaus ist es hilfreich, dass er so präzise bestimmt wurde. Die Überlegung wird noch deutlicher, wenn man sich klarmacht, dass nach verbreiteter Überzeugung in der Mathematik selbst Zahlen nicht als solche existieren, sondern von Menschen erfunden wurden.[816]

Ähnliches gilt für die Artikulation von Wertverhältnissen zwischen Gütern in den Wirtschaftswissenschaften. Die Wertverhältnisse werden dort, wie bereits demonstriert, durch die Bezugnahme auf eine Basiseinheit, den Numéraire, ausgedrückt. Man kann also in dem angeführten Beispiel entweder in der Einheit „Arbeitsplätze" oder in der Einheit „Löffelenten" rechnen. Andere Verrechnungseinheiten sind aber prinzipiell genauso gut geeignet. In der Praxis konnten sich hierfür, wie erläutert, Punktesysteme und vor allem die Heranziehung von Geldeinheiten als taugliche Vorgehensweisen empfehlen. In diesem gewissen Sinne „gibt" es also bereits Verrechnungseinheiten.

(β) Zum anderen aber zielt die genannte Verwaltungsvorschrift zum UVPG vermutlich nicht auf die Verrechnungseinheit an sich, sondern auf die Werturteile, die über den Numéraire ausgedrückt werden sollen. Denn eine Verrechnungseinheit zu bilden, welche auch immer, wäre einfach, wären die Werturteile bekannt, die mit ihrer Hilfe kommuniziert werden sollen. So verstanden impliziert die fragliche Bestimmung, die Werturteile seien als ein Teil der Wirklichkeit menschlicher Erkenntnis im Prinzip

[815] Zur entsprechenden Diskussion in der Mathematik um die Ontologie von Zahlen *H. Mehrtens*, Moderne – Sprache – Mathematik: eine Geschichte des Streits um die Grundlagen der Disziplin und des Subjekts formaler Systeme, 1990 S. 26ff., 35ff. m.w.N.

[816] *T.M. Apostol*, Introduction to analytic number theory, 1976, S. 1.

zugänglich, man habe ihren Inhalt allerdings (noch) nicht hinreichend klar identifizieren können.

Ein Hinweis darauf, dass diese Ansicht über den Kontext der Umweltverträglichkeitsprüfung hinaus verbreitet ist, kann in der gängigen Formulierung des Bundesverwaltungsgerichts gesehen werden, maßgeblich sei bei Abwägungsentscheidungen nicht, wie die Behörde den Belang selbst bewertet habe, sondern welche Gewichtigkeit ihm objektiv zukomme,[817] wobei das Abwägungsgebot erst dann verletzt sei, wenn einer der beteiligten Belange in geradezu unvertretbarer Weise zu kurz komme.[818] Mit dem vom Gericht benutzten Begriff der „objektiven Gewichtigkeit" können zwei fundamental verschiedene Konzeptionen verbunden sein, die zwar nicht so sehr für die gerichtliche Kontrolle, sehr wohl aber für die Entscheidungsherstellung und -begründung von Bedeutung sind.

Einerseits könnte das Gericht damit (lediglich) sagen wollen, die von der Behörde getroffenen Werturteile unterfielen im Prinzip seiner Kontrolle, auch wenn es dabei den Entscheidungsträgern einen substantiellen Freiraum einräume.[819] Damit entspräche das Gericht der gesetzlichen Vorgabe, im Ermessensbereich nicht seine Werturteile an die Stelle der behördlichen zu setzen, sondern nur die Verletzung der Grenzen des Ermessens zu monieren (§ 114 S. 1 VwGO, § 40 VwVfG). Andererseits kann sich die „objektive Gewichtigkeit" der Bewertungen auf einen davon grundverschiedenen Ansatz beim Verständnis von Bewertungen beziehen, nach dem Werturteile als Teil der Wirklichkeit betrachtet werden. Ihr objektives Gewicht ist danach prinzipiell menschlicher Erkenntnis zugänglich. Das muss hinsichtlich des gerichtlichen Kontrollmaßstabes keinen Gegensatz zur eben skizzierten ersten Möglichkeit, das Bundesverwaltungsgericht zu verstehen, bedeuten, da nach beiden Ansätzen zwanglos die Einräumung eines gewissen Spielraums für den Entscheidungsträger in Beurteilungsfragen begründet werden kann.[820]

Für die Frage, wie die Verwendung numerischer Instrumente bei der Bewältigung komplexer staatlicher Entscheidungen zu beurteilen ist, besteht hingegen zumindest auf den ersten Blick ein massiver Unterschied. Denn ist die objektive Gewichtigkeit nicht – oder zumindest nicht genau – erkennbar, so liegt in der Bildung der relativen Werturteile anscheinend ein kaum lösbares praktisches Problem, dessen Ursachen in prinzipiellen Grenzen der

---

817 BVerwG v. 5.12.1986, E 75, S. 214 (254); zuletzt v. 14.11.2002, E 117, S. 149 (160). Kritisch *H. Sendler*, (Un)erhebliches zur planerischen Gestaltungsfreiheit, in: Berkemann (Hrsg.), Planung und Plankontrolle. Otto Schlichter zum 65. Geburtstag, 1995, S. 55 (71); *J. Kühling/N. Herrmann*, Fachplanungsrecht, 2000, S. 107 (die Rede von der objektiven Gewichtigkeit gebe Rätsel auf).

818 BVerwG v. 5.7.1974, E 45, S. 309 (326).

819 So wohl *J. Kühling/N. Herrmann*, Fachplanungsrecht, 2000, S. 108.

820 S.u. D.III.2.d).

menschlichen Erkenntnisfähigkeit wurzeln. Sie steht vermutlich hinter dem des öfteren vorgebrachten Argument, wegen Bewertungsunsicherheiten seien mathematische Erfassungsmethoden für Abwägungsprozesse zum Scheitern verurteilt.[821] Den hierfür erforderlichen gemeinsamen Maßstab für den Vergleich zweier Rechtsgüter gebe es nicht.[822]

Würden dennoch Zahlen zur Artikulation von Werturteilen eingesetzt, würde eine Genauigkeit vorgespiegelt, die in Wirklichkeit nicht vorhanden sei. Hinter den als „pseudogenau" wahrgenommenen Zahlen würden sich in Wahrheit die politischen Präferenzen der Experten, die die KNA durchführten, verbergen.[823] Die numerische Ausdrucksweise führe in ihrer Genauigkeit in die Irre und erschwere dadurch den Zugriff auf die zu entscheidenden moralischen und politischen Fragen.[824] Mithin wäre mit der beschriebenen Betrachtungsweise die Verwendung numerischer Methoden scheinrational.[825]

Die gegenwärtige Praxis träfe der Vorwurf der Scheinrationalität insoweit, als sie schon jetzt von numerischen Methoden Gebrauch macht. Das gilt insbesondere für die oben erläuterten Punktesysteme zur Ermittlung von Ausgleichsflächen im Zusammenhang mit der Eingriffsregelung im Bundes-Naturschutzgesetz (§§ 18–21 BNatSchG),[826] aber in gewisser Weise gleichfalls für die Bewertung von Prüfungsleistungen, wo oftmals Punktesysteme zur Anwendung gebracht werden, um die Handhabung von Beurteilungen zu erleichtern und die Note klar, eindeutig und genau auszudrücken.[827] Dabei geht es zwar nicht um relative Werturteile im Sinne der Bewertung von Auswirkungen auf bestimmte Rechtsgüter wie bei behördlichen Abwägungsentscheidungen, jedoch wird auch mit der numerischen Leistungsbeurteilung etwas in Zahlen und damit exakt ausgedrückt, was nicht

---

[821] Stellvertretend *O. Koch*, Der Grundsatz der Verhältnismäßigkeit in der Rechtsprechung des Gerichtshofs der Europäischen Gemeinschaften, 2003, S. 271 m. w. N.

[822] *O. Koch* (S. 303, Fn. 821), S. 271.

[823] *D. Murswiek*, Umweltrisiken im amerikanischen Recht: Höhere Rationalität der Standardsetzung durch Kosten-Nutzen-Analyse, in: Hendler u. a. (Hrsg.), Jahrbuch des Umwelt- und Technikrechts 2003 (UTR 71), 2003, S. 127 (181); ähnlich *T. O. McGarity*, 50 Administrative Law Review 1998, S. 127 (163).

[824] *F. Ackerman/L. Heinzerling*, Priceless: on knowing the price of everything and the value of nothing, 2004, S. 234.

[825] *D. Murswiek*, Umweltrisiken im amerikanischen Recht: Höhere Rationalität der Standardsetzung durch Kosten-Nutzen-Analyse, in: Hendler u. a. (Hrsg.), Jahrbuch des Umwelt- und Technikrechts 2003 (UTR 71), 2003, S. 127 (181). Gleichfalls ablehnend zur Formalisierung wohl aus erkenntnistheoretischen Gründen *O. Koch*, Der Grundsatz der Verhältnismäßigkeit in der Rechtsprechung des Gerichtshofs der Europäischen Gemeinschaften, 2003, S. 268–271.

[826] S. oben Abschnitt B.I.4.

[827] Vgl. etwa § 35 Hamburgisches Juristenausbildungsgesetz (JAG v. 11. Juni 2003, Hmb. GVBl. 2003, 156); s. o. B.I.2.

exakt bekannt ist. Diese Ähnlichkeit ist für die Würdigung der vorstehend umrissenen Vorstellung in bezug auf Abwägungsentscheidungen instruktiv, die „objektive Gewichtigkeit“ von Belangen sei Teil der Wirklichkeit und an sich menschlicher Erkenntnis zugänglich.

*(aa) Moralischer Realismus.* Betrachtet man die den Vorwurf der Scheinrationalität speisende Konzeption von Werturteilen als erkennbare und unabhängig von Menschen existierende Entitäten genauer, so ist festzustellen, dass sie ihrerseits höchst voraussetzungsvoll ist. Sie geht auf die antike griechische Philosophie zurück (Objektivismus, moralischer Realismus)[828] und hat im Laufe der Jahrhunderte vielfältige Ausprägungen erfahren.[829] Für den Zusammenhang mit der hoheitlichen Entscheidungsherstellung ist in erster Linie der objektivistische Ansatz maßgeblich, Bewertungen als Teil der erkennbaren Wirklichkeit zu verstehen.[830] In diesem Sinne wird mit Blick auf Wirtschaftlichkeitsuntersuchungen nach § 7 Abs. 2 BHO argumentiert, der mit staatlichen Maßnahmen angestrebte soziale Nutzen sei nicht messbar.[831]

Die Bandbreite der allein zur Epistemologie von Bewertungen vertretenen Auffassungen ist beachtlich. Im vorliegenden Kontext interessieren vor allem die kognitivistischen Schulen,[832] nach denen moralische Entscheidungen „Akte des bewertenden Erkennens“ sind.[833] *Scheler* etwa

---

[828] *Aristoteles*, Nikomachische Ethik, 1176a 15–19, zitiert nach: *W. D. Ross* (Hrsg.), The Works of Aristotle, Vol. IX, Nicomachean ethics, 1925. Einen instruktiven Überblick über den Einfluß der griechischen Moralphilosophie auf die abendländische Ethik bietet insbesondere der Sammelband von R. Heinaman (Hrsg.), Aristotle and modern realism, 1995 (dort vor allem der Beitrag von *D. Charles*, Aristotle and modern realism, in: Heinaman (Hrsg.), Aristotle and modern realism, 1995, S. 135 ff.). S. a. *T. Irwin*, Plato's ethics, 1995.

[829] Zu den verschiedenen Strömungen *J. Dancy*, Moral Realism, in: Craig (Hrsg.), Routledge Encyclopedia of Philosophy, 1998, m. w. N.

[830] S. etwa klar *M. Scheler*, Der Formalismus in der Ethik und die materiale Wertethik[5], 1966, der vom „Sein der Werte“ (S. 195) und davon, dass Werte „erkannt“ werden könnten (S. 87), spricht (1. A. 1916). Für *Hubmann* sind Werte von menschlicher Erkenntnis unabhängige Ideen (*H. Hubmann*, Wertung und Abwägung im Recht, 1977, S. 8); ähnlich *K. Larenz/C.-W. Canaris*, Methodenlehre der Rechtswissenschaft[3], 1995, S. 112. A. A. *R. Alexy*, Theorie der Grundrechte[1], 1986, S. 136 f.; *J. Allan*, A sceptical theory of morality and law, 1998, S. 18 ff.; *H. Putnam*, 1 Legal Theory 1995, S. 5 ff.

[831] *K. Grupp*, Wirtschaftlichkeit im „schlanken Staat“, in: Schulze-Fielitz (Hrsg.), Fortschritte der Finanzkontrolle in Theorie und Praxis: zum Gedenken an Ernst Heuer, 2000, S. 9 (12).

[832] Knappe Darstellung bei *K. Kastendieck*, Der Begriff der praktischen Vernunft in der juristischen Argumentation: zugleich ein Beitrag zur Rationalisierung und ethischen Legitimation von rechtlichen Entscheidungen unter Unsicherheitsbedingungen, 2000, S. 167 ff.

[833] BVerfG v. 14.2.1973, E 34, S. 269 (287).

spricht klar vom „Sein der Werte“[834] und davon, dass Werte „erkannt“ werden könnten.[835] Auch nach *Scheuerle* können Werte erkannt werden, was aber in seinem Verständnis nur bedeutet, dass sich der Rechtsanwender seine höchstpersönliche Wertung bewusst macht.[836] Objektive Werte sind nach seiner Betrachtungsweise solche, die alle Menschen in wesentlich gleicher Weise teilen.[837] Für andere sind Werte wiederum von menschlicher Erkenntnis unabhängig existierende Ideen.[838]

Um die vielfältigen rechts- und moralphilosophischen Konzeptionen geht es vorliegend nicht im einzelnen. Kennzeichnend für alle hier in Rede stehenden Positionen ist, vereinfachend gesagt, dass es in der Betrachtungsweise des moralischen Realismus objektiv richtige und objektiv falsche Bewertungen gibt.[839] Für den moralischen Realismus spreche unabhängig von seiner jeweiligen Ausprägung, dass wir in der Alltagssprache selbstverständlich von der Existenz objektiv richtiger Bewertungen ausgingen.[840]

Da die Identifizierung „richtiger“ Bewertungen als Erkenntnisvorgang verstanden werden kann, wird den Verfechtern der kognitivistischen Strömungen des moralischen Realismus’ entgegengehalten, für die wissenschaftliche Bestimmung richtiger Werturteile gebe es keine überzeugende Methodik, weshalb die Vorstellung in Frage zu ziehen sei, ob es sich bei Bewertungen überhaupt um einen Gegenstand von Erkenntnis handeln könne. Jedenfalls wurde die objektive Wertlehre in der Ökonomik bereits vor mehr als hundert Jahren wegen der damit verbundenen immensen Schwierigkeiten verworfen.[841] In eine ähnliche Richtung zielte die zumindest in Deutschland äußerst einflussreiche Position *Max Webers*, Wissenschaft zeichne sich gerade dadurch aus, wertfrei zu sein.[842] Damit wurde eine Dichotomie von

---

834 *M. Scheler*, Der Formalismus in der Ethik und die materiale Wertethik[5], 1966, S. 195.

835 *M. Scheler* (S. 305, Fn. 834), S. 87.

836 *W. A. Scheuerle*, Rechtsanwendung, 1952, S. 162.

837 *W. A. Scheuerle* (S. 305, Fn. 836), S. 113.

838 *H. Hubmann*, Wertung und Abwägung im Recht, 1977, S. 8; ähnlich *K. Larenz/C.-W. Canaris*, Methodenlehre der Rechtswissenschaft[3], 1995, S. 112.

839 *Jansen* etwa hält es für das Grundproblem von Abwägungsentscheidungen in rechtlichen Zusammenhängen, die *richtige* (Hervorhebung E. H.) Gewichtung zu ermitteln (*N. Jansen*, Die Struktur der Gerechtigkeit, 1998, S. 115).

840 Aus Sicht eines moderaten moralischen Realisten *M. L. Lieberman*, Commitment, value, and moral realism, 1998, S. 7.

841 *C. Menger*, Grundsätze der Volkswirtschaftslehre, 1871, S. 77 ff. (insb. 86); *L. Walras*, Éléments d’Économie Politique Pure ou théorie de la richesse sociale[1], 1871, abgedruckt in: *Auguste et Léon Walras*, Oeuvres Économiques Complètes, Bd. VIII hrsgg. v. Pierre Dockés et. al (1988), S. 245 ff. (Seitenzahlen beziehen sich auf die Ausgabe von 1988); *H. H. Gossen*, Entwickelung der Gesetze des menschlichen Verkehrs, und der daraus fließenden Regeln für menschliches Handeln, 1854, S. 46.

842 S. nur *M. Weber*, Wissenschaft als Beruf (1919), in: Weber (Hrsg.), Gesammelte Aufsätze zur Wissenschaftslehre[5], 1982, S. 582 (602); sowie *M. Weber*, Wissenschaft als

(wahrheitsfähigen) Tatsachen und (nicht wahrheitsfähigen) Werturteilen behauptet, die in wissenschaftstheoretischer Hinsicht die entscheidende epistemologische Grenzlinie markierte, welche sich bereits in den Schriften *David Humes* angedeutet hatte.[843]

*(bb) Moralischer Skeptizismus.* Für den Bereich der Ethik ist spezifizierend hinzuzufügen, dass als Gegenpol zu den objektivistischen Ansätzen vor allem in der angelsächsischen Moralphilosophie des 20. Jahrhunderts subjektivistische Positionen entwickelt wurden, deren Grundzug in der Annahme liegt, dass Werturteile nicht erkannt, sondern gefällt würden.[844] Folgt man diesem Ansatz, so erscheinen Werturteile nicht als möglicher Gegenstand von Erkenntnis. Bewertungsprobleme – verstanden als die Schwierigkeiten bei der inhaltlichen Bestimmung der relativen Werturteile im Kontext von Entscheidungsherstellungsprozessen – sind somit auch nicht mit wissenschaftlichen Mitteln zu lösen. Der moralische Skeptizismus dürfte im übrigen die epistemologische Grundhaltung sein, die der Rat von Sachverständigen für Umweltfragen in seinem Umweltgutachten 1978 vertrat,[845] auf das sich die Bundesregierung zur Begründung ihres Gesetzentwurfs zu § 12 UVPG berief.[846] Die entsprechende Passage des Gutachtens enthält den Hinweis, als wissenschaftliches Gremium könne sich der Sachverständigenrat zu einer Gesamtbetrachtung von Umweltschäden „mangels Verrechnungseinheiten" nicht äußern.[847]

Wer jedoch den moralischen Realismus aus den genannten oder ähnlichen methodologischen Gründen ablehnt und eine skeptizistische Position ein-

Beruf (1919), in: Weber (Hrsg.), Gesammelte Aufsätze zur Wissenschaftslehre[5], 1982, S. 489 (510 ff.). Grundlegend bereits sein Aufsatz aus dem Jahre 1904 (*M. Weber*, Die „Objektivität" sozialwissenschaftlicher und sozialpolitischer Erkenntnis, in: Weber (Hrsg.), Gesammelte Aufsätze zur Wissenschaftslehre[3], 1968, S. 146 ff.

[843] *D. Hume*, A Treatise on Human Nature, 1739/1740, dt. Übersetzung von Theodor Lipp, 1906, S. II/211.

[844] *Nozick* etwa spricht von „bestowing weights" (*R. Nozick*, Philosophical Explanations, 1981, S. 298). Weitere Vertreter des moralischen Skeptizismus: *G. Harman*, Explaining value and other essays in moral philosophy, 2000, S. 77 ff.; *A. Gibbard*, Wise choices, apt feelings: a theory of normative judgment, 2002, S. 171 ff.; *J. L. Mackie*, Ethics: inventing right and wrong[7], 1990, S. 15 ff. Am Rande bemerkt, ist der Begriff der Kosten-Nutzen-*Analyse* insofern ebenfalls etwas irreführend, hat sich aber eingebürgert; überzeugende Alternativen sind bislang nicht in Sicht.

[845] *Rat von Sachverständigen für Umweltfragen*, Umweltgutachten 1978, 1978, Rz. 1353 (im Zusammenhang mit der ähnlichen Problematik einer ökologischen Gesamtrechnung).

[846] *Bundesregierung*, Begründung des Entwurfs für das UVPG, BT-Drs. 11/3919, S. 27.

[847] *Rat von Sachverständigen für Umweltfragen*, Umweltgutachten 1978, 1978, Rz.1353. Gemeint sein dürften insoweit gleichfalls nicht die Verrechnungseinheiten an sich, sondern die Werturteile, die mit Hilfe der Verrechnungseinheiten ausgedrückt werden können.

nimmt, sieht sich dem Einwand ausgesetzt, dass es Erkenntnis – selbst im Bereich der Naturwissenschaften – nie ohne die Setzung von Axiomen gibt. Erkenntnis beginnt in keinem Fall *ex nihilo*.[848] *Putnam* argumentiert daher unter Fortführung der Wertphilosophie *John Deweys*,[849] Werterkenntnis folge denselben Regeln wie jede andere Erkenntnis auch und müsse sich deshalb prinzipiell an denselben Maßstäben messen lassen wie sie.[850] In diesem Sinne seien ethische Aussagen auch wahrheitsfähig.[851] Mit *Putnams* Ansatz ließe sich sagen, wenn das Konzept, also der anzuwendende Satz von Axiomen und gültiger Schlussformen, bestimmt ist, dann können wir auf seiner Grundlage Ergebnisse produzieren, die mit Fug und Recht auch auf dem Gebiet der Ethik als „Erkenntnisse" bezeichnet werden dürfen.[852] Damit sei es möglich, nicht lediglich zu Aussagen der (subjektiven) Wertschätzung, sondern auch der (objektiven) Werthaftigkeit zu gelangen.[853] Maßgeblich seien die jeweiligen nach kritischer Reflektion als überzeugend („*warranted*") anerkannten Kriterien.[854]

Dieser Sprachgebrauch erscheint keineswegs abwegig. Er ließe sich auch ohne weiteres auf den rechtlichen Zusammenhang übertragen – überzeugend, „*warranted*" wären dementsprechend die gesetzlichen Vorgaben über die Relevanz eines Gutes. Außerdem entgeht er mit seiner Hervorhebung der Bedeutung von Axiomen dem Einwand gegen radikalere Formen des moralischen Realismus, auch unter für Evidenzerlebnisse optimalen Bedingungen würden – in *Alexy*s Worten – verschiedene Menschen unterschiedliche Bewertungen als evident bezeichnen,[855] was auf die zugrundeliegenden unterschiedlichen Wertvorstellungen zurückgeführt werden kann. Ob aber ein gemäßigter moralischer Realismus darüber hinaus eine spezifische Einschätzung der Leistungsfähigkeit numerischer Instrumente im Anwendungsbereich komplexer Verwaltungsentscheidungen gestattet, dürfte überaus zweifelhaft sein. Denn auch eine moderate objektivistische Position führt an dem hier interessierenden Problem vorbei, wie im Zusammenhang mit Verwaltungsentscheidungen die transparente Artikulation der Werturteile und ihre logisch konsistente Aggregation am besten zu leisten ist, ob mit numerischen oder mit verbalen Methoden. Überdies wirft

---

848 *H. Putnam*, 1 Legal Theory 1995, S. 5 (16).

849 *J. Dewey*, The Theory of Valuation, in: Neurath u.a. (Hrsg.), International Encyclopedia of Unified Science[7], 1952 (1939), insb. S. 57ff.

850 *H. Putnam*, 1 Legal Theory 1995, S. 5 (16).

851 *H. Putnam* (S. 307, Fn. 850), S. 5 (16ff.).

852 So wohl *H. Putnam* (S. 307, Fn. 850), S. 5 (12).

853 *H. Putnam* (S. 307, Fn. 850), S. 5 (12).

854 *H. Putnam* (S. 307, Fn. 850), S. 5 (13).

855 *R. Alexy*, Theorie der Grundrechte[1], 1986, S. 137; ähnlich auch *A. Podlech*, AöR 95 (1970), S. 185 (205f.); *ders.*, Recht und Moral, Rechtstheorie 3 (1972), S. 129 (135); *P.F. Strawson*, Philosophy 24 (1949), S. 23ff.

sie – wie die übrigen objektivistischen Ansätze – die Frage auf, ob denn ein ethisches Konzept überhaupt vorstellbar ist, mit dem in wissenschaftlich-objektiver – oder auch nur intersubjektiver – Art und Weise gesellschaftliche Werturteile überzeugend begründet werden könnten. Auch wenn das sogenannte Unmöglichkeitstheorem *Arrows* daran starke Zweifel nährt,[856] soll ihr nicht weiter nachgegangen werden, da es für die vorliegende Fragestellung letztlich nicht auf sie ankommt.

*(cc) Schlussfolgerungen.* Entscheidend ist vielmehr folgendes. Obwohl sich Werturteile in ontologischer und damit auch epistemologischer Hinsicht je nach philosophischer Grundhaltung stark unterschiedlich darstellen, bleibt es bei der Überlegenheit numerischer Methoden in bezug auf die Operationalisierung und transparente Darstellung von Bewertungen. Das ergibt sich aus folgender Überlegung.

Während sich aus der Perspektive des moralischen Realismus gegen die Verwendung von numerisch-formalen Methoden anführen ließe, dass die potentiell punktgenaue Präzision numerischer Ausdrücke dem Umstand der Bewertungsunsicherheiten schon im Ansatz sachlich nicht gerecht würde – wenn man etwas nicht genau sagen kann, dann hat es keinen Sinn, es genau angeben zu wollen, wer es trotzdem tut, handelt scheinrational –, erscheint dagegen dem moralischen Skeptizismus die Unsicherheit darüber, welchen Wert die von einer staatlichen Entscheidung berührten Belange „haben", nicht als Erkenntnisproblem. Besonders bei Gütern, die nicht am Markt gehandelt werden, fällt es Entscheidungsträgern häufig schwer, ihnen Gewichtigkeiten in numerischer Form beizumessen. Für den moralischen Skeptizismus liegt hierin aber keine epistemologische Problematik, da diese Festlegungen qua Entscheidungsakt prinzipiell ohne weiteres punktgenau sein können.

Ob sich der Entscheidungsträger dabei in seinem Urteil sicher fühlt, ist eine ganz andere Frage. Möglicherweise trägt eine dementsprechende Verwechslung von epistemischen Schwierigkeiten und dem Grad an Gewissheit bezüglich der zu treffenden Werturteile zum Vorwurf der Scheinrationalität bei. Im Kontext hoheitlicher Maßnahmen wird allerdings durch die Entscheidung selbst implizit behauptet, man sei sich zumindest seiner Sache sicher genug gewesen, um eine Entscheidung treffen zu können. Wer dies tut, ohne die dahinter liegenden Überlegungen einschließlich der einzelnen Bewertungen nachvollziehbar zu machen, wird sich fragen lassen müssen,

---

[856] Das Unmöglichkeitstheorem zeigt, dass auch nur unter bescheidenen Anforderungen an die Rationalität von Bewertungen die Aggregation individueller Präferenzen auf ordinaler Grundlage aus logischen Gründen nicht gelingen kann. Das lässt die Vermutung zu, dass erst recht anspruchsvollere Konzepte zum Scheitern verurteilt sein dürften (vgl. *K. J. Arrow*, Social Choice and individual values, 1951, S. 22ff.).

woher er seine Sicherheit bezüglich der Richtigkeit des Entscheidungsergebnisses nimmt.

Überdies lässt sich Unsicherheit bezüglich des Gehalts der Bewertungen, soweit sie vorliegt, leichter und klarer mit Hilfe von formalen Darstellungsmethoden ausdrücken als durch natürlich-sprachliche Mittel. Das gilt auch und gerade dann, wenn man mit dem moralischen Realismus annimmt, das richtige Gewicht könne aus epistemischen Gründen nur ungefähr erkannt werden. Jede noch so ungefähre Angabe lässt sich auch formal ausdrücken. Man vergleiche etwa die Aussage, der Wert der Zerstörung von 1 ha einer bestimmten Biotopart betrage höchstens 2500 Euro, während der Wert der Arbeitsplätze mit mindestens 1000 Euro pro Arbeitsplatz zu veranschlagen sei, mit der entsprechenden natürlich-sprachlichen Aussage, einerseits seien die Auswirkungen des Vorhabens auf den Biotopschutz „erheblich", andererseits würden „hochwertige" Arbeitsplätze entstehen. Die zahlenmäßige Darstellung führt unmittelbar zu den richtigen Fragen bezüglich der getroffenen Bewertungen und erlaubt es, sie gehaltvoll zu diskutieren. Überzeugt das angegebene Verhältnis, oder ist es auch im Vergleich mit früher gemachten Aussagen über den Wert von Biotopen oder Arbeitsplätzen unangemessen? Die vorstehend artikulierte Bewertung, 1 Arbeitsplatz rechtfertige die Zerstörung von *mindestens* 0,4 ha einer bestimmten Biotopart, entspricht diesem Bedürfnis.[857] Natürlich-sprachliche Bezeichnungen führen hier nicht weiter.

Im übrigen kann die vorstehende Überlegung auch dem Argument entgegengehalten werden, die „Pseudogenauigkeit" der numerischen Ausdrucksweise leiste dem Irrglauben Vorschub, einer Kosten-Nutzen-Analyse komme hohe Überzeugungskraft schon deshalb zu, weil ihr eine „objektive" Methode zugrunde liege.[858] Bestehen Anhaltspunkte für ein derartiges Missverständnis, so dürfte es sich für eine Behörde empfehlen, über den epistemischen Charakter der Ergebnisse von numerischen Analysen aufzuklären. Unter dieser Voraussetzung erscheint eine formale Erläuterung der Wahrscheinlichkeitsurteile und der Wertverhältnisse prinzipiell viel eher als eine natürlich-sprachliche in der Lage, als aussagekräftige Basis einer Auseinandersetzung im Verwaltungsverfahren oder in einem Gerichtsprozess zu dienen.

---

[857] Die Aussage, die Schaffung eines Arbeitsplatzes rechtfertige *mindestens* die Zerstörung einer in Hektar (oder einer sonstigen Einheit) bestimmten Fläche räumt einen großen Bereich der Unsicherheit ein und drückt sie klar aus.

[858] *D. Murswiek*, Umweltrisiken im amerikanischen Recht: Höhere Rationalität der Standardsetzung durch Kosten-Nutzen-Analyse, in: Hendler u.a. (Hrsg.), Jahrbuch des Umwelt- und Technikrechts 2003 (UTR 71), 2003, S. 127 (181); ähnlich *T. O. McGarity*, 50 Administrative Law Review 1998, S. 127 (163); *F. Ackerman/L. Heinzerling*, Priceless: on knowing the price of everything and the value of nothing, 2004, S. 234.

### (c) Inkurs: Fuzzy Logic als Alternative?

Das dargestellte Unbehagen gegenüber numerischen Instrumenten mag auch damit zusammenhängen, dass die konventionelle Mathematik äußerst exakte Kalkulationen ermöglicht, während die abzubildenden Wahrscheinlichkeitsurteile und Werturteile in vielen Fällen alles andere als exakt vorliegen. Mit Blick auf dieses wahrgenommene Missverhältnis könnte daher die so genannte *Fuzzy Logic* besonders gut geeignet sein, in der Entscheidungstheorie eingesetzt zu werden. Die *Fuzzy Logic* wurde 1965 durch *Zadeh* begründet, erfuhr aber nach einer Phase theoretischer Ausdifferenzierungen[859] erst in den Neunziger Jahren des vergangenen Jahrhunderts mit der erheblichen Verbesserung der technischen Möglichkeiten im Bereich der Informationsverarbeitung verstärkte Aufmerksamkeit in der Praxis.

Anders als die klassische Mengenlehre definiert die Mengenlehre der *Fuzzy Logic* keine scharfen Grenzen zwischen Mengen, sondern fließende Übergänge. Die klassische Mengenlehre kann ohne weiteres als Spezialfall der *Fuzzy Logic* betrachtet werden. Das gilt auch für die Zahlentheorie. Jede reale Zahl lässt sich in ihr Gegenstück in der *Fuzzy Logic* übersetzen, gleichfalls jedes reale Intervall. Damit gilt für die gebräuchlichsten Instrumente zur Formalisierung von Unsicherheiten – Intervalle zur Beschreibung von Wahrscheinlichkeiten und Prozentangaben über Zielerreichungsgrade –, dass sie nicht nur mit den Mitteln der klassischen Algebra ausgedrückt werden können, sondern entsprechend mit Hilfe der *Fuzzy Logic*. Ist also ein Entscheidungsträger vielleicht nicht in der Lage, numerisch exakt die Wahrscheinlichkeit eines Ereignisses oder einer Hypothese anzugeben, so vermag er vielleicht eher, einen ihm zutreffend erscheinenden *vagen Bereich* von Wahrscheinlichkeiten anzugeben.[860] *Zadehs* Ausgangsüberlegung bringt seinen Ansatz klar zum Ausdruck:

„More often than not, the classes of objects encountered in the real world do not have precisely defined criteria of membership. For example, the class of animals clearly includes dogs, horses, birds, etc., as its members, and clearly excludes such objects as rocks, fluids, plants, etc. However, such objects as starfish, bacteria, etc. have an ambiguous status with respect to the class of animals."[861]

---

[859] Zu den vielfältigen möglichen Anwendungsgebieten des Ansatzes s. etwa die instruktiven Bände *K. Tanaka/T. Niimura*, An introduction to fuzzy logic for practical applications, 1997, *L. A. Zadeh et al.*, Fuzzy sets and their applications to cognitive and decision processes, 1975, und *D. J. Dubois/H. M. Prade*, Fuzzy sets and systems: theory and applications[6], 1994.

[860] Vgl. nur die Beiträge von *C. Huang/C. Moraga*, 10 International Journal of Uncertainty 2002, S. 347 ff.; *S. M. Bass/H. Kwakernaak*, 13 Automatica 1977, S. 47 ff.; *A. N. S. Freeling*, 10 IEEE Trans. on Systems, Man and Cybernetics 1980, S. 341 ff.; *S. R. Watson et al.*, 9 IEEE Trans. on Systems, Man and Cybernetics 1979, S. 1 ff.

[861] *L. A. Zadeh*, 8 Information and Control 1965, S. 338 (338).

Das entspricht in etwa der Beschreibung der Struktur vager Begriffe in der Sprachphilosophie, die positive, negative und neutrale Kandidaten unterscheidet.[862] Dem unbestimmten neutralen Bereich wird in der *Fuzzy Logic* ein sich ändernder Grad der Zugehörigkeit zu einer Menge zugeschrieben. Hierzu soll das Beispiel einer einfachen Relation betrachtet werden, die Zuschreibung des Attributs „groß gewachsen" in bezug auf die Körpergröße von Menschen.[863] Während die klassische Algebra gewissermaßen gezwungen ist, eine strikte Grenze zwischen „groß gewachsen" und „kleinwüchsig" zu ziehen, richtet sich die *Fuzzy Logic* darauf, die fließenden Übergänge formal abzubilden.

In der klassischen Algebra würde man eine solche Menge folgendermaßen notieren:

$$\mu_A(x) = \begin{Bmatrix} 1 \; iff \; \; x \in A \\ 0 \; iff \; \; x \notin A \end{Bmatrix},$$ [864]

wobei $\mu_A$ (x) die Mengenzugehörigkeitsfunktion (set membership function) der Menge A bezeichnet, 1 den Wahrheitswert „wahr" und 0 den Wahrheitswert „falsch". *Kaufmanns* Darstellung folgend könnte in der *Fuzzy Logic* ein Element $x_i$ von *A* entweder kein Element von *A* sein ($\mu_A$= 0) oder ein bisschen Element von *A* sein ($\mu_A$ nahe 0), mehr oder weniger ein Element von A ($\mu_A$ weder dicht bei 0 noch dicht bei 1), recht zuverlässig ein Element von *A* ($\mu_A$ nahe 1), oder schließlich ganz zu *A* gehören ($\mu_A$ = 1).[865]

Formal ließe sich die *fuzzy* Menge *A* notieren:[866]

$$A = \{(x_1|0,2), (x_2|0), (x_3|0,3), (x_4|1), (x_5|0,8)\}.$$

Nicht verwechselt werden sollte der Ansatz der *Fuzzy Logic* bei der Modellierung von Vagheiten mit der Unschärfe, die mit dem statistischen Schließen auf das Vorliegen von Tatsachen, sei es als Retrodiktion oder als Prognose, verbunden ist. Um in dem angeführten Beispiel zu bleiben, kann es selbst bei einer scharfen (klassischen) Definiton von „groß gewachsen" unsicher sein, ob ein bestimmtes Individuum zur fraglichen Menge gehört, etwa wenn nur indirekte Schlüsse auf seine Körpergröße möglich sind.[867] Mit anderen Worten bleibt die Zuschreibung einer unscharfen Eigenschaft in der Vorgehensweise der *Fuzzy Logic* selbst dann unscharf, wenn sie

---

[862] *S. Körner*, Erfahrung und Theorie. Ein wissenschaftstheoretischer Versuch, 1970, S. 44, 49 (engl. Original 1966).

[863] Das Beispiel ist *S. French*, Decision Theory, 1986, S. 361 ff., entnommen.

[864] „iff" steht für „if and only if" (dann und nur dann).

[865] *A. Kaufmann*, Introduction to the theory of fuzzy subsets, Bd. I, 1975, S. 4.

[866] *A. Kaufmann* (S. 311, Fn. 865), S. 4.

[867] Diese Prognoseunsicherheit wird von *M. Sugeno*, Fuzzy measures and fuzzy integrals: A Survey, in: Gupta u. a. (Hrsg.), Fuzzy Automata and decision processes, 1977, S. 89 ff., ebenfalls als „fuzziness" bezeichnet.

sicher eintritt. Das lässt sich an folgendem Beispiel veranschaulichen. Ein Verdurstender rettet sich aus der Wüste in eine Oase, wo ihm zwei Gefäße mit Flüssigkeiten präsentiert werden, von denen er eins wählen darf, um seinen Durst zu löschen. Von der einen Flüssigkeit heißt es, sie enthalte mit einer Wahrscheinlichkeit von 90% sauberes Wasser. Die andere Flüssigkeit, die mit den Möglichkeiten der *Fuzzy Logic* beschrieben wird, ähnele sauberem Wasser zu 90%. In dem einen Gefäß ist also mit einer 10%-igen Wahrscheinlichkeit eine ganz andere, möglicherweise nicht genießbare Flüssigkeit enthalten, während in dem anderen eine sichere Aussage darüber gemacht wird, die Ähnlichkeit der Flüssigkeit mit sauberem Wasser betrage 90%, was einen Hinweis auf gewisse Verschmutzungen gibt.

Überträgt man diese Überlegung auf juristische Fragestellungen, so ist die *Fuzzy Logic* möglicherweise geeignet, semantische Vagheiten formal abzubilden; so wäre es im Prinzip vorstellbar, einen unbestimmten Begriff wie den der gewerberechtlichen Zuverlässigkeit mit Hilfe der *Fuzzy Logic* als größere oder geringere Ähnlichkeit mit einem Idealbild von Zuverlässigkeit zu beschreiben. Die Beurteilung einer Gefahrenlage ist dagegen unter Heranziehung einer probabilistischen Betrachtungsweise durchführbar, wenn zum Beispiel geklärt werden soll, mit welcher Wahrscheinlichkeit eine Grundwassergefährdung vorliegt, wenn man Fässer mit unbekanntem Inhalt in einer Deponie entdeckt hat.[868] Ob für solche Sachverhalte auch die Verwendung der *Fuzzy Logic* ernsthaft in Betracht käme, erscheint aus mehreren Gründen zweifelhaft.

Für die Verwendung der *Fuzzy Logic* im Bereich der Entscheidungstheorie soll im wesentlichen die oben bereits angedeutete Überlegung sprechen, dass eine Logik, die ein angemessenes Modell der Vagheiten in der Wirklichkeit sein will, selbst vage („*fuzzy*") sein sollte. Darin stecken mindestens zwei Annahmen, von denen die eine selten ausdrücklich thematisiert wird. Sie geht dahin, dass sich die Vagheiten in unserer Wahrnehmung gut durch die Bildung vager Mengen modellieren lassen.[869] Des weiteren wird ersichtlich davon ausgegangen, dass es nützlich sei, Vagheit zu modellieren. Ob es zur Beschreibung tatsächlichen Verhaltens geeignet ist, steht hier nicht zur Diskussion. Für die Zwecke der *normativen* Entscheidungstheorie im Kontext hoheitlicher Abwägungsvorgänge kann das hingegen nicht überzeugen.

Erstens ist für diejenigen, die numerischen Methoden generell skeptisch gegenüberstehen, die *Fuzzy Logic* kein Ausweg.[870] Wenn es schwierig ist, eine Einschätzung oder Bewertung zu quantifizieren, dann ist es das

---

[868] Einzelheiten s. o. C.IV.1.b)bb).

[869] Kritisch *S. French*, Decision Theory, 1986, S. 363.

[870] Kritisch daher auch die britische Regierung, vgl. *Department for Communities and Local Government*, Multi-criteria analysis manual, 2000, http://www.communities.

auch, wenn es wie bei der *Fuzzy Logic* darum geht, vollständige Mengenzugehörigkeitsfunktionen anzugeben. Die *Fuzzy Logic* ist ohne jede Einschränkung eine quantitativ-formale Methodik.[871]

Zweitens ist es gerade der Sinn normativer Entscheidungstheorien, die intuitiven, möglicherweise verworrenen oder gar konfligierenden oder inkonsistenten Gedanken des Entscheidungsträgers zu ordnen. Eine Methodik, die die Verworrenheit modelliert, anstatt sie zu lösen, kann hier kaum Hilfestellung leisten.[872] Drittens und mit Blick auf den Anwendungsbereich einer normativen Entscheidungstheorie für die Anleitung staatlicher Entscheidungen gilt entscheidend, dass die durch die *Fuzzy Logic* modellierten Vagheiten nichts für die Bewältigung der Aufgabe einer gerechten Abwägung und ihrer nachvollziehbaren Darstellung austragen, versteht man unter der Gerechtigkeit einer Entscheidung die begründete Darlegung, dass der Nettonutzen der gewählten Handlungsalternative positiv und größer als bei allen übrigen betrachteten Alternativen ist. Das ist dann der Fall, wenn und soweit der Entscheidungsträger dartut, dass die Vorteile trotz Inrechnungstellung von Ungenauigkeiten mindestens so groß sind wie angenommen und die Nachteile höchstens so groß wie behauptet. Dass die Vorteile möglicherweise, also unter Hinzunahme des vagen Bereichs, noch größer (beziehungsweise die Nachteile noch kleiner) sind, tut nichts zur Sache. Das gilt vor allem dann, wenn – wie im rechtlichen Kontext – die getroffene Entscheidung schon wegen des Bestimmtheitsgrundsatzes regelmäßig Klarheit verlangt und verantwortet werden muss. Den staatlichen Entscheidungsträgern ist die Aufgabe gestellt, in nachvollziehbarer Art und Weise gerecht abgewogene Entscheidungen zu treffen. Daran ändert sich nichts, lassen sich im konkreten Fall nicht alle Unsicherheiten ausräumen.

Die auf *Fuzzy Logic* gestützte Entscheidungstheorie zielt im Ergebnis auf vage („*fuzzy*") Entscheidungen.[873] Damit entspricht sie nicht dem Anforderungsprofil an staatliche Entscheidungen im Rechtsstaat, das schon wegen der gebotenen Rechtssicherheit distinkte, eindeutige und klare Entscheidungen verlangt. Das würde sie nur, würde man einen „Defuzzifi-

---

gov.uk/pub/252/MulticriteriaanalysismanualPDF1380Kb_id1142252.pdf (letzter Zugriff 6.11.2006).

[871] Ebenso *S. French*, Decision Theory, 1986, S. 368 f.

[872] *S. French* (S. 313, Fn. 871), S. 369.

[873] *K. Asai et al.*, Decision-making and its goal in a fuzzy environment, in: Zadeh u. a. (Hrsg.), Fuzzy Sets and their Applications to Cognitive and Decision Processes, 1975, S. 257 (257). In dem Beitrag definieren die Autoren eine *fuzzy decision* als Supremum von Mengenzugehörigkeitsfunktionen, die durch *fuzzy goals* und *fuzzy constraints* bestimmt werden. Die optimale Entscheidung ist danach jede Alternative, die die Schnittmenge aller betroffenen *fuzzy sets* maximiert. Wie aus eindeutig abgegrenzten Alternativen allerdings ein Supremum gebildet werden können soll, das *fuzzy* ist, bleibt unklar.

zierungsprozess“ ans Ende der logischen Operationen stellen, wie es für technische Anwendung gängige Praxis ist.[874]

Bereits mit Blick auf die zu gebenden Begründung ist eine hinreichende Präzisierung der Aussagen gefordert. Vor allem aber steht am Ende eines Verwaltungsverfahrens eine distinkte Entscheidung, soweit es um Verwaltungsakte geht, zumeist sogar um vollstreckbare Anordnungen. Eine Genehmigung etwa darf nur erteilt oder versagt werden. Ein Genehmigungsbescheid, der die Durchführung der begehrten Handlung „in geringem Umfang“ oder „sehr stark“ erlaubt, genügt nicht den Anforderungen des Rechtsstaatsprinzips, insbesondere nicht dem Bestimmtheitsgrundsatz. Für die funktionale Entsprechung einer Erlaubniserteilung unter Auflagen gilt dies genauso; auch Auflagen sind eindeutig und klar zu formulieren. Die Modellierung von Vagheit, wie sie die *Fuzzy Logic* leistet, führt für den Anwendungsbereich einer normativen Entscheidungstheorie für die Anleitung staatlicher Einzelfallentscheidungen nicht weiter.[875]

Hinsichtlich der Rechtsetzung muss einschränkend darauf hingewiesen werden, dass insoweit ein gewisses Maß an Vagheit auch im Ergebnis wünschenswert sein kann. Folgt man der bereits skizzierten Diskussion in der ökonomischen Theorie des öffentlichen Rechts zu *„rules vs. standards“*,[876] so stellen sich akkurate, detaillierte Bestimmungen (*„rules“*) dann als vorzugswürdig dar, wenn die zu regulierenden Aktivitäten häufig vorkommen, während Generalklauseln (*„standards“*) sich empfehlen, wenn das zu regulierende Verhalten so stark variiert, dass die jeweilige einzelne Handlung verhältnismäßig selten vorkommt[877] oder es in besonderer Weise darum geht, Anreize zur außergerichtlichen Einigung zu setzen.[878] Ob sich die *Fuzzy Logic* wegen ihrer inhärenten Vagheit für die Bildung von Generalklauseln wirklich besonders gut eignet, kann aber dahingestellt bleiben. Wegen der Möglichkeiten, die bereits die konventionelle Mathematik zur Modellierung von Unbestimmtheiten bietet,[879] ist der Rückgriff auf die *Fuzzy Logic* zur Unterstützung staatlicher Abwägungsvorgänge nach gegenwärtigem Kenntnistand nicht geboten.[880]

---

[874] Vgl. zur Einführung die Darstellung von *C. Drösser*, Fuzzy Logic. Methodische Einführung in krauses Denken, 1994, S. 93 ff.

[875] Ebenfalls kritisch zur Brauchbarkeit der *Fuzzy Logic* zur Lösung juristischer Aufgaben, allerdings aus anderen Gründen, *K.F. Röhl*, Allgemeine Rechtslehre², 2001, S. 114.

[876] S. o. C.I.2.a)bb).

[877] *L. Kaplow*, General Characteristics of Rules, in: Bouckaert/De Geest (Hrsg.), Encyclopedia of Law and Economics, Bd. IX, 2000, S. 502 (510) m. w. N.

[878] *L. Kaplow* (S. 314, Fn. 877), S. 502 (504).

[879] Man denke nur an probabilistische *„confidence-intervals“*, Einzelheiten bei *G. Clauß/H. Ebner*, Grundlagen der Statistik, 1972, S. 160; *H.-J. Koch/H. Rüßmann*, Juristische Begründungslehre, 1982, S. 343 ff.

[880] Dies dürfte *B.B. Cook*, Judicature 85 (2001), S. 70 (70), übersehen haben. *Schum*

### *(2) Irrelevanz für das Abwägungsergebnis?*

Die bereits angesprochenen Bewertungsunsicherheiten können schließlich noch in einem anderen Gedankengang von Bedeutung sein. Es ließe sich unabhängig von der philosophischen Grundposition einwenden, mit der Zuordnung von Zahlenwerten zu den einzelnen Belangen sei nichts gewonnen, da angesichts der fehlenden wissenschaftlichen Ableitbarkeit der Werturteile (bzw. der nicht hinreichenden Genauigkeit ihrer Ermittlung) jedes beliebige Ergebnis gerechtfertigt werden könnte. Der mögliche Vorteil einer genaueren Beschreibung des Verhältnisses der betroffenen Belange untereinander mit Hilfe der Verwendung von Zahlen sei daher vernachlässigbar gering.

Dem ist dreierlei zu entgegnen. Erstens hat eine nachvollziehbare Begründung einen Wert auch unabhängig davon, ob der am Ende eines Entscheidungsherstellungsvorgangs stehende Zwang, eine Rechtfertigung des staatlichen Handelns in schriftlicher Form anzugeben, Einfluss auf das Ergebnis hatte. Es sei des Arguments wegen zunächst einmal hypothetisch angenommen, eine solche Pflicht zur Begründung habe keinerlei Auswirkung auf den Inhalt von Behördenentscheidungen; die Behörden würden sich also ohne Begründungspflicht genau so entscheiden, wie sie sich entscheiden würden, müßten sie eine Begründung geben. In der Welt dieses Gedankenspiels würden dieselben Betroffenen denselben Belastungen ausgesetzt, so dass insoweit alles beim alten bliebe.

Zum einen aber würden die bereits dargelegten individuellen wie kollektiven Funktionen von Begründungen nicht verwirklicht (Akzeptanz, Steuerungserfolg).[881]

Zum anderen wäre der vollständige Verzicht auf die Angabe von Gründen rechtsstaatlich selbst dann kaum akzeptabel, wenn annahmegemäß keine Änderung der Entscheidungsinhalte zu beobachten wäre. Die Begründung von Verwaltungsentscheidungen hat auch die Funktion, den Betroffenen hinsichtlich des nach Maßgabe von Art. 19 Abs. 4 GG zu gewährleistenden effektiven Rechtsschutzes die Gründe mitzuteilen, wieso ihnen Belastungen zugemutet werden; sind diese Belastungen in verfassungsrechtlicher Hinsicht als Grundrechtseingriffe zu klassifizieren, so gibt der

---

untersucht verschiedene auf der *Fuzzy Logic* basierende Ansätze und vergleicht sie mit eher klassischen Methoden (*D. A. Schum*, The Evidential Foundations of Probabilistic Reasoning, 2001, S. 261–269). Intervalle und Wahrscheinlichkeitsverteilungen stellen *A. Behrens/F. Chobineh*, 43 The Journal of Operational Research Society 1992, S. 907, dar. Im übrigen gibt es daneben noch weitere Methoden, vage Argumentationen formal zu notieren, so etwa die „abductive logic“, die auf den Werken von *Peirce* basiert (*C. S. Peirce/J. Buchler*, Philosophical writings of Peirce, 1955); sie wurde weitergeführt von *J. R. Josephson/S. G. Josephson*, Abductive inference: computation, philosophy, technology[1], 1996.

[881] S. oben C.I.4.a)bb).

Planfeststellungsbeschluss die Gründe an, die nach Auffassung der Behörde die Grundrechtseingriffe rechtfertigen. Daher hat die numerische Darstellung von Bewertungen für die gerichtliche Kontrolle eine ganz besonders wichtige Rolle, auf die unten im Abschnitt D. einzugehen ist.

Zweitens ist die eben erwogene Annahme, eine Pflicht zur Angabe von Gründen sei völlig ohne Bedeutung für die Ergebnisse, nicht wirklich plausibel.[882] Ein gewisser Einfluss dürfte schon deshalb bestehen, weil Behörden auch auf die Akzeptanz der eigenen Entscheidungen bei Öffentlichkeit und Gerichten achten.[883] Von einem Mindestmaß an politischer Kontrolle darf man für die Verhältnisse in Rechtsstaaten ausgehen. Eine graduelle Verbesserung der Begründung (im Sinne der Angabe der Gründe, die die staatliche Handlung rechtfertigen) bedeutet daher eine graduelle Verbesserung der Ergebnisse. Die Frage wäre dann, ob die Verwendung von Zahlen tatsächlich mit einer Verbesserung der Begründung in diesem Verständnis gleichzusetzen wäre. Solange mit Hilfe der natürlichen Sprache kein nachvollziehbarer Weg zur Bewältigung der zentralen Anforderung, verschiedenartige Belange zu aggregieren, aufgezeigt wird, bleibt die durch das Recht gestellte Aufgabe ungelöst, auf die Gesamtheit der Belange zu schauen und dabei nur solche Werturteile heranzuziehen, die dem Verhältnismäßigkeitsgrundsatz entsprechen. Da eine numerische Darstellung dies ermöglicht, könnte sie hierauf eine Antwort sein.

Drittens ist zu dem Bedenken der Irrelevanz der Verwendung formaler Evaluationsmethoden für das Abwägungsergebnis zu sagen, dass es nur dann durchschlagend wäre, dürfte die Behörde jede andere beliebige Zahl bei der Bestimmung der Wertverhältnisse wählen. Schon aus rechtlichen Gründen ist das aber nicht der Fall. Wie noch weiter unten im Zusammenhang mit der gerichtlichen Kontrolle von Abwägungsentscheidungen auszuführen ist, haben Bewertungen vielmehr Korridore des rechtlich Vertretbaren zu beachten.[884]

#### *(3) Zu hohe Kosten der formalen Darstellung?*

Die Verwendung einer zahlenmäßigen Darstellung von Vor- und Nachteilen eines bestimmten Projekts kann allerdings aufwendig sein und muss ihrerseits mehr Vorteile als Nachteile aufweisen, um sich zu empfehlen. Es lassen sich direkte Kosten und indirekte Kosten unterscheiden.

---

[882] Wie hier zur disziplinierenden Rolle einer Kosten-Nutzen-Analyse *E. A. Posner*, 68 University of Chicago Law Review 2001, S. 1137 (1146).

[883] Allerdings hängt die Rolle der Gerichte in der Wahrnehmung der Behörden erheblich davon ab, wie streng der gerichtliche Kontrollmaßstab ist.

[884] Dazu siehe unten Abschnitt D.I.2.b)bb).

### (a) Direkte Kosten

Mit den direkten Kosten formaler Verfahren ist der mit ihrer Erarbeitung und Anwendung verbundene Aufwand gemeint, der im Einzelfall beträchtlich sein kann. Deshalb führte die Europäische Kommission – wie in Abschnitt B.III.1 bereits erläutert – vor einer ausführlichen Folgenabschätzung ein zweistufiges Verfahren durch, mit dem bestimmt wird, welche Initiativen ihres jährlichen Arbeitsprogramms nach einer besonders sorgfältigen Überprüfung verlangen. Wie vorstehend gleichfalls dargelegt, sind US-Behörden nach *Executive Order* 12.866 verpflichtet, eine intensive Folgenabschätzung im Sinne einer Kosten-Nutzen-Analyse in bezug auf Vorhaben durchzuführen, die wirtschaftliche Wirkungen von mehr als 100 Mio. USD erwarten lassen oder aus anderen Gründen als bedeutend zu bewerten sind.[885] Die US-Regierung wendet damit ein zweistufiges Verfahren an, auf dessen erster Stufe die als besonders wichtig erachteten Vorhaben identifiziert werden, welche dann auf der zweiten Stufe einer formalen Analyse zu unterziehen sind.

Hinter diesem Vorgehen dürfte die Einschätzung stehen, die Analysekosten müssten in Relation zu dem Gesamtumfang der betrachteten Maßnahmen gesehen werden.[886] Folgenabschätzungen im Sinne der *E. O.* 12.866 etwa zur Frage, ob unverbleites Benzin aus gesamtgesellschaftlicher Sicht gegenüber verbleitem Benzin vorzugswürdig ist, kosteten in den 80er Jahren durchschnittlich rund 700.000 Dollar und damit weniger als 1 Prozent der aggregierten Effekte der zu untersuchenden Projekte.[887]

Auf der Ebene der Einzelfallentscheidungen dürften sich für die Heranziehung einer vollen Quantifizierung und Monetarisierung große Infrastrukturprojekte unabhängig von der Rechtsform ihrer Verwirklichung – sei es durch Planfeststellungsbeschluss oder durch Bebauungsplanung – anbieten. Zudem ist zu bedenken, dass es nicht nur eine Art der Formalisierung und damit einen feststehenden Detaillierungsgrad von formalen Untersuchungsverfahren gibt. Vielmehr kann abhängig von der jeweiligen Aufgabe und der Bedeutung der auf dem Spiele stehenden Rechtsgüter der Modellierungsaufwand angepasst werden. Es sei erinnert an die Vielfältigkeit der Methoden, die von der Bewertung von Prüfungsleistungen mit

---

885 Executive Order No. 12.866 v. 30. September 1993, 3 C. F. R. 638 (1994), auch abgedruckt in 5 U. S. C. s 601 (1994), section 3 f); Näheres s. oben B.III.2.

886 Skeptisch wegen des in den USA teilweise enormen Aufwands für die formale Beurteilung von Rechtsetzungsvorhaben daher *D. Murswiek*, Umweltrisiken im amerikanischen Recht: Höhere Rationalität der Standardsetzung durch Kosten-Nutzen-Analyse, in: Hendler et al. (Hrsg.), Jahrbuch des Umwelt- und Technikrechts 2003 (UTR 71), 2003, S. 127 (179).

887 *A. E. Boardman et al.*, Cost-benefit analysis: concepts and practice², 2001, S. 6; *U. S. Environmental Protection Agency*, EPA's Use of Benefit-Cost Analysis: 1981–1986, 1987, S. 1–3.

Hilfe von Punktsystemen über die Quantifizierung von Eingriffen in Natur und Landschaft nach §§ 18–21 BNatSchG in Form von Biotopwertverfahren bis zu differenzierten Kosten-Nutzen-Analysen im Rahmen der Bundesverkehrswegeplanung reichen können. Ist wie bei der Benotung von Prüfungsleistungen oder der naturschutzrechtlichen Bestimmung gleichwertiger Ausgleichsflächen die gestellte Aufgabe nicht maßgeblich mit der Durchführung von Prognosen verbunden, so kann es genügen, ein reines Bewertungssystem unter Aussparung von Vorhersagen zu verwenden. Dann entfällt die ansonsten erforderliche Verknüpfung der prognostizierten Auswirkungen einer Handlungsalternative und der Gewichtung der jeweiligen Effekte.

Die Beurteilung des Verhältnisses von Aufwand und Ertrag der Heranziehung formaler Evaluationsverfahren hängt allerdings davon ab, wie häufig das einmal erarbeitete, also auf den jeweiligen Sachbereich konkret zugeschnittene Modell zum Einsatz kommt. Wird es mehrere Male verwendet, so fallen die Kosten seiner Erstellung abgesehen von Anpassungsaufwendungen nur einmal an, wohingegen der aus ihm resultierende Nutzen in Form erhöhter kalkulatorischer Präzision der Entscheidungsherstellung und der größeren Transparenz ihrer Darstellung auch in allen weiteren Fällen zum Tragen kommt. Dadurch verschiebt sich das Kosten-Nutzen-Verhältnis einer numerischen Methodik grundsätzlich zugunsten einer Formalisierung.

#### *(b) Indirekte Kosten*

Dennoch sind stets auch die indirekten Kosten formaler Verfahren zu bedenken, worunter alle Kosten einer numerischen Darstellung von Prognosen und Werturteilen verstanden werden sollen, die nicht der Durchführung der formalen Analyse selbst geschuldet sind, sondern sich als ihre Folgekosten insbesondere wegen der Veröffentlichung der verwendeten Daten darstellen. Neben der schon erwähnten Möglichkeit, dass es als Zumutung empfunden werden kann, bestimmte Güter mit einem Zahlenwert zu versehen – etwa den Grad einer religiösen Überzeugung –,[888] rechnen dazu auch die Schäden, die dadurch entstehen können, dass zur Durchführung einer Bewertung eines Vorhabens Betriebsgeheimnisse benötigt werden und deren Veröffentlichung für die betroffenen Unternehmen einen Wettbewerbsnachteil bedeuten würde.[889] Dem lässt sich aber durch eine

[888] C.IV.1.a)aa)(1)(c)(bb).

[889] Einzelheiten bei *E. Hofmann/G. von Wangenheim*, 22 International Review of Law and Economics 2003, S. 511 (523 ff.).

Zweiteilung solcher Beschlüsse in einen öffentlichen und einen nicht-öffentlichen Teil und einem gerichtlichen in-camera-Verfahren begegnen.[890]

Numerischen Entscheidungsherstellungsmethoden wird des weiteren entgegengehalten, dass sie zu einer Bevorzugung solcher Umstände führen würden, die ohnehin schon in Zahlenform vorliegen wie etwa wirtschaftliche oder statistische Daten. „*Soft variables*" wie etwa der Umweltschutz oder die Akzeptanz der Entscheidungen würden demgegenüber bei numerischen Methoden systematisch zu kurz kommen.[891] Das Argument kann jedoch nicht überzeugen.[892]

Zunächst stellt es keinen prinzipiellen Einwand gegen den Gebrauch von numerischen Methoden dar, sondern lediglich eine Vermutung über ihre negativen Folgen in der Praxis. Dem könnte erstens, wenn sich der Verdacht über Einzelfälle hinaus belegen ließe, auch mit einer entsprechenden systematischen Korrektur entgegengewirkt werden. Vor allem aber – zweitens – ist auch im Falle einer natürlich-sprachlichen Darstellung keineswegs ausgeschlossen, dass die „*soft variables*" im Zusammenhang mit Verwaltungsentscheidungen zu kurz kommen. Bei natürlich-sprachlicher Darstellung der behördlichen Begründung ist das aber viel schwerer zu entdecken als bei Heranziehung einer numerischen Methodik.

Des weiteren wird kritisch darauf hingewiesen, dass es Anhaltspunkte dafür gebe, dass das menschliche Gehirn kompensierende Fehler mache, die trotz ungenauer oder falscher Erfassung von Einzelaspekten zu einem intuitiv „richtigen" Ergebnis führten.[893] Numerische Darstellungsweisen förderten hingegen die Perpetuierung einmal gemachter Fehler.[894] Die Beobachtung, sollte sie als verlässlich bestätigt werden können, mag für individuelle Ad-hoc-Entscheidungen durchaus von Bedeutung sein. Für den Anwendungsbereich staatlicher Abwägungsentscheidungen geht es dagegen gerade darum, die ungenaue oder falsche Erfassung von Einzelaspekten mit Hilfe von numerischen Methoden aufzudecken und sie einer kritischen – politischen wie gerichtlichen – Diskussion zuzuführen. Dies dürfte nach dem vorstehend dargelegten vorbehaltlich weiterer Forschungsanstrengungen unter Verwendung formaler Modelle besser gelingen als durch natürlich-sprachliche Umschreibungen.

---

[890] *E. Hofmann/G. von Wangenheim* (S. 318, Fn. 889), S. 511 (519–526); *J. Bröhmer*, Transparenz als Verfassungsprinzip: Grundgesetz und Europäische Union, 2004, S. 244 ff.; *D. Kugelmann*, Die informatorische Rechtsstellung des Bürgers: Grundlagen und verwaltungsrechtliche Grundstrukturen individueller Rechte auf Zugang zu Informationen der Verwaltung, 2001, S. 365 f.

[891] *L. H. Tribe*, 2 Phil. & Publ. Aff. 1972, S. 66 (96 f.).

[892] Kritisch ebenfalls *L. Kaplow/S. Shavell*, 114 Harvard Law Review 2001, S. 961 (1371 f.).

[893] *J. Kaplan*, 20 Stanford Law Review 1968, S. 1065 (1091).

[894] *J. Kaplan* (S. 319, Fn. 893), S. 1065 (1091).

Schließlich ist im Zusammenhang mit der amerikanischen Kosten-Nutzen-Analyse von exekutivischen Rechtsetzungsakten geltend gemacht worden, die Verpflichtung zur Durchführung einer formalen Analyse habe eine entscheidungshemmende Wirkung („Paralyse durch Analyse").[895] Das lässt sich auch für Einzelfallentscheidungen erwägen. Obwohl es einerseits plausibel ist anzunehmen, dass die Anzahl der hoheitlichen Vorhaben, die zu Verwirklichung kommen, geringer sein dürfte, wenn bei begrenzten Ressourcen der Behörden aufwendige Evaluierungsverfahren durchzuführen sind, so sind Belege für eine erhebliche Behinderung der Rechtsetzungstätigkeit der US-Behörden nicht vorgebracht worden und auch nicht zu erkennen. Das geschilderte zweistufige Verfahren der Europäischen Kommission und des *Office of Management and Budget*, wonach nur besonders bedeutsame Verfahren einer ausführlichen Folgenabschätzung unterzogen werden, mag hierzu beigetragen haben und noch beitragen. Aber selbst wenn eine graduelle Entscheidungshemmung hinsichtlich der Quantität der Verwaltungstätigkeiten zu beobachten sein sollte, wäre bei einer Beurteilung dieses Effekts zu berücksichtigen, dass die Anwendung numerischer Verfahren auf die Erhöhung der Qualität der Maßnahmen zielt, was bestimmte Einschränkungen hinsichtlich ihrer Quantität rechtfertigen kann.

## *VI. Zwischenergebnis*

### 1. Komplexe Abwägungsentscheidungen und die Methodik zu ihrer Herstellung und Darstellung

Abwägungsentscheidungen durchziehen das gesamte Verwaltungsrecht und sind nicht auf den Bereich des Ermessens im technischen Sinn oder gar das Planungsrecht beschränkt. Vielmehr kann die Rechtsanwendung schon bei der Gesetzesauslegung die gerechte Berücksichtigung konfligierender Interessen erfordern, wenn nämlich Spielräume semantischer Art der Ermittlung einer eindeutig gebotenen Entscheidung entgegenstehen. Im Bereich des Verwaltungsermessens ist eine gewisse Wahlfreiheit unter den Alternativen sogar konzeptionell gewollt. Koppelungsvorschriften vergrößern tendentiell noch die Freiheiten der Entscheidungsträger.

Für das Verständnis der Vorgänge, die bei der Nutzung von normativen Spielräumen gleich welcher Ursache erforderlich sind, kann eine Abschichtung zu Hilfe genommen werden, die in der Entscheidungstheorie üblich ist:

---

[895] *T. O. McGarity*, 50 Administrative Law Review 1998, S. 7 (50, 77).

– Problemidentifikation,
– Zusammenstellung der Handlungsmöglichkeiten,
– Bestandsanalyse (Sachverhaltsermittlung) und Prognosen über die Auswirkungen der Alternativen sowie schließlich
– die Bewertung der Auswirkungen der Alternativen.

Die Problemidentifikation, also die Konkretisierung der Aufgabenstellung und des Zielsystems, kann wie auch die Zusammenstellung der Handlungsmöglichkeiten ohne weiteres mit Hilfe der natürlichen Sprache geschehen. Dagegen sind die Entscheidungsträger vor besondere methodische Herausforderungen in bezug auf die Bestandsanalyse und die Bewertung jedenfalls dann gestellt, wenn statistische Schlüsse, wie sie im Rahmen der Sachverhaltsermittlung und zur Durchführung von Prognosen erforderlich sind, und kompliziertere Bewertungsvorgänge bewältigt werden müssen. Wenn etwa Wahrscheinlichkeiten multipliziert oder addiert werden müssen[896] oder abgeschätzt werden soll, welche Konsequenzen bestimmte Veränderungen des Geschehensablaufs für die relevanten Rechtsgüter hätten („Sensitivitätsanalysen"), überschreitet man damit rasch die Grenzen der Leistungsfähigkeit rein verbaler Notationen. Mit dem Ausdruck „wahrscheinlich" ließe sich nur unter großen Schwierigkeiten rechnen. Die Entscheidungstheorie bietet hierfür eine Reihe bewährter formaler Module an, wobei sich die probabilistische Notation von Wahrscheinlichkeitsquotienten generell weniger eignen dürfte als die Verwendung der so genannten *„natural frequencies"*.

Was die Bewertungen angeht, so fordert das Abwägungsgebot, die einzelnen Belange ihrem objektiven Gewicht entsprechend angemessen zu gewichten und im Wege einer bilanzierenden Betrachtungsweise einer Gesamtabwägung zu unterziehen. Diese Aggregationsaufgabe wird in der Praxis der Verwaltung, wenn überhaupt, ebenfalls mit natürlich-sprachlichen Mitteln angegangen. Das kann nur in ganz einfachen Fällen überzeugen. Je komplexer die Gesamtabwägung ist, desto dringender empfiehlt sich die Verwendung einer mathematisch-formalen Herangehensweise. Ist beispielsweise in Rechnung zu stellen, dass sich ein Vorhaben langfristig auswirkt, so kann es notwendig sein, die später eintretenden Effekte unter Verwendung eines Diskontsatzes zu bewerten. Doch schon dann, wenn eine Aggregation ohne derartige Komplikationen erforderlich ist, wäre eine Addition von Begriffen wie „erheblich" oder „intensiv" umständlich und zudem mit der Gefahr einer irrationalen Begründung wegen zu großer Intervalle behaftet.

Das Potential numerischer Verfahren bezieht sich aber nicht nur auf deren kalkulatorische Vorzüge, sondern auch auf die Nachvollziehbarkeit der

---

[896] Dazu s. o. C.IV.3.

Gedankenführung und ihres Ergebnisses.[897] Darauf kommt es wegen der Begründungspflicht an, der die Verwaltung zur Kompensation ihrer Entscheidungsfreiheit regelmäßig unterliegt (§ 39 VwVfG). Für wie „wahrscheinlich" das Vorliegen oder Eintreten eines bestimmten Ereignisses gehalten wird, kann mit Hilfe von Zahlen durchsichtig gemacht werden, wohingegen das Wort „wahrscheinlich" wegen seiner semantischen Vagheit die Gerichte und die Öffentlichkeit vor unüberwindliche epistemische Probleme stellen kann. Gleiches gilt für die einzelnen Bewertungen, auf deren korrekte Gewichtung und nachvollziehbare Darstellung es nach den Maßgaben des Bundesverwaltungsgerichts ankommt, und für deren Aggregation.

Während also die Gerechtigkeit des Abwägungsergebnisses in natürlichsprachlicher Darstellung regelmäßig in der durch ein faires, allen Betroffenen Gehör gewährendes Verfahren abgesicherten Behauptung dargetan wird, es sei alles gerecht abgewogen worden, ein substantieller Nachweis hierfür aber in vielen Fällen nicht erbracht wird und auch nicht erbracht werden kann, erleichtert eine numerische Darstellung die Nachvollziehbarkeit der Gerechtigkeit der Abwägung durch den numerischen Vergleich von Vorteilen und Nachteilen. Zu diesem Zweck empfiehlt sich grundsätzlich die Verwendung einseitig offener Intervalle („mindestens", „höchstens"), wobei die Untergrenze der aggregierten Vorteile über der Obergrenze der Nachteile liegen muss. Die zulässige Grenze für die Größe der Intervalle wird nicht durch die Wahl zwischen einer numerischen oder einer verbalen Methodik bestimmt, sondern durch die Anforderung einer in sich widerspruchsfreien und schlüssigen Rechtfertigung der staatlichen Handlung.

Alles in allem ist der von Rechtsprechung und Literatur zu Recht erhobenen Forderung nach der Verwendung einer „angemessenen und fachgerechten" Methodik zur Herstellung von Prognosen und Bewertungen in komplexen Fällen nur mit einer formalen Darstellungsweise nachzukommen. Blickt man dagegen auf die Praxis der Rechtsanwendung, so ist festzustellen, dass nur in einigen Bereichen von numerischen Methoden Gebrauch gemacht wird. Im deutschen Recht dominiert zur Herstellung und Darstellung von Abwägungsentscheidungen ein verbales Vorgehen. Allerdings sind, wie in Teil B berichtet, einige interessante Ausnahmen festzustellen; erinnert sei an das Prüfungswesen,[898] das Vergaberecht[899] und die naturschutzrechtliche Eingriffsregelung.[900]

[897] Das übersehen *F. Ackerman/L. Heinzerling*, Priceless: on knowing the price of everything and the value of nothing, 2004, die sich mit Einzelfallentscheidungen genau so wie mit Akten der Gubernative befassen. Auch im US-amerikanischen Recht sind derartige administrative Handlungen regelmäßig zu begründen, s. etwa die Entscheidung des US Supreme Courts *State Farm*, 463 U. S. S. 41–42 (1983).

[898] B.I.2.

[899] B.I.3.

[900] B.I.4.

## 2. Einwände gegen die Heranziehung numerischer Verfahren

Angesichts der prinzipiellen Tauglichkeit numerischer Verfahren zur Bewältigung komplexer Abwägungsaufgaben einerseits und ihrer geringen Verbreitung in der Praxis andererseits war den Bedenken nachzugehen, die gegen die formalisierte Bewältigung komplexer Verwaltungsentscheidungen sprechen oder auch nur vermeintlich sprechen. Mit der vorstehenden Analyse muss der Anwendungsbereich formaler Evaluationsmethoden in Rechnung stellen, dass die Formalisierung als solches aufwendig ist und daher nur dann in Betracht gezogen werden sollte, wenn dies wegen der Dimension des Vorhabens, der Intensität der Grundrechtseingriffe und der Komplexität der Fragestellungen gerechtfertigt werden kann. Das Planungsrecht zählt nach diesen Kriterien zu den herausragenden Kandidaten für die Heranziehung formaler Methoden.

Epistemische Bedenken können dagegen bei näherer Betrachtung nicht überzeugen. Es ist nicht ersichtlich, wann es aus erkenntnistheoretischen Gründen nicht möglich sein sollte, den Wert der berührten Belange in Zahlen anzugeben. Der Vorwurf der Scheinrationalität ist eindeutig zurückzuweisen. Fraglich erscheint allein, ob mit der Formalisierung einer Fragestellung etwas gewonnen ist, wenn etwa kein dringendes Aggregationsproblem zur Lösung ansteht oder die Verwendung von Zahlen zur Artikulation der Bewertungen von den Betroffenen als Zumutung empfunden würde. Auch das Argument der Irrelevanz der gewählten Methodik für die Abwägungsergebnisse verfängt letztlich nicht. Nachvollziehbare Begründungen haben selbst dann einen Wert, wenn man annimmt, die Entscheidungsmethodik hätte gar keinen Einfluss auf die Ergebnisse. Die Annahme ist aber zudem nicht wirklich plausibel.

Schließlich war noch auf eine Reihe weiterer Einwände einzugehen, die sich nicht als durchschlagend erwiesen haben. So kann die nachvollziehbare Darstellung von Prognosen und Werturteilen es erforderlich machen, im Falle von Geschäftsgeheimnissen, die von Einfluss auf das Abwägungsergebnis gewesen sind, zwei Versionen der Begründung zu verfassen. In solchen Fällen sollte aber mit Hilfe eines *in-camera*-Verfahrens zumindest die gerichtliche Kontrolle vollen Zugriff auf die gegebene Rechtfertigung der Maßnahme haben.

# D. Abwägungskontrolle im Verwaltungsrecht

Staatliche Handlungen unterliegen einem komplexen Geflecht von Kontrollmechanismen, die erst zusammengenommen das tatsächlich wirksame Maß an Kontrolldichte ergeben. Zu den wichtigsten Kontrollinstanzen im Rechtsstaat zählt neben der demokratischen Kontrolle durch Wahlen und der wohl nur scheinbar weniger einschneidenden durch die politische Auseinandersetzung die Kontrolle des Verwaltungshandelns durch die Fachgerichte.[1] Ihre Tätigkeit folgt hinsichtlich der Überprüfung von Verwaltungsakten den Maßgaben der §§ 113 und 114 VwGO. Bevor es um die Einzelheiten der verwaltungsgerichtlichen Kontrolle von Abwägungsentscheidungen gehen soll (III.), ist ein Blick auf die Aufgaben der Verwaltungsgerichtsbarkeit zu werfen, was auch ihre überindividuelle Funktion einschließen muss (II.). Zunächst ist aber darzulegen, welchen Grundsätzen die Tätigkeit der Verwaltungsgerichte im Individualrechtsschutz unterworfen ist (I.).

## *I. Individualrechtsschutz als Aufgabe der Verwaltungsgerichtsbarkeit*

Maßgeblich sind zunächst einmal die verfassungsrechtlichen Vorgaben für den Individualrechtsschutz. Art. 19 Abs. 4 GG und Art. 20 Abs. 3 GG gewähren einen gerichtlich sicherzustellenden Schutz vor ungerechtfertigten Grundrechtseingriffen. Wegen der Ausdehnung des Eingriffsbegriffs auf faktische Grundrechtseingriffe und die verfassungsrechtliche Anerkennung auch wenig bedeutsamer Tätigkeiten wie des Reitens im Walde betrifft das nahezu jede hoheitliche Tätigkeit. Die Rechtfertigung liegt nur vor, wenn die individuelle Belastung durch einen positiven gesellschaftlichen Nettonutzen aufgewogen wird (1). Dies ist bei Auslegung und Anwendung der §§ 113, 114 S. 1 VwGO umzusetzen, was weitreichende Konsequenzen für die Bestimmung der angemessenen gerichtlichen Kontrolldichte hat, auch wenn nicht nur die Überprüfung der gegebenen Begründung

[1] Zur verfassungsrechtlichen Überprüfung hoheitlichen Handelns s. u. F.

(Begründungsprüfung), sondern im Prinzip auch Begründbarkeits- oder Ergebnisprüfungen – in abgeschwächter Form – dies zu leisten vermögen. Zwar sind Ausnahmen von dem Grundsatz der Vollkontrolle unstreitig gestattet (2.a). Wie aber zu zeigen sein wird, ist die Aufgabe der Verwaltungsgerichte, die Einhaltung der Grenzen des Ermessens zu überwachen, nicht nur § 114 S. 1 VwGO geschuldet, sondern Ausfluss des Verfassungsrechts. Daraus ergeben sich in Verbindung mit der Rechtsprechung des Bundesverwaltungsgerichts zum Abwägungsgebot bestimmte Anforderungen an die gerichtliche Kontrolle, auf die abschließend einzugehen ist (2.b).

### 1. Verfassungsrechtliche Vorgaben (Art. 19 Abs. 4 GG, Art. 20 Abs. 3 GG)

Art. 19 Abs. 4 GG gewährt ein subjektives Recht auf effektiven Rechtsschutz gegen die öffentliche Gewalt und stellt durch seine Anforderungen an den Individualrechtsschutz gleichzeitig eine Grundsatznorm für die gesamte Rechtsordnung dar.[2] Die Bestimmung verpflichtet den Gesetzgeber, die Exekutive und die Gerichte.[3] Ob auch Akte der gesetzgebenden Körperschaften zur „öffentlichen Gewalt" im Sinne der Bestimmung zählen, ist umstritten. Verschiedentlich wird die Ansicht vertreten, dass Art. 19 Abs. 4 GG insoweit von den Sondervorschriften zur Normenkontrolle verdrängt würde.[4] Klar ist dagegen, dass die Exekutive zur öffentlichen Gewalt im Sinne von Art. 19 Abs. 4 GG rechnet,[5] und ebenso eindeutig garantiert die Norm keinen Schutz gegen Akte der Rechtsprechung an sich.[6]

Dennoch ergeben sich aus Art. 19 Abs. 4 GG auch Anforderungen an die Tätigkeit der Gerichte, so dass die Norm nach der unumstrittenen Rechtsprechung des Bundesverfassungsgerichts nicht nur die Gewährung des

[2] BVerfG v. 23.6.1981, E 58, S. 1 (40); *E. Schmidt-Aßmann*, in: Maunz/Dürig, GG, 2003, Art. 19 Abs. 4 Rz. 15; *H. Schulze-Fielitz*, in: Dreier/Bauer (Hrsg.), GG, Bd. 1 (Art. 1–19), 2004, Art. 19 Abs. 4 Rz. 5.

[3] *H. D. Jarass*, in: Jarass/Pieroth, GG, 2004, Art. 19 Rz. 37.

[4] BVerfG v. 25.6.1968, E 24, S. 33 (49 ff.); v. 18.12.1968, E 24, S. 367 (401); v. 10.5.1977, E 45, S. 297 (334); BAG v. 19.4.1990, E 64, S. 315 (326); *K. Hesse*, Grundzüge des Verfassungsrechts der Bundesrepublik Deutschland[20], 1995, S. 337; a. A. *E. Schmidt-Aßmann*, in: Maunz/Dürig, GG, 2003, Art. 19 Abs. 4 Rz. 93 ff.; *W.-R. Schenke*, in: BK-GG, 2000, Art. 19 Abs. 4 Rz. 249 ff.

[5] *H. D. Jarass*, in: Jarass/Pieroth, GG, 2004, Art. 19 Rz. 29; *E. Schmidt-Aßmann* (S. 326, Fn. 4), Art. 19 Abs. 4 Rz 56 ff.

[6] BVerfG v. 5.2.1963, E 15, S. 275 (280); v. 11.10.1978, E 49, S. 329 (340); v. 12.7.1983, E 65, S. 76 (90); *U. Ramsauer*, in: Denninger u. a. (Hrsg.), Ak-GG, 2002, Art. 19 Abs. 4 Rz. 55 f. („mittelbare Bindung der Judikative"); *W.-R. Schenke*, in: BK-GG, 2000, Art. 19 Abs. 4 Rz. 275: a. A. *H. Schulze-Fielitz*, in: Dreier/Bauer (Hrsg.), GG, Bd. 1 (Art. 1–19), 2004, Art. 19 Abs. 4 Rz. 35.

Zugangs zu den Gerichten, sondern auch eine effektive – also tatsächlich wirksame – Kontrolle durch die Gerichte verlangt.[7] Dazu gehört, dass eine abschließende gerichtliche Entscheidung in angemessener Zeit vorliegen muss.[8] Vor allem aber gewährt das Gebot effektiven Rechtsschutzes einen Anspruch auf vollständige Nachprüfung der angefochtenen Maßnahme in rechtlicher und tatsächlicher Hinsicht.[9]

Hinter diesem Grundsatz steht die weithin geteilte, aber vermutlich wegen ihrer Selbstverständlichkeit selten ausgesprochene Überzeugung, dass der durch die Verwaltungsgerichte gewährte Rechtsschutz nur dann effektiv genannt werden darf, wenn und soweit ihre Tätigkeit den Schutz vor ungerechtfertigten Grundrechtseingriffen gewährleistet. Die Schutzbereiche der speziellen Freiheitsgrundrechte und der allgemeinen Handlungsfreiheit sind insoweit in der Summe zu betrachten (a). Anschließend ist zu umreißen, welche Bedingungen eine staatlich verursachte Belastung erfüllen muss, um als Grundrechtseingriff klassifiziert zu werden (b). Dann bedarf sie der Rechtfertigung, deren Voraussetzungen anschließend zu erläutern sind (c).

### *a) Verfassungsrechtlicher Schutz des status negativus und die Gleichbehandlungsgebote*

Betrachtet man die durch die einzelnen Freiheitsgrundrechte geschützten Bereiche menschlichen Tun und Lassens zusammen, so darf der verfassungsrechtliche Schutz ohne weiteres als umfassend gewertet werden. Mit der Elfes-Entscheidung und weiteren Judikaten hat das Bundesverfassungsgericht klargestellt, dass selbst scheinbare Banalitäten wie das Schwimmen ohne Badekappe oder das Reiten im Walde zumindest vom sachlichen Schutzbereich der allgemeinen Handlungsfreiheit nach Art. 2 Abs. 1 GG erfasst sind.[10]

---

[7] BVerfG v. 24.4.1974, E 37, S. 150 (153); v. 27.3.1980, E 54, S. 39 (41); v. 20.4.1982, E 60, S. 253 (296 f.); v. 17.4.1991, E 84, S. 34 (49); *W.-R. Schenke*, in: BK-GG, 2000, Art. 19 Abs. 4 Rz. 383; *U. Ramsauer* (S. 326, Fn. 6), Art. 19 Abs. 4 Rz. 95 ff.

[8] BVerfG v. 27.3.1980, E 54, S. 39 (41); v. 16.12.1980, E 55, S. 349 (369); v. 20.4.1982, E 60, S. 253 (269); v. 16.5.1995, E 93, S. 1 (13); BFH v. 21.2.1991, E 163, S. 313 (319); *E. Schmidt-Aßmann*, in: Maunz/Dürig, GG, 2003, Art. 19 Abs. 4 Rz. 262 f.; *H. Schulze-Fielitz*, in: Dreier/Bauer (Hrsg.), GG, Bd. 1 (Art. 1–19), 2004, Art. 19 Abs. 4 Rz. 83.

[9] BVerfG v. 28.1.1970, E 28, S. 10 (15 f.); v. 28.6.1983, E 64, S. 261 (279); v. 31.5.1988, E 78, S. 214 (226); v. 17.4.1991, E 84, S. 34 (49); BVerwG v. 13.5.1993, NVwZ 1994, S. 78 (79).

[10] BVerfG v. 29.11.1961, E 13, S. 230 (235 – Ladenschlussgesetz I); v. 23.5.1980, E 54, S. 143 (146 f. – Taubenfütterungsverbot); v. 26.1982, E 59, S. 275 (278 f. – Helmtragepflicht); v. 6.6.1989, E 80, S. 137 (152 ff. – Reiten im Walde); v. 9.3.1994, E 90, S. 145

Die der umfassenden Auffangfunktion entgegengehaltenen, restriktiveren Positionen, die Art. 2 Abs. 1 GG auf die „engere persönliche Lebenssphäre oder auf solche Tätigkeiten beschränken wollen, denen eine gesteigerte, dem Schutzgut der übrigen Grundrechte vergleichbare Relevanz des betreffenden Verhaltens zukommt, haben sich nicht durchsetzen können.[11] Zunächst gibt die Entstehungsgeschichte der Bestimmung für eine derartige Eingrenzung nichts her. Darüber hinaus ist mit Recht darauf hingewiesen worden, dass die restriktiveren Positionen ohne Not in äußerst schwierige Abgrenzungsprobleme führen.[12] Zur Bestimmung des Schutzbereiches wird bei den speziellen Grundrechtsgewährleistungen etwa bei Presseerzeugnissen oder Fernsehsendungen, Versammlungen oder Vereinen, kein erhöhtes Niveau an Gehalt oder Bedeutung verlangt.[13]

Alles in allem kann jeder imperative Eingriff unter bestimmten Voraussetzungen, auf die sogleich einzugehen ist, eine rechtfertigungsbedürftige Grundrechtsbeeinträchtigung darstellen. Noch größer wird die Gruppe der potentiell rechtfertigungsbedürftigen Handlungen, erweitert man sie um die Anforderungen der Gleichheitssätze aus Art. 3 GG, aus der den Verwaltungsgerichten die Aufgabe erwächst, ein Mindestmaß an Konsistenz über Entscheidungssequenzen sicherzustellen.

### *b) Die Bestimmung der rechtfertigungsbedürftigen Belastungen anhand der Grundrechtseingriffsschwelle*

Nicht jede staatliche Maßnahme, die den Schutzbereich eines Freiheitsgrundrechts berührt oder den Gleichbehandlungsgeboten unterworfen ist, bedarf aber schon alleine deswegen der gesetzlichen Rechtfertigung. Nach ganz überwiegender Ansicht löst erst die Qualifikation einer Maßnahme als Grundrechtseingriff ihre Rechtfertigungsbedürftigkeit aus. Dabei stand der „klassische" Grundrechtseingriff in Gestalt einer Belastung eines Grundrechtsträgers durch finales, rechtsförmliches hoheitliches Handeln[14] – etwa durch ein behördliches Verbot oder Gebot – am Anfang einer Entwicklung, die den Kreis der rechtfertigungsbedürftigen Handlungen nach und nach erweitert hat.

---

(171 – Cannabis); zustimmend *H. Dreier*, in: Dreier/Bauer (Hrsg.), GG, Bd. 1 (Art. 1–19), 2004, Art. 2 Rz. 27.

[11] BVerfG v. 6.6.1989, E 80, S. 137 (152 ff.; Sondervotum des Richters Grimm, S. 164 ff. – Reiten im Walde).

[12] *H. Dreier*, in: Dreier/Bauer (Hrsg.), GG, Bd. 1 (Art. 1–19), 2004, Art. 2 Rz. 29.

[13] *H. Dreier* (S. 328, Fn. 12), Art. 2 Rz. 28.

[14] BVerwG v. 27.3.1992, E 90, S. 112 (121); *B. Pieroth/B. Schlink*, Grundrechte[19], 2003, Rz. 238 ff.; *H. D. Jarass*, in: Jarass/Pieroth, GG, 2004, Vorbemerkung zu Art. 14 Rz. 25; *H. Dreier* (S. 328, Fn. 12), Vorbemerkung, Rz. 85 ff., 124, jeweils m. w. N.

Nach nunmehr wohl im Grundsatz unumstrittener Ansicht soll es nicht entscheidend darauf ankommen, ob die Belastung zielgerichtet zugefügt wurde. Damit können unter Umständen auch unbeabsichtigte Auswirkungen belastender Art, die in den Schutzbereich eines Grundrechts fallen, einen Grundrechtseingriff darstellen.[15] Man denke an die Subventionierung eines Konkurrenten[16] oder die Umsatzschmälerung im Einzelhandel aufgrund von kommunalen Bauarbeiten.[17] Solchen Belastungen fehlt es in der Regel an der Rechtsförmlichkeit, was aber nach der Rechtsprechung von Bundesverfassungsgericht,[18] Bundesverwaltungsgericht[19] und Bundesgerichtshof[20] nicht von vornherein ihre rechtliche Rechtfertigungsbedürftigkeit ausschließt.

Gewisse Bewegung in die Diskussion um faktische Grundrechtseingriffe ist durch die Entscheidungen des Bundesverfassungsgerichts zu den schon seit längerem diskutierten regierungsamtlichen Warnungen vor Religionsgemeinschaften (Osho) oder Zusätzen in Lebensmitteln (Glykol) gekommen. Das Bundesverfassungsgericht folgte damit der Linie des Bundesverwaltungsgerichtes, indem es die Glykol-Warnungen als zwar die Berufsfreiheit beeinträchtigend, aber durch die Staatsleitungsfunktion der Regierung gerechtfertigt bewertete, da es sich um zutreffende Informationen gehandelt hätte.[21] Die Bezeichnung der Osho-Bewegung und ihrer Anhänger als „pseudo-religiös" oder „destruktiv" sei hingegen wertender Natur und an Art. 4 Abs. 1 GG zu messen.[22] Der Schutz vor Grundrechtsbeeinträchtigungen sei nicht an den Begriff des Eingriffs gebunden oder durch das Grundgesetz inhaltlich vorgegeben.[23] Damit dürfte die bislang weithin geteilte Ansicht in Frage gezogen sein, mit dem Grundrechtseingriff

---

[15] *H. Dreier* (S. 328, Fn. 12), Vorbemerkung, Rz. 125 ff.; *A. Bleckmann/R. Eckhoff*, DVBl. 1988, S. 373 ff; *H. D. Jarass*, AöR 110 (1985), S. 363 (381 ff.).

[16] BVerwG v. 27.3.1992, E 90, S. 112 (119 f.).

[17] BVerwG v. 21.9.1984, NJW 1985, S. 1481 (1481 f.)

[18] BVerfG v. 21.2.1957, E 6, S. 273 (278); v. 30.10.1961, E 13, S. 181 (185 ff.); v. 24.2.1971, E 30, S. 227 (243); v. 18.7.1979, E 52, S. 42 (54); v. 12.5.1987, E 76, S. 1 (42 ff.); umfängliche Nachweise bei *W. Roth*, Faktische Eingriffe in Freiheit und Eigentum, 1994, S. 33 ff.

[19] BVerwG v. 26.3.1976, E 50, S. 282 (287); v. 18.4.1985, E 71, S. 183 (191); v. 23.5.1989, E 82, S. 76 (79); v. 18.10.1990, E 87, S. 37 (42); v. 21.9.1984, NJW 1985, S. 1481 (1481 f.); aus der Diskussion in der Literatur s. nur *G. Lübbe-Wolff*, NJW 1987, S. 2705 ff.; *C. Gusy*, JZ 1989, S. 1003 ff.; *T. Discher*, JuS 1993, S. 463 ff.; *H. Dreier*, in: Dreier/Bauer (Hrsg.), GG, Bd. 1 (Art. 1–19), 2004, Vorbemerkung, Rz. 125 ff. m. w. N.

[20] BGH v. 2.7.1959, Z 30, S. 241 (144); v. 15.3.1962, Z 37, S. 44 (47 f); v. 31.1.1966, Z 45, S. 150 (157 ff.); v. 23.5.1985, Z 94, S. 373 (374 f.).

[21] BVerfG v. 26.6.2002, E 105, S. 252 (273 – Glykol); v. 26.6.2002, E 105, S. 279 (300 f. – Osho); kritisch zu der Rechtfertigungsüberlegung des BVerfG mit beachtlichen Argumenten *D. Murswiek*, NVwZ 2003, S. 1 (6 f.).

[22] BVerfG v. 26.6.2002, E 105, S. 279 (300).

[23] BVerfG v. 26.6.2002, E 105, S. 279 (300).

sei die entscheidende Schwelle benannt, deren Überschreiten den Gesetzesvorbehalt auslöse.

Es ist hier aber nicht der Ort, die Diskussion um faktische Grundrechtseingriffe im einzelnen nachzuzeichnen. Festgehalten werden kann, dass für die Annahme einer rechtfertigungsbedürftigen Grundrechtsbeeinträchtigung, sei sie nun begrifflich in bezug auf den *status negativus* deckungsgleich mit dem Grundrechtseingriff oder nicht, tatsächliche, sogar unbeabsichtigte Folgen staatlichen Handelns genügen können.[24] Einschränkungen ergeben sich damit (lediglich) aus der Zurechenbarkeit einer Handlung zu Organen des Staates und der Überschreitung einer Erheblichkeitsschwelle, deren Kriterien noch umstritten sind.[25] Es soll auf die Intensität, die Vorhersehbarkeit und den Schutzzweck des jeweiligen Grundrechts ankommen.[26] Eine gewisse Intensität der Belastung ist jedenfalls erforderlich. Das gilt sowohl für die Freiheitsgrundrechte als auch für das Gleichbehandlungsgebot, für mittelbar wie für direkt Betroffene.

Nimmt man die flächendeckende Schutzbereichsausgestaltung der speziellen Grundrechtsverbürgungen, hilfsweise das Auffanggrundrecht der Allgemeinen Handlungsfreiheit, und die eher niedrigen Anforderungen an die Qualifizierung einer staatlichen Belastung als Grundrechtseingriff zusammen, so lässt sich ohne Übertreibung sagen, dass kaum ein Bereich staatlicher Tätigkeit von der Rechtfertigungsbedürftigkeit ausgenommen ist.[27]

### *c) Rechtfertigung*

Die Rechtfertigung gelingt nur, wenn zunächst verfahrensmäßige und kompetenzrechtliche Voraussetzungen beachtet werden. Diese stehen außerhalb des hier gesteckten Untersuchungsrahmens. In materieller Hinsicht muss das regelmäßig erforderliche Gesetz dem Grundsatz der Verhältnismäßigkeit entsprechen, wobei von der behaupteten Differenzierung zwischen einem „einfachen“ Gesetzesvorbehalt und vorbehaltlos gewährten Grundrechten für die Frage nach den Voraussetzungen einer gelingenden Recht-

---

[24] *H.-U. Gallwas*, Faktische Beeinträchtigungen im Bereich der Grundrechte: ein Beitrag zum Begriff der Nebenwirkungen, 1970, S. 12; *M. Sachs*, JuS 1995, S. 303 (304); *W. Roth*, Faktische Eingriffe in Freiheit und Eigentum, 1994, S. 43 ff., 48 ff., 453 ff.

[25] Knapper, aber instruktiver Überblick bei *H. D. Jarass*, in: Jarass/Pieroth, GG, 2004, Vorbemerkung vor Art. 1 Rz. 27.

[26] Aus der jüngeren Literatur s. nur *W. Roth*, Faktische Eingriffe in Freiheit und Eigentum, 1994, S. 33 ff., 225 ff., 298 ff.; *R. Eckhoff*, Der Grundrechtseingriff, 1992, S. 47 ff., 236 ff.; *M. Albers*, DVBl. 1996, S. 233 ff.

[27] Die bereits angesprochenen regierungsamtlichen Warnungen unterliegen nach Ansicht des Bundesverfassungsgerichts nicht dem Gesetzesvorbehalt, bedürfen aber dennoch der inhaltlichen Rechtfertigung (BVerfG v. 26.6.2002, E 105, S. 252 (273 ff.).

fertigung von Grundrechtseingriffen und ihrer Kontrolle abgesehen werden kann.[28] Die Struktur des Verhältnismäßigkeitsgrundsatzes verlangt zuerst die vollständige Zusammenstellung des Abwägungsmaterials und die Durchführung vertretbarer Prognosen über die Folgen der in Betracht zu ziehenden Handlungsalternativen. Schließlich enthält der Verhältnismäßigkeitsgrundsatz als Handlungsanweisung das Gebot der angemessenen Gewichtung der betroffenen Belange, wie es das Abwägungsgebot klar zum Ausdruck bringt.

Die rechtliche Bedeutung dieser den Abwägungsvorgang strukturierenden Maßgabe ist zweigeteilt. Erstens bezeichnet sie die entscheidende inhaltliche Voraussetzung für die Rechtfertigung von Grundrechtseingriffen. Nur dann, wenn der Maßnahme eine angemessene Gewichtung der berührten Belange zugrundeliegt, sind ihre Vorteile in der Lage, die mit ihr einhergehenden Belastungen zu rechtfertigen. Dies ist gleichbedeutend mit einer abstrakten Beschreibung des Ziels aller Abwägungsentscheidungen im Rechtsstaat. Plastischer wird das Kriterium, wenn man die planungsrechtliche Judikatur des Bundesverwaltungsgerichts zum Verhältnismäßigkeitsgrundsatz in Form des Abwägungsgebots heranzieht. Danach genügt es nicht, einzelne Teile der Entscheidung wertend zu vergleichen, etwa die Gesamtheit ihrer Vorzüge mit den Beeinträchtigungen der klägerischen Rechtspositionen. Gefordert ist vielmehr eine Gesamtabwägung aller öffentlichen und privaten Interessen,[29] deren Charakter das Bundesverwaltungsgericht mit dem Begriff einer „bilanzierenden Betrachtungsweise" recht treffend veranschaulicht hat.[30] Daraus ergibt sich, dass ein Abwägungsergebnis dann und nur dann als gerecht angesehen werden darf, wenn die Maßnahme bei Inrechnungstellung aller ihrer Auswirkungen einen positiven gesellschaftlichen Nettonutzen aufweist (*Gerechtigkeit des Abwägungsergebnisses*). Inwieweit das durch den Kontrollansatz des Bundesverwaltungsgerichts gewährleistet werden kann und soll, ist sogleich noch im einzelnen zu untersuchen.[31] An dieser Stelle muss festgehalten werden,

---

[28] *H. Dreier*, in: Dreier/Bauer (Hrsg.), GG, Bd. 1 (Art. 1–19), 2004, Vorbemerkung, Rz. 139; *H. Blaesing*, Grundrechtskollisionen, 1974, S. 143ff.; kritisch dazu *J. Schwabe*, Probleme der Grundrechtsdogmatik, 1977, S. 318f.; vgl. *D. Murswiek*, in: Sachs, GG, 2003, Art. 2 Rz. 13.

[29] Zuletzt BVerwG v. 30.4.2003, 6 C 6/02, Ziff. II. 1. c) cc) (2); zuvor schon v. 14.11.2002, E 117, S. 149 (162 – fernstraßenrechtliche Abwägung nach § 17 FStrG); v. 12.12.2002, E 117, S. 248 (260 – Gemeinwohlerfordernis aus § 165 Abs. 3 S. 1 Nr. 3 BauGB); v. 8.3.2002, E 116, S. 104 (113 – Herausgabe von Daten nach dem Stasi-Unterlagengesetz); v. 20.2.2002, E 116, S. 5 (25 – Ausstrahlungsverbot für pornographische Filme im Fernsehen); v. 12.4.2000, Az. 11 A 18.98, E 111, S. 108 (Passage nicht abgedruckt – Nr. 1.3 bauplanungsrechtliche Abwägung).

[30] Früh schon BVerwG v. 5.12.1986, E 75, S. 214 (254); v. 10.4.1997, E 104, S. 236 (251); aus jüngerer Zeit BVerwG, 27.10.2000, E 112, S. 140 (164).

[31] S. u. D.III.

dass ein Rechtsakt, dessen gesellschaftlicher Nettonnutzen negativ ist, keine Grundlage im Sinne einer Rechtfertigung bietet, Grundrechtsbetroffenen Belastungen aufzuerlegen.

## 2. Folgerungen für die gerichtliche Kontrolle belastender hoheitlicher Maßnahmen

Die angemessene Gewichtung ist aber auch – zweitens – der maßgebliche Dreh- und Angelpunkt für die gerichtliche Überprüfung von Verwaltungshandlungen. Obwohl das Gebot effektiven Rechtsschutzes im Grundsatz einen Anspruch auf vollständige Nachprüfung der angefochtenen Maßnahme in rechtlicher wie tatsächlicher Hinsicht enthält,[32] ist die Gewährung bestimmter Spielräume unstreitig zulässig (a). Weil nur gerecht abgewogene Entscheidungen in der Lage sind, Grundrechtseingriffe zu rechtfertigen, dürfen die Spielräume jedoch nicht grenzenlos sein. Daraus folgt ein Mindestmaß an gerichtlicher Kontrolle, dessen Voraussetzungen nachstehend näher spezifiziert werden (b).

### *a) Sachbereiche mit reduzierter Kontrolldichte*

Es herrscht weitgehende Einigkeit darüber, dass eine reduzierte Kontrolldichte – etwa durch die Einräumung von Gestaltungs-, Ermessens- und Beurteilungsspielräumen – gesetzlich vorgesehen werden darf.[33] Die normative Ermächtigungslehre verlangt insoweit, dass sich die kontrollreduzierten Räume mindestens konkludent aus den einschlägigen Rechtsnormen ergeben.[34] Bei dieser Auslegungsfrage soll auf Sinn und Zweck der Regelung[35] und die Natur der Sache[36] abgestellt werden.

---

[32] BVerfG v. 18.1.1970, E 28, S. 10 (15f.); v. 28.6.1983, E 64, S. 261 (279); v. 31.5.1988, E 78, S. 214 (226); v. 17.4.1991, E 84, S. 34 (49); BVerwG v. 13.5.1993, NVwZ 1994, S. 78 (79).

[33] BVerfG v. 8.7.1982, E 61, S. 82 (111); BVerwG v. 22.12.1994, NVwZ 1995, S. 700 (701).

[34] BVerwG v. 25.11.1993, E 94, S. 307 (309f.); v. 21.12.1995, E 100, S. 221 (225). Weitere Nachweise bei *E. Schmidt-Aßmann*, in: Maunz/Dürig, GG, 2003, Art. 19 Abs. 4 Rz. 185; sogar eine ausdrückliche Ermächtigung verlangen *P. J. Tettinger*, DVBl. 1982, S. 422 (425), und *R. Breuer*, Der Staat 1977, S. 21 (48). Die normative Ermächtigungslehre insgesamt ablehnend *C. D. Classen*, Die Europäisierung der Verwaltungsgerichtsbarkeit. Eine vergleichende Untersuchung zum deutschen, französischen und europäischen Verwaltungsprozessrecht, 1996, S. 130.

[35] *W.-R. Schenke*, in: Kopp/Schenke, VwGO, 2003, § 114 Rz. 24.

[36] BVerwG v. 16.12.1992, NVwZ 1993, S. 666 (670).

Üblich und in aller Regel eindeutig sind die auf die Rechtsfolgenseite bezogenen Ermessensermächtigungen in Gestalt von „Kann"- oder „Soll"-Bestimmungen.[37] Sie durchziehen das gesamte Verwaltungsrecht.

Tatbestandsbezogene kontrollreduzierte Räume sind dagegen nicht ganz so einfach zu identifizieren.[38] Allein die Verwendung eines unbestimmten Rechtsbegriffes auf der Tatbestandsseite reicht dafür nach der wohl überwiegenden Ansicht in der Literatur nicht aus.[39] Sie sind in den folgenden Bereichen anerkannt oder werden zumindest ernstlich erwogen:[40]

Zunächst einmal zählt hierzu die Gruppe der *Beurteilungsermächtigungen*, in der die Bewertung von Prüfungsleistungen,[41] beamtenrechtliche Leistungs- und Befähigungsurteile[42] und prüfungsähnliche Fachbegutachtungen[43] zusammengefasst werden. Die Beurteilungsermächtigungen werden zumeist mit dem Verweis auf die Unwiederholbarkeit der Prüfungssituation begründet.[44] Sie sind dabei allerdings auf prüfungsspezifische Bewertungen begrenzt.[45] Das Letztentscheidungsrecht der Behörden erstreckt sich damit auf die Beurteilung des Schwierigkeitsgrades der Prüfungsaufgabe und die Benotung vertretbarer Antworten, nicht dagegen auf Verfahrensfragen.[46] Im einzelnen kann es aber durchaus schwierig sein, die Reichweite der Beurteilungsermächtigung zu bestimmen, wie

---

[37] *E. Schmidt-Aßmann*, in: Maunz/Dürig, GG, 2003, Art. 19 Abs. 4 Rz. 190.

[38] Umfassend *E. Pache*, Tatbestandliche Abwägung und Beurteilungsspielraum, 2001, S. 120ff.

[39] Str., vgl. *W.-R. Schenke*, in: BK-GG, 2000, Art. 19 Abs. 4 Rz. 335ff., insb. 337; *H.D. Jarass*, in: Jarass/Pieroth, GG, 2004, Art. 19 Rz. 48; A.A., allerdings auf die Grenzfälle einschränkend, in denen keine eindeutige Antwort auf die Frage nach dem Vorliegen gesetzlicher Voraussetzungne möglich sei, *C.H. Ule*, DVBl. 1973, S. 756 (758).

[40] Vgl. die instruktive Zusammenstellung von *W.-R. Schenke*, in: Kopp/Schenke, VwGO, 2003, § 114 Rz. 24–32.

[41] St. Rspr., s. nur BVerfG v. 17.4.1991, NJW 1991, S. 2008 (2010f.); BVerwG v. 15.10.1990, NVwZ 1991, S. 271 (272); 11.8.1998, NVwZ 1999, S. 74 (75); BGH v. 31.3.2003, NJW-RR 2003, S. 1363 (1364).

[42] Ständige Rechtsprechung, beginnend mit BVerwG v. 27.2.1959, E 8, S. 192 (195f.); v. 29.9.1960, E 11, S. 139 (140); v. 27.9.1962, E 15, S. 39 (40f.); v. 13.5.1965, E 21, S. 127 (130); v. 26.6.1980, E 60, S. 245 (245f.); v. 2.4.1981, E 62, S. 135 (138); v. 22.2.1978, E 63, S. 3 (5f.); aus jüngerer Zeit v. 24.11.1994, E 97, S. 128 (129); v. 6.3.2001, E 114, S. 80 (82). Auch das Bundesverfassungsgericht anerkennt diesen Bereich der Beurteilungsermächtigung, s. BVerfG (Kammerentscheidung) v. 29.5.2002, DVBl. 2002, S. 1203 (1204).

[43] BVerfG v. 17.4.1991, E 84, S. 34 (50).

[44] *H. Schulze-Fielitz*, JZ 1993, S. 772 (773).

[45] BVerfG v. 17.4.1991, E 84, S. 34 (50ff.); BVerwG v. 12.7.1995, DVBl. 1995, S. 1353 (1354); *M. Gerhardt*, in: Schoch/Bier/Schmidt-Aßmann/Pietzner, VwGO, 2003, § 114 Rz. 74f.; *M. Sachs*, in: Stelkens/Bonk/Sachs, VwVfG, 2001, § 40 Rz. 180ff.; *T. Kingreen*, DÖV 2003, S. 1 (3).

[46] *E. Schmidt-Aßmann*, in: Maunz/Dürig, GG, 2003, Art. 19 Abs. 4 Rz. 193 m.w.N. Zu Verfahrensfragen s. etwa in bezug auf die Bundesprüfstelle des Jugendschutzgesetzes BVerwG v. 28.8.1996, NJW 1997, S. 602 (602 r. Sp.) und v. 18.2.1998, NJW 1999, S. 75 (76f.).

insbesondere Beispiele im Bereich prüfungsähnlicher Fachbegutachtungen erkennen lassen. Die Anerkennung des „landeskulturellen Wertes" einer angemeldeten Sorte durch das Bundessortenamt erfolgt nach der Rechtsprechung des Bundesverwaltungsgerichtes im Rahmen einer Beurteilungsermächtigung,[47] die sachlich vergleichbare Qualitätsprüfung von Wein hingegen nicht.[48]

Auch die Entscheidung über die Aufnahme einer Schrift in die Liste der jugendgefährdenden Schriften ist nach einer Entscheidung des Bundesverwaltungsgerichts vom 16. Dezember 1971 gerichtlich nicht voll überprüfbar.[49] Ob dies wirklich zu überzeugen vermag, ist fraglich.[50] In der Literatur wurde mit Recht darauf hingewiesen, dass die Begründung des Gerichts, die pluralistische Zusammensetzung der Bundesprüfstelle gebiete den Gerichten Zurückhaltung bei der Kontrolle solcher Entscheidungen, genausogut zu der gegenteiligen Einschätzung führen könne, wegen der Gefahr unsachlicher Interessenverquickung sei gerade eine gerichtliche Vollkontrolle angezeigt.[51]

Unter *Einschätzungsprärogativen* werden vor allem Begriffe mit politisch-gestalterischem Gehalt – etwa im Planungsrecht – verstanden. Die Rechtsprechung nimmt es als Indiz für die Einräumung einer Einschätzungsprärogative, wenn die Entscheidung von der Vollzugsverwaltung auf die Regierungsebene verlagert ist. Im einzelnen sind vielfältige Einschätzungsprärogativen anerkannt worden,[52] die von der Einrichtung oder Aufrechterhaltung von Tieffluggebieten[53] über die Importquotenentscheidung nach dem Außenwirtschaftsgesetz,[54] die Feststellung „öffentlicher Verkehrsinteressen" bei der Zulassung neuer Taxen nach dem Personenbeförderungsgesetz[55] und die Anerkennung des pädagogischen Interesses im

---

[47] BVerwG v. 25.6.1981, E 62, S. 330 (337 ff.).

[48] BVerwG v. 25.11.1993, E 94, S. 307 (309 ff.).

[49] BVerwG v. 16.12.1971, E 39, S. 197 (203 f.).

[50] Dem Gericht beipflichtend *H. U. Erichsen*, VerwArch 63 (1972), S. 337 ff.; *F. Ossenbühl*, DÖV 1972, S. 401 (402); *O. Bachof*, JZ 1972, S. 641 (642 ff.); *H. Kellner*, DÖV 1972, S. 801 (801).

[51] *E. Schmidt-Aßmann*, in: Maunz/Dürig, GG, 2003, Art. 19 Abs. 4 Rz. 196 m. w. N.; *M. Fehling*, Die Konkurrentenklage bei der Zulassung privater Rundfunkveranstalter: eine Untersuchung zu materiell-rechtlichen Grundlagen, zur gerichtlichen Kontrolldichte und zum prozessualen Rahmen von Konkurrenzschutzbegehren, 1994, S. 140 (165 ff.). Ähnliche Argumentation auch bei BVerfG v. 9.5.1972, E 33, S. 125 (159).

[52] Vgl. die ausführliche Darstellung bei *E. Schmidt-Aßmann* (S. 334, Fn. 51), Art. 19 Abs. 4 Rz. 197 f.

[53] BVerwG v. 14.12.1994, E 97, S. 203 (209).

[54] BVerwG v. 21.1.1972, DVBl. 1972, S. 895. An die Nichtüberprüfbarkeit „politischer Entscheidungen" knüpft auch das Bundesverfassungsgericht an (v. 16.2.1983, E 62, S. 1 (50); v. 16.12.1991, E 88, S. 40 (61)).

[55] BVerwG v. 27.11.1981, E 64, S. 238 (242); v. 15.4.1988, E 79, S. 208 (213 ff.); v. 2.9.1989, E 82, S. 295 (301 f.).

Sinne von Art. 7 Abs. 5 GG an der Gründung einer Privatschule[56] bis zur Bedarfsbeurteilung nach dem Rettungsdienstrecht[57] reichen.

Regulierungsaufgaben im Energiewirtschaftsrecht und im Telekommunikationsrecht dürften ebenfalls Kandidaten für die Anerkennung von Einschätzungsprärogativen darstellen.[58] So wird etwa vertreten, dass Zusammenschaltungen nach § 37 TKG nur begrenzt gerichtlich kontrolliert werden dürften.[59]

Dagegen wurde keine Einschätzungsprärogative festgestellt bezüglich der in der Krankenhausbedarfsplanung maßgeblichen Kriterien der Bedarfsgerechtigkeit, Leistungsfähigkeit und Kostengünstigkeit[60] und bei den „Belangen der Bundesrepublik Deutschland" im Sinne von § 17 Abs. 2 AuslG.[61] Ebenfalls kein behördliches Letztentscheidungsrecht sahen die Gerichte im Falle der volkswirtschaftlichen besonderen Förderungswürdigkeit im Sinne des InvZulG[62] und des Einkommensteuergesetzes.[63]

Eng verwandt mit den Einschätzungsprärogativen dürften die sogenannten *Prognoseermächtigungen* sein, wie sie etwa in Gestalt der Bedarfsprognosen zum Energiebedarf oder hinsichtlich des Verkehrsaufkommens vorzufinden sind.[64] Allerdings kann der prognostische Charakter eines Tatbestandsmerkmals für sich genommen noch keine Reduzierung der Kontrolldichte bewirken. So ist unumstritten, dass der polizeiliche Gefahrenbegriff[65] und die gewerberechtliche Unzuverlässigkeit nach § 35 Abs. 1 GewO[66] gerichtlich voll überprüfbar sind. Dagegen wird eine Prognoseermächtigung für

---

[56] BVerfG v. 16.12.1991, E 88, S. 40 (61).

[57] BVerwG v. 17.6.1999, NVwZ-RR 2000, S. 213 (215).

[58] S. etwa den Gestaltungsauftrag nach § 1 i.V.m. § 3 Nr. 13 TKG. Vgl. *H.-H. Trute*, in: Trute/Spoerr/Bosch, TKG-Kommentar, 2001 § 1 Rz. 10ff.

[59] *H.-H. Trute* (S. 335, Fn. 58), § 37 Rz. 17f.; ein „Regulierungsermessen" erkennt *M. Röhl*, Die Regulierung der Zusammenschaltung: Voraussetzungen und Rechtsfolgen der Zusammenschaltungsanordnung nach §§ 35, 36, 37 Telekommunikationsgesetz durch die Regulierungsbehörde für Telekommunikation und Post, 2002, S. 191, 195ff.

[60] BVerwG v. 26.3.1981, DVBl. 1981, S. 975 (978); v. 25.7.1985, E 72, S. 38 (46ff., allerdings Beurteilungsspielraum bei der Auswahl der Krankenhäuser, 54f.).

[61] BVerfG v. 26.9.1978, E 49, S. 168 (181f.).

[62] BVerfG v. 17.7.1984, E 67, S. 100 (141); BVerwG v. 2.3.1978, DVBl. 1978, S. 635 (635f.).

[63] BVerwG v. 27.8.1992, E 90, S. 350 (355).

[64] *R. Steinberg et al.*, Fachplanung, 2000, Rz. 116ff.

[65] BVerfG v. 8.2.2001, E 103, S. 142 (157); *F. Schoch*, in: Schmidt-Aßmann (Hrsg.), Besonderes Verwaltungsrecht[12], 2003, Rz. 84 ff; *W.-R. Schenke* in: Steiner/Arndt (Hrsg.), Besonderes Verwaltungsrecht: ein Lehrbuch[7], 2003, S. 185 (205). A. A. *F. Ossenbühl*, DÖV 1976, S. 463 (466).

[66] Das ist der Rechtsprechung so selbstverständlich, dass es nicht eigens thematisiert wird, s. etwa BVerwG v. 2.2.1982, E 65, S. 1 (1f.); vgl. *P. Marcks*, in: Landmann/Rohmer, GewO I, 1991, § 35 Rz. 29 m.w.N.

die Tatbestände der § 2 ROG und des § 2 BNatSchG behauptet.[67] Soweit eine Prognoseermächtigung reicht, sei das Prognoseergebnis in inhaltlicher Hinsicht der gerichtlichen Kontrolle entzogen.[68]

Des weiteren sollen manche *Rezeptionsbegriffe* eine Reduktion der gerichtlichen Kontrolle bewirken. Rezeptionsbegriffe sind darauf angelegt, gesetzlich-normative oder verwaltungsinterne Vorgaben in sich aufzunehmen. Ein Beispiel bildet § 3 Abs. Nr. 2 ROG („Ziele der Raumordnung"), nach dem nachgeordneten Stellen verbindliche Vorgaben des Trägers der Landes- oder Regionalplanung gemacht werden, ein anderes das dienstliche Bedürfnis für die Versetzung eines Beamten, das auf einer der gerichtlichen Kontrolle entzogenen Organisationsentscheidung des Dienstherrn beruht.[69]

Schließlich sollen Gesetze, die auf technische Sachverhalte und Kenntnistände verweisen (*Technikklauseln*), Rezeptions- oder Konkretisierungsermächtigungen für die Verwaltung enthalten. Für die „allgemein anerkannten Regeln der Technik" hat die Rechtsprechung eine Rezeptionsermächtigung erkannt, die nur im Sinne einer Evidenzkontrolle gerichtlich zu überprüfen sei.[70] Auch hinsichtlich des „Standes der Technik" nach § 3 Abs. 6 BImSchG und des „Stands von Wissenschaft und Technik" (§ 7 Abs. 2 Nr. 3 AtG, § 6 Abs. 2 GenTG) werden teilweise kontrollreduzierte Räume gesehen.[71] Zur Begründung beziehen sich die Gerichte vor allem auf die Komplexität der durch die Technikklauseln gestellten Konkretisierungsaufgabe, die zu bewältigen die Verwaltung besser gerüstet sei als die Gerichte.[72] Allerdings hat das Bundesverwaltungsgericht keinen Ermessensspielraum in bezug auf § 15 Abs. 1 Nr. 3 Buchst. b PflSchG (1986) anerkannt, obwohl die Problematik durchaus vergleichbar ist.[73]

---

[67] *E. Schmidt-Aßmann*, in: Maunz/Dürig, GG, 2003, Art. 19 Abs. 4 Rz. 199.

[68] BVerwG v. 5.12.1986, E 75, S. 214 (234); v. 18.6.1997, E 105, S. 67 (72); *E. Schmidt-Aßmann* (S. 336, Fn. 67), Art. 19 Abs. 4 Rz. 200 m. w. N.; *R. Steinberg et al.*, Fachplanung, 2000, § 3 Rz. 118; *M. Gerhardt*, in: Schoch/Bier/Schmidt-Aßmann/Pietzner, VwGO, 2003, § 114 Rz. 42.

[69] BVerwG v. 25.1.1967, E 26, S. 65 (76ff.); v. 9.2.1972, E 39, S. 291 (299); *E. Schmidt-Aßmann* (S. 336, Fn. 67), Art. 19 Abs. 4 Rz. 202.

[70] BVerfG v. 8.8.1978, E 49, S. 89 (135).

[71] Zu § 6 Abs. 2 GenTG s. BVerwG v. 15.4.1999, NVwZ 1999, S. 1232ff.

[72] BVerfG v. 8.8.1978, E 49, S. 89 (145); BVerwG v. 19.12.1985, E 72, S. 300 (316f.); v. 14.1.1998, E 106, S. 115 (122); Näheres s. *P. Badura*, DVBl. 1998, S. 1197ff.

[73] BVerwG v. 10.11.1988, E 81, S. 12 (17); *U. Di Fabio*, Risikoentscheidungen im Rechtsstaat: zum Wandel der Dogmatik im öffentlichen Recht, insbesondere am Beispiel der Arzneimittelüberwachung, 1994, S. 277, hält das im Vergleich mit dem Atomrecht nicht für überzeugend.

### *b) Die Überprüfung der Grenzen des Ermessens*

Die grundsätzliche Zulässigkeit von Bereichen mit reduzierter Kontrolldichte bedeutet jedoch, wie aus dem eben Dargelegten ersichtlich geworden sein sollte, in keinem Fall die völlige Abwesenheit gerichtlicher Kontrolle. Zunächst einmal wird die Einhaltung des gesetzlich vorgesehenen Verfahrens gerichtlich voll überprüft.[74] Darüber hinaus wird den Behörden kein Spielraum hinsichtlich der Frage zugestanden, ob sie von einem zutreffenden und vollständig ermittelten Sachverhalt ausgegangen sind.[75] Aber auch materiell-rechtlich im engeren Sinne ist die Ermessensbetätigung nicht schrankenlos, sondern gesetzlichen Begrenzungen unterworfen, deren Beachtung von den Gerichten kontrolliert wird.[76] § 114 S. 1 VwGO findet auf das Verwaltungsermessen direkt, auf die Auslegung unbestimmter Rechtsbegriffe entsprechende Anwendung.[77] Eine gewisse Orientierung ergibt sich damit schon aus den Rechtsmaßstäben für die ordnungsgemäße Ermessensausübung (§ 40 VwVfG).[78]

Die Spielraumkonzeption des § 114 S. 1 VwGO ist aber nicht nur der Entscheidung des einfachen Gesetzgebers geschuldet, sondern bezüglich der Postulierung von Ermessensgrenzen für die Tätigkeit der Verwaltung direkter Ausfluss verfassungsrechtlicher Vorgaben. Eine gerichtliche Kontrolle, die der Verwaltung bei der Auslegung des einfachen Rechts und der Betätigung des Ermessens keine Grenzen ziehen würde, wäre mit dem Gebot effektiven Rechtsschutzes (Art. 19 Abs. 4 GG) und dem Gesetzesbindungspostulat aus Art. 20 Abs. 3 GG nicht zu vereinbaren. Damit ist das Spielraumkonzept als solches dem Zugriff des einfachen Gesetzgebers und dem der Fachgerichte entzogen. Die Frage ist allein, wie streng die Kontrolle der Verwaltungsgerichte sein muss, um den aufgezeigten verfassungsrechtlichen Anforderungen angemessen Rechnung zu tragen.

Zu ihrer Beantwortung ist auf die Erkenntnis zurückzugreifen, dass nur ein gerecht abgewogenes Abwägungsergebnis im Sinne eines positiven Nettonutzens in der Lage ist, Grundrechtseingriffe zu rechtfertigen.[79]

---

[74] *H. Schulze-Fielitz*, in: Dreier/Bauer (Hrsg.), GG, Bd. 1 (Art. 1–19), 2004, Art. 19 Abs. 4 Rz 102 m. w. N.

[75] BVerwG v. 26.6.1980, E 60, S. 245 (249 f.); v. 2.2.1984, E 68, S. 330 (337); v. 20.9.1984, E 70, S. 143 (148 f.); v. 3.3.1987, E 77, S. 75 (85); v. 9.12.1991, E 91, S. 262 (266).

[76] BVerfG v. 17.4.1991, E 84, S. 34 (53).

[77] *W.-R. Schenke*, in: Kopp/Schenke, VwGO, 2003, § 114 Rz. 23; *H.-J. Koch et al.*, Allgemeines Verwaltungsrecht[3], 2003, S. 340; ähnlich *U. Ramsauer*, in: Denninger u. a. (Hrsg.), Ak-GG, 2002, Art. 19 Abs. 4 Rz. 113.

[78] BVerwG v. 14.10.1965, E 22, S. 215 (218); v. 25.10.1968, E 30, S. 313 (315); v. 16.9.1980, E 61, S. 32 (34); v. 29.7.1993, E 94, S. 35 (46 f.); v. 27.6.1995, E 99, S. 28 (36 f.); *E. Schmidt-Aßmann*, in: Maunz/Dürig, GG, 2003, Art. 19 Abs. 4 Rz. 190.

[79] S. oben D.I.1.c).

Wie aber prüft ein Gericht, ob diese Bedingung erfüllt ist? Sie gilt den Gerichten als gegeben, wenn die Überprüfung der Entscheidung keine Fehler erbringt. Daher ist für die Kontrolldichte zunächst von weichenstellender Bedeutung, auf welche Elemente einer Entscheidung sich die Überprüfung erstreckt. Hierfür kommen einerseits der anordnende Tenor (das Abwägungsergebnis) und die Entscheidungsgründe andererseits (der Abwägungsvorgang) in Betracht.

#### *aa) Begründbarkeitskontrolle*

Liegt keine oder eine nur unzureichende Begründung der Maßnahme vor, sind die Gerichte insoweit auf eine *Begründbarkeitskontrolle* beschränkt: Sie können lediglich überprüfen, ob sich eine vernünftige Rechtfertigung für die getroffene Maßnahme finden ließe.[80] Bejaht das Gericht dies unter Beachtung der Beschränkungen des rechtlichen Möglichkeitsraums – unter denen die wichtigste der Verhältnismäßigkeitsgrundsatz ist –, so ist die Entscheidung hinsichtlich der gewählten Lösung materiell rechtmäßig. Bei der Kontrolle der Auslegung unbestimmter Rechtsbegriffe *ohne* Beurteilungsspielräume wenden die Verwaltungsgerichte die Begründbarkeitsprüfung in einer strengen Variante an. Auf eine gegebenenfalls vorliegende Begründung der Verwaltung kommt es nicht an. Nur dann, wenn die Verwaltung die Auslegung gefunden hat, die nach Ansicht des Gerichts dem Willen des Gesetzgebers am besten entspricht, übersteht die Maßnahme die gerichtliche Kontrolle.

Werden dagegen Beurteilungsspielräume gewährt, sind auch Auslegungen zulässig, die von der in den Augen des Gerichts besten Lösung abweichen, solange die Abweichungen noch vertretbar erscheinen (milde Begründbarkeitsprüfung). Begründbarkeitsprüfungen im Sinne solcher Vertretbarkeitsprüfungen sind zwar ohne jeden Zweifel an sich zulässig, auch wenn sie in der Tendenz auf eine reine Evidenzkontrolle hinauslaufen. Sie erfordern jedoch stets die Entwicklung einer hypothetischen Begründung durch das Gericht, weil wohl nur so ermittelt werden kann, ob eine vernünftige Rechtfertigung für die getroffene Maßnahme hätte gefunden werden können.

Dadurch werden, soll die gerichtliche Kontrolle hinreichend intensiv bleiben, Ressourcen gebunden, die der eigentlichen Kontrollaufgabe der Gerichte entzogen sind. Das ist mit Blick auf die Gewaltenteilung und das Gebot effektiven Rechtsschutzes nicht unbedenklich, selbst wenn sich

[80] Die Terminologie für die Unterscheidung von Begründungs- und Begründbarkeitsprüfung geht zurück auf *H.-J. Koch*, DVBl. 1983, S. 1125 (1126); ähnlich auch *E. Schmidt-Aßmann*, in: Maunz/Dürig (Hrsg.), GG, Stand Januar 1985, Art. 19 Abs. 4, Rz. 209 (die Bezeichnungen differieren leicht – „Begründetheitsprüfung" und „Begründbarkeitsprüfung").

hypothetische Vergleichsbegründungen in manchen Fällen ohne übermäßig großen Aufwand bilden lassen mögen. Ferner ist daran zu erinnern, dass die Entwicklung eigener Begründungen abhängig von der Komplexität des Falles ein hohes Maß an Sachkenntnis voraussetzt, über die die Gerichte in geringerem Maß verfügen als die Behörden.[81] Strenge Begründbarkeitsprüfungen unterliegen diesem Einwand in besonderem Maß.

Darüber hinaus sind Begründbarkeitsprüfungen nicht in vollem Umfang in der Lage, Verstöße gegen das Gleichbehandlungsgebot nach Art. 3 Abs. 1 GG zu entdecken. Ob ein Grundrechtsinhaber willkürlich gleich oder ungleich behandelt wurde, bemißt sich nicht nur an dem Abwägungsergebnis, sondern auch und gerade daran, wie seine Belange im Vergleich mit anderen Fällen im Rahmen des Abwägungsvorgangs bewertet wurden. Dies erschließt sich dem Gericht und der Öffentlichkeit aber nur über eine Begründung.

Schließlich stellt eine Begründbarkeitsprüfung nach den Maßstäben des Bundesverwaltungsgerichts vermutlich nicht sicher, dass die getroffene Maßnahme einen positiven Nettonutzen hat. Das aber ist erforderlich, damit die Rechtfertigung von Grundrechtseingriffen bejaht werden kann. Dabei kommt es nicht darauf an, ob man den Teil des Abwägungsgebots, der sich auf das Abwägungsergebnis bezieht, die Abwägungsdisproportionalität, oder den Verhältnismäßigkeitsgrundsatz bemüht. Die Verhältnismäßigkeitsprüfung gewährleistet (lediglich), dass keine Entscheidungen als rechtmäßig akzeptiert werden, die
– entweder völlig unwirksam sind (Geeignetheit) oder
– zu denen es Alternativen gibt, die bei gleichem Nutzen wahrscheinlich geringere Belastungen verursachen würden (Erforderlichkeit), oder
– die sich als unangemessene Beeinträchtigung darstellen (Verhältnismäßigkeit im engeren Sinn).

Was die Leistungsfähigkeit der Geeignetheit als Instrument zur Sicherung eines positiven Nettonutzens angeht, so kann eine Maßnahme gewisse Zielbeiträge leisten und dennoch schwerer wiegende Nachteile haben. Die Erforderlichkeitsprüfung stellt des weiteren (nur) sicher, dass ausschließlich solche Lösungen die gerichtliche Kontrolle überstehen, zu denen es keine Alternativen gibt, die bei gleicher Wirksamkeit in bezug auf das gewählte Zielbündel in jeder Hinsicht geringere Belastungen mit sich bringen würden. Das gilt jedenfalls dann, wenn man den Ansatz einer Gesamtbetrachtung verfolgt und alle geschützten Rechtspositionen in diese Prüfung einbezieht.

---

[81] Ausführlich *G. von Wangenheim*, Should Non-Expert Courts Control Expert Administrations? in: Marciano/Josselin (Hrsg.), Law and the State: A Political Economy Approach, 2005, S. 310 ff.

Im Ergebnis werden damit die getroffenen Entscheidungen daran gemessen, ob es zu ihnen eine hypothetische pareto-superiore Alternative gibt.[82] Wenn das nicht der Fall ist, hat die zu prüfende Maßnahme den Grundsatz der Erforderlichkeit bestanden. Eine Handlungsmöglichkeit ist gegenüber einer anderen Handlungsmöglichkeit pareto-superior, wenn sie in keiner Hinsicht schlechter und in mindestens einer Hinsicht besser ist als die letztere. Als pareto-optimal werden all diejenigen Handlungsmöglichkeiten bezeichnet, zu denen es keine pareto-superioren Handlungsmöglichkeiten gibt. Mit dem so begriffenen Erforderlichkeitsmaßstab werden nur wenige Alternativen ausgeschieden, da es nicht oft vorkommt, dass ernsthaft zu erwägende Lösungen im Vergleich mit anderen nur Vorteile und keine Nachteile haben. Das erklärt wohl auch, wieso der Gesichtspunkt der Erforderlichkeit im planungsrechtlichen Abwägungsgebot keine ausdrückliche Artikulation gefunden hat.

Die Verhältnismäßigkeit im engeren Sinne gewährleistet schließlich nur, dass die getroffenen Maßnahmen aus Sicht des Gerichts keinen stark negativen Nettonutzen haben, da die Prüfung des Bundesverwaltungsgerichts danach fragt, ob die planerische Gestaltungsfreiheit ihre Grenze verletzt habe, indem einer der beteiligten Belange in geradezu unvertretbarer Weise zu kurz gekommen sei.[83] Es ist danach (lediglich) ein Ausgleich zwischen den öffentlichen und privaten Interessen herzustellen, der zur objektiven Gewichtigkeit der einzelnen Belange nicht außer Verhältnis steht (Abwägungsdisproportionalität).[84] Außer Verhältnis steht der Ausgleich, also das Abwägungsergebnis, zur Gewichtigkeit der einzelnen Belange aber wohl nur dann, wenn nach Überzeugung des Gerichts die Entscheidung einen

[82] Das Pareto-Prinzip ist nach *Vilfredo Pareto* benannt, *V. Pareto*, Manuel d'économie politique, 1909. Im Ergebnis setzt auch *R. Dechsling*, Das Verhältnismäßigkeitsgebot: eine Bestandsaufnahme der Literatur zur Verhältnismäßigkeit staatlichen Handelns, 1989, S. 51 ff., die Erforderlichkeit mit dem Pareto-Prinzip gleich. Dabei ist zu berücksichtigen, dass es aus der wohlfahrtstheoretischen Perspektive *Paretos* darauf ankommt, wie sich die verschiedenen Alternativen auf die betroffenen Individuen auswirken. In der juristischen Diskussion dominiert hingegen die Betrachtung von Rechtspositionen, Belangen oder Interessen, die in ökonomischer Ausdrucksweise für bestimmte Präferenzbündel und deren rechtliche Anerkennung stehen; zu einem verfassungsrechtlichen Beispiel s. *B. Schlink*, Abwägung im Verfassungsrecht, 1976, S. 181 ff., anhand des Apotheken-Urteils, BVerfG v. 11.6.1957, E 7, S. 377.

[83] BVerwG v. 5.7.1974, E 45, 309 (326); ähnlich BVerfG v. 18.12.1968, E 24, S. 367 (406): das Gericht könne sich über die Wertungen und Erwägungen des Gesetzgebers nur dann hinwegsetzen, wenn sie eindeutig widerlegbar oder offensichtlich fehlsam seien oder der Wertordnung des Grundgesetzes widersprächen.

[84] St. Rspr., so aus jüngerer Zeit BVerwG v. 11.7.2001, E 114, S. 364 (367); grundlegend waren Entscheidungen aus dem Bauplanungsrecht, BVerwG v. 12.12.1969, E 34, S. 301 (309) und v. 5.7.1974, E 45, 309 (314 ff.); für das Fachplanungsrecht BVerwG v. 14.2.1975, E 48, 56 (64); v. 7.7.1978, E 56, S. 110 (123); v. 5.12.1986, E 75, S. 214 (253 f.); v. 29.1.1991, E 87, S. 332 (341).

erheblichen negativen Nettonutzen hat. Soweit das Gericht danach die Wahl von Alternativen akzeptiert, die bei bilanzierender Betrachtungsweise weniger Nutzen stiften als Schaden, nimmt es gegebenenfalls ungerechtfertigte Grundrechtseingriffe hin.

### *bb) Begründungskontrolle*

Aus diesen und anderen Gründen sieht das Verwaltungsrecht grundsätzlich eine Begründungspflicht vor. Die Begründung soll bei Ermessensverwaltungsakten auch die Gesichtspunkte erkennen lassen, von denen die Behörde bei der Ermessensbetätigung ausgegangen ist (§ 39 Abs. 1 VwVfG).[85] Die gerichtliche Überprüfung bezieht sich dann auf die von der Behörde gegebene Begründung. Ist die darin dokumentierte Rechtfertigung fehlerfrei, impliziert dies in aller Regel die materielle Rechtmäßigkeit der Entscheidung. Von Besonderheiten der Überprüfung von Bebauungsplänen, deren Begründung wegen Zeitablaufs nicht mehr die zu überprüfende Planung zu rechtfertigen vermag, darf im folgenden abgesehen werden. Insoweit liegt nach richtiger Ansicht nicht ein dem Abwägungsgebot unterfallender Begründungsmangel, sondern Funktionslosigkeit des Bebauungsplans vor.[86] Im Grundsatz macht eine inhaltlich fehlerfreie Begründung eine Begründbarkeitskontrolle überflüssig.

Demgegenüber führt die fehlerhafte Begründung einer staatlichen Ermessensmaßnahme vorbehaltlich weiterer Voraussetzungen zu ihrer Aufhebung.[87] Auch insoweit ließen sich jedenfalls in der Theorie mildere Varianten von strengeren Varianten unterscheiden. In der Praxis sind allerdings entsprechend der Spielraumkonzeption des § 114 S. 1 VwGO nur milde Varianten verwirklicht.

Eine Begründungsprüfung kann sich auf alle vier Stufen der Entscheidungsherstellung erstrecken. Während die Verwaltungsgerichte hinsichtlich der Vollständigkeit der betroffenen Belange keine erheblichen Spielräume zu gewähren bereit sind, räumen sie den Behörden solche in bezug auf die Berücksichtigung der in Betracht zu ziehenden Alternativen, der Prognostizierung ihrer Folgen und insbesondere bei der Gewichtung der Belange ein.

Damit gilt zur Unterscheidung von Begründbarkeits- oder Ergebniskontrolle auf der einen Seite und Begründungskontrolle auf der anderen, dass im Prinzip vier Grundformen der gerichtlichen Kontrolle möglich sind, die durch weitere Varianten verfeinert werden können (vgl. Tabelle 16).

---

85 Näheres zur Begründungspflicht s. C.I.4.a).

86 *H.-J. Koch/R. Hendler*, Baurecht, Raumordnungs- und Landesplanungsrecht$^4$, 2004, S. 250–252.

87 Zu denken ist etwa an Heilungs- und Unbeachtlichkeitsregelungen.

*Tabelle 16:* Grundformen der gerichtlichen Kontrolle

| | *Begründungsprüfung* | *Begründbarkeitsprüfung (Ergebniskontrolle)* |
|---|---|---|
| Vorrang des Gerichts („*Strenge* Varianten“) | *I:* bislang nicht verwirklicht | *III:* Kontrolle von unbestimmten Rechtsbegriffen ohne Beurteilungsspielraum |
| Vorrang des Erstentscheiders („*Milde* Varianten“) | *II:* Ermessenskontrolle im Sinne von § 114 VwGO | *IV:* (i) Normalfall der verfassungsgerichtlichen Kontrolle<br>(ii) Kontrolle unbestimmter Rechtsbegriffe mit Beurteilungsspielraum |

Die Unterarten ergeben sich neben den vorstehend skizzierten Grundformen insbesondere daraus, dass

– kleinere Fehler auch bei der strengen Begründungsprüfung toleriert werden könnten (beträfe I),

– unterschiedlich große Spielräume hinsichtlich von Prognosen und der Werturteile im Rahmen der Begründungsprüfung eingeräumt werden können (I und II),

– die Ergebniskontrolle unter Berücksichtigung dessen erfolgt, welche Argumente der Erstentscheider zur Rechtfertigung seiner Entscheidung vorgetragen hat (III und IV – „angereicherte Begründbarkeitskontrolle“),

– und schließlich die gewählte Aggregationsmethode aus der gerichtlichen Kontrolle entweder ausgeschlossen oder in sie einbezogen werden kann, wobei wiederum Spielräume in bezug auf die Wahl der Methodik gewährt werden können.

Trotz der anzuerkennenden Spielräume sind folgende Maßgaben zu beachten. Da nur ein gerecht abgewogenes Abwägungsergebnis im Sinne eines positiven Nettonutzens Grundrechtseingriffe zu rechtfertigen vermag, besteht die wesentliche Aufgabe einer Begründung hinsichtlich der gerichtlichen Kontrolle darin, in nachvollziehbarer Art und Weise zu zeigen, aus welchen Erwägungen die Behörde zu der Überzeugung gelangt ist, die Vorteile der Maßnahme seien insgesamt größer als ihre Nachteile. Dazu genügt es nicht, darzulegen und zu kontrollieren, dass die Beeinträchtigung der betroffenen Belange jeweils nicht schlechterdings unzulässig, unzumutbar oder unverhältnismäßig ist („segmentierende Abwägung“). Die Beachtung solcher strikter Grenzen der Ermessensbetätigung ist eine notwendige Bedingung einer gerechten Abwägung, nicht bereits eine hinreichende. Mit anderen Worten legt eine segmentierende Begründung dar, dass die Maßnahme begründbar ist, nicht aber, dass sie im Sinne eines positiven Nettonutzens gerecht abgewogen ist.

Eine Begründungsprüfung, die sich auf die Kontrolle der Einhaltung der genannten notwendigen Bedingungen beschränkt, wäre daher nicht mit der verfassungsrechtlichen Maßgabe zu vereinbaren, den Schutz vor ungerechtfertigten Grundrechtseingriffen sicherzustellen. Davon kann im Rahmen einer Begründungsprüfung nur die Rede sein, wenn und soweit die Beachtung der hinreichenden Bedingungen für die Gerechtigkeit des Abwägungsvorgangs kontrolliert wird.

Ein Ausweg läge in einer ergänzenden Begründbarkeitsprüfung im Sinne einer Kontrolle des Abwägungsergebnisses, und in der Tat stellt die an das Abwägungsergebnis zu stellende Anforderung der Abwägungsproportionalität jedenfalls sicher, dass die geprüfte Maßnahme keinen stark negativen Nutzen hat, wenn diese Kontrolle im Rahmen einer Gesamtabwägung erfolgt, also alle betroffenen und schutzwürdigen Belange in die Prüfung einbezogen werden. Daran fehlt es, worauf sogleich noch näher einzugehen ist,[88] wenn ein Verwaltungsgericht seine Kontrolle auf die „eigenen" Belange der Kläger beschränkt. Darüber hinaus und abgesehen von den Bedenken, denen Begründbarkeitsprüfungen ohnehin unterliegen,[89] ist eine derartige Abrundung einer defizitären Begründungsprüfung nicht der Weg, den das Bundesverwaltungsgericht im Planungsrecht für vorzugswürdig hält.[90] Vielmehr stellen die Richter verschärfte Anforderungen an die Begründungsprüfung von Abwägungsentscheidungen. Die planerische Gestaltungsfreiheit habe da ihre Grenze, wo einer (!) der beteiligten Belange in geradezu unvertretbarer Weise zu kurz komme.[91] Der Ausgleich zwischen den betroffenen privaten und öffentlichen Belangen sei so vorzunehmen, dass er zur objektiven Gewichtigkeit einzelner Belange (!) nicht außer Verhältnis stehe.[92] Maßgeblich sei nicht, wie die Behörde

---

[88] S. u. D.I.2.b)bb)(3).

[89] S. o. D.I.2.b)aa) am Ende.

[90] Zwar fordern die Richter, nicht nur den Abwägungsvorgang, sondern auch das Abwägungsergebnis der gerichtlichen Kontrolle zu unterwerfen (s. etwa BVerwG v. 20.10.1972, E 41, S. 67 (71); v. 5.7.1974, E 45, S. 309 (315)). Das bezieht sich jedoch in erster Linie auf bestimmte Sonderfälle, in denen betagte Bebauungspläne nicht mehr von ihrer Begründung getragen werden, weil sich die örtlichen Verhältnisse geändert haben (vgl. die instruktive Darstellung bei *H.-J. Koch/R. Hendler*, Baurecht, Raumordnungs- und Landesplanungsrecht$^4$, 2004, S. 250 ff. m. w. N.).

[91] BVerwG v. 5.7.1974, E 45, 309 (326); ähnlich BVerfG v. 18.12.1968, E 24, S. 367 (406): das Gericht könne sich über die Wertungen und Erwägungen des Gesetzgebers nur dann hinwegsetzen, wenn sie eindeutig widerlegbar oder offensichtlich fehlsam seien oder der Wertordnung des Grundgesetzes widersprächen.

[92] St. Rspr., beginnend mit BVerwG v. 12.12.1969, E 34, S. 301 (309) und v. 5.7.1974, E 45, 309 (314 ff.); für das Fachplanungsrecht BVerwG v. 14.2.1975, E 48, S. 56 (64); v. 7.7.1978, E 56, S. 110 (123); v. 5.12.1986, E 75, S. 214 (253 f.); v. 29.1.1991, E 87, S. 332 (341). Neuerdings formuliert das Gericht, es sei ein Ausgleich zwischen den öffentlichen und privaten Interessen herzustellen, der zur *objektiven Gewichtigkeit der einzelnen*

den Belang selbst bewertet habe, sondern welches Gewicht ihm objektiv zukomme.[93]

Bei näherer Betrachtung enthalten diese Maßgaben drei Teilaussagen.

*(1) Das objektive Gewicht der Belange*

Erstens kommt es nach der Rechtsprechung des Bundesverwaltungsgerichts für die Kontrolle von Abwägungsentscheidungen auf das *objektive* Gewicht der Belange an. Möglicherweise will das Gericht damit ausdrücken, dass es von der Existenz „objektiv" richtiger Werte im Sinne des moralischen Realismus ausgeht.[94] Nimmt man die den Erstentscheidern gewährten Spielräume hinzu, so würde dies bedeuten, dass zwar der objektiv richtige Wert in die Abwägung einzustellen sei, gewisse Abweichungen jedoch vom Gericht toleriert würden. Die Annahme, das Bundesverwaltungsgericht trete irgendeiner näher zu bestimmenden Form des moralischen Realismus bei, ist allerdings nicht zwingend. Zumindest ist bemerkenswert, dass das Gericht, soweit ersichtlich, trotz seiner vielfältigen und langjährigen planungsrechtlichen Tätigkeit keine näheren Aussagen über das Wesen des „objektiven Gewichts" gemacht hat, obwohl es sich hier um einen Schlüsselbegriff der Abwägungskontrolle handeln dürfte.

Der Verweis auf das „objektive Gewicht" behält denn auch seinen Sinn, wenn man den Begriff nicht so voraussetzungsvoll als die wesentlich schlichtere Aussage interpretiert, das Gericht sehe sich befugt, krasse Fehlbewertungen zu monieren. Dabei spielt es im Ergebnis keine Rolle, ob man bezüglich des ontologischen Status von Werturteilen eher der objektivistischen oder der subjektivistischen Richtung zuneigt. Während für den moralischen Realismus die von der Behörde getroffenen Bewertungen anhand der „objektiven Gewichtigkeit" des jeweiligen Belangs im Sinne des moralischen Objektivismus' zu messen sind, ist aus der Perspektive des moralischen Skeptizismus die rechtliche Vertretbarkeit der relativen Werturteile ohne einen solchen „objektiven" Maßstab zu kontrollieren.[95] Vielmehr lassen sich gerichtliche Urteile wie andere staatliche Handlungen auch als Akte der wertenden Entscheidung auffassen.

Der Unterschied zwischen Maßnahmen der Verwaltung und Gerichtsentscheidungen liegt vor allem, folgt man dem moralischen Skeptizismus, im

---

*Belange* (Hervorhebung E. H.) nicht außer Verhältnis steht (BVerwG v. 11.7.2001, E 114, S. 364 (367)).

[93] BVerwG v. 5.12.1986, E 75, S. 214 (254).

[94] Zum moralischen Realismus s. o. C.V.5.c)cc)(1)(b).

[95] Gegen die Annahme, das positive Recht enthalte nachprüfbare Maßstäbe über die Bewertung von Belangen, spricht sich *Kühling* aus. Für ihn ist die Berufung auf die „objektive Gewichtigkeit" die Heranziehung eines Evidenzkriteriums (*J. Kühling*, Fachplanungsrecht, 1988, S. 101).

institutionellen Arrangement. Auf der einen Seite agieren Behörden, deren Leitung politischem Einfluss ausgesetzt ist. In einer Gesellschaft mehrheitlich geteilte Überzeugungen können daher für die Bildung der behördlichen Werturteile eine maßgebliche Rolle spielen, was aus demokratietheoretischer Sicht grundsätzlich unbedenklich sein dürfte. Auf der anderen Seite sind die Gerichte mit verfassungsrechtlich abgesicherter Unabhängigkeit ausgestattet (Art. 97 Abs. 1 GG) und daher politischem Einfluss weniger unterworfen als die Behörden. Art. 97 Abs. 1 GG gewährleistet nach unumstrittener Auffassung gerade die sachliche Unabhängigkeit der Richter von der Exekutive.[96] Dies soll ihnen eine unbefangenere Beurteilung des Sachverhalts erlauben[97] und stellt einen zentralen Baustein der verfassungsrechtlich ausgeformten Gewaltenteilung dar.

Gegen die vom Gericht in Anspruch genommene Kompetenz zur Kontrolle von Werturteilen ist damit weder aus moralphilosophischer noch aus verfassungsrechtlicher Sicht etwas zu erinnern. Im Gegenteil wäre eine gerichtliche Kontrolle, die den Bewertungen der Erstentscheider gar keine Grenzen ziehen würde, vor den vorstehend ausgeführten verfassungsrechtlichen Anforderungen kaum zu rechtfertigen.

### *(2) Die Gewährung von Spielräumen*

Die zweite Teilaussage liegt in der Anerkennung von Spielräumen für die Erstentscheider. Ersichtlich hält das Bundesverwaltungsgericht nicht jede, sondern nur extreme Fehlbewertungen für ermessensfehlerhaft. Mit Blick auf die Rechtfertigung dieser Freiräume gibt es zwar im Ansatz, jedoch kaum im Ergebnis Differenzen zwischen realistischen und skeptizistischen Positionen. Für den moralischen Realismus kann die Rechtfertigung des Spielraums in den Unsicherheiten bei der Erkenntnis der Werturteile liegen, für den moralischen Skeptizismus folgt sie wesentlich aus der auf Effektivitäts- und Effizienzerwägungen zu stützenden gesetzgeberischen Entscheidung, den Gerichten nur eine eingeschränkte Kompetenz zur Kontrolle der Werturteile einzuräumen.

Aus Sicht des moralischen Objektivismus ist allerdings schwieriger zu begründen, wieso bei auf der Tatbestandsseite angesiedelten Bewertungsfragen, die mit der gleichen prinzipiellen Erkenntnisunsicherheit behaftet sind, anders als im Ermessensbereich die Gerichte berufen sein sollten, ihre

---

[96] Zur Einflußnahme durch Einzelweisungen: BVerfG v. 9.5.1962, E 14, S. 56 (69); v. 17.12.1969, E 27, S. 312 (312); v. 8.6.1971, E 31, S. 137 (140); v. 27.11.1873, E 36, S. 174 (185); v. 24.3.1982, E 60, S. 175 (214); zur Einflussnahme durch sonstige Mittel: BVerfG v. 4.6.1969, E 26, S. 79 (93); v. 7.1.1981, E 55, S. 372 (389).

[97] Zu den verschiedenen Unabhängigkeitskonzepten instruktiv *L. Kornhauser*, Judicial Organization and Administration, in: Bouckaert/De Geest (Hrsg.), Encyclopedia of Law and Economics, Bd. VII, 2000, S. 27 (32ff.) m.w.N.

Werturteile an die Stelle der durch den Staat getroffenen Bewertungen zu setzen. Mit dem moralischen Skeptizismus und auf dem Boden der herrschenden normativen Ermächtigungslehre ist das Phänomen hingegen leicht zu erklären. Danach liegt es lediglich an der Entscheidung des Gesetzgebers, bei welchen Fragen er den Gerichten die Letztentscheidungskompetenz und damit die Befugnis einräumt, ihre Werturteile an die Stelle der staatlichen Entscheidungsträger zu setzen – und bei welchen nicht.

Die Weite des der Behörde von den Gerichten belassenen Spielraums, also der Prüfungsmaßstab im engeren Sinn, ist mit den vorstehenden Überlegungen nicht bestimmt. Es ist lediglich mit Gewissheit zu sagen, dass der den Behörden eingeräumte Spielraum die Struktur eines Korridors hat,[98] es also mit § 114 S. 1 VwGO auch in bezug auf Bewertungen „Grenzen des Ermessens" geben muss.[99] Für den moralischen Realismus stellt sich der Spielraum jedenfalls dar als ein Intervall, das den objektiv richtigen Wert einschließt und nicht unendlich groß ist. In der Betrachtungsweise des moralischen Skeptizismus ist die Leitidee maßgeblich, dass es mit Blick auf die Effektivität staatlichen Handelns nachteilig wäre, eine vertretbare Entscheidung durch eine andere vertretbare Entscheidung zu ersetzen.

#### *(3) Die Kontrolle der Gewichtung einzelner Belange*

Das Gericht geht schließlich – drittens – davon aus, dass es für eine gerechte Abwägung auf die Gewichtung *einzelner* Belange ankommt,[100] was für die Kontrolle von Abwägungsergebnis und Abwägungsvorgang das Festhalten an einer Begründungskontrolle zwei weitreichende Folgen hat.

Zum ersten ist eine Abwägungsentscheidung nicht nur an ihrem Ergebnis zu messen, sondern auch und gerade daran, ob die Bewertung der einzelnen Belange ermessensfehlerfrei erfolgt ist. Dieser Ansatz verlangt wiederum die nachvollziehbare Darstellung der Bewertung einzelner Belange in den Entscheidungsgründen. Dies wird nachfolgend noch zu vertiefen sein.[101]

Zum zweiten hat eine Begründungsprüfung, in deren Rahmen es auch auf die Gewichtung einzelner Belange ankommt, Auswirkungen auf den Anspruch auf ermessensfehlerfreie Entscheidung. Wenn man mit dem Bundesverwaltungsgericht in einer Bewertung, die die Grenzen ihres Spielraums überschreitet, einen relevanten Ermessensfehler erblickt, dann ist die Beschränkung der gerichtlichen Überprüfung auf die „eigenen" Belange des

[98] Wie hier in bezug auf die Spielräume des Gesetzgebers *R. Alexy*, VVDStRL 61 (2002), S. 28.

[99] *J. Kühling/N. Herrmann*, Fachplanungsrecht, 2000, S. 111.

[100] In seiner Entscheidung vom 18.2.1998 fordert das Bundesverwaltungsgericht sogar, Einzelgesichtspunkte seien exakt zu wägen (BVerwG v. 18.2.1998, NJW 1999, S. 75 (77)).

[101] S. D.III.2.d)cc).

Klägers, wie sie die Rechtsprechung vielfach vornimmt,[102] nur mit größten Schwierigkeiten in dieses Konzept einzufügen.[103]

§ 113 Abs. 1 S. 1 VwGO verlangte nach herkömmlicher Auslegung in bezug auf die Feststellung der Rechtswidrigkeit des Verwaltungsakts die Überprüfung des gesamten objektiven Rechts. Die subjektive Komponente der Bestimmung, die Rechtsverletzung des Klägers, wurde schon dann bejaht, wenn das Gericht auch nur die objektive Möglichkeit erkannte, dass bei strikter Beachtung der in Frage stehenden Vorschriften der Verwaltungsakt für den Kläger günstiger ausgegangen wäre, auch wenn die verletzten Normen ausschließlich öffentlichen Interessen dienten.[104] Dementsprechend löste die fehlerhafte Abwägung objektiver Belange eine Rechtsverletzung im Sinne von § 113 Abs. 1 S. 1 VwGO nicht nur dann aus, wenn durch einen Planfeststellungsbeschluss Enteignungswirkungen auferlegt wurden, die möglicherweise nicht erforderlich gewesen wären.[105]

Für den vorliegenden Zusammenhang bedeutet dies folgendes: Ist ein aus Sicht des Klägers „fremder" Belang in geradezu unvertretbarer Weise zu kurz gekommen, so kann sich auch daraus die Ungerechtigkeit des

[102] St. Rspr., s. etwa BVerwG v. 14.2.1975, E 48, S. 56 (60). Dies ist verschiedentlich kritisiert worden, s. etwa *U. Ramsauer*, DÖV 1981, S. 37ff.; *H.P. Schechinger*, DVBl. 1991, S. 1182 (1186); *W. Blümel*, DVBl. 1975, S. 695 (707); *W. Hoppe et al.*, Rechtsschutz bei der Planung von Straßen und anderen Verkehrsanlagen³, 2001, Rz. 426f.; *J. Schwabe*, NJW 1976, S. 159ff.; *W. Hoppe*, DVBl. 1977, S. 136 (136f.); *G. Winter*, NJW 1979, S. 393 (396ff.); *W. Kügel*, Der Planfeststellungsbeschluß und seine Anfechtbarkeit: zugleich ein Beitrag zur Auslegung der §§ 74, 75 VwVfG, 1985, S. 335ff.; *G. Gaentzsch*, Die Planfeststellung als Anlagenzulasung und Entscheidung über die Zulässigkeit der Enteignung, in: Berkemann (Hrsg.), Planung und Plankontrolle. Entwicklungen im Bau- und Fachplanungsrecht. Otto Schlichter zum 65. Geburtstag, 1995, S. 517 (535); ausdrücklich gegen eine Beschränkung der gerichtlichen Kontrolldichte bei materiell-rechtlichen Verbandsklagen *R. Steinberg et al.*, Fachplanung, 2000, § 6 Rz. 91. Nur beim Eigentumsschutz wird anders verfahren (BVerwG v. 18.3.1983, E 67, S. 74 (75, 78); v. 12.7.1985, E 72, S. 15 (25f.); v. 21.3.1986, E 74, S. 109 (110); v. 13.3.1995, UPR 1995, S. 308 (309); v. 14.6.1996, NVwZ-RR 1997, S. 340 (341); v. 6.11.1997, DÖV 1998, S. 338 (339f.); v. 19.5.1998, UPR 1998, S. 388 (389f.); VGH Mannheim v. 30.3.1992, NVwZ-RR 1993, S. 342 (342 r. Sp.); OVG Koblenz v. 30.10.1984, DÖV 1985, S. 157 (157); VGH Kassel v. 7.1.1986, NVwZ 1986, S. 680 (682); OVG Münster v. 10.11.1993, NVwZ-RR 1995, S. 10 (10)).

[103] Im Naturschutzrecht soll es klagebefugten Naturschutzverbänden verwehrt sein, andere als naturschutzrechtliche Mängel geltend zu machen, so etwa VGH Kassel v. 23.10.2002, NuR 2002, S. 292; VG Oldenburg v. 26.10.1999, NuR 2000, S. 398 (403); kritisch hierzu *T. Koch*, NuR 2000, S. 374 (374).

[104] BVerwG v. 18.3.1983, E 67, S. 74 (76); v. 10.5.1984, E 69, S.208 (213); v. 25.7.1985, E 72, S. 38 (54); v. 21.3.1986, E 74, S. 109 (110); v. 6.3.1987, E 77, S. 86 (91), v. 9.9.1988, E 80, S. 207 (219f.); v. 15.9.1985, DÖV 1986, S. 922 (923); einen Anspruch auf ermessensfehlerfreie Entscheidung anerkennt *W.-R. Schenke*, in: Kopp/Schenke, VwGO, 2003, § 42 Rz. 91, auch hinsichtlich von Normen, die „primär" öffentlichen Interessen dienen.

[105] BVerfG v. 9.6.1987, NVwZ 1987, S. 969; BVerwG v. 14.2.1975, E 48, S. 56 (66); v. 26.6.1981, NJW 1981, S. 2592 (2593f.); v. 18.3.1983, E 67, S. 74 (78); v. 30.5.1984, E 69, S. 256 (271); v. 12.7.1985, E 72, S. 15 (26); v. 21.3.1986, E 74, S. 109 (110f.); v. 6.3.1987, E 77, S. 86 (91).

Abwägungsergebnisses ergeben, was gegebenenfalls zur Folge hat, dass die Rechtfertigung für die Belastung des Klägers in vollem Umfang entfällt. Abwägungsentscheidungen betreffen ein vielpoliges Beziehungsgeflecht von miteinander verwobenen öffentlichen und privaten Interessen, so dass, wie *Gaentzsch* zutreffend bemerkt, die Nicht-Berücksichtigung oder Fehlgewichtung schon eines Belanges das Abwägungsgebäude zusammenbrechen lassen kann.[106] Das ist darauf zurückzuführen, dass die Bewertungen alle durch die Entscheidung betroffenen Belange verbinden. Infolgedessen bedeutet etwa eine Überbewertung eines für das Vorhaben sprechenden Belangs *zwangsläufig* und unmittelbar eine Unterbewertung der gegen das Vorhaben sprechenden Belange des Klägers. Das Bundesverwaltungsgericht nennt dies die „notwendige Wechselbeziehung" zwischen dem Gewicht der individuell betroffenen Belange und den ihnen gegenübergestellten.[107] Es ist also nicht recht zu sehen, wie die Verwaltungsgerichte nur Fehlbewertungen der „eigenen" Belange der Kläger monieren wollen können.

Eine Einengung der Überprüfung auf die „eigenen" Belange der Kläger verfehlt mithin eine wesentliche Funktion der Verwaltungsgerichte, nämlich zu gewährleisten, dass nur solche Maßnahmen die gerichtliche Kontrolle überstehen, bei denen das Gericht die Überzeugung von der Gerechtigkeit des Abwägungsergebnisses im Sinne eines positiven Nettonutzens gewonnen hat. Ein hilfsweiser Rückgriff auf eine Begründbarkeitskontrolle zur Durchführung dieses Tests scheidet mit der sachlich überzeugenden Auffassung des Bundesverwaltungsgerichtes solange aus, wie man die Fehlbewertung einzelner Belange für einen relevanten Ermessensfehler hält.

Darüber hinaus vermittelt das Abwägungsgebot nach der Rechtsprechung des Bundesverwaltungsgerichts dem Kläger ein subjektives Recht auf gerechte Abwägung seiner rechtlich geschützten Interessen.[108] Dem Abwägungsgebot ist nach Ansicht des Gerichts sogar ein drittschützender Charakter hinsichtlich aller abwägungserheblichen Belange zu eigen.[109] Danach kann der private Kläger verlangen, dass sein Belang in der Abwägung seinem Gewicht entsprechend „abgearbeitet" wird.[110] Die Gerichte können dies wegen der notwendigen Wechselbeziehung zwischen den Belangen des Klägers und den ihnen gegenüberstehenden nur kontrollieren, wenn sie auch die Gewichtung der „fremden" Belange überprüfen. Das wiederum

---

[106] *G. Gaentzsch*, Die Planfeststellung als Anlagenzulasung und Entscheidung über die Zulässigkeit der Enteignung, in: Berkemann (Hrsg.), Planung und Plankontrolle. Entwicklungen im Bau- und Fachplanungsrecht. Otto Schlichter zum 65. Geburtstag, 1995, S. 517 (535).

[107] BVerwG v. 14.2.1975, E 48, S. 56 (66).

[108] BVerwG v. 28.6.2000, E 111, S. 276 (280).

[109] BVerwG v. 24.9.1998, E 107, S. 215 (220f.).

[110] BVerwG v. 24.9.1998, E 107, S. 215 (221)

erfordert regelmäßig eine Kontrolle des Abwägungsvorgangs und damit der Begründung.

Der Klarstellung halber sei noch folgendes hinzugefügt. Nach § 113 Abs. 1 S. 1 VwGO ist ein Verwaltungsakt aufzuheben, soweit er rechtswidrig ist *und* die Rechte des Klägers verletzt. Mit den vorstehenden Überlegungen sollte nicht gesagt werden, dass mit der fehlenden Abwägungsgerechtigkeit notwendigerweise bereits beide Bedingungen erfüllt sind. Vielmehr macht ein ungerechtes Abwägungsergebnis eine Maßnahme (nur) objektiv rechtswidrig. Ob sie darüber hinaus Rechte des Klägers verletzt, hängt von ihren Folgen für den Kläger ab, die nicht notwendigerweise einer Rechtfertigungspflicht unterfallen. Soweit sich seine Beeinträchtigungen aber als Grundrechtseingriffe darstellen, ist allerdings allein ein gerechtes Abwägungsergebnis in der Lage, diese zu rechtfertigen. Die Beurteilung der Gerechtigkeit eines Abwägungsergebnisses umfasst nach der vorstehenden Überlegung im Rahmen einer Begründungsprüfung auch die angemessene Berücksichtigung „fremder" Belange, weshalb sich der Anspruch auf ermessensfehlerfreie Entscheidung auch auf diese erstrecken muss.[111]

*(4) Planungsrechtliche Besonderheiten?*

Die vorstehenden Grundsätze gelten im Bau- und Fachplanungsrecht seit Anfang der 90er Jahre nur noch mit folgenden Einschränkungen. Bis dahin war auch für das Planungsrecht ganz überwiegende Ansicht in Rechtsprechung und Literatur, dass bei Ermessensentscheidungen nicht nur gerichtlich zu prüfen sei, ob mit irgendeinem (vom Gericht ermittelten) Satz von rechtlich zulässigen Bewertungen der Inhalt der Entscheidung begründet werden könnte („Begründbarkeitsprüfung").[112] Vielmehr führte schon die fehlerhafte Ermessensausübung grundsätzlich[113] zur Aufhebung (Anfechtungsklage) oder Neubescheidung (Verpflichtungsklage) („Begründungsprüfung").[114] Ob aber ein Ermessensfehler vorliegt, ist abgesehen von

---

[111] Ebenfalls gegen eine sektorale Begründungsprüfung *R. Wahl/P. Schütz*, in: Schoch/Bier/Schmidt-Aßmann/Pietzner, VwGO, 2003, § 42 Abs. 2, Rz. 259.

[112] Die Terminologie geht zurück auf *H.-J. Koch*, DVBl. 1983, S. 1125 (1126); s. gleichfalls *R. Sparwasser et al.*, Umweltrecht: Grundzüge des öffentlichen Umweltschutzrechts[5], 2003, § 4 Rz. 188; ähnlich auch *Schmidt-Aßmann*, in: Maunz/Dürig (Hrsg), GG, Stand Januar 1985, Art. 19 Abs. 4 Rz. 209 (die Bezeichnungen differieren leicht – „Begründetheitsprüfung" und „Begründbarkeitsprüfung").

[113] Ausnahmen liegen in der gesetzlich angeordneten Unbeachtlichkeit von Fehlern (etwa: Heilungsvorschriften) und im fehlenden sogenannten Rechtswidrigkeitszusammenhang.

[114] Ehemals ständige Rspr., BVerwG v. 9.5.1956, E 3, S. 279 (281); v. 13.11.1979, E 59, S. 104 (111); v. 21.10.1980, NJW 1981, S. 1917 (1918 l. Sp.). *F. O. Kopp*, in: Kopp, VwGO, 1992, § 114 Rz. 4; heute noch für Abwägungsfehler *M. Gerhardt*, in: Schoch/Bier/Schmidt-Aßmann/Pietzner, VwGO, 2003, § 114 Rz. 11 (Bearbeitungsstand 1997).

den Fällen des Ermessensnichtgebrauchs und der Ermessensüberschreitung im Sinne der Wahl einer gesetzlich nicht vorgesehenen Rechtsfolge regelmäßig nur anhand einer Begründung nach § 39 VwVfG zu ermitteln. Damit galt auch in komplexen planungsrechtlichen Konstellationen im Grundsatz, dass noch nicht einmal einzelne rechtlich unzulässige Bewertungen Grundlage von belastenden Verwaltungsentscheidungen sein dürfen und dies von den Gerichten sichergestellt werden können muss. Dieser gegenüber der Überprüfung gebundenen Verwaltungshandelns in gewissem Sinne strengere Prüfmaßstab fungierte als Korrelat und Begrenzung der durch die Ermessensermächtigung eingeräumten behördlichen Spielräume.[115]

Mit der Einführung von § 75 Abs. 1a VwVfG und ähnlichen Bestimmungen verschiedener Fachplanungsgesetze[116] werden aber nur noch solche Abwägungsfehler als rechtlich erheblich anerkannt, die offenkundig und von Einfluss auf das Ergebnis gewesen sind.[117] Die Änderungen im Fachplanungsrecht haben ihre Vorläufer im Bauplanungsrecht, deren gegenwärtige Fassung, § 214 Abs. 3 S. 2 BauGB, im Zusammenspiel mit § 2 Abs. 3 BauGB und § 214 Abs. 1 Nr. 1 BauGB nunmehr als Verfahrensvorschrift erscheint.[118] Mängel, die die Ermittlung oder Bewertung der betroffenen Belange betreffen und nach der Erheblichkeitsprüfung des § 214 Abs. 1 Nr. 1 BauGB beachtlich sind, können danach nicht mehr als Mängel der Abwägung geltend gemacht werden, sondern gelten als Verfahrensfehler, was als gesetzgeberische Fiktion erkannt worden ist.[119] Das hat insbesondere zur Folge, dass sie gemäß § 215 Abs. 1 BauGB nach zwei Jahren nach Bekanntmachung des Plans unbeachtlich werden.[120]

Diese als „Grundsatz der Planerhaltung" apostrophierten Bestimmungen sollen dazu dienen, die Vorhabenplanung in der gerichtlichen Überprüfung fehlerresistenter zu machen, da die Dauer von Genehmigungsverfahren und der anschließenden gerichtlichen Auseinandersetzung als wirtschaftlichen Interessen abträglich empfunden wurde. Sieht man mit der Rechtsprechung

---

[115] Zu den diesbezüglichen Folgen der Unterscheidung von gebundenem Verwaltungshandeln und Ermessensentscheidungen instruktiv *H.-J. Koch et al.*, Allgemeines Verwaltungsrecht³, 2003, S. 338.

[116] § 17 Abs. 6c FStrG, § 20 Abs. 7 AEG, § 29 Abs. 8 PBefG, § 19 Abs. 4 WaStrG, § 10 Abs. 8 LuftVG, § 5 Abs. 7 MBPlG.

[117] Ähnlich auch § 46 VwVfG.

[118] Begründung des Gesetzentwurfs der Bundesregierung, BT-Dr 15/2250, S. 180; kritisch zu dem behaupteten verfahrensrechtlichen Charakter der Bestimmungen *W. Hoppe*, NVwZ 2004, S. 903 (906f.).

[119] *M. Uechtritz*, ZfBR 2005, S. 11 (15 l. Sp.); *G. Gaentzsch*, Änderungen im System der Fehlerfolgen im Rahmen der Bauleitplanung, in: Spannowsky (Hrsg.), BauGB-Novelle 2004: aktuelle Entwicklungen des Planungs- und Umweltrechts, 2004, S. 131 (138).

[120] Kritisch zu den Konsequenzen dieser Regelung *U. Stelkens*, UPR 2005, S. 81 (82ff.); *W. Erbguth*, DVBl. 2004, S. 802 (807); *M. Quaas/A. Kukk*, BauR 2004, S. 1541 (1544ff.); *M. Uechtritz*, ZfBR 2005, S. 11 (15 l. Sp. ff.)

des Bundesverwaltungsgerichts auch rechtlich unvertretbare Bewertungen als Abwägungsfehler an, so sind nach den einschlägigen Bestimmungen rechtlich nicht mehr akzeptable Bewertungen nur noch dann beachtlich im Sinne der genannten Normen, wenn „korrekte" Bewertungen zu einem anderen Ergebnis geführt hätten.

Lässt man die entsprechende Korrektur aber durch das Gericht im Fall eines ersten fehlgewichteten Belangs zu, so ist zunächst kein Grund ersichtlich, die Wiederholung des Vorgangs nicht auch ein weiteres Mal – letztlich beliebig oft – zu gestatten. Auf die Gewichtungen kommt es dann für die gerichtliche Kontrolle solange nicht mehr an, wie das Abwägungsergebnis nach Ansicht des Gerichts trotz aller Bewertungsfehler hätte gerechtfertigt werden können. Ist dies ausnahmsweise nicht mehr der Fall, so sehen die Planungsgesetze ein Planergänzungsverfahren vor, mit dem im Anfechtungsfalle vor einer Kassation der Behördenentscheidung versucht werden muss, den Fehler durch Schutzauflagen zu beheben.[121] Auf diese Konsequenzen kommt es aber im Gegensatz zur Beschränkung der gerichtlichen Kontrolle auf ergebnisrelevante Fehler für den vorliegenden Zusammenhang nicht maßgeblich an. Sie ließe sich mit der vorstehenden Überlegung als eine Abkehr von der früher und im übrigen bei Ermessensentscheidungen üblichen Begründungsprüfung bezüglich von Bewertungen zugunsten einer Begründbarkeitsprüfung verstehen.

Ganz zwingend ist eine so radikale Deutung von § 75 Abs. 1a VwVfG und § 214 Abs. 3 S. 2 BauGB, die fast jeden Bewertungsfehler unbeachtlich machen würde, allerdings nicht.[122] Angesichts der erkennbaren Intention des Gesetzgebers, planungsrechtliche Vorhaben nicht mehr wegen kleinerer, im Ergebnis unerheblicher Ermessensfehler verzögern oder gar scheitern zu lassen, jedoch nichts an der verfassungsrechtlich geprägten grundsätzlichen Ausgangslage ändern zu wollen, scheint es zumindest möglich, wenn nicht gar geboten, die beschriebene Befugnis und Aufgabe der Gerichte, Korrekturversuche zu unternehmen, an bestimmte weitere Voraussetzungen zu binden.

Entscheidend wäre danach die Auslegung der Beeinflussung des Abwägungsergebnisses, die bereits dann als gegeben angesehen werden könnte, wenn die Bedeutung der festgestellten Fehler, ihre Anzahl oder beides zusammengenommen eine Beeinflussung des Abwägungsergebnisses als zumindest überwiegend wahrscheinlich erscheinen lässt. Im Prinzip kann sich

---

[121] Für das Bauplanungsrecht § 214 Abs. 3 S. 2 BauGB und allgemein für das Fachplanungsrecht § 75 Abs. 1a S. 2 VwVfG; ferner im einzelnen § 17 Abs. 6c FStrG, § 20 Abs. 7 AEG, § 29 Abs. 8 PBefG, § 19 Abs. 4 WaStrG, § 10 Abs. 8 LuftVG, § 5 Abs. 7 MBPlG.

[122] Ebenfalls keine Anordnung einer Begründbarkeitsprüfung erkennend *J. Kühling/N. Herrmann*, Fachplanungsrecht, 2000, S. 113.

das bereits aus einem einzigen Bewertungsfehler ergeben. Das Bundesverwaltungsgericht verlangt insoweit lediglich die konkrete Möglichkeit einer anderweitigen Entscheidung.[123] Eine solche Möglichkeit bestehe immer dann, wenn sich anhand der Planungsunterlagen oder sonst erkennbarer oder naheliegender Umstände bei realistischer Betrachtungsweise ergebe, dass sich ohne den Mangel im maßgeblichen Zeitpunkt des Erlasses des Planfeststellungsbeschlusses ein anderes Abwägungsergebnis abgezeichnet hätte.[124] Das erscheint trotz des vielleicht unvermeidlich spekulativen Charakters der Maßgabe als überzeugende Lösung.[125] Da es um die Überprüfung einer zum Vergleich herangezogenen Hypothese geht, ist einerseits vollständige Sicherheit nicht zu verlangen.[126] Andererseits kann die nur abstrakte Möglichkeit einer anderen Entscheidung nicht ausreichen.[127]

Im Rahmen der von der Rechtsprechung präferierten einschränkenden Auslegung von § 75 Abs. 1a VwVfG und ähnlicher Vorschriften kommt es mithin darauf an, bedeutsame, folgenschwere Abwägungsfehler von unbeachtlichen zu unterscheiden, wobei nur die in dem skizzierten Sinn bedeutsamen Ermessensfehler das Planergänzungsgebot nach § 75 Abs. 1a S. 2 VwVfG auslösen. Eine solche Anwendung des § 75 Abs. 1a VwVfG entspricht dem gesetzgeberischen Wunsch nach Verfahrensbeschleunigung, ohne sich dem Vorwurf auszusetzen, dabei unter Aufgabe der bisherigen und sachlich überzeugenden Rechtsprechung den Gerichten den Zugriff auf die von den Behörden getroffenen Bewertungen fast völlig zu verwehren. Im übrigen steht sie mit der Rechtsprechung des Bundesverwaltungsgerichts in Einklang, nach der selbst nach Inkrafttreten der Beschleunigungsgesetzgebung und dem 6. VwGO-Änderungsgesetz daran festgehalten wird, dass bei der Abwägung das objektive Gewicht der einzelnen Belange zu berücksichtigen ist.[128] Im Rahmen einer Begründungsprüfung ist auch nur das konsequent.

---

[123] BVerwG v. 15.5.1996, DVBl. 1996, S. 925 (928); v. 12.12.1996, NVwZ 1997, S. 908 (913); zustimmend *H.J. Bonk/W. Neumann*, in: Stelkens/Bonk/Sachs, VwVfG, 2001, § 75 Rz. 38; *F. Schoch*, Die Verwaltung 25 (1992), S. 21 (48f.); *R. Steinberg et al.*, Fachplanung, 2000, § 3, Rz. 146ff.; *U. Ramsauer*, in: Kopp/Ramsauer, VwVfG, 2005, § 75 Rz. 17.

[124] BVerwG v. 26.8.1998, 11 VR 4.98, UPR 1999, S. 145 (Passage nicht abgedruckt); v. 25.1.1996, E 100, S. 238 (250); vgl. auch v. 21.3.1996, E 100, S. 370 (379f.); zustimmend *J. Kühling/N. Herrmann*, Fachplanungsrecht, 2000, S. 112; *U. Storost*, NVwZ 1998, S. 797 (801ff.).

[125] Ebenso *J. Kühling/N. Herrmann* (S. 352, Fn. 124), S. 113.

[126] So bereits zu § 214 Abs. 3 BauGB BVerwG v. 21.8.1981, E 64, S. 33 (39).

[127] BVerwG v. 31.3.1996, Az. 4 C 19.94, E 100, S. 370 (Passage nicht abgedruckt).

[128] BVerwG v. 11.7.2001, E 114, S. 364 (367) – zur Abwägung nach dem LuftVG trotz der Einschränkung der Erheblichkeit von Abwägungsfehlern nach § 10 Abs. 8 LuftVG, der der Regelung des § 75 Abs. 1a VwVfG entspricht; v. 19.3.2003, NVwZ 2003, S. 1120 (1125 l. Sp.).

## II. Die überindividuelle Funktion der gerichtlichen Kontrolle staatlichen Handelns im Verwaltungsrecht

Mit dem vorstehend aufgezeigten, auf den Individualrechtsschutz bezogenen Anforderungsprofil sind jedoch die Aufgaben der Verwaltungsgerichtsbarkeit noch nicht vollständig beschrieben. Über den individuellen Rechtsschutz hinaus hat die gerichtliche Kontrolle Auswirkungen auf die Anreize zur sorgfältigen Entscheidungsherstellung. Dieser Effekt wird nachfolgend als „überindividuelle Funktion" der gerichtlichen Kontrolle bezeichnet. Er beruht darauf, dass die gerichtliche Kontrolle staatlichen Handelns nicht nur die Fälle betrifft, in denen es tatsächlich zum Rechtsstreit kommt, sondern bereits dann wirksam wird, wenn dies aus Sicht der Verwaltung mit einer gewissen Aussicht auf Erfolg möglich erscheint. Die gerichtliche Kontrolle staatlicher Handlungen lässt sich in diesem Sinne durchaus als indirekter Beitrag zur (objektiven) Rechtsstaatlichkeit des Verwaltungshandelns verstehen (Art. 20 Abs. 3 GG). Die Verwendung numerischer Verfahren bei der Darstellung der Rechtfertigung von hoheitlichen Maßnahmen kann dies möglicherweise unterstützen.

### 1. Die Rolle der Verwaltungsgerichtsbarkeit im Prinzipal-Agenten-Verhältnis

Die überindividuelle Funktion der Verwaltungsgerichtsbarkeit erschließt sich aber nur dann wirklich in ihrer Bedeutung, wenn man sich folgendes vor Augen führt. Wie groß der Wert der gerichtlichen Kontrolle staatlichen Handelns für eine Gesellschaft ist, hängt eng mit der Gewichtigkeit zusammen, die die Gesellschaftsmitglieder ihrer realen Güterausstattung für ihre Wohlfahrt beimessen.

Unter einem Gut wird in der volkswirtschaftlichen Betrachtungsweise alles verstanden, was menschliche Bedürfnisse befriedigt.[129] Die nachstehende Überlegung fußt auf der Annahme, dass die soziale Wohlfahrt neben der realen Güterproduktion G auch von dem Eindruck E abhängt, den ihre Mitglieder von den gesellschaftlichen Zuständen haben. In der Konsequenz lässt sich das kollektive Nutzenniveau durch eine Erhöhung sowohl von G als auch E steigern. Allein für die Produktion von G kommt es auf die Eignung von Maßnahmen zur Veränderung der realen Güterausstattung und damit auf die Qualität der Kontrolle an, worauf sogleich zurückzukommen ist.

---

[129] So schon *C. Menger*, Grundsätze der Volkswirtschaftslehre, 1871, S. 1 f.; *M. Milgate*, in: The new Palgrave: a dictionary of economics, 1987, S. 546 (548).

E kann hingegen schon durch symbolische Politik gefördert werden. Unter dem Begriff der symbolischen Politik werden für die folgenden Überlegungen solche staatlichen Handlungen zusammengefasst, die zwar den Eindruck über den Zustand einer Gesellschaft verbessern, aber keine direkten positiven Auswirkungen auf die reale Güterausstattung haben. Dies trifft in der Wirklichkeit auf staatliche Maßnahmen selten in vollem Umfang zu, so dass rein symbolische Maßnahmen die Ausnahme sein dürften. Graduelle Unterschiede hinsichtlich der Wirksamkeit sind die Regel. In indirekter Weise können symbolische Maßnahmen ohnehin durchaus zu gewissen Verbesserungen der realen Güterausstattung führen. So ist es nicht ausgeschlossen, dass staatliche Maßnahmen, obwohl sie selbst unmittelbar nichts Positives bewirken, andere Akteure dazu bewegen, etwas für die Förderung der gesellschaftlichen Wohlfahrt zu tun (Vorbildfunktion).

Wenn, wie angenommen, die Zufriedenheit über die gesellschaftlichen Zustände ein Argument in der Wohlfahrtsfunktion darstellt, kann diese durch symbolische Politik ohne entsprechende Auswirkungen in der realen Güterausstattung gefördert werden (Aktionismus). Es genügt dann, dass als Folge der staatlichen Maßnahmen der Eindruck entsteht, es werde etwas gegen Missstände getan. Das setzt allerdings weitestgehend voraus, dass die symbolische Politik nicht als solche erkannt wird – in dem Augenblick, in dem ans Licht kommt, dass der Eindruck täuschte, verfliegt das nutzenstiftende Gefühl der Zufriedenheit. Da die Einrichtung und Durchführung von Kontrolle Einfluss auf die Wahrscheinlichkeit hat, mit der festgestellt wird, dass bestimmte Maßnahmen keine realen positiven Veränderungen der Güterausstattung bewirkt haben oder nur geringere als erwartet, ist für die Wirksamkeit symbolischer Maßnahmen die Durchführung effektiver Kontrollmaßnahmen kontraproduktiv. Je länger aber der betrachtete Zeitraum ist, desto wahrscheinlicher wird die Aufdeckung der Wirkungslosigkeit von symbolischen Maßnahmen.[130]

Unabhängig von der möglichen Enttäuschung über aufgedeckten Betrug hat symbolische Politik den weiteren Nachteil, dass wegen der für ihre Durchführung erforderlichen Mittel weniger Ressourcen in real produktivere Verwendungen investiert werden können. Da symbolische Maßnahmen – etwa der Erlass eines wirkungslosen Gesetzes oder nicht ernst gemeinte Appelle der Verwaltung – häufig nicht viel kosten, dürften diese unmittelbaren Kosten symbolischer Politik jedoch keine allzu große Rolle spielen. Ganz anderes gilt für die massiven fehlallokativen Wirkungen symbolischer Politik, die die genannten positiven Effekte leicht übersteigen

130 Um es mit dem Abraham Lincoln zugesprochenen Diktum auszudrücken, „you may fool all of the people some of the time; you may even fool some people all of the time; but you can't fool all of the people all of the time".

können. Sie liegen darin, dass die Durchführung symbolischer Maßnahmen die Ergreifung produktiverer Maßnahmen erschweren oder gar verhindern kann. Ist ein suboptimales Konzept bereits verwirklicht, ist die Implementation besserer Lösungen mit erheblichen, teilweise eben prohibitiven Kosten verbunden. Dafür gibt es im technologischen Bereich einige gute Beispiele, man denke etwa an den Konflikt zwischen den Standards für private Videoaufzeichnungen (Betamax versus VHS), wo sich das technisch unterlegene System hat durchsetzen können.[131] In der ökonomischen Literatur hat die Entscheidung für ein bestimmtes Tastatur-Design zu entsprechenden Analysen angeregt.[132]

Eine Gesellschaft, die wegen der skizzierten Nachteile symbolischer Politik langfristig denkt und ihrer realen Güterausstattung größere Bedeutung zumißt als dem bloßen Eindruck von den sozialen Zuständen, wird staatliche Maßnahmen ablehnen, die auf die Verbesserung des Eindrucks von den gesellschaftlichen Zuständen ohne korrespondierende reale Verbesserungen zielen. Sie wird vielmehr daran interessiert sein, die staatliche Tätigkeit auf die Erhöhung der realen Güteraustattung auszurichten. Dementsprechende Staatsaufgaben lassen sich in zumindest drei Bereichen ausmachen:[133]

– Staatliche Rahmensetzung im Sinne einer rechtsstaatlichen Ordnung, in der Rechte auch durchgesetzt werden können,
– Internalisierung externer Kosten und
– Umverteilung zur Herstellung intergenerationeller wie intragenerationeller Gerechtigkeit.

Der Staat agiert bei Verfolgung auch der genannten Aufgaben jedoch nicht als perfekt benevolentes Abstraktum, sondern durch die Handlungen von Individuen. Die Ziele der in Gesetzgebung und Verwaltung tätigen Individuen müssen nicht notwendigerweise mit den Präferenzen der Bevölkerung gänzlich übereinstimmen. Daher besteht grundsätzlich die Gefahr der Divergenz zwischen staatlichem Handeln und sozialen Interessen. Soweit Entscheidungen von Individuen in Rede stehen, deren Handlungsanreize maßgeblich von der Beeinflussung ihrer Chancen bestimmt werden, wiedergewählt zu werden, dürfte sogar eine strukturelle Tendenz zur Ergreifung symbolischer Maßnahmen bestehen, da sich symbolische Maßnahmen häufig dadurch auszeichnen, dass sie den Wählern leichter zu vermitteln sind als produktivere Maßnahmen. Die besseren Lösungen lassen

---

131 Gegenwärtig ist ein ähnlicher Konflikt um die Nachfolgeformate für die DVD – Blu-Ray oder HD-DVD – zu beobachten.

132 *P.A. David*, 75 American Economic Review 1985, S. 332ff.; die englische „QWERTY"-Tastatur entspricht dem deutschen QWERTZ-Layout, das nach den sechs Tasten am oberen linken Rand der Tastatur bezeichnet worden ist.

133 Vgl. die Darstellung des *United States Office of Management and Budget*, Regulatory Analysis – Circular A 4, 2003, S. 4ff.

sich nicht selten schwerer „verkaufen“.[134] Soweit es um solche Verwaltungshandlungen geht, die wegen gesetzlicher Entscheidungsspielräume einer ergebnisoffenen Abwägung unterliegen, ist dieser Einfluss sogar bezüglich von Einzelfällen deutlich spürbar.

Der Grund für die angesprochene strukturelle Tendenz zur Bevorzugung suboptimaler oder noch schlechterer Lösungen könnte in folgendem Zusammenhang liegen. Maßgeblich ist für Wahlentscheidungen, ob die Wähler die ergriffenen staatlichen Maßnahmen begrüßen oder ablehnen. Dafür spielen die Gründe, die für die Maßnahmen angeführt wurden oder zumindest gefunden werden konnten, an sich eine nicht unerhebliche Rolle. Da der Einfluss des einzelnen Wählers auf das staatliche Handeln jedoch verschwindend gering ist, besteht wegen der Informationsbeschaffungskosten auf der Seite der Wähler ein starker Anreiz, sich nicht vertieft über die Gründe staatlicher Entscheidungen zu informieren.[135] Wenn aber oberflächliche Informationen auf den Ausgang von politischen Wahlen erheblichen Einfluss haben, dürften auf ihre Wiederwahl bedachte Entscheidungsträger zu Konzepten neigen, die leichter zu vermitteln sind, da diese mit einer höheren Wahrscheinlichkeit durch die Wähler honoriert werden. Das trifft natürlich in erster Linie die Abgeordneten und damit den parlamentarischen Gesetzgeber, indirekt jedoch auch die Verwaltungsführung.

In der Diktion der ökonomischen Theorie zur Beschreibung des skizzierten Zusammenhangs ausgedrückt, liegt zwischen Bevölkerung und ihren hoheitlichen Repräsentanten ein Prinzipal-Agenten-Verhältnis vor, das es erforderlich macht, durch entsprechende Vorkehrungen sicher zu stellen, dass die Agenten („Vertreter“) im Sinne ihres Prinzipals, dem Volk, handeln. Hierfür sind verschiedene Kontrollmechanismen entwickelt worden, allen voran die politische Kontrolle durch Wahlen und die rechtliche Kontrolle durch Gerichte. Mit ihrer Hilfe soll die Bindung der staatlichen Akteure an das Ziel der Verbesserung der realen Güterausstattung gewährleistet werden.

Kontrollorgane sind aber für die Ausübung ihrer Aufgabe stets von Informationen über die Tätigkeit der zu kontrollierenden Instanzen abhängig. Überspitzt gesagt, nur begründete Entscheidungen können überhaupt sinnvoll kontrolliert werden.[136] Je transparenter die Entscheidungsbegründung ist, desto präziser kann die Kontrollaufgabe wahrgenommen werden. Begründungsanforderungen im Sinne von Darstellungspflichten kommt daher eine nicht zu unterschätzende Disziplinierungsfunktion

---

[134] *A. Downs/R. Wildenmann*, Ökonomische Theorie der Demokratie, 1968, S. 202 (engl. Original: An economic theory of democracy, 1957).

[135] *A. Downs/R. Wildenmann* (S. 356, Fn. 134), S. 202.

[136] *C. Engel*, Rechtstheorie 32 (2001), S. 23 (39), mit Blick auf das Verfassungsgericht.

zu.[137] Soweit also numerische Verfahren zu einer transparenteren Darstellung der hoheitlichen Erwägungen führen, fördert dies mit den vorstehenden Überlegungen auch die Sorgfalt der Entscheidungsherstellung und erhöht damit die Chancen auf qualitativ bessere Lösungen angesichts der strukturellen Bevorzugung suboptimaler oder gar unwirksamer Maßnahmen.

## 2. Schlussfolgerungen für die erforderliche Kontrolldichte

Nimmt man die obigen Erwägungen zusammen, so lassen sich aus ihnen für den Kontrollumfang der verwaltungsgerichtlichen Überprüfung folgende Schlüsse ziehen. Während eine nachvollziehbare Rechtfertigung staatlicher Handlungen im Rahmen des Individualrechtsschutzes vor allem hinsichtlich der verfassungsrechtlichen Anforderungen an Grundrechtseingriffe eine Rolle spielt, haben Begründungen für die überindividuelle Funktion der Verwaltungsgerichtsbarkeit eine andere Bedeutung.

Insoweit steht die erwähnte disziplinierende Wirkung von Begründungspflichten im Vordergrund. Die gerichtliche Kontrolle wirkt der strukturellen Bevorzugung leicht vermittelbarer, aber schlecht zu begründenden Maßnahmen entgegen. Die gute Vermittelbarkeit einer Maßnahme ist in einer Demokratie sicher nicht gering zu schätzen. Wegen der Abhängigkeit der Verwaltungsführung von der öffentlichen Meinung in Kombination mit dem erläuterten Informationskostenproblem besteht jedoch Grund zu der Annahme, dass sich die mit oberflächlichen Argumenten zu vermittelnden Vorhaben strukturell gegen sachlich überlegene, aber kompliziertere und schwieriger in der Öffentlichkeit zu kommunizierende Lösungen durchzusetzen vermögen.

Zu den erwähnten Vorkehrungen des Rechtsstaates gegen Fehlentscheidungen aus Gründen dieser Art zählt neben der verfahrensmäßigen Transparenz und der Begründungspflicht eben auch die gerichtliche Kontrolle von Verwaltungshandlungen. Sie hängt in ihrer Effektivität wesentlich davon ab, welche Elemente einer Entscheidung der Kontrolle unterworfen sind. Ist für die gerichtliche Überprüfung nicht nur das Abwägungsergebnis im Sinne einer Vertretbarkeitsprüfung relevant, sondern die gegebene Rechtfertigung, so kommt es schließlich auch für die überindividuelle Funktion der Verwaltungsgerichtsbarkeit zentral darauf an, ob Prognosen und Bewertungen in einer für die Gerichte nachvollziehbaren Form präsentiert werden. Das ist bei dem üblichen natürlich-sprachlichen Vorgehen weit-

---

[137] Dies bemerken auch *H.-J. Koch/H. Rüßmann*, Juristische Begründungslehre, 1982, S. 372.

gehend nicht der Fall, weshalb auf diese Anforderungen zurückzukommen sein wird.[138] Insbesondere soll geprüft werden, ob nicht die Verwendung formaler Darstellungsweisen Abhilfe schaffen könnte.

## III. Die verwaltungsgerichtliche Überprüfung von Abwägungsentscheidungen im einzelnen

Auf Basis der skizzierten Grundsätze hat die Rechtsprechung unter Führung des Bundesverwaltungsgerichts und mit Unterstützung der Literatur eine elaborierte Dogmatik der Überprüfung von behördlichen Abwägungsentscheidungen entwickelt, die im folgenden nachgezeichnet und kritisch gewürdigt werden soll. Es ist zwischen der Beachtung strikter Ermessensgrenzen (1.) und der Abwägungskontrolle im engeren Sinn zu unterscheiden (2.).

### 1. Strikte Ermessensgrenzen

Die Rechtsprechung verfügt mit der Planrechtfertigung (a)), dem zwingenden materiellen Recht (b)) und der Bindung an rechtliche Vorentscheidungen (c)) über ein Bündel an Prüfmaßstäben, mit dem Projekte als rechtswidrig erkannt werden können, ohne in eine gegebenenfalls intensive und damit aufwendige Abwägungskontrolle im engeren Sinne eintreten zu müssen. Nachfolgend sollen diese Ansätze umrissen werden, um ein Bild davon zu gewinnen, wann überhaupt das Abwägungsgebot vollumfänglich zur Anwendung kommen muss.

#### *a) Planrechtfertigung*

Eine besondere Rolle nimmt in der Rechtsprechung des Bundesverwaltungsgerichts zunächst die sogenannte Planrechtfertigung ein. Den Ansatzpunkt für die Planrechtfertigung, die nach eigenem Bekunden der Richter der „normalen“ Abwägungsprüfung vorgelagert ist und der vollen gerichtlichen Kontrolle unterliegt,[139] findet das Gericht darin, dass planerische Ermessensentscheidungen nicht ihre Rechtfertigung in sich selbst tragen,

---

[138] S. zur Kontrolle von Prognosen u. D.III.2.c), von Bewertungen D.III.2.d).

[139] BVerwG v. 24.11.1989, E 84, S. 123 (131); v. 11.7.2001, NVwZ 2002, S. 350 (353 l. Sp.).

sondern wegen der von ihnen ausgehenden Einwirkungen auf Rechte Dritter rechtfertigungsbedürftig sind.[140]

Dabei wurden zur Konkretisierung und Klarstellung des Grundgedankens verschiedene Kriterien entwickelt. Nachdem die Richter ursprünglich formuliert hatten, die Planrechtfertigung sei gegeben, wenn das konkrete Vorhaben „objektiv erforderlich" sei,[141] hieß es später präzisierend, die Erforderlichkeit liege nicht erst bei Unausweichlichkeit der Planung vor, sondern bereits dann, wenn sie „vernünftigerweise geboten" sei.[142] Für die Straßenplanung müsse ferner nach Maßgabe der vom Bundesfernstraßengesetz allgemein verfolgten Ziele ein Bedürfnis bestehen,[143] was im übrigen auch für Teilabschnitte gilt, denen jeweils eine eigenständige Verkehrsfunktion zukommen muss.[144] Nunmehr versteht das Gericht unter der Planrechtfertigung die Prüfung, „ob das Vorhaben mit den Zielen des Gesetzes übereinstimmt, so dass die Zulassung des Vorhabens im Allgemeinwohlinteresse erforderlich erscheint".[145] Allerdings gelte das Erfordernis der Planrechtfertigung nicht nur für dem Allgemeinwohl dienende Planfeststellungen – etwa der Ausbau eines zivilen Verkehrsflughafens –, sondern auch für „privatnützige" (privater Sonderflughafen).[146]

Wie gerade aus dieser jüngsten Formulierung deutlich wird, sind nach der Rechtsprechung des Bundesverwaltungsgerichts die Gesetzeszwecke für die Planrechtfertigung von zentraler Bedeutung.[147] Da die Ziele der Gesetze regelmäßig nicht eindeutig und abschließend schon durch den Wortlaut der Bestimmungen verlautbart werden, sondern durch Auslegung zu ermitteln sind, haben Verwaltung und Rechtsprechung im Laufe der Zeit eine Vielzahl planungsrechtlich legitimer Ziele herausgearbeitet.[148]

---

140 Ständige Rechtsprechung, zuletzt BVerwG v. 11.7.2001, NVwZ 2002, S. 350 (353 l. Sp.).

141 BVerwG v. 7.7.1978, E 56, S. 110 (118f.).

142 BVerwG v. 22.3.1985, E 71, S. 166 (168); v. 6.12.1985, E 72, S. 282 (285); v. 24.11.1989, E 84, S. 123 (130); v. 11.7.2001, NVwZ 2002, S. 350 (353 l. Sp.).

143 BVerwG v. 14.2.1975, E 48, S. 56 (59).

144 BVerwG v. 5.6.1992, NVwZ 1992, S. 1093 (1094); v. 26.6.1992, NVwZ 1993, S. 572 (573); v. 18.12.1991, OVG Münster, NuR 1992, S. 390 (391).

145 BVerwG v. 11.7.2001, E 114, S. 364 (372f.).

146 BVerwG v. 7.12.1998, 11 B 46.98, Buchholz 442.40 § 9 LuftVG Nr. 11, S. 6.

147 Zu den Anforderungen, die sich in dem Kriterium der Planrechtfertigung an die anzustellenden Prognosen erkennen lassen, wird unten in Abschnitt D.III.2.c) eingegangen.

148 Insbesondere die „Verkehrsmäßige Erschließung eines unterentwickelten Raumes", (BVerwG v. 22.3.1985, E 71, S. 166 (169)); die „Lenkung und Beeinflussung der Verkehrsströme" (VGH Kassel v. 19.4.1984, NVwZ 1986, S. 849); die „geänderte Verkehrsbedürfnisse und Gründe des Immissionsschutzes" (BVerwG v. 5.12.1986, E 75, S. 214 (233f.)); die „Verbesserung der Attraktivität des Schienenverkehrs durch Verkürzung der Transportzeiten" (BVerwG v. 27.7.1991, NVwZ 1991, S. 781 (783)).

Die Rechtsprechung zur Planrechtfertigung hat in der Literatur verschiedene Deutungsversuche erfahren.[149] Überwiegend wird die Planrechtfertigung als eine nur grobe Vorprüfung empfunden, die es dem Gericht erlaubt, auf eine nähere Untersuchung der Abwägung bei rasch erkennbar unsinnigen Vorhaben – etwa Gefälligkeitsplanungen – zu verzichten.[150] Wie eben erwähnt, scheint das Gericht den Prüfungsmaßstab der Planrechtfertigung insofern ähnlich zu beurteilen.[151] Geteilt sind die Auffassungen in der Literatur darüber, ob dem Gericht darin beizupflichten ist, es sei aus arbeitsökonomischer Sicht sinnvoll, eine solche Vorprüfung vorzunehmen. Die Kritik wird hauptsächlich darauf gestützt, dass die Fälle, in denen sie dem Gericht tatsächlich eine Arbeitsersparnis bringt, sehr selten sein dürften und die Planrechtfertigung ansonsten keine über die „normale" Abwägungsprüfung hinausgehende Anforderung darstelle.[152] Andere sehen die Bedeutung der Planrechtfertigung vor allem darin, dass mit ihrer Hilfe die verfassungsrechtlichen Anforderungen an Enteignungen konkretisiert werden sollen.[153]

Bei näherer Betrachtung ergibt sich folgendes. Zwar spricht das Gericht von „objektiver Erforderlichkeit" und davon, ob das Vorhaben „vernünftigerweise geboten" sei, was bei unbefangener Betrachtung den Eindruck erweckt, es gehe dem Gericht um die Würdigung des Vorhabens unter Berücksichtigung entgegenstehender Belange. Eine solche saldierende Betrachtungsweise ist aber ersichtlich nicht gemeint. Betrachtet man die einschlägigen Entscheidungen des Gerichts zusammen, so überprüfen die Richter tatsächlich nur, ob die Erwartung gerechtfertigt ist, dass das Vorhaben irgendwelche positiven Auswirkungen auf die für das jeweilige Fachplanungsgesetz relevanten Rechtsgüter hat.[154] Mit anderen Worten geht es bei der Planrechtfertigung trotz der vom Bundesverwaltungsgericht verwendeten, vielleicht etwas missverständlichen Maßgaben nicht um hinreichende Bedingungen rechtsstaatlicher Planung, sondern lediglich um notwendige. Dabei erschöpfen sich die notwendigen Bedingungen insoweit im Vorliegen eines schwachen Gemeinwohlbezugs des Vorhabens.

---

[149] Zusammenfassend *H. D. Jarass*, NuR 2004, S. 69 (69–72).

[150] *J. Kühling/N. Herrmann*, Fachplanungsrecht, 2000, S. 88; *H. D. Jarass*, DVBl. 1998, S. 1202 (1205); *R. Steinberg et al.*, Fachplanung, 2000, S. 197.

[151] BVerwG v. 3.6.1971, E 38, S. 152 (157).

[152] Eine eigenständige Prüfung der Planrechtfertigung ablehnend: *J. Kühling*, Fachplanungsrecht, 1988, S. 73; *H. D. Jarass*, DVBl. 1998, S. 1202 (1205); *R. Steinberg et al.*, Fachplanung, 2000, S. 197; nur skeptisch *J. Kühling/N. Herrmann*, Fachplanungsrecht, 2000, S. 88; *R. Wahl/J. Dreier*, NVwZ 1999, S. 606 (613).

[153] So wohl *M. Ibler*, Die Schranken planerischer Gestaltungsfreiheit im Planfeststellungsrecht, 1988, S. 141; *B. Bartunek*, Probleme des Drittschutzes bei der Planfeststellung, 2000, S. 29.

[154] Ähnlich *H. D. Jarass*, DVBl. 1998, S. 1202 (1204).

Im Ergebnis ist daher der in der Literatur geäußerten Kritik am Institut der Planrechtfertigung weitgehend beizupflichten. Das Institut der Planrechtfertigung macht die Dogmatik der gerichtlichen Kontrolle von Planfeststellungsbeschlüssen verwickelter, ohne dass sich dies angesichts der geringen Zahl von Fällen durch Arbeitsersparnis des Gerichts wirklich rechtfertigen ließe. Überdies leuchtet nur bedingt ein, wieso die Planrechtfertigung einer gerichtlichen Vollkontrolle unterworfen sein soll.[155] Geht es darum, die Übereinstimmung eines Vorhabens mit den Zielen des Gesetzes festzustellen, so ist nicht nur die (Erkenntnis-)Frage berührt, welche Ziele der Gesetzgeber wohl mit dem jeweiligen Fachplanungsrecht als förderungswürdig vorgegeben hat, sondern darüber hinaus und maßgeblich, ob die von den Behörden angestellten Prognosen über die Förderung der ermittelten Ziele vertretbar waren. Bei Prognosen räumt das Gericht aber ansonsten den Behörden einen Spielraum ein.[156] Die anderweitige Rechtsprechung im Rahmen der Planrechtfertigung ist daher zumindest erklärungsbedürftig.

### *b) Zwingendes materielles Recht (Planungsleitsätze)*

Dagegen zählt die Bindung an zwingendes materielles Recht zweifelsfrei zu den strikten Ermessensgrenzen. In früheren Entscheidungen bezeichnete das Bundesverwaltungsgericht diesen Gesichtspunkt als die Bindung an Planungsleitsätze.[157] In jüngeren Judikaten spricht das Gericht von „materiellrechtlichen Vorschriften, die strikte Gebote oder Verbote enthalten“.[158] Das ist wegen Art. 20 Abs. 3 GG an sich nur eine Selbstverständlichkeit.[159] Schon wegen der Konzentrationswirkung von Planfeststellungsbeschlüssen (§ 75 Abs. 1 S. 1 Hs. 2 VwVfG) erstreckt sich der Gesichtspunkt aber nicht nur auf die Lage des Vorhabens im Raum und die damit einhergehende Beeinträchtigung von Grundstücken. Vielmehr sind alle von der Planung berührten zwingenden Rechtsnormen als Planungsleitsätze zu beachten („sekundäres“ materielles Recht).[160] Das gilt im übrigen unabhängig davon, welcher Normsetzungsebene die entsprechenden Vorschriften entstammen.[161] Recht klare

---

155 So zuletzt BVerwG v. 11.7.2001, E 114, S. 364 (373).

156 S. nachstehend D.III.2.c).

157 BVerwG v. 22.3.1985, E 71, S. 163 (165).

158 BVerwG v. 22.5.1996, NVwZ-RR 1997, S. 217 (218); v. 31.3.1996, E 100, S. 370 (380); v. 30.12.1996, NVwZ-RR 1998, S. 284 (287).

159 *J. Kühling/N. Herrmann*, Fachplanungsrecht, 2000, S. 98.

160 *R. Steinberg et al.*, Fachplanung, 2000, S. 182–184.

161 BVerwG v. 16.1.1968, DÖV 1968, S. 653 (655); v. 26.6.1992, NVwZ 1993, S. 573 (575); zustimmend *R. Steinberg et al.* (S. 361, Fn. 160), S. 184; *J. Kühling/N. Herrmann*, Fachplanungsrecht, 2000, S. 99.

Ermessensgrenzen können in Gestalt von umweltrechtlichen Grenzwerten zu finden sein.

Im Einzelfall kann es jedoch trotz des einleuchtenden Ansatzes durchaus mit Schwierigkeiten verbunden sein, zu bestimmen, ob eine Vorschrift „zwingend" im erörterten Sinn ist. So ist umstritten, ob § 10 Abs. 4 KrW-/AbfG (ehemals § 2 Abs. 1 Nr. 1–4 AbfG) in der Abwägung überwunden werden kann.[162] Die Möglichkeit, Dispense zu erteilen, macht die Sache noch etwas komplizierter.[163] Schließlich darf man auch die Augen nicht davor verschließen, dass Auslegungsfragen die im Ansatz so scharfe Grenze des zwingenden Rechts durchaus verschwimmen lassen können; man denke nur an die Bestimmung der „zwingenden Gründe des überwiegenden öffentlichen Interesses" nach § 19 Abs. 3 BNatSchG.

Ferner können gesetzliche Bedarfspläne der behördlichen Prüfung die Frage entziehen, *ob* ein bestimmtes Projekt verwirklicht werden soll. Das Planfeststellungsverfahren reduziert sich dann auf die Prüfung des „Wie", also vor allem auf den konkreten Ort des Projektes im Raum.

### *c) Bindungen an rechtliche Vorentscheidungen*

Des weiteren werden der behördlichen Planung nicht nur durch legislative Vorgaben Grenzen gesetzt. Recht zahlreich sind Vorentscheidungen der Exekutive sein, die ebenfalls den Charakter strikter Ermessensgrenzen annehmen können. Da Planungsentscheidungen regelmäßig in ein System von Planungsstufen eingebunden sind, müssen zunächst höherstufige Raum- und Fachplanungen beachtet werden. Die Bindungswirkung kann dabei bis zur strikten Beachtenspflicht wie etwa bei Zielen der Raumordnung nach § 3 Nr. 2 ROG reichen (vgl. § 1 Abs. 4 BauGB). Auch die verkehrswegeplanungsrechtliche Linienbestimmung zieht der konkreten Planfeststellung in gewisser Hinsicht feste Grenzen. Sind bereits Teilabschnitte eines Verkehrsweges geplant oder bereits gebaut, so ergeben sich hieraus wegen des Verbots des Planungstorsos gleichfalls Ermessensgrenzen.[164]

Schließlich können bundesaufsichtliche Weisungen Bindungswirkungen für die Planfeststellung haben (etwa § 17 Abs. 5 S. 2 FStrG).[165]

---

[162] VGH Kassel v. 28.8.1986, NVwZ 1987, S. 987 (993); VGH Mannheim v. 24.11.1987, UPR 1988, S. 191 (192); dagegen VGH München v. 17.3.1987, UPR 1988, S. 199 (199).

[163] S. etwa Befreiungen nach §§ 62, 34 Abs. 3 und 4 BNatSchG; *R. Steinberg et al.*, Fachplanung, 2000, S. 185 f.

[164] Vgl. *R. Steinberg et al.* (S. 362, Fn. 163), S. 193–196.

[165] Näheres s. *R. Steinberg et al.* (S. 362, Fn. 163), S. 192.

## 2. Abwägungskontrolle im engeren Sinn

Genügt eine Verwaltungshandlung den eben dargelegten strikten Ermessensgrenzen, so treten die Verwaltungsgerichte in die Abwägungskontrolle im engeren Sinn ein. Die nachstehende Darstellung folgt im wesentlichen der überlieferten Dogmatik und unterscheidet den Abwägungsausfall (a), die Abwägungsdefizite (b) und die Abwägungsfehlgewichtungen (d). Die einzige Abweichung liegt in der in einem eigenen Abschnitt zu erörternden Prognosen, der sich zwischen den Fehlern bei der Zusammenstellung des Abwägungsmaterials und den Abwägungsfehlgewichtungen befindet (c).

### *a) Abwägungsausfall*

Von einem Abwägungsausfall spricht das Bundesverwaltungsgericht, wenn und soweit trotz Einschlägigkeit des Abwägungsgebots die entscheidungstragende staatliche Stelle keine eigene Abwägungsentscheidung vornimmt. Hierzu zählen Fälle, in denen sich die Behörde fälschlicherweise durch zwingende Vorschriften des materiellen Rechts oder durch Entscheidungen anderer Hoheitsträger gebunden glaubt, eine bestimmte Maßnahme treffen zu müssen.[166] Aber auch die Bindung an die *eigenen* Zusagen, Abstimmungen, Verträge oder Besprechungen können zu einem Verzicht auf eine abschließende, nochmalige Abwägungsentscheidung führen.[167] Obwohl dies nach Ansicht des Bundesverwaltungsgerichts an sich einen Verstoß gegen das Abwägungsgebot darstellt, ist es möglich, solche Fehler dadurch auszugleichen, dass die Vorwegnahme der Entscheidung sachlich gerechtfertigt war, bei der Vorwegnahme die planungsrechtliche Zuständigkeitsordnung gewahrt wurde und die vorweggenommene Entscheidung auch inhaltlich nicht zu beanstanden ist.[168] Das erfordere unter anderem, dass die vorweggenommene Entscheidung ihrerseits dem Abwägungsgebot genügt."[169]

Damit entspricht das Bundesverwaltungsgericht dem praktischen und in gewissen Grenzen unvermeidlichen Bedürfnis nach Abschichtung von Teilentscheidungen, ohne am Kern der Anforderungen an Planungsentscheidungen etwas zu ändern.

Für den Fall, dass eine Behörde oder eine Gemeinde den ihr von einem Vorhabenträger vorgelegten Plan ohne eigene Entscheidung nur beschließt und damit in die Rolle verfällt, die üblicherweise den Gerichten zugewiesen ist – der Kontrolle der Grenzen der Abwägung –, wird ebenfalls ein Abwä-

[166] *J. Kühling/N. Herrmann*, Fachplanungsrecht, 2000, S. 115.
[167] BVerwG v. 5.7.1974, E 45, S. 309 (317).
[168] BVerwG v. 5.7.1974, E 45, S. 309 (321).
[169] BVerwG v. 5.7.1974, E 45, S. 309 (321).

gungsausfall diskutiert.[170] Ein solches Vorgehen indiziert nach Auffassung des Bundesverwaltungsgerichts noch nicht einmal einen Abwägungsfehler,[171] was durch die Einführung des vorhabenbezogenenen Bebauungsplans nach § 12 BauGB im Bauplanungsrecht nunmehr besondere Bedeutung gewonnen hat.

Bedenklich ist der bloße Erlass eines von einem anderen erarbeiteten Plans deshalb, weil ein solcher Plan dem Verdacht ausgesetzt ist, die ihm zugrundeliegende Bewertung der Interessen sei auf den Planurheber ausgerichtet, was nicht unbedingt deckungsgleich mit der geforderten neutralen und am Allgemeinwohl auszurichtenden Abwägung sein muss. Der Hoheitsträger macht sich sozusagen die Abwägung eines anderen zu eigen. Solange dies aber innerhalb der rechtlichen Grenzen für die Bewertung der betroffenen Belange geschieht, ist dagegen im Grundsatz nichts zu erinnern.

#### *b) Fehler bei der Zusammenstellung des Abwägungsmaterials (Abwägungsdefizite)*

Wie bereits im Rahmen der Entscheidungsherstellung dargelegt, fordert das Abwägungsgebot, das Abwägungsmaterial nach Lage der Dinge vollständig zusammenzustellen.[172] Gerafft gesagt, fallen darunter die von der Entscheidung voraussichtlich berührten Belange, die schutzwürdig und nicht geringwertig sind und die für die planende Stelle bei der Entscheidung über den Plan als abwägungsbeachtlich erkennbar sind.[173] Die Pflicht zur sorgfältigen Zusammenstellung des Abwägungsmaterials schließt ferner die zur Verfügung stehenden Handlungsmöglichkeiten ein (Alternativen). Nunmehr ist die Frage der vollständigen Zusammenstellung des Abwägungsmaterials aus der Kontrollperspektive zu betrachten.

Der vom Bundesverwaltungsgericht in Anschlag gebrachte Prüfmaßstab unterschied sich in bezug auf die Abwägungsbelange und die Handlungsalternativen. Während das Übersehen eines relevanten Belangs ohne weiteres ein Abwägungsdefizit darstellte, sind die Grenzen der Pflicht, alle Alternativen in die Untersuchung einzubeziehen, erst dann erreicht, wenn sich die vorzugswürdige Alternative hätte aufdrängen müssen.[174]

---

[170] BVerwG v. 28.8.1987, DVBl. 1987, S. 1273; *H.-J. Koch/R. Hendler*, Baurecht, Raumordnungs- und Landesplanungsrecht[4], 2004, S. 237f.

[171] BVerwG v. 28.8.1987, DVBl. 1987, S. 1273.

[172] Ständige Rechtsprechung, grundlegend waren BVerwG v. 12.12.1969, E 34, S. 301 (309); v. 5.7.1974, E 45, S. 309 (314); vgl. oben C.II.

[173] BVerwG v. 25.1.1996, E 100, S. 238 (244); v. 24.9.1998, DVBl. 1999, S. 100 (101f.); davor bereits ähnlich v. 29.1.1991, E 87, S. 332 (341f.); v. 5.10.1990, NVwZ-RR 1991, S. 118.

[174] BVerwG v. 26.6.1992, NVwZ 1993, S. 572 (575); v. 10.10.1995, NVwZ-RR 1997,

Die Differenzen haben sich aber seit der Beschleunigungsgesetzgebung nivelliert. Die Regelung des § 75 Abs. 1a VwVfG, nach der Abwägungsfehler nur noch erheblich sind, wenn sie offenkundig und von Einfluss auf das Abwägungsergebnis gewesen sind, hat das Bundesverwaltungsgericht dazu veranlasst, das Übersehen eines Belangs ähnlich der früheren Rechtsprechung bezüglich der Alternativen nur noch dann als relevanten Fehler zu beurteilen, wenn der fragliche Belang die konkrete Möglichkeit einer anderweitigen Entscheidung eröffnet hätte.[175] Noch weiter geht die Regelung des Baugesetzbuchs, nach der selbst ergebniserhebliche Ermittlungs- und Bewertungsfehler zum ersten nicht als Mängel des Abwägungsvorgangs geltend gemacht werden können und zum zweiten zwei Jahre nach Bekanntgabe des Plans unbeachtlich werden, falls sie in dieser Zeit nicht gerügt worden sind.[176]

Die Ermittlungspflicht wird des weiteren dadurch begrenzt, dass typische Konfliktlagen generalisierend bewertet werden dürfen, soweit eine ergänzende Einzelfallbetrachtung von der Sache her nicht geboten erscheint.[177] Schließlich können Tatsachen sowohl im Planfestellungsverfahren als auch im Verwaltungsgerichtsverfahren unter bestimmten Voraussetzungen als wahr unterstellt werden, ohne dass eine entsprechende eigenständige Ermittlung erfolgt.[178] Das ist grundsätzlich sowohl hinsichtlich öffentlicher als auch privater Interessen zulässig. Zugunsten privater Belange ist es wohl eher möglich als zu ihren Lasten.[179] Letzteres dürfte voraussetzen, dass ungeachtet der privaten Belange eine andere Entscheidung nicht in Betracht kommt.[180] Darüber hinaus fordert das Bundesverwaltungsgericht zu Recht, dass die Wahrunterstellung nicht wesentliche Punkte der Gesamtkonzeption berührt und die als wahr unterstellten Tatsachen sich nicht zum Nachteil eines anderen Planbetroffenen auswirken können.[181] Damit werden dem Institut der Wahrunterstellung in materiell-rechtlicher Hinsicht enge Grenzen gesetzt.

---

S. 336; v. 14.5.1996, E 101, S. 166; v. 12.12.1996, E 102, S. 331; v. 24.9.1997, NVwZ-RR 1998, S. 297; v. 26.3.1998, UPR 1998, S. 382; BVerwG v. 8.7.1998, E 107, S. 142 (149f.).

[175] BVerwG v. 13.9.1985, NVwZ 1986, S. 740 (771); v. 27.3.1992, E 90, S. 96 (103); v. 5.10.1990, NVwZ-RR 1991, S. 118 (117).

[176] §§ 214 Abs. 1 Nr. 1, 214 Abs. 3, 215 Abs. 1 BauGB.

[177] BVerwG v. 26.6.1984, Buchholz 407.4 § 17 FStrG Nr. 56.

[178] Zuletzt BVerwG v. 13.3.2003, DVBl. 2003, S. 1064 (1069); zuvor schon BVerwG v. 28.7.1993, Buchholz 316 § 76 VwVfG Nr. 8; v. 21.1.1998, NVwZ 1998, S. 616; v. 26.2.1999, NVwZ 2000, S. 560 (564); *R. Steinberg et al.*, Fachplanung, 2000, S. 232f.; *J. Kühling/N. Herrmann*, Fachplanungsrecht, 2000, S. 119f.; *S. de Witt*, NVwZ 1995, S. 31 (33).

[179] BVerwG v. 21.1.1998, NVwZ 1998, S. 616.

[180] *R. Steinberg et al.*, Fachplanung, 2000, S. 233.

[181] BVerwG v. 27.3.1980, DVBl. 1980, S. 999; v. 5.10.1990, NVwZ-RR 1991, S. 129 (137).

### c) Prognosen

Nach der Rechtsprechung des Bundesverwaltungsgerichts müssen die einer Prognose zugrundegelegten Maßstäbe methodisch fachgerecht erstellt werden,[182] ohne dass diese Forderung näher ausgeführt würde. Mit den vorstehenden Überlegungen zu Prognosen in Abschnitt C.IV.1.b)bb)(1) wird jedoch schon aus Gründen der Operationalisierung und der erforderlichen Leistungsfähigkeit der zu wählenden Methodik eine mathematische Darstellung bei komplexen Abwägungsentscheidungen angezeigt sein. Aber auch aus Gründen der Transparenz können natürlich-sprachliche Bezeichnungen nicht überzeugen, selbst wenn man mit dem Bundesverwaltungsgericht Prognosen nur dann für rechtsfehlerhaft hält, wenn ihnen willkürliche Annahmen zugrundeliegen oder wenn die Behörde von offensichtlichen Unwahrscheinlichkeiten ausgegangen ist.[183] Insoweit unterstützt eine formale Darstellung von Wahrscheinlichkeitsurteilen sowohl die Effektivität des Individualrechtsschutzes als auch die überindividuelle Funktion der Verwaltungsgerichtsbarkeit.

Bei näherer Betrachtung lassen sich nach *Schmidt-Aßmann* hinsichtlich der prognosebezogenen Prüfgegenstände drei Bereiche und entsprechende Kontrollansätze unterscheiden:[184]

– die voll zu überprüfenden Fragen der richtigen Erfassung der Prognosefrage, die Rahmenannahmen und die Datengrundlage der Prognose,

– die ebenfalls voll überprüfte Angemessenheit der gewählten Methodik und die Konsistenz ihrer Anwendung, und schließlich

– die mit einem Ermessensspielraum versehenen einzelnen Wahrscheinlichkeitsurteile.[185]

Dem kann weitestgehend gefolgt werden. Allerdings wird eine volle Überprüfung der Angemessenheit der gewählten Methodik nur dann zu verlangen sein, wenn dies nicht die Befugnis des Gerichts impliziert, vertretbare Prognosemethoden mit der Erwägung zurückzuweisen, es gäbe bessere als die von der Behörde gewählte Vorgehensweisen. Bevorzugt die Verwaltung beispielsweise die Verwendung einer probabilistischen Schreibweise der Wahrscheinlichkeiten, obwohl mit einer Darstellung in natürlichen Häufigkeiten derselbe Zweck in noch transparenterer Weise hätte erfüllt werden können, so ginge es angesichts der auf Ermessensspielräumen basierenden Grundkonzeption von § 114 S. 1 VwGO zu weit, dies bereits als Rechtsverstoß zu werten.

---

[182] BVerwG v. 18.6.1997, E 105, S. 67 (72).

[183] BVerwG v. 18.6.1997, E 105, S. 67 (72).

[184] *E. Schmidt-Aßmann*, in: Maunz/Dürig, GG, 2003, Art. 19 IV Rz. 200.

[185] *E. Schmidt-Aßmann* (S. 366, Fn. 184), Art. 19 IV Rz. 200, nennt dies das Prognoseergebnis.

Was die einzelnen Wahrscheinlichkeitsurteile angeht, so stellen sie sich mit der hier vertretenen Auffassung im Rahmen der Rechtfertigung einer hoheitlichen Entscheidung als Ausdruck des Grads dar, in dem der Amtswalter an den Eintritt eines Ereignisses glaubt (subjektivistischer Wahrscheinlichkeitsbegriff). Dieser ist in der Regel zu quantifizieren. Über die leistungsfähige Operationalisierung hinaus eröffnet die mathematische Darstellungsweise auch den Zugriff der Gerichte auf die einzelnen Prognosen, was im Rahmen einer Begründungsprüfung erforderlich ist, wenn man mit der einleuchtenden Rechtsprechung des Bundesverwaltungsgerichts meint, jedenfalls „offensichtliche Unwahrscheinlichkeiten" dürften einer Verwaltungsentscheidung nicht zugrundegelegt werden.

Der Klarstellung halber sei hinzugefügt, dass ein subjektivistischer Wahrscheinlichkeitsbegriff nicht notwendigerweise zur Folge hat, ein Gericht müsse die entsprechenden Wahrscheinlichkeitsurteile des Erstentscheiders kritiklos akzeptieren. Nach § 114 S. 1 VwGO kommt es auch insoweit auf die Beachtung von Ermessensgrenzen an, die das Gericht mit den „offensichtlichen Unwahrscheinlichkeiten" gezogen hat. Legt man den Wahrscheinlichkeitsbegriff eines gemäßigten Subjektivismus zugrunde, so besteht die Aufgabe des Gerichts darin, die Vertretbarkeit der entsprechenden Überzeugungen des Amtswalters zu überprüfen.

Im übrigen ist zur gerichtlichen Beurteilung von Prognosen im Rahmen einer Anfechtungsklage auf den Zeitpunkt der letzten Verwaltungsentscheidung abzustellen. Es ist deshalb grundsätzlich unerheblich, ob sich die Prognose erfüllt hat oder nicht.[186]

### *d) Gewichtungen (Abwägungsfehlgewichtungen, Abwägungsdisproportionalität)*

#### *aa) Das vierfache Anforderungsprofil*

Wie bereits im Grundsätzlichen erläutert,[187] unterliegen Abwägungsentscheidungen einem komplexen Anforderungsgeflecht hinsichtlich der in Verwaltungsentscheidungen unumgänglichen und nicht schon vom Gesetzgeber eindeutig vorgegebenen Bewertungen.

Erstens sind die relativen Werturteile inhaltlich nicht ins Belieben der Verwaltung gestellt.[188] Vielmehr prüfen die Gerichte, ob ein Belang „unver-

---

[186] BVerwG v. 7.7.1978, E 56, S. 110 (121); v. 5.12.1986, E 75, S. 214 (234); v. 8.7.1998, E 107, S. 142 (148 f.); *J. Kühling/N. Herrmann*, Fachplanungsrecht, 2000, S. 120.

[187] S. o. D. I.

[188] *J. Kühling*, Fachplanungsrecht, 1988, S. 90, spricht insoweit vom „Kontrollanspruch" der Gerichte.

tretbar zu kurz gekommen“[189] oder „außer Verhältnis“ zu seiner objektiven Gewichtigkeit in die Abwägung eingegangen ist.[190] Da dies abgesehen von den Fällen der Verletzung strikten Rechts und den Entscheidungen, die mit keinem denkbaren Satz an rechtlich zulässigen (Prognosen und) Bewertungen gerechtfertigt werden könnten, nicht dem Abwägungsergebnis zu entnehmen ist, vielmehr regelmäßig des Zugriffs auf die Angaben in der Begründung der Verwaltungsentscheidung bedarf, muss man den Ansatz des Bundesverwaltungsgerichts als Begründungskontrolle verstehen. In deren Rahmen gelten Fehlbewertungen auch einzelner Belange als Ermessensfehler.

Zweitens haben die Gerichte zu überprüfen, ob der gesetzlich angeordneten besonderen Bedeutung bestimmter Belange Genüge getan wurde („Optimierungsgebote“).[191]

Drittens hält das Bundesverwaltungsgericht eine bilanzierende Betrachtungsweise für jede Art von Abwägung für kennzeichnend.[192] Gefordert ist eine Gesamtabwägung aller betroffenen Belange.[193] Eine segmentierte Abwägung im Sinne des Vergleichs nur eines Teils der Nachteile mit der Gesamtheit der Vorteile einer Maßnahme ist in aller Regel nicht zulässig.

Schließlich fließt – viertens – über Art. 3 Abs. 1 GG auch die Würdigung vorangegangener Entscheidungen in die gerichtliche Kontrolle ein. Das zielt ebenfalls nicht nur auf das Abwägungsergebnis, sondern auf die Kontrolle des in der Begründung dokumentierten Abwägungsvorgangs.

Im Rahmen dieses Anforderungsprofils ist die auf die Überprüfung von Bewertungen bezogene dritte Stufe des Abwägungsgebots maßgeblich (Abwägungsfehlgewichtung in bezug auf den Abwägungsvorgang, Abwägungsdisproportionalität bezüglich des Abwägungsergebnisses).[194]

---

[189] BVerwG v. 5.7.1974, E 45, S. 309 (326).

[190] St. Rspr., beginnend mit BVerwG v. 12.12.1969, E 34, S. 301 (309) und v. 5.7.1974, E 45, S. 309 (314 ff.); für das Fachplanungsrecht BVerwG v. 14.2.1975, E 48, S. 56 (64); v. 7.7.1978, E 56, S. 110 (123); v. 5.12.1986, E 75, S. 214 (253 f.).

[191] BVerwG v. 15.11.1989, Az. 4 NB 28/89 – zu § 1 Abs. 5 S. 1 BauGB a.F. – die Vorschrift ist nicht durch das EAG Bau geändert worden; v. 20.8.1992, E 90, S. 329 (332) – § 1 Abs. 5 S. 1 und 3 BauGB a.F.; v. 14.10.1996, ZfB 1997, S. 131 (132) – § 124 BbergG; v. 20.2.1998, NVwZ 1998, S. 850 (851) – zu § 29 Abs. 1 S. 2 LuftVG.

[192] Früh schon BVerwG v. 5.12.1986, E 75, S. 214 (254); v. 10.4.1997, E 104, S. 236 (251); aus jüngster Zeit BVerwG, 27.10.2000, E 112, S. 140 (164).

[193] Zuletzt BVerwG v. 30.4.2003, 6 C 6/02, Ziff. II. 1. c) cc) (2); zuvor schon v. 12.12.2002, E 117, S. 248 (260 – Gemeinwohlerfordernis aus § 165 Abs. 3 S. 1 Nr. 3 BauGB); v. 14.11.2002, E 117, S. 149 (162 – fernstraßenrechtliche Abwägung nach § 17 FStrG); v. 8.3.2002, E 116, S. 104 (113 – Herausgabe von Daten nach dem Stasi-Unterlagengesetz); v. 20.2.2002, E 116, S. 5 (25 – Ausstrahlungsverbot für pornographische Filme im Fernsehen); v. 12.4.2000, Az. 11 A 18.98, E 111, S. 108 (Passage nicht abgedruckt – Nr. 1.3 bauplanungsrechtliche Abwägung).

[194] Dass die dritte Stufe des Abwägungsgebots auf die Überprüfung von Bewertungen zielen, sehen auch klar *H.-J. Koch*/*R. Rubel*, Allgemeines Verwaltungsrecht$^2$, 1992, S. 125.

Ihre geringe Bedeutung in der Praxis der Gerichte[195] dürfte zum Teil auf der gesetzlich vorgesehenen Zurücknahme der gerichtlichen Kontrolle gegenüber Planungsentscheidungen beruhen.[196] Als weitere Ursache der so seltenen Feststellung von Bewertungsfehlern darf jedoch vermutet werden, dass der übliche verbale Ausdruck von Werturteilen bereits prinzipiell eine beträchtliche Erschwerung der gerichtlichen Tätigkeit darstellt.[197] Worin diese Schwierigkeiten genau liegen, soll im folgenden aufgezeigt werden.

### *bb) Die Eigenheiten komplexer Verwaltungsentscheidungen und deren Bedeutung für die gerichtliche Kontrolle*

Wenn es nur um den seltenen Fall einer Abwägung von genau zwei Gütern („bikriterielle Abwägung") geht, liefert der Tenor der Entscheidung zusammen mit der Angabe, welche Güter in welcher Quantität betroffen sind, alle für die Kontrolle notwendigen Informationen über das Wertverhältnis der abgewogenen Belange (die Bewertung).[198] Ist bei bikriteriellen Abwägungskonstellationen die Durchführung der Kontrollaufgabe in bezug auf Bewertungen also noch möglich, wenn und soweit staatliche Handlungen in der herkömmlichen Weise begründet werden, so sind komplexe Verwaltungsentscheidungen bezüglich der relativen Werturteile in der gerichtlichen Überprüfung dagegen nicht mehr zu bewältigen, will man eine Begründungskontrolle durchführen.

Denn wie bereits unter dem Gesichtspunkt der Transparenz von Begründungen ausgeführt,[199] können Dritte und damit auch Gerichte ab einer Zahl von drei und mehr berührten Belangen auf die von der Behörde zugrundegelegten Bewertungen aus dem Tenor und den Angaben über die betroffenen Güter hinsichtlicher Qualität und Quantität anders als im bikriteriellen Fall nicht rückschließen. Die Ursache hierfür liegt in der für Außenstehende nicht erkennbaren möglichen gegenseitigen Kompensation von Über- und Unterbewertungen, was auch rechtlich unzulässige Gewichtungen einschließen kann. Es ist vorstehend ebenfalls schon darauf

---

[195] Die Recherche nach „Abwägungsdisproportionalität" ergibt bei Juris eine einzige Entscheidung (VGH Baden-Württemberg v. 28.10.1981, NuR 1983, S. 67–70), die nach „Abwägungsfehleinschätzung" drei (die bereits genannte Entscheidung des VGH Baden-Württemberg v. 28.10.1981, NuR 1983, S. 67–70, und zwei Entscheidungen des BayVGH – v. 19.9.2001, BayVBl. 2002, S. 526–529; v. 29.1.1996, BRS 58 Nr. 6 (1996)). Gerichtsentscheidungen, in denen ein relevanter Bewertungsfehler in der Behördenentscheidung entdeckt wird, sind eine Seltenheit (etwa BVerwG v. 14.11.2002, E 117, S. 149 (160f.)).

[196] Das wird noch unter D.III.2.d)bb)(6) zu vertiefen sein.

[197] Ausnahmsweise stellte der VGH München in seinem Urteil vom 15.10.2003 – 26 N 99.3785, UA S. 15, eine Abwägungsdisproportionalität fest.

[198] S. o. S. 274 a. E.

[199] S. o. C.V.4.

hingewiesen worden, dass sich diese Problematik verschärft, je mehr Belange in die Abwägung einzustellen sind.

*(1) Die Verbalisierung kleiner Intervalle*

Dieser Umstand ist im generellen auch nicht durch die Verwendung sprachlicher Attribute wie „gering“, „mittel“, „groß“ oder ähnliche zu beheben. Wie bereits im Abschnitt zur Entscheidungsherstellung aufgezeigt, ist es zwar gegenwärtig nicht gängig, aber im Prinzip vorstellbar, klar definierte Verhältnisse zwischen solchen Ausdrücken zu bilden. Solange und soweit jedoch die einzelnen Begriffe Wertstufen bezeichnen, folgt aus der damit verbundenen Schaffung von Intervallen die Möglichkeit der Irrationalität im Sinne der logischen Inkonsistenz der Begründung, soweit derartige Begründungen ein bestimmtes Ergebnis A – etwa die Erteilung einer Genehmigung – und gleichzeitig sein Gegenteil non-A – die Versagung der Genehmigung – stützen.[200] Eine Begründung dieser Art müsste im Rahmen einer Begründungsprüfung als fehlerhaft zurückgewiesen werden. Es ist darüber hinaus zu beachten, dass ein Konzept der verbalisierten kleinen Intervalle leicht Gefahr liefe, unübersichtlich zu geraten,[201] weshalb es sich aus Sicht der gerichtlichen Kontrolle nur bedingt empfehlen könnte.

*(2) Die Kontrolle der einzelnen Bewertungen*

Üblich ist jedoch ohnehin, wie ausgeführt, eine verbale Artikulation der Werturteile, bei der auf die Bildung von eindeutigen Wertverhältnissen verzichtet wird. Das hat für die gerichtliche Kontrolle komplexer staatlicher Entscheidungen eine äußerst bedeutsame Folge hinsichtlich des Prüfungsumfangs, also für die Frage, welche Bestandteile einer staatlichen Entscheidung einer gerichtlichen Prüfung unterworfen sind. Klarstellend sei vorweggeschickt, dass es hierbei nicht darum geht, wie streng die gerichtliche Prüfung dabei ist oder zu sein hätte (Prüfungsmaßstab), sondern allein darum, inwieweit ein Gericht feststellen kann, ob die einzelnen Bewertungen ihrem jeweiligen objektiven Gewicht entsprechen und ihre Aggregation rechtsstaatlichen Anforderungen genügt.

Da ein Gericht bei Abwägungsentscheidungen, die drei oder mehr Belange betreffen, nicht auf die getroffenen Bewertungen rückschließen kann, ist es auf die in der Begründung gegebenen Informationen über die getroffenen Werturteile angewiesen, um diese zu beurteilen. Das setzt zunächst einmal voraus, dass die Richter die einzelnen Gewichtungen den Angaben der Ver-

[200] S. o. C.V.5.c)cc).

[201] Näheres bereits unter C.V.4.b).

waltung hinreichend genau entnehmen können müssen. Bei der gewählten rein natürlich-sprachlichen Methodik ist das in aller Regel nicht der Fall.

Ohne die Festlegung eindeutiger Wertverhältnisse ist nämlich der Gehalt der Ausdrücke, mit deren Hilfe einzelne Bewertungen herkömmlicherweise artikuliert werden, wie etwa „gering", „mittel" oder „groß", so vage, dass das Gericht nur prüfen kann, ob mit irgendeinem (vom Gericht ermittelten) Satz von rechtlich zulässigen Bewertungen der Inhalt der Entscheidung begründet werden könnte (Begründbarkeitsprüfung, Ergebniskontrolle).[202] Es kann aber nicht ausschließen, dass ein „richtiges" (begründbares) Ergebnis mit falschen (rechtlich nicht vertretbaren) Bewertungen zustande gekommen ist. Damit ist den Gerichten der Zugriff auf die einzelnen Bewertungen fast völlig verwehrt, die infolgedessen nur noch mit den begrenzten Mitteln einer Begründbarkeitsprüfung kontrolliert werden können. Eine hoheitliche Entscheidung wird danach hinsichtlich der Bewertungen nur dann nicht mehr als rechtmäßig angesehen, wenn sich aus Sicht des Gerichts gar kein zulässiger Satz an Bewertungen finden ließe, der die getroffene Entscheidung tragen würde.

Zur Erläuterung sei das obige Beispiel einer Umgehungsstraße herangezogen, in dem der Bau der Straße Kosten von 1 Mio. Euro verursacht, die durch die Verringerung von Lärmbelastungen und Verbesserungen der Verkehrssicherheit in der Gemeinde gerechtfertigt werden sollen.[203] Würde man die in dem Exempel bereits angeführten Bewertungen von 10 Euro für den Lärm und 1 Mio. Euro für die Verkehrssicherheit als rechtlich nicht mehr vertretbar ansehen, so müsste das Gericht zur Rechtswidrigkeit der Begründung und damit der Entscheidung gelangen, obwohl das Vorhaben nach den getroffenen Bewertungen durch einen positiven Nettonutzen ausgezeichnet ist. Denn nach dem Ansatz des Bundesverwaltungsgerichts müssen auch die einzelnen Bewertungen ihrem objektiven Gewicht entsprechend in die Abwägung eingestellt werden, und davon kann nicht mehr die Rede sein, wenn Fehlbewertungen in die Entscheidung eingeflossen sind.

Da aber die Bewertungen in aller Regel nur verbal beschrieben und dadurch die tatsächlich getroffenen Werturteile dem Gericht nicht mitgeteilt werden, bleibt den Verwaltungsgerichten nichts anderes übrig, als hinsichtlich der Bewertungen auf eine Begründbarkeitsprüfung zurückzugreifen, sich also zu fragen, ob die Entscheidung (auch) mit rechtlich zulässigen Bewertungen hätte gerechtfertigt werden können. In dem Umgehungsstraßen-Beispiel könnte das etwa in der hypothetischen Überprüfung bestehen, ob mit einer Bewertung von 200.000 Euro für die Lärmeffekte

---

[202] S. die Nachweise auf S. 349, Fn. 112.
[203] C.V.4.a).

und 500.000 Euro für die Auswirkungen auf die Verkehrssicherheit das Projekt gerechtfertigt wäre, wenn man die genannten Werte einmal als Bewertungen annimmt, die denen entsprechen, die das Gericht für angemessen hielte. Versteht man diese Werturteile jeweils als die durch das Vorhaben herbeigeführten Kosten und Nutzen, so wäre das wegen des negativen Nettonutzens *ceteris paribus* zu verneinen.

Damit wäre die gerichtliche Kontrolle aber nur dann zu Ende, wenn das Gericht eine strenge Begründbarkeitskontrolle durchführt, in deren Rahmen geprüft wird, ob sich das Abwägungsergebnis mit den Werten rechtfertigen ließe, die das Gericht selbst für angemessen hielte.[204] In dem Normalfall der Ermessenskontrolle nach § 114 S. 1 VwGO, bei der die Richter nicht die Befugnis haben, ihre eigenen Bewertungen an die Stelle der Werturteile des hoheitlichen Entscheidungsträgers zu setzen, sind die Gerichte aber weiter gehalten, der Verwaltung auch in bezug auf die einzelnen Bewertungen Spielräume zu gewähren. Sähe das Gericht in dem Beispiel 200.000 Euro für den Lärm und 500.000 Euro für die Verkehrssicherheit als angemessen an, so wäre es verpflichtet, gewisse Abweichungen von diesen Werten nach oben wie nach unten zu tolerieren.

Das bedeutet unter der Voraussetzung einer natürlich-sprachlichen Präsentation der Gewichtungen folgendes. Da das Gericht ja nicht weiß, von welchen Bewertungen die Verwaltung ausgegangen ist, sind die Richter darauf verwiesen, alle möglichen Gewichtungskombinationen daraufhin zu untersuchen, ob es nicht vielleicht doch einen Satz von rechtlich vertretbaren Bewertungen gibt, der einen positiven Nettonutzen des Projektes zur Konsequenz hätte. So gut wie immer dürfte es möglich sein, zumindest ein solches Bewertungsbündel zu identifizieren, was den Gerichten zur Annahme der objektiven Rechtmäßigkeit der Abwägung derzeit genügen dürfte.

Die sprachliche Darstellung von Wertverhältnissen hat mit den vorstehenden Überlegungen zur Folge, dass die Gerichte hinsichtlich der Gewichtungen keine Begründungsprüfung durchführen können, sondern lediglich eine Begründbarkeitsprüfung, die wegen der Spielraumkonzeption des § 114 S. 1 VwGO in ihrer zurückhaltenden Variante verwirklicht wird. Das stellt die einzelnen Bewertungen entgegen dem Ansatz des Bundesverwaltungsgerichts, wonach die einzelnen Gewichtungen ihrer objektiven Bedeutung entsprechend in die Abwägung einzustellen sind, in das nahezu völlige Belieben der Verwaltung, was keine Anreize zur sorgfältigen Behandlung von Bewertungsfragen setzt.

---

[204] Vgl. bereits D.I.2.b)bb), insbesondere Tabelle 16: Grundformen der gerichtlichen Kontrolle.

### *(3) Die Kontrolle der so genannten Optimierungsgebote*

Das gilt für alle einzelnen Bewertungen und damit auch für die Kontrolle der Belange, die Optimierungsgeboten unterliegen. Auch diese lassen sich im Fall einer natürlich-sprachlichen Artikulation der Bewertungen kaum einer entsprechenden Überprüfung unterziehen. Nach verbreiteter Auffassung geht der Auftrag der Optimierungsgebote dahin, in der Abwägung den von Optimierungsgeboten betroffenen Gütern ein spezifisches, nämlich höheres Gewicht zuzuweisen. Soweit damit kein lexikographischer Rang eines Gutes verbunden ist, also seine Bevorzugung gegenüber allen anderen betroffenen Gütern, zielt ein Optimierungsgebot in diesem Sinne auf die Bewertung eines Gutes, die höher ist, als es der Fall wäre, hätte der Gesetzgeber diesem Gut nicht einen besonders hohen Rang zugewiesen.

So kommt nach § 2 Abs. 1 Nr. 2 BNatSchG der Nutzung sich erneuernder Naturgüter eine „besondere Bedeutung" zu. Wird nun die Bewertung der Nutzung der sich erneuernden Naturgüter im konkreten Fall als „erheblich", „beachtlich" oder ähnliche Ausdrücke mitgeteilt, so ist für Gerichte und Öffentlichkeit nicht erkennbar, ob der Forderung nach „Optimierung" in diesem Sinne Genüge getan wurde. Für die gerichtliche Kontrolle der in den Optimierungsgeboten enthaltenen Maßgaben heißt das in der Konsequenz, dass das Gericht entweder auf Spekulationen hinsichtlich der tatsächlichen Bewertung zurückgreifen müßte, was mit dem Nachteil der Rechtsunsicherheit behaftet wäre, oder davon absehen, die Beachtung der mit den „Optimierungsgeboten" verbundenen Bewertungsanforderung zu überprüfen.

### *(4) Bilanzierende Betrachtungsweise*

Ferner läuft der Ansatz des Bundesverwaltungsgerichts ins Leere, von den staatlichen Entscheidungsträgern eine Gesamtschau aller Vor- und Nachteile der Entscheidung zu verlangen („Gesamtabwägung unter Verwendung einer bilanzierenden Betrachtungsweise"). Verwaltungsentscheidungen, die dem Abwägungsgebot unterliegen, behaupten zwar dementsprechend entweder ausdrücklich oder zumindest implizit, das beschlossene Projekt beruhe auf einer gerechten Abwägung aller Belange.[205] Hinsichtlich des Gedankengangs kann das aber bei der üblichen, natürlich-sprachlichen Art und Weise der Artikulation von Bewertungen aber nicht nachvollzogen und damit auch nicht kontrolliert werden. Das kann man an dem bereits herangezogenen Umgehungsstraßenbeispiel erläutern.

---

[205] So etwa in dem eingangs herangezogenen Beispiel, *Freie und Hansestadt Hamburg*, Planfeststellungsbeschluss DA-Erweiterung vom 8. Mai 2000, 2000, S. 75: „Unter Abwägung aller (sic!; E. H.) betroffenen Belange wird der Plan für das Vorhaben festgestellt."

Würde die Behörde etwa die Lärmreduzierung als „erheblich" und die Erhöhung der Verkehrssicherheit als „beachtlich" bewerten, so kann man der Entscheidung, angesichts der prognostizierten Auswirkungen die Umgehungsstraße bauen zu wollen, das Ergebnis der Abwägung entnehmen, die Kosten seien durch die genannten Vorteile gerechtfertigt. Auf welchem Wege die Verwaltung aber zu diesem Ergebnis gelangt ist – etwa durch Addition von „erheblich" und „beachtlich" –, verschließt sich dem Zugriff der Gerichte und der Öffentlichkeit. Damit werden nicht nur die einzelnen Bewertungen der Kontrolle entzogen, sondern außerdem die Art und Weise ihrer Aggregation.

### *(5) Die Kontrolle der Gleichbehandlung*

Es kommt als weiterer Nachteil einer natürlich-sprachlichen Artikulation der relativen Werturteile hinzu, dass ein Vergleich mit den in vorangegangenen Verfahren getroffenen Bewertungen nur schwer, wenn überhaupt, möglich sein dürfte. Es ist nicht ersichtlich, wie ein Gericht erkennen könnte, ob sich hinter der Bewertung eines Belangs als „stark beeinträchtigt", „erheblich" oder „fühlbar" in zu vergleichenden Fällen dieselben relativen Werturteile verbergen. Dadurch wird das Gleichbehandlungsgebot hinsichtlich der einzelnen Gewichtungen weitgehend entwertet. Die Vergleichbarkeit einzelner Bewertungen ist aber hilfreich, um die konzeptionelle Schlüssigkeit des Verwaltungshandelns zu beurteilen. Auch das kann man sich an dem Umgehungsstraßen-Beispiel verdeutlichen. Wird in einem Fall die Lärmreduzierung mit 200.000 Euro bewertet, so fordert das Gleichbehandlungsgebot, bei der Planung der nächsten Umgehungsstraße unter der Voraussetzung des Vorliegens ähnlicher Bedingungen in bezug auf die Lärmbelastung nicht willkürlich von dieser Bewertung abzuweichen. Solange die Gewichtung des Lärms aber nur natürlich-sprachlich dargestellt wird – etwa mit der Bezeichnung „erhebliche Lärmminderung" –, ist es für ein Gericht nicht möglich, zu beurteilen, ob im Vergleich der beiden Fälle eine Ungleichbehandlung vorliegt und ob sie gegebenenfalls gerechtfertigt ist.

### *(6) Planungsrechtliche Besonderheiten*

Schließlich ist die für die Anwendung des § 75 Abs. 1a VwVfG und ähnlicher Bestimmungen in den Fachplanungsgesetzen und dem BauGB erforderliche Beantwortung der Frage,[206] ob eine Fehlbewertung eines Belangs auf das Abwägungsergebnis Einfluss hatte, bei natürlich-sprachlicher

---

[206] Die Normen, die unter dem „Grundsatz der Planerhaltung" zusammengefasst werden, sind bereits unter D.I.2.b)bb)(4) näher erörtert worden.

Artikulation von Werturteilen kaum umzusetzen. Ein Gericht würde auf massive epistemische und kalkulatorische Schwierigkeiten stoßen, würde es versuchen, die Beeinflussung eines Ergebnisses durch eine bestimmte Bewertung zu ermitteln, wenn und soweit diese natürlich-sprachlich ausgedrückt werden. Solange die Wertverhältnisse unter den Belangen nicht eindeutig bestimmt sind, kann etwa die Aussage, ein bestimmtes Interesse sei in den Augen des Erstentscheiders „von großer Bedeutung", nicht auf ihre Ergebniserheblichkeit hin überprüft werden.

Dieser Zusammenhang lässt sich durch den Blick auf eine Kosten-Nutzen-Analyse veranschaulichen. Bei einer KNA werden die gewichteten Vorteile mit den gewichteten Nachteilen verglichen, wodurch der Nettonutzen des Projektes ermittelt werden kann. Entdeckt nun ein Gericht eine Fehlbewertung, so kann es deren Ergebniserheblichkeit daran erkennen, ob sich bei Ersetzung der fehlerhaften Über- oder Unterbewertung durch eine vertretbare Bewertung etwas Entscheidendes an dem Verhältnis der Vor- und Nachteile ändern würde. Wird etwa aus einem zunächst positiven Nettonutzen bei Verwendung des korrigierten Wertes ein negativer, liegt eine entscheidungserhebliche Fehlbewertung vor. Bei verbaler Vorgehensweise ist ein solcher Test nicht durchführbar.

*(7) Zwischenergebnis*

Es lässt sich damit festhalten, dass das vom Bundesverwaltungsgericht entwickelte und im Prinzip sachlich überzeugende Anforderungsprofil an komplexe Verwaltungsentscheidungen und ihre gerichtliche Überprüfung bei natürlich-sprachlicher Artikulation der relativen Werturteile in aller Regel nicht umgesetzt werden kann. Objektiv-rechtlich bedeutet dies, dass der Anspruch der Gerichte, die Beachtung der objektiven Gewichtigkeit der einzelnen Belange zu kontrollieren, nicht über einen Appell an die Behörden hinausgeht, Bewertungsfragen mit Sorgfalt zu behandeln und es im übrigen hinsichtlich von relativen Werturteilen bei einer zurückhaltenden Form der Begründbarkeitsprüfung zu belassen. Ein derart großzügiger Maßstab ist auch mit Blick auf die erläuterte überindividuelle Funktion der Verwaltungsgerichtsbarkeit fragwürdig.[207]

Subjektiv-rechtlich hat er zur Folge, dass der vom Bundesverwaltungsgericht eingeräumte Anspruch auf ermessensfehlerfreie Abarbeitung der klägerischen Belange ins Leere läuft, sieht man von Extremfällen ab, in denen die Begründbarkeitskontrolle des fraglichen Verwaltungsakts ergibt, dass sich die Maßnahme mit keinem Satz zulässiger Bewertungen rechtfertigen ließe. Zusammengenommen ziehen die dargestellten „toten Winkel" der gerichtlichen Kontrolle die Durchschlagskraft des von der Recht-

---

[207] S. o. D.II.

sprechung selbst aufgestellten vierfachen Anforderungsprofils prinzipiell in Zweifel.

### *cc) Numerische Darstellungen als Lösungsbeitrag?*

Eine Harmonisierung ist auf zwei Weisen vorstellbar. Eine Möglichkeit bestünde darin, die Überprüfung des „objektiven Gewichts einzelner Belange" offen aufzugeben. In der Folge wäre für die Beteiligten eines Verwaltungsverfahrens eindeutig geklärt, dass die Verwaltung das Letztentscheidungsrecht in bezug auf Bewertungen hat; welche Bewertungen sie auch immer trifft, die Gerichte monieren die Gewichtungen solange nicht, wie sie einen Satz rechtlich zulässiger Bewertungen ermitteln können, mit dem die Entscheidung hätte gerechtfertigt werden können. Für den Anspruch auf ermessensfehlerfreie Entscheidung hieße das, dass er sich mit der Ausnahme einer Verletzung des zurückhaltenden Begründbarkeitsmaßstabs nicht auf relative Werturteile bezieht. Im übrigen wären die Gerichte in ihrer materiellen Überprüfung von Verwaltungsentscheidungen neben der Einhaltung des strikten Rechts auf die Frage der Vollständigkeit des Abwägungsmaterials und der Angemessenheit der Prognosen beschränkt.

Wer aber den Anspruch der Verwaltungsgerichte, eine Begründungskontrolle unter Einbeziehung der Überprüfung einzelner Belange durchzuführen, wegen der damit verbundenen Anreize zur sorgfältigen Behandlung von Bewertungsfragen im Prinzip für sachgerecht hält und daher nicht ohne weiteres aufgeben möchte,[208] wird nach einer Methodik Ausschau halten, die dem aufgezeigten Kontrollprogramm Rechnung tragen könnte. Hierfür kommen formale Darstellungsweisen in Betracht.[209]

Zum ersten ist, wie gezeigt, die inhaltliche Kontrolle der Werturteile nur möglich, wenn die von der Behörde getroffene einzelne Bewertung dem Gericht hinreichend präzise mitgeteilt wird. Dem ist mit Hilfe von Zahlen leicht zu entsprechen. Dazu ist lediglich mit Hilfe des oben beschriebenen Verfahrens eine Verrechnungseinheit zu bilden, durch die die erforderlichen relativen Werturteile ausgedrückt werden. In dem Beispiel mit der Umgehungsstraße sind die Wertverhältnisse für diese Zwecke hinreichend klar angegeben, wenn man den Baukosten von 1 Mio. Euro die Reduzierung der Lärmbelastung, die mit 200.000 Euro bewertet wird, und die mit

---

[208] So etwa *R. Sparwasser et al.*, Umweltrecht: Grundzüge des öffentlichen Umweltschutzrechts[5], 2003, § 4 Rz. 188: Planungskontrolle sei Begründungskontrolle, nicht Begründbarkeitskontrolle.

[209] Dass numerische Methoden eine Kontrollfunktion erfüllen können, sieht bereits *E. Gassner*, DVBl. 1981, S. 4 (7); im Zusammenhang mit der Würdigung von Lärmschutzmaßnahmen verlangt das Bundesverwaltungsgericht in seinem Urteil vom 24.9.2003 ausdrücklich eine „differenzierte Kosten-Nutzen-Analyse" – NVwZ 2004, S. 340 (342 r. Sp.).

500.000 Euro bewertete Erhöhung der Verkehrssicherheit gegenüberstellt. Es ist – zum zweiten – auch möglich, in gehaltvoller Weise auszudrücken, welches „besondere Gewicht“ einem Belang in der Abwägung zukam. So aufgabenbedingt ungenau die gesetzlichen Vorgaben in dieser Hinsicht sein mögen, mit Hilfe von Zahlen kann die Behörde zumindest klar artikulieren, welchen besonderen Wert sie den durch Optimierungsgebote hervorgehobenen Belangen im Verhältnis zu den übrigen Interessen zugeschrieben hat. Wäre im Falle der Umgehungsstraße neben den Baukosten, dem Lärm und der Verkehrssicherheit noch ein vierter Belang zu berücksichtigen, etwa die Nutzung sich erneuernder Naturgüter nach § 2 Abs. 1 Nr. 2 BNatSchG wegen Inanspruchnahme eines Waldstücks für die Neubautrasse, so könnte deren Gewichtung im Verhältnis zu den anderen Belangen dadurch dargestellt werden, dass die Begründung ausführt, anstelle einer Bewertung des Waldstücks von beispielsweise 100.000 Euro sei wegen der „besonderen“ Bedeutung dieses Schutzgutes 150.000 Euro in die Abwägung eingestellt worden.

Zum dritten lassen sich Zahlen – in der Praxis also Punktwerte oder Geldeinheiten – auch ohne weiteres aggregieren, wodurch dem Erfordernis einer bilanzierenden Betrachtungsweise zum Zwecke einer Gesamtabwägung in hervorragender Weise entsprochen werden könnte. Da es für die Rechtfertigung einer staatlichen Maßnahme ganz entscheidend ist, ob in einer Gesamtbetrachtung die Vorteile die Nachteile überwiegen, muss die Begründung der Entscheidung im Sinne des § 39 Abs. 1 VwVfG so durchgeführt werden, dass für die Gerichte die Abwägung der Behörde einschließlich der bei der Entscheidung getroffenen Werturteile nachvollziehbar ist. Schon die Möglichkeit der Summenbildung bei der Verwendung von Zahlen lässt erkennen, dass numerische Methoden für die eindeutige, logisch konsistente und transparente Aggregation der Belange besser geeignet sind.

Schließlich – zum vierten – kann auch der Vergleich verschiedener Fälle und damit die nach Art. 3 Abs. 1 GG gebotene Konsistenzkontrolle über Entscheidungssequenzen in substantieller Weise verwirklicht werden. Anders als bei der natürlich-sprachlichen Artikulation von Gewichtungen ermöglicht die Verwendung einer Verrechnungseinheit den Zugriff des Gerichts auf die Gewichtungen einzelner Belange in vorangegangenen Entscheidungen.

#### *dd) Mögliche Konsequenzen einer formalen Methodik als Instrument der gerichtlichen Kontrolle komplexer Verwaltungsentscheidungen*

Einer numerischen Darstellung von Bewertungen zur Verwirklichung einer Begründungsprüfung wäre einer Reihe von Einwänden ausgesetzt, die sich allerdings weitestgehend mit den Bedenken gegen die Heranziehung formaler Analysen im Rahmen der Entscheidungsherstellung decken. Daher kann auf die vorstehenden Ausführungen verwiesen werden.[210] Darüber hinaus ergäben sich im Bereich der gerichtlichen Kontrolle noch weitere Konsequenzen, auf die abschließend eingegangen werden soll. Sie betreffen Auswirkungen von Ermessensfehlern im Rahmen von Anfechtungsklagen als einer der typischen prozessualen Konstellationen (1) und die Frage, inwieweit den Behörden bei der Methodikwahl Ermessen einzuräumen ist (2).[211]

### *(1) Abwägungsfehlgewichtungen bei Anfechtungsklagen*

Nach dem vorstehend Ausgeführten können sich Ermessensfehler auf die Fehlbewertung einzelner Belange beziehen. Dann stellt sich die Frage, wie weiter verfahren werden sollte, wenn das Gericht zumindest eine einzelne Gewichtung als unverhältnismäßig bewertet und dies dazu führt, dass sich die von der Behörde gewählte Maßnahme nicht mehr auf Rang 1 der in Betracht zu ziehenden Alternativen befindet. Eine Möglichkeit wäre es, so lange von einer Aufhebung abzusehen, wie der Nettosaldo der gewählten Alternative noch positiv ist, korrigiert man die Fehlbewertungen durch hypothetische vertretbare Gewichtungen. Das bedeutet jedoch, den Gerichten die Aufgabe zu geben, nach einer rechtlich zulässigen Begründung zu suchen, obwohl die von der Verwaltung gegebene Rechtfertigung mängelbehaftet ist. Das ist im Rahmen einer Begründungsprüfung, in der es auch auf einzelne Fehlbewertungen ankommt, kein gangbarer Weg, zumal es auf eine Ersetzung der behördlichen Entscheidung durch eine gerichtliche hinausliefe.[212]

Überzeugend ist daher letztlich nur, die gesamte Maßnahme aufzuheben und ein Bescheidungsurteil zu erlassen. Der Nachteil einer solchen Lösung liegt wie stets bei der Begründungsprüfung darin, dass auch Ermessensentscheidungen aufzuheben wären, die die Behörde auch bei angemessener Bewertung so getroffen hätte und im zweiten Anlauf auch so trifft. Dies lässt sich nur über den höheren Anreiz rechtfertigen, die Behörden zur sorgfältigen Behandlung von Bewertungsfragen anzuhalten. Unbillige Ergebnisse lassen sich über die Feinsteuerung der Größe der den Behörden gewährten Freiräume vermeiden. Im Anwendungsbereich von § 75 Abs. 1a VwVfG und der entsprechenden Bestimmungen in den Fachplanungsgesetzen und dem Baugesetzbuch ist nach der sachgerechten Auffassung

---

[210] S. o. C.V.5.c)cc).

[211] Auf die Veröffentlichung von Betriebsgeheimnissen ist bereits im ex-ante-Teil eingegangen worden, s. oben C.V.5.c)cc)(3)(b).

[212] BVerwG v. 10.2.1989, UPR 1989, S. 227 (228); v. 25.2.1988, NVwZ 1989, S. 150 (153 l. Sp.); v. 29.1.1991, E 87, S. 332 (345); zustimmend *J. Kühling/N. Herrmann*, Fachplanungsrecht, 2000, S. 109f.

des Bundesverwaltungsgerichts zusätzlich zu prüfen, ob die Bewertungsfehler so gewichtig sind, dass nicht nur die abstrakte Möglichkeit einer anderweitigen Entscheidung besteht.[213]

*(2) Ermessen bezüglich der Methodikwahl?*

Will man im Rahmen einer Begründungsprüfung auf die einzelnen Gewichtungen zugreifen, so verlangt dies deren transparente Artikulation, was, wie gezeigt, auf natürlich-sprachliche Art und Weise nur in Ausnahmefällen möglich ist. Nimmt man noch die Forderung nach einer nachvollziehbaren Gesamtabwägung hinzu, so erscheint die überlieferte Art und Weise, komplexe Verwaltungsentscheidungen zu begründen, als generell ungeeignet, diesen Maßstäben zu genügen. Allerdings sind den Behörden schon wegen § 114 S. 1 VwGO Freiräume hinsichtlich der Wahl der spezifischen Darstellungsweise einzuräumen. Die Grenzen ihres Ermessens werden mit den vorstehenden Überlegungen dadurch gezogen, dass die Nachvollziehbarkeit der einzelnen Bewertungen und ihrer Aggregation gewährleistet sein muss. Ob dies im Einzelfall gelungen ist, kann von den Gerichten ohne weiteres eindeutig ausgemacht werden und ist daher kein tauglicher Gegenstand eines Ermessensspielraums.

Im übrigen stellt die Wahl einer unzureichenden Methodik keinen bloßen Verfahrensfehler im Sinne der §§ 45, 46 VwVfG dar, sondern betrifft die Nachvollziehbarkeit des Abwägungsvorgangs und damit die materiellrechtliche Seite einer Behördenentscheidung. Das ergibt sich aus folgender Überlegung:

Der Gehalt einer natürlich-sprachlichen Bewertung ist regelmäßig nicht genau zu verstehen, was wegen der damit einhergehenden kalkulatorischen Probleme zur Folge haben kann, dass das Gericht die Gerechtigkeit des Abwägungsergebnisses, wie sie sich aus der Gesamtabwägung aller Belange ergeben muss, nicht anhand der Begründung nachprüfen kann. Das schließt zwar nicht *per se* die Möglichkeit aus, dass die Behörde eine vertretbare Bewertung getroffen, nur sie nicht in nachvollziehbarer Art und Weise in den Entscheidungsgründen mitgeteilt hat. Dementsprechend geht das Bundesverwaltungsgericht im Einklang mit Unbeachtlichkeitsvorschriften wie etwa § 214 BauGB davon aus, dass ein Abwägungsvorgang trotz fehlerhafter Begründung rechtmäßig sein kann.[214]

Die Anforderung, einzelne Bewertungen nachvollziehbar auszudrücken, zeigt jedoch, welch essentielle Bedeutung das Bundesverwaltungsgericht den Entscheidungsgründen hinsichtlich der Rechtfertigung einer Maß-

---

[213] Vgl. oben D.I.2.b)bb)(4).

[214] BVerwG v. 28.12.1988, NVwZ-RR 1989, S. 528 (529); v. 5.10.1990, NVwZ-RR 1991, S. 118 (127); v. 25.1.1996, E 100, S. 238 (248ff.).

nahme beimißt. Grundsätzlich gilt nämlich, wie bereits erwähnt, dass es aus Gründen der Gewaltenteilung den Gerichten nicht gestattet ist, bei Vorliegen eines Begründungsfehlers noch zusätzlich zu überprüfen, ob nicht dennoch das Ergebnis mit einer anderen Begründung aufrechterhalten werden könnte.[215]

Dies lässt sich auf die Fälle unklarer Begriffe oder nichtssagender Floskeln zur Artikulation von relativen Werturteilen übertragen. Auch insoweit müsste das Gericht untersuchen, ob sich hinter der vagen Beschreibung in der Begründung eine vertretbare Bewertung verbergen könnte. Wegen der notwendigen Wechselbeziehung aller Gewichtungen würde dies auf eine Begründbarkeitsprüfung der Maßnahme hinauslaufen, also geradezu im Widerspruch zu der vom Bundesverwaltungsgericht verfolgten Linie stehen, anhand der vom Erstentscheider gegebenen Begründung die objektive Gewichtigkeit der einzelnen Belange und ihre konsistente Aggregation überprüfen zu wollen.

Eine in bezug auf die Transparenz der Artikulation von Prognosen und Bewertungen unzureichende Begründung stellt mithin einen Fehler des Abwägungsvorgangs, also einen materiellen Ermessensfehler dar.[216] Solche Fehler unterliegen nicht den Heilungs- und Unbeachtlichkeitsvorschriften der §§ 45 und 46 VwVfG. Daran ändert im Grundsatz nichts, dass die Beachtlichkeit solcher Fehler im Planungsrecht wegen § 75 Abs. 1a VwVfG und den entsprechenden fachgesetzlichen Bestimmungen davon abhängt, ob die Abwägungsfehlgewichtungen von Einfluss auf das Abwägungsergebnis gewesen sind.[217] Etwas anders verhält es sich seit Inkrafttreten des Europarechtsanpassungsgesetz Bau im Bauplanungsrecht. Nach § 214 Abs. 3 S. 2 Halbsatz 1 BauGB können Fehler, die sich auf die Ermittlung und Bewertung der Belange im Sinne von § 214 Abs. 1 Nr. 1 BauGB beziehen, nicht als Mängel des Abwägungsvorgangs geltend gemacht werden und kommen zwei Jahre nach Bekanntmachung des Plans in den Genuss ihrer Unbeachtlichkeit gemäß § 215 Abs. 1 BauGB.[218]

---

[215] BVerwG v. 10.2.1989, UPR 1989, S. 227 (228); v. 25.2.1988, NVwZ 1989, S. 150 (153 l. Sp.); v. 29.1.1991, E 87, S. 332 (345); zustimmend *J. Kühling/N. Herrmann*, Fachplanungsrecht, 2000, S. 109f.

[216] *H.A. Wolff*, in: Sodan/Ziekow, VwGO, 2003, § 114 Rz. 280; *M. Gerhardt*, in: Schoch/Bier/Schmidt-Aßmann/Pietzner, VwGO, 2003, § 114 Rz. 11.

[217] S.o. D.I.2.b)bb)(4).

[218] Kritisch zu dieser Regelung *U. Stelkens*, UPR 2005, S. 81 (82ff.), und die weiteren auf S. 350, Fn. 120, genannten Beiträge.

## IV. Zwischenergebnis: Begründungsprüfung von Verwaltungsentscheidungen einschließlich der einzelnen getroffenen Werturteile

Zusammengefasst lässt sich folgendes festhalten. Die Tätigkeit der Verwaltungsgerichtsbarkeit unterliegt nicht nur dem einfachgesetzlichen Verwaltungsprozessrecht und materiell-rechtlichen Anforderungen, sondern auch verfassungsrechtlichen Vorgaben. Wie sich aus Art. 19 Abs. 4 GG und Art. 20 Abs. 3 GG in Verbindung mit den Grundrechten in ihrer Abwehrfunktion ergibt, ist es eine der essentiellen Aufgaben der Verwaltungsgerichte, sicherzustellen, dass die in ihren Grundrechten betroffenen Kläger nur gerechtfertigte Grundrechtseingriffe erdulden müssen. Die inhaltliche Rechtfertigung der Grundrechtsbeeinträchtigung liegt in der durch eine Gesamtabwägung zu gewinnenden Gerechtigkeit des Abwägungsergebnisses im Sinne eines positiven Nettonutzens. Die Kontrolle der Einhaltung von Ermessensgrenzen ist daher als solches nicht ins Belieben des einfachen Gesetzgebers oder der Gerichte gestellt.

Neben dem Individualrechtsschutz kommt der Kontrolle hoheitlicher Maßnahmen auch eine überindividuelle Komponente zu, die darin besteht, dass bereits die Möglichkeit der gerichtlichen Überprüfung die Verwaltung zur sorgfältigen Entscheidungsherstellung anhält. Sie wirkt der in einer repräsentativen Demokratie unvermeidlichen Bevorzugung leicht vermittelbarer Maßnahmen entgegen und stellt insofern eine Ergänzung der politischen Kontrolle durch Wahlen durch eine unabhängige Überprüfung von Verwaltungshandlungen dar. Beide Funktionen der Verwaltungsgerichtsbarkeit hängen hinsichtlich ihrer Wirksamkeit von den herangezogenen Kontrollmaßstäben ab.

Vor einer Abwägungsprüfung im engeren Sinne prüfen die Verwaltungsgerichte in jedem Fall, ob striktes Recht verletzt wurde. Darüber hinaus verfügen sie im Prinzip über zwei grundlegende Kontrollmethoden zur Überprüfung der Gerechtigkeit von Abwägungsergebnissen. Sie können einerseits den Tenor der zur Überprüfung stehenden Maßnahme daraufhin kontrollieren, ob sich eine vernünftige Rechtfertigung finden ließe (Begründbarkeitsprüfung). Andererseits können sie, soweit die Begründungspflicht reicht, im Falle einer gegebenen Begründung diese daraufhin untersuchen, ob sie fehlerfrei erfolgt ist (Begründungsprüfung). Für beide Varianten lassen sich sowohl zurückhaltende als auch strenge Unterarten unterscheiden, wobei die denkbare Extremkategorie strenger Begründungsprüfungen bislang nicht verwirklicht ist und auch nicht praktikabel erscheinen würde.

Die Rechtsprechung des Bundesverwaltungsgerichts, nach der es bei der Kontrolle komplexer Verwaltungsentscheidungen auf die „objektive

Gewichtigkeit der einzelnen Belange" ankommt, lässt sich nur als eine Begründungsprüfung verstehen, soll darin mehr als ein bloßer Appell zur sorgfältigen Behandlung von Bewertungsfragen gesehen werden. Das hat weitreichende Konsequenzen. Bei Zugrundelegung einer Begründungsprüfung muss sich aus der Begründung der Behörde ergeben, welche Gründe die Verwaltung zu der Überzeugung von dem positiven Nettonutzen der Maßnahme gebracht haben. Des weiteren führt der Anspruch auf ermessensfehlerfreie Entscheidung über die angemessene „Abarbeitung" der klägerischen Belange zur Unzulässigkeit einer Beschränkung der gerichtlichen Kontrolle auf die „eigenen" Belange des Klägers, wie sie außerhalb des Enteignungsrechts gängige Praxis ist. Vielmehr sind wegen der notwendigen Wechselbeziehung der klägerischen Belange mit denen ihnen gegenüberstehenden Interessen vorbehaltlich entgegenstehender gesetzlichen Regelungen stets alle Belange in die gerichtliche Kontrolle einzubeziehen.

Keine Beschränkung dieser Art ergibt sich allerdings aus § 75 Abs. 1a VwVfG und den entsprechenden Bestimmungen verschiedener Fachplanungsgesetze und des BauGB, nach denen Abwägungsfehler nur beachtlich sind, wenn sie offenkundig und auf das Abwägungsergebnis von Einfluss gewesen sind. Zwar wäre es möglich, die Vorschriften als radikale Abkehr von einer Begründungsprüfung in bezug auf Bewertungen auszulegen. Soweit muss man aber nicht gehen, wie auch die höchstrichterliche Rechtsprechung zeigt. Zum einen verlangen die Gerichte das Vorliegen der konkreten Möglichkeit einer anderweitigen Entscheidung, was sich im Prinzip bereits aus einer einzigen folgenreichen Fehlbewertung ergeben kann. Zum anderen hält das Bundesverwaltungsgericht trotz der Beschränkung auf ergebnisrelevante Fehler an seiner sachgerechten Linie fest, nach der es für die Kontrolle komplexer Verwaltungsentscheidungen auf die Beachtung der objektiven Gewichtigkeit der einzelnen Belange ankommt.

Insgesamt unterwirft die Verwaltungsrechtsprechung komplexe Verwaltungsentscheidungen einem vierfachen Satz an Anforderungen. Zunächst beanspruchen die Gerichte, auch die Fehlbewertung einzelner Werturteile monieren zu dürfen. Diese Aufgabe kann noch dadurch verkompliziert werden, dass der Gesetzgeber einigen Belangen, den so genannten Optimierungsgeboten, ein besonders hohes Gewicht zugewiesen hat, was sich zunächst in der Entscheidung niederschlagen muss. In der gerichtlichen Kontrolle muss dann überprüft werden, ob das durch den Gesetzgeber erhöhte objektive Gewicht des Belangs angemessen in Rechnung gestellt worden ist.

Darüber hinaus ist ein Abwägungsvorgang nur dann rechtlich einwandfrei, wenn er auf einer bilanzierenden Betrachtung zum Zweck der Bildung einer Gesamtabwägung beruht. Schließlich ist das Gleichbehandlungsgebot zu beachten, was sich nicht nur im Abwägungsergebnis, sondern im Rahmen der vom Bundesverwaltungsgericht favorisierten Begründungsprüfung auch im Abwägungsvorgang niederschlagen muss.

Die gängige Art, Verwaltungsentscheidungen zu begründen, setzt der Verwirklichung dieses anspruchsvollen und im Kern sachgerechten Geflechts von Anforderungen empfindliche Grenzen. Keine Probleme bereitet zunächst die Vollständigkeit der Zusammenstellung des Abwägungsmaterials, versteht man darunter die Sichtung aller Belange, die von der Entscheidung betroffen sein können. Insoweit räumen die Gerichte den Behörden keine Ermessensspielräume ein. Methodisch stellen sich auf dieser Ebene keine besonderen Probleme.

Bereits Prognosen lassen sich bezüglich ihres Gehalts aber nicht ernstlich kontrollieren, werden sie in der Begründung der Verwaltungsentscheidung mit Begriffen wie „wahrscheinlich" oder „sehr unwahrscheinlich" beschrieben. Besonders auffällig werden die Limitierungen der natürlichen Sprache jedoch bei der für Abwägungsentscheidungen so wichtigen Artikulation von Bewertungen. Insoweit ist entgegen dem Anspruch, die Beachtung der objektiven Gewichtigkeit der einzelnen Belange zu gewährleisten, gegenwärtig nicht mehr als eine Begründbarkeitsprüfung möglich.

Diese Restriktion resultiert aus der Vagheit, die mit der natürlich-sprachlichen Mitteilung von Werturteilen einhergeht, und dem Verzicht auf die eindeutige Festlegung der Wertverhältnisse. Aber selbst eine eindeutige Festlegung sprachlich bezeichneter Wertverhältnisse würde keine überzeugende Lösung darstellen, da wegen der damit verbundenen Bildung von Intervallen die Gefahr logischer Inkonsistenz besteht.

Hingegen ist bei der gängigen Art, Verwaltungsentscheidungen zu begründen, die Zuschreibung der relativen Werturteile durch die Behörde inhaltlich und methodisch nahezu beliebig. Eine verbale und nicht eindeutig definierte Artikulation der relativen Werturteile macht es dem Gericht unmöglich, die relativen Werturteile, deren Wert zwischen Null (irrelevanter Belang) und Unendlich (Planungsleitsatz) liegt, zu kontrollieren. Damit sind diese Werturteile der gerichtlichen Überprüfung mit der Folge ihrer weitgehenden Beliebigkeit entzogen; unzulässige Bewertungen können daher entgegen der Rechtsprechung, nach der auch die einzelnen Gewichtungen vertretbar sein müssen, der Entscheidungsherstellung zugrundeliegen, ohne dass die Gerichte die Möglichkeit hätten, dies zu erkennen. Allein der äußerst seltene Fall einer nicht mehr begründbaren Entscheidung bildet die Ausnahme. Das lässt sich nur schwer mit den rechtlichen Anforderungen an Abwägungsentscheidungen vereinbaren, wonach auch die einzelnen Werturteile der Behörden der gerichtlichen Überprüfung unterworfen sind, bei den Belangen verschiedene Bedeutungsgrade unterschieden werden müssen und insgesamt eine bilanzierende Betrachtungsweise aller Vor- und Nachteile angezeigt ist.

Ausgehend von dem überzeugenden Ansatz des Bundesverwaltungsgerichts, nach dem auch die einzelnen relativen Werturteile Gegenstand der gerichtlichen Kontrolle sind, war daher der Frage nachzugehen, ob es eine Methodik der Präsentation von Bewertungen gibt, die dies ermöglicht. Sie konnte in der numerischen Artikulation in Gestalt einer Verrechnungseinheit gefunden werden, wie sie beispielsweise im Rahmen von Kosten-Nutfzen-Analysen eingesetzt wird.

Sie gestattete den Gerichten und der Öffentlichkeit den Zugriff auf die Bewertung einzelner Belange, würde das besonders hohe Gewicht der so genannten Optimierungsgebote nachvollziehbar machen, erlaubte eine kalkulatorisch belastbare Bilanzierung im Sinne einer Gesamtabwägung und würde dem Anspruch gerecht, die Gleichbehandlung der klägerischen Belange im Vergleich mit vorangegangenen Entscheidungen hinsichtlich des Abwägungsvorgangs sicherzustellen, woraus sich eine substantielle Überprüfung der Konsistenz des Verwaltungshandelns auch in komplexen Fällen ergäbe. Die erwähnte Entscheidung des *Cumbria County Council* in bezug auf den Standort eines geplanten atomaren Endlagers gibt einen deutlichen Hinweis darauf, dass im Falle einer numerischen Darstellung der Gründe für eine Verwaltungsentscheidung auch die Gewichtung einzelner Aspekte in der gerichtlichen Kontrolle überprüft werden können.[219]

Die Einwände gegen die Verwendung einer numerischen Darstellungsweise im Zusammenhang mit der gerichtlichen Kontrolle von Verwaltungsentscheidungen decken sich weitgehend mit denen, die gegen sie als Instrument der Entscheidungsherstellung vorgebracht worden sind. Sie hatten sich im Kern als nicht durchschlagend erwiesen, sieht man von der Ausgrenzung solcher Entscheidungen ab, deren geringe Bedeutung den Aufwand nicht zu rechtfertigen vermag, den eine Formalisierung mit sich bringt.

---

219 S. o. B.III.1.a)cc).

# E. Abwägungsentscheidungen bei der Rechtsetzung nach deutschem Recht

## *I. Einführung*

Die vorstehende Untersuchung komplexer Verwaltungsentscheidungen unterschied zwischen den Anforderungen an die Entscheidungsherstellung einerseits (*ex ante,* Abschnitt C) und an die gerichtliche Kontrolle andererseits (*ex post,* Abschnitt D). Um genauer zu bestimmen, unter welchen Voraussetzungen es *ex ante* zu Entscheidungsspielräumen kommt, die durch Abwägungsentscheidungen auszufüllen sind, waren zunächst die semantischen wie die normstrukturellen Ursachen rechtlicher Indeterminierung zu analysieren. Anschließend wurden die von der Dogmatik bereitgestellten materiellen Handlungsnormen in bezug auf die Gesetzesauslegung und die Ermessensbetätigung untersucht, die von Pflichten zur Erläuterung der Entscheidungsgründe ergänzt werden. Schließlich war zu prüfen, welche Rolle numerische Verfahren zur Erfüllung des anspruchsvollen Anforderungsprofils spielen könnten.

Diesem Muster kann die sogleich durchzuführende *Ex-ante*-Betrachtung von Rechtsetzungsakten im wesentlichen folgen, da zwischen Rechtsanwendung und Rechtsetzung strukturelle Parallelen bestehen. Man darf in gewissem Sinne sogar von „Gesetzgebungsermessen" sprechen, wie es das Bundesverfassungsgericht bereits des öfteren getan hat.[1] Das Gericht betrachtet die Tätigkeit des Gesetzgebers *ex ante* als Abwägungsvorgang, der nach Verhältnismäßigkeitsgrundsätzen zu bewältigen ist. Das kann für die Frage der normativen Strukturierung der Entscheidungsherstellung wie auch für die zu ihrer Durchführung anzuwendende Methodik nicht ohne erhebliche Konsequenzen bleiben, die allerdings angesichts der vom

[1] BVerfG v. 23.10.1951, E 1, S. 14 (15, 3. LS.); v. 7.5.1953, E 2, S. 266 (280); v. 11.6.1957, E 7, S. 377 (400); v. 21.6.1988, E 78, S. 350 (358); v. 26.2.1997, E 95, S. 193 (219); der Begriff der Ermessensgrenzen wird verwendet in BVerfG v. 18.12.1953, E 3, S. 225 (240); v. 27.11.1973, E 36, S. 174 (189); v. 8.5.1974, E 37, S. 201 (212); Ermessensüberschreitung: BVerfG v. 20.3.1952, E 1, S. 167 (180); v. 13.6.1956, E 5, S. 77 (81); v. 3.12.1958, E 9, S. 3 (10); Ermessensmissbrauch: BVerfG v. 30.4.1952, E 1, S. 264 (273); v. 20.7.1954, E 4, S. 7 (18); v. 16.6.1959, E 9, S. 305 (323). Trotz dieser Rechtsprechung erschien *K. Meßerschmidt*, Gesetzgebungsermessen, 2000, S. 238ff., der Ausdruck „Gesetzgebungsermessen" zur Bezeichnung der Tätigkeit der Legislative rechtfertigungsbedürftig.

Bundesverfassungsgericht herangezogenen Begründbarkeitsprüfung allenfalls ansatzweise mit gerichtlichen Sanktionen bewehrt sind. Das bedeutet aber nicht, dass schon aus diesem Grund keine verfassungsrechtlichen Ansprüche an die Strukturierung der Rechtsetzung als Abwägungsvorgang zu stellen wären. Vielmehr kommt insofern der Verhältnismäßigkeitsgrundsatz als Handlungsnorm zum tragen. Erst in Abschnitt F wird es dann um die gerichtliche Kontrolle von Legislativakten gehen. Dort wird insbesondere zu hinterfragen sein, ob es tatsächlich auch im Falle bedeutender Gesetzesinitiativen überzeugt, bei der gerichtlichen Kontrolle der Legislative davon abzusehen, zumindest gewisse Anforderungen an die Methodik und die Erläuterung der Entscheidungsgründe zu stellen.

Hinsichtlich der legislativen Entscheidungsherstellung ist nunmehr an erster Stelle zu klären, auf welchen Eigenschaften des Verfassungsrechts die gesetzgeberischen Spielräume beruhen (II.). Anschließend sind die materiellen Anforderungen in den Blick zu nehmen, die das Grundgesetz an deren Nutzung stellt, wobei die maßgeblichen Unterschiede zwischen Rechtsanwendung und Rechtsetzung zu berücksichtigen sein werden (III.). Dazu rechnet insbesondere, dass sich das Bundesverfassungsgericht auf eine Begründbarkeitsprüfung, also auf eine Prüfung des Gesetzes als Ergebnis eines Abwägungsvorgangs, beschränkt. Dennoch stellt sich die Rechtsetzung in vielen Fällen als komplexe Entscheidungsherstellung dar, deren gerichtliche wie politische Kontrolle durch eine Begründung erleichtert würde (IV.). Ob und inwieweit das Grundgesetz vom Gesetzgeber der Einsatz einer leistungsfähigen formalen Methodik verlangt, wird unter V. erörtert. Auf dieser Grundlage zu untersuchen sein, welche Funktion numerischen Verfahren im Kontext der Rechtsetzung zukommen könnte (VI.). Abschließend ist noch auf die Besonderheiten der Rechtsetzung in Form von Satzungen und Rechtsverordnungen und die Übertragbarkeit der Überlegungen hinsichtlich der parlamentarischen Gesetze einzugehen (VII.).

## *II. Ursachen von Spielräumen im Verfassungsrecht und ihre Systematisierung*

### 1. Semantische und normstrukturelle Spielräume

Auch die Verfassung ist ein Gesetz, und als Rechtstext ist sie der Auslegung regelmäßig bedürftig und fähig. Insofern bringt die Verfassungsauslegung zunächst einmal alle Schwierigkeiten mit sich, die für die Auslegung des einfachen Rechts im vorstehenden verwaltungsrechtlichen Teil dargelegt worden sind. Die Maßgaben zur Bewältigung der dadurch gestellten Auslegungsaufgaben können wegen ihrer allgemeinen Geltung ohne weiteres auf das Verfassungsrecht übertragen werden.

Zur Beseitigung von Auslegungszweifeln bezieht sich die Rechtsprechung des Bundesverfassungsgerichts zumeist auf den klassischen Kanon von Auslegungsmethoden, der bereits kritisch gewürdigt worden ist.[2] Schutzbereich und Gewährleistungsinhalt der Grundrechte seien mittels der herkömmlichen Interpretationsmethoden zu ermitteln.[3] Die historische Auslegung der Verfassung müsse sich in diesem Rahmen um die Ermittlung der Zwecke des Verfassungsgebers bemühen,[4] und die systematische Auslegung verlange die Berücksichtigung der anderen Normen des Grundgesetzes.[5] Auch im Verfassungsrecht zielt die teleologische Auslegung auf die Ermittlung des Sinn und Zwecks einer Norm.[6]

Wie aber vorstehend dargelegt worden ist, können trotz dieser Auslegungsansätze Zweifel verbleiben, die der Engführung auf eine eindeutig rechtlich gebotene Handlung entgegenstehen. Um Wiederholungen zu vermeiden, sei daher auf die obigen Ausführungen zu Entscheidungsspielräumen bei der Gesetzesauslegung verwiesen, die sich weitestgehend übertragen lassen.[7] Danach lassen sich Spielräume

– wegen semantischer Unbestimmtheit (Vagheit, Mehrdeutigkeit, Prognosebegriffe) und
– normstruktureller Ergänzungsbedürftigkeit des anzuwendenden Rechts (Prinzipien)

unterscheiden.

Für beide kommt es bei der Auslegung des Grundgesetzes auf die Regelungsabsichten des Verfassungsgebers an, zum einen hinsichtlich der semantischen Unbestimmtheit zum Zwecke der Präzisierung des Gesagten, zum anderen hinsichtlich der normstrukturellen Ergänzungsbedürftigkeit zur Bestimmung der zu optimierenden Güter und des angestrebten Grades ihrer Verwirklichung. Insofern können Schwierigkeiten bestehen, die Absichten des Verfassungsgebers genau festzustellen, was insbesondere aus

– der Pluralität und Gegenläufigkeit der Zielsetzungen,
– der Unbestimmtheit der vom Verfassungsgeber angestrebten Ziele und des Grades ihrer Zielverwirklichung und

---

[2] S. o. C.I.2.a), S. 89ff.

[3] So etwa beispielshaft zu Art. 2 Abs. 2 S. 1 GG BVerfG v. 25.2.1975, E 39, S. 1 (37).

[4] BVerfG v. 16.12.1991, E 88, S. 40 (56f.).

[5] BVerfG v. 17.1.1957, E 6, S. 55 (72).

[6] BVerfG v. 26.11.1986, E 74, S. 51 (54); *C. Starck*, Die Verfassungsauslegung, in: Isensee/Kirchhof (Hrsg.), Handbuch des Staatsrechts, Bd. VII: Normativität und Schutz der Verfassung – Internationale Beziehungen, 1992, S. 202.

[7] S. o. C.I.2.b), Zusammenfassung in Form eines Zwischenergebnisses unter C.I.2. b)cc).

– fehlendem realwissenschaftlichem Wissen über Wirkungszusammenhänge, über welches zu verfügen bei der subjektiv-teleologischen oder einer objektiv-teleologischen Auslegungsbegründung, der Anwendung des Verhältnismäßigkeitsgrundsatzes oder der Lösung einer Grundrechtskollision von Bedeutung ist,

resultieren kann.[8]

### 2. Alexys Vorschlag zur Systematisierung der Entscheidungsspielräume

Um die Vielfalt möglicher Ursachen für die verfassungsrechtlichen Freiheiten des Gesetzgebers systematisch zu erfassen, hat *Alexy* in jüngerer Zeit vorgeschlagen, zwei Gruppen von Spielräumen zu unterscheiden, die strukturellen und die epistemischen.[9] Beide beziehen sich auf die Ursachen der jeweiligen Spielräume. Während die strukturellen Spielräume durch nichts anderes definiert seien als durch die Abwesenheit von definitiven Geboten und Verboten,[10] würden sich die epistemischen Spielräume auf empirische oder normative Erkenntnisschwierigkeiten beziehen.[11] Die strukturellen Spielräume umfassten Zwecksetzungsspielräume, Mittelwahlspielräume und Abwägungsspielräume. Der Zwecksetzungsspielraum in der Diktion *Alexys* ist eröffnet, wenn der Gesetzgeber, Verhältnismäßigkeit vorausgesetzt, alle Zwecke verfolgen darf, die das Grundgesetz ihm nicht schon abstrakt verbietet.[12] Der Mittelwahlspielraum bezieht sich auf die Wahl zwischen mehreren gleich gut geeigneten Mitteln.[13] Schließlich stelle der Abwägungsspielraum das Kernstück der durch die Verfassung gesetzten Rahmendogmatik dar.[14] Ihnen gemeinsam sei, dass dort, wo der strukturelle Spielraum beginne, die verfassungsgerichtliche Kontrolle ende.[15]

Unter empirischen Erkenntnisspielräumen versteht *Alexy* in erster Linie Prognoseschwierigkeiten hinsichtlich der Auswirkungen einer Maßnahme,[16] normative Erkenntnisspielräume bezögen sich auf den materiellen Inhalt der Verfassung.[17] Wodurch letztere gekennzeichnet sind, wird jedoch nicht

[8] *H.-J. Koch*, EuGRZ 1986, S. 345 (360 l. Sp.).
[9] *R. Alexy*, VVDStRL 61 (2002), S. 7 (15 ff.).
[10] *R. Alexy* (S. 388, Fn. 9), S. 7 (15).
[11] *R. Alexy* (S. 388, Fn. 9), S. 7 (27 ff.).
[12] *R. Alexy* (S. 388, Fn. 9), S. 7 (17).
[13] *R. Alexy* (S. 388, Fn. 9), S. 7 (17).
[14] *R. Alexy* (S. 388, Fn. 9), S. 7 (18).
[15] *R. Alexy* (S. 388, Fn. 9), S. 7 (16); dem muss verschiedenes entgegengehalten werden, s. unten F. I.
[16] *R. Alexy* (S. 388, Fn. 9), S. 7 (27).
[17] *R. Alexy* (S. 388, Fn. 9), S. 7 (28 f.).

restlos klar. Jedenfalls resultieren Erkenntnisspielräume nach *Alexy* aus den Grenzen der Fähigkeit, die Grenzen der Verfassung zu erkennen.[18]

Auch wenn *Alexy* grundsätzlich Zustimmung in seinem Bemühen verdient, die vielfältigen Spielräume anhand ihrer Ursachen zu klassifizieren, so führt sein Ansatz doch nicht über die bereits dargelegte Analyse semantischer und normstrukturell bedingter Entscheidungsspielräume hinaus.[19] Insofern bleibt es dabei, dass in semantischer Hinsicht Phänomene wie die Vagheit zu Unbestimmtheiten führen, die eliminiert werden müssen, will man eine Entscheidung fällen. Normstrukturell kann eine Norm entweder als Ermessensnorm im Sinne von „kann"-, „darf"- und „soll"-Bestimmungen oder als Prinzip ausgestaltet sein, wie es gerade *Alexy* für die Grundrechte herausgearbeitet hat. Für beide Ursachen der Unbestimmtheit spielt es eine Rolle, dass die Absichten des Verfassungsgebers in vielen Fällen nicht oder nicht präzise genug ermittelt werden können, um eine einzige rechtlich erlaubte Handlung zu identifizieren. Vor allem aber ist der Systematisierungsversuch *Alexy*s für die hier zu klärende Fragestellung nicht zielführend, welche innere Struktur die Ausfüllung der Spielräume in dogmatischer und entscheidungstheoretischer Sichtweise hat und welche methodischen Implikationen damit verbunden sind.

### 3. Besondere Eigenheiten der Verfassungsauslegung?

Gleichfalls wenig weiterführend sind die Ansichten, die für die Auslegung des Grundgesetzes teilweise von der Auslegung des einfachen Rechts abweichende Grundsätze geltend machen.[20] Vornehmstes Interpretationsprinzip sei die Einheit der Verfassung.[21] Eine Verfassung werde nicht einfach ausgelegt, sondern „in ihrem Gesamtsinn verstanden".[22] Ferner soll der *Maßstab funktioneller Richtigkeit* bestimmen, dass die entscheidende Stelle weder durch die Art und Weise der Konkretisierung noch durch

---

[18] *R. Alexy* (S. 388, Fn. 9), S. 7 (16).

[19] Besonders zur Analyse letzterer hat *Alexy* selbst bedeutende Beiträge geliefert; vgl. oben Abschnitt C.I.2.a).

[20] Nach Ansicht von *Röhl* ist bei vielen Normen der Verfassung ein „Mehr" an Auslegung gegenüber einfachem Gesetzesrecht wegen ihrer Offenheit erforderlich (*K. F. Röhl*, Allgemeine Rechtslehre², 2001, S. 622). Ebenfalls Besonderheiten der Verfassungsauslegung sehen *H. Ehmke*, VVDStRL 20 (1963), S. 53 (63 f.); *E. W. Böckenförde*, Die Methoden der Verfassungsinterpretation. Bestandsaufnahme und Kritik, in: Böckenförde (Hrsg.), Staat, Verfassung, Demokratie, 1991, S. 53 (80 ff.) und *P. Lerche*, Stil, Methode, Ansicht, Polemische Bemerkungen zum Methodenproblem (1961), in: Dreier/Wegmann (Hrsg.), Probleme der Verfassungsinterpretation, 1976, S. 110 (117).

[21] BVerfG v. 14.12.1965, E 19, S. 206 (220); *K. Hesse*, Grundzüge des Verfassungsrechts der Bundesrepublik Deutschland²⁰, 1995, S. 27.

[22] *M. Bullinger*, JZ 2004, S. 209 (209).

deren Ergebnis die verfassungsmäßig normierte Verteilung der Funktionen verändern dürfe.[23]

Schließlich wird die Existenz eines Grundsatzes der normativen Kraft der Verfassung behauptet. Danach solle beim Lösen positivrechtlicher Probleme den Gesichtspunkten der Vorzug gegeben werden, „die unter den jeweiligen Voraussetzungen der normativen Verfassung zur optimalen Wirkungskraft verhelfen".[24]

Die vorgebrachten verfassungsspezifischen Auslegungsansätze bedürfen für den weiteren Gedankengang keiner vertieften Erörterung. Sie betreffen nicht die Ursachen von Entscheidungsspielräumen, sondern machen Aussagen über bestimmte Ziele der Verfassungsauslegung. Das Grundgesetz ist danach so auszulegen, dass die Einheit der Verfassung, die Kompetenzordnung oder die optimale Wirkungskraft der Verfassung erreicht werden kann. Damit sind einerseits Zielsetzungen formuliert, die sicher mit Sympathie betrachtet werden können; andererseits greifen sie als einzelne zu kurz, da es auch bei der Auslegung der Verfassung in den meisten Fällen um den Ausgleich unter Zielbündeln geht. Gerade das schafft in Kombination mit den übrigen dargelegten Ursachen materiellrechtliche Entscheidungsspielräume für den Gesetzgeber unabhängig von der Frage, nach welchen Maßstäben vom Bundesverfassungsgericht kontrolliert wird, ob in rechtmäßiger Art und Weise von ihnen Gebrauch gemacht worden ist.

## *III. Materiellrechtliche Anforderungen an parlamentarische Gesetze*

Die Nutzung der Entscheidungsspielräume unterfällt weithin dem im Rechtsstaatsprinzip verankerten Verhältnismäßigkeitsgrundsatz, nach welchem erhebliche staatliche Belastungen stets einer Rechtfertigungspflicht unterliegen.[25] Einer Abwägung entzogen ist allerdings nach verschiedentlich vertretener Ansicht der durch Art. 19 Abs. 2 GG geschützte Kernbereich (1.). Im übrigen findet der Verhältnismäßigkeitsgrundsatz als Handlungsnorm im Sinne einer Obliegenheit Anwendung auf die Rechtsetzung als *Ex-ante*-Vorgang (2.a) bis c)). Das gilt sowohl in bezug auf die Freiheitsgrundrechte als auch hinsichtlich der Gleichbehandlungsgebote als Handlungsnorm (2.d). Die damit verbundene Abwägungsaufgabe kann aus verschiedenen Gründen einen hohen Grad an Komplexität annehmen, wenn

---

[23] *H. Ehmke*, VVDStRL 20 (1963), S. 53 (73 ff.).

[24] BVerfG v. 17.1.1957, E 6, S. 55 (72); v. 15.121976, E 43, S. 154 (167); *K. Hesse*, Grundzüge des Verfassungsrechts der Bundesrepublik Deutschland[20], 1995, S. 27 f.

[25] BVerfG v. 16.1.1957, E 6, S. 32 (37 f.) – Elfes; BVerfG v. 6.6.1989, E 80, S. 137 (152 ff.) – Reiten im Walde.

etwa statistische Schlüsse im Rahmen der Sachverhaltsermittlung durchzuführen oder langfristige Effekte durch Prognosen abzuschätzen sind (2.e) oder die Aggregation der Auswirkungen im Wege einer Gesamtabwägung beurteilt werden muss (2.f).

## 1. Die Wesensgehaltgarantie nach Art. 19 Abs. 2 GG

Nach Art. 19 Abs. 2 GG darf in keinem Falle ein Grundrecht in seinem Wesensgehalt angetastet werden. Einigkeit herrscht darüber, dass die Norm nicht nur die in Art. 19 Abs. 1 GG in Bezug genommenen Grundrechte, die durch Gesetz auf Grund eines Gesetzes eingeschränkt werden können, betrifft, sondern alle grundrechtseinschränkenden Akte des Gesetzgebers, der Exekutive und der Judikative einbezieht.[26]

### *a) Institutioneller oder individualrechtlicher Schutz?*

Umstritten ist hingegen zunächst, ob Art. 19 Abs. 2 GG individuell auf die Grundrechtsinhaber oder generell auf das Grundrecht bezogen ist. Von seinem Wortsinn her ist beides möglich. Für eine Auslegung als objektivrechtliches Rechtsinstitut lässt sich anführen, dass ein individualrechtliches Verständnis möglicherweise nur schwer in die Systematik der Grundrechte einzupassen wäre, wenn man bereits eine Enteignung oder den *Numerus Clausus* als dauerhafte Zugangsschranke zu einem Beruf als Eingriffe in den Wesensgehalt des Eigentumsgrundrechts bzw. der Berufsfreiheit einer Person betrachtet. In einer frühen Entscheidung des Bundesverfassungsgerichts klingt ein objektivrechtliches Verständnis von Art. 19 Abs. 2 GG an, wenn das Gericht formuliert, die Frage, ob der Wesensgehalt angetastet sei, bestimme sich unter anderem nach dem zu regelnden Lebensverhältnis, der tatsächlich getroffenen Regelung und den gesellschaftlichen Anschauungen hierüber sowie nach dem rechtlich geläuterten Urteil über die Bedeutung, die das Grundrecht nach der getroffenen Einschränkung noch für das soziale Leben im Ganzen besitze.[27]

Der objektivrechtlichen Auffassung ist aber entgegenzuhalten, dass die Grundrechte um des Schutzes jeder einzelnen Person und ihrer Würde

[26] *T. Maunz*, in: Maunz/Dürig/Herzog/Scholz, GG, 2003, Art. 19 Abs. 2, Rz. 25; *E. Denninger*, in: Denninger u. a. (Hrsg.), Ak-GG, 2002, Art. 19 Abs. 2, Rz. 2; *Krebs*, in: von Münch/Kunig, GG, Bd. I, 2000, Art. 19 Rz. 21.

[27] BVerfG v. 7.5.1953, E 2, S. 266 (285).

willen gewährleistet sind.[28] Darüber hinaus erfüllt der individuelle Schutz der Freiheiten eine objektive und von ihrem Wesensgehalt her notwendige Funktion, so etwa der Schutz der Meinungsäußerung von Minderheiten, vielleicht sogar nur eines Einzelnen, um die Möglichkeit freier Kommunikation als Prozess zu bewahren.[29] Auch zwingen die vorstehend genannten Probleme mit Art. 12 Abs. 1 GG und Art. 14 Abs. 1 GG nicht zu einer objektivrechtlichen Sichtweise. Die Enteignung ist Teil des verfassungsrechtlichen Rechtsinstituts „Eigentum“ und kann schon von daher nicht den Wesensgehalt berühren.[30] Was die Berufsfreiheit angeht, so ist der *Numerus Clausus* zwar eine Sperre, einen bestimmten Beruf zu erlernen, solange aber *Numerus-Clausus*-Betroffenen noch andere ähnliche Berufe zur Auswahl stehen, dürfte eine Verletzung von Art. 19 Abs. 2 GG ausscheiden.[31]

### *b) Deklaratorisch-relative oder absolute Schutzfunktion?*

Gleichfalls herrscht keine Einigkeit darüber, ob Art. 19 Abs. 2 GG lediglich den Verhältnismäßigkeitsgrundsatz wiederholt, also nur deklaratorische Bedeutung hat, oder ob die Wesensgehaltgarantie darüber hinaus der staatlichen Gewalt eine absolute Sperre setzt. Gegen die relativen Theorien spricht, dass sie Art. 19 Abs. 2 GG ohne Not funktionslos werden lassen, was besonders im Falle eines Konflikts zwischen Verfassungsrechtsgütern misslich ist.[32] Das Bundesverfassungsgericht misst dagegen der Wesensgehaltgarantie einen eigenständigen Platz in der verfassungsrechtlichen Prüfung zu, wenn es im Wesensgehalt einen „letzten unantastbaren Bereich menschlicher Freiheit“ sieht und einen „absolut geschützten Kernbereich privater Lebensgestaltung“ anerkennt.[33] Das ist als Abwägungssperre überzeugend, auch wenn das Bundesverfassungsgericht, soweit ersichtlich, bislang keine gesetzliche Maßnahme wegen Verletzung des Kernbereichs aufgehoben hat. Wie *Jarass* bemerkt, spielt Art. 19 Abs. 2 GG praktisch keine Rolle, da er nicht verletzt ist, werden die sonstigen für Grundrechtseinschränkungen geltenden Regeln gewahrt.[34] Das ändert aber nichts

[28] *H. Dreier*, in: Dreier/Bauer (Hrsg.), GG, Bd. 1 (Art. 1–19), 2004, Art. 19 Abs. 2, Rz. 12; *E. Denninger*, in: Denninger u.a. (Hrsg.), Ak-GG, 2002, Art. 19 Abs. 2, Rz. 5.
[29] *E. Denninger* (S. 392, Fn. 28), Art. 19 Abs. 2, Rz. 5.
[30] *E. Denninger* (S. 392, Fn. 28), Art. 19 Abs. 2, Rz. 6.
[31] *E. Denninger* (S. 392, Fn. 28), Art. 19 Abs. 2, Rz. 6.
[32] *E. Denninger* (S. 392, Fn. 28), Art. 19 Abs. 2, Rz. 8.
[33] BVerfG v. 16.1.1957, E 6, S. 32 (41); v. 8.3.1972, E 32, S. 373 (378f.); v. 31.1.1973, E 34, S. 238 (245); v. 15.1.975, E 38, S. 312 (320); v. 15.12.1983, E 65, S. 1 (44ff.); v. 14.9.1989, E 80, S. 367 (373f.); v. 24.6.1993, E 89, S. 69 (82f.).
[34] *H. D. Jarass*, in: Jarass/Pieroth, GG, 2004, Art. 19 Rz. 7.

an seiner dogmatischen Funktion, bestimmte Kerngüter dem Zugriff des Gesetzgebers vollständig zu entziehen.

Dieser absolut garantierte „Rest" der grundrechtlich geschützten Freiheit dürfte jedoch nicht situations- und subjektunabhängig, sondern nur dynamisch zu bestimmen sein,[35] worin eine gewisse Annäherung an die relativen Theorien liegt. So muss die Verhängung einer lebenslangen Freiheitsstrafe, die nicht nur bezüglich der Menschenwürde, sondern auch mit Blick auf Art. 19 Abs. 2 GG als problematisch empfunden wurde,[36] in ihrer tatsächlichen Dauer von den konkreten, individuellen Verhältnissen, etwa der Gefährlichkeits- und Resozialisierungsprognose des Verurteilten abhängen.[37] Die Wesensgehaltgarantie entzieht der staatlichen Gewalt aber die Möglichkeit, unter Berufung auf die Abwägung im konkreten Fall dem Straftäter jeden letzten Rest von Freiheit zu nehmen.

Hinsichtlich der Rechtsetzung als *Ex-ante*-Vorgang bedeutet dieses dynamisch-absolute Verständnis von Art. 19 Abs. 2 GG, dass eine Alternative, die bereits wegen ihrer Auswirkungen auf den Wesensgehalt eines oder mehrerer Grundrechte verfassungswidrig wäre, aus der weiteren Betrachtung ausscheiden muss, wenn sich dies nicht durch Variantenbildung beheben lässt. Die übrigen Alternativen unterliegen dem Verhältnismäßigkeitsgrundsatz, auf den nunmehr einzugehen ist.

## 2. Der Verhältnismäßigkeitsgrundsatz als Handlungsnorm

Wer mit dem Bundesverfassungsgericht den Verhältnismäßigkeitsgrundsatz als zentrale Kontrollnorm bei der Überprüfung von Legislativakten akzeptiert, stellt damit zugleich zumindest indirekt gewisse Anforderungen an die Entscheidungsherstellung bei der Nutzung der vorstehend unter II. genannten Entscheidungsspielräume, die im folgenden näher zu untersuchen sind.

### *a) Das Abwägungsgebot als Rechtspflicht der Legislative?*

Zu weit dürfte die Überlegung *Kloepfer*s hinsichtlich der rechtlichen Maßgaben für die Rechtsetzung gehen, wegen der Parallelität von Satzungserlassrecht und parlamentarischer Rechtsetzung müsse der Verhältnismäßigkeitsgrundsatz in Gestalt des Abwägungsgebots als vollständig überprüfbare

---

[35] *E. Denninger*, in: Denninger u. a. (Hrsg.), Ak-GG, 2002, Art. 19 Abs. 2, Rz. 10.

[36] *H. U. Erichsen*, NJW 1976, S. 1721 ff.; BVerfG v. 21.6.1977, E 45, S. 187 (270) – Lebenslange Freiheitsstrafe.

[37] *E. Denninger*, in: Denninger u. a. (Hrsg.), Ak-GG, 2002, Art. 19 Abs. 2, Rz. 10.

Rechtspflicht herangezogen werden.[38] Das differenzierte Anforderungsgeflecht, das für den Erlass von Satzungen insbesondere im Bauplanungsrecht gelte, zeige deutlich, dass Rechtsetzungsakte keineswegs kategorisch von rechtlichen Bindungen bezüglich ihrer Herstellung freigestellt sein müßten.[39] *Kloepfer* geht davon aus, dass es Bindungen der Staatsgewalt gibt, die auch staatliche Normen in jedweder Form erfassen.[40] Dabei will er aus den Maßgaben des Satzungserlassrechts „allgemeine Anforderungen auch an die Erarbeitung parlamentarischer Gesetze" entwickeln.[41]

Als methodischer Ansatz sei hierbei die Abstraktion fruchtbar zu machen, mit der unter „Weglassung des Individuellen und Zufälligen" des einen Rechtsgebiets, hier des Satzungserlassrechts, allgemeine Erkenntnisse gewonnen werden könnten, die auf eine andere Regelungssituation anwendbar seien.[42] Die Unterschiede zwischen Satzungs- und Gesetzgebung, obwohl beide der Regulierungsform der Rechtsetzung zugehörten, würden allerdings zu einer differenzierten („gewaltenvariierten") Betrachtungsweise nötigen.[43] Der Erlass von Satzungen unterliege im Vergleich mit der formellen Gesetzgebung strengeren Anleitungen und Beschränkungen.[44] Die Erarbeitung von Gesetzen sei überdies regelmäßig komplizierter als die von Satzungen, da diese zumeist einen räumlich und sachlich gut überschaubaren Geltungsbereich hätten.[45] Im Kern aber seien beide Aufgaben vergleichbar und daher das Abwägungsgebot wegen seines übergreifenden, im Rechtsstaatsprinzip wurzelnden Charakters auf die parlamentarische Gesetzgebung übertragbar.[46]

Dem ist der Sache nach in vollem Umfang zuzustimmen. Die Frage bleibt aber, ob das Abwägungsgebot als Rechtspflicht der Legislative angesichts der vom Bundesverfassungsgericht herangezogenen Begründbarkeitsprüfung nicht leer liefe. Versteht man hingegen *Kloepfer*s Vorschlag als Plädoyer für einen Übergang zu einer Begründungsprüfung, so wird man dem aus den nachstehend darzulegenden Gründen entgegenhalten müssen,[47] dass das Grundgesetz vom Gesetzgeber im allgemeinen keine Begründung im Sinne der Dokumentation der das Gesetz rechtfertigenden Erwägungen verlangt, so dass die entscheidende Voraussetzung für die Durchführung einer Begründungsprüfung nicht gegeben wäre.

---

[38] *M. Kloepfer*, DVBl. 1995, S. 441 (443–446).
[39] *M. Kloepfer*, ZfG 1988, S. 289 (291).
[40] *M. Kloepfer*, DVBl. 1995, S. 441 (443 l. Sp.).
[41] *M. Kloepfer* (S. 394, Fn. 40), S. 441 (443 l. Sp.).
[42] *M. Kloepfer*, ZfG 1988, S. 289 (297).
[43] *M. Kloepfer*, DVBl. 1995, S. 441 (443 r. Sp.).
[44] *M. Kloepfer* (S. 394, Fn. 43), S. 441 (445 l. Sp.).
[45] *M. Kloepfer* (S. 394, Fn. 43), S. 441 (447 r. Sp.).
[46] *M. Kloepfer* (S. 394, Fn. 43), S. 441 (445 r. Sp. f.).
[47] S. u. E.IV.

## b) Obliegenheiten der Rechtsetzung

Demgegenüber dürfte es unter der Voraussetzung einer Begründbarkeitsprüfung angemessen sein, die Handlungsanweisungen des Grundgesetzes als anspruchsvoller zu begreifen, als es das Bundesverfassungsgericht bei der Kontrolle von Legislativakten ist.[48] Man kann insoweit von Obliegenheiten des Gesetzgebers sprechen, deren Einhaltung nur unvollständig kontrolliert wird.[49] So gebietet etwa Art. 14 Abs. 3 GG, Enteignungen nur zum Wohle der Allgemeinheit zuzulassen. Der Gesetzgeber hat damit den Auftrag, das Wohl der Allgemeinheit optimal zu verwirklichen, das Bundesverfassungsgericht überprüft, ob er es verletzt hat.[50]

Diesen Unterschied zwischen Handlungs- und Kontrollnorm, zu dem es auch im Zivilrecht Parallelen gibt,[51] gilt es insbesondere bei allen Freiheitsgrundrechten zu beachten, was einerseits bedeutet, dass deren Optimierung *ex ante* verfassungsrechtlich geboten ist,[52] andererseits das Bundesver-

---

[48] Zur Unterscheidung von Handlungs- und Kontrollnormen im Verfassungsrecht, die auf *J. Goldschmidt*, JW 1924, S. 246ff., und *E. Forsthoff*, Über Maßnahme-Gesetze, in: Bachof/Drath (Hrsg.), Forschungen und Berichte aus dem öffentlichen Recht: Gedächtnisschrift für Walter Jellinek, 1955, S. 221 (232 – „Funktionsnorm" und „Kontrollnorm"), zurückgeht, *B.-O. Bryde*, Verfassungsentwicklung, 1982, S. 307 m. w. N.; *K. Hesse*, Funktionelle Grenzen der Verfassungsgerichtsbarkeit, in: Müller (Hrsg.), Recht als Prozess und Gefüge: Festschrift für Hans Huber zum 80. Geburtstag, 1981, S. 261ff.; *K. Hesse*, Die verfassungsgerichtliche Kontrolle der Wahrnehmung grundrechtlicher Schutzpflichten des Gesetzgebers, in: Däubler-Gmelin (Hrsg.), Gegenrede: Aufklärung – Kritik – Öffentlichkeit. Festschrift für Ernst Gottfried Mahrenholz, 1994, S. 541ff.; *D. Lorenz*, Die Kontrolle von Tatsachenentscheidungen und Prognoseentscheidungen insbesondere in den Neugliederungsverfahren, in: Starck/Stern (Hrsg.), Landesverfassungsgerichtsbarkeit, Bd. 3, 1983, S. 193ff.; *A. Rinken*, in: Denninger u. a. (Hrsg.), Ak-GG, 2002, vor Art. 93 Rz. 79; *A. Rinken*, Das Grundrecht auf Mitbestimmung in der Verfassung des Freistaates Sachsen als Handlungs- und Kontrollnorm, 1999, S. 74ff.; *K. Schlaich/S. Korioth*, Das Bundesverfassungsgericht$^6$, 2004, Rz. 515ff.; die Differenzierung ablehnend *E. W. Böckenförde*, Der Staat 29 (1990), S. 1 (27); *W. Heun*, in: Dreier/Bauer (Hrsg.), GG, Bd. 1 (Art. 1–19), 2004, Art. 3 Rz. 40ff.

[49] Ähnlich *K. Meßerschmidt*, Gesetzgebungsermessen, 2000, S. 877 und 906; *R. Rixecker*, Müssen Gesetze begründet werden? in: Jung/Neumann (Hrsg.), Rechtsbegründung – Rechtsbegründungen, 1999, S. 126 (133); wohl auch *D. Merten*, Verfassungsrechtliche Anforderungen an Stil und Methode der Gesetzgebung im modernen Sozialstaat, in: von Maydell (Hrsg.), Probleme sozialpolitischer Gesetzgebung: das Beispiel des Gesundheitsreformgesetzes, 1991, S. 51 (59).

[50] *K. Schlaich/S. Korioth*, Das Bundesverfassungsgericht$^6$, 2004, Rz. 516.

[51] Man denke etwa an Naturalobligationen.

[52] BVerfG v. 5.6.1973, E 35, S. 202 (225); v. 13.1.1982, E 59, S. 231 (261ff.); v. 17.7.1984, E 67, S. 213 (228); zustimmend insbesondere *W. Rüfner*, Grundrechtskonflikte, in: Starck (Hrsg.), Bundesverfassungsgericht und Grundgesetz: Festgabe aus Anlass des 25jährigen Bestehens des Bundesverfassungsgerichts, Bd. 2, 1976, S. 453 (466). Vgl. auch die ausführliche Darstellung bei *K. Stern*, Das Staatsrecht der Bundesrepublik Deutschland, Bd. III/2: Allgemeine Lehren der Grundrechte, 1994, S. 625ff.; 656f.; grundlegend *P. Lerche*, Übermass und Verfassungsrecht: zur Bindung des Gesetzgebers an die Grund-

fassungsgericht die Verfassungswidrigkeit einer Regelung nur dann feststellt, wenn sie nach Ansicht der Richter von einer hypothetischen besten Lösung zu weit abweicht. Zu beobachten ist die Kluft zwischen Handlungsnorm und Kontrollmaßstab auch bei den Gleichbehandlungsgeboten.[53] Als Handlungsnorm verlangt Art. 3 Abs. 1 GG vom Gesetzgeber eine materielle Gleichbehandlung, eine gerechte Entscheidung. Verletzt ist der Gleichbehandlungsgrundsatz in seiner Funktion als Kontrollnorm erst dann, wenn sich nach der Willkürtheorie gar keine sachlichen Gründe für die Ungleichbehandlung finden lassen oder nach dem Verhältnismäßigkeitsgrundsatz die Differenzierung auf nicht mehr vertretbaren Erwägungen beruht.

*Heun* sieht dagegen in Art. 3 Abs. 1 GG eine einheitliche Handlungs- und Kontrollnorm.[54] Für die Verfassungswidrigkeit komme es allein auf seine Funktion als Kontrollnorm an, und als Handlungsnorm entbehre Art. 3 Abs. 1 GG eines konkreten Inhalts.[55] Dem ist zwar zuzugeben, dass sich die Optimierung der betroffenen Interessen, wie sie in bezug auf die Freiheitsgrundrechte gefordert ist, und die Verwirklichung der Gerechtigkeit in Form der Gleichbehandlung als vage Konzepte darstellen. Das macht sie aber hinsichtlich der normativen Strukturierung gesetzgeberischer Entscheidungen nicht gehaltlos, wie gerade am Verhältnismäßigkeitsgrundsatz zu sehen ist, der der Gesetzgebung Richtlinien und Impulse geben kann, wie es das Bundesverfassungsgericht seit der *Lüth*-Entscheidung als Ausfluss der objektiven Wertordnung des Grundgesetzes anerkennt.[56]

### *c) Strukturierung der Rechtsetzung nach dem Verhältnismäßigkeitsgrundsatz als Handlungsnorm*

Ein wesentlicher Impuls des Verhältnismäßigkeitsgrundsatzes liegt in diesem Sinne darin, die Rechtsetzung als anspruchsvollen *Ex-ante*-Vorgang wahrzunehmen und zu strukturieren. So findet es in der verfassungsrechtlichen Literatur weithin Anerkennung, dass in der Rechtsetzung eine Abwägungsaufgabe liegt.[57] Sie lässt sich anhand der oben im Verwaltungs-

---

sätze der Verhältnismäßigkeit und der Erforderlichkeit, 1961, S. 153, nunmehr *P. Lerche*, Grundrechtsschranken, in: Isensee/Kirchhof (Hrsg.), Handbuch des Staatsrechts, Bd. V: Allgemeine Grundrechtslehren, 2000, Rz. 3 ff.

[53] *K. Schlaich/S. Korioth*, Das Bundesverfassungsgericht[6], 2004, Rz. 517.

[54] *W. Heun*, in: Dreier/Bauer (Hrsg.), GG, Bd. 1 (Art. 1–19), 2004, Art. 3 Rz. 40.

[55] *W. Heun* (S. 396, Fn. 54), Art. 3 Rz. 40.

[56] BVerfG v. 15.1.1958, E 7, S. 198 (205).

[57] Für Viele *R. Alexy*, Theorie der Grundrechte[1], 1986; *B. Schlink*, Abwägung im Verfassungsrecht, 1976; *K. Günther*, Der Sinn für Angemessenheit: Anwendungsdiskurse in Moral und Recht, 1992; *N. Jansen*, Der Staat 1997, S. 27 ff.; knappe, aber instruktive Darstellung des Meinungsstandes s. *K. F. Röhl*, Allgemeine Rechtslehre[2], 2001, S. 622–629;

recht entwickelten Phasen „Problemidentifikation – Zusammenstellung der Handlungsalternativen – Bestandserhebung und Prognosen – Gewichtungen" in sinnvolle Schritte unterteilen. Danach verlangt der Verhältnismäßigkeitsgrundsatz auch vom Gesetzgeber zunächst eine Problemidentifikation, mit der die Ziele der Entscheidungsträger präzisiert werden, welche erstens verfassungsrechtlich legitim sein müssen und zweitens den maßgeblichen Bezugspunkt für die weitere Untersuchung der Handlungsalternativen abgeben. Dass es um die Auswahl unter Alternativen geht, drückt der Verhältnismäßigkeitsgrundsatz insbesondere durch die Erforderlichkeitsprüfung aus, nach welcher nur die Maßnahmen verfassungsrechtlich zulässig sind, zu denen keine gleich effektiven milderen Alternativen bestehen.[58] Diese Maßgabe ergibt nur im Vergleich verschiedener Mittel (Alternativen) zur Erreichung der gesteckten Ziele einen Sinn. Dafür kommt es auf die Wirksamkeit der Handlungsoptionen an, um die es bei der Untersuchung der Geeignetheit geht, und die nur zu beurteilen ist, wenn und soweit der Sachverhalt sorgfältig und hinreichend intensiv ermittelt worden ist.[59] Dabei dürfen bekanntlich nur solche Mittel zum Einsatz kommen, mit deren Hilfe der gewünschte Erfolg gefördert werden kann (Grundsatz der Geeignetheit).[60] Dabei sind, wie das Gericht mit Recht bemerkt, Prognosen anzustellen.[61]

Schließlich verlangt das Bundesverfassungsgericht, dass der Eingriff „in angemessenem Verhältnis zu dem Gewicht und der Bedeutung des Grundrechts" stehen muss (Grundsatz der Verhältnismäßigkeit im engeren Sinn),[62] was im Falle der Aufhebung oder Modifizierung geschützter Rechtspositionen eine Verpflichtung zum Erlass von Übergangsregelungen oder der Gewährung von Entschädigungen auslösen kann.[63] Die Maßgabe eines „vernünftigen" oder „angemessenen" Verhältnisses bezieht sich unmittelbar auf die Entscheidungsherstellung *ex ante*, während das Gericht nur solche

*H. Dreier*, in: Dreier/Bauer (Hrsg.), GG, Bd. 1 (Art. 1–19), 2004, Vorbemerkung, Rz. 94 m. w. N.

[58] BVerfG v. 16.1.1980, E 53, S. 135 (145 f.); v. 20.6.1984, E 67, S. 157 (177); v. 31.10.1984, E 68, S. 193 (219); v. 26.4.1995, E 92, S. 262 (273).

[59] BVerfG v. 12.5.1992, E 86, S. 90 (111 f.).

[60] BVerfG v. 16.3.1971, E 30, S. 292 (316); v. 10.5.1972, E 33, S. 171 (187); v. 20.6.1984, E 67, S. 157 (175); v. 10.4.1997, E 96, S. 10 (23).

[61] BVerfG v. 18.12.1986, E 25, S. 1 (17); v. 1.3.1979, E 50, S. 290 (332 f.); v. 16.2.1983, E 62, S. 1 (50); v. 15.12.1983, E 65, S. 1 (35); v. 9.3.1994, E 90, S. 145 (173); umfassende Darstellung s. *K. Meßerschmidt*, Gesetzgebungsermessen, 2000, S. 964 ff.

[62] BVerfG v. 20.6.1984, E 67, S. 157 (173). Von einem „vernünftigen" Verhältnis wird in BVerfG v. 12.5.1987, E 76, S. 1 (51), gesprochen.

[63] BVerfG v. 20.6.1984, E 43, S. 242 (288); v. 10.4.1984, E 67, S. 1 (15); v. 15.2.1967, E 21, S. 173 (183); v. 15.7.1981, E 58, S. 300 (351).

Entscheidungen beanstandet, bei denen die Grenze der Zumutbarkeit nicht mehr gewahrt ist.[64]

### *d) Anwendungsbereiche*

Die dargestellte Strukturierung lässt sich immer dann anwenden, wenn der Verhältnismäßigkeitsgrundsatz als Handlungsnorm zum Tragen kommt. Schon wegen seiner Verankerung im Rechtsstaatsprinzip kann seine überragende Rolle bei Rechtsanwendung und Rechtsetzung nicht überraschen.[65] Im Verfassungsrecht werden hierfür unterschiedliche Bezeichnungen gewählt, die aber nichts an der Geltung und am Gehalt des Verhältnismäßigkeitsprinzips ändern.[66]

#### *aa) Freiheitsgrundrechte*

##### *(1) Grundsatz der Herstellung praktischer Konkordanz*

In bezug auf die Einschränkung vorbehaltlos gewährter Grundrechte wie der Religionsfreiheit nach Art. 4 Abs. 1 und 2 GG soll der Grundsatz der *Herstellung praktischer Konkordanz* zur Anwendung kommen, nach dem die konfligierenden Normen zu jeweils (relativ) optimaler Entfaltung kommen sollen.[67] In der Kruzifix-Entscheidung hatte sich das Gericht mit der Frage zu befassen, ob die Anbringung eines Kruzifixes in den Klassenräumen staatlicher Schulen in Bayern mit der Verfassung in Einklang steht. Was den einen wegen Ablehnung christlichen Gedankenguts stört, ist dem anderen selbstverständlicher Ausdruck abendländischer Wurzeln, denen auch das Grundgesetz verbunden ist. Beide Auffassungen können veritable Bezüge zu verfassungsrechtlich geschützten Gütern für sich geltend machen. Wer

---

[64] BVerfG v. 17.10.1990, E 83, S. 1 (19); vgl. auch BVerfG v. 16.3.1971, E 30, S. 292 (316); v. 31.10.1984, E 68, S. 193 (219); v. 9.3.1994, E 90, S. 145 (173). S. u. F.I.2.

[65] BVerfG v. 19.10.1982, E 61, S. 126 (134); v. 24.4.1985, E 69, S. 1 (35); v. 30.9.1987, E 76, S. 256 (359); v. 1.6.1989, E 80, S. 109 (120); BSG v. 22.1.1986, E 59, S. 276 (278); *R. Herzog*, in: Maunz/Dürig, GG, 2003, Art. 20 VII. Rz. 72.

[66] Im Verwaltungsrecht werden ebenfalls verschiedene Bezeichnungen synonym verwendet: Verhältnismäßigkeitsgrundsatz, Abwägungsgebot, Grundsatz der Konfliktbewältigung (BVerwG v. 14.2.1975, E 48, S. 56 (68); v. 7.7.1978, E 56, S. 110 (124); v. 9.3.1979, E 57, S. 297 (300); v. 7.9.1979, E 58, S. 281 (284); v. 15.5.1996, DVBl. 1996, S. 925 (928); v. 29.1.1991, E 87, S. 332 (341)).

[67] Der Begriff geht auf *K. Hesse*, Grundzüge des Verfassungsrechts der Bundesrepublik Deutschland[18], 1991, Rz. 72 und 317ff., zurück; s. a. *ders.*, Grundzüge des Verfassungsrechts der Bundesrepublik Deutschland[20], 1995, S. 27; *K. Stern*, Das Staatsrecht der Bundesrepublik Deutschland, Bd. I: Grundbegriffe und Grundlagen des Staatsrechts, Strukturprinzipien der Verfassung, 1984, S. 133; prägnant BVerfG v. 16.5.1995, E 93, S. 1ff.

die Anbringung eines Kreuzes in den Klassenräumen ablehnt, kann auf die Verpflichtung des Staates auf Neutralität in Religionsangelegenheiten verweisen, wer sie befürwortet, darf die Präambel für sich geltend machen.

Wie das Bundesverfassungsgericht entschied, kann keines dieser Argumente abstrakten Vorrang gegenüber den anderen für sich beanspruchen. Vielmehr sei ein schonender Ausgleich im Sinne einer praktischen Konkordanz zu suchen, der die betroffenen Rechtsgüter angemessen zur Geltung bringe.[68] Das ist der Sache nach nichts anderes als eine Abwägung nach den Grundsätzen des Verhältnismäßigkeitsprinzips.

#### *(2) Wechselwirkungstheorie*

Gleiches gilt für die so genannte Wechselwirkungstheorie, die das Bundesverfassungsgericht für Eingriffe in die Grundrechte des Art. 5 Abs. 1 GG entwickelt hat. Art. 5 Abs. 1 GG schützt ein ganzes Bündel an Kommunikationsfreiheiten, das von der Meinungsäußerungs- und Informationsfreiheit bis hin zur Pressefreiheit reicht. Schranken werden den Kommunikationsfreiheiten vor allem durch die allgemeinen Gesetze im Sinne von Art. 5 Abs. 2 GG gezogen.[69] In formeller Hinsicht können die allgemeinen Gesetze nach Art. 5 Abs. 2 GG sowohl förmliche Parlamentsgesetze als auch Rechtsverordnungen sein.[70] Inhaltlich werden sie dadurch definiert, dass sie dem Schutz von Rechtsgütern dienen, ohne sich dabei gegen eine bestimmte Meinung zu richten.[71]

Den allgemeinen Gesetzen seien aber ihrerseits Grenzen gezogen: Sie müssten „in ihrer begrenzenden Wirkung selbst wieder eingeschränkt" werden.[72] Das Recht zur Meinungsäußerung seinerseits „muss zurücktreten, wenn schutzwürdige Interessen eines anderen von höherem Rang" verletzt würden. Ob das zutreffe, sei auf Grund aller Umstände des Falles zu ermitteln.[73] Es ist unschwer zu sehen, dass die Vorgaben des Gerichts sowohl auf die verfassungskonforme Auslegung des Tatbestands der einfachen

---

[68] BVerfG v. 16.5.1995, E 93, S. 1 (21).

[69] Der Ehren- und Jugendschutz nach Art. 5 Abs. 2 GG trägt für die Frage nach der Identität von Verhältnismäßigkeitsgrundsatz und Wechselwirkungstheorie nichts zusätzliches aus.

[70] Vgl. BVerfG v. 14.2.1973, E 34, S. 269 (292); *H. D. Jarass*, in: Jarass/Pieroth, GG, 2004, Art. 5 Rz. 55.

[71] BVerfG v. 15.11.1982, E 62, S. 230 (244); v. 19.11.1985, E 71, S. 162 (175); v. 14.1.1998, E 97, S. 125 (146).

[72] BVerfG v. 15.1.1958, E 7, S. 198 (208); v. 25.1.1984, E 66, S. 116 (150); v. 3.12.1985, E 71, S. 206 (214)

[73] St. Rspr.; BVerfG v. 15.1.1958, E 7, S. 198 (210f.); v. 5.6.1973, E 35, S. 202 (223f.); BVerwG v. 24.9.1969, E 43, S. 9 (24); v. 8.9.1981, E 64, S. 55 (62ff.).

Gesetze als auch auf den Grundsatz der Verhältnismäßigkeit abzielen,[74] da beide Elemente auf eine Güterabwägung zwischen den Gütern einerseits, die für die Beschränkung der Kommunikationsfreiheit sprechen, und dem Schutz aus Art. 5 GG andererseits hinauslaufen.[75] Die Wechselwirkungstheorie hat mithin keinen anderen Gehalt als der Verhältnismäßigkeitsgrundsatz.[76]

### *(3) Drei-Stufen-Theorie*

Die zu Art. 12 Abs. 1 GG entwickelte Drei-Stufen-Theorie stellt auch keine anderen Anforderungen an die Entscheidungsherstellung als der Verhältnismäßigkeitsgrundsatz. Art. 12 Abs. 1 GG schützt nach der Rechtsprechung des Bundesverfassungsgerichts die Berufsfreiheit insgesamt und einheitlich.[77] Die durch den Wortlaut von Art. 12 Abs. 1 GG vorgegebene Differenzierung nach der Wahl von Beruf, Arbeitsplatz, Ausbildungsstätte und der Berufsausübung spiegelt sich in den Judikaten des Bundesverfassungsgerichts durch die Unterscheidung von Eingriffen verschiedener Intensität wider. Die zunächst als Drei-Stufen-Theorie entwickelte Struktur differenziert nach Berufsausübungsregelungen, subjektiven Zulassungsschranken und objektiven Zulassungsschranken.[78] Reine Berufsausübungsbeschränkungen sind nach der Rechtsprechung des Bundesverfassungsgerichts schon dann gerechtfertigt, wenn sich eine vernünftige Erwägung des Gemeinwohls für sie ins Felde führen lässt.[79] Hier stehe dem Gesetzgeber ein weiter Beurteilungs- und Gestaltungsspielraum zu, der auch die erforderlichen Prognosen einschließe.[80] Demgegenüber seien subjektive Berufswahlbeschränkungen nur zum Schutze wichtiger Gemeinschaftsgüter zulässig.[81] Schließlich seien objektive Berufswahlbeschränkungen „nur unter strengen Voraussetzungen

---

[74] *H. Schulze-Fielitz*, in: Dreier/Bauer (Hrsg.), GG, Bd. 1 (Art. 1–19), 2004, Art. 5 Rz. 127. Vgl. BVerfG v. 13.1.1982 E 59, S. 231 (265); v. 19.11.1985, E 71, S. 162, S. 65 (75); *R. Wendt*, in: Sachs, GG, 2003, Art. 5 Rz. 146; *W. Hoffmann-Riem*, in: Denninger u. a. (Hrsg.), Ak-GG, 2002, Art. 5 I, II Rz. 41 f.; *R. Wendt*, AöR 104 (1979), S. 414 (425 ff., 448 ff.):

[75] *H. Schulze-Fielitz* (S. 400, Fn. 74), Art. 5 Rz. 127. Vereinzelt wurde bestritten, dass bei allgemeinen Gesetzen abgewogen werden müsse (*K. A. Bettermann*, JZ 1964, S. 601 (602)).

[76] BVerfG v. 20.6.1984, E 67, S. 157 (172 f.); *R. Wendt*, in: Sachs, GG, 2003, Art. 5 Rz. 146; *H. D. Jarass*, in: Jarass/Pieroth, GG, 2004, vor Art. 1 Rz. 44; Art. 5 Rz. 57.

[77] BVerfG v. 11.6.1958, E 7, S. 377 (400 ff.); v. 26.2.1997, E 95, S. 193 (214). A. A. *H. Rittstieg*, in: Denninger u. a. (Hrsg.), Ak-GG, 2002, Art. 12 Rz. 59.

[78] BVerfG v. 18.12.1968, E 25, S. 1 (11).

[79] BVerfG v. 4.10.1983, E 65, S. 116 (125); v. 14.5.1985, E 70, S. 1 (28); v. 10.5.1988, E 78, S. 155 (162); v. 22.1.1997, E 95, S. 173 (183).

[80] BVerfG v. 19.3.1975, E 39, S. 210 (225); v. 6.10.1987, E 77, S. 84 (106); v. 15.12.1987, E 77, S. 308 (332).

[81] BVerfG v. 17.7.1961, E 13, S. 97 (107); v. 12.3.1985, E 69, S. 209 (218).

zum Schutz besonders wichtiger Gemeinschaftsgüter und unter strikter Beachtung des Grundsatzes der Verhältnismäßigkeit statthaft".[82]

Insgesamt lässt sich das vom Bundesverfassungsgericht entwickelte Konzept als Skalierung von Belastungen verstehen, mit der der Grundsatz der Verhältnismäßigkeit für den Bereich der Berufsfreiheit spezifiziert wird.[83] Was den grundsätzlichen Rang der zur Rechtfertigung tauglichen Argumente angeht, so kann anerkanntermaßen auch kollidierendes Verfassungsrecht die Reichweite von Art. 12 Abs. 1 GG beschränken.[84]

#### *bb) Gleichbehandlungsgebot*

Die Gleichbehandlungsgebote nach Art. 3 GG verlangen ebenfalls regelmäßig nach einer Verhältnismäßigkeitsanalyse, wenn auch mit der früheren Willkürtheorie nur gefragt werden muss, ob ein vernünftiger, aus der Natur der Sache oder sonst wie sachlich einleuchtender Grund für die Differenzierung erkennbar ist oder ob sie als willkürlich erscheint, weil es daran fehlt.[85] Diese Prüfung dürfte als Evidenzkontrolle zu würdigen sein,[86] was in bezug auf die Entscheidungsherstellung besagt, dass der Entscheidungsträger zur Rechtfertigung von Ungleichbehandlungen zwar vernünftige Gründe anführen können muss, ihm aber hierbei große Freiheiten eingeräumt sind. Mittlerweile zieht das Bundesverfassungsgericht in vielen Fällen einen anderen Ansatz heran, nach dem an die die Ungleichbehandlung rechtfertigenden sachlichen Gründe besondere Anforderungen gestellt werden. Es wird insbesondere geprüft, ob die Differenzierungsgründe „von solcher Art und solchem Gewicht" seien, „dass sie die ungleichen Rechtsfolgen rechtfertigen können".[87] Noch deutlicher sind die Anklänge an den Verhältnismäßigkeitsgrundsatz, wenn das Gericht verlangt, Ungleichbehandlung und rechtfertigender Grund müßten in einem angemessenen Verhältnis stehen.[88]

---

[82] BVerfG v. 8.3.1983, E 63, S. 266 (286); v. 27.1.1982, E 59, S. 302 (315); v. 29.10.1997, E 97, S. 12 (26).

[83] So hat das Bundesverfassungsgericht wiederholt ausgesprochen, dass jede Beeinträchtigung der Berufsfreiheit verhältnismäßig sein muss (BVerfG v. 14.7.1987, E 76, S. 196 (207); v. 14.3.1989, E 80, S. 1 (24); v. 22.5.1996, E 94, S. 372 (389f.)).

[84] BVerfG v. 1.7.1986, E 73, S. 301 (315).

[85] BVerfG v. 23.10.1951, E 1, S. 14 (52); v. 20.12.1966, E 21, S. 12 (26); v. 8.12.1970, E 29, S. 327 (335); v. 6.12.1983, E 65, S. 325 (354).

[86] Das Gericht verlangt seiner Entscheidung v. 23.1.1968, E 23, S. 50 (60), die Unsachlichkeit müsse evident sein.

[87] BVerfG v. 17.11.1992, E 87, S. 234 (255); v. 26.1.1993, E 88, S. 87 (97); v. 10.1.1995, E 91, S. 389 (401); v. 8.4.1997, E 95, S. 267 (317); BAG v. 19.4.1990, E 64, S. 315 (320).

[88] BVerfG v. 30.5.1990, E 82, S. 126 (146); vgl. BVerfG v. 11.2.1992, E 85, S. 238 (245); v. 23.1.1990, E 81, S. 208 (224); BSG v. 16.2.1989, E 64, S. 296 (301).

Allerdings scheint noch nicht letztlich geklärt, wann die Willkürtheorie und wann der Grundsatz der Verhältnismäßigkeit angewandt werden soll.[89] Da dies aber die Strenge der gerichtlichen Überprüfung von Ungleichbehandlungen betrifft, kann das zunächst dahinstehen. Für die hier interessierende Frage nach der Struktur der zu bewältigenden gesetzgeberischen Aufgabe ist allein von Bedeutung, dass selbst die mit der durch die Willkürprüfung in ihrer schwächsten Form aufgegebene Untersuchung, ob irgendein sachlicher Grund die Ungleichbehandlung rechtfertigt, im Kern auf eine Abwägung hinausläuft.[90] Für die Gesetzgebung gilt damit, dass nur diejenigen gesetzlichen Differenzierungen verfassungsrechtlich zulässig sind, für die sich (ausreichende) Gründe anführen lassen. Anders ausgedrückt ist ein Konflikt zwischen dem Gleichbehandlungsgebot und den ihn einschränkenden, gegenläufigen Werten zu lösen. Daher verlangt, wie immer man die Aufgabenbeschreibung versteht, auch das Gleichbehandlungsgebot eine Güterabwägung zwischen dem Wert der Gleichbehandlung und ihren Nachteilen. Nur der Klarstellung halber sei hinzugefügt, dass dies auch für Ungleichbehandlungen gilt.

So aufgefasst, sind die Differenzierungsverbote des Art. 3 Abs. 3 GG Ausdruck der Überzeugung des Verfassungsgebers, die Heranziehung ganz bestimmter Differenzierungskriterien sei unter keinen Umständen durch konfligierende Interessen zu rechtfertigen. Eine Abwägung nach Verhältnismäßigkeitsgrundsätzen findet daher insoweit nicht statt. Im übrigen lässt sich die durch Rechtsprechung und wissenschaftliche Bemühungen entstandene ausgefeilte Dogmatik von Fallgruppen als System verstehen, mit dem das komplizierte und vielfältige Bild zulässiger wie unzulässiger Differenzierungen handhabbar gemacht wird, ohne dass sich dadurch an der Grundstruktur des Gleichbehandlungsgebots, soweit es dem Verhältnismäßigkeitsgrundsatz unterfällt, als Auftrag zur Durchführung einer Abwägung etwas ändern würde.

### *cc) Zwischenergebnis*

Die vorstehenden Darlegungen sollten ein Bild davon geben, wie mannigfaltig die Anwendungsbereiche des Verhältnismäßigkeitsgrundsatzes sind.

---

89 Nach der Rechtsprechung des Bundesverfassungsgerichts reicht die Strenge der gerichtlichen Überprüfung je nach Regelungsgegenstand und Differenzierungsmerkmal vom Willkürverbot bis zur strengen Bindung an den Verhältnimäßigkeitsgrundsatz (BVerfG v. 26.1.1993, E 88, S. 87 (96); v. 8.6.1993, E 89, S. 15 (22); v. 4.7.1995, E 92, S. 365 (407); v. 8.4.1997, E 95, S. 267 (316)).

90 Von einer Umformung des Art. 3 Abs. 1 GG zu einer Abwägung spricht auch *L. Osterloh*, in: Sachs, GG, 2003, Art. 3 Rz. 14.

Unabhängig von den verschiedenen Bezeichnungen, die er in der Grundrechtsdogmatik erhalten hat, kommt er
- bei Eingriffen in Freiheitsgrundrechte mit Gesetzesvorbehalt,
- bei Eingriffen in vorbehaltlos gewährte Freiheitsgrundrechte und
- bei rechtfertigungsbedürftigen Ungleichbehandlungen

zum Einsatz. Trotz der festzustellenden Unterschiede bleibt als Gemeinsamkeit festzuhalten, dass sich das Handeln des Gesetzgebers im grundrechtsrelevanten Bereich ausnahmslos an den Verhältnismäßigkeitsgrundsatz gebunden ist und dies bereits *ex ante* die Bewältigung von Abwägungsaufgaben verlangt.

### e) *Statistische Schlüsse im Rahmen des Verhältnismäßigkeitsgrundsatzes*

Wie schon im Verwaltungsrecht ausgeführt, fordert der Verhältnismäßigkeitsgrundsatz in seiner Funktion als Handlungsnorm eine hinreichend sorgfältige Sachverhaltsermittlung, da andernfalls den Geboten, die Geeignetheit und die Erforderlichkeit der zu vergleichenden Alternativen zu überprüfen, nicht nachgekommen werden könnte.[91] Das kann statistische Schlüsse in Form von Retrodiktionen und Prognosen erforderlich machen, wenn die hierfür zugrundezulegenden Tatsachen nicht beobachtet wurden oder nicht beobachtbar sind. Die Notwendigkeit derartiger Schlüsse stellt sich gleichermaßen im Verfassungsrecht, was sich anhand einiger Judikate des Bundesverfassungsgerichts illustrieren lässt, die zwar nur zum Teil unmittelbare Aussagen über die von den Verfassungsrichtern an die Rechtsetzung gestellten Anforderungen enthalten, aber immerhin erkennen lassen, wie vielfältig statistische Schlüsse in verfassungsrechtlichen Zusammenhängen zum Einsatz kommen.[92]

#### aa) *Retrodiktionen*

Retrodiktionen, also statistische Schlüsse auf nicht beobachtete oder nicht beobachtbare Ereignisse in Gegenwart und Vergangenheit, sind bei der Anwendung des Verfassungsrechts nicht immer auf den ersten Blick zu erkennen. Ein Beispiel dafür gibt eine Entscheidung des Bundesverfassungsgerichts zu Art. 16 Abs. 2 GG.[93] Die Bestimmung gewährt politisch Verfolgten Asyl in Deutschland, was zu ihrer Anwendung ein Wahr-

---

[91] S. o. C.I.2.d)cc)(2) und C.IV.2.a).

[92] Ausführlich *K.J. Philippi*, Tatsachenfeststellungen des Bundesverfassungsgerichts: ein Beitrag zur rational-empirischen Fundierung verfassungsgerichtlicher Entscheidungen, 1971, S. 84ff.

[93] BVerfG v. 4.2.1959, E 9, S. 174 (182).

scheinlichkeitsurteil über Art und Ausmaß der Verfolgung voraussetzt und besondere Bedeutung in Auslieferungsverfahren entfaltet. Für das Gericht ist die Wahrscheinlichkeit der politischen Verfolgung umso größer, je mehr sich der Auszuliefernde in Widerspruch zu den in seinem Heimatland herrschenden politischen Maximen gesetzt hat oder setzt.[94] Dabei hänge die Wahrscheinlichkeit für die Annahme politischer Verfolgung nicht von dem Einsatz des Strafrechts zur Durchsetzung sozialer und politischer Umwälzungen wie im Falle der sozialistischen Staaten ab.[95] Damit hat das Bundesverfassungsgericht ein statistisches Konzept entwickelt, mit dem die Wahrscheinlichkeit politischer Verfolgung ganz allgemein ermittelt werden können soll.[96]

Während sich die eben genannten Voraussetzungen auf die Auslegung eines vagen Begriffs in der Verfassung beziehen und darum nur indirekt Anforderungen an den Gesetzgeber enthalten – etwa bei der Asylgesetzgebung, mit der Art. 16 Abs. 2 GG konkretisiert wird –, billigte das Bundesverfassungsgericht den der früheren Viehseuchengesetzgebung zugrundeliegenden statistischen Schluss, von der Gefährdung durch Tollwut durch ein bestimmtes Tier bereits schon dann auszugehen, wenn das Tier mit einem tollwuterkrankten anderen Tier „in Berührung gekommen" war.[97] Damit akzeptierte das Gericht unmittelbar die statistische Würdigung eines Sachverhaltes durch den Gesetzgeber. Zur Begründung führte das Gericht an, dass man nach dem damaligen Kenntnisstand die Tollwutinfektion erst nachweisen konnte, wenn das Tier schon erkrankt war, und selbst das nicht mit Sicherheit.[98]

### *bb) Prognosen*

Große Bedeutung kommt auch Prognosen bei der Rechtsetzung zu, was sich ebenfalls in der Rechtsprechung des Bundesverfassungsgerichts niederschlägt. Bereits im Homosexuellen-Urteil aus dem Jahre 1957 erwog das Gericht, dass die Straflosigkeit homosexueller Handlungen unter Erwachsenen *wahrscheinlich* (Hervorhebung E.H.) zu einer stärkeren Verbreitung der Homosexualität führen würde.[99] Die Dreistufen-Theorie zu Art. 12 Abs. 1 GG verlangt seit dem Apotheken-Urteil, dass Regelungen nach Art. 12 Abs. 1 Satz 2 GG stets auf der „Stufe" vorgenommen werden

---

[94] BVerfG v. 4.2.1959, E 9, S. 174 (182).

[95] BVerfG v. 4.2.1959, E 9, S. 174 (181).

[96] *K.J. Philippi*, Tatsachenfeststellungen des Bundesverfassungsgerichts: ein Beitrag zur rational-empirischen Fundierung verfassungsgerichtlicher Entscheidungen, 1971, S. 75.

[97] § 39 des mittlerweile durch das Tierseuchengesetz vom 22. Juni 2004, BGBl. I S. 1260, abgelösten Viehseuchengesetzes.

[98] BVerfG v. 17.11.1966, E 20, S. 351 (361).

[99] BVerfG v. 6.5.1957, E 6, S. 389 (437).

müssen, die den geringsten Eingriff in die Freiheit der Berufswahl mit sich bringt; die nächste „Stufe" darf der Gesetzgeber erst dann betreten, wenn mit *hoher Wahrscheinlichkeit* (Hervorhebung E. H.) dargetan werden kann, dass die befürchteten Gefahren mit (verfassungsmäßigen) Mitteln der vorausgehenden „Stufe" nicht wirksam bekämpft werden können.[100]

Im Auschwitz-Beschluss führte das Gericht aus, dass es mit Art. 8 Abs. 1 GG vereinbar sei, wenn der Gesetzgeber Straftaten, die bei einer Versammlung mit hoher Wahrscheinlichkeit zu erwarten seien, schon im Vorfeld ihrer Begehung zu unterbinden suche.[101] Schließlich hielt es das Gericht mit Blick auf Art. 3 Abs. 2 GG für verfassungsrechtlich erheblich, wie hoch die Wahrscheinlichkeit sei, dass Frauen allein wegen der Belastung der Arbeitgeber mit der Pflicht zur Zahlung eines Zuschusses zum Mutterschaftsgeld nicht eingestellt werden.[102] Zwar ließe sich das nicht sicher feststellen. Diese Effekte müssten aber bei der in ihrem Zusammenwirken mit den anderen Belastungen des Arbeitgebers berücksichtigt werden. Darin liegt ersichtlich nicht nur ein Kontrollmaßstab, sondern gleichzeitig eine Anforderung an die Rechtsetzung.

An diesen und anderen Entscheidungen des Gerichts kann man sehen, dass Prognosen bereits *ex ante* integraler Bestandteil der verfassungsrechtlichen Beurteilung von Rechtsetzungsvorhaben sein können, regelmäßig sogar sein müssen. Das vermag nicht zu überraschen, da auch die Rechtsetzung als *Ex-ante*-Vorgang normativ gesehen darin besteht, anhand eines Vergleiches der erwarteten Folgen der zur Verfügung stehenden Alternativen zu entscheiden, welche Regelung die beste ist. Auf die genannten Judikate bezogen, hatte der Gesetzgeber in der Abwägung der Vor- und Nachteile einer Abschaffung der Strafbarkeit homosexueller Handlungen unter Erwachsenen berücksichtigen müssen, welche Folgen dies „wahrscheinlich" haben würde, wozu nach Ansicht des Gerichts eben auch die stärkere Verbreitung der Homosexualität gehörte.[103] Die Drei-Stufen-Theorie fordert vom Gesetzgeber bei Eingriffen in die Berufsfreiheit, mögliche mildere Mittel daraufhin zu untersuchen, ob sie nicht mit „hoher Wahrscheinlichkeit" weniger effektiv wären als schärfere Maßnahmen.[104] Art. 8 Abs. 1 GG verlangt, wie man dem Auschwitz-Beschluss entnehmen kann, vom Gesetzgeber die Überlegung, welche Straftaten im Zusammenhang mit einer Versammlung mit „hoher Wahrscheinlichkeit" eintreten werden.[105] Wenn nach der „hohen Wahrscheinlichkeit" eines Ereignisses im Ver-

---

[100] BVerfG v. 11.6.1958, E 7, S. 377 (408).
[101] BVerfG v. 13.4.1994, E 90, S. 241 (250).
[102] BVerfG v. 18.11.2003, E 109, S. 64 (91).
[103] BVerfG v. 6.5.1957, E 6, S. 389 (437).
[104] BVerfG v. 11.6.1958, E 7, S. 377 (408).
[105] BVerfG v. 13.4.1994, E 90, S. 241 (250).

gleich mit anderen Geschehensabläufen gefragt ist, dann liegt darin schon wegen des erforderlichen Vergleichs von „hohen" mit „niedrigen" Wahrscheinlichkeitsquotienten eine anspruchsvolle Aufgabe der Artikulation von Wahrscheinlichkeitsurteilen und ihrer kalkulatorischen Bewältigung, die möglicherweise methodische Konsequenzen nach sich ziehen müsste, wie noch zu untersuchen sein wird.[106]

Die nicht selten hohe Komplexität der Prognoseaufgaben bei der Rechtsetzung lässt sich des weiteren mit bereits erwähnten Beispielen veranschaulichen.[107] Werden Maßnahmen zum Klimaschutz ergriffen – wie etwa eine deutliche Mineralölsteuererhöhung oder die Förderung regenerativer Energien –, so sind langfristig wirkende Effekte der Gesetze abzuschätzen, was die Verwendung eines Diskontsatzes erforderlich machen kann, soll in der Entscheidungsherstellung berücksichtigt werden, dass die Aufwendungen schwerpunktmäßig erst künftigen Generationen zugute kommen und dies auf den Nettogegenwartswert von Kosten und Nutzen Einfluss hat. Wirken mehrere Maßnahmen als Strategie zusammen und ist fraglich, welche Maßnahmekombination das beste Verhältnis von Aufwand und Nutzen hat, so müssen gegebenenfalls Wahrscheinlichkeitsurteile addiert oder multipliziert werden.[108]

Es sei ferner an den bereits erläuterten Bundesverkehrswegeplan erinnert, der von der Bundesregierung zur Vorbereitung der Verkehrsinfrastrukturausbaugesetze erarbeitet wird.[109] Dort geht es um die Abschätzung langfristiger Effekte von Maßnahmen zur Verbesserung der Straßen- und Schienennetze, die auch hinsichtlich ihrer voraussichtlichen Wechselwirkungen beurteilt werden müssen. Will man etwa abschätzen, wie sich ein bestimmtes Straßenbauvorhaben auf das Verkehrsgeschehen auswirken würde, so müssen dem unter anderem demographische Daten hinsichtlich der Bevölkerungsentwicklung zugrundelegt werden, Annahmen über die technische Ausstattung der Fahrzeuge gemacht und Prognosen über die wirtschaftliche Entwicklung angestellt werden.

Auch das von der Bundesregierung im Rahmen des Modellvorhabens „Moderner Staat – Moderne Verwaltung" untersuchte Projekt eines Altenhilfestrukturgesetzes erforderte aufwendige Prognosen.[110] Obgleich das Gesetz nicht erlassen worden ist, kann man an dem Modellvorhaben sehen, wie bei der Modellierung einer solchen gesetzgeberischen Initiative vorgegangen werden kann, um die Komplexität einer Problematik zu erfassen.

---

106 S. u. E.IV.5.

107 S. o. B.III.1.a)aa)(3).

108 Zur Notwendigkeit und Funktion solcher Operationen Näheres bereits unter C.IV.1.b)bb)(4).

109 S. o. B.I.5.

110 S. o. B.II.3.

Das Altenhilfestrukturgesetz sollte der Erhöhung von Selbstbestimmung und Selbständigkeit älterer Menschen unter Beachtung des Gender-Mainstream-Ansatzes dienen. Ähnlich wie bei der Bundesverkehrswegeplanung fasste man die verschiedenen in Betracht kommenden Maßnahmebündel und Entwicklungspfade als so genannte Szenarien zusammen, mit denen im Falle der Analyse des Altenhilfestrukturgesetzes Annahmen über die demographische Entwicklung, die Bedeutung der ambulanten Pflegeeinrichtungen wie des informellen Pflegepotentials und die Frauenerwerbsquote gebündelt wurden.[111] Erst die Szenarienbildung erlaubte eine differenzierte Evaluierung der verschiedenen Handlungsoptionen mit Blick auf deren prognostizierte Auswirkungen.

#### *cc) Zwischenergebnis*

Damit lässt sich in bezug auf das im Verhältnismäßigkeitsgrundsatz enthaltene Anforderungsprofil hinsichtlich von statistischen Schlüssen folgendes festhalten. Der Grundsatz der Verhältnismäßigkeit setzt eine ordentliche Sachverhaltsermittlung voraus. Im Verwaltungsrecht ist das anerkannt. Im Verfassungsrecht stellen sich hinsichtlich der Geeignetheit und der Erforderlichkeit ganz vergleichbare Aufgaben, wenn etwa beurteilt werden soll, ob eine Maßnahme die Beeinflussung der Wirklichkeit tatsächlich in gewünschtem Maß erwarten lässt. Damit ist erstens nach einer Bestandsanalyse gefragt, zu der auch der Gesetzgeber *ex ante* genötigt ist, will er den Verhältnismäßigkeitsgrundsatz anwenden. Um die Kontrolle der gesetzgeberischen Sachverhaltsermittlung, die insoweit geringe Anforderungen an das Handeln der Legislative stellt, geht es in diesem Abschnitt noch nicht. Die Rechtsetzung als *Ex-ante*-Vorgang verlangt zweitens die Prognose, ob und inwieweit die ins Auge gefassten Maßnahmen geeignet erscheinen, relevante Zielbeiträge zu leisten. Wie an verschiedenen Beispielen zu sehen ist, können die statistischen Schlüsse, die bei der prospektiven Evaluierung von Gesetzgebungsvorhaben erforderlich sind, ohne weiteres komplexer Natur sein, so dass sich eine formale Methodik zu ihrer Bewältigung empfehlen könnte.

### *f) Segmentierung oder Gesamtabwägung?*

Die Rechtsetzung als *Ex-ante*-Vorgang verlangt aber nicht nur die isolierte Betrachtung einzelner Effekte der verschiedenen Handlungsalternativen,

[111] Nach dem Handbuch soll die Entwicklung von Szenarien bei der prospektiven GFA den Regelfall darstellen (*C. Böhret et al.*, Handbuch Gesetzesfolgenabschätzung (GFA): Gesetze, Verordnungen, Verwaltungsvorschriften, 2001, S. 15ff., 59f., 81)).

sondern auch deren zusammenfassende Bewertung. Das Bundesverfassungsgericht verlangt in ständiger Rechtsprechung auch vom Gesetzgeber eine „*Gesamt*abwägung (Hervorhebung E. H.).[112] Im Konfliktfalle sei ein „Ausgleich der gegenläufigen ... Interessen mit dem Ziel ihrer Optimierung" notwendig.[113]

Die damit bezeichnete Aufgabe kann in polygonalen Entscheidungssituationen leicht komplex im hier verwendeten Sinne werden, was an der Kumulation einzelner Belastungen (aa), der Notwendigkeit, Eingriffe in die Grundrechte Dritter zu berücksichtigen (bb), dem Einfluss objektiven Verfassungsrechts und weiterer Belange (cc) oder einer Kombination aus diesen Gründen liegen kann.

*aa) Grundrechtskonkurrenzen und „additive" Grundrechtseingriffe*

In gewissem Kontrast zu der typischen Aufbereitung verfassungsrechtlicher Konflikte für Gerichtsverfahren und ihrer Wahrnehmung in der verfassungsrechtlichen Literatur steht,[114] dass die allermeisten Entscheidungsherstellungsvorgänge keineswegs nur rein zweistellig erscheinen. Regelmäßig ist eine Vielzahl von Belangen „unter einen Hut" zu bringen, was sich auch dogmatisch widerspiegeln muss.[115] Ein Musterbeispiel für die Praxis des Bundesverfassungsgerichts, in derartigen Fällen verschiedene Grundrechte nebeneinander zur Anwendung zu bringen, ist das Mitbestimmungsurteil, in dem über die erweiterte betriebliche Mitbestimmung der Arbeitnehmer durch das Mitbestimmungsgesetz vom 4. Mai 1976 zu befinden war.[116] Das Gericht zog Art. 14 Abs. 1, Art. 9 Abs. 1, Art. 12 Abs. 1 und Art. 2 Abs. 1 GG heran; einzelne Vorschriften prüfte das Gericht zusätzlich noch an Art. 9 Abs. 3 GG.[117] Eine solche Vielzahl von Bestimmungen lässt sich reduzieren, wenn es sich um einen Fall unechter Grundrechtskonkurrenz nach dem Gesichtspunkt des spezielleren Gesetzes handelt. In den übrigen

[112] BVerfG v. 16.3.1971, E 30, S. 292 (316f.); v. 19.3.1975, E 39, S. 210 (234) (auf die Gesamtabwägung *des Gerichts* bezogen); v. 31.10.1984, E 68, S. 193 (219); v. 23.1.1990, E 81, S. 156 (189f.); v. 17.10.1990, E 83, S. 1 (19); v. 9.3.1994, E 90, S. 145 (173); v. 3.4.2001, E 103, S. 293 (308f.) – zu Art. 9 Abs. 3 GG; v. 29.10.2002, E 106, S. 181 (191f.).

[113] S. die Nachweise auf S. 395, Fn. 52.

[114] *H. Kube*, DVBl. 2005, S. 721 (725), spricht in bezug auf die Rechtfertigung von Grundrechtseingriffen etwa von der *bipolaren* Struktur der Verhältnismäßigkeitsprüfung; ähnlich in bezug auf das Verhältnis Gesetzgeber – Grundrechtsbetroffener *C. Brüning*, JZ 2001, S. 669 (670).

[115] Ausführlich *K. Stern*, Das Staatsrecht der Bundesrepublik Deutschland, Bd. III/2: Allgemeine Lehren der Grundrechte, 1994, § 92.

[116] BVerfG v. 1.3.1979, E 50, S. 290 (336, 339).

[117] Kritisch zu der vom Gericht nicht erläuterten Vorgehensweise der kumulativen Prüfung *K. Stern*, Das Staatsrecht der Bundesrepublik Deutschland, Bd. III/2: Allgemeine Lehren der Grundrechte, 1994, S. 1387.

Fällen will sich die Prüfung des Bundesverfassungsgerichts auf das Grundrecht konzentrieren, das nach seinem Sinngehalt die stärkere sachliche Beziehung zu dem zu prüfenden Sachverhalt aufweist.[118] In dessen Rahmen würden dann aber die spezifischen Gehalte der verdrängten Grundrechte mitberücksichtigt.[119] Kann ein solches Hauptgrundrecht nicht ermittelt werden, so liegt Idealkonkurrenz vor, die zur parallelen Anwendung der einschlägigen Grundrechte führt.[120] Zu denken wäre etwa an das Eigentum an Plakaten zur Meinungsäußerung, die journalistische Berufsfreiheit oder die Regulierung von Vereinigungen im Sinne von Art. 9 Abs. 1 GG, die in der Hauptsache propagandistische Zwecke verfolgen.[121]

*Lücke* hat hierfür den Begriff des „additiven Grundrechtseingriffs" vorgeschlagen.[122] Das ist zwar nicht ganz treffend, weil der Schutz aus verschiedenen Grundrechten vermutlich keine lineare Verstärkung im Sinne einer Addition bewirkt, worauf schon vor der Diskussion um das Schächt-Urteil des Bundesverfassungsgerichts hingewiesen wurde.[123] So dürfte die Meinungsäußerung (Art. 5 Abs. 1 GG) eines parteipolitisch organisierten (Art. 9 GG) Sektenführers (Art. 4 GG) auf einer Versammlung (Art. 8 Abs. 1 GG) nicht vierfach geschützt sein.[124] Hingegen kann eine Rechts-

[118] BVerfG v. 15.6.1984, E 64, S. 229 (238f.); v. 4.10.1983, E 65, S. 104 (112f.); v. 10. 7. 1984, E 67, S. 186 (195); v. 7.3.1995, E 92, S. 191 (196). Kritisch *M. Sachs*, in: Sachs, GG, 2003, vor Art. 1, Rz. 136.

[119] BVerfG v. 24.1.1962, E 13, S. 290 (296ff.); v. 19.3.1975, E 39, S. 210 (237) (zur Berücksichtung von Art. 3 Abs. 1 GG *im Rahmen von* Art. 12 Abs. 1 GG); v. 4.10.1983, E 65, S. 104 (113).

[120] BVerfG v. 26.6.1990, E 82, S. 236 (258) (Art. 5 Abs. 1 GG und Art. 8 Abs. 1 GG „nebeneinander anwendbar"); v. 14.12.1994, E 91, S. 346 (356) (Prüfungsmaßstab sei die Erbrechtsgewährleistung aus Art. 14 Abs. 1 GG „neben" Art. 3 Abs. 1 GG); v. 26.4.1994, E 90, S. 255 (259) (allgemeines Persönlichkeitsrecht komme „ergänzend" zur Meinungsäußerungsfreiheit "hinzu"); *H. Dreier*, in: Dreier/Bauer (Hrsg.), GG, Bd. 1 (Art. 1–19), 2004, Vorbemerkung, Rz. 97 m. w. N.; *H. D. Jarass*, in: Jarass/Pieroth, GG, 2004, vor Art. 1, Rz. 23; *M. Sachs*, in: Sachs, GG, 2003, vor Art. 1, Rz. 136; *R. Herzog*, in: Maunz/Dürig, GG, 2003, Art. 5 Abs. I, II Rz. 35; ausführlich *W. Rüfner*, Grundrechtskonflikte, in: Starck (Hrsg.), Bundesverfassungsgericht und Grundgesetz: Festgabe aus Anlass des 25jährigen Bestehens des Bundesverfassungsgerichts, Bd. 2, 1976, S. 453 (477); *P. Lerche*, Grundrechtsschranken, in: Isensee/Kirchhof (Hrsg.), Handbuch des Staatsrechts, Bd. V: Allgemeine Grundrechtslehren, 2000, Rz. 48; *L. H. Fohmann*, EuGRZ 1985, S. 49ff.

[121] *R. Herzog* (S. 409, Fn. 120), Art. 5 Abs. I, II Rz. 35.

[122] *J. Lücke*, DVBl. 2001, S. 1469 (1470f.); ähnlich auch *C. Spielmann*, JuS 2004, S. 371 (372), der von einer „Verstärkungswirkung" spricht.

[123] Gegen eine lineare Verstärkungswirkung *W. Berg*, Konkurrenzen schrankendivergenter Freiheitsrechte im Grundrechtsabschnitt des Grundgesetzes, 1968, S. 63f.; *W. Rüfner*, Grundrechtskonflikte, in: Starck (Hrsg.), Bundesverfassungsgericht und Grundgesetz: Festgabe aus Anlaß des 25jährigen Bestehens des Bundesverfassungsgerichts, Bd. 2, 1976, S. 453 (477); *J. Würkner*, DÖV 1992, S. 150 (151f.); *H. Dreier*, in: Dreier/Bauer (Hrsg.), GG, Bd. 1 (Art. 1–19), 2004, Vorb., Rz. 159; für eine Wertkumulation allerdings *A. Bleckmann/C. Wiethoff*, DÖV 1991, S. 722 (724f.).

[124] *R. Heß*, Grundrechtskonkurrenzen, 2000, S. 87f.

gutüberschneidung wie im Falle des Persönlichkeitsrechts einer Familie wohl durchaus eine subadditive Verstärkung bewirken.[125] Für derartige Konstellationen lassen sich leicht weitere Beispiele finden. Das unter dem Namen „Toll-Collect" bekannte System der Erhebung einer Maut auf deutschen Autobahnen greift in Art. 12 Abs. 1 GG ein und differenziert zugleich, was mit Blick auf Art. 3 Abs. 1 GG rechtfertigungsbedürftig ist, nach verschiedenen Merkmalen, die nur zum Teil etwas mit dem Maß der in Anspruch genommenen Verkehrsinfrastruktur-Leistung zu tun haben (Achszahl einerseits, Schadstoffklasse andererseits).[126] Im übrigen ist mit Recht darauf hingewiesen worden, dass es insoweit auch um das Zusammenspiel mehrerer Gesetze und eine *dadurch* herbeigeführte Belastungskumulation gehen kann.[127] So wird in den meisten Bundesländern das Einleiten von Abwasser in Form von Abwasserabgaben und zugleich durch Wasserverbandsbeiträge mit Geldleistungspflichten belegt.[128] Ferner sah das Bundesverfassungsgericht ein Strafurteil, mit dem eine Freiheitsstrafe verhängt worden war, als unverhältnismäßig an, weil das Gericht bei der Strafzumessung eine vorangegangene Arreststrafe nach einer militärischen Disziplinarordnung nicht in Rechnung gestellt hatte.[129] Weitere Beispiele für „additive" Grundrechtseingriffe sind unter anderem bei der Indienstnahme privater Bankinstitute für öffentliche Zwecke und im Einkommensteuerrecht (steuerliche Mehrfachbelastung) zu entdecken.[130]

Auch wenn die skizzierte Rechtsprechung des Bundesverfassungsgerichts die Formulierung eines Kontrollprogramms zur Überprüfung hoheitlicher Entscheidungen darstellt, so können die Vorgaben des Gerichts ohne weiteres auch als normative Charakterisierung des Entscheidungsherstellungsvorgangs *ex ante* gewürdigt werden.[131] So verstanden gilt für legislative Entscheidungen, dass jedenfalls sowohl bei der Mitberücksichtigung verdrängter Grundrechte innerhalb eines Schwerpunktgrundrechts als auch bei der Idealkonkurrenz kein lediglich binärer Konflikt vorliegt, sondern in Wirklichkeit eine Aufgabe zur Optimierung einer größeren Zahl von rechtlich geschützten Gütern.

---

[125] BVerfG v. 15.12.1999, E 101, S. 361 ff. – Caroline von Monaco II.

[126] § 3 des Autobahnmautgesetzes v. 5.4.2002, BGBl. I 2002, S. 1234; § 1 Mauthöheverordnung v. 24.6.2003, BGBl. I 2003, S. 1001.

[127] *K. Meßerschmidt*, Gesetzgebungsermessen, 2000, S. 804; *M. Kloepfer*, VerwArch 74 (1983), S. 201 ff.

[128] *M. Kloepfer* (S. 410, Fn. 127), S. 201 (209 ff.).

[129] BVerfG v. 2.5.1967, E 21, S. 378 (388).

[130] *J. Lücke*, DVBl. 2001, S. 1469 (1474 f.) m. w. N.

[131] Wie *Schlaich/Korioth* zu Recht bemerken, kann ein und dieselbe verfassungsrechtliche Bestimmung zugleich Handlungsanweisung und Kontrollnorm sein, *K. Schlaich/ S. Korioth*, Das Bundesverfassungsgericht[6], 2004, Rz. 516; vgl. die weiteren Nachweise in vorstehender Fn. 48 (S. 395).

*bb) Grundrechte Dritter*

Zu einer polygonalen Gesamtbetrachtung von Belastungen können des weiteren nicht nur die „additiven" Grundrechtseingriffe, also verschiedene Belastungen ein und desselben Grundrechtsinhabers, nötigen, sondern auch Grundrechte Dritter. In der Rechtsprechung des Bundesverfassungsgerichts lassen sich hierfür zahlreiche Beispiele finden. So betrachtete das Gericht im Rahmen einer Verfassungsbeschwerde von Eltern schulpflichtiger Kinder gegen die Einführung der so genannten obligatorischen Förderstufe nicht nur das Grundrecht der Eltern aus Art. 6 Abs. 2 S. 1 GG, sondern bezog in seiner Würdigung auch die Kinder ein, die „jedenfalls in ihrem Grundrecht aus Art. 2 Abs. 1 GG" verletzt seien.[132] Die Pflichtzugehörigkeit zu Arbeitnehmerkammern, die Arbeitnehmer unter Berufung auf Art. 2 Abs. 1 GG angriffen, betraf nach Ansicht des Gerichts auch die Vereinigungsfreiheit der Gewerkschaften nach Art. 9 Abs. 1 GG.[133] Die Bestimmungen des Mutterschutzgesetzes, nach denen die Arbeitgeber zur Gewährung eines Zuschusses zum Mutterschaftsgeld verpflichtet waren, war nach dem Urteil des Bundesverfassungsgerichts vom 18. November 2003 eine „unangemessene Beschränkung der Berufsfreiheit, weil sie das im Zuge systematischer Verfassungsinterpretation zu berücksichtigende Gleichberechtigungsgebot aus Art. 3 Abs. 2 GG" verletze.[134] Hier wurde also eine Belastung der Arbeitgeber, die an Art. 12 Abs. 1 GG zu messen war, *wegen* des den Frauen zugute kommenden Gleichberechtigungsgebots als unverhältnismäßig beurteilt.

Nimmt man die genannten Judikate zusammen, so ist zu beobachten, dass in der Rechtsprechung des Bundesverfassungsgerichts in einigen Fällen Grundrechte Dritter eine Rolle spielen, die noch nicht einmal den Status von Verfahrensbeteiligten hatten. Es gibt aber auch eine Reihe von Entscheidungen, wo eine solche umfassende Betrachtung unterblieb, obwohl sie nahegelegen hätte.

So hatte das Bundesverfassungsgericht im Jahre 1961 die von Einzelhandelskunden angestrengte Verfassungsbeschwerde gegen das Ladenschlussgesetz als unbegründet zurückgewiesen, ohne auf die mögliche Beeinträchtigung der Ladenbesitzer in ihrer Berufsfreiheit zu erwägen.[135] 1964 entschied das Gericht, dass das Personenbeförderungsgesetz, mit dem die öffentliche Vermittlung von Mitfahrgelegenheiten durch Mitfahrzentralen untersagt worden war, das Grundgesetz nicht verletzte. Dabei wurde nicht untersucht, ob diese Regelung vielleicht nicht auch gegen die Berufsfreiheit

[132] BVerfG v. 6.12.1972, E 34, S. 165 (200).
[133] BVerfG v. 18.12.1974, E 38, S. 281 (302 ff.).
[134] BVerfG v. 18.11.2003, E 109, S. 64 (89).
[135] BVerfG v. 29.11.1964, E 13, S. 230 (235 f.).

der Betreiber von Mitfahrzentralen verstoßen könnte.[136] Nach etlichen Judikaten in den 70er Jahren, in denen, wie vorstehend schon skizziert, eine umfassendere Linie verfolgt worden war, urteilte das Gericht zum Verbot der gewerbsmäßigen Arbeitnehmerüberlassung im Jahre 1987, ein Arbeitsverleiher könne nicht über Art. 2 Abs. 1 GG geltend machen, dass das Verbot nicht zur verfassungsmäßigen Ordnung gehörte, weil es Dritte, also die Leiharbeitnehmer und die Betriebe des Baugewerbes, „gleichheitswidrig benachteilige…, selbst wenn es zur Ausübung der eigenen wirtschaftlichen Handlungsfreiheit notwendig der Mitwirkung" dieser Dritten bedürfe.[137]

Angesichts dieses uneinheitlichen Befundes ist zu fragen, inwieweit Grundrechte Dritter in der verfassungsrechtlichen Abwägung berücksichtigt werden müssen. Auch wenn im Ansatzpunkt klar sein dürfte, dass mit der Elfes-Rechtsprechung der Schutzbereich von Art. 2 Abs. 1 GG weit zu verstehen ist und dementsprechend die Rechtfertigung eines Eingriffs in Grundrechte nur gelingt, wenn und soweit er sich als Teil der verfassungsmäßigen Ordnung darstellt, so ist damit noch nicht gesagt, ob zur verfassungsmäßigen Ordnung auch die Grundrechte Dritter gehören. Das wird allerdings von der ganz überwiegenden Auffassung in der Literatur angenommen.[138] Auch das Bundesverfassungsgericht geht hiervon im Grundsatz aus.[139]

In jüngster Zeit hat *Kube* dagegen geltend gemacht, die grundrechtliche Funktionenlehre müsse zu einem anderen Ergebnis führen.[140] Grundrechte seien individuelle Abwehrrechte, weshalb im Rahmen der Überprüfung der Rechtfertigung eines Grundrechtseingriffs berücksichtigt werden müsse, ob das Grundrecht gegen die bestimmte Beeinträchtigung zu schützen bestimmt sei.[141] Kein derartiger Schutzzweckzusammenhang sei etwa im vorstehend erwähnten schulrechtlichen Fall in bezug auf die Kinder anzuerkennen, da es nicht Zweck von Art. 6 Abs. 2 S. 1 GG sei, die allgemeine

---

136 BVerfG v. 7.4.1964, E 17, S. 306 (313ff.).

137 BVerfG v. 6.10.187, E 77, S. 84 (101).

138 *H. Dreier*, in: Dreier/Bauer (Hrsg.), GG, Bd. 1 (Art. 1–19), 2004, Art. 2 Abs. 1 Rz. 44, Fn. 163 m.w.N.; *P. Kunig*, in: von Münch/Kunig, GG, Bd. 1, 2000, Art. 2 Rz. 23a a. E.; *H. Hofmann*, in: Schmidt-Bleibtreu/Klein (Hrsg.), Kommentar zum GG, 2004, Art. 2 Rz. 8; *D. Murswiek*, in: Sachs, GG, 2003, Art. 2 Rz. 57; *C. Starck*, in: v. Mangoldt/Klein/Starck (Hrsg.), Das Bonner Grundgesetz. Kommentar, Bd. 1, 1999, Art. 2 Abs. 1 Rz. 23f.

139 BVerfG v. 6.6.1989, E 80, S. 164 (168 – Sondervotum Grimm, der in diesem Punkt mit der Mehrheit der Richter übereinstimmt).

140 *H. Kube*, DVBl. 2005, S. 721 (723ff.).

141 Ähnlich formuliert auch *R. Alexy*, Theorie der Grundrechte[1], 1986, S. 354f., wenn er in bezug auf die Entscheidung des Bundesverfassungsgerichts zum Ladenschlussgesetz (BVerfG v. 29.11.1961, E 13, S. 230) sagt, das Grundrecht auf Berufsfreiheit der Ladeninhaber habe nur *relativ auf* (Hervorhebung im Original) die Berufsfreiheit der Ladeninhaber, nicht aber *relativ auf* (Hervorhebung im Original) die Einkaufsfreiheit der Kunden einen freiheitsschützenden Charakter.

Handlungsfreiheit der Kinder zu schützen, genausowenig wie Art. 9 Abs. 1 GG darauf ziele, das Verhältnis der Arbeitnehmer gegenüber den Arbeitnehmerkammern auszugestalten.[142]

Die Grundrechte Dritter würden dagegen nach richtiger Auffassung allein der Freiheit ihrer Träger dienen. Diese Dritten wollten möglicherweise gar nicht gegen die Beschränkung ihrer Freiheit vorgehen.[143] In einer freiheitlich-demokratischen Grundrechtsordnung solle aber jeder über die Wahrnehmung und Verteidigung seiner Freiheit disponieren können.[144] Wie besonders der letztgenannte Gesichtspunkt erkennen lässt, bezieht sich die Argumentation *Kube*s in erster Linie auf die verfassungsgerichtliche Kontrolle von staatlichen Handlungen, um die es im vorliegenden Abschnitt nicht geht. Als Anforderung an die Rechtsetzung *ex ante* umgedeutet, würde die Beschränkung der Entscheidungsherstellung auf Belastungen, die vom Schutzzweckzusammenhang eines berührten Grundrechts erfasst sind, dem Gesetzgeber erlauben, von der Einbeziehung der Grundrechte Dritter selbst bei Vorliegen rechtfertigungsbedürftiger Eingriffe abzusehen. Das könnte aus folgender Überlegung nicht überzeugen.

Soweit die Aufgabe des Gesetzgebers in der Bewältigung komplexer Abwägungsvorgänge besteht, kommt dem Verhältnismäßigkeitsgrundsatz umfassende Geltung zu. Darin liegt *ex ante* eine Optimierungsaufgabe, die sich auf alle betroffenen Rechtsgüter erstrecken muss. Würden bestimmte Gesichtspunkte außer Betracht gelassen, obwohl sie im konkreten Fall betroffen und von ihrer Rechtsnatur her schutzwürdig sind – wie etwa Grundrechtspositionen –, könnte der Abwägungsvorgang systematisch zu Ergebnissen führen, die insgesamt mehr gesellschaftliche Nachteile als Vorteile hätten. Daher ist *ex ante,* wie im Verwaltungsrecht auch, eine bilanzierende Betrachtungsweise geboten, die alle Belange einbezieht, die nach Lage der Dinge zu berücksichtigen sind. Dazu zählen ohne weiteres alle betroffenen Grundrechte unabhängig davon, wer sie mit einer Verfassungsbeschwerde tatsächlich geltend macht oder machen könnte. Daher ist der herrschenden Ansicht vollumfänglich zuzustimmen, wenn sie zur „verfassungsmäßigen Ordnung" des Art. 2 Abs. 1 GG auch die Grundrechte Dritter rechnet. Auf die Konsequenzen dieser Ansicht für die verfassungsgerichtliche Kontrolle ist nachstehend noch einzugehen.[145]

---

[142] *H. Kube*, DVBl. 2005, S. 721 (726 r. Sp.).
[143] *H. Kube* (S. 413, Fn. 142), S. 721 (724 r. Sp.).
[144] *H. Kube* (S. 413, Fn. 142), S. 721 (725 l. Sp.).
[145] S. u. F.I.2.b).

### cc) Weitere Belange in der Abwägung

Der Komplexitätsgrad hoheitlicher Entscheidungen erscheint noch höher, nimmt man hinzu, dass in vielen Fällen eine Konzentration oder gar Beschränkung des Rechtsetzungsvorgangs auf die Beachtung der durch subjektive Abwehrrechte gesetzten Grenzen verfassungsrechtlich zumindest unbefriedigend, wenn nicht sogar unzulässig wäre. Ein Grund hierfür liegt in der den Grundrechten vom Bundesverfassungsgericht zugeschriebenen objektiven Funktionen.[146] Danach enthalten die Grundrechte objektivrechtliche Wertentscheidungen, die für alle Bereiche der Rechtsordnung gelten.[147]

Damit ist zum ersten eine Ausstrahlungswirkung verbunden, die in die Auslegung zivilrechtlicher Normen hineinreicht.[148] Es können sich zum zweiten in gewissem Kontrast zu der ursprünglichen Abwehrrichtung der Freiheitsgrundrechte auch Schutzpflichten[149] oder Teilhaberechte[150] aus ihnen ergeben, was leicht zu einer Vergrößerung der Anzahl der zu berücksichtigenden Rechtsgüter führen kann. Wie vielfältig die Belange sind, die schon bei einem untergesetzlichen Rechtsetzungsvorgang eine Rolle spielen können, gibt das Baugesetzbuch mit seinem Katalog an Festsetzungsmöglichkeiten. Sie reichen von verschiedenen Nutzungsarten wie etwa Flächen für Wohnbedarf,[151] für die Abwasserbeseitigung,[152] für Sport- und Spielanlagen[153], Flächen für die Landwirtschaft[154] und des Verkehrs.[155] All diese Nutzungsarten repräsentieren im Prinzip schutz- und förderwürdige Belange, die bei der Abwägung zu einem schonenden Ausgleich zu führen sind, ohne dass subjektive Rechte auf gerechte Abwägung dies unbedingt jeweils schon verlangen würden.

Das oben bereits erwähnte Zielbündel des Bundesverkehrswegeplans enthält ebenfalls eine Reihe von Kriterien, von denen zumindest die folgenden über die Beachtung subjektiver Rechte weit hinausgehen:[156]

---

[146] Den Zusammenhang von Komplexitätsgrad der Rechtsetzungsaufgabe und der Schutzpflichtendogmatik bemerkt auch *E. Denninger*, in: Denninger u.a. (Hrsg.), AK-GG, 2002, vor Art. 1, Rz. 34.

[147] BVerfG v. 15.1.1958, E 7, S. 198 (204f.); v. 14.1.1981, E 56, S. 54 (73); v. 23.4.1986, E 73, S. 261 (269); v. 8.8.1978, E 49, S. 89 (141f.).

[148] BVerfG v. 11.6.1991, E 84, S. 192 (195).

[149] BVerfG v. 14.1.1981, E 56, S. 54 (73).

[150] BVerfG v. 29.5.1973, E 35, S. 79 (116).

[151] § 9 Abs. 1 Nr. 3 und 6 BauGB.

[152] § 9 Abs. 1 Nr. 14 BauGB.

[153] § 9 Abs. 1 Nr. 5 BauGB.

[154] § 9 Abs. 1 Nr. 18 BauGB.

[155] § 9 Abs. 1 Nr. 11 BauGB.

[156] *Bundesministerium für Verkehr, Bau- und Wohnungswesen* (Hrsg.), Bundesverkehrswegeplan 2003. Grundzüge der gesamtwirtschaftlichen Bewertungsmethodik, 2000, S. 23.

– Stärkung des Wirtschaftsstandortes Deutschland zur Schaffung bzw. Sicherung von Arbeitsplätzen,
– Förderung nachhaltiger Raum- und Siedlungsstrukturen,
– Schaffung fairer und vergleichbare Wettbewerbsbedingungen für alle Verkehrsträger,
– Förderung der europäischen Integration.

Eine Beschränkung des Entscheidungsherstellungsvorgangs auf subjektive Rechte ist des weiteren stets dann unangemessen, wenn und soweit objektives Verfassungsrecht eine Rolle spielt. So können die Verpflichtung des Staates auf nachhaltigen Umweltschutz (Art. 20a GG), das Sozialstaatsprinzip (Art. 20 Abs. 1 GG) oder das Demokratieprinzip (Art. 20 Abs. 1 GG) im Einzelfall sowohl für als auch gegen bestimmte Grundrechtsbeschränkungen sprechen; in beiden Fällen müssen sie, ihre konkrete Betroffenheit vorausgesetzt, Eingang in die legislative Abwägung finden.

### 3. Zwischenergebnis: Merkmale der Gesamtabwägung

Bilanzierend lässt sich folgendes festhalten. Soweit bei der Rechtsetzung nicht bestimmte Alternativen wegen Verstoßes gegen den absolut geschützten Kernbereich eines Grundrechts nach Art. 19 Abs. 2 GG ausscheiden, ist der Verhältnismäßigkeitsgrundsatz zu beachten. Der Verhältnismäßigkeitsgrundsatz findet unter verschiedenen Bezeichnungen (Herstellung praktischer Konkordanz, Wechselwirkungstheorie, Drei-Stufen-Theorie) auf die Freiheitsgrundrechte Anwendung und hat sich mittlerweile auch im Rahmen von Art. 3 Abs. 1 GG etablieren können. Das Verhältnimäßigkeitsprinzip ist dabei nicht nur Kontrollnorm, sondern es entfaltet bereits gewisse Anforderungen hinsichtlich der Rechtsetzung als *Ex-ante*-Vorgang unabhängig von der Frage, wie streng das Bundesverfassungsgericht ihre Einhaltung kontrolliert. Geboten ist nach dem Konzept des Gerichts, dem die Literatur weitestgehend folgt, eine Optimierung aller betroffenen Verfassungsrechtsgüter im Rahmen einer Gesamtabwägung.[157] Mit der Auffassung des Bundesverfassungsgerichts kommt folglich eine segmentierte Betrachtung einzelner Belange grundsätzlich nicht in Frage.[158]

Gegenstand der Abwägung sind die Auswirkungen, die die Gesetzentwürfe auf die Wirklichkeit hätten, zu deren Beurteilung zunächst ein ordentliche Sachverhaltsermittlung vorausgesetzt wird, was wiederum statistische Schlüsse in Form von Retrodiktionen erforderlich machen kann,

---

[157] S. die Nachweise auf S. 395, Fn. 52, und auf S. 408, Fn. 112.
[158] So wohl auch *M. Kloepfer*, DVBl. 1995, S. 441 (447 l. Sp.).

während die Abschätzung der Effekte nach Prognosen verlangt. In beidem können anspruchsvolle Aufgaben liegen.

Die Gesamtabwägung bekommt darüber hinaus in verschiedenen Konstellationen polygonalen Charakter, was ebenfalls zu einem hohen Grad an Komplexität der Rechtsetzungsaufgabe führen kann. Zunächst gibt es Belastungskumulationen, die unter dem Stichwort des „additiven Grundrechtseingriffs" angemessen berücksichtigt werden müssen. Nach den Grundsätzen der Elfes-Rechtsprechung zielt die Gesamtabwägung auf die optimierende Berücksichtigung aller betroffenen Grundrechte einschließlich der Grundrechte Dritter. Schließlich können weitere Gesichtspunkte die Abwägung komplexer machen, wie etwa die Ausstrahlungswirkungen der Grundrechte, die Staatsziele und anderes objektives Verfassungsrecht.

## *IV. Zur Darstellung von Entscheidungsgründen im Verfassungsrecht*

Im folgenden soll untersucht werden, ob und inwieweit es sich empfehlen würde, den skizzierten gesetzgeberischen Abwägungsvorgang mit Hilfe einer Begründung offenzulegen, die die Gründe erläutert, die der Gesetzgeber der Entscheidung zugrundegelegt hat (formelle Begründung), und sich dabei einer formal-numerischen Methodik zu bedienen (IV.) und V.). Für die Begründbarkeitsprüfung, wie sie das Bundesverfassungsgericht durchführt, ist weder das eine noch das andere erforderlich (IV. 1). Dennoch ist immer wieder diskutiert worden, ob der Gesetzgeber nicht sogar einer Begründungspflicht unterliegen müsse, weil eine Begründung wertvolle Informationen bei der Auslegung des Gesetzes liefere (IV.2), zur Erläuterung der gesetzgeberischen Entscheidungsgründe im Sinne einer Rechenschaftslegung hilfreich sei (IV.3) und der effektive Rechtsschutz im Sinne von Art. 19 Abs. 4 GG nach einer Begründung verlange (IV.4). Zu einer generellen Begründungs*pflicht* des Gesetzgebers verdichten sich diese Gesichtspunkte aber auch deshalb nicht, weil mit ihr auch beachtliche Nachteile verbunden wären (IV.5).

Die Anfertigung und Veröffentlichung einer Gesetzesbegründung ist verfassungsrechtlich aber auch nicht unzulässig, so dass es sich lohnt, wegen der Vorzüge, die eine Begründung mit sich bringen würde, weiter zu untersuchen, ob man sich nicht dabei insbesondere zur Erhöhung der Transparenz formaler Verfahren der Entscheidungsherstellung bedienen sollte oder gar müsste (V.). Eine verfassungsrechtliche Pflicht zur Verwendung einer optimalen Gesetzgebungsmethodik (*Schwerdtfeger*) ist allerdings nicht festzustellen. Gleichwohl lassen sich auch in der Rechtsprechung des

Bundesverfassungsgerichts Argumente identifizieren, die für die Heranziehung einer belastbaren, formalen Methodik sprechen. Es ist daher abschließend zu überlegen, unter welchen Voraussetzungen diese zum Einsatz kommen könnte (VI.).

## 1. Formelle Begründung und Begründbarkeitsprüfung

Die vorstehenden Ausführungen sollten erkennen lassen, dass auch das Bundesverfassungsgericht die parlamentarische Rechtsetzung als anspruchsvollen, auf die Optimierung der betroffenen Interessen gerichteten Abwägungsvorgang beschreibt. Allerdings richtet das Gericht seine Kontrolle in aller Regel allein auf das Ergebnis dieser Vorgänge, das Gesetz.[159] Für die verfassungsrechtliche Beurteilung eines Gesetzes seien sein objektiver Sinn und Zweck sowie seine Wirkungen maßgeblich, nicht die Gesetzgebungsmaterialien.[160] Judikate, die wie das Urteil zur Schwerbehinderten-Abgabe ganz ausdrücklich als Anforderung an den Gesetzgeber formulieren, dass die Grundlagen der in Prognosen enthaltenen Wahrscheinlichkeitsurteile ausgewiesen werden können und müssen, sind vereinzelt geblieben.[161]

Der grundsätzlichen Linie des Gerichts folgt die herrschende Ansicht in der Literatur: Zur Legitimation von Gesetzen genüge es, wenn die Mehrheit des Parlaments ihren Willen erkläre.[162] Der Gesetzgeber schulde nichts anderes als das kompetentiell und verfahrensmäßig ordentlich zustande gekommene Gesetz.[163] Angesichts der unstreitig hinzutretenden Anforderungen aus dem Verhältnismäßigkeitsgrundsatz wirkt das fast schon apodiktisch, was auch daher rühren mag, dass sich die nationalsozialistische Gesetzgebung ausgiebig sogenannter „Gesetzesvorsprüche“ bedient hatte, deren propagandistischer Gehalt bei der Gesetzesauslegung eine maßgebliche und bedauerliche Rolle spielte.[164] An dem Ausruf *Radbruchs* aus den Nachkriegsjahren, der moderne Gesetzgeber dürfe das Wörtchen „weil“

---

[159] BVerfG v. 27.5.1992, E 86, S. 148 (241).

[160] BVerfG v. 11.2.1992, E 85, S. 238 (245); zuvor schon v. 9.8.1978, E 49, S. 148 (165); v. 15.5.1984, E 67, S. 70 (87).

[161] BVerfG v. 26.5.1981, E 57, S. 139 (159); zuvor schon ähnlich das Mitbestimmungsurteil v. 1.3.1979, E 50, S. 290 (333 f.).

[162] S. aus jüngster Zeit *K. Redeker/U. Karpenstein*, NJW 2001, S. 2825 (2826–2827); sowie *W. Cremer*, NVwZ 2004, S. 668 (671 f.).

[163] *K. Schlaich/S. Korioth*, Das Bundesverfassungsgericht$^{6}$, 2004, Rz. 542; *K. Schlaich*, VVdStRL 39 (1981), S. 96 (109); *K. Schlaich*, JuS 1982, S. 597 (602 f.); *W. Geiger*, Gegenwartsprobleme der Verfassungsgerichtsbarkeit aus deutscher Sicht, in: Berberich/Holl (Hrsg.), Neue Entwicklungen im öffentlichen Recht: Beiträge zum Verhältnis von Bürger und Staat aus Völkerrecht, Verfassungsrecht und Verwaltungsrecht, 1979, S. 131 (141 f.); *C. Gusy*, ZRP 1985, S. 291 (298).

[164] *K. Redeker/U. Karpenstein*, NJW 2001, S. 2825 (2827) m. w. N.

niemals in den Mund nehmen, wird jedenfalls die damalige große Abneigung gegen parlamentarische Begründungsausführungen erkennbar.[165] Historisch betrachtet sind bestimmte Ansätze zur Begründung von Gesetzen allerdings nicht völlig unbekannt. Immerhin waren Gesetze zwischen dem 16. Jahrhundert und dem Ende des Absolutismus mit Präambeln versehen, die die Motive des Gesetzgebers darlegten und in gewissem Sinne durchaus als Begründung verstanden werden dürfen.[166]

Im geltenden Recht lässt sich die Ablehnung einer Begründungspflicht zunächst darauf stützen, dass keiner Vorschrift des Grundgesetzes eine Forderung nach einer formellen oder gar formalen Begründung direkt zu entnehmen sein dürfte, sieht man einmal von am Rande liegenden Bestimmungen wie Art. 72 Abs. 2 GG ab, von dem gewisse Begründungsanforderungen ausgehen sollen.[167] Die Geschäftsordnungen des Bundestags und der Bundesregierung statuieren lediglich Begründungspflichten in bezug auf Gesetzentwürfe.[168] Die Gesetze selbst sind davon nicht erfasst.

In Betracht käme daher nur eine funktionellrechtliche Herleitung einer derartigen Pflicht. Anders als bei der Rechtsanwendung, bei der die öffentliche Gewalt mit einer Begründung dokumentiert, wie sich ihre Handlung aus Gesetz und Recht im Sinne von Art. 20 Abs. 3 GG ableitet, kommt dies aber als Funktion einer Begründung bei der Rechtsetzung, die gemäß Art. 20 Abs. 3 GG nur durch die weiten Grenzen der verfassungsmäßigen Ordnung beschränkt ist, regelmäßig nicht in Frage.[169]

Das schließt aber die Annahme einer Begründungspflicht noch nicht endgültig aus. Drei funktionale Gesichtspunkte bieten sich hierfür an: die Begründung als Auslegungshilfe (2.), als Instrument der Rechenschaftslegung (3.) und zur Gewährleistung effektiven Rechtsschutzes (4.). Die daraus zu gewinnenden Argumente sind angesichts der gegen eine generelle Begründungspflicht sprechenden Gründe nicht zwingend, unterstützen aber eine differenzierende Betrachtungsweise, die unter bestimmten Voraussetzungen die Verwendung einer Folgenabschätzung zur Erläuterung der Entscheidungsgründe nahelegt.

---

[165] *G. Radbruch*, Einführung in die Rechtswissenschaft[9], 1958, S. 45.

[166] Zu den Aufgaben von Präambeln s. *D. Rethorn*, Verschiedene Funktionen der Präambeln, in: Rödig/Altmann (Hrsg.), Studien zu einer Theorie der Gesetzgebung, 1976, S. 296 (298); *P. Häberle*, Präambeln im Text und Kontext von Verfassungen, in: Listl/Schambeck (Hrsg.), Demokratie in Anfechtung und Bewährung: Festschrift für Johannes Broermann, 1982, S. 211 ff. Aus jüngster Zeit *P. Skouris*, Die Begründung von Rechtsnormen, 2002, S. 121–175.

[167] *H. Rybak/H. Hofmann*, NVwZ 1995, S. 230 (231 r. Sp.).

[168] § 76 Abs. 2 GeschO-BT; §§ 42 Abs. 1, 43 GGO II für Gesetzentwürfe der Bundesregierung.

[169] *U. Kischel*, Die Begründung, 2002, S. 3 f., 263 f.

## 2. Begründung als notwendige Voraussetzung der Auslegung?

Ob und inwieweit eine formelle Begründung als Auslegungshilfe Verwendung finden kann, darf, soll oder gar müsste, hängt für viele Beobachter stark von der Rolle ab, die man dem Willen des Gesetzgebers für die Gesetzesauslegung zuweist. Stellt man mit den wohl von *Windscheid* begründeten „subjektiven Theorien" maßgeblich auf den Willen des Gesetzgebers ab,[170] so ließe sich dieser ohne Gesetzgebungsmaterialien teilweise nur unter großen Schwierigkeiten ermitteln. Sind hingegen gesetzgeberische Motive und Zielsetzungen ohne Bedeutung für die Auslegung, wie es von der jedenfalls in ihren extremen Varianten überholten sogenannten „objektiven Theorie" vertreten wurde,[171] so bedarf es auch keiner Dokumentation der Entstehungsgeschichte eines Gesetzes oder gar einer Begründung im formellen Sinn. Mittlerweile dürfte anerkannt sein, dass die Gesetzgebungsmaterialien für die Auslegung von Gesetzen bezüglich des als auslegungsbeachtlich aufgefassten gesetzgeberischen Willens wertvolle Anhaltspunkte bieten. Soweit ersichtlich, wird allerdings von niemandem mehr vertreten, eine Auslegung ohne die Heranziehung von Gesetzgebungsmaterialien oder einer Begründung sei ein Ding der Unmöglichkeit.[172]

Darauf käme es aber für die Frage nach der verfassungsrechtlichen Pflicht zur Begründung von Gesetzen entscheidend an; die Ableitung einer solchen Verpflichtung würde voraussetzen, dass die Anfertigung und Veröffentlichung einer Gesetzesbegründung notwendige Bedingung für die Verwirklichung von Verfassungsgrundsätzen – hier die Bindung an die verfassungsmäßige Ordnung (Art. 20 Abs. 3 GG) – wäre.[173] Lassen sich die zur Auslegung von Gesetzen erforderlichen Informationen nicht ausdrücklichen Erklärungen des Gesetzgebers entnehmen, so behelfen sich die Richter in der Praxis des Bundesverfassungsgerichts mit der Analyse des Wortlauts der Bestimmung, ihres Regelungszusammenhangs und ihres faktischen Hintergrunds.[174] Ohnehin dürfte der genetischen Auslegung in

---

170 *B. Windscheid*, Lehrbuch des Pandektenrechts², Bd. 1, 1862, S. 51.

171 Zu den Hauptvertretern der objektiven Theorie dürften *K. Binding*, Handbuch des Strafrechts, Bd. 1, 1885, S. 450ff., *J. Kohler*, Zeitschrift für das Privat- und Öffentliche Recht der Gegenwart (Grünhuts Zeitschrift) 13 (1886), S. 1 (1ff.), und *A. Wach*, Handbuch des deutschen Civilprozessrechts, Bd. 1, 1885, S. 254ff., zählen. Instruktive Darstellung der historischen Kontroverse bei *U. Kischel*, Die Begründung, 2002, S. 267–270.

172 *Kischel* erkennt in den Fällen nicht vorhandener, nicht aussagekräftiger oder widersprüchlicher Gesetzgebungsmaterialien eine Erschwerung der Aufgabe der Gesetzesauslegung, nicht aber ihre Verunmöglichung (*U. Kischel* (S. 419, Fn. 171), S. 287).

173 Im Ansatz ebenso *R. Rixecker*, Müssen Gesetze begründet werden? in: Jung/Neumann (Hrsg.), Rechtsbegründung – Rechtsbegründungen, 1999, S. 126 (131).

174 Klar in diesem Sinne BVerfG v. 3.11.1982, E 62, S. 169 (183f.): „Der Zweck (…) ist nicht ausdrücklich im Gesetz genannt. Er ergibt sich aber aus dem Gesetz und aus dem Zusammenhang, in dem es mit dem zu regelnden Lebensgebiet steht. Es ist nicht er-

der Praxis der deutschen Gerichte keine essentielle Bedeutung in einem solchen Sinn zukommen. Die Überprüfung einer Stichprobe von bundesverfassungsgerichtlichen Entscheidungen ergab jedenfalls, dass in nur zwei Fünfteln der Entscheidungen die Entstehungsgeschichte zur Auslegung überhaupt herangezogen wurde.[175] Für den Bundesgerichtshof wurden noch geringere Werte ermittelt.[176]

Alles in allem erkennen weder Literatur noch Rechtsprechung in der Analyse der Gesetzgebungsmaterialien, geschweige denn in einer Begründungspflicht des Gesetzgebers eine strikte Notwendigkeit für die Gesetzesauslegung. Soweit die Auslegung mit Blick auf die gerichtliche Kontrolle von Hoheitsakten erfolgt oder sogar in deren Rahmen, ist dem auch zuzustimmen. Die insoweit vom Bundesverfassungsgericht herangezogene Begründbarkeitsprüfung setzt in erster Linie am Gesetzestext als Ergebnis eines Abwägungsvorganges an und braucht nicht unbedingt auf diesen zurückzugreifen. Ist aus semantischen oder normstrukturellen Gründen nicht genau zu ermitteln, was die Verfassungsgeber mit „Menschenwürde", „Meinungsfreiheit" oder „Wesensgehalt eines Grundrechts" gemeint haben, so wird zur Not auch ohne die Verwendung einschlägiger Hinweise aus den Materialien entschieden, wie der sprachliche Ausdruck vom Verfassungsgeber gemeint war (subjektiv-teleologische Auslegung) oder vernünftigerweise verstanden werden sollte (objektiv-teleologische „Auslegung"), da die Verweigerung einer gerichtlichen Entscheidung im Rechtsstaat regelmäßig keine Option darstellt. Entsprechendes gilt für die Auslegung des einfachen Rechts.

Dass eine Auslegung zum Zwecke einer Begründbarkeitsprüfung nicht unbedingt einer Gesetzesbegründung bedarf, bedeutet aber nicht, dass eine Erläuterung der Entscheidungsgründe nicht wertvolle Hinweise über den (Wort-)Sinn und Zweck einer Regelung geben könnte. Die darin liegenden Chancen, aber auch die Problematik der gegenwärtigen Praxis können an dem als Bundestags-Drucksache 15/2250 veröffentlichten Gesetzentwurf der Bundesregierung für ein Europarechtsanpassungsgesetz Bau (EAG Bau) veranschaulicht werden.

---

forderlich, dass dieser Zweck mit dem ursprünglichen subjektiven Zweck des historischen Gesetzgebers übereinstimmt"; ebenso E v. 15.12.1983, 65, S. 1 (54).

[175] *M. Übelacker*, Die genetische Auslegung in der jüngeren Rechtsprechung des Bundesverfassungsgerichts, 1993 S. 194.

[176] *P. Raisch*, Vom Nutzen der überkommenen Auslegungskanones für die praktische Rechtsanwendung, 1988, S. 32; *T. Honsell*, Historische Argumente im Zivilrecht, 1982, S. 130ff., 218; *W. Seiler*, Höchstrichterliche Entscheidungsbegründungen und Methode im Zivilrecht, 1992, S. 182ff.

### a) Der Gesetzentwurf für das Europarechtsanpassungsgesetz als Beispiel

Mit dem Europarechtsanpassungsgesetz Bau (EAG Bau) war ausweislich der Darlegungen des Gesetzentwurfs unter der dortigen Überschrift „A. Problem und Ziel" die Umsetzung umweltbezogener Anforderungen des Gemeinschaftsrechts beabsichtigt, was mit dem Ziel verbunden werden sollte, die planungsrechtlichen Verfahrensschritte auf hohem Umweltschutzniveau zu vereinheitlichen und zu stärken, um eine dem Leitbild der nachhaltigen Stadtentwicklung entsprechende zügige und sichere Planung zu ermöglichen.[177] Das ist als ausdrückliche Zielbestimmung bei der Auslegung der vielfältigen Gesetzesänderungen im Prinzip hilfreich, weil es zumindest eine grobe Orientierung über die Zielvorstellungen der Entwurfsverfasser gibt, aber gleichzeitig so vage, dass die Beantwortung konkreter Fragen dadurch kaum Unterstützung findet. So sieht § 214 Abs. 3 S. 2 BauGB in seiner neuen Fassung vor, dass Mängel, die Gegenstand der Regelung nach § 214 Abs. 1 S. 1 Nr. 1 BauGB sind, nicht als Mängel der Abwägung geltend gemacht werden können.[178] Welche Mängel das genau sind, könnte freilich nicht allein anhand der Zielvorstellungen entschieden werden.

Mehr Informationen über die einzelnen Bestimmungen enthält der als „Begründung" bezeichnete Teil der Drucksache 15/2250. So passe die Neuregelung das BauGB an das europäische Rechtsverständnis an, das der Einhaltung von Verfahrensvorschriften einen hohen Stellwert einräume.[179] Die Neufassung des Absatzes 3 Satz 2 von § 214 BauGB solle sicherstellen, dass der Teil der Planerhaltungsvorschriften nunmehr im vorgeschlagenen Absatz 1 Satz 1 Nr. 1 geregelt sei, an den nach der früheren Rechtslage auf Grund der Rechtsprechung des Bundesverwaltungsgerichts als Elemente des Abwägungsvorgangs bestimmte Anforderungen gestellt waren.[180] Auch das beantwortet nicht alle Fragen. Es ist zum Beispiel nicht klar, ob damit auch alle Mängel des Abwägungsvorgangs, also der Ermittlung und Bewertung der Belange im Sinne von § 2 Abs. 3 BauGB, erfasst sein sollen, die auf das Abwägungsergebnis „durchschlagen".[181]

Die Begründung gibt aber über den bloßen Gesetzestext hinausgehende Hinweise auf die beabsichtigte Reichweite der Novellierung. So lässt sich aus der Bundestags-Drucksache 15/2250 mit einiger Sicherheit immerhin schließen, dass trotz der Neuregelung in § 214 Abs. 3 S. 2 Halbsatz 1

---

177 *Bundesregierung*, Gesetzentwurf der Bundesregierung. Entwurf eines Gesetzes zur Anpassung des Baugesetzbuchs an EU-Richtlinien, BT-Drs. 15/2250, 2003, S. 1.

178 S. etwa *U. Stelkens*, UPR 2005, S. 81 ff.; *W. Hoppe*, NVwZ 2004, S. 903 ff.

179 *Bundesregierung*, Gesetzentwurf der Bundesregierung. Entwurf eines Gesetzes zur Anpassung des Baugesetzbuchs an EU-Richtlinien, BT-Drs. 15/2250, 2003, S. 62.

180 *Bundesregierung* (S. 421, Fn. 179), S. 65.

181 Nach ausführlicher Diskussion verneinend *U. Stelkens*, UPR 2005, S. 81 (82 ff.).

BauGB bestimmte Fehler im Ergebnis der Planung beachtlich sein sollen. Die Bundesregierung führt dazu aus, ein Fehler im Abwägungsergebnis sei (nur) gegeben, wenn der Ausgleich zwischen den von der Planung berührten Belangen in einer Weise vorgenommen werde, die zur objektiven Gewichtigkeit einzelner Belange außer Verhältnis stehe.[182] Eine solche Entscheidung verstoße gegen das Abwägungsgebot des § 1 Abs. 7 BauGB und sei aus verfassungsrechtlichen Gründen ungültig.[183] Diese Bemerkung der Bundesregierung dürfte eine Auslegung von § 214 Abs. 3 S. 2 BauGB ausschließen, die alle Mängel des Abwägungsvorgangs als bloße Verfahrensfehler unabhängig davon betrachtet, ob sie Auswirkungen auf das Abwägungsergebnis hatten.[184]

### *b) Würdigung*

An dem Gesetzentwurf für das EAG Bau lässt sich sehen, dass eine Begründung Informationen über ein Gesetz zur Verfügung stellen kann, die für seine Auslegung und rechtliche Beurteilung über das hinausgehen, was der reine Gesetzestext „anbietet". Sie kann das Verständnis des vom Gesetzgeber Beabsichtigten fördern, indem sie die Zielsetzungen ausdrücklich formuliert, die Alternativen benennt, Prognosen über die erwarteten Wirkungen anstellt und die Auswirkungen bewertet.[185] Als Begründung *eines Gesetzentwurfs* entsprechen die eben dargestellten Erwägungen der Bundesregierung aber nur bedingt den Anforderungen, die an eine Begründung *eines Gesetzes* zu stellen wären. Dazu wäre es erforderlich, dass sich der Bundestag die Begründungen von Gesetzentwürfen zu eigen macht, was gegenwärtig zumindest nicht ausdrücklich der Fall ist. Damit steht die Heranziehung der Erwägungen der Bundesregierung im Rahmen der Auslegung des schließlich verabschiedeten Gesetzes unter dem Vorbehalt, dass Parlament und Regierung mit Blick auf die konkrete Frage derselben Ansicht gewesen waren. Vorzugswürdig wäre insoweit eine Gesetzesbegründung im formellen Sinne als Erläuterung der Erwägungen, auf die sich der Gesetzgeber – und nicht die Verfasser des Gesetzentwurfs – bei Erlass des Gesetzes gestützt hat.

---

[182] *Bundesregierung*, Gesetzentwurf der Bundesregierung. Entwurf eines Gesetzes zur Anpassung des Baugesetzbuchs an EU-Richtlinien, BT-Drs. 15/2250, 2003, S. 65.

[183] *Bundesregierung* (S. 422, Fn. 182), S. 65.

[184] *U. Stelkens*, UPR 2005, S. 81 (83 r. Sp.), ist sogar der Auffassung, dass alle Mängel im Abwägungsergebnis nicht von § 214 Abs. 3 S. 2 BauGB erfasst werden, was auch Mängel einschließt, die auf Fehlvorstellungen infolge einer fehlerhaften Ermittlung der tatsächlichen Rahmenbedingungen des Bebauungsplans beruhen.

[185] Zu den Alternativen, den Prognosen und den Bewertungen in der Begründung des Gesetzentwurfs s. u. E.IV.3.a).

### 3. Begründung als notwendige Voraussetzung der Rechenschaftslegung?

Wie das Beispiel des EAG Bau illustrieren sollte, kann schon eine der herkömmlichen Praxis entsprechende Begründung eines Gesetzentwurfs die Auslegung des Gesetzes unterstützen. Eine Begründung dient aber auch der Rechenschaftslegung, also der Erläuterung der rechtfertigenden Gründe, die den Entscheidungsträger zu der Schlussfolgerung geführt haben, die gewählte Regelung sie die beste unter den zur Verfügung stehenden Alternativen. Gerade wenn und soweit keine simple Subsumtionsaufgabe zu bewältigen ist, wie für das Verfassungsrecht typisch, hätte eine Begründung potentiell großen Erklärungswert bezüglich der Argumente, auf denen die Entscheidung beruht. Mit Hilfe einer Begründung kann nachvollziehbar gemacht werden, worauf die zumindest implizierte Überzeugung des Entscheidungsträgers beruht, die getroffene Maßnahme diene dem Allgemeinwohl in Ansehung aller ihrer Vor- und Nachteile. Die hierfür zu setzenden Prämissen und durchzuführenden Schlüsse können in einer Begründung mitgeteilt werden, wodurch sie den Rechtsanwendern als Auslegungshilfe dienen und, worauf nun der Blick gelenkt werden soll, den Rechtsunterworfenen verständlich gemacht werden können.

Die durch das Fehlen einer aussagekräftigen Begründung hervorgerufenen Schwierigkeiten beschreibt der Thüringische Verfassungsgerichtshof (ThürVerfGH) in seiner Entscheidung vom 18. September 1998 in aller Deutlichkeit, wenn er zum einen seine Kontrollaufgabe als umfassende Prüfpflicht kennzeichnet, ob der Gesetzgeber den entscheidungserheblichen Sachverhalt vollständig ermittelt und ein zureichender Abwägungsvorgang bezüglich der Vor- und Nachteile der beabsichtigten Regelung stattgefunden habe.[186] Die verfassungsgerichtliche Überprüfung beziehe sich insbesondere darauf, ob die Gewichtungen mit den Leitbildern und Leitlinien des Gesetzgebers im Einklang stünden.[187] Zum anderen aber meint der Verfassungsgerichtshof, der Gesetzgeber sei von Verfassungs wegen nicht angehalten, seine Entscheidungen zu begründen, was nach Ansicht des Gerichtshofs die Überprüfung der Verfassungsmäßigkeit der gesetzlichen Regelung erschwert.[188] Dennoch hielt der ThürVerfGH das zur Überprüfung gestellte Gemeindegebietsneugliederungsgesetz wegen einer nicht ausreichenden Einstellung der Interessen der Gemeinde für verfassungswidrig.[189]

---

[186] ThürVerfGH v. 18.9.1998, NVwZ-RR 1999, S. 55 (56, 60).
[187] ThürVerfGH v. 18.9.1998, NVwZ-RR 1999, S. 55 (56, 60).
[188] ThürVerfGH v. 18.9.1998, NVwZ-RR 1999, S. 55 (56, 60).
[189] ThürVerfGH v. 18.9.1998, NVwZ-RR 1999, S. 55.

Wie im eben geschilderten thüringischen Fall behelfen sich die Gerichte *in praxi* angesichts der fehlenden formellen Begründung von Gesetzen damit, Anhaltspunkte für die vom Gesetzgeber angestellten Überlegungen in den Gesetzgebungsmaterialien zu suchen.[190] Die Materialien liegen aber in vielen Fällen nicht in systematisch aufbereiteter Form vor, was die Gerichte dazu nötigt, in der Entstehungsgeschichte „herumzustochern".[191] Im Ergebnis hängt die Sachentscheidung des Gerichts damit von Zufälligkeiten – etwa der Dokumentation von Äußerungen einzelner Abgeordneten im Gesetzgebungsverfahren – ab, wie bereits mit einiger Berechtigung beklagt worden ist.[192]

Dass sich die hinsichtlich der erforderlichen gesetzgeberischen Abwägung besonders deutlichen Äußerungen der Verfassungsgerichte auf Neugliederungsfälle und damit auf Art. 28 Abs. 2 GG beziehen,[193] darf im übrigen nicht über die Problemlage im generellen hinwegtäuschen. Auch außerhalb des Gebietes der Gemeindegebietsneugliederung verlangen gesetzgeberische Entscheidungen die sorgfältige Ermittlung des Sachverhaltes und die sachgerechte Würdigung der Auswirkungen aller in Betracht kommenden Handlungsoptionen. Eine Begründung im formellen Sinn könnte hier sehr gute Dienste leisten. Das lässt sich gleichfalls an dem bereits erwähnten Beispiel des EAG Bau erläutern.

### *a) Überprüfung der Rechtfertigung des EAG Bau anhand des Verhältnismäßigkeitsgrundsatzes*

Der Verhältnismäßigkeitsgrundsatz verlangt bekanntlich im Rahmen der Geeignetheitsprüfung den Nachweis, dass die ergriffenen Maßnahmen ein bestimmtes Minimum an Wirksamkeit nicht unterschreiten, was durch Prognosen dargetan werden könnte, die als Element einer Begründung präsentiert werden. Dazu äußert sich der Gesetzentwurf der Bundesregierung nur mit Blick auf die nach § 4 Abs. 1 BauGB n. F. neu gefasste frühzeitige Behörden- und Öffentlichkeitsbeteiligung („Scoping"), welche zu einer Verringerung der Wahrscheinlichkeit führen soll, dass „auf Grund der im Rahmen der späteren, formalen Beteiligung eingehenden Stellung-

---

[190] ThürVerfGH v. 18.9.1998, NVwZ-RR 1999, S. 55 (56, 60); BVerfG v. 12.5.1992, E 86, S. 90 (120 ff.).
[191] *K. Redeker/U. Karpenstein*, NJW 2001, S. 2825 (2829 l. Sp.).
[192] *K. Redeker/U. Karpenstein* (S. 424, Fn. 191), S. 2825 (2828 r. Sp.).
[193] S. die Nachweise auf S. 424, Fn. 190.

nahmen der Planentwurf nachträglich ergänzt und erneut ausgelegt werden muss."[194]

Die Erforderlichkeitsprüfung fragt nach den Alternativen zur ergriffenen Regelung, und auch das könnte in einer Begründung erläutert werden. Dazu bemerkt der Gesetzentwurf zum EAG Bau, es sei auch denkbar gewesen, eine streng am Wortlaut der Richtlinie haftende Übernahme der gemeinschaftsrechtlichen Vorgaben durchzuführen.[195] Das hätte aber den Nachteil von Parallelprüfungen und Sonderverfahren gehabt. Im übrigen sei eine Erledigung der Aufgaben durch Private nicht in Betracht zu ziehen gewesen, da sich die umzusetzende Plan-UP-Richtlinie vor allem an Behörden richten würde. Schließlich sei aus diesem Grunde auch die Heranziehung von Selbstverpflichtungen Privater nicht zur Umsetzung geeignet.[196]

Für die Prüfung der Verhältnismäßigkeit im engeren Sinne sind Angaben über die Bewertung der einzelnen Belange hilfreich. Insofern ist festzuhalten, dass sich die Bundesregierung mit den Auswirkungen des EAG Bau auf die Gleichbehandlung der Geschlechter beschäftigt hat[197] und die Kosten des Gesetzes für die öffentlichen Haushalte abzuschätzen versucht.[198] Dem Bund enstünden hinsichtlich der Änderungen des BauGB keine Kosten. Auf die Kommunen käme ein erhöhter Vollzugsaufwand zu, der zusätzliche Kosten verursachen werde, welcher allerdings nicht quantifiziert dargestellt wird. In bezug auf die Änderungen des Raumordnungsrechts erwartet die Bundesregierung die Erforderlichkeit von zwei Referentenstellen und Aufwendungen von zusätzlichen 400.000 bis 500.000 Euro für Untersuchungen, Sachverständigen- und Rechtsgutachten, während den Ländern und Kommunen keine Kosten entstünden.[199] Finanzielle Auswirkungen auf die Wirtschaft werden insbesondere durch die vorgeschlagene Rückbauverpflichtung angenommen, die aber dadurch gerechtfertigt seien, dass mit dauerhafter Aufgabe der Nutzung solcher Vorhaben die Privilegierung entfalle und der Schutz des Außenbereichs wieder in den Vordergrund trete. Die Kosten werden nicht quantifiziert.

---

[194] *Bundesregierung*, Gesetzentwurf der Bundesregierung. Entwurf eines Gesetzes zur Anpassung des Baugesetzbuchs an EU-Richtlinien, BT-Drs. 15/2250, 2003, S. 31.

[195] *Bundesregierung* (S. 425, Fn. 194), S. 35.

[196] *Bundesregierung* (S. 425, Fn. 194), S. 35.

[197] *Bundesregierung* (S. 425, Fn. 194), S. 35 – IV. Gender Mainstreaming.

[198] *Bundesregierung* (S. 425, Fn. 194), S. 35 – VI. Gesetzesfolgen.

[199] *Bundesregierung* (S. 425, Fn. 194), S. 36.

### b) Würdigung

Die Ausführungen in dem Gesetzentwurf zu den Prognosen über die Auswirkungen des Gesetzes und deren Bewertung sind wenig informativ. Wahrscheinlichkeitsurteile werden – wie im Falle der Einführung des Scopings – verbal ausgedrückt („wahrscheinlich") und bleiben daher letztlich unklar. Worauf dieses Wahrscheinlichkeitsurteil fußt, wird nicht weiter dargelegt, obwohl die Bundesregierung im Zuge der Erarbeitung des Gesetzentwurfs nicht nur eine unabhängige Expertenkommission eingesetzt hatte,[200] sondern auch ein Planspiel unter der Leitung des Deutschen Instituts für Urbanistik hatte durchführen lassen.[201] Bezüglich des Scopings wurde im Rahmen des Planspiels ermittelt, dass die an der Untersuchung beteiligten Städte eine frühzeitige Behörden- und Öffentlichkeitsbeteiligung als sehr zweckmäßig bewertet hatten.[202]

Zu den Unbeachtlichkeitsvorschriften heißt es in der Gesetzesbegründung lediglich, die Vorschriften des Kapitels über die Planerhaltung hätten sich grundsätzlich bewährt.[203] Im Rahmen des Planspiels war nach der Übermittlung des Gesetzentwurfs an den Bundestagspräsidenten am 17. Dezember 2003 festgestellt worden, dass fünf von den acht teilnehmenden Städten die Neuregelung als unproblematisch empfunden hatten oder sogar begrüßten.[204] Eine Stadt hatte zu diesem Themenkomplex nicht Stellung genommen, über die fehlenden zwei werden in dem Bericht keine Angaben gemacht. Die Zugänglichkeit der Informationen über wesentliche Wahrscheinlichkeitsurteile wäre höher, würden sie in die Begründung einbezogen. Liegen sie, wie im Falle der Ergebnisse des Planspiels, bei Überreichung des Gesetzentwurfs noch nicht vor, so stellt sich die Frage, worauf sie zu diesem Zeitpunkt gestützt wurden.

Die Bemerkungen der Bundesregierung zu möglichen Alternativen können nur bedingt überzeugen, da sich die zu betrachtenden Handlungsoptionen nicht nur auf die Frage der Integration der Umsetzungsvorschriften in das bestehende Recht oder die Schaffung neuer Gesetze außerhalb des BauGB und des ROG bezogen, sondern im Grunde auf jede der materiellen Neuregelungen. In der Einzelbegründung wird aber regelmäßig nicht dargetan, wieso die gewählte Regelung nach Ansicht der Bundesregierung

---

[200] *Bundesministerium für Verkehr, Bau- und Wohnungswesen* (Hrsg.), Novellierung des Baugesetzbuchs. Bericht der unabhängigen Expertenkommission, 2002.

[201] *Deutsches Institut für Urbanistik*, Planspiel BauGB-Novelle 2004. Bericht über die Stellungnahmen der Planspielstädte und Planspiellandkreise, 2004.

[202] *Deutsches Institut für Urbanistik* (S. 426, Fn. 201), S. 41.

[203] *Bundesregierung*, Gesetzentwurf der Bundesregierung. Entwurf eines Gesetzes zur Anpassung des Baugesetzbuchs an EU-Richtlinien, BT-Drs. 15/2250, 2003, S. 62.

[204] *Deutsches Institut für Urbanistik*, Planspiel BauGB-Novelle 2004. Bericht über die Stellungnahmen der Planspielstädte und Planspiellandkreise, 2004, S. 62.

besser als mögliche Alternativformulierungen ist. So werden die Unbeachtlichkeitsbestimmungen der §§ 214f. BauGB n. F. ausführlich erläutert, ohne auf irgendwelche Varianten substantiell einzugehen.[205] Es erscheint kaum vorstellbar, dass es insoweit keine bedenkenswerten Alternativen gegeben haben sollte, zumal die Bundesregierung, wie erwähnt, sogar eine Expertenkommission mit der Erarbeitung von Vorschlägen zur Umsetzung der SUP-Richtlinie beauftragt gehabt hatte.[206]

Hinsichtlich der Bewertungen können die Angaben der Gesetzesbegründung nur befriedigen, soweit dem deutschen Gesetzgeber bei der Umsetzung des europäischen Gemeinschaftsrechts ohnehin keine Wahl geblieben war. Dann wären die entsprechenden Überlegungen bereits schon auf europäischer Ebene anzustellen gewesen, und eine nochmalige Begutachtung der Kosten und Nutzen der Novellierung wäre redundant. Das dürfte aber gerade bezüglich der bereits wiederholt erwähnten Unbeachtlichkeitsvorschriften nicht der Fall gewesen sein, da nicht ersichtlich ist, inwiefern die umzusetzenden EU-Richtlinien eine solche Regelung verlangen würden.

Schließlich kann eine Begründung nach dem Muster des Gesetzentwurfs für das EAG Bau nur begrenzt als schlüssige Rechtfertigung eines Gesetzes angesehen werden. Dafür wäre es erforderlich gewesen, die erwarteten Vorteile der BauGB-Novellierung den erwarteten Kosten vergleichend gegenüberzustellen. So wird nur zum Teil erkennbar, inwieweit sich die Bundesregierung durch die gemeinschaftsrechtlichen Vorgaben gebunden sah und dadurch daran gehindert, eigene Überlegungen zum Vorliegen eines positiven Nettonutzens anzustellen, und aufgrund welcher Erwägungen sie in den nicht bereits vorgegebenen Teilen zu der Überzeugung vom Vorliegen der gesellschaftlichen Vorteilhaftigkeit des Gesetzes gelangt war. So wäre es durchaus von Interesse gewesen zu erfahren, in welcher Größenordnung sich die zusätzlichen Kosten durch den Vollzug des EAG Bau auf kommunaler Ebene voraussichtlich bewegen werden.

Trotz der aufgezeigten Schwächen dieser typischen Begründung eines Gesetzentwurfs ist zu beobachten, dass die Angaben über Zielsetzungen, erwogene Alternativen, Prognosen über die Auswirkungen der Novelle und deren Bewertung einer Überprüfung anhand des Verhältnismäßigkeitsgrundsatzes vielfältige Ansatzpunkte bieten, die bei einer Beschränkung des Überprüfungsgegenstands auf den Gesetzestext allein nicht zur Verfügung stehen würden. Auf die genannten Elemente kommt es allerdings nur dann entscheidend für die Überprüfung der Rechtfertigung einer hoheitlichen

[205] *Bundesregierung*, Gesetzentwurf der Bundesregierung. Entwurf eines Gesetzes zur Anpassung des Baugesetzbuchs an EU-Richtlinien, BT-Drs. 15/2250, 2003, S. 62–66.

[206] *Bundesministerium für Verkehr, Bau- und Wohnungswesen* (Hrsg.), Novellierung des Baugesetzbuchs. Bericht der unabhängigen Expertenkommission, 2002, zu § 214 BauGB Rz. 134ff.

Maßnahme an, wenn man den Ansatz einer Begründungsprüfung folgen würde. Für die vom Bundesverfassungsgericht grundsätzlich herangezogene Begründbarkeitskontrolle, also des Gesetzes und nicht des zugrundeliegenden Abwägungsvorgangs, sind solche Informationen nicht unbedingt erforderlich.

### 4. Begründung als notwendige Voraussetzung effektiven Rechtsschutzes im Sinne von Art. 19 Abs. 4 GG?

Begreift man mit dem Bundesverfassungsgericht die Tätigkeit des Gesetzgebers als grundsätzlich anspruchsvollen Abwägungsvorgang, so ist mit Blick auf die Kontrolle dieses Vorgangs in Gerichtsverfahren und durch Wahlen schwer zu sehen, wie dies ohne eine Begründung gelingen könnte. Daher wird eine Pflicht zur Begründung von Gesetzen teilweise auch auf Art. 19 Abs. 4 GG gestützt.[207] Die gegenwärtige Praxis, Gesetze nicht mit einer Darstellung der Entscheidungsgründe zu versehen, führe daher in eine Situation, die als Dilemma bezeichnet werden dürfe.[208] *Schlaich/Korioth* ist in vollem Umfang zuzustimmen, wenn sie meinen, dass die Frage, ob ein Gesetz dem Verhältnismäßigkeitsgrundsatz entspricht, dazu dränge, hinter das Ergebnis auf das Abwägen während des Gesetzgebungsverfahrens zurückzugreifen.[209] Auch die Überprüfung der Beachtung des allgemeinen Gleichheitssatzes werde durch eine Begründung erleichtert.[210]

Die vorstehende Überlegung setzt aber zweierlei voraus. Erstens müsste sich Art. 19 Abs. 4 GG nicht nur auf Rechtsakte der Exekutive beziehen, sondern auch auf Entscheidungen der Legislative. Das wird vom Bundesverfassungsgericht verneint.[211] Dafür spricht die Systematik des Grundgesetzes, das für Rechtsschutz gegen Legislativakte besondere Bestimmungen enthält (Art. 93 Abs. 1 Nr. 2, 4a, Art. 100 Abs. 1 GG).[212] Normenkontrollentscheidungen seien typischerweise mit Wirkungen für und gegenüber jedermann

---

[207] *J. Lücke*, Begründungszwang und Verfassung, 1987, S. 63 ff.; ablehnend *W. Cremer*, NVwZ 2004, S. 668 (671 l.Sp.); im einzelnen zur verfassungsgerichtlichen Kontrolle u. F.I.

[208] *K. Redeker/U. Karpenstein*, NJW 2001, S. 2825 (2828 l. Sp).

[209] *K. Schlaich/S. Korioth*, Das Bundesverfassungsgericht[6], 2004, Rz. 543; ebenso *P. Skouris*, Die Begründung von Rechtsnormen, 2002, S. 166 f.

[210] *P. Skouris* (S. 428, Fn. 209), S. 160 f.

[211] BVerfG v. 25.6.1968, E 24, S. 33 (49); v. 18.12.1968, E 24, S. 367 (401); v. 23.4.1969, E 25, S. 352 (365); v. 10.5.1977, E 45, S. 297 (334); v. 8.4.1987, E 75, S. 108 (165); zustimmend *H. D. Jarass*, in: Jarass/Pieroth, GG, 2004, Art. 19 Rz. 30.

[212] *H. D. Jarass* (S. 428, Fn. 211), Art. 19 Rz. 30; *H. Krüger/M. Sachs*, in: Sachs, GG, 2003, Art. 19 Rz. 123.

verbunden, was über die Gewährleistung individuellen Rechtsschutzes, dem Art. 19 Abs. 4 GG diene, weit hinausgehe.[213]

Demgegenüber wird auf den Wortlaut verwiesen, der keinen Anhaltspunkt für einen Ausschluss der Legislative biete.[214] Es kommt hinzu, dass die Grundrechte nach Art. 1 Abs. 3 GG auch Abwehransprüche gegen die Legislative gewähren. Es wird auch darauf hingewiesen, dass die Reichweite der Inzidentkontrolle, der Gesetze im übrigen unterzogen würden, nicht umfassend sei.[215] Eine vernünftige Abstimmung zwischen Art. 19 Abs. 4 GG und dem Verwerfungsmonopol des Art. 100 Abs. 1 GG sei möglich.[216] Im Grundsatz müssten vollzugsbedürftige Gesetze unter Beachtung von Art. 100 Abs. 1 GG inzident kontrolliert werden.[217] Nur dort, wo dies wegen der besonderen Normstruktur eines Tatbestandes nicht ausreiche, gebiete Art. 19 Abs. 4 GG einen direkten gerichtlichen Zugriff auf das Gesetz.[218]

Selbst wenn man diesen Gründen folgt und entgegen der Rechtsprechung des Bundesverfassungsgerichts auch Legislativakte grundsätzlich Art. 19 Abs. 4 GG unterwirft, besteht das oben so bezeichnete Dilemma – zweitens – nur dann, wenn man eine Begründungsprüfung durchführen will. Im Rahmen einer Ergebniskontrolle, wie sie das Bundesverfassungsgericht verwendet, ist bei der Überprüfung eines Gesetzes keine strikte Notwendigkeit festzustellen, auf eine Begründung oder auch nur auf Gesetzgebungsmaterialien zurückzugreifen.

Zusammenfassend lässt sich daher konstatieren, dass eine Gesetzesbegründung zur Klärung von Auslegungszweifeln herangezogen werden kann und die Transparenz der Gründe, auf die der Gesetzgeber seine Entscheidung gestützt hat, wesentlich erhöhen würde. Hinsichtlich der gerichtlichen Kontrolle kommt es aber auf die Erwägungsgründe nur dann entscheidend an, wenn man eine Begründungsprüfung durchführen will. Eine Begründungsprüfung würde zwar die Durchführung einer Verhältnismäßigkeitskontrolle erheblich verschärfen können, weil und insoweit es dann auf die einzelnen Elemente einer gegebenen Rechtfertigung ankäme. Sie entspricht aber nicht dem Begründbarkeits-Ansatz, den das Bundes-

---

[213] *H. Krüger/M. Sachs* (S. 428, Fn. 212), Art. 19 Rz. 123.

[214] *E. Schmidt-Aßmann*, in: Maunz/Dürig, GG, 2003, Art. 19 IV Rz. 93.

[215] *E. Schmidt-Aßmann* (S. 429, Fn. 214), Art. 19 IV Rz. 93.

[216] *E. Schmidt-Aßmann* (S. 429, Fn. 214), Art. 19 IV Rz. 93.

[217] *E. Schmidt-Aßmann* (S. 429, Fn. 214), Art. 19 IV Rz. 93; *H. Krüger/M. Sachs*, in: Sachs, GG, 2003, Art. 19 Rz. 123.

[218] *E. Schmidt-Aßmann* (S. 429, Fn. 214), Art. 19 IV Rz. 93; die Erweiterung von Art. 19 Abs. 4 GG dürfte aber dennoch angesichts der Möglichkeiten, die die Verfassungsbeschwerde und die inzidente Normenkontrolle zusammen genommen bieten, weitgehend folgenlos bleiben, wie *H. Krüger/M. Sachs* (S. 429, Fn. 217), Art. 19 Rz. 124, mit Recht bemerkt.

verfassungsgericht verfolgt und für den eine Gesetzesbegründung keine maßgebliche Rolle spielen würde. Auf die Vorzüge hinsichtlich der Unterstützung der Auslegung und der höheren Transparenz ließe sich unter der Voraussetzung einer Begründbarkeitsprüfung keine Begründungspflicht stützen. Es gibt aber noch weitergehende Gründe, auf eine Begründung von Legislativakten zu verzichten.

### 5. *Ex-ante*-Argumente für einen Verzicht auf eine formelle Begründung

#### *a) Mögliche Alternativen?*

Dazu zählt an erster Stelle, dass die Funktionen einer Gesetzesbegründung teilweise bereits durch alternative Vorgehensweisen erfüllt werden, so etwa durch den öffentlichen politischen Prozess. *Kischel* führt insoweit an, durch das Wechselspiel der politischen Kräfte im informal gehaltenen öffentlichen Meinungsstreit ließen sich die Hintergründe, Rechtfertigungen und Ziele gesetzgeberischer Entscheidungen, erheblich besser und umfangreicher erfassen und publik machen als durch eine formelle Begründung.[219]

Das Argument geht in dieser Form wohl schon insoweit fehl, als es offenbar auf der Annahme einer strengen Alternativität der beiden Wege beruht, welche aber nicht gegeben sein dürfte, da eine formelle Begründung den öffentlichen Meinungsstreit keineswegs einschränken oder gar ausschließen würde. Vielmehr spricht sogar einiges dafür, dass die politische Auseinandersetzung im Vorfeld gesetzgeberischer Entscheidungen gegebenenfalls durch Entwürfe für eine formelle Begründung sogar gefördert würde. Zeitlich nach der Verabschiedung der Maßnahme ist sie geeignet, aus der Vielzahl der vorgebrachten Argumente diejenigen zu benennen und in ihrem Gewicht zu spezifizieren, die von den Entscheidungsträgern als tragend erachtet wurden.

Außerdem scheint die Überlegung von *Kischel* auf der Verkennung eines Unterschieds zwischen dem Entscheidungsherstellungsprozess und seinem Ergebnis zu beruhen, wenn er sich darauf bezieht, dass eine Verpflichtung auf die Anfertigung einer formellen Begründung den ungefilterten Meinungsaustausch bei der Beratung von Gesetzen einschränke.[220] Der parlamentarische Entscheidungsherstellungsvorgang kann, vorbehaltlich entgegenstehender Verfahrensvorschriften, ungefiltert, geheim, intuitiv,

[219] *U. Kischel*, Die Begründung, 2002, S. 304.
[220] *U. Kischel* (S. 430, Fn. 219), S. 303.

gefühls- oder (partikular-)interessengeleitet sein wie er will, während sein Ergebnis, die Entscheidung über ein bestimmtes Gesetz, im Rechtsstaat zumindest vernünftig begründbar – eben nicht unverhältnismäßig – sein muss. Dass sie es ist, könnte in Parallelität zum Verwaltungsrecht zwanglos durch die Anfertigung einer vernünftigen Begründung nachgewiesen werden. Unzweifelhaft lägen jedoch in dem gewissen, über die Dokumentation der Entstehungsgeschichte in ihrer bisherigen Form hinausgehenden Aufwand auch greifbare Nachteile einer Pflicht zur Veröffentlichung einer formellen Begründung.

### *b) Entscheidungshemmende Wirkung einer formellen Begründung?*

Noch weitaus bedeutender dürfte die potentiell entscheidungshemmende Wirkung einer solchen Verpflichtung sein.[221] Erstens könnte sie die Verabschiedung von Gesetzen verhindern, wenn und soweit nur ein gesetzlicher Formelkompromiss eine ausreichende Mehrheit fände. Versteht man unter einem Formelkompromiss eine gesetzliche Regelung, die wegen ihrer Unbestimmtheit die Zustimmung selbst von Entscheidungsträgern finden kann, die unterschiedlicher oder gar unvereinbarer Meinung sind, dann können sie in der Tat diese Funktion erfüllen und drohende Sackgassen abwenden helfen; die Klärung von Streitfragen wird damit der Rechtsanwendung durch die Verwaltung und Gerichte überantwortet, was durchaus eine sachgerechte Lösung darstellen kann, wie die bereits erläuterte Diskussion um „*rules versus standards*“ ergeben hat.[222]

Nicht zwingend wäre hingegen die Schlussfolgerung, die Notwendigkeit von Formelkompromissen stünde bereits an sich einer formellen Begründung entgegen. Eine klare Begründung kann vielmehr gerade beim gesetzgeberischen Einsatz von vagen Formulierungen die Bandbreite der vertretenen Auffassungen deutlich machen, was die Rechtsanwendung unterstützen kann und der Transparenz dient. Es ist jedoch nicht auszuschließen, dass eine in diesem Sinne klare Begründung den Anschein erweckt, die Entscheidungsträger seien sich ihrer Sache nicht sicher gewesen, was die öffentliche Vermittlung der Maßnahme erschweren kann. Nimmt man weiter an, dass Politiker aus diesem Grund alles vermeiden möchten, was für Außenstehende nach Unsicherheit bei der Entscheidungsherstellung aussieht, so darf vermutet werden, dass die Pflicht zur formellen Be-

[221] *R. Rixecker*, Müssen Gesetze begründet werden? in: Jung/Neumann (Hrsg.), Rechtsbegründung – Rechtsbegründungen, 1999, S. 126 (132), spricht in diesem Zusammenhang treffend von der „Entdeckung der Langsamkeit“.

[222] S. o. C.I.2.a)bb), auf S. 118f.

gründung von Gesetzen in solchen Fällen graduell entscheidungshindernd wirken kann.

Zweitens liegt in der Eigenschaft eines Parlaments als Kollegialorgan eine weitere Problematik verborgen. Wie sollte verfahren werden, wenn sich die Mitglieder des Parlaments zwar auf eine bestimmte Maßnahme einigen könnten, nicht aber über die sie tragenden Gründe? Nach außen hin gilt im deutschen Recht in bezug auf solche Entscheidungssituationen im allgemeinen die Fiktion, dass es trotz der Uneinigkeit innerhalb des Kollegialorgans eine Entscheidung etwa „der Behörde", „des Gerichts" oder „des Gesetzgebers" gibt, nicht nur die Entscheidung eines maßgeblichen Teils des Kollegiums.[223] Obwohl auch Behörden und Gerichte als Kollegialorgane organisiert sein können, ist jedoch bislang, soweit ersichtlich, daraus nicht gefolgert worden, wegen der Möglichkeit von Meinungsverschiedenheiten innerhalb des Entscheidungsträgers sei von dem Erfordernis der Angabe von Gründen für exekutivische oder judikativische Entscheidungen generell abzusehen.[224] Auf die besondere Bedeutung der Begründung für die Akzeptanz bundesverfassungsgerichtlicher Entscheidungen ist wiederholt aufmerksam gemacht worden.[225]

Im übrigen geht auch die Ansicht des Baden-Württembergischen Staatsgerichtshofs, Art und Weise der Bildung des gesetzgeberischen Gesamtwillens, insbesondere die möglicherweise ganz unterschiedlichen *Motive* der für die gleiche Entscheidung stimmenden Abgeordneten, schließe es aus, für Gesetze einen auch nur ähnlichen Begründungszwang zu verlangen wie für Verwaltungsakte, jedenfalls dann fehl, wenn man unter Motiven die psychologischen Ursachen einer Entscheidung versteht.[226] Auf diese kommt es für die Rechtfertigung einer staatlichen Maßnahme nicht an.[227]

Allerdings trifft es wohl zu, dass eine Verpflichtung zur Angabe von Gründen in gewissem Ausmaß entscheidungshemmend wirken würde, was darauf zurückgeführt werden kann, dass hinsichtlich ihres regulativen Inhalts an sich hinreichend mehrheitsfähige Entscheidungen wegen Uneinigkeit bezüglich der sie tragenden Gründe nicht zustandekommen können. Ein Grund hierfür liegt in der Bindungswirkung, die einer Begründung zukommt und nach der hier vertretenen Auffassung auch zukommen soll.

---

[223] Die Dokumentation abweichender Stellungnahmen der in der Abstimmung unterlegenen Richter, wie sie das Bundesverfassungsgericht praktiziert, stellt konzeptionell klar die Ausnahme dar.

[224] Um trotz der Uneinigkeit zu einer begründeten und mit einer Begründung versehenen Entscheidung zu gelangen, sind dann interne Entscheidungsregeln etwa in Gestalt von Geschäftsordnungen maßgeblich.

[225] *U. Kischel*, Die Begründung, 2002, S. 209; *E. Benda*, DÖV 1993, S. 305 (307); *F. K. Fromme*, DRiZ 1996, S. 110 (110).

[226] BadWürttStGH v. 14.2.1975, NJW 1975, S. 1205 (1214).

[227] Vgl. die entsprechende verwaltungsrechtliche Überlegung o. C.I.4.b).

Nachfolgende Entscheidungen sollen sich schon wegen des Gleichbehandlungsgebots an den einmal getroffenen Bewertungen orientieren. Im Konfliktfall ist zumindest vorstellbar, dass die Verabschiedung einer ansonsten zustimmungsfähigen Maßnahme aus Scheu vor der Setzung falscher Signale durch die in der Begründung dokumentierten – und auf zeitlich nachfolgende Entscheidungen übertragbaren – Erwägungen unterbleibt.[228]

Wie schwer dieser Nachteil wiegen würde, insbesondere wie oft es zu solch misslichen Fällen der Entscheidungshemmung durch die Verpflichtung auf eine Begründung von Gesetzen käme, ist nicht verlässlich vorherzusagen. Allerdings dürfte angesichts der erwiesenermaßen hohen Fähigkeit des demokratischen Prozesses in Deutschland, trotz des vielfach beklagten Reformstaus tragfähige Kompromisse hervorzubringen, jedenfalls keine tiefgreifende Lähmung des Gesetzgebers durch eine Begründungspflicht zu befürchten sein. Zumindest ist solches für die bislang mit den Mitteln der natürlichen Sprache erfüllte Begründungspflicht von Bebauungsplänen aus § 9 Abs. 8 BauGB, die als Rechtsnormen ebenfalls der Problematik der Entscheidungshemmung unterliegen, bislang nicht ernsthaft geltend gemacht worden.[229] Auch die Begründungspflicht für europäische Richtlinien und Verordnungen, wie sie von Art. 253 EG vorgesehen ist, steht bislang nicht unter dem Verdacht, den Erlass von Rechtsetzungsakten in spürbarer Form verhindert zu haben.[230]

Überdies wäre die von einer Begründung ausgehende Bindungswirkung kein absolutes Novum, da schon jetzt das Instrument der Begründung von Gesetzesentwürfen in der Praxis eingesetzt wird und die genetische Auslegung auf die Entstehungsgeschichte einschließlich der niedergelegten Zielsetzungen der Entwurfsverfasser zurückgreift. Eine Begründungspflicht des Gesetzgebers würde im Vergleich mit der jetzigen Lage somit lediglich eine gewisse Verschärfung der Bindungswirkung bewirken. Schließlich darf auch nicht übersehen werden, dass die periodischen Parlamentswahlen einer zu starren Bindungswirkung einfacher Gesetze und ihrer Begründungen ohnehin Grenzen ziehen.

### 6. Zwischenergebnis

Als Zwischenergebnis der Untersuchung, ob gesetzgeberische Handlungen begründet werden müssen oder sollten und inwieweit eine angemessene,

---

[228] Dies ist vermutlich auch *Kischels* Überlegung, wenn er befürchtet, dass sich der Gesetzgeber an einer einmal gewählten offiziellen Formulierung einer Begründung festhalten lassen müßte (*U. Kischel*, Die Begründung, 2002, S. 304).

[229] Einzelheiten s. *P. Skouris*, Die Begründung von Rechtsnormen, 2002, S. 106–115.

[230] S. u. G.II.

möglicherweise sogar formale Methodik hierfür eingesetzt werden könnte, ist festzuhalten, dass eine generelle Pflicht zur Begründung von Legislativakten dem Grundgesetz nicht zu entnehmen ist. Ausdrückliche Bestimmungen, die eine solche Verpflichtung statuieren würden, sind nicht ersichtlich. Der Versuch, sie über die Funktionen herzuleiten, die eine Begründung im Rahmen der Gesetzesauslegung und für eine nachvollziehbare Rechenschaftslegung erfüllen würde, scheitert daran, dass eine Begründung zur Durchführung der vom Bundesverfassungsgericht verfolgten Begründbarkeits- oder Ergebnisprüfung nicht zwingend erforderlich ist. Die Begründbarkeitsprüfung selbst entspricht in aller Regel den verfassungsrechtlichen Anforderungen an die Rolle des Bundesverfassungsgerichts, wie noch darzulegen sein wird.[231] Obwohl eine Erläuterung der Entscheidungsgründe sowohl das Verständnis des vom Gesetzgeber Gesagten und Gewollten als auch die Akzeptanz seiner Entscheidung erheblich fördern können, prüft das Gericht die Verfassungsmäßigkeit einer gesetzlichen Regelung zum Teil ohne jede Berücksichtigung der Gesetzgebungsmaterialien. Eine Begründung im formellen Sinn ist damit erst recht nicht erforderlich.

Darüber hinaus wäre eine ausnahmslose Pflicht zur Begründung von Gesetzen mit weiteren beachtlichen Nachteilen behaftet. Zum einen ist die Anfertigung einer Begründung stets mit einem gewissen Aufwand verbunden, der seinerseits zu rechtfertigen wäre. Zum anderen und entscheidend hätte eine Pflicht zur Begründung gewisse entscheidungshemmende Wirkungen, weil es sein kann, dass bestimmte Lösungen zwar dem Ergebnis nach mehrheitsfähig sind, nicht aber hinsichtlich ihrer Begründung.

Auch wenn mit den vorstehenden Überlegungen eine verfassungsrechtliche Begründungspflicht einerseits allenfalls unter exzeptionellen Voraussetzungen angenommen werden könnte, ist andererseits zu konstatieren, dass das Grundgesetz der Dokumentation der legislativen Erwägungsgründe nicht entgegensteht. Vielmehr lässt sich auch im Verfassungsrecht aus der Zusammenschau von Rechtsstaatsprinzip, Art. 19 Abs. 4 GG und Willkürverbot ein Transparenzgebot entwickeln,[232] dem durch eine Gesetzesbegründung hervorragend entsprochen werden könnte. Soweit eine Begründung gegeben werden soll, ist weiter zu prüfen, welche Anforderungen an die dabei zugrundegelegte Methodik zu stellen wären. Daher ist nun auf die verfassungsrechtlichen Maßgaben für das Entscheidungsherstellungsverfahren, die „innere Gesetzgebungsmethodik" (*Schwerdtfeger*), einzugehen.

---

[231] S. u. F. I.

[232] *U. Kischel*, Die Begründung, 2002, S. 63 ff.

## *V. Angemessene Methodik für die Herstellung von Rechtsnormen?*

Wie vorstehend dargelegt, beschreibt das Bundesverfassungsgericht die Aufgabe des Gesetzgebers mit Blick auf die Bewältigung konfligierender Interessen als anspruchsvollen Abwägungsvorgang. Bei der Bestimmung methodischer Fragen bezüglich der *Ex-ante*-Anforderungen hält es sich hingegen zurück. *Wie* die gebotene integrative Betrachtung, die Gesamtabwägung mit dem Ziel der Optimierung der betroffenen Interessen, zu bewerkstelligen sein soll, ist der Rechtsprechung des Bundesverfassungsgerichts nicht unmittelbar zu entnehmen, da sich das Gericht – worauf schon hingewiesen wurde – in erster Linie für die Verfassungsmäßigkeit des Gesetzes als Ergebnis eines Abwägungsvorgangs interessiert, nicht für den Vorgang an sich.

### 1. Der Ansatz des Bundesverfassungsgerichts

Die generelle Haltung des Gerichts zu den Anforderungen bezüglich der *ex-ante*-Methodik des Gesetzgebers kommt in seiner Entscheidung vom 5. Mai 1987 zur gesetzlichen Neuregelung der Berufstätigkeit der Rechtsbeistände recht klar zum Ausdruck. Danach halten die Richter selbst Gedankenlosigkeit und subjektive Willkür des Gesetzgebers weder für eine notwendige noch für eine hinreichende Bedingung eines Verfassungsverstoßes.[233] Das Judikat bezieht sich zwar in erster Linie auf die Entscheidungs*findung*, nicht so sehr hingegen auf die Entscheidungs*herstellung* in der hier gebrauchten Bedeutung, darf aber dennoch als Hinweis genommen werden, welch geringe verfassungsrechtliche Bedeutung das Gericht methodischen Fragen in bezug auf Abwägungsvorgänge bei der Rechtsetzung zumißt. Im bereits zitierten Urteil zum Finanzausgleichsgesetz befindet das Bundesverfassungsgericht dementsprechend bündig: „Verfassungsgerichtlicher Kontrolle unterliegt allein die Entscheidung des Gesetzgebers selbst".[234] Das entspricht dem bereits dargestellten Ansatz des Gerichts, mit ganz wenigen Ausnahmen eine Begründbarkeitsprüfung bei der Kontrolle von Legislativakten heranzuziehen.

Das bedeutet aber nicht, dass die Richter die Heranziehung formaler Verfahren zur Herstellung von Entscheidungen des Gesetzgebers ablehnen würden. Wie aufgeschlossen die Verfassungsrichter formalen Analysen gegenüber sind, zeigt sich schon daran, dass das Gericht zur Begründung

[233] BVerfG v. 5.5.1987, E 75, S. 246 (268).
[234] BVerfG v. 27.5.1992, E 86, S. 148 (241).

seiner eigenen Entscheidungen schon in vielen Fällen statistische Daten herangezogen hat.[235] Zu nennen wäre zunächst der Kassenarzt-Fall, in dem die Richter statistisches Material über die Einbeziehung der Bevölkerung in die gesetzliche Krankenversicherung und die statistischen Berechnungen eines Sachverständigen über den Anteil der Ärzte, die bei Krankenkassen zugelassen waren, und das durchschnittliche Einkommen der Ärzteschaft heranzogen.[236] In der Entscheidung zur Beschränkung des Werkfernverkehrs zugunsten der Bahn bezog sich das Bundesverfassungsgericht auf statistisches Material über die Verkehrsleistungen der Verkehrsträger und Prognosen über die erhoffte Entlastung des Straßenverkehrs.[237] Auf statistische Informationen griff das Gericht des weiteren zurück im Südweststaat-Urteil,[238] im Weinwirtschaftsurteil,[239] bei der Beurteilung der Belastung von kommunalen Wählervereinigungen mit der Körperschaft- und Vermögensteuer[240] und in der Entscheidung zum Kinderexistenzminimum aus dem Jahre 1998.[241]

Mit Blick auf die erforderlichen Prognosen *des Gesetzgebers* hält das Gericht die Verwendung geeigneter Prognoseverfahren ausdrücklich für notwendig,[242] auch wenn es keine näheren Ausführungen bezüglich der Anforderungen macht, die an die geforderte „Eignung" der Verfahren zu stellen sein sollen.[243] Es sind bereits einige Entscheidungen des Gerichts skizziert worden, in denen die dem Gesetzgeber durch das Grundgesetz gestellten Prognoseaufgaben besonders deutlich hervorgetreten waren.[244] Zusammengenommen dürfen diese Judikate aber nicht darüber hinwegtäuschen, dass das Bundesverfassungsgericht an die Tätigkeit des Gesetzgebers keine besonderen methodischen Anforderungen stellt.

## 2. Die Haltung des Schrifttums

Dem folgt das Schrifttum ganz überwiegend. Das Grundgesetz sei keine „normative Gesetzgebungslehre".[245] Zu befürchten seien insbesondere die

---

[235] Näheres bei *K. J. Philippi*, Tatsachenfeststellungen des Bundesverfassungsgerichts: ein Beitrag zur rational-empirischen Fundierung verfassungsgerichtlicher Entscheidungen, 1971, S. 84 ff., m. w. N.

[236] BVerfG v. 23.3.1960, E 11, S. 30 (45).

[237] BVerfG v. 22.5.1963, E 16, S. 147 (179 f.).

[238] BVerfG v. 23.10.1951, E 1, S. 14 (24).

[239] BVerfG v. 14.2.1967, E 21, S. 150 (156).

[240] BVerfG v. 29.9.1998, E 99, S. 69 (80).

[241] BVerfG v. 10.11.1998, E 99, S. 246 (263)

[242] BVerfG v. 16.12.1992, E 88, S. 40 (60 f.).

[243] Zu den Prognoseanforderungen im Verfassungsrecht s. o. E.III.2.e).

[244] S. o. E.III.2.e)bb).

[245] *C. Gusy*, ZRP 1985, S. 291 (291).

weitere Bürokratisierung des Parlaments und ein Kompetenzzuwachs auf Seiten des Bundesverfassungsgerichts zu Lasten des parlamentarischen Gesetzgebers.[246] Treffend bezeichnet *Meßerschmidt* diese Auffassung als „Ergebnisplatonismus".[247] Sie beruht auf der Überzeugung, das Gesetzgebungsverfahren des Grundgesetzes sorge im Unterschied zu den Willkürdekreten absolutistischer Monarchen („*tel est nôtre plaisir*")[248] bereits für die hinreichende inhaltliche Güte, Vernünftigkeit und Gerechtigkeit der so entstandenen Gesetze.[249] Überdies wird die Forderung nach Beachtung der in der Gesetzgebungslehre erarbeiteten umfänglichen Leitlinien mit dem Hinweis kritisiert, sie sei einer fast verwaltungsrechtlichen Denkweise geschuldet.[250] Des weiteren würde eine anspruchsvollere Methodik die Findung parlamentarischer Kompromisse behindern.[251] Schließlich sei eine unangemessene Einengung der parlamentarischen Willensbildung zu befürchten, wenn das Parlament in einen „immer dichter werdenden Kranz von Verhaltensregeln eingebunden" werde.[252] Der Gesetzgeber dürfte sich nicht in Pflichten einspannen, die die Eigenart des parlamentarischen Verfahrens verbiegen würden.[253]

### *a) Die Forderung nach einer „optimalen inneren Gesetzgebungsmethodik"*

Demgegenüber erkennen einige wenige Stimmen in der Literatur eine auf Mindestanforderungen an die gesetzgeberische Willensbildung zielende Verfassungspflicht.[254] *Schwerdtfeger* geht sogar soweit, die Verwendung einer optimalen Methodik der Gesetzgebung als Verfassungspflicht zu behaupten, worunter er das Heranziehen des einschlägigen Entscheidungs-

---

[246] *R. Steinberg*, Der Staat 26 (1987), S. 161 (175f.).

[247] *K. Meßerschmidt*, Gesetzgebungsermessen, 2000, S. 844.

[248] Einzelheiten bei *A. Verdross*, Abendländische Rechtsphilosophie: ihre Grundlagen und Hauptprobleme in geschichtlicher Schau$^2$, 1963, S. 24ff.

[249] *C. Starck*, Der Gesetzesbegriff des Grundgesetzes, 1970, S. 169f., 175; *J. Ipsen*, Richterrecht und Verfassung, 1975, S. 145; *H. Schulze-Fielitz*, NVwZ 1983, S. 709 (711); *G. Zimmer*, Funktion-Kompetenz-Legitimation: Gewaltenteilung in der Ordnung des Grundgesetzes; Staatsfunktionen als gegliederte Wirk- und Verantwortungsbereiche; zu einer verfassungsgemäßen Funktions- und Interpretationslehre, 1979, S. 259.

[250] *K. Schlaich*, VVdStRL 39 (1981), S. 96 (99f., 109); *P. Lerche*, Vorbereitung grundrechtlichen Ausgleichs durch gesetzgeberisches Verfahren, in: Lerche u.a. (Hrsg.), Verfahren als staats- und verwaltungsrechtliche Kategorie, 1984, S. 97 (112, Fn. 41).

[251] *K. Meßerschmidt*, Gesetzgebungsermessen, 2000, S. 841.

[252] *K. Schlaich*, VVdStRL 39 (1981), S. 96 (187) (Aussprache).

[253] *K. Schlaich/S. Korioth*, Das Bundesverfassungsgericht$^6$, 2004, Rz. 542.

[254] *M. Kloepfer*, DVBl. 1995, S. 441ff.; *H.-P. Schneider*, Der Niedergang des Gesetzgebungsverfahrens, in: Ritterspach/Geiger (Hrsg.), Festschrift für Gebhard Müller, 1970, S. 421 (433); *H.-J. Konrad*, DÖV 1971, S. 80 (85ff.).

materials und eine Abwägungspflicht versteht.[255] Das „innere Gesetzgebungsverfahren“ müsse „*insgesamt* und in *jeder* Hinsicht methodisch einwandfrei ablaufen, um Grundrechtseingriffe legitimieren zu können“ (Hervorhebung im Original).[256] Das wirft zunächst die bislang nicht befriedigend beantwortete Frage nach der Reichweite einer solchen Anforderung auf. Wenn man (wohl mit *Schwerdtfeger*) eine optimale Methodik nur für die Gesetze verlangt, die in Grundrechte eingreifen, so müsste eine solche differenzierende Beschränkung besonders gerechtfertigt werden. Hält man jedoch eine anspruchsvolle Methodik generell für überlegen, so dürfte sich dies nicht ohne weiteres verstehen.[257] Im übrigen ist der durch die Verwendung einer anspruchsvollen Methodik verursachte Aufwand unabhängig von der Grundrechtseingriffsproblematik stets auf seine Angemessenheit zu überprüfen.[258]

Zur Begründung der Pflicht zur Verwendung einer optimalen Methodik beruft sich *Schwerdtfeger* neben dem Rechtsstaatsprinzip insbesondere auf die Entscheidung des Bundesverfassungsgerichts vom 19. März 1975.[259] Danach erstreckt sich die verfassungsrechtliche Prüfung auch darauf, ob sich der Gesetzgeber die Kenntnis von der zur Zeit des Erlasses des Gesetzes bestehenden tatsächlichen Ausgangslage in korrekter und ausreichender Weise verschafft hat.[260] Im Mitbestimmungsurteil vom 1. März 1979 sprach das Gericht dann einen ähnlichen Gedanken aus, indem es vom Gesetzgeber verlangte, sich an einer sachgerechten und vertretbaren Beurteilung des erreichbaren Materials zu orientieren.[261] Er müsse die ihm zugänglichen Erkenntnisquellen ausgeschöpfen, um die voraussichtlichen Auswirkungen seiner Regelung so zuverlässig wie möglich abschätzen zu können und einen Verstoß gegen Verfassungsrecht zu vermeiden.[262]

---

[255] *G. Schwerdtfeger*, Optimale Methodik der Gesetzgebung als Verfassungspflicht, in: Stödter/Thieme (Hrsg.), Hamburg, Deutschland, Europa. Beiträge zum deutschen und europäischen Verfassungs-, Verwaltungs- und Wirtschaftsrecht. Festschrift für Hans Peter Ipsen zum siebzigsten Geburtstag, 1977, S. 173 (178ff., 182).

[256] *G. Schwerdtfeger* (S. 438, Fn. 255), S. 173 (176).

[257] Skeptisch daher *K. Meßerschmidt*, Gesetzgebungsermessen, 2000, S. 848. Als Forderung nach Setzung einer Bagatellschwelle verstanden ist die Idee *Schwerdtfegers* allerdings sehr erwägenswert.

[258] Zur entsprechenden Problematik im Verwaltungsrecht s. o. C.V.5.c)cc)(3)(a). Die Festsetzung eines numerisch fixierten Schwellenwertes stellt hier einen grundsätzlich gangbaren Weg dar.

[259] BVerfG v. 19.3.1975, E 39, S. 210 (226).

[260] BVerfG v. 19.3.1975, E 39, S. 210 (226).

[261] BVerfG v. 1.3.1979, E 50, S. 290 (333f.).

[262] BVerfG v. 1.3.1979, E 50, S. 290 (334); ähnlich das Urteil zur Schwerbehindertenabgabe v. 26.5.1981, E 57, S. 139 (159).

In die gleiche Richtung dürften auch einige Judikate des Bundesverfassungsgerichts aus den Neunziger Jahren weisen,[263] in welchen die Richter die sorgfältige Ermittlung des Sachverhaltes verlangen[264] oder andeuten, sie würden ein Gesetz dann für verfassungswidrig erachten, wenn sich der Gesetzgeber bei seiner Entscheidung nicht von „guten Gründen" habe leiten lassen.[265] Bereits in seiner Entscheidung vom 23. Juni 1987 zum Landesraumordnungsprogramm Niedersachsen hatte das Gericht eine nachvollziehbare Abwägung verlangt.[266] Darüber hinaus finden sich in der Papenburg-Entscheidung des Gerichts deutliche Anklänge an das verwaltungsrechtliche Abwägungsgebot, wenn die Richter verlangen, die für und gegen die geplante Regelung sprechenden Gründe müssten in zutreffender Weise gegeneinander abgewogen werden.[267] Nach dem Urteil zum Länderfinanzausgleich vom 11. November 1999 sind die notwendigen Ausgaben unter Berücksichtigung einer mehrjährigen Finanzplanung, „also in finanzwirtschaftlicher Rationalität" zu ermitteln.[268]

### *b) Würdigung*

Die genannten Judikate des Bundesverfassungsgerichts, die andeuten mögen, dass die Methodenfrage doch von gewisser verfassungsrechtlicher Relevanz im *Schwerdtfeger*'schen Sinne sei, sind vereinzelt geblieben und haben keine durchgreifende Bedeutung erlangen können.[269] Das gilt selbst für die Entscheidungen, die das Abwägungsgebot inzident als ein an den Gesetzgeber gerichtetes Anforderungsprofil anerkennen.[270] Zwar monierte das Gericht im Papenburg-Beschluss unter anderem die zu unbestimmten und zu pauschalen Aussagen in der Begründung des Gesetzentwurfs zur Neugliederung eines Gemeindegebietes und ging mit der Überprüfung der

---

[263] BVerfG v. 28.5.1993, E 88, S. 203 (263); v. 14.5.1996, E 94, S. 115 (143 ff.); v. 17.7.1996, E 95, S. 1 (26).

[264] BVerfG v. 12.5.1992, E 86, S. 90 (107 f.); v. 28.5.1993, E 88, S. 203 (263).

[265] BVerfG v. 14.5.1996, E 94, S. 115 (143 ff.).

[266] BVerfG v. 23.6.1987, E 76, S. 107 (121) – Wilhelmshaven.

[267] BVerfG v. 12.5.1992, E 86, S. 90 (107 ff.); bestätigt durch Beschluss v. 19.11.2002 (NVwZ 2003, S. 850–855).

[268] BVerfG v. 11.11.1999, E 101, S. 158 (219). Kritisch hierzu *S. Korioth*, ZG 2002, S. 335 ff.

[269] Nicht zu überzeugen vermag allerdings die Schlussfolgerung von *Schlaich/Korioth*, eine Beschränkung auf „besondere Situationen" wie die Gemeindeneugliederung oder die Neuregelung des Asylrechts sei schon deshalb gerechtfertigt, weil die abwägungsfreundlichen Judikate nicht zur ständigen Rechtsprechung erwachsen sind (*K. Schlaich/S. Korioth*, Das Bundesverfassungsgericht[6], 2004, Rz. 543). *Schlaich/Korioth* erläutern nicht weiter, was das verbindende Besondere an den genannten Regelungsmaterien sein soll.

[270] Besonders klar BVerfG v. 12.5.1992, E 86, S. 90 (107 ff.); bestätigt durch Beschluss v. 19.11.2002 (NVwZ 2003, S. 850–855).

Entscheidungsherstellung weit über seinen ganz überwiegend ergebnisplatonistischen Ansatz hinaus.[271] Diese Rechtsprechung hat aber keine Verstetigung erfahren. Sie ist überdies auf den Anwendungsbereich von Art. 28 Abs. 2 GG beschränkt geblieben. Schließlich lässt das Gericht die Spezifizierung der aufgestellten Anforderungen vermissen („gute Gründe").[272] Alles in allem dürften die genannten Judikate als vorsichtige Übertragung des Gebots gerechter Abwägung auf parlamentarische Rechtsetzungsvorgänge in bestimmten Bereichen zu würdigen sein, ohne dass daraus die Schlussfolgerung gezogen würde, die Rechtsakte seien einer Begründungsprüfung anhand des Abwägungsgebotes unterworfen.

Ist aber noch nicht einmal eine natürlich-sprachliche Begründung verlangt, so lässt sich darauf nicht die Forderung nach einer optimalen inneren Gesetzgebungsmethodik im Sinne *Schwerdtfeger*s stützen. Richtigerweise wird zu differenzieren sein. Im allgemeinen muss der Gesetzgeber, obwohl er anspruchsvolle Abwägungsaufgaben zu bewältigen hat und dabei dem Verhältnismäßigkeitsgrundsatz im Sinne einer Obliegenheit unterworfen ist, nicht in einer Begründung dokumentieren, welche Erwägungen seiner Entscheidung zugrunde liegen. Wie im vorangegangenen Abschnitt IV. dargelegt, sprechen der mit einer Begründung verbundene Aufwand und die entscheidungshemmende Wirkung einer Pflicht zur Veröffentlichung der Entscheidungsgründe dagegen, eine generelle Begründungspflicht anzunehmen. Da die Verpflichtung auf Verwendung einer optimalen Gesetzgebungsmethodik ohne korrespondierende Begründungspflicht aber leer liefe, bleibt es insoweit bei einer Obliegenheit der Legislative, bei der Rechtsetzung den Sachverhalt mit vernünftigem Aufwand zu ermitteln und angemessen zu bewerten. Soll jedoch wegen der Bedeutung eines Vorhabens oder aus anderen Gründen eine Begründung des Legislativaktes gegeben werden, so muss das regelmäßig von einer Pflicht zur Verwendung einer angemessenen, leistungsfähigen und nachvollziehbaren Methodik ergänzt werden, um seine volle Wirksamkeit zu entfalten. Welche Rolle numerische Verfahren in solchen Fällen spielen könnten und wie die Vorhaben zu identifizieren wären, die hierfür in Betracht kämen, wird sogleich unter VI. erörtert, nachdem zunächst noch auf ein spezifisch verfassungsrechtliches Bedenken gegen die Verwendung mathematischer Verfahren eingegangen werden muss.

---

[271] BVerfG v. 12.5.1992, E 86, S. 90 (117).

[272] Nur für ein „weiches" Kriterium hält daher *Herrmann* die angemahnte Verwendung „guter Gründe" (*J. Kühling/N. Herrmann*, Fachplanungsrecht, 2000, S. 230 Rz. 698).

### 3. Formale Abwägung inkommensurabler Güter?

Will man unter dem Grundgesetz Abwägungsvorgänge formalisieren, so könnte dem die Eigenschaft von Grundrechten als inkommensurable, also der Verrechnung nicht zugängliche Güter entgegenstehen. In *Alexys* Diktion wären solche Rechte absolute Prinzipien,[273] womit der keiner Abwägung zugängliche Kernbereich der Grundrechte beschrieben werden könnte.[274] Insoweit wäre die formale Modellierung, wenn überhaupt, nur zur Bestimmung der Grenze des Kernbereichs angezeigt.

Im übrigen sind Grundrechtseingriffe dem Verhältnismäßigkeitsgrundsatz unterworfen und damit nach der überzeugenden Rechtsprechung des Bundesverfassungsgerichts der gesetzgeberischen Abwägung zugänglich. Das ist auch wegen einer prinzipientheoretischen Überlegung überzeugend, auf die *Alexy* selbst aufmerksam gemacht hat. Danach können sich Prinzipien auf kollektive Güter oder auf individuelle Rechte beziehen. Soweit es um auf ein kollektives Gut gerichtete absolute Prinzipien ginge, könnten ihnen Grundrechte keine rechtlichen Grenzen setzen,[275] was im Kollisionsfall auf eine Entwertung der entsprechenden Grundrechte hinausliefe. Bezögen sich dagegen die absoluten Prinzipien auf individuelle Rechte, so müsste im Kollisionsfall die durch das Prinzip begründeten Rechte aller einzelnen dem durch das Prinzip begründeten Recht jedes einzelnen weichen.[276] Das führt nur dann nicht zur inneren Widersprüchlichkeit des Systems, wenn das fragliche Recht nur einem einzigen Individuum zusteht.[277] Die Annahme absoluter Prinzipien als der Abwägung nicht zugängliche inkommensurable Güter scheidet damit für den Geltungsbereich des Grundgesetzes weitgehend aus, sieht man einmal von Wesensgehalt im Sine von Art. 19 Abs. 2 GG ab.[278]

## *VI. Numerische Verfahren zur Herstellung und Begründung von Rechtsnormen*

Nimmt man die Anforderungen des Grundgesetzes an die Gesetzgebung als *Ex-ante*-Vorgang zusammen, so wird die Tätigkeit des Gesetzgebers vom Bundesverfassungsgericht als Abwägungsvorgang beschrieben, in dessen Rahmen anspruchsvolle Prognosen und die Aggregation von Belangen

---

[273] *R. Alexy*, Theorie der Grundrechte[1], 1986, S. 94 ff.
[274] Dazu bereits unter E.III.1.
[275] *R. Alexy*, Theorie der Grundrechte[1], 1986, S. 94 f.
[276] *R. Alexy* (S. 441, Fn. 275), S. 95.
[277] *R. Alexy* (S. 441, Fn. 275), S. 95 ff. (auch zu Art. 1 Abs.1 S. 1 GG).
[278] S. o. E.III.1.

notwendig sein können. Es sei an die verlangte Gesamtabwägung erinnert, die die Berücksichtigung von „additiven“ Grundrechtseingriffen, von Grundrechten Dritter und von objektivem Verfassungsrecht erforderlich machen kann. Darin lassen sich Obliegenheiten erkennen, die aus dem Verhältnismäßigkeitsgrundsatz als Handlungsnorm hinsichtlich des legislativen Abwägungsvorgangs erwachsen.

Ob und wie den Maßgaben des Verhältnismäßigkeitsgrundsatzes bezüglich von Rechtsetzungsakten entsprochen wurde, könnten Gerichte und die Öffentlichkeit anhand einer Dokumentation des Abwägungsvorgangs in Gestalt einer formellen Begründung sehen. Demgegenüber führt, wie bereits gesagt, das Bundesverfassungsgericht nur eine Begründbarkeitskontrolle durch, wofür eine Begründung des Gesetzes nicht unbedingt erforderlich ist. Gleichwohl würde eine nachvollziehbare Begründung der Gesetzesauslegung und der Rechenschaftslegung dienen. Beides ließe sich durch die Heranziehung von numerisch-formalen Verfahren unterstützen. Vor allem würde es eine formale Methodik gestatten, die bereits aus verfassungsrechtlichen Gründen komplexen Anforderungen an den Abwägungsvorgang mit entsprechend leistungsfähigen mathematischen Verfahren zu bewältigen.

Die vorstehende Untersuchung hat aber auch ergeben, dass gegen die Veröffentlichung von Entscheidungsgründen zwei Argumente sprechen, die es bei der nun folgenden Betrachtung der Chancen und Risiken einer numerischen Gesetzesfolgenabschätzung zur Begründung von Rechtsakten zu berücksichtigen gilt: der mit einer formellen Begründung verbundene zusätzliche Aufwand bei der Rechtsetzung einerseits und die trotz gewisser Einschränkungen plausible Befürchtung andererseits, es könne entscheidungshemmende Auswirkungen haben, die entscheidungstragenden Gründe veröffentlichen zu müssen. Kombinierte man nun eine Pflicht, eine numerisch-formale Methodik bei der Vorbereitung von Rechtsetzungsakten zu verwenden, mit der Anforderung, dies in einer formellen Begründung zu dokumentieren, so dürfte außer Frage stehen, dass sich ein solches Vorgehen nur für bestimmte parlamentarische Gesetze empfehlen würde.

Nachfolgend ist daher in Anknüpfung an Erkenntnisse, die sich aus der Praxis der Europäischen Kommission und des amerikanischen *Office of Management and Budget* bei der Durchführung von Folgenabschätzungen gewinnen lassen, für den Kontext der parlamentarischen Gesetzgebung zu überlegen, auf welchem Wege die Gesetzesvorhaben, für die ein derartig aufwendiges Verfahren in Frage kommt, identifiziert werden könnten (1.). Eine formale Folgenabschätzung ist aber nicht *per se* einer verbalen Darstellung überlegen, so dass weiter zu klären sein wird, welche Anforderungen diese Verfahren erfüllen müssen (2.). Schließlich ist die Praxis der Gesetzesfolgenabschätzung in Deutschland anhand dieser Maßstäbe zu würdigen (3.).

## 1. Anwendungsbereiche und institutionelle Anbindung

Zunächst könnte man daran denken, die Durchführung einer numerischen Analyse von vornherein auf bestimmte Politikfelder – etwa auf die Umweltpolitik – zu beschränken. Ein entsprechender Katalog hätte zwar bei entsprechend trennscharfer Formulierung den Vorteil, dass die Frage nach der Durchführung einer formalen Analyse leicht im negativen Sinne zu beantworten wäre. Im Falle seiner Bejahung würde darin aber keine sachlich überzeugende hinreichende Bedingung für die Sinnhaftigkeit einer detaillierten Analyse liegen. Beschränkte man die Durchführung einer KNA etwa auf „Das Recht der Luftreinhaltepolitik" ohne die Festlegung weiterer qualifizierender Voraussetzungen, so müsste eine KNA für Gesetzesvorhaben auf diesem Gebiet unabhängig davon durchgeführt werden, ob das konkrete Vorhaben den Aufwand einer formalen Analyse rechtfertigen würde. Die Katalog-Lösung erübrigt daher nicht den Verzicht auf ein materielles Kriterium für die Bestimmung der Vorhaben, die einer ausführlichen Evaluation zu unterziehen sind.

Gegen einen derartigen Katalog spricht aber vor allem, dass nicht von vornherein abzusehen ist, welche Politiken einer eingehenden formalen Analyse bedürfen. Die sachliche Bandbreite prinzipiell sinnvoller Anwendungsfälle ist groß, auch wenn es in Deutschland nur wenige Beispiele für die Heranziehung formaler Analysen zur prospektiven Evaluierung von Gesetzgebungsvorhaben gibt. Wie der Praxistest der Erprobung des Handbuchs für Folgenabschätzung ergab, konnte das Projekt eines Altenhilfestrukturgesetzes mit Gewinn einer numerischen Analyse unterzogen werden.[279] Nicht nur als Test, sondern als Vorbereitung eines realen Gesetzes diente eine Kosten-Nutzen-Analyse zur Erarbeitung des Bundesverkehrswegeplans 2003, was durch eine Umwelt-Risiko-Einschätzung und eine Raumwirksamkeitsanalyse abgerundet worden war.[280] In der europäischen Umweltpolitik sind formale Folgenabschätzungen ein etabliertes Instrument. Wie ebenfalls in Abschnitt B erläutert worden ist, wurden zur Novellierung des europäischen Chemikalienrechts und der Luftreinhaltepolitik Kosten-Nutzen-Analysen und Kosten-Wirksamkeits-Analysen eingesetzt.[281] In Großbritannien erfolgte die Auswahl eines Standortes für ein atomares Endlager mit Hilfe einer Mehrkriterien-Analyse.[282] Aber auch Projekte aus anderen Bereichen werden formal-numerischen Analysen unterworfen, wie am Beispiel der Folgenabschätzung der amerikanischen Regierung in bezug auf eine Neuregelung der Lenk- und Ruhe-

[279] S. o. B.II.3.a).
[280] S. o. B.I.5.
[281] S. o. B.III.2.a).
[282] S. o. B.III.1.a)cc).

zeiten im gewerblichen Güterkraftverkehr dargestellt worden ist.[283] Die Schaffung einer Liste, mit der im Vorwege bestimmt werden könnte, welche Politikfelder einer formalen prospektiven Evaluation unterliegen sollen, dürfte angesichts dieses Befundes alles in allem wegen der Vielfältigkeit der möglichen Anwendungsbereiche als unpraktikabel ausscheiden.

Die Europäische Kommission und die amerikanische Bundesregierung verfolgen daher einen anderen Weg. In der Mitteilung der Kommission über Folgenabschätzung erklärt die Kommission, eine Folgenabschätzung für „alle wichtigen Initiativen" ihres jährlichen Arbeitsprogrammes durchführen zu wollen.[284] Praktisch erfolgte eine Auswahl der für die *ausführliche* Folgenabschätzung vorgesehenen Projekte im Wege einer *vorläufigen* Folgenabschätzung, die von den federführenden Ressorts durchgeführt wurde.[285] In den USA ist durch die *Executive Order* 12.866 festgelegt, dass eine Kosten-Nutzen-Analyse für alle Vorhaben erforderlich ist, die eine Schwelle von wirtschaftlichen Auswirkungen in Höhe von jährlich 100 Mio. Dollar überschreiten oder erhebliche negative Auswirkungen auf die Wirtschaft, einen Sektor der Wirtschaft, die Produktivität, den Wettbewerb, die Umwelt, die öffentliche Gesundheit oder Sicherheit, die Bundesstaaten, die Gemeinden oder die indianischen Stämme erwarten lassen.[286] Auch in den USA gilt ein zweistufiges Verfahren, mit dem die Regelungsvorhaben zunächst einer vorläufigen Einschätzung durch die Fachbehörden unterzogen werden, um die Verordnungsentwürfe zu bestimmen, die in einem zweiten Schritt einer detaillierten Kosten-Nutzen-Analyse unterworfen werden sollen.[287]

So vage die gewählten Kriterien zur Identifizierung der „wichtigen" oder „bedeutenden" Vorhaben auch sein mögen, es ist sowohl der EU-Kommission als auch der US-Regierung gelungen, eine Auswahl unter den Projekten vorzunehmen, die die Zahl der zu untersuchenden Initiativen überschaubar macht und eine Fokussierung auf herausragend wichtige Projekte zulässt. So waren von 1992 bis 2003 in den USA 113 *regulations* einer formalen Kosten-Nutzen-Analyse unterzogen worden, was nur einen Bruchteil der exekutivischen Rechtsetzungstätigkeit repräsentiert.[288] Von

[283] S. o. B.IV.3.b).

[284] *Europäische Kommission*, Mitteilung der Kommission über Folgenabschätzung, KOM (2002) 276 endg., 2002, S. 2.

[285] Vgl. etwa für das Jahr 2004 *Europäische Kommission*, Prelimininary Impact Assessments. European Commission Legislative and Work Programme 2004, 2004.

[286] Executive Order 12.866, section 3 (f) (1).

[287] Welche Vorhaben einer Folgenabschätzung unterzogen wurden und mit welchem Ergebnis, lässt sich durch die umfassende Dokumentation auf http://www.reginfo.gov/public/, letzter Zugriff 17.11.2006, nachvollziehen.

[288] Eine Recherche unter http://www.reginfo.gov/public/do/eoCountsSearchInit?action=init am 18.7.2005 ergab für den Zeitraum vom 1.1.1992 bis zum 1.1.2004 insgesamt

den 62 Initiativen des Arbeitsprogramms der Kommission für das Jahr 2004 wurden sieben für eine ausführliche Folgenabschätzung ausgewählt.[289]

Ein solches zweistufiges Verfahren ließe sich auf deutsche Verhältnisse übertragen. Denkbar wäre es etwa, die Pflicht, Gesetzentwürfe zu begründen, wie sie die Geschäftsordnung des Bundestags[290] und die Gemeinsame Geschäftsordnung der Bundesministerien vorsehen,[291] in bestimmten Fällen um eine Pflicht zur Begründung von Gesetzen zu erweitern. Hierfür könnte die Formulierung in der *Executive Order* 12.866 als Vorbild dienen.

Noch wichtiger als die Bestimmung eines inhaltlichen Kriteriums erscheint die Frage, wer die Auswahl der näher zu analysierenden Vorhaben vornimmt. Sowohl bei der Europäischen Kommission als auch in der Praxis der US-Regierung liegt hierfür ein Vorschlagsrecht bei dem federführenden Fachressort. Wie die EU-Kommission in Fällen vorgehen will, in denen die Notwendigkeit einer ausführlichen Folgenabschätzung von sachlich zuständiger Generaldirektion auf der einen Seite und Generalsekratariat auf der anderen unterschiedlich beurteilt wird, ist noch nicht abzusehen, da das von der Mitteilung der Komisssion über Folgenabschätzung vom 5. Juni 2002 vorgesehene Verfahren erst seit dem Jahre 2004 praktiziert wird.

In den USA obliegt die Letztentscheidung dem *Office of Management and Budget*, dessen Auffassung über die Erforderlichkeit einer Folgenabschätzung schon dadurch hinreichendes Gewicht hat, dass seine Zustimmung für den Erlass der *regulation* erforderlich ist. Im Falle eines Parlamentsgesetzes müsste ein solches Recht dem Bundestag zukommen. So wie aber die Opposition die Einsetzung eines Untersuchungsausschusses auch gegen den Willen der Regierungsmehrheit durchsetzen kann,[292] müsste die Verpflichtung zur Durchführung einer Gesetzesfolgenabschätzung gesetzlich abgesichert und gerichtlich kontrollierbar sein, damit nicht nur diejenigen Vorhaben einer prospektiven Evaluation unterworfen werden, für die das der Parlamentsmehrheit angemessen erscheint. In Parallelität zu den parlamentarischen Untersuchungsausschüssen (§ 1 Abs. 1 UAG) könnte beispielsweise formuliert werden:

---

4735 so genannte *final rules*, die vom *OIRA* einer kritischen Durchsicht unterzogen wurden; vgl. auch *Office of Management and Budget*, Informing Regulatory Decisions. 2003 Report to Congress on the Costs and Benefits of Federal Regulations and Unfunded Mandates on State, Local, and Tribal Entities, 2003, S. 3; *Office of Management and Budget*, Progress in Regulatory Reform. 2004 Report to Congress on the Costs and Benefits of Federal Regulations and Unfunded Mandates on State, Local, and Tribal Entities, 2004, S. 3.

[289] *Europäische Kommission*, Prelimininary Impact Assessments. European Commission Legislative and Work Programme 2004, 2004, *passim*.

[290] § 76 Abs. 2 GeschO-BT.

[291] § 43 GGO.

[292] § 1 des Gesetzes zur Regelung des Rechts der Untersuchungsausschüsse des Deutschen Bundestags v. 19.6.2001 – UAG –, BGBl. I S. 1142.

„Der Bundestag hat das Recht und auf Antrag eines Viertels einer Mitglieder die Pflicht, eine Gesetzesfolgenabschätzung für ein Gesetzgebungsvorhaben durchzuführen oder sie zu veranlassen, wenn das Vorhaben von erheblicher Bedeutung ist."

Schließlich wäre zu prüfen, wer mit der Durchführung der Folgenabschätzung betraut werden sollte. In dem üblichen Fall einer Vorlage aus einem Bundesministerium dürfte es sich empfehlen, wegen des hierfür erforderlichen Sachverstands die Folgenabschätzung von dem jeweiligen federführenden Ressort durchführen zu lassen, die sich dann der Bundestag zu eigen machen könnte. Ein ähnlich arbeitsteiliges Vorgehen gilt auch in Niedersachsen.[293]

Fraglich wäre aber, wie verfahren werden sollte, wenn das Parlament selbst einen Gesetzgebungsvorschlag unterbreiten will oder mit der Folgenabschätzung der Bundesregierung nicht übereinstimmt. In Betracht käme in solchen Fällen die Durchführung einer parlamentarischen Evaluation. Das Büro für Technikfolgenabschätzung, das dem Ausschuss für Forschung, Technologie und Technikfolgenabschätzung untersteht,[294] dürfte hierfür jedenfalls im Prinzip in Frage kommen. Von seiner sektoralen Ausrichtung her bedürfte es aber der erheblichen Ausweitung seines Tätigkeitsfeldes, die sich von der Beschränkung auf Technikfolgen lösen müsste. Aus demselben Grund wäre auch eine Anbindung an einen Ausschuss nicht empfehlenswert, obwohl eine Gesetzesfolgenabschätzung von dem im Haushalts- und im Rechtsausschuss gebündelten Sachverstand profitieren würde.

Nicht sektoral begrenzt sind demgegenüber die Wissenschaftlichen Dienste beim Bundestag, die im Prinzip über das für die Durchführung von prospektiven Gesetzesfolgenabschätzungen nötige Fachwissen verfügen und dem Grundsatz der Neutralität verpflichtet sind. Die Wissenschaftlichen Dienste sind in folgende Fachbereiche gegliedert:[295]

– Auswärtiges, Internationales Recht, wirtschaftliche Zusammenarbeit und Entwicklung, Verteidigung, Menschenrechte und Humanitäre Hilfe,
– Verfassung und Verwaltung,
– Haushalt und Finanzen,
– Wirtschaft und Technologie, Ernährung, Landwirtschaft und Forsten, Tourismus, Angelegenheiten der neuen Länder,
– Arbeit und Sozialordnung,
– Zivil, Straf- und Verfahrensrecht, Umweltschutzrecht, Verkehr, Bau- und Wohnungswesen,

---

[293] *Niedersächsische Landesregierung*, Nds.MBl. Nr. 20/98 1998, S. 759 ff.

[294] § 56a Abs. 1 GeschO-BT.

[295] *R. Schick/G. Hahn*, Wissenschaftliche Dienste des Deutschen Bundestags[5], 2000, S. 23.

– Forschung, Technologie, Bildung und Wissenschaft, Umwelt, Naturschutz, Reaktorsicherheit,
– Gesundheit, Familie und Senioren, Frauen und Jugend,
– Kultur und Medien,
– Europa.

Wie bereits an der Fachbereichsgliederung zu sehen ist, beraten die Wissenschaftlichen Dienste den Bundestag auf den unterschiedlichsten Gebieten. Das geschieht auch durch Kurzinformationen, die der Öffentlichkeit zur Verfügung stehen,[296] und die in jüngster Zeit so vielfältige Themen wie die akustische Wohnraumüberwachung,[297] das Verfahren der alternativen Streitbeilegung,[298] die neue EU-Gebäuderichtlinie[299] und die Frage eines deutschen Sitzes im Sicherheitsrat der Vereinten Nationen betrafen.[300] Die Wissenschaftlichen Dienste kommen damit für die institutionelle Anbindung einer parlamentarischen Gesetzesfolgenabschätzung zur Vorbereitung eines Gesetzes und seiner formellen Begründung besonders in Frage, auch wenn ihre gegenwärtige personelle wie finanzielle Ausstattung erheblich an diese Aufgabe angepasst werden müsste. Das Neutralitätsprinzip würde dem nicht entscheidend entgegenstehen, obwohl die Wissenschaftlichen Dienste im Rahmen eines solchen Konzepts Gesetzgebungsvorhaben untersuchen müssten. Da derartige Leistungen aber sowohl der Parlamentsmehrheit als auch der Opposition zur Verfügung stehen, dürfte dadurch nicht die Gefahr bedenklicher Parteinahme geschaffen werden.

Andere Lösungsmöglichkeiten bestünden in der Schaffung von Normprüfungsstellen oder -ausschüssen, wie es in Schleswig-Holstein[301] und Baden-Württemberg[302] der Fall ist, oder in der Heranziehung externer Berater. Bei der Exekutive ressortierende Normprüfungsstellen kommen jedoch für die Durchführung einer parlamentarischen Gesetzesfolgenabschätzung nur bedingt in Betracht. Darüber hinaus sind sie in ihrer gegenwärtigen Form wohl nicht geeignet, komplexe numerische Analysen durchzuführen. In Schleswig-Holstein hat die Normprüfungsstelle des Innenministeriums

---

[296] http://www.bundestag.de/bic/analysen/index.html, letzter Zugriff 11.11.2006.

[297] *Wissenschaftliche Dienste beim Deutschen Bundestag*, Der aktuelle Begriff 45/05, S. 1 f.

[298] *Wissenschaftliche Dienste beim Deutschen Bundestag*, Der aktuelle Begriff 44/05, S. 1 f.

[299] *Wissenschaftliche Dienste beim Deutschen Bundestag*, Der aktuelle Begriff 37/05, S. 1 f.

[300] *Wissenschaftliche Dienste beim Deutschen Bundestag*, Der aktuelle Begriff 08/05, S. 1 f.

[301] Änderung der Geschäftsordnung der Landesregierung Schleswig-Holstein vom 13.5.1992, GVBl. 1992, S. 236, durch Beschluss der Landesregierung vom 14.1.1998, Schleswig-Holsteinisches GVBl. 1998, S. 34.

[302] Bekanntmachung des Innenministeriums Baden-Württemberg über die Vorschriftenrichtline der Landesregierung v. 11.6.1997 (GABl. S. 365), Ziff. 1.4.

nur drei Mitglieder.[303] Die Heranziehung externen Sachverstands sollte hingegen nicht von vornherein ausgeschlossen werden, sofern eine sachdienliche und neutrale Beratung sichergestellt werden kann.[304] Grundsätzlich dürfte sich aber zur Bewahrung und Fortschreibung staatlicher Fachkompetenzen keine weitgehende Übertragung der Folgenabschätzungen auf externe Gutachter empfehlen.

### 2. Maßstäbe für eine numerische Analyse zur Begründung von Legislativakten

Würde, wie hier erwogen, eine formale Folgenabschätzung zur Begründung bestimmter Gesetze eingesetzt, so unterläge sie rechtlichen Maßstäben, die zumindest den Charakter von Obliegenheiten haben. Der Verhältnismäßigkeitsgrundsatz erweist sich insoweit als belastbarer Ausgangspunkt, wie sogleich zu erläutern sein wird. Dagegen führt der Blick in die praxisorientierte Literatur zur Gesetzesfolgenabschätzung nicht wesentlich weiter. Der für die Bundesregierung entwickelte „Leitfaden zur Gesetzesfolgenabschätzung“ bemerkt insoweit, dass die prospektive GFA insbesondere dazu eingesetzt werden könne, Regelungsalternativen zu entwickeln und auf ihre wahrscheinlichen Folgen (Wirkungen, Belastungen, gesellschaftliche Entwicklungen) abzuschätzen und vergleichend zu bewerten.[305] Zur Auswahl unter den Alternativen wird darauf verwiesen, dass es darum gehe, die optimale Regelungsalternative zu bestimmen.[306] Die zur Erläuterung angeführten Leit-Fragen lassen aber genausowenig wie die ansonsten strukturell hilfreiche Gliederung einer GFA in eine Konzeptionsphase, eine Durchführungsphase und eine Auswertungsphase erkennen,[307] was das zu suchende Optimum in normativer Hinsicht auszeichnen soll.

Dazu enthält der Schweizer Gesetzgebungsleitfaden zur Folgenabschätzung von Erlassen des Bundes einige nähere Hinweise. Von einer formalen Begründung einer Entscheidung sei[308]

---

[303] Einfügung von § 10a in die Geschäftsordnung der Landesregierung Schleswig-Holstein vom 13.5.1992, GVBl. 1992, S. 236, durch Beschluss der Landesregierung vom 14.1.1998, Schleswig-Holsteinisches GVBl. 1998, S. 34.

[304] *A. Dittmann*, Notwendigkeit und Möglichkeiten der Wahrung der Unabhängigkeit von Beratungsinstitutionen bei der Gesetzesfolgenabschätzung, in: Karpen/Hof (Hrsg.), Wirkungsforschung zum Recht IV. Möglichkeiten einer Institutionalisierung der Wirkungskontrolle von Gesetzen, 2003, S. 203 (211 ff.).

[305] *C. Böhret/G. Konzendorf*, Moderner Staat – moderne Verwaltung: Leitfaden zur Gesetzesfolgenabschätzung, 2000, S. 9.

[306] *C. Böhret/G. Konzendorf* (S. 448, Fn. 305), S. 9.

[307] *C. Böhret/G. Konzendorf* (S. 448, Fn. 305), S. 10 ff.

[308] *Bundesamt für Justiz*, Gesetzgebungsleitfaden², 2002, S. 131.

– Vollständigkeit,
– logische Kohärenz und
– empirische Konsistenz

zu verlangen. Zunächst müsste danach das der Entscheidung zugrundelegte Wirkungsmodell alle wichtigen Schritte von Norm bis zur Umsetzung vollständig und nachvollziehbar präsentieren. Fehlten wesentliche Angaben, so werde die Gesetzesfolgenabschätzung nicht ihrer Aufgabe gerecht, die gesetzgeberischen Überlegungen logisch kohärent und empirisch konsistent darzustellen.[309] Die logische Kohärenz erfordere zum einen, dass das Wirkungsmodell frei von inneren Widersprüchen – etwa die Kombination von anspruchsvollen Zielen und schwachen Instrumenten – sei. Zum anderen dürfte der in Rede stehende Erlass nicht in Widerspruch zu anderen bestehenden oder in Erarbeitung befindlichen Erlassen stehen (externe Kohärenz). Anderfalls müsste man befürchten, dass die Wirksamkeit des Erlasses stark beeinträchtigt würde. Schließlich sollte das Wirkungsmodell empirisch konsistent sein. Damit ist gemeint, dass sich das Modell nicht bloß auf optimistische Annahmen der Rechtsetzungsbehörde, sondern auf tatsächliche Erfahrungen stützen soll.[310]

Den genannten Maßgaben wird man der Sache nach zustimmen können. Der normativen und rechtlich strukturell anzuleitende Aufgabe, die beste Regelungsalternative zu bestimmen, wird jedoch eine Abschichtung der zu beantwortenden Fragen anhand des vierstufigen Vorgehens besser gerecht, die aus dem Verhältnismäßigkeitsgrundsatz entwickelt werden konnte und die im wesentlichen auch dem Schweizer Gesetzgebungsleitfaden zugrunde liegt.[311] Dem zufolge beziehen sich die Maßstäbe an eine Begründung auf die

– Problemidentifikation,
– die Zusammenstellung der Handlungsalternativen,
– die Bestandserhebung einschließlich der Prognosen über die Auswirkungen der verschiedenen Optionen sowie die
– abschließende Bewertung.

Die Schritte sind bereits in bezug auf das Verwaltungsrecht im einzelnen dargestellt worden.[312] Sie müssen an dieser Stelle lediglich daraufhin befragt werden, inwieweit sie sich auf die Rechtsetzung übertragen ließen. Es genügt daher zunächst folgendes. Aus der Begründung eines Gesetzes, wie sie hier erwogen wird, müsste sich die nachvollziehbare Rechtfertigung des Gesetzes in Form eines gesellschaftlichen positiven Nettonutzens ergeben.

---

[309] *W. Bussmann*, Zeitschrift für Gesetzgebung 1998, S. 127 (133).

[310] *Bundesamt für Justiz*, Gesetzgebungsleitfaden[2], 2002, S. 131.

[311] *Bundesamt für Justiz* (S. 449, Fn. 310), S. 109f.: Analyse der Ausgangslage, Soll-Zustand abgrenzen, Lösungssuche, Auswahl der Lösung.

[312] S. o. C.II, C.III, C.IV und C.V.

Das bedeutet zunächst, dass die Problemidentifikation angeben muss, welche Zielsetzungen mit der Regelung verfolgt werden. Je präziser dies erfolgt, desto leichter ist es möglich, die im zweiten Schritt hinreichend vollständig zusammenzustellenden Regelungsalternativen hinsichtlich ihrer zu prognostizierenden Wirkungen wertend zu vergleichen. Wie oben dargestellt,[313] können Zielsetzungen vielfach mit quantitativen Kriterien konkretisiert werden. In einfacher gelagerten Fällen kann aber auch eine natürlich-sprachliche Beschreibung der Ziele genügen. Demgegenüber besitzen formale Verfahren auch mit Blick auf die Rechtsetzung besondere Vorzüge im Vergleich mit einer rein verbalen Vorgehensweise hinsichtlich der Durchführung von statistischen Schlüssen, wie sie bei der Sachverhaltsermittlung und der Prognostizierung der Wirkungen der verschiedenen Handlungsoptionen erforderlich sein können, und der regelmäßig geforderten Gesamtabwägung.

Anhand der Kosten-Nutzen-Analyse, die zur Vorbereitung des Bundesverkehrswegeplans 2003 durchgeführt worden ist, und des Praxistests für ein Altenhilfestrukturgesetz im Rahmen des Modellvorhabens der Bundesregierung „Moderner Staat – Moderne Verwaltung" sollen diese Kriterien nun veranschaulicht werden, wobei kritisch zu würdigen sein wird, inwieweit die beiden genannten und im vorstehenden Abschnitt B beschriebenen Verfahren den Anforderungen an eine numerische Gesetzesbegründung bereits genügen würden.

### 3. Würdigung der Verwendung numerischer Verfahren in der Praxis

#### *a) Numerische Verfahren bei der Bundesverkehrswegeplanung*

Die Bundesverkehrswegeplanung beruht, wie dargestellt, auf einer Kombination formaler Verfahren, der Kosten-Nutzen-Analyse, der Umweltrisiko-Einschätzung, der Raumwirksamkeitsanalyse und der FFH-Verträglichkeitsprüfung.[314] Im Prinzip böte der Bundesverkehrswegeplan damit die Chance, in durchsichtiger Weise darzulegen, aus welchen Gründen ein bestimmtes Verkehrsinfrastrukturprojekt in den vordringlichen Bedarf oder den weiteren Bedarf eingestuft wurde oder weshalb es keinen Bedarf erkennen ließ. Die Berechnung des Nutzen-Kosten-Verhältnisses beruht

---

313 C.II.

314 *Bundesministerium für Verkehr, Bau- und Wohnungswesen* (Hrsg.), Bundesverkehrswegeplan 2003. Grundzüge der gesamtwirtschaftlichen Bewertungsmethodik, 2000, S. 69. Bei der Umweltrisikoeinschätzung gilt eine analoge Skalierung von „1" bis „5", wodurch Abstufungen von einem „geringen" Umweltrisiko bis zu einem „sehr hohen" Umweltrisiko artikuliert (*Bundesministerium für Verkehr, Bau- und Wohnungswesen* (Hrsg.), Bundesverkehrswegeplan 2003. Grundzüge der gesamtwirtschaftlichen Bewertungsmethodik, 2000, S. 59).

auf nachprüfbaren Annahmen nicht nur über die Verkehrsentwicklung, sondern auch über die verkehrlichen Auswirkungen von Veränderungen des Verkehrsnetzes, und erlaubt so zumindest auf den jeweiligen Verkehrsträger begrenzt den Vergleich zwischen verschiedenen Alternativen. Der für die Rechtfertigung jedes Projektes erforderliche positive gesellschaftliche Nettonutzen könnte im Ergebnis dem Verhältnis von Nutzen und Kosten entnommen werden, wie es das Projektinformationssystem der Bundesregierung für jedes einzelne Vorhaben darstellt.[315]

Die Begründung, wie sie derzeit in Form des Bundesverkehrswegeplans,[316] den einzelnen Projektbewertungen[317] und den methodischen Erläuterungen der Bundesregierung[318] vorliegt, entspräche hingegen nicht den Anforderungen an eine nachvollziehbare Rechtfertigung. An der für eine Begründung erforderlichen Transparenz fehlt es schon in bezug auf die nicht offengelegten Verkehrsprognosen und Szenarien, die, wie auch der *Sachverständigenrat für Umweltfragen* bemerkt, für die Ermittlung des Verkehrsinfrastrukturbedarfs von fundamentaler Bedeutung sind.[319] Bereits aus diesem Grunde würde eine Verwendung des Bundesverkehrswegeplans in seiner gegenwärtigen Form nicht als Gesetzesbegründung in Betracht kommen.

Hinsichtlich der Projektbeurteilungen ist folgendes anzumerken: Obwohl das im Internet veröffentlichte Ergebnis der Bewertung für jedes einzelne Projekt klar erkennbar ist,[320] genügt das Vorgehen der Bundesregierung den Anforderungen an eine Rechtfertigung hoheitlicher Maßnahmen an entscheidender Stelle nicht, da das Verhältnis der Ergebnisse der einzelnen Bewertungsverfahren untereinander weder erklärt wird noch aus den einzelnen Projektbewertungen erschlossen werden kann.

Würde die Bildung der Rangfolge unter den nicht bereits beschlossenen oder gar im Bau befindlichen Vorhaben alleine über das Nutzen-Kosten-Verhältnis und die zur Verwirklichung von Verkehrsinfrastrukturprojekten vorhandenen Haushaltsmittel erfolgen, so wäre an den entsprechenden

---

315 http://www.bmvbw.de/static/Bundesverkehrswegeplan_2003/prins.html, letzter Zugriff 18.7.2005; Website zur Zeit der Drucklegung nicht verfügbar.

316 *Bundesministerium für Verkehr, Bau- und Wohnungswesen* (Hrsg.), Bundesverkehrswegeplan 2003, 2003.

317 http://www.bmvbw.de/static/Bundesverkehrswegeplan_2003/prins.html, letzter Zugriff 18.7.2005; Website zur Zeit der Drucklegung nicht verfügbar.

318 *Bundesministerium für Verkehr, Bau- und Wohnungswesen* (Hrsg.), Bundesverkehrswegeplan 2003. Grundzüge der gesamtwirtschaftlichen Bewertungsmethodik, 2000.

319 *Rat von Sachverständigen für Umweltfragen*, Sondergutachten Umwelt und Straßenverkehr, 2005, Tz. 397 ff.

320 S. das Projektinformationssystem des BMV PRINS, http://www.bmvbw.de/static/Bundesverkehrswegeplan_2003/prins.html, letzter Zugriff 18.7.2005; Website zur Zeit der Drucklegung nicht verfügbar.

Angaben zu sehen, welches Nutzen-Kosten-Verhältnis notwendige und hinreichende Voraussetzung für die Klassifizierung der Vorhaben als „vordringlicher Bedarf" gewesen war. Die Verschiebungen, die sich in der Rangfolge der Projekte durch die Raumwirksamkeitsanalyse ergeben können, werden in dem von der Bundesregierung herausgegebenen Band zur Methodik zwar in ihrer Funktionsweise erläutert. Bezüglich der konkreten Projekte wird dies aber wegen des illustrierenden Charakters des in dem Methodenband gegebenen Beispiels nicht dargetan.[321]

Auch wird man enttäuscht, wenn man derartige Angaben von dem Projektinformationssystem des BMV erhofft.[322] Die detaillierten Bewertungsbögen stellen lediglich die Beurteilungssegmente „1. Gesamtwirtschaftliche und verkehrliche Bewertung", „2. Raumwirksamkeitsanalyse" und „3. Umweltrisikoeinschätzung" mit ihren segmentierten Ergebnissen dar, ohne das Verhältnis unter diesen Kriterien durchsichtig zu machen.[323] Wie bereits bemerkt, ist das nur unschädlich, wenn die Einstufung der Projekte in aller Regel ungeachtet der Ergebnisse aus RWA und URE vorgenommen würde, denen dann nur nachrichtlicher Charakter zukäme. Die Darstellung der Bundesregierung legt aber im Gegenteil nahe, von einer entscheidungserheblichen Bedeutung von RWA und KNA auszugehen.

Überdies fließen teilweise noch weitere Kriterien in die Projektbewertung ein, deren Bedeutung im Verhältnis zu den übrigen Zielen gleichfalls nicht in falsifizierbarer Form offengelegt wird. So wird zum Beispiel für die Erweiterung der Bundesautobahn A 9 in der Nähe von Nürnberg, Projektnummer BY7027, von 6 auf 8 Fahrstreifen mit Standstreifen ein Nutzen-Kosten-Verhältnis von 9,2 ermittelt. Das ist ein Wert, der die Aufnahme des Projektes in den vordringlichen Bedarf im Prinzip begründen könnte, da 70 % aller Straßenbauvorhaben des „vordringlichen Bedarfs" ein Nutzen-Kosten-Verhältnis von über 3 haben.[324] Eine solche Einstufung erfolgt aber bei BY7027 nicht, weil dies ausweislich des Bewertungsbogens für BY7027 die finanziellen Rahmenbedingungen und der frühe Planungsstand nicht zuließen. Damit werden zwei weitere Entscheidungskriterien in

---

321 *Bundesministerium für Verkehr, Bau- und Wohnungswesen* (Hrsg.), Bundesverkehrswegeplan 2003. Grundzüge der gesamtwirtschaftlichen Bewertungsmethodik, 2000, S. 59f.

322 http://www.bmvbw.de/static/Bundesverkehrswegeplan_2003/prins.html, letzter Zugriff 18.7.2005; Website zur Zeit der Drucklegung nicht verfügbar.

323 *H. Baum*, Bundesverkehrswegeplanung – methodischer Ansatz für Bedarfsorientierung und Nachhaltigkeit, in: Eichner (Hrsg.), Güterkraftverkehr im erweiterten Europa, 2003, S. 127 (132), befürchtet eine Überbewertung der mit der RWA und der URE erfassten Effekte, weil es eine Tendenz gebe, die Schäden des Verkehrs aus der subjektiven Sicht der Betroffenen zu bewerten.

324 *Bundesministerium für Verkehr, Bau- und Wohnungswesen* (Hrsg.), Bundesverkehrswegeplan 2003, 2003, S. 19.

die Bewertung eingeführt, die hinsichtlich ihrer generellen Bedeutung für die Projektevaluation nicht nachvollziehbar sind. Wann ist ein Projekt in einem „frühen“ Planungsstadium, warum wurde es trotzdem untersucht, was unterscheidet dieses Projekt von anderen hinsichtlich der generell angespannten Haushaltslage des Bundes? Die Heranziehung der beiden für dieses Projekt offenbar maßgeblichen Kriterien der finanziellen Rahmenbedingungen und des Planungsstadiums ist nicht nur methodisch etwas überraschend, sondern auch in bezug auf die Transparenz des Vorgehens unbefriedigend.

Alles in allem hat die formale Methodik der Erstellung und Präsentation des Bundesverkehrswegeplans ein enormes Potential, von dem die Bundesregierung hinsichtlich seiner Transparenz aber nur unzureichend Gebrauch gemacht hat. Das Verhältnis der verschiedenen Bewertungskriterien zueinander bleibt im Generellen wie im Konkreten undurchsichtig. Es wäre zu überlegen, ob nicht eine Einbeziehung der RWA und der URE, wie es noch beim Bundesverkehrswegeplan 1992 für die RWA der Fall war,[325] nicht vielleicht bei entsprechend klarer Ausweisung der damit verbundenen Kriterien transparenter und praktikabler wäre als das jetzt gewählte Verfahren, da eine derartige Vorgehensweise den dargestellten problematischen Notationswechsel – Währungseinheiten bei der Kosten-Nutzen-Analyse, mit Zahlen und Worten ausgedrückte Stufen bei der Raumwirksamkeitsanalyse und der Umweltrisikoeinschätzung – vermeiden würde.

### *b) Numerische Analyse eines Altenhilfestrukturgesetzes*

Das in Abschnitt B.II.3 beschriebene Modellvorhaben der Bundesregierung, mit dem insbesondere untersucht worden ist, inwieweit sich numerische Methoden zur prospektiven Gesetzesfolgenabschätzung eignen würden, bezog sich auf das Vorhaben der Schaffung eines Altenhilfestrukturgesetzes. Das Altenhilfestrukturgesetz sollte angesichts des demographischen Wandels der deutschen Bevölkerung die Informationsdefizite über Hilfsangebote bei der Seniorenbetreuung abbauen und die Angebote besser koordinieren. Außerdem sollten Möglichkeiten erprobt werden, die Rehabilitation in die Arbeit der ambulanten und stationären Altenhilfe einzubinden. Besondere Hilfen für Demenzerkrankte sollten entwickelt und informelle Netzwerke (Familie, Freunde und Nachbarn) gefördert werden. Als unterschiedliche Regelungsalternativen wurden neben einem Basisszenario zwei im einzelnen erläuterte Maßnahmepakete bestimmt, von denen das eine als moderat-

---

325 *Bundesministerium für Verkehr, Bau- und Wohnungswesen* (Hrsg.), Bundesverkehrswegeplan 2003. Grundzüge der gesamtwirtschaftlichen Bewertungsmethodik, 2000, S. 18.

anreizorientiert und das andere als strikte, ordnungspolitische Variante bezeichnet wurde. Damit ist mit Blick auf den Verhältnismäßigkeitsgrundsatz als Handlungsnorm dargetan, welches Zielbündel mit der Maßnahme verfolgt wird und welche Alternativen untersucht wurden.

Die Auswahl unter den Regelungsalternativen erfolgte dann anhand der vorstehend in Tabelle 1 dargestellten Bewertungen ihrer jeweiligen Auswirkungen.[326] Das Vorgehen ist hinsichtlich seiner Transparenz vorbildlich, da es ohne weiteres einen Vergleich der Alternativen erlaubt. Es ist durch die Prozentangaben in der zweiten Spalte von rechts klar zu erkennen, welche Gewichtungen den einzelnen Kriterien zugewiesen wurden. Die einzelnen Zielbeiträge geben an, ob und wie stark sich eine Regelungsalternative auf die jeweiligen Kriterien auswirken würde. Die Addition der durch Punkte ausgedrückten Nutzwerte macht den Schluss nachvollziehbar, wieso sich Szenario R2 als überlegene Lösung empfehlen würde. Für R2 ist aus den Angaben in Tabelle 1 zu erkennen, dass das Maßnahmepaket einen positiven gesellschaftlichen Nettonutzen hat und dass dieser größer ist als bei den anderen betrachteten Alternativen. Damit wäre schlüssig dargetan, wieso R2 gewählt worden ist.[327]

Die hypothetische Nutzwertanalyse der verschiedenen Entwürfe eines Altenhilfestrukturgesetzes unterstreicht, dass auch nach Ansicht der Bundesregierung epistemologische oder ontologische Bedenken gegen die Quantifizierung bestimmter Güter der Heranziehung von numerischen Verfahren nicht entgegenstehen müssen. Die mit dem Gesetz angestrebte Verbesserung der Situation von Hilfsbedürftigen, die Optimierung der Partizipation der Betroffenen und der Unterstützung der Angehörigen betreffen Auswirkungen eines solchen Gesetzes, die sich wohl nach verbreiteter Ansicht jedenfalls gegen eine Monetarisierung sperren würden. Durch das Absehen von einer Monetarisierung unter gleichzeitiger numerischer Artikulation der Bewertungen entgeht die verwendete Nutzwertanalyse den vorstehend erläuterten Einwänden gegen die Kosten-Nutzen-Analyse im weiteren Sinn,[328] ohne dabei auf die Leistungsfähigkeit formaler Verfahren zur Durchführung einer Gesamtabwägung zu verzichten. Ein sachlicher Unterschied zwischen der Heranziehung von „Nutzwertpunkten" als Verrechnungseinheit oder „Euro" oder eines anderen *Numéraire* ist nicht

---

[326] S. o. B.II.3.a).

[327] Die im Modellvorhaben getroffenen Bewertungen weisen allerdings R2 als in *allen* Belangen gegenüber den Alternativen als vorzugswürdig aus, weshalb in Tabelle 1 keine Abwägung im Sinne des bilanzierenden Vergleichs von Vor- und Nachteilen durchgeführt werden musste. R2 war mit anderen Worten gegenüber R3 und R3 gegenüber R1 paretosuperior. In einem solchen Fall kann ohne Verlust an Information auf eine numerische Darstellung verzichtet werden. Das Verfahren ist aber generell – also auch bei der Wahl anderer Bewertungen – gültig und lässt auch dann nachvollziehbare Abwägungen zu.

[328] S. o. C.V.5.c)cc).

gegeben. Das Beispiel unterstreicht aber, dass es mit Blick auf den Vorwurf der Scheinrationalität ratsam sein kann, auf die Verwendung einer realen Währungseinheit zu verzichten, um dem Missverständnis vorzubeugen, die Bewertungen wollten einen Marktwert und damit etwas Objektives ausdrücken.

Die geschilderte Vorgehensweise in dem Pilotprojekt der Bundesregierung hat aber auch Schwächen, aus denen sich gewisse Einschränkungen ergeben würden, würde man sie generell als Verfahren der numerischen Gesetzesbegründung verwenden wollen. Obwohl die Folgenabschätzung eines Altenhilfestrukturgesetzes langfristige Prognosen über den demographischen Wandel und die Auswirkungen der verschiedenen Regelungsalternativen erforderlich gemacht hatte, werden diese weder in der wiedergegebenen Tabelle noch an anderer Stelle im Abschlussbericht des Vorhabens expliziert. Das kann die Durchsichtigkeit des Vorgehens stark beeinträchtigen und der nachvollziehbaren Rechtfertigung der gewählten Alternative entgegenstehen. Wirken sich allerdings alle Handlungsoptionen auf die betroffenen Güter mehr oder weniger mit den gleichen Wahrscheinlichkeiten aus, so ist ein solches Vorgehen im Ergebnis unschädlich. Das Transparenzgebot würde dann lediglich verlangen, den Umstand der Gleichwahrscheinlichkeit offenzulegen.

### 4. Zwischenergebnis

Es lässt sich damit festhalten, dass numerische Verfahren zur prospektiven Evaluation von Gesetzentwürfen nicht nur theoretisch aussichtsreich erscheinen, sondern bereits zur Begründung von Gesetzentwürfen der Europäischen Kommission und hinsichtlich der *regulations* amerikanischer Behörden eingesetzt werden. Ihre Verwendung wirft zunächst die Frage auf, welche Regulierungsvorhaben einer ausführlichen formalen Evaluation unterzogen werden sollten. Hierzu hat es sich bewährt, mit Hilfe einer vorläufigen Folgenabschätzung den weiteren Untersuchungsbedarf abzuschätzen. Auf ein materielles Kriterium, mit dem die Bedeutung der Initiative in die Klärung dieser Vorfrage einfließt, kann angesichts der Vielfältigkeit der prinzipiell in Frage kommenden Anwendungsbereiche nicht verzichtet werden. Insbesondere scheidet aus diesem Grund die Anfertigung einer Auflistung von Sachgebieten aus, die numerischen Folgenabschätzungen zu unterziehen wären. Auch wenn die in den USA und bei der Folgenabschätzung der Europäischen Kommission herangezogenen Abgrenzungskriterien unbestimmt sind, ist es in der Praxis gelungen, die Durchführung aufwendiger Analysen auf eine vernünftige, aber überschaubare Zahl besonders wichtiger Projekte zu beschränken. Institutionell dürfte es sich empfehlen,

Gesetzesfolgenabschätzungen für Vorhaben der Regierung zunächst den Fachbehörden zu überlassen; stimmt das Parlament mit der gegebenen Begründung überein, so müsste es sich sie zu eigen machen. Will das Parlament dies nicht, müsste es die Möglichkeit haben, Gesetzesbegründungen auch selbst zu erarbeiten. Eine Anbindung an die Wissenschaftlichen Dienste der Parlamente käme hier in Prinzip in Betracht.

Würde man die Dokumentation der numerischen Entscheidungsherstellung als Gesetzesbegründung verwenden wollen, so würde sich die weitere Frage nach den anzulegenden verfassungsrechtlichen Maßstäben stellen. Sie ergeben sich aus dem Verhältnismäßigkeitsgrundsatz, der sich insoweit als Handlungsnorm darstellt. Auch im Verfassungsrecht verlangt eine schlüssige Rechtfertigung einer hoheitlichen Maßnahme die Angabe der mit ihr verfolgten Ziele (Problemidentifikation), die vollständige Zusammenstellung der Handlungsalternativen, eine sorgfältige Bestandserhebung, die zuverlässige Prognostizierung der zu erwartenden Auwirkungen sowie die abschließende angemessene Bewertung der Belange.

Diesen Maßstäben würden die Dokumente, mit denen der Bundesverkehrswegeplan 2003 begründet wurde, in ihrer gegenwärtigen Form nicht genügen, obwohl die dabei verwendeten formalen Verfahren dafür im Prinzip in Betracht kämen. Auch zusammengenommen lassen die Erläuterungen zur Bewertungsmethodik, der Bundesverkehrswegeplan und die einzelnen Projektbewertungen in vielen Fällen nicht erkennen, was zur Aufnahme der Projekte in den vordringlichen Bedarf, den weiteren Bedarf oder die Feststellung fehlenden Bedarfs geführt hat. Vor allem wird nicht offengelegt, in welchem Verhältnis die Bewertungssegmente Nutzen-Kosten-Analyse, Raumwirksamkeitsanalyse und Umweltrisikoeinschätzung zueinander stehen. Teilweise wurden der Einstufungsentscheidung noch weitere Kriterien zugrundegelegt, deren Bedeutung im Verhältnis zu den genannten Bewertungsaspekten ebenfalls nicht erklärt wurde.

Demgegenüber käme die im Rahmen des Modellvorhabens „Moderner Staat – Moderne Verwaltung" gewählte Nutzwertanalyse zur Durchführung einer prospektiven Gesetzesfolgenabschätzung eines Altenhilfestrukturgesetzes tatsächlich als nachvollziehbare und schlüssige Rechtfertigung eines Gesetzes in Betracht, obwohl schwer quantifizierbare Güter wie die Optimierung der Partizipation der Betroffenen und der Unterstützung der Angehörigen in der Abwägung berücksichtigt werden mussten. Die Regelungsalternativen wurden durchsichtig beschrieben, die zu ihrer Bewertung herangezogenen Kriterien auch in ihrer jeweiligen Gewichtung numerisch klar artikuliert und die einzelnen Bewertungen nachvollziehbar im Wege einer Addition der erzielten Punktwerte aggregiert. Die Nutzwertanalyse verzichtete auf eine Explizierung der zugrundegelegten Prognosen, was nur dann nicht von Nachteil ist, wenn die Wirkungen der Regelungsalternativen mit mehr oder weniger gleichen Wahrscheinlichkeiten zu erwarten sind. Soweit das nicht der Fall ist, könnte die Nutzwertanalyse um die Multiplikation der Nutzwerte mit den entsprechenden Wahrscheinlichkeitsquotienten erweitert werden.

## VII. Inkurs: Untergesetzliche Rechtsnormen

Nicht nur an parlamentarische Gesetze sind materiell-rechtliche Anforderungen gestellt, sondern auch an das untergesetzliche Recht. Die nachfolgende Darstellung will die Grundstrukturen der entsprechenden Maßgaben unter Berücksichtigung der Besonderheiten von Rechtsverordnungen (1.) und Satzungen (2.) umreißen, um festzustellen, inwieweit sich die vorstehenden Erwägungen zu den Anforderungen an die Rechtsetzung auf das untergesetzliche Recht übertragen ließen.

### 1. Rechtsverordnungen

Rechtsverordnungen sind nach überlieferter Definition materielle Rechtssätze, die im Regelfall aufgrund einer formellgesetzlichen Ermächtigung von Stellen der Exekutive erlassen werden und allgemeinverbindliche Wirkungen erzeugen.[329] Im deutschen Staatsrecht setzen Rechtsverordnungen die von der Legislative der Exekutive eingeräumte Rechtsetzungsmacht voraus. In ihrer Funktion als derivatives Recht sollen sie den parlamentarischen Gesetzgeber angesichts dessen begrenzter Regelungskapazität entlasten.[330]

#### a) *Inhaltliche Maßgaben*

Nach Art. 80 GG verlangen Rechtsverordnungen zunächst nach einer formellgesetzlichen Ermächtigungsgrundlage, aus der sich die wesentlichen Vorgaben bezüglich des Inhalts, des Zwecks und des Ausmaßes der Rechtsverordnung ergeben müssen (Art. 80 Abs. 1 S. 2 GG – Bestimmtheitsgebot). Die verfassungsunmittelbare Rechtsverordnung ist nach dem GG nur für wenige Sachbereiche vorgesehen, die mittlerweile zum Teil auch noch gegenstandslos geworden sind.[331]

---

[329] *F. Ossenbühl*, Rechtsverordnung, in: Isensee/Kirchhof (Hrsg.), Handbuch des Staatsrechts², Bd. III: Das Handeln des Staates, 1996, Rz. 1.
[330] *F. Ossenbühl* (S. 457, Fn. 329), Rz. 2.
[331] Art. 119 S. 1 GG, Art. 127, 132 Abs. 4 GG.

Trotz des genannten Bestimmtheitsgebots liefern die wenigsten Verordnungsermächtigungen konkrete Maßstäbe für die Ausgestaltung der Rechtsverordnungen.[332] Das ist an sich wegen des bereits erwähnten Sinns von Verordnungsermächtigungen auch nicht verwunderlich, die Lösung von Einzelfragen an andere zu delegieren.[333] In der Konsequenz ist eine weite Regelungsfreiheit des Verordnungsgebers festzustellen, die in der Rechtsprechung unter anderem mit den Begriffen des „Beurteilungsspielraums",[334] des „Ermessens",[335] des „Gestaltungsspielraums"[336] und der „Gestaltungsfreiheit"[337] bezeichnet wurde. Die Gestaltungsaufgabe bezieht sich dabei im allgemeinen auf den Erlass abstrakt-genereller Regelungen. Neben der Rechtsetzung werden Verordnungen aber auch ausnahmsweise dazu eingesetzt, Einzelfälle zu regeln.[338]

Materiell-rechtliche Anforderungen an die Ausübung des Verordnungsermessens ergeben sich aus einfachem Gesetzesrecht und aus dem Verfassungsrecht. Maßgeblich sind zunächst die Vorgaben, die die gesetzliche Ermächtigungsgrundlage enthält. In verfassungsrechtlicher Hinsicht sind Rechtsverordnungen wegen Art. 1 Abs. 3 GG an die Grundrechte und dadurch an den Verhältnismäßigkeitsgrundsatz gebunden. Im Grundsatz gilt damit auch für Rechtsverordnungen, dass ihre Herstellung wegen der Aufgabe, gegenläufige Interessen zu berücksichtigen, vielfach eine Abwägung voraussetzt, die dem Verhältnismäßigkeitsgrundsatz als Handlungsnorm unterliegt.[339] Da aber auch untergesetzliche Rechtsnormen nur ausnahmsweise mit einer Begründung versehen werden müssen, ist das im Sinne einer Obliegenheit zu verstehen, deren Beachtung nur teilweise gerichtlicher Kontrolle unterliegt. Diese Problematik unterscheidet sich abgesehen von

---

[332] Wie hier *F. Ossenbühl*, Rechtsverordnung, in: Isensee/Kirchhof (Hrsg.), Handbuch des Staatsrechts², Bd. III: Das Handeln des Staates, 1996, Rz. 18.

[333] *F. Ossenbühl* (S. 458, Fn. 332), Rz. 35 f.

[334] BVerfG v. 14.5.1969, E 26, S. 16 (33); v. 4.2.1975, E 38, S. 348 (363); v. 8.6.1977, E 45, S. 142 (162); BVerwG v. 7.5.1971, E 38, S. 105 (111); v. 12.12.1979, E 59, S. 195 (198)

[335] BVerfG v. 23.7.1963, E 16, S. 332 (338); v. 14.5.1969, E 26, S. 16 (33); v. 19.7.1972, E 33, S. 358 (366); BVerwG v. 10.9.1970, E 36, S. 95 (97); v. 1.12.1978, E 57, S. 130 (141); v. 13.12.1984, E 70, S. 318 (338).

[336] BVerfG v. 13.12.1961, E 13, S. 248 (255); v. 23.7.1963, E 16, S. 332 (338); v. 13.10.1970, E 29, S. 198 (211); v. 8.6.1977, E 45, S. 142 (162); v. 12.10.1977, E 46, S. 120 (145); v. 23.6.1981, E 58, S. 68 (78); v. 26.2.1985, E 69, S. 150 (159 f.); BVerwG v. 31.7.1985, DVBl. 1986, S. 50 (52); v. 18.9.1981, E 64, S. 77 (87); VGH München v. 29.4.1987, BayVBl. 1987, S. 557 (558).

[337] VGH München v. 29.4.1987, BayVBl. 1987, S. 557 (559).

[338] U. a. Neugliederung der kommunalen Organisation (Art. 9 Abs. 2 S. 2 BayVerf); § 32 Abs. 2 Sparkassengesetz NRW; vgl. *F. Ossenbühl*, Rechtsverordnung, in: Isensee/Kirchhof (Hrsg.), Handbuch des Staatsrechts², Bd. III: Das Handeln des Staates, 1996, Rz. 40.

[339] *E. Schmidt-Aßmann*, in: Maunz/Dürig, GG, 2003, Art. 19 IV Rz. 217a; *A. von Bogdandy*, Gubernative Rechtsetzung, 2000, S. 196 f., 378.

den Beschränkungen der Abwägung durch die gesetzlichen Vorgaben in bezug auf Inhalt, Zweck und Ausmaß der erteilten Ermächtigung nicht von den Anforderungen an Parlamentsgesetze.

Insoweit kann wegen der Einzelheiten auf die vorstehende Erörterung verwiesen werden.[340] Im Grundsatz gilt, dass sich auch bei der Verordnungsgebung die vier Stufen der Problemidentifikation, der Bestandserhebung einschließlich der Prognosen über die Auswirkungen der verschiedenen Handlungsoptionen auf die berührten Belange und der abschließenden Gewichtung ausmachen lassen. Mit Blick auf Rechtsverordnungen gilt ebenfalls, dass der ihnen zugrundeliegende Abwägungsvorgang vielfach eine komplexe Aufgabe darstellt, zur deren Bewältigung eine anspruchsvolle Methodik mit Gewinn herangezogen werden könnte. Darauf wird unter c) zurückzukommen sein.

### *b) Darstellung der Entscheidungsgründe*

Welches Verfahren zur Herstellung einer Rechtsverordnung verwendet wurde, würde vor allem dann rechtliche Auswirkungen haben, wenn Verordnungen begründet werden müssten. Das ist aber nach geltendem deutschem Recht nicht der Fall, auch wenn eine derartige Verpflichtung in der Literatur teilweise befürwortet wird.[341] Das Absehen von einer Begründung könnte aber nicht allein darauf gestützt werden, dass es sich bei Rechtsverordnungen um Rechtsnormen handelt und dies eine Begründung ausschließen würde.[342] Schon der Vergleich mit den regelmäßig mit einer Begründung versehenen *Executive Orders* des amerikanischen Rechts und der sich auch auf Rechtssätze erstreckenden Begründungspflicht des Art. 253 EG zeigt, dass es nicht ohne weiteres als selbstverständlich gelten kann, Rechtsverordnungen nicht mit einer Begründung zu versehen.

Vielmehr ergibt sich der Verzicht eine rechtfertigende Begründung für Rechtsverordnungen daraus, dass die Anfertigung einer Begründung nicht durch ausdrückliche Vorschriften vorgesehen ist und sich eine Begrün-

---

[340] S. Abschnitt E.III.2.

[341] *C. Pestalozza*, NJW 1981, S. 2081 (2086); *J. Lücke*, Begründungszwang und Verfassung, 1987, S. 57f.; *T. von Danwitz*, Die Gestaltungsfreiheit des Verordnungsgebers: zur Kontrolldichte verordnungsgeberischer Entscheidungen, 1989, S. 140; *T. von Danwitz*, Jura 2002, S. 93 (100 r. Sp.) m.w.N.; *E. Schmidt-Aßmann*, in: Schoch/Bier/Schmidt-Aßmann/Pietzner, VwGO, 2003, Einleitung, Rz. 206.

[342] Sinngemäß *H. Hill*, Gutachten D zum 58. DJT, 1990, S. 66; *R. Dolzer*, DÖV 1985, S. 9 (18); *A. Gern*, Deutsches Kommunalrecht, 1994, Rz. 196; *A. Gern*, NVwZ 1995, S. 1145 (1153 l. Sp.); a.A. *J. Lücke* (S. 459, Fn. 341), S. 57; *C. Pestalozza*, NJW 1981, S. 2081 (2086).

dungspflicht nicht aus dem Verfassungsrecht herleiten ließe.[343] Wie auch in bezug auf Parlamentsgesetze gilt, dass weder mit Blick auf die Auslegung noch mit Blick auf die Rechenschaftslegung eine Begründung eine notwendige Voraussetzung darstellt, wenn man – wie bei der Normenkontrolle üblich – eine Begründbarkeitsprüfung durchführt. Allerdings hat das Bundesverfassungsgericht in seiner Entscheidung 22. Oktober 1991 zu einer Hochschulkapazitätsverordnung ausgesprochen, dass eine Verordnung, wenn sie nicht von vornherein mit einer Begründung versehen sei, durch ihre Entstehungsgeschichte die maßgeblichen Gesichtspunkte deutlich machen müsse.[344] Begründungslücken oder Fehler des Ableitungszusammenhangs könnten den Schluss nahe legen, dass das Gebot erschöpfender Kapazitätsauslastung verletzt worden sei.[345] Auch wenn in dem Urteil wegen der vom Gericht eingeräumten Möglichkeit eines Rückgriffs auf die Entstehungsgeschichte keine formelle Begründungspflicht statuiert worden ist, wurde es als Anwendung des Abwägungsgebots auf eine Rechtsverordnung interpretiert.[346] Da sich das Abwägungsgebot nicht nur auf das Abwägungsergebnis, sondern auch auf den Abwägungsvorgang bezieht, lässt sich daran die Neigung der Richter sehen, die Kapazitätsverordnung einer Begründungsprüfung zu unterwerfen. Das Judikat hat allerdings nicht zu einer Verfestigung der Rechtsprechung in Richtung auf eine Begründungsprüfung von Verordnungen geführt.[347] Sie ist daher als Ausnahme zu verstehen[348] und ihre Übertragung auf andere Rechtsgebiete aus den bereits in bezug auf Parlamentsgesetze dargelegten Gründen abzulehnen.[349]

Obwohl dies wegen der Vorzüge von Begründungen für die Transparenz der Vorschriften wünschenswert wäre,[350] bleibt es also bei Rechtsverordnungen grundsätzlich bei dem Befund, dass vom Normgeber grundsätzlich keine Begründung zu verlangen ist. Wenn Erläuterungen der Entschei-

---

[343] Ebenso *U. Kischel*, Die Begründung, 2002, S. 310ff.

[344] BVerfG v. 22.10.1991, E 85, S. 36 (36) (entgegen der Auffassung des BVerwG v. 13.12.1984, E 70, S. 318 (327f.), das zwar von „rationaler Rechtsetzung" spricht, aber das Abwägungsgebot für nicht anwendbar hält; s. a. Urteil des Bundesverwaltungsgerichts v. 13.12.1984, E 70, S. 346 (350f.)).

[345] BVerfG v. 22.10.1991, E 85, S. 36 (57).

[346] *U. Kischel*, Die Begründung, 2002, S. 310f.; *E. Schmidt-Aßmann*, in: Maunz/Dürig, GG, 2003, Art. 19 Abs. 4 Rz. 217; *M. Gerhardt*, in: Schoch/Bier/Schmidt-Aßmann/Pietzner, VwGO, 2003, § 47 Rz. 5. *W.-R. Schenke*, in: Kopp/Schenke, VwGO, 2003, § 47 Rz. 116.

[347] Ähnlich allenfalls die vorangegangenen Entscheidungen v. 3.6.1980, E 54, S. 173 (197); v. 8.2.1984, E 66, S. 155 (180).

[348] *W.-R. Schenke*, in: Kopp/Schenke, VwGO, 2003, § 47 Rz. 116.

[349] S. o. E.IV.

[350] *F. Ossenbühl*, NJW 1986, S. 2805 (2811); *W.-R. Schenke*, in: Kopp/Schenke, VwGO, 2003, § 47 Rz. 118.

dungsgründe vorliegen, ignoriert sie die Rechtsprechung aber keineswegs. Vielmehr erfüllen die Entscheidungsgründe im Rahmen der gerichtlichen Kontrolle von Rechtsverordnungen den Sinn, die Deckung der Rechtsverordnung durch die gesetzliche Ermächtigung[351] oder die Einhaltung des Zitiergebots[352] zu überprüfen. Im übrigen deckt sich die Diskussion um eine Begründungspflicht für Rechtsverordnungen weitestgehend mit den entsprechenden Überlegungen bezüglich von Parlamentsgesetzen, welche vorstehend bereits dargelegt worden sind.[353]

### *c) Numerische Verfahren zur Herstellung und Darstellung von Rechtsverordnungen*

Stellt sich also die Rechtsetzung auch in bezug auf Verordnungen zum Teil als anspruchsvoller, an den Verhältnismäßigkeitsgrundsatz gebundener Abwägungsvorgang dar, der aber regelmäßig nicht in einer Begründung offenzulegen ist, so stellt sich die Frage, inwieweit es sinnvoll wäre, eine aufwendige Methodik heranzuziehen und dies öffentlich zu dokumentieren. Einerseits sind die methodischen Implikationen übertragbar, so dass der vorstehend unterbreitete Vorschlag, unter bestimmten Voraussetzungen komplexe Verwaltungsentscheidungen und parlamentarische Rechtsetzungsvorhaben unter Heranziehung einer numerischen Methodik zu erstellen, die Verordnungsgebung grundsätzlich einbeziehen kann. Auch Verordnungen würden in bezug auf eine leichtere Gesetzesauslegung und eine überzeugende Rechenschaftslegung von einer nachvollziehbaren Begründung profitieren. Eine numerische Evaluation von Verordnungsentwürfen kommt in Übertragung der oben gewonnenen Kriterien besonders dann in Frage, wenn die in Rede stehende Entscheidung Prognosen über langfristige Entwicklungen erfordert und einen multikriteriellen Abwägungsvorgang verlangt.

Andererseits empfiehlt sich wegen des Aufwands, der mit einer Formalisierung der Problemstellungen verbunden ist, eine Beschränkung einer formalen Folgenabschätzung auf besonders bedeutsame Projekte, was ebenfalls in Parallelität zur parlamentarischen Gesetzesfolgenabschätzung von Fall zu Fall im Wege eines zweistufigen Verfahrens entschieden werden könnte.[354] Dabei ist stets zu beachten, dass eine formale Rechtfertigung nicht stets die Durchführung einer umfänglichen Kosten-Nutzen-Analyse

---

[351] BVerfG v. 8.11.1983, E 65, S. 248 (260).
[352] BVerfG v. 6.7.1999, E 101, S. 1 (43).
[353] S. Abschnitt E.IV.
[354] S. o. E.VI.1.

mit einer vollständigen Monetarisierung aller Vor- und Nachteile der Entscheidung verlangt. Wie die vorstehende Untersuchung der entsprechenden Verfahren in bezug auf die Rechtsetzung unter besonderer Berücksichtigung der Parlamentsgesetze ergeben hat,[355] kann es auch genügen, eine Mehrkriterienanalyse, eine Kosten-Wirksamkeitsanalyse, ein Punktesystem oder ein anderes formales Konzept heranzuziehen, mit dem die Rechtfertigung der Norm in nachvollziehbarer Art und Weise dargestellt werden könnte.

Wegen des mit der Generierung formaler Modelle verbundenen Aufwands empfiehlt sich jedoch die Beschränkung auf bestimmte Vorhaben, wobei zu deren Identifizierung auf die Frage abgestellt werden kann, ob Grundrechtseingriffe zu befürchten sind und wie intensiv diese gegebenenfalls ausfallen könnten und welche wirtschaftliche oder soziale Bedeutung die Initiative hat. Da die Kosten der Modellierung nur beim ersten Mal seiner Verwendung zu erbringen sind, kann es sich des weiteren empfehlen, Sachgebiete auszuwählen, die eine wiederholte Heranziehung des einmal erarbeiteten formalen Konzepts wahrscheinlich erscheinen lassen. Dafür gibt es im Bereich der Satzungen, auf den nun einzugehen ist, mit dem Erlass von Bebauungsplänen ein Beispiel.

## 2. Satzungen

Satzungen sind als Rechtsvorschriften definiert, die von einer dem Staat eingeordneten juristischen Person des öffentlichen Rechts im Rahmen der ihr gesetzlich verliehenen Autonomie mit Wirksamkeit für die ihr angehörigen und unterworfenen Personen erlassen werden.[356] Der Satzungsbegriff umfasst materielle und formelle Satzungen. Als materielle Satzungen sind Satzungen Gesetze im materiellen Sinne. Sie regeln den Betroffenenstatus innerhalb eines Selbstverwaltungsbereichs. Ihnen kommt also Außenwirkung zu.[357] Regelungen der internen Organisation des Selbstverwaltungsträgers können zwar auch in Satzungsform ergehen, haben aber als sogenannte formelle Satzungen keine Außenwirkung.[358] Nur um Satzungen im materiellen Sinne geht es nachfolgend.

Sie stehen den Rechtsverordnungen in Rang und praktischer Bedeutung gleich.[359] Ihre vielfältigen Regelungsfelder reichen bereits im Selbstverwaltungsbereich von der kommunalen Selbstverwaltung im Rahmen von

---

355 S. o. insbesondere B.III.1.a) und E.VI.

356 BVerfG v. 9.5.1972, E 33, S. 125 (156 f.).

357 *F. Ossenbühl*, Satzung, in: Isensee/Kirchhof (Hrsg.), Handbuch des Staatsrechts², Bd. III: Das Handeln des Staates, 1996, Rz. 43.

358 *F. Ossenbühl* (S. 462, Fn. 357), Rz. 43.

359 *F. Ossenbühl* (S. 462, Fn. 357), Rz. 1.

Art. 28 Abs. 2 GG über die akademische Selbstverwaltung nach § 58 Abs. 2 HRG, die wirtschafts- und berufsständische Selbstverwaltung bis zur Selbstverwaltung in der Sozialversicherung, etwa die Kassenärztlichen Vereinigungen nach § 77 Abs. 1 SGB V.[360] Es kommen noch Satzungen hinzu, die sich die öffentlich-rechtlichen Anstalten und bestimmte Stiftungen geben.[361]

### a) *Inhaltliche Maßgaben*

Satzungen sind abgeleitetes Recht, das im Rang unterhalb des staatlichen Rechts steht.[362] Für sie gilt der Vorrang des Gesetzes.[363] Darüber hinaus unterliegen sie nach der ständigen Rechtsprechung des Bundesverfassungsgerichts auch dem Gesetzesvorbehalt.[364] Der Gesetzgeber dürfe nicht seine vornehmste Aufgabe anderen Stellen innerhalb oder außerhalb der Staatsorganisation zu freier Verfügung überlassen.[365]

Damit sind sie zunächst den rechtlichen Anforderungen des Gesetzes unterworfen, von dem sie abgeleitet werden.[366] Soweit sie Grundrechtseingriffe mit sich bringen, müssen sie sich am Verhältnismäßigkeitsgrundsatz messen lassen, wobei im Mittelpunkt der Satzungsgebung anerkanntermaßen die Abwägung steht.[367] Es überrascht daher nicht, wenn das satzungsleitende Gesetzesrecht die Beachtung des Abwägungsgebots zum Teil ausdrücklich und bereits seit Jahrzehnten verlangt (§ 1 Abs. 7 BauGB n. F.). Die Vorschrift des § 1 Abs. 7 BauGB n. F. hatte sich durch ihre früheren Fassungen als geradezu paradigmatisch für die Strukturierung des Satzungsermessens erwiesen.[368] Es ist bereits darauf hingewiesen worden, dass schon der umfangreiche Katalog der Festsetzungsmöglichkeiten und damit an schutzwürdigen Belangen in § 9 Abs. 1 BauGB einen Hinweis darauf gibt, wie komplex die Abwägungsaufgabe bei der Bauleitplanung sein kann.[369]

---

360 Instruktiver Überblick bei *F. Ossenbühl* (S. 462, Fn. 357), Rz. 5ff.

361 *F. Ossenbühl* (S. 462, Fn. 357), Rz. 12ff.

362 *F. Ossenbühl* (S. 462, Fn. 357) Rz. 26.

363 *F. Ossenbühl* (S. 462, Fn. 357) Rz. 26.

364 Die Leitentscheidung war der sogenannte Facharzt-Beschluss, BVerfG v. 9.5.1972, E 33, S. 125 (158).

365 BVerfG v. 9.5.1972, E 33, S. 125 (158).

366 *F. Ossenbühl*, Satzung, in: Isensee/Kirchhof (Hrsg.), Handbuch des Staatsrechts$^2$, Bd. III: Das Handeln des Staates, 1996, Rz. 48.

367 *F. Ossenbühl* (S. 463, Fn. 366), Rz. 48.

368 Von einer Leitbildfunktion der bauplanungsrechtlichen Abwägung spricht zu Recht *K. Meßerschmidt*, Gesetzgebungsermessen, 2000, S. 294.

369 S. o. E.III.2.f)cc).

Das BauGB greift in der Fassung des EAG Bau nunmehr die Rechtsprechung zum Abwägungsgebot auf und bestimmt, die Belange, die für die Abwägung von Bedeutung sind, seien zu ermitteln und zu bewerten (§ 2 Abs. 3 BauGB n. F.). Mit den Änderungen des BauGB durch das EAG Bau wollte der Gesetzgeber einem europäischen Rechtsverständnis entsprechen, nach welchem an das Zustandekommen auch von Bauleitplänen erhöhte verfahrensrechtliche Anforderungen gestellt werden, ohne dabei den im deutschen Planungsrecht geltenden Grundsatz der Planerhaltung zu schmälern. Wie bereits erläutert, werden durch die in § 214 Abs. 3 S. 2 BauGB getroffene Regelung Mängel des Ermittelns und Bewertens nicht mehr als materielle Fehler, sondern als Verfahrensmängel behandelt.[370] Da darin aber nach zutreffender Auffassung eine Fiktion zum Zwecke der Immunisierung der Pläne in der gerichtlichen Kontrolle liegt,[371] betrifft das erstens eine Kontrollfrage, welche nicht Gegenstand des vorliegenden Abschnittes sind. Zweitens ändert sich dadurch nichts an den rechtlichen Anforderungen an den Abwägungsvorgang *ex ante,* weil es hierfür nicht darauf ankommt, welchen Unbeachtlichkeitsvorschriften bestimmte Fehler unterworfen sind.

### b) Darstellung der Entscheidungsgründe

Im allgemeinen werden Satzungen nicht begründet, was mit dem Hinweis auf den Charakter von Satzungen als Rechtssätze gerechtfertigt wird.[372] Auf das Argument, Rechtsnormen müssten bereits wegen ihrer Rechtsnatur nicht mit einer Begründung versehen werden, ist bereits detailliert eingegangen worden.[373] An dieser Stelle genügt folgender Abriß.

Für Satzungen sieht das einfache Recht nur ausnahmsweise eine Begründungspflicht vor. Das Begründungsgebot für Bebauungspläne in § 9 Abs. 8 BauGB dient nach allgemeiner Auffassung dazu, die Abwägung nach § 1 Abs. 7 BauGB n. F. darzustellen und so der gerichtlichen wie politischen Kontrolle durch die Bürger zugänglich zu machen.[374] Wie notwendig hierfür

---

[370] S. o. D.III.2.d)bb)(6).

[371] *M. Uechtritz*, ZfBR 2005, S. 11 (15); *G. Gaentzsch*, Änderungen im System der Fehlerfolgen im Rahmen der Bauleitplanung, in: Spannowsky (Hrsg.), BauGB-Novelle 2004: aktuelle Entwicklungen des Planungs- und Umweltrechts, 2004, S. 131 (138).

[372] *H. Hill*, Gutachten D zum 58. DJT, 1990, S. 66; *R. Dolzer*, DÖV 1985, S. 9 (18); *A. Gern*, Deutsches Kommunalrecht, 1994, Rz. 196; *A. Gern*, NVwZ 1995, S. 1145 (1153 l. Sp.); a. A. *J. Lücke*, Begründungszwang und Verfassung, 1987, S. 57; *C. Pestalozza*, NJW 1981, S. 2081 (2086).

[373] S. Abschnitt E.IV.

[374] *W. Bielenberg*, in: Ernst/Zinkahn/Bielenberg, BauGB, 2002, § 9 Rz. 196, 202; *R.-P. Löhr*, in: Battis/Krautzberger/Löhr, BauGB-Kommentar, 2002, § 9 Rz. 126; *W. Schröd-*

eine Begründung sein kann, zeigt sich unter anderem daran, dass Gerichte verschiedentlich für kommunale Abgabensatzungen Begründungen als Instrumente der Effektivierung der gerichtlichen Kontrolle gefordert haben, obwohl nach den entsprechenden Fachgesetzen keine Begründungspflicht bestand. So meint der VGH Mannheim in seiner Entscheidung vom 2. Oktober 1986, nur wenn die den Beitragssätzen zugrundeliegende Globalberechnung dem Gericht zur Verfügung gestellt würde, ließe sich nachprüfen, ob der Gemeinderat das ihm zustehende Gestaltungsermessen sachgerecht ausgeübt habe.[375] Eine fehlende Globalberechnung führe zur Rechtswidrigkeit der Satzung und damit zu ihrer Nichtigkeit.[376] Das OVG Lüneburg folgte dieser Linie.[377]

*Gern* ist dem vor einiger Zeit dezidiert entgegengetreten. Nur dem einfachen Gesetzgeber komme das Recht zu, die Satzungsgeber einer Begründungspflicht zu unterwerfen, da es sich bei der Statuierung einer Begründungspflicht um einen Eingriff in die Selbstverwaltungshoheit der Kommunen handele.[378] Würde dem Verhältnismäßigkeitsgrundsatz Genüge getan, stehe einer Begründungspflicht nichts entgegen.[379] Das sei dann anzunehmen, wenn sich die Begründungspflicht auf die tragenden Erwägungen beschränke und nicht die Offenlegung sämtlicher sachlicher und rechtlicher Gesichtspunkte jedes einzelnen Ratsmitglieds verlange.[380] Eine Rechtsfortbildung reiche dagegen als Rechtsgrundlage für eine Begründungspflicht angesichts des Gesetzesvorbehalts des Art. 28 Abs. 2 GG nicht aus.[381]

Da mit einer Pflicht zur Anfertigung einer Begründung sicher gewisse Belastungen für die Gemeinden einhergingen, erscheint *Gern*s Ansicht keinesfalls abwegig, obgleich sie hinsichtlich der Möglichkeiten, qua Rechtsfortbildung in Grundrechte oder grundrechtsgleiche Rechte einzugreifen, etwas zu kurz greifen dürfte. Insofern weist der vereinzelt gebliebene Versuch der Rechtsprechung, eine Begründungspflicht im Wege der Rechtsfortbildung zu etablieren, zwar auf das Bedürfnis nach einer nachvollziehbaren Begründung schon für die Zwecke einer effektiven gerichtlichen Kontrolle deutlich hin. Dennoch stellt hierfür eine gesetzliche Regelung in der Tat den rechtlich überzeugenderen Weg dar.

---

*ter*, in: Schrödter/Breuer, BauGB-Kommentar, 1998, § 9 Rz. 185; in diesem Sinne auch das BVerwG v. 5.7.1974, E 45, S. 309 (331).

375 VGH Mannheim v. 2.10.1986, ESVGH 37, S. 29 (32).

376 VGH Mannheim v. 17.7.1984, VBlBW. 1985, S. 190.

377 OVG Lüneburg v. 11.5.1999, Az. 9 L 3427/98; v. 25.10.1989, NdsRpfl. 1990, S. 158.

378 *A. Gern*, NVwZ 1995, S. 1145 (1152 l. Sp.).

379 *A. Gern* (S. 465, Fn. 378), S. 1145 (1152 r. Sp.).

380 *A. Gern* (S. 465, Fn. 378), S. 1145 (1152 r. Sp.).

381 *A. Gern* (S. 465, Fn. 378), S. 1145 (1152 r. Sp.).

### c) Numerische Verfahren zur Rechtsetzung in Satzungsform

Wenn man Satzungen wie andere Rechtsetzungsakte auch dem Verhältnismäßigkeitsgrundsatz in seiner Gestalt als Handlungsnorm unterwirft, dann stellt man dadurch inhaltliche Anforderungen an die Satzungsgebung, die dem vorstehend erläuterten rechtlich-entscheidungstheoretischen Vierschritt entsprechen. Allerdings müssen die Satzungsgeber nach dem geltenden Recht nur in wenigen Fällen in Form einer Begründung dartun, welche Überlegungen sie angestellt haben, um diesen Maßgaben zu genügen. Gleichwohl könnte eine nachvollziehbare Begründung auch in den Fällen, in denen keine Begründungspflicht besteht, die Gesetzesauslegung unterstützen und zu größerer Akzeptanz der Rechtsnorm wegen durchsichtiger Rechtfertigung der Regelung führen. Auch bei Satzungen würden diese Funktionen durch eine numerische Darstellungsweise gefördert.

Die Frage ist jedoch, ob sich angesichts des begrenzten räumlichen und sachlichen Anwendungsbereichs von Satzungen der Aufwand rechtfertigen ließe, der mit der Formalisierung einer Aufgabenstellung verbunden ist. Das wird wohl nur ausnahmsweise zu bejahen sein. Allerdings spräche für seine Anwendung auf dem Gebiet der Bauleitplanung, dass ohnehin eine Begründungspflicht besteht und regelmäßig eine größere Zahl von Plänen für ein Gemeindegebiet zu erstellen ist, was die Kosten der Erstellung eines formalen Konzepts erheblich senken kann, da diese im wesentlichen bei seiner ersten Verwendung anfallen. Bei der Planung weiterer Gebiete wäre das gegebenenfalls einmal erarbeitete Konzept nur im Sinne einer Variantenbildung fortzuschreiben.

## VIII. Zwischenergebnis: Die mögliche Rolle numerischer Entscheidungsherstellungsmethoden bei der Rechtsetzung

Ob Einzelfallentscheidung oder Rechtsetzung, jede staatliche Entscheidung lässt sich in analytischer Hinsicht als Vierschritt aus der am Anfang der Analyse stehenden Problemidentifikation, der Zusammenstellung der Handlungsalternativen, der Bestandserhebung und dem Blick in die Zukunft in Form von Prognosen sowie der abschließenden Bewertung verstehen. Insofern unterscheiden sich Einzelfälle und Regeln lediglich durch ihr Resultat, in einem Fall die Regelung einer sachlich, räumlich und zeitlich abgeschlossenen Angelegenheit durch hoheitliche Anordnung, im anderen Fall durch die Schaffung eines Rechtssatzes, mit dem zukünftige und nicht abgezählt viele Fälle antizipiert werden sollen. Bezüglich der anzuwendenden Methodik sind die vorstehend herausgearbeiteten Grundsätze auf die Rechtsetzung im wesentlichen übertragbar. Für die Bewältigung komplexer Entscheidungssituationen sind formale Entscheidungsherstellungsmethoden wie die Kosten-Nutzen-Analyse rein verbalen Herangehensweisen in kalkulatorischer Hinsicht klar überlegen; auch ließen sie die gegenwärtig rechtlich nicht geforderte, aber prinzipiell unter bestimmten Voraussetzungen wünschenswerte nachvollziehbare Darstellung der gesetzgeberischen Entscheidung zu. Darin unterscheidet sich mithin die gesetzgeberische Aufgabe im Grundsatz nicht von der Situation der Verwaltung.

Solange präzise (diskrete) Ergebnisse erzielt werden sollen, hat sich nach der oben durchgeführten Untersuchung das Instrumentarium einer formalen Mathematik empfohlen, die auf der klassischen Mengenlehre und der Aristotelischen Logik basiert. Solange Regeln erarbeitet werden sollen, die möglichst genau formuliert sind, lassen sich die obigen Befunde ohne weiteres auf die Rechtsetzung übertragen. Insbesondere der Gesichtspunkt der Rechtssicherheit gebietet, möglichst eindeutige und klare hoheitliche Aussagen anzustreben. Es kann aber auch ausnahmsweise der Sinn von Regeln sein, wegen der Zukunftsoffenheit der Norm nur ungenau zu formulieren (*rules vs. standards*). Generalklauseln dürften einen solchen Fall darstellen. Ob sich zur Formulierung von Generalklauseln tatsächlich die *Fuzzy Logic* oder ähnliche Verfahren als vorteilhaft erweisen, ist nach dem gegenwärtigen Stand der Entscheidungstheorie als offen zu bewerten. Zu bedenken dürfte allerdings sein, dass die Verwendung einer hochausdifferenzierten formalen Methodik wie die der *Fuzzy Logic* auch mit besonders hohen Modellierungskosten verbunden ist, die möglicherweise im Bereich der Anfertigung von Generalklauseln unangemessen sind.

Aus diesen Gründen steht die Bundesregierung einer formalen Gesetzesfolgenabschätzung auf Basis *konventioneller* Mathematik im Prinzip positiv gegenüber.[382] Wie in Abschnitt B.III dargelegt, unterzieht auch die Europäische Kommission bestimmte Legislativakte einer formalen Folgenabschätzung mit dem Ziel, die Maßnahmen sorgfältig zu evaluieren und schließlich die Wahl einer Option im Vergleich mit ihren Alternativen zu rechtfertigen.[383] Mithin hält es die kaum unter dem Verdacht praxisferner Theorielastigkeit stehende Europäische Kommission für möglich und sinnvoll, auch Gesetzgebungsvorhaben einer formalen Analyse zu unterziehen.[384]

Des weiteren hätte eine formale Rechtfertigung von Rechtssätzen prinzipiell den Vorzug, insbesondere Prognosen und Werturteile nachvollziehbar

[382] S. o. B.II.3 und E.VI.3.
[383] S. o. B.III.
[384] *Europäische Kommission*, KOM (2002) 276 endg., insbesondere S. 5f.

und eindeutiger als natürlich-sprachliche Vorgehensweisen darstellen zu können. Damit wäre der Transparenz auch bei der Rechtsetzung gedient, die Voraussetzung einer wirksamen gerichtlichen wie politischen Kontrolle der Gesetzgeber ist. Dem soll im nachfolgenden Abschnitt besonders nachgegangen werden.

# F. Abwägungskontrolle von Legislativakten

Rechtsnormen unterliegen in den Ländern und dem Bund[1] gerichtlicher Kontrolle. Die Kontrollansätze unterscheiden sich zum Teil ganz erheblich von der gerichtlichen Überprüfung belastender Einzelfallentscheidungen. Wie auch im vorangegangenen Abschnitt sollen Parlamentsgesetze im Vordergrund der Betrachtungen stehen (I.). Danach ist ein Bild von der gerichtlichen Überprüfung von Rechtsverordnungen und Satzungen zu gewinnen (II.).

## *I. Die Kontrolle parlamentarischer Gesetze*

Die Ausübung von gerichtlichen Kontrollbefugnissen bedarf stets der Legitimation, wohl besonders aber gegenüber dem parlamentarischen Gesetzgeber. Auch wenn außer Frage steht, dass es zu den Befugnissen des Bundesverfassungsgerichts zählt, parlamentarische Gesetze am Maßstab der Verfassung zu überprüfen, so herrscht in bezug auf die genaue Bestimmung der Aufgabe des Gerichts und der daraus folgenden Präzisierung seiner Kompetenzen gegenüber der Legislative keinesfalls Einigkeit (1.). Die Rechtsprechung des Gerichts, die den Verhältnismäßigkeitsgrundsatz als Basis einer Begründbarkeitsprüfung bei der Normenkontrolle heranzieht, ist als Kompromiss zwischen der dem Bundesverfassungsgericht zugewiesenen Kontrollaufgabe, die den Freiheiten des Gesetzgebers Grenzen setzt, auf der einen, und dem demokratieprinzipiell gebotenen Respekt vor seinen Entscheidungen auf der anderen Seite zu erkennen (2.). Ob allerdings die Differenzierung der Kontrolldichte je nach Sachgebiet und weiteren Umständen überzeugen kann, begegnet Zweifeln (3.). Jedenfalls stellt die vom Bundesverfassungsgericht gewählte Herangehensweise ein beachtliches Maß an materieller Kontrolle sicher, ohne dabei gleichzeitig zu sehr in die Rolle eines Gesetzgebers zu geraten (4.a)). Gleichzeitig weist eine Begründbarkeitsprüfung strukturelle Schwächen auf (4.b)). Es ist daher zu

[1] Auf das europäische Gemeinschaftsrecht ist erst anschließend (Abschnitte G und H) einzugehen.

überlegen, ob nicht unter bestimmten Voraussetzungen eine Begründungsprüfung durchgeführt werden sollte (5.).

## 1. Bundesverfassungsgericht und Gesetzgeber

Das Bundesverfassungsgericht ist nach Art. 92 GG ein Gericht und damit Teil der rechtsprechenden Gewalt.[2] Seine Aufgabe besteht in dem unmittelbaren gerichtlichen Schutz der Verfassung.[3] Das ergibt sich zum einen daraus, dass Art. 1 Abs. 3 GG und Art. 20 Abs. 3 GG den Vorrang der Verfassung statuieren, zum anderen aus der Einräumung von Kompetenzen zur Normenkontrolle – Art. 93, 100 GG –, die sich eindeutig auch auf Parlamentsgesetze erstrecken. Zum ersten überprüft das Gericht bei Verfassungsbeschwerden nach Art. 93 Abs. 1 Nr. 4a GG, ob eine Rechtsnorm dem Grundgesetz entspricht, wozu es sowohl bei einer Verfassungsbeschwerde unmittelbar gegen das Gesetz als auch bei einer Verfassungsbeschwerde gegen eine Gerichtsentscheidung kommen kann. Zum zweiten führt eine Richtervorlage nach Art. 100 Abs. 1 GG zur Kontrolle von Parlamentsgesetzen. Drittens kann eine Normenkontrolle auf Antrag einer Regierung oder von Mitgliedern des Bundestags gemäß Art. 93 Abs. 1 Nr. 2 GG ein Gesetz vor das Bundesverfassungsgericht bringen. Zu einer solchen Überprüfung kann es – viertens – auch mittelbar im Zuge einer Organstreitigkeit nach Art. 93 Abs. 1 Nr. 1 GG kommen. Schließlich – fünftens – kann sich eine föderative Streitigkeit zwischen Bund und Ländern auf die Verfassungswidrigkeit eines Gesetzes beziehen (Art. 93 Abs. 1 Nr. 3 GG).

In all diesen Verfahren ist das Verhältnis des Bundesverfassungsgerichts zum Gesetzgeber berührt, ohne dass die Kompetenznormen selbst bereits eindeutige Maßgaben für die Befugnisse des Gerichts enthielten. Eine genauere Bestimmung der Grenzen der Verfassungsgerichtsbarkeit ist daher angezeigt.

### *a) Die vielfältigen Ansätze*

Der maßgebliche Ansatzpunkt einer differenzierenden Kompetenzordnung muss in Art. 20 Abs. 2 S. 2 GG gesehen werden, nach welchem die Staatsgewalt vom Volk durch besondere Organe der Gesetzgebung, der vollziehenden Gewalt und der Rechtsprechung ausgeübt wird. Ohne eine wei-

[2] BVerfG v. 3.12.1975, E 40, S. 356 (360).

[3] Statt vieler: *K. Stern*, Das Staatsrecht der Bundesrepublik Deutschland, Bd. II: Staatsorgane, Staatsfunktionen, Finanz- und Haushaltsverfassung, Notstandsverfassung, 1980, S. 952.

tere Analyse kann der Grundsatz der Gewaltenteilung der Suche nach einer präzisen Abgrenzung der Kompetenzen aber keine zusätzliche Anleitung geben. Zu diesem Zweck werden verschiedene Konzepte verfolgt, mit denen die jeweiligen Funktionsbereiche in angemessener und praktikabler Weise bestimmt werden sollen. Unter anderem wird eine Gegenüberstellung von Recht und Politik bemüht, wie sie zum Teil auch das Selbstverständnis des Gerichts geprägt hat.[4] Recht sei statisch-rational, Politik dynamisch-irrational. Das Verfassungsgericht nehme nicht an der schöpferischen Gestaltung des politischen Lebens des Volkes teil.[5] Der Judikative im allgemeinen und dem Bundesverfassungsgericht im besonderen komme eine reaktive Kontrollfunktion zu, die im Falle eines Verfassungsgerichts „grundsätzlich nur bestehendes Verfassungsrecht" verdeutliche.[6]

Die kontrollierende Aufgabe des Gerichts gehört sicher zu seinen wesentlichen Charakteristika, woraus es einen essentiellen Teil seiner Legitimation bezieht, indem es die Sicherung der demokratischen Legitimation der Grundentscheidungen des *pouvour constituant* vor dem „alltäglichen" Mehrheitswillen des *pouvour constitué* übernimmt.[7] Allerdings dürfte die skizzierte Sichtweise, die im Bundesverfassungsgericht einen neutralen, unpolitischen Hüter der Verfassung erblicken will, auf überholten Voraussetzungen beruhen, da sie eine grundlegende Dichotomie von politischem Staat und unpolitischer Privatrechtsgesellschaft unterstellt, die in einer demokratischen Verfassungsordnung nicht gegeben sein dürfte.[8] In Wirklichkeit sind Recht und Politik hinsichtlich der hier in Rede stehenden Kontrolle der Legislative durch ein Verfassungsgericht zwei Seiten derselben Sache.[9] Das Bundesverfassungsgericht ist trotz seiner Kontrollfunktion eindeutig ein Akteur im politischen Prozess,[10] wogegen verfassungsrechtlich im Grundsatz auch nichts eingewandt werden muss. Die Verwobenheit von Recht und Politik wird in manchen Entscheidungen des Bundesverfassungsgerichts auch ausdrücklich anerkannt. Die Bedeutung der Gewaltenteilung liege in der politischen Machtverteilung, dem Ineinandergreifen der drei

---

[4] *G. Leibholz*, JöR 6 (1957), S. 109 (120ff.); *H.H. Klein*, Bundesverfassungsgericht und Staatsraison, 1968; *T. Maunz*, in: Maunz/Dürig/Herzog/Scholz, GG, 2003, Art. 94 Rz. 2.

[5] *E. Friesenhahn*, Zeitschrift für Schweizerisches Recht N.F. 73 (1954), S. 123 (150ff.).

[6] *G. Leibholz*, JöR 6 (1957), S. 109 (120ff.); *E. Friesenhahn*, Zeitschrift für Schweizerisches Recht N.F. 73 (1954), S. 123 (158).

[7] *A. Rinken*, in: Denninger u.a. (Hrsg.), Ak-GG, 2002, vor Art. 93 Rz. 73.

[8] *A. Rinken* (S. 471, Fn. 7), vor Art. 93 Rz. 89f.

[9] *R. Dolzer*, Die staatstheoretische und staatsrechtliche Stellung des Bundesverfassungsgerichts, 1972, S. 43ff.; *A. Rinken* (S. 471, Fn. 7), vor Art. 93 Rz. 90; *D. Grimm*, JuS 1969, S. 501ff.; *F.-C. Zeitler*, Verfassungsgericht und völkerrechtlicher Vertrag, 1974, S. 153ff.

[10] *K. Stern*, Das Staatsrecht der Bundesrepublik Deutschland, Bd. III/2: Allgemeine Lehren der Grundrechte, 1994, S. 1347.

Gewalten und der daraus resultierenden Mäßigung der Staatsherrschaft; das Prinzip der Gewaltenteilung sei jedoch nirgends rein verwirklicht.[11]

Eine klare Definition von Kompetenzgrenzen lässt sich daraus nicht entwickeln, zumal das Gericht in anderen Judikaten davon spricht, den von der Verfassung für die anderen Verfassungsorgane garantierten Raum freier politischer Gestaltung im Sinne eines *judicial self restraint* offen halten zu wollen.[12] Das ist als „teils nichts sagend, teils verfehlt“ kritisiert worden.[13] Das Gericht habe seine Kompetenzen sowohl wahrzunehmen als auch einzuhalten. Der in der Berufung auf den *judicial self restraint* steckende Verzicht auf die Erarbeitung normativer und kontrollierbarer Kriterien sei als berufsethischer Appell zu würdigen, der sich auf die Kompetenz-Kompetenz der subjektiven Weisheit des Richterareopags verlassen wolle.[14] Das sei aber einem modernen rechtsstaatlichen Verständnis nicht angemessen, zumal auch die Rechtsprechung des Gerichts keine Belege dafür erkennen lasse, dass das Bekenntnis zum *judicial self restraint* seine kompetenzbeschränkende Rolle faktisch erfülle.[15] Im Gegenteil sei eine extensive Kompetenzwahrnehmung nicht selten mit einer expliziten Bezugnahme auf das Zurückhaltungsgebot verbunden worden.[16]

Ein weiterer einflussreicher, auf Überlegungen der Methodenlehre zurückgehender Ansatz will das Bundesverfassungsgericht auf die Rechtsanwendung beschränken, welche der Rechtsetzung gegenübergestellt wird. Im Rahmen der Rechtsanwendung habe das Gericht das Recht zur Letztentscheidungskompetenz, wobei das Handeln der Richter durch das Gesetz strikt determiniert sei und die einzig richtige Entscheidung gesucht werden müsse.[17] Angesichts der relativen Offenheit vieler Grundgesetznormen übersieht diese Ansicht jedoch, dass Rechtsprechung in vielen Fällen schöpferischen Charakter hat und haben muss.[18] Wie bereits dargelegt, eröffnet

---

[11] BVerfG v. 18.12.1953, E 3, S. 225 (247).

[12] BVerfG v. 31.7.1973, E 36, S. 1 (14); v. 9.2.1982, E 59, S. 360 (377).

[13] *B. Pieroth*, in: Jarass/Pieroth, GG, 2004, Art. 93 Rz. 3; *K. Schlaich/S. Korioth*, Das Bundesverfassungsgericht[6], 2004, Rz. 505.

[14] *E. W. Böckenförde*, Die Methoden der Verfassungsinterpretation. Bestandsaufnahme und Kritik, in: Böckenförde (Hrsg.), Staat, Verfassung, Demokratie, 1991, S. 192; *K. Chryssogonos*, Verfassungsgerichtsbarkeit und Gesetzgebung, 1987, S. 174; *A. Rinken*, in: Denninger u.a. (Hrsg.), Ak-GG, 2002, vor Art. 93 Rz. 92.

[15] *A. Rinken* (S. 472, Fn. 14), vor Art. 93 Rz. 92.

[16] BVerfG v. 31.7.1973, E 36, S. 1 (14f.); v. 25.2.1975, E 39, S. 1 (51) – vgl. das Sondervotum von *Rupp-v. Brünneck* und *Simon*, ebda., S. 69ff.; v. 13.4.1978, E 48, S. 127 (160).

[17] *W. Geiger*, Zur Lage unserer Verfassungsgerichtsbarkeit, in: Spanner (Hrsg.), Festgabe für Theodor Maunz, 1971, S. 117 (124f.).

[18] Ebenso bereits *C. Starck*, VVdStRL 34 (1976), S. 43 (75); *A. Rinken*, in: Denninger u.a. (Hrsg.), Ak-GG, 2002, vor Art. 93 Rz. 95 m.w.N.; *D. Grimm*, Gemeinwohl in der Rechtsprechung des Bundesverfassungsgerichts, in: Münkler/Fischer (Hrsg.), Gemeinwohl und Gemeinsinn im Recht. Konkretisierung und Realisierung öffentlicher Interessen, Bd. III, 2002, S. 125 (138).

die Verfassung beachtliche Spielräume, die die These von einer strikten Determinierung, die Möglichkeit der Erkenntnis der einzig richtigen Entscheidung als Illusion erscheinen lässt.[19]

Im Prinzip aussichtsreicher wirken demgegenüber die funktionellrechtlichen Ansätze, die den Aufgabenbereich des Bundesverfassungsgerichts anhand seiner Fähigkeiten und seinem funktionellen Zuschnitt im Vergleich mit den anderen Staatsorganen bestimmen wollen.[20] Anklänge an dieses Konzept finden sich ebenfalls in der Rechtsprechung des Bundesverfassungsgerichts, wenn es formuliert, das Grundgesetz gehe gerade im Verhältnis der obersten Verfassungsorgane zueinander von je eigenen, kompetenzrechtlich abgesteckten Verantwortungsbereichen dieser Organe aus, denen die Rechtsordnung in Form von Gestaltungs-, Beurteilungs- und Ermessensspielräumen Rechnung trage.[21] Für eine Heranziehung der Funktionen der Gewalten spricht, dass der Ansatz darauf abzielt, dass „staatliche Entscheidungen möglichst richtig, das heißt von den Organen getroffen werden, die dafür nach ihrer Organisation, Zusammensetzung, Funktion und Verfahrensweise über die besten Voraussetzungen verfügen."[22] Aber auch die funktionell-rechtliche Theorie verdeutlicht eher das Problem, als dass sie eine Lösung bereitstellen könnte. Will man die Befugnisse des Bundesverfassungsgerichts anhand seiner Fähigkeiten im Vergleich zu den anderen Staatsorganen bestimmen, so steht das unter dem Verdacht eines Zirkelschlusses, da es ja gerade darum geht, die Reichweite der Kompetenzen des Gerichts normativ zu bestimmen, nach denen sich seine Fähigkeiten zu richten hätten.

### *b) Würdigung*

Die umrissenen Theorien lassen sich folgendermaßen bilanzieren. Die Kontrastierung von Recht und Politik mit der Zuweisung des Bundesverfassungsgerichts zum rechtlichen Bereich erscheint genauso wenig weiterführend wie der Verweis auf den Berufsethos der Richter (*„judicial self-restraint"*). Auch muss der Versuch scheitern, die Tätigkeit des Gerichts auf die Rechtsanwendung zu begrenzen, der die Rechtsetzung gegenübergestellt wird. Rechtsanwendung ist im Verfassungsrecht angesichts der

---

[19] S. o. E.II.

[20] *H.-P. Schneider*, NJW 1980, S. 2103 (2111); *G. F. Schuppert*, Funktionell-rechtliche Grenzen der Verfassungsinterpretation, 1980; *R. Dolzer*, Die staatstheoretische und staatsrechtliche Stellung des Bundesverfassungsgerichts, 1972.

[21] BVerfG v. 16.2.1983, E 62, S. 1 (51).

[22] BVerfG v. 18.12.1984, E 68, S. 1 (86); v. 17.7.1996, E 95, S. 1 (15); v. 14.7.1998, E 98, S. 218 (252).

dort vorfindlichen semantischen wie normstrukturellen Spielräume immer auch ein gestaltender Akt. Schließlich vermögen die funktionell-rechtlichen Ansätze nicht zu konkretisieren, welche Grenzen der Kontrollaufgabe des Gerichts gezogen werden sollten. Dieser eher ernüchternde Befund kann angesichts der Ambivalenz nicht verwundern, die darin liegt, dass nach dem Grundgesetz die Sicherung des Vorrangs der Verfassung einem nur mittelbar legitimierten Staatsorgan übertragen ist,[23] ohne dass die Verfassung präzise Vorgaben für die Ausübung dieser Kompetenz machen würde.[24]

Eine klare, überzeugende Linie ist auch in der Rechtsprechung des Gerichts nicht zu erkennen. Dazu mag beigetragen haben, dass seine Rechtsprechung nur bedingt durch den Verfassungstext determiniert sein dürfte.[25] *Ebsen* geht jedoch zuweit in seiner Kritik, das Gericht übe daher keine Rechtskontrolle aus.[26] Zwar lässt sich die Aufgabe des Bundesverfassungsgerichts deskriptiv als Konsenssuche im Raum der Möglichkeiten begreifen,[27] doch in normativer Hinsicht muss es bei seiner Funktion als Kontrollinstanz bleiben,[28] obgleich es dem Gesetzgeber vereinzelt detaillierte Vorgaben gemacht hat und damit über seine kassatorische Aufgabe hinausgegangen ist.[29]

Zu den notorischen Problemfeldern zählt insoweit der Begriff der Verfassung als „objektive Wertordnung", der dem Gericht eine kaum prognostizierbare Überschreitung kassatorischer Funktionen gestattet. Das Bundesverfassungsgericht hat nicht immer der damit verbundenen Versuchung widerstanden, unter Berufung auf die objektive Wertordnung dem Gesetzgeber detaillierte Verfassungsaufträge etwa für die Regelung des

---

[23] *A. Rinken*, in: Denninger u. a. (Hrsg.), Ak-GG, 2002, vor Art. 93 Rz. 73.

[24] Deutlich klarer wäre es etwa, wie im Verwaltungsrecht Kontrollmaßstäbe vorzugeben (§§ 113, 114 S. 1 VwGO), die noch durch Unbeachtlichkeits- oder Heilungsvorschriften nach dem Vorbild des § 214 BauGB oder des § 75 Abs. 1a VwVfG ergänzt werden könnten.

[25] *I. Ebsen*, Das Bundesverfassungsgericht als Element gesellschaftlicher Selbstregulierung, 1985, S. 15.

[26] *I. Ebsen* (S. 474, Fn. 25), S. 192.

[27] So etwa *A. von Brünneck*, Verfassungsgerichtsbarkeit in den westlichen Demokratien: ein systematischer Verfassungsvergleich, 1992, S. 146, und *U. K. Preuß*, Merkur 41 (1987), S. 1 (8 ff.).

[28] Wie hier *K. Schlaich/S. Korioth*, Das Bundesverfassungsgericht[6], 2004, Rz. 36.

[29] So etwa bei dem zweiten Urteil zum Schwangerschaftsabbruch v. 28.5.1993, E 88, S. 203 (270), wo das Gericht dem Gesetzgeber auf drei Druckseiten beschreibt, wie die Schwangerschaftsberatung inhaltlich und organisatorisch auszugestalten sei. Nur einen geringen Spielraum lassen die Richter des Bundesverfassungsgerichts den Zivilrichtern bei detaillierten Vorgaben, wie sie für das Lebach-Urteil kennzeichnend sind (BVerfG v. 5.6.1973, E 35, S. 202 (226 f.) – *Miebach* stellt zu Recht fest, das Bundesverfassungsgericht habe bei der Lebach-Entscheidung eine eigene Abwägung vorgenommen (*M. Miebach*, Zur Willkür- und Abwägungskontrolle des Bundesverfassungsgerichts bei der Verfassungsbeschwerde gegen Gerichtsurteile, 1990, S. 111).

Schwangerschaftsabbruchs zu erteilen,[30] die Handlungs- und Steuerungsfähigkeit der Steuergesetzgebung in Form des Halbteilungsgrundsatzes fundamental zu begrenzen[31] oder eigene familienpolitische Konzeptionen für verbindlich zu erklären, die den Bund mit insgesamt 20 Mrd. Deutsche Mark belasteten.[32] Bedenken sind auch gegen den kaum fassbaren Begriff der „Wesentlichkeit“ im Rahmen des Parlamentsvorbehalts[33] und das Ausgreifen des Gerichts auf die Zwecksetzungen des Gesetzgebers[34] erhoben worden. In diesen Zusammenhang gehört auch die Übung des Gerichts vor allem in den Siebziger Jahren, eine Vorschrift „nach Maßgabe der Gründe“ für mit der Verfassung vereinbar oder unvereinbar zu erklären.[35]

Die die umrissenen Tendenzen unterstützende, von *v. Brünneck* vorgetragene These, das Gericht kontrolliere nicht nur, sondern gestalte durch positive Entscheidungen und solle das auch, ist bezüglich ihres normativen Teils abzuweisen.[36] Es sei Aufgabe der Verfassungsgerichtsbarkeit, als Gegengewicht zu den an sich unbegrenzten Gestaltungsmöglichkeiten des Gesetzgebers zum Schutz von Minderheiten und zur „Erhaltung der durch die Verfassungsgarantien allgemein anerkannten Wertvorstellungen gegen die an partikularen Interessen orientierten Mehrheiten in den politischen Institutionen“ zu wirken.[37] Wie dargelegt, überschreitet das Bundesverfassungsgericht zwar zuweilen seine im Grundsatz kassatorische Aufgabe, doch liefe die normative Wendung dieser Beobachtung – mit einem anschaulichen Ausdruck von *Schlaich/Korioth* – auf die Verdrängung des Parlamentsstaates durch den Jurisdiktionsstaat hinaus.[38]

Zusammengenommen sollten die vorstehenden Ausführungen deutlich gemacht haben, dass sich das Verhältnis der Verfassungsgerichtsbarkeit zu den anderen Gewalten nur schwer abstrakt bestimmen lässt, auch wenn das

---

[30] BVerfG v. 28.5.1993, E 88, S. 203 (251 ff.) – Schwangerschaftsabbruch II.

[31] BVerfG v. 22.6.1995, E 93, S. 121 (134 ff., 138) – Einheitswert/Vermögensteuer, mit abweichender Meinung *Böckenförde*, ebda., S. 149 ff.; v. 22.6.1995, E 93, S. 165 (172 ff.) – Einheitswert/Erbschaftsteuer.

[32] BVerfG v. 10.11.1998, E 99, S. 216 – Kinderbetreuungskosten; v. 10.11.1998, E 99, S. 246 – Kinderexistenzminimum; zur Schätzung der Kosten s. *A. Rinken*, in: Denninger u. a. (Hrsg.), Ak-GG, 2002, vor Art. 93 Rz. 113a.

[33] *H. Goerlich*, Wertordnung und Grundgesetz, 1973; *F. Müller*, Die Einheit der Verfassung, 1979.

[34] *Eckertz*, Der Staat 17 (1978), S. 183 (189 f.), *A. Rinken*, in: Denninger u. a. (Hrsg.), Ak-GG, 2002, vor Art. 93 Rz. 109 m. w. N.

[35] BVerfG v. 15.11.1971, E 32, S. 199 (200); v. 25.4.1972, E 33, S. 52 (53); v. 17.12.1974, E 41, S. 65 (66); v. 5.10.1977, E 46, S. 43 (44); v. 9.8.1978, E 49, S. 148 (148). Kritische Analyse bei *N. E. Herrmann*, Entstehung, Legitimation und Zukunft der konkreten Normenkontrolle im modernen Verfassungsstaat, 2001, S. 160 ff.

[36] *A. von Brünneck*, Verfassungsgerichtsbarkeit in den westlichen Demokratien: ein systematischer Verfassungsvergleich, 1992, S. 133 ff.

[37] *A. von Brünneck* (S. 475, Fn. 36), S. 145.

[38] *K. Schlaich/S. Korioth*, Das Bundesverfassungsgericht[6], 2004, Rz. 529.

Spannungsfeld zwischen der effektiven Wahrnehmung der Kontrollaufgabe des Bundesverfassungsgerichts zur Wahrung des Verfassungsvorrangs auf der einen und der Gefahr einer Überschreitung dieser Kompetenzen zu Lasten des demokratisch unmittelbar legitimierten Gesetzgebers auf der anderen Seite in der verfassungsrechtlichen Diskussion klar zu Tage tritt. Konkrete Erkenntnisse über das Verhältnis des Bundesverfassungsgerichts zum Gesetzgeber lassen sich jedoch nur unter Berücksichtigung der gewählten Kontrollmaßstäbe gewinnen, denen nunmehr das Interesse gelten soll. Die diesbezüglichen Maßgaben des Gerichts beziehen sich zunächst auf den Wesensgehalt der Grundrechte nach Art. 19 Abs. 2 GG, der bereits als Handlungsanweisung erörtert worden ist und der sich inhaltlich nicht von seiner Funktion als Kontrollnorm unterscheidet.[39] Die vorstehend dargelegte dynamisch-absolute Bestimmung des Wesensgehalts wird der folgenden Betrachtung vorausgesetzt. Hingegen sind die Spezifika des Verhältnismäßigkeitsgrundsatzes als Kontrollnorm nun näher zu betrachten (2.). Weitere Vorgaben des Gerichts betreffen die unterschiedliche Weite der Entscheidungsspielräume, die das Gericht den anderen Gewalten einräumen will (3.).

## 2. Der Verhältnismäßigkeitsgrundsatz als Kontrollnorm

Wie in Abschnitt E.III.2 dargelegt, verlangt der Verhältnismäßigkeitsgrundsatz als Handlungsnorm eine angemessene, optimierende Gesamtabwägung aller betroffenen Verfassungsgüter. Das setzt *ex ante* wegen der geforderten Abschätzung der Wirksamkeit der Maßnahmen nicht nur eine hinreichend sorgfältige Sachverhaltsermittlung voraus, sondern regelmäßig auch zuverlässige Prognosen über die Auswirkungen der zur Verfügung stehenden Handlungsalternativen. Ist der zu lösende Konflikt polygonal, wie für das Verfassungsrecht typisch, kann die Gesamtabwägung durch die Heranziehung einer formalen Methodik erheblich unterstützt werden. Die Komplexität vieler Abwägungsvorgänge bei der Rechtsetzung kann sich dogmatisch

- in der Idealkonkurrenz von Grundrechten,
- dem Vorliegen „additiver" Grundrechtseingriffe,
- dem Einfluss von Grundrechten Dritter und
- objektivem Verfassungsrecht auf die Lösungssuche oder
- in einer Kombination dieser Aspekte

widerspiegeln.

---

[39] S.o. E.III.1.

### a) *Der Vergleich mit einer hypothetischen Referenzlösung*

Als Basis der vom Bundesverfassungsgericht verfolgten Begründbarkeitsprüfung verlangt der im Verfassungsrang stehende[40] Verhältnismäßigkeitsgrundsatz hingegen nicht, dass der Gesetzgeber angemessene Prognosen angestellt und das Gewicht der betroffenen Verfassungsgüter bei der Gesamtabwägung korrekt berücksichtigt sowie in rationaler Weise aggregiert hat, sondern lediglich, dass das Ergebnis der legislativen Abwägung, das Gesetz, auf derartige Erwägungen hätte gestützt werden können. Das dürfte nach den Maßstäben einer zurückhaltenden Begründbarkeitsprüfung hinsichtlich der zu treffenden relativen Werturteile erst dann nicht mehr der Fall sein, wenn die vom Gesetzgeber gewählte Lösung zu weit von einer hypothetischen Referenzlösung abweicht, die das Gericht als angemessen erachten würde.[41] Dies ergibt sich aus nachfolgender Überlegung zum Verhältnismäßigkeitsgrundsatz, der der Hinweis vorangestellt werden muss, dass sich die Beschränkung auf die Frage, ob das Gesetz mit vertretbaren Annahmen in bezug auf den Sachverhalt, die Prognosen und die Bewertungen hätte begründet werden *können*, schon aus der Sachlogik einer derartigen Begründbarkeitsprüfung ergibt: Richtet sich ein Kontrollinstrument nur auf das Abwägungsergebnis, so kommt der Entscheidungsherstellung und damit ihren eben erwähnten Elementen als solchen keine Bedeutung mehr zu.

Im einzelnen zeigt sich die Zurückhaltung des Gerichts daran, dass es auf jeder Stufe des Verhältnismäßigkeitsgrundsatzes bestimmte Spielräume gewährt. Die vom Gericht der Legislative gewährte Gestaltungsfreiheit zeigt sich zunächst hinsichtlich der Wahl verfassungsrechtlich legitimer Ziele. Das umfasst eine außerordentlich große Bandbreite an zulässigen Zwecken. Dementsprechend ist auch bislang, soweit ersichtlich, noch keine einzige Maßnahme vom Bundesverfassungsgericht für verfassungswidrig erachtet worden, weil sie ein verfassungsrechtlich illegitimes Ziel verfolgt hätte. Die Geeignetheit wird ferner von den Richtern schon dann bejaht, wenn das eingesetzte Mittel überhaupt tauglich ist zur Erreichung der angestrebten Zwecke.[42] Damit scheitern nur Fälle evidenter Zielverfehlung

---

[40] BVerfG v. 19.10.1982, E 61, S. 126 (134); v. 24.4.1985, E 69, S. 1 (35); v. 30.9.1987, E 76, S. 256 (347, 359); v. 1.6.1989, E 80, S. 109 (120).

[41] Wie bereits im verwaltungsrechtlichen Teil näher ausgeführt, kann auch eine Ergebniskontrolle eher streng oder eher großzügig ausgeformt werden, s. o. D.I.2.b). Unter einer strengen Begründbarkeitsprüfung wird in der vorliegenden Schrift der Ansatz verstanden, bereits dann eine Maßnahme für nicht rechtmäßig zu erachten, wenn sie nicht mit dem genau übereinstimmt, was das Gericht für die angemessene Lösung hält. Ersichtlich geht es aber im Verfassungsrecht um eine zurückhaltende Variante der Ergebniskontrolle.

[42] St. Rspr., s. etwa BVerfG v. 7.4.1964, E 17, S. 306 (315 ff.); v. 14.12.1965, E 19, S. 330 (338 f.); v. 5.11.1980, E 55, S. 159 (165 ff.); *H. Dreier*, in: Dreier/Bauer (Hrsg.), GG, Bd. 1 (Art. 1–19), 2004, Vorbemerkung, Rz. 92.

an der verfassungsgerichtlichen Geeignetheitsprüfung, was noch keinen Vergleich mit einer hypothetischen Referenzlösung erfordert.

Des weiteren billigt nach der Rechtsprechung des Bundesverfassungsgerichts das Grundgesetz dem Gesetzgeber auch in der Bestimmung der zur Verfolgung seiner Ziele erforderlichen Maßnahmen einen weiten Gestaltungsraum zu.[43] Die Erforderlichkeitsprüfung zielt bekanntlich auf die Frage, ob eine Alternative zu der gewählten Lösung existiert, die dieselben Zielbeiträge erwarten lässt. Die entsprechenden Prognosespielräume überschreitet der Gesetzgeber nur, wenn sich aus Sicht des Gerichts eindeutig feststellen lässt, dass zur Erreichung des verfolgten Zwecks andere, weniger einschneidende Mittel zur Verfügung stehen.[44] Dies zu beurteilen setzt den Vergleich mit hypothetisch zu erwägenden Alternativen und ihren Folgen voraus.

Auf einen derartigen Vergleich mit einer vom Gericht zu entwickelnden Referenzlösung kommt es aber besonders hinsichtlich der Bewertungen an, bei deren Kontrolle ebenfalls Gestaltungsfreiheiten eingeräumt sind; die Unverhältnismäßigkeit ist nicht schon dann gegeben, wenn das Gericht an der Stelle des Gesetzgebers einen anderen Ausgleich unter den betroffenen Interessen bevorzugt hätte. Das Bundesverfassungsgericht könne die Entscheidung des Gesetzgebers nicht darauf prüfen, ob er die zweckmäßigste, vernünftigste oder gerechteste Lösung gefunden habe.[45] Ein Gesetz ist danach erst verfassungswidrig, wenn seine negativen Wirkungen außer Verhältnis zu seinen Zielen stehen und es damit das Übermaßverbot verletzt.[46] Diese Würdigung verlangt wegen der notwendigen Wechselbeziehung der von der Entscheidung betroffenen Rechtsgüter den Vergleich der Gewichtung des fraglichen Belangs mit den Bewertungen der übrigen verfassungsrechtlich geschützten Interessen. Da die einzelnen Bewertungen und ihre Aggregation aber nicht mit Hilfe einer nachvollziehbaren Begründung mitgeteilt werden, kommt das Gericht nicht daran vorbei, sich zu fragen, ob es einen Satz rechtlich zulässiger Prognosen und Bewertungen gibt, mit dem das zu prüfende Ergebnis hätte gerechtfertigt werden können. Der Sache nach wird damit vom Gericht gefordert, eine Vorstellung von einer angemessenen Regelung der Problematik zu entwickeln. Erst wenn sich die getroffene Regelung nach Ansicht des Gerichts nicht auf einen einzigen Satz rechtlich zulässiger Prognosen und Bewertungen stützen lässt, wenn also die Abweichung von einer in den Augen des Gerichts ausgewogenen

---

[43] BVerfG v. 16.1.1980, E 53, S. 135 (145); v. 6.10.1987, E 77, S. 84 (106); v. 23.1.1990, E 81, 156 (192 f.).

[44] BVerfG v. 19.3.1970, E 39, 210 (231) m. w. N.; v. 16.1.1980, E 53, S. 135 (145).

[45] BVerfG v. 15.6.1989, E 80, S. 244 (255); v. 9.3.1994, E 90, S. 145 (173).

[46] St. Rspr., BVerfG v. 16.3.1971, E 30, S. 292 (316) – Erdölbevorratung; v. 5.2.2002, E 105, S. 17 (36) – Sozialpfandbriefe.

Lösung zu groß ist, führt das zum Verdikt der Verfassungswidrigkeit. Das Bundesverfassungsgericht formuliert diesen Ansatz – allerdings in bezug auf die Fachgerichte – besonders klar, wenn es diese anweist, sie hätten die gesetzgeberischen Bewertungen zu respektieren, solange sie nicht „offensichtlich fehlsam" seien oder der Wertordnung des Grundgesetzes widersprächen.[47]

### *b) Segmentierung oder Gesamtabwägung?*

Allerdings muss auch die Begründbarkeitskontrolle auf eine Gesamtabwägung gestützt werden. Die bereits erläuterte Auffassung *Kube*s, die Begründbarkeitsprüfung des Bundesverfassungsgerichts dürfe sich nicht auf Grundrechte Dritter beziehen, ist abzulehnen.[48] *Kubes* Argument, Grundrechte seien individuelle Abwehrrechte, über die zu verfügen nur den Dritten gestattet sei, weshalb es nicht anginge, diese Rechte in die Prüfung einer Verfassungsbeschwerde einfließen zu lassen,[49] erscheint zwar auf den ersten Blick sympathisch, weil es möglichen staatlichen Bevormundungen entgegentritt.

Seine Überlegung übersieht aber zum ersten, dass die Grundrechte nach der ständigen Rechtsprechung des Bundesverfassungsgerichts eine objektive Wertordnung enthalten und insofern für die Verfassung weit über ihre klassische Funktion als Individualabwehrrechte hinaus von Bedeutung sind. Eine Beschränkung der materiellen Prüfung auf subjektive Grundrechtspositionen wäre mit diesem Ansatz des Gerichts schwer verträglich. Zum zweiten überzeugt die Rechtsprechung des Bundesverfassungsgerichts, die die Grundrechte Dritter auch im Rahmen von Verfassungsbeschwerden berücksichtigt, da eine Ergebnisprüfung, die ihre Referenzlösung nicht anhand einer Gesamtabwägung – also auch unter Beachtung der Grundrechte Dritter und des objektiven Verfassungsrechts – erarbeiten würde, schon im Ansatz verfehlt wäre, da dann der Ausgangspunkt des Vergleichs systematisch verzerrt bestimmt würde. Es wäre dann nicht auszuschließen, dass ein vom Gericht nicht betrachteter, aber betroffener und schutzwürdiger Gesichtspunkt die Regelung insgesamt unverhältnismäßig machen würde, ohne dass dies vom Kontrollmaßstab überhaupt zu erfassen wäre. Zum dritten kommt eine segmentierende Abwägung schon wegen der gesetzesgleichen Wirkung *inter omnes* der Entscheidungen des Bundesverfassungsgerichts nicht in Betracht (§ 31 Abs. 2 BVerfGG), bestimmte Beeinträchtigungen oder Vorteile aus der Würdigung der Folgen eines Gesetzes auszuklammern.

---

[47] BVerfG v. 18.12.1968, E 24, S. 367 (406).
[48] S. o. E.III.2.f)bb).
[49] *H. Kube*, DVBl. 2005, S. 721 (724 r. Sp.).

## 3. Unterschiedlich weite Gestaltungsspielräume?

### a) Die Rechtsprechung des Bundesverfassungsgerichts

Das Bundesverfassungsgericht gewährt dem Gesetzgeber aber nicht nur durch die Wahl einer Begründbarkeitsprüfung im allgemeinen und die Voraussetzungen des Verhältnismäßigkeitsgrundsatzes im besonderen Gestaltungsspielräume, es will dabei auch unterschiedlich weite Freiheiten zur Anwendung kommen lassen.[50] Welcher Maßstab im Einzelfall anzuwenden sei, hänge von verschiedenen Faktoren ab, so „von der Eigenart des in Rede stehenden Sachbereichs, den Möglichkeiten, sich ein hinreichend sicheres Urteil zu bilden, und der Bedeutung der auf dem Spiele stehenden Rechtsgüter".[51]

Rechtsgebietsspezifisch soll ein weiter Spielraum im Bereich der Wirtschaftsordnung[52] und bei außenpolitischen Maßnahmen einschließlich des Abschlusses von Verträgen im Rahmen der Europäischen Gemeinschaften gelten.[53] Auch für Prognose[54]- und Planungsfragen anerkennt das Gericht größere Freiheiten für den Gesetzgeber.[55] Das gleiche soll im Bereich der Bildungspolitik zutreffen.[56] Ferner will das Gericht auf dem Gebiet der Verteidigungspolitik im wesentlichen eine Verfahrenskontrolle durchführen[57] und darüber hinaus nur offensichtliche Willkür rügen.[58] Die darreichende Verwaltung unterliege der Gestaltungsfreiheit sogar „in weitestem Maße".[59] Demgegenüber unterliege eine Regelung, die in den Anwendungsbereich

---

[50] So etwa klar BVerfG v. 10.1.1995, E 91, S. 389 (401); *B. Pieroth*, in: Jarass/Pieroth, GG, 2004, Art. 93 Rz. 4.

[51] BVerfG v. 1.3.1979, E 50, S. 290 (333).

[52] BVerfG v. 20.7.1954, E 4, S. 7 (17f.); v. 1.3.1979, E 50, S. 290 (336ff.).

[53] BVerfG v. 12.10.1993, E 89, S. 155 (181); v. 10.1.1995, E 92, S. 26 (41ff.).

[54] BVerfG v. 18.12.1968, E 25, S. 1 (17f.); v. 9.12.1971, E 30, S. 250 (263); v. 17.7.1974, E 38, S. 61 (82, 87f.); v. 19.3.1975, E 39, S. 210 (226); v. 17.1.1978, E 47, S. 109 (117); v. 1.3.1979, E 50, S. 290 (332ff.); v. 26.5.1981, E 57, S. 139 (159); v. 16.2.1983, E 62, S. 1 (50); v. 4.10.1983, E 65, S. 116 (126); v. 12.5.1987, E 76, S. 1 (51). Das Schrifttum pflichtet dem ganz überwiegend bei (für Viele *R. Breuer*, Der Staat 16 (1977), S. 21ff.; *H. D. Jarass*, in: Jarass/Pieroth, GG, 2004, Art. 20 Rz. 87; *C. Starck*, in: von Mangoldt/Klein, GG, Bd. 1: Präambel, Art. 1 bis 5, 1984, Art. 1 Rz. 179). A. A. in bezug auf die Bestimmung der „sicheren Herkunftsländer" das Sondervotum der Richterin *Limbach* in der Asylrechtsentscheidung v. 14.5.1996, E 84, S. 115 (157ff.); instruktive Darstellung m. w. N. bei *N.-L. Siedler*, Gesetzgeber und Bundesverfassungsgericht. Eine funktionell-rechtliche Abgrenzung, 1999, S. 75–80.

[55] BVerfG v. 23.6.1987, E 76, S. 107 (121f.).

[56] BVerfG v. 6.12.1972, E 34, S. 165 (185).

[57] BVerfG v. 12.7.1994, E 90, S. 286 (376).

[58] BVerfG v. 16.12.1980, E 55, S. 349 (364ff.); v. 18.12.1984, E 68, S. 1 (97, 111).

[59] BVerfG v. 5.4.1960, E 11, S. 50 (60).

von Art. 3 Abs. 1 GG falle, einer strengeren Kontrolle, wenn sie zugleich andere Grundrechte einschränke.[60]

Ein anderer Strang der Differenzierung wird behauptet für die Intensität der individuellen Belastung. Je nachhaltiger die Belastung, desto weiter reichend sei die Kontrolle des Gerichts.[61] Schließlich soll je nach Ausgestaltung des Gesetzesvorbehalts – einfacher Vorbehalt, qualifizierter Vorbehalt, Einschränkung nur über kollidierendes Verfassungsrecht – der grundrechtliche Schutz unterschiedlich groß sein.[62]

Ersichtlich wollen die Richter auf politische Gestaltungsspielräume Rücksicht nehmen.[63] So werden etwa gesetzliche Typisierungen im Rahmen von Art. 3 Abs. 1 GG zugelassen.[64] Dasselbe Anliegen zeigt sich auch in den vielfältigen Varianten des Entscheidungsausspruchs.[65] Diese reichen von der schärfsten Sanktion, der Nichtigerklärung des Gesetzes,[66] über die der Feststellung der Unvereinbarkeit mit dem Grundgesetz,[67] und Appellentscheidungen[68] zur verfassungskonformen Auslegung.[69] In den hierunter normändernden Tenorierungen sind Versuche des Gerichts erkannt worden, über seine kassatorische Aufgabe hinauszugehen, was in gewissem Kontrast

---

[60] BVerfG v. 25.6.1974, E 37, S. 342 (353 f.); v. 16.3.1982, E 60, S. 123 (134); v. 16.11.1982, E 62, S. 256 (274); v. 30.5.1990, E 82, S. 126 (146); v. 26.1.1993, E 88, S. 87 (96); v. 14.12.1994, E 91, S. 346 (363).

[61] BVerfG v. 11.5.1976, E 42, S. 143 (149); v. 25.1.1984, E 66, 116 (131); v. 27.11.1990, E 83, S. 130 (145). Instruktiv hierzu *J. Berkemann*, DVBl. 1996, S. 1028 (1039 f.).

[62] *H. Blaesing*, Grundrechtskollisionen, 1974, S. 143 ff.; kritisch dazu *J. Schwabe*, Probleme der Grundrechtsdogmatik, 1977, S. 318 f.; vgl. *D. Murswiek*, in: Sachs, GG, 2003, Art. 2 Rz. 13; Für *Dreier* liegt der in schrankenlosen Gewährung eines Grundrechts die Anforderung eines höheren Rechtfertigungsniveaus, da die Schranken ihrerseits direkt der auf Verfassungsebene angesiedelt sein müßten (*H. Dreier*, in: Dreier/Bauer (Hrsg.), GG, Bd. 1 (Art. 1–19), 2004, Vorbemerkung, Rz. 139).

[63] So etwa ausdrücklich für die Tätigkeit der Bundesregierung BVerfG v. 29.5.1991, E 84, S. 90 (127).

[64] St. Rspr., unter anderem BVerfG v. 16.12.1958, E 9, S. 20 (32); v. 5.4.1960, E 11, S. 50 (60); v. 23.3.1960; E 11, S. 105 (122 f.); v. 24.7.1963, E 17, S. 1 (23 f.); v. 19.12.1967, E 23, S. 12 (28 f.); v. 14.5.1969, E 26, S. 16 (31 f.). Instruktive Darstellung bei *K. Meßerschmidt*, Gesetzgebungsermessen, 2000, S. 732–735.

[65] Ausführlich *N.-L. Siedler*, Gesetzgeber und Bundesverfassungsgericht. Eine funktionell-rechtliche Abgrenzung, 1999, S. 91–200.

[66] BVerfG v. 5.3.1991, E 84, S. 9 (20).

[67] BVerfG v. 14.7.1981, E 57, S. 361 (388); v. 7.7.1982, E 61, S. 43 (68); v. 6.12.1983, E 65, S. 325 (357 f.).

[68] BVerfG v. 26.3.1980, E 54, S. 11 (37); v. 16.11.1982, E 62, S. 256 (286).

[69] BVerfG v. 30.3.1993, E 88, S. 145 (166); v. 24.4.1985, E 69, S.1 (55); v. 3.6.1992, E 86, S. 288 (320 f.); v. 15.10.1996, E 95, S. 64 (81); vgl. zu allen Ausspruchsvarianten *K. Schlaich/S. Korioth*, Das Bundesverfassungsgericht[6], 2004, Rz. 378–461; *S. Stuth*, in: Umbach/Clemens, BVerfGG, 1992, § 78 Rz. 7 ff.; *A. Rinken*, in: Denninger u. a. (Hrsg.), Ak-GG, 2002, Art. 94, Rz. 43 ff.

zu seinem Anspruch steht, dem Gesetzgeber bei der Kontrolle seiner Handlungen Gestaltungsspielräume gewähren zu wollen.[70]

Trotz der dargestellten Maßgaben ist eine wirklich schlüssige Systematik unterschiedlich strenger Kontrollmaßstäbe bislang nicht erkennbar geworden.[71] Den recht naheliegenden Weg in Form der aus dem Verwaltungsrecht bekannten Differenzierung nach unbestimmten Rechtsbegriffen und Ermessen hat das Gericht nur vereinzelt beschritten.[72] Es würde einleuchten, eine Ersetzung der vom Fachgericht, von den Behörden oder dem Gesetzgeber getroffenen Bewertungen nach dem Modell der unbestimmten Rechtsbegriffe als „strenger" zu bezeichnen als eine Vertretbarkeitskontrolle. Wenn das Gericht meint, schwere Nachteile für die Beschwerdeführer[73] oder gar Fälle „höchster Eingriffsintensität"[74] würden es rechtfertigen, die Bewertungen der Erstentscheider durch die eigenen zu ersetzen, so ist die Ähnlichkeit zur verwaltungsgerichtlichen Kontrolle unbestimmter Rechtsbegriffe ohne Beurteilungsspielraum unverkennbar.

Eine im Mitbestimmungsurteil[75] angedeutete und im Ansatz plausible Drei-Stufen-Theorie hat sich dagegen nicht durchgesetzt.[76] Danach wollte das Gericht je „nach Eigenart des in Rede stehenden Sachbereichs, den Möglichkeiten, sich ein hinreichend sicheres Urteil zu bilden, und der Bedeutung der auf dem Spiele stehenden Rechtsgüter" eine reine Evidenzkontrolle, eine Vertretbarkeitskontrolle und eine intensivierte inhaltliche Kontrolle zur Anwendung bringen.[77]

### b) Analyse

Zumindest zwei Fragen bleiben beim gegenwärtigen Stand der Dinge offen. Zum einen ist unklar, nach welchen Kriterien das Gericht die Fälle be-

---

[70] *N. E. Herrmann*, Entstehung, Legitimation und Zukunft der konkreten Normenkontrolle im modernen Verfassungsstaat, 2001, S. 160.

[71] Wie hier *K. Meßerschmidt*, Gesetzgebungsermessen, 2000, S. 742, und *M. Miebach*, Zur Willkür- und Abwägungskontrolle des Bundesverfassungsgerichts bei der Verfassungsbeschwerde gegen Gerichtsurteile, 1990, S. 108.

[72] BVerfG v. 24.10.2002, E 106, S. 62 (148).

[73] BVerfG v. 25.1.1984, E 66, S. 116 (132).

[74] BVerfG v. 11.5.1976, E 42, S. 143 (149).

[75] BVerfG v. 1.3.1979, E 50, S. 290 (333). Das Gericht folgte Anregungen von *F. Ossenbühl*, Die Kontrolle von Tatsachenfeststellungen und Prognoseentscheidungen durch das BVerfG, in: Starck (Hrsg.), Bundesverfassungsgericht und Grundgesetz: Festgabe aus Anlass des 25jährigen Bestehens des Bundesverfassungsgerichts, Bd. 1, 1976, S. 484 ff.; und *U. Seetzen*, NJW 1975, S. 429, 431 ff.

[76] *K. Meßerschmidt*, Gesetzgebungsermessen, 2000, S. 743 f. m. w. N.

[77] Informative Darstellung s. *K. Schlaich/S. Korioth*, Das Bundesverfassungsgericht⁶, 2004, Rz. 532–538.

stimmt, in denen es einen im Vergleich mit anderen einen weiteren Gestaltungsspielraum anerkennt. Was wäre etwa mit einer Prognoseentscheidung, die intensive individuelle Belastungen nach sich zieht? Die Aussage des Gerichts, es bestimme seine Kontrolldichte nach dem jeweiligen materiellen Recht,[78] nach der Eigenart des betroffenen Sachbereichs,[79] scheint nicht viel weiter zu helfen. Weitere kasuistische Eingrenzungen werden vermutlich erforderlich sein.

Zum anderen interessiert es wegen der damit verbundenen methodischen Implikationen, was mit dem vergleichsweise „weiteren" beziehungsweise „engeren" Gestaltungsspielraum gemeint sein soll,[80] wenn man den schmalen Anwendungsbereich der Ersetzung von Wertungen durch das Gericht wie etwa bei einer strengen Begründbarkeitsprüfung verlässt. Hierzu ist folgendes anzumerken.

Erstens wäre es im Prinzip denkbar, dass das Gericht darunter die Einräumung größerer Intervalle bezüglich der einzelnen Entscheidungselemente insbesondere hinsichtlich von Prognosen und Werturteilen versteht und sich auf die Kontrolle der konsistenten Aggregation, der Schlussfolgerungen, beschränkt. Ohne eine aussagekräftige Begründung des Erstentscheiders wäre dies aber schon im Ansatz nicht durchführbar, womit in der gegenwärtigen Praxis Gesetze im formellen Sinne ausgeschlossen sind. Soweit eine Begründung vorliegt, etwa bei der Überprüfung einer gerichtlichen oder einer behördlichen Maßnahme, könnte sich eine solche Kontrolle zwar auf Prognosen oder Werturteile beziehen, wäre aber bei der herkömmlichen, natürlich-sprachlichen Darstellung dieser Elemente großen Schwierigkeiten unterworfen. Die gewählten Beschreibungen wie etwa „sehr wahrscheinliche Entwicklung" oder „intensive Belastung" sind zu vage, um eine nach verschiedenen Graden der Kontrolldichte differenzierende Kontrolle durchführen zu können; letztlich bleibt das Gericht auf die Durchführung einer Begründbarkeitsprüfung verwiesen.

Dies scheint *Bernd* zu verkennen, der vorgeschlagen hatte, folgende Gesichtspunkte zu unterscheiden.[81] Unter „Prognosespielraum" könne man zunächst die Befugnis des Gesetzgebers verstehen, innerhalb bestimmter Grenzen auf ein Prognoseverfahren zu verzichten oder es nur oberflächlich

---

[78] BVerfG v. 16.2.1983, E 62, S. 1 (51); zustimmend *K. Schlaich/S. Korioth* (S. 482, Fn. 77), Rz. 538; *H. D. Jarass*, in: Jarass/Pieroth, GG, 2004, Art. 93 Rz. 4.

[79] BVerfG v. 12.5.1987, E 76, S. 1 (51).

[80] Diese Rechtsprechung hat auch Ablehnung erfahren. Kritisch *K. Schlaich/S. Korioth*, Das Bundesverfassungsgericht[6], 2004, Rz. 309 m. w. N.: Was das Bundesverfassungsgericht nicht „eingehend" prüfen wolle, sollte es gar nicht prüfen; sowie *M. Miebach*, Zur Willkür- und Abwägungskontrolle des Bundesverfassungsgerichts bei der Verfassungsbeschwerde gegen Gerichtsurteile, 1990, S. 106.

[81] *W. Bernd*, Legislative Prognosen und Nachbesserungspflichten, 1989, S. 59.

durchzuführen.[82] Da man auf Prognosen bei der Entscheidungsherstellung nicht wirklich verzichten kann, kann die erste Überlegung schon im Ansatz nicht befriedigen. Wenn eine Entscheidung getroffen worden ist, so enthält sie implizit notwendigerweise gewisse Annahmen über voraussichtlich eintretende Ereignisse und deren Bewertung. Verzichtet werden kann nur auf die Explizierung dieser Annahmen. Das stellt aber keinen Verzicht auf eine Prognose, sondern einen Verzicht auf ihre angemessene Artikulation dar. Damit ist die Hypothese wohl deckungsgleich mit der zweiten, auf die Oberflächlichkeit der Durchführung einer Prognose bezogenen Erwägung. Darauf ist noch zurückzukommen.

Ferner sei es vorstellbar, den Begriff als Ausdruck der Grenzen der verfassungsgerichtlichen Kontrolle zu verstehen.[83] Da die Bestimmung der Grenzen des Gestaltungsspielraums hier in Rede steht, trifft diese Aussage zwar zu, führt aber nicht weiter. Überzeugender ist demgegenüber die Unterteilung *Ladeurs*, nach der sich die gerichtliche Kontrolle von Prognosen auf die Prognosebasis, die Wahl der Prognosemethode und die immanente Stimmigkeit ihrer Anwendung beziehen kann.[84]

Gerade aber in bezug auf die immanente Stimmigkeit der Anwendung der gewählten Prognosemethode läuft – zweitens – die Gewährung eines Spielraums auf die Freistellung von jeglicher Kontrolle hinaus, da sogar eine natürlich-sprachliche Aggregation den Ansprüchen der Gerichte noch genügt. Insofern trifft *Bernds* Spekulation über die hinter dem Begriff des Gestaltungsspielraums stehende Konzeption, damit sei vielleicht die Billigung oberflächlicher Prognosen gemeint, wohl einerseits den Kern der Sache. Andererseits kann man von einem Spielraum nur dann wirklich sprechen, wenn es auch Grenzen gibt, was bei einer Null-Kontrolle nicht der Fall wäre.[85] Die Entscheidungsherstellungsmethode ist somit gegenwärtig bereits aus methodisch-prinzipiellen Gründen ebenfalls kein tauglicher Gegenstand eines „weiteren“ Gestaltungsspielraums.

Damit bleibt wohl nur noch eine dritte Möglichkeit, die Unterscheidung zwischen „engeren“ und „weiteren“ Gestaltungsspielräumen zu deuten. Im Rahmen einer Begründbarkeitsprüfung, also einer Ergebniskontrolle, kann ein Gericht prüfen, welche Lösung es selbst für die beste gehalten hätte, hätte es sich in der Lage des Erstentscheiders befunden, und dann die eigene, hypothetische Lösung mit der zu kontrollierenden vergleichen. Je nachdem wie stark das Bewertungsergebnis der tatsächlichen Gesetzeslage von dem Bewertungsergebnis der hypothetischen Gesetzeslage, welche

---

[82] *W. Bernd* (S. 483, Fn. 81), S. 59.
[83] *W. Bernd* (S. 483, Fn. 81), S. 59.
[84] *K.-H. Ladeur*, NuR 1985, S. 81 (82).
[85] Die Null-Kontrolle ist mit einer rein kompetentiellen Lösung deckungsgleich, um die es im vorliegenden Zusammenhang nicht geht.

das Gericht für optimal gehalten hätte, abweichen darf, ließe sich von einem „engeren" oder „weiteren" Gestaltungsspielraum des Gesetzgebers sprechen. Ob das Gericht wirklich diese Vorstellung mit der Rede von der unterschiedlichen Weite verbindet oder doch andere, wird ohne entsprechende Klarstellungen seitens der Richter aber Spekulation bleiben müssen.

### c) Zwischenergebnis

Nimmt man die vorstehenden Überlegungen zum Verhältnismäßigkeitsgrundsatz und den unterschiedlich weiten Gestaltungsfreiheiten zusammen, so lässt sich folgendes konstatieren. Die Zurückhaltung des Gerichts gegenüber den Entscheidungen des Gesetzgebers zeigt sich erstens in der Wahl einer Begründbarkeitsprüfung, also einem Kontrollansatz, die den Sachverhaltsannahmen, den Prognosen und den Bewertungen als Elementen der Entscheidungsherstellung keine Beachtung schenkt. Es wird alleine geprüft, ob sich das Gesetz auf vernünftige Erwägungen hätte stützen lassen. Das Vorgehen des Gerichts lässt sich vermutlich am besten als Vergleich mit einer hypothetischen Referenzlösung verstehen. Erst wenn das zur Überprüfung stehende Gesetz zu weit von der Referenzlösung abweicht, wird es als verfassungswidrig beurteilt. Hierfür kommt der Verhältnismäßigkeitsgrundsatz in seiner Gestalt als Kontrollnorm zur Anwendung, bei dem die Rechtsprechung der Legislative Spielräume auf jeder einzelnen Prüfstufe einräumt.

Dieses nachvollziehbare Prüfsystem wird jedoch durch die Behauptung des Gerichts verkompliziert, je nach den Umständen mal engere, mal weitere Gestaltungsfreiheiten zu gewähren. Schon die Deutung des Ansatzes bereitet Schwierigkeiten. Noch am plausibelsten erscheint die Überlegung, es könne sich dabei um unterschiedlich große Abstände von einer hypothetischen Referenzlösung handeln, die in kasuistischer Art und Weise zur ermitteln wären. Wie die Größe der Abstände aber in berechenbarer und damit rechtssicherer Art und Weise ausgedrückt werden könnte, ist nicht ersichtlich. Die Rechtsprechung, vorgeblich unterschiedlich weite Gestaltungsspielräume anzuwenden, erscheint vor diesem Hintergrund wenig funktional sollte daher aufgegeben werden.[86]

---

[86] Kritisch ebenfalls *G. Roellecke*, Das Bundesverfassungsgericht. Aufgaben und Stellung im Verfassungsgefüge, in: Isensee/Kirchhof (Hrsg.), Handbuch des Staatsrechts der Bundesrepublik Deutschland$^2$, Bd. II: Demokratische Willensbildung, 1987, Rz. 40: die Gesichtspunkte der Evidenz, Vertretbarkeit oder Inhalt seien nur deskriptiv und nicht handlungsanleitend.

## 4. Begründbarkeitsprüfung und Gewaltenteilung

Stellt sich mit den vorstehenden Überlegungen die Bestimmung der Kontrolldichte als Konkretisierung der Kompetenzen des Bundesverfassungsgerichts gegenüber dem Gesetzgeber und damit als Ausformung des Grundsatzes der Gewaltenteilung dar, so ist nun zu betrachten, ob und inwieweit die Anwendung einer Begründbarkeitsprüfung nach den Maßgaben des Verhältnismäßigkeitsgrundsatzes den Anforderungen dieses Spannungsfeldes entspricht. Will man ermitteln, welche zusätzlichen Leistungen eine Begründungsprüfung gegenüber dem Ansatz des Bundesverfassungsgerichts erbringen würde, so verlangt dies zunächst eine Analyse des vom Bundesverfassungsgericht gewählten Kontrollansatzes (a)). Anschließend ist auf dessen prinzipiellen Schwächen einzugehen (b)).

### *a) Die Leistungsfähigkeit der Begründbarkeitsprüfung*

Nimmt man die Kontrollmaßstäbe des Bundesverfassungsgerichts zusammen, so lassen sie sich als eine auf das Ergebnis der Rechtsetzung gerichtete Begründbarkeitsprüfung verstehen, die erstens mit dem Wesensgehalt der Grundrechte nach Art. 19 Abs. 2 GG ein dynamisch-absolut zu bestimmendes Mindestmaß an Grundrechtsschutz sicherstellt. Zweitens betrachtet das Bundesverfassungsgericht Akte des Gesetzgebers nach dem Verhältnismäßigkeitsprinzip als verfassungswidrig, die

- entweder verfassungsrechtlich illegitimen Zielen dienen oder
- völlig unwirksam sind oder
- zu denen es Alternativen gibt, die bei gleichem Nutzen wahrscheinlich geringere Belastungen verursachen würden, oder
- die sich als unangemessene Beeinträchtigung von Grundrechtspositionen darstellen.

Das bedeutet im einzelnen, dass durch die Geeignetheitsprüfung gesetzgeberische Maßnahmen als verfassungswidrig ausgeschieden werden, die unabhängig von eventuell eintretenden Belastungen gar keine oder offensichtlich zu geringe positiven Auswirkungen erwarten lassen. Mit dem Grundsatz der Erforderlichkeit gewährleistet das Bundesverfassungsgericht weiter, dass sich nur noch diejenigen Lösungen im Pool der verfassungsrechtlich zulässigen befinden, zu denen es bei gleicher Wirksamkeit in bezug auf das gewählte Zielbündel nur Alternativen gibt, die in mindestens einer Hinsicht höhere Belastungen mit sich bringen würden. Die umgekehrte Kontrolle, ob es eine Alternative gibt, die bei in jeder Hinsicht gleicher Belastung einen größeren Zielbeitrag leisten würde, ist dazu im übrigen funktional äquivalent.[87] Dabei stellt der Ansatz des Bundesverfassungsgerichts, auch die Erforderlichkeitsprüfung in Form einer Gesamtabwägung *ex post* durchzuführen,[88] sicher, dass dies in bezug auf jede verfassungsrechtlich geschützte Rechtsposition einschließlich des objektiven Verfassungsrechts gewährleistet wird. In Anlehnung an das Pareto-Kriterium der Volkswirtschaftslehre, welches nicht die Zielerreichung in verschiedenen Hinsichten, sondern das Wohlergehen verschiedener Personen betrachtet, könnte man formulieren, dass damit allein pareto-optimale hoheitliche Entscheidungen als verfassungskonform akzeptiert werden.[89]

Die verfassungsgerichtliche Kontrolle wäre aber unvollständig, wenn sie es bei der Prüfung der Erforderlichkeit beließe. Denn die Wirkungen der verbleibenden Alternativen können sich ganz unterschiedlich auf die betroffenen Güter und Individuen verteilen. Das lässt sich am vorstehend erläuterten Beispiel eines Entwurfs für ein Altenhilfestrukturgesetz erläutern.[90] Als beste Lösung wurde das Maßnahmebündel R2 identifiziert, das mit insgesamt 545 Nutzwertpunkten bewertet wurde (Tabelle 1). Der Saldo setzte sich zusammen aus der Bewertung folgender Kriterien (Güter):

– Situation des Hilfsbedürftigen verbessern (Gewichtung 35 %, Zielbeitrag +6),
– Partizipation des Betroffenen als handelndes Subjekt optimieren (Gewichtung 35 %, Zielbeitrag +5),
– Infrastruktur verbessern (Gewichtung 10 %, Zielbeitrag +3),
– Koordinierung optimieren (Gewichtung 10 %, Zielbeitrag +8),
– Unterstützung der Angehörigen und sonstiger Freiwilliger (Gewichtung 10 %, Zielbeitrag +5).

Auf einen Nutzen von 545 Nutzwertpunkten kann man aber selbst dann auf anderem Wege gelangen, wenn man an der Gewichtung der Kriterien nichts verändert. Genauso gut wäre auch eine Lösung R2′, die anders als R2 die Koordinierung der Hilfsangebote und die Unterstützung leicht verschlechtern (wie R1 um jeweils um -1), dafür aber die Infrastruktur um +2 verbessern würde. Nimmt man die Möglichkeit anderer Gewichtungen der Kriterien noch hinzu – die dem Gesetzgeber ohne weiteres zur Verfügung

[87] Das verkennt *K. Bizer*, Die Ökonomik der Verhältnismäßigkeitsprüfung, Sofia-Diskussionsbeiträge Nr. 99/1, Darmstadt 1999, S. 6, wenn er bemerkt, das Bundesverfassungsgericht verzichte auf diese Variante, um nicht die dem Gesetzgeber vorbehaltene Zieldiskussion zu führen.

[88] S. o. F.I.2.b).

[89] So bereits anschaulich *B. Schlink*, Abwägung im Verfassungsrecht, 1976, S. 181 ff., anhand des Apotheken-Urteils, BVerfG v. 11.6.1957, E 7, S. 377; zu einer Diskussion des Pareto-Prinzips als Erforderlichkeit – allerdings mit verwaltungsrechtlichem Bezug –, s. *R. Dechsling*, Das Verhältnismäßigkeitsgebot: eine Bestandsaufnahme der Literatur zur Verhältnismäßigkeit staatlichen Handelns, 1989, S. 51 ff.

[90] S. o. B.II.3.

steht –, so kann sich die Zahl der insgesamt gleich guten Varianten weiter vergrößern.

Zwar dürften die Fälle selten sein, in denen trotz krasser Auswirkungen der zu betrachtenden Alternativen auf einzelne Güter der Nettonutzen nicht stark negativ wird, etwa eine „objektive" Verbesserung der Situation der Hilfsbedürftigen um +30 gegenüber der Nullalternative, die aber durch bevormundende Maßnahmen erreicht würde und daher die Partizipation der Betroffenen um -10 verschlechtern würde (R2″). R2″ hätte sogar einen Nettonutzen von 860 Nutzwertpunkten. Dennoch hätten die beispielshaft genannten Effekte unter der Annahme Grundrechtsrelevanz, dass die Partizipation der Betroffenen durch die allgemeine Handlungsfreiheit (Art. 2 Abs. 1 GG) und die Menschenwürde (Art. 1 Abs. 1 GG) geschützt wird. Es ist daher wichtig zu erkennen, dass die Erforderlichkeitsprüfung derartige Lösungen nicht ausschließt und mit anderen Worten nicht gewährleisten kann, dass Alternativen, deren Auswirkungen unangemessen in Grundrechte eingreifen, von der verfassungsgerichtlichen Überprüfung als verfassungswidrig erkannt werden.

Die Erforderlichkeitsprüfung stellt lediglich sicher, dass es keine Alternative zu der gewählten Lösung gibt, die ihr in allen Belangen mindestens gleichwertig und in mindestens einem Belang überlegen ist. Sie ist daher kein Instrument, mit dessen Hilfe gewährleistet werden könnte, dass die getroffene Regelung nicht mit einem negativen Nettonutzen im Vergleich mit dem *status quo,* der Nullalternative, einhergeht.

Das wird vom Ansatz her nur dadurch gewährleistet, dass das Bundesverfassungsgericht allein solche Lösungen als verfassungskonform akzeptiert, die nicht auf der Grundlage offensichtlich fehlsamer Bewertungen getroffen wurden.[91] Dementsprechend fordert das Gericht, dass die negativen Wirkungen der Gesetze nicht außer Verhältnis zu den verfolgten Zielen stehen dürfen.[92] Die Wesensgehaltgarantie und das Übermaßverbot stellen sich vor diesem Hintergrund als unverzichtbare Schlusssteine der Begründbarkeitsprüfung dar, mit denen gewährleistet wird, dass nicht Lösungen als verfassungskonform beurteilt werden, die aus Sicht des Verfassungsgerichts einen erheblichen negativen Nettonutzen hätten.

Das bestreitet im übrigen wohl auch *Schlink* nicht, der den für eine Abwägung *ex ante* vorausgesetzten interindividuellen Nutzenvergleich als Aufgabe des politischen Systems und nicht der Gerichte ansieht.[93] Er dürfte damit vor allem auf Entscheidungen zielen, in denen das Bundesverfassungsgericht über den Vergleich der getroffenen Entscheidung mit dem

[91] BVerfG v. 18.12.1968, E 24, S. 367 (406).

[92] St. Rspr., BVerfG v. 16.3.1971, E 30, S. 292 (316) – Erdölbevorratung; v. 5.2.2002, E 105, S. 17 (36) – Sozialpfandbriefe.

[93] *B. Schlink*, Abwägung im Verfassungsrecht, 1976, S. 190.

*status quo* hinausging und eine Lösung anordnete, die ihm angemessener schien als die vom Gesetzgeber gewählte. Das lässt sich auf das genannte Beispiel beziehen. Verfassungsrechtlich zulässig wäre neben R2 auch R2′. Für R2″ ließe sich das hingegen nur sagen, soweit die Verschlechterung der Partizipation der Betroffenen noch nicht als offensichtlich fehlsame Bewertung im Sinne der Verletzung des Übermaßverbots oder der Wesensgehaltgarantie zu würdigen ist. Nimmt man das aber für die betrachteten Handlungsoptionen an, so hätte der Gesetzgeber die Wahl zwischen allen vier Alternativen (R1 – Nullalternative, R2, R2′ und R2″).[94] R2′ oder R2″ könnten auch einen bedeutend größeren positiven Nettonutzen als R2 im Vergleich mit der Nullalternative R1 haben, ohne dass die Wahl von R2 vom Bundesverfassungsgericht beanstandet würde. Genau durch diese Wahlfreiheit gewährt das Gericht dem demokratisch unmittelbar legitimierten Gesetzgeber Gestaltungsfreiheit.

*Schlinks* erwähnte Bemerkung darf mithin als Kritik an manchen Entscheidungen des Bundesverfassungsgerichts verstanden werden, durch Überschreitung seiner kassatorischen Aufgabe diese Gestaltungsfreiheit zu beschneiden und Lösungen vorzuschlagen oder gar anzuordnen, die nach Ansicht der Richter der gewählten, im vorstehend erläuterten Sinn verfassungsrechtlich zulässigen Alternative überlegen wären. Dieser Würdigung der Rechtsprechung ist aus bereits dargelegten Gründen weitgehend beizupflichten.[95]

Alles in allem erscheint der vom Bundesverfassungsgericht entwickelte Kontrollmaßstab als ein im Grundsatz überzeugender Mittelweg zwischen der Option einer denkbaren Vollkontrolle, die nur Lösungen akzeptieren würde, die dem Gericht selbst als angemessen erscheinen, und einem Rückzug des Gerichts etwa auf die Kontrolle der Einhaltung von Verfahrensrecht. Zwischen diesen Polen sind verschiedene Lösungen vertretbar, und der vom Bundesverfassungsgericht verfolgten muss man bescheinigen, der Bedeutung des Parlaments für die demokratische Willensbildung nach Art. 20 Abs. 1 GG Rechnung zu tragen, ohne den Vorrang der Verfassung (Art. 20 Abs. 3 GG) preiszugeben.

### *b) Schwächen der Begründbarkeitsprüfung*

Das Vorgehen des Bundesverfassungsgerichts ist dennoch nicht unproblematisch: Der zur Durchführung einer Begründbarkeitsprüfung wohl erforderliche Vergleich mit einer vom Gericht zu entwickelnden hypo-

---

[94] Die Zulässigkeit der Wahl von R1 entfiele nur im Falle einer Pflicht zum Handeln, etwa wegen einer grundrechtlich bedingten Schutzpflicht.

[95] S. die Diskussion auf S. 474, bei Fn. 29.

thetischen Referenzlösung bindet Ressourcen, die seiner kassatorischen Hauptaufgabe entzogen werden. Dies mag in der Regel ohne größeren Aufwand gelingen. In aufwendigeren Konstellationen – man denke etwa an den vorstehend ausführlich dargestellten Bundesverkehrswegeplan, der durch die Verkehrsinfrastrukturausbaugesetze rechtlich verbindliche Form bekommt,[96] oder die sogenannte Ökosteuer auf fossile Brennstoffe, die als Element eines komplexen Konzeptes der Klimaschutzpolitik zu würdigen wäre – muss das Gericht jedoch eine Gesamtabwägung durchführen, die den von den Richtern an Abwägungsvorgänge gestellten Ansprüchen zu genügen haben wird.

Mit Blick auf die vom Grundgesetz vorgegebene Funktionenordnung ist in derartigen Fällen nicht ganz ohne Bedenken, dass das Gericht damit dazu gezwungen wird, sich bei Ausübung seiner Kontrolle als hypothetischer Gesetzgeber zu betätigen.[97] Es kommt hinzu, dass der Gesetzgeber, will er dem verfassungsrechtlichen Anforderungsprofil genügen, vor Erlass des Gesetzes abschätzen muss, ob es im Falle einer Überprüfung durch das Bundesverfassungsgericht standhalten würde. Im Ergebnis kann das unter der Voraussetzung einer nicht vom Parlament gegebenen Begründung bedeuten, dass ein und dieselbe Problematik von zwei Staatsorganen einer wie auch immer methodisch eingebetteten Folgenabschätzung unterzogen wird, ohne dass hierfür ein ausreichender Grund ersichtlich wäre.

Des weiteren läuft die Zurückhaltung des Gerichts darauf hinaus, die differenzierten Gebote des Verhältnismäßigkeitsgrundsatzes als Handlungsnorm gegenüber dem Gesetzgeber nicht durchzusetzen. So bleiben Verstöße gegen das Gebot der hinreichenden Sachverhaltsermittlung in der Regel genauso ohne verfassungsrechtliche Sanktion wie Verletzungen des Gebots der Durchführung einer optimierenden Gesamtabwägung auf der Grundlage komplexer Prognosen und Bewertungen, wie sie bei der Rechtsetzung nicht selten erforderlich sein dürften.[98] Nach dem Konzept der verfassungsgerichtlichen Begründbarkeitsprüfung hat der Gesetzgeber lediglich eine Lösung zu wählen, zu der es erstens keine pareto-superiore Alternative gibt und die zweitens nach Ansicht des Gerichts nicht auf krassen Fehlbewertungen basieren darf und daher einen stark negativen Nettonutzen hat. Ob der Gesetzgeber tatsächlich grobe Fehlbewertungen vorgenommen hat, ist bei einer Begründbarkeitsprüfung dem Zugriff der Gerichte und der Öffentlichkeit wegen des Fehlens einer aussagekräftigen Begründung und der Möglichkeit der Kompensation von Über- und Unter-

---

96 B.I.5.

97 Demgegenüber schlägt *Schenke* vor, die verfassungsgerichtliche Normenkontrolle am Modell der verwaltungsgerichtlichen Ermessenskontrolle zu orientieren (*W.-R. Schenke*, Verfassungsgerichtsbarkeit und Fachgerichtsbarkeit, 1987, S. 47ff.).

98 Beispiele s.o. E.III.2.e) und E.III.2.f).

bewertungen im Falle polygonaler Entscheidungssituationen weitestgehend entzogen.

Das bedeutet weiter, dass nicht ausgeschlossen werden kann, dass die gewählte Lösung in Wirklichkeit schwerpunktmäßig anderen oder sogar ganz anderen Zielen dient als vom Gesetzgeber im politischen Prozess behauptet. So würde im obigen Beispiel die Möglichkeit bestehen, dass der geltend gemachte Nettonutzen auf der Grundlage anderer als der in Tabelle 1 genannten Kriterien oder anderer Gewichtungen oder einer Kombination dieser Faktoren erreicht wurde. Würde etwa eine radikale Betonung individueller Freiheiten die Gewichtung des Kriteriums „Partizipation des Betroffenen als handelndes Subjekt optimieren" auf 90 % setzen, so könnte ein positiver Nettonutzen im Prinzip genauso erzielt werden wie bei einer Gewichtung der „objektiven" Situation des Hilfsbedürftigen mit 90 %. Ob diese Gewichtungen als außer Verhältnis zu den Zielen der Maßnahmen stehend zu beurteilen wären, entzieht sich einer Begründbarkeitsprüfung. Erst dann, wenn für die gewählte Maßnahme kein Satz an Bewertungen und Prognosen ermittelt werden kann, der noch vertretbar ist, darf das Abwägungsergebnis als verfassungswidrig verworfen werden. Besteht im Einzelfall nicht die Möglichkeit ihrer verfassungskonformen Auslegung, so führt das grundsätzlich zum Verdikt ihrer Nichtigkeit.[99]

Zusammengenommen bedeutet der mit einer Begründbarkeitsprüfung einhergehende Verzicht auf eine Begründung, dass die verfassungsrechtliche Funktionenordnung durch die in vielen Fällen eintretende Notwendigkeit der gerichtlichen Entwicklung einer hypothetischen Referenzlösung beeinträchtigt wird, man die Anforderungen des Grundsatzes der Herstellung praktischer Konkordanz gegenüber dem Gesetzgeber nicht durchsetzt und das Potential einer Erläuterung der Entscheidungsgründe für die Transparenz und damit auch für die Akzeptanz der Regelungen nicht ausschöpft.

### 5. Ausblick: Begrenzte Begründungsprüfung bei der Kontrolle von Gesetzen?

Abhilfe für die genannten Probleme verspräche die Anfertigung und Veröffentlichung einer Begründung zum Zweck der Normenkontrolle, mit der der Gesetzgeber erläutern müsste, auf welchen Grundlagen seine Annahme basiert,

– dass die ergriffenen Maßnahmen die erhofften Wirkungen erbringen,

---

[99] Die verschiedenen Aussprüche des Gerichts, mit denen die Richter auf die Verfassungswidrigkeit einer Bestimmung reagieren, waren bereits im vorstehenden Abschnitt F.I.3.a) anzuführen.

– zu der gewählten Lösung keine pareto-superioren Alternativen bestehen und
– die getroffene Regelung keine Effekte erwarten lässt, die als Verletzung des Übermaßverbots zu würdigen wären.

Darüber hinaus wäre im Unterschied zu einer auf die Dokumentation einer Rechtfertigung des Gesetzes verzichtenden Begründbarkeitsprüfung darzulegen, auf welchen Erwägungen die vom Gesetzgeber getroffene Wahl unter den verfassungsrechtlich zulässigen Alternativen beruht.

Da sich eine derartige Folgenabschätzung in vielen Fällen als Bewältigung eines komplexen Anforderungsprofils darstellen dürfte, in dessen Rahmen Prognosen und die Durchführung einer Gesamtabwägung erforderlich sind, kann sich wegen der Leistungsfähigkeit der entsprechenden Verfahren die Verwendung numerisch-formaler Vorgehensweisen empfehlen, zumal in einem solchen Zusammenhang die Nachvollziehbarkeit der Entscheidungsherstellung von eminenter Bedeutung ist.

Wie im Abschnitt E.VI bereits aus der Sicht der Entscheidungsherstellung dargelegt, ist die Durchführung formaler Analysen jedoch mit Aufwand verbunden, der eine Beschränkung des Instruments auf bestimmte Vorhaben rechtfertigt. Führte man aber dem unterbreiteten Vorschlag folgend eine solche Folgenabschätzung von besonders bedeutsamen Gesetzesinitiativen durch, so wäre diese auch geeignet, als Begründung eines Gesetzes bei einer Kontrolle durch die Öffentlichkeit und das Bundesverfassungsgericht Verwendung zu finden. Ihre dreifache Funktion bestünde also darin, zum ersten unabhängig von einem gerichtlichen Überprüfungsverfahren Einblick in das Regelungskonzept des Gesetzgebers zu geben, was zur Erhöhung der Akzeptanz des Gesetzes beitragen kann, zweitens im Falle einer Normenkontrolle das Gericht von der Herstellung einer eigenen hypothetischen Referenzlösung zu entlasten und drittens die Kontrolle der Wahrung der verfassungsrechtlichen Maßgaben zu erleichtern.

Um der Bedeutung des Parlaments für die demokratische Willensbildung gerecht zu werden, sollte das Bundesverfassungsgericht auch im Rahmen einer Begründungsprüfung ein Gesetz als verfassungskonform betrachten, wenn sich die gewählte Lösung im Sinne des Abwägungsergebnisses als verfassungsrechtlich zulässig darstellt. Bezüglich der Kontrolle des Abwägungsvorgangs ergäbe sich hingegen in einem derartigen Konzept ein maßgeblicher Unterschied, wenn man fehlerhafte, die getroffene Regelung nicht nachvollziehbar rechtfertigende Gesetzesbegründungen als Verstoß gegen das aus dem Rechtsstaatsprinzip folgende Transparenzgebot werten und deswegen das Gesetz als mit der Verfassung nicht vereinbar erklären würde.

## *II. Gerichtliche Kontrolle von Satzungen (§ 47 VwGO) und Rechtsverordnungen (Art. 80 GG)*

Rechtsverordnungen, Satzungen und vorkonstitutionelle Gesetze unterliegen der fachgerichtlichen Kontrolle hinsichtlich ihrer Verfassungsmäßigkeit im Rahmen jedes Gerichtsverfahrens, in dem es auf die Gültigkeit solcher Vorschriften ankommt.[100] Dies umfasst sowohl eine Prüfungs- als auch eine Verwerfungskompetenz und wird bekanntlich als inzidente Normenkontrolle bezeichnet.[101]

Daneben entscheiden die Oberverwaltungsgerichte nach § 47 Abs. 1 VwGO *direkt* über die Gültigkeit von bauplanungsrechtlichen Satzungen und Rechtsverordnungen (§ 47 Abs. 1 Nr. 1 VwGO) sowie von im Rang unter dem Landesgesetz stehenden Rechtsvorschriften, soweit das Landesrecht dies bestimmt (§ 47 Abs. 1 Nr. 2 VwGO). Damit fallen insbesondere Bebauungspläne, vorhabenbezogene Bebauungspläne, Satzungen über Vorhaben- und Erschließungspläne, Veränderungssperren, Entwicklungs- wie Erhaltungssatzungen unter § 47 Abs. 1 Nr. 1 VwGO. Mit Ausnahme von Berlin, Hamburg und Nordrhein-Westfalen haben die Bundesländer Normenkontrollanträge gegen sonstiges Landesrecht im Sinne von § 47 Abs. 1 Nr. 2 VwGO zugelassen. Damit erfasst § 47 Abs. 1 Nr. 2 VwGO eine Vielzahl an Rechtsvorschriften, die von für verbindlich erklärten Abfallentsorgungsplänen über Landesentwicklungs- und Raumordnungspläne bis hin zu Landesverordnungen zur Regelung von Sonderstatusverhältnissen reicht.[102]

Prüfmaßstab ist dabei zwingendes höherrangiges formelles und materielles Recht.[103] Ist es verletzt, so ist der Antrag begründet. Es kommt nicht darauf an, ob die verletzte Rechtsvorschrift zugleich dem Schutz des Antragstellers dient.[104] Der Prüfmaßstab umfasst dementsprechend das Landesverfassungsrecht, aber auch das Bundesverfassungsrecht wegen des Gebots der verfassungskonformen Auslegung und des Vorrangs des Bundesrechts vor Landesrecht (Art. 31 GG). Damit sind auch allgemeine Grundsätze des

---

[100] St. Rspr. des BVerfG, so zuletzt v. 13.8.1998, JZ 1999, S. 251 (252). Instruktiver Überblick bei *N.E. Herrmann*, Entstehung, Legitimation und Zukunft der konkreten Normenkontrolle im modernen Verfassungsstaat, 2001, S. 153–157; *M. Gerhardt/F. Schoch*, in: Schoch/Bier/Schmidt-Aßmann/Pietzner, VwGO, 2003, § 47 Rz. 8.

[101] *M. Gerhardt/F. Schoch* (S. 493, Fn. 100), § 47 Rz. 8.

[102] *W.-R. Schenke*, in: Kopp/Schenke, VwGO, 2003, § 47 Rz. 33f. m.w.N.

[103] *W.-R. Schenke* (S. 493, Fn. 102), § 47 Rz. 112; *M. Redeker*, in: Redeker/von Oertzen, VwGO, 2000, § 47 Rz. 18ff.

[104] BVerwG v. 18.7.1989, E 82, S. 225 (233); v. 20.8.1991, DVBl. 1992, S. 37 (39); *W.-R. Schenke* (S. 493, Fn. 103), § 47 Rz. 112; auf den Antrag und das darin formulierte Rechtsschutzziel einschränkend *M. Redeker* (S. 493, Fn. 103), § 47 Rz. 22.

Verfassungsrechts Teil des Prüfprogramms, zu denen das Übermaßverbot[105] das Willkürverbot[106] und der Parlamentsvorbehalt[107] zählen.

### 1. Anwendung des Abwägungsgebots als Kontrollnorm

Fraglich ist jedoch, inwieweit das als Handlungsanleitung für die untergesetzliche Rechtsetzung geltende Abwägungsgebot auch in seiner Funktion als Kontrollnorm zu diesem Bündel von Anforderungen zählt. In einigen Bereichen ist die Geltung des Abwägungsgebots gesetzlich vorgeschrieben oder von der Rechtsprechung anerkannt worden.[108] Markantestes Beispiel für die gesetzliche Anordnung des Gebots gerechter Abwägung ist sicher das Bauplanungsrecht (§ 1 Abs. 7 BauGB n. F.). Mit der bereits des öfteren herangezogenen wegweisenden Entscheidung des Bundesverwaltungsgerichts vom 12. Dezember 1969 als Kontrollmaßstab formuliert, ist das Abwägungsgebot verletzt, „wenn eine sachgerechte Abwägung überhaupt nicht stattgefunden hat..., wenn in der Abwägung an Belangen nicht eingestellt wurde, was nach Lage der Dinge in sie eingestellt werden muss, ... wenn die Bedeutung der betroffenen privaten Belange verkannt oder wenn der Ausgleich zwischen den von der Planung berührten öffentlichen Belangen in einer Weise vorgenommen wird, der zur objektiven Gewichtigkeit einzelner Belange außer Verhältnis steht.“[109] Dem korrespondiert die Begründungspflicht für Bebauungspläne aus § 9 Abs. 8 BauGB. Damit wirkt im Bauplanungsrecht das Abwägungsgebot als Kontrollnorm, auch wenn nach dem Grundsatz der Planerhaltung gemäß §§ 214 f. BauGB bestimmte Fehler im Abwägungsvorgang unbeachtlich sind, wodurch seine Geltung erheblich relativiert wird.

### 2. Begründbarkeits- oder Begründungsprüfung?

Für Rechtsnormen außerhalb des engen Anwendungsbereichs des Bauplanungsrechts vertritt *Schenke* die Auffassung, das Abwägungsgebot sei auf alle staatlichen *Planungsnormen* anzuwenden, da das Bundesverwaltungsgericht das Gebot aus dem Rechtsstaatsprinzip entwickelt hat und

---

[105] VGH München v. 11.2.1976, DÖV 1976, S. 751 (752, 754).

[106] So zuletzt das Bundesverfassungsgericht v. 19.12.2003, DÖV 2003, S. 376 (376).

[107] Das ist im Zusammenhang mit Rechtsverordnungen zum Schutz vor den so genannten Kampfhunden relevant geworden, BVerwG v. 31.1.2001, DVBl. 2002, S. 1562 (1563 l. Sp. f.).

[108] S. o. E.VII.1.b).

[109] BVerwG v. 12.12.1969, E 34, S. 301 (309).

als Wesensmerkmal staatlicher Planung ansieht.[110] Wie aber auch *Schenke* zu bedenken gibt, unterliegen nur wenige untergesetzliche Rechtsnormen einer Begründungspflicht.[111] Eine Begründung ist jedoch eine notwendige Voraussetzung für die Kontrolle eines Rechtssatzes anhand des Abwägungsgebots, soweit es sich auf den Abwägungsvorgang bezieht.[112] Das Bundesverwaltungsgericht sieht in Begründungen, liegen sie ausnahmsweise vor, nichts weiter als Argumentationsmaterial in Vorbereitung der verordnungsrechtlichen Entscheidung.[113] Dem folgend meint *Nierhaus*, es komme nicht darauf an, wie die Norm begründet sei, sondern ob das in der Norm zum Ausdruck kommende Ergebnis begründbar sei.[114]

Allerdings will *von Danwitz* in der Rechtsprechung die Verwendung von drei unterschiedlichen Maßstäben erkennen, der Evidenzkontrolle, des Vertretbarkeitsmaßstabs und der intensivierten Inhaltskontrolle.[115] Nach der Evidenzkontrolle sei das Verordnungsermessen erst verletzt, wenn Wertungen der Exekutive eindeutig widerlegbar seien[116] oder der verfassungsrechtlichen Wertordnung widersprächen.[117] Der Vertretbarkeitsmaßstab verlange, dass die Regelung auf einer sachgerechten und vertretbaren Beurteilung beruhe.[118] Die intensivierte Inhaltskontrolle bedeute eine vollständige Überprüfung. Dem Verordnungsgeber sei nur ein eingeschränkter Wertungs- und Ermessensspielraum eingeräumt.[119] Welcher Kontrollmaßstab anzuwenden sei, hinge vor allem von dem jeweiligen Sachbereich ab.[120]

Abgesehen von den Schwierigkeiten, in berechenbarer Art und Weise zu bestimmen, wann welcher Kontrollmaßstab anzulegen sein sollte, ist hierzu mit den vorstehenden Überlegungen in bezug auf die Differenzierung der Kontrollmaßstäbe für die Überprüfung von Parlamentsgesetzen zu bemer-

---

[110] So auch *W.-R. Schenke*, in: Kopp/Schenke, VwGO, 2003, § 47 Rz. 115.

[111] *W.-R. Schenke* (S. 495, Fn. 110), § 47 Rz. 118.

[112] Der Sache nach ebenso *W.-R. Schenke* (S. 495, Fn. 110), § 47 Rz. 118.

[113] BVerwG v. 13.12.1984, E 70, S. 318 (339 f.).

[114] Deutlich *M. Nierhaus*, in: Dolzer, Bonner Kommentar zum GG, Stand 2001, Art. 80 GG Rz. 355; ähnlich das BVerwG v. 13.12.1984, E 70, S. 318 (335).

[115] *T. von Danwitz*, Die Gestaltungsfreiheit des Verordnungsgebers: zur Kontrolldichte verordnungsgeberischer Entscheidungen, 1989, S. 203 ff.

[116] BayVGH v. 7.7.1983, DVBl. 1983, S. 1157 (1161).

[117] BayVGH v. 22.7.1987, BayVBl. 1987, S. 589.

[118] BVerfG v. 1.3.1979, E 50, S. 290 (333 f.); *T. von Danwitz*, Die Gestaltungsfreiheit des Verordnungsgebers: zur Kontrolldichte verordnungsgeberischer Entscheidungen, 1989, S. 204.

[119] BVerfG v. 25.6.1974, E 37, S. 342 (354); BVerwG v. 28.2.1986, DVBl. 1986, S. 622 f.; VGH Mannheim v. 21.12.1982, DVBl. 1983, S. 638 (639).

[120] *T. von Danwitz*, Die Gestaltungsfreiheit des Verordnungsgebers: zur Kontrolldichte verordnungsgeberischer Entscheidungen, 1989, S. 197; kritisch *M. Nierhaus*, in: Dolzer, Bonner Kommentar zum GG, Stand 2001, Art. 80 GG Rz. 372 f.

ken,[121] dass die von *von Danwitz* vorgeschlagenen Kontrollansätze kaum ohne eine Begründung zu verwirklichen sein dürften, wenn und soweit sie sich auf den Abwägungsvorgang beziehen. Sein Ansatz scheitert daher weitgehend an dem Fehlen einer Begründung bei Rechtsnormen. Das gilt teilweise selbst für die Evidenzkontrolle, den großzügigsten Kontrollmaßstab in dem vorgestellten Drei-Stufen-Konzept, der erst dann zur Zurückweisung einer Norm führen soll, wenn Wertungen der Exekutive eindeutig widerlegbar seien. Soweit das nicht auf Fehler im Abwägungsergebnis zielt, also auf eine unter keinen Umständen begründbare Entscheidung im Sinne der Abwägungsdisproportionalität, dürfte der Ansatz nicht durchführbar sein, da er die nachvollziehbare Artikulation von Wertungen voraussetzt. Die Vertretbarkeitsprüfung im Sinne von *von Danwitz* richtet sich noch deutlicher auf den Abwägungsvorgang, wenn sie die Prüfung verlangt, ob die Regelung auf einer sachgerechten und vertretbaren Beurteilung beruhe. Das wird nicht ohne Einblick in den Abwägungsvorgang und damit nicht ohne eine Begründung möglich sein, und erst recht dürfte das für die vollständige Inhaltskontrolle gelten.

Ein anderes Konzept verfolgt *von Bogdandy*, der zwar das Abwägungsgebot für den Erlass untergesetzlichen Rechts allgemein akzeptiert, aber zwischen strenger zu kontrollierenden exekutivischen Rechtsverordnungen einerseits, so etwa örtlichen Polizeiverordnungen, und so genannten gubernativen, weit ausgreifenden Verordnungen unterscheiden möchte.[122] Zunächst ist wiederum daran zu erinnern, dass eine strengere Kontrolle, also die Verwirklichung des Abwägungsgebots als Kontrollnorm, die sich auch auf den Abwägungsvorgang bezieht, nur bei einer vorhandenen Begründung möglich wäre. *Schmidt-Aßmann* schlägt in diesem Sinne vor, die gerichtliche Kontrolle gubernativer Rechtsverordnungen auf *offensichtliche* Fehler zu beschränken.[123] Für den vorliegenden Zusammenhang interessiert diese Restriktion nur in bezug auf die Frage, ob sich die rügefähigen Fehler auf den Abwägungsvorgang oder auf das Abwägungsergebnis beziehen sollen. Das ist den Erläuterungen *Schmidt-Aßmanns* und *von Bogdandy*s nicht mit Sicherheit zu entnehmen, da nicht näher ausgeführt wird, auf welche Bestandteile der Entscheidung sich die Evidenzkontrolle richten soll. So bleibt letztlich unkonturiert, welche Voraussetzungen ein Fehler erfüllen muss, um als „offensichtlich" zu gelten. *Schmidt-Aßmann*s Darstellung, die sich an der Ermessensfehlerlehre orientiert, legt jedoch den Schluss nahe, dass damit Fehler im Abwägungsvorgang gemeint sind. Das aber würde wiederum eine Begründung voraussetzen, die in aller Regel bei

---

[121] S. o. F.I.3.

[122] *A. von Bogdandy*, Gubernative Rechtsetzung, 2000, S. 367–371.

[123] *E. Schmidt-Aßmann*, in: Maunz/Dürig, GG, 2003, Art. 19 Abs. 4 Rz. 217a.

Rechtsnormen nicht vorliegt und auch nicht gegeben werden muss, obwohl dies jedenfalls unter bestimmten Voraussetzungen wünschenswert wäre.

### 3. Zwischenergebnis

Damit lässt sich hinsichtlich der gerichtlichen Kontrolle von untergesetzlichen Rechtssätzen festhalten, dass die insoweit zu stellenden materiellrechtlichen Anforderungen wegen des Gesetzesvorbehalts und der Bindung an die Grundrechte den Verhältnismäßigkeitsgrundsatz als Kontrollnorm einschließen. Dabei wird regelmäßig eine Begründbarkeitsprüfung durchgeführt, weil eine Kontrolle im Sinne des sich auf den Abwägungsvorgang beziehenden Abwägungsgebots nur dann möglich ist, wenn eine Begründung gegeben wird, was nur ausnahmsweise der Fall ist. Das Baugesetzbuch, das eine derartige Pflicht vorsieht (§ 9 Abs. 8 BauGB), nimmt allerdings der Vorgangskontrolle durch Unbeachtlichkeitsvorschriften im Rahmen des Grundsatzes der Planerhaltung (§§ 214 ff. BauGB) ihre volle Schärfe.

Die Literatur macht verschiedene Vorschläge für eine Differenzierung der Kontrollmaßstäbe, die aber überwiegend das Vorliegen einer nachvollziehbaren Begründung voraussetzen und damit weitgehend zur Wirkungslosigkeit verurteilt sind. Wie bei parlamentarischen Gesetzen aber auch sprechen beachtliche Gründe für die Anfertigung einer Begründung, mit der der Entscheidungsträger dartut, auf welchen Überlegungen seine Überzeugung beruht,

- dass die ergriffenen Maßnahmen die erhofften Wirkungen erbringen,
- zu der gewählten Lösung keine überlegenen Alternativen bestehen und
- die getroffene Regelung keine Effekte erwarten lässt, die als Verletzung des Übermaßverbots zu würdigen wären.

Soweit eine Begründung gegeben werden soll oder muss, war bereits *ex ante* zu überlegen gewesen, unter welchen Voraussetzungen dies unter Verwendung numerischer Verfahren getan werden sollte.[124] Aus der Kontrollperspektive hätte eine derartige Begründung wie schon hinsichtlich der Überprüfung von Parlamentsgesetzen den Vorzug, dass die Gerichte von der Herstellung einer hypothetischen Referenzlösung entlastet würden und die Kontrolle erleichtert wird, ob die eben nochmals erwähnten Anforderungen des Verhältnismäßigkeitsgrundsatzes tatsächlich gegeben sind.

---

[124] S. o. E.VII.1.c) sowie E.VII.2.c).

# G. Abwägungsentscheidungen bei der Rechtsetzung in der Europäischen Union

Die vorangegangenen Überlegungen bezogen sich auf Rechtsanwendung und Rechtsetzung in der Bundesrepublik Deutschland, einem Mitgliedstaat der Europäischen Union. Beides ist wegen des Vorrangs des Gemeinschaftsrechts und der Verpflichtung der Mitgliedstaaten aus Art. 10 EG, der Gemeinschaft die Erfüllung ihrer Aufgabe zu erleichtern und Maßnahmen zu unterlassen, welche die Verwirklichung der Ziele der EG gefährden könnten, europarechtlich beeinflusst.[1] Aufgrund semantisch und normstrukturell bedingter Entscheidungsspielräume kommt es auch bei der Anwendung des Gemeinschaftsrechts selbst zu Abwägungsentscheidungen, wobei das Europarecht insofern durch einige Besonderheiten gekennzeichnet ist. So gilt es mit Blick auf die Wortsinnauslegung zu beachten, dass die zu interpretierenden Rechtsakte in mehreren gleichzeitig verbindlichen Sprachen vorliegen,[2] was zum Beispiel Mehrdeutigkeiten genauso verursachen wie sie ausschließen kann.[3] Auch werden im Europarecht anders als in Deutschland die Spielräume auf der Tatbestandsseite nicht strikt von den Entscheidungsspielräumen getrennt, die nach deutscher Dogmatik dem rechtsfolgeseitigen Ermessen zuzurechnen wären.[4] Diese und andere Differenzen führen in der Analyse ihrer sprachwissenschaftlichen Ursachen und in bezug auf die Verfahren zur Bewältigung der Entscheidungsspielräume jedoch nicht wesentlich über die bereits dargestellten methodischen Probleme hinaus.[5]

---

[1] So etwa im Zusammenhang mit der europarechtlich veranlassten Änderung des Baugesetzbuchs, „Europarechtsanpassungsgesetz (EAG) Bau“, E.IV.2.a); die erwähnte Umweltträglichkeitsprüfung stammt ebenfalls aus dem Europarecht, C.V.4.

[2] Art. 314 EG erklärt beispielsweise vier urschriftliche Fassungen des EG-Vertrages und Übersetzungen in acht weitere Sprachen für verbindlich, Art. 53 EUV für den EU-Vertrag entsprechend.

[3] Zur multilingualen Auslegung *F. Müller/R. Christensen*, Europarecht, 2003, S. 207 ff.; anschaulich zu den Problemen, die das für den EuGH mit sich bringt, *G. Hirsch*, ZGR 2002, S. 1 (5 ff.).

[4] Ausführlich *E. Pache*, Tatbestandliche Abwägung und Beurteilungsspielraum, 2001, S. 390 ff.

[5] Zu den Auslegungsmethoden des EuGH im einzelnen *C. Buck*, Über die Aus-

Das lenkt den Blick auf die Rechtsetzung durch die Organe der Europäischen Gemeinschaft, auf die sich die nachfolgenden Ausführungen konzentrieren. Besonders interessant für die Untersuchung numerischer Verfahren macht diese, dass – wie in Abschnitt B.III bereits umrissen worden ist – das Instrument der Folgenabschätzung in jüngster Zeit eine Aufwertung durch die systematische und umfassende Verwendung zur Evaluierung des Arbeitsprogramms der Kommission erfahren hat, die nach einer näheren rechtlichen Analyse verlangt.

Dabei wird folgendermaßen vorgegangen. Zunächst ist wiederum die Entscheidungsherstellung zu untersuchen (dieser Abschnitt G), bevor anschließend die gerichtliche Kontrolle betrachtet wird (H). Was die Entscheidungsherstellung anbelangt, so kann man feststellen, dass die Europäische Gemeinschaft gegründet worden ist, um ein vielschichtiges Zielbündel zu verfolgen, das zu seiner Verwirklichung die Bewältigung von Konflikten im Sinne einer Abwägung erfordert (I.). Der Mechanismus, der diesen Vorgang steuern soll, ist ein weiteres Mal der Verhältnismäßigkeitsgrundsatz in seiner Gestalt als Handlungsnorm (II.). Auch im Europarecht ist das Gebot, die konfligierenden Interessen einem schonenden Ausgleich zuzuführen, nur zum Teil eine Rechtspflicht. Obwohl die Begründungsanforderungen des Gemeinschaftsrechts jedenfalls insoweit weiter gehen als das deutsche Recht, als sie sich ausnahmslos auch auf Rechtsnormen beziehen, ist nicht eine im strengen Sinne nachvollziehbare Rechtfertigung der gewählten Lösung erforderlich (III.). Die von der Europäischen Kommission durchgeführte Folgenabschätzung ihrer wichtigen Initiativen geht aber über diese Anforderungen weit hinaus, wenn sie eine ausführliche formale Folgenabschätzung durchführt, die die Alternativenwahl – wie die Kommission ausdrücklich sagt – rechtfertigen soll.[6] Es ist daher zu erwägen, ob der Abschätzungsbericht nicht zu einer anspruchsvollen Begründung weiterentwickelt werden könnte (IV.).

## *I. Die Aufgaben der Gemeinschaftsorgane*

### 1. Primärrechtlich verankerte Ziele

Dass die Rechtsetzung der Europäischen Gemeinschaft auf die Bewältigung von Abwägungsaufgaben zielt, ist bereits an primärrechtlichen Bestimmungen abzulesen, die zum Teil konfligierende Zielsetzungen gleichzeitig

---

legungsmethoden des Gerichtshofs der Europäischen Gemeinschaft, 1998, S. 83 ff.; *F. Müller/R. Christensen*, Europarecht, 2003, S. 205 ff.

[6] S. die Nachweise auf S. 64, Fn. 257.

für verbindlich erklären. So haben die Mitgliedstaaten der Europäischen Gemeinschaft die Gemeinschaftsorgane durch Art. 2 EG auf die Verfolgung eines Bündels an Zielsetzungen verpflichtet, das einerseits eine harmonische, ausgewogene und nachhaltige Wirtschaftsentwicklung einschließlich eines hohen Beschäftigungsniveaus umfasst, andererseits ein hohes Maß an sozialem Schutz und gleichfalls ein hohes Maß an Umweltschutz verwirklichen will.[7] Auch der Verfassungsentwurf enthält eine solche Bestimmung (Art. 3 Abs. 3 des Verfassungsentwurfs).[8]

Der Rechtscharakter der in Art. 2 EG genannten Ziele geht trotz ihrer Vagheit über ihren zweifellos auch gegebenen programmatischen Gehalt hinaus. Zwar können die Aufgaben als solche weder rechtliche Pflichten der Mitgliedstaaten noch Rechte einzelner begründen.[9] Die allgemeinen Vertragsziele sind daher nicht als unmittelbar anwendbares Gemeinschaftsrecht zu klassifizieren.[10] Nach der Rechtsprechung des EuGH führt der programmatische Charakter der Zielbestimmungen dennoch nicht zu ihrer rechtlichen Folgenlosigkeit.[11] Sie dienen als Auslegungshilfe,[12] tragen zur Rechtsfortbildung bei[13] oder fungieren als Ermessensgrenzen.[14] Insofern lässt sich sagen, dass ihnen eine rechtsverbindlich steuernde Wirkung zukommt,[15] auch wenn sie so abstrakt sind, dass ihr Gebrauch einer Strukturierung durch den Verhältnismäßigkeitsgrundsatz bedarf (dazu sogleich unter II.).

Zur Verwirklichung der Aufgaben betätigt sich die Gemeinschaft auf den in Art. 3 EG genannten Gebieten. Die umfängliche Liste der Politikbereiche reicht von einer gemeinsamen Handelspolitik (Art. 3 Abs. 1 lit. b EG) über eine gemeinsame Landwirtschafts- und Fischereipolitik (Art. 3 Abs. 1 lit. e EG) bis hin zu Maßnahmen auf dem Gebiet der Sozialpolitik (Art. 3 Abs. 1

---

[7] *M. Zuleeg*, in: Schwarze/von der Groeben, EUV/EGV-Kommentar, Bd. 1, 2004, Art. 2 EG Rz. 12; *J. Ukrow*, in: Callies/Ruffert, EUV/EGV-Kommentar, 2002, Art. 2 EG Rz. 30; *R. Streinz*, in: Streinz, EU-Kommentar, 2003, Art. 2 EG Rz. 36ff.

[8] Entwurf eines Vertrags für eine Verfassung für Europa vom 18.7.2003, 2003/C 169/01.

[9] EuGH, Rs. 126/86 (*Gímenez Zaera/Instituto Nacional de la Seguridada Socail und Tesorería General de la Seguridad Social*), Slg. 1987, S. 3697, Rz. 11; Rs. C-339/89 (Alsthom Atlantique), Slg. 1991, S. I-107, Rz. 9.

[10] *J. Ukrow*, in: Callies/Ruffert, EUV/EGV-Kommentar, 2002, Art. 2 EG Rz. 29.

[11] EuGH, Rs. 26/62 (*van Gend & Loos*) Slg. 1963, S. 1 (25), und Rs. 43/75 (*Defrenne*) Slg. 1976, S. 455ff., Rz. 8/11 (bezüglich der Präambel). EuGH, Rs. 283/81 (*CILFIT*) Slg. 1982, S. 3415ff., Rz. 20; Rs. 53/81 (*Levin*), Slg. 1982, S. 1035ff., Rz. 15 (auf alle Ziele bezugnehmend).

[12] *W. Schroeder*, Das Gemeinschaftsrechtssystem, 2002, S. 159, 289.

[13] *M. Zuleeg*, in: Schwarze/von der Groeben, EUV/EGV-Kommentar, Bd. 1, 2004, Art. 2 EG Rz. 3.

[14] *W. Schroeder*, Das Gemeinschaftsrechtssystem, 2002, S. 159.

[15] *M. Zuleeg*, in: Schwarze/von der Groeben, EUV/EGV-Kommentar, Bd. 1, 2004, Art. 2 EG Rz. 3; *G. Hofmann-Becking*, Normaufbau und Methode, 1971, S. 65.

lit. j EG). Die Aufgaben werden durch die Querschnittsklausel des Art. 6 EG abgerundet, die die Aufgabenverwirklichung an die Berücksichtigung des Umweltschutzes im Sinne einer nachhaltigen Entwicklung bindet.

In ähnlicher Weise bestimmen auch die einzelnen Kompetenztitel die Ziele der Gemeinschaftsorgane. So trägt etwa Art. 33 EG der gemeinsamen Agrarpolitik auf,

– die Produktivität der Landwirtschaft durch Förderung des technischen Fortschritts, Rationalisierung der landwirtschaftlichen Erzeugung und den bestmöglichen Einsatz der Produktionsfaktoren, insbesondere der Arbeitskräfte, zu steigern;

– auf diese Weise der landwirtschaftlichen Bevölkerung, insbesondere durch Erhöhung des Pro-Kopf-Einkommens der in der Landwirtschaft tätigen Personen, eine angemessene Lebenshaltung zu gewährleisten;

– die Märkte zu stabilisieren;

– die Versorgung sicherzustellen;

– für die Belieferung der Verbraucher zu angemessenen Preisen Sorge zu tragen.

Zwischen der Förderung des technischen Fortschritts zur Erhöhung der Produktivität der Landwirtschaft, wie sie Art. 33 EG den Gemeinschaftsorganen zur Aufgabe macht, und anderen Zielen der Gemeinschaft besteht ein Spannungsverhältnis, so etwa in bezug auf Art und Höhe von Agrarsubventionen[16] und die Auswirkungen der Landwirtschaft auf den Umweltschutz. Die Ziele des Art. 33 EG befinden sich auch zueinander in einem konfligierenden Verhältnis, was bei der Gewährleistung der angemessenen Lebenshaltung der landwirtschaftlichen Bevölkerung einerseits und der Versorgung der Verbraucher zu angemessenen Preisen andererseits besonders auffällig ist.

Wie klar der EG vor Augen steht, dass hoheitliches Handeln regelmäßig die Auseinandersetzung mit gegenläufigen Interessen erfordert, wird auch an Titel XIX des EG-Vertrages (Art. 174 ff. EG) deutlich, der die umweltpolitischen Kompetenzen der Gemeinschaft begründet. Art. 174 Abs. 3 EG schreibt ausdrücklich eine Berücksichtigung von „Vorteilen und Belastungen" aufgrund des Tätigwerdens bzw. eines Nichttätigwerdens der EG auf dem Gebiet der Umweltpolitik vor. Überhaupt kommt es bei der Harmonisierung von binnenmarktbezogenen Rechtsvorschriften nach Art. 94 ff. EG regelmäßig zu Zielkonflikten, die komplexe Abwägungsentscheidungen verlangen.[17] Die in Abschnitt B.III erörterten Fallbeispiele, die als typisch gelten können, was ihre wesentlichen Charakteristika und den

[16] Man denke an nur das Problem der Überschussproduktion, *G. Thiele*, in: Callies/Ruffert, EUV/EGV-Kommentar, 2002, Art. 33, Rz. 2.

[17] *W. Kahl*, in: Callies/Ruffert, EUV/EGV-Kommentar, 2002, Art. 95 Rz. 15, nennt dies die Mehrdimensionalität der Ziele.

Verlauf ihrer Konfliktlinien angeht, belegen dies. Sie seien des leichteren Zugriffs wegen noch einmal kurz referiert.

## 2. Sekundärrechtliche Beispiele

### a) *Novellierung des Chemikalienrechts*

Die vorstehend umrissene, auf Art. 95 EG gestützte[18] Novellierung des Chemikalienrechts zielt darauf ab, den Gefahren durch industriell hergestellte und gehandelte chemische Substanzen besser zu begegnen.[19] Nach dem auf der Basis einer ausführlichen Folgenabschätzung erarbeiteten neuen europäischen Zulassungssystem mit der Bezeichnung *REACH* auch die bislang nicht gemeinschaftsrechtlich erfassten Altstoffe unterworfen werden, die 99 % der Gesamtmenge sämtlicher auf dem Markt befindlicher Chemikalien ausmachen. *REACH* soll dem Schutz der menschlichen Gesundheit und dem Umweltschutz dienen und wird voraussichtlich zu erheblichen Kosten für Behörden und vor allem für die chemische Industrie führen. Die Kosten der Basisbeschreibung eines einzigen Stoffes sollen sich in diesem Rahmen auf mindestens 85.000 Euro belaufen.

Die Problematik verlangte nach langfristigen Prognosen über die Wirkungen von Chemikalien auf die menschliche Gesundheit und die Umwelt. Dabei traten große Unsicherheiten auf, da es bislang an einer verlässlichen Basis im Sinne eines hinreichend aussagekräftigen Monitorings der Chemikalien fehlt.[20] Eine Entscheidung für eine bestimmte Regelungsalternative setzt des weiteren eine abschließende Gesamtabwägung voraus, die alle betroffenen Belange umgreifen muss. Dazu zählen nicht nur die direkten Kosten für das Zulassungsverfahren, sondern auch die Auswirkungen derartiger Belastungen auf das Investitionsverhalten der chemischen Industrie. Ausweich- und Einsparreaktionen sind denkbar, die ebenfalls abgeschätzt werden müssen, da sie sich auf die Arbeitssicherheit der Beschäftigten und andere Schutzgüter beziehen können. In der von der Kommission durchgeführten Folgenabschätzung wird darüber hinaus auf die Effekte des Systems hinsichtlich seiner Anreize zur Innovation eingegangen.[21]

---

[18] *Europäische Kommission*, Vorschlag für eine Verordnung zur Registrierung, Bewertung, Zulassung und Beschränkung chemischer Stoffe (REACH), KOM (2003) 644 endg., 2003, S. 10.

[19] S. o. B.III.2.a)aa).

[20] *Europäische Kommission*, SEC (2003) 1171/3, 2003, S. 26.

[21] *Europäische Kommission* (S. 503, Fn. 20), S. 22.

### *b) Luftreinhaltepolitik*

Die Luftreinhaltepolitik der Europäischen Gemeinschaft erweist sich ebenfalls als ein Gebiet, auf dem komplexe, polygonale Abwägungsvorgänge durchzuführen sind.[22] Mit der Luftreinhalterahmenrichtlinie und ihren Tochterrichtlinien werden für bestimmte Schadstoffe emittentenunabhängige Grenzwerte festgesetzt, deren Einhaltung zum Teil erhebliche Anstrengungen durch die Normadressaten erfordert. Eine ambitionierte Luftreinhaltepolitik will spürbare positive Wirkungen für die menschliche Gesundheit und die Umwelt erzielen, muss aber auch die Folgekosten der ins Auge gefassten Maßnahmen berücksichtigen und möglichst minimieren. Dazu rechnen im Falle des Konzeptes der Luftreinhalterahmenrichtlinie zumindest folgende. Soweit kraftfahrzeugbedingte Schadstoffe wie etwa Feinstaubpartikel und Kohlenmonoxid in Rede stehen, kann die Autoindustrie betroffen sein, selbst wenn es keine entsprechenden, direkt an die Industrie gerichteten hoheitlichen Gebote und Verbote gibt, wenn sich das Kaufverhalten ihrer Kunden ändert und bestimmte technische Vorkehrungen gegen Emissionen oder verbrauchsärmere Fahrzeuge verstärkt nachgefragt werden.

Soweit es notwendig ist, zur Umsetzung der Richtlinien Rechtsvorschriften auf Bundes-, Landes- oder kommunaler Ebene zu erlassen und effektiv anzuwenden, die die Einhaltung der Schadstoffe gewährleisten, kann das wiederum städtebauliche Konsequenzen nach sich ziehen. Ist etwa die Einführung eines Konzeptes der flächenhaften Verkehrsberuhigung erforderlich, so müssen Umbaumaßnahmen finanziert und Einschränkungen der Erreichbarkeit von Einzelhandelsgeschäften mit der möglichen Folge von Umsatzeinbußen bedacht werden. Damit sind Wirkungen auf Private wie auf hoheitliche Stellen, monetärer wie nicht-monetärer Art abzuschätzen. Die geschilderten Probleme sind nur dann einer vernünftigen Lösung zuzuführen, wenn alle zur Verfügung stehenden Alternativen im Sinne einer Gesamtabwägung bewertet werden.

### *c) Entwurf einer Dienstleistungsrichtlinie*

Schließlich hätte auch eine Dienstleistungsrichtlinie vielfältige Auswirkungen, die abgewogen werden müssen.[23] Die von der Kommission entworfene Dienstleistungsrichtlinie soll der Beseitigung von Wettbewerbshindernissen wie etwa Zulassungsbeschränkungen in Form von Quoten

[22] S. o. B.III.2.a)bb).
[23] S. o. B.III.2.b).

oder diffizilen Genehmigungsverfahren dienen, indem die Mitgliedstaaten verpflichtet werden, einheitliche Ansprechpartner für Dienstleister zu schaffen, bestimmte besonders restriktive Anforderungen aufzugeben und im übrigen zu akzeptieren, dass die Dienstleistungsunternehmen dem in ihrem Herkunftsland geltenden Recht unterworfen sind, nicht dem der Erbringung der Dienstleistung („Herkunftslandprinzip").

Dass ein solches Konzept, führt es tatsächlich zum Abbau von Wettbewerbshindernissen, die allokative Effizienz von europäischen Unternehmen verbessert, wie die Kommission hofft, erscheint plausibel. Auch wären negative Effekte auf die Umwelt wohl kaum zu erwarten. Gegen das Konzept der Kommission wurden allerdings Bedenken geltend gemacht, die verdeutlichen, dass auch wettbewerbserhöhende Maßnahmen komplexe Gesamtabwägungen verlangen können. Das Herkunftslandprinzip stellt hohe Ansprüche an die Kontrolle der in einem fremden Land tätigen Unternehmen. Beide grundsätzlich denkbaren Lösungen sind mit Problemen behaftet, sowohl die Zulassung einer Gewerbeaufsicht der anderen Mitgliedstaaten auf dem eigenen Hoheitsgebiet als auch der Ansatz, die Beachtung von Rechtsvorschriften eines anderen Landes zu überwachen. Beides ist nicht unmöglich, aber mit Kosten verbunden. Die erste Alternative verlangt nicht nur die aufwendige Schulung des zu entsendenden Personals, sondern auch die Koordinierung der auf fremdem Hoheitsgebiet durchzuführenden Maßnahmen mit den eigenen Anstrengungen wie denen des Staates, in dem die Dienstleistung erbracht wird. Die zweite Alternative, also die Durchführung einer Gewerbeaufsicht, die sich auch auf Dienstleistungsunternehmen erstreckt, die nach fremdem Recht zu beurteilen sind, erfordert beachtliche Rechts- und Sprachkenntnisse der Verwaltung, da damit bei der gegenwärtigen Größe der Europäischen Union jeweils 26 fremde Rechtssysteme ausschnittsweise beherrscht werden müssen.

Zu den geschilderten Vollzugsschwierigkeiten tritt die unterschiedliche Wirtschaftskraft der Mitgliedstaaten, die mit erheblichen Differenzen in der Gestaltung der jeweiligen Sozialsysteme einhergeht. Darauf fußt der von gewerkschaftlicher Seite vorgebrachte Einwand, das Herkunftslandprinzip würde zu „Sozialdumping" führen. Nimmt man die genannten Gesichtspunkte zusammen, so erfordert das Projekt einer Dienstleistungsrichtlinie eine Antwort im Sinne einer Gesamtabwägung auf die gestellte Frage nach dem Konzept für den Abbau von Wettbewerbshindernissen, das den größten positiven gesellschaftlichen Nettonutzen aufzuweisen verspricht.

Zusammenfassend lässt sich festhalten, dass Rechtsakte der Europäischen Gemeinschaft zur Bewältigung komplexer Probleme ergehen, was regelmäßig die Abschätzung einer Vielzahl unsicherer Faktoren durch Prognosen und die Bewertung ihrer Auswirkungen insbesondere auf die

Wirtschaft, die Gesellschaft und die Umwelt im Sinne einer bilanzierenden Gesamtabwägung verlangt. Im Bereich der Harmonisierung ist stets zu berücksichtigen, welche Auswirkungen die geplanten Maßnahmen in den Mitgliedstaaten haben werden. Das schließt die Berücksichtigung von Effekten auf staatliche Ressourcen ein, also insbesondere auf die rechtlichen wie faktischen Möglichkeiten der staatlichen Verwaltung sowie die der Gerichte, aber auch die Folgen für private Unternehmen und Individuen, auf die sich EG-Verordnungen und EG-Richtlinien direkt bzw. wegen der erst erforderlichen Umsetzung von Richtlinien indirekt auswirken.

## *II. Der Verhältnismäßigkeitsgrundsatz als Handlungsnorm im Gemeinschaftsrecht*

Der Entscheidungsmodus, mit dem solche Zielkonflikte zu lösen sind, ist der gemeinschaftsrechtliche Verhältnismäßigkeitsgrundsatz als Handlungsnorm. Weil er zu den Grundsätzen des Gemeinschaftsrechts zählt (1.a)) und die Gemeinschaftsorgane vor vielfältigen Abwägungsaufgaben stehen, ist sein Anwendungsbereich groß (1.b)). Der EuGH verfolgt eine „multipolare" Abwägung, die als Absage an eine segmentierende Entscheidungsherstellung verstanden werden kann (1.c)).

### 1. Der Modus zur Bewältigung von Zielkonflikten: Abwägung unter Beachtung des Verhältnismäßigkeitsgrundsatzes

Nach der Rechtsprechung des EuGH sind die Gemeinschaftsorgane verpflichtet, im Sinne einer Harmonisierung der Konflikte die primärrechtlichen Zielsetzungen so weit wie möglich zu verwirklichen und in Einklang zu bringen.[24] Dabei könne es nicht ausbleiben, dass in der Konkretisierung das eine oder andere Ziel zurücktreten müsse.[25] Die darin zu erkennende Optimierungsaufgabe[26] entspricht der Sache nach dem Grundsatz der

[24] EuGH, Rs. 5/67 (*Beus*), Slg. 1968, S. 125 (147); Rs. 59/83 (*Biovilac*), Slg. 1984, S. 4057, Rz. 16; Rs. C-280/93 (*Deutschland/Rat* – Bananenmarktordnung), Slg. 1994, S. I-4973, Rz. 47; Rs. C-44/94 (*National Federation of Fishermen's Organisations*), Slg. 1995, S. I-3115 (3147); zustimmend *M. Zuleeg*, in: Schwarze/von der Groeben, EUV/EGV-Kommentar, Bd. 1, 2004, Art. 2 EG Rz. 12.

[25] EuGH, Rs.8/57 (*Groupement des Hauts Fourmeaux et Aciéries Belges/Hohe Behörde*), Slg. 1958, S. 231 (254); Rs. 5/73 (*Balkan-Import-Export/Hauptzollamt Berlin-Packhof*), Slg. 1973, S. 1091 (1112); Rs. 29/77 (*Roquette Frères/Französischer Staat*), Slg. 1977, S. 1835 (1843); Rs. 139/79 (*Maizena/Rat*), Slg. 1980, S. 3393 (3421); M. Zuleeg, in: Schwarze/von der Groeben, EUV/EGV-Kommentar, Bd. 1, 2004, Art. 2 EG Rz. 12.

[26] *R. Streinz*, in: Streinz, EU-Kommentar, 2003, Art. 2 EG Rz. 38.

praktischen Konkordanz des deutschen Verfassungsrechts,[27] was für die Querschnittsklausel des erwähnten Art. 6 EG, nach der die Gemeinschaftsorgane den Umweltschutz in ihre sonstigen Politiken einbeziehen müssen, ausdrücklich anerkannt wird.[28]

Wie bereits erläutert, fordert der Grundsatz der Herstellung praktischer Konkordanz nichts anderes als das Verhältnismäßigkeitsprinzip,[29] welches somit auch im Gemeinschaftsrecht das Verfahren angibt, nach dem in konkreter Weise die zueinander in Spannung stehenden Prinzipien in einen Ausgleich gebracht werden.[30] Dementsprechend folgt die Alternativenwahl dem Dreischritt Geeignetheit[31] – Notwendigkeit[32] – Angemessenheit.[33] Für die Strukturierung hoheitlicher Handlungen bedeutet das auch im Gemeinschaftsrecht, dass

– zunächst die vom Gesetzgeber zu verfolgenden Ziele konkretisiert werden müssen (Problemidentifikation),

– die zur Verfügung stehenden Handlungsalternativen vollständig zusammenzustellen sind,

– eine Bestandserhebung einschließlich der Prognosen über die Auswirkungen der verschiedenen Optionen durchzuführen ist und schließlich

[27] Für die Übernahme des Gedankens in das Gemeinschaftsrecht plädieren *R.-O. Schwemer*, Die Bindung des Gemeinschaftsgesetzgebers an die Grundfreiheiten, 1995, S. 54ff. m.w.N.; *C. Pollak*, Verhältnismäßigkeitsprinzip und Grundrechtsschutz in der Judikatur des Europäischen Gerichtshofs und des Österreichischen Verfassungsgerichtshofs, 1991, S. 42; *W. Schroeder*, in: Streinz, EU-Kommentar, 2003, Art. 30 Rz. 56.

[28] *W. Kahl*, Umweltprinzip und Gemeinschaftsrecht: eine Untersuchung zur Rechtsidee des „bestmöglichen Umweltschutzes" im EWG-Vertrag, 1993, S. 178; *C. Callies*, in: Callies/Ruffert, EUV/EGV-Kommentar, 2002, Art. 6 EG Rz. 6; *A. Epiney*, Umweltrecht in der Europäischen Union$^2$, 2005, S. 112f.; *K. Hailbronner*, Stand und Perspektiven der EG-Umweltgesetzgebung, in: Callies/Wegener (Hrsg.), Europäisches Umweltrecht als Chance, 1992, S. 15 (20); *E. Grabitz/M. Nettesheim*, in: Grabitz/Hilf, Das Recht der Europäischen Union (Amsterdamer Fassung), 1999, Art. 130r EGV, Rz. 59; *M. Schröder*, § 9 Umweltschutz als Gemeinschaftsziel und Grundsätze des Umweltschutzes, in: Rengeling (Hrsg.), Handbuch zum europäischen und deutschen Umweltrecht, 1998, Rz. 27; *J.H. Jans*, European environmental law$^2$, 2000, S. 19; *D.H. Scheuing*, EuR 1989, S. 152 (176f.).

[29] S. o. E.III.2.d)aa)(1).

[30] Ebenso *W. Schroeder*, Das Gemeinschaftsrechtssystem, 2002, S. 280; *R. Streinz*, in: Streinz, EU-Kommentar, 2003, Art. 2 EG Rz. 40; *T. von Danwitz*, EWS 2003, S. 393 (394); *R.-O. Schwemer*, Die Bindung des Gemeinschaftsgesetzgebers an die Grundfreiheiten, 1995, S. 54f.

[31] S. etwa EuGH, Rs. C-317/92 (*Kommission/Deutschland*), Slg. 1994, S. I-2039ff., Rz. 17.

[32] EuGH, Rs. C-315/92 (*Clinique*), Slg. 1994, S. I-317ff., Rz. 21f.; Rs. C-2/90 (*Kommission/Belgien – Abfallimport*), Slg. 1992, S. I-4431ff., Rz. 30ff.

[33] EuGH, Rs. C-293/93 (*Houtwipper*), Slg. 1994, S. I-4249ff., Rz. 25f.

– eine abschließende Bewertung der verschiedenen Lösungsmöglichkeiten unter Beachtung des Gewichts der berührten Interessen getroffen werden muss.[34]

### a) *Geltungsgrund und Rang des Verhältnismäßigkeitsgrundsatzes*

Die vorstehende Gliederung von Abwägungsvorgängen kann generelle Gültigkeit beanspruchen. Das bedeutet aber nicht ohne weiteres gleichzeitig, dass dem Verhältnismäßigkeitsgrundsatz als Handlungsnorm auch überall rechtliche Geltung als Obliegenheit zukommen müsste. So beschränkt der EG-Vertrag an zahlreichen Stellen das Handeln der Gemeinschaft[35] oder der Mitgliedstaaten[36] auf „erforderliche" oder „angemessene" Maßnahmen. Daher ist erwogen worden, ob der Verhältnismäßigkeitsgrundsatz nicht enumerativ kodifiziert worden sei.[37] Das hätte zum einen zur Folge, dass dann, wenn das einschlägige Gemeinschaftsrecht die Anwendung des Grundsatzes nicht ausdrücklich vorschreibt, er nicht ohne weiteres herangezogen werden könnte. Zum anderen stünde die Begrenzung auf erforderliche Maßnahmen, wie sie etwa Art. 5 Abs. 3 EG oder das Protokoll Nr. 30 über die Anwendung der Grundsätze der Subsidiarität und der Verhältnismäßigkeit zum Vertrag von Amsterdam vorsehen, einer Betrachtung ihrer Angemessenheit entgegen. Ob das als Kontrollmaßstab überzeugen würde, ist noch zu prüfen.[38] Als Handlungsnorm hätte ein derart verkürzter Verhältnismäßigkeitsgrundsatz keinen Sinn, da er sich auf die Maßgabe beschränken würde, keine Lösungen zu wählen, zu denen es pareto-superiore

---

[34] Ähnlich auch *O. Koch*, Der Grundsatz der Verhältnismäßigkeit in der Rechtsprechung des Gerichtshofs der Europäischen Gemeinschaften, 2003, S. 517f.

[35] Art. 5 Abs. 3 EG („erforderliches Maß" von Maßnahmen der Gemeinschaft gegenüber den Mitgliedstaaten); Art. 38 Abs. 2 EG („erforderliche Höhe" von Agrar-Ausgleichsabgaben); Art. 100 Abs. 1 EG (Entscheidungen des Rates über die der Wirtschaftslage angemessenen Maßnahmen); Art. 185 EG („erforderliche Abhilfemaßnahmen" bei Verkehrsverlagerungen); Art. 228 Abs. 2 EG („angemessenes" Zwangsgeld bei Vertragsverstoß eines Mitgliedstaates); s. *O. Koch*, Der Grundsatz der Verhältnismäßigkeit in der Rechtsprechung des Gerichtshofs der Europäischen Gemeinschaften, 2003, S. 160 m.w.N.

[36] Art. 15 Abs. 2 EG („geringstmögliche Störung des Binnenmarktes durch Ausnahmeregelungen"); Art. 58 Abs. 1b EG (Zulässigkeit „unerläßlicher" Beschränkungen des Kapitalverkehrs); Art. 85 Abs. 2 EG („erforderliche Abhilfemaßnahmen" bei Wettbewerbsverstößen); Art. 120 Abs. 1 EG („unbedingt erforderliche" Abwehrmaßnahmen bei Zahlungsbilanzkrise); weitere Nachweise s. *O. Koch* (S. 508, Fn. 35), S. 160f.

[37] S. Schlussanträge des Generalanwalts *Rozès*, Rs. 181/82 (*Roussel*), Slg. 1981, S. 3849 (3875); *C. Pollak*, Verhältnismäßigkeitsprinzip und Grundrechtsschutz in der Judikatur des Europäischen Gerichtshofs und des Österreichischen Verfassungsgerichtshofs, 1991, S. 36.

[38] S.u. II.II.

Alternativen gibt. Damit würden in aller Regel nur wenige Alternativen ausgeschlossen.

Eine Sichtweise, die die Geltung einzelner Merkmale des Verhältnismäßigkeitsgrundsatzes von den Zufälligkeiten der jeweiligen Formulierung abhängig machen würde, fände auch keine Stütze in der Rechtsprechung des EuGH, in der das Verhältnismäßigkeitsprinzip im Rang eines Grundsatzes des Gemeinschaftsrechts steht, weshalb er zum Primärrecht zu zählen ist.[39] Infolgedessen ist ihm auch die Gesetzgebung der Gemeinschaft unterworfen.[40] Der Verhältnismäßigkeitsgrundsatz gilt gleichfalls für das Gericht erster Instanz[41] und die Mitgliedstaaten.[42] Er betrifft damit auch die Rechtsanwendung, indem er als Auslegungsgrundsatz in bezug auf Gemeinschaftsrecht als auch bezüglich des Rechts der Mitgliedstaaten fungiert, soweit es zur Umsetzung oder zum Vollzug gemeinschaftsrechtlicher Bestimmungen dient.[43] Der allgemeinen und vollumfänglichen Geltung des Verhältnismäßigkeitsprinzips ist schon deshalb zuzustimmen, weil der Grundsatz der Verhältnismäßigkeit ein Ausfluss der Rechtsstaatlichkeit ist,[44] auf die sich die Mitgliedstaaten der EU verpflichtet haben.[45] An der umfassenden Geltung des Grundsatzes als allgemeine Leitlinie gemeinschaftsrechtlichen Handelns[46] kann damit kein ernstlicher Zweifel bestehen.[47]

---

[39] EuGH, Rs. 222/84 (*Johnston*), Slg. 1986, S. 1651 (1687); Rs. C-27/95 (*Bakers of Nailsea*), Slg. 1997, S. I-1847 (1867); dem folgt das EuG, s. etwa Rs. T-162/94 (*NMB France II*), Slg. 1996, S. I-427 (455, Rz. 69); Rs. 112/80 (*Dürbeck*), Slg. 1981, S. 1095 (1119).

[40] EuGH, Rs.11/70 (*Internationale Handelsgesellschaft*), Slg. 1970, S. 1135, Rz. 14ff.; Rs. 122/78 (*Buitoni*), Slg.1979, S. 677, Rz. 16/18; Rs. 240/78 (*Atalanta*), Slg. 1979, S. 2137 (2147, Rz. 15); Rs. C-26/90 (*Wünsche III*), Slg. 1991, S. I-4961 (4972, Rz. 13); Rs. C-295/94 (*Hüpeden*), Slg. 1996, S. I-3375 (3396, Rz. 14); Rs. C-315/94 (*Pietsch*), Slg. 1996, S. I-3409 (3412, Rz. 15).

[41] EuGH, Rs. C-242/90 P (*Albani*), Slg. 1993, S. I-3839 (3870).

[42] St. Rspr., beginnend mit EuGH, Rs. 120/78 (*Rewe Zentral AG – Cassis de Dijon*), Slg. 1979, S. 649ff.; aus jüngerer Zeit Rs. C-369/95 (*Somalfriut*), Slg. 1997, S. 6619 (Rz. 46).

[43] *E. Pache*, NVwZ 1999, S. 1033 (1036ff.) m.w.N.

[44] So die überwiegende Auffassung in der deutschen Literatur, s. etwa *E. Pache*, NVwZ 1999, S. 1033 (1035); *G. Hirsch*, Das Verhältnismäßigkeitsprinzip im Europäischen Gemeinschaftsrecht, 1997, S. 13; *C. Pollak*, Verhältnismäßigkeitsprinzip und Grundrechtsschutz in der Judikatur des Europäischen Gerichtshofs und des Österreichischen Verfassungsgerichtshofs, 1991, S. 40; *O. Koch*, Der Grundsatz der Verhältnismäßigkeit in der Rechtsprechung des Gerichtshofs der Europäischen Gemeinschaften, 2003, S. 196.

[45] Vgl. Art. 6 Abs. 1 EUV.

[46] *T. von Danwitz*, EWS 2003, S. 393 (394 l. Sp.).

[47] Für eine allgemeine Geltung des Grundsatzes wegen Art. 5 Abs. 3 EG plädieren unter anderem: *A. von Bogdandy/M. Nettesheim*, in: Grabitz/Hilf, Das Recht der Europäischen Union (Amsterdamer Fassung), 1999, Art. 3 EG Rz. 45; *G. Hirsch*, Das Verhältnismäßigkeitsprinzip im Europäischen Gemeinschaftsrecht, 1997, S. 11; *A. Hatje*, Die gemeinschaftsrechtliche Steuerung der Wirtschaftsverwaltung, 1996, S.110; *M. Schweitzer/W. Hummer*, Europarecht$^{6}$, 2001, S. 256.

### b) Anwendungsbereich

Dementsprechend weit ist der Anwendungsbereich des Verhältnismäßigkeitsgrundsatzes. Seine Heranziehung ist auf allen Gebieten gefordert, in denen die Gemeinschaftsorgane vor Abwägungsaufgaben gestellt sind.[48] Das betrifft zunächst den großen Bereich der Rechtsangleichung, aus dem die oben genannten Beispiele stammen. In dem Konflikt zwischen der Errichtung des Gemeinsamen Marktes und den nicht notwendigerweise damit vollen Umfangs harmonierenden Interessen der einzelnen Mitgliedstaaten liegt eine Optimierungsaufgabe, die unter Heranziehung des Verhältnismäßigkeitsgrundsatzes zu bewältigen ist. Das ist in der Rechtsprechung als solches nicht mehr umstritten.[49] Die zum Teil hohe Komplexität dieser Abwägungsentscheidungen wird auch in der Literatur anerkannt.[50]

Nicht nur das Gemeinschaftsziel der Verwirklichung des Gemeinsamen Marktes einerseits und einzelstaatliche Regelungsinteressen andererseits seien Teil der Abwägung, sondern auch die mit der Rechtsangleichung verbundenen inhaltlichen Ziele der Gemeinschaft, so etwa der Umweltschutz oder der Gesundheitsschutz.[51] Ferner seien insbesondere wegen Ziffer 7 des Protokolls über die Anwendung der Grundsätze der Subsidiarität und der Verhältnismäßigkeit die Gesichtspunkte der Kontinuität der Rechtsentwicklung und der Kohärenz der mitgliedstaatlichen Rechtsordnung zu berücksichtigen.[52] Das kann zu beachtlichen Problemen bei der Lösungssuche führen, wie an dem Entwurf einer Dienstleistungsrichtlinie zu sehen ist, die mit ihrem Konzept eines Herkunftslandprinzips zu abwägungsrelevanten Effekten bei der Einbettung in die mitgliedstaatlichen Rechtsordnungen führt.

Darüber hinaus ist nach einhelliger Ansicht zu beachten, welche individuellen Freiheitsbeeinträchtigungen von einer Rechtsangleichungsmaßnahme

---

[48] Vgl. den umfassenden Überblick über die Sachgebiete, in denen der Verhältnismäßigkeitsgrundsatz schon zum Einsatz gekommen ist, von *O. Koch*, Der Grundsatz der Verhältnismäßigkeit in der Rechtsprechung des Gerichtshofs der Europäischen Gemeinschaften, 2003, S. 290–493.

[49] EuGH, Rs. C-491/01 (*British American Tobacco u. a.*), Slg. 2002, S. I-11453, Rz. 122; Rs. 137/85 (*Maizena*), Slg. 1987, Rz. 15, Rs. C-339/92 (*ADM Ölmühlen*), Slg. 1993, S. I-6473, Randnr. 15, und Rs. C-210/00 (*Käserei Champignon Hofmeister*), Slg. 2002, I-6453, Rz. 59.

[50] In diesem Sinne deutlich *C. Tietje*, in: Grabitz/Hilf, Das Recht der Europäischen Union (Amsterdamer Fassung), Bd. II, 2003, vor Art. 94–97 EG Rz. 57.

[51] *GA Fennelly*, EuGH, Rs. C-376/98 (*Deutschland/Parlament und Rat*), Slg. 2000, S. I-8423, Rz. 97; *C. Tietje* (S. 510, Fn. 50), vor Art. 94–97 EG Rz. 55.

[52] *C. Tietje* (S. 510, Fn. 50), vor Art. 94–97 EG Rz. 55; *H. H. Herrnfeld*, in: Schwarze/von der Groeben, EUV/EGV-Kommentar, Bd. 2, 2003, Art. 94 EG Rz. 40.

ausgehen (können).[53] Die Belastungen, die auf die chemische Industrie direkt und auf die Verbraucher indirekt durch die geschilderte Novellierung des Chemikalienrechts zukommen könnten, geben hierfür ein typisches Beispiel. Besondere Relevanz entfaltet der Verhältnismäßigkeitsgrundsatz insoweit als Schranken-Schranke von Eingriffen in Gemeinschaftsgrundrechte und Gemeinschaftsgrundfreiheiten. Für die *Gemeinschaftsgrundrechte* ist das unumstritten.[54] Obgleich ursprünglich als subjektive Rechtsverbürgungen gegenüber den Mitgliedstaaten gedacht, finden darüber hinaus die *Grundfreiheiten* nach der Rechtsprechung des EuGH[55] mit Billigung der Literatur[56] auch für Handlungen der Gemeinschaftsorgane Anwendung. Das gilt ebenso für Rechtsangleichungsmaßnahmen, die Grundfreiheiten berühren.[57]

Außerdem findet der Verhältnismäßigkeitsgrundsatz Anwendung auf die Festsetzung von Produktionsquoten für bestimmte Erzeugnisse, deren Überschreitung den Wegfall von Beihilfen,[58] Zusatzabgaben[59] oder sogar strafrechtliche Konsequenzen[60] nach sich ziehen können.[61] Ferner ist auch die Kürzung von Produktionsquoten als weitere Verschärfung an den

---

[53] Für Viele *C. Tietje* (S. 510, Fn. 50), vor Art. 94–97 EG Rz. 56; *H.H. Herrnfeld* (S. 510, Fn. 52), Art. 94 EG Rz. 40.

[54] *GA Fennelly,* EuGH, Rs. C-376/98 (*Deutschland/Parlament und Rat*), Slg. 2000, S. I-8423, Rz. 151 ff.; Rs. C-491/01 (*Britisch American Tobacco*), Slg. 2002, S. I-11453, Rz. 149; *C. Tietje* (S. 510, Fn. 50), vor Art. 94–97 EG Rz. 47.

[55] EuGH, verbundene Rs. 80 und 81/77 (*Ramel*), Slg. 1978, S. 927 ff.; Rs. 37/82 (*Rewe-Zentrale AG*), Slg. 1984, S. 1229, Rz. 18; Rs. C-51/93 (*Meyhui*), Slg. 1994, S. I-3879, Rz. 11; Rs. C-114/96 (*Kieffer und Thill*), Slg, 1997, S. I-3629, Rz. 27; Rs. C-284/95 (*Safety Hi-Tech ./. S.& T.Srl.*), Slg. 1998, S. I-4301, Rz. 63).

[56] *R.-O. Schwemer*, Die Bindung des Gemeinschaftsgesetzgebers an die Grundfreiheiten, 1995, S. 25 ff.; *U. Scheffer*, Die Marktfreiheit des EG-Vertrages als Ermessensgrenze des Gemeinschaftsgesetzgebers, 1997, S. 104 ff.; *C. Tietje*, in: Grabitz/Hilf, Das Recht der Europäischen Union (Amsterdamer Fassung), Bd. II, 2003, vor Art. 94–97 EG Rz. 48.

[57] Auf den Streit, inwieweit Rechtsangleichungsmaßnahmen einer milderen Beurteilung unterliegen, kommt es für die Betrachtung des Verhältnismäßigkeitsgrundsatzes als Handlungsanweisung nicht an (für eine mildere Beurteilung einerseits *J. Caspar*, EuZW 2000, S. 237 (240 r. Sp.), andererseits *T. Stein*, EuZW 2000, S. 337 (338 r. Sp.)).

[58] Höchstgarantiemengenregelungen für Getreide, Olivenöl, Ölsaaten, Tomaten, Obst und Gemüse, Schaffleisch und Tabak (vgl. die ausführliche Darstellung bei *R. Priebe/R. Mögele*, Agrarrecht, in: Dauses (Hrsg.), Handbuch des EU-Wirtschaftsrechts, 2003, Rz. 66 ff. m. w. N.

[59] S. etwa die Zusatzabgabe der Milchreferenzmengenregelung nach Art. 1 der VO (EWG) Nr. 3950/92 vom 28.12.1992, ABl. L 405, S. 1.

[60] Stahlerzeugerquoten zwischen 1980 und 1988: Art. 58 Abs. 4 EGKS; Fischfangquoten nach VO (EWG) Nr. 3760/92, ABl. EG Nr. L 389/1, vgl. *R. Priebe/R. Mögele*, Agrarrecht, in: Dauses (Hrsg.), Handbuch des EU-Wirtschaftsrechts, 2003, Rz. 123.

[61] EuGH, verb. Rs. 63 und 147/84 (*Finsider*), Slg. 1985, S. 2857 (2873, Rz. 31); Rs. C-4/96 (*NIFPO und Northern Fishermen's Association*), Slg. 1998, S. I-681 (718, 737, Rz. 57).

Grundsätzen der Verhältnismäßigkeit auszurichten.[62] Werden Subventionen gekürzt, so liegt ebenfalls eine dem Grundsatz der Verhältnismäßigkeit unterliegende Belastung vor.[63] Auch die Höhe der Subventionen ist mit Blick auf benachteiligte Mitbewerber dem Verhältnismäßigkeitsgrundsatz unterworfen.[64] Schließlich sieht es der EuGH als Aufgabe der Gemeinschaftsorgane an, bei der Begrenzung von Importen aus Drittländern einen Ausgleich der divergierenden Interessen herzustellen.[65]

### c) Segmentierung oder Gesamtabwägung?

Der Rechtsprechung des EuGH ist aber nicht nur die Geltung des Verhältnismäßigkeitsgrundsatzes als Handlungsnorm zu entnehmen, sondern auch, dass eine segmentierte Abwägung nicht in Betracht kommen dürfte. Zur Kontrolle gemeinschaftsrechtlicher Handlungen blickt der EuGH jedenfalls auf die mögliche Beeinträchtigung aller betroffenen Rechtsgüter.[66] Dazu zählen regelmäßig die Interessen der Gemeinschaft, des betroffenen Mitgliedstaates und der Bürger.[67] So würdigte der Gerichtshof in der Bananenmarkt-Entscheidung, die eine Restriktion des Imports von Bananen aus Nicht-EU-Staaten betraf, nicht nur die Berufsfreiheit und das Eigentumsgrundrecht der Bananenhändler, sondern auch die Interessen der Gemeinschaft an einer einheitlichen Marktorganisation und die Belange des betroffenen Mitgliedstaates, worunter im Falle der Bundesrepublik Deutschland die zu erwartende Erhöhung der Bananenpreise zählte.[68] Das Herangehen des EuGH ist daher mit Recht als „multipolare Abwägung"

[62] EuGH, Rs. C-311/90 (*Hierl*), Slg. 1992, S. I-2061 (2080).

[63] EuGH, Rs. C-350/88 (*Delacre*), Slg. 1990, S. 395ff. (Rz. 27f.).

[64] EuGH, verbundene Rs. 56–60/74 (*Kampffmeyer II*), Slg. 1976, S. 711 (745f.); Rs. 166/78 (*Italien/Rat*), Slg. 1979, S. 2575 (2601); verbundene Rs. 279, 280, 285, 286/84 (*Rau/Kommission*), Slg. 1987, S. 1069ff.

[65] EuGH, Rs. Rs. C-280/93 (*Deutschland/Rat*), Slg. 1994, S. I-4973 (5002, Rz. 91); Rs. C-44/94 (*Fishermen's Organisations u. a.*), Slg. 1995, S. I-3115, Rz. 37, und Rs. C-150/94 (*Vereinigtes Königreich/Rat*), Slg. 1998, S. I-7235, Rz 87; Rs. C-17/98 (*Emesa Sugar*), Slg. 1998, S. I-675, Rz. 53.

[66] EuGH, Rs. 186/73 (*Norddeutsches Vieh- und Fleischkontor GmbH*), Slg. 1974, S. 533 (543); Rs. 331/88 (*Fedesa*), Slg. 1990, S. I-4063f., Rz. 16; Rs. C-280/93 (*Deutschland/Rat – Bananenmarktordnung*), Slg. 1994, S. I-4973 (5086, Rz. 94f.).

[67] In diesem Sinne bereits die Beobachtung von *I. Pernice*, Grundrechtsgehalte im Europäischen Gemeinschaftsrecht, 1979, S. 231.

[68] EuGH, Rs. C-280/93 (*Deutschland/Rat – Bananenmarktordnung*), Slg. 1994, S. I-4973 (5086, Rz. 94f.). Hinter den „Interessen der Gemeinschaft" verbargen sich auch die Interessen der Mitgliedstaaten, in deren überseeischen Provinzen Bananen angebaut werden und die nicht so kostengünstig produzieren wie manche Nicht-EU-Staaten.

bezeichnet worden.[69] Ohnehin scheint die Rechtsprechung des EuGH einer Prüfung nach Art der „*théorie du bilan*" des französischen Verwaltungsrechts zu ähneln, nach der die zu prüfende Maßnahme einer bilanzierenden Gesamtbetrachtung unterworfen wird.[70]

Zielt der Verhältnismäßigkeitsgrundsatz als Prüfmaßstab mithin auf eine Betrachtung aller betroffenen Belange, so kann das hinsichtlich seiner Gestalt als Handlungsnorm nicht anders sein. Die Segmentierung der Abwägung, also die Nichtberücksichtigung schutzwürdiger und von der Maßnahme voraussichtlich betroffener Güter etwa nur aus Gründen der Vereinfachung des Verfahrens oder wegen des Wunsches, bestimmte Ergebnisse des Abwägungsvorgangs zu erzielen, ist daher grundsätzlich unzulässig. Die entsprechenden Überlegungen zur Ermittlungstiefe, wie sie vorstehend für das deutsche Verwaltungsrecht angestellt wurden, lassen sich insoweit ohne weiteres übertragen.[71] Danach kommt es mit Blick auf die zu berücksichtigenden Belange und die zu betrachtenden Alternativen für das angemessene Maß der Intensität der Sachverhaltsermittlung entscheidend auf den erwarteten Nutzen der Gewinnung weiterer Informationen an.[72]

### 2. Zwischenergebnis: Die Funktionen des Verhältnismäßigkeitsgrundsatzes im Gemeinschaftsrecht

Zusammenfassend lässt sich festhalten, dass der Verhältnismäßigkeitsgrundsatz im Europarecht nicht nur Kontrollnorm ist, sondern auch eine Funktion als Handlungsanweisung erfüllt. Er steht als allgemeiner Grundsatz des Gemeinschaftsrechts im Rang von Primärrecht, weshalb ihm auch die Gemeinschaftsgesetzgebung unterworfen ist. Er gilt nicht nur dort, wo er ausdrücklich angeordnet worden ist, sondern allgemein, weshalb er die Entscheidungsherstellung immer dann anleiten muss, wenn und soweit sich Abwägungsaufgaben stellen. Besondere Bedeutung kommt ihm zu, wenn Grundrechtseingriffe durch belastende Maßnahmen der Gemeinschaftsorgane zu befürchten sind. Dabei verfolgt der EuGH den Ansatz einer multipolaren Gesamtabwägung, weshalb die Gemeinschaftsgesetzgebung die Obliegenheit hat, konfligierende Interessen im Wege der Herstellung

---

[69] *O. Koch*, Der Grundsatz der Verhältnismäßigkeit in der Rechtsprechung des Gerichtshofs der Europäischen Gemeinschaften, 2003, S. 273.

[70] Da das eine Kontrollfrage betrifft, wird darauf erst unter H.II näher eingegangen. Grundlegend für die *théorie du bilan* ist die Entscheidung des *Conseil d'État*, 28.5.1971 (*Ville Nouvelle-Est*); zur Erläuterung des Ansatzes vgl. *G. Braibant*/*B. Stirn*, Le droit administratif français[6], 2002, S. 283 f.; *R. Romi*, Droit et administration de l'environnement[4], 2001, S. 84–86.

[71] S. o. C.III.4 und C.IV.1.a)bb).

[72] S. die Nachweise auf S. 203, Fn. 439.

praktischer Konkordanz aller betroffenen Interessen zu einem schonenden Ausgleich zu bringen.

Dass es sich hierbei nicht um eine volle Rechtspflicht handelt, liegt insbesondere an den Begründungsanforderungen für Gemeinschaftsorgane, auf die nunmehr einzugehen ist.

## *III. Begründungsanforderungen für Gemeinschaftsorgane*

### 1. Die Entscheidungsgründe im Sinne von Art. 253 EG

#### *a) Zwecke der Entscheidungsgründe und rechtliche Anforderungen*

Die durch Art. 253 EG statuierte Begründungspflicht besteht bereits seit den Anfängen der Europäischen Wirtschaftsgemeinschaft und der Europäischen Atomgemeinschaft in nahezu identischer Form (Art. 190 EGV). Anpassungen erfolgten lediglich zum Zwecke der Berücksichtigung der Mitwirkungsbefugnisse des Parlaments. Die Begründungspflicht sollte ein Gegengewicht zur partiellen Aufgabe von Souveränitätsrechten bilden, die der Beitritt zur EG für die Mitgliedstaaten bedeutet.[73] Die Pflicht zur Angabe von Gründen erstreckt sich nicht nur auf Einzelentscheidungen, sondern auch und gerade auf von Organen der EG erlassene Rechtsnormen in Gestalt von Verordnungen und Richtlinien.

Die einzelnen Aufgaben der Begründung im Sinne von Art. 253 EG entsprechen denen, die im deutschen Recht für Verwaltungsakte anerkannt sind.[74] Zunächst soll der Zwang, eine Begründung geben zu müssen, die sorgfältige Herstellung der Entscheidung fördern (Selbstkontrolle).[75] Den Betroffenen erleichtern die Entscheidungsgründe das Verständnis des Rechtsaktes; sie helfen ihnen gegebenenfalls bei der Nutzung von Rechtsschutzmöglichkeiten.[76]

[73] Dies wird in der Rechtsprechung des EuGH erkennbar, in der die durch die Begründungpflicht zu schützende Souveränität der Mitgliedstaaten aufgegriffen wird (EuGH, Rs. 106/77 (*Simmenthal*), Slg. 1978, S. 629 (643, Rz. 14/16–21/23); Rs. 804/79 (*Fisheries Conservation*), Slg. 1981, S. 1045 (1072f., Rz. 17–20).

[74] *E. Grabitz*, in: Grabitz/Hilf, Das Recht der Europäischen Union (Amsterdamer Fassung), Bd. Altband II, Art. 137–248 (Maastrichter Fassung), 1999, Art. 190 Rz. 1.

[75] *H.P. Ipsen*, Europäisches Gemeinschaftsrecht, 1972, S. 517.

[76] Der EuGH anerkennt diese Funktion der Entscheidungsgründe in ständiger Rechtsprechung (s. nur EuGH, verbundene Rechtssachen 46/87 und 227/88 (*Hoechst/Kommission*), Slg. 1989, S. 2859 (2930, Rz. 42); verbundene Rechtssachen 121/91 und 122/91 (*CT Control u. a./Kommission*), Slg. 1993, S. I-3873 (3904, Rz. 31–35)). Auch für das EuG hat die Begründung diese Aufgabe (EuG, Rs. T-66/89 (*Publishers' Association/Kommission*), Slg. 1992, S. II 1995 (2024, Rz. 75); Rs. T-24/90 (*Automec/Kommission*), Slg. 1992, S. II-

Schließlich soll eine Begründung die Gerichte bei der Kontrolle der Rechtsakte unterstützen. Sieht man mit der Rechtsprechung des EuGH und der ihm mehrheitlich folgenden Literatur in Art. 253 EG eine wesentliche Formvorschrift im Sinne des Art. 230 Abs. 2 EG, so macht ein Verstoß gegen die Begründungspflicht den Rechtsakt anfechtbar und kann zu seiner Nichtigkeit führen.[77] Die Begründung müsse die Überlegungen des Gemeinschaftsorgans, das den Rechtsakt erlassen hat, „so klar und eindeutig zum Ausdruck bringen, dass die Betroffenen ihr die Gründe für die erlassene Maßnahme entnehmen könnten und der Gerichtshof seine Kontrolle ausüben“ könne.[78] In seinem Urteil vom 7. Juli 1981 verlangte der EuGH darüber hinaus die Widerspruchsfreiheit der Begründung.[79] Des weiteren ist die Begründung in der Regel mit dem Rechtsakt in einer Urkunde zusammenzufassen („Simultanbegründung“).[80]

Dieser an sich stringente Ansatz wird allerdings dadurch flexibler gemacht, dass nur solche Begründungsmängel die Nichtigkeitsfolge auslösen, die bei Abwägung aller Umstände als schwerwiegend erscheinen.[81] Das EuG hat verschiedentlich entschieden, der Umfang der Begründungspflicht hänge von der Art des betreffenden Rechtsakts und von Kontext ab, in dem er erlassen worden sei.[82] Was die weiteren inhaltlichen Anforderungen an die Begründung angeht, so sind nach der Rechtsprechung des EuGH lediglich die „wichtigsten rechtlichen und tatsächlichen“ Gründe anzugeben, auf die der Rechtsakt gestützt wird.[83] Selbst dies ist nach der Rechtsprechung des Gerichtshofs nicht stets erforderlich, da die Frage, ob die Begründung einer Entscheidung den Erfordernissen von Art. 253 EG genügt, nicht nur im Hinblick auf deren Wortlaut zu beur-

---

2223 (2273f., Rz. 85–86). Vgl. *C. Callies*, in: Callies/Ruffert, EUV/EGV-Kommentar, 2002, Art. 253 EG Rz. 5.

[77] *E. Grabitz*, in: Grabitz/Hilf, Das Recht der Europäischen Union (Amsterdamer Fassung), Bd. Altband II, Art. 137–248 (Maastrichter Fassung), 1999, Art. 190 Rz. 7.

[78] EuGH, Rs. 466/93, Slg. 1995, I-3799, Rz. 16.

[79] EuGH, Rs. 158/80 (*Rewe*), Slg. 1981, S. 1805 (1833f., Rz. 25f.).

[80] EuGH, Rs. 111/63, Slg. 1965, S. 893 (915); *T. Müller-Ibold*, Die Begründungspflicht im europäischen Gemeinschaftsrecht und im deutschen Recht: eine rechtsvergleichende Untersuchung, 1990, S. 77.

[81] EuGH, Rs. 89/79 (*Bonu*), Slg. 1980, S. 553 (Rz. 7f.); Rs. 264/82 (*Timex*), Slg. 1985, S. 849 (Rz. 31); Rs. 248/84 (*Deutschland/Kommission*), Slg. 1987, S. 4013 (Rz. 22); vgl. *C. Callies*, in: Callies/Ruffert, EUV/EGV-Kommentar, 2002, Art. 253 Rz. 26, m.w.N.

[82] EuG, Rs. T-551/94 u.a. (*Industrias Pesqueras Campos u. a. /Kommission*), Slg. 1996, II-247, Rz. 140; Rs. T-46/98 (*CCRE/Kommission*), Slg. 2000, II-167 Rz. 46; Rs. T-80/00 (*Associação Comercial de Aveiro/Kommission*), Slg. 2002, II-2465, Rz. 35.

[83] EuGH, Rs. 24/62 (*Deutschland/Kommission* – Brennwein), Slg. 1963, S. 143 (155); Rs. 36/64, Slg. 1965, S. 447 (461); Rs. 176/82, Slg. 1983, S. 2475 (2478, Rz. 21); verbundene Rechtssachen 296 und 318/82, Slg. 1985, S. 809 (824, Rz. 23); verbundene Rechtssachen 240–242, 261, 262, 268 und 269/82, Slg. 1985, S. 1621 (3882, Rz. 8); Rs. 226/85, Slg. 1987, S. 1621 (1642, Rz. 18).

teilen sei, sondern auch aufgrund ihres Zusammenhangs sowie sämtlicher Rechtsvorschriften auf dem betreffenden Gebiet.[84] Schließlich dürfe sich die Begründung bei einem Rechtsakt mit allgemeiner Geltung darauf beschränken, die Gesamtlage anzugeben, die zu seinem Erlass geführt habe, und die allgemeinen Ziele zu bezeichnen, die mit ihm erreicht werden sollen.[85] Eine Begründung jeder einzelnen Bestimmung ist damit nach der Spruchpraxis des EuGH nicht notwendig.[86]

### *b) Begründungen am Beispiel der Novellierung des Chemikalienrechts (REACH)*

In der Praxis heißt das folgendes. Hat die Kommission einen Richtlinien- oder Verordnungsvorschlag erarbeitet, so fügt sie dem Entwurf eine Begründung bei.[87] In aller Regel enthält die Begründung zunächst eine nähere Bestimmung der mit dem Vorschlag verfolgten Ziele. Mit der Novellierung des Chemikalienrechts (*REACH*) will die Kommission ausweislich ihrer insgesamt 169 Seiten umfassenden Begründung

- den Schutz der menschlichen Gesundheit und der Umwelt,
- die Wahrung und Stärkung der Wettbewerbsfähigkeit der chemischen Industrie der EU,
- die Verhinderung einer Aufsplitterung des Binnenmarktes,
- verstärkte Transparenz,
- die Integration in internationale Vorhaben,
- die Förderung von Testmethoden ohne Verwendung von Tieren sowie
- die Einhaltung der von der EU im Rahmen der WTO eingegangenen internationalen Verpflichtungen

fördern.[88] Für keines dieser Ziele werden quantitativ bestimmte Kriterien benannt. Mit Hilfe einer allgemeinen Problemschilderung, einer problembezogenen Darstellung des geltenden Chemikalienrechts und seiner

---

[84] EuGH, Rs. C-350/88, Slg. 1990, I-395, Rz. 16.

[85] Gefestigte Rechtsprechung, beginnend mit EuGH, Rs. C-168/98, Slg. 2000, S. I-9131, Rz. 62, dann bestätigt in Rs. 127/00 (*Hässle AB/Ratiopharm GmbH*), Slg. 2003, S. I-14781, Rz. 44.

[86] EuGH, Rs. 250/84 (*Eridania*), Slg. 1986, S. 117, Rz. 37 und 38, und Rs. C-478/93 (*Niederlande/Kommission*), Slg. 1995, I-3081, Rz. 48f. Dem folgen *P. Skouris*, Die Begründung von Rechtsnormen, 2002, S. 78; *T. von Danwitz*, Verwaltungsrechtliches System und europäische Integration, 1996, S. 174ff.; *R. Geiger*, EUV/EGV$^4$, 2004, Art. 253 EG Rz. 5.

[87] S. etwa *Europäische Kommission*, Vorschlag für eine Verordnung zur Registrierung, Bewertung, Zulassung und Beschränkung chemischer Stoffe (REACH), KOM (2003) 644 endg., 2003, S. 5ff.

[88] *Europäische Kommission* (S. 516, Fn. 87), S. 5.

Defizite, einem Bericht über die Ergebnisse der öffentlichen Konsultationen einschließlich der gegen den Vorschlag der Kommission vorgebrachten Bedenken und der darauf bezogenen Reaktionen der Kommission wird das Rechtsetzungsvorhaben sodann erläutert. In diesem Rahmen wird ebenfalls auf rechtliche Fragen wie etwa die Vereinbarkeit der Initiative mit dem Grundsatz der Subsidiarität und der Verhältnismäßigkeit eingegangen. Es schließen sich detaillierte Ausführungen zu den einzelnen Bestimmungen des Vorschlags an. Am Ende des Dokuments präsentiert die Kommission den ausformulierten Verordnungsvorschlag einschließlich der dazugehörigen Präambel.

Was den argumentativen Teil der Begründung angeht, so widmet sich die Kommission ausführlich den durch die Verordnung auf die Industrie zukommenden Kosten, da hierin ein wesentliches Bedenken gegen das Vorhaben besonders in bezug auf solche Chemikalien lag, die in kleinen Mengen hergestellt werden.[89] Eine quantitative Abschätzung irgendeines Kostenpunktes wird in der Begründung nicht präsentiert. Beispielsweise führt die Kommission bei der Erörterung der Beibehaltung des Sicherheitsdatenblattes (*SDS – Safety Data Sheet*) aus, die Einführung eines alternativen Instrumentes würde die Kosten erhöhen, brächte aber kaum zusätzlichen Nutzen für die menschliche Gesundheit und die Umwelt.[90] Auch insgesamt verzichtet die Kommission in der Begründung ihres Vorschlags darauf, den erhofften Nutzen zu quantifizieren oder gar zu monetarisieren. Immerhin bezieht sich die Begründung des Kommissionsvorschlags auf die Folgenabschätzung des Vorhabens, ohne allerdings näher auszuführen, welche Rolle deren Ergebnisse für die Ausarbeitung des Verordnungsentwurfs gespielt haben.[91] Es wird nur erwähnt, dass in die Folgenabschätzung insbesondere Studien über die wahrscheinlichen Auswirkungen des Systems eingeflossen seien.[92]

Wird der Rechtsakt schließlich verabschiedet, so verbleibt als Begründung die Präambel, die dann die Begründung im Sinne von Art. 253 EG darstellt (dazu sogleich unter c)). Die von der Kommission entworfene Präambel für *REACH* umfasst Ausführungen über etwa 15 Druckseiten, auf denen zunächst darauf hingewiesen wird, dass „der freie Verkehr mit Stoffen als solchen und in Zubereitungen und Erzeugnissen ein wesentlicher Aspekt des Binnenmarkts“ sei und „in beträchtlichem Maße zu Gesundheit und Wohlbefinden von Verbrauchern und Arbeitnehmern, zur Wahrnehmung ihrer sozialen und wirtschaftlichen Interessen wie auch zur Wettbewerbs-

[89] *Europäische Kommission* (S. 516, Fn. 87), insbesondere S. 8.
[90] *Europäische Kommission* (S. 516, Fn. 87), S. 27.
[91] *Europäische Kommission* (S. 516, Fn. 87), S. 9.
[92] *Europäische Kommission* (S. 516, Fn. 87), S. 10.

fähigkeit der chemischen Industrie" beitrage.[93] Auch die Zielsetzungen werden nochmals aufgegriffen. Die Verordnung ergehe, um die Einheit des Binnenmarktes zu erhalten und ein hohes Schutzniveau für die menschliche Gesundheit, insbesondere die Gesundheit der Arbeitnehmer, sowie für die Umwelt zu gewährleisten.[94] Unter anderem wird es als wichtiges Ziel des durch die Verordnung einzurichtenden Systems bezeichnet, Anreize für die Substitution gefährlicher durch weniger gefährliche Stoffe zu schaffen, wo geeignete Alternativen zur Verfügung stehen.[95]

Die vorgeschlagene Präambel nimmt umfänglich Bezug auf die bei der Erarbeitung des Verordnungsentwurfs berücksichtigten Dokumente, so etwa auf die Unterlagen für das Weissbuch Chemikalienpolitik aus dem Jahre 1998, die eine Evaluation der vor der Novellierung geltenden Rechtslage enthalten, die Anlass für die Verordnungsinitiative gewesen sind.[96] Dagegen enthält der Entwurf für die Präambel keine quantitativen oder gar monetarisierten Ausführungen zu den Vorteilen und Belastungen, die von dem Rechtsakt erwartet werden. So heißt es mit Blick auf die Kosten von Tierversuchen beispielsweise nur, sie könnten mit „beträchtlichen" Kosten für die Unternehmen verbunden sein.[97]

### *c) Würdigung anhand von Art. 253 EG*

Legt man nun die Anforderungen des Art. 253 EG an die referierten Dokumente an, so muss zunächst festgehalten werden, dass die Begründung der Kommission für ihren Vorschlag nicht die Begründung im Sinne von Art. 253 EG darstellt. Die Bestimmung bezieht sich auf die Begründung des Rechtsaktes durch die Gemeinschaftsorgane, die ihn erlassen, also in vielen Fällen der Rat und das Parlament. Die Maßgaben des EuGH zielen damit auf die Präambeln,[98] die wie verlangt mit dem Rechtsakt in einer Urkunde verbunden sind. Die Ausführungen in der von der Kommission vorgeschlagenen Präambel entsprächen auch im übrigen den von der Rechtsprechung gestellten Anforderungen. Da es sich bei der Verordnung

---

[93] *Europäische Kommission* (S. 516, Fn. 87), S. 60.

[94] *Europäische Kommission* (S. 516, Fn. 87), S. 60.

[95] *Europäische Kommission* (S. 516, Fn. 87), S. 61.

[96] Das Weissbuch (*Europäische Kommission*, Strategie für eine zukünftige Chemikalienpolitik (Weissbuch), 2001), bezog sich auf die Arbeitsunterlage der Kommission SEK (1998) 1986 endgültig.

[97] *Europäische Kommission*, Vorschlag für eine Verordnung zur Registrierung, Bewertung, Zulassung und Beschränkung chemischer Stoffe (REACH), KOM (2003) 644 endg., 2003, S. 66.

[98] So ausdrücklich im Falle der Entscheidung des EuGH in der Rs. C-233/94 (*Deutschland/Rat und Parlament – Einlagensicherung*), Slg. 1997, S. I-2405 (2461, Rz. 25 ff.).

um einen Rechtsakt mit allgemeiner Geltung handelt, darf sich die Begründung darauf beschränken, die Gesamtlage anzugeben, die zu seinem Erlass geführt habe, und die allgemeinen Ziele zu bezeichnen, die mit ihm erreicht werden sollen.[99] Dem genügt die vorgeschlagene Präambel, indem sie die Problematik der Chemikalienpolitik und die aufgedeckten Defizite des geltenden Rechts umreißt sowie die Ziele der Reform mit der Wahrung der Einheitlichkeit des Binnenmarkts und der Förderung des Gesundheitsschutzes benennt.

Die Beurteilung des Präambelentwurfs als gemeinschaftsrechtskonform dürfte sich selbst dann als zutreffend darstellen, wenn man verlangen würde, die Begründung müsse die Überlegungen des Gemeinschaftsorgans, das den Rechtsakt erlassen hat, „so klar und eindeutig zum Ausdruck bringen, dass die Betroffenen ihr die Gründe für die erlassene Maßnahme entnehmen könnten und der Gerichtshof seine Kontrolle ausüben“ könne.[100] Daran hat die Rechtsprechung noch nie, soweit ersichtlich, die Forderung nach einer formalen, mathematischen Art der Rechtfertigung der getroffenen Maßnahme geknüpft. Bewertungen mit verbalen Bezeichnungen wie „wichtig“ oder „beträchtlich“ zu artikulieren, stellt daher keinen Verstoß gegen die referierten Maßgaben des EuGH dar.

## 2. Zwischenergebnis

Die Begründungspflicht aus Art. 253 EG ist zum ersten dadurch gekennzeichnet, dass sie im Unterschied zu den Gesetzgebungsmaterialien im deutschen Recht die Begründung zu einem integralen Bestandteil auch von Rechtsnormen macht. Zum zweiten kann ein Verstoß gegen die Begründungspflicht zur Nichtigkeit des Rechtsaktes führen. Damit stellt das Gemeinschaftsrecht im Prinzip strengere Begründungsanforderungen an Rechtsnormen als das deutsche Verfassungsrecht. Hält man sich aber die Praxis der europäischen Gerichte vor Augen, die Präambeln, die in bezug auf Prognosen und Bewertungen allein natürlich-sprachlich formuliert sind, weithin als ausreichende Begründung der Richtlinien und Verordnungen anzusehen, so lässt sich das als grundsätzliche Absage an eine Verpflichtung zur nachvollziehbaren Rechtfertigung von Rechtsakten im Sinne ihres positiven Nettonutzens verstehen. Die Präambeln klären zwar die Öffent-

---

[99] Gefestigte Rechtsprechung, beginnend mit EuGH, Rs. C-168/98 (*Luxemburg/ Parlament und Rat*), Slg. 2000, S. I-9131, Rz. 62, dann bestätigt in Rs. 127/00 (*Hässle AB/Ratiopharm GmbH*), Slg. 2003, S. I-14781, Rz. 44.

[100] EuGH, Rs. 466/93 (*Atlanta Fruchthandelsgesellschaft u.a.*), Slg. 1995, S. I-3799, Rz. 16.

lichkeit und die Gerichte über die Zielsetzungen des Rechtsaktes auf und können bei der Auslegung der Vorschriften zur Ermittlung des Wortsinns mit Gewinn herangezogen werden, begnügen sich aber wie auch im Falle des referierten Vorschlags für die Novellierung der Chemikalienpolitik mit der verbalen Artikulation der angestrebten Ziele, für die keine quantitativen Kriterien zur Präzisierung des Gemeinten geboten werden. Prognosen, soweit sie überhaupt Erwähnung finden, werden ebenfalls natürlich-sprachlich dargestellt („wahrscheinlich").

Alles in allem gestatten die Präambeln zwar den Einblick in den Satz der Belange, der von dem den Rechtsakt erlassenden Organ als relevant erkannt wurde. Die darüber hinaus für eine überzeugende Rechtfertigung einer Maßnahme in vielen Fällen erforderliche formale Explikation von Wahrscheinlichkeitsurteilen und Bewertungen findet demgegenüber nicht statt, ohne dass dies bislang vom EuGH oder vom EuG moniert worden wäre. Damit erweist sich der Ansatz der Gerichte bei der Überprüfung von Rechtsakten, wie er nachstehend unter H noch näher zu untersuchen ist, im wesentlichen als Begründbarkeitsprüfung, die die Beachtung des Verhältnismäßigkeitsgrundsatzes auf das Ergebnis der Entscheidung im Sinne der gewählten Regelungsalternative bezieht, nicht auf den Abwägungsvorgang. Die Herstellung praktischer Konkordanz durch Optimierung der konfligierenden Interessen ist daher als Vorgang wie im deutschen Verfassungsrecht nur eine Obliegenheit.

## *IV. Die Europäische Folgenabschätzung als Begründung im Sinne von Art. 253 EG?*

Wie soeben dargelegt, beziehen sich die Anforderungen des Art. 253 EG, soweit es um Rechtsnormen geht, auf die Präambeln der EG-Verordnungen und EG-Richtlinien. Aus dem Umstand, dass die Rechtsprechung keinen Anstoß daran nimmt, dass die in den Präambeln gegebene Begründung auch in bezug auf Prognosen und Bewertungen in natürlich-sprachlicher Form erfolgt, lässt sich schließen, dass der Abwägungsvorgang in maßgeblichen Hinsichten nicht nachvollziehbar präsentiert werden muss. Der positive Nettonutzen einer Regelung wird daher nur in dem seltenen Fall durchsichtig dokumentiert, wenn und soweit der überzeugende Beleg gelingt, dass die gewählte Lösung gegenüber dem *status quo* pareto-superior ist. Existiert jedoch noch mindestens eine weitere ernstlich zu erwägende Alternative, so hätte der Nachweis der Pareto-Überlegenheit der getroffenen Entscheidung im Vergleich mit der Nullalternative nicht darüber hinaus dargetan, dass die gewählte Lösung die beste der zur Verfügung stehenden Handlungsmöglichkeiten war – die weiteren Alternativen können bei einer bilanzierenden Gesamtbetrachtung einen größeren Nettonutzen stiften als die getroffene Regelung.

Selbst wenn man mit dem Blick auf rechtfertigungsbedürftige Grundrechtseingriffe lediglich, aber immerhin die Positivität des gesellschaftlichen Nettonutzens verlangt, so erscheint der Verzicht auf den transparenten Nachweis der Rechtfertigung einer Rechtsnorm, wie sie mit der Begründbarkeitsprüfung einhergeht, problematisch, da sie in der Praxis des Bundesverfassungsgerichts und des EuGH die getroffenen Entscheidungen nur dann beanstandet, wenn sie nach Ansicht der Gerichte einen stark negativen Nettonutzen haben. Wie für das deutsche Verfassungsrecht bereits ausgeführt wurde[101] und noch bezüglich des Gemeinschaftsrechts darzulegen sein wird,[102] ist jedoch bei der verfassungsgerichtlichen Normenkontrolle eine derartige Zurückhaltung der Gerichte, die nicht ihre Wertungen an die Stelle des Gesetzgebers setzen dürfen, durch die Funktionenordnung der Gewaltenteilung begründet.

In einer solchen Weise vorzugehen hat aber auch die bereits dargelegten typischen Schwächen einer Begründbarkeitsprüfung. Der Gesetzgeber wird von der Beachtung der aus dem Grundsatz der Herstellung praktischer Konkordanz folgenden Optimierungsaufgabe quasi entbunden, obwohl sich gerade bei der Rechtsetzung komplexe Prognoseprobleme und Abwägungsaufgaben stellen können, die im Europarecht regelmäßig die Auswirkungen eines Vorhabens auf 27 unterschiedliche Rechtssysteme aggregieren müssen. Vor allem aber fehlt es an dem transparenten Nachweis, worauf sich die Überzeugung des Gesetzgebers stützt,

- dass die ergriffenen Maßnahmen die erhofften Wirkungen erbringen,
- zu der gewählten Lösung keine überlegenen Alternativen bestehen,
- die getroffene Regelung keine Effekte erwarten lässt, die als Verletzung des Übermaßverbots zu würdigen wären und
- die gewählte Alternative die beste unter den verfügbaren und zulässigen darstellt.

Wegen der Beschränkung auf natürlich-sprachliche Darstellungsweisen gelingt es in der Regel nicht, dies mit Präambeln und der Begründung von Gesetzentwürfen herkömmlicher Prägung darzutun. Es ist daher zu überlegen, ob nicht die Abschätzungsberichte, mit dem die ausführliche Folgenabschätzung abgeschlossen wird, der die Kommission die wichtigen Initiativen ihres Arbeitsprogramms seit dem Jahre 2004 unterwirft, bereits den Anforderungen an eine derartig anspruchsvolle Begründung genügen oder dazu weiterentwickelt werden könnten und sollten.

---

[101] S. o. F.I.4.

[102] S. u. H.II.

## 1. Die Abschätzungsberichte als nachvollziehbare Rechtfertigung

### a) Novellierung der Chemikalienpolitik (REACH)

Der Vorschlag der Kommission für eine Verordnung zur Registrierung, Zulassung und Beschränkung chemischer Stoffe[103] definiert, wie bereits erläutert, eine Reihe von Zielen der Novellierung des Chemikalienrechts, die insbesondere den Schutz der menschlichen Gesundheit, die Wahrung und Stärkung der Wettbewerbsfähigkeit der chemischen Industrie der EU, die Verhinderung der Aufsplitterung des Binnenmarktes sowie verstärkte Transparenz nennt. Die Kosten des Vorschlags beziffert die Kommission mit insgesamt 2,8 bis 5,3 Mrd. Euro. Ihnen steht ein Nutzen hinsichtlich der Verbesserung der menschlichen Gesundheit gegenüber, der sich auf 50 Mrd. Euro, verteilt auf 30 Jahre, belaufe. Was die Kommission mit dem Hinweis sagen will, die genannte Zahl sei nicht als Abschätzung des Nutzens von *REACH* zu verstehen, ist nicht recht erfindlich. Jedenfalls hat die Kommission einen beachtlichen positiven Nettonutzen ihres Konzeptes behauptet, wenn die Schätzungen zutreffen. Obwohl das Berechnungsverfahren für die Bewertung des erwähnten gesundheitlichen Nutzens offengelegt wird, könnte die Überzeugungskraft des Kommissionsvorschlags noch größer sein, wenn die Kommission das Kosten-Nutzen-Verhältnis nicht nur in dem Abschätzungsbericht, sondern auch im Vorschlag selbst genannt hätte.

Darüber hinaus hätte die Darstellung der untersuchten Alternativen transparenter gelingen können. Die Kommission führt im Abschätzungsbericht hierzu lediglich aus, es habe auf Seiten des Rates und des Parlaments ein Wunsch nach Reform bestanden.[104] Flexiblere Politikinstrumente wie etwa die Koregulation oder die Selbstregulation seien nicht weiter zu betrachten gewesen, da das angestrebte hohe Umweltschutzniveau, die Integrität des Binnenmarktes und die Vermeidung von Handelskonflikten auf diese Weise nicht hätten verwirklicht werden können.[105] Auch im übrigen erörtert die Folgenabschätzung keine anderen Handlungsmöglichkeiten. Dagegen geht die Begründung des Kommissionsvorschlags auf verschiedene Bedenken der chemischen Industrie und anderer Betroffener ein, so etwa auf den Einwand, die Einbeziehung von Polymeren und von Stoffen und Erzeugnissen in das System sei übertrieben und unpraktikabel. Daher sei im endgültigen Vorschlag davon abgesehen worden, Polymere dem Registrierungs- und

---

[103] *Europäische Kommission*, Vorschlag für eine Verordnung zur Registrierung, Bewertung, Zulassung und Beschränkung chemischer Stoffe (REACH), KOM (2003) 644 endg., 2003.

[104] *Europäische Kommission*, SEC (2003) 1171/3, 2003, S. 4.

[105] *Europäische Kommission*, SEC (2003) 1171/3, 2003, S. 4f.

Bewertungsverfahren zu unterwerfen.[106] Ob diese und andere Änderungen Effekte auf das Kosten-Nutzen-Verhältnis haben, und wenn ja, welche, wird nicht ausgeführt.

Ebenfalls bleibt unerklärt, welche Bedeutung der in der Folgenabschätzung ausgeführten Beurteilung des Umstands zukommt, dass von der allgemeinen Registrierungspflicht die Stoffe ausgenommen werden, die für die produkt- und verfahrensorientierte Forschung und Entwicklung verwendet werden. Für die Bewertung der entsprechenden Effekte bedient sich die Kommission eines Systems, das insbesondere durch „++" einen sehr positiven, mit „+-" einen unklaren und durch „--" einen sehr negativen Effekt ausdrückt. Damit unterscheidet sich die Untersuchung dieses Segments von den übrigen Auswirkungen, die in Euro angegeben werden. Ein Umrechnungsfaktor wird nicht genannt, und so ist undurchsichtig, welche Kosten es mit sich gebracht hätte, auch diese Stoffe der Registrierungspflicht zu unterwerfen.[107]

Alles in allem hat die Kommission aber nachvollziehbar dargetan, wieso sie von einem gesellschaftlichen positiven Nettonutzen des *REACH*-Vorschlags überzeugt ist. Zu kritisieren ist allerdings, dass die Folgenabschätzung, welche die dieser Beurteilung zugrundeliegenden Abschätzungen des Kosten-Nutzen-Verhältnisses enthält, nicht in ihrer Bedeutung für den Kommissionsvorschlag ausdrücklich klargestellt wird. Auch erscheint die Präsentation der untersuchten Alternativen verbesserungsfähig. Hierfür könnte eine tabellarische Übersicht herangezogen werden, wie sie das amerikanische *Office of Management and Budget* verwendet.[108]

#### *b) Luftreinhaltepolitik*

Die „Thematische Strategie Luftreinhaltung" führt das durch die Luftqualitätsrahmenrichtlinie und der dazugehörigen Tochterrichtlinien geschaffene System fort. Dieser Prozess wurde von verschiedenen Studien begleitet. Mit der Folgenabschätzung zur „Thematischen Strategie" liegt erstmals ein zusammenfassender Folgenabschätzungsbericht auf dem Gebiet der Luftreinhaltung vor. Die Folgenabschätzung erwartet nach den Angaben in der oben wiedergegebenen Tabelle 4 Kosten der verschiedenen Szenarios, die

---

106 *Europäische Kommission*, Vorschlag für eine Verordnung zur Registrierung, Bewertung, Zulassung und Beschränkung chemischer Stoffe (REACH), KOM (2003) 644 endg., 2003, S. 8.

107 Ein ähnlicher methodischer Bruch war auch bei der Kosten-Nutzen-Analyse der Lenk- und Ruhezeiten im Straßengüterverkehr des *U.S. Department of Transport* festzustellen, s. o. B.IV.3.b)bb).

108 S. o. Tabelle 5, S. 91.

zwischen 5,9 und 39,7 Milliarden Euro liegen.[109] Die vermiedenen Gesundheitsschäden, die in monetarisierter Form abgeschätzt werden, belaufen sich auf 37 bis 181 Milliarden Euro. Anscheinend hat sich die Kommission bei der Wahl ihrer Luftreinhaltestrategie am – allerdings auf den Gesundheitsbereich segmentierten – größten positiven gesellschaftlichen Nettonutzen im schlechtesten Fall („*worst case*") orientiert, der zumindest bei rund 35 Milliarden Euro liegt.[110] Insoweit könnte der Abschätzungsbericht als eine nachvollziehbare Begründung im Sinne von Art. 253 EG dienen, die weit über die bisherigen Anforderungen hinausginge, auch wenn keine Wahrscheinlichkeitsverteilung mit Blick auf die großen Spannbreiten der erwarteten Werte angegeben wird. Das wäre erforderlich gewesen, um zu erläutern, wieso nicht eines der Szenarios gewählt worden ist, das bei *best-case*-Betrachtung besser abgeschnitten hatte als die gewählte „Strategie Luftreinhaltung".

Es ist weiter einschränkend darauf hinzuweisen, dass, wie bereits bemerkt,[111] Übersichtlichkeit und Überzeugungskraft der Folgenabschätzung noch größer wären, wenn die den Maßnahmepaketen zugrunde liegenden Instrumente und Annahmen in dem Folgenabschätzungsbericht selbst präsentiert würden und nicht lediglich in der an anderer Stelle publizierten Kosten-Nutzen-Analyse. Auch ist vom Ansatz her nicht befriedigend, dass die Angaben in Tabelle 4 zwar eine monetarisierte Abschätzung der vermiedenen Gesundheitsschäden wiedergeben, nicht aber hinsichtlich der positiven Auswirkungen der verschiedenen Konzepte auf die natürliche Umwelt, obwohl in der Kosten-Nutzen-Analyse derartige Werte generiert worden waren.[112] Dieses Vorgehen gibt hinsichtlich seiner Transparenz Anlass zu Kritik, da die Wahl der „Strategie Luftreinhaltung" bei gegebener Information nur dann überzeugen würde, wenn die „Strategie" in allen übrigen Belangen besser wäre als die anderen Optionen. Das ist aber nicht der Fall, weshalb die spezifische Bewertung der Umweltfolgen aus der Folgenabschätzung nicht ersehen werden kann.

### c) *Dienstleistungsrichtlinie*

Bei der Folgenabschätzung des Vorschlags für eine Dienstleistungsrichtlinie herrscht anders als bei den beiden umweltpolitischen Projekten eine

---

[109] *Europäische Kommission*, Thematische Strategie Luftreinhaltepolitik, Impact Assessment, SEC (2005) 1133, S. 16.

[110] S. Tabelle 4, eigene Berechnung.

[111] S. o. B.III.2.a)bb).

[112] *AEA Technology Environment*, Cost-Benefit Analysis of the Thematic Strategy on Air Pollution, 2005, S. 10.

natürlich-sprachliche Darstellungsweise für die Beschreibung von der erwarteten Nutzen und Kosten vor.[113] Als Alternativen wurden lediglich die Möglichkeiten gegenübergestellt, das Projekt in einem Zug durchzuführen oder in abgeschichteten Phasen vorzugehen. In der von der Kommission bevorzugten mehrphasigen Variante würde die Dienstleistungsrichtlinie für die EU „erheblichen Nutzen" bringen.[114] Besonders kleine und mittlere Unternehmen würden „potentiell beachtlichen" Gewinn von der Regelung haben. Offenbar ging die Kommission bei der Beurteilung ihres Vorschlags davon aus, dass die Beseitigung von Wettbewerbshindernissen bereits an sich einen positiven gesellschaftlichen Nettonutzen habe, ohne dass es auf die Betrachtung eventueller Nachteile eines konkreten Vorschlags im einzelnen ankomme.

Die an ihrem Vorschlag geäußerte Kritik macht aber darauf aufmerksam, dass wettbewerbsfördernde Regelungen durchaus – jedenfalls in einer Übergangszeit – mit negativen Auswirkungen behaftet sein könnten. Das von dem Richtlinienvorschlag vorgesehene Herkunftslandprinzip dürfte in der Tat zu erheblichen Umsetzungs- und Vollzugsproblemen führen, die soziale Spannungen auslösen könnten. Die Beseitigung von Wettbewerbshindernissen mag, wie die Kommission annimmt, insgesamt zu positiven Wohlfahrtseffekten führen. Nähere Betrachtung hätten aber zumindest die Einbußen verdient gehabt, die auf die Unternehmen zukommen, die von den bestehenden Wettbewerbshindernissen profitieren. Die Ansicht der Kommission, weder die negativen noch die positiven Effekte ließen sich in Ermangelung eines geeigneten makroökonomischen Modells quantifizieren,[115] erscheint angesichts einer von der Kommission selbst in Auftrag gegebenen Studie eines Kopenhagener Wirtschaftsforschungsinstituts widerlegt und könnte auf hohe oder gar überhöhte Ansprüche an die Leistungsfähigkeit der mathematischen Durchdringung der Zusammenhänge zurückzuführen sein. Zusammengenommen hat sich die verbale Artikulation der Effekte des Vorschlags als nicht überzeugend erwiesen.

### *d) Zwischenergebnis*

Als Ergebnis der Betrachtung der Folgenabschätzungen der Europäischen Kommission lässt sich festhalten, dass das methodische Spektrum von verbalen Verfahrensweisen wie bei der Dienstleistungsrichtlinie bis sogar

[113] S. o. B.III.2.b).

[114] *Europäische Kommission*, Extended Impact Assessment of Proposal for a Directive on Services in the Internal Market, SEC (2004) 21, 2004, S. 40; http://ec.europa.eu/internal_market/services/services-dir/index_de.htm, letzter Zugriff 20.10.2006.

[115] *Europäische Kommission* (S. 525, Fn. 114), S. 17.

zur Angabe eines monetarisierten Kosten-Nutzen-Verhältnisses im Falle der Novellierung des Chemikalienrechts reicht. Im Formalisierungsgrad zwischen diesen Polen steht die Kosten-Wirksamkeitsstudie im Zusammenhang mit der Reform der Luftreinhaltepolitik, die zwar die Kosten verschiedener Szenarien in Euro abschätzt, jedoch darauf verzichtet, die erwarteten Verbesserungen der Luftqualität in Geldeinheiten anzugeben. Als Rechtfertigung der getroffenen Maßnahme im strengen Sinne eines Nachweises des positiven gesellschaftlichen Nettonutzens würde daher nur die Folgenabschätzung der Reform des Chemikalienrechts angesehen werden können. Aber selbst diese würde erst dann zu einer derartigen Begründung, wenn die rechtsetzenden Gemeinschaftsorgane sie sich zu eigen machen würden. Darüber hinaus sollten zur Erzielung höherer Transparenz die betrachteten Alternativen übersichtlicher dargestellt und die Bedeutung der gemachten Ausnahmen für Stoffe, die in Forschung und Entwicklung Verwendung finden, nachvollziehbar erklärt werden.

Trotz dieser Einschränkungen führt die Europäische Folgenabschätzung zu einer systematischen und im Prinzip auch formalen Methoden gegenüber aufgeschlossenen prospektiven Evaluierung von Gesetzesvorhaben, die sich als ähnlich leistungsfähig darstellt wie das Vorgehen des amerikanischen *Office of Management and Budget* bei Begleitung der kritischen Durchsicht von Rechtsetzungsvorschlägen aus der Präsidialverwaltung. Es soll daher im weiteren überlegt werden, ob und gegebenenfalls wie die Abschätzungsberichte als Begründung im Sinne von Art. 253 EG eingesetzt werden könnten, mit der der Nachweis ihrer inhaltlichen Rechtfertigung erbracht wird.

### 2. Das Verfahren der Europäischen Folgenabschätzung

Für eine derartige Weiterentwicklung spräche zum ersten, dass die Kommission bereits ein zweistufiges Verfahren entwickelt hatte, bestehend aus vorläufiger und ausführlicher Folgenabschätzung, mit dem aus der Vielzahl der Initiativen diejenigen ausgewählt wurden, die einer ausführlichen Folgenabschätzung unterzogen werden sollten.[116] Ein derartiger Auswahlvorgang ist erforderlich, da der Aufwand, der in der Durchführung einer detaillierten Evaluierung liegt, der Rechtfertigung durch die Bedeutung des Vorhabens bedarf. Das Konzept der Kommission, alle Vorhaben des Arbeitsprogrammes planmäßig diesem Prozess zu unterwerfen, dürfte auch weitgehend ausschließen, dass die Folgenabschätzung nur erratisch zum Einsatz kommt.

---

[116] S.o. B.III.1.

Zum zweiten ist es die Aufgabe des Abschätzungsberichts, die Wahl der Alternative zu begründen und eine Rechtfertigung („*rationale*") hierfür zu geben, die dem Parlament, dem Rat und der Öffentlichkeit mitgeteilt werden muss.[117] Das entspräche fast exakt der Funktion, die er als Begründung im Sinne von Art. 253 EG zu erfüllen hätte. Der Hauptunterschied liegt darin, dass der Abschätzungsbericht ein Dokument der Kommission ist, das sich die Gemeinschaftsorgane, die allgemeine Rechtsakte erlassen, nicht zu eigen machen müssen und das bislang auch nicht ausdrücklich tun. Das wäre aber – etwa durch ausdrückliche Bezugnahme auf die Ergebnisse der Folgenabschätzung in der Präambel – erforderlich, um den Abschätzungsbericht als substantiellen Bestandteil der Begründung nach Art. 253 EG zu etablieren. Stimmen alle betroffenen Gemeinschaftsorgane mit der im Abschätzungsbericht gegebenen Begründung für die zu treffende Maßnahme ein, so würde die nachrichtliche Übernahme der Ergebnisse des Abschätzungsberichts in den allgemeinen Rechtsakt genügen.

### 3. Institutionelle Anbindung von Folgenabschätzungen des Rates und des Parlaments

Im Falle von Differenzen hinsichtlich der Beurteilung der Gesetzesinitiative oder dann, wenn die Kommission eine ausführliche Folgenabschätzung als nicht erforderlich angesehen hat, wäre hingegen die Frage aufgeworfen, welche Dokumente an die Stelle des Abschätzungsberichts treten könnten. Bei Richtlinien und Verordnungen, die der Rat und das Parlament gemeinsam erlassen, wäre daher zu überlegen, wer zur Vorbereitung der Rechtsakte Folgenabschätzungen durchführen könnte und sollte. Den Rat als Organ der Gemeinschaft, in dem die Mitgliedstaaten auf Ministerebene vertreten sind (Art. 203 Abs. 1 EG), dürfte dies noch vor geringe Probleme stellen, da er wohl ohnehin über die Ressourcen der Exekutive verfügt, die hierfür erforderlich wären.

In bezug auf das Parlament könnte sich hingegen der Ausbau eines Organs des Parlaments empfehlen, des *Scientific Technology Options Assessments* (*STOA*).[118] *STOA* besteht aus 15 Mitgliedern des Europäischen Parlaments. Seine Aufgabe besteht darin, die Ausschüsse des Parlaments bei deren Arbeit zu unterstützen, wobei *STOA* eng mit der Kommission, Generaldirektion für Forschung, und mit externen Experten zusammen-

---

[117] *Europäische Kommission*, Impact Assessment in the Commission. Internal Guidelines on the new impact assessment procedure developed for the Commission Services, o. J., S. 7.

[118] http://www.europarl.europa.eu/stoa/info/default_en.htm, letzter Zugriff 5.10.2006.

arbeitet.[119] Die von *STOA* in Auftrag gegebenen Studien betreffen ein weites Spektrum an Sachfragen. Sie reichen von der Beschäftigung mit den Konsequenzen der Erweiterung der EU für die Landwirtschaft,[120] den Chancen und Risiken einer Privatisierung staatlicher Gefängnisse[121] über die Verwirklichung des Nachhaltigkeitsgrundsatzes im Bereich des Tourismus[122] bis hin zur Abschätzung des Potentials der erneuerbarer Energien in der EU.[123]

Obwohl der Schwerpunkt der Tätigkeit von *STOA* eindeutig auf der Technikfolgenabschätzung liegt, erscheint eine Weiterentwicklung der Einrichtung zu einer Institution, die auch Aufträge für Folgenabschätzungen auf anderen Gebieten vergibt und deren Ergebnisse für das Parlament auswertet, bei entsprechend anzupassender Personal- und Finanzausstattung durchaus vorstellbar. Dabei gilt es zu bedenken, dass der Begriff der Technikfolgenabschätzung vom Europäischen Parlament weit aufgefasst wird und diese Bereiche bereits jetzt von *STOA* betreut werden. Darüber hinausgehende Folgenabschätzungen des Parlaments wären im Rahmen des erwogenen Konzepts im übrigen nur soweit erforderlich, wie das Parlament nicht mit dem von der Kommission oder vom Rat angefertigten Abschätzungsbericht einverstanden wäre. Die Erwartung erscheint daher begründet, dass sich die zusätzlichen Kosten im Rahmen halten würden.

### 4. Die entscheidungshemmende Wirkung einer Pflicht zur transparenten, numerisch-formalen Begründung von Rechtsakten

Dennoch könnte gegen die Verpflichtung auf Heranziehung einer ausführlichen Folgenabschätzung, die unter Verwendung formaler Verfahren darauf zielen würde, den erwarteten positiven gesellschaftlichen Nettonutzen nachzuweisen, sprechen, dass von der Präzision der Prognosen und Bewertungen eine gewisse entscheidungshemmende Wirkung ausgehen kann. Anders als in der entsprechenden Überlegung in bezug auf das deutsche Verfassungsrecht ist aber nicht zu diskutieren,[124] ob bereits die

[119] Einen Überblick über die Tätigkeit von *STOA* gibt *Europäisches Parlament/STOA*, STOA. Annual Report 2003, 2004.

[120] *Europäisches Parlament/STOA*, Die Folgen der Erweiterung für die Landwirtschaft der EU, 2001.

[121] *Europäisches Parlament/STOA*, Prison technologies. An appraisal of technologies of political control, 2000.

[122] *Europäisches Parlament/STOA*, Gemeinschaftsprogramm im Bereich des Tourismus – Verbesserung der Unterstützungsmaßnahmen für einen nachhaltigen Tourismus, 2002.

[123] *J. Matthies et al.*, Production capacity of the renewable energies in the European Union, 2003.

[124] S. o. E.IV.5.b).

Begründungspflicht an sich diese Wirkungen auslöst, sondern nur, wie stark wohl die Effekte wären, die auf die Verwendung von numerischen Verfahren zurückgeführt werden müssten.

Die Begründungspflicht selbst ist durch Art. 253 EG festgeschrieben, und damit auch, dass sich der Rat und das Parlament auf eine gemeinsame Begründung selbst im Falle von inhaltlichen Differenzen verständigen müssen. Das kann für die genannten Organen aber schwieriger sein, soweit nicht, wie bislang üblich, Wertungen und Prognosen mit natürlich-sprachlichen Bezeichnungen nur umschrieben werden, sondern in formaler Art gehaltvoll artikuliert würden. Dies abzuschätzen fällt schwer. Allerdings erscheint die Annahme plausibel, dass es zu derartigen Effekten kommen kann, auch wenn wegen der Beschränkung auf bestimmte wichtige Vorhaben der in derartigen Fällen vorhandene Entscheidungsdruck in der Regel ausreichend sollte, um die Verhinderung von Rechtsakten nicht zu einem bedeutenden Problem werden zu lassen.

## *V. Zwischenergebnis*

Abwägungsaufgaben sind im Europäischen Gemeinschaftsrecht allgegenwärtig, was man schon an den zum Teil in Spannung stehenden allgemeinen Zielsetzungen nach Art. 2 des EG-Vertrages sehen kann. Die Kompetenztitel des EG-Vertrages verpflichten die Gemeinschaftsorgane ebenfalls auf die Verfolgung von teilweise gegenläufigen Zielen. Das Prinzip, nach dem die sich deshalb vielfach stellenden Abwägungsaufgaben zu bewältigen sind, ist der Grundsatz der praktischen Konkordanz nach den Maßgaben des Verhältnismäßigkeitsgrundsatzes. Daher können gemeinschaftsrechtliche Rechtsetzungsvorgänge nach der bereits im Verwaltungs-und im Verfassungsrecht vorgeschlagenen Abfolge

– Problemidentifikation,

– Zusammenstellung der Handlungsalternativen,

– Bestandserhebung einschließlich der Prognosen über die Auswirkungen der verschiedenen Optionen und schließlich

– abschließende Bewertung der verschiedenen Lösungsmöglichkeiten unter Beachtung des Gewichts der berührten Interessen

gegliedert werden. Den Abwägungsvorgang auf diese Weise zu strukturieren, ist jedoch nicht als Rechtspflicht zu sehen, da der EuGH keine korrespondierenden Darlegungspflichten statuiert. Zwar verlangt Art. 253 EG auch für Rechtsnormen die Anfertigung einer Begründung, doch genügen den europäischen Gerichten bei Rechtsakten mit allgemeiner Geltung die Präambeln von Richtlinien und Verordnungen, in denen die Ausgangslage, das zu lösende Problem und die angestrebten Ziele nur im Grundsätzlichen beschrieben werden, in der Regel ohne den nachvollziehbaren Nachweis eines positiven Nettonutzens zu führen.

Das schließt jedoch nicht aus, das Potential der Abschätzungsberichte, mit denen nunmehr die ausführliche Folgenabschätzung der wichtigen Initiativen aus dem Arbeitsprogramm der Kommission abgeschlossen wird, auszuschöpfen und die Berichte zu einer anspruchsvollen Begründung weiterzuentwickeln. Bereits ihre Aufgabe, die Wahl der vorgeschlagenen Alternative zu rechtfertigen, bietet hierfür einen belastbaren Anknüpfungspunkt. Es kommt hinzu, dass die Kommission gegenüber der Verwendung formaler Methoden im Prinzip aufgeschlossen ist, so dass eine nachvollziehbare Darstellung von Prognosen und Bewertungen auch in komplexen Fällen gelingen kann. In der Praxis bleiben die Abschätzungsberichte allerdings zum Teil noch hinter den Möglichkeiten formaler Darstellungsweisen zurück. Für einen Ausbau der Europäischen Folgenabschätzung spricht jedoch weiter, dass die Kommission ein zweistufiges Verfahren entwickelt hatte, mit dem aus der Vielzahl der Initiativen diejenigen ausgesondert werden können, die einer ausführlichen Folgenabschätzung unterzogen werden sollten.

Zu beachten ist allerdings, dass der Abschätzungsbericht die Beurteilung einer Angelegenheit durch die Kommission zum Ausdruck bringt, Art. 253 EG hingegen die Begründung eines Rechtsaktes von den Organen verlangt, die ihn erlassen, während Richtlinien und Verordnungen nach Art. 249 EG unter entscheidender Beteiligung von Rat und Parlament ergehen. Sind die den Rechtsakt verantwortenden Organe über seine Begründung in Form eines Abschätzungsberichts einig, so würde dessen nachrichtliche Übernahme in die Präambeln der Rechtsnormen genügen. Fraglich erscheint hingegen, wie im Falle des Dissenses über die Begründung eines Rechtsaktes vorgegangen werden sollte. Rat und Parlament sollten zur Wahrung eines konstruktiven Dialogs zwischen den rechtsetzenden Gemeinschaftsorganen ebenfalls Vorschläge in Form einer Folgenabschätzung unterbreiten können. Es ist anzunehmen, dass der Rat als exekutivisches Gremium über die hierfür erforderlichen Ressourcen genauso verfügt wie die Kommission. Mit Blick auf das Parlament könnte es sich empfehlen, an das bestehende *Scientific Technology Options Assessment* (*STOA*) anzuknüpfen und es im Sinne einer mit der allgemeinen Folgenabschätzung betrauten Institution auszubauen. Da sich *STOA* bereits jetzt mit einer Vielzahl von Themen beschäftigt und eine parlamentarische Folgenabschätzung nur im Falle von erheblichen Meinungsverschiedenheiten zwischen Parlament, Rat und Kommission durchgeführt werden muss, dürften sich hierfür die zusätzlichen Kosten in einem überschaubaren Rahmen halten. Schließlich war darauf hinzuweisen, dass die Präzision, mit der Prognosen, vor allem aber Bewertungen formal artikuliert werden können, eine gewisse entscheidungshemmende Wirkung bei der Suche nach politischen Kompromissen entfalten kann.

Nimmt man aber die vorstehenden Überlegungen zusammen, so sprechen beachtliche Gründe dafür, im begrenzten Bereich der Erarbeitung von bedeutenden Rechtsetzungsvorschlägen und ihrer Begründung im Sinne von Art. 253 EG von formalen Verfahren Gebrauch zu machen, um der Öffentlichkeit und den Gerichten in nachvollziehbarer Weise zu erläutern, aus welchen Gründen sie von der gesellschaftlichen Vorteilhaftigkeit der Rechtsnorm überzeugt sind. In diesen Fällen läge eine Begründung vor, die die Basis für eine Begründungsprüfung durch den EuGH und das EuG abgeben könnte. Inwieweit sich ein derartiges Vorgehen in die Verfahren vor diesen Gerichten einfügen ließe, soll nunmehr untersucht werden.

# H. Abwägungskontrolle im Europäischen Gemeinschaftsrecht

## *I. Die Aufgabe der Europäischen Gerichte*

Nach Art. 220 EG sichern der EuGH und das EuG die „Wahrung des Rechts bei der Auslegung und Anwendung dieses Vertrags". Der EuGH nimmt darüber hinaus für sich eine Kompetenz zur Rechtsfortbildung in Anspruch, was wegen der Lücken einer jüngeren Rechtsordnung wie der Europäischen auch angemessen sein dürfte.[1] So gehen auf die Initiative des EuGH gehen verschiedene gemeinschaftsrechtliche Institute zurück, etwa der Vorrang des Gemeinschaftsrechts, die unmittelbare Wirkung von Richtlinien und der Staatshaftungsanspruch bei Verstößen gegen Gemeinschaftsrecht.[2]

Seine Kernaufgabe liegt jedoch nicht in der begrenzt legislativen Funktion einer Weiterentwicklung des Gemeinschaftsrechts, sondern in der Kontrolle der Tätigkeit anderer Organe der EG. Die nach dem EG-Vertrag vorgesehenen Klagearten umfassen insbesondere:

- Vertragsverletzungsverfahren,[3]
- Nichtigkeitsklagen,[4]
- Untätigkeitsklagen,[5]
- Amtshaftungsklagen[6] und
- Beamtenklagen.[7]

Daneben besteht die Möglichkeit eines Vorabentscheidungsverfahrens (Art. 234 EG) und eines Gutachtenverfahrens (Art. 300 Abs. 6 EG). Die Verfahren betreffen einerseits Streitigkeiten zwischen Mitgliedstaaten und Gemeinschaftsorganen und können insoweit als „verfassungsrechtlich"

---

[1] *R. Streinz*, Europarecht[6], 2003, Rz. 496.

[2] EuGH, Rs. 26/62 (*van Gend & Loos*), Slg. 1963, S. 1 (24 ff.) – unmittelbare Geltung primärrechtlicher Normen; Rs. 6/64 (*Costa/E. N. E. L.*), Slg. 1964, S. 1251 (1269 ff.) – Vorrang des Gemeinschaftsrechts; verb. Rs. C-6/90 und C-9/90 (*Francovich u. a. /Italien*), Slg. 1991, S. I-5357 – gemeinschaftsrechtlicher Staatshaftungsanspruch.

[3] Art. 226, 227 EG.

[4] Art. 230 EG.

[5] Art. 232 EG.

[6] Art. 235 in Verbindung mit Art. 288 Abs. 2 EG.

[7] Art. 236 EG.

aufgefasst werden, andererseits „verwaltungsrechtliche“ Streitigkeiten zwischen Gemeinschaftsorganen und Individuen. Des weiteren führt der EuGH Rechtsmittelverfahren gegen Entscheidungen des EuG durch (Art. 225 EG).

Zwar beruhen die Kompetenzen des EuGH nicht auf einer allumfassenden Generalklausel, sondern auf enumerativ aufgelisteten Einzelermächtigungen. Diese ergeben in der Summe jedoch einen nahezu lückenlosen Rechtsschutz,[8] sieht man von bestimmten Bereichen wie den gemeinsamen Bestimmungen nach Art. 1–7 EUV, der gemeinsamen Außen- und Sicherheitspolitik nach Art. 11–28 EUV oder der Zusammenarbeit in den Bereichen Justiz und Inneres (Art. 29–42 EUV) ab, die dem gerichtlichen Zugriff mit wenigen, durch Art. 46 EUV festgelegten Ausnahmen generell entzogen sind.[9]

## *II. Der Verhältnismäßigkeitsgrundsatz als Kontrollmaßstab in der Rechtsprechung des EuGH*

Wie im Abschnitt G.III bereits dargelegt, verfolgt der EuGH bei der Normenkontrolle den Ansatz, zwar einerseits eine Begründung im Sinne von Art. 253 EG zu verlangen und sie auch bei der Kontrolle heranzuziehen, andererseits an die Informationen, die eine Begründung enthalten muss, um den Maßstäben des Art. 253 EG zu genügen, keine besonders hohen Anforderungen zu stellen. Das lässt sich insgesamt als angereicherte Begründbarkeitsprüfung würdigen, die schon durch ihre Eigenschaft als Ergebniskontrolle dem Gemeinschaftsgesetzgeber einen gewissen Spielraum gewährt. Darüber hinaus lösen nach der bereits umrissenen Rechtsprechung des EuGH Fehler im Abwägungsvorgang erst dann die scharfe Sanktion der Nichtigkeit aus, wenn sie bei Abwägung aller Umstände als schwerwiegend erscheinen.[10] Schließlich ist den Gerichten hinsichtlich von einzelnen Prognosen und Bewertungen sowie deren Aggregation wegen der natürlich-sprachlichen Darstellungsweise der Präambeln, die die Gerichte als Begründung im Sinne des Art. 253 EG akzeptieren, der Zugriff entzogen.

---

[8] *R. Streinz*, Europarecht[6], 2003, Rz. 331.

[9] Kritisch *T. Oppermann*, DVBl. 1994, S. 901ff.; *A. Middeke/P. Szczekalla*, JZ 1993, S. 284 (291f.); *E. Pache*, Tatbestandliche Abwägung und Beurteilungsspielraum, 2001, S. 374f.; ausführlich *E. Pache*, in: Grabitz/Hilf, EUV/EGV, 1998, Art. L EUV, Rz. 4ff., 32ff.

[10] EuGH, Rs. 89/79 (*Bonu*), Slg. 1980, S. 553 (Rz. 7f.); Rs. 264/82 (*Timex*), Slg. 1985, S. 849 (Rz. 31); Rs. 248/84 (*Deutschland/Kommission*), Slg. 1987, S. 4013 (Rz. 22); vgl. *C. Callies*, in: Callies/Ruffert, EUV/EGV-Kommentar, 2002, Art. 253 Rz. 26, m.w.N.

Eine weitere Zurücknahme der gerichtlichen Kontrolle erfolgt durch die Bestimmung der einzelnen Voraussetzungen des Verhältnismäßigkeitsgrundsatzes, nach dem die Begründbarkeitsprüfung erfolgt. Der handlungsanleitende Gehalt des Verhältnismäßigkeitsprinzips ist bereits erörtert worden.[11] Nunmehr geht es um seine Spezifika als Kontrollmaßstab. Noch stärker als im deutschen Verfassungsrecht enthält das Verhältnismäßigkeitsprinzip im Europarecht auf jeder seiner Stufen Lockerungen, die die Gestaltungsfreiheiten der Legislative vergrößern.

Der Gerichtshof verlangt zunächst von Maßnahmen des Gemeinschaftsgesetzgebers, dass sie nicht *offensichtlich* ungeeignet sein dürfen.[12] In gefestigter Rechtsprechung formuliert der EuGH wie im Urteil *Britisch American Tobacco*, in dem eine Richtlinie überprüft wurde, die es aus Gründen des Gesundheitsschutzes unter anderem untersagt, Zigaretten mit tendentiell irreführenden Etikettierungen wie „niedriger Teergehalt", „leicht", „ultraleicht" oder „mild" zu versehen,[13]

„der Gemeinschaftsgesetzgeber (verfügt) über ein weites Ermessen in einem Bereich wie dem hier betroffenen, in dem von ihm politische, wirtschaftliche und soziale Entscheidungen verlangt werden und in dem er komplexe Prüfungen durchführen muss. Folglich ist eine in diesem Bereich erlassene Maßnahme nur dann rechtswidrig, wenn sie zur Erreichung des Zieles, das das zuständige Organ verfolgt, offensichtlich ungeeignet ist."[14]

Eine Prüfung der Erforderlichkeit findet nach diesen Maßgaben quasi nicht statt. Vielfach bemerkt der EuGH lediglich, an der Erforderlichkeit der Maßnahmen bestünde angesichts des weiten Ermessensspielraums der Gemeinschaftsorgane jedenfalls im Ergebnis kein Zweifel.[15] In der Bananenmarktentscheidung führt der EuGH insoweit aus, es sei

---

[11] S. o. G.II.1.

[12] So bereits EuGH, Rs. 40/72 (*Schräder KG/Deutschland*), Slg. 1973, S. 125 (142f.); Rs. 138/78 (*Hans Markus Stölting/Hauptzollamt Hamburg-Jonas*), Slg. 1979, S. 713 (722); aus jüngerer Zeit Rs. C-180/96 (*Vereinigtes Königreich/Kommission und Rat – BSE*), Slg. 1998, S. I-2265 Rz. 95; Rs. C-331/88 (*Fedesa u. a.*), Slg. 1990, S. I-4023, Rz. 14; Rs. C-362/93 (*Crispoltoni u. a.*), Slg. 1994, S. I-4863, Rz. 42.

[13] Artikel 7 der Richtlinie 2001/37/EG des Europäischen Parlaments und des Rates vom 5. Juni 2001 zur Angleichung der Rechts- und Verwaltungsvorschriften der Mitgliedstaaten über die Herstellung, die Aufmachung und den Verkauf von Tabakerzeugnissen, ABl. EG Nr. L 194, S. 26.

[14] EuGH, Rs. C-491/01 (*British American Tobacco u. a.*), Slg. 2002, S. I-11453, Rz. 123. Zuvor in demselben Sinne bereits EuGH, Rs. C-280/93 (*Deutschland/Rat* – Bananenmarktordnung), Slg. 1994, S. I-4973 (5039, Rz. 94) – Entscheidungsspielraum für wirtschaftspolitische Maßnahmen; Rs. C-84/94 (*Vereinigtes Königreich/Rat)*, Slg. 1996, I-5755, Rz. 58, – Entscheidungsspielraum beim Schutz der Sicherheit und der Gesundheit der Arbeitnehmer; Rs. C-233/94 (*Deutschland/Parlament und Rat – Einlagensicherung*), Slg. 1997, I-2405, Rz. 55 und 56; Rs. C-157/96 (*National Farmers' Union u. a.*), Slg. 1998, I-2211, Rz. 61.

[15] EuGH, Rs. 261/81 (*Rau*), Slg. 1987, S. 1125, Rz. 33; Rs. C-280/93 (*Deutschland/*

„zwar (...) nicht auszuschließen, dass andere Mittel in Betracht kommen konnten, um das angestrebte Ergebnis zu erreichen; der Gerichtshof kann jedoch nicht die Beurteilung des Rates in der Frage, ob die vom Gemeinschaftsgesetzgeber gewählten Maßnahmen mehr oder weniger angemessen sind, durch seine eigene Beurteilung ersetzen, wenn der Beweis nicht erbracht ist, dass diese Maßnahmen zur Verwirklichung des verfolgten Zieles offensichtlich ungeeignet waren."[16]

In der vom Gerichtshof gewählten Formel taucht die Betrachtung von zu vergleichenden Handlungsalternativen eher beiläufig auf; gleichzeitig meint das Gericht, nur dann zu einer Ersetzung der Beurteilung des Rates befugt zu sein, wenn die getroffenen Maßnahmen bewiesenermaßen offensichtlich ungeeignet sind. Etwas unklar erscheint, warum das Gericht noch einen Beweis für eine *offensichtliche* Ungeeignetheit verlangt. Erkennbar wird jedoch die Absicht des Gerichts, dem Gesetzgeber einen weitgehenden Prognose- und Beurteilungsspielraum zu gewähren.

Darüber hinaus brachte der Gerichtshof in jüngeren Urteilen eine zweistufige Prüfung zur Anwendung[17] und untersuchte lediglich,

„ob die gewählten Mittel zur Erreichung des angestrebten Zwecks geeignet sind und ob sie das Maß des hierzu Erforderlichen nicht übersteigen."[18]

In den entsprechenden Urteilen hat der EuGH somit auf die dritte Stufe der Verhältnismäßigkeitsprüfung, die Proportionalität, verzichtet, worin eine weitere und bedeutsame Zurücknahme des Kontrollanspruchs liegt. Nimmt man die geschilderten Entscheidungsspielräume zusammen, so erscheint es berechtigt, den Ansatz des EuGH als bloße Evidenzkontrolle zu bezeichnen, durch die dem Gemeinschaftsgesetzgeber weite Gestaltungsfreiheiten eingeräumt werden.[19]

---

*Rat* – Bananenmarktordnung), Slg. 1994, S. I-4973 (5039, Rz. 94ff.); Rs. C-44/94 (*National Federation of Fishermen's Organisations*), Slg. 1995, S. I-3115 (3152ff., Rz. 57ff.).

[16] Rs. C-280/93 (*Deutschland/Rat* – Bananenmarktordnung), Slg. 1994, S. I-4973 (5039, Rz. 94).

[17] EuGH, Rs. C-233/94 (*Deutschland/Rat und Parlament – Einlagensicherung*), Slg. 1997, S. I-2405 (2461, Rz. 55); verbundene Rs. C-36/97 und C-37/97 (*Kellinghusen*), Slg. 1998, S. I- 6337 (6362, Rz. 33); Rs. C-210 (*Käserei Champignon Hofmeister*), Slg. 2002, S. I-6453 (6503, Rz. 59); ähnlich das EuG, Rs. T-260/94 (*Air Inter*), Slg. 1997, S. II-997 (1044, Rz. 144).

[18] EuGH, verbundene Rs. C-36/97 und C-37/97 (*Kellinghusen*), Slg. 1998, S. I-6337 (6362, Rz. 33).

[19] Wie hier *E. Pache*, NVwZ 1999, S. 1033 (1039 r. Sp.).

## *III. Zu weitgehende Entscheidungsspielräume des Gemeinschaftsgesetzgebers?*

Das hat dem EuGH teilweise den Vorwurf eingetragen, die Gefahr einer Auflösung des Sinnzusammenhangs des gesamten Verhältnismäßigkeitsgrundsatzes zu schaffen, den Rechtsschutz durch eine Veränderung des Wesens der Verhältnismäßigkeitsprüfung zu verringern und mit der Schaffung „gerichtsfreier" Einschätzungsprärogativen die rechtstaatliche Garantiefunktion auszuhöhlen.[20] Dieser Kritik soll nun nachgegangen werden.

Das korrespondierende Verhältnis von gerichtlicher Zurückhaltung auf der einen und legislativer Gestaltungsfreiheit auf der anderen Seite war bereits im vorstehenden Abschnitt zur verfassungsgerichtlichen Normenkontrolle zu würdigen gewesen.[21] Vergleicht man die Rechtsprechung des EuGH auf dem Gebiet der Normenkontrolle mit den diesbezüglichen Vorgaben des Bundesverfassungsgerichts, so lässt sich feststellen, dass auch das Bundesverfassungsgericht bei der Beurteilung legislativer Rechtsakte regelmäßig darauf abhebt, ob das eingesetzte Mittel „objektiv untauglich",[22] „objektiv ungeeignet"[23] oder „schlechthin ungeeignet"[24] gewesen sei. So befand das Bundesverfassungsgericht in seiner Entscheidung zum Landesraumordungsplan Niedersachsen („Wilhelmshaven"):

> „Das Bundesverfassungsgericht kann nicht seine eigene Abwägung an die Stelle derjenigen des Normgebers setzen; es hat nur zu prüfen, ob sich diese in den verfassungsrechtlich vorgezeichneten Grenzen hält. Hierfür ist maßgebend, ob der erhebliche Sachverhalt zutreffend und vollständig ermittelt und ob anhand dieses Sachverhalts alle sachlich beteiligten Belange und Interessen der Entscheidung zugrunde gelegt sowie umfassend und in nachvollziehbarer Weise abgewogen worden sind. Soweit hierbei über Wertungen und Prognosen zu befinden ist, hat das Bundesverfassungsgericht seine Nachprüfungen darauf zu beschränken, ob diese Einschätzungen und Entscheidungen offensichtlich fehlerhaft oder eindeutig widerlegbar sind oder der verfassungsrechtlichen Ordnung widersprechen".[25]

Die Ähnlichkeit mit dem Ansatz des EuGH, der sich vermutlich von der Rechtsprechung des Bundesverfassungsgerichts hatte inspirieren lassen,[26] ist unverkennbar, obgleich ein Unterschied darin liegen mag, dass die Wilhelmshaven-Entscheidung ausnahmsweise sogar Anforderungen an die

---

[20] *T. von Danwitz*, EWS 2003, S. 393 (396 f.).

[21] F.I.4.

[22] BVerfG v. 22.5.1963, E 16, S. 147 (181).

[23] BVerfG v. 7.4.1964, E 17, S. 306 (317).

[24] BVerfG v. 24.9.1964, E 19, S. 119 (126 f.).

[25] BVerfG v. 23.6.1987, E 76, S. 107 (121) – Wilhelmshaven.

[26] *T. Koopmans*, 39 American Journal of Comparative Law 1991, S. 493 (501); *T. von Danwitz*, Verwaltungsrechtliches System und europäische Integration, 1996, S. 280; *U. Kischel*, EuR 35 (2000), S. 380 (382).

Sachverhaltsermittlung und damit an den Abwägungsvorgang stellt. Auch das Bundesverfassungsgericht will nach den in dem zitierten Urteil formulierten Maßgaben nur offensichtlich fehlerhafte oder eindeutig widerlegbare Bewertungen monieren. Ferner gewährt das Gericht auf weiteren Gebieten große Spielräume, etwa der Bildungspolitik[27] oder der Verteidigungspolitik[28], wenn es sich dort auf eine Verfahrenskontrolle und darauf beschränkt, nur offensichtliche Willkür rügen.[29]

Dennoch hat die vorstehend umrissene Zurückhaltung des EuGH, wie eingangs erwähnt, Widerspruch in der deutschen Literatur gefunden. Es sei zuzugeben, dass auch das Bundesverfassungsgericht dem Gesetzgeber ein weites Ermessen einräume.[30] Eine wesentliche Differenz sei aber darin zu erkennen, dass der EuGH den Spielraum in seiner Weite unabhängig von der Intensität der individuellen Belastungen etwa in Form von Grundrechtseingriffen gewähre.[31] Der EuGH vergegenwärtige sich weder die Schwere des Eingriffs noch die Bedeutung des jeweils betroffenen Grundrechts.[32] Der Ansatz des EuGH ähnele der im französischen Verwaltungsrecht gebräuchlichen *„théorie du bilan"*,[33] die die Ausgewogenheit der Maßnahme insgesamt in den Blick nehme, der Schwere der individuellen Beeinträchtigung hingegen kein besonderes Augenmerk schenke.[34] Besonders bedenklich sei es schließlich, die Verhältnismäßigkeitskontrolle unter Verzicht auf die Proportionalität auf eine zweistufige Prüfung zu verkürzen.[35]

Dieser Einschätzung ist jedenfalls hinsichtlich der Normenkontrolle nur zum Teil beizupflichten. Ob und inwieweit sich ein Gericht die individuelle Beeinträchtigung durch einen Grundrechtseingriff „vergegenwärtigt",[36] dürfte nicht viel mehr als eine schwer überprüfbare psychologische Spekulation darstellen. Soweit der Einwand gegen den „multipolaren" Ansatz des EuGH zielt, der keiner Anknüpfung an Grundrechtspositionen bedürfe, ist daran zu erinnern, dass nur das Konzept einer Gesamtabwägung in der Lage ist, zu gewährleisten, dass nicht Belastungen durch Folgen, die das Gericht außer acht gelassen hat, den Nettonutzen der geprüften Regelung stark negativ werden lassen.

---

[27] BVerfG v. 6.12.1972, E 34, S. 165 (185).

[28] BVerfG v. 12.7.1994, E 90, S. 286 (376).

[29] BVerfG v. 16.12.1980, E 55, S. 349 (364ff.); v. 18.12.1984, E 68, S. 1 (97, 111); vgl. bereits die vorstehenden Ausführungen unter F.I.3.

[30] *T. von Danwitz*, EWS 2003, S. 393 (396).

[31] *T. von Danwitz* (S. 538, Fn. 30), S. 393 (396).

[32] *T. von Danwitz* (S. 538, Fn. 30), S. 393 (396).

[33] *G. Braibant/B. Stirn*, Le droit administratif français[6], 2002, S. 283f.; *R. Romi*, Droit et administration de l'environnement[4], 2001, S. 84–86.

[34] *T. von Danwitz*, EWS 2003, S. 393 (400 l. Sp.).

[35] *T. von Danwitz* (S. 538, Fn. 34), S. 393 (397 l. Sp.).

[36] *T. von Danwitz* (S. 538, Fn. 34), S. 393 (396 l. Sp.).

Zustimmung verdient hingegen die Kritik von *von Danwitz* an der nicht immer konsequent dreistufigen Verhältnismäßigkeitsprüfung.[37] Der Verzicht auf die Proportionalität kann aus den in bezug auf das Bundesverfassungsgericht bereits erläuterten Gründen nicht überzeugen.[38] Die Verhältnismäßigkeit im engeren Sinn stellt unter der Voraussetzung einer Gesamtabwägung sicher, dass die Maßnahmen aus Sicht des Gerichts keinen stark negativen Nettonutzen haben, den dagegen zu tolerieren mit Blick auf den Rechtsschutz und die Rechtfertigungsbedürftigkeit von Grundrechtseingriffen auch auf europäischer Ebene äußerst bedenklich wäre.

## *IV. Würdigung der Normenkontrolle durch den EuGH*

Damit ergibt sich für das Verhältnis des EuGH zum Gemeinschaftsgesetzgeber folgendes. Der EuGH wird gegenüber den rechtsetzenden Gemeinschaftsorganen als Verfassungsgericht tätig und kann sich zur Rechtfertigung seiner Zurückhaltung – wie das Bundesverfassungsgericht[39] – auf die politische Verantwortlichkeit der Legislative berufen.[40] Die ebenfalls als Begründung herangezogene Komplexität mancher Regelungsmaterien[41] ist ein lediglich mittelbar triftiges Argument, das an die funktionell-rechtlichen Bemühungen erinnert, das Verhältnis von Bundesverfassungsgericht und Bundestag zu bestimmen, die bereits dargelegt wurden.[42] Ob ein Fall schwierig oder einfach zu lösen ist, darf für die Kontrolldichte an sich keinen Unterschied machen.

Allerdings verweist die vom EuGH in Bezug genommene Komplexität der Sache nach auf die Notwendigkeit der Legislative, Abwägungsentscheidungen auch auf der Grundlage unsicherer Entwicklungen zu treffen. Die entsprechenden Bewertungen und Wahrscheinlichkeitsurteile zu treffen ist in erster Linie Aufgabe der Rechtsetzung, nicht der Judikative. Zwar obliegt dem EuGH im System der gemeinschaftsrechtlichen Gewaltenteilung

---

[37] *T. von Danwitz* (S. 538, Fn. 34), S. 393 (399 l. Sp.).

[38] S. o. F.I.4.a).

[39] S. o. F.I.4.

[40] EuGH, Rs. C-8/89 (*Vincenzo Zardi/Consorzio agrario provinciale di Ferrara*), Slg. 1990, S. I-2515 (2532 f.); verbundene Rs. 26 und 86/79 (*Forges de Thy-Marcinelle et Monceau SA/Kommission*), Slg. 1980, S. 1083 (1093).

[41] EuGH, Rs. 40/72 (*Schräder KG/Deutschland*), Slg. 1973, S. 125 (142 f.); Rs. 138/78 (*Hans Markus Stölting/Hauptzollamt Hamburg-Jonas*), Slg. 1979, S. 713 (722); aus jüngerer Zeit Rs. C-180/96 (*Vereinigtes Königreich/Kommission und Rat – BSE*), Slg. 1998, S. I-2265 Rz. 95; Rs. C-331/88 (*Fedesa u. a.*), Slg. 1990, S. I-4023, Rz. 14; Rs. C-362/93 (*Crispoltoni u. a.*), Slg. 1994, S. I-4863, Rz. 42.

[42] S. o. F.I.1.a).

nach Art. 7 Abs. 1 EG die umfassende Rechtskontrolle.[43] Das bedeutet aber keinesfalls, dass damit die Einräumung von Beurteilungs- und Prognosespielräumen ausgeschlossen wäre.[44] Damit erteilt der Gerichtshof im übrigen der *„one-right-answer"*- These *Dworkins* eine Absage und anerkennt die Offenheit des Rechts, insbesondere des europäischen Primärrechts.[45]

Die Reduzierung der Kontrolle auf die Kassation *offensichtlich* ungeeigneter oder *offensichtlich* nicht erforderlicher Maßnahmen begegnet vor diesem Hintergrund als solches keinen durchgreifenden Bedenken. Damit drückt das Gericht aus, dass es Einschätzungen der Legislative, die sich aus seiner Sicht als Fehlbewertungen darstellen, in gewissen Grenzen zu tolerieren bereit ist. Das ist wegen des Supremats der rechtsetzenden Gemeinschaftsorgane angezeigt, auch wenn die demokratische Legitimation des Gemeinschaftsgesetzgebers noch nicht an die nationaler Parlamente heranreichen dürfte. Wie groß die Fehleinschätzung nach Ansicht des Gerichts sein darf, bevor es gegen den Rechtsakt einschreitet, ist schwer zu ermitteln und auszudrücken, was ein gewisses Maß an Rechtsunsicherheit mit sich bringt. Das ist aber bei einem solchen Konzept einer materiellen Kontrolle hoheitlicher Handlungen unvermeidlich.

Alles in allem ist der EuGH angesichts der nur bedingt als nachvollziehbare Rechtfertigung zu würdigenden Präambeln von Rechtsakten auf eine angereicherte Begründbarkeitsprüfung beschränkt, was an sich, soweit er als Verfassungsgericht tätig wird, dieser Rolle voll entspricht. Allerdings sollte die Prüfung den Vorgaben des Verhältnismäßigkeitsgrundsatzes einschließlich der Proportionalitätsprüfung folgen. Die vorstehenden Überlegungen zur Begründbarkeitsprüfung des Bundesverfassungsgerichts lassen sich weitgehend übertragen.[46] Danach stellt der Verhältnismäßigkeitsgrundsatz als Kontrollnorm sicher, dass keine Richtlinien oder Verordnungen als gemeinschaftsrechtskonform Bestand haben, die

- entweder gemeinschaftsrechtlich illegitimen Zielen dienen oder
- völlig unwirksam sind oder
- zu denen es Alternativen gibt, die bei gleichem Nutzen wahrscheinlich geringere Belastungen verursachen würden, oder

[43] *C. Callies*, in: Callies/Ruffert, EUV/EGV-Kommentar, 2002, Art. 7 EG Rz. 7; *J. Ukrow*, Richterliche Rechtsfortbildung durch den EuGH, 1995, S. 86ff.

[44] *B. Wegener*, in: Callies/Ruffert, EUV/EGV-Kommentar, 2002, Art. 220 EG Rz. 19; *M. Herdegen/S. Richter*, Die Rechtslage in den Europäischen Gemeinschaften, in: Frowein (Hrsg.), Die Kontrolldichte bei der gerichtlichen Überprüfung von Handlungen der Verwaltung, 1993, S. 209 (226f.); *M. Brenner*, Der Gestaltungsauftrag der Verwaltung in der Europäischen Union, 1996, S. 370ff.

[45] Vgl. die Darlegungen unter C.I.2.a)bb).

[46] F.I.4.

– die sich als unangemessene Beeinträchtigung von geschützten Rechtspositionen (insbesondere von Grundrechten und Grundfreiheiten) darstellen.

Mit einem derartigen Herangehen wird den rechtsetzenden Gemeinschaftsorganen in aller Regel die Wahl unter verschiedenen zulässigen Optionen gelassen. Im deutschen Verfassungsrecht war die vergleichbare Wahlfreiheit infolge der Begründbarkeitsprüfung des Bundesverfassungsgerichts als praktikabler und vertretbarer Kompromiss zwischen legislativer Gestaltungsbefugnis auf der einen und verfassungsgerichtlicher Kontrollaufgabe auf der anderen Seite gewürdigt worden.[47] Diese Beurteilung erscheint auch für die Normenkontrolle im Europarecht im Prinzip angezeigt, was aber unter der Voraussetzung steht, dass der Verhältnismäßigkeitsgrundsatz als Kontrollnorm in vollem Umfang zum Einsatz kommt. Hingegen kann es auch mit Blick auf die im Vergleich mit den Nationalstaaten eher indirektere und damit graduell schwächere demokratische Legitimation von Rat und Kommission nicht befriedigen, wenn und soweit der EuGH von der Prüfung der Erforderlichkeit und der Verhältnismäßigkeit im engeren Sinne absieht.

## *V. Ausblick: Begrenzte Begründungsprüfung im Gemeinschaftsrecht?*

### 1. Die Schwächen der Begründbarkeitsprüfung des EuGH

Das Konzept einer Begründbarkeitsprüfung hat aber auch bei Heranziehung des Verhältnismäßigkeitsgrundsatzes prinzipielle Schwächen, wie bereits im Zusammenhang mit dem deutschen Verfassungsrecht ausgeführt wurde.[48] Sie treffen mit folgenden Maßgaben auch auf den EuGH zu. Es sei zunächst daran erinnert, dass eine Begründbarkeitsprüfung von dem Gericht typischerweise verlangt, eine hypothetische Referenzlösung zu entwickeln, was die Wahrnehmung seiner kassatorischen Aufgabe beeinträchtigen kann. Das betrifft zwar noch nicht den Maßstab der „offensichtlichen Ungeeignetheit" eines Rechtsaktes. Diese zu beurteilen, versteht man die genannte Bedingung als Kontrolle, ob eine getroffene Regelung überhaupt irgendwelche positiven Effekte für die behaupteten gesetzgeberischen Regelungsziele hat, fordert vom Gericht lediglich eine segmentierte Prognose über ihre Auswirkungen, nicht unbedingt schon den Vergleich mit einer hypothetischen Alternative.

---

[47] F.I.4.a).
[48] F.I.4.b).

Ein derartiger Vergleich ist jedoch im Rahmen der Erforderlichkeitsprüfung notwendig, denn die Frage nach einem milderen, aber gleich wirksamen Mittel ist nur sinnvoll zu beantworten, wenn hypothetisch erwogen wird, welche Alternativen in Betracht kämen und welche Folgen sie wohl hätten. Erst recht aufwendig kann sich eine Gegenüberstellung hinsichtlich der Bewertungen gestalten, wenn die Verhältnismäßigkeit im engeren Sinne überprüft wird. Will ein Gericht anhand einer Ergebnisprüfung untersuchen, ob eine Rechtsposition unverhältnismäßig beurteilt worden sein muss, so kann das nur gelingen, wenn es alle Folgen der getroffenen Regelung (selbst) prognostiziert und bewertet. Das läuft auf die Entwicklung einer hypothetischen Referenzlösung hinaus, was in komplexeren Fällen ein beachtliches Maß an Sorgfalt verlangen kann. Die hierfür notwendigen Ressourcen sind dann *ceteris paribus* der kassatorischen Funktion entzogen.

Es kann noch folgendes hinzukommen. Hatte der Gemeinschaftsgesetzgeber bei der Vorbereitung eines allgemeinen Rechtsaktes eine Folgenabschätzung durchgeführt, so wird dasselbe Vorhaben von mindestens zwei Gemeinschaftsorganen separat evaluiert, was mit Blick auf die hierfür jeweils erforderlichen Ressourcen und den Grundsatz der Wirtschaftlichkeit der Haushaltsführung (Art. 248, 274 EG) nicht ohne weiteres frei von Einwänden wäre. In diesen Fällen ließe sich Doppelarbeit allerdings vermeiden, soweit mit Blick auf die Begründungspflicht aus Art. 253 EG eine von der Exekutive oder der Legislative angestellte Folgenabschätzung dem Gericht und der Öffentlichkeit zugänglich gemacht würde.

Darüber hinaus wird durch den Verzicht auf eine nachvollziehbare Begründung hinsichtlich der Überzeugung des Gesetzgebers, die getroffene Regelung habe einen positiven gesellschaftlichen Nettonutzen, ein nur geringes Maß an Transparenz der Entscheidungsherstellung gerichtlich toleriert. Angesichts der aufgetretenen Schwierigkeiten im Zusammenhang mit den Anstrengungen, die hinreichende Unterstützung der Bevölkerung für eine Verfassung für die Europäische Union zu erreichen, werden dadurch wertvolle Möglichkeiten zur Erhöhung der Akzeptanz der Politik der Europäischen Gemeinschaft verschenkt. Schließlich bedeutet eine angereicherte Begründbarkeitsprüfung, dass der Grundsatz der Herstellung praktischer Konkordanz nach den Maßgaben des Verhältnismäßigkeitsprinzips gegenüber dem Gesetzgeber nicht durchgesetzt wird. Die umrissenen Schwächen führen zu der nunmehr abschließend anzustellenden Überlegung, inwieweit die im Rahmen der ausführlichen Folgenabschätzung von der Kommission erstellten Abschätzungsberichte zur Grundlage einer Begründungsprüfung gemacht werden könnten und ob sich ein derartiges Vorgehen empfehlen würde.

## 2. Abschätzungsberichte als Basis einer Begründungsprüfung

Die vorstehend dargestellten Ansätze der Kommission, zur Vorbereitung und Begründung von Rechtsakten eine systematisch angelegte und, wo erforderlich, auch formale Folgenabschätzung zu unternehmen,[49] durften als das Bemühen verstanden werden, die durch die Abwägung konfligierender Interessen gestellten Aufgaben mit größerer Richtigkeitsgewähr und höherer Transparenz zu bewältigen. Auch wenn die Abschätzungsberichte, mit denen die Wahl der getroffenen Regelungsalternative begründet werden soll, Dokumente der Kommission darstellen und deswegen nicht unmittelbar als Begründung im Sinne von Art. 253 EG fungieren können, so war vorstehend erwogen worden, sie in diesem Sinne weiterzuentwickeln, weil sie im übrigen die wesentlichen Anforderungen aus Art. 253 EG besser erfüllen würden als die herkömmlichen Präambeln.[50] Es wäre durch Einbeziehung in die Rechtsakte in diesem Sinne prinzipiell vorstellbar, die Abschätzungsberichte zum Bestandteil einer Begründung im Sinne von Art. 253 EG zu machen.

Unter dieser Voraussetzung erschienen die Abschätzungsberichte oder die gegebenenfalls an ihre Stelle tretenden Dokumente des Rates oder des Parlaments, soweit sie eine nachvollziehbare Rechtfertigung einer EG-Richtlinie oder einer EG-Verordnung enthalten, in besonderer Weise geeignet, als Begründung einer Rechtsnorm bei einer Kontrolle durch die Öffentlichkeit und den EuGH eingesetzt zu werden. Dem deutschen Verfassungsrecht vergleichbar bestünde ihre dreifache Funktion darin,

- zum ersten unabhängig von einem gerichtlichen Überprüfungsverfahren Einblick in das Regelungskonzept des Gesetzgebers zu geben, was zur Erhöhung der Akzeptanz des Gesetzes beitragen kann,
- zweitens im Falle einer Normenkontrolle das Gericht von der Herstellung einer eigenen hypothetischen Referenzlösung wesentlich zu entlasten und
- drittens die Kontrolle der Wahrung der gemeinschaftsrechtlichen Maßgaben zu erleichtern.

Da der EuGH bei der Normenkontrolle gegenüber dem Gemeinschaftsgesetzgeber als Verfassungsgericht fungiert, hat er die Bewertungen der Legislative solange zu respektieren, wie sie sich ihm nicht als offensichtlich fehlsam erweisen. Auch eine Begründungskontrolle muss im Verfassungsrecht aus Gründen der Gewaltenteilung tolerieren, dass sich der Gesetzgeber für Lösungen entscheidet, die dem Gericht nicht optimal erscheinen.

---

49 B.III und G.IV.

50 G.IV.

Der Unterschied zu einer reinen Ergebniskontrolle läge aber in dem Rahmen des erwogenen Konzepts darin, dass Begründungen, die nicht den Nachweis eines positiven gesellschaftlichen Nettonutzens erbringen oder in dem Versuch, dies zu tun, nicht durchsichtig vorgehen, vom Gerichtshof zurückgewiesen würden. Das entspräche auch der Tendenz des EuGH, bei der Kontrolle von Handlungen der Kommission seine Zurücknahme der inhaltlichen Überprüfung durch eine Betonung der Einhaltung verfahrensrechtlicher Garantien kompensieren zu wollen,[51] welche schon zur Feststellung der Nichtigkeit von Entscheidungen wegen mangelnder Information des Betroffenen,[52] der nicht hinreichenden Ermittlung des Sachverhalts,[53] der unterbliebenen Anhörung[54] und wegen unzureichender Begründung geführt hat.[55] Besonders letzteres, also eine Verschärfung der Anforderungen aus Art. 253 EG, erscheint als Ausgangspunkt für eine behutsame Übertragung auf die Normenkontrolle geeignet.

---

[51] *B. Wegener*, in: Callies/Ruffert, EUV/EGV-Kommentar, 2002, Art. 220, Rz. 19; dagegen skeptisch zu der Kompensationsmöglichkeit *T. von Danwitz*, Verwaltungsrechtliches System und europäische Integration, 1996, S. 333f.

[52] EuGH, Rs. C-49/88 (*Al-Jubail*), Slg. 1991, S. I-3187, Rz. 18

[53] EuGH, Rs. C-269/90 (*TU München*), Slg. 1991, S. I-5469, Rz. 14ff.

[54] EuGH, Rs. C-269/90 (*TU München*), Slg. 1991, S. I-5469, Rz. 14ff.

[55] EuGH, Rs. C-269/90 (*TU München*), Slg. 1991, S. I-5469, Rz. 14ff.; Rs. C-122/95 (*Deutschland/Rat*), Slg. 1998, S. I-973, Rz. 68ff.

# I. Schlussfolgerungen: Das Abwägungsparadigma als methodische Herausforderung

Die planungsrechtliche Abwägungsdogmatik ist längst ihrem Ursprung als Kontrollmaßstab für Bebauungspläne entwachsen. Ihre Ausdehnung auf das gesamte Planungsrecht scheint rückblickend betrachtet geradezu zwangsläufig, auch wenn an die Stelle einer anfänglichen Abwägungseuphorie nunmehr eine einem längeren Stillstand folgende gewisse Ernüchterung getreten zu sein scheint. Das handlungsanleitende Potential des Abwägungsparadigmas ist hingegen vermutlich noch längst nicht ausgeschöpft. Im Grundsatz erstreckt es sich auf alle komplexen öffentlichen Entscheidungen und bildet damit den Nucleus einer juristischen Entscheidungstheorie. Fast scheint es, als drohte mit dem Abwägungsgebot ein über das Ziel hinausschießender dogmatischer Rigorismus. So lassen sich Rechtsanwendung und Rechtsetzung gleichermaßen als Abwägungsvorgänge begreifen, für die lediglich unterschiedliche Begründungsanforderungen und Kontrollmaßstäbe gelten. Gerade die Analyse der Entscheidungsherstellung macht jedoch deutlich, wie sachgerecht der Vierschritt Problemidentifikation – Zusammenstellung der Handlungsalternativen – Bestandserhebung und Prognosen – Gewichtung – ist, den das Gebot gerechter Abwägung und die normative Entscheidungstheorie zur Strukturierung von Entscheidungsvorgängen vorsehen.

Nimmt man die im Abwägungsgebot liegenden Anforderungen ernst, führt das schnell an die Grenzen der bislang fast ausnahmslos eingesetzten natürlich-sprachlichen Methodik. Werden, wie in der Praxis üblich, Abwägungsentscheidungen lediglich verbal begründet, so läuft dies in bezug auf die geforderte Gesamtabwägung über alle berührten und vertretbar gewichteten Interessen auf die Zumutung eines Glaubensakts hinaus. Die Gerechtigkeit des Abwägungsergebnisses im Sinne eines positiven gesellschaftlichen Nettonutzens, die zentrale Voraussetzung für die Rechtfertigung von Grundrechtsbeeinträchtigungen, bleibt nicht viel mehr als eine durch die Einhaltung eines fairen Verfahrens abgesicherte Floskel. Damit kann sich ein Rechtsstaat nicht auf Dauer zufrieden geben, auch wenn die dominierende Begründbarkeitsprüfung anhand des Verhältnismäßigkeitsgrundsatzes ein beachtliches Mindestmaß an materieller gerichtlicher Kontrolle verbürgt.

Angesichts dieser Verwerfungen sind nach der vorstehenden Analyse im Prinzip zwei Lösungsmöglichkeiten zur Harmonisierung vorstellbar. Erstens könnten die Forderungen der Rechtsprechung nach der Vertretbarkeit auch einzelner Prognosen und Werturteile offen aufgegeben oder in ihrem Charakter als nicht sanktionsbewehrte Appelle klargestellt werden. Die Angemessenheit von Prognosen und Werturteilen würde dann nur noch im Sinne einer zurückhaltenden Begründbarkeitskontrolle überprüft werden, was auf eine weitgehende Entwertung von gegebenenfalls bestehenden Begründungspflichten hinausliefe.

Möglicherweise ließen sich aber – zweitens – prozedurale Sorgfaltspflichten verstärken und dadurch die Chancen auf die Erzielung überzeugender Ergebnisse erhöhen. Dieser Weg war zunächst in den USA angedacht worden,[1] hat aber unter dem besonders von *Luhmann* hervorgehobenen Stichwort der „Legitimation durch Verfahren" auch in Deutschland eine breite Rezeption gefunden.[2] *Fuller* bringt den Grundgedanken des Ansatzes klar zum Ausdruck:

> „In so far as possible, substantive aims should be achieved procedurally, on the principle that if men are compelled to act in the right way, they will generally do the right things."[3]

Die Bestimmungen des Verwaltungsverfahrensgesetzes über die Pflicht zur ordentlichen Bekanntmachung bedeutsamer Vorhaben, die Beteiligung der Öffentlichkeit oder die Möglichkeiten zur Akteneinsicht der Betroffenen dürften ohne weiteres der Einsicht in den von *Fuller* beschriebenen Zusammenhang geschuldet sein.[4] Auch das Grundgesetz enthält eine Reihe solcher Kautelen in bezug auf Rechtsetzungsakte. Man denke nur an die Stufung des Gesetzgebungsverfahrens durch Initiativverfahren (Art. 76 GG), Hauptverfahren (Art. 77, 78 GG) und Abschlussverfahren (Art. 82 GG). Allerdings stellen solche verfahrensrechtlichen Vorschriften keinen Ersatz für die Kontrolle der materiellen Richtigkeit der gefundenen Lösungen dar. Auch die Einschränkung *Fullers*, ein ordentliches Verfahren sorge *im allgemeinen*

---

[1] *L. L. Fuller*, 71 Harvard Law Review 1958, S. 630 (643).

[2] *N. Luhmann*, Legitimation durch Verfahren³, 1978, in bezug auf Verwaltungsverfahren S. 201 ff., hinsichtlich der Gesetzgebung S. 174 ff.; in der Rechtsprechung des Bundesverfassungsgerichts lässt sich der Gedanke in bezug auf den Grundrechtsschutz durch Verfahren wiederfinden: BVerfG v. 23.4.1974, E 37, S. 132 (141, 148); v. 7.12.1977, E 46, S. 325 (334); v. 27.9.1978, E 49, S. 220 (225); v. 20.12.1979, E 53, S. 30 (65); v. 25.2.1981, E 56, S. 216 (236); v. 4.5.1982, E 60, S. 348 (357 f.); v. 8.7.1982, E 61, S. 82 (114 ff.).

[3] *L. L. Fuller*, 71 Harvard Law Review 1958, S. 630 (643).

[4] Die genannten Vorschriften dienen der Transparenz hoheitlichen Handelns, die auch eine verfassungsprinzipielle Seite besitzt, vgl. *J. Bröhmer*, Transparenz als Verfassungsprinzip: Grundgesetz und Europäische Union, 2004, S. 228, 244 ff.

für die richtigen Ergebnisse, dürfte auf dieser Einschätzung beruhen. Für die Rechtfertigung einer Zurücknahme des Maßes an materiell-rechtlicher Überprüfung fehlte es bereits an einer funktionellen Äquivalenz von Verfahrens- und Ergebniskontrollen.[5] Angesichts der im Vergleich zu den primären Entscheidungsträgern in Verwaltung und Gesetzgebung geringeren Legitimität und Sachkunde der Gerichte würde eine generelle Befugnis der Gerichtsbarkeit, ihre Entscheidungen an die Stelle der Behörden bzw. der Parlamente zu setzen, ebenfalls keinen überzeugenden Ausweg bieten.

Der in der vorliegenden Schrift beschrittene Weg, die Chancen und Risiken einer methodischen Ergänzung der prozeduralen Sorgfaltspflichten im Sinne *Fullers* zu untersuchen, lässt sich vor diesem Hintergrund als der Versuch verstehen, das Potential numerischer Verfahren zur Verwirklichung des für komplexe hoheitliche Handlungen geltenden anspruchsvollen rechtlichen Anforderungsprofils auszuloten. Dabei war auf eine ganze Reihe von beachtlichen Einwänden gegen ihre Heranziehung einzugehen, die von eher pragmatischen,[6] etwa dem mit ihrer Erstellung und Anwendung verbundenen Aufwand, bis zu fundamentalen wie der mit ihrer Verwendung einhergehenden Gefahr der Scheinrationalität[7] reichen. Im Ergebnis können sich mit den vorstehenden Überlegungen formale Methoden sowohl zur prospektiven Evaluation als auch zur Darstellung von Abwägungsvorgängen unter bestimmten Voraussetzungen empfehlen. Punktesysteme etwa nach dem Vorbild des Hamburger Staatsrätemodells, die Verfahren zur Bewertung von Prüfungsleistungen oder die Anstrengungen der Europäischen Kommission bezüglich der Folgenabschätzung von Gesetzgebungsvorhaben geben hierfür wertvolle Anstöße.

Soweit solche Instrumente herangezogen werden,

- kann der Forderung nach einer angemessenen Methodik bei der Anfertigung von Prognosen prinzipiell entsprochen,
- das einem Belang zugewiesene Gewicht in nachvollziehbarer Art und Weise dargestellt,
- bei der Gesamtabwägung unter Verwendung einer „bilanzierenden Betrachtungsweise" in kalkulatorisch belastbarer Art artikuliert und
- die gerichtliche Kontrolle in bezug auf die Sorgfalt bei der Entscheidungsherstellung effektiviert werden.

Im Einzelnen ergeben sich daraus die folgenden bereichsspezifischen Schlussfolgerungen:

---

[5] *F. Schoch*, Die Verwaltung 25 (1992), S. 21 (28); *K. Meßerschmidt*, Gesetzgebungsermessen, 2000, S. 827.

[6] S. o. C.V.5.c)cc)(3).

[7] S. o. C.V.5.c)cc)(1).

## I. Konsequenzen für den Bereich der Rechtsanwendung

Bereits hinsichtlich der Rechtsanwendung erleichtert die bei Heranziehung formaler Methoden erzielbare Transparenz mit Blick auf die Rechtfertigung belastender Maßnahmen den Betroffenen die Einsicht in die Notwendigkeit der Verwaltungsentscheidung. Über den Gesichtspunkt höherer Akzeptanz staatlicher Entscheidungen hinaus ist an die bereits des öfteren erwähnte disziplinierende Wirkung von Darstellungspflichten zu erinnern, die im Zuge der Verwendung formaler Methoden effektiviert wird. Konzeptionellem Denken wird durch die bessere Vergleichbarkeit mit vorausgegangenen Entscheidungen Vorschub geleistet; die von Art. 3 Abs. 1 GG verlangte Selbstbindung der Verwaltung würde eine greifbare Belebung erfahren.

Allerdings sind diese Wirkungen nur um den Preis eines höheren Aufwands bei der Entscheidungsherstellung zu haben. Daher kommen formale Methoden in erster Linie dann in Betracht, wenn diese größeren Anstrengungen wegen der Bedeutung des Vorhabens und der mit ihm einhergehenden individuellen wie gesellschaftlichen Beeinträchtigungen gerechtfertigt sind. Für raumordnungsrelevante Vorhaben, die einer Planfeststellung oder Plangenehmigung bedürfen, dürfte das regelmäßig zu bejahen sein.

Im übrigen ist es die Aufgabe der Verwaltung, dem jeweiligen Handlungsfeld angepasste Methoden zu entwickeln. Das kann durch Rechtsverordnungen, durch die Formulierung Allgemeiner Verwaltungsvorschriften oder auch auf fallweiser Basis geschehen, muss aber letztlich stets auf einen ausgewogenen Kompromiss zwischen Detailschärfe und Handhabbarkeit zielen. Es liegt in der Hand der Rechtsprechung, durch die Ergänzung bestehender Begründungspflichten um die Heranziehung einer anspruchsvollen Methodik entsprechende Anreize für die Verwaltung zu setzen.

Was die Abwägungsdogmatik und die Kontrolle von Abwägungsfehlern im speziellen anbelangt, so folgt aus dem Abwägungsgebot nicht nur die Strukturierung von Entscheidungsvorgängen *ex ante*, sondern auch die Klassifizierung möglicher Fehler *ex post*. Das Nebeneinander von klassischer Ermessensfehlerlehre und Abwägungsdogmatik steht unter dem Verdacht, unnötige Redundanzen aufzuweisen. Es gibt keinen materiellen Abwägungsfehler, der sich nicht entweder auf Ermittlung der gesetzgeberischen Ziele oder die Bestandserhebung (Sachverhaltsermittlung) oder die Prognosen bezüglich der zur Verfügung stehenden Handlungsoptionen oder die Gewichtung der zu erwartenden Auswirkungen einschließlich ihrer Aggregation bezieht.

## *II. Konsequenzen für den Bereich der Rechtsetzung*

Rechtsnormen sind häufig das Produkt einer komplexen Abwägung, die den Umgang mit langfristig und damit unsicher eintretenden Effekten verlangt. Nicht selten müssen auch Wechselwirkungen mit dem Regelungsumfeld der beabsichtigten Maßnahme berücksichtigt werden. Es kann daher nicht verwundern, dass die Kosten-Nutzen-Analyse als kalkulatorisch belastbares Verfahren der formalen Gesetzesfolgenabschätzung den Nachweis ihrer Tauglichkeit längst erbracht hat, sei es als Kern der Evaluation von präsidialen Gesetzgebungsvorhaben in den USA, sei es zur Vorbereitung des Bundesverkehrswegeplans oder im Zusammenhang mit der Folgenabschätzung der Europäischen Kommission.

Die weitere Verbreitung des Instruments ist zu erwarten. Die Bemühungen der Bundesregierung im Rahmen des Projekts „Moderner Staat – Moderne Verwaltung“ sowie die Festigung solcher Ansätze auf europäischer Ebene durch die Einführung einer verbindlichen „Europäischen Folgenabschätzung“ zeigen die Richtung der Entwicklung eindeutig an. So hat sich auch jüngst die Abteilung „Gesetzgebung“ des 65. Deutschen Juristentags in Bonn im September 2004 unter dem Vorsitz von *Paul Kirchhof* eingehend mit der Gesetzesfolgenabschätzung beschäftigt.[8] Es ist dort diskutiert worden, inwieweit eine Folgenabschätzung die gesetzespolitische Debatte versachlichen, eine Gesetzesbegründung zur Klarheit der Gesetzesaussage beitragen und eine Wirkungskontrolle die Autorität und Gestaltungsmacht des Gesetzgebers zu verbessern vermag. Bereits der 63. Deutsche Juristentag hatte die Verwendung einer ökonomischen Analyse im Bereich des Arbeits- und Sozialrechts gefordert.[9]

Eine im Hinblick auf die Transparenz hoheitlicher Entscheidungen maßgebliche Eigenheit formaler Methoden liegt auch für Legislativakte darin, die Möglichkeit zur Durchführung einer ernstlichen Begründungskontrolle durch die Gerichte zu eröffnen. Obwohl eine formale und moderne Methodik der Entscheidungsherstellung viel zur Akzeptanz gesetzlicher Maßnahmen beitragen kann, werden dagegen besonders in Deutschland in bezug auf Parlamentsgesetze beachtliche Bedenken ins Feld geführt, die der Anerkennung einer verfassungsrechtlichen Pflicht zur Begründung von Gesetzen entgegenstehen. Diese beziehen sich allerdings nicht auf den Charakter von Gesetzen als Rechtssätze, wie bereits die Begründungspflicht für Rechtsnormen nach Art. 253 EG unterstreicht.

---

[8] http://www.djt.de/index.php (letzter Zugriff 2.11.2006).

[9] DJT, Beschlüsse des 63. Deutschen Juristentages vom 26. bis 29. September 2000, Beilage der NJW zu Heft 3/2001, S. 14.

## III. *Juristische Methodenlehre und ökonomische Theorie des öffentlichen Rechts*

Neben den praktischen und dogmatischen Implikationen der Verwendung formaler Methoden im öffentlichen Recht ist abschließend darauf hinzuweisen, dass die juristische Methodenlehre gegenwärtig nahezu bewegungslos zwischen dem Festhalten an dem überkommenen hermeneutischen Auslegungskanon und analytisch anspruchsvollen, aber praktisch wirkungslosen Modellen zu verharren scheint. Den vielversprechenden Ansätzen der „Juristischen Begründungslehre" von *Koch/Rüßmann* aus dem Jahre 1982, den Rechtsanwendern logische, sprachphilosophische und wahrscheinlichkeitsmathematische Hilfsmittel zum Verständnis rechtlicher Entscheidungen an die Hand zu geben, ist die durchgreifende Rezeption versagt geblieben. Obwohl die Rechtswissenschaft in weiten Teilen als eine auf methodische Unterstützung angewiesene Entscheidungstheorie erscheint, fristet die juristische Methodenlehre insgesamt ein Schattendasein.

Dies trifft in besonderer Weise auf die theoretischen Fragen des öffentlichen Rechts zu. Während das Zivilrecht mit seiner Öffnung gegenüber der ökonomischen Wohlfahrtstheorie Einsichten und Vorgehensweisen der Volkswirtschaftslehre für sich fruchtbar hat machen können, stellt sich das öffentliche Recht bislang als weitgehend resistent gegen Einflüsse von außen dar, obwohl Verwaltungs- und Verfassungsrecht mannigfaltige Anknüpfungspunkte für den ertragreichen interdisziplinären Austausch bieten. Erste Ansätze sind im Bereich der ökonomischen Theorie des öffentlichen Rechts allerdings durchaus zu verzeichnen.[10]

Weiterer Forschungsbedarf ist unschwer zu erkennen. Um ein auf den hiesigen Untersuchungsbereich bezogenes Beispiel zu geben, werden unter Zuhilfenahme ökonomischer, verwaltungswissenschaftlicher, politologischer und möglicherweise psychologischer Erkenntnisse an die jeweiligen Fragestellungen angepasste formale Methoden als Angebot an Verwaltung und Rechtsetzung zu entwickeln sein. Will die juristische Methodenlehre wieder einen ihr gerecht werdenden Stellenwert in Lehre, Forschung und

---

[10] Vgl. die Beiträge in C. Engel (Hrsg.), Öffentliches Recht als ein Gegenstand ökonomischer Forschung. Die Begegnung der deutschen Staatsrechtslehre mit der konstitutionellen politischen Ökonomie, 1998, H. Hof/G. Lübbe-Wolff (Hrsg.), Wirkungen und Erfolgsbedingungen von Gesetzen, 1999, und A. van Aaken/S. Schmid-Lübbert (Hrsg.), Beiträge zur ökonomischen Theorie im Öffentlichen Recht, 2003, sowie die Dissertation von *S. Bender*, Ökonomische Analyse der öffentlich-rechtlichen Störerhaftung, 2003; auch die 44. Assistententagung befasste sich unter dem Titel „Recht und Ökonomik" mit einschlägigen Fragen, s. M. Bungenberg et al. (Hrsg.), Recht und Ökonomik. 44. Tagung der Wissenschaftlichen Mitarbeiterinnen und Mitarbeiter der Fachrichtung Öffentliches Recht, Jena 2004, 2004.

Rechtspraxis einnehmen, wird sie ihre Modernisierung mit besonderem Blick auf das öffentliche Recht unter Einbeziehung von Nachbarwissenschaften in Angriff nehmen müssen.

# Literaturverzeichnis


*van Aaken, Anne*, „Rational Choice" in der Rechtswissenschaft. Zum Stellenwert der ökonomischen Theorie im Recht, Baden-Baden 2003

*dies.* (Hrsg.), Beiträge zur ökonomischen Theorie im Öffentlichen Recht, Wiesbaden 2003

*Ackerman, Frank/Heinzerling, Lisa*, Priceless: on knowing the price of everything and the value of nothing, New York, NY 2004

*Adler, Matthew D.*, Risk, Death and Harm: The Normative Foundations of Risk Regulation, 87 Minnesota Law Review 2003, S. 1293 ff.

*ders./Posner, Eric A.*, Rethinking Cost-Benefit Analysis, 109 Yale Law Journal 1999, S. 165 ff.

*Adomeit, Klaus*, Buchbesprechung von Herberger/Simon, Wissenschaftstheorie für Juristen, NJW 1981, S. 213

*AEA Technology* Environment, Cost-Benefit Analysis of the Thematic Strategy on Air Pollution, Didcot 2005

*Ahlheim, Michael/Lehr, Ulrike*, Nutzentransfer: das Sparmodell der Umweltbewertung, Perspektiven der Wirtschaftspolitik 3 (2002), S. 85 ff.

*Akerlof, George A.*, The Market for Lemons. Quality Uncertainty and the Market Mechanism, Quarterly Journal of Economics 89 (1970), S. 488 ff.

*Albers, Hartmut*, Gerichtsentscheidungen zu Kernkraftwerken, Villingen-Schwenningen 1980

*Albers, Marion*, Faktische Grundrechtsbeeinträchtigungen als Schutzbereichsproblem, DVBl. 1996, S. 233 ff.

*Alexy, Robert*, Theorie der juristischen Argumentation: die Theorie des rationalen Diskurses als Theorie der juristischen Begründung[1], Frankfurt am Main 1978

– Zum Begriff des Rechtsprinzips, Rechtstheorie, Beiheft 1, 1979, S. 59 ff.

– Die logische Analyse juristischer Entscheidungen, in: Hassemer, Winfried (Hrsg.), Argumentation und Recht: Vorträge auf der Tagung der Deutschen Sektion der Internationalen Vereinigung für Rechts- und Sozialphilosophie (IVR) in der Bundesrepublik Deutschland, München, 3. bis 6. September 1978, Wiesbaden 1980, S. 181 ff.

– Theorie der Grundrechte[1], Frankfurt am Main 1986

– Rechtssystem und praktische Vernunft, in: Alexy, Robert (Hrsg.), Recht, Vernunft, Diskurs: Studien zur Rechtsphilosophie, Frankfurt am Main 1995, S. 213 ff.

– Verfassungsrecht und einfaches Recht – Verfassungsgerichtsbarkeit und Fachgerichtsbarkeit, VVDStRL 61 (2002), S. 7 ff.

– Die Gewichtsformel, in: Jickeli, Joachim (Hrsg.), Gedächtnisschrift für Jürgen Sonnenschein, Berlin 2003, S. 771 ff.

*Allan, James*, A sceptical theory of morality and law, New York u. a. 1998

*Alston, William P.*, Philosophy of language, Englewood Cliffs, NJ u. a. 1949

*Altmann, Ekkehard*, Grundvorstellungen zur Entscheidungsplanung, in: Rödig, Jürgen/Altmann, Ekkehard (Hrsg.), Studien zur Theorie der Gesetzgebung, Berlin 1976, S. 454 ff.

*Apostol, Tom M.*, Introduction to analytic number theory, New York 1976

*Appel, Ivo*, Stufen der Risikoabwehr. Zur Neuorientierung der umweltrechtlichen Sicherheitsdogmatik im Gentechnikrecht, NuR 1996, S. 227 ff.

*Arbuthnott, John*, An Argument for Divine Providence, taken from the constant Regularity observ'd in the Births of both Sexes, 27 Phil. Trans. 1710

*Aristoteles*, Philosophische Schriften, Bd. II: Topik, Hamburg 1995

– Peri hermeneias[2], Berlin 2002

*Arrow, Kenneth Joseph*, Social Choice and individual values, 1951

*Arrowsmith, Sue Louise*, Government procurement in the WTO, The Hague u. a. 2003

*Asai, Kiyoji/Tanaka, Hideo/Okuda, Tetsuji*, Decision-making and its goal in a fuzzy environment, in: Zadeh, Lotfi Asker/Fu, King-Sun/Tanaka, Kokichi/Shimura, Masamichi (Hrsg.), Fuzzy Sets and their Applications to Cognitive and Decision Processes, New York 1975, S. 257 ff.

*Austin, John L.*, How to do things with words, Oxford 1962

– Zur Theorie der Sprechakte (= How to do things with words), Stuttgart 1962/1972

*Ayer, Alfred Jules*, Language, truth and logic, London 1936

*Bachof, Otto*, Neue Tendenzen in der Rechtsprechung zum Ermessen und zum Beurteilungsspielraum, JZ 1972, S. 641 ff.

*ders./Stober, Rolf/Wolff, Hans J.*, Verwaltungsrecht: ein Studienbuch[11], Bd. 1, München 1999

*Badura, Peter*, Das Planungsermessen und die rechtsstaatliche Funktion des allgemeinen Verwaltungsrechts, in: Bayerischer Verfassungsgerichtshof (Hrsg.), Verfassung und Verfassungsrechtsprechung: Festschrift zum 25-jährigen Bestehen des Bayerischen Verfassungsgerichtshofs, München 1972, S. 157 ff.

– Der funktionsrechtliche Funktionsvorbehalt der Genehmigungsbehörde für die Ermittlung und Bewertung des Risikos einer nuklearen Anlage, DVBl. 1998, S. 1197 ff.

*Baird, Douglas G./Gertner, Robert Henry*, Game theory and the law, Cambridge, Mass. u. a. 1994

*Baker, Gordon P./Hacker, Peter Michael Stephan*, Language, sense and nonsense: a critical investigation into modern theories of language, Oxford 1984

*Bamberg, Günter/Coenenberg, Adolf Gerhard*, Betriebswirtschaftliche Entscheidungslehre[8], München 1994

*Baron, Jonathan*, Judgment Misguided. Intuition and Error in Public Decision Making, New York u. a. 1998

*Bartlsperger, Richard*, Planungsrechtliche Optimierungsgebote, DVBl. 1996, S. 1 ff.

*Bartunek, Beatrix*, Probleme des Drittschutzes bei der Planfeststellung, 2000

*Basedow, Jürgen*, Dienstleistungsrichtlinie, Herkunftslandprinzip und internationales Privatrecht, EuZW 2004, S. 423 ff.

*Bass, S. M./Kwakernaak, H.*, Rating and ranking of multiple-aspect alternatives using fuzzy sets, 13 Automatica 1977, S. 47 ff.

*Bastardi, A./Shafir, Eldar*, On the Pursuit and Misuse of Useless Information, 75 J. Pers. Soc. Psychol. 1998, S. 19 ff.

*Battis, Ulrich*, Allgemeines Verwaltungsrecht[3], Heidelberg 2002
*ders./Krautzberger, Michael/Löhr, Rolf-Peter*, Baugesetzbuch, München 2002 (zitiert als: *Bearbeiter*, in: Battis/Krautzberger/Löhr, BauGB-Kommentar)
*Bauer, Hartmut*, Geschichtliche Grundlagen der Lehre vom subjektiven öffentlichen Recht, Berlin 1986
*Baum, Herbert*, Bundesverkehrswegeplanung – methodischer Ansatz für Bedarfsorientierung und Nachhaltigkeit, in: Eichner, Karsten (Hrsg.), Güterkraftverkehr im erweiterten Europa, Frankfurt am Main 2003, S. 127 ff.
*Bechtel, William/Abrahamsen, Adele*, Connectionism and the mind: parallel processing, dynamics and evolution in networks[2], Malden, Mass. u. a. 2002
*Becker-Soest, Dorothee*, Institutionelle Vielfalt zur Begrenzung von Unsicherheit: Ansatzpunkte zur Bewahrung von Biodiversität in einer liberalen Wettbewerbsgesellschaft, Marburg 1998
*Becker, Franz*, Das allgemeine Verwaltungsverfahren in Theorie und Gesetzgebung. Eine rechtsvergleichende Untersuchung, Stuttgart 1963
*Behrens, A./Chobineh, F.*, Use of Intervals and Possibility Distribution in Economic Analysis, 43 The Journal of Operational Research Society 1992, S. 907 ff.
*Benda, Ernst*, Zur gesellschaftlichen Akzeptanz verwaltungs- und verfassungerichtlicher Entscheidungen, DÖV 1993, S. 305 ff.
*Bender, Rolf*, Zur Notwendigkeit einer Gesetzgebungslehre: dargestellt an aktuellen Problemen der Justizreform, Stuttgart 1974
*ders./Nack, Armin*, Tatsachenfeststellung vor Gericht, München 1981
– dies./*Röder, Susanne*, Tatsachenfeststellung vor Gericht, Bd. 1: Glaubwürdigkeits- und Beweislehre[2], München 1995
*Bender, Silke*, Ökonomische Analyse der öffentlich-rechtlichen Störerhaftung. Eine Untersuchung der Altlastenproblematik und des Bundes-Bodenschutzgesetzes, Wiesbaden 2003
*Benedict, Christoph*, Sekundärzwecke im Vergabeverfahren: öffentliches Auftragswesen, seine teilweise Harmonisierung im EG/EU-Binnenmarkt und die Instrumentalisierung von Vergaberecht durch vergabefremde Aspekte, Berlin u. a. 2000
*Bennett, Jonathan*, Linguistic behaviour, Cambridge u. a. 1979
*Berendt, Patrick*, Die Bedeutung von Zweck- und Zielbestimmungen für die Verwaltung: dargestellt am Beispiel der §§ 1 f. BNatSchG; zugleich ein Beitrag zur Methode der Abwägung im Verwaltungsrecht, Baden-Baden 2001
*Berg, Wilfried*, Die verwaltungsrechtliche Entscheidung bei ungewissem Sachverhalt, Berlin 1980
*Berkemann, Jörg*, Das Bundesverfassungsgericht und „seine" Fachgerichtsbarkeiten. Auf der Suche nach Funktion und Methodik, DVBl. 1996, S. 1028 ff.
*Bernd, Werner*, Legislative Prognosen und Nachbesserungspflichten, Mainz 1989
*Bernoulli, Daniel*, Exposition of a New Theory on the Measurement of Risk (Englische Übersetzung des Originals von 1738), 22 Econometrica 1954, S. 23 ff.
*Bettermann, Karl August*, Die allgemeinen Gesetze als Schranken der Pressefreiheit, JZ 1964, S. 601 ff.
*Betti, Emilio*, Allgemeine Auslegungslehre als Methodik der Geisteswissenschaften, Tübingen 1967
*Bihler, Michael*, Rechtsgefühl, System und Wertung: ein Beitrag zur Psychologie der Rechtsgewinnung, München 1979
*Binding, Karl*, Handbuch des Strafrechts, Bd. 1, Leipzig 1885

*Bizer, Kilian*, Die Ökonomik der Verhältnismäßigkeitsprüfung, Sofia-Diskussionsbeiträge Nr. 99/1, Darmstadt 1999

*Black, Max*, The labyrinth of language, London 1968

*Blaesing, Heiner*, Grundrechtskollisionen, Diss. Bochum 1974

*Bleckmann, Albert/Eckhoff, Rolf*, Der „mittelbare" Grundrechtseingriff, DVBl. 1988, S. 373 ff.

*ders./Wiethoff, Claudia*, Zur Grundrechtskonkurrenz, DÖV 1991, S. 722 ff.

*Blümel, Willi*, Planung und Verwaltungsgerichtsbarkeit, DVBl. 1975, S. 695 ff.

*Boardman, Anthony E./Greenberg, David H./Vining, Aidan R./Weimer, David L.*, Cost-benefit analysis: concepts and practice[2], Upper Saddle River, NJ 2001

*Böckenförde, Ernst W.*, Grundrechte als Grundsatznormen, Der Staat 29 (1990), S. 1 ff.

– Die Methoden der Verfassungsinterpretation. Bestandsaufnahme und Kritik, in: Böckenförde, Ernst W. (Hrsg.), Staat, Verfassung, Demokratie, 1991, S. 53 ff.

*von Bogdandy, Armin*, Gubernative Rechtsetzung. Eine Neubestimmung der Rechtsetzung und des Regierungssystems unter dem Grundgesetz in der Perspektive gemeineuropäischer Dogmatik, Tübingen 2000

*Böhm, Monika*, Risikoregulierung und Risikokommunikation als interdisziplinäres Problem, NVwZ 2005, S. 609 ff.

*Böhret, Carl* (Hrsg.), Gesetzgebungspraxis und Gesetzgebungslehre. Ein Erfahrungsaustausch über die Verbesserung von Rechtsnormen, Speyer 1980

– Gesetzesfolgenabschätzung (GFA): Modisch oder hilfreich? in: Schreckenberger, Merten/Merten, Detlef (Hrsg.), Grundfragen der Gesetzgebungslehre: aktualisierte Vorträge eines Seminars zur Gesetzgebungslehre (1996) an der Deutschen Hochschule für Verwaltungswissenschaften Speyer, Berlin 2000, S. 131 ff.

*ders./Konzendorf, Götz*, Moderner Staat – moderne Verwaltung: Leitfaden zur Gesetzesfolgenabschätzung, Berlin 2000

–, Handbuch Gesetzesfolgenabschätzung (GFA): Gesetze, Verordnungen, Verwaltungsvorschriften, Baden-Baden 2001

*BonJour, Laurence*, In defense of pure reason: a rationalist account of a priori justification, Cambridge u. a. 1998

*Bora, Alfons*, Kontrolle oder Gestaltung? Institutionelle Voraussetzungen von Netzwerkbildung, Partizipation und Professionalisierung im Bereich der Gesetzesfolgenabschätzung, in: Karpen, Ulrich/Hof, Hagen (Hrsg.), Wirkungsforschung zum Recht IV. Möglichkeiten einer Institutionalisierung der Wirkungskontrolle von Gesetzen, Baden-Baden 2003, S. 244 ff.

*Borowski, Martin*, Grundrechte als Prinzipien: die Unterscheidung von Prima-facie-Position und definitiver Position als fundamentaler Konstruktionsgrundsatz der Grundrechte, Baden-Baden 1998

*Boyd, Robert/Richerson, Peter J.*, Norms and Bounded Rationality, in: Gigerenzer, Gerd/Selten, Reinhard (Hrsg.), Bounded Rationality. The Adaptive Toolbox, Cambridge, Mass. u. a. 2001, S. 281 ff.

*Braibant, Guy/Stirn, Bernard*, Le droit administratif français[6], Paris 2002

*Brandom, Robert B.*, Making it explicit: reasoning, representing, and discursive commitment[1], Cambridge, Mass u. a. 1994

*Brenner, Lyle A./Koehler, Derek J.*, Subjective Probability of Disjunctive Hypotheses: Localweight Models for Decomposition of Evidential Support, 38 Cogn. Psychol. 1999, S. 16 ff.

*Brenner, Michael*, Der Gestaltungsauftrag der Verwaltung in der Europäischen Union, Tübingen 1996

*Breuer, Rüdiger*, Legislative und administrative Prognoseentscheidung, Der Staat 1977, S. 21ff.

– Gefahrenabwehr und Risikovorsorge im Atomrecht, DVBl. 1978, S. 829ff.

– Anlagensicherheit und Störfälle. Vergleichende Risikobewertung im Atom-und Immissionsschutzrecht, NVwZ 1990, S. 211ff.

– Öffentliches und privates Wasserrecht[3], München 2004

*Brim, Orville G., Jr.*, Personality and decision processes; studies in the social psychology of thinking, Stanford 1962

*Bröhmer, Jürgen*, Transparenz als Verfassungsprinzip: Grundgesetz und Europäische Union, Tübingen 2004

*Brouwer, Roy*, Environmental value transfer: state of the art and future prospects, 32 Ecological Economics 2000, S. 137ff.

*Bruha, Thomas*, Spielräume bei der Umsetzung von EG-Richtlinien. Eine Untersuchung am Beispiel der Seveso-II-Richtlinie. Gutachten, erstellt im Auftrag der Freien und Hansestadt Hamburg, Hamburg 2003

*Brüning, Christoph*, Gleichheitsrechtliche Verhältnismäßigkeit, JZ 2001, S. 669ff.

*von Brünneck, Alexander*, Verfassungsgerichtsbarkeit in den westlichen Demokratien: ein systematischer Verfassungsvergleich, Baden-Baden 1992

*Bryde, Brun-Otto*, Verfassungsentwicklung. Stabilität und Dynamik im Verfassungsrecht der Bundesrepublik Deutschland, Baden-Baden 1982

– Die Effektivität von Recht als Rechtsproblem: Vortrag gehalten vor der Juristischen Gesellschaft zu Berlin am 17. März 1993, Berlin u. a. 1993

*Büchs, Heribert*, Handbuch des Eigentums- und Entschädigungsrechts[3], Stuttgart u. a. 1996

*Buchwald, Delf*, Der Begriff der rationalen juristischen Begründung: zur Theorie der juridischen Vernunft, Baden-Baden 1990

*Buck, Carsten*, Über die Auslegungsmethoden des Gerichtshofs der Europäischen Gemeinschaft, Frankfurt am Main u. a. 1998

*Bull, Hans Peter*, Allgemeines Verwaltungsrecht[6], Heidelberg 2000

*Bullinger, Martin*, Fragen der Auslegung der Verfassung, JZ 2004, S. 209ff.

*Bultmann, Peter Friedrich*, Beschaffungsfremde Kriterien – zur „neuen Formel“ des Europäischen Gerichtshofs, ZfBR 2004, S. 134ff.

*Bundesamt für Justiz*, Gesetzgebungsleitfaden. Leitfaden für die Ausarbeitung von Erlassen des Bundes[2], Bern 2002

*Bundesminister der Finanzen*, Erläuterungen zur Durchführung von Nutzen-Kosten-Untersuchungen, Bonn 1973

*Bundesministerium der Justiz* (Hrsg.), Handbuch der Rechtsförmlichkeit: Empfehlungen des Bundesministeriums der Justiz zur einheitlichen rechtsförmlichen Gestaltung von Gesetzen und Rechtsverordnungen nach § 38 Abs. 3 GGO II, Köln 1991

*Bundesministerium des Innern* (Hrsg.), Fortschrittsbericht 2005 des Regierungsprogramms „Moderner Staat – Moderne Verwaltung“ im Bereich Modernes Verwaltungsmanagement, Berlin 2005

– Unabhängige Kommission zur Rechts- und Verwaltungsvereinfachung des Bundes 1983–1987. Eine Zwischenbilanz, Bonn 1987

– Handbuch zur Vorbereitung von Rechts- und Verwaltungsvorschriften, Köln 1992
– Moderner Staat – Moderne Verwaltung, Praxistest zur Gesetzesfolgenabschätzung, Abschlußbericht über den Praxistest zur Erprobung des Handbuchs und des Leitfadens zur Gesetzesfolgenabschätzung an ausgewählten Vorhaben der Ressorts, Berlin 2002
– Leitfaden Folgenabschätzung in der Europäischen Union, Berlin 2006
*Bundesministerium für Verkehr, Bau- und Wohnungswesen* (Hrsg.), Bundesverkehrswegeplan 2003. Grundzüge der gesamtwirtschaftlichen Bewertungsmethodik, Berlin 2000
– Bundesverkehrswegeplan 2003. Grundlagen für die Mobilität in Deutschland, Berlin 2003
– Novellierung des Baugesetzbuchs. Bericht der unabhängigen Expertenkommission, Berlin 2002
*Bundesrechnungshof*, Bemerkungen 2002 zur Haushalts- und Wirtschaftsführung des Bundes, Bonn 2002
*Bundesregierung*, Gesetzentwurf der Bundesregierung. Entwurf eines Gesetzes zur Anpassung des Baugesetzbuchs an EU-Richtlinien, BT-Drs. 15/2250, Berlin 2003
*Bungenberg, Marc/Danz, Stefan/Heinrich, Helge/Schmidt, Christian/Schroeder, Romy/Sickert, Ariane/Unkroth, Frank* (Hrsg.), Recht und Ökonomik. 44. Tagung der Wissenschaftlichen Mitarbeiterinnen und Mitarbeiter der Fachrichtung Öffentliches Recht, Jena 2004, München 2004
*Büsing, Heiko*, Das WTO-Übereinkommen über das öffentliche Beschaffungswesen: eine Untersuchung seines Regelungsgehalts unter besonderer Berücksichtigung der local remedies rule, Göttingen 2002
*Busse, Dietrich*, Juristische Semantik: Grundfragen der juristischen Interpretationstheorie in sprachwissenschaftlicher Sicht, Berlin 1993
*Bussmann, Werner*, Die Methodik der prospektiven Gesetzesevaluation, Gesetzgebung heute (LeGes) 1997, S. 109ff.
– Rechtliche Anforderungen an die Qualität der Gesetzesfolgenabschätzung? Zeitschrift für Gesetzgebung 1998, S. 127ff.
*Bydlinski, Franz*, Fundamentale Rechtsgrundsätze: zur rechtsethischen Verfassung der Sozietät, Wien u.a. 1988
– Juristische Methodenlehre und Rechtsbegriff², Wien 1991
*Callies, Christian/Ruffert, Matthias*, Kommentar des Vertrages über die Europäische Union und es Vertrages zur Gründung der Europäischen Gemeinschaft, Neuwied und Kriftel 2002 (zitiert als: *Bearbeiter*, in: Callies/Ruffert, EUV/EGV-Kommentar)
*ders./Lais, Martina*, REACH revisited – Der Verordnungsvorschlag zur Reform des Chemikalienrechts als Beispiel einer neuen europäischen Vorsorgestrategie, NuR 2005, S. 290ff.
*Camerer, Colin F./Hogarth, Robin*, The Effects of Financial Incentives in Experiments: A Review and Capital-Labor-Production Framework, 19 Journal of Risk and Uncertainty 1999, S. 7ff.
*Canaris, Claus-Wilhelm*, Die Feststellung von Lücken im Gesetz: eine methodologische Studie über Voraussetzungen und Grenzen der richterlichen Rechtsfortbildung praeter legem², Berlin 1983

*Carnap, Rudolf*, Meaning and necessity. A study in semantics and modal logic, Chicago 1947
– Der logische Aufbau der Welt, Hamburg 1998
*Carson, Richard T.*, Contingent valuation and lost passive use: damages from the Exxon Valdez oil spill, 25 Environmental & resource economics 2003, S. 257 ff.
*ders./Flores, Nicholas E./Meade, Norman F.*, Contingent valuation: controversies and evidence, 19 Environmental & resource economics 2001, S. 173 ff.
*Carston, Robyn*, Thoughts and utterances: the pragmatics of explicit communication, Malden, MA u. a. 2002
*Caspar, Johannes*, Das europäische Tabakwerbeverbot und das Gemeinschaftsrecht, EuZW 2000, S. 237 ff.
*Charles, David*, Aristotle and modern realism, in: Heinaman, Robert (Hrsg.), Aristotle and modern realism, Boulder 1995, S. 135 ff.
*Chierchia, Gennaro/McConnell-Ginet, Sally*, Meaning and grammar: an introduction to semantics², Cambridge, Mass. u. a. 2000
*Chomsky, Noam*, Knowledge of language: Its nature, origin, and use, New York 1986
*Christensen, Ralph*, Was heißt Gesetzesbindung? Eine rechtslinguistische Untersuchung, Berlin 1989
*Chryssogonos, Kostas*, Verfassungsgerichtsbarkeit und Gesetzgebung: zur Methode der Verfassungsinterpretation bei der Normenkontrolle, Berlin-West 1987
*Cicero*, Topica, München 1993
*Classen, Claus Dieter*, Die Europäisierung der Verwaltungsgerichtsbarkeit. Eine vergleichende Untersuchung zum deutschen, französischen und europäischen Verwaltungsprozessrecht, Tübingen 1996
*Clauß, Günter/Ebner, Heinz*, Grundlagen der Statistik für Psychologen, Pädagogen und Soziologen, Frankfurt a.M. u. a. 1972
*Cohen, Laurence Jonathan*, An introduction to the philosophy of induction and probability, Oxford 1989
*Coing, Helmut*, Die obersten Grundsätze des Rechts: ein Versuch zur Neugründung des Naturrechts, Heidelberg 1947
*Cook, Beverly Blair*, Fuzzy Logic and Judicial Decision Making, Judicature 85 (2001), S. 70 ff.
*Copenhagen Economics*, Economic Assessment of the Barriers to the Internal Market for Services. Final Report, Kopenhagen 2005
*Cremer, Wolfram*, Rechtfertigung legislativer Eingriffe in Grundrechte und Grundfreiheiten des EG-Vertrages nach Maßgabe objektiver Zwecke, NVwZ 2004, S. 668 ff.
*Cresswell, Maxwell John*, Die Sprachen der Logik und die Logik der Sprache, Berlin u. a. 1979 (englisches Original 1972)
*Czychowski, Manfred/Reinhardt, Michael/Gieseke, Paul/Wiedemann, Werner*, Wasserhaushaltsgesetz unter Berücksichtigung der Landeswassergesetze. Kommentar, München 2003 (zitiert als: *Bearbeiter*, in: Czychowski/Reinhardt, WHG)
*Dancy, Jonathan*, Moral Realism, in: Craig, Edward (Hrsg.), Routledge Encyclopedia of Philosophy, London u. a. 1998
*von Danwitz, Thomas*, Die Gestaltungsfreiheit des Verordnungsgebers: zur Kontrolldichte verordnungsgeberischer Entscheidungen, Berlin 1989
– Verwaltungsrechtliches System und europäische Integration, Tübingen 1996

– Rechtsverordnungen, Jura 2002, S. 93 ff.
– Der Grundsatz der Verhältnismäßigkeit im Gemeinschaftsrecht, EWS 2003, S. 393 ff.

*Darnstaedt, Thomas*, Gefahrenabwehr und Gefahrenvorsorge: eine Untersuchung über Struktur und Bedeutung der Prognose-Tatbestände im Recht der öffentlichen Sicherheit und Ordnung, Frankfurt a.M. 1983

*David, Paul A.*, Clio and the Economics of QWERTY, 75 American Economic Review 1985, S. 332 ff.

*Davids, Peter*, Möglichkeiten und Grenzen des produktionsintegrierten Umweltschutzes, Immissionsschutz 1999, S. 134 ff.

*Davidson, Donald*, A Nice Derangement of Epitaphs, in: LePore, Ernest (Hrsg.), Truth and Interpretation, New York 1986, S. 433 ff.

*Dawid, A. P.*, Statistical Theory: The Prequential Approach, 147 Journal of the Royal Statistical Society, A 1984, S. 278 ff.

*de Finetti, Bruno*, Foresight, Its Logical Laws, Its Subjective Sources, in: Kyburg, Henry/Smokler, Howard E. (Hrsg.), Studies in Subjective Probability, New York 1937, S. 93 ff.

*de Witt, Siegfried*, Teilinanspruchnahme betrieblich genutzter Grundstücke für den Straßenbau, NVwZ 1995, S. 31 ff.

*Dechsling, Rainer*, Das Verhältnismäßigkeitsgebot: eine Bestandsaufnahme der Literatur zur Verhältnismäßigkeit staatlichen Handelns, München 1989

*Denninger, Erhard*, Gefahrenabwehr, in: Denninger, Erhard/Lisken, Hans (Hrsg.), Handbuch des Polizeirechts, München 2001

*ders./Hoffmann-Riem, Wolfgang/Schneider, Hans-Peter/Stein, Ekkehart*, Grundgesetz für die Bundesrepublik Deutschland, Neuwied 2002 (zitiert als: *Bearbeiter*, in: Denninger u. a. (Hrsg.), Ak-GG)

*Department for Communities and Local Government*, Multi-criteria analysis manual, London 2000 (http://www.communities.gov.uk/pub/252/Multicriteriaanalysismanual PDF1380Kb_id1142252.pdf, letzter Zugriff 1.11.2006)

*Department of Transportation*, Hours of Service of Drivers; Driver Rest and Sleep for Safe Operations; Final Rule, 68 FR 22456 (April 28, 2003), 2003

*Desvousges, William H./Naughton, Michael C./Parsons, George A.*, Benefit Transfer: Conceptual Problems in Estimating Water Quality Benefits Using Existing Studies, 28 Water Resources Research 1992, S. 675 ff.

*Deutsch, Erwin/Spickhoff, Andreas*, Medizinrecht: Arztrecht, Arzneimittelrecht, Medizinprodukterecht und Transfusionsrecht[5], Berlin u. a. 2003

*Deutsches Institut für Urbanistik*, Planspiel BauGB-Novelle 2004. Bericht über die Stellungnahmen der Planspielstädte und Planspiellandkreise, Berlin 2004

*Dewey, John*, The Theory of Valuation, in: Neurath, Otto/Carnap, Rudolf/Morris, Charles (Hrsg.), International Encyclopedia of Unified Science[7], Chicago 1952 (1939), S. 57 ff.

*Di Fabio, Udo*, Risikoentscheidungen im Rechtsstaat: zum Wandel der Dogmatik im öffentlichen Recht, insbesondere am Beispiel der Arzneimittelüberwachung, Tübingen 1994

*Dierßen, Klaus/Reck, Heinrich*, Konzeptionelle Mängel und Ausführungsdefizite bei der Umsetzung der Eingriffsregelung im kommunalen Bereich. Teil A: Defizite in der Praxis, Naturschutz und Landschaftsplanung 1998, S. 341 ff.

*Discher, Thomas*, Mittelbarer Eingriff, Gesetzesvorbehalt, Verwaltungskompetenz – die Jugendsekten-Entscheidungen – BVerwGE 82, 76–BVerwG, NJW 1991, 1770, 1992, 2496–BVerfG, NJW 1989, 3269, JuS 1993, S. 463 ff.

*Dittmann, Armin*, Notwendigkeit und Möglichkeiten der Wahrung der Unabhängigkeit von Beratungsinstitutionen bei der Gesetzesfolgenabschätzung, in: Karpen, Ulrich/Hof, Hagen (Hrsg.), Wirkungsforschung zum Recht IV. Möglichkeiten einer Institutionalisierung der Wirkungskontrolle von Gesetzen, Baden-Baden 2003, S. 203 ff.

*Diver, Colin S.*, The Optimal Precision of Administrative Rules, 93 Yale Law Journal 1983, S. 65 ff.

*Döhring, Erich*, Die Erforschung des Sachverhalts im Prozess: Beweiserhebung und Beweiswürdigung. Ein Lehrbuch, Berlin 1964

*Dolzer, Rudolf*, Die staatstheoretische und staatsrechtliche Stellung des Bundesverfassungsgerichts, Berlin 1972

– Zum Begründungsgebot im geltenden Verwaltungsrecht, DÖV 1985, S. 9 ff.

*ders./Vogel, Klaus/Graßhof, Karin*, Bonner Kommentar zum Grundgesetz, Heidelberg 2004 (zitiert als: *Bearbeiter*, in: Dolzer, Bonner Kommentar)

*Dörsam, Peter*, Grundlagen der Entscheidungstheorie anschaulich dargestellt[3], Heidenau 2001

*Downs, Anthony/Wildenmann, Rudolf*, Ökonomische Theorie der Demokratie, Tübingen 1968

*Dreher, Meinrad*, Perspektiven eines europa- und verfassungskonformen Vergaberechtsschutzes, NVwZ 1996, S. 345 ff.

*Dreier, Horst/Bauer, Hartmut*, Grundgesetz: Kommentar, Bd. 1 (Art. 1–19), Tübingen 2004 (zitiert als: *Bearbeiter*, in: Dreier/Bauer (Hrsg.), GG)

*Dreier, Johannes*, Die normative Steuerung der planerischen Abwägung. Strikte Normen, generelle Planungsleitbegriffe, Planungsleitlinien und Optimierungsgebote, Berlin 1995

*Drösser, Christoph*, Fuzzy Logic. Methodische Einführung in krauses Denken, Reinbek 1994

*Dubois, Didier J./Prade, Henri M.*, Fuzzy sets and systems: theory and applications[6], New York u. a. 1994

*Dummett, Michael*, Truth and other enigmas, London 1978

– The logical basis of metaphysics, Cambridge, Mass 1991

*Dworkin, Ronald*, Taking Rights Seriously, London 1977

– Law's empire, Oxford u. a. 1986

*Ebsen, Ingwer*, Das Bundesverfassungsgericht als Element gesellschaftlicher Selbstregulierung, Berlin 1985

*Eckertz*, Die Kompetenz des Bundesverfassungsgerichts und die Eigenheit des Politischen, Der Staat 17 (1978), S. 183 ff.

*Eckhoff, Rolf*, Der Grundrechtseingriff, Köln 1992

*Ecorys/OpdenKamp Advies Group*, The Impact of Reach. Overview of 36 studies on the impact of the new EU chemicals policy (REACH) on society and business, Amsterdam 2004

*Eddy, David M.*, Variations in physician practice: The role of uncertainty, in: Dowie, Jack/Elstein, Arthur (Hrsg.), Professional Judgment: A Reader in Clinical Decision Making, Cambridge 1988, S. 45 ff.

*Edwards, Anthony W. F.*, Statistical Inference, in: Gabbay, Dov M./Smets, Philippe (Hrsg.), Handbook of Defeasible Reasoning and Uncertainty Management Systems, Bd. 1: Quantified Representation of Uncertainty and Imprecision, 1998, S. 357 ff.
*Ehmke, Horst*, Prinzipien der Verfassungsinterpretation, VVDStRL 20 (1963), S. 53 ff.
*Ehrlein, Matthias*, Die Begründungspflicht für erstinstanzliche zivilprozessuale Beschlüsse im Erkenntnisverfahren, Tübingen 1988
*Eisenführ, Franz/Weber, Martin*, Rationales Entscheiden[4], Berlin 2003
*Elze, Hans*, Lücken im Gesetz: Begriff und Ausfüllung. Ein Beitrag zur Methodologie des Rechts, München u. a. 1916
*Enderlein, Wolfgang*, Abwägung in Recht und Moral, Freiburg (Breisgau) u. a. 1992
*Endres, Alfred/Jarre, Jan/Klemmer, Paul/Zimmermann, Klaus*, Der Nutzen des Umweltschutzes: Forschungsbericht 101 03 150; Synthese der Ergebnisse des Forschungsschwerpunktprogramms „Kosten der Umweltverschmutzung, Nutzen des Umweltschutzes", Berlin 1991
*Engel, Christoph* (Hrsg.), Öffentliches Recht als ein Gegenstand ökonomischer Forschung. Die Begegnung der deutschen Staatsrechtslehre mit der konstitutionellen politischen Ökonomie, Tübingen 1998
– Offene Gemeinwohldefinitionen, Rechtstheorie 32 (2001), S. 23 ff.
– Freiheit und Autonomie, Preprints of the Max Planck Institute for Research on Collective Goods, Bonn 2003
*Obermayer, Klaus/Fritz, Roland*, Verwaltungsverfahrensgesetz, Neuwied und Kriftel 1999 (zitiert als: *Bearbeiter*, in: Obermayer/Fritz, VwVfG)
*Engisch, Karl*, Die normativen Tabestandsmerkmale im Strafrecht, in: Engisch, Karl/Maurach, Reinhart (Hrsg.), Festschrift für Edmund Mezger zum 70. Geburtstag: 15.10.1953, München u. a. 1954, S. 127 ff.
– Einführung in das juristische Denken[8], Stuttgart u. a. 1983
*Engisch, Karl/Würtenberger, Thomas*, Einführung in das juristische Denken[9], Stuttgart u. a. 1997
*Environmental Consultants AS*, Assesment of Environmental Valuation Reference Inventory (EVRI) and the Expansion of its Coverage to the EU, Lysaker 2000
*Epiney, Astrid*, Umweltrecht in der Europäischen Union: primärrechtliche Grundlagen, gemeinschaftliches Sekundärrecht[2], Köln u. a. 2005
*Erbguth, Britta*, Naturschutz und Europarecht: Wie weit reicht die Pflicht zur Alternativenprüfung gemäß Art. 6 Abs. 4 der Habitatrichtlinie? DVBl. 1999, S. 588 ff.
*Erbguth, Wilfried*, Rechtsschutzfragen und Fragen der §§ 214 und 215 BauGB im neuen Städtebaurecht, DVBl. 2004, S. 802 ff.
*ders./Schink, Alexander*, Gesetz über die Umweltverträglichkeitsprüfung. Kommentar[2], München 1996
*Erichsen, Hans Uwe*, Unbestimmter Rechtsbegriff und Beurteilungsspielraum, VerwArch 63 (1972), S. 337 ff.
– Zur Verfassungswidrigkeit der lebenslangen Freiheitsstrafe, NJW 1976, S. 1721 ff.
*Ernst, Werner/Zinkahn, Willy/Bielenberg, Walter*, Baugesetzbuch: mit Verordnung über Grundsätze für die Ermittlung des Verkehrswertes von Grundstücken, Baunutzungsverordnung, Planzeichenverordnung, Raumordnungsgesetz, Gesetz

zur Einführung des Raumordnungsgesetzes in der DDR und Bauplanungs- und Zulassungsverordnung, 2002 (zitiert als: *Bearbeiter*, in: Ernst/Zinkahn/Bielenberg, BauGB)
*Esser, Josef*, Vorverständnis und Methodenwahl in der Rechtsfindung: Rationalitätsgrundlagen richterlicher Entscheidungspraxis, Kronsberg/Ts. 1975
– Argumentations- und Stilwandel in höchstrichterlichen Zivilentscheidungen, VI Études logiques juridique 1976, S. 53 ff.
– Grundsatz und Norm in der richterlichen Fortbildung des Privatrechts: rechtsvergleichende Beiträge zur Rechtsquellen- und Interpretationslehre[4], Tübingen 1990
*Essler, Wilhelm K.*, Analytische Philosophie 1, Stuttgart 1972
*Europäische Kommission*, Ambient Air Pollution by Particulate Matter Position Paper, Brüssel 1997
– Economic Evaluation of Air Quality Targets for Tropospheric Ozone. Part C: Economic Benefit Assessment, Brüssel 1998
– Auto-Oil II Cost-effectiveness Study, Draft Final report, Brüssel August 1999
– Economic Evaluation for Air Quality Targets for CO and Benzene, Brüssel 2000
– A Study on the Economic Valuation of Environmental Externalities from Landfill Disposal and Incineration of Waste. Final Main Report, Brüssel 2000
– Vorschlag für eine Richtlinie des Europäischen Parlaments und des Rates über die Koordinierung der Verfahren zur Vergabe öffentlicher Lieferaufträge, Dienstleistungsaufträge und Bauaufträge, KOM (2000) 275 endgültig vom 30. August 2000, Brüssel 2000
– Strategie für eine zukünftige Chemikalienpolitik (Weissbuch), Brüssel 2001
– Action plan „Simplifying and improving the regulatory environment“, COM (2002) 278 final, Brüssel 2002
– Communication from the Commission to the European Parliament, the Council, the Economic and Social Committee and the Committee of the Regions. The Commission's Legislative and Work Programme for 2003, COM (2002) 590 final, Brüssel 2002
– Mitteilung der Kommission über Folgenabschätzung, KOM (2002) 276 endg., Brüssel 2002
– Extended Impact Assessment regarding the regulation of the European Parliament and of the Council concerning the Registration, Evaluation, Authorisation and Restrictions of Chemicals (REACH), establishing a European Chemicals Agency and amending Directive 1999/45/EC and Regulation (EC) on persistent Organic Pollutants, SEC (2003) 1171/3, Brüssel 2003
– Vorschlag für eine Verordnung des Europäischen Parlaments und des Rates zur Registrierung, Bewertung, Zulassung und Beschränkung chemischer Stoffe (REACH), zur Schaffung einer europäischen Agentur für chemische Stoffe sowie zur Änderung der Richtlinie 1999/45/EG und der Verordnung (EG) über persistente organische Schadstoffe; Vorschlag für eine Richtlinie des Europäischen Parlaments und des Rates zur Änderung der Richtlinie 67/548/EWG des Rates im Hinblick auf ihre Anpassung an die Verordnung (EG) des Europäischen Parlaments und des Rates über die Registrierung, Bewertung und Zulassung chemischer Stoffe und deren Beschränkung, KOM (2003) 644 endg., Brüssel 2003

– Communication from the Commission to the Council, the European Parliament, the European Economic and Social Committee and the Committee of the Regions on interoperability of digital interactive television services. Extended Impact Assessment, SEC (2004) 1028, Brüssel 2004
– Extended Impact Assessment of Proposal for a Directive on Services in the Internal Market, SEC (2004) 21, Brüssel 2004
– Prelimininary Impact Assessments. European Commission Legislative and Work Programme 2004, Brüssel 2004
– Proposal for a Directive of the European Parliament and of the Council on the implementation of the principle of equal opportunities and equal treatment of men and women in matters of employment and occupation. Extended Impact Assessment, SEC(2004) 482, Brüssel 2004
– Proposal for a Regulation of the European parliament and of the Council on medicinal products for paediatric use and amending Council Regulation (EEC) No 1786/92, Directive 2001/83/EC and Regulation (EC) No 726/2004. Extended Impact Assessment, SEC (2004) 1144, Brüssel 2004
– Roadmaps. Commission Work Programme 2005, Brüssel 2004
– Vorschlag für eine Richtlinie des Europäischen Parlaments und des Rates über Dienstleistungen im Binnenmarkt, KOM (2004) 2 endgültig/2, Brüssel 2004
– Annexes to Impact Assessment Guidelines, SEC (2005) 791, Brüssel 2005
– Auto-Oil II, Cost-effectiveness Study, Part IV. Simulation and integrated assessment of policy measures, Annex 2: Vehicle Technologies, Brüssel 2005
– Commission Staff Working Paper: Annex to the Communication on Thematic Strategy on Air Pollution, Impact Assessment, SEC (2005) 1133, Brüssel 2005
– Mitteilung der Kommission an den Rat und das Europäische Parlament: Thematische Strategie zur Luftreinhaltung, KOM (2005) 446 endg., Brüssel 2005
– Impact Assessment Guidelines, SEC (2005) 791, Brüssel 2005
– Bericht der Kommission „Bessere Rechtsetzung 2005“, KOM (2006) 289 endg., Brüssel 2006
– A Handbook for Impact Assessment in the Commission. How to do an Impact Assessment, Brüssel o. J.
– A Handbook for Impact Assessment in the Commission. How to do an Impact Assessment. Technical Annexes, Brüssel o. J.
– Impact Assessment in the Commission. Internal Guidelines on the new impact assessment procedure developed for the Commission Services, Brüssel o. J.
– Impact Assessment in the Commission. Technical Guidelines, Brüssel o. J.
– Recommended Interim Values for the Value of Preventing a Fatality in DG Environment Cost Benefit Analysis, Brüssel o. J.

*Europäisches Parlament/STOA*, Prison technologies. An appraisal of technologies of political control, Luxemburg 2000
– Die Folgen der Erweiterung für die Landwirtschaft der EU, Luxemburg 2001
– Gemeinschaftsprogramm im Bereich des Tourismus – Verbesserung der Unterstützungsmaßnahmen für einen nachhaltigen Tourismus, Luxemburg 2002
– STOA. Annual Report 2003, Luxemburg 2004

*Fehling, Michael*, Die Konkurrentenklage bei der Zulassung privater Rundfunkveranstalter: eine Untersuchung zu materiell-rechtlichen Grundlagen, zur gerichtlichen Kontrolldichte und zum prozessualen Rahmen von Konkurrenzschutzbegehren, Berlin 1994

*Feldmann, Franz-Josef*, UVP-Gesetz und UVP-Verwaltungsvorschrift, UPR 1991, S. 127 ff.
*Fohmann, Lothar H.*, Konkurrenzen und Kollisionen im Grundrechtsbereich, EuGRZ 1985, S. 49 ff.
*Forschungsgesellschaft für Straßen- und Verkehrswesen*, RAS-W Kommentar zu den Richtlinien für die Anlage von Straßen. Teil Wirtschaftlichkeitsuntersuchungen, Köln 1987
*Forschungsinstitut für öffentliche Verwaltung*, Überprüfung ausgewählter Aspekte des Vorschlags zu einer Richtlinie des Europäischen Parlaments und des Rates über Dienstleistungen im Binnenmarkt KOM (2004) 2. Kurzfassung, Speyer, Duisburg 2005
*Forsthoff, Ernst*, Über Maßnahme-Gesetze, in: Bachof, Otto/Drath, Martin (Hrsg.), Forschungen und Berichte aus dem öffentlichen Recht: Gedächtnisschrift für Walter Jellinek, München 1955, S. 221 ff.
– Die Umbildung des Verfassungsgesetzes, in: Barion, Hans/Forsthoff, Ernst (Hrsg.), Festschrift für Carl Schmitt zum 70. Geburtstag: dargebracht von Freunden und Schülern, Berlin 1959, S. 35 ff.
*Fraenkel, Ernst/von Brünneck, Alexander* (Hrsg.), Historische Vorbelastungen des deutschen Parlamentarismus, Frankfurt am Main 1991 (zitiert als: *Bearbeiter*, in: Fraenkel, Historische Vorbelastungen des deutschen Parlamentarismus)
*Frank, Robert H.*, Why is Cost-Benefit Analysis so Controversial? 29 Journal of Legal Studies 2000, S. 913 ff.
*Freeling, A. N. S.*, Fuzzy sets and decision analysis, 10 IEEE Trans. on Systems, Man and Cybernetics 1980, S. 341 ff.
*Freeman, Myrick III.*, Hedonic Pricing Methods, in: Bromley, Daniel W. (Hrsg.), Handbook of environmental economics, Oxford u. a. 1995, S. 672 ff.
*Frege, Friedrich Ludwig Gottlob*, Grundgesetze der Arithmetik: begriffsschriftlich abgeleitet, Jena 1893
– Kleine Schriften, Darmstadt 1967
– Nachgelassene Schriften, Hamburg 1969
*Freie und Hansestadt Hamburg*, Ergebnis des Staatsräte-Arbeitskreises am 28. Mai 1991 („Staatsrätemodell"), Hamburg 1991
– Verkehrsentwicklungsplanung Hamburg. Leitlinien und Handlungskonzept für eine an Arbeit und Umwelt orientierte Verkehrspolitik für Hamburg. Entwurf, Hamburg 1995
– Planfeststellungsbeschluss DA-Erweiterung vom 8. Mai 2000, Hamburg 2000
– Auswahlkriterien für die Vergabe von Reinigungsdienstleistungen, Hamburg 2004
*French, Simon*, Decision Theory. An Introduction to the Mathematics of Rationality, New York u. a. 1986
*Fricke, Peter/Hugger, Werner*, Voraussetzungen einer testorientierten Rechtssetzungsmethodik, Speyer 1979
– Experimentelle Methoden zur Unterstützung der Rechtsetzungspraxis, Speyer 1986
*Fricker, Elizabeth*, Analyticity, linguistical practice and philosophical method, in: Puhl, Klaus (Hrsg.), Meaning scepticism, Berlin u. a. 1991, S. 218 ff.
*Friedrichs, Jürgen*, Methoden empirischer Sozialforschung[14], Opladen 1990

*Friedrichsen, Lars*, Umweltbelastende Vorhaben und Alternativen in der Planfeststellung. Unter besonderer Berücksichtigung der Vorgaben aus der UVP-Richlinie, dem UVPG sowie der FFH-Richtlinie bzw. den §§ 32 BNatSchG, Frankfurt am Main u. a. 2005

*Friesenhahn, Ernst*, Wesen und Grenzen der Verfassungsgerichtsbarkeit, Zeitschrift für Schweizerisches Recht N.F. 73 (1954), S. 123 ff.

*Fritz, Thomas*, Stellungnahme von Attac Deutschland zur EU-Richtlinie Dienstleistungen im Binnenmarkt bei einer Anhörung des Bundestags am 30. Mai 2005, Berlin 2005

*Frohn, Hansgeorg*, Gesetzesbegriff und Gewaltenteilung: entscheidungstheoretische Vorstudie zu einer Informationsverarbeitungstheorie des legislativen Verhaltens; zugleich ein Beitrag zur verfassungsrechtlichen Problematik politischer Planung und integrierter Verwaltungsinformationssysteme, Königstein/Ts. 1981

*Fromme, Friedrich Karl*, Verlorenes Verfassungs-Maß, DRiZ 1996, S. 110 ff.

*Fuguitt, Diana/Wilcox, Shanton J.*, Cost-benefit analysis for public sector decision makers, Westport, Conn. 1999

*Fuller, Lon L.*, Positivism and Fidelity to Law – A Reply to Professor Hart, 71 Harvard Law Review 1958, S. 630 ff.

*Gadamer, Hans-Georg*, Wahrheit und Methode: Grundzüge einer philosophischen Hermeneutik², Tübingen 1965

*Gaentzsch, Günter*, Die Planfeststellung als Anlagenzulasung und Entscheidung über die Zulässigkeit der Enteignung, in: Berkemann, Jörg (Hrsg.), Planung und Plankontrolle. Entwicklungen im Bau- und Fachplanungsrecht. Otto Schlichter zum 65. Geburtstag, Köln u. a. 1995, S. 517 ff.

– Änderungen im System der Fehlerfolgen im Rahmen der Bauleitplanung, in: Spannowsky, Willy (Hrsg.), BauGB-Novelle 2004: aktuelle Entwicklungen des Planungs- und Umweltrechts, Köln u. a. 2004, S. 131 ff.

*Gäfgen, Gérard*, Theorie der wirtschaftlichen Entscheidung: Untersuchungen zur Logik und Bedeutung des rationalen Handelns³, Tübingen 1974

*Gallwas, Hans-Ullrich*, Faktische Beeinträchtigungen im Bereich der Grundrechte: ein Beitrag zum Begriff der Nebenwirkungen, Berlin 1970

*Gassner, Erich*, Verfahrens- und Rechtsschutzfragen beim planerischen Abwägen, DVBl. 1981, S. 4 ff.

– Die medien- und verfahrensübergreifende Umweltverträglichkeitsprüfung, UPR 1990, S. 361 ff.

*ders./Bendomir-Kahlo, Gabriele/Schmidt-Räntsch, Annette/Schmidt-Räntsch, Jürgen*, Bundes-Naturschutzgesetz, München 2003 (zitiert als: *Bearbeiter*, in: Bundes-Naturschutzgesetz)

*Gawel, Erik*, Reguliertes Wissen um Unwissen, in: Hart, Dieter (Hrsg.), Privatrecht im Risikostaat, Baden-Baden 1997, S. 265 ff.

*Geiger, Rudolf*, EUV/EGV: Vertrag über die Europäische Union und Vertrag zur Gründung der Europäischen Gemeinschaft⁴, München 2004

*Geiger, Willi*, Zur Lage unserer Verfassungsgerichtsbarkeit, in: Spanner, Hans (Hrsg.), Festgabe für Theodor Maunz, München 1971, S. 117 ff.

– Gegenwartsprobleme der Verfassungsgerichtsbarkeit aus deutscher Sicht, in: Berberich, Thomas/Holl, Wolfgang (Hrsg.), Neue Entwicklungen im öffentlichen Recht: Beiträge zum Verhältnis von Bürger und Staat aus Völkerrecht, Verfassungsrecht und Verwaltungsrecht, 1979, S. 131 ff.

*Gern, Alfons*, Güterabwägung als Auslegungsprinzip des öffentlichen Rechts, DÖV 1986, S. 462ff.
– Deutsches Kommunalrecht, 1994
– Aktuelle Probleme des Kommunalabgabenrechts, NVwZ 1995, S. 1145ff.
*Gibbard, Allan*, Wise choices, apt feelings: a theory of normative judgment, Oxford 2002
*Gibson, Roger F.*, The philosophy of W.V. Quine: An expository essay, Tampa u.a. 1982
*Giemulla, Elmar/Jaworsky, Nikolaus/Müller-Uri, Rolf*, Verwaltungsrecht: ein Basisbuch[7], Köln u.a. 2004
*Gigerenzer, Gerd*, Why the Distinction between Single-event Probabilities and Frequencies is Important for Psychology (and Vice Versa), in: Wright, George/Ayton, Peter (Hrsg.), Subjective probability, Chichester 1994, S. 129ff.
– The psychology of good judgment: frequency formats and simple algorithms, Medical Decision Making 16 (1996), S. 273ff.
– The Adaptive Toolbox, in: Gigerenzer, Gerd/Selten, Reinhard (Hrsg.), Bounded Rationality: the Adaptive Toolbox, Cambridge, Mass. u.a. 2001, S. 37ff.
– Calculated Risks. How to Know When Numbers Deceive You, New York 2002
*ders./Hoffrage, Ulrich*, How to improve Bayesian reasoning without instruction: Frequency formats, 102 Psych. Review 1995, S. 684ff.
*ders./Selten, Reinhard* (Hrsg.), Bounded rationality: the adaptive toolbox, Cambridge, Mass. u.a. 2001
*Gillies, Donald*, Philosophical theories of probability, London u.a. 2000
*Goerlich, Helmut*, Wertordnung und Grundgesetz, 1973
*Gold, Marthe R./Russell, Louise B./Siegel, Joanna E.*, Cost-effectiveness in health and medicine, New York u.a. 1996
*Goldschmidt, James*, Gesetzesdämmerung, JW 1924, S. 246ff.
*Goldstein, Daniel G.*, Group Report: Why and When Do Simple Heuristics Work? in: Gigerenzer, Gerd/Selten, Reinhard (Hrsg.), Bounded Rationality. The Adaptive Toolbox, 2001, S. 173ff.
*Goodman, Nelson*, On Likeness of Meaning, Analysis 10 (1949), S. 1ff.
*Gossen, Hermann Heinrich*, Entwickelung der Gesetze des menschlichen Verkehrs, und der daraus fließenden Regeln für menschliches Handeln, Braunschweig 1854
*Götz, Volkmar*, Allgemeines Polizei- und Ordnungsrecht[13], Göttingen 2001
*Grabitz, Eberhard/Hilf, Meinhard*, Das Recht der Europäischen Union, Altband II, Art. 137–248 (Maastrichter Fassung), München 1999 (zitiert als: *Bearbeiter*, in: Grabitz/Hilf, Das Recht der Europäischen Union (Maastrichter Fassung))
*dies.*, Das Recht der Europäischen Union (Amsterdamer Fassung), München 1999 (zitiert als: *Bearbeiter*, in: Grabitz/Hilf, Das Recht der Europäischen Union (Amsterdamer Fassung))
*Gravelle, Hugh/Rees, Ray*, Microeconomics[3], Harlow u.a. 2005
*Grice, Herbert P.*, Logic and conversation, in: Cole, Peter/Morgan, James (Hrsg.), Syntax and Semantics 3: Speech Acts, New York, NY 1975, S. 41ff.
– Intendieren, Meinen, Bedeuten, in: Meggle, Georg (Hrsg.), Handlung, Kommunikation, Bedeutung, 1979, S. 2ff.

– Sprecher-Bedeutung, Satz-Bedeutung und Wort-Bedeutung, in: Meggle, Georg (Hrsg.), Handlung, Kommunikation, Bedeutung, Frankfurt am Main 1979, S. 85 ff.

*Griffin, James*, Well-being: its meaning, measurement, and moral importance, Oxford 1990

*Grimm, Christoph/Brocker, Lars*, Die Rolle der Parlamente im Prozess der Gesetzesfolgenabschätzung, ZfG 1999, S. 58 ff.

*Grimm, Dieter*, Recht und Politik, JuS 1969, S. 501 ff.

*ders.* (Hrsg.), Wachsende Staatsaufgaben – sinkende Steuerungsfähigkeit des Rechts, Baden-Baden 1990

– Gemeinwohl in der Rechtsprechung des Bundesverfassungsgerichts, in: Münkler, Herfried/Fischer, Karsten (Hrsg.), Gemeinwohl und Gemeinsinn im Recht. Konkretisierung und Realisierung öffentlicher Interessen, Bd. III, Berlin 2002, S. 125 ff.

*Gromitsaris, Athanasios*, Subjektivierung oder Objektivierung im Recht der Gefahrenabwehr, DVBl. 2005, S. 535 ff.

*Groß, Thomas*, Das Kollegialprinzip in der Verwaltungsorganisation, Tübingen 1999

*Großfeld, Bernhard*, Zeichen und Zahlen im Recht, Tübingen 1993

*Grupp, Klaus*, Wirtschaftlichkeit im „schlanken Staat“, in: Schulze-Fielitz, Helmuth (Hrsg.), Fortschritte der Finanzkontrolle in Theorie und Praxis: zum Gedenken an Ernst Heuer, Berlin 2000, S. 9 ff.

*Günther, Klaus*, Der Sinn für Angemessenheit: Anwendungsdiskurse in Moral und Recht, Frankfurt am Main 1992

*Gusy, Christoph*, Das Grundgesetz als normative Gesetzgebungslehre, ZRP 1985, S. 291 ff.

– Zur These von der Zulässigkeit des gesetzesfreien Grundrechtseingriffs anhand des Beispiels der Öffentlichkeitsarbeit der Bundesregierung – hier insbesondere einer Warnung vor Jugendreligionen und Jugendsekten, JZ 1989, S. 1003 ff.

– Polizeirecht[5], Tübingen 2003

*Guttmann, Yair M.*, The concept of probability in statistical physics, 1999

*Haag, Karl*, Rationale Strafzumessung: ein entscheidungstheoretisches Modell der strafrichterlichen Entscheidung, Köln u. a. 1970

*Haber, Wolfgang/Lang, Ruth/Jessel, Beate/Spandau, Lutz/Köppel, Johann/Schaller, Jörg*, Entwicklung von Methoden zur Beurteilung von Eingriffen nach § 8 BNatSchG. Bericht über das Forschungsvorhaben 101 09026 „Entwicklung von Methoden zur Beurteilung von Eingriffen nach § 8 BNatSchG“ im Auftrag des Bundesministers für Umwelt, Naturschutz und Reaktorsicherheit, Baden-Baden 1993

*Häberle, Peter*, Die Wesensgehaltsgarantie des Art. 19 Abs. 2 GG[1], Karlsruhe 1962

– Präambeln im Text und Kontext von Verfassungen, in: Listl, Joseph/Schambeck, Herbert (Hrsg.), Demokratie in Anfechtung und Bewährung: Festschrift für Johannes Broermann, Berlin 1982, S. 211 ff.

– Die Wesensgehaltgarantie des Artikel 19 Abs. 2 Grundgesetz: zugleich ein Beitrag zum institutionellen Verständnis der Grundrechte und zur Lehre vom Gesetzesvorbehalt[3], Heidelberg 1983

*Hacking, Ian*, An introduction to probability and inductive logic, Cambridge u. a. 2001

*Hailbronner, Kai*, Europarechtliche Aspekte der Vergabe öffentlicher Aufträge, RIW 1992, S. 553 ff.
– Stand und Perspektiven der EG-Umweltgesetzgebung, in: Callies, Christian/Wegener, Bernhard (Hrsg.), Europäisches Umweltrecht als Chance, Taunusstein 1992, S. 15 ff.
*Byok, Jan/Jaeger, Wolfgang*, Kommentar zum Vergaberecht: Erläuterungen zu den vergaberechtlichen Vorschriften des GWB und der VgV, Frankfurt am Main 2005 (zitiert als: *Bearbeiter*, in: Byok/Jäger, Kommentar zum Vergaberecht)
*Halama, Günter*, Die FFH-Richtlinie – unmittelbare Auswirkungen auf das Planungs- und Zulassungsrecht, NVwZ 2001, S. 506 ff.
*Hanley, Nicholas D./Spash, Clive L.*, Cost-benefit analysis and the environment, Aldershot, Hants u. a. 1993
*Hansmann, Klaus*, Integrierter Umweltschutz durch untergesetzliche Normsetzung, ZUR 2002, S. 18 ff.
*Hare, Richard M.*, Die Sprache der Moral, Frankfurt (am Main) 1972
*Harman, Gilbert*, Explaining value and other essays in moral philosophy, Oxford 2000
*Hart, Herbert Lionel Adolphus*, The concept of law, Oxford u. a. 1961
– The Concept of Law[2], Oxford u. a. 1994
*Hassemer, Winfried*, Tatbestand und Typus: Untersuchungen zur strafrechtlichen Hermeneutik, Köln u. a. 1968
– Einführung in die Grundlagen des Strafrechts, München 1981
*Hastie, Reid/Dawes, Robyn M.*, Rational Choice in an Uncertain World. The Psychology of Judgment and Decision Making, Thousand Oaks u. a. 2001
*Hatje, Armin*, Die gemeinschaftsrechtliche Steuerung der Wirtschaftsverwaltung, Baden-Baden 1996
*Hausman, J.*, Individual Discount Rates and the Purchase and Utilization of Energy-Saving Durables, 10 Bell Journal of Economics 1979, S. 33 ff.
*Heckmann, Dirk*, Geltungskraft und Geltungsverlust von Rechtsnormen. Elemente einer Theorie der autoritativen Normgeltungsbeendigung, Tübingen 1997
*Hegenbarth, Rainer*, Juristische Hermeneutik und linguistische Pragmatik: dargestellt am Beispiel der Lehre vom Wortlaut als Grenze der Auslegung, Königstein/Ts. 1982
*Heidegger, Martin*, Sein und Zeit[15], Tübingen 1984
*Heinaman, Robert* (Hrsg.), Aristotle and modern realism, Boulder 1995
*Hendler, Reinhard*, Raumordnungsziele als landesplanerische Letztentscheidungen, UPR 2003, S. 256 ff.
*Henkel, Heinrich*, Einführung in die Rechtsphilosophie[2], München 1977
*Henry M. Hart, Jr./Sacks, & Albert M.*, The Legal Process: Basic Problems in the Making and Application of Law, Westbury, N. Y. 1994
*Herbert, Manfred*, Rechtstheorie als Sprachkritik: zum Einfluss Wittgensteins auf die Rechtstheorie, Baden-Baden 1995
*Herdegen, Matthias/Richter, Stefan*, Die Rechtslage in den Europäischen Gemeinschaften, in: Frowein, Jochen Abraham (Hrsg.), Die Kontrolldichte bei der gerichtlichen Überprüfung von Handlungen der Verwaltung, Berlin u. a. 1993, S. 209 ff.
*Herrmann, Nadine E.*, Entstehung, Legitimation und Zukunft der konkreten Normenkontrolle im modernen Verfassungsstaat, Berlin 2001

*Herrmann, Nikolaus/Wagner, Thomas*, Grenzen der Summation und Kumulation im Umweltrecht, NuR 2005, S. 20 ff.

*Hesse, Konrad*, Funktionelle Grenzen der Verfassungsgerichtsbarkeit, in: Müller, Jörg Paul (Hrsg.), Recht als Prozess und Gefüge: Festschrift für Hans Huber zum 80. Geburtstag, Bern 1981, S. 261 ff.

– Grundzüge des Verfassungsrechts der Bundesrepublik Deutschland[18], Heidelberg 1991

– Der allgemeine Gleichheitssatz in der neueren Rechtsprechung des Bundesverfassungsgerichts zur Rechtsetzungsgleichheit, in: Badura, Peter (Hrsg.), Wege und Verfahren des Verfassungslebens: Festschrift für Peter Lerche zum 65. Geburtstag, München 1993, S. 121 ff.

– Die verfassungsgerichtliche Kontrolle der Wahrnehmung grundrechtlicher Schutzpflichten des Gesetzgebers, in: Däubler-Gmelin, Herta (Hrsg.), Gegenrede: Aufklärung – Kritik – Öffentlichkeit. Festschrift für Ernst Gottfried Mahrenholz, Baden-Baden 1994, S. 541 ff.

– Grundzüge des Verfassungsrechts der Bundesrepublik Deutschland[20], Heidelberg 1995

*Heß, Reinhold*, Grundrechtskonkurrenzen: zugleich ein Beitrag zur Normstruktur der Freiheitsrechte, Berlin 2000

*Hill, Hermann/Hof, Hagen* (Hrsg.), Wirkungsforschung zum Recht II. Verwaltung als Adressat und Akteur, Baden-Baden 2000

*ders.*, Gutachten D zum 58. DJT, 1990

*Hirsch, Günter*, Das Verhältnismäßigkeitsprinzip im Europäischen Gemeinschaftsrecht, Bonn 1997

– Das Rechtsgespräch im Europäischen Gerichtshof, ZGR 2002, S. 1 ff.

*Hirschberg, Lothar*, Der Grundsatz der Verhältnismäßigkeit, Göttingen 1981

*Hof, Hagen*, Recht und Verhalten, ZfRSoz 1997, S. 247 ff.

*ders./Lübbe-Wolff, Gertrude* (Hrsg.), Wirkungen und Erfolgsbedingungen von Gesetzen, Baden-Baden 1999

– (Hrsg.), Wirkungsforschung zum Recht I: Wirkungen und Erfolgsbedingungen von Gesetzen, Baden-Baden 1999

*Hoffman, Elizabeth/Spitzer, Matthew L.*, Willingness to Pay Vs. Willingness to Accept: Legal and Economic Implications, 71 Wash. U. L. Q. 1993, S. 59 ff.

*Hoffman, P. J./Slovic, P./Rorer, L. G.*, An Analysis-of-Variance Model for Assessment of Configural Cue Utilization in Clinical Judgment, 69 Psychological Bulletin 1968, S. 338 ff.

*Hoffmann, Egon/Seitter, Oswald/Pöltl, René*, Gaststättenrecht: Kommentar zum Gaststättengesetz mit den Vorschriften des Bundes und der Länder, Heidelberg 2003 (zitiert als: *Bearbeiter*, in: Hoffmann/Seitter/Pöltl, GastG-Kommentar)

*Hoffmann-Riem, Wolfgang*, Methoden einer anwendungsorientierten Verwaltungsrechtswissenschaft, in: Hoffmann-Riem, Wolfgang/Schmidt-Aßmann, Eberhard (Hrsg.), Methoden der Verwaltungsrechtswissenschaft, Baden-Baden 2004, S. 9 ff.

*Hoffrage, Ulrich/Gigerenzer, Gerd*, Using Natural Frequencies to Improve Diagnostic Inferences, Academic Medicine 73 (1998), S. 538 ff.

*Hofmann-Becking, Gerhard*, Normaufbau und Methode, Tübingen 1971

*Hofmann, Ekkehard*, Der Schutz vor Immissionen des Verkehrs. Ökonomische Anforderungen an Maßnahmen des Verkehrsimmissionsschutzes am Beispiel der

Luftreinhaltung und ihre Zulässigkeit nach deutschem und europäischem Recht, Baden-Baden 1997
– Das Wohl der Allgemeinheit als Enteignungsvoraussetzung. Überlegungen zur Methodik der staatlichen Entscheidungsherstellung und ihrer gerichtlichen Kontrolle im Verwaltungs- und Verfassungsrecht, in: Bungenberg, Marc/Danz, Stefan/Heinrich, Helge/Schmidt, Christian/Schroeder, Romy/Sickert, Ariane/Unkroth, Frank (Hrsg.), Recht und Ökonomik. 44. Tagung der Wissenschaftlichen Mitarbeiterinnen und Mitarbeiter der Fachrichtung Öffentliches Recht, Jena 2004, München 2004, S. 161 ff.
*ders./von Wangenheim, Georg*, Trade Secrets vs. Cost Benefit Analysis, 22 International Review of Law and Economics 2003, S. 511 ff
*Hofmann, Hans*, Von der Deregulierung zur Rückführung der Staatsaufgaben. Gesetzesfolgenabschätzung und Gesetzescontrolling als politische Steuerungsinstrumente, ZG 1999, S. 44 ff.
*Hofmann, Hasso*, Rechtsfragen der atomaren Entsorgung, Stuttgart 1981
*Homedes, Nuria*, The Disability-Adjusted Life Year (DALY) Definition, Measurement and Potential Use, 1995
*Honsell, Thomas*, Historische Argumente im Zivilrecht, 1982
*Hoppe, Werner*, Zur Struktur von Normen des Planungsrechts, DVBl. 1974, S. 641 ff.
– Die „Zusammenstellung des Abwägungsmaterials" und die „Einstellung der Belange" in die Abwägung „nach Lage der Dinge" bei der Planung, DVBl. 1977, S. 136 ff.
– Gerichtliche Kontrolldichte bei komplexen Verwaltungsentscheidungen, in: Bachof, Otto (Hrsg.), Verwaltungsrecht zwischen Freiheit, Teilhabe und Bindung: Festgabe aus Anlass des 25jährigen Bestehens des Bundesverwaltungsgerichts, München 1978, S. 295 ff.
– „Ziele" und „Grundsätze" der Raumordnung und Landesplanung in normtheoretischer Sicht, in: Küper, Wilfried/Dencker, Friedrich (Hrsg.), Beiträge zur Rechtswissenschaft: Festschrift für Walter Stree und Johannes Wessels zum 70. Geburtstag, Heidelberg 1993, S. 1153 ff.
– „Verwirrung" und „Entwirrung" beim Abwägungsgebot (§ 1 Abs. 6 BauGB), UPR 1995, S. 201 ff.
*ders./Bönker, Christian/Grotefels, Susan/Just, Jan-Dirk/Hoppe Bönker, Grotefels*, Öffentliches Baurecht: Bauplanungsrecht, Bauordnungsrecht und Grundzüge des Raumordnungsrechts, München 2002 (zitiert als: *Bearbeiter*, in: Hoppe/Bönker/Grotefels, Öffentliches Baurecht)
– Die Abwägung im EAG Bau nach Maßgabe des § 1 VII BauGB 2004. Unter Berücksichtigung von § 2 III, IV BauGB 2004, NVwZ 2004, S. 903 ff.
*ders./Appold, Wolfgang*, Umweltverträglichkeitsprüfung-Bewertung und Standards aus rechtlicher Sicht, DVBl. 1991, S. 1221 ff.
*ders./Schlarmann, Hans/Buchner, Reimar*, Rechtsschutz bei der Planung von Straßen und anderen Verkehrsanlagen[3], München 2001
*Howie, David*, Interpreting probability: controversies and developments in the early twentieth century, Cambridge u. a. 2002
*Howson, Colin*, Theories of Probability, 46 The British Journal for the Philosophy of Science 1995, S. 1 ff.

*Hoyningen-Huene, Paul*, Context of Discovery and Context of Justification, 18 Stud. Hist. Phil. Sci. 1987, S. 501 ff.
*Huang, Chongfu/Moraga, Claudio*, Fuzziness and Knowledge-Based Systems, 10 International Journal of Uncertainty 2002, S. 347 ff.
*Huber, Michael*, Das Beweismaß im Zivilprozess, Köln u. a. 1983
*Huber, Oswald/Wider, Roman/Huber, Odilo W.*, Active Information Search and Complete Information Presentation in Naturalistic Risky Decision Tasks, 95 Acta Psychologica 1997, S. 15 ff.
*Hubmann, Heinrich*, Wertung und Abwägung im Recht, Köln u. a. 1977
*Hume, David*, A Treatise on Human Nature, 1739/1740
*Hummel, Konrad*, Das Blutgruppengutachten; seine Bedeutung vor Gericht, NJW 1981, S. 605 ff.
*Hurwicz, Leonid*, Optimality Criteria for Decision Making under Ignorance. Cowles Commission Discussion Paper No. 370, 1951
*Huster, Stefan*, Gleichheit und Verhältnismäßigkeit. Der allgemeine Gleichheitssatz als Eingriffsrecht, JZ 1994, S. 541 ff.
*Ibler, Martin*, Die Schranken planerischer Gestaltungsfreiheit im Planfeststellungsrecht, Berlin 1988
*Imperial College Consultants Ltd.*, SEA and Integration of the Environment into Strategic Decision-Making, London 2001
*Institut für Landschaftspflege und Naturschutz der Universität Hannover*, Methodik der Eingriffsregelung. Gutachten zur Methodik der Ermittlung, Beschreibung und Bewertung von Eingriffen in Natur und Landschaft, zur Bemessung von ausgleichs- und Ersatzmaßnahmen sowie von Ausgleichszahlungen, Teil II: Analyse, Stuttgart 1996
*Institute of Communication and Computer Systems of National Technical University of Athens*, The Economic Effect of EU-Wide Industry-Leve Emission Trading to Reduce Greenhouse Gases. Results from PRIMES Energy Systems Model, Athen 2000
*Ipsen, Hans Peter*, Europäisches Gemeinschaftsrecht, Tübingen 1972
*Ipsen, Jörn*, Richterrecht und Verfassung, Berlin 1975
*Irwin, Terence*, Plato's ethics, New York u. a. 1995
*Isay, Hermann*, Rechtsnorm und Entscheidung, Berlin 1929
*Jans, Jan H.*, European environmental law$^2$, Groningen 2000
*Jansen, Nils*, Die Abwägung von Grundrechten, Der Staat 1997, S. 27 ff.
– Die Struktur der Gerechtigkeit, Baden-Baden 1998
*Jarass, Hans D.*, Grundrechte als Wertentscheidungen bzw. objektivrechtliche Prinzipien in der Rechtsprechung des Bundesverfassungsgerichts, AöR 110 (1985), S. 363 ff.
– Die materiellen Voraussetzungen der Planfeststellung in neuerer Sicht. Dogmatische Grundlage und praktische Folgen, insb. im Verkehrswegebereich, DVBl. 1998, S. 1202 ff.
– Die Planrechtfertigung bei Planfeststellungen, NuR 2004, S. 69 ff.
*ders./Pieroth, Bodo*, Grundgesetz für die Bundesrepublik Deutschland. Kommentar, 2004 (zitiert als: *Bearbeiter*, in: Jarass/Pieroth, GG)
*Jeffrey, Richard Carl*, The logic of decision, New York 1965

*Jellinek, Walter*, Gesetz, Gesetzesanwendung und Zweckmäßigkeitserwägung: zugleich ein System der Ungültigkeitsgründe von Polizeiverordnungen und -verfügungen; eine staats- und verwaltungsrechtliche Untersuchung, Tübingen 1913

*Jesch, Dietrich*, Unbestimmte Rechtsbegriffe und Ermessen in rechtstheoretischer und verfassungsrechtlicher Sicht, AöR 82 (1957), S. 163 ff.

*Joachim, Willi E.*, Judiz – Brauchen Juristen (Rechts)Gefühl? 93 ZvglRWiss 1994, S. 343 ff.

*Josephson, John R./Josephson, Susan G.*, Abductive inference: computation, philosophy, technology[1], Cambridge u. a. 1996

*Kahl, Wolfgang*, Umweltprinzip und Gemeinschaftsrecht: eine Untersuchung zur Rechtsidee des „bestmöglichen Umweltschutzes" im EWG-Vertrag, Heidelberg 1993

*Kahneman, Daniel*, Maps of Bounded Rationality: Psychology for Behavioral Economics, 93 Amer. Econ. Review 2003, S. 1449 ff.

*ders./Tversky, Amos*, The Belief in the „Law of Numbers", 76 Psychological Bulletin 1971, S. 105 ff.

– Subjective Probability: A Judgment of Representativeness, 3 Cognitive Psychology 1972, S. 430 ff.

– Availability: A Heuristic for Judging Frequency and Probability, 5 Cognitive Psychology 1973, S. 207 ff.

– On the Psychology of Prediction, Psych. Review 80 (1973), S. 237 ff.

– Judgment under Uncertainty: Heuristics and Biases, 185 Science 1974, S. 1124 ff.

*Kaplan, John*, Decision Theory and the Fact Finding Process, 20 Stanford Law Review 1968, S. 1065 ff.

*Kaplow, Louis*, A Model of the Optimal Complexity of Legal Rules, 11 Journal of Law, Economics & Organization 1995, S. 150 ff.

– General Characteristics of Rules, in: Bouckaert, Boudewijn/De Geest, Gerrit (Hrsg.), Encyclopedia of Law and Economics, Bd. IX, Cheltenham 2000, S. 502 ff.

*ders./Shavell, Steven*, Fairness vs. Welfare, 114 Harvard Law Review 2001, S. 961 ff.

*Karpen, Ulrich*, Gesetzesfolgenabschätzung in der Europäischen Union, AöR 124 (1999), S. 400 ff.

– Gesetzesfolgenabschätzung in der Europäischen Union, in: Karpen, Ulrich/Hof, Hagen (Hrsg.), Wirkungsforschung zum Recht IV. Möglichkeiten einer Institutionalisierung der Wirkungskontrolle von Gesetzen, Baden-Baden 2003, S. 148 ff.

*ders./Hof, Hagen*, Wirkungsforschung zum Recht IV. Möglichkeiten einer Institutionalisierung der Wirkungskontrolle von Gesetzen, Baden-Baden 2003

*Kastendieck, Kristina*, Der Begriff der praktischen Vernunft in der juristischen Argumentation: zugleich ein Beitrag zur Rationalisierung und ethischen Legitimation von rechtlichen Entscheidungen unter Unsicherheitsbedingungen, Berlin 2000

*Kaufmann, Arnold*, Introduction to the theory of fuzzy subsets, Bd. I, New York u. a. 1975

*Keeney, Ralph L./Raiffa, Howard*, Decisions with multiple objectives: preferences and value tradeoffs, New York, NY u. a. 1976

*Kellner, Hugo*, Neue Erkenntnisse zum sogenannten Beurteilungsspielraum? DÖV 1972, S. 801 ff.

*Kempson, Ruth M.*, Semantic theory, Cambridge u. a. 1977

*Keppeler, Frank*, Zur Versagung wasserrechtlicher Gestattungen nach § 6 WHG, NVwZ 1992, S. 137 ff.

*Kindermann, Harald*, Ministerielle Richtlinien der Gesetzestechnik: vergleichende Untersuchungen der Regelungen in der Bundesrepublik Deutschland, in Österreich und der Schweiz, Berlin u. a. 1979
– Orientierungssicherheit durch einen Allgemeinen Teil des Rechts? in: Schäfer, Heinz/Triffterer, Otto (Hrsg.), Rationalisierung der Gesetzgebung, Baden-Baden u. a. 1984, S. 71 ff.
*Kingreen, Thorsten*, Zur Zulässigkeit der reformatio in peius im Prüfungsrecht, DÖV 2003, S. 1 ff.
*Kirchhof, Paul*, Deutsche Sprache (§ 18), in: Isensee, Josef/Kirchhof, Paul (Hrsg.), Handbuch des Staatsrechts der Bundesrepublik Deutschland[2], Bd. I: Grundlagen von Staat und Verfassung, Heidelberg 1995
*Kirstein, Roland*, Diskussionsbeitrag, in: Karpen, Ulrich/Hof, Hagen (Hrsg.), Wirkungsforschung zum Recht IV. Möglichkeiten einer Institutionalisierung der Wirkungskontrolle von Gesetzen, Baden-Baden 2003, S. 129
*Kischel, Uwe*, Die Kontrolle der Verhältnismäßigkeit durch den EuGH, EuR 35 (2000), S. 380 ff.
– Die Begründung. Zur Erläuterung staatlicher Entscheidungen gegenüber dem Bürger, Tübingen 2002
*Klatt, Matthias*, Theorie der Wortlautgrenze: semantische Normativität in der juristischen Argumentation, Baden-Baden 2004
*Klein, Hans H.*, Bundesverfassungsgericht und Staatsraison: über Grenzen normativer Gebundenheit des Bundesverfassungsgerichtes, Frankfurt am Main u. a. 1968
*Kloepfer, Michael*, Belastungskumulationen durch Normüberlagerungen im Abwasserrecht, VerwArch 74 (1983), S. 201 ff.
– Was kann die Gesetzgebung vom Planungs- und Verwaltungsrecht lernen? ZfG 1988, S. 289 ff.
– Abwägungsregeln bei Satzungsgebung und Gesetzgebung. Über Regelungen für den Erlass von Rechtsnormen, DVBl. 1995, S. 441 ff.
*Kloesel, Arno/Cyran, Walter/Feiden, Karl/Pabel, Hermann Josef*, Arzneimittelrecht: mit amtlichen Begründungen, weiteren Materialien und einschlägigen Rechtsvorschriften sowie Sammlung gerichtlicher Entscheidungen, Stuttgart 1973 (zitiert als: *Bearbeiter*, in: Kloesel/Cyran, Arzneimittelrecht)
*Klug, Ulrich*, Juristische Logik[4], Berlin u. a. 1982
*Knack, Hans Joachim*, Verwaltungsverfahrensgesetz (VwVfG). Kommentar, Köln u. a. 2004 (zitiert als: *Bearbeiter*, in: Knack, VwVfG)
*Knauff, Matthias*, Die Reform des europäischen Vergaberechts, EuZW 2004, S. 141 ff.
*Knemeyer, Franz-Ludwig*, Polizei- und Ordnungsrecht: Lehr- und Arbeitsbuch mit Anleitungen für die Klausur[9], München 2002
*Koch, Hans-Joachim*, Unbestimmte Rechtsbegriffe und Ermessensermächtigungen im Verwaltungsrecht. Eine logische und semantische Studie zur Gesetzesbindung der Verwaltung, Frankfurt am Main 1979
– Das Abwägungsgebot im Planungsrecht, DVBl. 1983, S. 1125 ff.
– Die Begründung von Grundrechtsinterpretationen, EuGRZ 1986, S. 345 ff.
– Immissionsschutz durch Baurecht, 1991
– Die normtheoretische Basis der Abwägung, in: Erbguth, Wilfried/Oebbecke, Janbernd/Rengeling, Hans-Werner/Schulte, Martin (Hrsg.), Abwägung im Recht.

Symposium und Verabschiedung von Werner Hoppe am 30. Juni 1995 in Münster aus Anlass seiner Emeritierung, Köln u. a. 1996, S. 9ff.
*ders./Hendler, Reinhard*, Baurecht, Raumordnungs- und Landesplanungsrecht$^4$, Stuttgart u. a. 2004
*ders./Herrmann, Nikolaus*, Bodensanierung nach dem Verursacherprinzip, Heidelberg 1985
*ders./Rubel, Rüdiger*, Allgemeines Verwaltungsrecht$^2$, Neuwied u. a. 1992
*ders./Rubel, Rüdiger/Heselhaus, F. Sebastian*, Allgemeines Verwaltungsrecht$^3$, München/Unterschleißheim 2003
*ders./Rüßmann, Helmut*, Juristische Begründungslehre, München 1982
*Koch, Oliver*, Der Grundsatz der Verhältnismäßigkeit in der Rechtsprechung des Gerichtshofs der Europäischen Gemeinschaften, Berlin 2003
*Koch, Thorsten*, Die Regulierung des Zielkonflikts zwischen Belangen des Naturschutzes und anderen öffentlichen Interessen duch § 19c BNatSchG in der gerichtlichen Praxis, NuR 2000, S. 374ff.
*Koenig, Christian*, Der Begründungszwang in mehrpoligen Verwaltungsrechtsverhältnissen am Beispiel umweltrechtlicher Entscheidungen, AöR 117 (1992), S. 513ff.
*ders./Haratsch, Andreas*, Grundzüge des deutschen und des europäischen Vergaberechts, NJW 2003, S. 2637ff.
*ders./Kühling, Jürgen*, Verfahrensvielfalt und Wahl des richtigen Vergabeverfahrens – Fallstricke bei der Ausschreibung von Infrastrukturaufträgen, NZBau 2003, S. 126ff.
*Kohler, Josef*, Ueber die Interpretation von Gesetzen, Zeitschrift für das Privat- und Öffentliche Recht der Gegenwart (Grünhuts Zeitschrift) 13 (1886), S. 1ff.
*König, Klaus*, Zur Überprüfung von Rechtsetzungsvorhaben des Bundes, Speyer 1986
– Zur Überprüfung von Rechtsetzungsvorhaben des Bundes, in: Grimm, Dieter/Maihofer, Werner (Hrsg.), Gesetzgebungstheorie und Rechtspolitik, Opladen 1988, S. 171ff.
*Konrad, Hans-Joachim*, Parlamentarische Autonomie und Verfassungsbindung im Gesetzgebungsverfahren, DÖV 1971, S. 80ff.
*Konzendorf, Götz*, Gesetzesfolgenabschätzung, Universitas – Zeitschrift für interdisziplinäre Wissenschaft 54 (1999), S. 952ff.
*Koopmans, Thijmen*, The Birth of European Law At The Crossroads Of Legal Traditions, 39 American Journal of Comparative Law 1991, S. 493ff.
*Köppel, Johann/Feikert, Uwe/Spandau, Lutz/Straßer, Helmut*, Praxis der Eingriffsregelung. Schadenersatz an Natur und Landschaft, Stuttgart 1998
*Kopp, Ferdinand O.*, Verwaltungsgerichtsordnung, München 1992 (zitiert als: *Bearbeiter*, in: Kopp, VwGO)
*ders./Ramsauer, Ulrich*, Verwaltungsverfahrensgesetz$^9$, München 2005 (zitiert als: *Bearbeiter*, in: Kopp/Ramsauer, VwVfG)
*ders./Schenke, Wolf-Rüdiger*, Verwaltungsgerichtsordnung, München 2003 (zitiert als: *Bearbeiter*, in: Kopp/Schenke, VwGO)
*Korioth, Stefan*, Maßstabsgesetzgebung im bundesstaatlichen Finanzausgleich – Abschied von der „rein interessenbestimmten Verständigung über Geldsummen"? ZG 2002, S. 335ff.

*Körner, Stephan*, Erfahrung und Theorie. Ein wissenschaftstheoretischer Versuch, Frankfurt am Main 1970

*Kornhauser, Lewis*, Judicial Organization and Administration, in: Bouckaert, Boudewijn/De Geest, Gerrit (Hrsg.), Encyclopedia of Law and Economics, Bd. VII, Cheltenham 2000, S. 27 ff.

*Kotulla, Michael*, Wasserhaushaltsgesetz: Kommentar, Stuttgart 2003

*Krelle, Wilhelm*, Präferenz und Entscheidungstheorie, Tübingen 1968

*Kretschmer, Gerald*, Zum Stand der Gesetzesfolgenabschätzung im Deutschen Bundestag, in: Karpen, Ulrich/Hof, Hagen (Hrsg.), Wirkungsforschung zum Recht IV. Möglichkeiten einer Institutionalisierung der Wirkungskontrolle von Gesetzen, Baden-Baden 2003, S. 15 ff.

*Kripke, Saul A.*, Naming and necessity, Cambridge, Mass. 1980

– Wittgenstein on rules and private language: an elementary exposition, Cambridge, Mass. 1982

*Krohn, Wolfram*, Öffentliche Auftragsvergabe und Umweltschutz: die Berücksichtigung von Umweltschutzbelangen bei der öffentlichen Auftragsvergabe nach europäischem und deutschem Vergaberecht, Köln 2003

– Umweltschutz als Zuschlagskriterium: Grünes Licht für „Ökostrom", NZBau 2004, S. 92 ff.

*Kruse, T. E./Ebert, R. J.*, Bootstrapping the Security Analyst, 63 Journal of Applied Psychology 1978, S. 110 ff.

*Kube, Hanno*, Der subjektive Abwehrgehalt der Grundrechte – Zur grundrechtlichen Rüge der Verletzung von Rechten Dritter, DVBl. 2005, S. 721 ff.

*Kügel, Wilfried*, Der Planfeststellungsbeschluß und seine Anfechtbarkeit: zugleich ein Beitrag zur Auslegung der §§ 74, 75 VwVfG, Berlin 1985

*Kugelmann, Dieter*, Die informatorische Rechtsstellung des Bürgers: Grundlagen und verwaltungsrechtliche Grundstrukturen individueller Rechte auf Zugang zu Informationen der Verwaltung, Tübingen 2001

*Kühling, Jürgen*, Fachplanungsrecht, Düsseldorf 1988

*ders./Herrmann, Nikolaus*, Fachplanungsrecht, Düsseldorf 2000

*Kunreuther, Howard/Meyer, Robert/Zeckhauser, Richard/Slovic, Paul/Schwartz, Barry/Schade, Christian/Luce, Mary Frances/Lippman, Steven/Krantz, David/Kahn, Barbara/Hogarth, Robin*, High Stakes Decision Making: Normative, Descriptive and Prescriptive Considerations, 13 Marketing Letters 2002, S. 259 ff.

*ders./Onculer, Ayse/Slovic, Paul*, Time Insensitity for Protective Investments, 16 Journal of Risk and Uncertainty 1998, S. 279 ff.

*Küster, Friedhelm*, Zum Vollzug der Eingriffsregelung im Straßenbau, Straße + Autobahn 1993, S. 423 ff.

*von Kutschera, Franz*, Einführung in die Logik der Normen, Werte und Entscheidungen, Freiburg u. a. 1973

– Sprachphilosophie[2], München 1975

*Ladeur, Karl-Heinz*, Die rechtliche Kontrolle planerischer Prognosen. Plädoyer für eine neue Dogmatik des Verwaltungshandelns unter Ungewissheit, NuR 1985, S. 81 ff.

*Landesanstalt für Umweltschutz Baden-Württemberg*, Die naturschutzrechtliche Eingriffsregelung in der Bauleitplanung. Arbeitshilfe für die Naturschutzbehörden und die Naturschutzbeauftragten, Stuttgart 2000

*de Laplace, Pierre Simon*, Essai philosophique sur les probabilités[5], Paris 1825

*Larenz, Karl*, Die Bindung des Richters an das Gesetz als hermeneutisches Problem, in: Forsthoff, Ernst/Weber, Werner (Hrsg.), Festschrift für Ernst Rudolf Huber zum 70. Geburtstag am 8. Juni 1973, Göttingen 1973, S. 291 ff.
– Methodische Aspekte der Güterabwägung, in: Hauss, Fritz (Hrsg.), Festschrift für Ernst Klingmüller, Karlsruhe 1974, S. 235 ff.
– Methodenlehre der Rechtswissenschaft[4], Berlin u. a. 1979
– Richtiges Recht: Grundzüge einer Rechtsethik, München 1979
– Methodenlehre der Rechtswissenschaft[6], Berlin u. a. 1991
*ders./Canaris, Claus-Wilhelm*, Methodenlehre der Rechtswissenschaft[3], Berlin u. a. 1995
*Laux, Helmut*, Entscheidungstheorie[5], Berlin u. a. 2003
*Leibholz, Gerhard*, Bericht des Berichterstatters an das Plenum des Bundesverfassungsgerichts zur Statusfrage, JöR 6 (1957), S. 109 ff.
*Leinemann, Ralf*, Die Vergabe öffentlicher Aufträge: VOB/A, VOL/A, VOF, Nachprüfung von Vergabeverfahren, Vergabestrafrecht, Ordnungswidrigkeiten[2], Köln u. a. 2001
*Leisner, Anna*, Die polizeiliche Gefahr zwischen Eintrittswahrscheinlichkeit und Schadenshöhe. Ein Beitrag zur Entscheidungstheorie im modernen Verwaltungsstaat, DÖV 2002, S. 326 ff.
*Leisner, Walter*, „Abwägung überall" – Gefahr für den Rechtsstaat, NJW 1997, S. 636 ff.
*Lerche, Peter*, Übermass und Verfassungsrecht: zur Bindung des Gesetzgebers an die Grundsätze der Verhältnismäßigkeit und der Erforderlichkeit, Köln u. a. 1961
– Stil, Methode, Ansicht, Polemische Bemerkungen zum Methodenproblem (1961), in: Dreier/Wegmann (Hrsg.), Probleme der Verfassungsinterpretation, 1976, S. 110 ff.
– Vorbereitung grundrechtlichen Ausgleichs durch gesetzgeberisches Verfahren, in: Lerche, Peter/Schmitt Glaeser, Walter/Schmidt-Aßmann, Eberhard (Hrsg.), Verfahren als staats- und verwaltungsrechtliche Kategorie, Heidelberg 1984, S. 97 ff.
– Grundrechtsschranken, in: Isensee, Josef/Kirchhof, Paul (Hrsg.), Handbuch des Staatsrechts, Bd. V: Allgemeine Grundrechtslehren, Heidelberg 2000
*Lewis, D.*, General Semantics, in: Davidson, Donald/Harman, Gilbert (Hrsg.), Semantics of natural language[2], Dordrecht u. a. 1972, S. 169 ff.
– A Subjectivist's Guide to Objective Chance, in: Jeffrey, R. C. (Hrsg.), Studies in Inductive Logic and Probability, Bd. 2, Berkeley 1980, S. 263 ff.
*Lewis, David K.*, Convention: a philosophical study, Cambridge, Mass. 1969
– Languages and Language, in: Martinich, Aloysius P. (Hrsg.), The Philosophy of Language[2], Oxford 2001/1975, S. 562 ff.
*Lieberman, Marcel L.*, Commitment, value, and moral realism, Cambridge u. a. 1998
*Obermayer, Klaus/Fritz, Roland*, Verwaltungsverfahrensgesetz, Neuwied und Kriftel 1999 (zitiert als: *Bearbeiter*, in: Obermayer/Fritz, VwVfG)
*Löbner, Sebastian*, Semantik: eine Einführung, Berlin u. a. 2003
*Locke, John*, An essay concerning human understanding, London u. a. (1690) 1997
*Loredo, Thomas J.*, From Laplace to Supernova Sn 1987a: Bayesian Inference in Astrophysics, in: Fougère, P. F. (Hrsg.), Maximum Entropy and Bayesian Methods, 1990, S. 81 ff.

*Lorenz, Dieter*, Der Rechtsschutz des Bürgers und die Rechtsweggarantie, München 1973
– Die Kontrolle von Tatsachenentscheidungen und Prognoseentscheidungen insbesondere in den Neugliederungsverfahren, in: Starck, Christian/Stern, Klaus (Hrsg.), Landesverfassungsgerichtsbarkeit, Bd. 3, Baden-Baden 1983, S. 193 ff.
*Lübbe-Wolff, Gertrude*, Rechtsprobleme der behördlichen Umweltberatung, NJW 1987, S. 2705 ff.
*Luce, Mary Frances/Bettman, James R./Payne, John W.*, Choice Processing in Emotionally Difficult Decisions, 23 Journal of Experimental Psychology: Learning, Memory, and Cognition 1997, S. 384 ff.
*dies./Kahn, Barbara*, Avoidance or Vigilance? The Psychology of False-Positive Test Results, 26 Journal of Consumer Research 1999, S. 242 ff.
*Luce, Robert Duncan/Krantz, David H./Suppes, Patrick/Tversky, Amos*, Foundations of measurement. Bd. II: Geometrical, Threshold, and Probabilistic Representations, San Diego, Calif. u. a. 1990
– Foundations of measurement. Bd. III: Representation, Axiomatization, and Invariance, San Diego, Calif. u. a. 1990
*Lücke, Jörg*, Begründungszwang und Verfassung. Zur Begründungspflicht der Gerichte, Behörden und Parlamente, Tübingen 1987
– Der additive Grundrechtseingriff sowie das Verbot der übermäßigen Gesamtbelastung des Bürgers, DVBl. 2001, S. 1469 ff.
*Luhmann, Niklas*, Recht und Automation in der öffentlichen Verwaltung: eine verwaltungswissenschaftliche Untersuchung, Berlin 1966
– Legitimation durch Verfahren[3], Darmstadt u. a. 1978
– Das Recht der Gesellschaft, Frankfurt am Main 1993
*Lvovsky, Kseniya*, Health and Environment, Washington, D. C. 2001
*Lyons, John*, Bedeutungstheorien, in: von Stechow, Arnim/Wunderlich, Dieter (Hrsg.), Semantik: ein internationales Handbuch der zeitgenössischen Forschung, Bd. 6, Berlin u. a. 1991
*Machina, Mark J.*, Choice under Uncertainty: Problems Solved and Unsolved, Journal of Economic Perspectives 1 (1987), S. 121 ff.
*Mackie, John Leslie*, Ethics: inventing right and wrong[7], London u. a. 1990
*von Mangoldt, Hermann/Starck, Christian/Klein, Friedrich*, Bd. 1, München 1999 (zitiert als: *Bearbeiter*, in: v. Mangoldt/Klein/Starck (Hrsg.), Das Bonner Grundgesetz. Kommentar)
*Marcks, Peter/Neumann, Dirk/Bleutge, Peter/Fuchs, Bärbel/Kahl, Georg/Kollmer, Norbert/Salewski, Ernst-Martin/Schönleitner, Ulrich/Landmann, Robert von/Rohmer, Gustav*, Gewerbeordnung: Kommentar, München 1991 (zitiert als: *Bearbeiter*, in: Landmann/Rohmer, GewO I)
*Margolis, Howard*, Dealing with risk: why the public and the experts disagree on environmental issues, Chicago, Ill. u. a. 1996
*Marras, Ausonio*, Behavioristic Approaches, in: Dascal, Marcelo/Burkhardt, Armin/Ungeheuer, Gerold/Wiegand, Herbert Ernst/Steger, Hugo/Brinker, Klaus (Hrsg.), Sprachphilosophie, Bd. 7, Berlin u. a. 1996, S. 705 ff.
*Martini, Peter*, Art. 3 Abs. 1 GG als Prinzip absoluter Rechtsgleichheit, Köln u. a. 1997
*Marx, Michael*, Zur Definition des Begriffs „Rechtsgut“: Prolegomena einer materialen Verbrechenslehre, Köln 1972

*Mathiak, Ehrenfried*, Die Bedeutung der Wahrscheinlichkeitsrechnung für die Gefahrenbeurteilung im technischen Sicherheitsrecht, 1984
*Matthies, Jörg/Suchy, Cornelius/Belyi, Andrei*, Production capacity of the renewable energies in the European Union, Luxemburg 2003
*Maunz, Theodor/Dürig, Günter/Herzog, Roman/Scholz, Rupert*, Grundgesetz, München 2003 (zitiert als: *Bearbeiter*, in: Maunz/Dürig/Herzog/Scholz, GG)
*Maurer, Hartmut*, Allgemeines Verwaltungsrecht[15], München 2004
*Maurer, Michael*, Zur Interpretation und zum Beweiswert serostatistischer Abstammungsuntersuchungen, Rechtstheorie 9 (1978), S. 348 ff.
*McCall, Storrs*, Model of the universe: space-time, probability, and decision, Oxford u. a. 1996
*McClelland, Gary H./Schulze, William D./Coursey, Don L.*, Insurance for Low-Probability Hazards: A Bimodal Response to Unlikely Events, 7 Journal of Risk and Uncertainty 1993, S. 95 ff.
*McGarity, Thomas O.*, A Cost-Benefit State, 50 Administrative Law Review 1998, S. 7 ff.
*McNeil, B. J./Pauker, S. G. /Sox, H. C. /Tversky, A.*, On the Elicitation of Preferences for Alternative Therapies, 306 N. Engl. J. Med. 1982, S. 1259 ff.
*Mehrtens, Herbert*, Moderne – Sprache – Mathematik: eine Geschichte des Streits um die Grundlagen der Disziplin und des Subjekts formaler Systeme, Frankfurt am Main 1990
*Mellor, H. D.*, The Matter of Chance, Cambridge 1971
*Menger, Carl*, Grundsätze der Volkswirtschaftslehre, Wien 1871
*Merten, Detlef*, Verfassungsrechtliche Anforderungen an Stil und Methode der Gesetzgebung im modernen Sozialstaat, in: von Maydell, Bernd (Hrsg.), Probleme sozialpolitischer Gesetzgebung: das Beispiel des Gesundheitsreformgesetzes, St. Augustin 1991, S. 51 ff.
*Meßerschmidt, Klaus*, Gesetzgebungsermessen, Berlin, Baden-Baden 2000
*Meyer, Nina*, Die Einbeziehung politischer Zielsetzungen bei der öffentlichen Beschaffung: zur Zulässigkeit der Verwendung sogenannter „beschaffungsfremder Kriterien" unter besonderer Berücksichtigung der Tariftreueerklärungen, Berlin 2002
*Meyer, Robert J./Hutchinson, J. Wesley*, Bumbling Geniuses: The Power of Everyday Reasoning in Multi-stage Decision Making, in: Kunreuther, Howard/Hoch, Stephen J./Gunther, Robert R. (Hrsg.), Wharton on Making Decisions, New York 2001, S. 46 ff.
*Meyer, Sven Aurelius*, Sichere Kenntnis von Recht und Tatsachen. Juristische Methode und Erkenntnistheorie, Bern 1996
*Middeke, Andreas/Szczekalla, Peter*, Änderungen im europäischen Rechtsschutzsystem. Der Maastrichter Unionsvertrag und seine Auswirkungen auf die europäische Gerichtsbarkeit, JZ 1993, S. 284 ff.
*Miebach, Martin*, Zur Willkür- und Abwägungskontrolle des Bundesverfassungsgerichts bei der Verfassungsbeschwerde gegen Gerichtsurteile, Münster 1990
*Ministerium für Stadtentwicklung, Wohnen und Verkehr des Landes Brandenburg*, Planfeststellungsbeschluss Ausbau Verkehrsflughafen Berlin-Schönefeld vom 13. August 2004, Potsdam 2004
*von Mises, Richard*, Wahrscheinlichkeit, Statistik und Wahrheit[4], Wien 1972

*Mitchell, Robert C./Carson, Richard T.*, Using surveys to value public goods: the contingent valuation method, Washington, DC 1989

*Montague, Richard*, English as a formal Language, in: Visentini, Bruno (Hrsg.), Linguaggi nella società e nella tecnica, Milano 1970, S. 189 ff.

*Moore, Peter G./Thomas, H.*, The anatomy of Decisions, Harmondsworth u.a. 1976

*Morgan, Millett Granger/Henrion, Max/Small, Mitchell*, Uncertainty: a guide to dealing with uncertainty in quantitative risk and policy analysis, Cambridge und New York 1990

*Moshkovich, H. M./Mechitov, A. I./Olson, D.*, Ordinal Judgments for Comparison of Multiattribute Alternatives, 137 European Journal of Operational Research 2002, S. 625 ff.

*Müller-Ibold, Till*, Die Begründungspflicht im europäischen Gemeinschaftsrecht und im deutschen Recht: eine rechtsvergleichende Untersuchung, Frankfurt am Main u.a. 1990

*Müller, Friedrich*, Die Einheit der Verfassung, Berlin 1979

– Strukturierende Rechtslehre², Berlin 1994

*Müller, Friedrich/Christensen, Ralph*, Juristische Methodik. Grundlagen Öffentliches Recht⁸, Bd. I, Berlin 2002

– Europarecht, Berlin 2003

*von Münch, Ingo/Kunig, Philip*, Grundgesetz-Kommentar, Bd. I, München 2000 (zitiert als: *Bearbeiter*, in: von Münch/Kunig, GG)

*Murswiek, Dieter*, Das Bundesverfassungsgericht und die Dogmatik mittelbarer Grundrechtseingriffe, NVwZ 2003, S. 1 ff.

– Umweltrisiken im amerikanischen Recht: Höhere Rationalität der Standardsetzung durch Kosten-Nutzen-Analyse, in: Hendler, Reinhard/Marburger, Peter/Reinhardt, Michael/Schröder, Meinhard (Hrsg.), Jahrbuch des Umwelt- und Technikrechts 2003 (UTR 71), Berlin 2003, S. 127 ff.

*Musielak, Hans J.*, Kommentar zur Zivilprozessordnung: mit Gerichtsverfassungsgesetz, München 2000 (zitiert als: *Bearbeiter*, in: Musielak, ZPO-Kommentar)

*Nell, Ernst Ludwig*, Wahrscheinlichkeitsurteile in juristischen Entscheidungen, Berlin 1983

*von Neumann, J./Morgenstern, Oskar*, Theory of Games and Economic Behaviour², Princeton 1947

*Neuser, Klaus*, Mehr Rationalität durch Gesetzesfolgenabschätzung? NdsVBl. 1998, S. 249 ff.

*Nicolaysen, Gert*, Ein Binnenmarkt für öffentliche Aufträge, in: Baur, Jürgen F./Müller-Graff, Peter-Christian/Zuleeg, Manfred (Hrsg.), Europarecht, Energierecht, Wirtschaftsrecht: Festschrift für Bodo Börner zum 70. Geburtstag, Köln u.a. 1992, S. 345 ff.

*Niedersächsische Landesregierung*, Vorläufige Grundsätze für die Durchführung von Gesetzesfolgenabschätzungen, Nds.MBl. Nr. 20/98 1998, S. 759 ff.

*Niehans, Jürg*, Zur Preisbildung bei ungewissen Erwartungen, Schweizerische Zeitschrift für Volkswirtschaft und Statistik 84 (1948), S. 433 ff.

*Nierhaus, Michael*, Zur gerichtlichen Kontrolle von Prognoseentscheidungen der Verwaltung, DVBl. 1977, S. 19 ff.

*Nisipeanu, Peter*, Rechtliche Anforderungen an den Bau von Kläranlagen, NuR 1996, S. 17 ff.

*Noll, Peter*, Gesetzgebungslehre, Reinbek bei Hamburg 1973
*Nozick, Robert*, Philosophical Explanations, Oxford 1981
*Odendahl, Kerstin*, Die Berücksichtigung vergabefremder Kriterien im öffentlichen Auftragswesen – Rechtslage nach EG- und WTO-Recht, EuZW 2004, S. 647 ff.
*Office of Management and Budget*, Guidelines and discount rates for benefit-cost analysis of federal programs – Circular A-94, Washington, D. C. 2002
– Informing Regulatory Decisions. 2003 Report to Congress on the Costs and Benefits of Federal Regulations and Unfunded Mandates on State, Local, and Tribal Entities, Washington, D. C. 2003
– Progress in Regulatory Reform. 2004 Report to Congress on the Costs and Benefits of Federal Regulations and Unfunded Mandates on State, Local, and Tribal Entities, Washington, D. C. 2004
*Ogden, Charles K./Richards, Ivor Armstrong*, The meaning of meaning: a study of the influence of language upon thought and the science of symbolism, New York u. a. 1923
*Ogorek, Regina*, Der Wortlaut des Gesetzes. Auslegungsgrenze oder Freibrief, in: Forstmoser, Peter (Hrsg.), Rechtsanwendung in Theorie und Praxis. Symposium zum 70. Geburtstag von Arthur Meier-Hayoz, Basel 1993, S. 21 ff.
*Oppermann, Thomas*, Die Dritte Gewalt in der Europäischen Union, DVBl. 1994, S. 901 ff.
*Orenstein, Alex*, Quine, Willard Van Orman (1908-), in: Craig, Edward (Hrsg.), Routledge Encyclopedia of Philosophy, London 1998
*Ossenbühl, Fritz*, Zur Renaissance der administrativen Beurteilungsermächtigung, DÖV 1972, S. 401 ff.
– Welche normativen Anforderungen stellt der Verfassungsgrundsatz des demokratischen Rechtsstaates an die planende staatliche Tätigkeit? Gutachten für den 50. DJT 1974, S. B 184 ff.
– Der polizeiliche Ermessens- und Beurteilungsspielraum, DÖV 1976, S. 463 ff.
– Die Kontrolle von Tatsachenfeststellungen und Prognoseentscheidungen durch das BVerfG, in: Starck, Christian (Hrsg.), Bundesverfassungsgericht und Grundgesetz: Festgabe aus Anlass des 25jährigen Bestehens des Bundesverfassungsgerichts, Bd. 1, Tübingen 1976, S. 484 ff.
– Eine Fehlerlehre für untergesetzliche Normen, NJW 1986, S. 2805 ff.
– Maßhalten mit dem Übermaßverbot, in: Badura, Peter (Hrsg.), Wege und Verfahren des Verfassungslebens: Festschrift für Peter Lerche zum 65. Geburtstag, München 1993, S. 151 ff.
– Bestandsschutz und Nachrüstung von Kernkraftwerken, Köln u. a. 1994
– Abwägung im Verfassungsrecht, DVBl. 1995, S. 904 ff.
– Rechtsverordnung, in: Isensee, Josef/Kirchhof, Paul (Hrsg.), Handbuch des Staatsrechts$^2$, Bd. III: Das Handeln des Staates, Heidelberg 1996
– Satzung, in: Isensee, Josef/Kirchhof, Paul (Hrsg.), Handbuch des Staatsrechts$^2$, Bd. III: Das Handeln des Staates, Heidelberg 1996
– Die Not des Gesetzgebers im naturwissenschaftlich-technischen Zeitalter, Wiesbaden 2000
*Pache, Eckhard*, Der Grundsatz der Verhältnismäßigkeit in der Rechtsprechung des Gerichtshofs der Europäischen Gemeinschaften, NVwZ 1999, S. 1033 ff.

– Tatbestandliche Abwägung und Beurteilungsspielraum: zur Einheitlichkeit administrativer Entscheidungsfreiräume und zu deren Konsequenzen im verwaltungsgerichtlichen Verfahren. Versuch einer Modernisierung, Tübingen 2001
*Papier, Hans-Jürgen*, Einwendungen Dritter in Verwaltungsverfahren, NJW 1980, S. 313 ff.
*Pareto, Vilfredo*, Manuel d'économie politique, Paris 1909
*Pawlowski, Hans-Martin*, Methodenlehre für Juristen: Theorie der Norm und des Gesetzes[3], Heidelberg 1999
*Peine, Franz-Joseph*, Allgemeines Verwaltungsrecht[6], Heidelberg 2002
*Peirce, Charles Sanders/Buchler, Justus*, Philosophical writings of Peirce, New York, NY 1955
*Penski, Ulrich*, Rechtsgrundsätze und Rechtsregeln. Ihre Unterscheidung und das Problem der Positivität des Rechts, JZ 1989, S. 105 ff.
*Pernice, Ingolf*, Grundrechtsgehalte im Europäischen Gemeinschaftsrecht. Ein Beitrag zum gemeinschaftsimmanenten Grundrechtsschutz durch den Europäischen Gerichtshof, Baden-Baden 1979
*Pestalozza, Christian*, Gesetzgebung im Rechtsstaat, NJW 1981, S. 2081 ff.
*Peters, Wolfgang*, Die Anwendung standardisierter Bewertungsverfahren im Rahmen der Eingriffsregelung, in: Deutsches Institut für Urbanistik (Hrsg.), Die naturschutzrechtliche Eingriffsregelung; Länderregelungen, Bewertung, Literaturauswahl, Berlin 1993, S. 84 ff.
*Philippi, Klaus Jürgen*, Tatsachenfeststellungen des Bundesverfassungsgerichts: ein Beitrag zur rational-empirischen Fundierung verfassungsgerichtlicher Entscheidungen, Köln 1971
*Pieroth, Bodo/Schlink, Bernhard*, Grundrechte[19], Heidelberg 2003
*Pietzcker, Jost*, Änderungen des Rechtsschutzes bei der Auftragsvergabe, in: Bender, Bernd/Breuer, Rüdiger/Ossenbühl, Fritz/Sendler, Horst (Hrsg.), Rechtsstaat zwischen Sozialgestaltung und Rechtsschutz: Festschrift für Konrad Redeker zum 70. Geburtstag, München 1993, S. 510 ff.
*Podlech, Adalbert*, Werte und Wertungen im Recht, AöR 95 (1970), S. 185 ff.
*Pollak, Christiana*, Verhältnismäßigkeitsprinzip und Grundrechtsschutz in der Judikatur des Europäischen Gerichtshofs und des Österreichischen Verfassungsgerichtshofs, Baden-Baden 1991
*Pommerehne, Werner W.*, Präferenzen für öffentliche Güter: Ansätze zu ihrer Erfassung, Tübingen 1987
*Popper, Karl Raimund*, The Propensity Theory of Probability, 10 British Journal for the Philosophy of Science 1959, S. 25 ff.
– Logik der Forschung[5], Tübingen 1973
*Porter, Theodore M.*, Trust in numbers: the pursuit of objectivity in science and public life, Princeton, NJ 1995
*Poscher, Ralf*, Gefahrenabwehr. Eine dogmatische Rekonstruktion, Berlin 1999
– Gefahrverdacht. Das ungelöste Problem der Polizeirechtsdogmatik, NVwZ 2001, S. 141 ff.
*Posner, Eric A.*, Controlling agencies with cost-benefit analysis: A positive political theory perspective, 68 University of Chicago Law Review 2001, S. 1137 ff.
*Posner, Richard A./Ehrlich, Isaac*, An Economic Analysis of Legal Rulemaking, 3 Journal of Legal Studies 1975, S. 257 ff.

*Preis, Ulrich*, Prinzipien des Kündigungsrechts bei Arbeitsverhältnissen: eine Untersuchung zum Recht des materiellen Kündigungsschutzes, insbesondere zur Theorie der Kündigungsgründe, München 1987

*Preuß, Ulrich K.*, Politik aus dem Geiste des Konsenses. Zur Rechtsprechung des Bundesverfassungsgerichts, Merkur 41 (1987), S. 1 ff.

*Priebe, Reinhard/Mögele, Rudolf*, Agrarrecht, in: Dauses, Manfred A. (Hrsg.), Handbuch des EU-Wirtschaftsrechts, München 2003,

*Prieß, Hans-Joachim*, Handbuch des europäischen Vergaberechts: Gesamtdarstellung der EU/EWR-Vergaberegeln mit Textausgabe², Köln u. a. 2001

*Putnam, Hilary*, Mind, language and reality, Bd. 2, Cambridge u. a. 1975

– Are moral and legal values made or discovered? 1 Legal Theory 1995, S. 5 ff.

*Püttner, Günter*, Allgemeines Verwaltungsrecht: ein Studienbuch⁷, Düsseldorf 1995

*Quaas, Michael/Kukk, Alexander*, Neustrukturierung der Planerhaltungsbestimmungen in §§ 214 ff. BauGB, BauR 2004, S. 1541 ff.

*Quine, Willard Van Orman*, Two dogmas of empiricism, in: Quine, Willard Van Orman (Hrsg.), From a logical point of view: 9 logico-philosophical essays, Cambridge, Mass. 1953, S. 20 ff.

– Wort und Gegenstand, Stuttgart 1987 (englisches Original 1960)

*Radbruch, Gustav*, Gesetzliches Unrecht und übergesetzliches Recht, Süddeutsche Juristenzeitschrift 1 (1946), S. 105 ff.

– Vorschule der Rechtsphilosophie: Nachschrift einer Vorlesung, Willsbach u. a. 1947

– Einführung in die Rechtswissenschaft⁹, 1958

*Raisch, Peter*, Vom Nutzen der überkommenen Auslegungskanones für die praktische Rechtsanwendung, Heidelberg 1988

*Rammert, Uwe*, Abgrenzung des Untersuchungsrahmens und Scoping – Weichenstellung für die Effizienz der UVP, in: Kleinschmidt, Volker (Hrsg.), UVP-Leitfaden, 1993, S. 119 ff.

*Ramsauer, Ulrich*, Abwägungskontrolle und subjektiver Rechtsschutz im Planfeststellungsverfahren, DÖV 1981, S. 37 ff.

*Ramsey, Frank Plumpton*, The Theory of Probability, Cambridge 1926 (1990)

*Rasmusen, Eric B.*, Games and information. An introduction to game theory, Malden 2002

*Rat von Sachverständigen für Umweltfragen*, Umweltgutachten 1974, Bonn 1974

– Umweltgutachten 1978, BT-Drs. 8/1938, Bonn 1978

– Umweltgutachten 1994. Für eine dauerhaft- umweltgerechte Entwicklung, Stuttgart 1994

– Zur Wirtschaftsverträglichkeit der Reform der Europäischen Chemikalienpolitik, Berlin 2003

– Umweltgutachten 2004. Umweltpolitische Handlungsfähigkeit sichern. BT-Drs. 15/3600, Berlin 2004

– Sondergutachten Umwelt und Straßenverkehr. Hohe Mobilität – Umweltverträglicher Verkehr, Berlin 2005

*Redeker, Konrad/Karpenstein, Ulrich*, Über Nutzen und Notwendigkeiten, Gesetze zu begründen, NJW 2001, S. 2825 ff.

*ders./von Oertzen, Hans-Joachim*, Verwaltungsgerichtsordnung, Stuttgart u. a. 2000 (zitiert als: *Bearbeiter*, in: Redeker/von Oertzen, VwGO)

*Redelmeier, Donald A./Shafir, Eldar*, Medical Decision Making in Situations That Offer Multiple Alternatives, 273 JAMA 1995, S. 302 ff.
*ders./Shafir, Eldar/Aujla, Prince S.*, The Beguiling Pursuit of More Information, 21 Medical Decision Making 2001, S. 376 ff.
*Regierungspräsidium Stuttgart*, Planfeststellungsbeschluß Landesmesse vom 12. März 2003, Stuttgart 2003
*Rehmann, Wolfgang A.*, Arzneimittelgesetz. Kommentar, München 2003 (zitiert als: *Bearbeiter*, in: Rehmann, AMG-Kommentar)
*Reichenbach, Hans*, Experience and prediction: an analysis of the foundations and the structure of knowledge, Chicago u. a. 1938
*Resnik, Michael D.*, Choices: an introduction to decision theory[6], 2002
*Rethorn, Dietrich*, Verschiedene Funktionen der Präambeln, in: Rödig, Jürgen/ Altmann, Ekkehard (Hrsg.), Studien zu einer Theorie der Gesetzgebung, Berlin 1976, S. 296 ff.
*Riese, Christoph/Theurer, Anja*, Vergaberecht: Grundlagen – Verfahren – Rechtsschutz, Berlin u. a. 1998
*Rinken, Alfred*, Das Grundrecht auf Mitbestimmung in der Verfassung des Freistaates Sachsen als Handlungs- und Kontrollnorm: zur Verfassungsmäßigkeit des zweiten Gesetzes zur Änderung des sächsischen Personalvertretungsgesetzes vom 23. April 1998, Baden-Baden 1999
*Rittner, Fritz*, Die „sozialen Belange" i. S. der EG-Kommisison und das inländische Vergaberecht, EuZW 1999, S. 677 ff.
*Rixecker, Roland*, Müssen Gesetze begründet werden? in: Jung, Heike/Neumann, Ulfried (Hrsg.), Rechtsbegründung – Rechtsbegründungen, Baden-Baden 1999, S. 126 ff.
*Robbers, Gerhard*, Der Gleichheitssatz, DÖV 1988, S. 749 ff.
*Rödig, Jürgen*, Die Denkform der Alternative in der Jurisprudenz, Berlin u. a. 1969
– Axiomatisierbarkeit juristischer Systeme, in: Rödig, Jürgen (Hrsg.), Schriften zur juristischen Logik, Berlin 1980, S. 65 ff.
*ders./Altmann, Ekkehard* (Hrsg.), Studien zu einer Theorie der Gesetzgebung, Berlin 1976
*Roellecke, Gerd*, Das Bundesverfassungsgericht. Aufgaben und Stellung im Verfassungsgefüge, in: Isensee, Josef/Kirchhof, Paul (Hrsg.), Handbuch des Staatsrechts der Bundesrepublik Deutschland[2], Bd. II: Demokratische Willensbildung, Heidelberg 1987
*Röhl, Klaus F.*, Allgemeine Rechtslehre[2], Köln u. a. 2001
*Röhl, Matthias*, Die Regulierung der Zusammenschaltung: Voraussetzungen und Rechtsfolgen der Zusammenschaltungsanordnung nach §§ 35, 36, 37 Telekommunikationsgesetz durch die Regulierungsbehörde für Telekommunikation und Post, Frankfurt am Main u. a. 2002
*Romi, Raphaël*, Droit et administration de l'environnement[4], Paris 2001
*Roth, Wolfgang*, Faktische Eingriffe in Freiheit und Eigentum. Struktur und Dogmatik des Grundrechtstatbestandes und der Eingriffsrechtfertigung, Berlin 1994
– Faktische Eingriffe in Freiheit und Eigentum: Struktur und Dogmatik des Grundrechtstatbestandes und der Eingriffsrechtfertigung, Berlin 1994
*Rottenstreich, Yuval/Tversky, Amos*, Unpacking, Repacking, and Anchoring: Advances in Support Theory, 104 Psychological Review 1997, S. 406 ff.
*Rubel, Rüdiger*, Planungsermessen. Norm- und Begründungsstruktur, 1982

*Rüfner, Wolfgang*, Grundrechtskonflikte, in: Starck, Christian (Hrsg.), Bundesverfassungsgericht und Grundgesetz: Festgabe aus Anlass des 25jährigen Bestehens des Bundesverfassungsgerichts, Bd. 2, Tübingen 1976, S. 453 ff.
*Russell, Bertrand*, Logical Atomism, in: Russell, Bertrand (Hrsg.), Logic and knowledge: essays 1901–1950, London 1956, S. 177 ff.
*Rüßmann, Helmut*, Alternativkommentar zur ZPO, 1987 (zitiert als: *Bearbeiter*, in: AK-ZPO)
*Rüthers, Bernd*, Rechtstheorie. Begriff, Geltung und Anwendung des Rechts, München 1999
*Rybak, Hubertus/Hofmann, Hans*, Verteilung der Gesetzgebungsrechte zwischen Bund und Ländern nach der Reform des Grundgesetzes, NVwZ 1995, S. 230 ff.
*Sachs, Michael*, Die relevanten Grundrechtsbeeinträchtigungen, JuS 1995, S. 303 ff.
– Grundgesetz. Kommentar, München 2003 (zitiert als: *Bearbeiter*, in: Sachs, GG)
*Sachverständigenrat „Schlanker Staat"/Bundesministerium des Innern (Hrsg.)*, Abschlußbericht[2], Berlin 1998
*Samuel, Geoffrey H.*, Epistemology and method in law, Aldershot u. a. 2003
*Samuelson, Larry/Zeckhauser, Richard*, Status Quo Bias in Decision Making, 1 J. Risk. Uncertain. 1988, S. 7 ff.
*Savage, Leonard J.*, The Theory of Statistical Decision, Journal of the American Statistical Association 46 (1951), S. 55 ff.
– The Foundations of Statistics, New York 1954
*von Savigny, Eike*, Zeichen, in: Krings, Hermann/Baumgartner, Michael/Wild, Christoph (Hrsg.), Handbuch philosophischer Grundbegriffe, München 1974, S. 1787 ff.
*von Savigny, Friedrich Carl*, System des heutigen Römischen Rechts, Berlin 1840
*Schäfer, Hans-Bernd*, Direktiven als Ersatz für Humankapital: Empfehlen sich für Entwicklungs- und Transformationsländer präzisere Rechtsnormen als für hochentwickelte Staaten? 67 Rabels Zeitschrift für ausländisches und internationales Privatrecht 2003, S. 550 ff.
*ders./Ott, Claus*, Lehrbuch der ökonomischen Analyse des Zivilrechts[3], Berlin u. a. 2000
*Scharpf, Fritz W.*, Games real actors play: actor-centered institutionalism in policy research, Boulder, Colorado u. a. 1997
*Schechinger, H. Peter*, Rechtsverletzung und Schutznorm im Anfechtungsprozess Privater gegen Straßenplanungen, DVBl. 1991, S. 1182 ff.
*Scheffer, Urban*, Die Marktfreiheit des EG-Vertrages als Ermessensgrenze des Gemeinschaftsgesetzgebers, Frankfurt am Main 1997
*Scheffler, Hans-Hermann*, Die allgemeine Pflicht zur Begründung von Verwaltungsakten, DÖV 1977, S. 767 ff.
*Scheffler, Israel*, Science and subjectivity[5], Indianapolis 1967
*Scheler, Max*, Der Formalismus in der Ethik und die materiale Wertethik[5], Bern u. a. 1966
*Schenke, Wolf-Rüdiger*, Verfassungsgerichtsbarkeit und Fachgerichtsbarkeit, Heidelberg 1987
– Polizei- und Ordnungsrecht, in: Steiner, Udo/Arndt, Hans-Wolfgang (Hrsg.), Besonderes Verwaltungsrecht: ein Lehrbuch[7], Heidelberg 2003
– Polizei- und Ordnungsrecht[3], Heidelberg 2004
*Scheuerle, Wilhelm A.*, Rechtsanwendung, Nürnberg u. a. 1952

*Scheuing, Dieter H.*, Umweltschutz auf Grundlage der EEA, EuR 1989, S. 152 ff.
*Schick, Rupert/Hahn, Gerhard*, Wissenschaftliche Dienste des Deutschen Bundestags[5], Berlin 2000
*Schiffauer, Peter*, Wortbedeutung und Rechtserkenntnis: entwickelt an Hand einer Studie zum Verhältnis von verfassungskonformer Auslegung und Analogie, Berlin 1979
*Schiffer, Stephen R.*, Meaning, Oxford 1972
– Remnants of meaning, Cambridge, Mass. u. a. 1987
*Schlag, Karl H.*, Why Imitate, and If So, How? A Boundedly Rational Approach to Multi-Armed Bandits, 78 J. Econ. Theory 1998, S. 130 ff.
*Schlaich, Klaus*, Die Verfassungsgerichtsbarkeit im Gefüge der Staatsfunktionen, VVdStRL 39 (1981), S. 96 ff.
– Das Bundesverfassungsgericht – Stellung, Verfahren, Entscheidung. 5. Teil: Das BVerfG im Gefüge der Staatsfunktionen, JuS 1982, S. 597 ff.
*ders./Korioth, Stefan*, Das Bundesverfassungsgericht. Stellung, Verfahren, Entscheidungen. Ein Studienbuch[6], München 2004
*Schlichting, Jan Muck/Spelten, Wolfram*, Die Dienstleistungsrichtlinie, EuZW 2005, S. 238 ff.
*Schlink, Bernhard*, Abwägung im Verfassungsrecht, Berlin 1976
– Das Objektive und das Subjektive beim polizeirechtlichen Gefahrbegriff, Jura 1999, S. 169 ff.
*Schmidt-Bleibtreu, Bruno/Klein, Franz/Brockmeyer, Hans-Bernhard/Schmidt Bleibtreu, Klein*, Kommentar zum Grundgesetz, Neuwied 2004 (zitiert als: *Bearbeiter*, in: Schmidt-Bleibtreu/Klein (Hrsg.), Kommentar zum GG)
*Schmitt Glaeser, Walter*, Konflikt und Planung, Die Verwaltung 14 (1981), S. 277 ff.
*Schneider, Egon*, Logik für Juristen: die Grundlagen der Denklehre und der Rechtsanwendung[2], München 1972
– Logik für Juristen: die Grundlagen der Denklehre und der Rechtsanwendung[4], München 1995
*Schneider, Hans-Peter*, Der Niedergang des Gesetzgebungsverfahrens, in: Ritterspach, Theo/Geiger, Willi (Hrsg.), Festschrift für Gebhard Müller, Tübingen 1970, S. 421 ff.
– Verfassungsgerichtsbarkeit und Gewaltenteilung, NJW 1980, S. 2103 ff.
*Schneider, Harald*, Die Güterabwägung des Bundesverfassungsgerichts bei Grundrechtskonflikten – Empirische Studie zur Methode und Kritik eines Konfliktlösungsmodelles, Baden-Baden 1979
*Schneider, Otmar*, Grundsätzliche Überlegungen zur polizeirechtlichen Gefahr, DVBl. 1980, S. 406 ff.
*Schoch, Friedrich*, Der Verfahrensgedanke im allgemeinen Verwaltungsrecht, Die Verwaltung 25 (1992), S. 21 ff.
– Polizei- und Ordnungsrecht, in: Schmidt-Aßmann, Eberhard (Hrsg.), Besonderes Verwaltungsrecht[12], Berlin 2003
*ders./Bier, Wolfgang/Schmidt-Aßmann, Eberhard/Pietzner, Rainer*, Verwaltungsgerichtsordnung: Kommentar, München 2003 (zitiert als: *Bearbeiter*, in: Schoch/Bier/Schmidt-Aßmann/Pietzner, VwGO)
*Schoemaker, Paul K. H./Russo, J. Edward*, Managing Overconfidence, 33 Sloan Management Review 1992, S. 120 ff.

– A Pyramid of Decision Approaches, in: Rios, Insua D. (Hrsg.), Decision Theory and Decision Analysis: Trends and Challenges, Boston u. a. 1994, S. 53 ff.

*Schönke, Adolf/Lenckner, Theodor*, Strafgesetzbuch: Kommentar, München 2001 (zitiert als: *Bearbeiter*, in: Schönke/Schröder, StGB)

*Scholz, Oliver Robert*, Ius, Hermeneutica iuris und Hermeneutica generalis – Verbindungen zwischen allgemeiner Hermeneutik und Methodenlehre des Rechts im 17. und 18. Jhdt., in: Schröder, Jan (Hrsg.), Entwicklung der Methodenlehre in Rechtswissenschaft und Philosophie vom 16. bis zum 18. Jahrhundert: Beiträge zu einem interdisziplinären Symposion in Tübingen, 18.–20. April 1996, Stuttgart 1998, S. 85 ff.

– Verstehen und Rationalität: Untersuchungen zu den Grundlagen von Hermeneutik und Sprachphilosophie[2], Frankfurt am Main 2001

*Schröder, Meinhard*, § 9 – Umweltschutz als Gemeinschaftsziel und Grundsätze des Umweltschutzes, in: Rengeling, Hans-Werner (Hrsg.), Handbuch zum europäischen und deutschen Umweltrecht, Köln 1998

*Schrödter, Hans/Breuer, Rüdiger*, Baugesetzbuch: Kommentar, München 1998 (zitiert als: *Bearbeiter*, in: Schrödter/Breuer, BauGB-Kommentar)

*Schrödter, Wolfgang*, Aktuelle Fragen der FFH-Richtlinie und der Vogelschutzrichtlinie – dargestellt am Beispiel der Bauleitplanung, Teil 1, Nds.VBl. 1999, S. 173 ff.

*Schroeder, Werner*, Das Gemeinschaftsrechtssystem. Eine Untersuchung zu den rechtsdogmatischen, rechtstheoretischen und verfassungsrechtlichen Grundlagen des Systemdenkens im Europäischen Gemeinschaftsrecht, Tübingen 2002

*Streinz, Rudolf*, EUV/EGV. Vertrag über die Europäische Union und Vertrag zur Gründung der Europäischen Gemeinschaft, München 2003 (zitiert als: *Bearbeiter*, in: Streinz, EU-Kommentar)

*Schulz, Werner*, Der monetäre Wert besserer Luft, Frankfurt am Main u. a. 1985

*Schulze-Fielitz, Helmuth*, Gesetzgebung als materiales Verfassungsverfahren, NVwZ 1983, S. 709 ff.

– Neue Kriterien für die verwaltungsgerichtliche Kontrolldichte bei der Anwendung unbestimmter Rechtsbegriffe, JZ 1993, S. 772 ff.

*Schum, David A.*, The Evidential Foundations of Probabilistic Reasoning, Evanston, Ill. 2001

*Schünemann, Hans-Wilhelm*, Richterliche Tatsachenermittlung und Kritischer Rationalismus, JuS 1976, S. 560 ff.

*Schuppert, Gunnar Folke*, Funktionell-rechtliche Grenzen der Verfassungsinterpretation, Königstein/Ts. 1980

*Schwab, Siegfried*, Die Begründungspflicht nach § 39 VwVfG, Pfaffenweiler 1991

*Schwabe, Jürgen*, Zum Anspruch des Betroffenen auf Abwägung aller privaten Belange mit den öffentlichen Belangen bei der straßenrechtlichen Planfeststellung, NJW 1976, S. 159

– Probleme der Grundrechtsdogmatik, Darmstadt 1977

*Schwartz, Barry/Ward, Andrew/Monterosso, John/Lyhbomirsky, Sonja/White, Katherine/Lehman, Darrin R.*, Maximizing Versus Satisficing: Happiness Is a Matter of Choice, 83 Journal of Personality and Social Psychology 2002, S. 1178 ff.

*Schwarze, Jürgen/von der Groeben, Hans*, Kommentar zum Vertrag über die Europäische Union und zur Gründung der Europäischen Gemeinschaft, Bd. 1, Baden-Baden 2004 (zitiert als: *Bearbeiter*, in: Schwarze/von der Groeben, EUV/EGV-Kommentar) *dies.*, Kommentar zum Vertrag über die Europäische Union und zur Gründung der Europäischen Gemeinschaft, Bd. 2, Baden-Baden 2003 (zitiert als: *Bearbeiter*, in: Schwarze/von der Groeben, EUV/EGV-Kommentar)

*Schweitzer, Michael/Hummer, Waldemar*, Europarecht[6], Neuwied und Kriftel 2001

*Schwemer, Rolf-Oliver*, Die Bindung des Gemeinschaftsgesetzgebers an die Grundfreiheiten, Frankfurt am Main 1995

*Schwerdtfeger, Gunther*, Optimale Methodik der Gesetzgebung als Verfassungspflicht, in: Stödter, Rolf/Thieme, Werner (Hrsg.), Hamburg, Deutschland, Europa. Beiträge zum deutschen und europäischen Verfassungs-, Verwaltungs- und Wirtschaftsrecht. Festschrift für Hans Peter Ipsen zum siebzigsten Geburtstag, Tübingen 1977, S. 173 ff.

*Schwöbbermeyer, Friedrich-Wilhelm*, Rechtsgewinnung im gesetzlich ungeregelten Raum, Frankfurt am Main u. a. 2003

*Searle, John Rogers*, Sprechakte: ein sprachphilosophischer Essay, Frankfurt am Main 1969/1973

*Seetzen, Uwe*, Der Prognosespielraum des Gesetzgebers, NJW 1975, S. 429 ff.

*Seiler, Wolfgang*, Höchstrichterliche Entscheidungsbegründungen und Methode im Zivilrecht, Baden-Baden 1992

*Self, Peter*, „Hochtrabender Unsinn“: Die Kosten-Nutzen-Analyse und die Roskill-Kommission, in: Naschold, Frieder/Väth, Werner (Hrsg.), Politische Planungssysteme, Opladen 1973, S. 461 ff.

*Sen, Amartya*, Choice, welfare and measurement, Cambridge 1982

– Rationality and Social Choice, 85 American Economic Review 1995, S. 1 ff.

*Sendler, Horst*, Die Bedeutung des Abwägungsgebots in § 1 Abs. 6 BauGB für die Berücksichtigung der Belange des Umweltschutzes in der Bauleitplanung, UPR 1995, S. 41 ff.

– (Un)erhebliches zur planerischen Gestaltungsfreiheit, in: Berkemann, Jörg (Hrsg.), Planung und Plankontrolle. Otto Schlichter zum 65. Geburtstag, Köln 1995, S. 55 ff.

*Shafir, Eldar/LeBoeuf, Robyn A.*, Rationality, 53 Annu. Rev. Psychol. 2002, S. 491 ff.

*Sieckmann, Jan-Reinard*, Regelmodelle und Prinzipienmodelle des Rechtssystems, Baden-Baden 1990

*Sieder, Frank/Zeitler, Herbert/Dahme, Heinz/Knopp, Günther-Michael*, Wasserhaushaltsgesetz, Abwasserabgabengesetz: Kommentar, München 1999 (zitiert als: *Bearbeiter*, in: Sieder/Zeitler/Dahme, WHG)

*Siedler, Nina-Luisa*, Gesetzgeber und Bundesverfassungsgericht. Eine funktionellrechtliche Abgrenzung, Hamburg 1999

*Simon, Herbert A.*, Theories of bounded rationality, in: McGuire, C. B./Radner, Roy (Hrsg.), Decision and organization: A volume in honor of Jacob Marschak, Amsterdam 1972, S. 161 ff.

– Administrative behavior: a study of decision-making processes in administrative organizations[4], New York, NY 1997

*Sinn, Hans-Werner*, Ökonomische Entscheidungen bei Ungewissheit, Tübingen 1980

– Ökonomische Entscheidungen bei Ungewissheit, Tübingen 1980

*Skarpelis-Sperk, Sigrid/Bodewig, Kurt*, EU-Dienstleistungsrichtlinie. Vorschlag der Kommission für eine Richtlinie über Dienstleistungen im Binnenmarkt. Informationsbrief, o. O. 2005

*Skinner, Burrhus Frederic*, Verbal behavior, New York 1957

*Skouris, Panagiotis*, Die Begründung von Rechtsnormen, Baden-Baden 2002

*Skyrms, B.*, Pragmatics and Empiricism, New Haven 1984

*Slovic, Paul/Kunreuther, Howard/White, Gilbert F.*, Decision Processes, Rationality and Adjustment to Natural Hazards, in: Slovic, Paul (Hrsg.), The Perception of Risk, London 2001, S. 1 ff.

*Smith, Barry C.*, Language, conventionality of, in: Craig, Edward (Hrsg.), Routledge Encyclopedia of Philosophy, London u. a. 1998,

*Smith, Kirk R./Corvalan, Carlos F./Kjellström, Tord*, How Much Ill Health Is Attributable to Environmental Factors? 10 Epidemiology 1999, S. 573 ff.

*Sodan, Helge/Ziekow, Jan*, Verwaltungsgerichtsordnung, Baden-Baden 2003 (zitiert als: *Bearbeiter*, in: Sodan/Ziekow, VwGO)

*Sparwasser, Reinhard/Engel, Rüdiger/Voßkuhle, Andreas*, Umweltrecht: Grundzüge des öffentlichen Umweltschutzrechts[5], Heidelberg 2003

*Spiecker genannt Döhmann, Indra*, Wissen, Nicht-Wissen, Unsicheres Wissen – ein systematisierender Überblick über die Diskussionsbeiträge der Konferenz, in: Engel, Christoph/Halfmann, Jost/Schulte, Martin (Hrsg.), Wissen, Nichtwissen, unsicheres Wissen, Baden-Baden 2002, S. 371 ff.

– Staatliche Entscheidung unter Unsicherheit: Eine Analyse ökonomischer Entscheidungsmodule im öffentlichen Recht, in: Bungenberg, Marc (Hrsg.), Recht und Ökonomik. 44. Tagung der Wissenschaftlichen Mitarbeiterinnen und Mitarbeiter der Fachrichtung „Öffentliches Recht", Jena 2004, München 2004, S. 61 ff.

*Spielmann, Christoph*, Die Verstärkungswirkung der Grundrechte, JuS 2004, S. 371 ff.

*Starck, Christian*, Der Gesetzesbegriff des Grundgesetzes, 1970

– Die Bindung des Richters an Gesetz und Verfassung, VVdStRL 34 (1976), S. 43 ff.

– Die Verfassungsauslegung, in: Isensee, Josef/Kirchhof, Paul (Hrsg.), Handbuch des Staatsrechts, Bd. VII: Normativität und Schutz der Verfassung – Internationale Beziehungen, Heidelberg 1992, S. 189 ff.

*Stegmüller, Wolfgang*, Glauben, Wissen und Erkennen, Zeitschrift für philosophische Forschung 10 (1956), S. 509 ff.

– Probleme und Resultate der Wissenschaftstheorie und analytischen Philosophie, Bd. IV. Personelle und statistische Wahrscheinlichkeit (1. Halbband), Berlin (West) u. a. 1973

– Probleme und Resultate der Wissenschaftstheorie und analytischen Philosophie, Bd. IV. Personelle und statistische Wahrscheinlichkeit (2. Halbband), Berlin (West) u. a. 1973

– Probleme und Resultate der Wissenschaftstheorie und analytischen Philosophie[2], Bd. I. Erklärung, Begründung, Kausalität, Berlin (West) u. a. 1983

*Stein, Torsten*, Die Grundfreiheiten müssen „Freiheiten" bleiben! – Nochmals zu Tabakwerbeverbot und Gemeinschaftskompetenz, EuZW 2000, S. 337 f.

*Steinberg, Philipp*, Die „Wienstrom"-Entscheidung des EuGH, EuZW 2004, S. 76 ff.

*Steinberg, Rudolf*, Verfassungsgerichtliche Kontrollle der „Nachbesserungspflicht“ des Gesetzgebers, Der Staat 26 (1987), S. 161 ff.
– Staatliches Risikomanagement im europäischen Anlagenrecht, in: Riedel, Eibe H./Steinberg, Rudolf/Trute, Hans-Heinrich/Tagung für Rechtsvergleichung (Hrsg.), Risikomanagement im öffentlichen Recht: Landesberichte und Generalbericht der Tagung für Rechtsvergleichung 1996 in Jena, Baden-Baden 1997, S. 7 ff.
*ders./Berg, Thomas/Wickel, Martin*, Fachplanung, Baden-Baden 2000
*ders./Roller, Gerhard*, Atomrechtliche Schadensvorsorge und „Restrisiko“, in: Steinberg, Rudolf/Schneider, Egon (Hrsg.), Schadensvorsorge im Atomrecht zwischen Genehmigung, Bestandsschutz und staatlicher Aufsicht, Baden-Baden 1991, S. 9 ff.
*Stelkens, Paul/Bonk, Heinz Joachim/Sachs, Michael*, Verwaltungsverfahrensgesetz. Kommentar, München 2001 (zitiert als: *Bearbeiter*, in: Stelkens/Bonk/Sachs, VwVfG)
*Stelkens, Ulrich*, Planerhaltung bei Abwägungsmängeln nach dem EAG Bau. Zugleich Versuch einer Abgrenzung zwischen § 1 Abs. 7 und 2 Abs. 3 BauGB, UPR 2005, S. 81 ff.
*Stern, Klaus*, Das Staatsrecht der Bundesrepublik Deutschland, Bd. II: Staatsorgane, Staatsfunktionen, Finanz- und Haushaltsverfassung, Notstandsverfassung, München 1980
– Das Staatsrecht der Bundesrepublik Deutschland, Bd. I: Grundbegriffe und Grundlagen des Staatsrechts, Strukturprinzipien der Verfassung, München 1984
– Das Staatsrecht der Bundesrepublik Deutschland, Bd. III/2: Allgemeine Lehren der Grundrechte, München 1994
*Stevenson, Charles L.*, Ethics and language, New Haven 1944
*Stigler, George J.*, The Economics of Information, 69 J. Polit. Econ. 1961, S. 213 ff.
*Storost, Ulrich*, Fachplanung und Wirtschaftsstandort Deutschland – Rechtsfolgen fehlerhafter Planung, NVwZ 1998, S. 797 ff.
– Umweltprobleme bei der Zulassung von Flughäfen – Materielle Schutzstandards (Immissions- und Naturschutz), NVwZ 2004, S. 257 ff.
*Stötzel, Matthias*, Kerntechnische Schutzkonzepte und atomrechtliche Anlagengenehmigung, Baden-Baden 1998
*Strawson, Peter F.*, Ethical Intuitionism, Philosophy 24 (1949), S. 23 ff.
*Streinz, Rudolf*, Europarecht[6], Heidelberg 2003
– EUV/EGV. Vertrag über die Europäische Union und Vertrag zur Gründung der Europäischen Gemeinschaft, 2003 (zitiert als: *Bearbeiter*, in: Streinz, EU-Kommentar)
*Strempel, Dieter*, Zur Rechtstatsachenforschung in der Bundesrepublik Deutschland, Recht und Politik 1981, S. 180 ff.
*Stück, Hege*, Subsumtion und Abwägung, ARSP 84 (1998), S. 404 ff.
*Stüer, Bernhard*, Handbuch des Bau- und Fachplanungsrechts: Planung – Genehmigung – Rechtsschutz, München 1998
– Der Nachhaltigkeitsgedanke als Kompensationselement in der planerischen Ausgleichsentscheidung – Bessere Ergebnisse durch das qualifiziertere Verfahren einer Umweltprüfung? NVwZ 2005, S. 508 ff.
*Umbach, Dieter C./Clemens, Thomas/Umbach, Clemens*, Bundesverfassungsgerichtsgesetz: Mitarbeiterkommentar und Handbuch, Heidelberg 1992 (zitiert als: *Bearbeiter*, in: Umbach/Clemens, BVerfGG)

*Sugeno, Michio*, Fuzzy measures and fuzzy integrals: A Survey, in: Gupta, Madan M./Saridis, George N./Gaines, Brian R. (Hrsg.), Fuzzy Automata and decision processes, New York u. a. 1977, S. 89 ff.

*Sunstein, Cass R.*, Risk and reason: safety, law, and the environment, Cambridge u. a. 2002

*Tanaka, Kazuo/Niimura, Tak*, An introduction to fuzzy logic for practical applications, New York u. a. 1997

*Tettinger, Peter J.*, Überlegungen zu einem administrativen „Prognosespielraum“, DVBl. 1982, S. 421 ff.

*Timmermanns, Christiaan W. A.*, Probleme der EG-Rechtssetzung, in: Schäffer, Heinz (Hrsg.), Europäische Integration und Gesetzgebung, Bd. 2, Wien 1992, S. 21 ff.

*Treiber, Hubert*, Zur Umsetzung von Rechtsnormen: begrenztes Steuerungspotential von Gesetzen und Verordnungen, Baden-Baden 1996

*Tribe, Laurence H.*, Policy Science: Analysis or Ideology? 2 Phil. & Publ. Aff. 1972, S.66 ff.

*Trute, Hans-Heinrich/Spoerr, Wolfgang/Bosch, Wolfgang*, Telekommunikationsgesetz mit FTEG: Kommentar, Berlin u. a. 2001 (zitiert als: *Bearbeiter*, in: Trute/Spoerr/Bosch, TKG-Kommentar)

*Trute, Hans-Heinrich*, Methodik der Herstellung und Darstellung verwaltungsrechtlicher Entscheidungen, in: Schmidt-Aßmann, Eberhard/Hoffmann-Riem, Wolfgang (Hrsg.), Methoden der Verwaltungsrechtswissenschaft, Baden-Baden 2004, S. 293 ff.

*Tsevas, Athanassios D.*, Die verwaltungsgerichtliche Kontrollintensität bei der materiell-rechtlichen Nachprüfung des Planfeststellungsbeschlusses für raumbeanspruchende Großprojekte, Berlin 1992

*Tversky, Amos/Koehler, Derek J.*, Support Theory: A Nonextensional Representation of Subjective Probability, 101 Psychol. Rev. 1994, S. 547 ff.

*ders./Simonson, Itamar*, Context Dependent Preferences: The Relative Advantage Model, 39 Manage. Sci. 1993, S. 1179 ff.

*U. S. Department of Transportation*, Supplemental Proposal, Regulatory Evaluation, Regulatory Flexibility Analysis, Unfunded Mandates Reform Act Analysis, Washington, D. C. 2004

*U. S. Environmental Protection Agency*, EPA's Use of Benefit-Cost Analysis: 1981–1986, Washington 1987

*Übelacker, Michael*, Die genetische Auslegung in der jüngeren Rechtsprechung des Bundesverfassungsgerichts, 1993

*Uechtritz, Michael*, Die Änderungen im Bereich der Fehlerfolgen und der Planerhaltung nach §§ 214 ff. BauGB, ZfBR 2005, S. 11 ff.

*Uerpmann, Robert*, Das öffentliche Interesse: seine Bedeutung als Tatbestandsmerkmal und als dogmatischer Begriff, Tübingen 1999

*Ukrow, Jörg*, Richterliche Rechtsfortbildung durch den EuGH: dargestellt am Beispiel der Erweiterung des Rechtsschutzes des Marktbürgers im Bereich des vorläufigen Rechtsschutzes und der Staatshaftung, Baden-Baden 1995

*Ule, Carl Hermann*, Unbestimmte Rechtsbegriffe und Ermessen im Umweltschutzrecht, DVBl. 1973, S. 756 ff.

*Ulen, Thomas*, Präzise und unpräzise Verhaltensnormen im Lichte begrenzter Rationalität, in: Ott, Claus/Schäfer, Hans-Bernd (Hrsg.), Die Präventivwirkung

zivil- und strafrechtlicher Sanktionen: Beiträge zum VI. Travemünder Symposium zur ökonomischen Analyse des Rechts vom 25.–28. März 1998, Tübingen 1999, S. 346 ff.
*Ullmann, Stephen*, The principles of semantics², Glasgow u. a. 1957
*United States Office of Management and Budget*, Regulatory Analysis – Circular A 4, Washington, D. C. 2003
*Van Lith, Janneke*, Ergodic Theory, Interpretations of Probability and the Foundations of Statistical Mechanics, 32 Studies in History and Philosophy of Modern Physics 2001, S. 581 ff.
*Verdross, Alfred*, Abendländische Rechtsphilosophie: ihre Grundlagen und Hauptprobleme in geschichtlicher Schau², Wien 1963
*Viehweg, Theodor*, Topik und Jurisprudenz⁵, 1974
*Vitzthum, Wolfgang/Geddert-Steinacher, Tatjana*, Der Zweck im Gentechnikrecht: zur Schutz- u. Förderfunktion von Umwelt- u. Technikgesetzen, Berlin 1990
*Vogel, Klaus/Martens, Wolfgang*, Gefahrenabwehr: allgemeines Polizeirecht (Ordnungsrecht) des Bundes und der Länder⁹, Köln u. a. 1986
*Voßkuhle, Andreas*, Theorie und Praxis der verfassungskonformen Auslegung von Gesetzen durch Fachgerichte. Kritische Bestandsaufnahme und Neubestimmung, AöR 125 (2000), S. 177 ff.
*Vriend, N. J.*, Rational Behavior and Economic Theory, 29 J. Econ. Behav. Org. 1996, S. 263 ff.
*Wach, Adolf*, Handbuch des deutschen Civilprozessrechts, Bd. 1, Leipzig 1885
*Wägenbaur, Rolf*, Zum Stand der Gesetzesfolgenabschätzung in der EU, in: Karpen, Ulrich/Hof, Hagen (Hrsg.), Wirkungsforschung zum Recht IV. Möglichkeiten einer Institutionalisierung der Wirkungskontrolle von Gesetzen, Baden-Baden 2003, S. 167 ff.
*Wahl, Rainer*, Entwicklung des Fachplanungsrechts, NVwZ 1990, S. 426 ff.
– Prävention und Vorsorge. Von der Staatsaufgabe zu den verwaltungsrechtlichen Instrumenten, Bonn 1995
*ders./Dreier, Johannes*, Entwicklung des Fachplanungsrechts, NVwZ 1999, S. 606 ff.
*Waismann, Friedrich*, Verifiability, in: Flew, Antony (Hrsg.), Logic and language. Essays, Oxford 1951, S. 17 ff.
*von Walcke-Wulffen, Dirk-Joachim*, Begründungszwang bei Verwaltungsakten, München 1974
*Wald, Abraham*, Statistical Decision Functions, New York u. a. 1950
*Wälde, Thomas W.*, Juristische Folgenorientierung: „policy analysis“ und Sozialkybernetik; methodische und organisatorische Überlegungen zur Bewältigung der Folgenorientierung im Rechtssystem, Königstein/Ts. 1979
*Walras, Léon*, Éléments d'Économie Politique Pure ou théorie de la richesse sociale¹, 1871
*von Wangenheim, Georg*, Should Non-Expert Courts Control Expert Administrations? in: Marciano, Alain/Josselin, Jean-Michel (Hrsg.), Law and the State: A Political Economy Approach, Cheltenham 2005, S. 310 ff.
*Wasserstrom, Richard A.*, The Judicial decision: toward a theory of legal justification, Stanford u. a. 1961
*Watson, John Broadus*, Behavior: an introduction to comparative psychology, New York, NY 1914

*Watson, S. R./Weiss, J. J./Donnell, M.*, Fuzzy decision analysis, 9 IEEE Trans. on Systems, Man and Cybernetics 1979, S. 1 ff.
*Wätzold, Frank*, Umweltökonomische Konzeptionen bei ökologischer Unsicherheit, 1998
*Weber-Dürler, Beatrice*, Die Rechtsgleichheit in ihrer Bedeutung für die Rechtsetzung. Eine Untersuchung der bundesgerichtlichen Rechtsprechung, 1973
*Weber, Max*, Die „Objektivität" sozialwissenschaftlicher und sozialpolitischer Erkenntnis, in: Weber, Max (Hrsg.), Gesammelte Aufsätze zur Wissenschaftslehre[3], Tübingen 1968, S. 146 ff.
– Wissenschaft als Beruf (1919), in: Weber, Max (Hrsg.), Gesammelte Aufsätze zur Wissenschaftslehre[5], Tübingen 1982, S. 582 ff.
*Wendt, Rudolf*, Der Garantiegehalt der Grundrechte und das Übermaßverbot. Zur maßstabsersetzenden Kraft der Grundrechte in der Übermaßprüfung, AöR 104 (1979), S. 414 ff.
*Williams, Stephen G.*, Meaning and truth, in: Craig, Edward (Hrsg.), Routledge Encyclopedia of Philosophy, London u. a. 1998
*Windscheid, Bernhard*, Lehrbuch des Pandektenrechts[2], Bd. 1, Düsseldorf 1862
*Winter, Gerd*, Bevölkerungsrisiko und subjektives öffentliches Recht im Atomrecht, NJW 1979, S. 393 ff.
– Alternativen in der administrativen Entscheidungsbildung: zugleich ein Beitrag zu einer Grundpflicht ökologischer Verhältnismäßigkeit, Düsseldorf 1997
*Winter, Sidney G.*, Optimiziation and Evolution in the Theory of the Firm, in: Day, Richard H./Groves, Theodore (Hrsg.), Adaptive economic models: proceedings of a symposium conducted by the Mathematics Research Center, the University of Wisconsin, Madison, October 21–23, 1974, New York, NY u. a. 1975, S. 73 ff.
*Wissenschaftliche Dienste beim Deutschen Bundestag*, Ein deutscher Sitz im Sicherheitsrat der Vereinten Nationen, Der aktuelle Begriff 08/05, S. 1 f.
– Die neue EU-Gebäuderichtlinie: Der obligatorische Energieausweis, Der aktuelle Begriff 37/05, S. 1 f.
– Verfahren der alternativen Streitbeilegung, Der aktuelle Begriff 44/05, S. 1 f.
– Akustische Wohnraumüberwachung, Der aktuelle Begriff 45/05, S. 1 f.
*Wittgenstein, Ludwig*, Tractatus logico-philosophicus, London u. a. 1922
– Philosophische Untersuchungen, Oxford 1953
*Wolf, Rainer*, Entwicklungslinien der Eingriffsregelung, NuR 2004, S. 6 ff.
*Wolff, Wilfried*, Allgemeines Verwaltungsrecht: Verwaltungsverfahrensrecht, Verwaltungsprozessrecht; Lern- und Übungsbuch[3], Baden-Baden 1999
*World Health Organization*, Update and Revision of the Air Quality Guidelines for Europe. Meeting of the Working Group ‚Classical' Air Pollutants, Bilthoven, The Netherlands, 11–14 October 1994, Copenhagen 1994
*von Wright, Georg Henrik*, The logic of preference: an essay, Edinburgh 1963
*Wróblewsky, Jerzy*, Legal Syllogism and Rationality of Judicial Decisions, Rechtstheorie 5 (1974), S. 33 ff.
*Würkner, Joachim*, Effektivierung des Grundrechtsschutzes durch Grundrechtskumulation? DÖV 1992, S. 150 ff.
*Würtenberger, Thomas*, Rechtliche Optimierungsgebote oder Rahmensetzung für das Verwaltungshandeln, VVDStRL 58 (1999), S. 139 ff.
*Zadeh, Lotfi Asker*, Fuzzy Sets, 8 Information and Control 1965, S. 338 ff.

*ders./Fu, King-Sun/Tanaka, Kokichi/Shimura, Masamichi*, Fuzzy sets and their applications to cognitive and decision processes, New York 1975

*Zeitler, Franz-Christoph*, Verfassungsgericht und völkerrechtlicher Vertrag: die gerichtliche Kontrolle völkerrechtlicher Akte der Regierung nach deutschem, amerikanischem und englischem Verfassungsrecht, Berlin 1974

*Ziekow, Jan*, Materielle Anforderungen an die Planung, in: Ziekow (Hrsg.), Praxis des Fachplanungsrechts, München/Unterschleißheim 2004

*Zimmer, Gerhard*, Funktion-Kompetenz-Legitimation: Gewaltenteilung in der Ordnung des Grundgesetzes; Staatsfunktionen als gegliederte Wirk- und Verantwortungsbereiche; zu einer verfassungsgemäßen Funktions- und Interpretationslehre, Berlin 1979

*Zippelius, Reinhold*, Juristische Methodenlehre[8], München 2003

– Allgemeine Staatslehre: Politikwissenschaft[14], München 2003

*Zuck, Rüdiger*, Was ist Willkür? MDR 1986, S. 723 f.

*Zypries, Brigitte/Peters, Cornelia*, Eine neue Gemeinsame Geschäftsordnung für die Bundesministerien, ZG 2000, S. 316 ff.

# Sach- und Personenregister